今注本二十四史

北齊書

唐 李百藥 撰
陳長琦 主持校注

中國社會科學出版社

一

紀

圖書在版編目（CIP）數據

北齊書／（唐）李百藥撰；陳長琦主持校注．—北京：中國社會科學出版社，2020.11

（今注本二十四史）

ISBN 978-7-5203-7496-5

Ⅰ.①北… Ⅱ.①李… ②陳… Ⅲ.①中國歷史—北齊—紀傳體 ②《北齊書》—注釋 Ⅳ.①K239.240.42

中國版本圖書館 CIP 數據核字（2020）第 222702 號

出 版 人	趙劍英
項目統籌	王 茵
責任編輯	王 茵
特約編輯	王仁霞　崔芝妹　郝輝輝
責任校對	王思桐　趙　威　彭　麗
封面設計	蔡易達
責任印製	王 超

出　版	中國社會科學出版社		
社　　址	北京鼓樓西大街甲 158 號	郵　編	100720
網　　址	http://www.csspw.cn		
發 行 部	010-84083685	門 市 部	010-84029450
經　　銷	新華書店及其他書店	印刷裝訂	三河弘翰印務有限公司
版　　次	2020 年 11 月第 1 版	印　次	2020 年 11 月第 1 次印刷
開　　本	1/16	成品尺寸	228mm×152mm
印　　張	101	字　數	1228 千字
定　　價	390.00 元（全 5 册）		

凡購買中國社會科學出版社圖書，如有質量問題請與本社營銷中心聯繫調換
電話：010-84083683
版權所有　侵權必究

《今注本二十四史》工作委員會

主　　任	許嘉璐
副 主 任	高占祥　王　石　段先念　于友先
委　　員	金堅範　董亞平　孫　曉　胡梅林
	張玉文　趙劍英
秘 書 長	張玉文(兼)

《今注本二十四史》編纂委員會

領 導 小 組　何茲全　林甘泉　伍　傑　陳高華　陳祖武
　　　　　　　　卜憲群　趙劍英
總　編　纂　張政烺
執行總編纂　賴長揚　孫　曉
委　　　員（按姓氏筆畫排列）
　　　　卜憲群　王玉哲　王　茵　王毓銓　王榮彬　王鑫義
　　　　毛佩琦　毛　蕾　史爲樂　朱大渭　朱紹侯　朱淵壽
　　　　伍　傑　李天石　李昌憲　李祖德　李錫厚　李　憑
　　　　吳松弟　吳樹平　何茲全　何德章　余太山　汪福寶
　　　　林甘泉　林　建　周天游　周偉洲　周　群　段志洪
　　　　施　丁　紀雪娟　馬俊民　華林甫　晁福林　高榮盛
　　　　陳久金　陳長琦　陳祖武　陳時龍　陳高華　陳得芝
　　　　陳智超　崔文印　商　傳　梁滿倉　張玉興　張　欣
　　　　張博泉　萬繩楠　程妮娜　童　超　曾貽芬　游自勇
　　　　靳　寶　楊志玖　楊　軍　楊際平　楊翼驤　楊耀坤
　　　　趙　凱　趙劍英　蔣福亞　鄭學檬　漆　俠　熊清元
　　　　劉中玉　劉迎勝　劉鳳翥　薄樹人　戴建國　韓國磐
　　　　魏長寶　蘇　木　龔留柱
秘　書　長　宗月霄　趙　凱

《今注本二十四史》編輯部

主　　任　王　茵　趙　凱
副主任　孫　萍　徐林平　劉艷强
成　　員（按姓氏筆畫排列）
　　　　王仁霞　王沛姬　王思桐　石　珹　李凱凱　郝玉明
　　　　郝輝輝　紀雪娟　高文川　郭清霞　陳　穎　常文相
　　　　崔芝妹　許微微　張沛林　張　欣　張雲華　張　潛
　　　　彭　麗　靳　寶　趙　威　韓　悦　韓國茹　顧世寶

《今注本二十四史·北齊書》項目組

主 持 人　陳長琦
成　　員（按姓氏筆畫排列）
　　王文珺　王　珺　李會軍　何　鳳　黃樹林　習　灌
　　楊　玲　鄭漢傑　翟春媛

《今注本二十四史》出版説明

　　二十四史，是中國古代二十四部史書的統稱，包括《史記》《漢書》《後漢書》《三國志》《晋書》《宋書》《南齊書》《梁書》《陳書》《南史》《魏書》《北齊書》《周書》《北史》《隋書》《舊唐書》《新唐書》《舊五代史》《新五代史》《宋史》《遼史》《金史》《元史》和《明史》。其成書時間自公元前二世紀下半葉至十八世紀中葉，前後相距約兩千年，總卷帙（不含複卷）達3213卷，共4000餘萬字。它們采用本紀、列傳、表、志等形式，構成了一個完整地記述清朝以前中國古代社會的著作體系。二十四史上起傳說時代的黄帝，下迄明朝滅亡，包容了我國古代的政治、軍事、經濟、思想、文化、天文、地理、民風、民俗等廣闊的社會內容，形成了一套展現中華民族起源和發展的最重要的核心典籍，被後人稱爲"正史"。世界上没有任何一個國家有如此内容涵蓋宏富、時間接續綿延、體例基本統一的歷史記載。

共同的歷史文化是一個民族賴以整體維繫的基本條件之一。而對歷史著作的不斷整合和續修，顯然有利於促進國家的統一、民族的團結、社會的進步。從《史記》到《明史》，不同地位、不同民族的史家和政治家，以同一體例連續不斷地編纂我們祖國發展演進的歷史，本質上反映了我國人民尋求構建多民族國家共同歷史的強烈願望。歷史上隨時把正史歸爲"三史""十三史""十七史""廿一史""廿二史""廿四史"，不僅反映了人們對正史的認同，更重要的是反映了對共同歷史文化的認同，即民族的認同。而對正史進行大規模的整理，在另一個層面上，更有利於妥善保存民族文化遺產，豐富民族文化内涵，陶鑄民族文化精神，從而强化民族的尊嚴與自信心，提升國家的榮譽和國人對國家的歸屬感。

　　對二十四史進行整理，在此次之前規模較大的有三次。第一次是清朝乾隆年間，其成果是殿本；第二次是二十世紀三十年代張元濟先生組織的整理，其成果是百衲本；第三次即毛澤東同志倡議，由中華書局出面進行的整理，其成果是中華書局標點本。這一次是由張政烺先生等史學家倡議，由中華文化促進會主持編纂的今注，其成果是《今注本二十四史》。應當充分地注意到，這四次整理的發動，都有與其所處時代社會歷史息息相關的背景。乾隆朝的武英殿大量刊刻文化典籍，尤其是對二十四史的選本、校勘都經"欽定"，絶不是僅僅要製造盛世氣象；張元濟先生奔走於國難深重的二十世紀初的中國，"當中華文化存亡絶續之交"，有更深刻的原動力；毛澤東同志指示標點正史，倡議於中華人民共和國成立、百廢待舉之初；而我們如今正在進行的今注，則發軔於改革開放、萬象更新之時。這絶不是歷史的偶然。可以説，每每針對二十四史的重大舉措，都是應社會對具有主體性的統一的歷史文化需求而展開的。

當今世界，文化的融合過程逐漸加快，在共生的基礎上融合，在融合中保持共生，互補互融直至趨一。因此，各種文化都面臨着選擇。面臨選擇，充分展示本民族的歷史文化是學者們義不容辭的職責。而作爲歷史文化直接守護者的歷史學者，有責任爲世界提供對本民族歷史文化文本的正確詮釋，有責任努力爲民衆争取對民族歷史文化解讀的話語權。

《今注本二十四史》1994年8月由中華人民共和國文化部批准立項，2005年被中華人民共和國新聞出版總署列入"十一五"期間（2006—2010）"國家重點圖書出版規劃"。自1994年起，迄今已經進行了二十餘年。

《今注本二十四史》總編纂張政烺先生爲本書做了奠基性的工作。在他學術生命的最後時期，不僅親自審訂了最初的《今注本二十四史編纂總則》，還逐一遴選了各史主編。

《今注本二十四史》編纂委員會主要由各史主編與相關同仁組成。張政烺先生逝世後，根據多位主編的建議，我們陸續邀請了何兹全、林甘泉、伍傑、陳高華、陳祖武、卜憲群、趙劍英七位編委成立領導小組，全面指導編纂出版工作。他們爲本項目的編纂出版，付出了大量心血與智慧，没有他們的支持，本項目難以玉成。

本項目動員了全國三十餘所科研機構和高等學府的中

國古史專家共襄其事。全書設總編纂一人，執行總編纂二人，各史設主編一人或二人；某些特殊的"志（書）"如律曆、天文、五行（靈徵）等歸類單列，各設主編一人。各史主編自選作者，全書作者總計約三百人。多年來，他們薄利求義、任勞任怨、兢兢翼翼，惟敬業畢功是務，繼承和發揚了我國史學家捨身務實的優良傳統，爲本書的完成做出了不可磨滅的貢獻！

本項目啓動之初，老一輩的歷史學家王玉哲、王毓銓、陳可畏、張博泉、萬繩楠、楊志玖、楊翼驤、漆俠、薄樹人、韓國磐等先生不僅從道義上給予全力支援，而且主動承擔各史（志）主編。何兹全、林甘泉先生更是不厭其煩，爲編纂工作提出具體建議，爲項目立項奔走呼籲。執行總編纂賴長揚先生鞠躬盡瘁，承擔了大量繁雜的組織工作。現在，雖然以上先生已經辭世，但他們學術生涯的最後抉擇所表現出的對民族、對國家的崇高責任感，永遠值得我們銘記和學習！

本項目自動議始就得到了中華文化促進會及社會各界的回應與傾力支持。中華文化促進會主席王石先生、副主席段先念先生及前任領導人蕭秧先生在本項目立項、推動、經費籌措等方面辛勤奔走，起到了關鍵作用。

香港企業家黄丕通、劉國平先生在項目前期曾給予慷慨資助。

國家出版基金與中國社會科學院也給予本項目一定的出版資助。

四川省出版集團及巴蜀書社曾在編纂和出版方面起了重要的推動作用，已出版今注本《三國志》《梁書》。

《今注本二十四史》編纂出版工作，自1994年立項以來，一波三折、幾經沉浮。2017年深圳華僑城集團予以鼎力襄助，全面解決了編纂出版經費拮据的問題，編纂出版工作方步入正軌。在此，編委會全體成員向深圳華僑城集團謹表達深深敬意和感謝！

鑒古知今，學史明智。中國社會科學出版社歷來重視歷史學及中國古代典籍的整理與出版工作，爲本項目組織專門團隊，秉持專業、嚴謹、高效的原則，爲項目整體的最終出版提供了重要保障。中國社會科學出版社將與各相關單位通力協作，努力將《今注本二十四史》打造成一部具有思想穿透力與廣泛影響力的精品力作，從而爲講好中國歷史、推動中國歷史研究做出貢獻。

謹以本書紀念爲弘揚中華文化而做出貢獻的歷史學家們！
謹以本書感謝爲傳承中華文化而支援和幫助我們的人們！

《今注本二十四史》編纂委員會
中國社會科學出版社
2020年6月

凡　例

　　《今注本二十四史》在編纂過程中一共産生了四個總體規範性質的文件。這就是：《今注本二十四史編纂總則》（1995年，2005年4月修改，2017年8月修訂）、《關於〈編纂總則〉的修改和補充意見》（2006年3月）、《關於編纂工作若干問題的決定》（2007年1月）、《關於〈今注本二十四史編纂總則〉幾點重要的補充説明》（2017年10月）。它們確定了全書編纂的目的、特點及其具體操作規則。綜其要概述如下。

　　本書的基本特點是史家注史。工作主要集中在三個方面：版本的改誤糾謬；史實的正義疏通；史料的補充增益。由各史主編撰寫《前言》，扼要介紹該史所涉及的時代背景、作者生平、寫作過程、著作特點、史料價值、在史學史上的地位和研究概況。

　　本書的學術目標有兩個。一個是通過校勘，得到一套善本；一個是通過今注，得到一套最佳的注釋本。即完成由史家校勘並加以注釋的二十四史的新校勘新注釋本。它從史家的角度出發，集數百年以來學界的研究成果，采取有圖有文的注釋形式，力圖以新的角度、新的内容、新的形式，爲二十四史創造出一整套代表當代學術水準的、權威的現代善本。

一　校勘

1. 底本：原則上以商務印書館百衲本爲底本；因百衲本並非善本的另行確定底本。

2. 校勘：充分吸收包括中華書局標點本在内的前人的校勘成果，全面參校，以形成一個全新的校勘本。

各史采用的底本和參校本，在各史序言中寫出全稱和簡稱。整套書統一規定的簡稱有六個：武英殿本簡稱"殿本"；國子監本，相應簡稱"南監本""北監本"；毛氏汲古閣本簡稱"汲古閣本"；同治五書局本簡稱"局本"；商務印書館百衲本簡稱"百衲本"。

校勘成果反映在原文中，即依據有充分把握的校勘結果，將底本中的衍、脱、誤、倒之處全部改正；刊正底本的理由，全部在相應注釋中加以說明。對無十分把握之處，不改原文，祇出校勘記質疑。

采用中華書局標點本爲工作本的史書，不錄入原校勘記。直接吸收其校勘成果者則加以說明，對其提出商榷者在相應注釋中加以辨證。

二　注釋

1. 對有古注並已與原書集合行世的前四史，原則上保留古注，視同原文並加注。

2. 注釋程度：以幫助具有大專文化水準以上的讀者讀懂爲限；以給研究者提供簡要索引爲限。注文力求做到：準確、質樸、簡練、嚴謹、規範。

3. 出注（除一些專志外）以卷（篇）爲單位。即對應當加注者，在每卷（篇）第一次出現時加注。此後即使該卷（篇）中再出現，如意義完全等同者，不再加注；而在別卷（篇）再出現時，仍另行加注。有多卷的同類志書出注時視爲同卷，即同類志書對應當加注者在首次出現時加注，其後再現如意義完全等同，亦不再加注。

4. 注釋範圍：冷僻的字音、字義、詞義，成語典故；不易理解的名物制度、地名、人名、別號、謚號、廟號；有爭議或原作記述有歧誤的史實等。

（1）字音、字義、詞義的注釋祇限於生僻字、異體字、避諱字、破讀和易生歧義及晦澀難懂的語辭。對多音字，在文中必讀某音的，以漢語拼音出注。避諱字的注文應説明避諱原因，原文原則上不改，出注。字音標注采用漢語拼音。

（2）對原文中的古體、通假、異體字的處理：古體、通假字不作改動，對其中罕見或疑難者，在注中説明其今體或正體字。全書原文和古注保留異體字，今注除人名、地名、書名和職官（署）名之外，原則上不使用異體字。

（3）成語典故，出注祇限於冷僻的成語典故，注文僅簡單説明成語典故來源、内容和意義。常見的詞語一般不出注，包括常見的古漢語虚詞與實詞，但某些不注會産生歧義者除外。

（4）人名、别號、謚號等，凡係本部書中没有專傳（或紀）的人物一般出注説明係何時、何地之人，姓、氏、名、字一般不出注，有特殊來源者，可出注。常見的歷史人物名號與某些不注無礙於全文理解者不必出注；對暫不可考者則説明未詳。

（5）地名注釋：一般僅注明今地；如須説明沿革方可解讀者，則簡述其沿革。本史有《地理志》者，地名出注從簡；若古今地名相同，所治地區大致相同者，則不出注。

（6）官名、官署名及職官制度和爵位制度名稱出注，遵循以下三個原則：常見者（如丞相、太尉、太守、縣令等），若其意義與通常理解無顯著變化，一般不出注；不常見者（如太阿、決曹、次等司等），應説明品秩、職掌範圍，需叙述沿革等方能理解原文意義者，則説明沿革變化、上下級關係、置廢時間；若本史有相應專志者，此類出注即從簡略；無相應專志者，可稍詳盡。

（7）原文與史實不符處，前後文不符處，則予以辯明。考證力求言之有據，簡明扼要。

（8）紀、傳注文以疏通原文爲目的，一般不采取補注、匯注形式。力求不枝不蔓，緊扣原文。各志（書）注文可采取補注、匯注形式，以求内容豐富、全面。

（9）對有争議的問題，客觀公允地羅列諸説，反映歧見；同時指出帶傾向性的意見。盡量不作價值評論性質的分析。

（10）今注出注各有重點："紀"（"世家""載記"）着重歷史事件；"傳"着重人物事迹及人際關係；"志"着重制度内容及沿革；"表"着重疏理時序。除《史記》外，注文内容貫徹詳本朝略前代的原則。

（11）注釋以段爲單位，統一順次編碼。出注（校）標碼與注文標碼一致，均采用［1］［2］［3］……標示。

校注側重學術性，努力吸收前人的研究成果，尤其是現代學者的研究成果，充分準確地反映當代二十四史學術研究現狀；爲相關專業的學者提供足資利用的準確原文和内容索引，亦爲一般文史讀者搭建起提高水準的階梯。

《今注本二十四史》編纂委員會
2017年10月

目　録

前言 ……………………………………………… （1）

例言 ……………………………………………… （1）

主要參考文獻 …………………………………… （1）

卷一　帝紀第一
　　神武高歡上 …………………………………… （1）

卷二　帝紀第二
　　神武高歡下 …………………………………… （35）

卷三　帝紀第三
　　文襄高澄 ……………………………………… （79）

卷四　帝紀第四
　　文宣高洋 ……………………………………（105）

卷五　帝紀第五
　　廢帝高殷 ……………………………………（171）

卷六　帝紀第六
　　孝昭高演 ……………………………………（183）

卷七　帝紀第七
　　武成高湛 ……………………………………（199）

卷八　帝紀第八
　　後主高緯 ……………………………………（217）
　　幼主高恒 ……………………………………（258）

卷九　列傳第一
　　神武婁后 ……………………………………（275）
　　文襄元后 ……………………………………（279）
　　文宣李后 ……………………………………（281）
　　孝昭元后 ……………………………………（282）
　　武成胡后 ……………………………………（283）
　　後主斛律后 …………………………………（286）
　　　胡后 ………………………………………（286）
　　　穆后 ………………………………………（287）

卷一〇　列傳第二
　高祖十一王 …………………………………（291）
　　永安簡平王浚 ……………………………（293）
　　平陽靖翼王淹 ……………………………（295）
　　彭城景思王浟 ……………………………（297）
　　上黨剛肅王渙 ……………………………（301）
　　襄城景王淯 ………………………………（304）
　　任城王湝 …………………………………（305）
　　高陽康穆王湜 ……………………………（308）
　　博陵文簡王濟 ……………………………（309）
　　華山王凝 …………………………………（309）
　　馮翊王潤 …………………………………（310）
　　漢陽敬懷王洽 ……………………………（311）

卷一一　列傳第三
　文襄六王 ……………………………………（313）
　　河南康舒王孝瑜 …………………………（314）
　　廣寧王孝珩 ………………………………（317）
　　河間王孝琬 ………………………………（320）
　　蘭陵武王孝瓘 ……………………………（323）
　　安德王延宗 ………………………………（326）
　　漁陽王紹信 ………………………………（331）

卷一二　列傳第四
　文宣四王 ……………………………………（333）

太原王紹德 …………………………………（334）

　　范陽王紹義 …………………………………（335）

　　西河王紹仁 …………………………………（339）

　　隴西王紹廉 …………………………………（339）

　孝昭六王 ………………………………………（339）

　　樂陵王百年 …………………………………（339）

　　汝南王彥理等五王 …………………………（341）

　武成十二王 ……………………………………（341）

　　南陽王綽 ……………………………………（342）

　　琅邪王儼 ……………………………………（344）

　　齊安王廓 ……………………………………（351）

　　北平王貞 ……………………………………（352）

　　高平王仁英 …………………………………（352）

　　淮南王仁光等七王 …………………………（352）

卷一三　列傳第五

　趙郡王琛 ………………………………………（357）

　　子叡 …………………………………………（360）

　清河王岳 ………………………………………（368）

　　子勱 …………………………………………（376）

卷一四　列傳第六

　廣平公盛 ………………………………………（381）

　陽州公永樂 ……………………………………（382）

　　弟長弼 ………………………………………（384）

襄樂王顯國 ………………………………… (384)

上洛王思宗 ………………………………… (385)

　子元海 …………………………………… (385)

　弟思好 …………………………………… (390)

平秦王歸彥 ………………………………… (394)

武興王普 …………………………………… (400)

長樂太守靈山 ……………………………… (400)

　嗣子伏護 ………………………………… (401)

卷一五　列傳第七

竇泰 ………………………………………… (403)

尉景 ………………………………………… (407)

　子粲 ……………………………………… (410)

婁昭 ………………………………………… (411)

　子定遠 …………………………………… (414)

　兄子叡 …………………………………… (415)

厙狄干 ……………………………………… (416)

　子士文 …………………………………… (419)

韓軌 ………………………………………… (421)

潘樂 ………………………………………… (424)

卷一六　列傳第八

段榮 ………………………………………… (429)

　子韶 ……………………………………… (433)

　孝言 ……………………………………… (450)

卷一七　列傳第九

斛律金 ·· （455）
　　子光 ·· （469）
　　　羨 ·· （482）
　　　兄平 ·· （486）

卷一八　列傳第十

孫騰 ·· （491）
高隆之 ·· （499）
司馬子如 ·· （508）

卷一九　列傳第十一

賀拔允 ·· （519）
蔡儁 ·· （523）
韓賢 ·· （528）
尉長命 ·· （531）
　　子興敬 ·· （532）
王懷 ·· （533）
劉貴 ·· （535）
任延敬 ·· （538）
　　子冑 ·· （541）
莫多婁貸文 ·· （543）
　　子敬顯 ·· （545）
高市貴 ·· （546）
厙狄迴洛 ·· （549）

厙狄盛 ……………………………………… （550）
薛孤延 ……………………………………… （552）
張保洛 ……………………………………… （554）
　斛珍 段琛 牒舍樂 尉摽 乞伏貴和 乞伏令和 王康德 … （558）
侯莫陳相 …………………………………… （561）

卷二〇　列傳第十二

張瓊 ………………………………………… （565）
斛律羌舉 …………………………………… （570）
　子孝卿 ………………………………… （572）
　劉世清 ………………………………… （574）
堯雄 ………………………………………… （575）
宋顯 ………………………………………… （584）
王則 ………………………………………… （587）
慕容紹宗 …………………………………… （591）
薛脩義 ……………………………………… （598）
叱列平 ……………………………………… （607）
步大汗薩 …………………………………… （611）
慕容儼 ……………………………………… （612）
　牒舍樂 ………………………………… （620）
　范舍樂 ………………………………… （621）
　厙狄伏連 ……………………………… （622）

卷二一　列傳第十三

高乾 ………………………………………… （625）

弟慎 ·· (634)
　　昂 ·· (636)
　　季式 ·· (643)
　　　劉孟和 劉叔宗 劉海寶 東方老 李希光 裴英起 ··· (649)
　封隆之 ·· (654)
　　子子繪 ·· (661)
　　從子孝琬 ·· (669)
　　孝琰 ·· (670)

卷二二　列傳第十四

　李元忠 ·· (677)
　　族弟密 ·· (685)
　　族人愍 ·· (688)
　　族叔景遺 ·· (694)
　盧文偉 ·· (695)
　　孫詢祖 ·· (699)
　　族人勇 ·· (703)
　李義深 ·· (706)

卷二三　列傳第十五

　魏蘭根 ·· (711)
　崔悛 ·· (725)
　　子瞻 ·· (732)

卷二四　列傳第十六

孫搴 …………………………………………（743）

陳元康 ………………………………………（747）

杜弼 …………………………………………（759）

卷二五　列傳第十七

張纂 …………………………………………（783）

張亮 …………………………………………（788）

張耀 …………………………………………（792）

趙起 …………………………………………（795）

徐遠 …………………………………………（797）

王峻 …………………………………………（799）

王紘 …………………………………………（802）

卷二六　列傳第十八

薛琡 …………………………………………（811）

敬顯儁 ………………………………………（817）

平鑒 …………………………………………（818）

卷二七　列傳第十九

万俟普 ………………………………………（821）

　子洛 ………………………………………（823）

可朱渾元 ……………………………………（824）

劉豐 …………………………………………（828）

破六韓常 ……………………………………（831）

金祚 …………………………………………………（833）

韋子粲 ………………………………………………（835）

卷二八　列傳第二十

元坦 …………………………………………………（837）

元斌 …………………………………………………（841）

元孝友 ………………………………………………（842）

元暉業 ………………………………………………（845）

元弼 …………………………………………………（847）

元韶 …………………………………………………（849）

卷二九　列傳第二十一

李渾 …………………………………………………（853）

　子湛 ………………………………………………（857）

　弟繪 ………………………………………………（858）

　族子公緒 …………………………………………（863）

李璵 …………………………………………………（864）

　弟瑾 ………………………………………………（867）

　族弟曉 ……………………………………………（867）

鄭述祖 ………………………………………………（868）

卷三〇　列傳第二十二

崔暹 …………………………………………………（873）

　子達拏 ……………………………………………（883）

高德政 ………………………………………………（884）

崔昂 …………………………………………………（893）

卷三一　列傳第二十三
　　王昕 …………………………………………………（899）
　　　弟晞 ………………………………………………（906）

卷三二　列傳第二十四
　　陸法和 ………………………………………………（925）
　　王琳 …………………………………………………（937）

卷三三　列傳第二十五
　　蕭明 …………………………………………………（957）
　　蕭祗 …………………………………………………（963）
　　蕭退 …………………………………………………（965）
　　蕭放 …………………………………………………（966）
　　徐之才 ………………………………………………（967）

卷三四　列傳第二十六
　　楊愔 …………………………………………………（983）
　　　燕子獻 ……………………………………………（1005）
　　　可朱渾天和 ………………………………………（1006）
　　　宋欽道 ……………………………………………（1006）
　　　鄭頤 ………………………………………………（1008）

卷三五　列傳第二十七
　　裴讓之 ·· (1011)
　　　　弟諏之 ·· (1015)
　　　　讞之 ·· (1018)
　　皇甫和 ·· (1019)
　　李構 ·· (1020)
　　張宴之 ·· (1022)
　　陸卬 ·· (1024)
　　王松年 ·· (1027)
　　劉禕 ·· (1029)

卷三六　列傳第二十八
　　邢卲 ·· (1031)

卷三七　列傳第二十九
　　魏收 ·· (1047)

卷三八　列傳第三十
　　辛術 ·· (1087)
　　元文遙 ·· (1094)
　　趙彥深 ·· (1101)

卷三九　列傳第三十一
　　崔季舒 ·· (1109)
　　祖珽 ·· (1118)

卷四〇　列傳第三十二

尉瑾 ·· （1145）

馮子琮 ·· （1148）

赫連子悦 ·· （1153）

唐邕 ·· （1154）

白建 ·· （1161）

卷四一　列傳第三十三

暴顯 ·· （1163）

皮景和 ·· （1170）

鮮于世榮 ·· （1179）

綦連猛 ·· （1181）

元景安 ·· （1188）

獨孤永業 ·· （1195）

傅伏 ·· （1198）

高保寧 ·· （1202）

卷四二　列傳第三十四

陽斐 ·· （1205）

盧潛 ·· （1212）

崔劼 ·· （1224）

盧叔武 ·· （1228）

陽休之 ·· （1232）

袁聿修 ·· （1245）

卷四三　列傳第三十五
　　李稚廉 …………………………………（1253）
　　封述 ……………………………………（1259）
　　許惇 ……………………………………（1265）
　　羊烈 ……………………………………（1269）
　　源彪 ……………………………………（1274）

卷四四　列傳第三十六
　　儒林 ……………………………………（1283）
　　　李鉉 …………………………………（1294）
　　　刁柔 …………………………………（1299）
　　　馮偉 …………………………………（1304）
　　　張買奴 ………………………………（1305）
　　　劉軌思 ………………………………（1305）
　　　鮑季詳 ………………………………（1306）
　　　邢峙 …………………………………（1306）
　　　劉晝 …………………………………（1307）
　　　馬敬德 ………………………………（1308）
　　　張景仁 ………………………………（1311）
　　　權會 …………………………………（1315）
　　　張思伯 ………………………………（1318）
　　　張雕 …………………………………（1318）
　　　孫靈暉 ………………………………（1323）
　　　石曜 …………………………………（1326）

卷四五　列傳第三十七

文苑 ··· (1329)

　祖鴻勳 ··· (1344)

　李廣 ·· (1349)

　樊遜 ·· (1352)

　劉逖 ·· (1378)

　荀士遜 ··· (1383)

　顏之推 ··· (1384)

　袁奭 ·· (1416)

　韋道遜 ··· (1417)

　江旰 ·· (1419)

　眭豫 ·· (1420)

　朱才 ·· (1421)

　荀仲舉 ··· (1421)

　蕭慤 ·· (1422)

　古道子 ··· (1422)

卷四六　列傳第三十八

循吏 ··· (1425)

　張華原 ··· (1427)

　宋世良 ··· (1428)

　　弟世軌 ·· (1430)

　郎基 ·· (1432)

　孟業 ·· (1434)

　崔伯謙 ··· (1436)

15

蘇瓊 …………………………………………（1438）
　　房豹 …………………………………………（1445）
　　路去病 ………………………………………（1447）

卷四七　列傳第三十九
　　酷吏 …………………………………………（1449）
　　　邸珍 ………………………………………（1450）
　　　宋遊道 ……………………………………（1450）
　　　盧斐 ………………………………………（1468）
　　　畢義雲 ……………………………………（1469）

卷四八　列傳第四十
　　外戚 …………………………………………（1477）
　　　趙猛 ………………………………………（1478）
　　　婁叡 ………………………………………（1478）
　　　尒朱文暢 …………………………………（1480）
　　　鄭仲禮 ……………………………………（1484）
　　　李祖昇 ……………………………………（1484）
　　　元蠻 ………………………………………（1485）
　　　胡長仁 ……………………………………（1486）

卷四九　列傳第四十一
　　方伎 …………………………………………（1491）
　　　由吾道榮 …………………………………（1493）
　　　王春 ………………………………………（1495）

信都芳 …………………………………………（1496）

宋景業 …………………………………………（1497）

許遵 ……………………………………………（1500）

吴遵世 …………………………………………（1501）

趙輔和 …………………………………………（1502）

皇甫玉 …………………………………………（1503）

解法選 …………………………………………（1506）

魏寧 ……………………………………………（1506）

綦母懷文 ………………………………………（1507）

張子信 …………………………………………（1508）

馬嗣明 …………………………………………（1510）

卷五〇　列傳第四十二

恩倖 ……………………………………………（1515）

郭秀 ……………………………………………（1517）

和士開 …………………………………………（1518）

穆提婆 …………………………………………（1527）

高阿那肱 ………………………………………（1529）

韓鳳 ……………………………………………（1534）

韓寶業等 ………………………………………（1537）

後記 ……………………………………………（1543）

前　言

陳長琦

《北齊書》五十卷，其中帝紀八卷，列傳四十二卷。舊題唐李百藥撰，實際是李百藥在其父李德林舊稿的基礎上編就的。其叙事起自北魏末年的六鎮、河北等地軍鎮、農民暴動，歷東西魏分裂、分治，到北齊王朝建立與滅亡的歷史。實際上的北齊史祇有二十八年（550—577），而《北齊書》所記載的北魏末年史、東魏北齊史則有五十多年，保存了這一時期不可多得的歷史文獻。

一

李百藥字重規，博陵安平（今河北安平縣）人，出生於北齊天統元年（565），卒於唐貞觀二十二年（648），一生經歷了北齊、北周、隋、唐四個朝代，享年八十四歲。

李百藥的家族，是北朝的儒學世家。他的祖父李敬族是北魏的太學博士，曾負責朝廷內省的文籍校定工作。其父李德林是北朝著名學者，仕北齊、北周、隋三朝，官至隋內史（中書）令。李德林常在中書掌詔誥，參與機密，其文筆之美，感動士林，時人稱其手筆宏大，"浩浩如長河東注"（《隋書》卷四二《李德林傳》）。

李百藥出生之時，適逢北齊後主登基之年。國基本就不穩固的北齊王朝進入風雨飄搖之中。因幼年多病，他被祖母趙氏取名爲"百藥"，意以藥石護佑他的成長。而他的童年則更是伴隨着北齊的動蕩、戰亂及覆亡度過的。北齊承光元年（577），北周軍隊攻破北齊國都鄴城，北齊君臣大多被俘、投降，李德林亦是降臣隊伍中的一員，時年十三歲的李百藥隨父親歸降北周。周武帝宇文邕非常欽重李德林的才學，授任其爲内史上士，仍舊掌朝廷詔誥及章程條例的擬定，並對群臣説："我常日唯聞李德林名，及見其與齊朝作詔書移檄，我正謂其是天上人。豈言今日得其驅使，復爲我作文書，極爲大異。"（《隋書》卷四二《李德林傳》）受到北周信用的李德林，在周隋禪代之際亦受到楊堅的信任，"禪代之際，其相國總百揆、九錫殊禮詔策箋表璽書，皆德林之辭"（《隋書·李德林傳》）。故隋朝建立，楊堅登基之後，即任命李德林爲内史（中書）令，其成爲隋王朝中樞的重要成員之一。

隨着父親李德林官爵的升遷、地位的提高，父榮俱榮，李百藥也迎來了仕途的初曙。開皇初，他以"名臣之子"的身份，弱冠即獲授東宮通事舍人，遷太子舍人、兼東宮學士。這在當時屬祇有少數貴族子弟纔能獲得的起家官，不免引起許多人的羨慕、嫉妒。然而，仕途的初曙却似一道夕陽的餘暉，明媚而短暫，由於隋朝朝臣間的争鬭，李德林失勢並被貶出朝，父損俱損，李百藥亦被迫"謝病免去"（《舊唐書》卷七二《李百藥傳》）。直到李德林在懷州刺史任上逝世，開皇十九年（599），李百藥纔受詔承襲父爵安平縣公，並在楊素等朝臣的薦舉下獲任禮部員外郎，這時，太子楊勇又召授其爲東宫學士。文帝愛其才華，"詔令修五禮，定律令，撰陰陽書。臺内奏議文表，多百藥所撰"（《舊唐書·李百藥傳》）。然而，兩次出任東宫學士的經歷，不免使人聯想其與太子楊勇的關係，雖未致殺身之禍，但也未脱隋煬帝楊廣對他的忌恨。煬帝即位後，即將李百藥貶黜出朝廷，遣任其爲桂州司馬。不久，隋朝進行地方行政體制的改革，廢州郡縣三級制爲郡縣二級制，裁撤州一級行政機構，李百藥被解除所職，回歸鄉里。

　　生逢隋朝朝臣争鬭、宫廷傾軋，命運多舛、仕途坎坷的李百藥未免滋生對隋朝及煬帝的失望與不滿。大業末年，民變之潮風起雲涌，受此潮流所裹挾，李百藥自覺不自覺地成爲反隋民變大軍中之一員。大業九年（613），李百藥獲授建安郡丞，赴任途中，"行達烏程，屬江都難作，復爲沈法興所得，署爲掾"（《舊唐書》卷七二《李百藥傳》）。在民變隊伍的兼併中，沈法興爲李子通所破，李百藥又加入李子通部，被委任爲中書侍郎、國子祭酒；"及杜伏威攻滅子通，又以百藥爲行臺考功郎中"（《舊唐書·李百藥傳》）。杜伏威部將輔公祏反，又授百藥吏部侍郎。在江南民變的大潮中，李百藥先後仕於沈法興、李子通、杜伏威及輔公祐諸人,應該不是偶然的巧合。

唐朝建立,剿滅、收服民變隊伍,統一天下,李百藥的命運再次迎來轉折。唐高祖平定杜伏威及輔公祐,李百藥被視爲叛臣,配流涇州。唐太宗李世民即位,始想起李百藥的才學,貞觀元年(627),李百藥被"召拜中書舍人,賜爵安平縣男"。接着"受詔修定《五禮》及律令,撰《齊書》。二年,除禮部侍郎"(《舊唐書》卷七二《李百藥傳》)。終於枯木逢春,苦盡甘來,在貞觀之治的盛世中,年逾耳順的李百藥迎來了自己一生中最安定、康寧的時光。這時他已六十三四歲了。

魏晉南北朝至唐初,是一個重視門第、重視家世、重視家學的時代,李百藥能夠受到唐太宗的起用,得益於其父李德林的蔭澤。貞觀十年(636),《北齊書》修成,李百藥受到表彰,詔令"加散騎常侍,行太子左庶子,賜物四百段。俄除宗正卿"(《舊唐書》卷七二《李百藥傳》)。其仕途達到一生的頂點。貞觀十一年,李百藥參加的《五禮》編撰及律令編撰完成,再次獲得唐太宗的表彰,"以撰五禮及律令成,進爵爲子"(《舊唐書·李百藥傳》)。這時他已七十三歲。數年後,李百藥以年老固請致仕,得到批准。貞觀二十二年,李百藥去世。

二

北齊歷史的編撰,始於北齊後主即位後的天統(565—569)初,"太常少卿祖孝徵述獻武起居,名曰《黄初傳天録》"(《史通·古今正史》)。祖孝徵，即祖珽，字孝徵，是北齊著名大臣。他通鮮卑等多種民族語言，博學多才，官至尚書左僕射，入主文林館，是北齊文獻編撰的主持者。獻武，是高歡死後最初的謚號（後改神武），《黄初傳天録》是記載高歡事迹的最初官方文獻；同時，中書侍郎陸元規將隨北齊文宣帝高洋征戰的戰争記事編爲《皇帝實録》，武平（570—576）後，"史官陽休之、杜臺卿、祖崇儒、崔子發等相繼注記"（《史通·古今正史》），大體上補足了北齊諸帝紀、起居注。

北齊時，李德林亦奉命修撰北齊的國史，並曾與魏收討論《齊書》的起元，他力主以高歡入《齊書》帝紀，以高歡起兵爲北齊歷史的開端，"必不得以後朝創業之迹，斷入前史"（《隋書》卷四二《李德林傳》）。

入隋之後，北齊舊臣、熟悉北齊舊事的隋秘書監王劭根據北齊留下來的《起居注》，擴充異聞，編成編年體的北齊史十六卷，名之曰《齊志》。李德林則在其舊作、二十七卷本《齊史》的基礎上，增多三十八篇，形成了紀傳體的《齊書》。

祖珽的《黄初傳天録》、陸元規的《皇帝實録》、陽休之等人的北齊諸帝紀與《起居注》，以及王劭的編年體《齊志》、李德林紀傳體的《齊書》，構成李百藥《北齊書》的基本史料來源及編撰基礎。

唐建立後，唐武德五年（622）前後，秘書丞令狐德棻向唐高祖提出修梁、陳、齊、周、隋五代史的建議："竊見近代已來，多無正史，梁、陳及齊，猶有文籍。至周、隋遭大業離亂，多有遺闕。當今耳目猶接，尚有可憑，如更十數年後，恐事迹湮没。陛下既受禪於隋，復承周氏歷數，國家二祖功業，並在周時。如文史不存，何以貽鑑今古？如臣愚見，並請修之。"（《舊唐書》卷七三《令狐德棻傳》）建議得到唐高祖的批准。最初確定的北齊史修撰人是魏徵等，唐高祖詔令："太子詹事裴矩、兼吏部郎中祖孝孫、前秘書丞魏徵可修齊史。"（《舊唐書·令狐德棻傳》）然而，唐初戰亂尚未平息，百廢待興，修史的工作没有得到落實。唐太宗即位之後，思奮發有爲之時，令狐德棻再提前議，得到唐太宗的批准。在尋找修史人選的時候，人們考慮已有的修史基礎，自然想到了李德林的《齊書》及李百藥。

唐貞觀三年（629），唐太宗下詔，重新啓動五代史的修撰工作，魏徵改任主持《隋書》修撰，由李百藥擔任北齊史的修撰工作。由於有其父李德林的《齊書》爲基礎，李百藥的修撰工作似乎比較輕鬆，他没有將修史作爲專門的工作，朝廷也没有將其作爲修史的專職人員對待，而是在貞觀四年又任命他爲太子右庶子，擔任起輔佐太子的責任；貞觀五年他又與孔穎達等一起侍講於弘教殿，同時還擔負着修《五禮》與律令的工作。繁重的工作並没有影響其修史的進度，最遲至貞觀十年，李百藥順利完成了《北齊書》的修撰。

三

　　李百藥的紀傳體五十卷本《北齊書》，是在其父李德林的紀傳體二十七卷本《齊書》及三十八篇史稿的基礎上編撰而成的。李百藥具體做了哪些工作，由於李德林的《齊書》不存，我們無法考究。據劉知幾《史通·古今正史》所言，李德林"在齊預修國史，創紀傳書二十七卷。自開皇初，奉詔續撰，增多齊史三十八篇，以上送官，藏之秘府。皇家貞觀初，敕其子中書舍人百藥仍其舊錄，雜採它書，演爲五十卷"。按照這一說法，李百藥在修撰的過程中，雜採他書，應該是增加了史料，但卷帙却增加不多，其原因，我們猜測可能是合併了一些單個人的傳。從現存《北齊書》來看，除段榮、斛律金、魏收等傳外，其餘多是合傳，沒有單個人的傳。因此，減少的篇幅，應該是合併了單個人傳的結果。

　　《北齊書》有以下主要特點。

　　第一，體例大體合理。《北齊書》的編撰體例，採用了《漢書》以來的斷代史紀傳體體例。《北齊書》五十卷中，含帝紀八卷、列傳四十二卷。帝紀以編年爲序，叙述北齊歷史發展的重大事件、重大變革，梳理北齊歷史的發展脉絡；列傳則採取合傳、集傳的形式，以類相從，或以家族爲核心，記述重要歷史人物的生平事迹、功過是非。例如集傳有儒林、文苑、循吏、酷吏、外戚、方伎、恩倖等，合傳有后妃、高祖十一王、文襄六王、文宣四王、孝昭六王、武成十二王傳等。繼承與採用這些前人成熟的體例與編撰方法，有利於相對減少篇幅、卷帙，突出傳統史學的荷載功能。但《北齊書》的體例中也有使人詬病的方面，這就是每卷的卷末，依范曄《後漢書》體例，有論和贊。對於《北齊書》等唐代新修史書大多采用論贊這一體例，學者評價不一。劉知幾批評說："夫每卷立論，其煩已多，而嗣論以贊，爲黷彌甚。"（《史通·內篇》）確實，每卷都既有論又有贊，對每個人都要論與贊一番，在體例上，未免重複，在內容方面，未免無病呻吟。劉知幾認爲，唐代所修這些史書的論贊內容"大抵皆華多於實，理少於文，鼓其雄辭，誇其儷事"（《史通·內篇》），屬於華而不實，畫蛇添足之舉。這一批評，對於《北齊書》而言，也是允當的。史家在史學著作中用史臣曰、論、贊等形式來發表自己對歷史人物、事件的看法與評論，本無可厚非，但通觀現存《北齊書》的論贊，確如劉知幾所言，受六朝駢文華麗文風的影響，"玉卮無當，曾何足云"（《史通·內篇》）。

第二，保存了較爲豐富的史料。由於北齊歷史短暫，現存史料稀少，《北齊書》雖不是原貌，但還是保存了較爲豐富的史料，史料價值還是彌足珍貴的。例如，《北齊書》以北魏末年高歡起兵起元，記錄高歡事迹的同時，記錄了北魏末年的軍民暴動、政局變亂、社會動蕩以及東西魏分裂、東西魏之間的爭奪與戰爭等重大歷史事件。所記北魏末年的史料，可彌補《魏書》的不足。特別是其以東魏北齊的角度記述的東魏北齊與西魏北周間的戰爭與爭奪北方地區的歷史資料，可以同《周書》所記述的相同時段、相同事件的史料相比勘，進一步理清歷史的真相，加深我們對這一時期歷史的瞭解與認識。

又如保存了一些科技醫學史料。《方伎·信都芳傳》記載了信都芳在科技與曆法方面的成就："芳又撰次古來渾天、地動、欹器、漏刻諸巧事，並畫圖，名曰《器準》。又著《樂書》《遁甲經》《四術周髀宗》。芳又私撰曆書，名爲《靈憲曆》，算月有頻大頻小，食必以朔，證據甚甄明，每云：'何承天亦爲此法，不能精，靈憲若成，必當百代無異議。'書未就而卒。"《方伎·綦母懷文傳》記載了綦母懷文的宿鐵刀鍛造技術："其法燒生鐵精以重柔鋌，數宿則成剛，以柔鐵爲刀脊，浴以五牲之溺，淬以五牲之脂，斬甲過三十札。"《方伎·馬嗣明傳》記載了馬嗣明診療疾病的方法與藥方："楊令患背腫，嗣明以練石塗之便差。作練石法：以粗黃色石鵝鴨卵大，猛火燒令赤，內淳醋中自屑，頻燒至石盡，取石屑曝乾，擣下簁。和醋以塗腫上，無不愈。"

再如保存了一些思想文化史方面的史料。如《杜弼傳》記載了杜弼與邢卲關於形神關係辯論的材料，邢卲否定生死輪回，批評"以爲人死還生，恐爲蛇畫足"。杜弼則認爲："然物之未生，本亦無也，無而能有，不以爲疑，因前生後，何獨致怪？"邢卲認爲精神產生於肉體，肉體不存，精神亦滅失。"神之在人，猶光之在燭，燭盡則光窮，人死則神滅"。這與南朝范縝的《神滅論》所闡述的觀點一致，或許是受到了范縝的影響。杜弼認爲："燭則因質生光，質大光亦大；人則神不係於形，形小神不小。故仲尼之智，必不短於長狄；孟德之雄，乃遠奇於崔琰。神之於形，亦猶君之有國。國實君之所統，君非國之所生。不與同生，孰云俱滅？"這些討論反映了佛教流傳與盛行的背景下，當時思想界關注的範疇已經涉及哲學的基本問題。

《魏收傳》則記載了魏收編撰《魏書》的經歷："始魏初鄧彥海撰《代記》十餘卷，其後崔浩典史，游雅、高允、程駿、李彪、崔光、李琰之徒世修其業。浩爲編年體，彪始分作紀、表、志、傳，書猶未出。宣武時，命邢巒追撰《孝文起居注》，書至太和十四年，又命崔鴻、王遵業補續焉。下訖孝明，事甚委悉。濟陰王暉業撰《辨宗室錄》三十卷。收於是與通直常侍房延祐、司空司馬辛元植、國子博士刁柔、裴昂之、尚書郎高孝幹專總斟酌，以成《魏書》。辨定名稱，隨條甄舉，又搜采亡遺，綴續後事，備一代史籍，表而上聞之。勒成一代大典：凡十二紀，九十二列傳，合一百一十卷。五年三月奏上之。秋，除梁州刺史。收以志未成，奏請終業，許之。十一月，復奏十志：《天象》四卷，《地形》三卷，《律曆》二卷，《禮樂》四卷，《食貨》一卷，《刑罰》一卷，《靈徵》二卷，《官氏》二卷，《釋老》一卷，凡二十卷，續於紀傳，合一百三十卷，分爲十二帙。其史三十五例，二十五序，九十四論，前後二表一啓焉。"同時，對魏收的人品與史德提出批評，認爲魏收在選擇修史助手時胸懷私心，"所引史官，恐其凌逼，唯取學流先相依附者。房延祐、辛元植、睦仲讓雖夙涉朝位，並非史才。刁柔、裴昂之以儒業見知，全不堪編緝。高孝幹以左道求進"。在《魏書》修撰中不能秉筆直書，甚至納賄，以售其私，"修史諸人祖宗姻戚多被書録，飾以美言。收性頗急，不甚能平，夙有怨者，多没其善。每言：'何物小子，敢共魏收作色！舉之則使上天，按之當使入地。'""時論既言收著史不平，文宣詔收於尚書省與諸家子孫共加論討，前後投訴百有餘人"，"於是衆口諠然，號爲'穢史'"。這些記載，爲研究《魏書》及魏收提供了直接材料，具有較高的價值。

第三，能够秉持中國史學"直書"的操守。前揭《北齊書》對魏收修《魏書》過程中違背史學道德行爲的記述，表明李德林、李百藥父子能够秉持中國傳統史學所具有的"直書"的史學操守。李德林與魏收在北齊時代的交往可以説是比較密切的。唐初魏徵修《隋書·李德林傳》記載李德林與魏收交往凡三事，皆叙魏收對李德林的友好、提攜之情，此時李百藥正在修《北齊書》，對此不能無知。第一事始於《李德林傳》開篇，叙李德林幼聰明好學，年十五"善屬文，辭覈而理暢。魏收嘗對高隆之謂其父曰：'賢子文筆終當繼温子昇。'"此時，魏收已是北齊朝廷大臣，在政壇、文壇都有較高的聲望，魏收對少年李德林的獎譽，無疑爲李德林弱冠後的仕進之途提供了有力的幫助。第二事是朝廷討論北齊史的起元，李德林與魏收聲氣相類，觀點一致。是時，"魏收與陽休之論《齊書》起元事，敕集百司會議"。魏收修書與李德林，條列自己的觀點與"敵人之議"（對方觀點），徵求李德林的看法。李德林回信贊同並支持魏收的北齊史應以高歡起兵爲起元的觀點，又補充《春秋》《尚書大傳》的兩條材料以爲論據。魏收收到回信，再致書李德林："惠示二事，感佩殊深。以魯公諸侯之事，昨小爲疑。息姑不書即位，舜、禹亦不言即位。息姑雖攝，尚得書元，舜、禹之攝稱元，理也。"對李德林爲自己補充的論據表示感謝。可見他們的學術交往也是愉快的。第三事是魏收爲李德林命字。《李德林傳》："德林少孤，未有字，魏收謂之曰：'識度天才，必至公輔，吾輒以此字卿。'"李德林，字公輔。"公輔"之字，原來也是魏收爲其所命，並寄託了魏收對李德林仕途發展的期望。《李德林傳》還說，李德林"器量沉深，時人未能測，唯任城王湝、趙彥深、魏收、陸卬大相欽重，延譽之言，無所不及"。從《李德林傳》來看，在李德林與友人的交往中，與魏收的交往所占篇幅最多。魏收對於李德林既是提攜的前輩，又是交情深厚的師友。以私情來説，魏收對李德林是有恩的。然而，李德林、李百藥父子却並没有因此而以私害公，在《北齊書》卷三七《魏收傳》中仍然秉筆直書，不虛美，不隱惡，直言不諱記載了魏收在編撰《魏書》中有損史德的行爲。

又如，《北齊書》的帝紀以及后妃傳中，記録了大量北齊皇帝的醜惡行爲，這在浩瀚的中國古代史籍中是不多見的。包括高歡的兒子文襄帝、文宣帝、武成帝等人相互強暴兄弟妃后、亂倫、摧殘女性、令人髮指的性變態、性虐、性暴力等醜惡行爲。

第四，文筆較爲生動。好的文筆是史學著作得以傳世的基礎。周一良先生曾在《魏晉南北朝史學著作的幾個問題》一文中，認爲魏晉南北朝史學著作的語言文字表達中有兩個明顯的問題:"一是文章模擬古人問題",即"當時史家在使用傳統的書面語言時,往往模擬古代文章";而"另一個問題,則是以雅代俗"。周先生贊同劉知幾的看法,認爲"在書面語言的文體中,記述對話時如果用當時的俗語或方言,可以更爲生動"。李德林、李百藥父子,特別是李德林,在當時的文壇上是名騷一時的學者,他們的文筆亦受到人們的稱譽。《北齊書》的文筆也是較爲生動的。突出之處,是它在記錄歷史人物活動、對話、叙事的時候,時常引用當時的鄙語、方言,這爲我們瞭解、研究北朝的歷史與文化保留了難得的資料。如人物稱謂方面有稱帝、王爲"大家",稱父爲"兄兄",稱嫡母爲"家家",稱乳母、生母爲"姊姊",稱妻爲"妹妹"等(《北齊書》卷一二《武成十二王傳》)。劉知幾《史通·雜說》舉王劭《齊志》之例,贊賞史學著作引用鄙語:"或問曰:王劭《齊志》多記當時鄙言,爲是乎?爲非乎?對曰:古往今來,名目各異。區分壤隔,稱謂不同。所以晋、楚方言,齊、魯俗語,《六經》諸子,載之多矣。……是則時無遠近,事無巨細,必藉多聞,以成博識。如今之所謂者,若中州名漢,關右稱羌,易臣以奴,呼母云姊。主上有大家之號,師人致兒郎之説。凡如此例,其流甚多。必尋其本源,莫詳所出。閱諸《齊志》,則了然可知。由斯而言,劭之所錄,其爲弘益多矣。足以開後進之蒙蔽,廣來者之耳目。微君戀,吾幾面墻於近事矣!"《北齊書》在鄙語、方言的運用方面同樣是出色的。又如在叙事的生動方面,可以舉《北齊書》卷五〇《恩倖傳》記述北周大軍逼近，北齊朝廷危亡之際，北齊後主與幸臣們的一段活動與對話爲例：

> 周師逼平陽，後主於天池校獵，晉州頻遣馳奏，從旦至午，驛馬三至，肱云："大家正作樂，何急奏聞。"至暮，使更至，云："平陽城已陷，賊方至。"乃奏知。明早旦，即欲引軍，淑妃又請更合一圍。及軍赴晉州，令肱率前軍先進，仍總節度諸軍。後主謂肱曰："戰是耶，不戰是耶？"肱曰："勿戰，却守高梁橋。"安吐根曰："一把子賊，馬上刺取擲着汾河中。"帝意未決。諸內參曰："彼亦天子，我亦天子，彼尚能遠來，我何爲守壍示弱？"帝曰："此言是也。"於是漸進。提婆觀戰，東偏頗有退者，提婆去曰："大家去！大家去！"帝以淑妃奔高梁關。開府奚長諫曰："半進半退，戰之常體，今兵衆全整，未有傷敗，陛下舍此安之？御馬一動，人情驚亂，且速還安慰之。"武衛張常山自後至，亦曰："軍尋收回，甚整頓，圍城兵亦不動，至尊宜迴，不信臣言，乞將內參往視。"帝將從之。提婆引帝肘曰："此言難信。"帝遂北馳。有軍士告稱那肱遣臣招引西軍，今故聞奏。後主令侍中斛律孝卿檢校，孝卿云："此人妄語。"還至晉，那肱腹心告肱謀反，又以爲妄，斬之。乃顛沛還鄴，侍衛逃散，唯那肱及內官數十騎從行。

文中出現有高緯與淑妃、倖臣高阿那肱、穆提婆、安吐根、開府奚長樂、武衛張常山、侍中斛律孝卿等八個有名姓的人物，以及驛使、諸内参、軍士、那肱腹心、侍衛、内官等六個無名姓者及群體的對話與活動。這段文字，寥寥數語，將大敵當前，後主高緯的手足無措、淑妃的恣嬌肆意、高阿那肱的武斷、穆提婆的慌亂描述得活靈活現，更是通過安吐根的一句狂言"一把子賊，馬上刺取擲着汾河中"，將其無知無畏的形象刻畫得淋漓盡致。

《北齊書》也存在一些不足之處。一是個别史實存在錯誤。如卷二五《張耀傳》言張耀好學："好讀《春秋》，月一遍，時人比之賈梁道。趙彦深嘗謂耀曰：'君研尋《左氏》，豈求服虔、杜預之紕繆邪？'耀曰：'何爲其然乎？《左氏》之書，備叙言事，惡者可以自戒，善者可以庶幾。故厲己温習，非欲訾訶古人之得失也。'"這裏的"時人"，顯然將東漢初年的經學大師賈逵之事誤植於漢魏之際的將軍賈逵之身。漢魏歷史上有兩個著名的賈逵，一個是東漢初年的經學大師賈逵，字景伯，史稱其"尤明《左氏傳》"，《後漢書》有傳。東漢的經學爲"賈、馬、服、鄭之學"，以賈逵爲首，可見其在中國經學史上有着崇高的地位。另一個賈逵，字梁道，是生活於東漢末年與三國曹魏時期的將軍，他的兒子賈充爲西晋名臣，孫女賈南風即晋惠帝之后，《三國志》有傳。然賈梁道並無經學，更談不上以習《春秋》《左傳》名世。《三國志》卷一五《魏書·賈逵傳》言其少年習武："賈逵字梁道，河東襄陵人也。自爲兒童，戲弄常設部伍，祖父習異之，曰：'汝大必爲將率。'口授兵法數萬言。"長乃投身行伍，成長於軍陣，一生無問學經歷。"時人"顯然張冠李戴，誤彼賈逵（景伯）爲此賈逵（梁道）。但李德林、李百藥父子不應以訛傳訛，犯下不應有之錯。

二是以避唐諱而改諸帝稱謂時，忙亂出錯。這應該是李百藥之誤。如劉知幾《史通·雜説》所批評："皇家修《五代史》，館中墜稿仍存。皆因彼舊事，定爲新史。觀其朱墨所圖，鉛黄所拂，猶有可識者。或以實爲虛，以是爲非。其北齊國史，皆稱諸帝廟號，及李氏撰《齊書》，其廟號有犯時諱者，即稱謚焉。至如變世祖爲文襄，改世宗爲武成。苟除兹'世'字，而不悟'襄''成'有別。諸如此謬，不可勝紀。"即《北齊書》修撰中，爲避諱唐太宗李世民的"世"字，將北齊所存諸帝廟號稱謂的資料改爲謚號稱謂的過程中，没有認真細緻工作，原本世宗謚文襄，世祖謚武成，而一些史料却誤改世祖爲文襄，世宗爲武成。以至於在一些列傳叙事中"或以武定臣佐降在成朝，或以河清事迹擢居襄代。故時日不接而隔越相偶，使讀者瞀亂而不測，驚駭而多疑"（《史通·雜説》）。出現了將文襄帝時期的朝臣放在武成帝時期、將武成帝時期發生的事情放在文襄帝時期的顛亂之錯。

三是現存《北齊書》由於在宋代已不完整，經歷宋代的整理與補綴，已非原貌，原有的史學、史料價值受到不可彌補的影響。

四

是書初名《齊書》（《舊唐書》卷七二《李百藥傳》），又名《齊史》（《舊唐書》卷七一《魏徵傳》），成書於太宗貞觀十年（636）（《唐會要》卷六三）。其後，李延壽《北史》出，《北史》有關北齊歷史的部分，大體係抄撮、刪削《北齊書》而成。因《北史》敘事較《北齊書》簡約，在流布過程中，《北史》漸次遠播，《北齊書》則背道而馳，漸次殘缺，尤其是經歷唐末五代的戰火，到北宋初年，人們所見之《北齊書》，已非百藥當時殺青之原貌。在《北齊書》殘本流傳的過程中，開始有學者爲其補缺，所補資料之來源，大多來自於《北史》原抄撮於《北齊書》的相關紀、傳，也算是《北齊書》佚文的回歸。據錢大昕考證，現存《北齊書》"惟本紀第四（文宣帝），列傳第五（趙郡王琛等）、第八（段榮）、第九（斛律金）、第十（孫騰等）、第十一（賀拔允等）、第十二（張瓊等）、第十三（高乾、封隆之）、第十四（李元忠等）、第十五（魏蘭根、崔悛）、第十六（孫搴等）、第十七（張纂等）、第卅三（暴顯等）、第卅四（陽斐等）、第卅五（李稚廉等）、第卅六（儒林傳）、第卅七（文苑傳）、第四十二（恩倖傳）凡十八篇係百藥元本，其餘大抵取《北史》補足之"（《廿二史考異》卷三一）。又據唐長孺先生考證，《北齊書·恩倖傳》"也不像是《北齊書》原文"。因此，現存《北齊書》，可能祇有十七卷是李百藥當初寫就的原文，其餘三十三卷都有後人所補的痕迹。

《北齊書》最初以寫本流布，沒有刻本。據晁公武《郡齋讀書志》所言，官方所組織的《北齊書》的讎校工作，始於北宋中期。北宋仁宗"嘉祐中，以《宋》《齊》《梁》《陳》《魏》《北齊》《周書》舛謬亡闕，始詔館職讎校"。這是一次較大規模的校史工作，讎校工作從仁宗嘉祐（1056—1063）中到徽宗政和（1111—1118）中，持續六十年左右。工作久拖，不能進展的重要原因，是用以讎校的本子收集困難，費時日久。"曾鞏等以秘閣所藏多誤，不足憑以是正，請詔天下藏書之家，悉上異本。久之，始集"（《郡齋讀書志》卷五）。所校七史中，《南齊書》《梁書》《陳書》《魏書》和《周書》最早完成，英宗治平（1064—1067）中上述五史已讎校完畢，進呈秘閣，《北齊書》和《宋書》的讎校工作，則一直拖到徽宗政和中方完成。政和中，官方將讎校完畢的《北齊書》等刊布，這是《北齊書》的第一個刻本。這些官刻的史書，當時主要分頒於各地學官，在民間流傳很少。然而，命運多舛，《北齊書》刊布不到十年，即遭遇北宋傾覆的靖康之難，包括《北齊書》在内的這些刊布不久的史書同遭厄運，中原地區的刻本大多毀於兵火。

　　南宋高宗紹興十四年（1144），四川轉運副使井度（字憲孟）以職務之便，在四川地區搜求政和年間刊布的《北齊書》等，"始檄諸州學官，求當日所頒本。時四川五十餘州，皆不被兵，書頗有在者"（晁公武《郡齋讀書志》卷五）。井度對收集來的《北齊書》等七部史書進行整理，將亡闕不全者收合補綴，命在眉山刊行，這使《北齊書》

等七部史書有了第二個刻本，史稱"眉山七史"本。眉山七史本，由於屬大字刻本，又稱作蜀刻大字本，這也是《北齊書》最早的版本之一。

百衲本《北齊書》是一個影印拼合本。張元濟先生在其《跋》中說："是亦眉山七史之一。《帝紀》及《列傳》一至二十六，涵芬樓舊藏，皆宋刊元明遞修本。《列傳》二十七至四十二，借自北平圖書館，其書爲元明之際所印，遠勝於前三十四卷，在今日誠僅見矣。"即百衲本《北齊書》的第一卷至三十四卷用的是宋刊元明遞修本，第三十五卷至五十卷用的是另一個宋刊元明之際所印本。

在校注中，筆者對百衲本《北齊書》進行考察，有幾點認識。

第一，百衲本《北齊書》確實是一個宋刊元明遞修本。其重要證據之一，是存在大量避宋諱的缺筆字。如"恒"字缺筆，是避宋真宗趙恒諱；"曙"字缺筆，是避宋英宗趙曙諱；"徵""貞""禎"字缺筆，是避宋仁宗趙禎諱；"敬""竟""驚""境"字缺筆，是避宋太祖趙匡胤祖趙敬諱；"讓"字缺筆，是避宋英宗父趙允讓諱；"朗""玄"字缺筆，是避宋太祖趙匡胤始祖玄朗諱；"殷""弘"字缺筆是避宋太祖趙匡胤父弘殷諱。其二是書口下方保留有大量宋代刻工姓名。其三是書口上方有明代補版銘記。如"嘉靖八年補刊""嘉靖九年補刊""嘉靖十年補刊"等字樣。這些說明張元濟先生的判斷是正確的。

第二，百衲本《北齊書》所用的兩個本子，即涵芬樓舊藏宋刊元明遞修本與北平圖書館藏元明之際所印本，其實是一個本子。首先，兩個本子版式一致。皆爲半葉九行，行十八字。書口有書名、卷次、字數、刻工姓名或黑單魚尾。其次，書寫字體、風格統一，符合宋代官刻要求。再次，兩個本子有相同的刻工姓名。如涵芬樓舊藏宋刊元明遞修本《北齊書》卷一第三葉刻工爲吳志，北平圖書館藏元明之際所印本卷四二第三葉刻工亦爲吳志；涵芬樓舊藏宋刊元明遞修本卷二第一葉刻工爲丁之才，北平圖書館藏元明之際所印本卷四四刻工亦爲丁之才。這説明二者其實是一個本子。

第三，百衲本《北齊書》的祖本，不是眉山七史本，而應該是比其更早的、北宋末的初刻本，即北宋政和中刻本。首先，現有百衲本《北齊書》中，沒有眉山七史本的版本依據。其次，據王國維先生考證，北宋末年的國子監南北朝七史刻本，是在杭州鏤版的。王國維先生《兩浙古刊本考》載："及宋有天下，南並吳越，嗣後國子監刊書，若《七經正義》，若《史》《漢》三史，若南北朝七史，若《唐書》……皆下杭州鏤版。北宋監本刊於杭者，殆居泰半。南渡以後，臨安爲行都，胄監在焉。書版之所萃集，宋亡，廢爲西湖書院，而書庫未毁，明初移入南京國子監。"王國維先生的依據，是江安傅氏所藏宋刊《南齊書》保留有北宋敕書的節文："崇文院嘉祐六年八月十一日敕節文，《宋書》《齊書》《梁書》《陳書》《後魏書》《北齊書》《後周書》見今國子監並未有印本，宜令三館、秘閣見編校書籍官員精加校勘，同分管句使臣選擇楷書如法，書寫板樣，如《唐書》例，逐旋封送杭州開版。治平二年六月日。"由此敕文可知，北宋國子監的南北朝七史刻本，是治平二年（1065）六月開始在杭州刻版的。這也可以與晁公武《郡齋讀書志》所言，《南齊書》《梁書》《陳書》《魏書》和《周書》於治平中完成讎校呈上之說相印證。晁公武所說不同之處，在於指出七史之中的《宋書》與《北齊書》的讎校工作完成較晚，是在政和中完成並刊布的。晁公武是眉山七史刊刻的見證者，他的說法，應該可信。即《北齊書》的國子監初刻本，應該在政和年間，比上述《南齊書》《梁書》《陳書》《魏書》和《周書》刊刻時間較晚，但地點都應該是在杭州。再次，筆者考察了百衲本《北齊書》所保留的刻工姓名，大多爲宋代杭州地區的刻工。如金滋、陳仁、張仁、吳志、佘貴、王太、蔡郊、詹世榮、丁之才、葛弗一、趙良、丘文舉等，他們除參與刻《北齊書》之外，也大都參與了其他書籍的刻版，有史可考。綜合考慮，百衲本《北齊書》所用底本應該是一部宋代國子監刻的北宋末初刻本，這部宋刻本經歷了元、明，特別是明代嘉靖年間的補版而有序傳承至今。

總之，今本《北齊書》在魏晉南北朝史，特別是北朝史的研究中具有重要的價值，但同時亦有缺憾和不足，這是我們在使用這部書的時候需留意之處。

例　言

　　本書校注工作，一依《今注本二十四史》編纂委員會頒布的《今注本二十四史編纂總則》及其規範性文件。具體執行，補充如下：

　　一、本書校勘以百衲本爲工作底本，以宋刻元明遞修本（三朝本，簡稱"宋本"）、明萬曆南京國子監刻本（簡稱"南本"）、明末毛氏汲古閣本（簡稱"汲本"）、清乾隆武英殿本（簡稱"殿本"）、清文淵閣四庫全書本（簡稱"四庫本"）、清同治金陵書局本（簡稱"局本"）、中華書局點校本（簡稱"中華本"）爲參校本。同時，參以《北史》《通志》《册府元龜》等，部分人物、史實的考訂則參考《魏書》《周書》《南史》《梁書》《陳書》《隋書》《資治通鑑》及相關墓誌與出土材料。

　　二、與百衲本不同的異文的處理。異文的處理與訛誤的判斷，在充分尊重吸收前人相關研究成果、校勘考訂成果的基礎上，參考版本、文獻的早晚、多數文獻的記載情況酌情而定，難以做出判斷者則存疑待考。

三、本書的標點、分段，在參考吸收中華書局《北齊書》點校本斷句、標點、分段的基礎上，依各卷敘事的邏輯關係，稍做了調整。

四、貫徹編委會史家注史的要求，儘可能吸收前人有關《北齊書》、北朝史研究成果，特別是民國以來百年間學者的相關研究成果，尤其是在史實考訂、地名沿革、制度變遷等方面的成果，力圖反映近代學術研究的進展，爲學者提供進一步研究的資料參考。

五、注釋語言使用簡潔、樸實的現代語體文，不使用文白夾雜、半文半白的語體，注文力求清晰、明瞭、易懂。

六、人物注釋的原則，本書有傳者略，無傳者細。人物的注釋，一般包含五個要素，即生卒年、稱謂、籍貫、主要事迹、著録史籍。史籍未明者則缺。人物生卒年，有明確記載者，直接依之而換算爲公元紀年。若無明確記載者儘量考求推算。傳統紀年月日換算爲公元時間，一般祇換算年，保留傳統月日。籍貫的認定，依其祖居地，非徙居地。

七、異體字、通假字的處理。百衲本《北齊書》中的通假字、異體字一般予以保留，不做改動。生僻字則須注中文拼音、釋義。注文不使用異體字、通假字。

八、地名注釋，地名之考定依施和金《北齊地理志》、王仲犖《北周地理志》、清人楊守敬《隋書地理志考證》。

古地今釋，如州、郡、縣一般衹注治所，不釋轄區區域。今地之名以中華人民共和國民政部編《中華人民共和國行政區劃簡册》（中國地圖出版社 2017 年版）爲據。

主要參考文獻

一　校勘底本、參校本

唐·李百藥：《北齊書》，商務印書館民國二十三年（1934）四部叢刊本（百衲本）。

唐·李百藥：《北齊書》，宋刻元明遞修本。

唐·李百藥：《北齊書》，中華書局民國二十五年（1936）仿宋聚珍本。

唐·李百藥：《北齊書》，明萬曆十六年（1588）南京國子監本。

唐·李百藥：《北齊書》，明崇禎十一年（1638）毛氏汲古閣本。

唐·李百藥：《北齊書》，清光緒癸卯年（1903）上海五洲同文書局石印武英殿本。

唐·李百藥：《北齊書》，影印文淵閣四庫全書本，上海古籍出版社1987年版。

唐·李百藥：《北齊書》，清同治十一年（1872）金陵書局本。

唐·李百藥：《北齊書》，中華書局1972年版。

二　古籍、考古類

春秋·左丘明傳，上海師範大學古籍整理組校點：《國語》，上海古籍出版社 1978 年版。

春秋·左丘明傳，晉·杜預注，唐·孔穎達正義，浦衛忠等整理：《春秋左傳正義》，北京大學出版社 2000 年版。

漢·司馬遷：《史記》，中華書局 1959 年版。

漢·班固：《漢書》，中華書局 1962 年版。

漢·許慎撰，清·段玉裁注：《說文解字注》，上海古籍出版社 1981 年版。

漢·孔安國傳，唐·孔穎達疏，廖名春、陳明整理：《尚書正義》，北京大學出版社 2000 年。

漢·毛亨傳，漢·鄭玄箋，唐·孔穎達疏，龔抗雲等整理：《毛詩正義》，北京大學出版社 2000 年版。

漢·鄭玄注，唐·賈公彥疏，趙伯雄整理：《周禮注疏》，北京大學出版社 2000 年版。

漢·鄭玄注，唐·賈公彥疏，彭林整理：《儀禮注疏》，北京大學出版社 2000 年版。

漢·鄭玄注，唐·孔穎達疏，龔抗雲整理：《禮記正義》，北京大學出版社 2000 年版。

漢·公羊壽傳，漢·何休解詁，唐·徐彥疏，浦衛忠整理：《春秋公羊傳注疏》，北京大學出版社 2000 年版。

魏·王弼注，唐·孔穎達疏，盧光明、李申整理：《周易正義》，北京大學出版社 2000 年版。

魏·何晏注，宋·邢昺疏，朱漢民整理：《論語注疏》，北京大學出版社 2000 年版。

晉·陸翽：《鄴中記》，四部叢刊本。

晋·郭璞注，宋·邢昺疏，李傳書整理：《爾雅注疏》，北京大學出版社 2000 年版。

南朝宋·劉義慶撰，南朝梁·劉孝標注，徐震堮著：《世說新語校箋》，中華書局 1984 年版。

南朝宋·劉義慶撰，南朝梁·劉孝標注，余嘉錫箋疏：《世說新語箋疏》，上海古籍出版社 1993 年版。

北魏·楊衒之：《洛陽伽藍記》，中華書局 1991 年版。

北魏·酈道元著，陳橋驛校證：《水經注校證》，中華書局 2007 年版。

北齊·魏收：《魏書》，中華書局 1974 年版。

南朝梁·蕭子顯：《南齊書》，中華書局 1972 年版。

南朝梁·沈約：《宋書》，中華書局 1974 年版。

南朝梁·蕭統編，唐·李善注：《文選》，上海古籍出版社 1986 年版。

南朝梁·釋惠皎撰，湯用彤校注，湯一玄整理：《高僧傳》，中華書局 1992 年版。

唐·徐堅等：《初學記》，中華書局 1962 年版。

唐·令狐德棻等：《周書》，中華書局 1971 年版。

唐·姚思廉：《陳書》，中華書局 1972 年版。

唐·魏徵等：《隋書》，中華書局 1973 年版。

唐·姚思廉：《梁書》，中華書局 1973 年版。

唐·李延壽：《北史》，中華書局 1974 年版。

唐·房玄齡等：《晉書》，中華書局 1974 年版。

唐·李延壽：《南史》，中華書局 1975 年版。

唐·劉知幾撰，清·浦起龍釋：《史通通釋》，上海古籍出版社 1978 年版。

唐·歐陽詢撰，汪紹楹校：《藝文類聚》，上海古籍出版社 1982

年版。

唐·李吉甫撰，賀次君點校：《元和郡縣圖志》，中華書局 1983 年版。

唐·長孫無忌等撰，劉俊文點校：《唐律疏議》，中華書局 1983 年版。

唐·封演：《封氏聞見記》，中華書局 1985 年版。

唐·許敬宗等：《文館詞林》，中華書局 1985 年版。

唐·杜佑撰，王文錦等點校：《通典》，中華書局 1988 年版。

唐·劉知幾撰，趙呂甫校注：《史通新校注》，重慶出版社 1990 年版。

唐·李泰等著，清·孫星衍輯：《括地志》，中華書局 1991 年版。

唐·李林甫等撰，陳仲夫點校：《唐六典》，中華書局 1992 年版。

唐·林寶撰，岑仲勉校記：《元和姓纂》，中華書局 1994 年版。

唐·虞世南編纂：《北堂書鈔》，學苑出版社 1998 年版。

唐·李隆基注，宋·邢昺疏，鄧洪波整理：《孝經注疏》，北京大學出版社 2000 年版。

宋·李昉等：《太平御覽》，四部叢刊本。

宋·王應麟：《困學紀聞》，四部叢刊三編本。

宋·王欽若等編：《册府元龜》，中華書局 1960 年版。

宋·王存撰，王文楚、魏嵩山點校：《元豐九域志》，中華書局 1984 年版。

宋·趙明誠撰，金文明校證：《金石錄校證》，上海書畫出版社 1985 年版。

宋·鄭樵編撰：《通志》，中華書局 1987 年版。

宋·陳振孫撰，徐小蠻、顧美華點校：《直齋書錄解題》，上海古籍出版社 1987 年版。

宋·王應麟輯：《玉海》，江蘇古籍出版社 1987 年版。

宋·晁公武撰，孫猛校證：《郡齋讀書志校證》，上海古籍出版社1990年版。
宋·趙明誠：《宋本金石錄》，中華書局1991年版。
宋·鄭樵撰，王樹民點校：《通志二十略》，中華書局1995年版。
宋·洪邁：《容齋隨筆》，上海古籍出版社1996年版。
宋·樂史撰，王文楚等點校：《太平寰宇記》，中華書局2007年版。
宋·司馬光編著：《資治通鑑》，中華書局2011年版。
清·紀昀：《四庫全書總目》，臺灣商務印書館影印文淵閣本。
清·王引之：《經傳釋詞》，中華書局1956年版。
清·張玉書等編：《康熙字典》，中華書局1958年版。
清·嚴可均輯：《全上古三代秦漢三國六朝文》，中華書局1958年版。
清·趙翼：《陔餘叢考》，中華書局1963年版。
清·阮元等撰集：《經籍籑詁》，中華書局1982年版。
清·張玉書等編：《佩文韻府》，上海古籍出版社1983年版。
清·顧炎武著，清·黃汝成集釋：《日知錄集釋》，上海古籍出版社1984年版。
清·趙翼著，王樹民校證：《廿二史劄記校證》，中華書局1984年版。
清·穆彰阿等編纂：《嘉慶重修一統志》，四部叢刊影印本，上海書店1984年版。
清·陸增祥：《八瓊室金石補正》，文物出版社1985年版。
清·牛運震：《讀史糾謬》，齊魯書社1989年版。
清·永瑢等修纂：《歷代職官表》，中華書局1989年版。
清·黃丕烈著，潘祖蔭輯：《士禮居藏書題跋記》，書目文獻出版社1989年版。
清·王昶：《金石萃編》，陝西人民美術出版社1990年版。

清・邵懿辰撰，邵章續錄：《增訂四庫簡明目錄標注》，上海古籍出版社 2000 年版。

清・李慈銘：《越縵堂讀史札記全編》，北京圖書館出版社 2003 年版。

清・錢大昕著，方詩銘、周殿傑校點：《廿二史考異》，上海古籍出版社 2004 年版。

清・顧祖禹撰，賀次君、施和金點校：《讀史方輿紀要》，中華書局 2005 年版。

清・王鳴盛著，黃曙輝點校：《十七史商榷》，上海書店出版社 2005 年版。

清・黃本驥編：《歷代職官表》，上海古籍出版社 2005 年版。

清・錢大昕著，陳文和、孫顯軍校點：《十駕齋養新錄》，江蘇古籍出版社 2006 年版。

清・叶德輝：《書林清話》，上海古籍出版社 2008 年版。

二十五史刊行委員會編：《二十五史補編》，中華書局 1955 年版。

趙萬里編：《漢魏南北朝墓誌集釋》，科學出版社 1956 年版。

高步瀛著，曹道衡、沈玉成點校：《文選李注義疏》，中華書局 1985 年版。

趙超：《漢魏南北朝墓誌彙編》，天津古籍出版社 1992 年版。

張舜徽主編：《二十五史三編》，嶽麓書社 1994 年版。

徐蜀選編：《二十四史訂補》，書目文獻出版社 1996 年版。

洛陽市第二文物工作隊、李獻奇、郭引強編：《洛陽新獲墓誌》，文物出版社 1996 年版。

洛陽市文物局編，朱亮主編，何留根副主編：《洛陽出土北魏墓誌選編》，科學出版社 2001 年版。

趙君平編：《邙洛碑誌三百種》，中華書局 2004 年版。

羅新、叶煒：《新出魏晉南北朝墓誌疏證》，中華書局 2005 年版。

郭培育、郭培智主編：《洛陽出土石刻時地記》，大象出版社 2005 年版。
洛陽師範學院河洛文化國際研究中心：《洛陽考古集成：秦漢魏晉南北朝》（上、下卷），北京圖書館出版社 2007 年版。
毛遠明校注：《漢魏六朝碑刻校注》，綫裝書局 2008 年版。
洛陽市第二文物工作隊、喬棟、李獻奇、史家珍編著：《洛陽新獲墓誌續編》，科學出版社 2008 年版。
齊淵編：《洛陽新見墓誌》，上海古籍出版社 2011 年版。
齊運通編：《洛陽新獲七朝墓誌》，中華書局 2012 年版。
郭茂育、趙水森等編著：《洛陽出土鴛鴦誌輯錄》，國家圖書館出版社 2012 年版。
邵正坤：《北朝紀年造像記彙編》，吉林人民出版社 2014 年版。

三 相關論著

羅振玉：《北齊書斠議》，見《五史斠議》，清光緒二十九年（1903）刻本。
余嘉錫：《四庫提要辯證》，中華書局 1980 年版。
陳寅恪：《陳寅恪文集》，上海古籍出版社 1980 年版。
王仲犖：《北周地理志》，中華書局 1980 年版。
周一良：《魏晉南北朝史札記》，中華書局 1985 年版。
萬繩楠整理：《陳寅恪魏晉南北朝史講演錄》，黃山書社 1987 年版。
黃永年譯注：《北齊書選譯》，巴蜀書社 1991 年版。
陳長琦：《兩晉南朝政治史稿》，河南大學出版社 1992 年版。
羅宗真：《六朝考古》，南京大學出版社 1994 年版。
張元濟：《百衲本二十四史校勘記》，商務印書館 1997 年版。
朱大渭：《六朝史論》，中華書局 1998 年版。
朱大渭等：《魏晉南北朝社會生活史》，中國社會科學出版社

1998 年版。

高敏：《魏晋南北朝兵制研究》，大象出版社 1998 年版。

汪波：《魏晋北朝并州地區研究》，人民出版社 2001 年版。

陳垣：《史諱舉例》，中華書局 2002 年版。

鄭岩：《魏晋南北朝壁畫墓研究》，文物出版社 2002 年版。

閻步克：《品位與職位——秦漢魏晋南北朝官階制度研究》，中華書局 2002 年版。

洛陽古代藝術館、趙振華主編：《洛陽出土墓誌研究文集》，朝華出版社 2002 年版。

高敏：《南北史掇瑣》，中州古籍出版社 2003 年版。

許福謙：《南北朝八書二史疑年録》，北京出版社、天津出版社 2003 年版。

陳垣：《校勘學釋例》，中華書局 2004 年版。

許嘉璐主編：《二十四史全譯》之《北齊書》，漢語大詞典出版社 2004 年版。

吕思勉：《兩晋南北朝史》，上海古籍出版社 2005 年版。

吕思勉：《吕思勉讀史札記》，上海古籍出版社 2005 年版。

黄永年：《古籍版本學》，江蘇教育出版社 2005 年版。

高敏：《魏晋南北朝史發微》，中華書局 2005 年版。

王仲犖：《魏晋南北朝史》，中華書局 2007 年版。

嚴耕望：《中國地方行政制度史（乙編）：魏晋南北朝地方行政制度》，上海古籍出版社 2007 年版。

姚薇元：《北朝胡姓考》，中華書局 2007 年版。

施和金：《北齊地理志》，中華書局 2008 年版。

瞿林東編：《20 世紀二十四史研究綜論》，中國大百科全書出版社 2009 年版。

周文玖編：《晋書、"八書"、"二史"研究》，中國大百科全書出版社 2009 年版。
周一良：《魏晋南北朝史論集》，北京大學出版社 2010 年版。
唐長孺：《魏晋南北朝史論叢續編》，中華書局 2011 年版。
唐長孺：《魏晋南北朝史論拾遺》，中華書局 2011 年版。
唐長孺：《魏晋南北朝史論叢》，商務印書館 2012 年版。
陳長琦：《官品的起源》，商務印書館 2016 年版。
［日］宮崎市定：《九品官人法の研究》，同朋舍 1956 年版。
［日］川勝義雄：《六朝貴族制社會の研究》，岩波書店 1982 年版。
［日］越智重明：《魏晋南朝の貴族制》，研文社 1982 年版。
［日］尾崎康著，喬秀岩、王鏗編譯：《正史宋元版之研究》，中華書局 2018 年版。
米文平：《鮮卑石室的發現與初步研究》，《文物》1981 年第 2 期。
陳連慶：《標點本〈北齊書〉校議》，《中國歷史文獻研究集刊》第三集，嶽麓書社 1983 年版。
高敏：《東魏、北齊的食幹制度研究（上）》，《社會科學戰綫》1984 年第 2 期。
高敏：《東魏、北齊的食幹制度研究（下）》，《社會科學戰綫》1984 年第 3 期。
嚴耀中：《北齊食幹制再探》，《上海師範大學學報》1986 年第 1 期。
鄭欣：《魏晋南北朝時期的户籍制度》，《鄭州大學學報》1987 年第 1 期。
高世瑜：《唐代的官妓》，《史學月刊》1987 年第 5 期。
劉尚恒：《金陵書局小考——〈中國古籍印刷史〉補正》，《圖書館雜志》1987 年第 5 期。
施和金：《王仲犖〈北周地理志〉校讀札記》，《南京師大學報》1987 年第 4 期。
李春光：《〈四部備要〉述略——兼談與〈四部叢刊〉異同》，

《遼寧大學學報》1988年第2期。

劉漢東：《北朝後期別封、別食制度探論》，《鄭州大學學報》1988年第3期。

鍾興麒：《丁零高車柔然敕勒和鐵勒考辨》，《青海民族學院學報》1988年第2期。

張焯：《東魏北齊京畿大都督補考——兼向周雙林先生請教》，《史學月刊》1989年第2期。

陳長琦：《魏晉南朝的資品與官品》，《歷史研究》1990年第6期。

李豫：《〈北朝四史人名索引〉脱漏增補》，《山西大學學報》1991年第2期。

賀忠輝：《試論北朝墓誌書法藝術》，《文史雜誌》1991年第4期。

陳世良：《敕勒非丁零考辨》，《民族研究》1992年第1期。

鄭顯文：《北齊户口考》，《中國社會經濟史研究》1993年第1期。

楊明珠、楊高雲：《晉南發現北齊裴子誕兄弟墓誌》，《考古》1994年第4期。

朱雷：《〈北齊書〉斛律羨傳中所見北齊"私兵"制》，《武漢大學學報》1995年第5期

陳長琦：《魏晉九品官人法再探討》，《歷史研究》1995年第6期。

張德一：《北齊童子寺考》，《文史月刊》1996年第5期。

李偉科：《北齊武威王墓誌》，《文物春秋》1997年第2期。

丁玉祥：《〈北齊書〉校議五則》，《南京師大學報》1998年第2期。

王子今：《中華本〈北史〉〈金史〉地名點校疑議》，《中國歷史地理論叢》1998年第4期。

許福謙、劉勇：《〈北齊書〉紀傳疑年錄》，《首都師範大學學報》1999年第1期。

許福謙、李勇：《北齊諸帝諸王生卒年考》，《山西大學學報》1999年第2期。

楊效俊：《東魏、北齊墓葬的考古學研究》，《考古與文物》2000年第5期。

熊清元：《〈北齊書·顏之推傳〉的一个校勘問題》，《中國史研究》2000年第4期。

張金龍：《東魏、北齊京畿大都督考》，《文史哲》2001年第1期。

劉偉毅：《〈中國歷史地圖集〉山西部分商榷》，《山西師範大學學報》2001年第1期。

高敏：《北魏"宗主督護"制始行時間試探——兼論"宗主督護"制的社會影響》，《廣州大學學報》2002年第1期。

鄭灤明：《灣漳北齊皇陵壁畫墓神禽瑞獸分析》，《文物春秋》2002年第2期。

張旭華：《北齊流内比視官分類考述（上）》，《鄭州大學學報》2002年第3期。

張旭華：《北齊流内比視官分類考述（下）》，《鄭州大學學報》2002年第4期。

李萬生：《論東魏北齊的積極進取——兼論東魏北齊歷史的一種分期法》，《史學月刊》2003年第1期。

高敏：《北朝典簽制度試探》，《史學史研究》2003年第1期。

王素芳：《二十世紀後半期〈二十四史〉系列古籍整理出版述略及思考》，《古籍整理研究學刊》2003年第5期。

常一民等：《太原北齊徐顯秀墓發掘簡報》，《文物》2003年第10期。

高敏：《北朝州府僚佐以本職帶郡、帶縣制度的始行年代與原因試探》，《文史》2003年第4期。

左華明：《北齊的并州尚書省》，《滄桑》2004年第1期。

商彤流、周建、李愛國：《太原西南郊北齊洞室墓》，《文物》2004年第6期。

李梅田：《北齊墓葬文化論析》，《中國歷史文物》2004年第6期。

侯旭東：《地方豪右與魏齊政治——從魏末啓立州郡到北齊天保七年併省州郡縣》，《中國史研究》2004年第4期。

金霞、李傳軍：《〈北齊書·宋世軌傳〉"臺欺寺久"淺釋》，《晋陽學刊》2004年第6期。

陳長琦：《魏晋九品官人法釋疑》，《中國史研究》2005年第1期。

吴家駒：《局本〈二十四史〉述略》，《圖書館理論與實踐》2007年第5期。

王勇：《中華本〈北齊書〉校議》，《圖書館雜誌》2008年第5期。

歐燕：《略論魏晋南北朝樂户》，《青島大學師範學院學報》2008年第4期。

李研：《中華書局本〈北齊書〉校勘記補正》，《文教資料》2009年第18期。

周運中：《〈北齊地理志〉淮南部分補正》（一）—（二〇），《文史》2009—2011年。

王虎：《〈北齊書〉"口馬"辨》，《鹽城師範學院學報》2011年第2期。

孫英剛：《幽冥之間："見鬼人"與中古社會》，《中華文史論叢》2011年第2輯。

劉呆運、王倉西、趙寶良、許小平、郭選舉、靳軍、黨曉婷、張明惠：《北周獨孤賓墓發掘簡報》，《考古與文物》2011年第5期。

周升華：《論桑户的界定與北朝雜户的构成》，《樂山師範學院學報》2012年第3期。

李偉國、尹小林：《重審〈文淵閣四庫全書〉中"二十四史"之价值》，《學術月刊》2013年第1期。

四　工具書

陳垣：《二十史朔閏表》，中華書局1962年版。

廣東、廣西、湖南、河南辭源修訂組、商務印書館編輯部編：《辭源》，商務印書館1979年版。

辭海編輯委員會編：《辭海》，上海辭書出版社1979年版。

林尹、高明編：《中文大辭典》，（臺灣）華岡出版有限公司1979年版。

譚其驤主編：《中國歷史地圖集》，地圖出版社1982年版。

陳德蕓編：《古今人物別名索引》，上海書店出版社1982年版。

張忱石：《南朝五史人名索引》，中華書局1985年版。

王壯弘、馬成名編纂：《六朝墓誌檢要》，上海書畫出版社1985年版。

復旦大學歷史地理研究所編委會編：《中國歷史地名辭典》，江西教育出版社1986年版。

陳仲安等編：《北朝四史人名索引》，中華書局1988年版。

高亨纂著，董治安整理：《古字通假會典》，齊魯書社1989年版。

漢語大字典編輯委員會編：《漢語大字典》，湖北辭書出版社、四川辭書出版社1992年版。

漢語大詞典編輯委員會編：《漢語大詞典》，漢語大詞典出版社1993年版。

華夫主編：《中國古代名物大典》，濟南出版社1993年版。

呂宗力等主編：《中國歷代官制大辭典》，北京出版社1994年版。

魏嵩山主編：《中國歷史地名大辭典》，廣東教育出版社1995年版。

李圃主編：《異體字字典》，學林出版社1997年版。

中華書局編輯部編：《二十四史人名索引》，中華書局1998年版。

張撝之、沈起煒、劉德重主編：《中國歷代人名大辭典》，上海古籍出版社1999年版。

孫殿起：《販書偶記》，上海古籍出版社 1999 年版。

王力主編：《古漢語字典》，中華書局 2000 年版。

冷玉龍、韋一心等著：《中華字海》，中華書局 2000 年版。

簡修煒主編：《北朝五史辭典》，山東教育出版社 2000 年版。

宗福邦、陳世鐃、蕭海波主編：《故訓匯纂》，商務印書館 2003 年版。

袁英光主編：《南朝五史辭典》，山東教育出版社 2005 年版。

戴均良等編：《中國古今地名大詞典》，上海辭書出版社 2005 年版。

方詩銘、方小芬：《中國史曆日和中西曆日對照表》，上海人民出版社 2007 年版。

北齊書　卷一[1]

帝紀第一

神武上

齊高祖神武皇帝,[2]姓高名歡,[3]字賀六渾,渤海蓨人也。[4]六世祖隱,[5]晋玄菟太守。[6]隱生慶,[7]慶生泰,[8]泰生湖,[9]三世仕慕容氏。[10]及慕容寶敗,[11]國亂,湖率衆歸魏,[12]爲右將軍。[13]湖生四子,第三子謐,[14]仕魏位至侍御史,[15]坐法徙居懷朔鎮。[16]謐生皇考樹,[17]性通率,不事家業。住居白道南,[18]數有赤光紫氣之異,鄰人以爲怪,勸徙居以避之。皇考曰:"安知非吉?"居之自若。及神武生而皇妣韓氏殂,[19]養於同産姊婿鎮獄隊尉景家。[20]

[1]《北齊書》卷一:中華本校勘記云:"按此卷原缺,後人以《北史》卷六《齊紀》上《神武紀》補。"

[2]齊高祖神武皇帝:按,宋本無"齊"字。其他諸本有。錢大昕《廿二史考異》云:"'高祖'上不當係以'齊'字,此亦沿

《北史》之文，而未及芟削者。監本卷首無'齊'字。"

[3]姓高名歡：高歡（496—547）。

[4]渤海：郡名。漢高帝置。高歡時，渤海郡治所在今河北東光縣。"後魏及北齊天保七年前渤海郡治是在今東光縣城，北齊天保七年後却移治於縣東南三十里陶氏城也"（施和金：《北齊地理志》，中華書局2008年版，第62頁）。　蓨（tiáo）：縣名。治所在今河北景縣。蓨，宋本、百衲本作"蓚"，四庫本、中華本作"蓨"。按"蓚"通"脩"，"脩"通"修"，但是"蓚""修"俱不通"蓨"。《魏書·地形志》云："脩，前漢、晉屬渤海郡，號脩，後改。"錢大昕《廿二史考異》云："'脩'於漢、晉無異文，何以云改？據列傳，高氏、封氏皆稱渤海蓨人，乃知晉以前本作'脩'，後魏改從艸耳，上'脩'字當作'蓨'。"楊守敬《北魏地形志劄記》則以爲"脩""蓨"古通用。施和金也認爲是"改後魏、北齊世之縣名爲蓨"（《北齊地理志》第63頁）。

[5]隱：高隱，史文無傳。

[6]晉：即晉朝。曹魏元帝咸熙二年（265），晉王司馬炎（晉武帝）禪代曹魏，改元稱帝，都洛陽，國號晉，史稱西晉。西晉武帝太康元年（280）滅吳，統一全國。西晉愍帝建興四年（316），匈奴劉淵所建的漢國滅西晉，北方由此進入十六國時期。公元317年，晉琅邪王司馬睿（晉元帝）在南方重建晉帝國，都建康（今江蘇南京市），史稱東晉。東晉恭帝元熙二年（420），爲劉裕禪代，晉亡。兩晉共十五帝，一百五十六年。　玄菟：郡名。西晉時治所在今遼寧瀋陽市以東與今遼寧撫順市以西之間（譚其驤：《中國歷史地圖集》第三冊，地圖出版社1982年版，第39—40頁）。

[7]慶：高慶，十六國後燕慕容垂時司空。

[8]泰：高泰，十六國後燕吏部尚書。

[9]湖：高湖，字大淵，北魏官員。《魏書》卷三二有傳。

[10]慕容氏：此處指十六國時建立後燕的慕容氏，鮮卑族。

[11]慕容寶（355—398）：字道祐，鮮卑族，十六國時後燕國

君。《晉書》卷一二四有載記。

[12]魏：即北魏（386—557）。北朝政權之一。公元386年鮮卑人拓跋珪建立代國，初居盛樂（今内蒙古和林格爾縣），398年定都平城（今山西大同市東北），後遷都洛陽（今河南洛陽市東北）。永熙三年（534）分裂爲東魏與西魏。東魏（534—550）都於鄴（今河北臨漳縣西南鄴鎮東），西魏（535—557）都於長安（今陝西西安市西北郊）。

[13]右將軍：官名。漢朝爲重號將軍之一，與前、左、後將軍並爲上卿。東晉南北朝成爲軍府名號，用作加官，常不載官品。北魏孝文帝太和十七年（493）定爲從二品上，二十三年定爲三品。

[14]第三子謐：高謐（428—472），字安平。《魏書》卷三二《高湖傳》有附傳。

[15]侍御史：官名。亦簡稱"御史""侍御"。西漢爲御史大夫屬官，由御史中丞統領，入侍禁中蘭臺，給事殿中，故名。侍御史分曹治事，亦奉命監國、督察巡視州郡、收捕官吏、宣示詔命等。漢武帝時曾有繡衣御史，又有治書侍御史，選明習法律者充任，復核疑案，平決刑獄。高謐即先被授予蘭臺御史，後又轉任治書侍御史。北魏孝文帝太和十七年定爲從五品中，二十三年改八品。

[16]懷朔鎮：北魏六鎮之一，治所在今内蒙古固陽縣西南。

[17]皇考：帝王對亡父的尊稱。　樹：高樹生（472—526），高謐長子，高歡之父。《魏書》卷三二《高湖傳》有附傳。

[18]白道：道路名。在今内蒙古呼和浩特市西北。爲河套東北地區通往陰山以北的交通要道。北魏時南谷口有白道城，城北有白道嶺、白道川。

[19]皇妣：帝王對亡母的尊稱。　韓氏：高歡之母。北魏太昌初（532）追封爲渤海王國太妃。北齊天保元年（550）追尊爲文穆皇后。

[20]尉景（？—547）：字士真，善無（今山西右玉縣南）人。

高歡妹夫。本書卷一五、《北史》卷五四有傳。

神武既累世北邊，故習其俗，遂同鮮卑。[1]長而深沉有大度，輕財重士，爲豪俠所宗。目有精光，長頭高顴，齒白如玉，少有人傑表。家貧，及聘武明皇后，[2]始有馬，得給鎮爲隊主。[3]鎮將遼西段長常奇神武貌，[4]謂曰："君有康濟才，終不徒然。"便以子孫爲託。及貴，追贈長司空，[5]擢其子寧用之。[6]神武自隊主轉爲函使，[7]嘗乘驛過建興，[8]雲霧晝晦，雷聲隨之，半日乃絕，若有神應者。每行道路，往來無風塵之色。又嘗夢履衆星而行，覺而內喜。爲函使六年，每至洛陽，[9]給令史麻祥使。[10]祥嘗以肉啗神武，神武性不立食，坐而進之。祥以爲慢己，笞神武四十。及自洛陽還，傾產以結客，親故怪問之。答曰："吾至洛陽，宿衛羽林相率焚領軍張彝宅，[11]朝廷懼其亂而不問，爲政若此，事可知也。財物豈可常守邪？"自是乃有澄清天下之志。與懷朔省事雲中司馬子如及秀容人劉貴、[12]中山人賈顯智爲奔走之友，[13]懷朔戶曹史孫騰、[14]外兵史侯景亦相友結。[15]劉貴嘗得一白鷹，與神武及尉景、蔡儁、子如、賈顯智等獵於沃野。[16]見一赤兔，每搏輒逸，遂至迴澤。澤中有茅屋，[17]將奔入，有狗自屋中出，噬之，鷹兔俱死。神武怒，以鳴鏑射之，狗斃。屋中有二人出，持神武襟甚急。其母兩目盲，曳杖呵其二子曰：[18]"何故觸大家！"出甕中酒，烹羊以飯客。因自言善暗相，遍捫諸人皆貴，而指麾俱由神武。又曰："子如歷位顯，智不善終。"飯竟出，行數里還，更訪之，則本無人居，乃向非人也。由是諸人益加敬異。

[1]鮮卑：古族名。東胡的一支。漢初，東胡爲匈奴冒頓單于擊敗，部分部衆退居鮮卑山（大興安嶺北部東麓，今内蒙古鄂倫春自治旗。見米文平《鮮卑石室的發現與初步研究》，《文物》1981年第2期），因以爲名。兩晉南北朝時，鮮卑族各支慕容、乞伏、秃發、拓跋、宇文等部相繼興起，先後建立前燕、西秦、南凉、北魏、北齊、北周等政權。陳寅恪認爲"北齊最高統治者皇室高氏爲漢人而鮮卑化者"（萬繩楠：《陳寅恪魏晉南北朝史講演録》，黄山書社1987年版，第293頁）。周一良認爲"北齊統治者的皇室若非出自鮮卑，也是完全胡化了的漢人"（周一良：《魏晉南北朝史論集》，北京大學出版社1997年版，第135頁）。

[2]武明皇后：謚號。即高歡妻婁氏（501—562），名昭君，北魏贈司徒婁内干之女。本書卷九、《北史》卷一四有傳。

[3]隊主：官名。東晉、南北朝軍事編制隊的主將。下設隊副，上屬軍主。所指揮的兵力無定員，自數十人至數百人不等。北齊隊主擔任儀衛等任務時爲從五品，一般爲從六品。

[4]鎮將：官名。北魏置，鎮的長官。在不設州郡的地區，如西邊、北邊諸鎮，兼統軍民；在設州郡的内地，主要掌軍政，但兼任在州刺史時，亦兼理民政。北魏前期多以宗室或鮮卑勳貴爲之，多兼刺史，並持節、都督臨近州鎮，地位高於刺史，孝文帝改制後地位漸低。其下設副將、監軍及長史、司馬等僚佐。北魏孝文帝太和十七年（493）職員令及二十三年復次職令時皆未載其品階。北齊三等鎮將爲四品。　遼西：指遼西地區。漢代的遼西以及遼西郡塞以外各地，泛指今遼寧西部地區。　叚（xiá）長：北魏遼西郡人，曾任北魏懷朔鎮將。興和（539—542）中，爲司空公。按，中華本作"段長"，其他諸本作"叚長"，據《集韻·麻韻》："叚，

姓也。《春秋傳》晋有叚嘉。通作瑕。"宋本、四庫本同底本。

[5]司空：官名。三公之一。與太尉、司徒並爲三公，開府辟僚屬，有長史、諸曹掾屬、令史等屬官。魏晋南北朝時爲名譽宰相，多爲大臣加官，位居一品，無實際職掌。

[6]寧：段寧，曾任相府從事中郎，天保（550—559）初，又兼任南中郎將。

[7]函使：官名。北魏置於各鎮，往來京都傳遞信息的官員。

[8]建興：郡名。治所在今山西陽城縣西北大陽鎮。

[9]洛陽：城名。時爲北魏都城，在今河南洛陽市東北白馬寺東。

[10]令史：官名。戰國秦置，爲縣屬吏。漢則爲各官署掌文書案簿之職吏。歷朝因之。魏晋南北朝在其上復置都令史及主令史。官秩不一，大體上屬中、低級官員。　麻祥：北魏官吏。官至洛陽令史、湯陰令。

[11]宿衛羽林：皇帝禁衛軍。西漢武帝置，屬光祿勳，掌禁衛皇宫。魏晋南北朝沿之。除擔任宿衛外，也時常出征。　領軍：官名。東漢獻帝建安（196—220）中曹操置，統領禁衛軍，屬丞相府。魏晋南北朝時期，資深者稱領軍將軍，資輕者稱中領軍，職掌相同，多由中領軍遷領軍將軍，一般不並置。祇有北魏孝文帝太和十七年職員令中專設有領軍，二品中。　張彝（461—519）：字慶賓，清河東武城（今河北清河縣東北）人。《魏書》卷六四有傳。

[12]省事：官吏名。爲州郡長官屬吏。西晋司隸校尉屬吏有之，東晋罷。南朝及北齊復置爲州刺史、郡太守屬吏。孝文帝太和十七年定爲從八品上。　雲中：郡名。北魏置，治所在今内蒙古和林格爾縣西北土城子。王仲犖認爲："雲中郡治秦雲中郡故城今内蒙古托克托縣東北古城。……按魏初雲中郡治前漢定襄郡之成樂縣故城，在今和林格爾縣北二十里。其後别置雲中郡於秦雲中郡城，而改定襄成樂之雲中郡爲盛樂郡。兩城相距八十里，雲中城在西，盛樂城在東"（王仲犖：《北周地理志》，中華書局1980年版，第

1077頁）。按，北魏時雲中郡治成樂縣（今内蒙古和林格爾縣西北土城子），但東魏時雲中城與盛樂城已分置，此時雲中城在今内蒙古托克托縣東北古城（《中國歷史地圖集》第四册，第61—62頁）。　司馬子如（487—551）：字遵業，河内温（今河南温縣）人。北魏、東魏、北齊官吏。本書卷一八、《北史》卷五四有傳。

秀容：郡名。治所在今山西忻州市西北。　劉貴（？—539）：秀容陽曲（今山西陽曲縣南）人。北魏、東魏將領。本書卷一九、《北史》卷五三有傳。

[13] 中山：郡名。治所在今河北定州市。　賈顯智：賈智，字顯智，中山無極（今河北無極縣）人。北魏、東魏官吏。《魏書》卷八〇、《北史》卷四九《賈顯度傳》有附傳。

[14] 户曹史：户曹長官。户曹，官署名。各級官府諸曹之一。漢朝郡縣始置，長官爲掾或史，職掌同公府户曹，掌民户、祠祀、農桑事。三國、晋、南朝郡縣多置，南朝宋諸州亦置。北齊司州、郡縣置。長官多爲掾。　孫騰（481—548）：字龍雀，咸陽石安（今陝西咸陽東北）人，北齊官員。王仲犖認爲石安在今陝西涇陽縣城關（《北周地理志》第30頁）。本書卷一八有傳。

[15] 外兵史：外兵曹官員。外兵曹，官署名。魏晋南北朝尚書省諸郎曹之一。設郎（郎中）爲長官，掌京畿以外各地軍隊政令軍務，屬五兵尚書（北魏及北齊初年屬七兵尚書）。西晋武帝太康（280—289）中分爲左、右兩曹，東晋南朝仍併爲一曹。北魏與左、右外兵曹並置，北齊罷，唯置左、右外兵曹。又爲諸公、軍府僚屬諸曹之一。　侯景（503—552）：字萬景，懷朔鎮（今内蒙古固陽縣西南）人，或云雁門（今山西代縣西南）人，羯族。北魏、東魏將領，後降南朝梁。《梁書》卷五六、《南史》卷八〇有傳。

[16] 蔡儁（495—536）：字景彦，廣寧石門（今甘肅渭源縣西南洮河東岸）人，北魏、東魏官吏。本書卷一九、《北史》卷五三有傳。　沃野：鎮名。北魏置，初治所在今内蒙古巴彦淖爾市臨河區西南布隆淖東北巴拉亥附近；太和十年移於今内蒙古杭錦旗西北

黄河南岸，正始後又移於今内蒙古烏拉特前旗東北烏梁素海之北。王仲犖認爲沃野鎮治所在今内蒙古烏拉特中後聯合旗南烏加河北（《北周地理志》第1083頁）。

[17]茅：四庫本、中華本同，宋本、百衲本作"苐"。按，"苐"爲訛字。此依中華本校改。今統一作"茅"，以後不再出校記。

[18]曳：中華本同，宋本、四庫本作"曳"，百衲本作"曳"。按，"曳"是"曳"的訛字。《正字通·日部》："曳，從申，丿聲，舒徐之意。俗加點作曳，非。"此依中華本校改。今統一作"曳"，以後不再出校記。

孝昌元年，[1]柔玄鎮人杜洛周反於上谷，[2]神武乃與同志從之。醜其行事，私與尉景、段榮、蔡儁圖之，[3]不果而逃，爲其騎所追。文襄及魏永熙后皆幼，[4]武明后於牛上抱負之。文襄屢落牛，神武彎弓將射之以决去。后呼榮求救，賴榮透下取之以免。[5]遂奔葛榮，[6]又亡歸尒朱榮於秀容。[7]先是，劉貴事榮，盛言神武美，至是始得見，以憔悴故，未之奇也。貴乃爲神武更衣，復求見焉。因隨榮之廄，廄有惡馬，榮命翦之。神武乃不加羈絆而翦，竟不蹄齧，已而起曰："御惡人亦如此馬矣。"榮遂坐神武於牀下，屏左右而訪時事。神武曰："聞公有馬十二谷，色別爲群，[8]將此竟何用也？"榮曰："但言爾意。"神武曰："方今天子愚弱，太后淫亂，孽寵擅命，朝政不行，以明公雄武，乘時奮發，討鄭儼、徐紇而清帝側，[9]霸業可舉鞭而成。此賀六渾之意也。"榮大悅，語自日中至夜半乃出。自是每參軍謀。後從榮徙據并州，抵揚州邑人龐蒼鷹，止團焦中。[10]每從外歸，主人遙聞行響動地。蒼鷹母數見團焦赤氣赫然屬天。又蒼鷹嘗夜欲入，有青衣人拔刀叱曰："何故觸王！"言訖不見。始以爲異，密覘之，[11]唯見赤蛇蟠牀上，乃益驚異。因殺牛分肉，厚以相奉。蒼鷹母求以神武爲義子。及得志，以其宅爲第，號爲南宅。雖門巷開廣，堂宇崇麗，其本所住團焦，以石堊塗之，留而不毁，至文宣時遂爲宮。[12]既而榮以神武爲親信都督。[13]

[1]孝昌：北魏孝明帝元詡年號（525—527）。

[2]柔玄鎮：治所在今內蒙古興和縣西北。　杜洛周（？—528）：又名杜周，北魏柔玄鎮（今內蒙古興和縣西北）人。高車族。北魏末六鎮起兵領袖。初爲柔玄鎮鎮兵。孝昌元年，在上谷舉兵反魏，自號真王，攻没郡縣，南圍燕州。次年，攻取幽州（今北京市西城區），執刺史。武泰元年（528），攻下定州（今河北定州市），俘刺史楊津。後爲葛榮所害。　上谷：郡名。治所在今北京市延慶區（《北齊地理志》第136頁）。

[3]段榮（478—539）：字子茂，姑臧武威（今甘肅武威市）人。本書卷一六、《北史》卷五四有傳。按，諸本作"叚榮"，《集韻·麻韻》："叚，姓也。《春秋傳》晉有叚嘉。通作瑕。"雖"叚""段"俱爲姓氏，然段氏世爲武威著姓，恐以"段"爲是，從中華本改。今統一作"段榮"，以後不再出校記。

[4]文襄：北齊皇帝高澄（521—549），謚號文襄，廟號世宗。本書卷三、《北史》卷六有紀。　魏永熙后：北魏孝武皇后高氏，高歡長女。《北史》卷一三有傳。　幼：四庫本、中華本同，宋本、百衲本作"刡"。據《漢語大字典》"刡"是"幼"的譌字。此依四庫本、中華本校改。今統一作"幼"，以後不再出校記。

[5]賴榮透下取之以免：中華本校勘記云："諸本'透'作'遽'。《北史》卷六百衲本、南本、北本、汲本作'透'，殿本作'遽'。按當時'投'常通作'透'，'透下'即'投下'。補《北齊書》者不解其意，故改作'遽'，殿本《北史》又依《北齊書》誤文改《北史》，今從《北史》百衲本改。"此依中華本改。今統一作"透"，以後不再出校記。

[6]葛榮（？—528）：北魏末年河北暴動首領。本爲懷朔鎮將，公元526年參加鮮于脩禮起事，鮮于脩禮被害後，繼領其衆，乃稱天子，國號齊，年號廣安。528年被尒朱榮俘，十月死於洛陽。

[7]尒朱榮（493—530）：字天寶，北魏北秀容（今山西朔州市）契胡貴族。繼父爲部落酋帥，六鎮起義後投魏。後擁立莊帝，自爲大丞相、天柱大將軍，封太原王。《魏書》卷七四、《北史》卷四八有傳。

[8]聞公有馬十二谷，色別爲群：四庫本、中華本同，宋本、百衲本作"聞公有馬十二各色別爲群"，斷句可爲"聞公有馬十二，各色別爲群"。按，宋本、百衲本斷句，文意不解。此依中華本改。

[9]鄭儼（？—約528）：字季然，滎陽（今河南滎陽市北）人。《魏書》卷九三有傳。　徐紇：字武伯，樂安博昌（今山東博興縣南）人。《魏書》卷九三有傳。

[10]後從榮徙據并州，抵揚州邑人龐蒼鷹，止團焦中：中華本校勘記云："按本書卷一九《蔡儁傳》稱'太原龐蒼鷹'，又說蒼鷹'居於州城，高祖客其舍'。考并州太原郡屬没有'揚州'縣，祇有陽邑縣。疑這裏衍'州'字，當時地名常用同音字，'揚邑'即'陽邑'。蒼鷹乃太原陽邑人而居於并州城中。"按，疑或爲"揚邑人"之訛。并州，治所在今山西太原市晉源區古城營村一帶。施和金認爲并州先治晉陽縣（後魏及北齊之晉陽縣在今山西太原市西南四十五里汾水東岸），後移治龍山縣（北齊後主高緯於武平六年置龍山縣，且爲太原郡治，在今山西太原市西南四十五里汾水西岸）

(《北齊地理志》第153—156頁)。陽邑,治所在今山西太谷縣。龐蒼鷹,北魏太原陽邑人。高歡依尒朱榮據并州時居蒼鷹家,蒼鷹識其有霸主之量,厚以相奉。高歡顯達,蒼鷹來依,高歡任其爲行臺倉部郎中,卒於安州刺史。團焦,圓形草屋。

[11]覘(chān):窺視,察看。

[12]文宣:北齊開國皇帝高洋(529—559),謚號文宣。本書卷四、《北史》卷七有紀。

[13]親信都督:官名。北魏末尒朱榮置,東魏高歡父子沿置。統領主帥左右侍衛。選工於騎射者爲之。"親信都督",四庫本、中華本同,宋本、百衲本作"信都都督"。按文意,尒朱榮死後,高歡曾在信都(今河北冀州市)起兵反叛尒朱氏,但此時高歡正"從榮(尒朱榮)徙據并州",故信都都督之説不當。此依中華本改。

于時魏明帝銜鄭儼、徐紇,[1]逼靈太后,[2]未敢制,[3]私使榮舉兵内向。榮以神武爲前鋒。至上黨,[4]明帝又私詔停之。及帝暴崩,榮遂入洛,因將篡位。神武諫,恐不聽,請鑄像卜之,鑄不成,乃止。孝莊帝立,[5]以定策勳,封銅鞮伯。[6]及尒朱榮擊葛榮,令神武喻下賊別稱王者七人。後與行臺于暉破羊侃于泰山,[7]尋與元天穆破邢杲于濟南。[8]累遷第三鎮人酋長,[9]常在榮帳内。榮嘗問左右曰:"一日無我,誰可主軍?"皆稱尒朱兆。[10]曰:"此正可統三千騎以還,[11]堪代我主衆者唯賀六渾耳。"因誡兆曰:"爾非其匹,終當爲其穿鼻。"[12]乃以神武爲晉州刺史。[13]於是大聚斂,因劉貴貨榮下要人,盡得其意。時州庫角無故自鳴,神武異之,無幾而孝莊誅榮。

［1］魏明帝：北魏孝明帝元詡（510—528），宣武帝次子。公元515年至528年在位。武泰元年（528）被太后所殺。謚曰孝明，廟號肅宗。《魏書》卷九、《北史》卷四有紀。

［2］靈太后：北魏宣武靈皇后胡氏（約493—528）。安定臨涇（今甘肅鎮原縣）人。宣武帝元恪妃。《魏書》卷一三、《北史》卷一三有傳。

［3］未敢制：未敢公開指令。制，皇帝的指令。《史記》卷六《秦始皇本紀》："命爲制，令爲詔。"

［4］上黨：郡名。治所在今山西長治市北。

［5］孝莊帝：北魏孝莊帝元子攸（507—530），彭城王元勰第三子。公元528年至530年在位。謚號孝莊。《魏書》卷一〇、《北史》卷五有紀。

［6］銅鞮：縣名。治所在今山西沁縣西南故城。　伯：爵名。周朝公、侯、伯、子、男五等爵的第三等。三國魏元帝咸熙元年（264）復五等爵。晉朝始對立國建官食封邑之伯爵加"開國"之號。晉武帝咸寧三年（277）定爵制，規定大國次國繼承封王之支子爲伯，不置軍，官屬減公侯國。南北朝亦置。北魏、北齊開國伯第三品，散縣伯從三品。

［7］行臺：官名。北朝行臺長官的省稱。官署名。三國魏置，爲皇帝出征時隨侍身邊臨時執行尚書臺職權的機構，由尚書臺部分主要官員組成，以便皇帝和執政大臣決定軍國大事。兩晉時不再隨侍於皇帝，而由權臣控制，以發號施令。北魏初曾於鄴（今河北臨漳縣西南）及中山（今河北定州市）置行臺，以尚書爲長官，執掌當地軍政事務，旋罷。孝明帝正光（520—525）末，因各地戰亂，在各地陸續設立行臺主管各地軍務，成爲常設的地方行政機構。到北魏末期漸理民事，北齊時正式兼理民政，成爲地方最高行政機構。　于暉（？—529）：字宣明，代（今山西大同市東北）人。鮮卑族。北魏官吏。《魏書》卷八三下《于勁傳》、《北史》卷二三《于栗磾傳》有附傳。　羊侃（495—548）：字祖忻，泰山梁

甫（今山東新泰市）人。北魏降梁官吏。《梁書》卷三九、《南史》卷六三有傳。　泰山：郡名。治所在今山東泰安市東南。

［8］元天穆（？—530）：亦稱元穆。鮮卑族拓跋部人。北魏宗室、官吏。《魏書》卷一四、《北史》卷一五《高涼王孤傳》有附傳。　邢杲（？—529）：河間（今河北河間市南）人。北魏末年山東暴動首領。士族出身。曾任幽州平北府主簿。武泰元年（528），在青州北海（今山東昌樂縣西）起兵反魏，自稱漢王，年號天統。後因衆寡懸殊，在濟南爲元天穆和尒朱兆的軍隊所敗，降後被殺。　濟南：郡名。治所在今山東濟南市。

［9］第三鎮人酋長：官名。即第三領民酋長。北魏置。唐朝人修史時，因避李世民諱改稱"第三領人酋長"，傳抄中又誤"領"爲"鎮"，纔爲"第三鎮人酋長"。授予依附北魏政權的北方少數民族首領，未被列爲中央政權的正式官職，孝文帝太和十七年（493）職員令及二十三年復次職令時，皆未載此職品階。北魏末期戰亂後，北方邊鎮擁有武力的少數民族首領地位提高，進入中央政權，北齊時定爲視從五品。

［10］尒朱兆（？—533）：字萬仁（一作"吐萬兒"），北魏北秀容（今山西朔州市）契胡貴族。《魏書》卷七五有傳，《北史》卷四八《尒朱榮傳》有附傳。

［11］正：止，僅僅。漢魏晉南北朝人常語。　以還：以下。

［12］終當爲其穿鼻：中華本同，宋本、四庫本、百衲本作"終當爲其子穿鼻"。按，上下句文意皆是指高歡將取代尒朱氏，没有涉及子嗣。此依中華本改。

［13］晉州：治所在今山西臨汾市城區。

及尒朱兆自晉陽將舉兵赴洛，[1]召神武。神武使長史孫騰辭以絳蜀、汾胡欲反，[2]不可委去。兆恨焉。騰復命。神武曰："兆舉兵犯上，此大賊也。吾不能久事之。"自是始有圖兆計。及兆入洛，執莊帝以北，神武聞之，大驚。又使孫騰僞賀兆，因密覘孝莊所在，將劫以舉義，不果。乃以書喻之，言不宜執天子以受惡名於海内。兆不納，殺帝，而與尒朱世隆等立長廣王曄，[3]改元建明。[4]封神武爲平陽郡公。[5]及費也頭紇豆陵步藩入秀容，[6]逼晉陽，兆徵神武。神武將往，賀拔焉過兒請緩行以弊之。[7]神武乃往往逗遛，[8]辭以河無橋不得渡。步藩軍盛，兆敗走。初，孝莊之誅尒朱榮，知其黨必有逆謀，乃密敕步藩令襲其後。[9]步藩既敗兆等，以兵勢日盛。兆又請救於神武，神武内圖兆，復慮步藩後之難除，乃與兆悉力破之。藩死，深德神武，誓爲兄弟。時世隆、度律、彦伯共執朝政，[10]天光據關右，[11]兆據并州，仲遠據東郡，[12]各擁兵爲暴，天下苦之。

[1]晉陽：縣名。治所在今山西太原市晉源區古城營村一帶。　洛：都城名。即洛陽城，北魏都城。北魏孝文帝太和十七年（493）下詔營建洛陽。太和十九年率群臣大舉遷都洛陽。東魏孝静帝天平元年（534）由洛陽北遷都於鄴（今河北臨漳縣西南）。治所在今河南洛陽市東北。

[2]長史：官名。戰國秦置。掌參政務，主管屬吏。西漢於丞相府、諸公府、軍府皆設。爲府中掾屬之長。東漢起，諸王國、郡府、屬國等亦設。歷朝因之，擴至州府、都督府等。　絳蜀：蜀漢滅亡後被魏晉政權遷至絳的蜀人及其後裔。北朝時分佈於今山西侯馬市、翼城縣一帶。絳，郡名。治所在今山西絳縣南。　汾胡：部族名。指居住在今山西汾水一帶的胡族。

[3]尒朱世隆（500—532）：字榮宗，北魏北秀容（今山西朔州市）契胡貴族。尒朱榮從弟。《魏書》卷七五《尒朱彥伯傳》、

《北史》卷四八《尒朱榮傳》有附傳。　長廣王：元曄的封爵號。長廣，郡名。北魏、東魏時治所在今山東平度市。王，爵名。漢朝以後爲爵位的最高一等，在公之上，多用以封授宗室，少數建有殊勳的功臣亦封王，但歷朝皆不多見。魏晋以後，權臣封王多爲篡位前兆。　曄：元曄（？—532），字華興。北魏宗室。孝莊帝時封長廣王。尒朱世隆與尒朱兆立之爲帝，改元建明。次年被廢。《魏書》卷一九下、《北史》卷一八《南安王楨傳》有附傳。

［4］建明：北魏東海王元曄年號（530—531）。

［5］平陽：郡名。治所在今山西臨汾市。　郡公：爵名。魏晋始置，初定爲"公"的一個等級，高於縣公。其後各朝多置。晋武帝咸寧三年（277）定大、次、小王國制，規定郡公制如小國王。北魏道武帝天賜元年（404）賜郡公國臣吏，自五十人至百人不等，北周時定食邑自一千户至八千户不等。北朝時並有開國郡公，指最初得爵者，以別於襲封子弟。北魏開國郡公爲第一品，散公爲從一品。

［6］費也頭：匈族别部之一。北朝時活動於今山西、陝西兩省間黄河南段以西一帶。　紇豆陵步藩（？—530）：北魏河西（約今山西吕梁山以西黄河兩岸）人。永安三年（530），受莊帝詔，率軍東上進攻尒朱兆，連連獲勝，兵勢日强。後在平樂郡（今山西昔陽縣）爲尒朱兆和高歡聯軍所敗。

［7］賀拔焉過兒：生卒未詳。高歡部屬。敦厚樸實，爲歡所信用，建明元年（530）尒朱世隆立長廣王元曄爲帝，封歡爲平陽郡公，歡不滿，其勸歡坐觀形勢，以避禍端。歡從其言。

［8］神武乃往往逗遛：中華本校勘記云："'往往'，諸本都脱一'往'字，今據《資治通鑑》、《通志》卷一六《北齊紀》補。"此依中華本改。

［9］敕：文書名。下行文。始用於漢朝。凡官長告誡僚屬、尊長告諭子孫均稱敕。南北朝以後，則成爲皇帝專用的命令文書之一。

[10]度律：尒朱度律（？—532）。尒朱榮從父弟。《魏書》卷七五有傳，《北史》卷四八《尒朱榮傳》有附傳。　彥伯：尒朱彥伯（？—532）。尒朱榮從弟。《魏書》卷七五有傳，《北史》卷四八《尒朱榮傳》有附傳。

[11]天光：尒朱天光（496—532）。尒朱榮從祖兄子。《魏書》卷七五有傳，《北史》卷四八《尒朱榮傳》有附傳。　關右：地區名。古人以西爲右，亦稱關西。漢、唐時泛指函谷關（今河南靈寶市東北）或今潼關以西地區。

[12]仲遠：尒朱仲遠，北魏北秀容（今山西朔州市）契胡貴族。《魏書》卷七五《尒朱彥伯傳》、《北史》卷四八《尒朱榮傳》有附傳。　東郡：治所在今河南滑縣東南城關鎮。

　　葛榮衆流入并、肆者二十餘萬，[1]爲契胡陵暴，[2]皆不聊生，大小二十六反，誅夷者半，猶草竊不止。兆患之，問計於神武。神武曰：“六鎮反殘，[3]不可盡殺，宜選王素腹心者私使統焉。若有犯者，直罪其帥，則所罪者寡。”兆曰：“善，誰可行也？”賀拔允時在坐，[4]請神武。神武拳毆之，折其一齒，曰：“生平天柱時，[5]奴輩伏處分如鷹犬，今日天下安置在王，而阿鞠泥敢誣下罔上，[6]請殺之。”兆以神武爲誠，遂以委焉。神武以兆醉，恐醒後或致疑貳，遂出，宣言受委統州鎮兵，可集汾東受令。[7]乃建牙陽曲川，[8]陳部分。有歆軍門者，絳巾袍，自稱梗楊驛子，[9]願厠左右。訪之，則以力聞，常於并州市搭殺人者，乃署爲親信。兵士素惡兆而樂神武，於是莫不皆至。居無何，又使劉貴請兆，以并、肆頻歲霜旱，降户掘黃鼠而食之，皆面無穀色，徒污人國土，請令就食山東，[10]待溫飽而處分之。兆從其議。其長史慕容紹宗諫曰:[11]"不可,今四方擾擾,人懷異望,況高公雄略,又握大兵,將不可爲。"兆曰:"香火重誓,何所慮也。"紹宗曰:"親兄弟尚爾難信,何論香火。"時兆左右已受神武金,因譖紹宗與神武舊有隙,兆乃禁紹宗而催神武發。神武乃自晋陽出滏口。[12]路逢尒朱榮妻鄉郡長公主,[13]自洛陽來,馬三百匹,盡奪易之。兆聞,乃釋紹宗而問焉。紹宗曰:"猶掌握中物也。"於是自追神武,至襄垣,[14]會漳水暴長,[15]橋壞。神武隔水拜曰:"所以借公主馬,非有他故,備山東盜耳。王受公主言,自來賜追,今渡河而死不辭,此衆便叛。"兆自陳無此意,因輕馬渡,與神武坐幕下,陳謝,遂授刀引頭,使神武斫己。神武大哭曰:"自天柱薨背,賀六渾更何所仰,願大家千萬歲,以申力用。今旁人構間至此,大家何忍復出此言。"兆投刀於地。遂刑白馬而盟,誓爲兄弟。留宿夜飲,尉景伏壯士欲執兆。神武齧臂止之曰:"今殺之,其黨必奔歸聚結。兵饑馬瘦,不可相支,若英雄崛起,[16]則爲害滋甚。不如且置之。兆雖勁捷,而兇狡無謀,不足圖也。"旦日,兆歸營,又召神武,神武將上馬詣之,孫騰牽衣,乃止。兆隔水肆駡,[17]馳還晋陽。兆心腹念賢領降户家累別爲營,[18]神武僞與之善,觀其佩刀,因取之以殺其從者,從者盡散。於是士衆咸悅,倍願附從。初,魏真君中内學者奏言上黨有天子氣,[19]云在壺關大王山。[20]太武帝於是南巡以厭當之,[21]累石爲三封,[22]斬其北鳳凰山,[23]以毁其形。[24]後上黨人居晋陽者,號上黨坊,神武實居之。

及是行，舍大王山六旬而進。[25]將出滏口，倍加約束，纖毫之物，不聽侵犯。將過麥地，神武輒步牽馬。遠近聞之，皆稱高儀同將兵整肅，[26]益歸心焉。遂前行，屯鄴，[27]求糧相州刺史劉誕，[28]誕不供。有車營租米，[29]神武自取之。

[1]肆：州名。治所在今山西忻州市西北。

[2]契胡：部族名。分布於今山西北部地區。

[3]六鎮：軍事重鎮的合稱。即北魏初年太武帝拓跋燾時爲防禦北方柔然侵擾，在京都平城（今山西大同市東北）以北、陰山以南，自西而東設置沃野〔今內蒙古五原縣東北，王仲犖認爲"在今內蒙古烏拉特中後聯合旗南烏加河北"（《北周地理志》第1083頁）〕、懷朔（今內蒙古固陽縣西南）、武川（今內蒙古武川縣西烏蘭不浪之東土城子）、撫冥（今內蒙古四子王旗東南）、柔玄（今內蒙古興和縣西北）、懷荒（今河北張北縣張北鎮）六個軍鎮，合稱"六鎮"。一說六鎮有禦夷（今河北赤城縣獨石口之東）而無沃野，王仲犖考證禦夷不在六鎮之列（《北周地理志》第1102頁）。

[4]賀拔允（487—534）：字可泥，神武尖山（今山西神池縣）人，北魏官吏。本書卷一九有傳。

[5]天柱：官名。即天柱大將軍的簡稱。北魏孝莊帝永安二年（529）特置天柱大將軍職，以授實際控制朝政的尒朱榮，位在三師及柱國大將軍上，爲皇帝之下的最高官職。後曾授權臣尒朱兆和高歡，尒朱兆未拜，高歡除後即解。

[6]阿鞠泥：賀拔允的字。按《周書》卷一四《賀拔勝傳》末有"兄允，字阿泥"，本卷高歡稱允阿鞠泥。則"阿泥"是"阿鞠泥"的簡稱。本書卷一九《賀拔允傳》云"賀拔允，字可泥"，疑"可"字爲"阿"之訛。

[7]汾東：汾水（今山西黃河支流汾河）之東岸。按，當時尒朱兆據并州。北魏并州治晉陽縣，在今山西太原市晉源區古城營村一帶。

[8]建牙：樹立將軍大旗。牙，古稱將軍之旗。《集韻·麻韻》："牙，旗名。"《字彙·牙部》："牙，將軍之旅曰牙，立於帳前謂之牙帳，取其爲國爪牙也。"　陽曲川：指今山西陽曲縣附近一帶。"陽"字諸本同，百衲本作"楊"。陽曲以處汾水之陽而得名，作"陽"是。從諸本改。

[9]梗楊：古城名。春秋晉置梗陽縣，西漢稱梗陽鄉，北魏有梗陽城，治所均在今山西清徐縣。

[10]就食：出外謀生。　山東：地區名。戰國、秦、漢時通稱華山（今屬陝西）或崤山（今屬河南）以東爲山東，一般專指黃河下游平原，有時也泛指戰國時秦以外六國領土，包括長江中、下游地區。北魏又稱太行山以東地區爲山東。

[11]慕容紹宗（501—549）：北魏、東魏將領。前燕皇室後裔，鮮卑族。本書卷二〇、《北史》卷五三有傳。

[12]滏口："太行八陘"之一。在今河北磁縣西北、武安市南石鼓山，滏水（今滏陽河）發源於此。古爲自鄴（今河北臨漳縣西南）西出要道。

[13]鄉郡：治所在今山西武鄉縣東。　長公主：皇帝姐妹的封號。

[14]襄垣：縣名。治所在今山西襄垣縣北。

[15]漳水：水名。即今漳河。衛河支流。源出今山西長子縣西，東流穿過太行山至河北臨漳縣北。下游歷代屢有變遷，今已非故道。

[16]若英雄崛起："崛"字諸本同，百衲本作"屈"。作"崛"是，從改。

[17]兆隔水肆罵：百衲本無"兆"字，今據中華本補。

[18]念賢（？—539）：字蓋盧，金城枹罕（今甘肅臨夏市）

人。西魏將領。《周書》卷一四有傳。

［19］真君：北魏太武帝時年號太平真君（440—451）。　内學者：官名别稱。北魏前期分内、外兩大行政系統。此爲内行政系統中的内博士、内祕書中散等官員别稱。

［20］壺關：縣名。治所在今山西壺關縣東南。　大王山：山名。在今山西壺關縣東南。

［21］太武帝於是南巡以厭當之：中華本校勘記云："諸本'武帝'上無'太'字。《册府元龜》卷二〇三、《通志》卷一六有。按上文記真君年號，作'太武帝'是，今據補。"此依中華本校改。太武帝，即北魏世祖太武帝拓跋燾（408—452），一名佛貍。北魏太宗明元帝之長子。公元423年至452年在位。《魏書》卷四、《北史》卷二有紀。

［22］封：指帝王封禪時所建的祭壇和刻石。《風俗通·正失》："封者，立石高一丈二赤（尺）……壇廣十二尺，高三尺，階三等。必於其上，示增高也；剋石紀號，著己績也。"

［23］鳳凰山：山名。又作"鳳皇山""天冢山""大王山"。在今山西屯留縣境。按，"凰"字諸本同，百衲本作"皇"。鳥名例作"凰"，從改。

［24］以毁其形："其"字諸本同，百衲本作"兵"。以文意度之，太武帝"累石爲三封，斬其北鳳凰山"是爲毁山勢，去王氣，而非"毁兵形"。"兵"與"其"形近而訛，作"其"是。從改。

［25］旬：十天。《説文·勹部》："旬，徧也。十日爲旬。"

［26］儀同：官名。儀同三司的省稱。儀同三司，謂官非三公而儀制待遇同於三司（三公）。魏晉時期，授予開府位從三公之文武官。南北朝授予範圍不斷擴大，逐漸爲官號。北魏孝文帝太和十七年（493）定爲一品下，二十三年以後改從一品，位開府上。北齊爲二品，位三公下。

［27］鄴：都城名。治所在今河北臨漳縣西南。北魏太祖道武帝拓跋珪天興四年（401）置相州於鄴。東魏孝静帝天平元年（534）

由洛陽遷都於鄴城，改相州爲司州。北齊亦定都於此。

[28]劉誕：北魏官吏。北魏東海王至安定王在位時曾爲相州刺史，中興二年（532）爲高歡所俘。

[29]車營：百衲本《北史》作"軍營"。

魏普泰元年二月，[1]神武自軍次信都，[2]高乾、封隆之開門以待，[3]遂據冀州。[4]是月，尒朱度律廢元曄而立節閔帝。[5]欲羈縻神武。三月，乃白節閔帝，封神武爲渤海王，徵使入覲。神武辭。四月癸巳，又加授東道大行臺、第一鎮人酋長，[6]龐蒼鷹自太原來奔，[7]神武以爲行臺郎，[8]尋以爲安州刺史。[9]神武自向山東，養士繕甲，禁侵掠，百姓歸心。乃詐爲書，言尒朱兆將以六鎮人配契胡爲部曲，衆皆愁怨。又爲并州符，徵兵討步落稽。[10]發萬人，將遣之，孫騰、尉景爲請留五日，如此者再。神武親送之郊，雪涕執別，人皆號慟，哭聲動地。神武乃喻之曰："與爾俱失鄉客，義同一家，不意在上乃爾徵召。直向西已當死，後軍期又當死，配國人又當死，奈何！"衆曰："唯有反耳。"神武曰："反是急計，須推一人爲主。"衆願奉神武。神武曰："爾鄉里難制，不見葛榮乎，雖百萬衆，無刑法，終自灰滅。今以吾爲主，當與前異，不得欺漢兒，不得犯軍令，生死任吾則可，不爾不能爲取笑天下。"衆皆頓顙，[11]死生唯命。神武曰若不得已，[12]明日，椎牛饗士，喻以討尒朱之意。封隆之進曰："千載一時，普天幸甚。"神武曰："討賊，大順也；拯時，大業也。吾雖不武，以死繼之，何敢讓焉。"

[1]普泰：北魏節閔帝元恭年號（531—532）。

[2]信都：郡名。治所在今河北冀州市。

[3]高乾（497—533）：字乾邕，渤海蓨（今河北景縣）人。高翼子。北魏末大臣。本書卷二一有傳，《北史》卷三一《高允傳》有附傳。　封隆之（485—545）：字祖裔，渤海蓨（今河北景縣）人。東魏大臣。本書卷二一有傳，《魏書》卷三二、《北史》卷二四《封懿傳》有附傳。

[4]冀州：治所在今河北冀州市。

[5]節閔帝：即北魏皇帝元恭（498—532），字脩業，廣陵惠王元羽之子。公元531年至532年在位。諡號節閔。《魏書》卷一一、《北史》卷五有紀。

[6]東道大行臺：行政區劃名。北魏時治所在今江蘇徐州市。大行臺，官名。北魏、南朝梁、東魏、西魏、北齊時多作爲大行臺長官的省稱。又爲官署名。北魏置，爲尚書省設在各主要地區的派出機構，代行尚書省的權力，有關西大行臺、東北道大行臺、三徐州（徐州、東徐州、北徐州）大行臺等，管理轄區内的軍政事務，是地方最高行政機構。設大行臺尚書令爲長官，大行臺尚書僕射協助管理大行臺事務，置大行臺尚書、大行臺郎中等分曹理事。東魏、北齊沿置。　第一鎮人酋長：官名。即第一領民酋長，北魏置。唐朝人避李世民諱改稱"第一領人酋長"，傳抄中又誤"領"爲"鎮"，纔爲"第一鎮人酋長"。

[7]太原：郡名。治所在今山西太原市西南。

[8]行臺郎：官名。北魏置。東魏、北齊、唐朝沿置。亦稱"行臺郎中"。爲行臺諸曹郎中的泛稱，各冠以曹名，掌諸曹事。

[9]安州：北魏時治所在今河北隆化縣伊遜河東岸。

[10]步落稽：部族名。亦稱稽胡、山胡。源於南匈奴。一説爲山戎、赤狄之後。南北朝時居於今山西、陝西北部山谷間。與漢人錯居。北朝期間，各地山胡不斷起事。隋唐以後，漸與漢族融合。

[11]頓顙：叩頭。

［12］神武曰若不得已：中華本校勘記云："按'曰'字文義不洽，疑是'因'之訛。《通志》卷一六作'陽'，當因'曰'字不可通而改作。"

六月庚子，建義於信都，尚未顯背尒朱氏。及李元忠與高乾平殷州，[1]斬尒朱羽生首來謁，[2]神武撫膺，曰："今日反決矣。"乃以元忠爲殷州刺史。是時兵威既振，乃抗表罪狀尒朱氏。世隆等祕表不通。八月，尒朱兆攻陷殷州，李元忠來奔。孫騰以爲朝廷隔絕，不權立天子，則衆望無所係。十月壬寅，奉章武王融子渤海太守朗爲皇帝，[3]年號中興，[4]是爲廢帝。[5]時度律、仲遠軍次陽平，尒朱兆會之。[6]神武用竇泰策，[7]縱反間，度律、仲遠不戰而還。神武乃敗兆於廣阿。十一月，攻鄴，相州刺史劉誕嬰城固守。神武起土山，爲地道，往往建大柱，一時焚之，城陷入地。麻祥時爲湯陰令，[8]神武呼之曰："麻都！"祥慚而逃。永熙元年正月壬午，[9]拔鄴城，據之。廢帝進神武大丞相、柱國大將軍、太師。[10]是時青州建義，[11]大都督崔靈珍、大都督耿翔皆遣使歸附。[12]行汾州事劉貴棄城來降。[13]閏三月，尒朱天光自長安，[14]兆自并州，度律自洛陽，仲遠自東郡，同會鄴，衆號二十萬，挾洹水而軍，[15]節閔以長孫承業爲大行臺總督焉。[16]神武令封隆之守鄴，自出頓紫陌。[17]時馬不滿二千，步兵不至三萬，衆寡不敵。乃於韓陵爲圓陣，[18]連牛驢以塞歸道，於是將士皆有死志，四面赴擊之。尒朱兆責神武以背己。神武曰："本戮力者，共輔王室，今帝何在？"兆曰："永安枉害天柱，[19]

我報讎耳。"神武曰："我昔日親聞天柱計，汝在户前立，豈得言不反邪？且以君殺臣，何報之有，今日義絶矣。"乃合戰，大敗之。尒朱兆對慕容紹宗叩心曰："不用公言，以至於此。"將輕走。紹宗反旗鳴角，收聚散卒，成軍容而西上。高季式以七騎追奔，[20]度野馬崗，[21]與兆遇。高昂望之不見，[22]哭曰："喪吾弟矣！"夜久，季式還，血滿袖。斛斯椿倍道先據河橋。[23]初普泰元年十月，歲星、熒惑、鎮星、太白聚於觜，[24]參色甚明。[25]太史占云，[26]當有王者興。是時，神武起於信都，至是而破兆等。四月，斛斯椿執天光、度律送洛陽，[27]長孫承業遣都督賈顯智、張歡入洛陽，[28]執世隆、彦伯斬之。兆奔并州，[29]仲遠奔梁州，[30]遂死焉。時凶蠹既除，朝廷慶悦。初未戰之前月，章武人張紹夜中忽被數騎將踰城，[31]至一大將軍前，敕紹爲軍導向鄴，云佐受命者除殘賊。紹迴視之，兵不測，整疾無聲。將至鄴，乃放焉。及戰之日，尒朱氏軍人見陣外士馬四合，蓋神助也。

[1]李元忠（486—545）：趙郡柏人（今河北隆堯縣西北）人。北魏、東魏官吏。本書卷二二有傳，《北史》卷三三《李靈傳》有附傳。　殷州：北魏孝昌二年（526）分定、相二州置，治所在今河北隆堯縣東。北齊文宣帝天保二年（551），改殷州爲趙州。

[2]尒朱羽生：北魏北秀容（今山西朔州市）契胡貴族。尒朱榮從叔。孝昌二年尒朱榮破肆州，以羽生爲統州事。

[3]章武王融：元融的封爵號。章武，郡名。治所在今河北大城縣。　朗：北魏後廢帝安定王元朗，字仲哲，章武王元融第三

子。公元531年至532年在位。《魏書》卷一一有紀。

[4]中興：北魏安定王元朗年號（531—532）。

[5]廢帝：北魏後廢帝安定王元朗。

[6]時度律、仲遠軍次陽平，尒朱兆會之：中華本校勘記云："諸本'陽平'作'洛陽'，《北史》卷六作'晉陽'。按《魏書》卷一一《後廢帝紀》中興元年十月己酉條、卷七五《尒朱兆傳》《尒朱仲遠傳》、卷八〇《斛斯椿傳》《賈顯智傳》，《北史》卷四八《尒朱兆傳》《尒朱仲遠傳》叙這次戰事都説尒朱氏的軍隊集結在陽平。《通鑑》卷一五五此處也作陽平。陽平今山東莘縣，和當時尒朱兆駐軍的廣阿（今河北隆堯縣）、高歡所據的信都（今河北衡水市冀州區），相去都不太遠，洛陽、晉陽遠在後方，不合當時軍事形勢，知皆陽平之誤，今改正。"此依中華本改。陽平，郡名。治所在今河北館陶縣。

[7]竇泰（？—537）：字世寧，大安捍殊（今内蒙古鄂托克前旗城川鎮一帶）人。北魏、東魏將領。善騎射，有勇略。本書卷一五、《北史》卷五四有傳。

[8]湯陰：縣名。治所在今河南湯陰縣。

[9]永熙：北魏孝武帝年號（532—534）。

[10]大丞相：官名。魏晉南北朝多用來位置權位極高的重臣。北魏孝莊帝時，以尒朱榮有扶翼之功，拜柱國大將軍，位在丞相上，後又拜大丞相、天柱大將軍。其後東魏、西魏、北齊、北周、隋亦置，得授此官者均係操縱軍國政事的權臣，權任極重。　柱國大將軍：官名。十六國後燕慕容垂燕元元年（384）置，以翟檀爲之。北魏太武帝神䴥四年（431）亦置，位在太尉之上，後罷。北魏末復置，位在丞相上，用以位置權臣。尒朱榮自大將軍遷此，後尒朱兆、高歡先後繼任。　太師：官名。西周始置，爲輔弼君王的重要大臣。相傳周初與太傅、太保並號三公。十六國、北朝仍稱太師，爲三師之一，位在太傅、太保之上，一品。居百官之首，名位極尊。北齊後主爲激賞人心，增員而受，遂不可勝數。

[11]青州：治所在今山東青州市。

[12]大都督：官名。高級軍事長官。三國吳、魏初於戰爭時臨時設置，作爲加官，後漸成爲常設官職，地位極高。在有戰爭時亦臨時加置，冠以名號。晉、南朝沿之。北魏前、中期未見，後期戰事較多時亦置，統兵出征，有時又加以各種名號，如南道大都督、徐州大都督等。東魏、西魏分裂後，授予漸濫。東魏、北齊時所置"京畿大都督"，權勢極重。　崔靈珍、耿翔：二人皆北魏將領，位大都督。普泰元年（531），高歡建義信都後，其於青州舉義，並遣使歸附。

[13]行汾州事劉貴棄城來降：中華本校勘記云："諸本'州'下衍'軍'字。按本書卷一九、《北史》卷五三《劉貴傳》、《册府》卷一八六、《漢魏南北朝墓誌集釋·劉懿墓誌》（圖版二九四）都説他是行汾州事，今據删'軍'字。"此依中華本改。行汾州事，即行事。南北朝官職制度。亦稱行某州或某府事，還有行某戍或某州軍事等。指以他官代行某官職權。南朝多以較低官階代行較高官職，如以長史、司馬、太守代行刺史職權等。由於當時多以年幼皇子爲將軍、刺史出鎮諸州，以其長史爲行事，實際負責軍府和州府的軍政事務，權力很大。北朝則多以將軍等武職兼行州、郡民政。汾州，北魏太和八年（484）置，治所在今山西隰縣龍泉鎮，孝昌二年（526）移治今山西汾陽市茲氏古城。

[14]長安：都城名。治所在今陝西西安市西北。

[15]洹水：水名。即今河南北部衛河支流安陽河。

[16]長孫承業（？—535）：本名冀歸，北魏孝文帝賜名稚（《北史》避唐諱，改爲"幼"），字承業。鮮卑族。北魏將領。《魏書》卷二五、《北史》卷二二《長孫道生傳》有附傳。

[17]紫陌：即紫陌橋。在今河北臨漳縣西南古鄴城西北。

[18]韓陵：山名。在今河南安陽市東北。

[19]永安：北魏孝莊帝年號（528—530）。

[20]高季式（516—553）：字子通，渤海蓨（今河北景縣）

人。東魏、北齊名將。本書卷二一《高乾傳》、《北史》卷三一《高允傳》有附傳。

[21]野馬崗：山崗名。在今河南安陽市北。

[22]高昂（491—538）：字敖曹，渤海蓨（今河北景縣）人。高翼子。東魏將領。本書卷二一《高乾傳》、《北史》卷三一《高允傳》有附傳。按，昂之生卒，本傳作卒於元象元年（538），"時年四十八"，推之，當公元491年。中華本《北齊書》唐長孺校勘記，疑其享年或作三十八。

[23]斛斯椿（495—537）：字法壽，北魏廣牧富昌（今内蒙古准格爾旗東南）人，高車族。初投尒朱榮，後隨尒朱兆。最後投宇文泰，拜尚書、遷太傅。《魏書》卷八〇、《北史》卷四九有傳。

[24]歲星：星名。即木星。 熒惑：星名。即火星。 鎮星：星名。即土星，又名填星。 太白：星名。即金星。 觜（zī）：星名。二十八宿之一，西方白虎七宿的第六宿。有星三顆。亦稱"觜觿"，爲虎首。

[25]參（shēn）：星名。二十八宿之一，西方白虎七宿的末宿。有星七顆。宋馬永卿《懶真子》卷三："西方白虎而參、觜爲虎首。"

[26]太史：官名。即太史令。商周時已有太史職名。秦設此職，爲太史署主官，隸太常，掌天文律曆、瑞灾變化的記載等。歷朝因之。北齊九品上。

[27]斛斯椿執天光、度律送洛陽：中華本校勘記云："按《魏書》卷一一《後廢帝紀》中興二年（五三一）四月稱'囚送天光、度律於齊獻武王'。當斛斯椿執送二人時，高歡還没有入洛陽，乃是送高歡軍前，故這一段下文又說'神武深以爲然，乃歸天光、度律於京師斬之'。京師即洛陽，如果先已送到洛陽，這句話就解釋不通。這裏'洛陽'二字當是'神武'之誤。"

[28]都督：官名。魏文帝黄初三年（222）初設。後爲統率全國或地方兵馬的指揮官職名。其爲州郡軍事長官者，又兼理民政。

至北朝後期則爲率領鄉兵、畜牧軍馬的中低級軍官職名。　張歡："歡"亦作"勸""忻""欣"。代（今山西大同市東）人。北魏官吏。本書卷二〇《張瓊傳》有附傳。

[29]兆奔并州："并"字百衲本作"荊"。按，"荊"字誤。此役爲高歡戰勝尒朱氏取得北魏控制權的一場決戰，史稱"韓陵之戰"，或"破四胡"（尒朱天光、尒朱兆、尒朱仲遠、尒朱度律）之役。此時，尒朱兆據有并州，"兆自并州"來會戰，敗退自然回并州，故本卷下文言高歡自洛陽"帥師北伐尒朱兆"。"并"字是，從改。

[30]梁州：治所在今河南開封市城區。

[31]張紹：北魏章武（今河北大城縣）人。高歡攻打鄴城，其爲向導。

　　既而神武至洛陽，廢節閔及中興主而立孝武。[1]孝武既即位，授神武大丞相、天柱大將軍、太師、世襲定州刺史，[2]增封并前十五萬户。神武辭天柱，減户五萬。壬辰，還鄴，魏帝餞於乾脯山，[3]執手而别。

[1]中興主：北魏後廢帝安定王元朗。中興，北魏安定王年號（531—532）。　孝武：北魏孝武帝元脩（510—534），字孝則，廣平武穆王元懷第三子。公元532年至534年在位。諡號孝武。《魏書》卷一一、《北史》卷五有紀。

[2]世襲定州刺史：世襲刺史，官職制度。北魏末實行，曾封元天穆爲世襲并州刺史、高歡爲世襲定州刺史等，但因政局的變動，實際上其子孫都未能繼任刺史。西魏及北周初沿襲其制，北周武帝保定三年（563），令世襲州、郡、縣者改爲五等爵，世襲州刺史者封伯。定州，治所在今河北定州市。

[3]乾脯山：山名。在今河南偃師市境内。

七月壬寅，神武帥師北伐尒朱兆。封隆之言："侍中斛斯椿、賀拔勝、賈顯智等往事尒朱，[1]普皆反噬，今在京師，[2]寵任，必構禍隙。"神武深以爲然，乃歸天光、度律於京師，斬之。遂自滏口入。尒朱兆大掠晉陽，北保秀容。并州平。神武以晉陽四塞，乃建大丞相府而定居焉。[3]尒朱兆既至秀容，分兵守險，出入寇抄。神武揚聲討之，師出止者數四，兆意怠。神武揣其歲首當宴會，遣竇泰以精騎馳之，一日一夜行三百里，神武以大軍繼之。二年正月，竇泰奄至尒朱兆庭。軍人因宴休惰，[4]忽見泰軍，驚走，追破之於赤洪嶺。[5]兆自縊，神武親臨厚葬之。慕容紹宗以尒朱榮妻子及餘衆自保烏突城，[6]降，神武以義故，待之甚厚。

　　[1]侍中：官名。秦朝始置，即原丞相史，往來殿中奏事，故名。西漢爲加官，加此則可侍從皇帝左右，侍奉生活起居，親近皇帝，爲中朝要職，無員。東漢置爲正式職官，秩比二千石，無員；三國魏、西晉置爲門下省長官，員四人（加官無定員），掌顧問應對，拾遺補闕，平議尚書奏事，或加予宰相等高級官員，令其出入殿省，入宮議政。北朝常總典機密，受遺詔輔政，權任尤重，時號"小宰相"。北魏初置四員，普泰（531—532）間增至六員，孝文帝太和十七年（493）定爲從一品中，二十三年改爲三品，北齊因之。　賀拔勝（？—544）：字破胡，神武尖山（今山西神池縣）人。徙居武川（今内蒙古武川縣）。北魏、西魏名將。《魏書》卷八〇、《周書》卷一四有傳，《北史》卷四九《賀拔允傳》有附傳。

　　[2]京師：指洛陽。

　　[3]大丞相府：官署名。或簡稱丞相府、相府。北魏始於丞相上加"大"字，以尊崇權臣。孝武帝太昌元年（532），高歡爲大

丞相，於晉陽（今山西太原市西南四十五里汾水東岸）建府，辟僚佐，置長史、司馬、從事中郎、參軍、掾、屬等。諸僚屬初僅管理相府事務，至東魏則軍國政務，皆歸相府。不常置。

[4]軍人因宴休惰："惰"字諸本同，百衲本作"墮"。"惰"字是，從改。

[5]赤洪嶺：山名。又名"赤谼嶺""赤洪山"。在今山西吕梁市離石區東北。

[6]慕容紹宗以尒朱榮妻子及餘衆自保烏突城：中華本校勘記云："諸本'烏'作'焉'，南本及本書卷二〇《慕容紹宗傳》作'馬'。《北史》卷五三《紹宗傳》作'烏'。按本書卷一七《斛律金傳》武定三年攻山胡，稱高歡'度赤谼嶺，會金於烏突戍'。尒朱兆最後戰敗之地，上文說是赤洪嶺，自即赤谼嶺，則紹宗所保的城應即《斛律金傳》的烏突戍。考《隋書》卷三〇《地理志》中離石郡太和縣條、《太平寰宇記》卷四二石州臨泉縣條都說北周在此地置烏突郡、烏突縣。這裏作'焉'作'馬'均誤，今從《北史·慕容紹宗傳》改正。"此依中華本改。烏突城，城名。治所在今山西臨縣西。

神武之入洛也，尒朱仲遠部下都督橋寧、張子期自滑臺歸命，[1]神武以其助亂，且數反覆，皆斬之。斛斯椿由是内不自安，乃與南陽王寶炬及武衛將軍元毗、魏光、王思政搆神武於魏帝。[2]舍人元士弼又奏神武受敕大不敬。[3]故魏帝心貳於賀拔岳。[4]初孝明之時，[5]洛下以兩拔相擊，謠言曰："銅拔打鐵拔，元家世將末。"好事者以二拔謂拓拔、賀拔，言俱將衰敗之兆。時司空高乾密啓神武，言魏帝之貳，神武封呈。魏帝殺之，又遣東徐州刺史潘紹業密勑長樂太守龐蒼鷹令殺其弟昂。[6]

昂先聞其兄死，以稍刺柱，[7]伏壯士執紹業於路，得敕書於袍領，來奔。神武抱其首，哭曰："天子枉害司空！"遽使以白武幡勞其家屬。時乾次弟慎在光州，[8]爲政嚴猛，又縱部下取納，魏帝使代之。慎聞難，將奔梁。[9]其屬曰："公家勳重，必不兄弟相及。"乃弊衣推鹿車歸渤海。[10]逢使者，亦來奔。於是魏帝與神武隙矣。

[1]橋寧：北魏將領。曾爲車騎大將軍、儀同三司。 張子期（？—532）：北魏將領。尒朱仲遠帳下都督。太昌元年（532），尒朱仲遠奔南朝梁，子期與橋寧降高歡。因其數度反覆，被高歡所殺。 滑臺：城名。即滑臺城。在今河南滑縣東。北臨古黃河，爲軍事要地。

[2]南陽王：元寶炬的封號。南陽，郡名。治所在今河南郏縣西北。按，"陽"字百衲本作"陵"，誤。元寶炬在北魏莊帝永安三年（530）封南陽王。據改。 寶炬：西魏文帝元寶炬（507—551），北魏孝文帝的孫子。公元535年至551年在位。《北史》卷五有紀。 武衛將軍：官名。三國魏置。文帝將武衛中郎將改爲此稱。掌中軍宿衛禁兵，權任很重。北魏時仍掌宿衛禁軍，孝文帝太和十七年（493）定爲從二品下，二十三年改爲從三品。北齊時爲左、右衛府次官，員各二人，佐左、右衛將軍掌宮禁宿衛，從三品。 元毗：一作"元毘"。字休弼，鮮卑族拓跋部人。北魏宗室。元益生子。爲孝武帝親近隨從。力主孝武帝西入關中，封魏郡王。卒，諡曰景。 魏光：北魏、西魏將領。曾任武衛將軍、東秦州刺史等職。 王思政：字司政，太原祁（今山西祁縣）人。西魏名將。後降北齊，爲都官尚書、儀同三司。《周書》卷一八、《北史》卷六二有傳。

[3]舍人：官名。《周禮》地官之屬，掌宮内糧食供應之事。

戰國、秦時貴戚官僚屬員，類似賓客，爲主人親近私屬。至漢朝演變爲正式職官。三國兩晉南北朝王國、公府、將軍府皆設，掌文檄之事。北魏諸開府舍人位從七品上。又有中書舍人、通事舍人、中書通事舍人、太子舍人等名目。　元士弼（？—534）：北魏官吏。歷位舍人、散騎常侍。曾奏高歡受敕不敬而爲歡忌恨。後被殺。

[4]賀拔岳：字阿斗泥，神武尖山（今山西神池縣）人。徙居武川（今内蒙古武川縣）。賀拔勝之弟。北魏、西魏名將。《魏書》卷八〇《賀拔勝傳》、《周書》卷一四《賀拔勝傳》、《北史》卷四九《賀拔允傳》有附傳。

[5]孝明之時：北魏孝明帝在位時（516—528）。

[6]東徐州：治所在今江蘇睢寧縣古邳鎮北側。　潘紹業（483—538）：本名永基，字紹業，長樂廣宗（今河北威縣東南）人。北魏、東魏官吏。《魏書》卷七二、《北史》卷四五有傳。　長樂：郡名。治所在今河北冀州市。　昂：高昂。見前注。

[7]矟（shuò）：同"槊"。古代兵器，似長矛。矛長丈八尺曰矟，馬上所持，言其矟矟便殺。

[8]慎：高慎，字仲密，高乾弟。魏孝武帝初，爲驃騎大將軍、儀同三司，光州刺史。東魏元象初，據武牢降西魏。本書卷二一《高乾傳》、《北史》卷三一《高祐傳》有附傳。　光州：北魏分青州置，治所在今山東萊州市。

[9]梁：即南朝梁（502—557）。南朝齊和帝中興二年（502），相國梁王蕭衍禪代南齊，改元稱帝，都建康（今江蘇南京市），國號梁，史稱蕭梁。歷四主，五十六年。

[10]鹿車：古代的一種小車。以其窄小，故名。

　　阿至羅虜正光以前常稱藩，[1]自魏朝多事，皆叛。神武遣使招納，便附欵。先是，詔以寇賊平，罷行臺。至是，以殊俗歸降，復授神武大行臺，隨機處分。神武常賚其粟帛，議者以爲徒費無益，神武不從，撫慰如初。其酋帥吐陳等感恩，[2]皆從指麾，救曹泥，[3]取万俟受洛干，[4]大收其用。河西費也頭虜紇豆陵伊利居河池，[5]恃險擁衆，神武遣長史侯景屢招不從。

[1]阿至羅虜：北方古部族名。鮮卑慕容部之一，即吐谷（yù）渾，亦作"吐渾"。本居遼東，西晋時在首領吐谷渾的率領下西徙至今甘肅、青海間。至其孫葉延時，始號其國曰吐谷渾。正光：北魏孝明帝元詡年號（520—525）。

[2]酋帥：對少數民族首領的稱呼。魏晋南北朝時期盛行。吐陳：阿至羅酋長。東魏初，歸依高歡。

[3]曹泥：一作"曹埿"。西魏、東魏官吏。先仕西魏，官至靈州刺史。後降東魏。

[4]万（mò）俟（qí）受洛干：名洛，字受洛干，亦稱万俟干、万俟洛、万俟受洛、万俟壽洛干、壽樂干，太平（今山西神池縣東北）人。鮮卑族。北齊將領。本書卷二七、《北史》卷五三《万俟普傳》有附傳。

[5]河西費也頭虜紇豆陵伊利居河池：中華本校勘記云："南本及《北史》'河池'作'苦池河'。按《魏書》卷一一《出帝紀》永熙三年（五三四）正月稱高歡'討費也頭於河西苦洩河'。'洩''泄'同，《北史》的'苦池河'，當是'苦泄河'之訛，這裏作'河池'，又是'苦泄河'的倒脱。"中華本是。河西，古地區名。一作"河右"。北朝時或泛指今山西呂梁山以西的黃河之西。紇豆陵伊利，北魏時費也頭帥。永熙二年（533），爲高歡所敗，其部落被遷往內地。河池，即苦洩河。水名。確址不詳，疑在今陝西定邊縣附近。

北齊書 卷二[1]

帝紀第二

神武下

天平元年正月壬辰,[2]神武西伐費也頭虜紇豆陵伊利於河西,[3]滅之,遷其部於河東。[4]

[1]《北齊書》卷二:按,此卷原缺,後人以《北史》卷六《齊本紀上·高祖神武帝紀》補。
[2]天平:東魏孝靜帝元善見年號(534—537)。
[3]費也頭:匈族別部之一。北朝時活動於今山西、陝西兩省間黃河南段以西一帶。　紇豆陵伊利:北魏時費也頭帥。永熙二年(533),爲高歡所敗,其部落被遷往内地。　河西:古地區名。一作"河右"。北朝時或泛指今山西吕梁山以西的黄河西部。
[4]河東:地區名。當指今山西省西南部地區。

二月,永寧寺九層浮圖災。[1]既而人有從東萊至,[2]云及海上人咸見之於海中,俄而霧起乃滅。説者以爲天意若曰,永寧見災,魏不寧矣,飛入東海,[3]渤海應矣。[4]

[1]永寧寺：古寺名。一名永安寺。北魏熙平元年（516）建。寺中有九層佛塔一座，爲北魏洛陽城中最大的寺院。　浮圖：佛教名詞。即"佛圖""浮屠"，皆"佛陀"之音譯。意譯"覺者""知者""覺"。覺含三義：自覺、覺他、覺行圓滿。此爲佛教修行的最高果位。此處代指寺院。

[2]東萊：郡名。治所在今山東萊州市。

[3]東海：郡名。治所在今江蘇宿遷市北峒峿鎮。

[4]渤海：郡名。漢高帝時置。高歡時，渤海郡治所在今河北東光縣。"後魏及北齊天保七年前渤海郡治是在今東光縣城，北齊天保七年後却移治於縣東南三十里陶氏城也。"（施和金：《北齊地理志》，中華書局2008年版，第62頁）

魏帝既有異圖，[1]時侍中封隆之與孫騰私言，[2]隆之喪妻，魏帝欲妻以妹。騰亦未之信，心害隆之，泄其言於斛斯椿。[3]椿以白魏帝。又孫騰帶仗入省，[4]擅殺御史。並亡來奔。稱魏帝摣舍人梁續於前，[5]光禄少卿元子幹攘臂擊之，[6]謂騰曰："語爾高王，元家兒拳正如此。"領軍婁昭辭疾歸晋陽。[7]魏帝於是以斛斯椿兼領軍，分置督將及河南、關西諸刺史。[8]華山王鷟在徐州，[9]神武使邸珍奪其管籥。[10]建州刺史韓賢、濟州刺史蔡儁皆神武同義，[11]魏帝忌之。故省建州以去賢，使御史中尉綦儁察儁罪，[12]以開府賈顯智爲濟州。[13]儁拒之，魏帝逾怒。

[1]魏帝：北魏孝武帝元脩（510—534），字孝則，廣平武穆

王元懷第三子。公元532年至534年在位。《魏書》卷一一、《北史》卷五有紀。

［2］侍中：官名。秦朝始置，即原丞相史，往來殿中奏事，故名。西漢爲加官，加此則可侍從皇帝左右，侍奉生活起居，親近皇帝，爲中朝要職，無員。東漢置爲正式職官，魏晋置爲門下省長官，員四人（加官無定員），掌顧問應對，拾遺補闕，平議尚書奏事，或加予宰相等高級官員，令其出入殿省，入宫議政。北朝常總典機密，受遺詔輔政，權任尤重，時號"小宰相"。北魏初置四員，普泰（531—532）間增至六員，孝文帝太和十七年（493）定爲從一品中，二十三年改爲三品，北齊因之。　封隆之（485—545）：字祖裔，渤海蓨（今河北景縣）人。東魏大臣。本書卷二一有傳，《魏書》卷三二、《北史》卷二四《封懿傳》有附傳。　孫騰（481—548）：字龍雀，咸陽石安（今陝西咸陽市東北）人。王仲犖認爲石安在今陝西涇陽縣城關（《北周地理志》第30頁）。北魏、東魏大臣。孫機子。高歡心腹。本書卷一八、《北史》卷五四有傳。

［3］斛斯椿（495—537）：字法壽，北魏廣牧富昌（今内蒙古准格爾旗東南）人，高車族。初投尒朱榮，後隨尒朱兆。最後投宇文泰，拜尚書、遷太傅。《魏書》卷八〇、《北史》卷四九有傳。

［4］仗：弓、矛、劍、戟等兵器的總稱。

［5］撾（zhuā）：擊，敲打。　舍人：官名。《周禮》地官之屬，掌宫内糧食供應之事。戰國、秦時貴戚官僚屬員，類似賓客，爲主人親近私屬。至漢朝演變爲正式職官。三國兩晋南北朝王國、公府、將軍府皆設，掌文檄之事。北魏諸開府舍人位從七品上。又有中書舍人、通事舍人、中書通事舍人、太子舍人等名目。　梁續：北魏官吏。官至舍人。魏末爲孝武帝所害。

［6］光祿少卿：官名。北魏始置，爲光祿勳副職。孝文帝太和十七年定爲三品上，二十三年改四品上。北齊置爲光祿寺次官，員一人，四品上。光祿寺職掌宫殿門户、帳幕鋪設器物、百官朝會膳

食等事務。　元子幹：東魏官吏。河南洛陽（今河南洛陽市東北）人，鮮卑族拓跋部人。位至光禄少卿。

［7］領軍：官名。東漢獻帝建安（196—220）中曹操置，統領禁衛軍，屬丞相府。魏晋南北朝時期，資深者稱領軍將軍，資輕者稱中領軍，職掌相同，多由中領軍遷領軍將軍，一般不並置。祇有北魏孝文帝太和十七年職員令中專設有領軍，二品中。　婁昭：字菩薩，代郡平城（今山西大同市東北）人。東魏大臣。北魏末跟隨高歡。齊受禪，追封太原王。本書卷一五、《北史》卷五四有傳。　晋陽：縣名。治所在今山西太原市晋源區古城營村一帶。

［8］河南：地區名。當指黄河以南、潼關以東地區。　關西：地區名。古人以西爲右，亦稱關右。漢、唐時泛指函谷關（今河南靈寶市東北）或今潼關以西地區。

［9］華山王鷙：元鷙（？—541），字孔雀，鮮卑族拓跋部人。北魏宗室。元環子。永安二年（529），除車騎將軍，封華山王。《魏書》卷一四、《北史》卷一五《高凉王孤傳》有附傳。華山，郡名。治所在今陝西華縣。　徐州：治所在今江蘇徐州市。

［10］邸珍：字寶安，本中山上曲陽（即曲陽縣，後齊去"上"字。治所在今河北曲陽縣西）人。從高歡起兵，拜爲長史，性嚴暴，求取無厭。後兼尚書右僕射、大行臺，節度諸軍事。珍御下殘酷，衆士離心，爲民所害。後贈定州刺史。本書卷四七有傳。此依宋本、四庫本、中華本校改。　管籥：鎖匙，比喻事情的關鍵。

［11］建州：治所在今山西澤州縣高都鎮一帶。　韓賢：字普賢，廣寧石門（今甘肅渭源縣西南洮河東岸）人。北魏、東魏官吏。本書卷一九有傳。　濟州：治所在今山東茌平縣西南。　蔡儁（495—536）：字景彦，廣寧石門（今甘肅渭源縣西南洮河東岸）人。北魏、東魏官吏。本書卷一九、《北史》卷五三有傳。

［12］御史中尉：官名。北魏改御史中丞爲此稱。主掌御史臺，糾彈百官，參治刑獄。孝文帝太和十七年階三品上，太和二十三年降爲從三品。東魏、西魏延置。西魏恭帝三年（556）改官制，遂

罷。北齊復名御史中丞。　綦儁：字櫛顯，河南洛陽（今河南洛陽市東北）人。北魏、東魏官吏。《魏書》卷八一、《北史》卷五〇有傳。

[13]開府：官名。本指高級官員開建府署，辟置僚屬之舉。始於漢朝。魏晉南北朝時期，常以此作爲對高級官員的寵待。北魏置此官，孝文帝太和十七年定爲第一品下，二十三年改爲從一品。北齊延置，地位漸低，除授冗濫，從一品。　賈顯智：賈智，字顯智，中山無極（今河北無極縣）人。北魏、東魏官吏。《魏書》卷八〇、《北史》卷四九《賈顯度傳》有附傳。

五月下詔，云將征句吳，[1]發河南諸州兵，增宿衛，[2]守河橋。[3]六月丁巳，魏帝密詔神武曰：[4]"宇文黑獺自平破秦、隴，[5]多求非分，脫有變詐，事資經略。但表啓未全背戾，進討事涉怱怱，遂召群臣，議其可否。僉言假稱南伐，内外戒嚴，一則防黑獺不虞，二則可威吳楚。"[6]時魏帝將伐神武，神武部署將帥，慮疑，故有此詔。[7]神武乃表曰："荆州綰接蠻左，[8]密邇畿服，[9]關隴恃遠，[10]將有逆圖。臣今潛勒兵馬三萬，擬從河東而渡；又遣恒州刺史庫狄干、瀛州刺史郭瓊、汾州刺史斛律金、前武衛將軍彭樂擬兵四萬，[11]從其來違津渡；[12]遣領軍將軍婁昭、相州刺史竇泰、前瀛州刺史堯雄、并州刺史高隆之擬兵五萬，[13]以討荆州；遣冀州刺史尉景、前冀州刺史高敖曹、濟州刺史蔡儁、前侍中封隆之擬山東兵七萬、突騎五萬，[14]以征江左。[15]皆約所部，伏聽處分。"魏帝知覺其變，乃出神武表，命群官議之，欲止神武諸軍。神武乃集在州僚佐，令其博議，還以表聞。仍以信誓自明忠欸曰："臣爲嬖佞所間，陛下一旦賜疑，今猖狂之罪，众朱時討。[16]臣若不盡誠竭節，敢負陛下，則使身受天殃，子孫殄絕。陛下若垂信赤心，使干戈不動，佞臣一二人願斟量廢出。"辛未，帝復錄在京文武議意以答神武，使舍人溫子昇草勅，[17]子昇逡巡未敢作。帝據胡牀，拔劍作色。子昇乃爲勅曰：

[1]句吳：古地區名。指今長江下游蘇南地區。春秋末年越國君句踐滅亡吳國，並有吳地，故以"句吳"稱之。後亦以此指江南地區。

[2]宿衛：皇帝的警衛人員，禁軍。

[3]河橋：古代橋名。故址在今河南孟州市西南、孟津縣東北黃河上。

[4]魏帝密詔神武曰：四庫本、中華本同，宋本、百衲本作"高祖密詔神武曰"，從上下文判斷此密詔當爲"魏帝"所下。此依四庫本、中華本改。

[5]宇文黑獺：北周文帝宇文泰（505—556），字黑獺，代郡武川（今内蒙古武川縣）人。鮮卑族。北周奠基者。《周書》卷一、二，《北史》卷九有紀。按，宇文泰生卒，《周書》本紀作卒於西魏恭帝三年（556），"時年五十二"，推之，當生於公元505年。《北史》作卒"時年五十"。 秦：州名。治所在今甘肅天水市西南。 隴：州名。治所在今陝西隴縣。

[6]吳楚：借指南朝梁。

[7]時魏帝將伐神武，神武部署將帥，慮疑，故有此詔：中華本校勘記云："《册府》卷一八六作'時魏帝將伐帝部，恐帝部將帥慮疑，故有此詔'。按《册府》所據本顯然沒有'署'字，但文義不順。若如本文，語氣也不太連貫。疑衍'神武'二字，意謂魏

帝部署將帥，慮高歡懷疑，故下詔解釋。與上文所述'發河南諸州兵，增宿衛，守河橋'這些'部署'相合；也和詔書中的解釋通貫。"

[8]荊州：北魏太和二十二年（498）置，治所在今河南鄧州市。　綰接：控制，掌握。　蠻左：蠻夷。指南朝梁。按，宋本、百衲本、中華本同，四庫本作"蠻右"。一般稱爲"蠻左"，無"蠻右"之説。此依宋本、百衲本、中華本。

[9]密邇：貼近、靠近。　畿服：指京師附近地區。

[10]關隴：區域名。泛指關中和隴西之地。

[11]恒州：東魏天平中寄治今山西忻州市西北。　厙（shè）狄干：善無（今山西右玉縣南）人。鮮卑厙狄氏。東魏、北齊大臣。本書卷一五、《北史》卷五四有傳。　瀛州：治所在今河北河間市。　郭瓊：東魏將領。曾任瀛洲（今河北河間市）刺史。天平三年（536），討平司州陽平郡（今河北館陶縣）郡民路黑奴的叛亂。四年，奉朝廷命，收殺侍中元子思及其弟子華，後以罪被高歡處死。　汾州：治所在今山西汾陽市。　斛律金（488—567）：原名敦，後改爲金，字阿六敦，朔州（今内蒙古固陽縣）人。高車族。北魏、東魏、北齊將領。本書卷一七、《北史》卷五四有傳。　前武衛將軍：前任武衛將軍。武衛將軍，官名。三國魏置，文帝將武衛中郎將改爲此稱。掌中軍宿衛禁兵，權任很重。西晉、東晉或置或省。魏、晉時皆四品。北魏時仍掌宿衛禁軍，孝文帝太和十七年（493）定爲從二品下，二十三年改爲從三品。北齊時爲左、右衛府次官，員各二人，佐左、右衛將軍掌宫禁宿衛，從三品。　彭樂（？—551）：字興，安定（今甘肅涇川縣北）人。北魏、東魏將領。《北史》卷五三有傳。

[12]來違津：古津渡名。確址不詳，疑在今内蒙古烏拉特前旗至清水河縣之間黄河上。

[13]領軍將軍：官名。東漢獻帝延康元年（220）曹丕置，職掌與中領軍同，但任職者資重於中領軍，省稱領軍。三國魏沿置，

爲禁衛軍最高統帥。北魏時如以侍臣帶此職，則稱中領軍將軍，孝文帝太和十七年定爲二品上，二十三年改從二品。宣武帝永平（508—512）中，四中郎將亦屬之，東魏靜帝武定七年（549），以四中郎將還屬護軍。北齊時爲領軍府長官，員一人，掌禁衛宫掖，主朱華閣以外的禁衛官，又領左、右衛，領左右等府，從二品。相州：治所在今河北臨漳縣西南鄴鎮。　竇泰（？—537）：字世寧，大安捍殊（今内蒙古鄂托克前旗城川鎮一帶）人。北魏、東魏將領。善騎射，有勇略。本書卷一五、《北史》卷五四有傳。　堯雄（499—542）：字休武，上黨長子（今山西長治市上黨區東北）人。堯榮子。北魏、東魏官吏。本書卷二〇有傳，《北史》卷二七《堯暄傳》有附傳，事亦見《魏書》卷四二《堯暄傳》。　并州：治所在今山西太原市晋源區古城營村一帶。施和金認爲并州先治晋陽縣（後魏及北齊之晋陽縣在今山西太原市西南汾水東岸），後移治龍山縣（北齊後主高緯於武平六年置龍山縣，且爲太原郡治，在今山西太原市西南汾水西岸）（《北齊地理志》第153—156頁）。

　　高隆之（494—554）：本姓徐，字延興，高平金鄉（今山東金鄉縣）人。後高歡認爲從弟，乃稱渤海蓨（今河北景縣）人。東魏、北齊大臣。本書卷一八、《北史》卷五四有傳。

　　[14]冀州：治所在今河北冀州市。　尉景（？—547）：字士真，善無（今山西右玉縣南）人。高歡妹夫。本書卷一五、《北史》卷五四有傳。　高敖曹：高昂（491—538），字敖曹，渤海蓨（今河北景縣）人。高翼子。東魏將領。本書卷二一《高乾傳》、《北史》卷三一《高允傳》有附傳。　山東：地區名。戰國、秦、漢時通稱華山（今屬陝西）或崤山（今屬河南）以東爲山東，北魏以地居太行山之西，又稱太行山以東地區爲山東。　突騎：用於衝鋒陷陣的精鋭騎兵。

　　[15]江左：亦稱江東。長江自今九江湖口折而向北至今南京段，形成江東、江西地區。古人座北面南視之，以江東爲江左，江西爲江右，故有是稱。六朝以建康（今江蘇南京市）爲都，故時人

又稱六朝統治區域爲江左或江東。

［16］今猖狂之罪，尒朱時討：中華本校勘記云："《北史》《册府》'今'作'令'，'討'作'計'。南本以下諸本都從《北史》改。按此句必有訛脱，從《北史》也同樣費解，今姑依三朝本。""討"字宋本、四庫本、中華本同，百衲本作"計"，此依宋本、四庫本、中華本改。

［17］温子昇（495—547）：字鵬舉，濟陰冤句（今山東菏澤市西南）人。北魏、東魏官吏、文學家。《魏書》卷八五、《北史》卷八三有傳。　勑：南北朝以下，對君主詔命的專稱。

前持心血，遠以示王，深冀彼此共相體悉，而不良之徒坐生間貳。近孫騰倉卒向彼，致使聞者疑有異謀，故遣御史中尉綦儁具申朕懷。[1]今得王啓，言誓懇惻，反覆思之，猶所未解。以朕眇身，遇王武略，不勞尺刃，坐爲天子，所謂生我者父母，貴我者高王。今若無事背王，規相攻討，則使身及子孫，還如王誓。皇天后土，實聞此言。

［1］具申朕懷："具"字諸本同，百衲本作"且"。以文意度之，作"具"是。從改。

近慮宇文爲亂，賀拔勝應之，[1]故纂嚴，[2]欲與王俱爲聲援。宇文今日使者相望，觀其所爲，更無異迹。賀拔在南，開拓邊境，爲國立功，念無可責。君若欲分討，[3]何以爲辭？東南不賓，[4]爲日已久，先朝已來，置之度外。今天下户口減半，未宜窮兵極武。

[1]賀拔勝（？—544）：字破胡，神武尖山（今山西神池縣）人。徙居武川（今內蒙古武川縣）。北魏、西魏名將。《魏書》卷八〇、《周書》卷一四有傳，《北史》卷四九《賀拔允傳》有附傳。

[2]纂嚴：謂軍隊嚴裝、戒備。猶今之戒嚴。

[3]君若欲分討：四庫本、中華本同，宋本、百衲本作"君若欲分謗"。謗，毀謗，指責別人過失、罪惡。據下文"未宜窮兵極武"，可知應爲"討"。此依四庫本、中華本改。

[4]不賓：不臣服，不歸順。

朕既闇昧，不知佞人是誰，可列其姓名，令朕知也。[1]如聞厙狄干語王云："本欲取懦弱者爲主，王無事立此長君，使其不可駕御，今但作十五日行，自可廢之，更立餘者。"如此議論，自是王間勳人，豈出佞臣之口。去歲封隆之背叛，今年孫騰逃走，不罪不送，誰不怪王！騰既爲禍始，曾無愧懼，王若事君盡誠，何不斬送二首。王雖啓圖西去，而四道俱進，或欲南度洛陽，[2]或欲東臨江左，言之者猶應自怪，聞之者寧能不疑？王若守誠不貳，晏然居北，在此雖有百萬之衆，終無圖彼之心。王脫信邪棄義，[3]舉旗南指，縱無匹馬隻輪，猶欲奮空拳而爭死。朕本寡德，王已立之，百姓無知，或謂實可。若爲他所圖，則彰朕之惡，假令還爲王殺，幽辱虀粉，[4]了無遺恨。何者？王既以德見推，以義見舉，一朝背德舍義，便是過有所歸。本望君臣一體，若合符契，不圖今日分疏到此。古語云："越人射我，[5]笑而道之；吾兄射我，泣而道之。"朕既親王，情如兄弟，所以投筆拊膺，不覺歔欷。

[1]"朕既闇昧"至"令朕知也":中華本校勘記云:"《通鑑》卷一五六無'可列其姓名令朕知也'九字,而下有'傾高乾之死,豈獨朕意,王忽對昂,言兄枉死,人之耳目,何易可輕'二十五字,不見本書和《北史》。按《通鑑》叙高歡這一段事多溢出《北史·神武紀》的話,如同卷載魏主責高歡滅紇豆陵伊利語,同卷'密詔高歡'語皆是。司馬光未必能見到《北齊書》原文《神武紀》,較大可能是采取《三國典略》或《高氏小史》,但其源仍出於《北齊書》原文。像這一條二十五字,決非後人所能妄增,疑當是《北齊書·神武紀》所載詔書原文。"

[2]洛陽:即洛陽城,在今河南洛陽市東北。

[3]脱:倘若,如果。

[4]幽辱虀粉:謂受辱而粉身碎骨。

[5]越人:疏遠的人。

初,神武自京師將北,[1]以爲洛陽久經喪亂,王氣衰盡,雖有山河之固,土地褊狹,不如鄴,[2]請遷都。魏帝曰:"高祖定鼎河洛,[3]爲永永之基,經營制度,至世宗乃畢。[4]王既功在社稷,宜遵太和舊事。"[5]神武奉詔,至是復謀焉。遣三千騎鎮建興,[6]益河東及濟州兵於白溝虜船不聽向洛,[7]諸州和糴粟運入鄴城。[8]魏帝又勅神武曰:"王若厭伏人情,杜絶物議,唯有歸河東之兵,罷建興之戍,送相州之粟,追濟州之軍,[9]令蔡儁受代,使邸珍出徐,止戈散馬,各事家業,脱須糧廩,别遣轉輸,則讒人結舌,疑悔不生。王高枕太原,[10]朕垂拱京洛,終不舉足渡河,以干戈相指。王若馬首南向,問鼎輕重,朕雖無武,欲止不能,必爲社稷宗廟出萬死之策。決在於王,非朕能定,爲山止簣,[11]相爲惜之。"魏帝時以任祥爲兼尚書左僕射，[12]加開府，[13]祥棄官走至河北，[14]據郡待神武。魏帝乃勑文武官北來者任去留，下詔罪狀神武，爲北伐經營。神武亦勒馬宣告曰："孤遇尒朱擅權，[15]舉大義於四海，奉戴主上，義貫幽明，橫爲斛斯椿讒構，以誠節爲逆首。昔趙鞅興晉陽之甲，[16]誅君側惡人。今者南邁，誅椿而已。"以高昂爲前鋒，[17]曰："若用司空言，[18]豈有今日之舉。"司馬子如答神武曰：[19]"本欲立小者，正爲此耳。"

[1]京師：洛陽。

[2]鄴：都城名。治所在今河北臨漳縣西南。北魏太祖道武帝拓跋珪天興四年（401）建相州於鄴。東魏孝静帝天平元年（534）由洛陽遷都於鄴城，改相州爲司州。北齊亦定都於此。

[3]高祖：北魏孝文帝元宏（467—499）。獻文帝子。公元471年至499年在位。廟號高祖。《魏書》卷七、《北史》卷三有紀。河洛：指黄河與洛河兩水之間的地區。這裏專指洛陽。

[4]世宗：北魏宣武帝元恪（483—515），孝文帝次子。公元499年至515年在位。好佛學。延昌四年（515）死，謚號宣武，廟號世宗。《魏書》卷八、《北史》卷四有紀。

[5]太和：北魏孝文帝元宏年號（477—499）。

[6]建興：郡名。治所在今山西陽城縣西北大陽鎮。

[7]白溝：水名。魏晉南北朝時期連接黄河與鄴城及華北的一條重要漕運水道。發源處近今淇河東岸，東北流入古清水，東漢建安九年（204），曹操於淇河入黄河口築枋堰，使淇河東入白溝，以通漕運。其後，始自黄河口之枋堰，止東北流至今河北威縣的古清河皆稱白溝。

[8]和糴粟：官府以議價交易爲名向民間強制徵購的糧食。

[9]追濟州之軍：四庫本、中華本同，宋本、百衲本作"追齊州之軍"。據上文"益河東及濟州兵"，當以"濟州"爲是。此依四庫本、中華本改。

[10]太原：郡名。治所在今山西太原市西南。

[11]爲山止簣：比喻功敗垂成。語出《論語·子罕》："譬如爲山，未成一簣。止，吾止也。"

[12]任祥（494—538）：字延敬，廣寧（今河北涿鹿縣西）人。本書卷一九、《北史》卷五三有傳。　尚書左僕射：官名。東漢獻帝建安四年尚書僕射分置左、右。尚書僕射，秦、西漢爲尚書令副貳。東漢爲尚書臺次官，職權益重，職掌拆閱封緘奏章文書，參議政事，諫諍駁儀，監察百官，令不在，則代理其職。左僕射居右僕射上。北朝時列位宰相，職掌都省庶務及執法，或典選舉，左僕射兼掌糾彈百官。北魏孝文帝太和十七年定爲從一品中，二十三年改從二品，北齊因之。

[13]加：官制用語。加官，即兼任。

[14]河北：郡名。治所在今山西平陸縣西南。

[15]孤遇尒朱擅權：四庫本、中華本同，宋本、百衲本作"孤遇尒朱把權"。把，掌管，控制。擅，獨攬，專，占有。擅權，即專權，攬權。這裏用"擅"字更適合。此依四庫本、中華本改。

[16]趙鞅：春秋末晉國正卿。《史記》卷四三《趙世家》有其事迹。

[17]高昂：見前注"高敖曹"條。

[18]司空：官名。三公之一。與太尉、司徒並爲三公，分掌宰相職能，秩萬石。開府辟僚屬，有長史、諸曹掾屬、令史等屬官。魏晉南北朝爲名譽宰相，多爲大臣加官，位居一品，無實際職掌。

[19]司馬子如（487—551）：字遵業，河內溫（今河南溫縣）人。北魏、東魏、北齊官吏。本書卷一八、《北史》卷五四有傳。

魏帝徵兵關右，[1]召賀拔勝赴行在所，[2]遣大行臺長孫承業、大都督潁川王斌之、斛斯椿共鎮武牢，[3]汝陽王暹鎮石濟，[4]行臺長孫子彥帥前恒農太守元洪略鎮陝，[5]賈顯智率豫州刺史斛斯元壽伐蔡儁。[6]神武使竇泰與左厢大都督莫多婁貸文逆顯智，[7]韓賢逆暹。元壽軍降。泰、貸文與顯智遇於長壽津，[8]顯智陰約降，引軍退。[9]軍司元玄覺之，[10]馳還，請益師。魏帝遣大都督侯幾紹赴之，[11]戰於滑臺東，[12]顯智以軍降，[13]紹死之。

　　[1]關右：地區名。見"關西"條。
　　[2]行在所：專指天子巡行所到之地。
　　[3]大行臺：官名。北魏、南朝梁、東魏、西魏、北齊時多作爲大行臺長官的省稱。官署名。北魏置，爲尚書省設在各主要地區的派出機構，代行尚書省的權力，依所轄區稱爲關西大行臺、東北道大行臺、三徐州（徐州、東徐州、北徐州）大行臺等，管理轄區内的軍政事務，是地方最高行政機構。設大行臺尚書令爲長官，大行臺尚書僕射協助管理大行臺事務，置大行臺尚書、大行臺郎中等分曹理事。　長孫承業（？—535）：本名冀歸，北魏孝文帝賜名稚（《北史》避唐諱，改爲"幼"），字承業。鮮卑族。北魏將領。《魏書》卷二五、《北史》卷二二《長孫道生傳》有附傳。　大都督：官名。高級軍事長官。三國吴、魏初於戰爭時臨時設置，作爲加官。後漸成爲常設官職，地位極高。在有戰爭時亦臨時加置，冠以名號。晉、南朝沿之。北魏前、中期未見，後期戰事較多時亦置，統兵出征，有時又加以各種名號，如南道大都督、徐州大都督等。東魏、西魏分裂後，授予漸濫。東魏、北齊時所置"京畿大都督"，權勢極重。　潁川王斌之：元斌之，字子爽。北魏宗室、西魏將領。《魏書》卷二〇《安樂王長樂傳》有附傳。潁川，郡名。

秦置，北魏徙治長社縣（今河南長葛市東北）。　武牢：地名。即虎牢。《隋書》《北史》均因避唐諱而改稱武牢。古邑名、關隘名。春秋鄭地。故址在今河南滎陽市汜水鎮西。形勢險要，向爲兵争之地。

〔4〕汝陽王暹：元暹（？—539），字叔照（一作"叔昭"），北魏宗室。《魏書》卷一九《京兆王子推傳》有附傳。汝陽，郡名。治所在今河南商水縣西北。　石濟：津渡名，即石濟津。又名"棘津""南津"，在今河南滑縣西南古黄河上。按，四庫本、中華本同，宋本、百衲本作"右濟"。無"右濟"地。此依四庫本、中華本改。

〔5〕行臺：官名。北朝行臺長官的省稱。又爲官署名。三國魏置，爲皇帝出征時隨侍身邊臨時執行尚書臺職權的機構，由尚書臺部分主要官員組成，以便皇帝和執政大臣決定軍國大事。北魏初曾於鄴（今河北臨漳縣西南）及中山（今河北定州市）置行臺，以尚書爲長官，執掌當地軍政事務，旋罷。孝明帝正光（520—525）末，因各地戰亂，在各地陸續設立行臺主管各地軍務，成爲常設的地方行政機構。到北魏末期漸理民事，北齊時正式兼理民政，成爲地方最高行政機構。　長孫子彦：本名俊。長孫稚子。鮮卑族。北魏官吏。《魏書》卷二五、《北史》卷二二《長孫道生傳》有附傳。

恒農：郡名。治所在今河南陜縣。　元洪略：北魏宗室。事見《魏書》卷一九下《樂陵王胡兒傳》。　陜：州名。治所在今河南陜縣。

〔6〕豫州：治所在今河南汝南縣汝寧街道。　斛斯元壽：一作"斛斯壽"。富昌（今内蒙古准格爾旗東南）人。斛斯椿之弟。北魏官吏。《北史》卷四九《斛斯椿傳》有附傳。

〔7〕左厢大都督：官名。北魏末置，掌左厢禁衛軍兵。東魏相府亦置，經常統兵出征。　莫多婁貸文：太安狄那（今山西壽陽縣北）人，羌族。東魏驍將。本書卷一九有傳。　逆：迎戰，迎擊。

〔8〕長壽津：古津渡名。在今河南濮陽市西南古黄河上。

[9]引軍退：百衲本無"軍退"二字。《北史》卷六《齊高祖神武帝紀》作："引軍退。軍司元玄覺之。"據補。

[10]軍司：官名。西晉因避諱改軍師置，東晉、南朝、北魏、北齊沿置。爲諸軍府主要僚屬，佐主帥統帶軍隊，負有匡正監察主帥之責，地位很高，常繼任主帥。　元玄：字彥道，北魏宗室、西魏大臣。《魏書》卷一五《常山王遵傳》有附傳。

[11]侯幾紹（？—534）：東魏將領，位大都督。天平元年（534），與西魏軍戰於滑臺，後陣亡。

[12]滑臺：城名。即滑臺城。在今河南滑縣東。北臨古黄河，爲軍事要地。

[13]顯智以軍降：四庫本、中華本同，宋本、百衲本作"顯智於軍降"。於，在。以，猶言帶着，率領。據上文可知賈顯智爲此軍統帥，因此用"以"字恰當。此依四庫本、中華本改。

　　七月，魏帝躬率大衆屯河橋。神武至河北十餘里，再遣□申誠欵，魏帝不報。神武乃引軍渡河。[1]魏帝問計於群臣，或云南依賀拔勝，或云西就關中，[2]或云守洛口死戰。[3]未决。而元斌之與斛斯椿爭權不睦，斌之棄椿徑還，紿帝云：[4]"神武兵至。"即日，魏帝遜於長安。[5]己酉，神武入洛陽，停於永寧寺。

[1]河：黄河。

[2]關中：古地區名。泛稱函谷關以西爲關中。

[3]洛口：地名。在今安徽淮南市東十里，淮河南岸洛河鎮。

[4]紿帝云：紿，欺誑。按四庫本、百衲本、中華本同，宋本作"紹宗云"。上下文中没有出現過"紹宗"此人，據文意當是"元斌之"欺騙魏帝，以與斛斯椿爭權。此依四庫本、百衲本、中華本。

[5]魏帝遜於長安：遜，逃遁，逃避。長安，都城名。治所在今陝西西安市西北。按，宋本作"魏帝□□長安"，脫"遜於"兩字，四庫本、百衲本、中華本全。

八月甲寅，[1]召集百官，謂曰："爲臣奉主，匡救危亂，若處不諫争，[2]出不陪隨，緩則耽寵争榮，急便逃竄，臣節安在！"遂收開府儀同三司叱列延慶、兼尚書左僕射辛雄、兼吏部尚書崔孝芬、都官尚書劉廞、兼度支尚書楊機、散騎常侍元士弼並殺之，[3]誅其貳也。士弼籍没家口。神武以萬機不可曠廢，乃與百僚議以清河王亶爲大司馬，[4]居尚書下舍而承制決事焉。[5]王稱警蹕，[6]神武醜之。神武尋至恒農，遂西剋潼關，[7]執毛洪賓。[8]進軍長城，[9]龍門都督薛崇禮降。[10]神武退舍河東，命行臺尚書、長史薛瑜守潼關，[11]大都督厙狄温守封陵。[12]於蒲津西岸築城，[13]守華州，[14]以薛紹宗爲刺史。[15]高昂行豫州事。[16]神武自發晋陽，至此凡四十啓，魏帝皆不答。

[1]八月甲寅：宋本作"八月□□"，脫"甲寅"兩字。四庫本、百衲本、中華本全。

[2]若處不諫争：宋本作"若處□□争"，脫"不諫"兩字。四庫本、百衲本、中華本全。

[3]開府儀同三司：官名。三國魏始置，爲大臣加號，意謂與三司即太尉、司徒、司空禮制、待遇相同，許開設府屬，自辟僚屬。兩晋南北朝因之。初爲加銜，至南北朝又爲官稱。北齊從一品。　叱列延慶（？—534）：一作"叱列延"，代（今山西大同市東）人。北魏官吏。《魏書》卷八〇、《北史》卷四九有傳。按，

四庫本、中華本同，宋本、百衲本作"吒列延慶"。"叱"不通"吒"，但兩字均表大聲吆喝之意，有"叱吒"一詞表呵斥、怒喝之意。此依四庫本、中華本改。　兼：官制用語。即以本官兼任、兼行或兼領其他官職。南北朝時凡祭祀、奉使等臨時委官代行某職，皆曰兼某職，或於正式任命某職之前，先授予兼某職之名義，意即試某職。　辛雄（485—534）：字世賓，隴西狄道（今甘肅臨洮縣）人。北魏官吏。《魏書》卷七七、《北史》卷五〇有傳。吏部尚書：官名。三國魏置。爲尚書吏部曹主官。掌官吏銓選、封爵、考課之政。居尚書省諸尚書之首。歷朝因之。北魏孝文帝太和十七年（493）定爲二品下，二十三年改三品，北齊三品。　崔孝芬（485—534）：字恭梓，博陵安平（今河北安平縣）人。北魏官員。《魏書》卷五七、《北史》卷三二《崔挺傳》有附傳。　都官尚書：官名。尚書省都官曹長官。爲尚書省諸尚書之一。北齊都官曹領都官、二千石、比部、水部、膳部五郎曹，職掌製定律令法制、糾劾違法、水利工程、舟船津梁、宮廷百官膳食等務。北魏孝文帝太和十七年定爲二品中，二十三年改三品，北齊三品。　劉廞（483—534）：一作"劉欽"。字景興。北魏官吏。《魏書》卷五五、《北史》卷四二《劉芳傳》有附傳。　度支尚書：官名。魏晉南北朝至隋初爲尚書省度支曹長官。北魏、北齊度支曹領度支、倉部、右户、左户、庫部、金部等曹，掌會計、事役、倉廩賑籍、田宅租調、度量衡、軍械庫藏之政令。北魏孝文帝太和十七年定爲二品中，二十三年改三品，北齊三品。　楊機（476—534）：字顯略，天水冀（今甘肅甘谷縣）人。北魏官吏。《魏書》卷七七、《北史》卷五〇有傳。　散騎常侍：官名。三國魏文帝黃初（220—226）初年置散騎，合於中常侍，謂之散騎常侍。西晉沿置，位比侍中，爲門下重職，散騎省長官。職掌侍從皇帝左右，諫諍得失，顧問應對，與侍中等共平尚書奏事，有異議得駁奏。亦常用作宰相、諸公等加官，得入宮禁議政。北魏初一度掌出令，位在中書令之上。北魏孝文帝太和十七年定爲二品下，二十三年改從三品，北齊從三品。　元士弼（？—534）：北魏官吏。歷位舍人、散騎常侍。曾奏高歡受敕不敬而爲歡忌恨。後被殺。

　　[4]清河王亶：元亶（？—537），魏孝文帝孫，襲封清河王。東魏孝靜帝元善見之父。孝武帝時官至司徒。魏帝西奔關中後，丞相高歡擢之爲大司馬，使居尚書省，有繼帝位意。歡却議立其子善見爲帝，亶恚忿南走，追之而還。一説爲歡所鴆死。謚文宣。清河，郡國名。西漢高帝置，治清陽縣（今河北清河縣）。西晋爲清河國，治清河縣（今山東臨清市）。北魏仍改爲郡。北齊移治武城縣（今河北清河縣西城關鄉西北）。　大司馬：官名。三公之一。地位有時也在三公之上。北魏、北齊與大將軍並稱"二大"，仍爲加官，常典軍事，地位尊顯，皆一品。北齊後主時爲激賞人心，增員而授，遂至冗濫。

　　[5]尚書下舍：魏晋南北朝諸曹尚書辦公之署。因設在宫禁中，故名。亦稱"尚書下省"。爲當時處理日常政務的主要場所，故亦常令輔政大臣入直。

　　[6]警蹕：指古代帝王出入時，於所經路途侍衛警戒，清道止行。

　　[7]潼關：關隘名。在今陝西潼關縣東北。

　　[8]毛洪賓：一作"毛鴻賓"。北地（今陝西富平縣西北）人。北魏官吏。《北史》卷四九《毛遐傳》有附傳。

　　[9]長城：縣名。十六國前秦置，治所在今陝西富縣南六十里。西魏廢帝改名三川。

　　[10]龍門：郡名。治龍門縣（今山西河津市東南）。　都督：官名。魏文帝黄初三年初設。後爲統率全國或地方兵馬的指揮官職名。其爲州郡軍事長官者，又兼理民政。至北朝後期則爲率領鄉兵、畜牧軍馬的中低級軍官職名。　薛崇禮：北魏將領。孝莊帝時爲都督。

　　[11]行臺尚書：官名。北魏置，爲行臺長官。北齊沿置，二品。行臺爲地方最高行政機構。　長史：官名。戰國秦置。掌參政

務，主管屬吏。西漢於丞相府、諸公府、軍府皆設。爲府中掾屬之長。東漢起，諸王國、郡府、屬國等亦設。歷朝因之，擴至州府、都督府等。此疑爲高歡的軍府長史。　薛瑜：又作"薛長瑜""薛儒""薛長儒"。東魏官吏，官至征東將軍、洛州刺史，天平（534—537）中戰死於潼關。《魏書》卷四二《薛辯傳》有附傳。

[12]厙狄溫：東魏將領。位大都督，天平元年奉高歡命守封陵。　封陵：津渡名。即風陵渡。一名風陵津。又作"封陵渡""封陵津"。在今山西芮城縣西南黃河北岸。

[13]蒲津：渡口名。一作"蒲阪津"。在今山西永濟市與陝西大荔縣之間黃河上。

[14]華州：治所在今陝西大荔縣。

[15]薛紹宗：東魏官吏。天平元年，高歡入洛陽，誅殺異己，封任親信，以其爲刺史。

[16]行豫州事：行某事爲南北朝官職制度。指以他官代行某官職權。南朝多以較低官階代行較高官職，如以長史、司馬、太守代行刺史職權等。北朝則多以將軍等武職兼行州、郡民政。行豫州事即代行豫州刺史職事。

九月庚寅，神武還於洛陽，[1]乃遣僧道榮奉表關中，[2]又不答。乃集百僚四門耆老，[3]議所推立。以爲自孝昌喪亂，[4]國統中絕，神主靡依，[5]昭穆失序，永安以孝文爲伯考，[6]永熙遷孝明於夾室，[7]業喪祚短，職此之由。遂議立清河王世子善見。[8]議定，白清河王。王曰："天子無父，苟使兒立，不惜餘生。"乃立之，是爲孝靜帝。[9]魏於是始分爲二。[10]神武以孝武既西，恐逼崤、陝，[11]洛陽復在河外，[12]接近梁境，[13]如向晉陽，形勢不能相接，乃議遷鄴，護軍祖瑩贊焉。[14]詔下三日，車駕便發，戶四十萬狼狽就道。神武留洛陽部分，[15]事畢還晉陽。自是軍國政務，皆歸相府。[16]先是童謠曰："可憐青雀子，飛來鄴城裏，羽翮垂欲成，化作鸚鵡子。"好事者竊言，雀子謂魏帝清河王子，鸚鵡謂神武也。

[1]九月庚寅，神武還於洛陽：中華本校勘記云："《通鑑》卷一五六'九月'作'十月'。《考異》云：'按歡九月己酉克潼關，己酉，二十九日也，不容庚寅已還至洛陽，庚寅乃九月十日也。'按《魏書》卷一一《出帝紀》，永熙三年（五三四）九月己酉高歡克潼關，即於是日東還於洛，這個月小盡，二十九日從潼關啟程，即使明天就到洛陽也是十月了。《通鑑》改十月是。"

[2]乃遣僧道榮奉表關中：道榮，北魏僧人。魏末，孝武帝西入長安，高歡遣其奉表至關中。中華本校勘記云："本書和《北史》不載表文，卻見於《通鑑》卷一五六，云：'陛下若遠賜一制，許還京洛，臣當式勒文武，式清宮禁。若返正無日，則七廟不可無主，萬國須有所歸，臣寧負陛下，不負社稷。'按《通鑑》此表或采自他書，但其源當出於《北齊書·神武紀》原文。"此依中華本改。

[3]四門耆老：耆老，年老而有地位的士紳。中華本校勘記云："南本及《北史》、《冊府》卷一八六、《太平御覽》卷一三〇'四門'作'沙門'，疑是。"

[4]孝昌：北魏孝明帝元詡年號（525—527）。

[5]神主靡依：四庫本、中華本同，宋本、百衲本作"木主靡依"。木主，木製的神位，上書死者姓名以供祭祀。又稱神主。此依四庫本、中華本改。

[6]永安：北魏孝莊帝元子攸年號（528—530）。此處指孝莊帝。　孝文：北魏孝文帝元宏。參見前注"高祖"條。　伯考：對已故伯父的稱呼。

[7]永熙：北魏孝武帝元脩年號（532—534）。此處指孝武帝。孝明：北魏孝明帝元詡（510—528），宣武帝次子。公元515年至528年在位。武泰元年（528）被太后所殺。謚曰孝明，廟號肅宗。《魏書》卷九、《北史》卷四有紀。　夾室：古代宗廟內堂東西廂的後部，藏五世祖以上遠祖神主的地方。

[8]清河王世子善見：東魏孝靜帝元善見（524—551）。公元534年至550年在位。《魏書》卷一二、《北史》卷五有紀。

[9]孝靜帝：見前注"清河王世子善見"條。

[10]魏於是始分爲二：即東魏、西魏。

[11]崤：崤山（今河南洛寧縣西北）。　陝：陝縣（今河南陝縣）。是扼守京師洛陽至關中的重要門户及通道。

[12]河外：河西與河南爲河外。北朝時，河西泛指今山西吕梁山以西黄河兩岸地區，河南指黄河以南。

[13]梁：即南朝梁（502—557）。南朝齊和帝中興二年（502），相國梁王蕭衍禪代南齊，改元稱帝，都建康（今江蘇南京市），國號梁，史稱蕭梁。歷四主，五十六年。

[14]護軍祖瑩贊焉：護軍，官名。軍中監督官，秦朝已置。西漢或置護軍將軍都領諸軍，大司馬、大將軍及諸將軍幕府常置護軍都尉，監督諸部，東漢獻帝建安（196—220）初曹操置護軍於丞相府，掌武官選舉，並與領軍同掌禁軍，出征時監護諸將，隸屬領軍。建安十二年改名中護軍，資重者稱護軍將軍，皆可簡稱護軍。魏晉南北朝時護軍統領武職，常隨征伐目的，置諸雜號。另諸軍事重鎮長官也稱護軍。管理轄區軍事民政，職掌與郡守相類。祖瑩，字元珍，范陽遒（今河北淶水縣北）人。北魏、東魏官吏。《魏書》卷八二、《北史》卷四七有傳。按，宋本、四庫本、百衲本作"榮"，中華本作"瑩"。中華本校勘記云："諸本'瑩'作'榮'，《北史》作'瑩'。按祖瑩，《北史》卷四七有傳，亦載此事，今據改。"此依中華本改。

[15]部分：指揮調度。

[16]相府：官署名。或稱丞相府、相府。孝武帝太昌元年（532），高歡爲大丞相，於晋陽（今山西太原市晋源區古城營村一帶）建府，辟僚佐，置長史、司馬、從事中郎、參軍、掾、屬等。諸僚屬初僅管理相府事務，至東魏則軍國政務，皆歸相府。後不常置。

初，孝昌中，山胡劉蠡升自稱天子，[1]年號神嘉，[2]居雲陽谷，[3]西土歲被其寇，謂之胡荒。[4]

[1]山胡：民族名。亦稱稽胡、步落稽。源於南匈奴。一説爲山戎、赤狄之後。南北朝時居於山西北部。與漢人雜居。 劉蠡升：北魏山胡族人。孝昌（525—527）中，居雲陽谷，自稱天子，立年號，署百官。分遣部衆抄掠汾州（今山西汾陽市）、晋州（今山西臨汾市城區）之間，略無寧歲。東魏天平二年（535），爲其北部王所殺。
[2]神嘉：北魏末劉蠡升的年號。起於乙巳年（525）十二月，迄於乙卯年（535）正月。
[3]雲陽谷：地名。確址待考，約在今陝西涇陽縣北。
[4]胡荒：謂胡人所造成的災亂。此指劉蠡升叛亂之事。

二年正月，西魏渭州刺史可朱渾道元擁衆内屬，[1]神武迎納之。壬戌，神武襲擊劉蠡升，大破之。己巳，魏帝褒詔，以神武爲相國，[2]假黄鉞，[3]劍履上殿，入朝不趨。神武固辭。

[1]西魏：朝代名（535—557）。永熙三年（534），北魏孝武帝元脩西奔關中投奔宇文泰，次年被毒死，宇文泰立元寶矩爲帝，

建都長安。史稱西魏。歷三帝，二十三年。　渭州：治所在今甘肅隴西縣東南五里。　可朱渾道元：字道元，又名可朱渾元。自云遼東（今遼寧遼陽市）人，然其曾祖爲懷朔（今内蒙古固陽縣西南）鎮將，定居於此。北魏、北齊官吏。本書卷二七、《北史》卷五三有傳。

［2］相國：官名。初爲春秋戰國時期對宰輔大臣的尊稱，掌輔佐國君，總掌朝政。後漸爲官稱，多作相邦。秦漢以降，或爲丞相之別稱，或與丞相並置，職掌與丞相同，然位更尊。魏晉南北朝不常設，位尊於丞相，職權品秩略同。

［3］假黄鉞：官制術語。即臨時授飾以黄金的鉞，本用於皇帝儀仗。授此者以示有權總統内外諸軍，專戮節將。不常設，以爲非人臣之常器。

三月，神武欲以女妻蠡升太子，候其不設備，辛酉，潜師襲之。其北部王斬蠡升首以送。[1]其衆復立其子南海王，神武進擊之，又獲南海王及其弟西海王、北海王、皇后公卿已下四百餘人，胡、魏五萬户。壬申，神武朝于鄴。

［1］北部王：姓名不詳。爲劉蠡升部將。

四月，神武請給遷人廪各有差。[1]

［1］遷人：指遷徙到鄴城落户的人。

九月甲寅，神武以州郡縣官多乖法，請出使問人疾苦。

三年正月甲子，神武帥厙狄干等萬騎襲西魏夏州，[1]身不火食，四日而至。縛稍爲梯，[2]夜入其城，禽其刺史費也頭斛拔俄彌突，[3]因而用之。留都督張瓊以鎮守，[4]遷其部落五千户以歸。西魏靈州刺史曹泥與其壻涼州刺史劉豐遣使請内屬。[5]周文圍泥，[6]水灌其城，不没者四尺。神武命阿至羅發騎三萬徑度靈州，[7]繞出西軍後，獲馬五十匹，西師乃退。神武率騎迎泥、豐生，[8]拔其遺户五千以歸，復泥官爵。魏帝詔加神武九錫，[9]固讓乃止。

[1]厙狄干：中華本校勘記云："南本、汲本'厙'作'庫'。按'庫'本有'舍'音，'庫狄'應讀'舍狄'。後人以去點者讀作'舍'，遂分爲二字。作'厙'不致誤讀。本書此姓'庫''厙'雜出，今統一作'厙'，以後不再出校記。"此依中華本改。　夏州：治所在今陝西靖邊縣北白城子。

[2]矟：同"槊"。古代兵器，似長矛。

[3]禽其刺史費也頭斛拔俄彌突：斛拔俄彌突，亦作"解拔彌俄突""斛律彌俄突""斛拔彌俄突"。西魏官吏，任夏州刺史。天平三年（536），東魏厙狄干、段韶率軍襲夏州，兵敗被擒。中華本校勘記云："本書卷一七《段韶傳》'斛拔俄彌突'作'斛律彌娥突'，'律'是'拔'之訛。《周書》（百衲本）卷一《文帝紀》、卷一四《賀拔岳傳》，《北史》卷九《周本紀上》、卷四九《賀拔岳傳》（百衲本），《册府》卷六作'解拔彌俄突'。《册府》'突'訛'定'。這裏有兩個問題，一是'斛拔'和'解拔'之異。據上引，大體上《周書》作'解拔'，《北史》和《册府》中北周部分都采錄《周書》，所以也作'解拔'。《北齊書·神武紀》已佚，但《段韶傳》是原文，雖然'律'字錯了，却作'斛'不作'解'。《北

史》卷六《齊神武紀》（百衲本）、《册府》卷一八六都作'斛拔'（《册府》'拔'訛'板'），也因爲《北史》中北齊部分即采錄《北齊書》。因此，'斛拔'和'解拔'是《周書》和《北齊書》的差異，現在難以判斷是非。第二是'俄彌突'和'彌俄突'之異。觀《段韶傳》也作'彌娥突'，和《周書》紀、傳同，而《北史》紀、傳和以《北史》補的《北齊書·神武紀》都作'俄彌突'，可知這是《北史》和周、齊書的異文。今按《周書》卷一三《宋獻公震傳》説他小字'彌俄突'，又《北史》卷九八《高車傳》見高車主'彌俄突'，可證《北史》作'俄彌突'是倒誤。此卷以《北史》補，所以同誤。"中華本校勘記言是。

[4]張瓊：字連德，代（今山西大同市東）人。東魏、北齊官吏。本書卷二〇、《北史》卷五三有傳。

[5]靈州：治所在今寧夏吴忠市西北。 曹泥：一作"曹㹢"。西魏、東魏官吏。先仕西魏，官至靈州刺史。後降東魏。 涼州：治所在今甘肅武威市。 劉豐（？—549）：字豐生，普樂（今寧夏靈武市西南）人。北魏、西魏、東魏官吏。後被北周軍所殺。本書卷二七、《北史》卷五三有傳。

[6]周文：北周皇帝宇文泰。見前注"宇文黑獺"條。

[7]阿至羅：北方古民族名。鮮卑慕容部之一，即吐谷渾，亦作"吐渾"。本居遼東，西晉時在首領吐谷渾的率領下西徙至今甘肅、青海間。至其孫葉延時，始號其國曰吐谷渾。

[8]豐生：見前注"劉豐"條。

[9]九錫：賜予九種禮器。原爲帝王專用，周朝或賜予有大功的諸侯。漢晉也賜予勳貴及有權威的元老重臣，以示尊禮。權臣篡權，建立新王朝前，也例加九錫。錫通賜。

二月，神武令阿至羅逼西魏秦州刺史建忠王万俟普撥，[1]神武以衆應之。六月甲午，[2]普撥與其子太宰受洛干、豳州刺史叱干寶樂、右衛將軍破六韓常及督將三百餘人擁部來降。[3]

[1]万俟普撥：万俟普，字普撥，太平（今山西大同市西）人，鮮卑族。北魏、北齊官吏。本書卷二七、《北史》卷五三有傳。

[2]六月甲午：中華本同，宋本、四庫本、百衲本作"三月甲午"。中華本校勘記云："諸本'六月'作'三月'，《北史》作'六月'。按天平三年（五三六）三月無甲午，六月甲午是二十五日。又《周書》卷二《文帝紀下》記此事在大統二年（五三六）五月，乃獲悉普撥等東走、宇文泰追他們的時間，則其入東魏，自不能早在三月。《通鑑》卷一五七《考異》引《三國典略》也作'六月'。今從《北史》改。"此依中華本改。

[3]太宰：官名。西晋置太師、太傅、太保三上公，因避司馬師諱，改太師爲太宰，居上公之首。常與太傅、太保並掌朝政，爲宰相之任。東晋、南朝用作贈官，多用以安置元老勳舊大臣，名義尊榮，無職掌。北魏、北齊則於太師、太傅、太保三師之上，別置太宰，皆一品。　受洛干：全名万俟受洛干，名洛，字受洛干，亦稱万俟干、万俟洛、万俟受洛、万俟壽洛干、壽樂干，太平（今山西大同市西）人，鮮卑族。北齊將領。本書卷二七、《北史》卷五三《万俟普傳》有附傳。　豳（bīn）州：治所在今甘肅寧縣。叱干寶樂：西魏官吏，位至豳州刺史。天平三年（536）與秦州刺史万俟普撥歸附東魏。　右衛將軍：官名。西晋武帝設。負責宮禁宿衛，爲禁衛軍主要統帥之一，權任甚重，多由皇帝親信之人擔任。北魏孝文帝太和十七年（493）定爲從二品下，二十三年改三品。北齊時爲右衛府長官，三品。　破六韓常：一作"破落韓常"。字保年，匈奴族。東魏官吏。本書卷二七、《北史》卷五三有傳。

八月丁亥，神武請均斗尺，[1]班於天下。

[1]均斗尺：均，調節。斗尺合稱，指度量器。

九月辛亥，汾州胡王迢觸、曹貳龍聚衆反，[1]署立百官，年號平都。[2]神武討平之。

[1]汾州胡：聚居於汾州的匈奴人。　王迢觸、曹貳龍：均爲東魏人。天平三年（536），聚衆反魏，旋爲高歡等鎮壓。
[2]平都：年號。起於丙辰年（536）九月，即亡。

十二月丁丑，神武自晋陽西討，遣兼僕射，[1]行臺汝陽王暹、司徒高昂等趣上洛，[2]大都督竇泰入自潼關。

[1]僕射：官名。尚書僕射的簡稱。尚書令副職，尚書令缺或未置，則爲尚書省長官，分左、右則左居右上。
[2]司徒：官名。東漢光武帝建武二十七年（51）以大司徒改稱之。爲三公之一。兩晋沿三國魏制，與丞相通職，一般不並置，爲名譽宰相，亦常參録朝政，然僅掌事務，政務仍歸尚書。其府仍處理全國日常行政事務，考核地方官吏，督課州郡農桑，領全國名數户口簿籍，其他公府缺公則省，唯司徒府缺公亦常置，並增設左、右長史，左西曹掾屬等僚佐。北魏初令州郡公文先上司徒府，後改上丞相府。北魏、北齊一品。　上洛：郡名。治所在今陝西商洛市商州區。

四年正月癸丑，竇泰軍敗自殺。神武次蒲津，以冰薄不得赴救，乃班師。高昂攻剋上洛。二月乙酉，神武以并、肆、汾、建、晋、東雍、南汾、泰、陝九州霜旱，人饑流散，請所在開倉賑給。[1]

[1]"二月乙酉"至"請所在開倉賑給":"二月""泰"中華本同,宋本、四庫本、百衲本作"四月""秦"。中華本校勘記云:"諸本'二月'作'四月',《北史》作'二月'。按《魏書》卷一一〇《食貨志》稱'所在開倉賑給'在天平四年(五三七)春。四月乙酉不得云春,知作'二月'是,今從《北史》改。又'泰',諸本及《北史》都作'秦',《食貨志》作'泰'。錢大昕《廿二史考異》卷三〇曾歷據《魏書·食貨志》此條和《魏》《周》《齊書》中有關泰州紀載,辨《魏書》卷一〇六下《地形志下》治蒲坂的'秦州'當作'泰州'。錢引證雖也有個別錯誤,結論是對的。考這個泰州有時也作'太州',歷見本書卷一七《斛律金傳》、卷二〇《薛循義傳》,《魏書》卷四四《薛野䐗傳》,《山右石刻叢編》卷二六《周故譙郡太守曹□□□碑》,其地望即是治蒲坂的泰州。'泰'和'太'同音通用,足證作'秦'之誤,今據改。"此依中華本改。肆,州名。治所在今山西忻州市西北。晋,州名。治所在今山西臨汾市城區。東雍,州名。治所在今山西新絳縣萬安鎮柏壁村。南汾,州名。治所在今山西吉縣。泰,州名。治所在今山西永濟市西南蒲州鎮東南二里。

六月壬申,神武如天池,[1]獲瑞石,隱起成文曰:"六王三川。"

[1]天池:湖泊名。一名祁連池。在今山西寧武縣西南管涔山上。據説久旱不竭,久雨不溢,淵深不測。

十月壬辰,[1]神武西討,自蒲津濟,衆二十萬。周文軍於沙苑。[2]神武以地陁少却,[3]西人鼓譟而進,軍大亂,棄器甲十有八萬,神武跨橐駝,[4]候船以歸。

[1]十月：中華本同，宋本、四庫本、百衲本作"十一月"。中華本校勘記云："諸本'十月'作'十一月'。《通鑑》卷一五七《考異》云：'《魏帝紀》（《魏書》卷一二）十月壬辰敗於沙苑。按長曆，十月壬辰朔，《北齊紀》誤也。'按是年十一月無壬辰。《周書》卷二《文帝紀下》大統三年（五三七）稱'十月壬辰至沙苑'，與《魏書》合。這裏'一'字衍，今據刪。"此依中華本改。

[2]沙苑：地名。又名沙阜、沙海、沙澤、沙窩。在今陝西大荔縣南洛、渭二河之間，東西八十里，南北三十里，其沙隨風流徙，不可耕植，而宜於牧林瓜果。東魏天平四年（537）與西魏於此爆發惡戰，史稱沙苑之戰，東魏慘敗。

[3]阸（ài）：謂險阻之處，險要之地。

[4]橐駝：駱駝。

元象元年三月辛酉，神武固請解丞相，[1]魏帝許之。

[1]丞相：官名。戰國秦始置，領導百官，輔助國君管理軍政要務。西漢時總領朝廷百官，位極尊隆，軍國政務無所不綜。漢武帝之後，皇帝加強皇權，削弱相權，形成以尚書（中書）掌受納傳達奏章詔旨，參與決策的中朝（內朝）體制，丞相作爲外朝官首領，成爲執行成命的行政長官。東漢末曹操自爲丞相，獨攬朝政。魏晉南北朝因之，省置無常，或分置左、右，或稱大丞相，多用以位置權臣，皆一品。

四月庚寅，神武朝于鄴，壬辰，還晉陽。請開酒禁，并賑恤宿衛武官。七月壬午，行臺侯景、司徒高昂圍西魏將獨孤信於金墉，[1]西魏帝及周文並來赴救。[2]大都督厙狄干帥諸將前驅，神武總衆繼進。八月辛卯，戰於河陰，[3]大破西魏軍，俘獲數萬。司徒高昂、大都督李猛、宋顯死之。[4]西師之敗，獨孤信先入關，[5]周文留其都督長孫子彥守金墉，遂燒營以遁。神武遣兵追奔，至崤，不及而還。初神武知西師來侵，自晉陽帥衆馳赴，至孟津，[6]未濟，而軍有勝負。既而神武渡河，子彥亦棄城走，神武遂毀金墉而還。

[1]侯景（503—552）：字萬景，懷朔鎮（今內蒙古固陽縣西南）人，或云雁門（今山西代縣西南）人，羯族。北魏、東魏將領，後降南朝梁。《梁書》卷五六、《南史》卷八〇有傳。　獨孤信（503—557）：本名如願，雲中（今內蒙古和林格爾縣西北土城子）人。鮮卑族獨孤部。北魏至北周名將。《周書》卷一六、《北史》卷六一有傳。　金墉：古城名。金墉城。三國魏明帝時築。在今河南洛陽市東北魏、晉洛陽故城西北隅。魏、晉時被廢的帝、后皆安置於此。

[2]西魏帝：西魏文帝元寶炬（507—551），北魏孝文帝的孫子。公元535年至551年在位。《北史》卷五有紀。

[3]河陰：郡名。治、領河陰縣。治所在今河南孟津縣東。

[4]李猛（？—538）：東魏將領。爲大都督。元象元年（538），與西魏宇文泰等戰於河陰，陣亡。　宋顯（？—538）：字仲華，敦煌效谷（今甘肅安西縣西南）人。東魏將領。本書卷二〇有傳。按，"宋"字中華本同，宋本、四庫本、百衲本作"宗"。中華本校勘記云："諸本'宋'作'宗'，唯局本作'宋'。按宋顯本書卷二〇、《北史》卷五三有傳，説他死於河陰之戰。《魏書》卷一二《静帝紀》元象元年、《周書》卷二《文帝紀下》大統四年都作'宋顯'。今從局本。"此依中華本改。

[5]關：關隘名。即函谷關。在今河南新安縣東。

[6]孟津：古津渡名。一名盟津，亦作"武濟""富平津"。在

今河南孟津縣會盟鎮扣馬村、黄河河心。

十一月庚午，神武朝於京師。十二月壬辰，還晋陽。興和元年七月丁丑，[1]魏帝進神武爲相國、録尚書事，[2]固讓乃止。

[1]興和：東魏孝静帝元善見年號（539—542）。
[2]録尚書事：官名。初爲職銜名，始於東漢。當時政令、政務總於尚書臺，太傅、太尉、大將軍等加此名義始得總知國事，綜理政務，稱爲真宰相。魏晋南北朝多以公卿權重者居之，總領尚書省政務，位在三公上。或以二人以上並録、參録，又有録尚書六條、關尚書七條事等名義。

十一月乙丑，神武以新宫成，朝於鄴。魏帝與神武讌射，[1]神武降階稱賀，又辭渤海王及都督中外諸軍事，[2]詔不許。十二月戊戌，神武還晋陽。

[1]讌射：燕射。古代射禮之一。指宴飲之射。
[2]都督中外諸軍事：官名。魏晋南北朝置。總統禁衛軍、地方軍在内的内外諸軍，爲全國最高軍事統帥，權力極大，不常置。北魏孝文帝太和十七年（493）定爲一品下，二十三年改從一品。

二年十二月，阿至羅别部遣使請降。神武帥衆迎之，出武州塞，[1]不見，大獵而還。

[1]武州塞：要塞名。在今山西左雲縣至大同市一帶。

三年五月，神武巡北境，使使與蠕蠕通和。[1]

[1]蠕蠕：古族名。又稱柔然、茹茹、蝚蠕、芮芮等。其強盛時，勢力達於整個蒙古高原。該國汗族郁久閭氏源自雜胡（詳見曹永年《柔然源於雜胡考》，《歷史研究》1981年第3期）。境内有匈奴、鮮卑、高車、西域諸族以及其他民族，多以游牧爲生。《魏書》卷一〇三、《北史》卷九八有傳。

四年五月辛巳，神武朝鄴，請令百官每月面敷政事，明揚側陋，納諫屏邪，親理獄訟，褒黜勤怠；牧守有愆，節級相坐；[1]椒掖之内，[2]進御以序；後園鷹犬悉皆棄之。六月甲辰，神武還晉陽。

[1]節級：次第。
[2]椒掖：椒房、掖庭。椒房爲皇后所居之室，以椒和泥塗壁，取香及多子之義，故名；掖庭爲宫内側室，妃嬪所居之地。椒掖則泛謂後宫。

九月，神武西征。十月己亥，圍西魏儀同三司王思政於玉壁城，[1]欲以致敵，西師不敢出。十一月癸未，[2]神武以大雪，士卒多死，乃班師。

[1]儀同三司：官名。本指官非三公而儀制待遇同於三司（三公）。東漢殤帝延平元年（106）鄧騭爲車騎將軍，儀同三司（三公）。儀同三司始於此。魏晉時期，授予開府位從三公之文武官。南北朝授予範圍不斷擴大，逐漸成爲官號。北魏孝文帝太和十七年（493）定爲一品下，二十三年改從一品，位開府上。北齊爲二品，

位三公下。　王思政：字司政，太原祁（今山西祁縣）人。西魏名將。後降北齊，爲都官尚書、儀同三司。《周書》卷一八、《北史》卷六二有傳。　玉壁城：城名。在今山西稷山縣西南。西魏大統四年（538）東道行臺王思政築。爲其東邊軍事要地，先後置南汾州、勳州治此。北周初在此置玉壁總管，建德六年（577）廢。

[2]十一月：中華本同，宋本、四庫本、百衲本作"十二月"。中華本校勘記云："諸本'十一月'作'十二月'，《北史》作'十一月'。《魏書》卷一二《靜帝紀》興和四年（五四二）稱'十有一月壬午班師'。按是年十一月癸亥朔，壬午是二十日，癸未是二十一日。十二月無癸未。'二'字訛，今改正。"此依中華本改。

　　武定元年二月壬申，[1]北豫州刺史高慎據武牢西叛。[2]三月壬辰，周文率衆援高慎，圍河橋南城。戊申，神武大敗之於芒山，[3]擒西魏督將已下四百餘人，俘斬六萬計。是時軍士有盜殺驢者，軍令應死，神武弗殺，將至并州決之。明日復戰，奔西軍，告神武所在。西師盡銳來攻，衆潰，神武失馬，赫連陽順下馬以授神武，[4]與蒼頭馮文洛扶上俱走，[5]從者步騎六七人。追騎至，親信都督尉興慶曰：[6]"王去矣，興慶腰邊百箭，足殺百人。"神武勉之曰："事濟，以爾爲懷州，[7]若死，則用爾子。"興慶曰："兒小，願用兄。"許之。興慶鬭，矢盡而死。西魏太師賀拔勝以十三騎逐神武，[8]河州刺史劉洪徽射中其二。[9]勝稍將中神武，段孝先橫射勝馬，[10]殪，[11]遂免。豫、洛二州平。[12]神武使劉豐追奔，拓地至弘農而還。[13]

　　[1]武定：東魏孝靜帝元善見年號（543—550）。

〔2〕北豫州：治所在今河南滎陽市西北。　高慎：字仲密，高乾弟。魏孝武帝初，爲驃騎大將軍、儀同三司，光州刺史。東魏元象初，據武牢降西魏。本書卷二一《高乾傳》、《北史》卷三一《高祐傳》有附傳。

〔3〕芒山：山名。亦作"邙山""邙嶺""芒山"。在今河南西部，西起三門峽，東止伊洛河岸。東段一稱北邙山，多古代帝王陵墓。

〔4〕赫連陽順：東魏人。匈奴族。武定元年，高歡與宇文泰決戰河橋，大敗。其力保高歡逃歸。

〔5〕蒼頭：指奴僕。　馮文洛：北齊官吏。初爲高歡蒼頭。後積勞累遷至刺史。天保（550—559）中，文宣帝以忌"漆"而執高歡第"七"子高涣置於地牢。後令其殺涣，並將涣妃李氏配其爲妻。

〔6〕親信都督：官名。北魏末尒朱榮置，東魏高歡父子沿置。統領主帥左右侍衛。選工於騎射者爲之。　尉興慶：又作"敬興""尉興敬""尉興"。太安狄那（今山西壽陽縣北）人。東魏將領。本書卷一九《尉長命傳》有附傳。

〔7〕懷州：治所在今河南沁陽市城區。

〔8〕太師：官名。西周始置，爲輔弼君王的重要大臣。相傳周初與太傅、太保並號三公。東晋南朝沿置，用作贈官，名義尊榮，無職掌，多用以安置元老勳舊大臣。十六國、北朝仍稱太師，爲三師之一，位在太傅、太保之上，一品。居百官之首，名位極尊。北齊後主爲激賞人心，增員而受，遂不可勝數。

〔9〕河州：治所在今甘肅臨夏市西南。　劉洪徽：秀容陽曲（今山西陽曲縣南）人。北齊將領。初襲父爵樂縣男，後拜河州刺史。北齊建立，歷開府儀同三司、尚書右僕射、領軍將軍等職，與段韶等參與殺害楊愔等。

〔10〕段孝先：段韶（？—571），字孝先，小名鐵伐，亦稱段婆，姑臧武威（今甘肅武威市）人。北齊將領。本書卷一六、《北

史》卷五四《段榮傳》有附傳。"叚"字諸本皆作"叚"。按段韶本傳，段韶是姑臧武威段榮子，姚薇元《北朝胡姓考》："遼西段氏，本出段國，東部鮮卑族也……北齊有兗州刺史段琛，史稱代人，疑亦鮮卑族。"故"叚"字爲"段"字的形近訛字，今據中華本改。以後徑改，不再出校勘。

[11]殪：仆，倒下。
[12]洛：州名。治所在今河南洛陽市東北。
[13]弘農：郡名。治所在今河南靈寶市北。

七月，神武貽周文書，責以殺孝武之罪。[1]

[1]孝武：北魏孝武帝元脩。見前注"魏帝"條。

八月辛未，魏帝詔神武爲相國、録尚書事、大行臺，餘如故，固辭乃止。是月，神武命於肆州北山築城，西自馬陵戍，[1]東至土隥，[2]四十日罷。

[1]馬陵戍：地名。確址待考。疑在今山西寧武縣西。
[2]土隥：城名。亦作"土隥寨"。在今山西寧武縣東。

十二月己卯，神武朝京師，庚辰，還晉陽。二年三月癸巳，神武巡行冀、定二州，[1]因朝京師。以冬春亢旱，請蠲懸責，賑窮乏，宥死罪以下。又請授老人板職各有差。[2]四月丙辰，[3]神武還晉陽。

[1]定：州名。治所在今河北定州市。
[2]板職：板授官職。當時任命官職，以木板書寫官職授之，

故名。

［3］丙辰：中華本同，宋本、四庫本、百衲本作"景辰"。按，"景"字乃避唐高祖父諱改，此依中華本改回。

十一月，神武討山胡，破平之，俘獲一萬餘户口，[1]分配諸州。

［1］俘獲一萬餘户口：中華本校勘記云："南本及《北史》卷五、《魏書》卷一二《孝静帝紀》武定二年十一月條都没有'口'字。按文義不當有'口'字，但《册府》卷一八六也有，可能'口'上或下面有個數字脱去，今不删。"

三年正月甲午，開府儀同三司尒朱文暢、開府司馬任胄、都督鄭仲禮、中府主簿李世林、前開府參軍房子遠等謀賊神武，[1]因十五日夜打簇，[2]懷刃而入，其黨薛季孝以告，[3]並伏誅。丁未，神武請於并州置晉陽宫，以處配口。

［1］尒朱文暢（528—545）：北魏北秀容（今山西朔州市）契胡貴族。尒朱榮第四子。本書卷四八有傳。　開府司馬：官名。高級幕僚，位次長史。掌參贊軍務，管理府内武職，其品秩隨府主而定，高低不等。　任胄：廣寧（今河北涿鹿縣）人。東魏官吏。本書卷一九《任延敬傳》、《北史》卷五三《任祥傳》有附傳。　鄭仲禮（？—545）：滎陽開封（今河南開封市南）人。東魏官吏。本書卷四八有傳，《北史》卷三五《鄭羲傳》有附傳。　中府主簿：中府，官署名，主管收藏財貨器物。主簿，官名。歷朝中央及州郡官府均置，典領文書簿籍，經辦事務，北朝時，諸將軍、五校

尉等軍府、列卿寺監、光祿大夫等皆置，品位秩級隨府長官而不等。州、郡、縣亦置。雖非掾吏之首，然地位較高。　李世林（？—545）：東魏官吏，事不詳。　開府參軍：參軍，官名。東漢末車騎將軍府置爲僚屬，掌參謀軍務。南北朝王、公、將軍府、都水臺以及諸州多置爲僚屬。品級自六品至九品不等。皆由朝廷除授。　房子遠（？—545）：河南洛陽（今河南洛陽市）人。房謨子。東魏將領。武定三年（545），參與謀殺高歡，被誅。

[2]打簇：亦稱"打竹簇"，北朝時的一種游戲。

[3]薛季孝：東魏人，事迹不詳。

　　三月乙未，神武朝鄴，丙午，還晉陽。十月丁卯，神武上言，幽、安、定三州北接奚、蠕蠕，[1]請於險要修立城戍以防之，躬自臨履，莫不嚴固。乙未，神武請釋芒山俘桎梏，配以民間寡婦。[2]

　　[1]安：州名。治所在今北京密雲區東北。　奚：部族名。南北朝稱"庫莫奚"，隋時稱"奚"。源於東胡。分布在饒樂水（今西拉木倫河）流域。東接契丹，西至突厥，南據白狼河，北鄰霫。初臣屬於突厥，後稍盛，分爲辱紇主（一作"辱紇王"）、莫賀弗、契箇、木昆、室得五部。習俗與突厥相似。以游牧爲主，兼以射獵。北朝時，向北魏朝貢貿易。

　　[2]民間：四庫本、中華本同，宋本、百衲本作"人間"。按，"人"乃避唐太宗李世民諱。此依四庫本、中華本改回。

　　四年八月癸巳，神武將西伐，自鄴會兵於晉陽。殿中將軍曹魏祖曰：[1]"不可，今八月西方王，以死氣逆生氣，爲客不利，主人則可。兵果行，傷大將軍。"神武不從。自東、西魏搆兵，鄴下每先有黃黑螘陣鬭，[2]占者以爲黃者東魏戎衣色，黑者西魏戎衣色，人間以此候勝負。是時，黃螘盡死。九月，神武圍玉壁以挑西師，不敢應。西魏晉州刺史韋孝寬守玉壁，[3]城中出鐵面，神武使元盜射之，[4]每中其目。用李業興孤虛術，[5]萃其北。北，天險也。乃起土山，鑿十道，又於東面鑿二十一道以攻之。[6]城中無水，汲於汾，[7]神武使移汾，一夜而畢。孝寬奪據土山。頓軍五旬，城不拔，死者七萬人，聚爲一冢。有星墜於神武營，眾驢並鳴，士皆讋懼。神武有疾。

[1]殿中將軍：官名。三國魏置，掌典禁兵督守殿廷。南北朝沿置，爲侍衛武職，不典兵，員額漸多，品秩漸低。北魏孝文帝太和十七年（493）定爲五品中，二十三年改八品上。北齊員五十人，八品上，又有員外將軍一百人，皆隸左、右衛府。　曹魏祖：東魏官吏。生卒不詳。善星占曆法。位員外司馬督。興和元年（539），上書言改曆事。

[2]螘：螞蟻。

[3]韋孝寬（509—580）：名叔裕，字孝寬，京兆杜陵（今陝西西安市東南）人。韋旭子。恭帝元年（554），賜姓宇文氏。北魏、西魏、北周將領。《周書》卷三一、《北史》卷六四有傳。

[4]神武使元盜射之：中華本校勘記云："《册府》卷一八六'盜'作'溢'。按一般不會以'盜'爲名，疑作'溢'是。"元盜，一作"元溢"。東魏將領。事迹不詳。

[5]李業興（484—549）：一名鄴，上黨長子（今山西長治市上黨區東北）人。北魏、東魏官吏、天文曆算家。《魏書》卷八四、《北史》卷八一有傳。

[6]二十一道：四庫本、中華本同，宋本、百衲本作"二子道"。有"二子道"，當有主道，然東面並無提主道。玉壁城北面爲天險，尚鑿十道。故"二子道"訛誤。此依四庫本、中華本改。

[7]汾：汾水。古水名。即今山西黄河支流汾河。源出今山西寧武縣西南管涔山。中游自今清徐至介休之間與下游入黄河口處，歷代略有變遷。

十一月庚子，輿疾班師。庚戌，遣太原公洋鎮鄴。[1]辛亥，徵世子澄至晉陽。[2]有惡鳥集亭樹，世子使斛律光射殺之。[3]己卯，神武以無功，表解都督中外諸軍事，魏帝優詔許焉。是時西魏言神武中弩，神武聞之，乃勉坐見諸貴，使斛律金敕勒歌，[4]神武自和之，哀感流涕。

[1]太原公洋：北齊顯祖文宣帝高洋（529—559），高歡次子。本書卷四、《北史》卷七有紀。太原公，爵名。五等爵的第一等。

[2]世子澄：北齊文襄帝高澄（521—549）。及高洋代魏，追諡爲文襄皇帝，廟號世宗。本書卷三、《北史》卷六有紀。世子，封君的嫡長子。

[3]斛律光（515—572）：字明月，朔州（今内蒙古固陽縣）人。高車族敕勒部。北齊名將。少以武藝知名。本書卷一七、《北史》卷五四《斛律金傳》有附傳。

[4]使斛律金敕勒歌：百衲本、中華本同。宋本作"使□□□敕勒歌"，脱"斛律金"三字。四庫本作"使斛律金作敕勒歌"，《北史》卷六《齊本紀上》並無"作"字。疑"作"爲衍字。此依百衲本、中華本。敕勒，少數民族部落。亦稱鐵勒、赤勒、狄歷。源於戰國、秦漢時丁零。南北朝時又稱爲高車。按《魏書》卷一〇三、《通典》卷一九七、《通志》卷二〇〇《高車傳》曰："高車，

蓋古赤狄之餘種也。初號爲狄歷，北方以爲敕勒，諸夏以爲高車、丁零。"敕勒歌，樂府雜歌篇名。北朝民歌。歌詞本鮮卑語，譯文爲："敕勒川，陰山下，天似穹廬，籠蓋四野。天蒼蒼，野茫茫，風吹草低見牛羊。"見《樂府詩集》卷八六《雜歌謠辭四·敕勒歌》。

　　侯景素輕世子，嘗謂司馬子如曰："王在，吾不敢有異，王無，吾不能與鮮卑小兒共事。"[1]子如掩其口。至是，世子爲神武書召景。景先與神武約，得書，書背微點，乃來。書至，無點，景不至，又聞神武疾，遂擁兵自固。神武謂世子曰："我雖疾，爾面更有餘憂色，何也？"世子未對。又問曰："豈非憂侯景叛耶？"曰："然。"神武曰："景專制河南十四年矣，常有飛揚跋扈志，顧我能養，豈爲汝駕御也！今四方未定，勿遽發哀。厙狄干鮮卑老公，斛律金敕勒老公，並性遒直，終不負汝。可朱渾道元、劉豐生遠來投我，必無異心。賀拔焉過兒樸實無罪過。[2]潘相樂本作道人，[3]心和厚，汝兄弟當得其力。韓軌少戇，[4]宜寬借之。彭相樂心腹難得，[5]宜防護之。少堪敵侯景者唯有慕容紹宗，[6]我故不貴之，留以與汝，宜深加殊禮，委以經略。"

[1]鮮卑：古族名。東胡的一支。漢初，東胡爲匈奴冒頓單于擊敗，部分部衆退居鮮卑山（大興安岭北部東麓，今内蒙古鄂倫春自治旗。見米文平《鮮卑石室的發現與初步研究》，《文物》1981年第2期），因以爲名。兩晉南北朝時，鮮卑族各支慕容、乞伏、禿發、拓跋、宇文等部相繼興起，先後建立前燕、西秦、南凉、北魏、北齊、北周等政權。陳寅恪認爲"北齊最高統治者皇室高氏爲

漢人而鮮卑化者"（萬繩楠：《陳寅恪魏晋南北朝史講演録》，黃山書社 1987 年版，第 293 頁）。周一良認爲"北齊統治者的皇室若非出自鮮卑，也是完全胡化了的漢人"（周一良：《魏晋南北朝史論集》，北京大學出版社 1997 年版，第 135 頁）。

[2]賀拔焉過兒：生卒未詳。高歡部屬。敦厚樸實，爲歡所信用，建明元年（530）尒朱世隆立長廣王元曄爲帝，封歡爲平陽郡公，歡不滿，其勸歡坐觀形勢，以避禍端。歡從其言。

[3]潘相樂（？—555）：又作"潘樂""潘洛"。初名相貴，後以爲字，廣寧石門（今甘肅渭源縣西南洮河東岸）人。北魏、東魏、北齊官吏。本書卷一五、《北史》卷五三有傳。

[4]韓軌：字百年，太安狄那（今山西壽陽縣北）人。北魏、北齊官吏。本書卷一五、《北史》卷五四有傳。

[5]彭相樂：彭樂。見前注"彭樂"條。

[6]慕容紹宗（501—549）：北魏、東魏將領。前燕皇室後裔，鮮卑族。本書卷二〇、《北史》卷五三有傳。

　　五年正月朔，日蝕，神武曰："日蝕其爲我耶，死亦何恨。"丙午，[1]陳啓於魏帝。是日，崩於晋陽，時年五十二。祕不發喪。六月壬午，魏帝於東堂舉哀，三日，制總衰。[2]詔凶禮依漢大將軍霍光、東平王蒼故事；[3]贈假黄鉞、使持節、相國、都督中外諸軍事、齊王璽綬，[4]輼輬車、黄屋、左纛、前後羽葆、鼓吹、輕車、介士，[5]兼備九錫殊禮，[6]諡獻武王。八月甲申，葬於鄴西北漳水之西，[7]魏帝臨送於紫陌。[8]天保初，[9]追崇爲獻武帝，廟號太祖，陵曰義平。天統元年，[10]改諡神武皇帝，廟號高祖。

［1］丙午：宋本、百衲本、中華本同，四庫本作"景午"。

［2］緦衰：喪服名。古代天子爲諸侯之喪服。緦麻布衰裳。《周禮·春官·司服》："王爲三公六卿錫衰，爲諸侯緦衰，爲大夫士疑衰，其首服皆弁絰。"

［3］大將軍：官名。高級軍政官員。西漢武帝以後，大將軍常冠大司馬之號，秩萬石，領尚書事，執掌朝政。北魏、北齊與大司馬並號"二大"，共典軍政，位頗尊顯，常由權臣兼任，皆一品。霍光（？—前68）：字子孟，河東平陽（今山西臨汾市）人。西漢大臣。《漢書》卷六八有傳。　東平王蒼：東漢宗室諸侯王劉蒼。光武帝第八子。封東平王。《後漢書》卷四二有傳。東平，郡名。治所在今山東東平縣東南。

［4］使持節：政治術語。漢朝官吏奉使外出時，或由皇帝授予節杖，以提高其威權。魏、晉以後，凡重要軍事長官出征或出鎮時，加使持節，可誅殺二千石以下官員。皇帝派遣大臣出巡或祭吊等事務時，亦使持節，以表示權力和尊崇。　璽紱：古代印璽上所繫的彩色絲帶。借指印璽。

［5］輼輬車：古代的卧車，亦用作喪車。　黃屋：古代帝王專用的黃繒車蓋，借指帝王權位。　左纛：古代皇帝乘輿上的飾物，以犛牛尾或雉尾製成的毛羽幢，設在車衡左邊或左騑上。　羽葆：帝王儀仗中以鳥羽聯綴爲飾的華蓋。　鼓吹：演奏鼓吹樂的樂隊。　輕車：古代輕便的戰車。　介士：甲士。

［6］九錫殊禮：見前注"九錫"條。

［7］漳水：川名。即今漳河。衛河支流。在今河北、河南兩省邊境。源出今山西長子縣西，東流穿過太行山至河北臨漳縣北；下游歷代屢有變遷，今已非故道。

［8］紫陌：即紫陌橋。在今河北臨漳縣西南古鄴城西北。

［9］天保：北齊文宣帝高洋年號（550—559）。

［10］天統：北齊後主高緯年號（565—569）。

神武性深密高岸，終日儼然，人不能測，機權之際，變化若神，至於軍國大略，獨運懷抱，文武將吏罕有預之。統馭軍衆，法令嚴肅，臨敵制勝，策出無方。聽斷昭察，不可欺犯。知人好士，全護勳舊。性周給，每有文教，常殷勤欸悉，指事論心，不尚綺靡。擢人授任，在於得才，苟其所堪，乃至拔於厮養，有虛聲無實者，稀見任用。諸將出討，奉行方略，罔不克捷，違失指畫，多致奔亡。雅尚儉素，刀劍鞍勒無金玉之飾。少能劇飲，自當大任，不過三爵。居家如官。仁恕愛士。始范陽盧景裕以明經稱，[1]魯郡韓毅以工書顯，[2]咸以謀逆見擒，並蒙恩置之第館，[3]教授諸子。其文武之士盡節所事，見執獲而不罪者甚多。故遐邇歸心，皆思效力。至南威梁國，北懷蠕蠕，吐谷渾、阿至羅咸所招納，[4]獲其力用，規略遠矣。

[1]范陽：郡名。治所在今河北涿州市。　盧景裕：字仲儒，小字白頭，范陽涿（今河北涿州市）人。北魏、東魏官吏。《魏書》卷八四有傳，《北史》卷三〇《盧同傳》有附傳。　明經：通曉儒家經典。

[2]魯郡：治所在今山東曲阜市。　韓毅：潁川（今河南長葛市東北）人。東魏官吏。以工書稱著。初以謀逆爲高歡所擒，赦免後置之第館，教授諸子，後遷國子博士。　工書：擅長書法。

[3]並蒙恩置之第館：宋本、百衲本、中華本同，四庫本作"並蒙恩宥置之第館"。據《北史》卷六《齊本紀上》作"並蒙恩置之第館"，四庫本衍"宥"字。

[4]吐谷渾：見前注"阿至羅"條。

北齊書　卷三[1]

帝紀第三

文襄

　　世宗文襄皇帝諱澄,[2]字子惠,神武長子也,[3]母曰婁太后。[4]生而歧嶷,[5]神武異之。魏中興元年,[6]立爲渤海王世子。[7]就杜詢講學,[8]敏悟過人,詢甚歎服。二年,加侍中、開府儀同三司,[9]尚孝静帝妹馮翊長公主,[10]時年十二,神情儁爽,便若成人。神武試問以時事得失,辨析無不中理,自是軍國籌策皆預之。

　　[1]《北齊書》卷三:中華本校勘記云:"按此卷原缺,後人以《北史》卷六《齊紀》上《文襄紀》上和他書補。各本卷末都有宋人校語,稱:'詳《文襄紀》,其首與《北史》同,而末多出東魏《孝静紀》。其間與侯景往復書見《梁書·景傳》。其所序列,尤無倫次,蓋雜取之以成此書,非正史也。'查此紀前半自'可復前大將軍,餘如故'以上與《北史》同;中間叙述高澄和侯景通訊及往來書信,與《梁書》卷五六《侯景傳》所載不盡相同,並非録自《梁書》;最後一段叙東魏孝静帝事,也非出自《魏書·孝

静紀》。總之此紀後半確是雜湊而成,'尤無倫次',不但非《北齊書》原文,可能還不是補此紀時的面貌。疑補了之後,又有缺失,再度湊合,以致如此。"

[2]澄:北齊文襄帝高澄(521—549),高歡之子。及高洋代魏,追謚爲文襄皇帝,廟號世宗。本書卷三、《北史》卷六有紀。

[3]神武:北齊皇帝高歡(496—547)的謚號,廟號高祖。本書卷一、二,《北史》卷六有紀。

[4]婁太后:神武明皇后婁氏(501—562),高歡妻,名昭君,北魏贈司徒婁内干之女。本書卷九、《北史》卷一四有傳。

[5]歧嶷:形容年幼聰明。

[6]中興:北魏安定王元朗年號(531—532)。

[7]渤海王:高歡的封爵號。渤海,郡名。漢高帝置。高歡時,渤海郡治所在今河北東光縣。"後魏及北齊天保七年前渤海郡治是在今東光縣城,北齊天保七年後却移治於縣東南三十里陶氏城也。"(施和金:《北齊地理志》,中華書局2008年版,第62頁) 世子:封君的嫡長子。

[8]杜詢:北魏人。生卒不詳。

[9]加:官制用語。加官,即兼任。 侍中:官名。秦朝始置,即原丞相史,往來殿中奏事,故名。西漢爲加官,加此則可侍從皇帝左右,侍奉生活起居,親近皇帝,爲中朝要職,無員。三國魏、西晉置爲門下省長官,員四人(加官無定員),三品、秩千石,常侍衛皇帝左右,管理門下衆事,掌顧問應對,拾遺補闕,諫諍糾察,儐相威儀,平議尚書奏事,皆三品。北朝常總典機密,受遺詔輔政,權任尤重,時號"小宰相"。北魏初置四員,普泰(531—532)間增至六員,孝文帝太和十七年(493)定爲從一品中,二十三年改爲三品,北齊因之。 開府儀同三司:官名。三國魏始置,爲大臣加號,意謂與三司即太尉、司徒、司空禮制、待遇相同,許開設府第,自辟僚屬。兩晉南北朝因之。初爲加銜,至南北朝又爲官稱。北齊從一品。

[10]尚：娶帝王之女爲妻。　孝静帝：東魏皇帝元善見（524—551）。謚號孝静。公元534年至550年在位。《魏書》卷一二、《北史》卷五有紀。　馮翊長公主：北朝時北齊文襄敬皇后元氏。北魏孝静帝妹，高澄妻。鮮卑族。孝武帝時，封馮翊長公主。本書卷九、《北史》卷一四有傳。馮翊，郡名。治所在今陝西高陵縣。

天平元年，[1]加使持節、尚書令、大行臺、并州刺史。[2]三年，入輔朝政，加領左右、京畿大都督。[3]時人雖聞器識，猶以少年期之，而機略嚴明，事無凝滯，於是朝野振肅。元象元年，[4]攝吏部尚書。[5]魏自崔亮以後，[6]選人常以年勞爲制，[7]文襄乃釐改前式，銓擢唯在得人。又沙汰尚書郎，[8]妙選人地以充之。[9]至于才名之士，咸被薦擢，假有未居顯位者，皆致之門下，以爲賓客，每山園游燕，必見招攜，[10]執射賦詩，各盡其所長，以爲娱適。興和二年，[11]加大將軍，[12]領中書監，[13]仍攝吏部尚書。自正光已後，天下多事，在任群官，[14]廉絜者寡。文襄乃奏吏部郎崔暹爲御史中尉，[15]糾劾權豪，無所縱捨，於是風俗更始，私枉路絕。乃牓於街衢，[16]具論經國政術，仍開直言之路，有論事上書苦言切至者，皆優容之。

[1]天平：東魏孝静帝元善見年號（534—537）。
[2]使持節：政治術語。漢朝官吏奉使外出時，或由皇帝授予節杖，以提高其威權。魏、晉以後，凡重要軍事長官出征或出鎮時，加使持節，可誅殺二千石以下官員。皇帝派遣大臣出巡或祭吊等事務時，亦使持節，以表示權力和尊崇。　尚書令：官名。秦、

西漢爲尚書署長官，掌收發文書，隸少府。東漢爲尚書臺長官，兼具宮官、朝官職能，掌決策出令、綜理政務，秩位雖低，實際上總領朝政，無所不統。北魏初不常置，亦不掌實際政務，孝文帝改制後，尚書省權任頗重，以錄尚書爲長官，尚書令爲副貳，皆爲宰相。太和十七年（493）定爲從一品上，二十三年定爲二品。北齊因之。　大行臺：官名。北魏、南朝梁、東魏、西魏、北齊時多作爲大行臺長官的省稱。北魏置大行臺爲尚書省設在各主要地區的派出機構，代行尚書省的權力，依所轄區稱爲關西大行臺、東北道大行臺、三徐州（徐州、東徐州、北徐州）大行臺等，管理轄區内的軍政事務，是地方最高行政機構。設大行臺尚書令爲長官，大行臺尚書僕射協助管理大行臺事務，置大行臺尚書、大行臺郎中等分曹理事。南朝梁、東魏、西魏、北齊沿置。　并州：治所在今山西太原市晋源區古城營村一帶。

　　[3]領：官制用語。初指兼領、暫代，即已有本官本職，又暫行他官他職，而不居其位，不任其官。魏晋南北朝多爲暫攝之意，常有以卑官領高職、以白衣領某職者。　左右、京畿大都督：官名。北魏末、東魏、北齊置。統領京畿軍士，爲京都最高軍事長官。東魏遷都鄴城後，權勢尤甚，孝静帝時，罷六州大都督，其事務由京畿府管轄。北齊時多任用宗室諸王。在宫廷政變中起着舉足輕重的作用。北齊後主武平二年（571）罷，其職掌併入領軍府。按，宋本、四庫本、百衲本作"領軍左右"，中華本作"領左右"。中華本校勘記云："諸本及《北史》卷六'領'下有'軍'字，《册府》卷一八六無。按'領左右'連讀。《隋書》卷二七《百官志中》後齊領軍所屬有'領左右府'，《魏書》卷一一三《官氏志》雖不載，但魏末元乂、奚康生、尒朱榮、尒朱兆、尒朱世隆都曾帶領左右的官職。魏末此官甚重，據《八瓊室金石補正》卷二〇《高叡造像記》稱其父琛（高歡弟）的官銜便有'領領左右'的一項，重一'領'字，是全稱。高琛死於天平中，高澄接任是合於當時情勢的。如有'軍'字，則'領軍'連文，'左右'與'京畿大

都督'連讀，而京畿大都督却從未分過左右，不可通。今據《册府》删'軍'字。"此依中華本改。

[4]元象：東魏孝静帝元善見年號（538—539）。按，四庫本、中華本同，宋本、百衲本作"大象"。東魏孝静帝在位時無"大象"年號，"大象"爲訛誤。此依四庫本、中華本改。

[5]攝：代理、兼職。長官監理部屬職責，低級官員代行較高職權。　吏部尚書：官名。三國魏置。爲尚書吏部曹主官。掌官吏銓選、封爵、考課之政。居尚書省諸尚書之上。歷朝因之。北魏孝文帝太和十七年定爲二品下，二十三年改三品，北齊三品。

[6]崔亮（？—521）：字敬儒，清河東武城（今河北清河縣東北）人。北魏官吏。《魏書》卷六六、《北史》卷四四有傳。

[7]選人常以年勞爲制：選拔人才以任職年數和功勞爲標準。北魏孝明帝時，崔亮建議以年勞爲標準選拔人才、任用官員，導致北魏此後賢才庸才不加區别，人才流失。事詳見《魏書》卷六六《崔亮傳》。

[8]尚書郎：官名。西漢武帝時常以郎官供尚書署差遣，掌收發文書章奏庶務，後漸成定制。分隸各曹尚書，分曹治事。初上尚書臺任職稱守尚書郎中，滿一年稱尚書郎，三年稱侍郎，統稱尚書郎。孝文帝太和（477—499）改制後，復以尚書郎爲諸郎曹長官，分隸六曹尚書。太和十七年定郎中五品上，郎從五品中，二十三年皆稱郎中，六品，仍可通稱爲郎。北齊置郎曹二十八，郎中三十員，六品。

[9]妙選人地以充之：宋本作"妙選人地□充之"，脱"以"字。四庫本、百衲本、中華本全。

[10]擷（xié）：也作"攜"。意爲提、帶。

[11]興和：東魏孝静帝元善見年號（539—542）。按，宋本作"□和"，脱"興"字。四庫本、百衲本、中華本全。中華本校勘記云："《魏書》卷一二、《北史》卷五《孝静帝紀》，高澄爲大將軍在武定二年（五四四），距興和二年（五四〇）四年。觀下文説

高澄'奏吏部郎崔暹爲御史中尉',檢本書卷三〇《崔暹傳》稱'武定初,遷御史中尉',則這裏'興和'爲'武定'之誤無疑。"

[12]大將軍:官名。高級軍政官員。西漢武帝以後,大將軍常冠大司馬之號,秩萬石,領尚書事,執掌朝政,成爲中朝官最高領袖,權力常在外朝首領丞相之上。北魏、北齊與大司馬並號"二大",共典軍政,位頗尊顯,常由權臣兼任,皆一品。

[13]領中書監:中書監,官名。魏晋南北朝爲中書省長官之一,掌收納奏章、草擬及發布皇帝詔令之機要政務,位三品。北魏、北齊中書省復置,品秩升高,多用作重臣加官,時人視爲閑地。北魏孝文帝太和十七年定爲從一品中,二十三年改從二品,北齊因之。按,宋本作"領□□監",脱"中書"兩字。四庫本、百衲本、中華本全。

[14]天下多事,在任群官:宋本作"天下多□□□群官",脱"事在任"三字。四庫本、百衲本、中華本全。

[15]吏部郎:官名。尚書省吏部曹長官通稱。三國魏、蜀始置,兩晋南北朝沿置。亦稱郎中,資深者可轉侍郎。屬吏部尚書,主管官吏選任銓叙調動事務,對五品以下官吏之任免有建議權。北魏孝文帝太和十七年定爲從四品上,二十三年改四品上,北齊四品上。 崔暹(?—559):字季倫,博陵安平(今河北安平縣)人。東魏、北齊官吏。本書卷三〇有傳,《北史》卷三二《崔挺傳》有附傳。 御史中尉:官名。北魏改御史中丞爲此稱。主掌御史臺。糾彈百官,參治刑獄。孝文帝太和十七年階三品上,太和二十三年降爲從三品。東、西魏沿置。西魏恭帝三年(556)改官制,遂罷。北齊復名御史中丞。

[16]牓:告示。

武定四年十一月,[1]神武西討,不豫,[2]班師,文襄馳赴軍所,侍衛還晋陽。[3]五年正月丙午,[4]神武崩,[5]

祕不發喪。辛亥，司徒侯景據河南反，[6]潁州刺史司馬世雲以城應之。[7]景誘執豫州刺史高元成、襄州刺史李密、廣州刺史暴顯等。[8]遣司空韓軌率衆討之。[9]夏四月壬申，文襄朝于鄴。[10]六月己巳，韓軌等自潁州班師。丁丑，文襄還晉陽，乃發喪，告喻文武，陳神武遺志。七月戊戌，魏帝詔以文襄爲使持節、大丞相、都督中外諸軍、錄尚書事、大行臺、渤海王。[11]文襄啓辭位，願停王爵。壬寅，魏帝詔太原公洋攝理軍國，[12]遣中使敦喻。[13]八月戊辰，文襄啓申神武遺令，請減國邑分封將督，各有差。辛未，朝鄴，固辭丞相。[14]魏帝詔曰："既朝野攸憑，安危所繫，不得令遂本懷，須有權奪，可復前大將軍，餘如故。"

[1]武定：東魏孝静帝元善見年號（543—550）。

[2]不豫：泛稱尊長有疾。

[3]晉陽：縣名。治所在今山西太原市晉源區古城營村一帶。

[4]丙午：宋本、百衲本、中華本同，四庫本作"景午"。按，"景"乃避唐高祖父諱改。

[5]崩：古代稱帝王、皇后之死。

[6]司徒：官名。東漢光武帝建武二十七年（51）以大司徒改稱之。爲三公之一。兩晉沿三國魏制，與丞相通職，一般不並置，爲名譽宰相。其他公府缺公則省，唯司徒府缺公亦常置，並增設左、右長史，左西曹掾屬等僚佐。北魏初令州郡公文先上司徒府，後改上丞相府。北魏、北齊一品。　侯景（503—552）：字萬景，懷朔鎮（今內蒙古固陽縣西南）人，或云雁門（今山西代縣西南）人，羯族。北魏、東魏將領，後降南朝梁。《梁書》卷五六、《南史》卷八〇有傳。　河南：郡名。治所在今河南洛陽市西。

[7]潁州：有兩潁州。一爲北魏孝昌四年（527）置，治汝陰（今安徽阜陽市城區）。後屬梁，東魏武定七年（549）占，《元和郡縣圖志 河南道三》潁州載："高齊罷州置郡"，但根據牟發鬆等考證，北齊是否確廢潁州，難以確定。一爲東魏天平初置，治長社（今河南長葛市城區），武定七年（549）徙治潁陰（今河南許昌市），改爲鄭州。時在武定五年，東魏潁州治長社（今河南長葛市城區）。 司馬世雲：河內溫（今河南溫縣）人。北齊官吏。《北史》卷五四《司馬子如傳》有附傳。

[8]豫州：治所在今河南汝南縣汝寧街道。 高元成：一作"元盛"，一作"元咸"。東魏官吏。天平四年（537），任武衛將軍，討平榮陽人張儉謀反。任豫州刺史。武定五年（547），被侯景誘摯。 襄州：北魏置，治所在今河南方城縣東南。 李密：字希邕，趙郡平棘（今河北趙縣東南）人。李焕子。東魏、北齊官吏。本書卷二二《李元忠傳》、《北史》卷三三《李裔傳》有附傳。 廣州：本治魯陽（今河南魯山縣），武定中因陷於西魏，徙治襄城（今河南襄城縣）。 暴（pù）顯（503—568）：字思祖，魏郡斥丘（今河北魏縣西北）人。東魏、北齊官吏。本書卷四一、《北史》卷五三有傳。

[9]司空：官名。三公之一。歷代沿置，名列三公之末。魏晋南北朝爲名譽宰相，多爲大臣加官，位居一品，無實際職掌。 韓軌：字百年，太安狄那（今山西壽陽縣北）人。北魏、北齊官吏。本書卷一五、《北史》卷五四有傳。

[10]鄴：都城名。治所在今河北臨漳縣西南。北魏太祖道武帝拓跋珪天興四年（401）建相州於鄴。東魏孝靜帝天平元年（534）由洛陽遷都於鄴城，改相州爲司州。北齊亦定都於此。

[11]大丞相：官名。魏晋南北朝丞相、相國不常置，皆非尋常人臣之位，多用來位置權位極高的重臣。北魏孝莊帝時，以尒朱榮有扶翼之功，拜大丞相、天柱大將軍。其後東魏、西魏、北齊、北周、隋亦置，得授此官者均係操縱軍國政事的權臣，權任極重。

都督中外諸軍：都督中外諸軍事。官名。魏晉南北朝置。總統禁衛軍、地方軍在内的内外諸軍，爲全國最高軍事統帥，權力極大，不常置。北魏孝文帝太和十七年（493）定爲一品下，二十三年改從一品。　錄尚書事：官名。初爲職銜名，始於東漢。當時政令、政務總於尚書臺，太傅、太尉、大將軍等加此名義始得總知國事，綜理政務，稱爲真宰相。魏晉南北朝多以公卿權重者居之，總領尚書省政務，位在三公上。或以二人以上並錄、參錄，又有錄尚書六條、關尚書七條事等名義。北魏、北齊亦定爲官號，爲尚書省長官，尚書令、僕射爲其副貳，職權甚重。

[12]魏帝：東魏孝静帝。見前注"孝静帝"條。　太原公：爵名。五等爵的第一等。太原，郡名。治所在今山西太原市西南。　洋：北齊顯祖文宣帝高洋（529—559）。高歡次子。本書卷四、《北史》卷七有紀。

[13]中使：帝王宫廷中派出的使者，多由宦官充任。

[14]朝鄴，固辭丞相：宋本六字模糊不清。四庫本、百衲本、中華本全。丞相，官名。最高國務長官。戰國秦始置，領導百官，輔助國君管理軍政要務。西漢時總領朝廷百官，位極尊隆，軍國政務無所不綜。漢武帝之後，皇帝加强皇權，削弱相權，形成以尚書（中書）掌受納傳達奏章詔旨、參與決策的中朝（内朝）體制，丞相作爲外朝官首領，成爲執行成命的行政長官。東漢末曹操自爲丞相，獨攬朝政，挾天子以令諸侯，非尋常人臣之職，其相府實爲小朝廷，綜理軍政庶務，僚屬甚多。魏晉南北朝因之，省置無常。

議者咸云侯景猶有北望之心，但信命不至耳。[1]又景將蔡遵道北歸，[2]稱景有悔過之心。王以爲信然，謂可誘而致，乃遺景書曰：[3]

[1]信命：使者傳送的命令或書信。

[2]蔡遵道：一作"蔡遵"。東魏人。侯景部將。景叛，慕容儼率軍擊之，其在項城爲儼生俘。

[3]乃遺景書曰：中華本校勘記云："按此紀所載高澄、侯景往來書也見於《梁書》卷五六《侯景傳》，《梁書》較詳，但也有此有彼無之句，知非出於《梁書》。《文苑英華》卷六八五載《高澄與侯景書》，當是全文，《梁書》和此紀各有刪節。"

先王與司徒契闊夷險，[1]孤子相依，[2]偏所眷屬，義貫終始，情存歲寒。待爲國士者乃立漆身之節，[3]饋以一餐者便致扶輪之效，[4]況其重於此乎？常以故舊之義，欲將子孫相託，方爲秦、晉之匹，[5]共成劉、范之親。[6]況聞負杖行歌，[7]便以狼顧反噬，[8]不蹈忠臣之路，便陷叛人之地。力不足以自強，勢不足以自保，率烏合之衆，爲累卵之危。西取救於宇文，[9]南請援於蕭氏，[10]以狐疑之心，爲首鼠之事。[11]入秦則秦人不容，[12]歸吳則吳人不信。[13]當是不逞之人，[14]曲爲無端之説，遂懷市虎之疑，[15]乃致投杼之惑。[16]比來舉止，[17]事已可見，人相疑誤，想自覺知。閫門大小，[18]悉在司寇，[19]意謂李氏未滅，猶言少卿可反。[20]孤子無狀招禍，丁天酷罰，[21]但禮由權奪，[22]志在忘私，聊遣偏裨，前驅致討，南兗、揚州應時剋復。[23]即欲乘機席卷縣瓠，[24]屬以炎暑，欲爲後圖，且令還師，待時更舉。

[1]先王：指高歡。　契闊夷險：勞苦艱險。

［２］孤子：孤兒。高澄自謂。

［３］漆身：以漆塗身。語出戰國時晉國人豫讓爲智伯復仇事。《戰國策·趙策一》："豫讓又漆身爲厲，滅鬚去眉，自刑以變其容。"厲（lài），癩病也。言漆塗身，生瘡如病癩。

［４］饋以一餐者便致扶輪之效：相傳春秋時晉國大夫趙宣子獵於首山，見靈輒餓不能起，食之。後來靈輒爲晉靈公衛士。一日靈公邀宣子飲，欲害之。宣子知之，中飲而出。靈公遣衛士追殺之。靈輒疾追先至，告宣子登車速走，並倒戈以禦公徒，宣子因以得免。事見《左傳》宣公二年、《呂氏春秋·報更》。後以"扶輪"爲懷恩報效之典。

［５］秦、晉之匹：春秋時秦、晉兩國世爲婚姻，後以指兩姓聯姻。

［６］劉、范之親：典出《左傳》哀公三年："劉氏、范氏世爲婚姻。"杜預注曰："劉氏，周卿士；范氏，晉大夫。"

［７］負杖行歌：典出西晉劉琨《答盧諶詩》："負杖行吟，則百憂懼至。"言處於國家危難之時。見《文選》卷二五。

［８］狼顧反噬：像狼一樣回頭反顧，反咬一口。

［９］宇文：指西魏權臣宇文泰（505—556），字黑獺，代郡武川（今内蒙古武川縣）人。鮮卑族。北周奠基者。《周書》卷一、二，《北史》卷九有紀。

［10］蕭氏：指南朝梁武帝蕭衍（464—549），南朝蕭梁的建立者。字叔達，南蘭陵（今江蘇常州市武進區西北）人。謚號武皇帝，廟號高祖。《梁書》卷一至三，《南史》卷六、七有紀；《魏書》卷九八有傳。

［11］首鼠：躊躇，遲疑不決。

［12］秦：此處借指西魏。

［13］吳：借指蕭梁。

［14］不逞：泛指爲非作歹。

［15］市虎之疑：市中的老虎。市本無虎，因以比喻流言蜚語。

語本《韓非子·内儲説上》："龐恭與太子質於邯鄲，謂魏王曰：'今一人言市有虎，王信之乎？'曰：'不信。''二人言市有虎，王信之乎？'曰：'不信。''三人言市有虎，王信之乎？'王曰：'寡人信之。'龐恭曰：'夫市之無虎也明矣，然而三人言而成虎。今邯鄲之去魏也遠於市，議臣者過於三人，願王察之。'"

[16]投杼（zhù）之惑：比喻謠言衆多，動摇了對最親近者的信心。《戰國策·秦策二》："昔者曾子處費，費人有曾參者，與曾子同名族，殺人。人告曾子之母曰：'曾參殺人。'曾子之母曰：'吾子不殺人也。'織自若。有頃，人又曰：'曾參殺人。'其母尚織自若。頃之，一人又告之曰：'曾參殺人。'其母懼，投杼踰墻而走。夫以曾子之賢，與母之信，而三人疑之，雖慈母不能信也。"

[17]比來：近來、近時。

[18]闔（hé）門：全家。

[19]司寇：官名。三代始置。春秋沿置。爲國君重要輔佐大臣之一。主刑獄詰盗，督造兵器。

[20]意謂李氏未滅，猶言少卿可反：李氏者，李廣利。少卿，李陵之字。李廣利爲漢武帝外戚，受武帝寵信。浚稽山之戰，李陵以五千步卒迎戰匈奴八萬騎，李廣利不予救援，導致李陵力戰被俘而降。但武帝不罪李廣利，却殺李陵全家，而使李陵絶了返漢之心。當時侯景謀反，王澄在信中用此典故，意謂侯景雖然謀反，但仍可"卷甲來朝"，重返朝廷。

[21]丁天酷罰：遭逢上天殘酷懲罰。意謂喪父。丁，遭逢。劉向《九嘆》："丁時逢殃。"

[22]禮由權奪：爲父服喪之禮被迫暫且放棄。

[23]南兗：州名。治所在今安徽亳州市。　揚州：治所在今安徽壽縣。

[24]縣瓠：城名。治所在今河南汝南縣。

今寒膠向折，[1]白露將團，[2]方憑國靈，龔行天罰。器械精新，士馬强盛，内外感恩，上下勠力，三令五申、可赴湯火。使旗鼓相望，埃塵相接，勢如沃雪，事等注熒。[3]夫明者去危就安，智者轉禍爲福，寧人負我，不我負人，當開從善之途，使有改迷之路。若能卷甲來朝，垂櫜還闕者，[4]即當授豫州，必使終君身世。所部文武更不追攝，進得保其禄位，退則不喪功名。今王思政等皆孤軍偏將，[5]遠來深入，然其性命在君掌握，脱能刺之，想有餘力。即相加授，永保疆埸。君門眷屬可以無患，寵妻愛子亦送相還，仍爲通家，共成親好。

[1]寒膠：指秋天的膠。膠善幹惡濕，秋季弓粘結牢固，雖折而膠不解。故以"寒膠"喻指勁弓，意謂勁弓將拉開。
[2]白露將團：秋天的露水將凝結，喻大軍將聚集。
[3]注熒：謂以水澆灌螢火。喻極易撲滅。
[4]垂櫜：倒垂着空的弓箭袋。示無用武意。
[5]王思政：字司政，太原祁（今山西祁縣）人。西魏名將。後降北齊，爲都官尚書、儀同三司。《周書》卷一八、《北史》卷六二有傳。

君今不能東封函谷，[1]南面稱孤，受制於人，威名頓盡。得地不欲自守，聚衆不以爲强，空使身有背叛之名，家有惡逆之禍，覆宗絶嗣，自貽伊戚。[2]戴天履地，能無愧乎！孤子今日不應遣此，但見蔡遵道云"司徒本無西歸之心，深有悔過之意"，未知此語爲虛爲實。吉凶之理，想自圖之。

[1]函谷：古關名。在今河南靈寶市東北。
[2]自詒伊戚：自尋煩惱；自招災殃。語出《詩·小雅·小明》："心之憂矣，自詒伊戚。"

景報書曰：[1]

[1]報書：回信。

僕鄉曲布衣，[1]本乖藝用，[2]出身爲國，綿歷二紀，[3]犯危履難，豈避風霜，遂得富貴當年，榮華身世。一旦舉旗旆，[4]援鼓枹，[5]北面相抗者何哉？寔以畏懼危亡，[6]恐招禍害故耳。往年之暮，尊王遘疾，[7]神不祐善，祈禱莫瘳。遂使嬖倖弄權，心腹離貳，妻子在宅，無事見圍。及迴歸長社，[8]希自陳狀，[9]簡書未遣，斧鉞已臨。既旌旗相對，咫尺不遠，飛書每奏，冀申鄙情。而群帥恃雄，眇然弗顧，運戟推鋒，專欲屠滅，掘圍堰水，僅存三版。[10]舉目相看，命縣漏刻，不忍死亡，出戰城下，拘秦送地，[11]豈樂爲之？禽獸惡死，[12]人倫好生，僕實不辜，桓、莊何罪。[13]且尊王平昔見與比肩，勠力同心，共獎帝室，雖復權勢參差，寒暑小異，丞相司徒，雁行而已。福祿官榮，自是天爵，[14]勞而後授，理不相干，欲求吞炭，[15]何其謬也！然竊人之財，猶謂之盜，祿去公室，[16]抑謂不取。[17]今魏德雖衰,[18]天命未改,拜恩私第,[19]何足關言。[20]

[1]僕鄉曲布衣:鄉曲,古代居民組織的基層單位。此處指偏僻的村野。按,"曲"字中華本同,宋本、四庫本、百衲本作"一"。中華本校勘記云:"諸本'曲'作'一'。《册府》卷二一五及《梁書》作'曲'。按侯景和高歡都是懷朔鎮人,同鄉里,所以説'鄉曲布衣',今據改。"此依中華本改。

[2]藝用:可供使用的技能;可堪任用的才能。

[3]綿歷:謂延續時間長久。 二紀:紀,紀年單位。十二年爲一紀。按,中華本同,宋本、四庫本、百衲本作"一紀"。中華本校勘記云:"諸本'二'作'一',《梁書》作'二'。按《梁書》上文有'初逢天柱,賜惢帷幄之謀,晚遇永熙,委以干戈之任'句。'天柱'指尒朱榮,侯景投靠尒朱榮,至遲在永安元年(五二八),至武定五年(五四七)作此書時首尾二十年,即從永熙元年(五三二)附高歡時算起也有十六年。作'二紀'是,今據改。"此依中華本改。

[4]旗斾:旌旗。

[5]枹(fú):鼓槌。

[6]寔:通"是"。此,這。

[7]尊王:指高歡。

[8]長社:縣名。秦置,北魏時治所在今河南長葛市東北,東魏武定七年(549)徙治今河南許昌市。

[9]陳狀:述説情况。

[10]三版:古代築墻、墳所用的板,每塊高二尺,三板爲六尺。版,通"板"。

[11]拘秦送地:委身於西魏而奉送國土。秦,指西魏。

[12]豈樂爲之?禽獸惡死:百衲本"禽"前有"伯"字,諸

本及《梁書》卷五六《侯景傳》無。"伯"字衍。據删。

[13]桓、莊何罪：春秋時晉獻公忌桓、莊之族，慮其爲患。大夫士蔿獻計，散其黨，因誘而盡殺之。此處喻指無罪見殺，枉殺無辜。語出《左傳》莊公二十三年："晉桓莊之族偪，獻公患之。士蔿曰：'去富子。則群公子可謀也已。'公曰：'爾試其事。'士蔿與群公子謀。譖富子而去之。"

[14]天爵：天子所封的爵位。

[15]吞炭：謂報恩。戰國時，豫讓受知於智伯。後來，韓、趙、魏三家合力攻殺智伯。豫讓爲報知遇之恩，矢志復仇。於是漆身爲厲，吞炭爲啞，改變聲音形貌，伺機刺殺趙襄子，事敗而死。事見《戰國策·趙策一》、《史記》卷六六《刺客列傳》。

[16]禄去公室：公室，指君主之家，王室。諷喻高歡父子竊取北魏皇族政權。《論語·季氏》："孔子曰：'禄之去公室五世矣，政逮於大夫四世矣。'"

[17]不取：不贊成，不采取。

[18]魏德：古代五行之說。指一種相生相克循環不息，當運時能主宰天道人事的天然勢力。此處指東魏皇室德運。

[19]拜恩私第：意謂拜謝同爲臣子高澄的恩賜。

[20]何足關言：猶言哪裏值得禀白。

　　賜嗤不能東封函谷，受制於人，當似教僕賢祭仲而褒季氏。[1]無主之國，在禮未聞，動而不法，[2]將何以訓。竊以分財養幼，事歸令終，舍宅存孤，[3]誰云隙末。復言僕衆不足以自强，身危如累卵。然億兆夷人，[4]卒降十亂，[5]紂之百克，終自無後，[6]潁川之戰，[7]即是殷監。輕重由人，非鼎在德，[8]苟能忠信，雖弱必强，殷憂啓聖，[9]處危何苦。況今梁道邕熙,[10]招攜以禮,被我虎文,[11]縻之好爵,方欲苑五岳而池四海,掃氛穢以拯黎元。東羈甌越,[12]西道汧隴,[13]吳越悍勁,帶甲千群,秦兵冀馬,控弦十萬,大風一振,枯幹必摧,凝霜暫落,秋蔕自殞,[14]此而爲弱,誰足稱雄？又見誣兩端,受疑二國,斟酌物情,一何太甚。昔陳平背楚,[15]歸漢則強,百里出虞,[16]入秦斯霸。蓋昏明由主,用舍在人,奉禮而行,神其吐邪！

[1]當似教僕賢祭（zhài）仲而襃季氏：祭仲,字足,故又稱祭仲足。春秋時鄭國大夫。莊公時有寵,爲鄭卿士。鄭莊公卒,祭仲立鄭昭公。莊公夫人雍氏誘祭仲而執之,以死威脅其改立鄭厲公。祭仲與宋人盟。以厲公歸而立之。《日知錄》卷二七《漢人注經》："《公羊》以祭仲廢君爲行權,是神器可得而窺也。"季氏,春秋時魯國公室勢力最大的季孫氏的統稱。季孫氏爲魯莊公弟季友之後。季友有大功於魯,爲上卿,至於季文子、季武子,世掌相權,屢逐魯公。季氏爲權臣逐君的代表。"襃"字中華本同,宋本、四庫本、百衲本作"哀"。中華本校勘記云："諸本'襃'作'哀',《梁書》作'襃'。按祭仲、季氏乃鄭、魯的權臣。因高澄來書笑侯景'受制於人',有似教他學祭仲、季氏那樣專擅,故下反駁云：'無主之國,在禮未聞。'作'哀'於文義不協,今據改。"此依中華本改。

[2]在禮未聞,動而不法：宋本作"在禮□□□□不法",脫"未聞動而"四字。四庫本、百衲本、中華本全。

[3]事歸令終,舍宅存孤：宋本作"事歸□□□□存孤",脫"令終舍宅"四字。四庫本、百衲本、中華本全。

[4]夷人：指古代中國東部地區各部族之人,引申爲對中國境

內華夏族之外的各族人的通稱。

[5]十亂：指周武王的十位具有治國平亂才能的大臣：周公旦、召公奭、太公望、畢公、榮公、大顛、閎夭、散宜生、南宮适、文母。

[6]紂之百克，終自無後：雖然殷紂百戰百勝，但最終亡國。

[7]潁川之戰：指上文武定五年（547），侯景以河南叛東魏，東魏將韓軌等圍侯景於潁川（今河南許昌市）。時梁兵北上，西魏兵東進。韓軌等聞西魏兵將到，解圍北撤。

[8]非鼎在德：語出《左傳》宣公三年："定王使王孫滿勞楚子。楚子問鼎之大小、輕重焉。對曰：'在德不在鼎。昔夏之方有德也，遠方圖物，貢金九牧，鑄鼎象物，百物而為之備，使民知神奸。故民入川澤山林，不逢不若。螭魅罔兩，莫能逢之。用能協于上下，以承天休。桀有昏德，鼎遷于商，載祀六百。商紂暴虐，鼎遷于周。德之休明，雖小，重也。其奸回昏亂，雖大，輕也。'"喻指國家政權、帝位是否穩固，關鍵在於君主是否實行德教、教化。

[9]殷憂啓聖：大憂啓迪聖聰。

[10]梁道邕熙：指南朝蕭梁正處於和平盛世。

[11]被我虎文：意謂授予武職，執掌兵權。虎文，武官服。

[12]羈：束縛，縈擾。　甌越：族名。百越的一支。分布在今浙江甌江流域一帶。主要由早已居住在甌江流域並創造了印紋陶遺存的土著民發展形成。

[13]道：取道，經過。　汧隴：指汧水、隴山地帶。汧水，源出今陝西隴縣西南汧山南麓。東南流合北河，即古龍魚川。經千陽縣、鳳翔縣、至寶雞市東注渭河。隴山，在今陝西隴縣、寶雞市與甘肅清水縣、張家川回族自治縣之間。北入沙漠，南止渭河，為關中平原西部屏障。

[14]秋蔕（dì）自殞：秋天的花蔕自行殞滅。蔕，即"蒂"。形容氣勢凌厲。

[15]陳平背楚：陳平（？—前178），陽武（今河南原陽縣）人。西漢大臣。秦末，初隨楚項羽入關，後歸劉邦。漸受重用，先後爲左、右丞相，策劃平定諸呂之亂，迎立文帝，文帝二年（前178）病逝。《史記》卷五六、《漢書》卷四〇有傳。

[16]百里出虞：百里，即百里奚。春秋時秦穆公之賢相。原爲虞大夫。晋獻公滅虞，虜奚，以爲秦穆公夫人之陪嫁之臣。奚以爲恥，逃至宛，被楚人所執。秦穆公聞其賢，用五羖羊皮贖之，後來委以國政，稱爲五羖大夫。與蹇叔、由余等共助穆公建成霸業。

書稱士馬精新，剋日齊舉，誇張形勢，必欲相滅。切以寒膠白露，節候乃同，秋風揚塵，馬首何異。徒知北方之力爭，未識西南之合從，苟欲狥意於前塗，[1]不覺坑穽在其側。去危就安，今歸正朔；轉禍爲福，已脱網羅。彼當嗤僕之過迷，此亦笑君之晦昧。今引二邦，揚旌北討，熊虎齊奮，尅復中原，荆、襄、廣、潁已屬關右，[2]項城、縣瓠亦奉江南，[3]幸自取之，何勞見援。然權變非一，理有萬塗，爲君計者，莫若割地兩和，三分鼎峙，燕、衛、趙、晋足相俸禄，[4]齊、曹、宋、魯悉歸大梁。[5]使僕得輸力南朝，北敦姻好，束帛自行，[6]戎車不駕，僕立當世之功，君卒父禰之業，各保疆壘，聽享歲時，百姓乂寧，四人安堵。[7]孰若驅農夫於壟畝，抗勍敵於三方，[8]避干戈於首尾，當鋒鏑於心腹，縱太公爲將，[9]不能獲存，歸之高明，何以克濟。

[1]狥意：曲從私意。

[2]荆：州名。治所在今河南鄧州市。　襄：州名。見上文。廣：州名。見上文。　穎：州名。見上文。　關右：地區名。古人以西爲右，亦稱關西。漢、唐時泛指函谷關（今河南靈寶市東北）或今潼關以西地區。謂上述四州已由西魏占有。

[3]項城：郡名。治所在今河南項城市。　江南：南朝蕭梁。謂上述兩地已爲南朝梁占有。

[4]燕：周代諸侯國。在今河北北部和遼寧西端。　衛：周代諸侯國。先後建都於朝歌（今河南淇縣）、楚丘（今河南滑縣）、帝丘（今河南濮陽市）和野王（今河南沁陽市）等地。公元前209年爲秦所滅。　趙：戰國七雄之一。疆域有今山西中部、陝西東北角和河北西南部。　晉：春秋諸侯國名。故址在今山西、河北南部、陝西中部及河南西北部。謂東魏占有上述四地，已可滿足。

[5]齊：周代諸侯國。今山東泰山以北黄河流域和膠東半島地區爲齊地。　曹：西周諸侯國。故地在今山東菏澤市定陶區、曹縣一帶。　宋：周代諸侯國。故地在今河南東部及山東、江蘇、安徽之間。　魯：周代諸侯國。故地在今山東兖州市東南至江蘇沛縣、安徽泗縣一帶。　大梁：南朝蕭梁。謂上述四地當歸南朝梁。

[6]束帛：捆爲一束的五匹帛。古代用爲聘問、饋贈的禮物。

[7]四人：四民，避唐李世民諱改。四民即士、農、工、商。

[8]勍（qíng）敵：强敵。按，宋本、四庫本、百衲本同，中華本作"勁敵"。

[9]太公：吕尚。西周初姜姓部族首領，齊國始祖。吕氏，名望，一説字子牙。輔佐文王、武王滅商有功，封於齊，授有太公之稱。《史記》卷三二有世家。

　　來書曰，妻子老幼悉在司寇，以此見要，庶其可反。當是見疑褊心，未識大趣。昔王陵附漢，[1]

母在不歸；太上囚楚，[2]乞羹自若。矧伊妻子，[3]而可介意。脫謂誅之有益，欲止不能，殺之無損，[4]復加阮戮，家累在君，何關僕也。遵道所說，頗亦非虛，故重陳辭，更論歂曲。昔與盟主，[5]事等琴瑟，讒人間之，翻爲讎敵，撫弦搦矢，不覺傷懷，裂帛還書，其何能述。

[1]王陵附漢：王陵（？—前181），沛（今江蘇沛縣）人，始爲縣豪，劉邦微時兄事陵。及劉邦起沛，陵乃以兵屬漢。項羽取陵母置軍中，陵使至，則東向坐陵母，欲以招陵。陵母囑陵善事漢王，毋以母故持二心，遂伏劍而死。項王怒，烹陵母。陵卒從漢王定天下。《漢書》卷四〇有傳。

[2]太上囚楚：指西漢高祖四年，楚漢相持，項羽欲以烹劉邦父太公相脅劉邦，然劉邦以自己與項羽約爲兄弟，以"吾翁即若翁，必欲烹而翁，則幸分我一杯羹"作答。拒不就範。事見《史記》卷七《項羽本紀》。

[3]矧（shěn）：況且。

[4]殺之無損："殺"字中華本同，宋本、四庫本、百衲本作"救"。中華本校勘記云："諸本'殺'作'救'。《册府》卷二一五及《梁書》作'殺'，文義較長，今據改。"此依中華本改。

[5]盟主：指高歡。

王尋覽書，問誰爲作。或曰："其行臺郎王偉。"[1]王曰："偉才如此，何因不使我知。"王欲間景於梁，又與景書而謬其辭，云本使景陽叛，欲與圖西，西人知之，故景更與圖南爲事。漏其書於梁，梁人亦不之信。

[1]行臺郎：官名。北魏置。東魏、西魏、北齊沿置。亦稱行臺郎中。爲行臺諸曹郎中的泛稱，各曹皆冠以曹名。有時以稱不理具體曹務的官員。　王偉：東魏官吏。侯景部屬，位行臺郎。頗有文才。後助侯景亂梁，多籌謀，爲梁元帝蕭繹所殺。《南史》卷八〇有傳。

壬申，東魏主與王獵於鄴東，[1]馳逐如飛。監衛都督烏那羅受工伐從後呼曰：[2]"天子莫走馬，大將軍怒。"王嘗侍飲，舉大觴曰："臣澄勸陛下酒。"東魏主不悦曰："自古無不亡之國，朕亦何用如此生！"王怒曰："朕！朕！狗脚朕！"使崔季舒殿之三拳，[3]奮衣而出。尋遣季舒入謝。東魏主賜季舒綵，[4]季舒未敢即受，啓之於王，王使取一段，[5]東魏主以四百匹與之，[6]曰："亦一段耳。"東魏主不堪憂辱，詠謝靈運詩曰：[7]"韓亡子房奮，[8]秦帝魯連恥，[9]本自江海人，忠義感君子。"因流涕。

[1]壬申，東魏主與王獵於鄴東：中華本校勘記云："按此紀前半以《北史》補，《北史》例稱東魏孝靜帝爲'魏帝'，本書卷四《文宣紀》、卷三〇《崔暹》《高德政傳》是《北齊書》原文，也稱'魏帝'。宋人校語以爲這段記載出於《魏書·孝靜紀》，《孝靜紀》更没有'東魏主'的稱謂。如果補史者要改，就應改稱'魏帝'，以與全書，特別與此《紀》前半相符，何故忽然改作'東魏主'？即此可知不出《魏書》，何况此段最後'因流涕'三字爲《孝靜紀》所無。現在我們見到的較早史料中祇有唐丘悦的《三國典略》（見《御覽》《通鑑考異》引）稱孝靜帝爲'東魏主'，這段叙事，較近情的推測是直接或間接出於此書。"

[2]監衛都督：官名。東魏置。爲皇帝親近侍衛。 烏那羅受工伐：北朝時東魏官吏。事迹不詳。

[3]崔季舒（？—573）：字叔正，博陵安平（今河北安平縣）人。東魏、北齊官吏。本書卷三九有傳，《北史》卷三二《崔挺傳》有附傳。

[4]綵：彩色的絲織品。

[5]段：量詞。表示布帛等條形物的一截。

[6]匹：量詞。用於紡織品或騾馬等。

[7]謝靈運（385—433）：晋宋間著名詩人，陳郡陽夏（今河南太康縣）人。《宋書》卷六七有傳。其詩亦見本傳。

[8]韓亡子房奮：指張良欲爲韓國復仇事。張良（？—約前186），字子房，城父（今安徽亳州市東南）人。祖先五代相韓，爲韓貴族。秦王政滅韓。良決心復韓報仇，結交刺客，在博浪沙（今河南原陽縣）狙擊秦始皇未中。後輔佐劉邦滅秦建漢。《史記》卷五五、《漢書》卷四〇有傳。

[9]秦帝魯連耻：戰國末期，秦昭王派兵圍困趙國都城邯鄲，趙求救於魏國，但魏王畏懼秦國，勸趙王尊秦昭王爲西帝，以求罷兵。齊國高士魯連聽説後，勸道，爲人處事應有氣節，自稱東帝的齊王欺侮弱小的魯國、鄒國尚引起反抗，堂堂趙國豈能隨便尊秦昭王爲西帝呢？這纔堅定魏、趙兩國的抵抗決心。魯連，即魯仲連。戰國時著名辯士。齊國人。善謀略，不樂仕宦。《史記》卷八三有傳。

三月辛亥，王南臨黎陽，[1]濟於虎牢，[2]自洛陽從太行而反晋陽。[3]於路遺書百僚，以相戒勵，[4]朝野承風，莫不震肅。又令朝臣牧宰各舉賢良及驍武膽略堪守邊城，務得其才，不拘職業。[5]六月，[6]王巡北邊城戍，賑賜有差。

[1]三月辛亥，王南臨黎陽：黎陽，郡名。治所在今河南浚縣東。中華本校勘記云："按上文紀年至武定五年（五四七）八月，這裏忽接以三月，據《北史》卷六乃是六年的三月，脫了紀年。"

[2]虎牢：地名。《隋書》《北史》均因避唐諱而改稱武牢。古邑名、關隘名。春秋鄭地。故址在今河南滎陽市汜水鎮西。形勢險要，向爲兵爭之地。

[3]洛陽：即洛陽城，在今河南洛陽市東北。　太行：山名。即太行山。古稱大形、五形、母山、皇母山、女媧山。即今山西、河北、河南三省交界處的太行山。今山西晉城市南之太行山爲山脈主峰。

[4]以相戒勵：宋本作"以相戒□"，脫"勵"字。四庫本、百衲本、中華本全。

[5]"又令朝臣牧宰各舉賢良"至"不拘職業"：舉賢良及驍武膽略，賢良、驍武膽略爲漢代選拔統治人才的察舉制中的兩個科目。漢代以後視作非常設之制科。按，宋本作"舉□□及驍武膽略"，脫"賢良"兩字。四庫本、百衲本、中華本全。中華本校勘記云："按《北史》卷六載此令在武定六年（五四八）三月戊申，在上條三月辛亥'南臨黎陽'前四天，這裏敘次顛倒。"

[6]不拘職業六月：宋本作"不拘職□□月"，脫"業六"兩字。四庫本、中華本全。"六月"百衲本作"四月"，《北史》卷六《齊本紀上》作"六月"。從改。

　　七月，王還晉陽。辛卯，王遇盜而殂，[1]時年二十九。葬于峻成陵。齊受禪，[2]追諡爲文襄皇帝，廟號世宗。[3]時有童謠曰："百尺高竿摧折，[4]水底燃燈燈滅。"識者以爲王將殂之兆也。[5]數日前，崔季舒無故於北宫門外諸貴之前誦鮑明遠詩曰：[6]"將軍既下世，部曲亦罕存。"聲甚淒斷，淚不能已，見者莫不怪之。初，梁將蘭欽子京爲東魏所虜,[7]王命以配厨。欽請贖之,王不許。京再訴,王使監厨蒼頭薛豐洛杖之,[8]曰:"更訴當殺爾。"京與其黨六人謀作亂。時王居北城東柏堂蒞政,以寵琅邪公主,[9]欲其來往無所避忌,所有侍衞,皆出於外。太史啓言宰輔星甚微,[10]變不出一月。王曰:"小人新杖之,故嚇我耳。"將欲受禪,與陳元康、崔季舒等屏斥左右,[11]署擬百官。京將進食,王却,謂諸人曰:"昨夜夢此奴斫我,宜殺却。"京聞之,置刀於盤,冒言進食。王怒曰:"我未索食,爾何遽來!"京揮刀曰:"來將殺汝!"王自投傷足,入于床下,賊黨去床,因而見殺。先是訛言曰"軟脱帽,床底喘",其言應矣。時太原公洋在城東雙堂,[12]入而討賊,臠割京等,[13]皆漆其頭。祕不發喪,徐出言曰:"奴反,大將軍被傷,無大苦也。"

[1]辛卯,王遇盗而殂(cú):盗,對反叛者的貶稱。殂,死亡。中華本校勘記云:"按這是武定七年(五四九)八月辛卯的事,諸書無異文。這裏不紀年月,連上文便似武定五年七月的事,可謂謬誤之甚。又高澄被刺在鄴城,諸書也無異文。這裏緊接上文'七月王還晉陽',就像高澄死在晉陽,亦謬。"

[2]齊受禪:指北朝時東魏孝静帝元善見於武定八年(550)夏五月戊午禪讓皇帝位於東魏大臣高歡之子、高澄之弟高洋,爲北齊顯祖文宣皇帝。按,宋本作"□□禪",脱"齊受"兩字。四庫本、百衲本、中華本全。

[3]廟號:皇帝死後,在太廟立室奉祀時特起的名號。

[4]百尺高竿摧折:宋本作"□□□竿摧折",脱"百尺高"三字。四庫本、百衲本、中華本全。

[5]識者以爲王將殂之兆也：宋本作"識者以爲王將殂□□也"，脱"之兆"兩字。四庫本、百衲本、中華本全。

[6]鮑明遠（約414—466）：鮑照，字明遠，東海（今山東郯城縣）人。南朝宋文學家。工詩，長於樂府，辭藻華麗，骨力强勁。有《鮑參軍集》。《宋書》卷五一《臨川烈武王道規傳》有附傳。

[7]蘭欽：字休明，中昌魏（今地不詳）人。南朝蕭梁官吏。《梁書》卷三二有傳。

[8]監厨蒼頭：指監管厨膳的奴僕。　薛豐洛：東魏、北齊人。初爲蒼頭、監厨。得高洋寵信。齊建，文宣帝高洋怒臨漳令嵇曄，將曄賜與其爲奴。

[9]琅邪公主：北魏宗室女。名玉儀，高陽王元斌庶生妹。初爲孫騰妓，後棄之，爲高澄所納，被東魏帝封爲琅邪公主。琅邪，郡名。治所在今山東臨沂市西。

[10]太史：官名。即太史令。商周時已有太史職名。秦設此職，爲太史署主官，隸太常，掌天文律曆，歷朝因之。北齊九品上。

[11]陳元康（507—549）：字長猷，廣宗（今河北威縣東南）人。北魏、東魏官吏。本書卷二四、《北史》卷五五有傳。

[12]雙堂：地名。在今河北臨漳縣西南。

[13]臠：碎割。

北齊書　卷四

帝紀第四

文宣

　　顯祖文宣皇帝諱洋，字子進，高祖第二子，[1]世宗之母弟。[2]后初孕，[3]每夜有赤光照室，后私嘗怪之。初，高祖之歸尒朱榮，[4]時經危亂，家徒壁立，后與親姻相對，共憂寒餒。[5]帝時尚未能言，欻然應曰"得活"，[6]太后及左右大驚而不敢言。鱗身，重踝，不好戲弄，深沉有大度。晉陽曾有沙門，[7]乍愚乍智，時人不測，呼爲阿禿師。帝曾與諸童共見之，歷問祿位，至帝，舉手再三，指天而已，口無所言。見者異之。高祖嘗試觀諸子意識，各使治亂絲，帝獨抽刀斬之，曰："亂者須斬。"高祖是之。又各配兵四出，而使甲騎僞攻之。世宗等怖撓，帝乃勒衆與彭樂敵，[8]樂免胄言情，猶擒之以獻。後從世宗行過遼陽山，[9]獨見天門開，餘人無見者。內雖明敏，貌若不足，世宗每嗤之，云："此人亦得富貴，相法亦何由可解。"唯高祖異之，謂薛琡曰：[10]"此兒意識過吾。"幼時師事范陽盧景裕，[11]默識過人，景裕不能測也。天平二年，[12]授散騎常侍、驃騎大將軍、儀同三司、左光祿大夫、太原郡開國公。[13]武定元年，[14]加侍中。[15]二年，轉尚書左僕射、領軍將軍。[16]五年，授尚書令、中書監、京畿大都督。[17]

[1]高祖：北齊神武皇帝高歡（496—547），廟號高祖。本書卷一、二，《北史》卷六有紀。

[2]世宗：北齊文襄帝高澄（521—549），廟號世宗。本書卷三、《北史》卷六有紀。

[3]后：指齊神武明皇后婁氏（501—562），高歡妻，名昭君，北魏贈司徒婁內干之女。本書卷九、《北史》卷一四有傳。

[4]尒朱榮（493—530）：字天寶，北魏北秀容（今山西朔州市）契胡貴族。繼父爲部落酋帥，六鎮起義後投魏。後擁立莊帝，自爲大丞相、天柱大將軍，封太原王。《魏書》卷七四、《北史》卷四八有傳。

[5]餒（něi）：饑餓。

[6]欻（xū）然：忽然。

[7]晉陽：縣名。治所在今山西太原市晉源區古城營村一帶。沙門：梵語的音譯。出家的佛教徒，僧人。

[8]彭樂（？—551）：字興，安定（今甘肅涇川縣北）人。北魏、東魏將領。《北史》卷五三有傳。

[9]遼陽山：山名。在今遼寧東部。

[10]薛琡（？—550）：字曇珍，代（今山西大同市東北）人。鮮卑族。北魏、東魏、北齊官吏。本書卷二六有傳，《北史》卷二五《薛彪子傳》有附傳。

[11]范陽：郡名。治所在今河北涿州市。　盧景裕：字仲儒，

小字白頭，范陽涿（今河北涿州市）人。北魏、東魏官吏。《魏書》卷八四有傳，《北史》卷三〇《盧同傳》有附傳。

[12]天平：東魏孝静帝元善見年號（534—537）。

[13]散騎常侍：官名。掌諷議左右，從容獻納。南北朝以後漸爲加官。北魏孝文帝太和二十三年（499）定爲從三品，北齊因之。　驃騎大將軍：官名。南北朝多加於權臣元老，以示尊崇，不領兵。北魏孝文帝太和二十三年定爲從一品。北齊因之。　儀同三司：官名。謂官非三公而儀制、待遇同於三司。北魏孝文帝太和二十三年定爲從一品。北齊二品，位三公下。　左光禄大夫：官名。養老疾，無職事。北魏孝文帝太和二十三年定爲二品。北齊因之。　太原郡開國公：太原，郡名。治所在今山西太原市西南。開國公，爵名，"開國郡公"之省稱。食邑爲郡，爵前常冠以所封郡名。北魏孝文帝太和二十三年定爲一品，食邑三分食一；北齊從一品，四分食一。

[14]武定：東魏孝静帝元善見年號（543—550）。

[15]侍中：官名。門下省長官。北朝常總典機密，受遺詔輔政，權任尤重，時號"小宰相"。北魏孝文帝太和二十三年定爲三品。北齊因之。

[16]尚書左僕射：官名。尚書省副長官之一。列位宰相，職掌都省庶務及執法，或典選舉，兼掌糾彈百官。北魏孝文帝太和二十三年定爲從二品。北齊因之。　領軍將軍：官名。掌禁衛軍，管天下兵要。北魏孝文帝太和二十三年定爲從二品。北齊因之。

[17]尚書令：官名。尚書省長官。掌出納帝命，綜理政務。北魏孝文帝太和二十三年定爲二品。北齊因之。　中書監：官名。中書省長官之一。南北朝多用作重臣加官。北魏孝文帝太和二十三年定爲從二品。北齊因之。　京畿大都督：官名。統領京畿軍士，爲京都最高軍事長官。東魏遷都鄴城後，權勢尤甚，孝静帝時，罷六州大都督，其事務由京畿府管轄。

武定七年八月，世宗遇害，事出倉卒，內外震駭。帝神色不變，指麾部分，自臠斬群賊而漆其頭，[1]徐宣言曰："奴反，大將軍被傷，無大苦也。"當時內外莫不驚異焉。乃赴晉陽，親總庶政，務從寬厚，事有不便者咸蠲省焉。[2]

[1]帝神色不變，指麾部分，自臠斬群賊而漆其頭：中華本校勘記云："《册府》卷一九〇、《御覽》卷一三〇'自'下有'若'字。按'指麾部分自若'與上'神色不變'相應，疑傳本脱'若'字。"臠（luán），碎割。

[2]蠲（juān）：通"捐"。除去，減免。

冬十月癸未朔，以咸陽王坦爲太傅，[1]潘相樂爲司空。[2]

[1]咸陽王：爵名。咸陽，郡名。治所在今陝西涇陽縣西北。坦：元坦（？—約550），一名穆，字延和，鮮卑族拓跋部人。咸陽王元禧第七子，北魏宗室，東魏大臣。本書卷二八有傳。　太傅：官名。與太師、太保並號三師。擬古上公，非勳德崇者不居。北齊一品。

[2]潘相樂（？—555）：又作"潘樂""潘洛"。初名相貴，後以爲字，廣寧石門（今甘肅渭源縣西南洮河東岸）人。北魏、東魏、北齊官吏。本書卷一五、《北史》卷五三有傳。　司空：官名。三公之一。魏晉南北朝爲名譽宰相，多爲大臣加官，無職掌。一品。

十一月戊午，吐谷渾國遣使朝貢。[1]梁齊州刺史茅靈斌、德州刺史劉領隊、南豫州刺史皇甫夐等並以州內屬。[2]

［1］吐谷（yù）渾：國名。鮮卑別支。本居遼東，魏晋時西遷。及誇呂時，始自號爲可汗，居伏俟城（今青海共和縣西北）。唐時爲吐蕃所併。《周書》卷五〇有傳。

［2］梁：即南朝梁（502—557）。南朝齊和帝中興二年（502），相國梁王蕭衍禪代南齊，改元稱帝，都建康（今江蘇南京市），國號梁，史稱蕭梁。歷四主，五十六年。　齊州：治所在今山東濟南市。　德州：治所在今山東陵縣。　南豫州：梁時南豫州治所屢變，梁普通七年（526）治合肥（今安徽合肥市），太清元年（547）改治壽春（今安徽壽縣）。上述時在武定七年（549），當治壽春。

十二月己酉，以并州刺史彭樂爲司徒，[1]太保賀拔仁爲并州刺史。[2]

［1］并州：治所在今山西太原市晋源區古城營村一帶。　司徒：官名。與太尉、司空並號三公。北魏職同丞相，孝文帝太和二十三年（499）定爲一品。北齊因之。

［2］太保：官名。與太師、太傅並號三師。擬古上公，非勳德崇者不居。北齊一品。　賀拔仁：字天惠，北齊善無（今山西右玉縣南）人，高車族。以帳內都督從神武破尒朱氏於韓陵，力戰有功。入齊，官歷數州刺史、太保、太師、右丞相、錄尚書事。《北史》卷五三《張保洛傳》有附傳。

八年春正月庚申，梁楚州刺史宋安顧以州內屬。[1]

辛酉，魏帝爲世宗舉哀於東堂。[2]梁定州刺史田聰能、洪州刺史張顯等以州內屬。[3]戊辰，魏詔進帝位使持節、丞相、都督中外諸軍事、錄尚書事、大行臺、齊郡王，[4]食邑一萬戶。甲戌，地豆于國遣使朝貢。[5]

[1]楚州：治所在今河南信陽市東北常臺關西。

[2]魏帝：東魏孝靜帝元善見（524—551）。公元534年至550年在位。《魏書》卷一二、《北史》卷五有紀。

[3]定州：治所在今河北定州市。　洪州：治所在今河南輝縣市。

[4]魏：指東魏（534—550）。北朝政權之一，元善見建，都鄴（今河北臨漳縣西南）。歷一帝，十七年。　使持節：古代大臣奉天子之命出行，持節以爲憑證並示威重。魏晉以後爲官名。凡重要軍事長官出征或出鎮時，加使持節，可誅殺二千石以下官員。皇帝派遣大臣出巡或祭吊時，亦使持節，以表示權力和尊崇。　都督中外諸軍事：官名。總攝軍人，爲全國最高軍事統帥。亦可稱"都督中外諸軍"等。北魏太和二十三年（499）定爲從一品。　錄尚書事：官名。總領尚書省事，位尚書令上。多以公卿權重之人任之。　大行臺：官名。"大行臺尚書令"之省稱。大行臺尚書令，大行臺長官，代行尚書省的權力，掌轄區內的軍政事務。　齊郡：治所在今山東淄博市東北。

[5]地豆于國遣使朝貢：中華本校勘記云："南本'于'作'干'。按此部見於《魏書》者多作'于'，見於《北史》者都作'干'。《魏書》卷一〇〇、《北史》卷九四都有傳，也是一作'于'，一作'干'。此外《通典》卷二〇〇有《地頭于傳》，《冊府》卷九六九記此部却'于''干'互見。此《紀》這一條除南本外都作'于'，南本當即據《北史》改，而下文天保五年五月條諸本又都作'干'。今皆仍之，以後不再出校記。"地豆于，族名。

北魏時散居室韋以西，北臨烏洛侯，西以今興安嶺與柔然相接，南鄰奚、契丹。營游牧業，以皮爲衣，食肉酪，無五穀。常向北魏、東魏、北齊朝貢。《北史》卷九四有傳。

　　三月辛酉，又進封齊王，食冀州之渤海、長樂、安德、武邑、瀛州之河間五郡，[1]邑十萬户。自居晉陽，寢室夜有光如晝。既爲王，夢人以筆點己額。且以告館客王曇哲曰：[2]"吾其退乎？"曇哲再拜賀曰："王上加點，便成主字，乃當進也。"

　　[1]冀州：治所在今河北冀州市。　渤海、長樂、安德、武邑：並郡名。渤海，治所在今河北東光縣。長樂，治所在今河北冀州市。安德，治所在今山東平原縣東北。武邑，治所在今河北武强縣。　瀛州：治所在今河北河間市。　河間：郡名。治所在今河北河間市南。
　　[2]王曇哲：事見本卷，餘不詳。

　　夏五月辛亥，帝如鄴。[1]甲寅，進相國，總百揆，[2]封冀州之渤海、長樂、安德、武邑、瀛州之河間、高陽、章武、定州之中山、常山、博陵十郡，[3]邑二十萬户，加九錫殊禮，[4]齊王如故。魏帝遣兼太尉彭城王韶、司空潘相樂册命曰：[5]

　　[1]鄴：縣名。治所在今河北臨漳縣。東魏、北齊皆都此。
　　[2]百揆：百官。
　　[3]高陽、章武、中山、常山、博陵：並郡名。高陽，治所在今河北高陽縣。章武，治所在今河北大城縣。中山，治所在今河北

定州市。常山，治所在今河北石家莊市藁城區西北。博陵，治所在今河北安平縣。

[4]九錫：賜九種器物。原爲帝王專用，後賜予元老重臣及勳貴，以示尊禮，權臣篡權建立新王朝前，也例加九錫。

[5]太尉：官名。魏晉南北朝列三公之首，爲名譽宰相，多爲大臣加官，無職掌。一品。　彭城王韶：彭城，郡名。治所在今江蘇徐州市老城區。韶，元韶（？—559），字世冑。鮮卑族拓跋部人。東魏大臣。爵號彭城王。好學，美容儀。本書卷二八有傳。

於戲，敬聽朕命！夫惟天爲大，列晷宿而垂象；謂地蓋厚，疏川岳以阜物。所以四時代序，萬類駢羅，庶品得性，群形不夭。然則皇王統曆，深視高居，拱默垂衣，[1]寄成師相，此則夏伯、殷尹竭其股肱，[2]周成、漢昭無爲而治。[3]頃者天下多難，國命如旒，[4]則我建國之業將墜於地。齊獻武王奮迅風雲，[5]大濟艱危，爰翼朕躬，國爲再造，經營庶土，以至勤憂。及文襄承構，[6]愈廣前業，康邦夷難，道格穹蒼。[7]王縱德應期，千齡一出，惟幾惟深，[8]乃神乃聖，大崇霸德，實廣相猷。[9]雖冥功妙實，[10]藐絕言象，標聲示迹，典禮宜宣。今申後命，其敬虛受。

[1]拱默垂衣：謂人君垂拱無爲，委政於臣下。

[2]夏伯：指夏禹。禹初封夏伯，爲舜臣，以治水故，居外十三年，終以告成功於天下，是以天下太平。詳見《史記》卷二《夏本紀》。　殷尹：指伊尹。初爲商湯輔臣，相湯伐桀。湯去世後，又歷佐外丙、中壬、太甲三王，故有大功於殷商。詳見《史

記》卷三《殷本紀》。

［3］周成：即西周成王。武王之子。幼年即位，由叔父周公旦攝政，七年還政於成王，繼續執行周初政策。在位三十七年。謚成王。詳見《史記》卷四《周本紀》。　漢昭：西漢昭帝。武帝子。公元前87年至前74年在位。統治期間，移民屯田，輕徭薄賦；北敗匈奴、烏桓；召集賢良文學，主持鹽鐵會議。卒謚昭。《漢書》卷七有紀。

［4］旒（liú）：旌旗下邊懸垂的飾物。

［5］齊獻武王：指高歡。

［6］文襄：高澄謚號。

［7］格：感通。

［8］惟幾惟深：迹象、先兆的隱微深沉。

［9］猷（yóu）：謀劃。

［10］冥功妙實：幽微玄奧之功業有精妙的實質。

　　王搏風初舉，建旗上地，[1]庇民立政，時雨滂流，下識廉恥，仁加水陸，移風易俗，自齊變魯，[2]此王之功也。仍攝天臺，[3]總參戎律，策出若神，威行朔土，[4]引弓竄跡，松塞無煙，此又王之功也。逮光統前緒，[5]持衡匡合，華戎混一，風海調夷，日月光華，天地清晏，聲接響隨，無思不偃，[6]此又王之功也。遜矣炎方，[7]逋違正朔，[8]懷文曜武，[9]授略申規，[10]淮楚連城，灌然桑落，[11]此又王之功也。關、峴衿帶，[12]跨躡蕭條，[13]腸胃之地，岳立鴟跱，[14]偏師纔指，渙同冰散，此又王之功也。晉熙之所，[15]險薄江雷，迥隔聲教，[16]迷方未改，命將鞠旅，覆其巢穴，威略風騰，傾懾南海，此又王之功也。群蠻跋扈，世絕南疆，搖蕩邊垂，亟爲塵梗，[17]懷德畏威，向風請順，傾邸盡落，[18]其至如雲，此又王之功也。胡人別種，延蔓山谷，酋渠萬族，[19]廣袤千里，憑險不恭，恣其桀黠，有樂淳風，相攜叩款，粟帛之調，王府充積，此又王之功也。茫茫涉海，世敵諸華，風行鳥逝，倏來忽往，既飲醇醪，[20]附同膠漆，氍裘委仞，[21]奇獸銜尾，[22]此又王之功也。秦川尚阻，[23]作我仇讎，爰挹椒蘭，[24]飛書請好，天動其衷，辭卑禮厚，區宇乂寧，[25]遝邐畢至，此又王之功也。江陰告禍，[26]民無適歸，蕭宗子弟，尚相投庇，如鳥還山，猶川赴海，荊、江十部，[27]俄而獻割，乘此會也，將混朱方，[28]此又王之功也。天平地成，率土咸茂，禎符顯見，[29]史不停筆，既連百木，兼呈九尾，[30]素過秦雀，蒼比周烏，此又王之功也。搜揚管庫，衣冠獲序，禮云樂云，銷沉俱振，輕徭徹賦，矜獄寬刑，大信外彰，深仁遠洽，[31]此又王之功也。王有安日下之大勳，加以表光明之盛德，宣贊洪猷，以左右朕言。昔旦、奭外分，[32]毛、畢入佐，[33]出内之任，王宜總之。

[1]旟（yú）：旗。　上地：指上黨。上黨，郡名。治所在今山西長治市北。

[2]自齊變魯：齊、魯，並國名。齊，春秋五霸、戰國七雄之一。魯，春秋、戰國一弱小國家。此喻從尚武之國變爲禮儀之邦。

[3]天臺：謂尚書臺、省。

[4]朔土：北方的土地。

[5]光統前緒：光大、繼承前人遺業。

[6]偃：停止。

[7]逖（tì）：遠。 炎方：南方炎熱之地。

[8]逋違正（zhēng）朔：不遵王命。正朔，指帝王頒布的曆法，借指王命。

[9]懷文曜武：猶言文治武功。

[10]授略申規：授予策略，申明規則。

[11]漼（cuī）然：毁壞、消釋貌。

[12]關、峴：峴山之關。在今湖北襄陽市南，時爲南北對峙形勢要地。

[13]跨躡（niè）：兼有其地。

[14]岳立鴟（chī）跱（zhì）：喻惡人獨據一方。

[15]晉熙：郡名。治所在今安徽潛山縣。

[16]迥：遠。

[17]梗（gěng）：阻塞，妨礙。

[18]傾陬（zōu）：所有邊遠偏僻之地。傾，盡；陬，四隅，謂邊遠偏僻之地。

[19]族：汲古閣本、四庫本並作"旅"，百衲本作"旅"。此依中華本改。

[20]醇醪（láo）：味道濃厚的美酒。

[21]仞（rèn）：通"牣"。充滿。

[22]奇獸銜尾：珍奇異獸前後相接，形容數量多。

[23]秦川：地名。泛指今陝西、甘肅秦嶺以北平原地帶。因春秋、戰國時地屬秦國而得名。川，指平川。此指西魏。

[24]椒蘭：喻貴戚。

[25]區宇：疆域；區域。 乂寧：安寧。

[26]江陰：長江以南地區。按，古代以"山南水北爲陽，山北水南爲陰"，而"江"特指長江，故稱。此謂南朝梁。

［27］荆、江：並州名。荆，治所在今湖北江陵縣。江，治所在今江西九江市。　十部：十州。

［28］將混朱方：中華本校勘記云："諸本'朱'作'來'。《册府》卷一八六作'朱'。按'朱方'見《左傳》襄公二十八年，杜注：'朱方，吳邑。'這裏用來泛指南方。'來方'無所取義，今據改。"今從改。

［29］禎符：祥瑞；吉兆。

［30］九尾：九尾狐，古人以爲瑞獸。

［31］洽：廣博；周遍。

［32］旦、奭：周公旦、召公奭。周武王崩，二公夾輔成王。外分：處外分陝而治。

［33］毛、畢：毛公伯明、畢公高，並爲周文王之子。

人謀鬼謀，兩儀協契，[1]錫命之行，[2]義申公道。以王踐律蹈禮，軌物蒼生，[3]圓首安志，[4]率心歸道，是以錫王大路、戎路各一，[5]玄牡二駟。[6]王深重民天，唯本是務，衣食之用，榮辱所由，是用錫王衮冕之服，[7]赤舄副焉。[8]王深廣惠和，易調風化，神祇且格，功德可象，是用錫王軒懸之樂，[9]六佾之舞。[10]王風聲振赫，九域咸綏，[11]遠人率俾，[12]奔走委贄，[13]是用錫王朱户以居。[14]王求賢選衆，草萊以盡，[15]陳力就列，[16]罔非其人，是用錫王納陛以登。[17]王英圖猛概，[18]抑揚千品，[19]毅然之節，肅是非違，是用錫王武賁之士三百人。[20]王興亡所繫，制極幽顯，糾行天討，罪人咸得，是用錫王鈇鉞各一。[21]王鷹揚豹變，[22]實扶下土，狼顧鴟張，[23]罔不彈射，是用錫王彤弓一、彤矢百、盧弓十、盧矢千。[24] 王孝悌之至，通於神明，率民興行，感達區宇，是用錫王秬鬯一卣,[25] 珪瓚副焉。[26] 往欽哉。其袛順往冊,[27] 保弼皇家，用終爾休德，對揚我太祖之顯命。[28]

[1]兩儀：天地或陰陽。
[2]錫命：天子賜予諸侯爵服等賞命。
[3]軌物：作別人的榜樣。物，人。
[4]圓首：指人類。
[5]大路：大車。多指帝王所乘之車。 戎路：兵車。
[6]玄牡：祭祀用的黑公畜。
[7]袞（gǔn）冕：袞衣和冠冕。古代帝王及大夫的禮服和禮帽。
[8]赤舄（xì）："舄"字諸本皆同，中華本作"舃"。赤舄，古代天子、諸侯所穿的禮鞋。舄，鞋。
[9]軒懸之樂：指諸侯所用之樂。古代諸侯陳列樂器，三面懸掛。《周禮·春官·小胥》："王，宮懸；諸侯，軒懸。"《注》："宮懸，四面懸；軒懸，去其一面。"
[10]六佾（yì）之舞：古代諸侯所用的樂舞。舞者分六列，每列六人。參《左傳》隱公五年杜預注。
[11]九域：指九州。泛指全中國。
[12]率俾：順從。俾，從。
[13]奔走委贄：趨附進貢財物。謂歸順。贄，進貢的財物。
[14]朱戶：門上加朱漆，九錫之一。
[15]草萊：猶草茅。在野的、未出仕的。
[16]陳力：貢獻才力。
[17]納陛：九錫之一。鑿殿基爲陛級，納於檐下，尊者登陛以升，不使露也。

［18］英圖猛概：英明而有智謀，威武而有風範。

［19］抑揚千品：謂褒貶百官。

［20］武賁之士：勇士。

［21］鈇（fū）鉞（yuè）：鈇與鉞。刑戮之具。

［22］鷹揚豹變：如鷹奮揚，似豹文變化顯著。喻大展雄才，勢位顯貴。

［23］狼顧鴟張：凶暴、囂張。如狼凶視，如鴟張翼。

［24］彤弓、彤矢：朱漆弓和箭。 盧弓、盧矢：黑色的弓和箭。古代帝王用以賞賜有功的諸侯和大臣，使專征伐。

［25］秬（jù）鬯（chàng）：用黑黍和香草釀造的酒，用於祭祀或賞賜。 卣（yǒu）：古代盛酒的器具，口小腹大。

［26］珪瓚（zàn）：一種玉柄酒器。用於祭祀。珪，瑞玉。瓚，玉製酒勺。

［27］祗（zhī）順：恭順。祗，敬。

［28］太祖：此指魏太祖拓跋珪。此段自"錫王大路"至"珪瓚副焉"，乃言九錫之內容。

魏帝以天人之望有歸，丙辰，下詔曰：

三才剖判，[1]百王代興，治天靜地，和神敬鬼，庇民造物，咸自靈符，非一人之大寶，實有道之神器。昔我宗祖應運，奄一區宇，[2]歷聖重光，暨於九葉。德之不嗣，仍離屯圮，盜名字者遍於九服，[3]擅制命者非止三公，主殺朝危，人神靡繫，天下之大，將非魏有。[4]賴齊獻武王奮揚靈武，剋翦多難，重懸日月，更綴參辰，[5]廟以掃除，國由再造，鴻勳巨業，無德而稱。逮文襄承構，世業逾廣，邇安遠服，海內晏如，國命已康，生生得性。

迄相國齊王，緯文經武，統茲大業，盡叡窮幾，[6]研深測化，思隨冥運，智與神行，恩比春天，威同夏日，坦至心於萬物，被大道於八方，故百僚師師，朝無秕政，[7]網疏澤洽，率土歸心。外盡江淮，風靡屈膝，辟地懷人，[8]百城奔走，關隴慕義而請好，[9]瀚漠仰德而致誠。[10]伊所謂命世應期，實撫千載。禎符雜遝，[11]異物同途，謳頌填委，[12]殊方一致，代終之迹斯表，人靈之契已合，天道不遠，我不獨知。

[1]三才：此指天、地、人。
[2]奄：覆蓋。
[3]九服：泛指全國範圍之内。
[4]魏：即北魏（386—557）。北朝政權之一。公元386年鮮卑人拓跋珪建立代國，初居盛樂（今内蒙古和林格爾縣），398年定都平城（今山西大同市東北），後遷都洛陽（今河南洛陽市東北）。永熙三年（534）分裂爲東魏與西魏。東魏（534—550）都於鄴（今河北臨漳縣西南鄴鎮東），西魏（535—557）都於長安（今陝西西安市西北郊）。
[5]更綴參辰：謂將分裂的國家再統一起來。參辰，二星名，分在東西方，出沒不相見。比喻離散隔絶。
[6]盡叡窮幾：用所有的智慧窮究事物精微之理。
[7]秕政：敗壞的政事。
[8]辟地懷人：開拓疆土、安撫人民。
[9]關隴：指西魏。
[10]瀚漠：北方沙漠之地。此處指柔然。
[11]雜遝（tà）：紛多聚積。

[12]謳頌填委：謂歌頌之聲紛集。

朕入纂鴻休，[1]將承世祀，籍援立之厚，[2]延宗社之算。靜言大運，欣於避賢，遠惟唐、虞禪代之典，[3]近想魏、晉揖讓之風，[4]其可昧興替之禮，稽神祇之望？今便遜於別宮，歸帝位於齊國，推聖與能，眇符前軌。[5]主者宣布天下，以時施行。

[1]鴻休：鴻業，大業。
[2]籍：四庫本作"藉"。按，"籍"通"藉"，"藉"通"借"。
[3]唐、虞禪代之典：唐，即唐堯；虞，即虞舜。堯以子丹朱不肖，傳位於舜。詳見《史記》卷一《五帝本紀》。
[4]魏、晉揖讓之風：曹魏禪讓於西晉之風範。
[5]眇符前軌：遠合從前的規矩。

又使兼太尉彭城王韶、兼司空敬顯儁奉册曰：[1]

[1]敬顯儁：字孝英，平陽太平（今山西襄汾縣西北）人。北魏、東魏、北齊官吏。生卒不詳，《金石萃編》所收《敬史君之碑》，言其卒於武成帝河清（562—565）中。本書卷二六、《北史》卷五五有傳。

咨爾相國齊王：夫氣分形化，物繫君長，皇王遞興，人非一姓。昔放勛馭世，[1]沉璧屬子，[2]重華握曆，[3]持衡擁璇。[4]所以英賢茂實，昭晰千古，[5]豈盛衰有運，興廢在時，知命不得不授，畏天不可不受。是故漢劉告否，當塗順民，[6]曹歷不永，金行納禪，[7]此皆重規襲矩，率由舊章者也。

[1]放勛：帝堯之名。
[2]沉璧：沈璧，謂沈璧於河爲誓也。
[3]重華：帝舜之名。
[4]持衡擁璇：掌握國家政權。衡、璇，北斗七星中二星名。
[5]昭晰：輝耀。
[6]當塗：代指曹魏。
[7]金行：金德。按五德終始説，曹魏五行屬土，土生金，西晋五行屬金，即金行，金德，故順五行德運而納魏禪。

我祖宗光宅，[1]混一萬宇。[2]迄於正光之末，[3]奸孽乘權，厥政多僻，九域離盪。[4]永安運窮，[5]人靈殄瘁，[6]群逆滔天，割裂四海，國土臣民，行非魏有。齊獻武王應期授手，鳳舉龍驤，舉廢極以立天，扶傾柱而鎮地，剪滅黎毒，匡我墜曆，有大德於魏室，被博利於蒼生。及文襄繼軌，誕光前業，内剿凶權，外摧侵叛，遐邇肅晏，功格上玄。[7]王神祇協德，舟梁一世，[8]體文昭武，追變窮微。[9]自舉跡藩旟，頌歌總集，入統機衡，[10]風獻弘遠。[11]及大承世業，扶國昌家，相德日躋，[12]霸風愈邈，[13]威靈斯暢則荒遠奔馳，聲略所播而鄰敵順款。以富有之資，運英特之氣，顧盼之間，[14]無思不服。圖謀潛藴，[15]千祀彰明，嘉禎幽秘，[16]一朝紛委，[17]以表代德之期，用啓興邦之迹，蒼蒼在上，照臨不遠。朕以虛昧，猶未逡巡，[18]静言愧之，坐而待旦。且時來運往，嬀舜不暇以當陽，[19]世革命改，伯禹不容於北面，[20]況於寡薄，而可踟蹰。是以仰協穹昊，[21]俯從百姓，敬以帝位式授於王。天禄永終，[22]大命格矣。於戲。其祗承曆數，允執其中，對揚天休，[23]斯年千萬，豈不盛歟！

[1]光宅：居，占據。
[2]混一：猶言統一。
[3]正光：北魏孝明帝元詡年號（520—525）。
[4]盪（dàng）：通"蕩"。
[5]永安：北魏孝莊帝元子攸年號（528—530）。
[6]人靈殄瘁：百姓困苦。
[7]功格上玄：功高可與天相匹敵。
[8]舟梁：船和橋，喻引接拯救之意。
[9]追變窮微：追蹤時變，窮究精深入微之理。
[10]機衡：本爲北斗星名，此喻政之機要。
[11]風猷弘遠：風範識度廣大深遠。
[12]躋（jī）：登，升。
[13]邈：遠。
[14]顧眄（xì）：環視；左顧右盼。
[15]圖諜：指圖讖。
[16]嘉禎：吉祥的徵兆。
[17]紛委：盛多貌。
[18]逡巡：遲疑不決。
[19]嬀舜：指虞舜。舜曾居嬀汭，其後因以爲氏。　當陽：天子南面向明而治。
[20]伯禹：夏禹。禹的父親鯀爲崇伯，故稱。

[21]穹昊：蒼天。

[22]天禄：天賜的福禄。天命。

[23]天休：天賜福佑。休，美好、吉祥。

又致璽書於帝，遣兼太保彭城王韶、兼司空敬顯儁奉皇帝璽綬，[1]禪代之禮一依唐虞、漢魏故事。[2]又尚書令高隆之率百僚勸進。[3]戊午，乃即皇帝位於南郊，升壇柴燎告天曰：[4]

[1]璽綬：古代印璽上必有組綬，因稱印璽爲"璽綬"。

[2]唐虞、漢魏故事：唐堯禪位於虞舜，東漢禪位於曹魏的舊例。

[3]高隆之（494—554）：本姓徐，字延興，高平金鄉（今山東金鄉縣）人。後高歡認爲從弟，乃稱渤海蓨（今河北景縣）人。東魏、北齊大臣。本書卷一八、《北史》卷五四有傳。

[4]柴燎告天：燒柴祭天。

皇帝臣洋敢用玄牡，昭告於皇皇后帝：[1]否泰相沿，廢興迭用，至道無親，應運斯輔。上覽唐、虞，下稽魏、晉，莫不先天揖讓，考歷歸終。魏氏多難，年將三十，孝昌已後，[2]内外去之。世道横流，蒼生塗炭。賴我獻武，拯其將溺，三建元首，再立宗祧，[3]掃絕群凶，芟夷奸宄，[4]德被黔黎，[5]勳光宇宙。文襄嗣武，剋構鴻基，功浹寰宇，[6]威稜海外，[7]窮髮懷音，[8]西寇納款，[9]青丘保候，[10]丹穴來庭，[11]扶翼危機，重匡頹運，是則有大造於魏室也。

［1］皇皇后帝：上天，天帝。

［2］孝昌：北魏孝明帝元詡年號（525—527）。

［3］宗祧（tiāo）：宗廟。

［4］芟（shān）夷奸宄（guǐ）：除去違法作亂之人。芟，除去。

［5］黔黎：百姓。

［6］功浹寰宇：功績遍於天下。

［7］威稜（léng）海外：聲威遠播四海之外。稜，通"棱"，威勢。

［8］窮髮：極北不毛之地。　懷音：懷恩。

［9］納款：歸順。

［10］青丘：傳説中海外國名。

［11］丹穴：傳説中遠在南方的地名。

魏帝以卜世告終，[1]上靈厭德，欽若昊天，[2]允歸大命，以禪於臣洋。夫四海至公，天下爲一，總民宰世，[3]樹之以君。既川岳啓符，人神效祉，[4]群公卿士，八方兆庶，[5]僉曰皇極乃顧於上，[6]魏朝推進於下，天位不可以暫虛。遂逼群議，恭膺大典。[7]猥以寡薄，託於兆民之上，雖天威在顔，咫尺無遠，循躬自省，實懷祗惕。敬簡元辰，[8]升壇受禪，肆類上帝，[9]以答萬國之心，永隆嘉祉，[10]保祐有齊，[11]以被於無窮之阼。

［1］卜世：以占卜預測傳國的世數。

[2]欽若：敬順。

[3]宰世：治理天下。

[4]效祉：獻福。

[5]兆庶：億萬民衆。

[6]僉（qiān）：皆，都。

[7]膺：接受。

[8]元辰：吉利的時日。

[9]肆類：古代祭名。祭天。

[10]祉：四庫本、百衲本並作"祚"。今從中華本改。

[11]有齊：指北齊（550—577）。北朝政權之一，高洋建。都鄴（今河北臨漳縣西南），歷六帝，二十八年。有，助詞，無義。

是日，京師獲赤雀，[1]獻於南郊。事畢，還宫，御太極前殿。[2]詔曰："無德而稱，代刑以禮，不言而信，先春後秋。故知惻隱之化，天人一揆，[3]弘宥之道，[4]今古同風。朕以虚薄，功業無紀。昔先獻武王值魏世不造，九鼎行出，[5]乃驅御侯伯，大號燕、趙，[6]拯厥顛墜，俾亡則存。[7]文襄王外挺武功，内資明德，纂戎先業，闢土服遠。年踰二紀，[8]世歷兩都，[9]獄訟有適，謳歌斯在。故魏帝俯遵曆數，爰念褰裳，[10]遠取唐、虞，終同脱屣。[11]實幽憂未已，志在陽城，[12]而群公卿士誠守愈切，遂屬代終，居於民上，如涉深水，有瞻終朝。始發晉陽，九尾呈瑞，外壇告天，赤雀效祉。惟爾文武不貳心之臣，股肱爪牙之將，左右先王，克隆大業，[13]永言誠節，共斯休祉。思與億兆同始兹日，[14]其大赦天下。改武定八年爲天保元年。[15]其百官進階，男子賜爵，鰥寡六疾義夫節婦旌賞各有差。"

[1]赤雀：紅色羽毛之雀，傳説中的瑞鳥。

[2]太極前殿：宮殿名。皇帝發布詔令的場所。

[3]揆：道理，準則。

[4]弘宥：寬宥。

[5]九鼎：象徵國家政權的傳國之寶。

[6]燕：周代諸侯國。在今河北北部和遼寧西端。 趙：戰國七雄之一。疆域有今山西中部、陕西東北角和河北西南部。此處借指東魏所控制的地區。

[7]俾：使。

[8]二紀：謂二十四年。一紀十二年。

[9]兩都：兩朝。

[10]褰（qiān）裳：喻帝王讓位。《詩·國風·鄭風》："子惠思我，褰裳涉溱。"褰，揭起。

[11]脱屣：脱鞋。喻無所顧戀。

[12]陽城：禹都。此喻魏帝志在禪讓。

[13]克隆：興盛。

[14]億兆：指廣大民衆。

[15]天保：北齊文宣帝高洋年號（550—559）。

己未，詔封魏帝爲中山王，[1]食邑萬户。上書不稱臣，答不稱詔，載天子旌旗，行魏正朔，乘五時副車。[2]封王諸子爲縣公，[3]邑一千户。奉絹萬匹，錢千萬，粟二萬石，奴婢二百人，水碾一具，[4]田百頃，園一所。詔追尊皇祖文穆王爲文穆皇帝，[5]妣爲文穆皇后，皇考獻武王爲獻武皇帝，皇兄文襄王爲文襄皇帝，祖宗之稱，付外速議以聞。辛酉，尊王太后爲皇太后。乙丑，詔降魏朝封爵各有差。其信都從義及宣力霸朝者,[6]及西來人并武定六年以來南來投化者,不在降限。辛未,遣大使於四方,觀察風俗,問民疾苦,嚴勒長吏,[7]厲以廉平,興利除害,務存安靜。若法有不便於時,政有未盡於事者,具條得失,還以聞奏。甲戌,遷神主於太廟。[8]

[1]中山王:爵名。中山,郡名。治所在今河北定州市。

[2]五時:指春、夏、季夏、秋、冬。 副車:皇帝的侍從車輛。

[3]縣公:爵名。"開國縣公"之省稱。食邑爲縣,爵前常冠以所封縣名,位在開國郡公下。北齊二品,四分食一。

[4]水碾:水力帶動旋轉的碾子,多用以碾穀物。

[5]文穆王:謚號。高歡之父高樹生。性通達,重節義,交結英雄。蠕蠕侵略,其立大功;北州大亂,又鎮捍舊藩。太昌初追謚文穆。《魏書》卷三二《高湖傳》有附傳。

[6]信都從義:謂從高歡於信都起事者。信都,縣名。治所在今河北冀州市。

[7]長吏:泛指各級官長。

[8]太廟:帝王祖廟。

六月己卯,高麗遣使朝貢。[1]辛巳,詔曰:"頃者風俗流宕,[2]浮競日滋,家有吉凶,務求勝異。婚姻喪葬之費,車服飲食之華,動竭歲資,以營日富。又奴僕帶金玉,婢妾衣羅綺,[3]始以創出爲奇,後以過前爲麗,上下貴賤,無復等差。今運屬惟新,思蠲往弊,反朴還淳,納民軌物。可量事具立條式,使儉而獲中。"又詔封崇聖侯邑一百户,[4]以奉孔子之祀,并下魯郡以時修治廟宇，[5]務盡褒崇之至。詔分遣使人致祭於五岳四瀆，[6]其堯祠舜廟，下及孔父、老君等載於祀典者，[7]咸秩罔遺。[8]詔曰："冀州之渤海、長樂二郡，先帝始封之國，義旗初起之地。并州之太原、青州之齊郡，[9]霸業所在，王命是基。君子有作，貴不忘本，思申恩洽，蠲復田租。齊郡、渤海可並復一年，長樂二年，太原復三年。"

[1]高麗：國名。亦作"高句麗"。是地跨今東北地區及朝鮮半島的一個民族政權。《魏書》卷一〇〇、《周書》卷四九、《北史》卷九四有傳。

[2]頃者：近來。 流宕（dàng）：放蕩。

[3]羅綺：羅與綺，皆絲織物。

[4]崇聖侯：孔長爵名崇聖侯。孔長，事見本卷，餘不詳。崇聖侯，爵名。北魏孝文帝太和十九年（495）置，封諸孔宗子中一人，食邑一百户，奉孔子祀。北齊沿置，從五品。

[5]魯郡：治所在今山東曲阜市。

[6]五岳：東岳泰山、南岳衡山、西岳華山、北岳恒山、中岳嵩山。傳說群神所居，歷代帝王多往祭祀。 四瀆：江（長江）、河（黃河）、淮、濟為四瀆。江河淮濟皆獨流入海，故名曰瀆。

[7]孔父、老君：此指孔子、老子。

[8]咸秩：普遍祭祀。

[9]青州：治所在今山東青州市。

詔故太傅孫騰、故太保尉景、故大司馬婁昭、故司徒高昂、故尚書左僕射慕容紹宗、故領軍万俟干、故定州刺史段榮、故御史中尉劉貴、故御史中尉竇太、故殷州刺史劉豐、故濟州刺史蔡儁等並左右先帝,[1]經贊皇基,或不幸早徂,[2]或殞身王事,可遣使者就墓致祭,并撫問妻子,慰逮存亡。又詔封宗室高岳爲清河王,[3]高隆之爲平原王,[4]高歸彥爲平秦王,[5]高思宗爲上洛王,[6]高長弼爲廣武王,[7]高普爲武興王,[8]高子瑗爲平昌王,[9]高顯國爲襄樂王,[10]高叡爲趙郡王,[11]高孝緒爲脩城王。[12]又詔封功臣厙狄干爲章武王,[13]斛律金爲咸陽王,[14]賀拔仁爲安定王,[15]韓軌爲安德王,[16]可朱渾道元爲扶風王,[17]彭樂爲陳留王,[18]潘相樂爲河東王。[19]癸未,詔封諸弟青州刺史浚爲永安王,[20]尚書左僕射淹爲平陽王,[21]定州刺史浟爲彭城王,[22]儀同三司演爲常山王,[23]冀州刺史渙爲上黨王,[24]儀同三司淯爲襄城王,[25]儀同三司湛爲長廣王,[26]湝爲任城王,[27]湜爲高陽王,[28]濟爲博陵王,[29]凝爲新平王,[30]潤爲馮翊王,[31]洽爲漢陽王。[32]

[1]大司馬:官名。與大將軍並稱"二大",常典軍事,地位尊顯,北齊一品。 領軍:官名。掌宿衛。魏晉南北朝時期,資深者稱領軍將軍,資輕者稱中領軍,職掌相同,一般不並置。祇有北魏孝文帝太和十七年(493)職員令中專設有領軍,二品中。 御史中尉:官名。北魏爲御史中丞之改稱,督司百僚。太和二十三年定爲從三品。東、西魏沿置。北齊復名御史中丞。 殷州:治所在今河北隆堯縣。 濟州:治所在今山東茌平縣西南。

[2]徂(cú):通"殂"。死亡。

[3]高岳(512—555):字洪略,渤海蓨(今河北景縣)人。高翻子,高歡從父弟。東魏、北齊宗室大臣。本書卷一三、《北史》卷五一有傳。 清河:郡國名。西漢高帝置,治清陽縣(今河北清

河縣）。西晉爲清河國，治清河縣（今山東臨清市）。北魏仍改爲郡。北齊移治武城縣（今河北清河縣西城關鄉西北）。

[4]平原王：爵名。平原，郡名。治所在今山東聊城市東北。

[5]高歸彥（？—562）：字仁英，渤海蓨（今河北景縣）人。高徽子。高歡族弟。東魏、北齊大臣。本書卷一四、《北史》卷五一有傳。　平秦王：爵名。平秦，郡名。治所在今陝西鳳翔縣東南。

[6]高思宗：渤海蓨（今河北景縣）人。北齊宗室、大臣。高歡從子。本書卷一四、《北史》卷五一有傳。　上洛王：爵名。上洛，郡名。治所在今陝西商洛市商州區。

[7]高長弼：一作"高弼"。小名阿迦，渤海蓨（今河北景縣）人。北齊宗室，高吞子。武定（543—550）中，爲安西將軍、營州刺史，賜爵安陵縣開國男。北齊時，封廣武王，爲南營州刺史。本書卷一四《陽州公永樂傳》有附傳。　廣武王：爵名。廣武，郡名。治所在今河南中牟縣東。

[8]高普（524或525—576後）：字德廣。北齊宗室。本書卷一四有傳，《北史》卷五一《平秦王歸彥傳》有附傳。　武興王：爵名。武興，郡名。治所在今陝西略陽縣。

[9]高子瑗：高盛兄子。盛無子，以爲嗣。武定末，兼武衛將軍。天保初，改封平昌王。卒於魏尹。　平昌王：爵名。平昌，郡名。治所在今山東膠州市。

[10]高顯國：本書卷一四有傳。　襄樂王：爵名。襄樂，郡名。治所在今甘肅寧縣。

[11]高叡（534—569）：小名須拔，渤海蓨（今河北景縣）人。高琛子。東魏、北齊大臣。本書卷一三、《北史》卷五一《趙郡王琛傳》有附傳。　趙郡王：爵名。趙郡，治所在今河北趙縣。

[12]高孝緒爲脩城王：中華本校勘記云："諸本'脩'作'循'，南本作'修'，《北史》卷七《齊文宣紀》作'脩'。按本書卷一四《高永樂傳》稱孝緒'天保初，改封脩城郡王'。《隋書》

卷二九《地理志》梁州順政郡有'脩城縣'，云'舊置脩城郡'。'循城'無此地名，今據改。"今從改。高孝緒，渤海蓨（今河北景縣）人。陽州公高永樂從兄子。永樂無子，其以永樂後襲爵爲陽州縣公。天保初，改封脩城王。脩城王，爵名。脩城，郡名。治所在今甘肅成縣東南。

[13]厙（shè）狄干：善無（今山西右玉縣南）人。鮮卑厙狄氏。東魏、北齊大臣。本書卷一五、《北史》卷五四有傳。

[14]斛（hú）律金：東魏、北齊將領。本書卷一七有傳。

[15]安定王：爵名。安定，郡名。治所在今甘肅涇川縣北。

[16]韓軌：字百年，太安狄那（今山西壽陽縣北）人。北魏、北齊官吏。本書卷一五、《北史》卷五四有傳。

[17]可朱渾道元：字道元，又名可朱渾元。自云遼東（今遼寧遼陽市）人，然其曾祖爲懷朔（今內蒙古固陽縣西南）鎮將，定居於此。北魏、北齊官吏。本書卷二七、《北史》卷五三有傳。
扶風王：爵名。扶風，郡名。治所在今陝西興平市東南。

[18]陳留王：爵名。陳留，郡名。治所在今河南開封市。

[19]河東王：爵名。河東，郡名。治所在今山西永濟市蒲州鎮。

[20]浚：高浚（？—558），字定樂，渤海蓨（今河北景縣）人。北齊宗室。本書卷一〇、《北史》卷五一有傳。永安王：爵名。永安，郡名。治所在今山西霍州市。

[21]淹：高淹（？—564），字子邃，渤海蓨（今河北景縣）人。北齊宗室，高歡第四子。本書卷一〇、《北史》卷五一有傳。
平陽王：爵名。平陽，郡名。治所在今山西臨汾市。

[22]浟：高浟。本書卷一〇有傳。"浟"字百衲本作"淤"，據本書卷一〇《彭城景思王浟傳》改。

[23]演：北齊孝昭帝高演（535—561），廟號肅宗。本書卷六、《北史》卷七有紀。

[24]渙：高渙（533—558），字敬壽。高歡第七子。本書卷

一〇、《北史》卷五一有傳。

[25]淯（yù）：高淯。本書卷一〇有傳。　襄城王：爵名。襄城，郡名。治所在今河南襄城縣。

[26]湛：北齊皇帝高湛（537—568），謚號武成。本書卷七、《北史》卷八有紀。　長廣王：爵名。長廣，郡名。北齊時治所在今山東龍口市。

[27]湝（jiē）：高湝。本書卷一〇有傳。　任城王：爵名。任城，郡名。北魏神龜元年（518）分高平郡置，治所在今山東濟南市南。北齊天保七年（556），改任城郡爲高平郡，以魯郡爲任城郡，治所在今山東曲阜市東北。

[28]湜：高湜。本書卷一〇有傳。

[29]濟：高濟。本書卷一〇有傳。

[30]凝：高凝。本書卷一〇有傳。　新平王：爵名。新平，郡名。治所在今陝西彬縣。

[31]潤：高潤。本書卷一〇有傳。　馮（píng）翊（yì）王：爵名。馮翊，郡名。治所在今陝西高陵縣。

[32]洽：高洽。本書卷一〇有傳。　漢陽王：爵名。漢陽，郡名。治所在今甘肅天水市。

丁亥，詔立王子殷爲皇太子，[1]王后李氏爲皇后。[2]庚寅，詔以太師厙狄干爲太宰，[3]司徒彭樂爲太尉，司空潘相樂爲司徒，開府儀同三司司馬子如爲司空。[4]辛卯，以前太尉、清河王岳爲使持節、驃騎大將軍、司州牧。[5]壬辰，詔曰："自今已後，諸有文啓論事并陳要密，有司悉爲奏聞。"[6]己亥，以皇太子初入東宮，赦畿内及并州死罪已下，餘州死降，徒流已下一皆原免。[7]

［1］殷：北齊廢帝高殷（545—561），高洋長子。洋卒，繼爲帝，後被高演廢爲濟南王。次年被殺。本書卷五、《北史》卷七有紀。

［2］李氏：本書卷九有傳。

［3］太師：官名。北齊與太傅、太保並號三師，位居太傅、太保上，一品。擬古上公，非勳德崇者不居。　太宰：官名。北魏、北齊置其於三師之上，一品。

［4］開府儀同三司：官名。三國魏始置，爲大臣加號，意謂與三司即太尉、司徒、司空禮制、待遇相同，許開設府第，自辟僚屬。南北朝因之。　司馬子如（487—551）：字遵業，河內溫（今河南溫縣）人。北魏、東魏、北齊官吏。本書卷一八、《北史》卷五四有傳。

［5］司州：治所在今河北臨漳縣西南。

［6］有司：官吏和官署泛稱。古代設官分職，各有專司，故稱。

［7］徒流：謂徒罪與流罪。

秋七月辛亥，詔尊文襄妃元氏爲文襄皇后，[1]宮曰靜德。又詔封文襄皇帝子孝琬爲河間王，[2]孝瑜爲河南王。[3]乙卯，以尚書令、平原王隆之錄尚書事，尚書左僕射、平陽王淹爲尚書令。又詔曰："古人鹿皮爲衣，書囊成帳，有懷盛德，風流可想。其魏御府所有珍奇雜綵常所不給人者，[4]徒爲蓄積，命宜悉出，送內後園，以供七日宴賜。"

［1］元氏：本書卷九有傳。

［2］孝琬：本書卷一一有傳。

［3］孝瑜：本書卷一一有傳。　河南王：爵名。河南，郡名。

治所在今河南洛陽市西。

[4]雜綵：雜色絲織品。

八月，詔郡國修立黌序，[1]廣延髦儁，[2]敦述儒風。其國子學生亦仰依舊銓補，[3]服膺師說，研習《禮經》。往者文襄皇帝所運蔡邕石經五十二枚，[4]即宜移置學館，依次修立。又詔曰："有能直言正諫，不避罪辜，謇謇若朱雲，[5]諤諤若周舍，[6]開朕意，沃朕心，弼于一人，利兼百姓者，必當寵以榮禄，待以不次。"又曰："諸牧民之官，仰專意農桑，勤心勸課，廣收天地之利，以備水旱之災。"庚寅，詔曰："朕以虛寡，嗣弘王業，思所以贊揚盛績，播之萬古。雖史官執筆，有聞無墜，猶恐緒言遺美，時或未書。在位王公文武大小，降及民庶，爰至僧徒，或親奉音旨，或承傳傍説，凡可載之文籍，悉宜條録封上。"甲午，詔曰："魏世議定《麟趾格》，[7]遂爲通制，官司施用，猶未盡善。可令群官更加論究。適治之方，先盡要切，引綱理目，必使無遺。"

[1]黌（hóng）序：泛指學校。

[2]髦（máo）儁：才智傑出之士。

[3]銓：汲古閣本、百衲本並作"詮"，今從中華本改。

[4]往者文襄皇帝所運蔡邕石經五十二枚：中華本校勘記云："諸本'運'都作'建'。《北史》卷七、《册府》卷一九四作'運'。張森楷云：'按《孝昭紀》（本書卷六、《北史》卷七）亦云文宣帝所運石經，則"建"字誤也。'按石經本在洛陽，高澄運到鄴。今據《北史》《册府》改。"可從。蔡邕（132—192），陳留圉（今河南杞縣）人。東漢文學家、書法家。通經史、音律、天

文，善辭章。工篆、隸，尤以隸書著稱。靈帝時爲議郎。不久，以事免官。後事董卓，以卓黨死獄中。《後漢書》卷六〇下有傳。

［5］謇謇：忠誠正直。　朱雲：漢平陵（今陝西咸陽市）人。少受《易》《論語》，能傳其業。成帝時爲槐里令，上書求斬佞臣張禹，帝怒欲殺之，雲攀折殿檻呼曰："臣得從龍逢、比干游於地下，足矣。"帝赦之，命勿易檻，以旌直臣。《漢書》卷六七有傳。

［6］諤（è）諤：直言貌。　周舍：春秋時晉國人。事趙鞅。立鞅之門三日夜，鞅使人問之，答曰："願爲諤諤之臣，墨筆操牘，從君之後，司君之過而書之。"其後舍死，鞅益念舍，由此能附趙邑而懷晋人。

［7］《麟趾格》：東魏孝静帝天平（534—537）年間令群臣於麟趾閣制定的具有刑事法規性質的"格"。它是《北齊律》的藍本，又是唐律之源。今佚。

九月癸丑，以散騎常侍、車騎將軍、領東夷校尉、遼東郡開國公、高麗王成爲使持節、侍中、驃騎大將軍、領護東夷校尉，[1]王、公如故。詔梁侍中、使持節、假黃鉞、都督中外諸軍事、大將軍、承制、邵陵王蕭綸爲梁王。[2]庚午，帝如晉陽，拜辭山陵。是日皇太子入居涼風堂，[3]監總國事。

［1］車騎將軍：官名。魏晉南北朝位次驃騎將軍，居諸名號大將軍上，爲加官，無職掌。北齊二品。　領：官制用語。魏晉南北朝多爲暫攝之意。　東夷校尉：官名。亦稱護東夷校尉。三國魏置，掌鮮卑慕容部、段部、宇文部及高句麗事。北魏亦置。品秩不詳。　遼東郡：治所在今遼寧遼陽市。

［2］侍中：官名。梁侍中爲門下省長官，掌侍從左右，擯相威儀，盡規獻納，糾正違闕，頗爲宰相。梁十三班。　假黃鉞：官制

術語。即臨時授飾以黃金的鉞，本用於皇帝儀仗。授此者以示有權總統内外諸軍，專戮節將。不常設，以爲非人臣之常器。　大將軍：官名。梁爲贈官，無僚屬。　承制：秉承皇帝旨意，代行其職權之稱。　邵陵王：爵名。邵陵，郡名。治所在今湖南邵陽市。蕭綸：梁武帝第六子。天監十三年（514），封邵陵郡王。太清中以征討大都督討侯景，兵敗。復與史大連等入援，進位司空。軍潰，走汝南，爲西魏大將軍楊忠儀等所執，不屈死，謚攜。《梁書》卷二九有傳。

[3] 涼風堂：又名涼風殿。在宮内昭陽殿之西，爲處理政務之所（見《歷代帝王宅京記》卷一二）。

　　冬十月己卯，備法駕，御金輅，[1]入晉陽宫，朝皇太后於内殿。辛巳，曲赦并州太原郡晉陽縣及相國府四獄囚。癸未，茹茹國遣使朝貢。[2]乙酉，以特進元韶爲尚書左僕射，并州刺史段韶爲尚書右僕射。[3]丙戌，吐谷渾國遣使朝貢。壬辰，罷相國府，留騎兵、外兵曹，各立一省，[4]別掌機密。

[1] 金輅：飾金之車，帝王所乘，爲五輅之一。
[2] 茹茹：古族名。又稱柔然、蠕蠕、蝚蠕、芮芮等。其强盛時，勢力達於整個蒙古高原。該國汗族郁久閭氏源自雜胡（詳見曹永年《柔然源於雜胡考》，《歷史研究》1981年第3期）。境内有匈奴、鮮卑、高車、西域諸族以及其他民族，多以游牧爲生。《魏書》卷一〇三、《北史》卷九八有傳。
[3] 段韶（？—571）：字孝先，小名鐵伐，亦稱段婆，姑臧武威（今甘肅武威市）人。北齊將領。本書卷一六、《北史》卷五四《段榮傳》有附傳。　尚書右僕射：官名。尚書省副長官之一。北齊職爲執法，掌與令同。從二品。

[4]省：官署通稱。兩晉南北朝有尚書、中書、門下等省，多設於禁中，故名。

十一月，周文帝率衆至陝城，[1]分騎北渡，至建州。[2]甲寅，梁湘東王蕭繹遣使朝貢。[3]丙寅，帝親戎出次城東。周文帝聞帝軍容嚴盛，歎曰："高歡不死矣。"遂退師。庚午，還宫。

[1]周文帝：北周文帝宇文泰（505—556），字黑獺，代郡武川（今内蒙古武川縣）人。鮮卑族。北周奠基者。《周書》卷一、二，《北史》卷九有紀。　陝：縣名。治所在今河南三門峽市西。

[2]建州：治所在今山西澤州縣高都鎮一帶。

[3]湘東王：爵名。湘東，郡名。治所在今湖南衡陽市。　蕭繹（508—554）：梁元帝。南蘭陵（今江蘇常州市武進區西北）人。武帝第七子。初封湘東王。侯景作亂，繹命王僧辯等討景，事平，即位於江陵。在位三年，爲西魏軍所擄，被殺。其博學多才，著作甚多，原有集，已散佚。後人輯有《梁元帝集》。《梁書》卷五有紀。

十二月丁丑，茹茹、庫莫奚國並遣使朝貢。[1]辛丑，帝至自晉陽。

[1]庫莫奚：部族名。隋時稱"奚"。源於東胡。分布在饒樂水（今西拉木倫河）流域。東接契丹，西至突厥，南據白狼河，北鄰霫。初臣屬於突厥，後稍盛，分爲辱紇主（一作"辱紇王"）、莫賀弗、契箇、木昆、室得五部。習俗與突厥相似。以游牧爲主，兼以射獵。北朝時，向北魏朝貢貿易。"庫"字諸本同，《魏書》

卷一一、《北史》卷四、《通志》卷一五下亦同。百衲本作"庫"。諸史例作"庫"，據改。

二年春正月丁未，梁湘東王蕭繹遣使朝貢。辛亥，有事于圓丘，[1]以神武皇帝配。癸亥，親耕籍田于東郊。乙酉，前黃門侍郎元世寶、通直散騎侍郎彭貴平謀逆，[2]免死配邊。有事於太廟。甲戌，帝泛舟於城東。

[1]圓丘：古代祭天的壇。故址在今河北臨漳縣。
[2]黃門侍郎：官名。"給事黃門侍郎"之簡稱。北齊爲門下省次官，所掌與侍中同。四品。　元世寶：北魏宗室王元坦之子，生卒不詳，與彭貴平二人酒後誹謗、妄說圖讖，被定謀逆罪，死於配邊。　通直散騎侍郎：官名。屬集書省，掌諷議左右，從容獻納。又領起居省。從五品上。　彭貴平：事見本卷，餘不詳。

二月壬辰，太尉彭樂謀反，伏誅。壬寅，茹茹國遣使朝貢。

三月丙午，襄城王淯薨。己未，詔梁承制湘東王繹爲梁使持節、假黃鉞、相國，建梁臺，總百揆，承制。[1]梁交州刺史李景盛、梁州刺史馬嵩仁、義州刺史夏侯珍洽、新州刺史李漢等並率州內附。[2]庚申，司空司馬子如坐事免。

[1]"詔梁承制湘東王繹"至"承制"：中華本校勘記云："《北史》卷七'承制'下有'梁王'二字。按下文四月見'梁王蕭繹'，這裏不宜省，當是脫文。"
[2]交州：治所在今越南北寧省仙游東。　梁州：治所在今陝

西漢中市東。　義州：治所在今湖北羅田縣東。　新州：治所在今四川三臺縣。

夏四月壬辰，梁王蕭繹遣使朝貢。
閏月乙丑，室韋國遣使朝貢。[1]

[1]室韋：古族名。源於東胡，一說爲蒙古族源之一。北魏史書始有記載。有五部。分布於今嫩江流域及黑龍江南北岸之地。北魏至唐常向中原王朝進貢。《魏書》卷一〇〇、《北史》卷九四有傳。

五月丙戌，合州刺史斛斯顯攻剋梁歷陽鎮。[1]丁亥，高麗國遣使朝貢。是月，侯景廢梁簡文，[2]立蕭棟爲主。[3]

[1]合州：治所在今安徽合肥市西北。　斛斯顯：事見本卷，餘不詳。　歷陽鎮：地名。在今安徽和縣。
[2]侯景（503—552）：字萬景，懷朔鎮（今内蒙古固陽縣西南）人，或云雁門（今山西代縣西南）人，羯族。北魏、東魏將領，後降南朝梁。《梁書》卷五六、《南史》卷八〇有傳。　梁簡文：蕭梁簡文帝。《梁書》卷四有紀。
[3]立蕭棟爲主：中華本校勘記云："諸本'棟'作'棟'。《北史》卷七作'棟'。按《梁書》卷四《簡文紀》大寶二年記此事，百衲本作'棟'，殿本作'棟'，而卷五六《侯景傳》和《南史》卷八《梁紀》下、卷八〇《侯景傳》、《通鑑》卷一六四都作'棟'。《通鑑考異》無文，則司馬光所見諸史皆同作'棟'。今據改。"今從改。蕭棟，侯景奉其爲主，未幾行禪讓，封淮陰王，鎖

於密室。景敗，得出。後爲宣猛將軍朱買臣沉於水。《南史》卷五三《昭明太子統傳》有附傳。

六月庚午，以前司空司馬子如爲太尉。
七月壬申，茹茹遣使朝貢。癸酉，行臺郎邢景遠破梁龍安戍，[1]獲鎮城李洛文。[2]己卯，改顯陽殿爲昭陽殿。[3]

[1]行臺郎：官名。爲行臺諸曹郎中之泛稱。有時也稱不理具體曹務的官員。 邢景遠：事見本卷，餘不詳。 龍安戍：戍所名。在今四川江油市。
[2]李洛文：事見本卷，餘不詳。
[3]顯陽殿：宮殿名。在宮内太極殿後朱華門内。

九月壬申，詔免諸伎作、屯、牧、雜色役隸之徒爲白户。[1]癸巳，帝如趙、定二州，[2]因如晉陽。

[1]伎作：工匠。 雜色役隸：雜户。雜色役，各種各樣的役力。 白户：平民。
[2]趙：州名。治所在今河北隆堯縣東。

冬十月戊申，起宣光、建始、嘉福、仁壽諸殿。[1]庚申，蕭繹遣使朝貢。丁卯，文襄皇帝神主入于廟。

[1]宣光、建始、嘉福、仁壽：並宮殿名。宣光殿位於後宮右院，建始、嘉福、仁壽殿位置不詳。

十一月，侯景廢梁主，僭即僞位於建鄴，[1]自稱曰漢。

[1]建鄴：縣名。即建康。治所在今江蘇南京市。

十二月，中山王殂。[1]

[1]中山王：東魏孝静帝。

三年春正月丙申，帝親討庫莫奚於代郡，[1]大破之，獲雜畜十餘萬，分賚將士各有差。[2]以奚口付山東爲民。

[1]代郡：治所在今山西大同市。
[2]賚（lài）：賜予。

二月，茹茹主阿那瓌爲突厥虜所破，[1]瓌自殺。其太子菴羅辰及瓌從弟登注俟利發、注子庫提並擁衆來奔。[2]茹茹餘衆立注次子鐵伐爲主。[3]辛丑，契丹遣使朝貢。

[1]阿那瓌：柔然主名。北魏正光元年（520）因内争南投魏。後遣還。北魏孝昌元年（525），自號"敕連頭兵豆伐可汗"。曾仿北魏制度建官號。爲突厥所破後自殺。見《魏書》卷一〇三《蠕蠕傳》。
[2]菴羅辰、登注、庫提：並人名。事並見本卷，餘不詳。俟利發：官名。突厥語的音譯。突厥置，世襲，無員限。
[3]鐵伐：事見本卷，餘不詳。

三月戊子，以司州牧清河王岳爲使持節、南道大都督，[1]司徒潘相樂爲使持節、東南道大都督，及行臺辛術率衆南伐。[2]癸巳，詔進梁王蕭繹爲梁主。

[1]大都督：官名。高級軍事長官。掌統兵出征，或加以各種名號，如南道大都督、東南道大都督等。東魏、北齊時所置"京畿大都督"，權勢極重。

[2]行臺：官名。北朝行臺長官的省稱。即行尚書臺尚書令。辛術（500—559）：一作"辛述"，字懷哲，隴西狄道（今甘肅臨洮縣）人。本書卷三八有傳，《北史》卷五〇《辛雄傳》有附傳。

夏四月壬申，東南道行臺辛術於廣陵送傳國璽。[1]甲申，以吏部尚書楊愔爲尚書右僕射，[2]丙申，室韋國遣使朝貢。

[1]廣陵：郡名。治所在今江蘇揚州市西北。　傳國璽：秦始皇所刻皇帝玉璽，歷傳漢魏至五代而亡佚。

[2]吏部尚書：官名。兩晋南北朝位居列曹尚書之首，主管官吏銓選、考課獎懲。北齊三品。　楊愔（511—560）：字遵彦，小名秦王，弘農華陰（今陝西華陰市）人，楊津子。北齊官吏。本書卷三四有傳，《北史》卷四一《楊播傳》有附傳。

六月乙亥，清河王岳等班師。丁未，帝至自晋陽。乙卯，帝如晋陽。

九月辛卯，帝自并州幸離石。[1]

[1]離石：縣名。治所在今山西吕梁市離石區。

冬十月乙未，至黄櫨嶺，[1]仍起長城，北至社干戍四百餘里，[2]立三十六戍。

[1]黄櫨嶺：在今山西汾陽市西北。
[2]社干戍：戍所名。在今山西五寨縣。

十一月辛巳，梁主蕭繹即帝位於江陵，[1]是爲元帝，遣使朝貢。

[1]梁主：四庫本、百衲本同，中華本作"梁王"。按，上文云"詔進梁王蕭繹爲梁主"，這裏"王"宜作"主"。　江陵：縣名。治所在今湖北荆州市荆州區。

十二月壬子，帝還宫。戊午，帝如晋陽。
四年春正月丙子，山胡圍離石。[1]戊寅，帝討之，未至，胡已逃竄，因巡三堆戍，[2]大狩而歸。戊寅，庫莫奚遣使朝貢。己丑，改鑄新錢，文曰"常平五銖"。

[1]山胡：民族名。亦稱稽胡、步落稽。源於南匈奴。一説爲山戎、赤狄之後。南北朝時居於山西北部。與漢人雜居。
[2]三堆戍：戍所名。在今山西静樂縣。

二月，送茹茹主鐵伐父登注及子庫提還北。[1]鐵伐尋爲契丹所殺，國人復立登注爲主，仍爲其大人阿富提等所殺,[2]國人復立庫提爲主。

[1]送茹茹主鐵伐父登注及子庫提還北：中華本校勘記云："諸本無'父'字,《北史》卷七有。張森楷云：'按鐵伐是登注次子,自在其國爲主,無待齊之送之,有"父"字是。'按張説是,今據《北史》補。"今從改。
[2]大人：少數民族首領的稱號。多由推舉產生。 阿富提：事見本卷,餘不詳。

夏四月戊戌,帝還宫。戊午,西南有大聲如雷。五月庚午,帝校獵於林慮山。[1]戊子,還宫。

[1]林慮山：山名。太行山南部山峰。在今河南林州市。

九月,契丹犯塞。壬午,帝北巡冀、定、幽、安,[1]仍北討契丹。

[1]幽、安：並州名。幽州,治所在今北京市西城區。安州,治所在今北京市密雲區。

冬十月丁酉,帝至平州,[1]遂從西道趣長塹。[2]詔司徒潘相樂率精騎五千自東道趣青山。[3]辛丑,至白狼城。[4]壬寅,經昌黎城。[5]復詔安德王韓軌率精騎四千東趣,斷契丹走路。癸卯,至陽師水,[6]倍道兼行,掩襲契丹。甲辰,帝親踰山嶺,爲士卒先,指麾奮擊,大破之,虜獲十萬餘口、雜畜數十萬頭。樂又於青山大破契丹別部。所虜生口皆分置諸州。是行也，帝露頭袒膞，晝夜不息，行千餘里，唯食肉飲水，壯氣彌厲。丁未，至營州。[7]丁巳，登碣石山，[8]臨滄海。

[1]平州：治所在今河北盧龍縣潘莊鎮附近。
[2]長塹：地名。曹操征烏桓，出盧龍塞，塹山堙谷五百餘里，後人因謂之長塹。
[3]青山：山名。在今北京市西南。
[4]白狼城：古城名。在今遼寧喀喇沁左翼蒙古族自治縣。
[5]昌黎城：古城名。在今遼寧朝陽市。
[6]陽師水：川名。即今遼寧北票市牤牛河。
[7]營州：治所在今遼寧朝陽市。
[8]碣石山：山名。在今遼寧綏中縣。

十一月己未，帝自平州，遂如晉陽。
閏月壬寅，梁帝遣使來聘。
十二月己未，突厥復攻茹茹，茹茹舉國南奔。癸亥，帝自晉陽北討突厥，迎納茹茹。乃廢其主庫提，立阿那瓌子菴羅辰爲主，置之馬邑川，[1]給其禀餼繒帛。[2]親追突厥於朔州，[3]突厥請降，許之而還。於是貢獻相繼。

[1]馬邑川：地名。在今山西寧武縣。按，"川"字諸本同，《北史》卷七《齊本紀中》、《資治通鑑》卷一六五《梁紀二一》、《册府元龜》卷九八四、《通志》卷一六亦同。百衲本作"州"。史無馬邑州，"州"乃與"川"形近而訛。據改。
[2]禀餼（xì）：指禄米。

145

[3]朔州：治所在今山西朔州市城區。

五年春正月癸巳，帝討山胡，從離石道。遣太師、咸陽王斛律金從顯州道，[1]常山王演從晉州道，[2]掎角夾攻，大破之，斬首數萬，獲雜畜十餘萬，遂平石樓。[3]石樓絕險，自魏世所不能至。於是遠近山胡莫不懾服。是月周文帝廢西魏，[4]立齊王廓，是爲恭帝。[5]

[1]顯州：治所在今山西孝義市西六壁頭村。
[2]晉州：治所在今山西臨汾市城區。
[3]遂平石樓：“遂”字諸本同，《北史》卷七《齊本紀中》、《册府元龜》卷九八四、《通志》卷一六亦同。百衲本作“道”。作“遂”是，據改。石樓，塢堡名，即石樓堡。在今山西石樓縣。
[4]西魏：指廢帝元欽。《北史》卷五有紀。
[5]恭帝：《北史》卷五有紀。

三月，茹茹菴羅辰叛，帝親討，大破之，辰父子北遁。太保賀拔仁坐違節度除名。
夏四月，茹茹寇肆州。[1]丁巳，帝自晉陽討之，至恒州黄瓜堆，[2]虜騎走。時大軍已還，帝率麾下千餘騎，遇茹茹别部數萬，四面圍逼。帝神色自若，指畫形勢，虜衆披靡，遂縱兵潰圍而出。虜乃退走，[3]追擊之，伏尸二十里，獲菴羅辰妻子及生口三萬餘人。

[1]肆州：治所在今山西忻州市西北。
[2]恒州：治所在今山西大同市東北古城村。　黄瓜堆：地名。又作“黄花堆”。在今山西山陰縣東北。

［3］虜乃退走：中華本校勘記云："諸本'乃'作'不'，於文義不協，南本刪'不'字。《北史》卷七但作'虜走'，南本當即據《北史》刪。今據《册府》卷九八四改。"説是，今從改。

五月丁亥，地豆干、契丹等國並遣使朝貢。丁未，北討茹茹，大破之。

六月，茹茹率部衆東徙，將南侵。帝率輕騎於金山下邀擊之，[1]茹茹聞而遠遁。

［1］金山：確址不詳，疑在今内蒙古境内，屬陰山山脈。

秋七月戊子，肅慎遣使朝貢。[1]壬辰，降罪人。庚戌，帝至自北伐。

［1］肅慎：古族名。亦作"息慎""稷慎"。秦漢後改稱"挹婁"，有時亦稱"肅慎"。南北朝後的勿吉、靺鞨、女真及今滿族等都與其有淵源關係。

八月丁巳，突厥遣使朝貢。庚子，以司州牧、清河王岳爲太保，司空尉粲爲司徒，[1]太子太師侯莫陳相爲司空，[2]尚書令、平陽王淹録尚書事，常山王演爲尚書令，中書令、上黨王渙爲尚書左僕射。[3]乙亥，儀同三司元旭以罪賜死。[4]丁丑，帝幸晋陽。己卯，開府儀同三司、録尚書事、平原王高隆之薨。是月，詔常山王演、上黨王渙、清河王岳、平原王段韶等率衆於洛陽西南築伐惡城、新城、嚴城、河南城。[5]

[1]以司州牧、清河王岳爲太保，司空尉粲爲司徒：中華本校勘記云："《北史》卷七'清河王岳爲太保'下尚有'以安德王軌爲大司馬、扶風王可朱渾道元爲大將軍'，纔接司空尉粲。按下文天保八年四月稱'前大將軍扶風王可朱渾道元爲大傅'，則道元先曾以大將軍罷免，這裏顯然脱去二人。"可從。尉粲，善無（今山西右玉縣南）人。北齊大臣。本書卷一五、《北史》卷五四《尉景傳》有附傳。

[2]太子太師：官名。東宫三師之首。掌師範訓導，輔翊太子，無具體職司。北齊二品。　侯莫陳相：本書卷一九有傳。

[3]中書令：官名。南北朝爲中書省長官之一。多用作重臣加官。北齊三品。

[4]元旭：字顯和，鮮卑族拓跋部人。元鸞子。北魏宗室。莊帝時封襄城郡王。武定末位至大司馬。事見《魏書》卷一九下《城陽王長壽傳》。

[5]洛陽：縣名。治所在今河南洛陽市。

九月，帝親自臨幸，欲以致周師。[1]周師不出，乃如晉陽。

[1]周：即北周（557—581）。西魏恭帝三年（556）十二月，宇文泰之子宇文覺廢西魏主自立，次年改元，建號周，都長安（今陝西西安市）。史稱北周，又稱後周。歷五帝，二十五年。至静帝宇文衍爲隋所代。

冬十月，西魏伐梁元帝於江陵。[1]詔清河王岳、河東王潘相樂、平原王段韶等率衆救之，未至而江陵陷，梁元帝爲西魏將于謹所殺。[2]梁將王僧辯在建康，[3]共推晋安王蕭方智爲太宰、都督中外諸軍，[4]承制置百官。

［1］西魏：朝代名（535—557）。永熙三年（534），北魏孝武帝元脩西奔關中投奔宇文泰，次年，被毒死，宇文泰立元寶矩爲帝，建都長安。史稱西魏。歷三帝，二十三年。

［2］于謹：洛陽（今河南洛陽市）人。宇文泰赴平涼，謹進都關中策。卒諡文。《周書》卷一五有傳。

［3］王僧辯（？—555）：字君才，太原祁（今山西祁縣）人。南朝梁將領。《梁書》卷四五、《南史》卷六三有傳。　建康：縣名。治所在今江蘇南京市。

［4］晋安：郡名。治所在今福建福州市。　蕭方智（542—557）：字慧相，小字法真，南蘭陵（今江蘇常州市武進區西北）人。承聖元年（552）封晋安王，四年即皇帝位。在位三年，後爲陳霸先所殺。死年十六。追諡號敬皇帝。《梁書》卷六、《南史》卷八有紀。　太宰：官名。位居三公之上。南朝多用作加官或贈官，無職掌。梁十八班。

十二月庚申，帝北巡至達速嶺，[1]覽山川險要，將起長城。

［1］達速嶺：嶺名。在今山西朔州市平魯區。

六年春正月壬寅，清河王岳以衆軍渡江，剋夏首。[1]送梁郢州刺史陸法和。[2]詔以梁散騎常侍、貞陽侯蕭明爲梁主，[3]遣尚書左僕射、上黨王渙率衆送之。

［1］夏首：地名。在今湖北荆州市沙市區。

[2]送梁郢州刺史陸法和：中華本校勘記云："按此句語意不足。本書卷一三《清河王岳傳》稱岳得了郢州後，'先送法和於京師'。這裏'陸法和'下當脫'於京師'三字。"可從。郢州，南朝宋置，治所在今湖北武漢市武昌區。陸法和，初爲南朝梁僧人，天保六年（555）舉州入齊。本書卷三二、《北史》卷八九有傳。

[3]散騎常侍：官名。散騎省長官。掌侍從左右，獻納得失，省諸奏聞文書。職同侍中。梁十二班。　貞陽侯：爵名。貞陽，縣名。治所在今廣東英德市東翁水北。　蕭明（？—556）：本名淵明，唐人避諱，去"淵"。梁武帝長兄長沙王蕭懿之子。梁承聖四年（555），被北齊立爲梁帝。謚梁閔帝。次年，被陳霸先所廢，病死。本書卷三三有傳，《南史》卷五一《長沙宣武王懿傳》有附傳。　梁主："主"字諸本同，百衲本作"王"。作"主"是，從改。

二月甲子，以陸法和爲使持節、都督荆雍江巴梁益湘萬交廣十州諸軍事、太尉公、大都督、西南道大行臺，[1]梁鎮北將軍、侍中、荆州刺史宋茝爲使持節、驃騎大將軍、郢州刺史。[2]甲戌，上黨王渙剋譙郡。[3]

[1]以陸法和爲使持節、都督荆雍江巴梁益湘萬交廣十州諸軍事：中華本校勘記云："按《地志》無萬州。梁代與荆雍梁益湘交廣諸州連稱兼督者常見'郢州''寧州'。'寧'如寫作'甯'，與'萬'字形較近，疑這裏'萬'是'甯'的形訛。"荆雍江巴梁益湘萬交廣，並州名。雍州，東晋僑置，治所在今湖北襄陽市。巴州，治所在今四川巴中市。益州，治所在今四川成都市。湘州，治所在今湖南長沙市。廣州，治所在今廣東廣州市。

[2]宋茝（zhǐ）：初仕梁，位侍中、荆州刺史。天保中，歸附北齊，拜驃騎大將軍、郢州刺史。賜爵安湘郡公。

[3]譙郡：治所在今安徽亳州市。

三月丙戌，上黨王渙剋東關，[1]斬梁將裴之橫，[2]俘斬數千。丙申，帝至自晋陽。封世宗二子孝珩爲廣寧王，[3]延宗爲安德王。[4]戊戌，帝臨昭陽殿聽獄決訟。

[1]東關：地名。在今安徽巢湖市東南。
[2]裴之橫（517—557）：字如岳，河東聞喜（今山西聞喜縣）人。南朝梁將領。歷位散騎常侍、廷尉卿、平北將軍、東徐州刺史。封豫寧侯。天保八年陣亡。《梁書》卷二八、《南史》卷五八《裴邃傳》有附傳。
[3]孝珩：北齊文襄帝高澄之子。本書卷一一有傳。 廣寧：郡名。治所在今山西朔州市城區。
[4]延宗：高延宗（？—578），渤海蓨（今河北景縣）人。北齊宗室，齊文襄帝子。本書卷一一、《北史》卷五二有傳。

夏四月庚申，帝如晋陽。丁卯，儀同蕭軌克梁晋熙城，[1]以爲江州。戊寅，突厥遣使朝貢。梁反人李山花自號天子，[2]逼魯山城。[3]

[1]蕭軌（？—556）：北齊官吏，位儀同。本南朝梁宗室，爵番禺侯。梁末降齊，天保七年（556）與梁師戰於鍾山之西，遇雨失利，與都督李希光等陣亡。
[2]李山花（？—555）：降北齊的南朝梁人。天保六年（555）起事，兵敗而死。
[3]魯山城：城名。在今河南魯山縣。

五月乙酉，鎮城李仲侃擊斬之。[1]庚寅，帝至自晉陽。蕭明入于建鄴。丁未，茹茹遣使朝貢。

[1]李仲侃：初仕魏，位廣州刺史。齊建，爲鎮城將軍。天保六年（555），平定李山花起義。

六月壬子，詔曰："梁國遘禍，主喪臣離，遏彼炎方，[1]盡生荆棘。興亡繼絶，義在於我，納以長君，拯其危弊，比送梁主，已入金陵。[2]藩禮既修，分義方篤。越鳥之思，[3]豈忘南枝，凡是梁民，宜聽反國，以禮發遣。"丁卯，帝如晉陽。壬申，親討茹茹。甲戌，諸軍大會於祁連池。[4]乙亥，出塞，至厙狄谷，[5]百餘里内無水泉，六軍渴乏，[6]俄而大雨。戊寅，梁主蕭明遣其子章、兼侍中袁泌、兼散騎常侍楊裕奉表朝貢。[7]

[1]遏（tì）：通"遰"。遠。　炎方：南方。
[2]金陵：即建康。見"建康"條。
[3]越鳥：指南方的鳥。語出《文選·古詩〈行行重行行〉》："胡馬依北風，越鳥巢南枝。"李善注引《韓詩外傳》："《詩》曰：'代馬依北風，飛鳥棲故巢。'皆不忘本之謂也。"後因用爲思念故鄉或故國之典。
[4]祁連池：湖名。在今山西寧武縣管涔山上。
[5]厙狄谷："厙"字，汲古閣本、四庫本並作"庫"。
[6]六軍渴乏："乏"字諸本同，百衲本作"之"。"乏"字意長，"之"當與"乏"形近而訛。從改。
[7]章：蕭淵明之子蕭章。事見本傳，餘不詳。　袁泌：字文洋。梁天成間（555）爲侍中。從王琳輔永嘉王莊伐陳琳，軍敗，

莊左右皆散，泌獨以輕舟送莊達於齊境，乃還奔陳。《陳書》卷一八有傳。　楊裕：事見本傳，餘不詳。

秋七月己卯，帝頓白道，[1]留輜重，親率輕騎五千追茹茹。壬午，及於懷朔鎮。[2]帝躬當矢石，頻大破之，遂至沃野，[3]獲其俟利藹焉力婁阿帝、吐頭發郁久閭狀延等，[4]并口二萬餘，牛羊數十萬頭。茹茹俟利郁久閭李家提率部人數百降。[5]壬辰，帝還晉陽。

[1]白道：道路名。治所在今内蒙古呼和浩特市。爲河套通往陰山北的要道。
[2]懷朔鎮：鎮名。治所在今内蒙古固陽縣。
[3]沃野：鎮名。治所在今内蒙古烏拉特中旗南烏加河北。
[4]藹焉力婁阿帝、郁久閭狀延：並人名。事並見本卷，餘不詳。　吐頭發：柔然、突厥等族職官名。或言吐屯發。監察之官，猶中原王朝之御史。世襲，無員限。
[5]郁久閭李家提：人名。事見本卷，餘不詳。

九月乙卯，帝至自晉陽。
冬十月，梁將陳霸先襲王僧辯，[1]殺之，廢蕭明，復立蕭方智爲主。辛亥，帝如晉陽。

[1]陳霸先（503—559）：字興國，小字法生，吳興長城（今浙江長興縣東）人。年號永定（557—559）。《陳書》卷一、二，《南史》卷九有紀。

十一月丙戌，高麗遣使朝貢。梁秦州刺史徐嗣輝、南豫州刺史任約等襲據石頭城，[1]並以州內附。壬辰，大都督蕭軌率衆至江，遣都督柳達摩等渡江鎮石頭。[2]東南道行臺趙彥深獲秦郡等五城，[3]戶二萬餘，所在安緝之。己亥，太保、司州牧、清河王岳薨。是月，柳達摩爲霸先攻逼，以石頭降。

[1]秦州：治所在今江蘇南京市六合區。　徐嗣輝：又作"徐嗣徽"。侯景之亂作，入荊州爲梁元帝將。《南史》卷六三《王神念傳》有附傳。　任約：南朝梁官吏。位南豫州刺史。天成元年（555）率州歸降北齊。參《梁書》卷五六《侯景傳》。　石頭城：城名。在今江蘇南京市西清涼山。負山面江，形勢險固，爲六朝軍事交通要地。

[2]柳達摩：東魏孝靜帝武定末，任陽城太守。天保六年（555），鎮石頭城，爲陳霸先攻逼，以石頭降。

[3]趙彥深（507—576）：本名隱，字彥深，平原（今山東聊城市東北）人，祖籍南陽宛縣（今河南南陽市）。北齊大臣。本書卷三八、《北史》卷五五有傳。　秦郡：治所在今江蘇南京市六合區。

　　十二月戊申，庫莫奚遣使朝貢。
　　是年，發夫一百八十萬人築長城，自幽州北夏口至恒州九百餘里。[1]

[1]幽州：治所在今北京市西城區。　夏口：地名。即今南口，屬北京市。

　　七年春正月甲辰，帝至自晉陽。於鄴城西馬射，大集衆庶而觀之。

二月辛未，詔常山王演等於凉風堂讀尚書奏按，論定得失，帝親決之。

三月丁酉，大都督蕭軌等率衆濟江。

夏四月乙丑，儀同婁叡率衆討魯陽蠻，[1]大破之。丁卯，[2]詔造金華殿。[3]

[1]婁叡：字佛仁，代郡平城（今山西大同市東北）人。北齊大臣。本書卷四八有傳，本書卷一五、《北史》卷五四《婁昭傳》有附傳。　魯陽：縣名。治所在今河南魯山縣。
[2]丁卯：中華本校勘記云："諸本'丁卯'都作'丁亥'，《北史》卷七作'丁卯'。按天保七年（五五六）四月有丁卯，無丁亥，今據改。"今從改。
[3]金華殿：宮殿名。北齊後宮諸殿之一。

五月丙申，漢陽王洽薨。是月，帝以肉爲斷慈，遂不復食。

六月乙卯，蕭軌等與梁師戰於鍾山之西，[1]遇霖雨，失利，軌及都督李希光、王敬寶、東方老、軍司裴英起並没，[2]士卒散還者十二三。乙丑，梁湘州刺史王琳獻馴象。[3]

[1]鍾山：山名。在今江蘇南京市。
[2]李希光：渤海蓨（今河北景縣）人。初隨高乾起兵，後位揚州刺史。天保中與蕭軌等渡江，戰没。　王敬寶：王則弟。少歷顯位。後爲東廣州刺史，與蕭軌等攻建業，没。　東方老：安德鬲人。魏末兵起，其爲部曲。文宣受禪，封陽平縣伯，位南兗州刺

史。後與蕭軌等渡江，没。　軍司：官名。西晋因避諱改軍師置。北齊沿置。掌監軍。　裴英起：河東（今山西夏縣）人。仕魏至定州長史。世宗引爲行臺左丞。天保中，都官尚書，兼侍中。與蕭軌等渡江，没。

[3]王琳（516—563）：字子珩，會稽山陰（今浙江紹興市）人。北齊將領。初仕梁，任岳陽内史，以軍功封建寧縣侯。陳初降齊。本書卷三二、《南史》卷六四有傳。

是年，修廣三臺宫殿。[1]

[1]三臺：臺閣名。故址在鄴城（今河北臨漳縣西南）西北隅。東漢建安十五年（210），曹操主持修築。中爲銅雀臺，高十丈；南爲金虎臺，北爲冰井臺，皆高八丈。十六國時後趙石虎將銅雀臺增高二丈。北齊高洋在舊基之上重修三臺，於天保八年（557）落成，改銅雀爲金鳳，金虎爲聖應，冰井爲崇光。

秋七月己亥，大赦天下。
八月庚申，帝如晋陽。
九月甲辰，庫莫奚遣使朝貢。
冬十月丙戌，契丹遣使朝貢。是月，發山東寡婦二千六百人以配軍士，有夫而濫奪者五分之一。是月，周文帝殂。[1]

[1]是月，周文帝殂：中華本校勘記云："按上已稱'是月，發山東寡婦'，這裏'是月'二字是衍文。"可從。

十一月壬子，詔曰：

崐山作鎮,[1] 厥號神州。瀛海爲池,[2] 是稱赤縣。[3] 蒸民乃粒,[4] 司牧存焉。[5] 王者之制, 沿革迭起, 方割成災, 肇分十二, 水土既平, 還復九州。道或繁簡, 義在通時, 殷因於夏, 無所改作。然則日月纏於天次, 王公國於地野, 皆所以上叶玄儀,[6] 下符川嶽。逮于秦政, 鞭撻區宇, 罷侯置守,[7] 天下爲家。洎兩漢承基,[8] 曹、馬屬統, 其間損益, 難以勝言。魏自孝昌之季, 數鍾澆否,[9] 禄去公室, 政出多門, 衣冠道盡, 黔首塗炭。銅馬、鐵脛之徒,[10] 黑山、青犢之侶,[11] 梟張晉、趙, 豕突燕、秦,[12] 綱紀從兹而頹, 彝章因此而紊。是使豪家大族, 鳩率鄉部,[13] 託迹勤王, 規自署置。或外家公主, 女謁內成,[14] 昧利納財, 啓立州郡。離大合小, 本逐時宜, 剖竹分符,[15] 蓋不獲已。牧守令長, 虛增其數, 求功録實, 諒足爲煩, 損害公私, 爲弊殊久, 既乖爲政之禮, 徒有驅羊之費。[16] 自爾因循, 未遑删改。

卷四

帝紀第四

[1] 崐山：昆侖山的簡稱。

[2] 瀛海：浩瀚的海洋。

[3] 赤縣：赤縣神州的略稱。指天下。

[4] 蒸民乃粒：百姓以穀米爲食。蒸民, 百姓。乃, 就是。粒, 以穀米爲食。

[5] 司牧：官吏。

[6] 叶：通"諧"。　玄儀：天象。

[7] 罷侯置守：指廢分封, 行郡縣事。

157

［8］洎（jì）：到，及。

［9］數鍾澆否：鍾鼎乃國柄之象徵，多次澆鑄失敗，謂國家命運到了不可挽回的地步。

［10］銅馬、鐵脛：新莽末年河北的起義軍。當時河北起義軍有銅馬、鐵脛、青犢等，共數百萬人，以銅馬軍最爲強大。後爲光武帝所破。

［11］黑山：東漢末真定人張燕等領導的軍隊。以曾聚於河南浚縣黑山得名。後爲袁紹所敗，降曹操。此與青犢泛稱農民起義軍。

［12］豕（shǐ）突：像野豬那樣奔突亂竄。豕，豬。

［13］鳩率：聚集而率領之。

［14］女謁：通過宮廷嬖寵的女子進行干求請托。

［15］剖竹分符：指授官封爵。古授官封爵以竹符爲信，竹符剖分爲二，一留朝廷，一付本人，故稱。

［16］驅羊：趕羊。借指治民。

　　朕寅膺寶曆，恭臨八荒，建國經野，務存簡易。將欲鎮躁歸静，反薄還淳，苟失其中，理從刊正。傍觀舊史，逖聽前言，周曰成、康，[1]漢稱文、景，編户之多，古今爲最。而丁口減於疇日，[2]守令倍於昔辰，非所以馭俗調風，示民軌物。且五嶺内賓，[3]三江迴化，拓土開疆，利窮南海。但要荒之所，舊多浮僞，百室之邑，便立州名，三户之民，空張郡目。譬諸木犬，猶彼泥龍，[4]循名督實，事歸烏有。今所併省，一依别制。

　　［1］成、康：成康之治。成康之際，天下安寧，刑措四十餘年不用，史稱"成康之治"。成，指西周成王姬誦。康，指西周康王

姬釗。

　　[2]疇日：昔日，從前。

　　[3]五嶺：大庾嶺、越城嶺、騎田嶺、萌渚嶺、都龐嶺的總稱，位於今江西、湖南、廣東、廣西四省之間，時處南朝梁境，因用以指代南朝梁。　賓：服從，歸順。

　　[4]泥龍：喻無用之物。

　　於是併省三州、二百五十三郡、五百八十九縣、二鎮二十六戍。[1]又制刺史令盡行兼，不給幹物。[2]

　　[1]二百五十三郡：諸本作"一百五十三郡"。　二鎮：四庫本作"三鎮"。

　　[2]又制刺史令盡行兼，不給幹物："又"字諸本同，百衲本作"人"。以文意度之，"又"字是。百衲本或爲刻板模糊所誤。據改。中華本校勘記云："《册府》卷五〇五'令'作'今'。按《隋書》卷二四《食貨志》云：'又制刺史守宰行兼者不給幹。'（《通典》卷五同）又同書卷二七《百官志》中云：'諸州刺史守令已下幹及力皆聽敕乃給。''刺史守令'連文，這裏'令'上脫'守'字，《册府》以不可通，改作'今'。又據《隋書·食貨志》，'盡'字也是衍文。"可從。幹物，幹爲官長服役的吏人；物指穀帛等。

　　十二月，西魏相宇文覺受魏禪。[1]先是，自西河總秦戍築長城東至於海，[2]前後所築東西凡三千餘里，率十里一戍，其要害置州鎮，凡二十五所。

　　[1]宇文覺：周閔帝。宇文泰第三子。西魏宇文護以帝幼弱，欲早使正位以定人心，以魏主詔，禪位於覺。在位一年，護廢帝爲

略陽公，尋弒之，諡孝閔。《周書》卷三有紀。

[2]西河：指今内蒙古托克托縣和陝西潼關縣之間的一段黄河。

總秦戍：地名。在今山西大同市西北、内蒙古清水河縣界。

海：指渤海。

八年春三月，大熱，人或喝死。[1]

[1]喝（yē）：中暑。

夏四月庚午，詔諸取蝦蟹蜆蛤之類，悉令停斷，唯聽捕魚。乙酉，詔公私鷹鷂俱亦禁絶。以太師、咸陽王斛律金爲右丞相，[1]前大將軍、扶風王可朱渾道元爲太傅，開府儀同三司賀拔仁爲太保，尚書令、常山王演爲司空、録尚書事，長廣王湛爲尚書令，尚書右僕射楊愔爲尚書左僕射，以并省尚書右僕射崔暹爲尚書右僕射，[2]上黨王涣録尚書事。是月，帝在城東馬射，敕京師婦女悉赴觀，不赴者罪以軍法，七日乃止。

[1]右丞相：官名。北齊特爲權臣專設之名號，並非處理實際政務的宰相。一品。

[2]并省：官署名。"并州尚書省"的簡稱。北齊置於晉陽，設録尚書事、尚書令、左右僕射及各部尚書，處理并州及其周圍地區的事務。其各級官員與京師尚書省同職官員地位相似，而班次略低。當皇帝駐晉陽時，一定程度上可代行京師尚書省職權。　崔暹（？—559）：字季倫，博陵安平（今河北安平縣）人。東魏、北齊官吏。本書卷三〇有傳，《北史》卷三二《崔挺傳》有附傳。

五月辛酉，冀州民劉向於京師謀逆，黨與皆伏誅。

秋八月己巳，庫莫奚遣使朝貢。庚辰，詔丘、郊、禘、祫、時祀，[1]皆仰市取，少牢不得剖割，有司監視，必令豐備。農社先蠶，[2]酒肉而已。雩、禖、風、雨、司民、司禄、靈星、雜祀，[3]果餅酒脯。唯當務盡誠敬，義同如在。

[1]禘（dì）、祫（xiá）：並祭名。禘，天子諸侯宗廟的大祭。祫，集合遠近祖先神主於太廟合祭，通常三年一次。

[2]農社：古代祭祀農神和土地神。農，即農神。社，即土地神。　先蠶：傳說中始教民育蠶之神。

[3]雩（yú）、禖（méi）：並祭名。雩，求雨之祭。禖，即媒神，後世祀之以求嗣。　司民、司禄、靈星：並星名。靈星，主稼穡，古以辰日祀於東南，取祈年報功之義。

自夏至九月，河北六州、河南十二州、畿内八郡大蝗。是月，飛至京師，蔽日，聲如風雨。甲辰，詔今年遭蝗之處免租。是月，周冢宰宇文護殺其主閔帝而立帝弟毓，[1]是爲明帝。[2]

[1]周冢宰宇文護殺其主閔帝而立帝弟毓：中華本校勘記云："按毓是宇文泰長子，乃閔帝兄，作'弟'誤。"可從。冢宰，官名。西魏、北周置爲天官府長官，掌國家貢賦、宫廷供奉、百官選授。若加"五府總於天官"之命，則兼掌國政。北周正七命。宇文護（？—572），字薩保。宇文泰姪。代郡武川（今内蒙古武川縣）人，鮮卑族。北周權臣。天和七年（572）爲北周武帝所誅。《周書》卷一一、《北史》卷五七有傳。

[2]明帝：北周皇帝宇文毓。《周書》卷四有紀。

冬十月乙亥，陳霸先弑其主方智自立，是爲陳武帝，遣使稱藩朝貢。

是年，於長城內築重城，自庫洛拔而東至於塢紇戍，[1]凡四百餘里。

[1]庫洛拔：地名。在今山西朔州市和代縣交界處。 塢紇戍：城關名。在今山西靈丘縣西平型關東北。

九年春二月丁亥，降罪人。己丑，詔限仲冬一月燎野，不得他時行火，損昆蟲草木。

三月丁酉，帝至自晉陽。

夏四月辛巳，大赦。是夏，大旱。帝以祈雨不應，毀西門豹祠，[1]掘其冢。山東大蝗，差夫役捕而坑之。是月，北豫州刺史司馬消難以城叛，[2]入於周。

[1]西門豹：戰國時期魏國鄴令。發民鑿十二渠，引河水灌田，而民賴其利。

[2]北豫州：治所在今河南滎陽市西北。 司馬消難：仕齊爲北豫州刺史。文宣末年，昏虐滋甚，消難常有自全之謀，頗爲百姓所附，文宣頗疑之，遂舉州降於周。《周書》卷二一有傳。

五月辛丑，[1]尚書令、長廣王湛録尚書事，驃騎大將軍、平秦王歸彥爲尚書左僕射。甲辰，以前尚書左僕射楊愔爲尚書令。

[1]五月辛丑：中華本校勘記云："諸本'辛丑'作'辛巳'，《北史》卷七作'辛丑'。按天保九年（五五八）五月有辛丑，無辛巳，今據改。"今從改。

六月乙丑，帝自晉陽北巡。己巳，至祁連池。戊寅，還晉陽。

秋七月辛丑，給京畿老人劉奴等九百四十三人版職及杖帽各有差。[1]戊申，詔趙、燕、瀛、定、南營五州及司州廣平、清河二郡去年螽潦損田，[2]兼春夏少雨，苗稼薄者，免今年租賦。

[1]版職：版授以虛職。時朝廷委任官員職名書於版，故名。版授，即授與官職。
[2]燕：州名。北齊置，治所在今山西壽陽縣西。 南營：州名。治所在今河北保定市徐水區。 廣平：郡名。治所在今河北邯鄲市永年區東南。

八月乙丑，至自晉陽。甲戌，帝如晉陽。是月，陳江州刺史沈泰以三千人內附。[1]先是，發丁匠三十餘萬營三臺於鄴下，因其舊基而高博之，大起宮室及遊豫園。[2]至是，三臺成，改銅爵曰金鳳，金獸曰聖應，冰井曰崇光。

[1]陳：南朝陳（557—589）。南朝梁敬帝太平二年（557），陳霸先改元稱帝，都建康（今江蘇南京市），國號陳。歷五帝，三十三年。後主禎明二年（589）被隋所滅。
[2]遊豫園：園名。北齊鄴城的大型苑囿。

十一月甲午，帝至自晉陽，登三臺，御乾象殿，[1]朝讌群臣，[2]並命賦詩。以新宮成，[3]丁酉，大赦，內外文武普汎一大階。丁巳，梁湘州刺史王琳遣使請立蕭莊爲梁主，[4]仍以江州內屬，令莊居之。

　　[1]乾象殿：宮殿名。確址未詳。
　　[2]讌（yàn）：通"宴"。
　　[3]以新宮成：百衲本無"新"字，諸本及《北史》卷七《齊本紀中》有。據補。
　　[4]蕭莊：南朝梁元帝孫。南蘭陵（今江蘇常州市武進區西北）人。初封永嘉王，敬帝時出質北齊。陳禪代梁，王琳於郢州扶其即帝位，改年號天啓，署置百官。王琳兵敗，逃歸北齊，齊封梁王。後卒於鄴。《南史》卷五四有傳。

　　十二月癸酉，詔梁王蕭莊爲梁主，進居九派。[1]戊寅，以太傅可朱渾道元爲太師，司徒尉粲爲太尉，冀州刺史段韶爲司空、錄尚書事、常山王演爲大司馬、錄尚書事、長廣王湛爲司徒。是月，起大莊嚴寺。

　　[1]詔梁王蕭莊爲梁主，進居九派：中華本校勘記云："諸本'派'作'泒'，局本作'派'。《通鑑》卷一六七作'汷'。按字書'泒'即'汷'，古'流'字。'泒'是水名，又是唐人俗寫的'派'字。這裏以'泒'爲'派'，又訛作'泒'。"《文選》卷二郭璞《江賦》：'流九派於潯陽。'《太平寰宇記》卷一一一江州序稱潯陽郡'彈壓九派'。蕭莊時在溢城，即潯陽郡治。今從局本。"可從。九派，地名。在今江西九江市。

是年，殺永安王浚、上黨王渙。

十年春正月戊戌，以司空侯莫陳相爲大將軍。甲寅，帝如遼陽甘露寺。[1]乙卯，詔於麻城置衡州。[2]

[1]遼陽：縣名。治所在今山西左權縣。
[2]詔於麻城置衡州：中華本校勘記云："諸本'衡'作'衛'。按《隋書》卷三一《地理志》永安郡條云：'後齊置衡州。'永安郡即黄州，麻城是屬縣。《太平寰宇記》卷一三一叙黄州云：'北齊天保六年於舊城西南面别築小城，置衡州。'此州置於黄岡（黄州治）還是麻城，雖有異文，《寰宇記》紀年也較早，但州名'衡'不名'衛'是明確的，今據改。"今從改。

二月丙戌，帝於甘露寺禪居深觀，唯軍國大政奏聞。

三月戊戌，以侍中高德政爲尚書右僕射。[1]丙辰，帝至自遼陽。是月，梁主蕭莊至郢州，遣使朝貢。

[1]高德政（？—559）：一作"高德正"，字士貞，渤海蓨（今河北景縣）人。東魏、北齊官吏。本書卷三〇有傳，《北史》卷三一《高允傳》有附傳。

閏四月丁酉，以司州牧、彭城王浟爲司空，侍中、高陽王湜爲尚書右僕射。乙巳，以司空、彭城王浟兼太尉，封皇子紹廉爲長樂郡王。[1]

[1]紹廉：本書卷一二有傳。

五月癸未，誅始平公元世、東平公元景式等二十五家，[1]特進元韶等十九家並令禁止。

[1]始平公：爵名。始平，縣名。治所在今陝西興平市東北。元世：中華本校勘記云："'元世'，本書卷二八及《北史》卷一九《元韶傳》作'元世哲'，這裏脱'哲'字。"可從。　東平公：爵名。東平，郡名。治所在今山東東平縣東南。　元景式（？—559）：北魏宗室，鮮卑族拓跋部人。襲爵東平王，東魏時任廣平太守。天保十年（559），爲北齊文宣帝所殺。事見《魏書》卷一九下《南安王楨傳》。

六月，陳武帝殂，兄子蒨立，是爲文帝。[1]

[1]文帝：《陳書》卷三有紀。

秋八月戊戌，封皇子紹義爲廣陽郡王，[1]以尚書右僕射、河間王孝琬爲尚書左僕射。癸卯，詔諸軍民或有父祖改姓冒入元氏，或假託攜認，妄稱姓元者，不問世數遠近，悉聽改復本姓。

[1]皇子紹義：百衲本"皇"後有"太"字，諸本無。《北史》卷七《齊本紀中》、《資治通鑑》卷一六七同。紹義非皇太子，"太"字衍。據删。紹義，本書卷一二有傳。　廣陽郡王：爵名。廣陽郡，治所在今北京市密雲區。

九月己巳，帝如晉陽。是月，使酈懷則、陸仁惠使於蕭莊。

冬十月甲午，帝暴崩於晉陽宮德陽堂，時年三十一。遺詔："凡諸凶事一依儉約。三年之喪，雖曰達禮，漢文革創，通行自昔，義有存焉，同之可也，喪月之斷限以三十六日。嗣主、百僚、內外遐邇奉制割情，悉從公除。"癸卯，發喪，斂於宣德殿。[1]十一月辛未，梓宮還京師。[2]十二月乙酉，殯於太極前殿。乾明元年二月丙申，[3]葬於武寧陵，謚曰文宣皇帝，廟號威宗。武平初，[4]又改為文宣，廟號顯祖。

[1]宣德殿：宮殿名。北齊皇帝於晉陽處理政務之所。
[2]梓宮：帝、后的棺槨。
[3]乾明：北齊廢帝高殷年號（560）。
[4]武平：北齊後主高緯年號（570—576）。

帝少有大度，志識沉敏，外柔內剛，果敢能斷。雅好吏事，測始知終，理劇處繁，終日不倦。初踐大位，留心政術，以法馭下，公道為先。或有違犯憲章，雖密戚舊勳，必無容舍，內外清靖，莫不祗肅。至於軍國幾策，獨決懷抱，規模宏遠，有人君大略。又以三方鼎峙，諸夷未賓，修繕甲兵，簡練士卒，左右宿衛置百保軍士。每臨行陣，親當矢石，鋒刃交接，唯恐前敵之不多，屢犯艱危，常致克捷。常於東山遊讌，以關隴未平，投杯震怒，召魏收於御前，[1]立為詔書，宣示遠近，將事西伐。是歲，周文帝殂，西人震恐，[2]常為度隴之計。[3]

［1］魏收（505—572）：字伯起，小字佛助，鉅鹿下曲陽（今河北晋州市西）人。北朝時著名史學家。本書卷三七、《北史》卷五六有傳，《魏書》卷一〇四有其家世自序（部分爲後人所補）。

［2］西人：指西魏。

［3］度隴之計：西逃的打算。隴即隴山，爲西魏之西疆。

既征伐四克，威振戎夏，六七年後，以功業自矜，遂留連耽湎，肆行淫暴。或躬自鼓舞，歌謳不息，從旦通宵，以夜繼晝。或袒露形體，塗傅粉黛，散髮胡服，雜衣錦綵。拔刃張弓，遊於市肆，勳戚之第，朝夕臨幸。時乘馲駝牛驢，[1]不施鞍勒，盛暑炎赫，隆冬酷寒，或日中暴身，去衣馳騁，從者不堪，帝居之自若。親戚貴臣，左右近習，侍從錯雜，無復差等。徵集淫嫗，分付從官，朝夕臨視，以爲娱樂。凡諸殺害，多令支解，或焚之於火，或投之於河。沉酗既久，彌以狂惑，至於末年，每言見諸鬼物，亦云聞異音聲。情有蒂芥，必在誅戮，諸元宗室咸加屠剿，[2]永安、上黨並致冤酷，[3]高隆之、高德政、杜弼、王元景、李愍之等皆以非罪加害。[4]嘗在晋陽以稍戲刺都督尉子耀，[5]應手即殞。又在三臺大光殿上，以鏷鑠都督穆嵩，[6]遂至於死。又嘗幸開府暴顯家，[7]有都督韓悊無罪，[8]忽於衆中唤出斬之。自餘酷濫，不可勝紀。朝野懵憎，[9]各懷怨毒。而素以嚴斷臨下，加之默識强記，百僚戰慄，不敢爲非，文武近臣朝不謀夕。又多所營繕，百役繁興，舉國騷擾，公私勞弊。凡諸賞賚，無復節限，府藏之積，遂至空虚。自皇太后諸王及内外勳舊，愁懼危悚，計無所出。暨于末年，不能進食，唯數飲酒，麴蘖成災，[10]因而致斃。

[1]駞（tuō）駝（tuó）：駱駝。
[2]諸元宗室：指東魏宗室。
[3]永安、上黨：指永安王高浚、上黨王高渙。
[4]杜弼（491—559）：字輔玄，小字輔國，北齊中山曲陽（今河北曲陽縣西）人。本書卷二四、《北史》卷五五有傳。　王元景：本書卷三一有傳。　李蒨之：齊天保初，歷太子洗馬、行陽翟郡守，爲政清静，吏人稱之。遷尚書考功郎中，遇文宣昏縱，見害，時人冤之。
[5]矟（shuò）：長矛。　尉子耀：事見本卷，餘不詳。
[6]鋸（jù）：通"鋸"。　穆嵩：事見本卷，餘不詳。
[7]暴（pù）顯（503—568）：字思祖，魏郡斥丘（今河北魏縣西北）人。東魏、北齊官吏。本書卷四一、《北史》卷五三有傳。
[8]韓悊（zhé）：事見本卷，餘不詳。
[9]憯（cǎn）：通"慘"。慘痛。
[10]麴（qū）：釀酒用的酵母。

論曰：[1]高祖平定四胡，威權延世。遷鄴之後，雖主器有人，號令所加，政皆自出。顯祖因循鴻業，内外協從，自朝及野，群心屬望。東魏之地，舉世樂推，曾未期月，玄運集已。始則存心政事，風化肅然，數年之間，翕斯致治。[2]其後縱酒肆欲，事極猖狂，昏邪殘暴，近世未有。饗國弗永，[3]實由斯疾，胤嗣殄絶，固亦餘殃者也。

[1]論曰：錢大昕認爲本卷是李百藥《北齊書》中帝紀八篇中

的唯一一篇原文。但李氏史論，本作"史臣曰"，不作"論曰"，"論曰"是《北史》的體例，因此懷疑"論曰"爲後世校書者所改。見錢大昕《廿二史考異》卷三一。

［2］翕（xī）：合，聚。

［3］饗（xiǎng）：通"享"。

　　贊曰：天保定位，受終攸屬。奄宅區夏，[1]爰膺帝籙。[2]勢叶謳歌，情毀龜玉。[3]始存政術，聞斯德音。罔遵克念，乃肆其心。窮理殘虐，盡性荒淫。

［1］奄宅：覆蓋。　區夏：華夏。《尚書·康誥》："用肇造我區夏。"

［2］帝籙：天賜的符命之書。

［3］龜玉：指寶龜和寶玉，皆爲國家的重器，後借指國運。

北齊書　卷五[1]

帝紀第五

廢帝

　　廢帝殷，字正道，文宣帝之長子也，[2]母曰李皇后。[3]天保元年，[4]立爲皇太子，時年六歲。性敏慧。初學反語，於"跡"字下注云"自反"。時侍者未達其故，太子曰："跡字，足傍亦爲'跡'，豈非'自反'耶？"常宴北宮，獨令河間王勿入。[5]左右問其故，太子曰："世宗遇賊處，[6]河間王復何宜在此。"文宣每言太子得漢家性質，不似我，欲廢之，立太原王。[7]初詔國子博士李寶鼎傅之，[8]寶鼎卒，復詔國子博士邢峙侍講。[9]太子雖富於春秋，而溫裕開朗，有人君之度，貫綜經業，省覽時政，甚有美名。七年冬，文宣召朝臣文學者及禮學官於宮宴會，[10]令以經義相質，親自臨聽。太子手筆措問，在坐莫不歎美。九年，文宣在晋陽，[11]太子監國，[12]集諸儒講《孝經》。令楊愔傳旨，[13]謂國子助教許散愁曰：[14]"先生在世何以自資？"對曰："散愁自少以來，不登孌童之床，[15]不入季女之室，[16]服膺簡策，不知老之將至。平生素懷，若斯而已。"太子曰："顏子縮屋稱貞，[17]柳下嫗而不亂，[18]未若此翁白首不娶者也。"乃賚絹百匹。[19]後文宣登金鳳臺，[20]召太子使手刃囚。太子惻然有難色，再三不斷其首。文宣怒，親以馬鞭撞太子三下，由是氣悸語吃，精神時復昏擾。

[1]《北齊書》卷五：中華本校勘記云："按此卷原缺，後人以《北史》卷七《齊紀》中《廢帝紀》補。"

[2]文宣帝：北齊開國皇帝高洋（529—559），諡號文宣。本書卷四有紀。

[3]李皇后：本書卷九有傳。

[4]天保：北齊文宣帝高洋年號（550—559）。

[5]河間王：爵名。此指高孝琬。高孝琬，本書卷一一有傳。河間，郡名。治所在今河北河間市南。

[6]世宗：北齊文襄帝高澄（521—549），廟號世宗。本書卷三、《北史》卷六有紀。

[7]太原王：爵名。此指高紹德。高紹德，本書卷一二有傳。太原，郡名。治所在今山西太原市西南。

[8]李寶鼎：李鉉。本書卷四四有傳。

[9]邢峙：本書卷四四有傳。

[10]文宣召朝臣文學者及禮學官於宫宴會：中華本校勘記云："《御覽》卷一三一'宫'上有'東'字。疑當有此字。"

[11]晉陽：縣名。治所在今山西太原市晉源區古城營村一帶。

[12]監國：古時君王外出，太子留守，代行處理國政，謂之監國。

[13]楊愔（511—560）：字遵彥，小名秦王，弘農華陰（今陝西華陰市）人，楊津子。北齊官吏。本書卷三四有傳，《北史》卷

四一《楊播傳》有附傳。

［14］許散愁：爲國子助教。天保七年（556），與樊遜等十一人奉詔校訂群書。

［15］孌（luán）童：美好的男童。

［16］季女：少女。

［17］顏子縮屋稱貞：顏子，即顏叔子。春秋時期魯國人。傳說顏叔子於風雨之夕，納因暴風室倒的鄰家寡婦，使婦執燭，薪盡，又析取屋木以繼。後以此頌揚在婦女有危難之時不加侵犯者。參閱《詩·小雅·巷伯》。

［18］柳下嫗而不亂：柳下，即柳下惠。春秋時魯國大夫，食邑在柳下。諡惠。傳說柳下惠夜宿城門，遇一無家女子，恐其凍傷，而使坐於己懷，以衣裹之，竟宿而無淫亂行爲。後藉以形容男子在兩性道德方面情操高尚，作風正派。見《荀子·大略》。

［19］賚（lài）：賞賜。

［20］後文宣登金鳳臺：中華本校勘記云："諸本無'金'字。按金鳳臺見本書卷四《文宣紀》天保九年。今據《北史》卷七補。"金鳳臺，遺址在今河北臨漳縣。

十年十月，文宣崩。癸卯，太子即帝位於晉陽宣德殿，[1]大赦，内外百官普加汎級，[2]亡官失爵，聽復資品。庚戌，尊皇太后爲太皇太后，[3]皇后爲皇太后。詔九州軍人七十已上授以板職，[4]武官年六十已上及癃病不堪驅使者，並皆放免。土木營造金銅鐵諸雜作工，一切停罷。

［1］十年十月，文宣崩：中華本校勘記云："諸本'十月'作'十一月'。《北史》卷七、《御覽》卷一三一、《册府》卷一八八廢帝條作'十月'。按本書卷四《文宣紀》，高洋死在十月甲午，癸

卯即其後九日。十一月無癸卯。且此紀下文又有'十一月乙卯'事。'一'字衍，今據刪。"今從刪。

［2］汎（fàn）級：官制用語。即普遍提高官員的等級。北魏常因戰事勝利、新帝即位、立太子等，而下詔提高部分或全部官員的等級。北齊因之。

［3］皇太后：指齊神武明皇后婁氏（501—562），高歡妻，名昭君，北魏贈司徒婁内干之女。本書卷九、《北史》卷一四有傳。

［4］板職：官制用語。南北朝時，常作爲授予年老軍人或平民的虚銜。

十一月乙卯，以右丞相、咸陽王斛律金爲左丞相，[1]以録尚書事、常山王演爲太傅，[2]以司徒、長廣王湛爲太尉，[3]以司空段韶爲司徒，[4]以平陽王淹爲司空，[5]高陽王湜爲尚書左僕射，[6]河間王孝琬爲司州牧，[7]侍中燕子獻爲右僕射。[8]戊午，分命使者巡省四方，求政得失，省察風俗，問人疾苦。

［1］右丞相、左丞相：並官名。皆特爲權臣專設之名號，並非處理實際政務的宰相。北齊一品。　咸陽王斛律金：斛律金（488—567），原名敦，後改爲金，字阿六敦，朔州（今内蒙古固陽縣）人。高車族。北魏、東魏、北齊將領。本書卷一七、《北史》卷五四有傳。咸陽，郡名。治所在今陝西涇陽縣西北。

［2］録尚書事：官名。綜理政務，總知國事。魏晋南北朝多以公卿權重者居之，總領尚書省政務。北魏、北齊爲尚書省長官，尚書令、僕射爲其副貳，職權甚重。　常山王演：北齊孝昭帝高演（535—561），廟號肅宗。本書卷六、《北史》卷七有紀。常山，郡名。治所在今河北石家莊市藁城區西北。　太傅：官名。與太師、太保並號三師。擬古上公，非勳德崇者不居。北齊一品。

［3］司徒：官名。與太尉、司空並號三公。北魏職同丞相，孝文帝太和二十三年（499）定爲一品。北齊因之。　長廣王湛：北齊皇帝高湛（537—568），謚號武成。本書卷七、《北史》卷八有紀。長廣，郡名。治所在今山東龍口市。

［4］司空：官名。三公之一。魏晉南北朝爲名譽宰相，多爲大臣加官，無職掌。一品。　段韶（？—571）：字孝先，小名鐵伐，亦稱段婆，姑臧武威（今甘肅武威市）人。北齊將領。本書卷一六、《北史》卷五四《段榮傳》有附傳。

［5］平陽王淹：淹，高淹（？—564），字子邃，渤海蓨（今河北景縣）人。北齊宗室，高歡第四子。本書卷一〇、《北史》卷五一有傳。平陽，郡名。治所在今山西臨汾市。

［6］高陽王湜：高湜。本書卷一〇有傳。高陽，郡名。治所在今河北高陽縣。　尚書左僕射：官名。尚書省副長官之一。列位宰相，職掌都省庶務及執法，或典選舉，兼掌糾彈百官。北齊從二品。

［7］司州：治所在今河北臨漳縣西南。

［8］侍中：官名。門下省長官。北朝常總典機密，受遺詔輔政，權任尤重，時號"小宰相"。北齊三品。　燕子獻（？—560）：字季則，廣漢下洛（今河北涿鹿縣）人。北齊官吏。本書卷三四《楊愔傳》、《北史》卷四一《楊播傳》有附傳。　右僕射：官名。指尚書右僕射。尚書省副長官之一。職爲執法，掌與令同。北齊從爲二品。

十二月戊戌，改封上黨王紹仁爲漁陽王，[1]廣陽王紹義爲范陽王，[2]長樂王紹廉爲隴西王。[3]是歲，周武成元年。[4]

［1］改封上黨王紹仁爲漁陽王：中華本校勘記云："按本書卷一

二《文宣四王傳》（補）紹仁封西河王，卷一一《文襄六王傳》（補）有漁陽王紹信。這裏'紹仁'當是'紹信'之誤，紹仁爲紹義弟，不應列在紹義前。"可從。上黨、漁陽，並郡名。治所分別在今山西長治市北、北京市通州區東城子。

[2]廣陽：郡名。治所在今北京市密雲區。百衲本缺"廣陽王"三字，據諸本補。　范陽：郡名。治所在今河北涿州市。

[3]長樂王紹廉：高紹廉。本書卷一二有傳。長樂，郡名。治所在今河北冀州市。"廉"字諸本及本書隴西王本傳、《北史》卷七《齊本紀中》同，百衲本作"廣"。"廣"乃與"廉"形近而訛。據改。　隴西：郡名。治所在今甘肅隴西縣東南。

[4]周：即北周（557—581）。西魏恭帝三年（556）十二月，宇文泰之子宇文覺廢西魏主自立，次年（557）改元，建號周，史稱北周，又稱後周。都長安（今陝西西安市）。歷五帝，二十五年。至靜帝宇文衍爲隋所代。　武成：北周明帝宇文毓年號（559—560）。

乾明元年庚辰，[1]春正月癸丑朔，改元。己未，詔寬徭賦。癸亥，高陽王湜薨。[2]是月，車駕至自晉陽。二月己亥，[3]以太傅、常山王演爲太師、錄尚書事，[4]以太尉、長廣王湛爲大司馬、并省錄尚書事，[5]以尚書左僕射、平秦王歸彥爲司空，[6]趙郡王叡爲尚書左僕射。[7]詔諸元良口配没宮内及賜人者，[8]並放免。甲辰，帝幸芳林園，[9]親錄囚徒，死罪已下降免各有差。

[1]乾明：北齊廢帝高殷年號（560）。

[2]癸亥，高陽王湜薨：《漢魏南北朝墓誌彙編》收《高湜墓誌》曰："以乾明元年二月癸未朔六日戊子薨於鄴都之第，春秋二

十有三。"與此不同,疑"癸亥"有誤。

　　[3]二月己亥:中華本校勘記云:"諸本無'二月'二字,'己亥'作'癸亥'。《北史》也不紀月,但作'己亥'。《通鑑》卷一六八作'二月己亥'。按上文已稱'是月,車駕至自晉陽',正月事已完。下文紀日有'甲辰''戊申',本年正月無此日。二月癸未朔,己亥是十七日,甲辰二十二日,戊申二十六日,順序正合。今據《通鑑》補改。"今從改。

　　[4]太師:官名。與太傅、太保並號三師,位居太傅、太保上。北齊一品。擬古上公,非勳德崇者不居。

　　[5]大司馬:官名。與大將軍並稱"二大",爲加官,常典軍事,地位尊顯。北齊一品。　并省:官署名。"并州尚書省"的簡稱。北齊置於晉陽,設録尚書事、尚書令、左右僕射及各部尚書,處理并州及其周圍地區的事務。其各級官員與京師尚書省同職官員地位相似,而班次略低。當皇帝駐晉陽時,一定程度上可代行京師尚書省職權。

　　[6]平秦王歸彦:高歸彦。本書卷一四有傳。平秦,郡名。治所在今陝西鳳翔縣東南。

　　[7]趙郡王叡:高叡。本書卷一三有傳。趙郡,治所在今河北趙縣。

　　[8]元:北朝魏拓跋氏改姓爲元。此指東魏宗室。

　　[9]芳林園:園名。北齊皇家園林。

　　乙巳,太師、常山王演矯詔誅尚書令楊愔、尚書右僕射燕子獻、領軍大將軍可朱渾天和、侍中宋欽道、散騎常侍鄭子默。[1]戊申,以常山王演爲大丞相、都督中外諸軍、録尚書事,[2]以大司馬、長廣王湛爲太傅、京畿大都督,[3]以司徒段韶爲大將軍,以前司空、平陽王淹爲太尉,以司空、平秦王歸彦爲司徒,彭城王浟爲尚書令。[4]又以高麗王世子湯爲使持節、領東夷校尉、遼東郡公、高麗王。[5]是月，王琳爲陳所敗，[6]蕭莊自拔至和州。[7]

[1]尚書令：官名。尚書省長官。掌出納帝命，綜理政務。北齊二品。　尚書右僕射燕子獻：中華本校勘記云："諸本'右'作'左'，《北史》卷七作'右'。按上年十一月稱燕子獻爲右僕射。本書卷六《孝昭紀》（補）卷三四《本傳》同作'右僕射'。'左'字訛，今據《北史》改。"今從改。　領軍大將軍：官名。文宣帝天保中置，爲領軍府長官，總掌禁衛諸軍。權勢極重，位次尚書令。二品。　可朱渾天和（？—560）：遼東（今遼寧遼陽市）人，道元弟。北齊官吏。本書卷三四《燕子獻傳》、《北史》卷五三《可朱渾元傳》有附傳。　宋欽道（？—560）：廣平（今河北邯鄲市永年區）人。東魏、北齊官吏。本書卷三四《楊愔傳》、《北史》卷二六《宋隱傳》有附傳，事亦見《魏書》卷六三《宋弁傳》。散騎常侍：官名。散騎省長官。掌諷議左右、從容獻納。南北朝以後漸爲加官。北齊從三品。　鄭子默：鄭頤（？—560），字子默，彭城（今江蘇徐州市老城區）人。北齊官吏。本書卷三四《楊愔傳》、《北史》卷四一《楊播傳》有附傳。

[2]都督中外諸軍：官名。"都督中外諸軍事"的省稱。總攝軍人，爲全國最高軍事統帥。北魏太和二十三年（499）定爲從一品。

[3]京畿大都督：官名。統領京畿軍士，爲京都最高軍事長官。北齊時多任用宗室諸王。在宮廷政變中起到了舉足輕重的作用。

[4]彭城王浟：高浟。本書卷一〇有傳。彭城，郡名。治所在今江蘇徐州市老城區。

[5]高麗：國名。亦作"高句麗"。是地跨今東北地區及朝鮮半島的一民族政權。《魏書》卷一〇〇、《周書》卷四九、《北史》

卷九四有傳。　使持節：古代大臣奉天子之命出行，持節以爲憑證並示威重。魏晉以後爲官名。凡重要軍事長官出征或出鎮時，加使持節，可誅殺二千石以下官員。皇帝派遣大臣出巡或祭吊時，亦使持節，以表示權力和尊崇。　領：官制用語。魏晉南北朝多爲暫攝之意。　東夷校尉：官名。亦稱護東夷校尉。三國魏置，掌鮮卑慕容部、段部、宇文部及高句麗事。北魏亦置，品秩不詳。　遼東郡公：爵名。遼東，郡名。治所在今遼寧遼陽市。郡公，魏晉始置，初定爲"公"的一個等級，高於縣公，其後各朝多置。北朝時並有開國郡公，指最初得爵者，以別於襲封子弟。

[6]王琳（516—563）：字子珩，會稽山陰（今浙江紹興市）人。北齊將領。初仕梁，任岳陽内史，以軍功封建寧縣侯。陳初降齊。本書卷三二、《南史》卷六四有傳。　陳：南朝陳（557—589）。南朝梁敬帝太平二年（557），陳霸先改元稱帝，都建康（今江蘇南京市），國號陳。歷五帝，三十三年。後主禎明二年（589）被隋所滅。

[7]蕭莊：南朝梁元帝孫。南蘭陵（今江蘇常州市武進區西北）人。初封永嘉王，敬帝時出質北齊。陳禪代梁，王琳於郢州扶其即帝位，改年號天啓，署置百官。王琳兵敗，逃歸北齊，齊封梁王。後卒於鄴。《南史》卷五四有傳。　和州：治所在今安徽和縣。

　　三月甲寅，詔軍國事皆申晉陽，稟大丞相常山王規算。壬申，封文襄第二子孝珩爲廣寧王，[1]第四子長恭爲蘭陵王。[2]

[1]文襄：北齊皇帝高澄（521—549），謚號文襄，廟號世宗。本書卷三、《北史》卷六有紀。　孝珩（héng）：本書卷一一有傳。　廣寧：郡名。治所在今山西朔州市城區。

[2]第四子長恭：諸本"四"作"三"。按本書卷一一《文襄

六王傳》、《北史》卷五二《齊宗室諸王傳下》，長恭爲文襄第四子。"三"字訛，今據《北史》改。　蘭陵王：爵名。蘭陵，郡名。治所在今山東棗莊市南嶧城鎮西北。

夏四月癸亥，詔河南、定、冀、趙、瀛、滄、南膠、光、青九州，[1]往因螽水，[2]頗傷時稼，遣使分埏贍恤。是月，周明帝崩。[3]

[1]詔河南、定、冀、趙、瀛、滄、南膠、光、青九州：中華本校勘記云："《北史》卷七'青'上有'南'字。按定、冀、趙、瀛、滄五州都在河北，不應冠以河南，'南膠'無此州名。這裏必有訛脱。《北史》增'南青'，則無青州。膠、光、青、南青地相連接，豈有鄰州皆災，青州獨免之理，也不可通。今'河南'，姑作郡名標，'南膠'祇標'膠'字，但這樣便祇八州一郡。"可從。河南，郡名。治所在今河南洛陽市西。定、冀、趙、瀛、滄、膠、光、青，並州名。治所分别在今河北定州市、河北冀州市、河北隆堯縣、河北河間市、河北滄州市東南、山東諸城市、山東萊州市、山東青州市。

[2]螽（zhōng）：蟲名。

[3]周明帝：北周皇帝宇文毓。《周書》卷四有紀。

五月壬子，以開府儀同三司劉洪徽爲尚書右僕射。[1]

[1]開府儀同三司：官名。三國魏始置，爲大臣加號，意謂與三司即太尉、司徒、司空禮制、待遇相同，許開設府屬，自辟僚屬。南北朝因之。　劉洪徽：秀容陽曲（今山西陽曲縣南）人。北

齊將領。初襲父爵樂縣男，後拜河州刺史。北齊建立，歷開府儀同三司、尚書右僕射、領軍將軍等職，與段韶等參與殺害楊愔等。

秋八月壬午，太皇太后令廢帝爲濟南王，[1]令食一郡，以大丞相、常山王演入纂大統。是日，王居別宮。皇建二年九月，[2]殂於晉陽，年十七。

[1]濟南：郡名。治所在今山東濟南市。
[2]皇建：北齊孝昭帝高演年號（560—561）。

帝聰慧夙成，寬厚仁智，天保間雅有令名。及承大位，楊愔、燕子獻、宋欽道等同輔。以常山王地親望重，内外畏服，加以文宣初崩之日，太后本欲立之，故愔等並懷猜忌。常山王憂悵，乃白太后誅其黨，時平秦王歸彦亦預謀焉。皇建二年秋，天文告變，歸彦慮有後害，仍白孝昭，[1]以王當咎。乃遣歸彦馳驛至晉陽宫殺之。[2]王薨後，孝昭不豫，[3]見文宣爲祟。孝昭深惡之，厭勝術備設而無益也。薨三旬而孝昭崩。大寧二年，[4]葬於武寧之西北，[5]謚閔悼王。初文宣命邢卲制帝名殷字正道，[6]帝從而尤之曰："殷家弟及，[7]'正'字一止，吾身後兒不得也。"卲懼，請改焉。文宣不許曰："天也。"因謂孝昭帝曰："奪但奪，慎勿殺也。"

[1]孝昭：北齊皇帝高演（535—561），謚號孝昭。本書卷六、《北史》卷七有紀。
[2]驛：諸本同，百衲本作"馹"。"馹"字當係雕版"驛"字

右部磨滅所致。作"驛"是。據改。

　　[3]不豫：君主患病的諱稱。《逸周書》："維王不豫。"

　　[4]大寧：北齊武成帝高湛年號（561—562）。

　　[5]葬於武寧之西北：中華本校勘記云："按'武寧'是高洋陵名，'陵'字不宜省。"可從。

　　[6]邢卲（496—?）：字子才，河間鄚（今河北任丘市北）人。北魏、東魏、北齊官吏。博學能文，與溫子升、魏收齊名。原著有《邢子才集》，已散佚。本書卷三六有傳，《北史》卷四三《邢巒傳》有附傳。按，諸本"邢卲"皆作"邢邵"，唯中華本作"卲"。按，"卲"字義爲高，美好。與從邑的"邵"字形近異義。"邵"字字義一爲地名，二爲姓。今從中華本改。以後徑改，不再出校勘。

　　[7]殷家弟及：言商代王位多有兄終弟及傳承。慮其子皇位爲其弟所奪。

北齊書　卷六[1]

帝紀第六

孝昭

　　孝昭皇帝演，字延安，神武皇帝第六子，[2]文宣皇帝之母弟也。[3]幼而英特，早有大成之量，武明皇太后早所愛重。[4]魏元象元年，[5]封常山郡公。[6]及文襄執政，[7]遣中書侍郎李同軌就霸府爲諸弟師。[8]帝所覽文籍，源其指歸而不好辭彩。每歎云："雖盟津之師，左驂震而不衄。"[9]以爲能。遂篤志讀《漢書》，至《李陵傳》，恒壯其所爲焉。聰敏過人，所與游處，一知其家諱，終身未嘗誤犯。同軌病卒，又命開府長流參軍刁柔代之，[10]性嚴褊，[11]不適誘訓之宜，中被遣出。帝送出閤，慘然斂容，涙數行下，左右莫不歔欷。[12]其敬業重舊也如此。

　　[1]《北齊書》卷六：中華本校勘記云："按本卷原缺，後人以《北史》卷七《齊紀》中《孝昭紀》補。"

［2］神武皇帝：高歡諡號。本書卷一、二有紀。

［3］文宣皇帝：高洋諡號。本書卷四有紀。

［4］武明皇太后：指齊神武明皇后婁氏（501—562），高歡妻，名昭君，北魏贈司徒婁内干之女。本書卷九、《北史》卷一四有傳。

［5］魏：指東魏。　元象：東魏孝静帝元善見年號（538—539）。

［6］常山：郡名。治所在今河北石家莊市藁城區西北。　郡公：爵名。魏晉始置，初定爲"公"的一個等級，高於縣公，其後各朝多置。北朝時並有開國郡公，指最初得爵者，以别於襲封子弟。

［7］文襄：北齊皇帝高澄（521—549），諡號文襄，廟號世宗。本書卷三、《北史》卷六有紀。

［8］中書侍郎：官名。掌詔誥，劉宋以後草擬詔誥之權歸於中書舍人，侍郎職少官清。北齊從四品，兼管伎樂。　李同軌（500—546）：趙郡高邑（今河北高邑縣）人。北魏、東魏官吏、學者。好醫術，學綜諸經，兼通佛學。曾任著作郎，典儀注，參與修國史。後被高歡引在館教諸公子，禮待甚厚。卒，諡曰康。《魏書》卷三六《李順傳》、《北史》卷三三《李義深傳》有附傳。

［9］雖盟津之師，左驂震而不衄：中華本校勘記云："南本、北本、殿本'以爲'上有'同軌'二字，三朝本、汲本、局本無。按高演的語意未足，'震而不衄'下當有脱文。後人因不可解，增'同軌'二字，但仍然不可解。今從三朝本。"可從。盟津，古地名。即孟津，在今河南孟津縣會盟鎮扣馬村、黄河河心。相傳周武王伐紂，在此盟會諸侯並渡河，故稱盟津。驂（cān），古代駕在車前兩側的馬。衄（nǜ），損傷；挫敗。

［10］開府長流參軍：官名。"長流賊曹參軍"與"長流賊曹參軍事"省稱。爲南北朝諸府長流賊曹長官。　刁柔：本書卷四四有傳。

［11］褊（biǎn）：狹小；狹隘。

［12］歔（xū）欷（xī）：哽咽；抽噎聲。

天保初,[1]進爵爲王。五年,除并省尚書令。[2]帝善斷割,長於文理,省内畏服。七年,從文宣還鄴。[3]文宣以尚書奏事,多有異同,令帝與朝臣先論定得失,然後敷奏。帝長於政術,剖斷咸盡其理,文宣歎重之。八年,轉司空、録尚書事。[4]九年,除大司馬,[5]仍録尚書。

[1]天保:北齊文宣帝高洋年號(550—559)。
[2]并省:官署名。"并州尚書省"的簡稱。北齊置於晋陽,設録尚書事、尚書令、左右僕射及各部尚書,處理并州及其周圍地區的事務。其各級官員與京師尚書省同職官員地位相似,而班次略低。當皇帝駐晋陽時,一定程度上可代行京師尚書省職權。 尚書令:官名。尚書省長官。掌出納帝命,綜理政務。北齊二品。
[3]鄴:縣名。治所在今河北臨漳縣。東魏、北齊皆都此。
[4]司空、録尚書事:並官名。司空,三公之一。魏晋南北朝爲名譽宰相,多爲大臣加官,無職掌。一品。録尚書事,綜理政務,總知國事。魏晋南北朝多以公卿權重者居之,總領尚書省政務。北魏、北齊爲尚書省長官,尚書令、僕射爲其副貳,職權甚重。
[5]大司馬:官名。與大將軍並稱"二大",爲加官,常典軍事,地位尊顯,北齊一品。

時文宣溺於游宴,帝憂憤表於神色。文宣覺之,謂帝曰:"但令汝在,我何爲不縱樂?"帝唯啼泣拜伏,竟無所言。文宣亦大悲,抵杯於地曰:"汝以此嫌我,自今敢進酒者,斬之。"因取所御杯盡皆壞棄。後益沉湎,或入諸貴戚家角力扯拉,不限貴賤。唯常山王至,内外肅然。帝又密撰事條,將諫,其友王晞以爲不可。[1]帝不從,因間極言,遂逢大怒。順成后本魏朝宗室,[2]文宣欲帝離之,陰爲帝廣求淑媛,望移其寵。帝雖承旨有納,而情義彌重。帝性頗嚴,尚書郎中剖斷有失,[3]輒加捶楚,[4]令史姦慝,[5]便即考竟。文宣乃立帝於前,以刀環擬脅。召被帝罰者,臨以白刃,求帝之短,咸無所陳,方見解釋。自是不許笞箠郎中。[6]後賜帝魏時宫人,醒而忘之,謂帝擅取,遂以刀環亂築,因此致困。皇太后日夜啼泣,文宣不知所爲。先是禁友王晞,乃捨之,令侍帝。帝月餘漸瘳,[7]不敢復諫。

[1]王晞(511—581):字叔朗,小名沙彌,北海劇(今山東壽光市東南)人。王昕之弟。北齊官吏。本書卷三一《王昕傳》有附傳。
[2]順成后:指齊孝昭皇后元氏。本書卷九有傳。
[3]尚書郎中:官名。漢設,爲"尚書郎"之初任者,分掌曹事,歷朝因之。北齊六品。
[4]捶楚:同"棰楚"。杖刑。
[5]令史:官名。戰國秦置。漢則爲各官署掌文書案簿之職吏。歷朝因之。魏晉南北朝在其上復置都令史及主令史。官秩不一,大體上屬低級官員。 慝(tè):邪惡。
[6]笞(chī)箠(chuí):用竹木之類的棍條抽打。
[7]瘳(chōu):病愈。

及文宣崩,帝居禁中護喪事,幼主即位,乃即朝班。除太傅、録尚書,[1]朝政皆決於帝,月餘,乃居藩邸,自是詔敕多不關帝。客或言於帝曰:"鷙鳥捨巢,[2]

必有探卵之患，今日之地，何宜屢出。"乾明元年，[3]從廢帝赴鄴，[4]居于領軍府。時楊愔、燕子獻、可朱渾天和、宋欽道、鄭子默等以帝威望既重，[5]內懼權逼，請以帝爲太師、司州牧、錄尚書事。[6]長廣王湛爲大司馬、錄并省尚書事，[7]解京畿大都督。[8]帝時以尊親而見猜斥，乃與長廣王期獵，謀之於野。

[1]太傅：官名。與太師、太保並號三師。擬古上公，非勳德崇者不居。北齊一品。　錄尚書：中華本校勘記云："《北史》卷七、《册府》卷一八八、《御覽》卷一三一及同書卷五《廢帝紀》（補）乾明元年正月條'錄尚書'下都有'事'字。按當有此字，但補《北齊書》者常省去，今不補，以後也不再出校記。"可從。

[2]鷙（zhì）鳥：凶猛的鳥。

[3]乾明：北齊廢帝高殷年號（560）。

[4]廢帝：北齊廢帝高殷（545—561），高洋長子。洋卒，繼爲帝，後被高演廢爲濟南王。次年被殺。本書卷五、《北史》卷七有紀。

[5]楊愔（511—560）：字遵彦，小名秦王，弘農華陰（今陝西華陰市）人，楊津子。北齊官吏。本書卷三四有傳，《北史》卷四一《楊播傳》有附傳。　燕子獻（？—560）：字季則，廣漢下洛（今河北涿鹿縣）人。北齊官吏。本書卷三四《楊愔傳》、《北史》卷四一《楊播傳》有附傳。　可朱渾天和（？—560）：遼東（今遼寧遼陽市）人，道元弟。北齊官吏。本書卷三四《燕子獻傳》、《北史》卷五三《可朱渾元傳》有附傳。　宋欽道（？—560）：廣平（今河北邯鄲市永年區）人。東魏、北齊官吏。本書卷三四《楊愔傳》、《北史》卷二六《宋隱傳》有附傳，事亦見《魏書》卷六三《宋弁傳》。　鄭子默：鄭頤（？—560），字子默，彭城（今江蘇徐州市老城區）人。北齊官吏。本卷、《北史》卷四一

《楊播傳》有附傳。

［6］太師：官名。與太傅、太保並號三師，位居太傅、太保上，北齊一品。擬古上公，非勳德崇者不居。　司州：治所在今河北臨漳縣西南。

［7］長廣王湛：北齊皇帝高湛（537—568），諡號武成。本書卷七、《北史》卷八有紀。長廣，郡名。治所在今山東龍口市。

［8］京畿大都督：官名。統領京畿軍士，爲京都最高軍事長官。北齊時多任用宗室諸王。在宮廷政變中起到了舉足輕重的作用。

　　三月甲戌，[1]帝初上省，旦發領軍府，大風暴起，壞所御車幔，帝甚惡之。及至省，朝士咸集。坐定，酒數行，[2]執尚書令楊愔、右僕射燕子獻、領軍可朱渾天和、侍中宋欽道等於坐。[3]帝戎服與平原王段韶、平秦王高歸彦、領軍劉洪徽入自雲龍門，[4]於中書省前遇散騎常侍鄭子默，[5]又執之，同斬於御府之内。帝至東閤門，都督成休寧抽刀呵帝。帝令高歸彦喻之，休寧厲聲大呼不從。歸彦既爲領軍，素爲兵士所服，悉皆弛仗，休寧歎息而罷。帝入至昭陽殿，幼主、太皇太后、皇太后並出臨御坐。[6]帝奏愔等罪，求伏專擅之辜。時庭中及兩廊下衛士二千餘人皆被甲待詔，武衛娥永樂武力絶倫，[7]又被文宣重遇，撫刃思効。廢帝性吃訥，兼倉卒不知所言。太皇太后又爲皇太后誓，言帝無異志，唯去逼而已。高歸彦勑勞衛士解嚴，永樂乃内刀而泣。帝乃令歸彦引侍衛之士向華林園，[8]以京畿軍入守門閤，斬娥永樂於園。詔以帝爲大丞相、都督中外諸軍、録尚書事，[9]相府佐史進位一等。帝尋如晉陽，[10]有詔軍國大政咸諮决焉。

[1]三月甲戌：中華本校勘記云：" 按楊愔等被殺，事在二月，歷見本書卷五《廢帝紀》（補）、卷三四《楊愔傳》（補）。三月甲戌爲二十三日，距楊愔等之死已一月，顯誤。"可從。

[2]酒數行：百衲本"行"後有"於坐"二字，他本無。按，二字衍，從删。

[3]右僕射：官名。指尚書右僕射。尚書省副長官之一。職爲執法，掌與令同。北齊從二品。　侍中：官名。門下省長官。北朝常總典機密，受遺詔輔政，權任尤重，時號"小宰相"。北齊三品。

[4]平原：郡名。治所在今山東聊城市東北。　段韶（？—571）：字孝先，小名鐵伐，亦稱段婆，姑臧武威（今甘肅武威市）人。北齊將領。本書卷一六、《北史》卷五四《段榮傳》有附傳。　平秦：郡名。治所在今陝西鳳翔縣東南。　高歸彦（？—562）：字仁英，渤海蓨（今河北景縣）人。高徽子。高歡族弟。東魏、北齊大臣。本書卷一四、《北史》卷五一有傳。　劉洪徽：秀容陽曲（今山西陽曲縣南）人。北齊將領。初襲父爵樂縣男，後拜河州刺史。北齊建立，歷開府儀同三司、尚書右僕射、領軍將軍等職，與段韶等參與殺害楊愔等。　雲龍門：鄴都宫城門。

[5]散騎常侍：官名。散騎省長官。掌諷議左右，從容獻納。南北朝以後漸爲加官。北齊從三品。

[6]太皇太后：指齊武明皇后婁氏。　皇太后：指文宣李后。本書卷九有傳。

[7]娥永樂：事見本傳，餘不詳。

[8]華林園：園名。故址在今河北臨漳縣。"魏武築芳林園，後避齊王諱改曰'華林'"（王仲犖：《北周地理志》，中華書局1980年版，第917頁）。

[9]都督中外諸軍：官名。"都督中外諸軍事"的省稱。總攝

軍人，爲全國最高軍事統帥。北魏孝文帝太和二十三年（499）定爲從一品。

［10］晋陽：縣名。治所在今山西太原市晋源區古城營村一帶。

帝既當大位，知無不爲，擇其令典，考綜名實，廢帝恭己以聽政。太皇太后尋下令廢少主，命帝統大業。

皇建元年八月壬午，[1]皇帝即位於晋陽宣德殿，大赦，改乾明元年爲皇建。詔奉太皇太后還稱皇太后，皇太后稱文宣皇后，宫曰昭信。乙酉，詔：自太祖創業已來，諸有佐命功臣子孫絶滅、國統不傳者，有司搜訪近親，[2]以名聞，當量爲立後。[3]諸郡國老人各授版職，[4]賜黄帽鳩杖。[5]又詔：謇正之士並聽進見陳事。[6]軍人戰亡死王事者，以時申聞，當加榮贈。督將、朝士名望素高，位歷通顯，天保以來未蒙追贈者，亦皆録奏。又以廷尉、中丞，[7]執法所在，繩違按罪，不得舞文弄法。其官奴婢年六十已上免爲庶人。戊子，以太傅、長廣王湛爲右丞相，[8]以太尉、平陽王淹爲太傅，[9]以尚書令、彭城王浟爲大司馬。[10]壬辰，詔分遣大使巡省四方，觀察風俗，問人疾苦，考求得失，搜訪賢良。甲午，詔曰："昔武王剋殷，先封兩代，漢、魏二晋，無廢兹典。及元氏統歷，[11]不率舊章。朕纂承大業，思弘古典，但二王三恪，[12]舊説不同，可議定是非，列名條奏。其禮儀體式亦仰議之。"又詔國子寺可備立官屬，[13]依舊置生，講習經典，歲時考試。其文襄帝所運石經，宜即施列於學館。外州大學亦仰典司勤加督課。[14]丙申，詔九州勳人有重封者，聽分授子弟，以廣骨肉之恩。

[1]皇建：北齊孝昭帝高演年號（560—561）。

[2]有司：官吏和官署泛稱。古代設官分職，各有專司，故稱。

[3]當量爲立後："立"字諸本及《北史》卷七《齊孝昭帝紀》皆同，百衲本作"主"。作"立"是，從改。

[4]版職：版授以虛職。版授，即授與官職。時朝廷委任官員職名書於版，故名。

[5]黃帽鳩杖：黃色帽子和杖頭刻有鳩形的拐杖。古時以此賜老者，示尊老之意。

[6]謇正：忠直。

[7]廷尉、中丞：並官名。廷尉，亦稱廷尉卿。戰國秦始置，掌治獄奏讞。北齊初沿置，後改置"大理卿"。中丞，"御史中丞"的簡稱。北魏改名御史中尉，督司百僚。北齊復舊，職權甚重，從三品。

[8]右丞相：官名。特爲權臣專設之名號，並非處理實際政務的宰相。北齊一品。

[9]平陽王淹：高淹（？—564），字子邃，渤海蓨（今河北景縣）人。北齊宗室，高歡第四子。本書卷一〇、《北史》卷五一有傳。平陽，郡名。治所在今山西臨汾市。

[10]彭城王浟：高浟。本書卷一〇有傳。彭城，郡名。治所在今江蘇徐州市老城區。

[11]元氏：北魏國姓。初爲拓跋氏，北魏孝文帝太和十七年（493）改元氏。

[12]二王三恪：歷代王朝尊封前朝王室後裔的禮制。王，先王；恪，尊敬。封前二代王朝之後謂二王；封前三代王朝之後則稱三恪。

[13]國子寺：官署名。北齊置，掌訓教胄子，管理中央、地方學校之政。

[14]大學：太學。古代貴族子弟讀書之所。 典司：主管某一部門。

九月壬申，詔議定三祖樂。

冬十一月辛亥，立妃元氏爲皇后，世子百年爲皇太子。[1]賜天下爲父後者爵一級。癸丑，有司奏太祖獻武皇帝廟宜奏《武德》之樂，舞《昭烈》之舞。世宗文襄皇帝廟宜奏《文德》之樂，舞《宣政》之舞。顯祖文宣皇帝廟宜奏《文正》之樂，[2]舞《光大》之舞。詔曰可。庚申，詔以故太師尉景、故太師竇泰、故太師太原王婁昭、故太宰章武王厙狄干、故太尉段榮、故太師万俟普、故司徒蔡儁、故太師高乾、故司徒莫多婁貸文、故太保劉貴、故太保封祖裔、故廣州刺史王懷十三人配饗太祖廟庭，[3]故太師清河王岳、故太宰安德王韓軌、故太宰扶風王可朱渾道元、故太師高昂、故大司馬劉豐、故太師万俟受洛干、故太尉慕容紹宗七人配饗世宗廟庭，故太尉河東王潘相樂、故司空薛脩義、故太傅破六韓常三人配饗顯祖廟庭。是月，帝親戎北討庫莫奚，[4]出長城，[5]虜奔遯，分兵致討，大獲牛馬，括總入晉陽宮。

[1]百年：高百年，渤海蓨（今河北景縣）人。北齊孝昭帝子。本書卷一二有傳。

[2]顯祖文宣皇帝廟宜奏《文正》之樂：中華本校勘記云："錢氏《考異》卷三一云：'是時以文宣爲"高祖"，此"顯祖"當爲"高祖"之誤。'按《北史》卷七作'高祖'不誤，當是補此紀者妄改。下'配饗顯祖廟庭'句同誤。"可從。

[3]太宰：官名。北魏、北齊置其於三師之上，一品。　司徒：官名。與太尉、司空並號三公。北魏職同丞相，孝文帝太和二十三

年（499）定爲一品。北齊因之。　十三人配饗太祖廟庭：中華本校勘記云："南、北、殿三本'十三'作'十二'，三朝本、汲本、局本作'十三'。按上列舉配饗諸人止十二人，似作'十二'是。然本書卷一八《孫騰傳》說他皇建中配饗高祖（高洋最初廟號）廟庭，是配饗應有孫騰，傳本脫去，致與總數不符，南本遂改'十三'爲'十二'，不知誤在脫文，不在總數。《北史》元本作'十三'，也是南本臆改而殿本從之。今從三朝本。"可從。

[4]庫莫奚：部族名。亦簡稱"奚"。源於東胡。分布在饒樂水（今西拉木倫河）流域。東接契丹，西至突厥，南據白狼河，北鄰霫。初臣屬於突厥，後稍盛，分爲辱紇主（一作"辱紇王"）、莫賀弗、契箇、木昆、室得五部。習俗與突厥相似。以游牧爲主，兼以射獵。北朝時，向北魏朝貢貿易。

[5]長城：指北齊長城。高洋爲鞏固北方邊防及防禦北周而下令修建。參本書卷四《文宣紀》。

十二月丙午，車駕至晉陽。
二年春正月辛亥，祀圓丘。[1]壬子，禘於太廟。[2]癸丑，詔降罪人各有差。

[1]圓丘：古代祭天的壇。故址在今河北臨漳縣。
[2]禘（dì）：祭名。天子諸侯宗廟的大祭。　太廟：帝王祖廟。

二月丁丑，詔内外執事之官從五品已上及三府主簿錄事參軍、諸王文學、侍御史、廷尉三官、尚書郎中、中書舍人，[1]每二年之内各舉一人。

193

[1]三府：魏晉南北朝多指太尉、司徒、司空三府。　主簿：官名。漢始置。典領文書簿籍，經辦事務。南北朝沿之，品位秩級隨府官長地位高下而異。　錄事參軍：官名。西晉始置。掌總錄衆曹文簿，舉彈善惡，位在列曹參軍上。南北朝沿之。北齊諸公府、將軍府、諸州府皆置，六品上至七品上。　文學：官名。職掌地方教育。北齊又有皇子文學，六品上。　侍御史：官名。御史臺屬官。兩晉南北朝時分曹治事，奉命監國，督察巡視州郡，收捕官吏、宣示詔命。北齊從七品。　廷尉三官：百衲本"官"作"宮"，今改正。廷尉屬官廷尉正、廷尉監、廷尉平（評）之合稱。協助廷尉治刑獄。　中書舍人：官名。中書省屬官。北朝專掌草擬詔令。北齊六品。

冬十月丙子，以尚書令、彭城王浟爲太保，長樂王尉粲爲太尉。[1]己酉，野雉栖于前殿之庭。[2]

[1]長樂：郡名。治所在今河北冀州市。　尉粲：善無（今山西右玉縣南）人。北齊大臣。本書卷一五、《北史》卷五四《尉景傳》有附傳。

[2]野雉（zhì）：野雞。

十一月甲辰，詔曰："朕嬰此暴疾，[1]奄忽無逮。今嗣子沖眇，[2]未閑政術，社稷業重，理歸上德。右丞相、長廣王湛研機測化，體道居宗，人雄之望，海內瞻仰，同胞共氣，家國所憑，可遣尚書左僕射、趙郡王叡喻旨，[3]徵王統茲大寶。其喪紀之禮一同漢文，三十六日悉從公除，山陵施用，務從儉約。"先是帝不豫而無闕聽覽，[4]是月，崩於晉陽宮，時年二十七。大寧元年閏十二月癸卯，[5]梓宮還鄴，[6]上諡曰孝昭皇帝。庚午，葬於文靖陵。[7]

[1]嬰：觸；纏繞。
[2]沖（chōng）：幼小。
[3]尚書左僕射：官名。尚書省副長官之一。列位宰相，職掌都省庶務及執法，或典選舉，兼掌糾彈百官。北齊從二品。 趙郡王叡：高叡（534—569），小名須拔，渤海蓨（今河北景縣）人。高琛子。東魏、北齊大臣。本書卷一三、《北史》卷五一《趙郡王琛傳》有附傳。趙郡，治所在今河北趙縣。
[4]不豫：帝王患病之諱稱。
[5]大寧：北齊武成帝高湛年號（561—562）。
[6]梓宮：帝、后的棺椁。
[7]文靖陵：在今河北臨漳縣。

帝聰敏有識度，深沉能斷，不可窺測。身長八尺，腰帶十圍，儀望風表，迥然獨秀。自居臺省，[1]留心政術，閑明簿領，吏所不逮。及正位宸居，[2]彌所剋勵。輕徭薄賦，勤恤人隱。內無私寵，外收人物，雖后父位亦特進無別。日昃臨朝，務知人之善惡，每訪問左右，冀獲直言。曾問舍人裴澤在外議論得失。[3]澤率爾對曰："陛下聰明至公，自可遠侔古昔，[4]而有識之士，咸言傷細，帝王之度，頗爲未弘。"帝笑曰："誠如卿言。朕初臨萬機，慮不周悉，故致爾耳。此事安可久行，恐後又嫌疏漏。"澤因被寵遇。其樂聞過也如此。趙郡王叡與庫狄顯安侍坐。[5]帝曰："須拔我同堂弟、顯安我親姑子，[6]今序家人禮，除君臣之敬，可言我之不逮。"顯安曰："陛下多妄言。"曰："若何？"對曰："陛下昔見文宣以馬鞭撞人，常以爲非，而今行之，非妄言耶？"帝握其手謝之。又使直言。對曰："陛下太細，天子乃更似吏。"帝曰："朕甚知之，然無法。來久，將整之以至無爲耳。"又問王晞，晞答如顯安，皆從容受納。性至孝，太后不豫，出居南宮，帝行不正履，容色貶悴，衣不解帶，殆將四旬。殿去南宮五百餘步，雞鳴而去，辰時方還，來去徒行，不乘輿輦。太后所苦小增，便即寢伏閣外，食飲藥物盡皆躬親。太后常心痛不自堪忍，帝立侍帷前，以爪掐手心，血流出袖。友愛諸弟，無君臣之隔。雄斷有謀，于時國富兵強，將雪神武遺恨，意在頓駕平陽，爲進取之策。遠圖不遂，惜哉！

[1]臺省：朝廷中樞官署尚書臺（省）、中書省、門下省、御史臺等的簡稱及其合稱。

[2]宸（chén）居：帝王居處。宸，北極星所在爲宸，後借用爲帝王所居，又引申爲帝王、王位的代稱。

[3]舍人：官名。掌文檄之事，南北朝王國、公府、將軍府皆設。　裴澤（？—573）：河東聞喜（今山西聞喜縣）人。北齊官吏。《北史》卷三八《裴延儁傳》有附傳。

[4]侔（móu）：相等，齊。

[5]厙狄顯安：事見本卷，餘不詳。

[6]須拔：指高叡，小名須拔。

　　初帝與濟南約不相害。[1]及輿駕在晉陽，武成鎮鄴，[2]望氣者云鄴城有天子氣。帝常恐濟南復興，乃密行鴆毒，濟南不從，乃扼而殺之。後頗愧悔。初苦內熱，頻進湯散。時有尚書令史姓趙，於鄴見文宣從楊愔、燕子獻等西行，言相與復讎。帝在晉陽宮，與毛夫人亦見焉。[3]遂漸危篤。備禳厭之事，[4]或煮油四灑，或持炬燒逐。諸厲方出殿梁，[5]騎棟上，歌呼自若，了無懼容。時有天狗下，乃於其所講武以厭之。有兔驚馬，帝墜而絕肋。太后視疾，問濟南所在者三，帝不對。太后怒曰："殺去耶，不用吾言，死其宜矣。"臨終之際，唯扶服床枕，叩頭求哀。遣使詔追長廣王入纂大統，手書云："宜將吾妻子置一好處，勿學前人也。"

[1]濟南：指廢帝高殷。其於乾明元年（560）八月為太皇太后婁氏廢，出為濟南王。
[2]武成：北齊皇帝高湛（537—568），謚號武成。本書卷七、《北史》卷八有紀。
[3]毛夫人：孝昭帝夫人。餘不詳。
[4]禳（ráng）厭：祭祀鬼神祈求解除邪惡災禍。
[5]厲方：惡鬼。

論曰：[1]神武平定四方，威權在己，遷鄴之後，雖主器有人，號令所加，政皆自出。文宣因循鴻業，內外叶從，自朝及野，群心屬望，東魏之地，舉國樂推，曾未期月，遂登宸極。始則存心政事，風化肅然，數年之間，朝野安乂。[2]其後縱酒肆欲，事極猖狂，昏邪殘暴，近代未有，饗國不永，實由斯疾。濟南繼業，大革其弊，風教粲然，搢紳稱幸。[3]股肱輔弼，雖懷厥誠，既

197

不能贊弘道德，和睦親懿，又不能遠慮防身，深謀衛主，應斷不斷，自取其咎。臣既誅夷，君尋廢辱，皆任非其器之所致爾。孝昭早居臺閣，故事通明，人吏之間，無所不委。文宣崩後，大革前弊。及臨尊極，留心更深，時人服其明而譏其細也。情好稽古，率由禮度，將封先代之胤，且敦學校之風，徵召英賢，文武畢集。于時周氏朝政移於宰臣，[4]主將相猜，不無危殆。乃眷關右，實懷兼并之志，經謀宏遠，實當代之明主，而降年不永，其故何哉？豈幽顯之間，實有報復，將齊之基宇止在於斯，[5]帝欲大之，天不許也？

[1]論曰：中華本校勘記云："按此論前半與卷四《文宣紀》同。余嘉錫《四庫提要辨證》卷三《北齊書》條云：'《文宣紀》乃百藥原書，《孝昭紀》則采自《北史》。李延壽之例，凡帝紀多和數人爲一卷，卷爲一論，即用各書史臣論連掇成文。其《齊本紀》中以文宣、廢帝、孝昭爲一卷而總論之，故其前半與《文宣紀》論同。'"

[2]乂（yì）：安定。

[3]搢紳：指士大夫。

[4]周氏：指北周。

[5]將齊之基宇止在於斯：齊，指北齊。"在"字諸本同，百衲本作"存"。"存"與"在"乃形近而訛。作"在"是，從改。

北齊書　卷七[1]

帝紀第七

武成

　　世祖武成皇帝諱湛，神武皇帝第九子，[2]孝昭皇帝之母弟也。[3]儀表瓌傑，[4]神武尤所鍾愛。神武方招懷荒遠，乃爲帝聘蠕蠕太子菴羅辰女，[5]號"鄰和公主"。[6]帝時年八歲，冠服端嚴，神情閑遠，華戎歎異。元象中，[7]封長廣郡公。[8]天保初，[9]進爵爲王，拜尚書令，[10]尋兼司徒，[11]遷太尉。乾明初，[12]楊愔等密相疏忌，[13]以帝爲大司馬，[14]領并州刺史。[15]帝既與孝昭謀誅諸執政，遷太傅、錄尚書事、領京畿大都督。[16]皇建初，[17]進位右丞相。[18]孝昭幸晉陽，[19]帝以懿親居守鄴，[20]政事咸見委託。二年，孝昭崩，遺詔徵帝入統大位。及晉陽宮，發喪於崇德殿。皇太后令所司宣遺詔，[21]左丞相斛律金率百僚敦勸，[22]三奏，乃許之。

　　[1]《北齊書》卷七：中華本校勘記云："按此卷原缺，後人以

《北史》卷八《齊紀》下《武成紀》補。"

［2］神武皇帝：北齊皇帝高歡（496—547），謚號神武。本書卷一、二，《北史》卷六有紀。

［3］孝昭皇帝：北齊皇帝高演（535—561），謚號孝昭。本書卷六、《北史》卷七有紀。

［4］瓌傑（jié）：俊美奇偉。傑，通"杰"。

［5］蠕蠕：古族名。又稱柔然、茹茹、蝚蠕、芮芮等。其强盛時，勢力達於整個蒙古高原。該國汗族郁久閭氏源自雜胡（詳見曹永年《柔然源於雜胡考》，《歷史研究》1981年第3期）。境内有匈奴、鮮卑、高車、西域諸族以及其他民族，多以游牧爲生。《魏書》卷一〇三、《北史》卷九八有傳。　菴（ān）羅辰：柔然主。阿那瓌之子。阿那瓌兵敗自殺後，其擁衆投齊。天保四年（553），文宣立其爲主。五年叛齊，爲文宣帝討破。

［6］鄴和公主：事見本卷，餘不詳。

［7］元象：東魏孝靜帝元善見年號（538—539）。

［8］長廣：郡名。北魏、東魏時治所在今山東平度市。　郡公：爵名。魏晉始置，初定爲"公"的一個等級，高於縣公，其後各朝多置。北朝時並有開國郡公，指最初得爵者，以别於襲封子弟。

［9］天保：北齊文宣帝高洋年號（550—559）。

［10］尚書令：官名。尚書省長官。掌出納帝命，綜理政務。北齊二品。

［11］司徒：官名。與太尉、司空並號三公。北魏職同丞相，孝文帝太和二十三年（499）定爲一品。北齊因之。

［12］乾明：北齊廢帝高殷年號（560）。

［13］楊愔（511—560）：字遵彦，小名秦王，弘農華陰（今陝西華陰市）人，楊津子。北齊官吏。本書卷三四有傳，《北史》卷四一《楊播傳》有附傳。

［14］大司馬：官名。與大將軍並稱"二大"，爲加官，常典軍事，地位尊顯，北齊一品。

[15]領：官制用語。魏晉南北朝多爲暫攝之意。　并州：治所在今山西太原市晉源區古城營村一帶。

[16]太傅：官名。與太師、太保並號三師。擬古上公，非勳德崇者不居。北齊一品。　録尚書事：官名。總領尚書省事，位尚書令上。不常置，多以公卿權重之人任之。北魏品階不詳。　京畿大都督：官名。統領京畿軍士，爲京都最高軍事長官。東魏遷都鄴城後，權勢尤甚，孝静帝時，罷六州大都督，其事務由京畿府管轄。

[17]皇建：北齊孝昭帝高演年號（560—561）。

[18]右丞相：官名。特爲權臣專設之名號，並非處理實際政務的宰相。北齊一品。

[19]晉陽：縣名。治所在今山西太原市晉源區古城營村一帶。

[20]鄴：縣名。治所在今河北臨漳縣。東魏、北齊皆都此。

[21]皇太后：指齊神武明皇后婁氏（501—562），高歡妻，名昭君，北魏贈司徒婁内干之女。本書卷九、《北史》卷一四有傳。

[22]左丞相：官名。參"右丞相"條。　斛（hú）律金：本書卷一七有傳。

　　大寧元年冬十一月癸丑，[1]皇帝即位於南宫，大赦，改皇建二年爲大寧。乙卯，以司徒、平秦王歸彦爲太傅，[2]以尚書右僕射、趙郡王叡爲尚書令，[3]以太尉尉粲爲太保，[4]以尚書令段韶爲大司馬，[5]以豐州刺史婁叡爲司空，[6]以太傅、平陽王淹爲太宰，[7]以太保、彭城王浟爲太師、録尚書事，[8]以冀州刺史、博陵王濟爲太尉，[9]以中書監、任城王湝爲尚書左僕射，[10]以并州刺史斛律光爲右僕射，[11]封孝昭皇帝太子百年爲樂陵郡王。[12]庚申，詔大使巡行天下，求政善惡，問人疾苦，擢進賢良。是歲，周武帝保定元年。[13]

［1］大寧元年冬十一月癸丑：中華本校勘記云："《通鑑》卷一六八'大'作'太'。本書諸本和《北史》卷八、《册府》卷一八八、《御覽》卷一三一此條都作'大寧'，但他處也間作'太寧'。李兆洛《紀元編》、陳垣《二十史朔閏表》都從《通鑑》作'太寧'。今按《漢魏南北朝墓誌集釋》所載石信（圖版三二七）、法懃禪師（圖版三二八）、高蚪（圖版六〇三之二）三《墓誌》都作'大寧'，前二誌即大寧年所刊，可爲確證。今後凡作'太'者徑改，不再出校記。"今從之。大寧，北齊武成帝高湛年號（561—562）。

［2］平秦王歸彦：高歸彦。本書卷一四有傳。平秦，郡名。治所在今陝西鳳翔縣東南。

［3］以尚書右僕射、趙郡王叡爲尚書令：本書卷五《廢帝紀》乾明元年以高叡爲"尚書左僕射"，本書卷一三、《北史》卷五一《高叡傳》也無以高叡爲"尚書右僕射"之記載。疑"右"爲"左"之誤。尚書右僕射，官名。尚書省次官之一。職爲執法，掌與令同。北齊從二品。趙郡，治所在今河北趙縣。

［4］尉粲：善無（今山西右玉縣南）人。北齊大臣。本書卷一五、《北史》卷五四《尉景傳》有附傳。

［5］段韶（？—571）：字孝先，小名鐵伐，亦稱段婆，姑臧武威（今甘肅武威市）人。北齊將領。本書卷一六、《北史》卷五四《段榮傳》有附傳。

［6］豐州：治所在今湖北丹江口市。　婁叡：字佛仁，代郡平城（今山西大同市東北）人。北齊大臣。本書卷四八有傳，本書卷一五、《北史》卷五四《婁昭傳》有附傳。　司空：官名。三公之一。魏晉南北朝爲名譽宰相，多爲大臣加官，無職掌，一品。

［7］平陽王淹：高淹（？—564），字子邃，渤海蓨（今河北景縣）人。北齊宗室，高歡第四子。本書卷一〇、《北史》卷五一有傳。平陽，郡名。治所在今山西臨汾市。　太宰：官名。北魏、北齊置其於三師之上，一品。

[8]彭城王浟：高浟。本書卷一〇有傳。彭城，郡名。治所在今江蘇徐州市老城區。 太師：官名。與太傅、太保並號三師，位居太傅、太保上。擬古上公，非勳德崇者不居。北齊一品。

[9]冀州：治所在今河北冀州市。 博陵王濟：高濟。本書卷一〇有傳。博陵，郡名。治所在今河北安平縣。

[10]中書監：官名。中書省長官之一。南北朝多用作重臣加官。北齊從二品。 任城王湝：高湝。本書卷一〇有傳。任城，郡名。北魏神龜元年（518）分高平郡置，治所在今山東濟南市南。北齊天保七年（556），改任城郡爲高平郡，以魯郡爲任城郡，治所在今山東曲阜市東北。 尚書左僕射：官名。尚書省副長官之一。列位宰相，職掌都省庶務及執法，或典選舉，兼掌糾彈百官。北齊從二品。

[11]斛律光（515—572）：字明月，朔州（今内蒙古固陽縣）人。高車族敕勒部。北齊名將。少以武藝知名。本書卷一七、《北史》卷五四《斛律金傳》有附傳。

[12]百年：高百年，渤海蓨（今河北景縣）人。北齊孝昭帝子。本書卷一二有傳。 樂陵郡王：爵名。樂陵，郡名。治所在今山東樂陵市。

[13]周武帝：北周武帝宇文邕（543—578），字禰羅突。宇文泰第四子。公元561年至578年在位。《周書》卷五、六，《北史》卷一〇有紀。 保定：北周武帝宇文邕年號（561—565）。

河清元年春正月乙亥，[1]車駕至自晉陽。辛巳，祀南郊。壬午，享太廟。[2]丙戌，立妃胡氏爲皇后，[3]子緯爲皇太子。[4]大赦，內外百官普加汎級，[5]諸爲父後者賜爵一級。己亥，以前定州刺史、馮翊王潤爲尚書左僕射。[6]詔斷屠殺以順春令。

［1］河清：北齊武成帝高湛年號（562—565）。

［2］太廟：帝王祖廟。

［3］胡氏：本書卷九有傳。

［4］緯：北齊後主高緯（556—578），武成帝長子。本書卷八、《北史》卷八有紀。

［5］汎（fàn）級：官制用語。即普遍提高官員的等級。北魏常因戰事勝利、新帝即位、立太子等，而下詔提高部分或全部官員的等級。北齊因之。

［6］定州：治所在今河北定州市。　馮（píng）翊（yì）王潤：高潤。本書卷一〇有傳。馮翊，郡名。治所在今陝西高陵縣。

二月丁未，以太宰、平陽王淹爲青州刺史、太傅、領司徒，[1]以領軍大將軍、宗師、平秦王歸彦爲太宰、冀州刺史。[2]乙卯，以兼尚書令、任城王湝爲司徒。詔散騎常侍崔瞻聘于陳。[3]

［1］青州：治所在今山東青州市。

［2］領軍大將軍：官名。文宣帝天保中置，爲領軍府長官，總掌禁衛諸軍。權勢極重，位次尚書令，二品。　宗師：官名。掌管宗室事務。北齊設，其制不詳。

［3］散騎常侍：官名。散騎省長官。掌諷議左右，從容獻納。南北朝以後漸爲加官。北齊從三品。　崔瞻（519—572）：亦作"崔贍"，字彦通，清河東武城（今河北清河縣東北）人。北齊官吏。博學强識，才學過人。本書卷二三《崔悛傳》、《北史》卷二四《崔逞傳》有附傳。　陳：南朝陳（557—589）。南朝梁敬帝太平二年（557），陳霸先改元稱帝，都建康（今江蘇南京市），國號陳。歷五帝，三十三年。後主禎明二年（589）被隋所滅。

夏四月辛丑，皇太后婁氏崩。乙巳，青州刺史上言，今月庚寅河、濟清。[1]以河、濟清，改大寧二年爲河清，降罪人各有差。

[1]河：黃河。　濟：濟水。

五月甲申，祔葬武明皇后於義平陵。[1]己丑，以尚書右僕射斛律光爲尚書令。

[1]祔（fù）：合葬。　義平陵：陵墓名。爲北齊高歡葬所。故址約在今河北臨漳縣。

秋七月，太宰、冀州刺史、平秦王歸彥據州反，[1]詔大司馬段韶、司空婁叡討擒之。[2]乙未，斬歸彥并其三子及黨與二十人於都市。丁酉，以大司馬段韶爲太傅，以司空婁叡爲司徒，以太傅、平陽王淹爲太宰，以尚書令斛律光爲司空，以太子太傅、趙郡王叡爲尚書令，[3]中書監、河間王孝琬爲尚書左僕射。[4]癸亥，行幸晉陽。陳人來聘。

[1]平秦王歸彥據州反："秦"字諸本同，百衲本作"章"；"州"字諸本同，百衲本作"土"。按，歸彥封平秦王，本書卷一四有傳。此時爲冀州刺史，當據州反。據改。
[2]詔大司馬段韶、司空婁叡討擒之：中華本校勘記云："諸本'討'作'計'。《北史》卷八、《册府》卷二一六、《通鑑》卷一六八作'討'。本書卷一六《段韶傳》也作'討'。按高歸彥是城

破被擒，並非計誘，'計'字訛，今據《北史》改。"今從改。

[3]太子太傅：官名。掌師範訓導，輔翊皇太子。無具體職司，北齊二品。

[4]河間王孝琬：本書卷一一有傳。河間，郡名。治所在今河北河間市南。

冬十一月丁丑，詔兼散騎常侍封孝琰使於陳。[1]

[1]封孝琰（523—573）：字士光，渤海蓨（今河北景縣）人。北齊官吏。爲尚書左丞。曾出使南朝陳。武平四年（573），爲北齊後主所殺。本書卷二一《封隆之傳》、《北史》卷二四《封懿傳》有附傳。

十二月丙辰，車駕至自晉陽。
是歲，殺太原王紹德。[1]

[1]太原王紹德：高紹德。本書卷一二有傳。太原，郡名。治所在今山西太原市西南。

二年春正月乙亥，帝詔臨朝堂策試秀才。以太子少傅魏收爲兼尚書右僕射。[1]已卯，兼右僕射魏收以阿縱除名。丁丑，以武明皇后配祭北郊。[2]辛卯，帝臨都亭錄見囚，降在京罪人各有差。

[1]太子少傅：官名。與太子太傅並稱太子二傅。掌訓導輔翊太子。無具體職司，北齊二品。　魏收（505—572）：字伯起，小字佛助，鉅鹿下曲陽（今河北晉州市西）人。北朝時著名史學家。

本書卷三七、《北史》卷五六有傳，《魏書》卷一〇四有其家世自序（部分爲後人所補）。

　　[2]己卯，兼右僕射魏收以阿縱除名。丁丑，以武明皇后配祭北郊：中華本校勘記云："按是年正月辛未朔，己卯是九日，丁丑是七日，先後顛倒。"可從。阿（ē）縱，祖護縱容。

　　三月乙丑，詔司空斛律光督五營軍士築戍於軹關。[1]壬申，室韋國遣使朝貢。[2]丙戌，以兼尚書右僕射趙彦深爲左僕射。[3]

　　[1]軹（zhǐ）關：關當軹道之險，故名。在今河南濟源市西北，當豫北平原進入山西高原要衝，形勢險峻，自古爲軍事必争之地。

　　[2]室韋：古族名。源於東胡，一説爲蒙古族源之一。北魏史書始有記載。有五部。分布於今嫩江流域及黑龍江南北岸之地。北魏至唐常向中原王朝進貢。《魏書》卷一〇〇、《北史》卷九四有傳。

　　[3]趙彦深（507—576）：本名隱，字彦深，平原（今山東聊城市東北）人，祖籍南陽宛縣（今河南南陽市）。北齊大臣。本書卷三八、《北史》卷五五有傳。"深"字諸本同，百衲本作"琛"。按，作"深"是，據改。

　　夏四月，并、汾、晉、東雍、南汾五州蟲旱傷稼，[1]遣使賑恤。戊午，陳人來聘。

　　[1]夏四月，并、汾、晉、東雍、南汾五州蟲旱傷稼：中華本校勘記云："諸本'晉'作'京'，《北史》卷八作'晉'。按北齊

無'京州'。《隋書》卷二二《五行志》下稱'河清二年（五六三）并、晉已西五州旱'。作'晉'是，今據改。"可從，今從改。并、汾、晉、東雍、南汾，並州名。汾州，太和八年（484）置，治所在今山西隰縣龍泉鎮，孝昌二年（526）移治今山西汾陽市兹氏古城。晉州，治所在今山西臨汾市城區。東雍州，治所在今山西新絳縣萬安鎮柏壁村。南汾州，治所在今山西吉縣。

五月壬午，詔以城南雙堂閏位之苑，[1]迴造大總持寺。六月乙巳，齊州言濟、河水口見八龍昇天。[2]乙卯，詔兼散騎常侍崔子武使于陳。[3]庚申，司州牧、河南王孝瑜薨。[4]

[1]閏位之苑：閏，《廣韻·稕韻》："閏，餘也。"閏位，附屬之位。《漢書》卷九九《王莽傳下》："餘分閏位。"顏師古注引服虔曰："言莽不得正王之命，如歲月之餘分爲閏也。"閏位之苑，即附屬餘剩的苑地。
[2]齊州：治所在今山東濟南市。
[3]崔子武：一作"崔武"，博陵安平（今河北安平縣）人。東魏、北齊官吏。事見《魏書》卷五六《崔辯傳》。
[4]司州：治所在今河北臨漳縣西南。　河南王孝瑜：高孝瑜。本書卷一一有傳。河南，郡名。治所在今河南洛陽市西。

秋八月辛丑，詔以三臺宮爲大興聖寺。[1]

[1]三臺：臺閣名。故址在鄴城（今河北臨漳縣西南）西北隅。東漢建安十五年（210），曹操主持修築。中爲銅雀臺，高十丈；南爲金虎臺，北爲冰井臺，皆高八丈。十六國時後趙石虎將銅

雀臺增高二丈。北齊高洋在舊基之上重修三臺，於天保八年（557）落成，改銅雀爲金鳳，金虎爲聖應，冰井爲崇光。

冬十二月癸巳，陳人來聘。己酉，周將楊忠帥突厥阿史那木汗等二十餘萬人自恒州分爲三道，殺掠吏人。[1]是時，大雨雪連月，南北千餘里平地數尺，霜晝下，雨血於太原。戊午，帝至晉陽。己未，周軍逼并州，又遣大將軍達奚武帥衆數萬至東雍及晉州，[2]與突厥相應。

[1]周將楊忠帥突厥阿史那木汗等二十餘萬人自恒州分爲三道，殺掠吏人：中華本校勘記云："諸本'木'下有'可'字。按木汗是突厥可汗，他處也作'木杆''木扞'。這裏衍'可'字，或'木'下脱'汗''杆'字。今删'可'字。"今從删。楊忠，北周弘農華陰（今陝西華陰市）人。隋文帝楊堅之父。《周書》卷一九有傳。阿史那木汗，突厥首領。勇而多智，務於征伐，北方戎狄悉歸之。在位二十年卒。恒州，治所在今山西大同市東北古城村。
[2]達奚武：北周代（今山西大同市）人。累著戰功，進封鄭國公，轉太傅。《周書》卷一九有傳。

是歲，室韋、庫莫奚、靺羯、契丹並遣使朝貢。[1]

[1]庫莫奚：部族名。亦簡稱"奚"。源於東胡。分布在饒樂水（今西拉木倫河）流域。東接契丹，西至突厥，南據白狼河，北鄰霫。初臣屬於突厥，後稍盛，分爲辱紇主（一作"辱紇王"）、莫賀弗、契箇、木昆、室得五部。習俗與突厥相似。以游牧爲主，兼以射獵。北朝時，向北魏朝貢貿易。　靺羯：靺鞨。古族名。源

於肅慎。北魏曰勿吉，隋唐曰靺鞨。分布於東北地區，爲滿族祖先。唐時分爲黑水（黑龍江）靺鞨、粟末（松花江）靺鞨二部，前者於宋時建金國，後者於唐時建渤海國。五代曰女真。《魏書》卷一〇〇、《北史》卷九四作"勿吉"，有《勿吉傳》。

三年春正月庚申朔，周軍至城下而陳，戰於城西。周軍及突厥大敗，人畜死者相枕，數百里不絕。詔平原王段韶追出塞而還。[1]

[1]平原：郡名。治所在今山東聊城市東北。

三月辛酉，以律令班下，大赦。己巳，盜殺太師、彭城王浟。庚辰，以司空斛律光爲司徒，以侍中、武興王普爲尚書左僕射。[1]甲申，以尚書令、馮翊王潤爲司空。

[1]侍中：官名。門下省長官。北朝常總典機密，受遺詔輔政，權任尤重，時號"小宰相"。北齊三品。　武興王普：高普（524或525—576後），字德廣。北齊宗室。本書卷一四有傳，《北史》卷五一《平秦王歸彥傳》有附傳。武興，郡名。治所在今陝西略陽縣。

夏四月辛卯，詔兼散騎常侍皇甫亮使於陳。[1]

[1]皇甫亮：字君翼，安定朝那（今甘肅靈臺縣）人。北齊官吏。《北史》卷三八《裴佗傳》有附傳。

五月甲子，帝至自晉陽。壬午，以尚書令、趙郡王叡爲錄尚書事，以前司徒婁叡爲太尉。甲申，以太傅段韶爲太師。丁亥，以太尉、任城王湝爲大將軍。壬辰，行幸晉陽。

六月庚子，大雨晝夜不息，至甲辰乃止。是月，晉陽訛言有鬼兵，百姓競擊銅鐵以捍之。殺樂陵王百年。歸宇文媼于周。[1]

[1]宇文媼：宇文護姑。初爲東魏所虜，與護母閻姬並爲齊幽禁。河清中，周將楊忠破齊長城，齊懼，與周通好，釋其歸周。

秋九月乙丑，封皇子綽爲南陽王，[1]儼爲東平王。[2]是月，歸閻媼于周。[3]陳人來聘。突厥寇幽州，[4]入長城，[5]虜掠而還。

[1]綽：高綽。本書卷一二有傳。 南陽：郡名。治所在今河南郟縣。
[2]儼：高儼（548—571），字仁威，渤海蓚（今河北景縣）人，北齊武成帝第三子。本書卷一二、《北史》卷五二有傳。 東平：郡名。治所在今山東東平縣東南。
[3]閻媼：閻姬。北周宇文護之母。參"宇文媼"條。
[4]幽州：治所在今北京市西城區。
[5]長城：指北齊長城。高洋爲鞏固北方邊防及防禦北周而下令修建。參本書卷四《文宣紀》。

閏月乙未，詔遣十二使巡行水潦州，免其租調。乙巳，突厥寇幽州。周軍三道並出，使其將尉遲迥寇洛陽，[1]楊檦入軹關，[2]權景宣趣懸瓠。[3]

[1]尉遲迥（？—580）：字薄居羅，代（今山西大同市東北）人。其先爲鮮卑族尉遲部。宇文泰之甥。西魏、北周重臣。《周書》卷二一、《北史》卷六二有傳。 洛陽：縣名。治所在今河南洛陽市。

[2]楊檦：北周高涼人。少豪俠以義烈聞。從魏孝武入關。文帝授通直散侍。慰撫稽胡，頗有權略，能得邊情。保定間爲建州刺史。自鎮東境二十餘年，數與齊人戰，常克獲。有輕敵心，爲齊所破，遂降於齊。《周書》卷三四有傳。汲古閣本、百衲本、四庫本皆作"標"，《周書》卷五《武帝紀上》作"檦"。從改。

[3]權景宣：曉兵權，有智略。在西魏歷南陽郡守、遷廣豫并安四州刺史。戰功甚著，入周拜大將軍。天和（566—572）初授荆州刺史。進爵千金郡公。受敕統水軍至夏口，坐驕縱納賄致敗。幾獲罪。卒謚恭。《周書》卷二八有傳。 懸（xuán）瓠（hù）：古城名。因城北汝水屈曲如垂瓠而得名。在今河南汝南縣。東晋南北朝時爲軍事要地。

冬十一月甲午，迥等圍洛陽。戊戌，詔兼散騎常侍劉逖使於陳。[1]甲辰，太尉婁叡大破周軍於軹關，擒楊檦。

[1]劉逖（525—573）：字子長，彭城叢亭里（今江蘇徐州市東）人。北齊官吏。本書卷四五有傳。

十二月乙卯，豫州刺史王士良以城降周將權景宣。[1]丁巳，帝自晋陽南討。己未，太宰、平陽王淹薨。

壬戌，太師段韶大破尉遲迥等，解洛陽圍。丁卯，帝至洛陽，免洛州經周軍處一年租賦，[2]赦州城內死罪已下囚。己巳，以太師段韶爲太宰，以司徒斛律光爲太尉，并州刺史蘭陵王長恭爲尚書令。[3]壬申，帝至武牢，[4]經滑臺，[5]次於黎陽，[6]所經減降罪人。丙子，車駕至自洛陽。

[1]豫州：治所在今河南汝南縣汝寧街道。　王士良：北周晉陽（今山西太原市）人。仕魏入齊。以功爲吏部尚書。保定中宇文護圍豫州，其舉城降，封廣昌郡公。歷并州刺史。《周書》卷三六有傳。

[2]洛州：治所在今河南洛陽市東北。

[3]蘭陵王長恭：高長恭。本書卷一一有傳。蘭陵，郡名。治所在今山東棗莊市南嶧城鎮西北。

[4]武牢：古邑名。即虎牢。《隋書》《北史》均因避唐諱而改稱武牢。在今河南滎陽市汜水鎮西。形勢險要，爲軍事重鎮。

[5]滑臺：古城名。在今河南滑縣東。北臨古黃河，東晉南北朝時爲軍事要地。

[6]黎陽：郡名。治所在今河南浚縣東。

是歲，高麗、靺羯、新羅並遣使朝貢。[1]山東大水，飢死者不可勝計，詔發賑給，事竟不行。

[1]高麗：國名。亦作"高句麗"。是地跨今東北地區及朝鮮半島的一個民族政權。《魏書》卷一〇〇、《周書》卷四九、《北史》卷九四有傳。　新羅：時朝鮮半島國家之一。

四年春正月癸卯，以大將軍、任城王湝爲大司馬。辛未，幸晉陽。

二月甲寅，詔以新羅國王金真興爲使持節、東夷校尉、樂浪郡公、新羅王。[1]壬申，以年穀不登，禁酤酒。[2]己卯，詔減百官食禀各有差。[3]

[1]使持節：古代大臣奉天子之命出行，持節以爲憑證並示威重。魏晉以後爲官名。凡重要軍事長官出征或出鎮時，加使持節，可誅殺二千石以下官員。皇帝派遣大臣出巡或祭弔時，亦使持節，以表示權力和尊崇。　東夷校尉：官名。亦稱護東夷校尉。三國魏置，掌鮮卑慕容部、段部、宇文部及高句麗事。北魏亦置。品秩不詳。　樂浪郡公：爵名。樂浪，郡名。治所在今朝鮮平壤市。

[2]酤（gū）：買賣酒。通"沽"。

[3]詔減百官食禀各有差：四庫本"禀"作"廩"。

三月戊子，詔給西兗、梁、滄、趙州，[1]司州之東郡、陽平、清河、武都，[2]冀州之長樂、渤海遭水潦之處貧下户粟，[3]各有差。家別斗升而已，又多不付。是月，彗星見；有物隕於殿庭，如赤漆鼓帶小鈴；殿上石自起，兩兩相對。又有神見於後園萬壽堂前山穴中，其體壯大，不辨其面，兩齒絶白，長出於脣，帝直宿嬪御已下七百人咸見焉。帝又夢之。

[1]西兗、梁、滄、趙州：並州名。西兗州，原治定陶（今山東菏澤市定陶區），後徙治左城（今山東曹縣韓集鎮堤上范村）。梁州，治所在今河南開封市城區。滄州，治所在今河北鹽山縣舊縣鎮。趙州，治所在今河北隆堯縣東。

［2］東郡、陽平、清河、武都：並郡名。東郡，治所在今河南滑縣東南城關鎮。陽平，治所在今河北館陶縣。清河，治所在今河北清河縣西城關鄉西北。武都，治所不詳。

［3］長樂、渤海：並郡名。長樂，治所在今河北冀州市。渤海，治所在今河北東光縣。

夏四月戊午，大將軍、東安王婁叡坐事免。[1]乙亥，陳人來聘。太史奏天文有變，[2]其占當有易王。丙子，乃使太宰段韶兼太尉，持節奉皇帝璽綬傳位於皇太子，[3]大赦，改元爲天統元年，[4]百官進級降罪各有差。又詔皇太子妃斛律氏爲皇后。[5]於是群公上尊號爲太上皇帝，軍國大事咸以奏聞。始將傳政，使內參乘子尚乘驛送詔書於鄴。[6]子尚出晉陽城，見人騎隨後，忽失之，尚未至鄴而其言已布矣。

［1］東安：郡名。西晉置，北齊移治今山東臨沂市沂水縣。
［2］太史：官署名。東漢以後爲專司占候天文、修訂曆法的官署名稱，與修史無涉。
［3］璽綬：古代印璽上必有組綬，因稱印璽爲"璽綬"。
［4］天統：北齊後主高緯年號（565—569）。
［5］斛律氏：本書卷九有傳。
［6］內參：宦官。

天統四年十二月辛未，太上皇帝崩於鄴宮乾壽堂，時年三十二，諡曰武成皇帝，[1]廟號世祖。五年二月甲申，葬於永平陵。

[1]諡曰武成皇帝："諡"字諸本及《北史》卷八《齊武成帝紀》皆同，百衲本作"尊"。按，作"諡"是。從改。

北齊書　卷八[1]

帝紀第八

後主　幼主

　　後主諱緯，字仁綱，武成皇帝之長子也。[2]母曰胡皇后，[3]夢於海上坐玉盆，日入裙下，遂有娠，天保七年五月五日，[4]生帝於并州邸。[5]帝少美容儀，武成特所愛寵，拜王世子。及武成入纂大業，大寧二年正月丙戌，[6]立爲皇太子。河清四年，[7]武成禪位於帝。

[1]《北齊書》卷八：中華本校勘記云："按此卷原缺，後人以《北史》卷八《齊紀》下《後主紀》補。三朝本卷末有宋人校語'此卷與《北史》同'。"
[2]武成皇帝：北齊皇帝高湛（537—568），謚號武成。本書卷七、《北史》卷八有紀。
[3]胡皇后：生卒年不詳，爲安定胡延之之女，以"恣行奸穢"著稱。本書卷九有傳。
[4]天保：北齊文宣帝高洋年號（550—559）。
[5]并州：治所在今山西太原市晋源區古城營村一帶。

[6]大寧：北齊武成帝高湛年號（561—562）。　丙戌："丙"字諸本作"景"，係避唐諱改。

[7]河清：北齊武成帝高湛年號（562—565）。

天統元年夏四月丙子，[1]皇帝即位於晉陽宮，[2]大赦，改河清四年爲天統。丁丑，以太保賀拔仁爲太師，[3]太尉侯莫陳相爲太保，[4]司空、馮翊王潤爲司徒，[5]録尚書事、趙郡王叡爲司空，[6]尚書左僕射河間王孝琬爲尚書令。[7]戊寅，[8]以瀛州刺史尉粲爲□□。[9]太尉斛律光爲大將軍，[10]東安王婁叡爲太尉，[11]尚書右僕射趙彦深爲左僕射。[12]

[1]天統：北齊後主高緯年號（565—570）。

[2]晉陽宮：北齊宮殿名。故址在今山西太原市晉源區古城營村一帶。

[3]太保：官名。古三公之一，位次太傅。魏晉以後多爲元老功臣加官。　賀拔仁：字天惠，北齊善無（今山西右玉縣南）人，高車族。以帳内都督從神武破尒朱氏於韓陵，力戰有功。入齊，官歷數州刺史、太保、太師、右丞相、録尚書事。《北史》卷五三《張保洛傳》有附傳。　太師：官名。古時三公之首，周置，爲輔弼國君之官。晉以後多爲重臣加銜，作爲最高榮典以示恩寵，並無實職。

[4]太尉：官名。三公之一，秦漢時期爲最高軍事長官。與丞相和御史大夫爲"三公"，後世多爲虛銜和加官（詳《通典》卷二〇"太尉條"）。　侯莫陳相（491—573）：本書卷一九有傳。

[5]司空：古官名。漢成帝綏和二年（前7）改御史大夫爲大司空，爲三公之一。後世多爲元老貴臣勳官。　馮翊：郡名。治所

在今陝西高陵縣城關。北齊實爲遥領。　潤：高潤（543—575）。北齊神武帝高歡第十四子。本書卷一〇有傳。　司徒：官名。西漢哀帝元壽二年（前1）改丞相爲大司徒。魏晉南北朝時期，常加録尚書事者，握有實權。其府負責處理日常全國行政事務，考課地方管理，督課州郡農桑，管理全國名數户口簿籍等。

[6]録尚書事：官名。總領尚書省政務。北魏、北齊亦定爲官號，爲尚書省長官。尚書令、僕射爲其副貳，職權甚重。　趙郡：治所在今河北趙縣。　叡：高叡（534—569），小名須拔，渤海蓨（今河北景縣）人。高琛子。東魏、北齊大臣。本書卷一三、《北史》卷五一《趙郡王琛傳》有附傳。

[7]尚書左僕射：官名。尚書省的副長官之一。北朝列位宰相，職掌都省庶務及執法，或典選舉，兼掌糾彈百官，北齊從二品。　河間：郡名。治所在今河北河間市南。　孝琬：高孝琬（541—566）。高澄第三子，官至尚書令，後被武成帝慘殺。本書卷一一有傳。　尚書令：官名。尚書省長官。

[8]戊寅：諸本作"庚寅"。中華本校勘記云："《北史》卷八、《通鑑》卷一六九作'戊寅'。按天統元年（五六五）四月癸丑朔，有'戊寅'，無'庚寅'。"今據中華本改。

[9]瀛洲：治所在今河北河間市。　尉粲：善無（今山西右玉縣南）人。北齊大臣。本書卷一五、《北史》卷五四《尉景傳》有附傳。　□□：《資治通鑑》卷一六九《陳紀》此條胡三省注："尉粲、婁叡並爲太尉，此承《齊紀》之誤。按《尉粲傳》本書卷一五粲爲太傅，當從之。"殿本考證云："考《武成紀》（本書卷七）河清三年（五六四）冬十二月，以斛律光爲太尉，是'太尉'二字當屬下句讀。'爲'字下（指'尉粲爲'下），疑脱'太傅'二字。"中華本校勘記云："按《武成紀》（補）大寧元年（五六一）十一月稱'以太尉尉粲爲太保'。太保班在太尉上，不應此時又退到太尉。當如《殿本考證》之説，'尉粲爲'下脱'太傅'二字。"説是，今存疑不改。

[10]斛律光（515—572）：字明月，朔州（今内蒙古固陽縣）人。高車族敕勒部。北齊名將，少以武藝知名。本書卷一七、《北史》卷五四《斛律金傳》有附傳。　大將軍：官名。戰國始置，北魏、北齊亦皆爲一品。

[11]東安：郡名。治所在今山東沂水縣。　婁叡：字佛仁，代郡平城（今山西大同市東北）人。北齊大臣。本書卷四八有傳，本書卷一五、《北史》卷五四《婁昭傳》有附傳。

[12]趙彦深（507—576）：本名隱，字彦深，平原（今山東聊城市東北）人，祖籍南陽宛縣（今河南南陽市）。北齊大臣。本書卷三八、《北史》卷五五有傳。

六月壬戌，彗星出文昌東北，[1]其大如手，後稍長，乃至丈餘，百日乃滅。己巳，太上皇帝詔兼散騎常侍王季高使於陳。[2]

[1]文昌：文昌星。古星宿名。由六星組成，屬大熊星座。司科甲，乃文魁之星。

[2]散騎常侍：官名。三國魏置，員四人，三品。侍從皇帝左右，顧問應對，諫諍拾遺，共平尚書奏事。北齊集書省下置六員，其下起居省置一員，皆五品。　王季高：王皓，字季高。北海劇（今山東壽光市東南）人。北齊官吏，嘗爲司徒掾，群僚鄙稱其爲"王七"，卒於鄆州刺史任内。　陳：南朝陳（557—589）。南朝梁敬帝太平二年（557），陳霸先改元稱帝，都建康（今江蘇南京市），國號陳。歷五帝，三十三年。後主禎明二年（589）被隋所滅。

秋七月乙未，太上皇帝詔增置都水使者一人。[1]

［1］都水使者：官名。掌水利事。北齊從五品，管理諸橋津。

冬十一月癸未，太上皇帝至自晉陽。[1]己丑，太上皇帝詔改"太祖獻武皇帝"爲"神武皇帝"，[2]廟號"高祖"，[3]"獻明皇后"爲"武明皇后"。[4]其"文宣"謚號委有司議定。[5]

［1］晉陽：縣名。治所在今山西太原市晉源區古城營村一帶。
［2］太祖：這裏指高歡。
［3］廟號：專用名詞。廟號是帝王死後在太廟祭祀時追尊的名號。　高祖：北齊神武皇帝高歡（496—547），廟號高祖。本書卷一、二，《北史》卷六有紀。
［4］武明皇后：指齊神武明皇后婁氏（501—562）。高歡妻，名昭君，北魏贈司徒婁內干之女。本書卷九、《北史》卷一四有傳。
［5］謚號：專有名詞。古代帝王、貴族、大臣、士大夫死後給予的稱號。

十二月庚戌，太上皇帝狩於北郊。[1]壬子，狩於南郊。乙卯，狩於西郊。壬戌，太上皇帝幸晉陽。丁卯，帝至自晉陽。庚午，有司奏改"高祖文宣皇帝"爲"威宗景烈皇帝"。[2]

［1］狩：冬獵，特指君王冬天打獵。見《左傳》隱公五年。
［2］高祖文宣皇帝：北齊皇帝高洋（529—559）。謚號文宣，廟號高祖。本書卷四、《北史》卷七有紀。

是歲，高麗、契丹、靺鞨並遣使朝貢。[1]河南大疫。[2]

[1]高麗：國名。亦作"高句麗"。是地跨今東北地區及朝鮮半島的一個民族政權。《魏書》卷一〇〇、《周書》卷四九、《北史》卷九四有傳。　契丹：民族、國名。源於東胡，居今遼河上游西拉木倫河一帶，以游牧爲生。北魏時自號契丹。與北魏關係密切，歲常朝貢，使者不絶。《魏書》卷一〇〇、《北史》卷九四有傳。　靺鞨：古族名。源於肅慎。北魏曰勿吉，隋唐曰靺鞨。分布於東北地區，爲滿族祖先。唐時分爲黑水（黑龍江）靺鞨、粟末（松花江）靺鞨二部，前者於宋時建金國，後者於唐時建渤海國。五代曰女真。《魏書》卷一〇〇、《北史》卷九四作"勿吉"，有《勿吉傳》。

[2]河南：指黄河以南地區。

二年丙戌春正月辛卯，[1]祀圓丘。[2]癸巳，祫祭於太廟，[3]詔降罪人各有差。丙申，以吏部尚書尉瑾爲尚書右僕射。[4]庚子，行幸晋陽。

[1]二年丙戌春：汲本、四庫本、百衲本、中華本皆同。《北史》作"二年春"。

[2]圓丘："圓"同"圜"，故又作"圜丘"。古代祭天的壇。《周禮·春官·大司樂》："冬日至，於地上之圜丘奏之。"唐賈公彦疏："土之高者曰丘，取自然之丘圜者，象天圜。"

[3]祫（xiá）祭：古代祭名。集合遠近祖先神主於太廟合祭。原於天子、諸侯喪事完畢時舉行。行禮之年，經無明文，通常三年一次。　太廟：天子的祖廟。《荀子·禮論》："昏之未發齊也，太廟之未入尸也，始卒之未小斂也，一也。"

[4]吏部尚書：官名。尚書省吏部長官。北齊三品，主管官吏

銓選、考課獎懲，其實權甚或過於尚書僕射。　尉瑾：代（今山西大同市東北）人。北齊官吏。本書卷四〇有傳，《北史》卷二〇《尉古真傳》有附傳。

二月庚戌，太上皇帝至自晉陽。壬子，陳人來聘。
三月乙巳，太上皇帝詔以三臺施興聖寺。[1]以旱故，降禁囚。

[1]三臺：臺閣名。故址在鄴城（今河北臨漳縣西南）西北隅。東漢建安十五年（210），曹操主持修築。中爲銅雀臺，高十丈；南爲金虎臺，北爲冰井臺，皆高八丈。十六國時後趙石虎將銅雀臺增高二丈。北齊高洋在舊基之上重修三臺，於天保八年（557）落成，改銅雀爲金鳳，金虎爲聖應，冰井爲崇光。　興聖寺：佛寺名。北齊築，位於三臺之側，故址在今河北臨漳縣西南。

夏四月，陳文帝殂。[1]

[1]陳文帝：南朝陳皇帝陳蒨（？—566）。在位七年，卒諡文，廟號世祖。《陳書》卷三有紀。

五月乙酉，以兼尚書左僕射、武興王普爲尚書令。[1]己亥，封太上皇帝子儼爲東平王，[2]仁弘爲齊安王，[3]仁堅爲北平王，[4]仁英爲高平王，[5]仁光爲淮南王。[6]

[1]武興：地名。治所在今陝西略陽縣。　普：高普（524或525—576後），字德廣。北齊宗室。本書卷一四有傳，《北史》卷

五一《平秦王歸彥傳》有附傳。

［2］儼：高儼（548—571），字仁威，渤海蓨（今河北景縣）人，北齊武成帝第三子。本書卷一二、《北史》卷五二有傳。　東平：地名。治所在今山東東平縣東南。中華本校勘記云："本書卷七《武成紀》（補）河清三年（五六四）九月已封儼爲東平王，這裏重出。"今暫存疑。

［3］仁弘：高廓，字仁弘，渤海蓨（今河北景縣）人。北齊宗室。武成帝第四子，封齊安王，位至特進、開府儀同三司，定州刺史。　齊安：郡名。治所在今河南信陽市平橋區東。

［4］仁堅：高貞（？—578）。北齊宗室。本書卷一二有傳。諸本"堅"皆作"固"，中華本校勘記云："按下武平三年（五七二）兩見北平王仁堅。卷一二《武成十二王傳》（補）也稱'北平王貞字仁堅'。李百藥《北齊書》據其父李德林舊稿寫成。德林避隋諱，改"堅"爲"固"，這一處百藥漏改，《北史》仍之，此《紀》又仍《北史》之舊。"説是，今從中華本改。　北平：郡名。治所在今河北盧龍縣。

［5］仁英：高仁英。北齊宗室。本書卷一二有傳。　高平：郡名。治所在今山東濟寧市。

［6］仁光：高仁光（？—578）。本書卷一二有傳。　淮南：郡名。治所在今安徽壽縣。

六月，太上皇帝詔兼散騎常侍韋道儒聘於陳。[1]

［1］韋道儒：京兆杜陵（今陝西西安市東南）人。東魏、北齊官吏。韋休之子，齊文襄王大將軍府東閣祭酒，後爲中書黃門侍郎。事見本書卷四五《韋道遜傳》。

秋八月，太上皇帝幸晉陽。

冬十月乙卯,[1]以太保侯莫陳相爲太傅,[2]大司馬、任城王湝爲太保,[3]太尉婁叡爲大司馬,□徒馮翊王潤爲太尉,[4]開府儀同三司韓祖念爲司徒。[5]

[1]乙卯：中華本校勘記云："諸本'乙卯'作'己卯',《北史》卷八作'乙卯'。按天統二年（五六六）十月有'乙卯',無'己卯',今據改。"從改。

[2]太傅：官名。西周始置,爲輔政大臣。魏晋南北朝時期多爲元老重臣加官,歷代因之。北齊一品。

[3]大司馬：官名。漢武帝元狩四年（前119）,初罷太尉,置大司馬,以冠將軍之號。魏晋南北朝時期常置,大多爲高級將領擔任,不預政務。北魏、北齊時與大將軍號"二大",位居三師之下、三公之上。北齊後主時期爲鼓勵士氣,授員遂至冗濫。（參《通典》卷二〇）　任城：郡名。北魏神龜元年（518）分高平郡置,治所在今山東濟南市南。北齊天保七年（556）,改任城郡爲高平郡,以魯郡爲任城郡,治所在今山東曲阜市東北。　湝（jiē）：高湝（？—578）。北齊宗室。本書卷一〇有傳。

[4]□徒馮翊王潤爲太尉：張森楷云："《北史》改官,例不稱'徙'。此'徙'字蓋當爲'徒',上脱'司'字。後人見'徒'字於義不屬,妄改爲'徙'。"中華本校勘記云："高潤在天統元年（五六五）四月爲司徒。這次改官,他人都書原官,不應高潤獨缺,張説是。"

[5]開府儀同三司：官名。三國魏始置,爲大臣加號,意謂與三司即太尉、司徒、司空禮制、待遇相同,許開設府署,自辟僚屬。兩晋南北朝因之。　韓祖念：北齊大臣。初位開府儀同三司。天統二年（566）拜司徒,三年授大將軍、司空。

十一月,大雨雪。盜竊太廟御服。

十二月乙丑，陳人來聘。

是歲，殺河間王孝琬。突厥、靺鞨國並遣使朝貢。[1]於周爲天和元年。[2]

[1]突厥：民族名、國名。廣義包括鐵勒、突厥各部落，狹義則專指突厥汗國。六世紀初興起於金山（今阿爾泰山）西南麓，爲一游牧部落。以金山形似古代戰盔兜鍪，當地俗語呼兜鍪爲突厥，故以爲名。西魏廢帝二年（553）建突厥汗國於今鄂爾渾河流域。《周書》卷五〇、《北史》卷九九有傳。

[2]周：即北周（557—581）。西魏恭帝三年（556）十二月，宇文泰之子宇文覺廢西魏主自立，次年（557）改元，建號周，史稱北周，又稱後周。都長安（今陝西西安市）。歷五帝，二十五年。至靜帝宇文衍爲隋所代。　天和：北周武帝宇文邕年號（566—572）。

三年春正月壬辰，太上皇帝至自晉陽。乙未，大雪，平地二尺。戊戌，太上皇帝詔京官執事散官三品已上各舉三人，[1]五品已上各舉二人；稱事七品已上及殿中侍御史、尚書都、檢校御史、主書及門下録事各舉一人。[2]鄴宫九龍殿災，[3]延燒西廊。

[1]執事：執事官，有具體職任的官。　散官：無職任的官。《隋書·百官志》：“居曹有職務者爲執事官，無職務者爲散官。”

[2]殿中侍御史：官名。亦稱殿中御史。三國魏始置，員二人，七品，居殿中糾察非法，隸御史臺。魏晉南北朝時期常置。北齊員十二人，八品。　尚書都：尚書都省。魏晉南北朝爲省長官辦公場所。亦稱“尚書上省”“尚書都坐”。《通典》卷二二《職官四》：

"八座丞郎初拜，並集都省交禮。" 檢校御史：官名。東晉孝武帝太元（376—396）中始置，掌監察宮外百官，隸屬於御史臺，北齊沿置，員十二人，從八品上。 主書：官名。"主書令史"省稱。掌文簿。北齊八品。 門下錄事：官名。門下省屬官。掌出納文奏。北齊沿置，員八人。

[3]鄴：地名。東魏、北齊都城。在今河北臨漳縣西南。

二月壬寅朔，帝加元服，[1]大赦，九州職人各進四級，[2]內外百官普進二級。

[1]元服：指冠。古代稱行冠禮爲加元服。
[2]九州：指全國。

夏四月癸丑，太上皇帝詔兼散騎常侍司馬幼之使於陳。[1]

[1]司馬幼之：河內溫（今河南溫縣）人。北齊官吏。事見本書卷一八、《北史》卷五四《司馬子如傳》。

五月甲午，太上皇帝詔以領軍大將軍、東平王儼爲尚書令。[1]乙未，大風晝晦，發屋拔樹。

[1]領軍大將軍：官名。北齊天保（550—559）中置，爲領軍府總管，掌禁衛軍，在領軍將軍上。權勢極重，二品，位次尚書令。

六月己未，太上皇帝詔封皇子仁幾爲西河王，[1]仁約爲樂浪王，[2]仁儉爲潁川王，[3]仁雅爲安樂王，[4]仁統爲丹陽王，[5]仁謙爲東海王。[6]

[1]仁幾（？—578）：一作"仁機"。武成帝子。本書卷一二有傳。　西河：郡名。治所在今山西汾陽市。

[2]仁約（？—578）：事迹不詳，本書卷一二無此人，仁幾下面是樂平王仁邕。中華本校勘記云："此人疑名約，字仁邕，這裏本無'仁'字，後人見兄弟名都有'仁'字，也加了此字。"今暫存疑。　樂浪：地名。北齊時治所在今遼寧義縣。本書卷一二仁邕被封爲樂平王。疑是樂平。

[3]仁儉（？—578）：武成帝高湛第九子。琅邪王高儼被殺後後主將他與其他諸王軟禁，北齊亡時與後主俱死於長安。　潁川：郡名。秦置，東魏武定七年（549）移治今河南許昌市。

[4]仁雅：武成帝子，被封爲安樂王。從小有殘疾不能説話。後主被殺時因殘疾免於一死，流放至蜀。隋開皇（581—600）初卒。　安樂：郡名。治所在今北京市密雲區東北。

[5]仁統（？—578）：武成帝子，後主時曾被囚禁，齊亡後不久與後主同時被殺。《北史》卷八無"仁"字。本書卷一二《武成十二王傳》作"丹陽王仁直"，《資治通鑑》卷一七〇《陳紀》光大元年《考異》云："《北齊書·帝紀》名統，今從列傳，統謂'仁直'。"中華本校勘記云："司馬光所見《北齊書·後主紀》也作'統'，與《北史》同。按此'仁'字和上條'仁約'之'仁'都是後人所加。後主名緯字仁綱，儼字仁威和約字仁邕，統字仁直一例。"　丹陽：郡名。東魏改陳郡置，治所在今河南周口市沈丘縣。

[6]仁謙（？—578）：武成帝子。封東海王。以後宫所生，養於北宫。琅邪王高儼死後纔被放出。齊亡被俘入周，周建德七年（578）與後主同時被害於長安。　東海：郡名。治所在今江蘇連雲

港市東南。

閏六月辛巳，左丞相斛律金薨。[1]壬午，太上皇帝詔尚書令、東平王儼錄尚書事，以尚書左僕射趙彥深爲尚書令，并省尚書左僕射婁定遠爲尚書左僕射，[2]中書監徐之才爲右僕射。[3]

[1]左丞相：官名。戰國秦始置，魏晉南北朝時期常爲權臣專設之名號，置則位一品，秩萬石。北朝居右丞相之上。　斛律金（488—567）：原名敦，後改爲金，字阿六敦，朔州（今内蒙古固陽縣）人。高車族。北魏、東魏、北齊將領。本書卷一七、《北史》卷五四有傳。

[2]并省尚書：官名。北齊并州尚書省屬官。　婁定遠（？—574）：代郡平城（今山西大同市東北）人。婁昭子。北齊官吏。以外戚貴盛，少歷顯職。本書卷一五、《北史》卷五四《婁昭傳》有附傳。

[3]中書監：官名。魏晉南北朝爲中書省長官。西晉以後，中書監負責傳宣皇帝旨意。北魏北齊與南朝略同，品秩高於中書令。北魏孝文帝太和十七年（493）定爲從一品中，後改爲從二品。北齊因之。　徐之才：丹陽（今安徽當塗縣東北）人。北魏、東魏、北齊官吏。學問廣博，尤精醫術。本書卷三三有傳，《北史》卷九〇《徐謇傳》有附傳。

秋八月辛未，太上皇帝詔以太保、任城王湝爲太師，太尉、馮翊王潤爲大司馬，太宰段韶爲左丞相，[1]太師賀拔仁爲右丞相，太傅侯莫陳相爲太宰，大司馬婁叡爲太傅，大將軍斛律光爲太保，司徒韓祖念爲大將軍，司空、趙郡王叡爲太尉，尚書令、東平王儼爲司徒。

[1]太宰：官名。相傳始置於殷商時期，爲六大之一。北魏、北齊則於太師、太傅、太保三師之上，別置太宰，皆一品。常用作贈官，以安置元老勳舊大臣，名義尊榮，無職掌。　段韶（？—571）：字孝先，小名鐵伐，亦稱段婆，姑臧武威（今甘肅武威市）人。北齊將領。本書卷一六、《北史》卷五四《段榮傳》有附傳。

九月己酉，太上皇帝詔：“諸寺署所綰雜保户姓高者，[1]天保之初雖有優勑，[2]權假力用未免者，今可悉蠲雜户，[3]任屬郡縣，一准平人。”丁巳，太上皇帝幸晉陽。

[1]綰：控制，掌握。　雜保户：北魏至唐代户口的一種，其身份低於普通百姓，高於奴婢。中華本校勘記云：“‘雜保户’不可解，‘保’當是‘役’之訛。本書卷四《文宣紀》天保二年（五五一）九月稱：‘詔免諸伎作、屯、牧雜色役隸之徒爲白户。’‘雜色役隸之徒’即雜役户。”疑是，今存疑不改。
[2]優勑（chì）：優待的命令。勑，古時自上告下的詞，南北朝之後專指皇帝的詔書。
[3]蠲（juān）：除去，減免。特指減免賦稅。

是秋，山東大水，人飢，僵尸滿道。
冬十月，突厥、大莫婁、室韋、百濟、靺鞨等國各遣使朝貢。[1]

[1]大莫婁：古國名。又作"豆莫婁""大莫盧國""達末婁"。《魏書》卷一〇〇有傳。　室韋：古族名。源於東胡，一說爲蒙古族源之一。北魏史書始有記載。有五部。分布於今嫩江流域及黑龍江南北岸之地。北魏至唐常向中原王朝進貢。《魏書》卷一〇〇、《北史》卷九四有傳。　百濟：古國名。《魏書》卷一〇〇有傳。

十一月丙午，[1]以晋陽大明殿成故，大赦，文武百官進二級，免并州居城、太原一郡來年租賦。[2]癸未，[3]太上皇帝至自晋陽。

[1]丙午：《北史》卷八同，諸本作"甲午"。中華本校勘記云："天統三年（五六七）十一月無'甲午'，有'丙午'。"按陳垣《二十史朔閏表》北齊後主天統三年（567）十一月是戊戌朔，該月無"甲午"。今據改。
[2]太原：地名。治所在今山西太原市西南。
[3]癸未：中華本校勘記云："按本年十一月無'癸未'，《通鑑》卷一七〇作'癸丑'，疑是。"今存疑。

十二月己巳，太上皇帝詔以故左丞相、趙郡王琛配饗神武廟庭。[1]

[1]琛：高琛（513—535），字永寶，一作"元寶"，渤海蓨（今河北景縣）人。高歡弟。東魏大臣。本書卷一三、《北史》卷五一有傳。　配饗（xiǎng）：配享從祀。以功臣附祭於祖廟。饗，設酒食祭祀。

四年正月，詔以故清河王岳、河東王潘相樂十人並配饗神武廟庭。[1]癸亥，太上皇帝詔兼散騎常侍鄭大護使於陳。[2]

[1]岳：高岳（512—555），字洪略，渤海蓨（今河北景縣）人。高翻子，高歡從父弟。東魏、北齊宗室大臣。本書卷一三、《北史》卷五一有傳。　河東：地名。治所在今山西永濟市蒲州鎮。

潘相樂（？—555）：又作"潘樂""潘洛"。初名相貴，後以爲字，廣寧石門（今甘肅渭源縣西南洮河東岸）人。北魏、東魏、北齊官吏。本書卷一五、《北史》卷五三有傳。

[2]鄭大護：東魏、北齊大臣，東魏武定（543—550）年間曾任户曹參軍，後主天統四年（568）以散騎常侍身份出使陳國。

使於陳："使"字四庫本、中華本、《北史》皆同，百衲本作"隨"。按，"隨"字語義不合，今據中華本改作"使"。

三月乙巳，太上皇帝詔以司徒、東平王儼爲大將軍，南陽王綽爲司徒，[1]開府儀同三司徐顯秀爲司空，[2]開府儀同三司、廣寧王孝珩爲尚書令。[3]

[1]南陽：地名。治所在今河南郟縣西南。　綽：高綽（？—556）。本書卷一二有傳。

[2]徐顯秀（502—571）：名穎，字顯秀，恒州忠義郡（今河北省北部）人。爲高歡親信，位帳内大都督。入北齊後，天保初加開府，除驃騎大將軍，封金門郡開國公。後主時歷位開府儀同三司、司空、太尉。

[3]廣寧：郡名。治所在今山西朔州市城區。　孝珩（héng）：高孝珩（？—577）。本書卷一一有傳。

夏四月辛未，鄴宫昭陽殿災，[1]及宣光、瑶華等殿。[2]辛巳，太上皇帝幸晋陽。

[1]昭陽殿：北齊鄴宫宫殿名，故址在鄴（今河北臨漳縣）都南城宫中，北齊文宣帝天保二年（551）以顯陽殿改名。在太極殿後，朱華門内。宫殿東西建有長廊，安裝有烟囱，垂珠簾，通於内閣。該殿奢華壯麗，周回七十二柱，地基高九尺，門窗飾以鏤金，欄杆用沉香木雕刻而成。詳晋陸翽《鄴中記》，見顧炎武《歷代宅京記》卷一二。

[2]宣光：北齊鄴城宫殿名。建於北齊天保二年，在鄴都昭陽殿後面的後宫之内，丹青雕刻，妙絶當時。　瑶華：北齊鄴城宫殿名。應在昭陽殿附近。

五月癸卯，以尚書右僕射胡長仁爲左僕射，[1]中書監和士開爲右僕射。[2]壬戌，太上皇帝至自晋陽。自正月不雨至於是月。

[1]胡長仁（？—569）：字孝隆，安定臨涇（今甘肅鎮原縣）人。武成胡皇后兄。北齊官吏。本書卷四八、《北史》卷八〇有傳。
[2]和士開（524—571）：字彦通，清都臨漳（今河北臨漳縣）人。先世西域商人，本姓素和。本書卷五〇、《北史》卷九二有傳。墓在今河南安陽縣。

六月甲子朔，大雨。甲申，大風，拔木折樹。是月，彗星見于東井。[1]

[1]東井：井宿，二十八宿之一。因在玉井之東，故稱。東井

是南方七宿之首。《禮記·月令》："仲夏之月，日在東井。"

秋九月丙申，周人來通和，太上皇帝詔侍中斛斯文略報聘于周。[1]

[1]侍中：官名。爲門下省長官，掌顧問應對，拾遺補闕，平議尚書奏事，有異議得駁奏。或加予宰相、尚書等高級官員，令其出入殿省，入宮議政。北朝常總典機密，受遺詔輔政，權任尤重，時號"小宰相"。北齊因之。　斛斯文略：生平事迹僅見於本處和《周書》卷三二《陸逞傳》（同《北史》）。

冬十月辛巳，以尚書令、廣寧王孝珩爲錄尚書，[1]左僕射胡長仁爲尚書令，右僕射和士開爲左僕射，中書監唐邕爲右僕射。[2]

[1]錄尚書：錄尚書事。
[2]唐邕：字道和，太原晋陽（今山西太原市晋源區古城營村一帶）人。北齊官吏。本書卷四〇、《北史》卷五五有傳。

十一月壬辰，太上皇帝詔兼散騎常侍李翥使於陳。[1]是月，陳安成王頊廢其主伯宗而自立。[2]

[1]李翥：字彥鴻，柏人（今河北隆堯縣西北）人。北齊文吏。早年以文章知名。《北史》卷三三《李義深傳》有附傳。
[2]安成：地名。南朝陳時安成郡治所在今江西安福縣。　頊：陳宣帝陳頊（530—582），字紹世，小字師利。文帝陳蒨弟。公元569年至582年在位。《陳書》卷五、《南史》卷一〇有紀。　伯

宗：陳伯宗（554—570）。南朝陳第三位皇帝，武帝永定三年（559）立爲皇太子。文帝死即位，年少，叔父陳頊專朝政，被廢爲臨海郡王。《陳書》卷四、《南史》卷九有紀。

十二月辛未，太上皇帝崩。丙子，大赦，九州職人普加四級，[1]内外百官並加兩級。戊寅，上太上皇后尊號爲皇太后。[2]甲申，詔細作之務及所在百工悉罷之。又詔掖庭、晉陽、中山宫人等及鄴下、并州太官官口二處，[3]其年六十已上及有癃患者，[4]仰所司簡放。[5]庚寅，詔天保七年已來諸家緣坐配流者，所在令還。

[1]普加四級：中華本同，汲古閣本、四庫本、百衲本皆作"普加一級"。中華本校勘記云："《文館詞林》卷六七〇魏收《北齊後主大赦詔》即是這次大赦所發的詔書，稱'普加四級'。按此紀天統三年（五六七）二月、武平元年（五七〇）六月大赦詔都說'九州職人，普加四級'。"今從中華本改。

[2]上太上皇后尊號爲皇太后：百衲本無前一"上"字，《北史》卷八《齊本紀下》、《通志》卷一六、《册府元龜》卷一八九有"上"字，金陵局本同。中華本校勘記云："按此字不宜省，今從局本。"據補。皇太后，即武成帝皇后胡氏。

[3]掖庭：皇宫中的旁舍，宫嬪所居的地方。　中山：地名。治所在今河北定州市。　太官：官名。掌皇帝膳食及宴饗之事。北齊時太官掌百官之饌，屬光禄卿（參《通志·職官略》第四）。

[4]癃（lóng）：指年老衰弱多病。

[5]仰：切望。

是歲契丹、靺鞨國並遣使朝貢。

五年春正月辛亥，詔以金鳳等三臺未入寺者施大興聖寺。是月，殺定州刺史、博陵王濟。[1]

[1]定州：治所在今河北定州市。　博陵：郡名。治所在今河北安平縣。　濟：高濟（？—569）。高歡第十二子，天保元年（550）年初封博陵王，後主時被殺。本書卷一〇有傳。

二月乙丑，詔應宮刑者普免刑爲官口。又詔禁網捕鷹鷂及畜養籠放之物。[1]癸酉，大莫婁國遣使朝貢。己丑，改東平王儼爲琅邪王。[2]詔侍中叱列長叉使於周。[3]是月，殺太尉、趙郡王叡。

[1]鷂（yào）：一種比鷹小的凶猛鳥類，通常稱"鷂鷹""鷂子"。清段玉裁《説文解字注》曰："鷂，鷙鳥也。《釋鳥》：'鷢，負雀。'郭曰：鷢，鷂也。江東呼之爲鷢。按'鷢'古音'淫'，見《釋文》。今音'燿'，見《廣韻》。語之轉也。《説文》'鷂'即'鷢'，以其善捉雀，故亦爲鷙鳥也。"

[2]琅邪：郡名。治所在今山東臨沂市西。

[3]叱列長叉：人名。叱列平弟（《北史》作叱列平子），代郡西部人。武平末，位侍中、開府儀同三司，封新寧王。齊亡後入周，被封爲少司徒、信州總管、相州刺史，位上柱國，新寧密公。隋開皇中，位上柱國，卒於涇州長史。中華本校勘記云："諸本和《北史》卷八'叉'作'文'，本書卷二〇《叱列平傳》作'义'，《北史》卷五三《叱列平傳》、卷九三《梁蕭氏傳》、《通鑑》卷一七〇作'叉'。按《漢魏南北朝墓誌集釋》有《馮忱妻李綱子墓誌》稱'祖長義，齊侍中、許昌王'。《隋書》卷一《高祖紀》上開皇二年、四年兩見叱李長叉。'义''叉'同，'叱李'即'叱

列'的異譯。今據《墓誌》改。"從改。

三月丁酉,[1]以司空徐顯秀爲太尉,并省尚書令婁定遠爲司空。是月,行幸晉陽。

[1]三月丁酉:諸本皆同,惟汲古閣本作"三月乙酉"。按陳垣《二十史朔閏表》,後主天統五年(569)三月是庚寅朔,該月無丁酉這一天。汲古閣本誤。

夏四月甲子,詔以并州尚書省爲大基聖寺,[1]晉祠爲大崇皇寺。[2]乙丑,車駕至自晉陽。

[1]大基聖寺:古寺名。北齊天統五年(569)以并州(治所在今山西太原市晉源區古城營村一帶)尚書省改。
[2]大崇皇寺:古寺名。北齊天統五年以晉祠改。故址在北齊陪都晉陽,今山西太原市西南懸甕山下晉水發源處。

秋七月己丑,詔降罪人各有差。戊申,詔使巡省河北諸州無雨處,境内偏旱者優免租調。
冬十月壬戌,詔禁造酒。
十一月辛丑,詔以太保斛律光爲太傅,大司馬、馮翊王潤爲太保,大將軍、琅邪王儼爲大司馬。
十二月庚午,以開府儀同三司、蘭陵王長恭爲尚書令。[1]庚辰,以中書監魏收爲尚書右僕射。[2]

[1]蘭陵:郡名。治所在今山東棗莊市南南嶧城鎮西北。 長

恭：蘭陵王高長恭（？—573）。本書卷一一有傳。

[2]魏收（505—572）：字伯起，小字佛助，鉅鹿下曲陽（今河北晋州市西）人。北朝時著名史學家。本書卷三七、《北史》卷五六有傳，《魏書》卷一〇四有其家世自序（部分爲後人所補）。

武平元年春正月乙酉朔，[1]改元。太師、并州刺史、東安王婁叡薨。戊申，詔兼散騎常侍裴獻之聘于陳。[2]

[1]武平：北齊後主高緯年號（570—576）。
[2]裴獻之：一作"裴讞之"，字士平。北齊官吏。本書卷三五有傳。

二月癸亥，以百濟王餘昌爲使持節、侍中、驃騎大將軍、帶方郡公，[1]王如故。已巳，以太傅、咸陽王斛律光爲右丞相，[2]并州刺史、右丞相、安定王賀拔仁爲録尚書事，冀州刺史、任城王湝爲太師。[3]丙子，降死罪已下囚。

[1]餘昌：人名。百濟國王，北齊時期多次遣使朝貢，齊亡後又受周、隋兩朝封爵。事迹略見《周書》卷四九《百濟傳》和《北史》卷九四《百濟傳》。　使持節：官名。魏晋南北朝時期直接代表皇帝行使地方軍政權力。朝廷命將，以節爲信，以指揮軍隊。也用於其他使命。　驃騎大將軍：官名。漢武帝元狩二年（前121）始用霍去病爲驃騎將軍。魏晋南北朝沿置，居諸號將軍之首，僅作爲軍府名號，加授大臣、重要州郡長官，無具體職掌。　帶方：郡名。治所在今朝鮮黄海道鳳山郡文石井土城内。　郡公：官爵名。初指公爵中開國置官食封者，後僅爲爵位名。食邑爲郡，故

爵前常冠以所封郡名。晋朝始置，一品，南北朝沿置。北齊從一品，四分食一。

[2]咸陽：地名。北周時治所在今陝西涇陽縣西北，北齊實爲遥領（參王仲犖《北周地理志》）。

[3]冀州：治所在今河北冀州市。

閏月戊戌，録尚書事、安定王賀拔仁薨。

三月辛酉，以開府儀同三司徐之才爲尚書左僕射。

夏六月乙酉，以廣寧王孝珩爲司空。甲辰，以皇子恒生故，[1]大赦，内外百官普進二級，九州職人普進四級。己酉，[2]詔以開府儀同三司唐邕爲尚書右僕射。

[1]恒：高恒（570—578），北齊幼主，齊亡後不久與後主同時遇害於長安。本卷及《北史》卷八有紀。

[2]己酉：四庫本、殿本、中華本皆同，汲古閣本作"己丑"。按陳垣《二十史朔閏表》，後主武平元年（570）六月是癸未朔，該月無"己丑日"。

秋七月癸丑，封孝昭皇帝子彦基爲城陽王，[1]彦康爲定陵王，[2]彦忠爲梁郡王。[3]甲寅，以尚書令、蘭陵王長恭爲録尚書事，中領軍和士開爲尚書令。癸亥，靺鞨國遣使朝貢。癸酉，以華山王凝爲太傅。

[1]彦基：高彦基。北齊宗室，孝昭帝高演子。武平元年（570）封城陽王，加儀同三司。事迹略見本書卷一二《孝昭六王傳》。　城陽：郡名。治所在今河南信陽市東北。

[2]彦康：高彦康。北齊宗室，孝昭帝子。武平元年封定陽王，

一作"定陵王",加儀同三司。事迹略見本書《孝昭六王傳》。 定陵:郡名。治所在今河南舞陽縣北。

[3]彦忠:高彦忠。北齊宗室,孝昭帝子。武平元年被封爲汝陽王,一作"梁郡王",加儀同三司。事迹略見本書《孝昭六王傳》。 梁郡:治所在今河南商丘市南。

八月辛卯,行幸晋陽。

九月乙巳,立皇子恒爲皇太子。

冬十月辛巳,以司空、廣寧王孝珩爲司徒,以上洛王思宗爲司空,[1]封蕭莊爲梁王。[2]戊子,曲降并州死罪已下囚。[3]己丑,復改威宗景烈皇帝謚號爲"顯祖文宣皇帝"。

[1]上洛:郡名。治所在今陝西商洛市商州區。北齊實爲遥領地區。 思宗:高思宗,渤海蓨(今河北景縣)人。北齊宗室、大臣。高歡從子。本書卷一四、《北史》卷五一有傳。

[2]蕭莊:南朝梁元帝孫。南蘭陵(今江蘇常州市武進區西北)人。初封永嘉王,敬帝時出質北齊。陳禪代梁,王琳於郢州扶其即帝位,改年號天啓,署置百官。王琳兵敗,逃歸北齊,齊封梁王。後卒於鄴。《南史》卷五四有傳。

[3]曲降:猶曲赦,因特殊情況而赦免。

十二月丁亥,車駕至自晋陽。詔右丞相斛律光出晋州道,[1]修城戍。[2]

[1]右丞相:中華本校勘記云:"諸本及《北史》卷八'右'作'左'。按此紀於本年二月稱以斛律光爲右丞相,明年十一月升

左丞相，卷一七本傳同。這裏'左'字顯誤，今改正。"從改。
晉州：治所在今山西臨汾市城區。
　　[2]城戍：類似於城堡一類的軍事防禦設施。

　　二年春正月丁巳，詔兼散騎常侍劉環儁使於陳。[1]戊寅，以百濟王餘昌爲使持節、都督、東青州刺史。[2]

　　[1]劉環儁：生平事迹不詳。
　　[2]都督：官名。東漢光武帝時，權置督軍御史，事後罷。魏晉南北朝時期多稱爲都督諸州軍事，帶都督諸州軍事的地方刺史往往兼理軍政和行政事務。無固定品級，常冠以將軍之號。分爲使持節、持節和假節三種，職權各不相同。　東青州：北齊似無東青州，治所不詳。

　　二月壬寅，以錄尚書事、蘭陵王長恭爲太尉，并省錄尚書事趙彥深爲司空，尚書令和士開錄尚書事，左僕射徐之才爲尚書令，右僕射唐邕爲左僕射，吏部尚書馮子琮爲右僕射。[1]

　　[1]馮子琮（？—571）：長樂信都（今河北冀州市）人。北齊大臣。本書卷四〇、《北史》卷五五有傳。

　　夏四月壬午，以大司馬、琅邪王儼爲太保。甲午，陳遣使連和，謀伐周，朝議弗許。
　　六月，段韶攻周汾州，[1]剋之，獲刺史楊敷。[2]

　　[1]汾州：北周改南汾州置，治所在今山西吉縣吉昌鎮。

[2]楊敷：《周書》卷三四、《北史》卷四一有傳。

秋七月庚午，太保、琅邪王儼矯詔殺録尚書事和士開於南臺。[1]即日誅領軍大將軍厙狄伏連、書侍御史王子宣等，[2]尚書右僕射馮子琮賜死殿中。[3]

[1]太保：中華本校勘記云："諸本'太保'作'太尉'，《北史》卷八作'太保'。按此《紀》於本年四月書儼爲太保，卷一二《琅琊王儼傳》（補）同。今據《北史》改。"説是，從改。　南臺：御史臺。中央行政監察機關，以在宮闕西南故稱。北魏、北齊時負責糾察、彈劾官員、肅正綱紀。

[2]領軍大將軍：官名。魏武帝曹操於相府内自置中領軍。北齊文宣帝天保（550—559）中置，爲領軍府長官。總掌禁衛諸軍，在領軍將軍之上。權位極重，位二品，位次於尚書令。　厙(shè)狄伏連（？—571）：字仲山，本名伏憐，代（今山西大同市東北）人。北齊官吏。本書卷二〇、《北史》卷五三《慕容儼傳》有附傳。　書侍御史：官名。即治書侍御史。唐人避高宗李治諱，舍"治"字。魏晋南北朝爲御史中丞佐貳，御史臺要職，置二至四員。分領侍御史諸曹。監察彈劾較高級官員，有時亦奉命出使地方，收捕犯官等。北齊五品。按，中華本校勘記云："諸本'書侍御史'作'侍書御史'，《北史》卷八作'書侍御史'。本書卷一二《琅邪王儼傳》（補）作'治書侍御史'，《隋書》卷二一《天文志》（五代災應變）、《通鑑》卷一七二同《儼傳》。按本應作'治書侍御史'，《北史》避唐諱去'治'字，補此紀者以'書侍御史'罕見，妄加乙改，今從《北史》乙正。"從改。　王子宣（？—571）：又作"王子宜"。北齊官吏。官至治書侍御史。武平二年（571），與開府高舍洛、中常侍劉辟疆等勸説琅邪王儼誅殺和士開，由是獲罪，爲後主射殺。

[3]右僕射馮子琮："右"字《北史》卷八同，諸本皆作"左"。中華本校勘記云："按此《紀》於本年二月書馮子琮爲右僕射，《隋書》卷二一《天文志》（五代災應變）、卷二二《五行志》上（木冰）都稱'右僕射馮子琮'。"說是，今從改。

八月己亥，行幸晋陽。

九月辛亥，以太師、任城王湝爲太宰，馮翊王潤爲太師。己未，左丞相、平原王段韶薨。[1]戊午，曲降并州界内死罪已下各有差。庚午，殺太保、琅邪王儼。壬申，陳人來聘。

[1]平原：地名。治所在今山東聊城市東北。

冬十月，罷京畿府入領軍府。[1]己亥，車駕至自晋陽。

[1]京畿府：官署名。即"京畿大都督府"簡稱。北齊時爲京都最高軍事機構，以京畿大都督爲最高長官。東魏遷都鄴城後，權勢甚重，孝静帝時罷六州都督府入京畿府。北齊親王宗室常任這一官署最高長官。　領軍府：官署名。統領禁軍，護衛皇宫宫禁。北齊時正式建府，以領軍將軍或中領軍一員，掌禁衛宫掖，主朱華閣外的禁衛官，輿駕出入時，督攝仗衛。北齊文宣帝天保（550—559）時置領軍大將軍一人，位在領軍將軍上。

十一月庚戌，詔侍中赫連子悦使於周。[1]丙寅，以徐州行臺、廣寧王孝珩録尚書事。[2]庚午，以録尚書事、廣寧王孝珩爲司徒。癸酉，以右丞相斛律光爲左丞相。

243

[1]赫連子悦：本書卷四〇、《北史》卷五五有傳。
[2]徐州：治所在今江蘇徐州市。　行臺：官署名。北魏初曾於鄴（今河北臨漳縣西南）及中山（今河北定州市）置行臺，以尚書爲長官，執掌當地軍政事務，旋罷。孝明帝正光（520—525）末，在各地陸續設立行臺主管軍務，成爲常設的地方行政機構。到北魏末期漸理民事，北齊時正式兼理民政，成爲地方最高行政機構。

三年春正月己巳，祀南郊。辛亥，追贈故琅邪王儼爲楚帝。[1]

[1]楚帝："帝"字《北史》卷八同，諸本皆作"王"。按，贈帝事亦見本書卷一二、《北史》卷五二《琅邪王儼傳》。中華本校勘記云："'王'字誤，今據《北史》改。"説是，從改。

二月己卯，以衛菩薩爲太尉。[1]辛巳，以并省吏部尚書高元海爲尚書右僕射。[2]庚寅，以左僕射唐邕爲尚書令，侍中祖珽爲左僕射。[3]是月，敕撰《玄洲苑御覽》，[4]後改名《聖壽堂御覽》。

[1]衛菩薩：人名。事迹僅見於本卷，《北史》卷八記載同。
[2]高元海（？—578）：渤海蓨（今河北景縣）人。上洛王思宗子。北齊官吏。本書卷一四、《北史》卷五一《上洛王思宗傳》有附傳。
[3]祖珽：字孝徵，范陽遒（今河北淶水縣北）人。東魏、北齊官吏。本書卷三九有傳，《北史》卷四七《祖瑩傳》有附傳。
[4]《玄洲苑御覽》：書名。即《聖壽堂御覽》。類書，北齊祖

珽等撰，共360卷。陳振孫《直齋書錄解題》稱此書爲"古今類書之首"。該書糾合宋世嘉《錄古來帝王言行要事》《華林遍略》和《十六國春秋》等，今不存。因該書先後修撰於玄洲苑、聖壽堂和修文殿，故又名《玄洲苑御覽》《修文殿御覽》。

三月辛酉，詔文武官五品已上各舉一人。是月，周誅冢宰宇文護。[1]

[1]冢宰：官名。即大冢宰。西魏恭帝三年（556）置，掌國家貢賦、宫廷供奉、百官選授。若加"五府總於天官"之命，則兼執國政。北周因之，正七命。　宇文護（？—572）：字薩保，代郡武川（今内蒙古武川縣）人，宇文泰侄。鮮卑族。北周權臣。天和七年（572）爲北周武帝所誅。《周書》卷一一、《北史》卷五七有傳。

夏四月，周人來聘。

秋七月戊辰，誅左丞相、咸陽王斛律光及其弟幽州行臺、荆山公豐樂。[1]

[1]幽州：治所在今北京市西城區。　荆山：地名。治所在今安徽懷遠縣（詳周運中《〈北齊地理志〉淮南部分補正（四）》八三《西楚州荆山郡馬頭縣》，《文史》2012年第二輯）。　豐樂：斛律羨（？—572），字豐樂。本書卷一七、《北史》卷五四《斛律金傳》有附傳。

八月庚寅，廢皇后斛律氏爲庶人。[1]以太宰、任城王湝爲右丞相，太師、馮翊王潤爲太尉，蘭陵王長恭爲大司馬，廣寧王孝珩爲大將軍，安德王延宗爲司徒。[2]使領軍封輔相聘于周。[3]戊子，拜右昭儀胡氏爲皇后。[4]己丑，以司州牧、北平王仁堅爲尚書令，[5]特進許季良爲左僕射，[6]彭城王寶德爲右僕射。[7]癸巳，行幸晉陽。是月，《聖壽堂御覽》成，敕付史閣，後改爲《脩文殿御覽》。

[1]斛律氏：後主皇后斛律氏。本書卷九、《北史》卷一四有傳。

[2]安德：郡名。治所在今山東平原縣東北。 延宗：高延宗（？—578），渤海蓨（今河北景縣）人。北齊宗室，齊文襄帝子。本書卷一一、《北史》卷五二有傳。 司徒：諸本"司徒"上有"大"字。中華本校勘記云："《北史》卷八無。按北齊制度司徒、司空都不加'大'，今據《北史》删。"説是，從改。

[3]領軍：官名。即領軍將軍。掌禁衛軍，屬丞相府。魏晉南北朝時，資歷深者爲領軍將軍，資輕者爲中領軍，職掌略同。 封輔相：北齊官員，周滅齊時降周，北周武帝以其爲朔州總管。

[4]右昭儀：妃嬪號。北魏太武帝始置，孝文帝改定内宫，在皇后之下，位視司馬。北齊武成帝河清（562—565）新令，位比丞相。後主武平五年（574）置左、右娥英，降爲比二大夫。 胡氏：後主胡皇后。本書卷九、《北史》卷一四有傳。

[5]司州：東魏、北齊都鄴，改北魏相州爲司州。治所在今河北臨漳縣西南。

[6]特進：官名。初爲對大臣的優待名義。西漢末年始置，以賜列侯中有特殊地位者。"自二漢及魏晉以爲加官，從本官車服"（唐杜佑《通典》卷三四），用以安置閑退大臣。北齊二品。 許季良：許惇（？—574）。本書卷四三、《北史》卷二六有傳。

[7]彭城：郡名。治所在今江蘇徐州市老城區。 寶德：高寶

德。事見本書卷一〇、《北史》卷五一《彭城景思王浟傳》。

九月，陳人來聘。

冬十月，降死罪已下囚。甲午，拜弘德夫人穆氏爲左皇后，[1]大赦。

[1]弘德夫人：妃嬪號。北齊置。　穆氏：後主穆皇后。本書卷九、《北史》卷一四有傳。

十二月辛丑，廢皇后胡氏爲庶人。

是歲，新羅、百濟、勿吉、突厥並遣使朝貢。[1]於周爲建德元年。[2]

[1]勿吉：古族名。源於肅慎。北魏曰勿吉，隋唐曰靺鞨。分布於東北地區，爲滿族祖先。唐時分爲黑水（黑龍江）靺鞨、粟末（松花江）靺鞨二部，前者於宋時建金國，後者於唐時建渤海國。五代曰女真。《魏書》卷一〇〇、《北史》卷九四作"勿吉"，有《勿吉傳》。
[2]建德：北周武帝宇文邕年號（572—578）。

四年春正月戊寅，以并省尚書令高阿那肱爲録尚書事。[1]庚辰，詔兼散騎常侍崔象使於陳。[2]是月，鄴都、并州並有狐媚，多截人髮。

[1]高阿那肱：一作"高阿那瓌"，善無（今山西右玉縣南）人。高市貴子。北齊官吏。本書卷五〇、《北史》卷九二有傳。
[2]崔象：北齊官員，曾擔任散騎常侍和臨漳令。

二月乙巳，拜左皇后穆氏爲皇后。丙午，置文林館。[1]乙卯，以尚書令、北平王仁堅爲録尚書事。丁巳，行幸晉陽。是月，周人來聘。

[1]文林館：官署名。北齊置，掌著作及校理典籍兼訓生徒，置學士。

三月辛未，盜入信州，[1]殺刺史和士休，[2]南兗州刺史鮮于世榮討平之。[3]庚辰，車駕至晉陽。

[1]信州：北齊以北揚州改置。治所在今河南淮陽縣。
[2]和士休（？—573）：後主寵臣和士開弟，和士開被殺後曾入內省參典機密，武平四年（573）死於信州刺史任上。
[3]南兗州：治所在今安徽亳州市。 鮮于世榮（？—577）：北齊將領，齊亡被殺。本書卷四一、《北史》卷五三有傳。

夏四月戊午，以大司馬、蘭陵王長恭爲太保，大將軍、定州刺史、南陽王綽爲大司馬，太尉衛菩薩爲大將軍，[1]司徒、安德王延宗爲太尉，司空、武興王普爲司徒，開府儀同三司、宜陽王趙彥深爲司空。[2]癸丑，祈皇祠。[3]壇壝蕝之內忽有車軌之轍，[4]按驗傍無人跡，不知車所從來。乙卯，詔以爲大慶，班告天下。己未，周人來聘。

[1]太尉：諸本"太尉"上有"大司馬"，《北史》亦同。中華本校勘記云："以太尉遷大將軍，正合常規，大司馬班在大將軍上，

菩薩如已官大司馬，一般無遷大將軍之例。"説是，從刪。　爲：諸本同，《北史》卷八亦同。百衲本無此字。依例當有。據補。

[2]宜陽：郡名。東魏僑置，治所在今河南衞輝市西。

[3]皇祠：北齊皇帝祭祀祖宗或者有功德者的廟堂。

[4]壇（tán）：祭場。《説文解字注》："壇，祭場。"壝（wéi）：壇周圍的短牆，《周禮·天官·掌舍》："爲壇壝宫，棘門。"漢鄭玄注曰："謂王行止宿，平地築壇，又委壝土起堳埒以爲宫。"茒（jué）：這裏指祭壇短牆周圍的茅草。按，中華本此處標點作"癸丑，祈皇祠壇壝茒之内忽有車軌之轍"，據語義"皇祠"後應有句號。

五月丙子，詔史官更撰《魏書》。[1]癸巳，以領軍穆提婆爲尚書左僕射，[2]以侍中、中書監段孝言爲右僕射。[3]是月，開府儀同三司尉破胡、長孫洪略等與陳將吴明徹戰於吕梁南，[4]大敗，破胡走以免，洪略戰没，遂陷秦、涇二州。[5]明徹進陷和、合二州。[6]是月，殺太保、蘭陵王長恭。

[1]《魏書》：北齊魏收撰。内容記載了北魏王朝的歷史。共一百三十卷。

[2]穆提婆（？—578）：本姓駱，故亦作"駱提婆"，漢陽（今甘肅天水市）人。北齊官吏。本書卷五〇、《北史》卷九二有傳。

[3]段孝言：姑臧武威（今甘肅武威市）人。北齊官吏。本書卷一六、《北史》卷五四《段榮傳》有附傳。

[4]尉破胡：北齊將領。位開府儀同三司、領軍將軍。　長孫洪略（？—575）：事迹僅見於此處和《北史》卷八《齊後主紀》。吴明徹（511—577）：字通昭，秦郡（今江蘇南京市六合區北）

人。南朝陳將領。《陳書》卷九、《南史》卷六六有傳。　吕梁：地名。即吕縣，在今江蘇徐州市東。

[5]秦、涇：並州名。秦州，寄治在今江蘇南京市六合區。涇州，寄治在今安徽金湖縣閔橋鎮南部。〔詳施和金《北齊地理志》；周運中《北齊地理志》淮南部分補正（三），《文史》2010年第二輯〕

[6]和：州名。治所在今安徽和縣。　合：州名。治所在今安徽合肥市。

六月，明徹進軍圍壽陽。[1]壬子，幸南苑，[2]從官暍死者六十人。[3]以録尚書事高阿那肱爲司徒。丙辰，詔開府王師羅使於周。[4]

[1]壽陽：地名。即壽春，治所在今安徽壽縣。
[2]南苑：苑名。因在皇宫之南，故名。
[3]暍（yē）：中暑。
[4]王師羅（？—574）：名紘，字師羅，太安狄那（今山西忻州市）人。北齊官吏。著有《鑒誡》二十四篇。本書卷二五、《北史》卷五五有傳。

九月，校獵于鄴東。

冬十月，陳將吳明徹陷壽陽。辛丑，殺侍中崔季舒、張彫虎、[1]散騎常侍劉逖、封孝琰，[2]黃門侍郎裴澤、郭遵。[3]癸卯，行幸晉陽。

[1]崔季舒（？—573）：字叔正，博陵安平（今河北安平縣）人。東魏、北齊官吏。本書卷三九有傳，《北史》卷三二《崔挺傳》有附傳。　張彫虎（？—573）：本書卷四四、《北史》卷八一

有傳。"張彫虎",備要本、四庫本同,本書卷四四作"張雕",《北史》卷八《齊後主紀》、汲古閣本、百衲本作"張彫唐",《北史》卷八一《儒林傳》又作"張雕武"。錢大昕《廿二史考異》卷三一云:"《儒林傳》稱'張雕',蓋避唐廟諱。此'虎'字後人所加,或本是'武'字也。《北史·儒林傳》作'張雕武'。汲古閣本'虎'作'唐',尤誤。"說是,從改。

[2]劉逖(525—573):字子長,彭城叢亭里(今江蘇徐州市東)人。北齊官吏。本書卷四五有傳。 封孝琰(523—573):字士光,渤海蓨(今河北景縣)人。北齊官吏。爲尚書左丞。曾出使南朝陳。武平四年(573),爲北齊後主所殺。本書卷二一《封隆之傳》、《北史》卷二四《封懿傳》有附傳。

[3]裴澤(?—573):河東聞喜(今山西聞喜縣)人。北齊官吏。《北史》卷三八《裴延儁傳》有附傳。 郭遵(?—573):《北史》卷八一有傳。

十二月戊寅,以司徒高阿那肱爲右丞相。是歲,高麗、靺鞨並遣使朝貢,突厥使來求婚。
五年春正月乙丑,置左、右娥英各一人。[1]

[1]左、右娥英:嬪妃號。北齊置。比左、右丞相,位在右昭儀之上。

二月乙未,車駕至自晉陽。朔州行臺、南安王思好反。[1]辛丑,行幸晉陽。尚書令唐邕等大破思好,思好投水死,[2]焚其屍,并其妻李氏。丁未,車駕至自晉陽。甲寅,以尚書令唐邕爲錄尚書事。

[1]南安：地名。治所在今河南葉縣南。 思好：高思好（？—574）。北齊宗室。本書卷一四、《北史》卷五一有傳。

[2]思好投水死：諸本和《北史》卷八《齊後主紀》"水"作"火"，唯四庫本作"水"。中華本校勘記云："按本書卷一四（補）、《北史》卷五一《高思好傳》說他軍敗，'投水而死'，又說'屠剥焚之'。若已投火，不待再焚。這裏本作'投水'，後人不知焚屍是死後的事，以爲投水豈能焚，妄改作'火'。"説是，從改。

夏五月，大旱，晉陽得死魃，[1]長二尺，面頂各二目。帝聞之，使刻木爲其形以獻。庚午，大赦。丁亥，陳人寇淮北。

[1]魃（bá）：傳説中造成旱災的鬼怪。

秋八月癸卯，行幸晉陽。甲辰，以高勱爲尚書右僕射。[1]

[1]高勱（mài）：唐初名臣高士廉之父。《隋書》卷五五有傳。三朝本、汲古閣本、金陵書局本、百衲本皆作"高勵"，其他本作"高勱"。中華本校勘記云："本書卷一三、《北史》卷五一《清河王岳傳》作'勱'，而《舊唐書》卷六五《高士廉傳》、《新唐書》卷九五《高儉傳》作'勵'。《金石録》卷二四《高士廉塋兆記》跋云：'唐史及《元和姓纂》皆云士廉父名'勵'，而《北史》作'勱'。今此《碑》與《北史》合，蓋唐史及姓纂轉寫誤爾。"説是，從改。

是歲，殺南陽王綽。

六年春三月乙亥，車駕至自晉陽。丁丑，烹妖賊鄭子饒於都市。[1]是月，周人來聘。

[1]鄭子饒（？—575）：陽平（今河北磁縣）人。武平六年（575）假借宗教名義發動農民暴動，自號長樂王，聲勢浩大，被北齊朝廷鎮壓，其本人也被烹殺於市。事迹散見於本書卷四一、《北史》卷五三《皮景和傳》。王子今《中華本〈北史〉〈金史〉地名點校疑議》指出："河北磁縣'平陽'是否鄭子饒的原籍尚不能得到確證。山東莘縣'陽平'之説也未可徹底否定"（《中國歷史地理論叢》，1998年第4期）。"陽平"治所暫從王子今作河北磁縣。

夏四月庚子，以中書監陽休之爲尚書右僕射。[1]癸卯，靺鞨遣使朝貢。

[1]陽休之（509—582）：字子烈，右北平無終（今天津市薊州區）人。北魏、東魏、北齊官吏。好學，愛文藻。本書卷四二有傳，《北史》卷四七《陽尼傳》有附傳。"陽休之"汲古閣本、百衲本作"楊休之"。按，《魏書》卷七二《陽固傳》："固有三子，長休之，武定末，黃門郎。"本書卷四二本傳也作"陽休之"，北平陽氏是北朝顯赫門望。應爲"陽休之"，據改。

秋七月甲戌，行幸晉陽。
八月丁酉，冀、定、趙、幽、滄、瀛六州大水。[1]是月，周師入洛川，屯芒山，[2]攻逼洛城，[3]縱火船焚浮橋，河橋絶。[4]

[1]趙：州名。治所在今河北隆堯縣東。　滄：州名。治所在

今河北鹽山縣舊縣鎮。

[2]芒山：一作"邙山"。在今河南洛陽市、
[3]洛城：原北魏都城洛陽，治所在今河南洛陽市。
[4]河橋：橋名。在今河南孟州市西黃河上。

閏月己丑，遣右丞相高阿那肱自晉陽禦之，師次河陽，[1]周師夜遁。庚辰，以司空趙彥深爲司徒，斛律阿列羅爲司空。[2]辛巳，以軍國資用不足，稅關市、舟車、山澤、鹽鐵、店肆，[3]輕重各有差，開酒禁。

[1]河陽：縣名。治所在今河南孟州市西南。
[2]斛律阿列羅：人名。事迹不詳。
[3]關市：邊關的交易場所。

七年春正月壬辰，詔去秋已來，水潦人飢不自立者，[1]所在付大寺及諸富户濟其性命。甲寅，大赦。乙卯，車駕至自晉陽。

[1]潦（lào）：古同"澇"，雨水過多造成水灾。

二月辛酉，括雜户女年二十已下十四已上未嫁悉集省，隱匿者家長處死刑。二月丙寅，[1]風從西北起，發屋拔樹，五日乃止。

[1]二月丙寅：中華本校勘記云："上文已見'二月辛酉'，這裏不應重出二月。《隋書》卷二三《五行志》下（常風）作'三月'。但這年三月又没有丙寅。則也可能衍'二月'二字。"今存

254

疑，不改。

夏六月戊申朔，日有蝕之。庚申，司徒趙彥深薨。

秋七月丁丑，大雨霖。是月，以水潦遣使巡撫流亡人戶。

八月丁卯，行幸晉陽。雉集於御坐，獲之，有司不敢以聞。詔營邯鄲宮。[1]

[1]邯鄲宮：宮室名。故址在今河北邯鄲市西北。《大清一統志》卷三三《廣平府》"邯鄲宮"條："在邯鄲縣西北里許。《輿地要覽》以爲趙王如意所建，光武破王朗，居邯鄲宮。晝臥溫明殿，即此。北齊武平七年嘗營治之。"

冬十月丙辰，帝大狩於祁連池。[1]周師攻晉州。癸亥，帝還晉陽。甲子，出兵，大集晉祠。[2]庚午，帝發晉陽。癸酉，帝列陣而行，上雞棲原，[3]與周齊王憲相對，[4]至夜不戰，周師歛陣而退。

[1]祁連池：地名。在今山西武寧縣西南管涔山上。
[2]晉祠：寺廟名。故址在今山西太原市西南懸甕山麓的晉水之濱。原爲晉王祠（唐叔虞祠），爲紀念晉（汾）王及母后邑姜而興建。
[3]雞棲原：地名。在今山西霍州市東北霍山上。詳明代顧祖禹《讀史方輿紀要》卷四一。
[4]周齊王憲：宇文憲（543—578）。《周書》卷一二、《北史》卷五八有傳。

十一月，周武帝退還長安，留偏師守晉州。高阿那肱等圍晉州城。戊寅，帝至圍所。

十二月戊申，周武帝來救晉州。[1]庚戌，[2]戰于城南，我軍大敗。帝棄軍先還。癸丑，入晉陽，憂懼不知所之。甲寅，大赦。帝謂朝臣曰："周師甚盛，若何？"群臣咸曰："天命未改，一得一失，自古皆然。宜停百賦，安慰朝野，收拾遺兵，背城死戰，以存社稷。"帝意猶豫，欲向北朔州。[3]乃留安德王延宗、廣寧王孝珩等守晉陽。若晉陽不守，即欲奔突厥。群臣皆曰不可，帝不從其言。開府儀同三司賀拔伏恩、封輔相、慕容鍾葵等宿衛近臣三十餘人西奔周師。[4]乙卯，詔募兵，遣安德王延宗爲左，廣寧王孝珩爲右。延宗入見，帝告欲向北朔州。延宗泣諫，不從。帝密遣王康德與中人齊紹等送皇太后、皇太子於北朔州。[5]丙辰，帝幸城南軍，勞將士，其夜欲遁，諸將不從。丁巳，大赦，改武平七年爲隆化元年。[6]其日，穆提婆降周。詔除安德王延宗爲相國，委以備禦，延宗流涕受命。帝乃夜斬五龍門而出，[7]欲走突厥，從官多散，領軍梅勝郎叩馬諫，[8]乃迴之鄴。時唯高阿那肱等十餘騎，廣寧王孝珩、襄城王彥道續至，[9]得數十人同行。戊午，延宗從衆議即皇帝位於晉陽，改隆化爲德昌元年。[10]

[1]周武帝：北周武帝宇文邕（543—578），字禰羅突。宇文泰第四子。公元561年至578年在位。《周書》卷五、六，《北史》卷一〇有紀。諸本無"周"字，今據《北史》卷八《齊後主紀》補。

［2］庚戌：諸本作"庚申"。中華本校勘記云："《北史》卷八、《御覽》卷一三一、《周書》卷六《武帝紀》建德六年（五七七）十二月都作'庚戌'，按上文見'戊申'，下文見'癸丑'，中間祇能是'庚戌'，今據改。"說是，從改。

［3］北朔州：北齊於新平城置北朔州，後移治馬邑城，治所在今山西朔州市東北。

［4］賀拔伏恩：一作"賀拔佛恩"。鮮卑族。初爲北齊官吏，後降周。周武帝攻晉陽，爲安德王高延宗擊潰，其力保武帝免於難。　慕容鍾葵：生平事迹不詳。

［5］王康德：從高歡起事，曾被封爲新蔡郡王。本書卷一九《張保洛傳》有附傳。　齊紹：北齊宦官，事迹略見於本卷。

［6］隆化：北齊後主高緯年號（576—577）。

［7］五龍門：北齊晉陽城城門名，遺址在今山西太原市西南汾水東岸。

［8］梅勝郎：曾受高歡提拔，齊亡前爲領軍，生卒不詳。

［9］襄城：郡名。治所在今河南襄城縣。　彥道：高亮。孝昭帝高演子。本書卷一〇、《北史》卷五一有傳。汲古閣本作"高彭道"。按，本書卷一〇、《北史》卷五一本傳都作"彥道"，今從舊。

［10］德昌：北齊末帝高延宗年號（576）。

庚申，帝入鄴。辛酉，延宗與周師戰於晉陽，大敗，爲周師所虜。帝遣募人，重加官賞，雖有此言，而竟不出物。廣寧王孝珩奏請出宮人及珍寶班賜將士，帝不悦。斛律孝卿居中受委，[1]帶甲以處分，請帝親勞，爲帝撰辭，且曰宜慷慨流涕，感激人心。帝既出臨衆，將令之，不復記所受言，遂大笑，左右亦群哈，[2]將士莫不解體。[3]於是自大丞相已下太宰、三師、大司馬、大將軍、三公等官並增員而授，或三或四，不可勝數。甲子，皇太后從北道至。引文武一品已上入朱華門，[4]賜酒食，給紙筆，問以禦周之方。群臣各異議，帝莫知所從。又引高元海、宋士素、盧思道、李德林等，[5]欲議禪位皇太子。先是望氣者言，當有革易，於是依天統故事，授位幼主。

[1]斛律孝卿：一作"斛斯孝卿"。太安（今山西寧武縣）人。北齊大臣。少聰悟，頻歷顯職。本書卷二〇、《北史》卷五三《斛律羌舉傳》有附傳。

[2]咍（hāi）：大笑，歡笑。

[3]解體：此處比喻人心渙散。

[4]朱華門：鄴內宮城門名，在太極殿後三十步，故址在今河北臨漳縣西南鄴城遺址。

[5]宋士素：事迹略見於本書卷四七、《北史》卷三四《宋縣傳》。　盧思道（535—586）：字子行，小字釋奴，范陽涿（今河北涿州市）人。北齊、北周、隋官吏。事見本書卷四二《盧潛傳》，《北史》卷三〇《盧玄傳》有附傳。　李德林（531—591）：字公輔，博陵安平（今河北安平縣）人。李敬族之子。初仕北齊，參修國史。後入隋，參修律令。後撰成《霸朝雜集》，受文帝賞識。卒官贈大將軍、廉州刺史，諡曰文。撰有文集八十卷，並奉詔撰《齊史》而未成。其子李百藥將其完成，即本書《北齊書》。《隋書》卷四二、《北史》卷七二有傳。

幼主名恒，帝之長子也。母曰穆皇后，武平元年六月生於鄴。其年十月，立爲皇太子。

隆化二年春正月乙亥，即皇帝位，時八歲，改元爲承光元年，[1]大赦，尊皇太后爲太皇太后，帝爲太上皇帝，后爲太上皇后。於是黃門侍郎顏之推、中書侍郎薛道衡、侍中陳德信等勸太上皇帝往河外募兵，[2]更爲經略，若不濟，南投陳國，從之。丁丑，太皇太后、太上皇后自鄴先趣濟州。[3]周師漸逼，癸未，幼主又自鄴東走。己丑，周師至紫陌橋。[4]癸巳，燒城西門。太上皇將百餘騎東走。乙亥，渡河入濟州。[5]其日，幼主禪位於大丞相、任城王湝，令侍中斛律孝卿送禪文及璽紱於瀛州，孝卿乃以之歸周。又爲任城王詔，尊太上皇爲無上皇，幼主爲守國天王。留太皇太后濟州，遣高阿那肱留守。太上皇并皇后攜幼主走青州，[6]韓長鸞、鄧顒等數十人從。[7]太上皇既至青州，即爲入陳之計。而高阿那肱召周軍，約生致齊主，而屢使人告言，賊軍在遠，已令人燒斷橋路。太上所以停緩。周軍奄至青州，[8]太上窘急，將遜於陳，置金囊於鞍後，與長鸞、淑妃等十數騎至青州南鄧村，[9]爲周將尉遲綱所獲。[10]送鄴，周武帝與抗賓主禮，并太后、幼主、諸王俱送長安，封帝温國公。至建德七年，誣與宜州刺史穆提婆謀反，[11]及延宗等數十人無少長咸賜死，神武子孫所存者一二而已。至大象末，陽休之、陳德信等啓大丞相隋公，請收葬，聽之，葬長安北源洪瀆川。[12]

[1]承光：北齊幼主年號（577）。
[2]中書侍郎：官名。中書省屬官。三國魏始置，負責草擬詔令。北齊置四人，從四品。　薛道衡（540—609）：字玄卿，河東汾陰（今山西萬榮縣西南）人。薛孝通子。初仕北齊。齊亡，爲周

武帝所用。入隋，與楊素親善，後得罪煬帝，被殺。詩文爲時人稱誦，原有集七十卷，已佚。現存明人輯《薛司隸集》一卷。《隋書》卷五七有傳，《北史》卷三六《薛辯傳》有附傳。　陳德信：北齊宦官。爲後主寵用。事見本書卷五〇《韓寶業等傳》。

[3]太上皇后：諸本和《北史》卷八《齊後主紀》均作"太上皇"。中華本校勘記云："下文説癸丑燒城西門（指鄴城），太上皇率百餘騎東走。丁丑是三日。癸丑是十九日，後主（太上皇）既已丁丑'趣濟州'，怎會在癸丑又自鄴東走？檢《周書》六《武帝紀》下建德六年（五七七）正月癸巳云：'齊主先送其母並妻子於青州，及城陷，乃率數十騎東走。'據此知此《紀》所云丁丑趣濟州的是後主的母妻。這裏脱一'后'字，今據《通鑑》補。"説是，從改。　濟州：治所在今山東茌平縣西南。

[4]紫陌橋：在今河北臨漳縣西南古鄴城西北。十六國後趙石虎建武十一年（345）在漳河上建（《歷代帝王宅京記》卷一三），因接紫陌，故名紫陌橋。

[5]乙亥，渡河入濟州：中華本校勘記云："按這年正月乙亥朔，上文紀癸巳已是十九日，怎會又退到一日。乙亥必誤，《通鑑》卷一七三作'乙未'，疑是。"今暫存疑，不改。

[6]青州：治所在今山東青州市。

[7]鄧顒：一作"鄧長顒"。北齊後主宦官，參與朝政，參加文林館的創建。事迹略見於本書卷五〇《韓寶業傳》、《北史》卷九二《齊諸宦者傳》。

[8]奄（yǎn）：突然，忽然。

[9]淑妃：北齊後主高緯妃馮小憐，有姿色，善琵琶。《北史》卷一四有傳。　南鄧村：地名。在今山東臨朐縣西南。

[10]尉遲綱（517—569）：北周將領。《周書》卷二〇有傳，《北史》卷六二《尉遲迥傳》有附傳。中華本校勘記云："按《周書》卷六《武帝紀》下建德六年（五七七）正月記追擒北齊後主的是尉遲勤。"檢《周書》卷二〇尉遲綱本傳，其早在天和四年

(569）就已過世，本處顯誤，今存疑不改。

[11]宜州：西魏置，治所在今陝西銅川市耀州區。

[12]洪瀆川：地名。北周皇室貴族墓葬所在地，在今陝西咸陽市渭河北洪瀆原。

帝幼而令善，[1]及長，頗學綴文，置文林館，引諸文士焉。而言語澀吶，[2]無志度，不喜見朝士。自非寵私昵狎，未嘗交語。性懦不堪，人視者，即有忿責。其奏事者，[3]雖三公令錄莫得仰視，皆略陳大旨，驚走而出。每災異寇盜水旱，亦不貶損，唯諸處設齋，以此爲修德。雅信巫覡，[4]解禱無方。

[1]帝幼而令善："令"字《北史》卷八《齊後主紀》及《通志》卷一六《北齊紀一六》並同，百衲本作"念"。根據語義應爲"令"，據改。

[2]澀（sè）吶：說話遲鈍，不流利。

[3]其奏事者：諧本皆同，惟汲古閣本無"者"字。按，"奏事者"意爲上書奏事的人，去掉語義不同。

[4]巫覡（xí）：男巫。

初琅琊王舉兵，人告者誤云庫狄伏連反，帝曰："此必仁威也。"又斛律光死後，諸武官舉高思好堪大將軍，帝曰："思好喜反。"皆如所言。遂自以策無遺算，乃益驕縱。盛爲無愁之曲，帝自彈胡琵琶而唱之，侍和之者以百數。人間謂之無愁天子。[1]嘗出見群厲，盡殺之，或剝人面皮而視之。

[1]人間：即民間。李百藥避唐諱改"民"爲"人"，下文"亂政害人"同。

任陸令萱、和士開、高阿那肱、穆提婆、韓長鸞等宰制天下，陳德信、鄧長顒、何洪珍參預機權。[1]各引親黨，超居非次，官由財進，獄以賄成，其所以亂政害人，難以備載。諸宮奴婢、閹人、商人、胡户、雜户、歌舞人、見鬼人濫得富貴者將萬數。[2]庶姓封王者百數，不復可紀。開府千餘，[3]儀同無數，[4]領軍一時二十，連判文書，[5]各作依字，不具姓名，莫知誰也。諸貴寵祖禰追贈官，[6]歲一進，位極乃止。

[1]何洪珍：北齊官吏。胡人。初以富家子選送入朝，爲後主寵倖。武平（570—576）中封王，位開府。在朝與和士開勾結，弄權賣官。事見本書卷五〇《韓寶業等傳》、《北史》卷九二《齊諸宦者傳》。

[2]雜户：雜役户，見前文"雜役户"條。 歌舞人：南北朝至唐時對專門以歌舞技藝爲生的女子稱呼。 見（xiàn）鬼人：以禱祝神鬼爲業的人。

[3]開府：官名。指高級官員（如三公、大將軍、將軍等）建立府署並自選僚屬。漢朝始置，魏晉以後放寬開府資格。北齊沿置，地位較低，除授冗濫，宮中所養鬭鷄等亦加此號。

[4]儀同："開府儀同三司"省稱。見上文"開府儀同三司"條。

[5]連判：謂同職官員連名裁決。《唐律·名例五·同職犯公坐》"若同職有私，連坐之官不知情者，以失論"，長孫無忌疏："同職，謂連判之官及典。有私，故違正理。餘官連判不知挾私情

者，以失論。"

[6]祖禰（mí）：即祖父和父親入廟後的稱呼。禰，古代父死之後神主入廟後稱禰。見《公羊傳》隱公元年："惠公者何？隱之考也。"漢何休注："生稱父，死稱考，入廟稱禰。"

宮掖婢皆封郡君，[1]宮女寶衣玉食者五百餘人，[2]一裙直萬疋，鏡臺直千金，競爲變巧，朝衣夕弊。承武成之奢麗，以爲帝王當然。乃更增益宮苑，造偃武修文臺，[3]其嬪嬙諸宮中起鏡殿、寶殿、瑇瑁殿，丹青彫刻，妙極當時。又於晉陽起十二院，壯麗逾於鄴下。所愛不恒，數毀而又復。夜則以火照作，寒則以湯爲泥，百工困窮，無時休息。鑿晉陽西山爲大佛像，[4]一夜然油萬盆，光照宮内。[5]又爲胡昭儀起大慈寺，[6]未成，改爲穆皇后大寶林寺，[7]窮極工巧，運石填泉，勞費億計，人牛死者不可勝紀。御馬則藉以氈罽，食物有十餘種，將合牝牡，[8]則設青廬，具牢饌而親觀之。[9]狗則飼以粱肉。[10]馬及鷹犬乃有儀同、郡君之號，故有赤彪儀同、逍遙郡君、凌霄郡君，高思好書所謂"駮龍、逍遙"者也。[11]犬於馬上設褥以抱之，鬬雞亦號開府，犬馬雞鷹多食縣幹。[12]鷹之入養者，稍割犬肉以飼之，至數日乃死。

[1]郡君：顯貴之妻或皇室中女子封爵。
[2]宮女寶衣玉食者五百餘人：《隋書・五行志上》作"後宮侍御千餘人，皆寶衣玉食"。《北史》卷八《齊後主紀》、其他諸本同本書。

[3]偃武修文臺：臺閣名。北齊後主於鄴都所建，一説即武成帝所建修文殿和偃武殿，或在此兩殿之後。

[4]西山：山名。即今山西太原市區西南二十多公里的蒙山。自北齊文宣帝天保二年（551）在此開鑿大佛以來，後世多在此開鑿佛像。

[5]宫内：汲古閣本作"内宫"，其他本皆作"宫内"。按，《通志》卷一六亦作"宫内"，鄭樵《通志》多抄自李百藥《北齊書》原文，應是，汲古閣本誤。

[6]大慈寺：寺廟名。北齊後主高緯爲胡昭儀修建大慈寺，未成，又改爲穆皇后大寶林寺。地址一説在陪都晋陽（今山西太原市晋源區古城營村一帶），一説在鄴都（今河北臨漳縣西部），未知孰是。

[7]大寶林寺：即大慈寺。

[8]牝（pìn）牡：牝，鳥獸的雌性。牡，鳥獸的雄性。

[9]牢饌：酒食。

[10]粱肉："粱"字諸本皆同，《北史》卷八《齊本紀》、《通志》卷一六亦同。百衲本作"梁"。作"梁"是。據改。

[11]駮（bó）龍：即"駮龍郡君"，北齊後主爲馬所取的封號。駮，即"駁"，傳説中的一種形似馬而能吃虎豹的野獸。

[12]食縣幹：食幹即享受幹禄。南北朝時期勳貴、官吏對被役使的低級奴僕徵收絹作爲一種額外的俸禄給養，稱爲"幹禄"。"幹"字《北史》卷八《齊後主紀》同，諸本皆作"邑"。中華本校勘記云："食幹是北齊制度，屢見本書。當是補此《傳》者不知食幹之制，臆改爲'邑'。"説是，今據改。

又於華林園立貧窮村舍，[1]帝自弊衣爲乞食兒。又爲窮兒之市，躬自交易。寫築西鄙諸城，[2]使人衣黑衣爲羌兵，[3]鼓噪淩之，親率内參臨拒，或實彎弓射人。

自晋陽東巡，單馬馳鶩，[4]衣解髮散而歸。

[1]華林園：北齊宫苑名。地址在鄴都（今河北臨漳縣西），齊武成皇帝高湛增飾華林園，後改爲仙都苑。並在其中修造玄洲苑，備山水臺觀之美。其中的樓觀山池十分壯麗華美，周滅齊後被毀廢。

[2]寫築西鄙諸城："寫"字南本、局本、殿本、四庫本皆作"嘗"。按，《北史》卷八《齊後主紀》作"寫"、《通典》卷一六《北齊紀十六》作"嘗"。今暫存疑不改。

[3]使人衣黑衣爲羌兵：百衲本缺"使人衣"三字，據諸本補。

[4]鶩：諸本皆作"鶩"。按，"鶩"同"鶩"。然"鶩"從"鳥"；"騖"從"馬"，作疾速行進、馳騁解。清人魏源《嘯古吟》之七："英雄騖八荒，暮年返其宅。"正與本意同。

又好不急之務，曾一夜索蝎，及旦得三升。特愛非時之物，取求火急，皆須朝徵夕辦，當勢者因之，貸一而責十焉。賦斂日重，徭役日繁，人力既殫，帑藏空竭。[1]乃賜諸佞幸賣官，或得郡兩三，或得縣六七，各分州郡，下逮鄉官亦多降中旨，[2]故有敕用州主簿，[3]敕用郡功曹。[4]於是州縣職司多出富商大賈，競爲貪縱，人不聊生。爰自鄴都及諸州郡，所在徵税，百端俱起。凡此諸役，皆漸於武成，至帝而增廣焉。然未嘗有帷薄淫穢，[5]唯此事頗優於武成云。

[1]帑（tǎng）藏：國庫。帑，財帛，亦指貯藏財帛的府庫。
[2]下逮鄉官亦多降中旨："旨"字諸本及《北史》卷八《齊

武帝紀》皆作"者",《太平御覽》卷一三一、《通志》卷一六作"旨"。今據改。

[3]州主簿：州的佐吏，掌管文書。

[4]郡功曹：郡守佐吏，職位尊貴。爲郡守所辟諸吏之首，握有郡吏升遷黜免大權。

[5]幃薄：帷幕和簾子，這裏指門内。

初河清末，武成夢大蝟攻破鄴城，[1]故索境内蝟膏以絶之。識者以後主名聲與蝟相協，亡齊徵也。又婦人皆剪剔以着假髻，而危邪之狀如飛鳥，至於南面，則髻心正西。始自宫内爲之，被於四遠，天意若曰元首剪落，危側當走西也。又爲刀子者刃皆狹細，名曰"盡勢"。遊童戲者好以兩手持繩，拂地而却上跳，且唱曰"高末"，[2]高末之言，蓋高氏運祚之末也。然則亂亡之數蓋有兆云。

[1]蝟（wèi）：同"猬"，即刺猬。
[2]拂地而却上跳，且唱曰：中華本標點爲"拂地而却上，跳且唱曰"，當誤。"却"乃"脚"字缺"月"也。

論曰：武成風度高爽，經算弘長，文武之官，俱盡其力，有帝王之量矣。但愛狎庸竪，委以朝權，帷薄之間，淫佚過度，滅亡之兆，其在斯乎？玄象告變，傳位元子，名號雖殊，政猶己出，迹有虚飾，[1]事非憲典，聰明臨下，何易可誣。又河南、河間、樂陵等諸王，[2]或以時嫌，或以猜忌，皆無罪而殞，非所謂知命任天道之義也。

　　[1]迹有虛飾:"飾"字備要本作"餙",百衲本作"餝"。按,"餙"古同"飾","餝"古同"飾"。"餝""餙"都是"飾"的異體字。

　　[2]河南:郡名。治所在今河南洛陽市西。河南王,即高孝瑜(537—563),高澄子。本書卷一一、《北史》卷五二有傳。　樂(lào)陵:地名。治所在今山東樂陵市。樂陵王,即高百年,渤海蓨(今河北景縣)人。北齊孝昭帝子。本書卷一二有傳。

　　後主以中庸之姿,懷易染之性,永言先訓,教匪義方。始自繈褓,至于傳位,隔以正人,閉其善道。養德所履,異乎春誦夏弦。[1]過庭所聞,莫非不軌不物。輔之以中宮嬭媼,[2]屬之以麗色淫聲,縱轡紲之娛,[3]恣朋淫之好。語曰"從惡若崩",[4]蓋言其易。武平在御,彌見淪胥,罕接朝士,不親政事,一日萬機,委諸凶族。[5]內侍帷幄,外吐絲綸,威厲風霜,志迴天日,虐人害物,搏噬無厭,賣獄鬻官,谿壑難滿。重以名將貽禍,忠臣顯戮,始見浸弱之萌,俄觀土崩之勢,周武因機,[6]遂混區夏,[7]悲夫。蓋桀、紂罪人,其亡也忽焉,[8]自然之理矣。

　　[1]春誦夏弦:古代學校裏讀詩,衹口誦的叫做"誦",用樂器配合的叫"弦"。指應根據季節採取不同的學習方式。語出《禮記·文王世子》:"春誦夏弦,大師詔之。"

　　[2]嬭媼:陸令萱(?—577),亦稱陸媼,爲北齊後主乳母,受胡太后寵信,封郡君。齊亡後被勒令自殺。《北史》卷九二《穆

提婆傳》有附傳。

　　[3]韝（gōu）紲（xiè）：韝以蹲鷹，紲以牽狗。借指紈綺子弟放浪游樂的生活。韝，古代射箭時戴的皮制袖套。紲，牽牲畜的繩子，動詞做牽或拴。

　　[4]從惡若崩：形容學壞很容易。語出《國語·周語下》："諺曰：'從善如登，從惡如崩。'"

　　[5]凶族：原指上古時代與堯舜部族相敵對的四個部落，泛指惡人。語出《左傳》文公十八年："舜臣堯，賓於四門，流凶族，渾敦、窮奇、檮杌、饕餮投諸四裔，以禦螭魅。"

　　[6]周武：北周武帝。

　　[7]區夏：指華夏。語出《尚書·康誥》："用肇造我區夏。"漢孔安國《傳》："始爲政於我區域諸夏。"

　　[8]桀、紂罪人，其亡也忽焉：意爲迅速、突然滅亡。語出《左傳》莊公十一年："禹、湯罪己，其興也勃焉；桀、紂罪人，其亡也忽焉。"桀、紂，分別是夏代和商朝末年的暴君。

　　鄭文貞公魏徵總而論之曰：[1]神武以雄傑之姿，始基霸業。文襄以英明之略，[2]伐叛柔遠。于時喪君有君，師出以律。河陰之役，[3]摧宇文如反掌。[4]渦陽之戰，[5]掃侯景如拉枯。[6]故能氣攝西鄰，威加南服，王室是賴，東夏宅心。文宣因累世之資，膺樂推之會，地居當璧，[7]遂遷魏鼎。[8]懷譎詭非常之才，運屈奇不測之智，網羅俊乂，[9]明察臨下，文武名臣，盡其力用。親戎出塞，命將臨江，定單于於龍城，[10]納長君於梁國，外内充實，疆場無警，胡騎息其南侵，秦人不敢東顧。[11]既而荒淫敗德，罔念作狂，爲善未能亡身，餘殃足以傳後。得以壽終，幸也。胤嗣不永，宜哉。孝昭地逼身危，[12]逆取順守，外敷文教，内蘊雄圖，將以牢籠區域，奄一函夏，享齡不永，勛用無成。若或天假之年，足使秦、吴盰食。[13]武成即位，雅道陵遲，昭、襄之風，潅焉已墜。[14]洎乎後主，外内崩離，衆潰於平陽，[15]身禽於青土。天道深遠，或未易談，吉凶由人，抑可揚榷。[16]

[1]魏徵（580—643）：唐初名臣，以直言敢諫著稱於世。《舊唐書》卷七一、《新唐書》卷九七有傳。按，魏徵卒於貞觀十七年（643），李百藥《北齊書》成書於貞觀十年。書成後魏徵尚在世，不可能有"文貞"謚號，李延壽《北史》成書於唐高宗顯慶四年（659），故此句非李百藥《北齊書》原文，當是補者采《北史》用之作爲全卷之論。

[2]文襄：北齊皇帝高澄（521—549），謚號文襄，廟號世宗。本書卷三、《北史》卷六有紀。

[3]河陰之役：東魏元象元年（538）七月，河南行臺侯景、高昂等圍困西魏大將獨孤信於洛陽金墉城，西魏文帝和丞相宇文泰來救，八月，高歡率軍在河陰（今河南孟津縣東）將其擊潰，後雙方撤出洛陽。事見本書卷二《神武紀下》。

[4]宇文：北周文帝宇文泰（505—556），字黑獺，代郡武川（今内蒙古武川縣）人。鮮卑族。北周奠基者。《周書》卷一、二，《北史》卷九有紀。

[5]渦（guō）陽之戰：東魏武定五年（547），高歡卒。東魏大將侯景叛魏南逃，受到東魏慕容紹宗等人的進攻，敗退渦陽（今安徽蒙城縣），並向梁武帝求救，梁武帝乘機派縱使蕭正德北伐，失敗被俘。慕容紹宗和侯景在渦陽地區展開激戰，最後慕容紹宗反敗爲勝，迫使侯景逃奔淮南。詳《梁書》卷五六、《南史》卷八〇《侯景傳》。

[6]侯景（503—552）：字萬景，懷朔鎮（今內蒙古固陽縣西南）人，或云雁門（今山西代縣西南）人，羯族。北魏、東魏將領，後降南朝梁。《梁書》卷五六、《南史》卷八〇有傳。

[7]當璧：指當國君之兆。事見《左傳》昭公元年和昭公十三年："初，共王無塚適，有寵子五人，無適立焉。乃大有事于群望，而祈曰：'請神擇於五人者，使主社稷。'乃徧以璧見於群望，曰：'當璧而拜者，神所立也，誰敢違之？'既乃與巴姬密埋璧於大室之庭，使五人齊，而長入拜……平王弱，抱而入，再拜，皆厭紐。""璧"字諸本皆同，惟百衲本作"壁"。"當璧"一詞見於古代史籍，故"壁"字爲"璧"的形近訛字。今從中華本改。

[8]遷魏鼎：遷鼎，指易代、亡國。鼎，爲傳國之重器，後遂代指國家政權和地位。

[9]俊乂：亦作"俊艾"。才德出衆的人。

[10]龍城：又稱龍庭。漢代匈奴祭天及大會諸部處。在今蒙古國額爾渾河西側哈喇和林，事見《史記》卷一一一《衛將軍驃騎將軍列傳》："元光五年，青爲車騎將軍，擊匈奴……青至蘢（即龍）城，斬首虜數百。"此代指柔然王庭。

[11]秦：這裏指宇文泰控制的關中地區。

[12]孝昭：北齊皇帝高演（535—561），諡號孝昭。本書卷六、《北史》卷七有紀。

[13]吳：這裏借指南朝的蕭梁和陳朝。 旰（gàn）食：這裏指應接不暇，疲於奔命。旰，晚，天色晚。

[14]漼（cuī）焉：毀壞的樣子。漼，古通"摧"，毀壞。

[15]平陽：地名。治所在今山西臨汾市。

[16]抑可揚榷："榷"字四庫本作"推"，其他本作"攉"。按，"推""攉"爲"榷"的異體字。

觀夫有齊全盛，控帶遐阻，西苞汾、晉，[1]南極江、淮，[2]東盡海隅，北漸沙漠，六國之地，我獲其五，九州之境，彼分其四。料甲兵之衆寡，校帑藏之虛實，折衝千里之將，帷幄六奇之士，比二方之優劣，無等級以寄言。然其太行、長城之固自若也，[3]江淮、汾晉之險不移也，帑藏輸稅之賦未虧也，士庶甲兵之衆不缺也。然而前王用之而有餘，後主守之而不足，其故何哉？前王之御時也，沐雨櫛風，[4]拯其溺而救其焚，信賞必罰，安而利之，既與共其存亡？故得同其生死。後主則不然，以人從欲，損物益己。雕墻峻宇，酣酒嗜音，[5]廊肆變於宮園，[6]禽色荒於外內，俾晝作夜，[7]罔水行舟，所欲必成，所求必得。既不軌不物，又暗於聽受，忠信不聞，萋斐必入，[8]視人如草芥，從惡如順流。佞閹處當軸之權，婢媼擅迴天之力，賣官鬻獄，亂政淫刑，刳削被於忠良，[9]祿位加於犬馬，讒邪並進，法令多聞，持瓢者非止百人，搖樹者不唯一手。於是土崩瓦解，衆叛親離，顧瞻周道，咸有西歸之志。方更盛其宮觀，窮極荒淫，謂黔首之可誣，[10]指白日以自保。馳倒戈之旅，抗前歌之師，五世崇基，一舉而滅，豈非鐫金石者難爲功，摧枯朽者易爲力歟？

[1]汾：汾河，在今山西境内。源於山西寧武縣管涔山麓，貫穿山西省南北。　晉：今山西省簡稱。

[2]江：江水，古代四瀆之一。又稱"大江"，即今天的長江。　淮：淮水，古爲四瀆之一，即今天的淮河。

[3]太行：山名。又名五行山、太行山。地跨今晉冀豫三省交界地帶。

[4]沐雨櫛（zhì）風：雨洗頭，風梳髮。形容奔波辛勞，飽經風雨。櫛，梳頭。沐，洗頭。語出《莊子·天下》："腓無胈，脛無毛，沐甚雨，櫛疾風，置萬國，禹大聖也而形勞天下也如此。"

[5]酣：百衲本、汲古閣本、局本皆作"酣"。《北史》卷八《齊後主紀》作"甘酒嗜音"，《通典》同《北史》。根據語義，應爲"酣"字，今存疑。

[6]鄽（chán）：市肆店鋪。

[7]俾（bǐ）晝作夜：把白晝當作夜晚。指不分晝夜地尋歡作樂。俾，使。語出《詩·大雅·蕩》："式號式呼，俾晝作夜。"

[8]萋斐：亦作"萋菲"。花紋錯雜貌，後因以"萋斐"比喻讒言。語出《詩·小雅·巷伯》："萋兮斐兮，成是貝錦；彼譖人者，亦已大甚！"唐孔穎達疏："《論語》云：'斐然成章。'是斐爲文章之貌，萋與斐同類而云成錦，故爲文章相錯也。"

[9]刳（kū）剒（cuò）：斬殺。

[10]黔首：指平民百姓。

　　抑又聞之：皇天無親，唯德是輔。[1]天時不如地利，地利不如人和。齊自河清之後，逮于武平之末，土木之功不息，嬪嬙之選無已，征稅盡，人力殫，物產無以給其求，江海不能贍其欲。所謂火既熾矣，更負薪以足之，[2]數既窮矣，[3]又爲惡以促之，欲求大廈不燔，[4]延期過曆，不亦難乎。由此言之，齊氏之敗亡，蓋亦由人，匪唯天道也。

　　[1]皇天無親，唯德是輔：指上天公正無私，總是幫助品德高尚的人。親，親近。輔，幫助。語出《尚書·蔡仲之命》："皇天無親，唯德是輔；民心無常，惟惠之懷。"

[2]薪：柴火。
[3]數：天數，天命。
[4]燔（fán）：焚燒。

今注本二十四史

北齊書

唐 李百藥 撰

陳長琦 主持校注

二 傳（一）

中國社會科學出版社

北齊書　卷九[1]

列傳第一

神武婁后　文襄元后　文宣李后　孝昭元后　武成胡后
後主斛律后　胡后　穆后

神武明皇后婁氏，[2]諱昭君，贈司徒内干之女也。[3]少明悟，強族多聘之，並不肯行。及見神武於城上執役，[4]驚曰：「此真吾夫也。」乃使婢通意，又數致私財，使以聘己，父母不得已而許焉。神武既有澄清之志，傾産以結英豪，密謀祕策，后恒參預。及拜渤海王妃，[5]閫闈之事悉決焉。[6]

[1]《北齊書》卷九：中華本校勘記云：「按此卷原缺，後人以《北史》卷一四《后妃傳》下北齊部分補。傳目仍《北齊書》的原目，不列附傳諸妃嬪。補此傳者按目補入，所以《北史》有傳而此《傳》目録不載的一概不補。其實《北齊書》目録不載，並非《傳》内無文。又今本此《傳》無序，《初學記》卷一〇《中宮部‧妃嬪》引《北齊書》，即此《傳》的序。《北史‧后妃傳序》乃併合魏、周、齊三書《后妃傳序》而成。其中叙北齊妃嬪位號一

段和《初學記》所引《北齊書》基本相同。《初學記》是類書，引文刪節較多，所以比《北史》簡略，但個別文字也可以訂正《北史》的訛文。"

[2]武明：婁氏的謚號。

[3]贈司徒：即死後所贈授之司徒。爲三公之一，北齊一品。內干：人名。即婁內干。北魏代郡平城（今山西大同市東北）人。未曾入仕而卒。生平事迹不詳。

[4]神武：北齊皇帝高歡（496—547），謚號神武。本書卷一、二，《北史》卷六有紀。

[5]渤海王：爵名。渤海，郡名。治所在今河北東光縣。

[6]閫（kǔn）闈（wéi）：婦女所居內室，指內宮。

后高明嚴斷，雅遵儉約，往來外舍，侍從不過十人。性寬厚，不妒忌，神武姬侍，咸加恩待。神武常將西討出師，[1]后夜孿生一男一女，左右以危急，請追告神武。后弗聽曰："王出統大兵，何得以我故輕離軍幕。死生命也，來復何爲！"神武聞之，嗟歎良久。沙苑敗後，[2]侯景屢言請精騎二萬，[3]必能取之。神武悦，以告于后。后曰："若如其言，豈有還理，得獺失景，[4]亦有何利。"乃止。神武逼於茹茹，[5]欲娶其女而未决。后曰："國家大計，願不疑也。"及茹茹公主至，[6]后避正室處之。神武愧而拜謝焉，曰："彼將有覺，願絶勿顧。"慈愛諸子，不異己出，躬自紡績，人賜一袍一褲。手縫戎服，以帥左右。弟昭，[7]以功名自達，其餘親屬，未嘗爲請爵位。每言有材當用，義不以私亂公。文襄嗣位，[8]進爲太妃。文宣將受魏禪，[9]后固執不許，帝所以中止。天保初，[10]尊爲皇太后，宮曰宣訓。[11]濟南即位，[12]尊爲太皇太后。尚書令楊愔等受遺詔輔政，[13]疏忌諸王。太皇太后密與孝昭及諸大將定策誅之，[14]下令廢立。孝昭即位，復爲皇太后。孝昭帝崩，太后又下詔立武成帝。[15]大寧二年春，[16]太后寢疾，衣忽自舉，用巫媼言改姓石氏。[17]四月辛丑，崩於北宮，[18]時年六十二。五月甲申，合葬義平陵。[19]

[1]神武常將西討出師："常"字，宋本、百衲本同，四庫本、中華本作"嘗"。按，"常""嘗"通。

[2]沙苑：地名。又名"沙阜""沙海""沙澤""沙窩"。在今陝西大荔縣南洛、渭二河之間，東西八十里，南北三十里，其沙隨風流徙，不可耕植，而宜於牧林瓜果。東魏天平四年（537）與西魏於此爆發惡戰，史稱沙苑之戰，東魏慘敗。

[3]侯景（503—552）：字萬景，懷朔鎮（今內蒙古固陽縣西南）人，或云雁門（今山西代縣西南）人，羯族。北魏、東魏將領，後降南朝梁。《梁書》卷五六、《南史》卷八〇有傳。

[4]得獺失景：獺即北周文帝宇文泰（507—556）。泰字黑獺。景，即侯景。

[5]茹茹：古族名。又稱柔然、蠕蠕、蝚蠕、芮芮等。其强盛時，勢力達於整個蒙古高原。該國汗族郁久閭氏源自雜胡（詳見曹永年《柔然源於雜胡考》，《歷史研究》1981年第3期）。境內有匈奴、鮮卑、高車、西域諸族以及其他民族，多以游牧爲生。《魏書》卷一〇三、《北史》卷九八有傳。

[6]茹茹公主：宋本、四庫本、百衲本、中華本同，中華本《北史》作"蠕蠕公主"。其校勘記云："諸本作'茹茹'。錢氏《考異》云：'上文即云神武逼于蠕蠕，欲娶其女，此後仍書蠕蠕公主，一卷之中，不相檢照。'"

[7]昭：婁昭，字菩薩，代郡平城（今山西大同市東北）人。

東魏大臣。北魏末跟隨高歡。齊受禪，追封太原王。本書卷一五、《北史》卷五四有傳。

[8]文襄：北齊皇帝高澄（521—549），謚號文襄，廟號世宗。本書卷三、《北史》卷六有紀。

[9]文宣：北齊開國皇帝高洋（529—559），謚號文宣。本書卷四、《北史》卷七有紀。

[10]天保：北齊文宣帝高洋年號（550—559）。

[11]宣訓：宮殿名稱。

[12]濟南：此指濟南王，北齊廢帝高殷的封爵號。

[13]尚書令：官名。尚書省長官。秦設。魏晉以降，總掌全國行政。東晉南北朝時，如設有錄尚書事，則尚書令職權往往在其之下。北齊二品。　楊愔（511—560）：字遵彥，小名秦王，弘農華陰（今陝西華陰市）人，楊津子。北齊官吏。本書卷三四有傳，《北史》卷四一《楊播傳》有附傳。

[14]孝昭：北齊皇帝高演（535—561），謚號孝昭。本書卷六、《北史》卷七有紀。

[15]武成：北齊皇帝高湛（537—568），謚號武成。本書卷七、《北史》卷八有紀。

[16]大寧：北齊武成帝高湛年號（561—562）。

[17]改姓石氏：《北史》卷一四同，宋本、百衲本作"改姓氏"。按，本書卷三三《徐之才傳》："內史皆令呼太后爲石婆。"當作"改姓石氏"。據《北史》改。

[18]北宮：即宣訓宮。

[19]義平陵：北齊高歡葬所。故址在今河北臨漳縣南鼓山。

太后凡孕六男二女，皆感夢：孕文襄則夢一斷龍；孕文宣則夢大龍，首尾屬天地，張口動目，勢狀驚人；孕孝昭則夢蠕龍於地；孕武成則夢龍浴於海；孕魏二后並夢月入懷；孕襄城、博陵二王夢鼠入衣下。[1]后未崩，有童謠曰"九龍母死不作孝"。及后崩，武成不改服，緋袍如故。未幾，登三臺，[2]置酒作樂。帝女進白袍，[3]帝怒，投諸臺下。和士開請止樂，[4]帝大怒，撻之。帝於昆季次實九，[5]蓋其徵驗也。

[1]襄城：此指襄城景王淯，神武帝第八子，初封爲章武郡公，改封襄城郡王。本書卷一〇有傳。襄城，郡名。治所在今河南襄城縣。　博陵：此指北齊神武帝高歡第十二子高濟。本書卷一〇有傳。博陵，郡名。治所在今河北安平縣。

[2]三臺：臺閣名。故址在鄴城（今河北臨漳縣西南）西北隅。東漢建安十五年（210），曹操主持修築。中爲銅雀臺，高十丈；南爲金虎臺，北爲冰井臺，皆高八丈。十六國時後趙石虎增修，北齊高洋在舊基之上重修，於天保八年（557）落成，改銅雀爲金鳳，金虎爲聖應，冰井爲崇光。

[3]帝女：宋本、百衲本、中華本同，四庫本作"宮女"。中華本校勘記云："《通鑑》卷一六八'帝女'作'宮女'。《隋書》卷二三《五行志》下（心腹之痾）'帝女'作'侍者'。按'帝女'當有誤，《通鑑》恐亦以意改。"存疑。

[4]和士開（524—571）：字彥通，清都臨漳（今河北臨漳縣）人。先世西域商人，本姓素和。本書卷五〇、《北史》卷九二有傳。墓在今河南安陽縣。

[5]昆季：兄弟。　次實九：依高歡諸子排序爲第九子。

　　文襄敬皇后元氏，[1]魏孝靜帝之姊也。[2]孝武帝時，[3]封馮翊公主而歸於文襄。[4]容德兼美，曲盡和敬。初生河間王孝琬，[5]時文襄爲世子，三日而孝靜帝幸世子第，贈錦綵及布帛萬疋。世子辭，求通受諸貴禮遺，於是十屋皆滿。次生兩公主。文宣受禪，尊爲文襄皇后，居静德宫。及天保六年，文宣漸致昏狂，乃移居於高陽之宅，[6]而取其府庫，曰："吾兄昔姦我婦，我今須報。"乃淫於后。其高氏女婦無親疏，皆使左右亂交之於前。以葛爲緪，[7]令魏安德主騎上，[8]使人推引之，又命胡人苦辱之。帝又自呈露，以示群下。武平中，[9]后崩，祔葬義平陵。

[1]敬皇后元氏：鮮卑族。齊文宣帝即位，追謚高澄爲文襄皇帝，其被尊爲文襄皇后。

[2]孝静帝：東魏皇帝元善見（524—551）。謚號孝静。公元534年至550年在位。《魏書》卷一二、《北史》卷五有紀。 姊：宋本、百衲本、中華本諸本皆同，《太平御覽》（四部叢刊三編影印宋刊本）卷一四三"高澄元后條"、《文獻通考》卷二五四、《通志》卷二〇《后妃傳二》亦同。文淵閣四庫全書本作"妹"。

[3]孝武帝：北魏皇帝元脩（510—534），字孝則，廣平武穆王元懷第三子。公元532年至534年在位。謚號孝武。《魏書》卷一一、《北史》卷五有紀。

[4]馮翊公主：爵號。馮翊，郡名。治所在今陝西高陵縣。

[5]河間王：北齊文襄帝第三子高孝琬的爵號。河間，郡名。治所在今河北河間市南。 孝琬：《北史》卷五二有傳。

[6]高陽：郡名。治所在今河北高陽縣東。

[7]緪（gēng）：粗繩子。

[8]安德主：安德公主。《北史》卷一四有傳。安德，郡名。治所在今山東平原縣東北。

[9]武平：北齊後主高緯年號（570—576）。

文宣皇后李氏，[1]諱祖娥，趙郡李希宗女也。[2]容德甚美。初爲太原公夫人。[3]及帝將建中宮，[4]高隆之、高德正言漢婦人不可爲天下母，[5]宜更擇美配。楊愔固請依漢、魏故事，不改元妃。而德正猶固請廢后而立段昭儀，[6]欲以結勳貴之援，帝竟不從而立后焉。帝好捶撻嬪御，乃至有殺戮者，唯后獨蒙禮敬。天保十年，改爲可賀敦皇后。孝昭即位，降居昭信宮，[7]號昭信皇后。武成踐祚，逼后淫亂，云："若不許，我當殺爾兒。"后懼，從之。後有娠，太原王紹德至閤，[8]不得見，愠曰："兒豈不知耶，姊姊腹大，故不見兒。"后聞之，大慚，由是生女不舉。帝橫刀詬曰："爾殺我女，我何不殺爾兒！"對后前築殺紹德。后大哭，帝愈怒，裸后亂撾撻之，號天不已。盛以絹囊，流血淋漓，投諸渠水，良久乃蘇，犢車載送妙勝尼寺。[9]后性愛佛法，因此爲尼。齊亡入關。[10]隋時得還趙郡。

[1]文宣皇后李氏：《北史》卷一四有傳。

[2]趙郡：治所在今河北趙縣。　李希宗（501—540）：字景玄，趙郡平棘（今河北趙縣東南）人。北魏、東魏官吏。《魏書》卷三六、《北史》卷三三《李順傳》有附傳。

[3]太原公：東魏時高洋的封爵號。太原，郡名。治所在今山西太原市西南。

[4]中宮：皇后所居之處，因借指皇后。

[5]高隆之（494—554）：本姓徐，字延興，高平金鄉（今山東金鄉縣）人。後高歡認爲從弟，乃稱渤海蓚（今河北景縣）人。東魏、北齊大臣。本書卷一八、《北史》卷五四有傳。　高德正（？—559）：一作"德政"。字士貞，渤海蓚（今河北景縣）人。

北齊官吏。本書卷三〇有傳。

[6]段昭儀：北齊文宣帝妃。姑臧武威（今甘肅武威市）人。段韶妹。後主時，改適録尚書唐邕。

[7]昭信宮：北齊皇建元年（560）以晋陽宮改名。

[8]太原王：北齊文宣帝高洋第二子高紹德的爵名。　紹德：高紹德（？—562），文宣帝第二子。本書卷一二、《北史》卷五二有傳。

[9]妙勝尼寺：古寺名。在今河北臨漳縣西南古鄴城。

[10]關：地名。泛指故函谷關（今河南靈寶市東北）。

孝昭皇后元氏，[1]開府元蠻女也。[2]初爲常山王妃。[3]天保末，賜姓步六孤。[4]孝昭即位，立爲皇后。帝崩，梓宮之鄴，[5]始渡汾橋，[6]武成聞后有奇藥，追索之不得，使閹人就車頓辱。降居順成宮。武成既殺樂陵王，[7]元被閟隔，不得與家相知。宮闈内忽有飛語，帝令檢推，得后父兄書信，元蠻由是坐免官。后以齊亡入周氏宮中，[8]隋文帝作相，[9]放還山東。[10]

[1]孝昭皇后元氏：東魏宗室。高演妻。北齊皇建元年（560）立爲皇后。

[2]開府：官名。本指高級官員開建府署，辟置僚屬之舉。兩漢僅以三公開府。遂成加銜。復轉爲勳、散官，爲開府儀同三司等官之簡稱。　元蠻：江陽王元繼子。鮮卑族拓跋部人。北齊大臣。本書卷四八有傳。

[3]常山王妃：封號。常山王，北齊孝昭帝高演登基前的爵名。常山，郡名。治所在今河北石家莊市藁城區西北。

[4]步六孤：鮮卑姓氏。一譯爲"步鹿孤"或"伏鹿孤"。北

魏太和（477—499）中改爲"陸氏"，爲北魏鮮卑八姓之一。至西魏還復舊姓。

［5］梓宮之鄴：《北史》卷一四《后妃傳下》作"從梓宮之鄴"。疑當有"從"字。梓宮，指皇帝、皇后的棺。

［6］汾：水名。即今山西黃河支流汾河。

［7］樂陵王：爵名。北齊宗室高百年的封爵。高百年，孝昭帝子。本書卷一二有傳。樂陵，郡名。治所在今山東樂陵市。

［8］周：即北周（557—581）。西魏恭帝三年（556）十二月，宇文泰之子宇文覺廢西魏主自立，次年改元，建號周，史稱北周，又稱後周。都長安（今陝西西安市）。歷五帝，二十五年。至靜帝宇文衍爲隋所代。

［9］隋文帝：楊堅的諡號。公元581年楊堅代北周稱帝，國號隋。《隋書》卷一、二，《北史》卷一一有紀。

［10］山東：地區名。指太行山以東地區。

　　武成皇后胡氏，[1]安定胡延之女。[2]其母范陽盧道約女，[3]初懷孕，有胡僧詣門曰"此宅瓠蘆中有月"，既而生后。天保初，選爲長廣王妃。[4]產後主日，[5]鴞鳴於產帳上。武成崩，尊爲皇太后，陸媼及和士開密謀殺趙郡王叡，[6]出婁定遠、高文遙爲刺史。[7]和、陸諂事太后，無所不至。初武成時，后與諸閹人褻狎。武成寵幸和士開，每與后握槊，[8]因此與后姦通。自武成崩後，數出詣佛寺，又與沙門曇獻通。[9]布金錢於獻席下，又挂寶裝胡床於獻屋壁，武成平生之所御也。乃置百僧於內殿，託以聽講，日夜與曇獻寢處。以獻爲昭玄統。[10]僧徒遙指太后以弄曇獻，乃至謂之爲太上者。帝聞太后不謹而未之信，後朝太后，見二少尼，悅而召之，乃男子也。於是曇獻事亦發，皆伏法，并殺元、山、王三郡君，[11]皆太后之所昵也。帝自晉陽奉太后還鄴，[12]至紫陌，[13]卒遇大風。舍人魏僧伽明風角，[14]奏言即時當有暴逆事。帝詐云鄴中有急，彎弓纏矟，馳入南城，令鄧長顒幽太后北宮，[15]仍有敕內外諸親一不得與太后相見。久之，帝復迎太后。太后初聞使者至，大驚，慮有不測。每太后設食，帝亦不敢嘗。周使元偉來聘，[16]作《述行賦》，[17]敘鄭莊公剋段而遷姜氏，[18]文雖不工，當時深以爲愧。齊亡入周，恣行姦穢。隋開皇中殂。

　　[1]皇后胡氏：《北史》卷一四有傳。
　　[2]安定：郡名。治所在今甘肅涇川縣北。　胡延之：安定臨涇（今甘肅鎮原縣）人。北魏官吏。位中書令、兗州刺史。贈司空。
　　[3]范陽：郡名。治所在今河北涿州市。　盧道約（485—543）：字季恭，范陽涿（今河北涿州市）人。北魏官吏。《魏書》卷四七《盧玄傳》有附傳。
　　[4]長廣王：高湛的爵號。長廣，郡名。治所在今山東龍口市。
　　[5]後主：北齊後主高緯（556—578），武成帝長子。本書卷八、《北史》卷八有紀。
　　[6]陸媼：陸令萱（？—577），亦稱陸媼，爲北齊後主乳母，受胡太后寵信，封郡君。齊亡後被勒令自殺。《北史》卷九二《穆提婆傳》有附傳。　趙郡王叡：高叡（534—569），小名須拔，渤海蓨（今河北景縣）人。高琛子。東魏、北齊大臣。本書卷一三、《北史》卷五一《趙郡王琛傳》有附傳。趙郡，治所在今河北趙縣。
　　[7]婁定遠（？—574）：代郡平城（今山西大同市東北）人。

婁昭子。北齊官吏。以外戚貴盛，少歷顯職。本書卷一五、《北史》卷五四《婁昭傳》有附傳。　高文遙：元文遙，字德遠，河南洛陽（今河南洛陽市東北）人，鮮卑族。北齊大臣。本書卷三八、《北史》卷五五有傳。

[8]握槊：博戲名。與"雙陸"類似，一説即"雙陸"。傳自天竺（今印度），盛於南北朝、隋、唐。玩法是：下鋪一特製盤，雙方各用十六枚（一説十五枚）棒槌形的"馬"立於己方，擲骰子的點數各占步數，先走到對方者爲勝。亦名"雙鹿"。

[9]沙門：出家的佛教徒。　曇獻：北齊僧人。爲後主所殺。

[10]昭玄統：官名。原爲沙門統。北魏道武帝皇始二年（397）設。分掌國、州、郡之僧尼、寺產、宗教活動等。又稱道人統，改稱昭玄統等，又按級分稱沙門都統、州統、郡統等。一般以僧人任之。

[11]元、山、王三郡君：元氏、山氏、王氏三位郡君。郡君，貴族女性封號。

[12]晋陽：縣名。治所在今山西太原市晋源區古城營村一帶。

[13]紫陌：即紫陌橋。在今河北臨漳縣西南古鄴城西北。

[14]舍人：官名。《周禮》已有此職名。秦漢之後歷朝沿置，多爲皇帝、太子、王公等近屬之官。　風角：古代占卜之法。以五音占四方之風而定吉凶。

[15]鄧長顒：亦作"鄧顒"。北齊後主宦官，參與朝政，參加文林館的創建。事迹略見於本書卷五〇《韓寶業傳》、《北史》卷九二《齊諸宦者傳》。

[16]元偉：亦作"拓跋偉"。北周官吏。以文才稱於世。官至小司寇。

[17]《述行賦》：賦篇名。元偉撰，與蔡邕之作同名。久佚。

[18]鄭莊公：春秋時鄭國國君。姬姓，名寤生。封弟段於京（今河南滎陽市東南），號太叔。太叔與母武姜合謀叛亂，莊公怨之，乃遷母武姜氏於城潁，誓死不相見，後釋之。事見《左傳》隱

公元年。

後主皇后斛律氏，[1]左丞相光之女也。[2]初爲皇太子妃。後主受禪，立爲皇后。武平三年正月生女，帝欲悅光，詐稱生男，爲之大赦。光誅，后廢在別宮，後令爲尼。齊滅，嫁爲開府元仁妻。[3]

[1]皇后斛律氏：今山西朔州市人。敕勒族。父斛律光。
[2]左丞相：官名。戰國秦始置，爲政府最高國務長官之一。北魏或置或省，皆特爲權臣專設之名號，並非處理實際政務的宰相。位一品。　光：斛律光（515—572），字明月，朔州（今内蒙古固陽縣）人。高車族敕勒部。北齊名將，少以武藝知名。本書卷一七、《北史》卷五四《斛律金傳》有附傳。
[3]元仁：河南洛陽（今河南洛陽市東南）人。元景安子，鮮卑族。北齊官吏。齊亡入周。隋建，歷驃騎將軍、丹陽太守。

後主皇后胡氏，[1]隴東王長仁女也。[2]胡太后失母儀之道，[3]深以爲愧，欲求悅後主，故飾后於宮中，令帝見之。帝果悅，立爲弘德夫人，[4]進左昭儀，[5]大被寵愛。斛律后廢，[6]陸媪欲以穆夫人代之，[7]太后不許。祖孝徵請立胡昭儀，[8]遂登爲皇后。陸媪既非勸立，又意在穆夫人，其後於太后前作色而言曰："何物親姪女作如此語言！"太后問有何言，曰："不可道。"固問之，乃曰："語大家云，[9]太后行多非法，不可以訓。"太后大怒，唤后出，立剃其髮，送令還家。帝思之，每致物以通意。後與斛律廢后俱召入内，數日而鄴不守。後亦改嫁。

[1]胡氏：後主皇后。安定臨涇（今甘肅鎮原縣）人。
[2]隴東王：爵名。隴東，郡名。治所在今陝西隴縣。　長仁：胡長仁（？—569），字孝隆，安定臨涇（今甘肅鎮原縣）人。武成胡皇后兄。北齊官吏。本書卷四八、《北史》卷八〇有傳。
[3]胡太后：北齊武成皇后胡氏。
[4]弘德夫人：皇帝妃嬪的封號。
[5]左昭儀：嬪妃名號。爲二昭儀之一。
[6]斛律后：北齊後主皇后斛律氏。
[7]穆夫人：北齊後主皇后穆氏。
[8]祖孝徵：祖珽，字孝徵，范陽遒（今河北淶水縣北）人。東魏、北齊官吏。本書卷三九有傳，《北史》卷四七《祖瑩傳》有附傳。
[9]大家：宮人對皇帝的稱呼。此謂後主。

後主皇后穆氏，名邪利，本斛律后從婢也。母名輕霄，本穆子倫婢也，[1]轉入侍中宋欽道家，[2]姦私而生后，莫知氏族，或云后即欽道女子也。小字黃花，後字舍利。欽道婦妒，黥輕霄面爲"宋"字。欽道伏誅，黃花因此入宮，有幸於後主，宮內稱爲舍利太監。[3]女侍中陸太姬知其寵，養以爲女，薦爲弘德夫人。武平元年六月，生皇子恒。[4]於時後主未有儲嗣，陸陰結待，以監撫之任不可無主，時皇后斛律氏，丞相光之女也，慮其懷恨，先令母養之，立爲皇太子。陸以國姓之重，穆、陸相對，又奏賜姓穆氏。[5]胡庶人之廢也，[6]陸有助焉，故遂立爲皇后，大赦。初，有折衝將軍元正烈於鄴城東水中得璽以獻，[7]文曰《天王后璽》，蓋石氏所作。[8]詔書頒告，以爲穆后之瑞焉。武成時，爲胡后造真珠裙袴，所費不可稱計，被火所燒。後主既立穆皇后，復爲營之。屬周武遭太后喪，[9]詔侍中薛孤、康買等爲弔使，[10]又遣商胡齎錦綵三萬疋與弔使同往，欲市真珠爲皇后造七寶車，周人不與交易，然而竟造焉。先是童謠曰："黃花勢欲落，清觴滿盃酌。"言黃花不久也，後主自立穆后以後，昏飲無度，故云清觴滿杯酌。陸息駱提婆詔改姓爲穆，[11]陸。太姬，皆以皇后故也。[12]后既以陸爲母，提婆爲家，更不採輕霄。輕霄後自療面，[13]欲求見，太后、陸媪使禁掌之，[14]竟不得見。

[1]穆子倫：事見本傳，餘不詳。

[2]侍中：官名。門下省長官。掌侍皇帝左右，贊導衆事，顧問應對，時有宰相之實。三品。　宋欽道（？—560）：廣平（今河北邯鄲市永年區）人。東魏、北齊官吏。本書卷三四《楊愔傳》、《北史》卷二六《宋隱傳》有附傳，事亦見《魏書》卷六三《宋弁傳》。

[3]太監：宮中女官。《魏書》卷一三《后妃傳上》："置女職，以典内事……作司、大監、女侍中三官視二品。"

[4]恒：高恒（570—578），北齊幼主，齊亡後不久與後主同時遇害於長安。本書卷八、《北史》卷八有紀。

[5]穆氏：鮮卑族的丘穆陵氏隨北魏孝文帝南下，定居洛陽，改漢姓"穆"。

[6]胡庶人：齊後主皇后胡氏。

[7]折衝將軍：官名。漢設，爲雜號將軍之一。歷朝因之。元正烈：北齊官吏。北史卷一〇有傳。

[8]石氏：烏石蘭氏。進入中原後改姓爲單姓石氏。

[9]周武：北周武帝宇文邕（543—578），字禰羅突。宇文泰第四子。公元561年至578年在位。《周書》卷五、六，《北史》卷一〇有紀。

[10]薛孤：薛孤延，代（今山西大同市東北）人。東魏、北齊將領。本書卷一九、《北史》卷五三有傳。　康買：北齊官吏。參與孝昭帝政變，後主時位侍中。　弔使：悼念並慰問的使節。

[11]駱提婆（？—578）：亦作"穆提婆"，漢陽（今甘肅天水市）人。北齊官吏。本書卷五〇、《北史》卷九二有傳。

[12]陸大姬皆以皇后故：中華本校勘記云："按這句文義不順。下'陸'字下當脱'號曰'二字，卷五〇《恩倖傳》（補）云：'及穆后立，令萱號曰太姬'，可證。"

[13]輕霄後自療面：百衲本無"後""面"二字，諸本有，《北史》卷一四《後主皇后穆氏傳》亦有此二字。又，本傳上文言輕霄被宋欽道妻所黥面，此言療面，即治療面部黥痕，當有"面"字。據補。

[14]欲求見，太后、陸媪使禁掌之：中華本校勘記云："《北史》卷一四作'欲求見，爲太姬陸媪使禁掌之'。按穆后立後，胡太后已和後主有猜嫌，豈能和陸令萱一起禁止輕霄之見其女。這裏'太后'當是'太姬'之訛，'太姬陸媪'連文。"說是。

北齊書　卷一〇[1]

列傳第二

高祖十一王

永安簡平王浚　平陽靖翼王淹　彭城景思王浟
上黨剛肅王渙　襄城景王淯　任城王湝　高陽康穆王湜
博陵文簡王濟　華山王凝　馮翊王潤　漢陽敬懷王洽

　　神武皇帝十五男：[2]武明婁皇后生文襄皇帝、[3]文宣皇帝、[4]孝昭皇帝、[5]襄城景王淯、[6]武成皇帝、[7]博陵文簡王濟，[8]王氏生永安簡平王浚，[9]穆氏生平陽靖翼王淹，[10]大尒朱氏生彭城景思王浟、華山王凝，[11]韓氏生上黨剛肅王渙，[12]小尒朱氏生任城王湝，[13]游氏生高陽康穆王湜，[14]鄭氏生馮翊王潤，[15]馮氏生漢陽敬懷王洽。[16]

[1]《北齊書》卷一〇：中華本校勘記云："按此卷原缺，後人以《北史》卷五一《神武諸子傳》補。三朝本、南本、局本於《傳》末有宋人校語，云：'此卷與北史同。'"

[2]神武：北齊皇帝高歡（496—547），謚號神武。本書卷一、二，《北史》卷六有紀。

[3]武明婁皇后：指北齊神武明皇后婁氏（501—562），高歡妻，名昭君，北魏贈司徒婁內干之女。本書卷九、《北史》卷一四有傳。　文襄：北齊皇帝高澄（521—549），謚號文襄，廟號世宗。本書卷三、《北史》卷六有紀。

[4]文宣：北齊開國皇帝高洋（529—559），謚號文宣。本書卷四、《北史》卷七有紀。

[5]孝昭：北齊皇帝高演（535—561），謚號孝昭。本書卷六、《北史》卷七有紀。

[6]襄城景王：爵名。襄城，郡名。治所在今河南襄城縣。

[7]武成：北齊皇帝高湛（537—568），謚號武成。本書卷七、《北史》卷八有紀。

[8]博陵文簡王：爵名。博陵，郡名。治所在今河北安平縣。

[9]永安簡平王：爵名。永安，郡名。治所在今山西霍州市。

[10]平陽靖翼王：爵名。平陽，郡名。治所在今山西臨汾市，因在平水之陽而得名。

[11]彭城景思王：爵名。彭城，郡名。治所在今江蘇徐州市老城區。　華山王：爵名。華山，郡名。治所在今陝西華縣。

[12]上黨剛肅王：爵名。上黨，郡名。治所在今山西長治市北。

[13]任城王：爵名。任城，郡名。北魏神龜元年（518）分高平郡置，治所在今山東濟南市南。北齊天保七年（556），改任城郡爲高平郡，以魯郡爲任城郡，治所在今山東曲阜市東北。

[14]高陽康穆王：爵名。高陽，郡名。治所在今河北高陽縣東。

[15]馮翊王：爵名。馮翊，郡名。治所在今陝西高陵縣。

[16]馮氏生漢陽敬懷王洽：中華本校勘記云："三朝本、南本、汲本、局本和《北史》卷五一'馮'作'馬'，北本、殿本作'馮'。按《北史》卷一四《后妃傳》下見'馮娘'，但云'生浮陽公主'。然《北史》此《傳》高歡姬妾附見者類皆有子，其子却不列舉。此傳馮氏當即此人。故從北、殿本。"説是，從改。漢陽敬懷王，謚號。漢陽，郡名。治所在今甘肅天水市。

永安簡平王浚，字定樂，神武第三子也。初神武納浚母，當月而有孕，及産浚，疑非己類，不甚愛之。而浚早慧，後更被寵。年八歲時，問於博士盧景裕曰：[1]"'祭神如神在。'[2]爲有神邪，無神邪？"對曰："有。"浚曰："有神當云祭神神在，何煩'如'字？"景裕不能答。及長，嬉戲不節，曾以屬請受納，大見杖罰，拘禁府獄，既而見原。後稍折節，頗以讀書爲務。

[1]博士：官名。掌管圖籍，博通古今，傳授經學。 盧景裕：字仲儒，小字白頭，范陽涿（今河北涿州市）人。北魏、東魏官吏。《魏書》卷八四有傳，《北史》卷三〇《盧同傳》有附傳。

[2]祭神如神在：語出《論語·八佾》。

元象中，[1]封永安郡公。[2]豪爽有氣力，善騎射，爲文襄所愛。文宣性雌懦，每參文襄，有時涕出。浚常責帝左右，何因不爲二兄拭鼻，由是見銜。累遷中書監、兼侍中。[3]出爲青州刺史，[4]頗好畋獵，聰明矜恕，上下畏悦之。天保初，[5]進爵爲王。文宣末年多酒，浚謂親近曰："二兄舊來不甚了了，自登祚已後，識解頓進。

今因酒敗德，朝臣無敢諫者，大敵未滅，吾甚以爲憂，欲乘驛至鄴面諫，[6]不知用吾不。"人有知，密以白帝，又見銜。八年來朝，從幸東山。帝裸裎爲樂，雜以婦女，又作狐掉尾戲。浚進言，此非人主所宜。帝甚不悦。浚又於屏處召楊遵彥，[7]譏其不諫。帝時不欲大臣與諸王交通，遵彥懼以奏。帝大怒曰："小人由來難忍！"遂罷酒還宮。浚尋還州，又上書切諫。詔令徵浚，浚懼禍，謝疾不至。上怒，馳驛收浚，老幼泣送者數千人。至，盛以鐵籠，與上黨王渙俱置北城地牢下，飲食溲穢共在一所。明年，帝親將左右臨穴歌謳，令浚和之。浚等惶怖且悲，不覺聲戰。帝爲愴然，因泣，將赦之。長廣王湛先與浚不睦，[8]進曰："猛獸安可出穴。"帝默然。浚等聞之，呼長廣小字曰："步落稽，皇天見汝！"左右聞者，莫不悲傷。浚與渙皆有雄略，爲諸王所傾服，帝恐爲害，乃自刺渙，又使壯士劉桃枝就籠亂刺。[9]槊每下，浚、渙輒以手拉折之，號哭呼天。於是薪火亂投，燒殺之，填以石土。後出，皮髮皆盡，屍色如炭，天下爲之痛心。

[1]元象：東魏孝静帝元善見年號（538—539）。

[2]永安郡公：爵號。永安，郡名。治所在今山西霍州市。

[3]中書監：魏晉南北朝爲中書省長官之一，掌納奏、擬詔、出令，又多用作重臣加官。北齊從二品。　侍中：官名。門下省長官。備切問近對，拾遺補缺。北朝常總典機密，時號"小宰相"。

[4]青州：治所在今山東青州市。

[5]天保：北齊文宣帝高洋年號（550—559）。中華本校勘記

云：" 天保初進爵爲王：諸本'天保'作'保定'，唯局本作'天保'。按保定是周武帝年號，高浚封王在天保元年六月，見本書卷四《文宣紀》。今從局本。"説是，從改。

[6] 鄴：都邑名。在今河北臨漳縣西南。東魏、北齊皆定都於此。

[7] 楊遵彦：楊愔（511—560），字遵彦，小名秦王，弘農華陰（今陝西華陰市）人，楊津子。北齊官吏。本書卷三四有傳，《北史》卷四一《楊播傳》有附傳。

[8] 長廣王：爵名。長廣，郡名。治所在今山東龍口市。

[9] 劉桃枝：北齊官吏。位至領軍、開府，封王爵。事見本書卷五〇《韓寶業等傳》、《北史》卷九二《齊諸宦者傳》。

後帝以其妃陸氏配儀同劉郁捷，[1]舊帝蒼頭也，[2]以軍功見用，時令郁捷害浚，故以配焉。後數日，帝以陸氏先無寵於浚，敕與離絶。乾明元年，[3]贈太尉。[4]無子，詔以彭城王浟第二子準嗣。[5]

[1] 儀同：官名。本指官場待遇。後成爲官銜，先後爲儀同三司、儀同將軍、儀同大將軍等官名的簡稱。　劉郁捷：北齊官吏。事不詳。

[2] 蒼頭：奴僕。

[3] 乾明：北齊廢帝高殷年號（560）。

[4] 太尉：官名。秦設，爲最高軍事長官，與丞相、御史大夫合稱三公。魏晋以後多爲元老重臣之加官。

[5] 準：高準。事不詳。

平陽靖翼王淹，字子邃，神武第四子也。元象中，封平陽郡公，[1]累遷尚書左僕射。[2]天保初，進爵爲王，歷位尚書令、開府儀同三司、司空、太尉。[3]皇建初，[4]爲太傅，[5]與彭城、河間王並給仗身、羽林百人。[6]大寧元年，[7]遷太宰。[8]性沉謹，以寬厚稱。河清三年，[9]薨於晉陽，[10]或云酖終。還葬鄴，贈假黃鉞、太宰、錄尚書事。[11]子德素嗣。[12]

[1]平陽郡公：爵名。平陽，郡名。治所在今山西臨汾市。

[2]尚書左僕射：官名。東漢末設。助尚書令掌政務。尚書令缺則代爲省（臺）主。平時兼監察百官，領殿中、主客二曹。歷朝多因之。北齊從二品。

[3]尚書令：官名。秦設。魏晉以降，總掌全國行政。東晉南北朝時，如設有錄尚書事，則尚書令職權往往在其之下。　開府儀同三司：本指高級官員開建府署之待遇，儀同三司（三公）。以後遂成加銜，至南北朝又爲官稱。北齊從一品。　司空：官名。三公之一。西漢成帝綏和元年（前8）改御史大夫爲大司空，東漢光武帝建武二十七年（51）改名司空，與太尉、司徒並爲三公，分掌宰相職能，秩萬石。魏晉南北朝爲名譽宰相，無職掌。

[4]皇建：北齊孝昭帝高演年號（560—561）。

[5]太傅：官名。西周置。爲輔政大臣。三國魏以後多爲元老重臣加官。北齊一品。

[6]並給仗身：中華本校勘記云："三朝本、北監本、殿本'身'作'衛'。南本、汲本、局本和《北史》卷五一（百衲本）作'身'。按仗身是高級官員的衛士。唐代五品以上職事官及鎮戍皆給仗身，見《通典》卷三五。敦煌所出西魏大統十三年（五四六）《計帳》已見仗身名目，則北朝已有，今從南本。"説是，從補。

[7]大寧：北齊武成帝年號（561—562）。

[8]太宰：官名。西晉置太師、太傅、太保三上公，因避司馬師諱，改太師爲太宰，北齊於太師、太傅、太保三師之上別置太宰，皆一品。

[9]河清：北齊武成帝年號（562—565）。

[10]晉陽：縣名。治所在今山西太原市晉源區古城營村一帶。

[11]假黃鉞：官制術語。漢魏之際，授此者以示有權總統内外諸軍，專戮節將。歷朝因之，不常設，以爲非人臣之常器。　錄尚書事：官名。始於東漢。綜理政務，總知國事。總領尚書省政務。北齊亦定爲尚書省長官，尚書令、僕射爲其副貳。

[12]德素：高德素。事見本卷，餘不詳。

彭城景思王浟，字子深，神武第五子也。元象二年，拜通直散騎常侍，[1]封長樂郡公。[2]博士韓毅教浟書，[3]見浟筆迹未工，戲浟曰："五郎書畫如此，忽爲常侍開國，今日後宜更用心。"浟正色答曰："昔甘羅幼爲秦相，[4]未聞能書。凡人唯論才具何如，豈必動誇筆迹。博士當今能者，何爲不作三公？"時年蓋八歲矣。毅甚慚。

[1]通直散騎常侍：西晉武帝泰始十年（274）設，因將員外散騎常侍與散騎常侍通員值班而得名。東晉時定爲專官，員四人，屬散騎省。北齊四品。

[2]長樂郡公：爵名。長樂，郡名。北魏改長樂國置。治所在今河北冀州市。

[3]韓毅：潁川（今河南長葛市東北）人。東魏官吏。以工書稱著。初以謀逆爲高歡所擒，赦免後置之第館，教授諸子，後遷國子博士。

[4]甘羅：戰國時秦國大臣。秦相甘茂孫。年十二爲秦相吕不韋家臣。自請出使趙國，説服趙王割五城給秦，趙攻取燕地後，又分十一城給秦。因功拜爲上卿。

武定六年，[1]出爲滄州刺史，[2]爲政嚴察，部内肅然。守令參佐，下及胥吏，行遊往來，皆自賚糧食。洨纖介知人間事。有濕沃縣主簿張達嘗詣州，[3]夜投人舍，食雞羹，洨察知之。守令畢集，洨對衆曰："食雞羹何不還價直也。"達即伏罪。合境號爲神明。又有一人從幽州來，[4]驢馱鹿脯。至滄州界，脚痛行遲，偶會一人爲伴，遂盗驢及脯去。明旦，告州。洨乃令左右及府僚吏分市鹿脯，不限其價。其主見脯識之，推獲盗者。轉都督、定州刺史。[5]時有人被盗黑牛，背上有白毛。長史韋道建謂中從事魏道勝曰：[6]"使君在滄州日，擒姦如神，若捉得此賊，定神矣。"洨乃詐爲上府市牛皮，[7]倍酬價直，使牛主認之，因獲其盗。建等歎服。又有老母姓王，孤獨，種菜三畝，數被偷。洨乃令人密往書菜葉爲字，明日市中看菜葉有字，獲賊。爾後境内無盗，政化爲當時第一。天保初，封彭城王。四年，徵爲侍中，人吏送别悲號。有老公數百人相率具饌曰："自殿下至來五載，人不識吏，吏不欺人，百姓有識已來，始逢今化。殿下唯飲此鄉水，未食此鄉食，聊獻疏薄。"洨重其意，爲食一口。七年，轉司州牧，[8]選從事皆取文才士明剖斷者，當時稱爲美選。州舊案五百餘，洨未期悉斷盡。别駕羊脩等恐犯權戚，[9]乃詣閤諮陳。洨使告曰："吾直道而行，何憚權戚，卿等當成人之美，反以權戚爲言。"脩等慚悚而退。後加特進,[10]兼司空、太尉,州牧如故。太妃薨,解任,尋詔復本官。俄拜司空,兼尚書令。濟南嗣位,[11]除開府儀同三司、尚書令、領大宗正卿。皇建初,拜大司馬,[12]兼尚書令,轉太保。[13]武成入承大業,遷太師、錄尚書事。[14]漱明練世務,果於斷決,事無大小,咸悉以情。趙郡李公統預高歸彥之逆,[15]其母崔氏即御史中丞崔昂從父子,[16]兼右僕射魏收之內妹也。[17]依令,年出六十,例免入官。崔增年陳訴,所司以昂、收故,崔遂獲免。漱摘發其事,昂等以罪除名。

[1]武定:東魏孝靜帝元善見年號(543—550)。

[2]滄州:治所在今河北鹽山縣舊縣鎮。

[3]濕沃縣:治所在今山東濱州市西南。 主簿:官名。中央及州郡官府均置,典領文書簿籍,經辦事務。

[4]幽州:治所在今北京市西城區。

[5]都督:官名。魏文帝黃初三年(222)初設。後爲統率兵馬的指揮官職名。其爲州郡軍事長官者,又兼理民政。 定州:治所在今河北定州市。

[6]長史:官名。魏晉南北朝時諸州府、公府、將軍府及都督府置,主持府務,爲衆史之長。 韋道建:京兆杜陵(今陝西西安市東南)人。韋休之子。北齊官吏。武定末,爲定州儀同開府長史,帶中山太守。天保末,卒於司農少卿。 中從事:官名。即治中從事史。州刺史屬官。

[7]乃詐爲上府市牛皮:中華本校勘記云:"《北史》卷五一'府'作'符'。按'上符'指上級下達的公文,疑作'符'是。"說是,存疑。

[8]司州牧：官名。北魏孝文帝太和二十三年（499）改司州刺史置。爲京畿最高行政長官。北齊從二品。

[9]別駕：官名。即別駕從事、別駕從事史。因從刺史行部，別乘傳車，故謂之別駕。位居州吏之右，與治中從事史同爲州上綱。　羊脩：太山鉅平（今山東泰安市）人，羊烈弟。北齊官吏。位尚書左丞。

[10]特進：官名。初爲對大臣的優待名義。三國兩晉南北朝成爲正式加官名號，用以安置閑退大臣。北齊二品。

[11]濟南：代指齊廢帝高殷（545—561）。本書卷五有紀。

[12]大司馬：官名。楚漢戰爭時，項羽曾置爲武將名號。北齊與大將軍並稱"二大"，仍爲加官，皆一品。北齊後主時增員冗濫，不復尊貴。

[13]太保：官名。西周始置，爲輔弼君王的重要大臣。相傳與太師、太傅並號三公。北魏、北齊爲三師之一，一品。北齊後主時曾增員而授，所施頗濫。

[14]太師：官名。西周始置，與太傅、太保並號三公。北朝時爲三師之一。北齊後主爲激賞人心，增員而授，遂不可勝數。　録尚書事：四庫本、百衲本、中華本同，宋本無"事"字。

[15]趙郡：治所在今河北趙縣。　李公統（？—563）：趙郡平棘（今河北趙縣東南）人。李希仁子。北齊官吏。位員外郎。河清二年（563）高歸彥反，其爲謀主。伏誅。　高歸彥（？—562）：字仁英，渤海蓨（今河北景縣）人。高徽子。高歡族弟。東魏、北齊大臣。本書卷一四、《北史》卷五一有傳。

[16]御史中丞：官名。御史臺長官。簡稱中丞、中執法。掌監察，北齊從三品。　崔昂（？—565）：字懷遠，博陵安平（今河北安平縣）人。北魏、東魏、北齊官吏。本書卷三〇有傳，《北史》卷三二《崔挺傳》有附傳。

[17]右僕射：官名。即尚書右僕射的簡稱。尚書省副長官之一。輔助尚書令執行政務，參議大政，諫諍得失。　魏收（505—

572）：字伯起，小字佛助，鉅鹿下曲陽（今河北晋州市西）人。北朝時著名史學家。本書卷三七、《北史》卷五六有傳，《魏書》卷一〇四有其家世自序（部分爲後人所補）。

　　自車駕巡幸，浟常留鄴。河清三年三月，[1]群盜田子禮等數十人謀劫浟爲主，[2]詐稱使者，徑向浟第，至内室，稱敕牽浟上馬，臨以白刃，欲引向南殿。浟大呼不從，遂遇害，時年三十二，朝野痛惜焉。初浟未被劫前，其妃鄭氏夢人斬浟頭持去，惡之，數日而浟見殺。贈假黃鉞、太師、太尉、録尚書事，給辒辌車。[3]子寶德嗣，[4]位開府，兼尚書左僕射。

　　[1]河清三年三月：中華本校勘記云："諸本'三月'作'二月'，北史作'三月'。按事見本書卷七《武成紀》（補）河清三年（五六四）三月。《北史》是，今據改。"説是，從改。
　　[2]田子禮：事見本卷，餘不詳。
　　[3]辒辌車：古代的卧車，亦用作喪車。
　　[4]寶德：高寶德。事見本傳及《北史》卷五一《彭城王浟傳》，餘不詳。

　　上黨剛肅王涣，字敬壽，神武第七子也。天姿雄傑，儀儻不群，雖在童幼，恒以將略自許。神武壯而愛之，曰："此兒似我。"及長，力能扛鼎，材武絶倫。每謂左右曰："人不可無學，但要不爲博士耳。"故讀書頗知梗概，而不甚耽習。元象中，封平原郡公。[1]文襄之遇賊，涣年尚幼，在西學，聞宫中譁，驚曰："大兄必遭難矣！"彎弓而出。武定末，除冀州刺史，[2]在州有美政。天保初，封上黨王，歷中書令、尚書左僕射。[3]與常山王演等築伐惡諸城。[4]遂聚鄴下輕薄，凌犯郡縣，爲法司所糾。文宣戮其左右數人，渙亦被譴。六年，率衆送梁王蕭明還江南，[5]仍破東關，[6]斬梁特進裴之橫等，[7]威名甚盛。八年，錄尚書事。

[1]平原郡公：爵名。平原，郡名。治所在今山東聊城市東北。

[2]冀州：治所在今河北冀州市。

[3]中書令：官名。中書省長官之一，北齊三品。

[4]常山王：爵名。常山，郡名。治所在今河北石家莊市藁城區西北。　伐惡：古城名。北齊天保五年（554）築。在今河南洛陽市南。

[5]梁王蕭明：蕭明（？—556），本名淵明，唐人避諱，去"淵"。梁武帝長兄長沙王蕭懿之子。梁承聖四年（555），被北齊立爲梁帝。謚梁閔帝。次年，被陳霸先所廢，病死。本書卷三三有傳，《南史》卷五一《長沙宣武王懿傳》有附傳。　江南：指南朝。

[6]東關：地名。在今安徽巢湖市東南。

[7]梁：即南朝梁（502—557）。南朝齊和帝中興二年（502），相國梁王蕭衍禪代南齊，改元稱帝，都建康（今江蘇南京市），國號梁，史稱蕭梁。歷四主，五十六年。　裴之橫（517—557）：字如岳，河東聞喜（今山西聞喜縣）人。南朝梁將領。歷位散騎常侍、廷尉卿、平北將軍、東徐州刺史。封豫寧侯。天保八年陣亡。《梁書》卷二八、《南史》卷五八《裴邃傳》有附傳。

初，術士言亡高者黑衣，由是自神武後，每出行，不欲見沙門，爲黑衣故也。是時文宣幸晉陽，以所忌問左右曰："何物最黑？"[1]對曰：[2]"莫過漆。"帝以渙第七子爲當之，乃使庫真都督破六韓伯昇之鄴徵渙。[3]渙至紫陌橋，[4]殺伯昇以逃，憑河而度，土人執以送帝。鐵籠盛之，與永安王浚同置地牢下。[5]歲餘，與浚同見殺，時年二十六。以其妃李氏配馮文洛，[6]是帝家舊奴，積勞位至刺史，帝令文洛等殺渙，故以其妻妻焉。

[1]何物最黑："最"字諸本及《北史》卷五一《神武諸子傳》同，百衲本作"是"。作"最"是，從改。
[2]對曰：諸本同，《北史》卷五一、《通志》卷八五上亦同。百衲本無此二字，據補。
[3]庫真：官名。亦稱"庫直"。東魏、北齊置。是内侍宿衛武官。 破六韓伯昇（？—557）：北朝時北齊官吏。匈奴族。
[4]紫陌橋：在今河北臨漳縣西南古鄴城西北。十六國後趙石虎建武十一年（345）在漳河上建（《歷代帝王宅京記》卷一三），因接紫陌，故名紫陌橋。
[5]永安王：爵名。永安，郡名。治所在今山西霍州市。
[6]馮文洛：北齊官吏。初爲高歡蒼頭。後積勞累遷至刺史。天保（550—559）中，文宣帝以忌"漆"而執高歡第"七"子高渙置於地牢。後令其殺渙，並將渙妃李氏配其爲妻。

至乾明元年，收二王餘骨葬之，贈司空，謚曰剛肅。有敕李氏還第。而文洛尚以故意，修飾詣李。李盛列左右，引文洛立於階下，數之曰："遭難流離，以至大辱，志操寡薄，不能自盡，幸蒙恩詔，得反藩闈。汝是誰家孰奴，猶欲見侮！"於是杖之一百，流血灑地。

涣無嫡子，庶長子寶嚴以河清二年襲爵，[1]位金紫光禄大夫、開府儀同三司。[2]

[1]寶嚴：高寶嚴。事見《北史》卷五一《上黨王涣傳》。
[2]金紫光禄大夫：官名。西晋武帝設。凡資深勳重之光禄大夫授金章紫綬，故有此稱。爲元老重臣之加官或致仕之官，亦爲死者之贈官。北齊從二品。

襄城景王淯，神武第八子也。容貌甚美，弱年有器望。元象中，封章武郡公。[1]天保初，封襄城郡王。[2]二年春，薨。齊氏諸王選國臣府佐，多取富商群小、鷹犬少年，唯襄城、廣寧、蘭陵王等頗引文藝清識之士，[3]當時以此稱之。乾明元年二月，贈假黄鉞、太師、太尉、録尚書事。無子，詔以常山王演第二子亮嗣。

[1]章武郡公：爵名。章武，郡名。治所在今河北大城縣。
[2]襄城郡王：爵名。襄城，郡名。治所在今河南襄城縣。
[3]廣寧：即高孝珩（héng）。廣寧，郡名。治所在今山西朔州市城區。　蘭陵王：爵名。蘭陵，郡名。治所在今山東棗莊市南嶧城鎮西北。

亮字彦道，性恭孝，美風儀，好文學。爲徐州刺史，[1]坐奪商人財物免官。後主敗奔鄴，[2]亮從焉，遷兼太尉、太傅。周師入鄴，亮於啓夏門拒守。[3]諸軍皆不戰而敗，周軍於諸城門皆入，亮軍方退走。亮入太廟行馬内，[4]慟哭拜辭，然後爲周軍所執。入關，[5]依例授儀同，[6]分配遠邊，卒於龍州。[7]

[1]徐州：治所在今江蘇徐州市。
[2]後主：北齊皇帝高緯（556—578），武成帝長子。本書卷八、《北史》卷八有紀。
[3]啟夏門：城門名。高歡所築鄴南城之東南門（南三門之東門）。
[4]太廟：皇室的祖廟。　行馬內：行馬門內，官員到此需下馬步行。
[5]關：地名。泛指故函谷關（今河南靈寶市東北）。
[6]授：諸本及《北史》卷五一《神武諸子傳》皆同，百衲本作"受"。例作"授"，據改。
[7]龍州：西魏廢帝二年（553）置，治所在今四川平武縣東南。

任城王湝，神武第十子也。少明慧。天保初封。自孝昭、武成時，車駕還鄴，[1]常令湝鎮晉陽，總并省事，歷司徒、太尉、并省錄尚書事。

[1]自孝昭、武成時，車駕還鄴：中華本校勘記云："按孝昭帝自即位至死，未曾還鄴，'孝昭'二字疑衍。"説是。

天統三年，[1]拜太保、并州刺史，[2]別封正平郡公。[3]時有婦人臨汾水浣衣，[4]有乘馬人換其新靴馳而去者，婦人持故靴，詣州言之。湝召城外諸嫗，以靴示之，紿曰："有乘馬人在路被賊劫害，遺此靴焉，得無親屬乎？"一嫗撫膺哭曰："兒昨着此靴向妻家。"如其語，捕獲之。時稱明察。武平初，[5]遷太師、司州牧，出爲冀州刺史，加太宰，遷右丞相、都督、青州刺史。[6]湝頻牧大藩，雖不潔己，然寬恕爲吏人所懷。五年，青州崔蔚波等夜襲州城，[7]湝部分倉卒之際，咸得齊整，擊賊，大破之。拜左丞相，[8]轉瀛州刺史。[9]及後主奔鄴，加湝大丞相。[10]

[1]天統：北齊後主高緯年號（565—569）。

[2]并州：治所在今山西太原市晉源區古城營村一帶。

[3]正平郡公：爵名。正平，郡名。治所在今山西新絳縣。中華本校勘記云："諸本'正平'倒作'平正'，《北史》卷五一作'正平'。按《魏書》卷一〇六《地形志》上正平郡屬東雍州，'平正郡'不見地志。今據《北史》乙正。"説是，據改。

[4]汾水：水名。即今山西黃河支流汾河。

[5]武平：北齊後主高緯年號（570—576）。

[6]右丞相：官名。戰國秦始置，秦朝沿置，爲最高國務長官，輔助皇帝管理國家政務。北齊或置或省，位一品。

[7]崔蔚波：北齊青州（今山東青州市）人。事見《北史》卷五一《任城王湝傳》。

[8]左丞相：官名。戰國秦始置。北齊或置或省。一品。

[9]瀛州：治所在今河北河間市。

[10]大丞相：官名。多用來安置權位極高的重臣。

及安德王稱尊號於晉陽，[1]使劉子昂修啓於湝：[2]"至尊出奔，宗廟既重，群公勸迫，權主號令，事寧終歸叔父。"湝曰："我人臣，何容受此啓。"執子昂送鄴。帝至濟州，[3]禪位於湝，啓竟不達。湝與廣寧王孝珩於冀州召募得四萬餘人，拒周軍。周齊王憲來伐，[4]先遣送書并赦詔，湝並沉諸井。戰敗，湝、孝珩俱被擒。憲曰：「任城王何苦至此？」湝曰：「下官神武帝子，兄弟十五人，幸而獨存，逢宗社顛覆，今日得死，無愧墳陵。」憲壯之，歸其妻子。將至鄴城，湝馬上大哭，[5]自投于地，流血滿面。至長安，[6]尋與後主同死。

[1]安德王：即高延宗（？—578），渤海蓨（今河北景縣）人。北齊宗室，齊文襄帝子。本書卷一一、《北史》卷五二有傳。安德，郡名。治所在今山東平原縣東北。

[2]劉子昂：北齊官吏。事見本卷，餘不詳。

[3]濟州：治所在今山東茌平縣西南。

[4]周齊王憲：宇文憲（544—578），字毗賀突。宇文泰第五子。著有《兵書要略》五篇。《周書》卷一二有傳。

[5]馬上：四庫本、中華本同，宋本、百衲本作「上馬」。今從四庫本、中華本改。

[6]長安：縣名。西漢高祖五年（前202）置。治所在今陝西西安市西北。

妃盧氏賜斛斯徵，[1]蓬首垢面，長齋不言笑。徵放之，乃為尼。隋開皇三年，[2]表請文帝葬湝及五子於長安北原。[3]

[1]斛斯徵（529—584）：高車族敕勒部。西魏、北周大臣。西魏初，拜司樂中大夫，位驃騎大將軍。撰《樂典》十卷。《周書》卷二六有傳。

[2]開皇：隋文帝楊堅年號（581—600）。

[3]文帝：隋文帝楊堅。

高陽康穆王湜，神武第十一子也。天保元年封。十年，稍遷尚書令。以滑稽便辟，有寵於文宣，常在左右，[1]行杖以撻諸王。太后深銜之。其妃父護軍長史張晏之嘗要道拜湜，湜不禮焉。帝問其故，對曰："無官職漢，何須禮。"帝於是擢拜晏之爲徐州刺史。[2]文宣崩，兼司徒，[3]導引梓宮，[4]吹笛，云"至尊頗知臣不"，又擊胡鼓爲樂。太后杖湜百餘，未幾薨。太后哭之哀，曰："我恐其不成就，與杖，何期帶創死也。"乾明初，贈假黄鉞、太師、司徒、録尚書事。子士義襲爵。[5]

[1]有寵於文宣，常在左右：百衲本"常"作"帝"，且無"在"字。南本、汲古閣本、局本同百衲本。中華本校勘記云："三朝本、南本、汲本、局本'常'作'帝'，他本及《北史》卷五一無此字。按《通鑑》卷一六八、《通志》卷八五《齊宗室傳》都作'常'。《通志》録自《北史》，知傳本《北史》脱此字，本書的三朝本則'常'訛作'帝'。今據《通鑑》《通志》改。"從改。

[2]晏之：亦作"張宴之"。字熙德，清河東武縣（今河北清河縣東北）人。張始均子。東魏、北齊官吏。卒贈齊州刺史、太常卿。

[3]司徒：官名。爲三公之一，分掌宰相職能。兩晋延魏制，與丞相通職。爲名譽宰相，北齊一品。

[4]梓宮：指皇帝、皇后的棺。

[5]士義：高士義。北齊宗室王。事不詳。

博陵文簡王濟，神武第十二子也。天保元年封。濟嘗從文宣巡幸，在路忽憶太后，遂逃歸。帝怒，臨以白刃，因此驚恍。歷位太尉。河清初，出爲定州刺史。天統五年，在州語人云："計次第亦應到我。"後主聞之，陰使人殺之。贈假黃鉞、太尉、錄尚書事。[1]子智襲爵。[2]

[1]錄尚書事：諸本及《北史》卷五一、《通志》卷八五上皆同。百衲本無"事"字。據補。
[2]智：高智。事不詳。

華山王凝，神武第十三子也。天保元年，封新平郡王；[1]九年，改封安定；[2]十年，封華山。[3]歷位中書令、齊州刺史，[4]就加太傅。薨於州，贈左丞相、太師、錄尚書。凝諸王中最爲孱弱，妃王氏，太子洗馬王洽女也，[5]與倉頭姦，[6]凝知而不能限禁。後事發，王氏賜死，詔杖一百。其愚如此。

[1]新平郡王：爵名。新平，郡名。治所在今陝西彬縣。
[2]安定：郡名。治所在今甘肅涇川縣北。
[3]十年，封華山：中華本校勘記云："諸本及《北史》卷五一'十年'作'十五年'。殿本《考證》云：'天保止十年，"五"字應是衍文。'按上稱'九年'，這裏祇能是十年，殿本《考證》説是。今删'五'字。"説是，據删。華山，郡名。治所在今陝西華縣。
[4]齊州：治所在今山東濟南市。
[5]太子洗馬：官名。太子屬官。掌東宮圖籍經書及校勘。北

齊從五品上。　王洽：北齊官吏。事不詳。

[6]倉頭：奴隸。南北朝時爲僕隸的通稱。

　　馮翊王潤，字子澤，神武第十四子也。幼時，神武稱曰："此吾家千里駒也。"天保初封。歷位東北道大行臺、右僕射、都督、定州刺史。[1]潤美姿儀，年十四五，母鄭妃與之同寢，有穢雜之聲。及長，廉慎方雅，習於吏職，至擿發隱偽，姦吏無所匿其情。開府王迴洛與六州大都督獨孤枝侵竊官田，[2]受納賄賂，潤按舉其事。二人表言，王出送臺使，[3]登魏文舊壇，[4]南望歎息，不測其意。武成使元文遥就州宣敕曰：[5]"馮翊王少小謹慎，在州不爲非法，朕信之熟矣。登高遠望，人之常情，[6]鼠輩欲輕相間構，曲生眉目。"於是迴洛決鞭二百，獨孤枝決杖一百。尋爲尚書令，領太子少師，[7]歷司徒、太尉、大司馬、司州牧、太保、河南道行臺、領錄尚書，別封文成郡公，[8]太師、太宰，復爲定州刺史。薨，贈假黃鉞、左丞相。子茂德嗣。[9]

　　[1]東北道大行臺：官名。總管東北軍事區域的軍政長官。參見張鶴泉《東魏、北齊時期的"道"探討》（《史學集刊》2008年第3期）。

　　[2]王迴洛：又作"王回洛"。北齊將領。事見《北史》卷五一《馮翊王潤傳》。　六州大都督：官名。北魏置。東魏、北齊沿置。掌握恒、云、燕、朔、顯、蔚六州的軍政事務。該六州皆由軍鎮改置。東魏孝静帝天平四年（537）罷，六州事悉隸京畿大都督。後復置。　獨孤枝：北齊將領。事見本卷，餘不詳。

　　[3]臺使：官名。北魏尚書、御史臺所遣使者。

[4]魏文：魏文帝曹丕（187—226），三國時魏國的建立者，公元220年至226年在位。《三國志》卷二有紀。

[5]元文遥：字德遠，河南洛陽（今河南洛陽市東北）人，鮮卑族。北齊大臣。本書卷三八、《北史》卷五五有傳。

[6]人之常情：諸本及《北史》卷五一皆同，百衲本無"人"字。據補。

[7]太子少師：官名。東宮三少之一。掌輔導太子，三品。

[8]河南道行臺：官名。總黃河以南軍事區域的軍政事務。參見張鶴泉《東魏、北齊時期的"道"探討》。 文成郡公：爵名。文成，郡名。治所在今河南西平縣。

[9]茂德：高茂德。北齊宗室。事不詳。

漢陽敬懷王洽，字敬延，神武第十五子也。天保元年封。五年，薨，年十三。乾明元年，贈太保、司空。無子，以任城王第二子建德爲後。[1]

[1]建德：高建德。北齊宗室。事不詳。

北齊書 卷一一[1]

列傳第三

文襄六王

河南康舒王孝瑜　廣寧王孝珩　河間王孝琬
蘭陵武王孝瓘　安德王延宗　漁陽王紹信

文襄六男：[2]文敬元皇后生河間王孝琬，[3]宋氏生河南王孝瑜，[4]王氏生廣寧王孝珩，[5]蘭陵王長恭不得母氏姓，[6]陳氏生安德王延宗，[7]燕氏生漁陽王紹信。[8]

[1]《北齊書》卷一一：中華本校勘記云："按此卷原缺，後人以《北史》卷五二《齊宗室諸王傳》下《文襄諸子傳》補。三朝本、南本卷後有宋人校語'此卷與《北史》同'。"

[2]文襄：北齊皇帝高澄（521—549），謐號文襄，廟號世宗。本書卷三、《北史》卷六有紀。

[3]文敬元皇后：魏孝静帝之姐，曾封爲馮翊公主。後被文宣

帝辱，武平中崩，禮葬義平陵。　河間王：爵名。河間，郡名。治所在今河北河間市南。

[4]河南王：爵名。河南，郡名。治所在今河南洛陽市西。

[5]廣寧王：爵名。廣寧，郡名。治所在今山西朔州市城區。

[6]蘭陵王：爵名。蘭陵，郡名。治所在今山東棗莊市南嶧城鎮西北。

[7]安德王：爵名。安德，郡名。北魏太和（477—499）中置。治所在今山東平原縣東北。

[8]漁陽王：爵名。漁陽，郡名。治所在今北京市通州區東城子。

　　河南康舒王孝瑜，字正德，文襄長子也。初封河南郡公，齊受禪，進爵爲王。歷位中書令、司州牧。[1]

　　[1]中書令：官名。中書省長官之一，北齊屬三品。　司州牧：官名。北魏孝文帝太和二十三年（499）改司州刺史置。爲京畿最高行政長官。北齊從二品。

　　初，孝瑜養於神武宫中，[1]與武成同年相愛。[2]將誅楊愔等，[3]孝瑜預其謀。及武成即位，禮遇特隆。帝在晉陽，[4]手敕之曰："吾飲汾清二盃，[5]勸汝於鄴酌兩盃。"[6]其親愛如此。孝瑜容貌魁偉，精彩雄毅，謙慎寬厚，兼愛文學，讀書敏速，十行俱下，覆棋不失一道。初，文襄於鄴東起山池遊觀，時俗眩之。孝瑜遂於第作水堂、龍舟，植幡梢於舟上，數集諸弟宴射爲樂。武成幸其第，見而悦之，故盛興後園之玩，於是貴賤慕敩，處處營造。

[1]神武：北齊皇帝高歡（496—547），謚號神武。本書卷一、二，《北史》卷六有紀。

　　[2]武成：北齊皇帝高湛（537—568），謚號武成。本書卷七、《北史》卷八有紀。

　　[3]楊愔（511—560）：字遵彥，小名秦王，弘農華陰（今陝西華陰市）人，楊津子。北齊官吏。本書卷三四有傳，《北史》卷四一《楊播傳》有附傳。

　　[4]晉陽：縣名。治所在今山西太原市晉源區古城營村一帶。

　　[5]汾清：汾州所釀的清酒。

　　[6]鄴：都邑名。即鄴城，在今河北臨漳縣西南。東魏、北齊皆定都於此。

　　武成常使和士開與胡后對坐握槊，[1]孝瑜諫曰："皇后天下之母，不可與臣下接手。"帝深納之。後又言趙郡王父死非命，[2]不可親。由是叡及士開皆側目。[3]士開密告其奢僭，叡又言山東唯聞河南王，[4]不聞有陛下。帝由是忌之。尒朱御女名摩女，[5]本事太后，孝瑜先與之通，後因太子婚夜，孝瑜竊與之言。武成大怒，頓飲其酒三十七盃。體至肥大，腰帶十圍。使婁子彥載以出，[6]酖之於車。[7]至西華門，[8]煩熱躁悶，投水而絕。贈太尉、錄尚書事。[9]子弘節嗣。[10]

　　[1]和士開（524—571）：字彥通，清都臨漳（今河北臨漳縣）人。先世西域商人，本姓素和。本書卷五〇、《北史》卷九二有傳。墓在今河南安陽縣。　胡后：北齊武成皇后胡氏。安定（今甘肅涇川縣北）人。胡延之女。本書卷九、《北史》卷一四有傳。　握槊：博戲名。與"雙陸"類似，一說即"雙陸"。傳自天竺（今印

度），盛於南北朝、隋、唐。玩法是：下鋪一特製盤，雙方各用十六枚（一説十五枚）棒槌形的"馬"立於己方，擲骰子的點數各占步數，先走到對方者爲勝。亦名"雙鹿"。

[2]趙郡王：爵名。趙郡，治所在今河北趙縣。

[3]叡：高叡（534—569），小名須拔，渤海蓨（今河北景縣）人。高琛子。東魏、北齊大臣。本書卷一三、《北史》卷五一《趙郡王琛傳》有附傳。

[4]山東：地區名。常指太行山以東地區。

[5]尒朱御女：高歡庶妻，尒朱氏的御女。

[6]婁子彦：北齊官吏。事不詳。

[7]酖：諸本及《北史》卷五二《文襄諸子傳》皆同，百衲本作"檻"。作"酖"是，從改。

[8]西華門：北齊都城門之一。

[9]太尉：官名。與丞相、御史大夫合稱三公。魏晋以後多爲元老重臣之加官。　録尚書事：官名。總領尚書省政務。北魏、北齊亦定爲官員，爲尚書省長官。

[10]弘節：高弘節。北齊宗室王。事見《北史》卷五二《河南王孝瑜傳》。

孝瑜母，魏吏部尚書宋弁孫也，[1]本魏潁川王斌之妃，[2]爲文襄所納，生孝瑜，孝瑜還第，爲太妃。孝瑜妃，盧正山女，[3]武成胡后之内姊也。孝瑜薨後，宋太妃爲盧妃所譖訴，武成殺之。

[1]吏部尚書：官名。尚書省屬官。位居列曹尚書之首。北齊時主管官吏銓選、考課獎懲，其實權甚或過於尚書僕射，位三品。

宋弁（？—499）：字義和，廣平列人（今河北肥鄉縣東北）人。北魏官吏。《魏書》卷六三有傳。

［2］潁川王：爵名。潁川，郡名。秦置，東魏武定七年（549）移治所今河南許昌市。　斌之：元斌之，字子爽。北魏宗室、西魏將領。《魏書》卷二〇《安樂王長樂傳》有附傳。

［3］盧正山：范陽涿（今河北涿州市）人。北齊官吏。位永昌郡守。武平中，以外戚身份得優贈。有子盧公順。

廣寧王孝珩，文襄第二子也。歷位司州牧、尚書令、司空、司徒、錄尚書、大將軍、大司馬。[1]孝珩愛賞人物，學涉經史，好綴文，有伎藝。嘗於廳事壁自畫一蒼鷹，[2]見者皆以爲真，又作"朝士圖"，亦當時之妙絶。

［1］尚書令：官名。尚書省長官，總掌全國行政。北齊二品。　司空：官名。三公之一。東漢光武帝建武二十七年（51）以大司空改稱之。與太尉、司徒並爲三公，分掌宰相職能。魏晋南北朝爲名譽宰相，多爲大臣加官，位居一品，無實際職掌。　司徒：官名。與丞相通職，爲名譽宰職，北齊一品。　大將軍：官名。北齊爲名譽職銜，作爲加授給大臣、重要州郡長官的戎號。凡加戎號者可開府。一品。　大司馬：官名。北齊與大將軍並稱"二大"，仍爲加官，皆一品。北齊後主時增員冗濫，不復尊貴。

［2］廳事：處理公務的地方。

後主自晋州敗奔鄴，[1]詔王公議於含光殿。孝珩以大敵既深，事藉機變。宜使任城王領幽州道兵入土門，[2]揚聲趣并州；[3]獨孤永業領洛州兵趣潼關，[4]揚聲趣長安；[5]臣請領京畿兵出滏口，[6]鼓行逆戰。敵聞南北有兵，自然潰散。又請出宮人珍寶賜將士，帝不能用。

承光即位，[7]以孝珩爲太宰。[8]與呼延族、莫多婁敬顯、尉相願同謀，[9]期正月五日，[10]孝珩於千秋門斬高阿那肱，[11]相願在內以禁兵應之，族與敬顯自遊豫園勒兵出。[12]既而阿那肱從別宅取便路入宮，事不果。乃求出拒西軍，謂阿那肱、韓長鸞、陳德信等云：[13]"朝廷不賜遣擊賊，豈不畏孝珩反耶？孝珩破宇文邕，[14]遂至長安，反時何與國家事。以今日之急，猶作如此猜疑。"高、韓恐其變，出孝珩爲滄州刺史。[15]至州，以五千人會任城王於信都，[16]共爲匡復計。周齊王憲來伐，[17]兵弱不能敵。怒曰："由高阿那肱小人，吾道窮矣！"齊叛臣乞扶令和以矟刺孝珩墜馬，[18]奴白澤以身扞之，孝珩猶傷數處，遂見虜。齊王憲問孝珩齊亡所由，孝珩自陳國難，辭淚俱下，俯仰有節。憲爲之改容，親爲洗瘡傅藥，禮遇甚厚。孝珩獨歎曰："李穆叔言齊氏二十八年，[19]今果然矣。自神武皇帝以外，吾諸父兄弟無一人得至四十者，命也。嗣君無獨見之明，宰相非柱石之寄，恨不得握兵符，受廟算，展我心力耳。"至長安，依例授開府、縣侯。[20]後周武帝在雲陽，[21]宴齊君臣，自彈胡琵琶，命孝珩吹笛。辭曰："亡國之音，不足聽也。"固命之，舉笛纔至口，淚下嗚咽，武帝乃止。其年十月，疾甚，啓歸葬山東，從之。尋卒，令還葬鄴。

[1]後主：北齊後主高緯（556—578），武成帝長子。本書卷八、《北史》卷八有紀。　　晉州：治所在今山西臨汾市城區。

[2]任城王：爵名。即北齊神武皇帝第十子湝（？—578）。本書卷一〇有傳。　　幽州：治所在今北京市西城區。　　土門：諸本及

《北史》卷五二《文襄諸子傳》皆同，百衲本作"玉門"。土門，即土門關，亦即井陘關。在今河北井陘縣北井陘山上，地當太行山區進入華北平原的關隘。此言令任城王領幽州兵入土門，即此。"玉"字誤。據改。

［3］并州：治所在今山西太原市晉源區古城營村一帶。

［4］獨孤永業：字世基，中山（今河北定州市）人。本姓劉，以母改適獨孤氏，故更姓獨孤。北齊官吏。本書卷四一、《北史》卷五三有傳。　洛州：北魏太宗時以司州改置。治所在今河南洛陽市東北。　潼關：關隘名。在今陝西潼關縣東北。

［5］長安：縣名。治所在今陝西西安市西北。

［6］京畿：京都及其行政所轄地區。　滏口：古隘道名。太行八陘之一。在今河北邯鄲市西南石鼓山，爲自鄴（今臨漳縣西南）西出要道。

［7］承光：北齊幼主年號（577）。此指齊幼主，又稱"承光主"。本書卷八、《北史》卷八有紀。

［8］太宰：官名。北齊於太師、太傅、太保三師之上，別置太宰，皆一品。

［9］呼延族：北齊將領。少從高昂起兵。武平元年（570）從斛律光率軍與周宇文憲戰，大敗周軍。後與廣寧王孝珩密謀殺高阿那肱。　莫多婁敬顯（？—577）：太安狄那（今山西壽陽縣北）人。羌族。北齊官吏。少以武功著聞。本書卷一九、《北史》卷五三《莫多婁貸文傳》有附傳。　尉相願：代（今山西大同市東北）人。北齊時官吏，武平（570—576）末，任領軍大將軍。

［10］期正月五日：中華本校勘記云："諸本'月'作'旦'。《北史》卷五二及《册府》卷二八六作'月'。按正旦五日不可通，今據《北史》改。"説是，據改。

［11］千秋門：鄴城宮城的西北門。　高阿那肱：一作"高阿那瓌"，善無（今山西右玉縣南）人。高市貴子。北齊官吏。本書卷五〇、《北史》卷九二有傳。

[12]遊豫園：園林。北齊以華林園改名，在今河北臨漳縣西南。

[13]韓長鸞：韓鳳，字長鸞，昌黎（今遼寧義縣）人。北齊倖臣。少有臂力，善騎射。本書卷五〇《韓寶業等傳》、《北史》卷九二《齊諸宦者傳》有附傳。　陳德信：北齊宦官。爲後主寵用。事見本書卷五〇《韓寶業等傳》。

[14]孝珩："珩"字諸本及《北史》卷五二《文襄諸子傳》皆同，百衲本作"瑜"。本卷上文言孝瑜已於武成帝時被鴆殺，"瑜"字誤。據改。　宇文邕：北周武帝宇文邕（543—578），字禰羅突。宇文泰第四子。公元561年至578年在位。《周書》卷五、六，《北史》卷一〇有紀。

[15]滄州：治所在今河北鹽山縣舊縣鎮。

[16]信都：縣名。治所在今河北冀州市。

[17]齊王：爵名。　憲：宇文憲（544—578），字毗賀突。宇文泰第五子。著有《兵書要略》五篇。《周書》卷一二有傳。

[18]乞扶令和：乞伏貴和之弟。位開府儀同三司，後投周封西河郡公。

[19]李穆叔：李公緒。字穆叔，趙郡平棘（今河北趙縣東南）人。北齊文士，博通經傳。本書卷二九《李渾傳》、《北史》卷三三《李靈傳》有附傳。

[20]開府：官名。本指高級官員開建府署，辟置僚屬之舉。南北朝沿置，後復轉爲勳、散官，爲開府儀同三司等官之簡稱。　縣侯：爵名。五等爵之第二等。

[21]周武帝：北周皇帝宇文邕的謚號。　雲陽：郡名。治所在今陝西涇陽縣西北長街村。

　　河間王孝琬，文襄第三子也。天保元年封。[1]天統中，[2]累遷尚書令。初，突厥與周師入太原，[3]武成將避之而東。孝琬叩馬諫，請委趙郡王部分之，必整齊，帝從其言。孝琬免胄將出，帝使追還。周軍退，拜并州刺史。

[1]天保：北齊文宣帝高洋年號（550—559）。
[2]天統：北齊後主高緯年號（565—569）。
[3]突厥：民族名、國名。廣義包括鐵勒、突厥各部落，狹義則專指突厥汗國。六世紀初興起於金山（今阿爾泰山）西南麓，爲一游牧部落。以金山形似古代戰盔兜鍪，當地俗語呼兜鍪爲突厥，故以爲名。西魏廢帝二年（553）建突厥汗國於今鄂爾渾河流域。《周書》卷五〇、《北史》卷九九有傳。　太原：郡名。治所在今山西太原市西南。

孝琬以文襄世嫡，[1]驕矜自負。河南王之死，諸王在宮內莫敢舉聲，唯孝琬大哭而出。又怨執政，爲草人而射之。和士開與祖珽譖之，[2]云："草人擬聖躬也。又前突厥至州，孝琬脱兜鍪抵地，云'豈是老嫗，須着此'。此言屬大家也。"[3]初，魏世謡言："河南種穀河北生，白楊樹頭金雞鳴。"珽以説曰："河南、河北，河間也。[4]金雞鳴，孝琬將建金雞而大赦。"帝頗惑之。時孝琬得佛牙，置於第內，夜有神光。昭玄都法順請以奏聞，[5]不從。帝聞，使搜之，得鎮庫矟幡數百。帝聞之，以爲反。訊其諸姬，有陳氏者無寵，誣對曰"孝琬畫作陛下形哭之"，然實是文襄像，孝琬時時對之泣。帝怒，使武衛赫連輔玄倒鞭撾之。[6]孝琬呼阿叔，帝怒曰："誰是爾叔？敢唤我作叔！"孝琬曰："神武皇帝嫡孫，[7]文襄皇帝嫡子，魏孝靜皇帝外甥，[8]何爲不得喚作叔也？"帝愈怒，折其兩脛而死。瘞諸西山，帝崩後，乃改葬。子正禮嗣，[9]幼聰穎，能誦《左氏春秋》。[10]齊亡，遷綿州卒。[11]

[1]孝琬以文襄世嫡："襄"字諸本及《北史》卷五二、《通志》卷八五上皆同，百衲本作"宣"。本卷卷首言"文襄六男：文敬元皇后生河間王孝琬"，則孝琬爲"文襄世嫡"，"宣"字誤。據改。"嫡"字百衲本無，諸本及《北史》卷五二《文襄諸子傳》有。孝琬爲文敬元皇后所生，爲嫡子。當有"嫡"字。據補。

[2]祖珽：字孝徵，范陽遒（今河北淶水縣北）人。東魏、北齊官吏。本書卷三九有傳，《北史》卷四七《祖瑩傳》有附傳。

[3]大家：宮內對皇帝的稱呼。

[4]河間：郡名。治所在今河北河間市南。此指河間王。

[5]昭玄都法順請以奏聞：中華版校勘記云："諸本'昭'作'照室'二字，《北史》卷五二單作'照'。按《魏書》卷一一四《釋老志》、《隋書》卷二七《百官志》中，魏末齊初管理佛教的機構叫'昭玄'，北齊置大統一人，統一人。昭玄大統也叫昭玄都，《北史》卷三二《崔暹傳》見昭玄都法上，本書卷二四《杜弼傳》見昭玄都僧達。《北史》'昭'訛'照'，補此傳者以爲不可通，妄加'室'字，今改正。"說是，據改。法順，北齊僧吏。

[6]武衛：官名。即武衛將軍。北齊時爲左、右衛府次官，員各二人，佐左、右衛將軍掌宮禁宿衛，從三品。

[7]神武皇帝嫡孫："皇"字諸本及《北史》卷五二《文襄諸子傳》皆有，百衲本無。例當有。從補。

[8]魏孝靜皇帝：東魏皇帝元善見（524—551），謚號孝靜。公元534年至550年在位。《魏書》卷一二、《北史》卷五有紀。

[9]正禮：高正禮，孝琬子。事見本傳。

[10]《左氏春秋》：書名。又作《春秋左氏傳》《春秋左傳》《左氏傳》，簡稱《左傳》。相傳爲春秋末魯太史左丘明撰，實出於戰國人之手。三十卷。記述春秋時代的歷史，起自魯隱公元年（前722），終於魯哀公二十七年（前468）。

[11]綿州：治所在今四川綿陽市東。

蘭陵武王長恭，一名孝瓘，文襄第四子也。累遷并州刺史。突厥入晋陽，長恭盡力擊之。芒山之敗，[1]長恭爲中軍，率五百騎再入周軍，遂至金墉之下，[2]被圍甚急，城上人弗識，長恭免胄示之面，乃下弩手救之，於是大捷。武士共歌謠之，爲《蘭陵王入陣曲》是也。[3]歷司州牧、青瀛二州，[4]頗受財貨。[5]後爲太尉，與段韶討柏谷，[6]又攻定陽。[7]韶病，長恭總其衆。前後以戰功別封鉅鹿、長樂、樂平、高陽等郡公。[8]

[1]芒山之敗：中華本校勘記云："《册府》卷二一八'敗'作'戰'，《通志》卷八五《北齊宗室傳》作'役'。按河清三年（五六四）芒山之戰，北齊獲勝，詳見本書卷一六《段韶傳》、卷一七《斛律光傳》，此段下文也説'大捷'，這裏'敗'字必誤。"説是。芒山，亦作"邙嶺""邙山"。在今河南西部，西起三門峽，東止伊洛河岸。

[2]金墉：金墉城。三國曹魏所築禁閉廢帝、后之所。故址在今河南洛陽市東北。

[3]《蘭陵王入陣曲》：樂曲名。隋唐後列爲宮廷樂曲，唐時傳入日本，宋以後在國內失傳，二十世紀八十年代自日本找回。是現存珍貴古樂曲之一。

[4]青：州名。治所在今山東青州市。　瀛：州名。北魏太和

十一年（487）分定、冀二州置。治所在今河北河間市。

[5]頗受財貨："財"字諸本及《北史》卷五二皆有，百衲本無。據補。

[6]段韶（？—571）：字孝先，小名鐵伐，亦稱段婆，姑臧武威（今甘肅武威市）人。北齊將領。本書卷一六、《北史》卷五四《段榮傳》有附傳。　柏谷：地名。在今河南靈寶市西南。有柏谷水經此北流入黃河。《周書》卷一九"柏谷城"作"柏壁城"。按，《元和郡縣圖志》卷一四"絳州正平縣"條云："柏壁，在縣西南二十里。"本書卷一六載韶語云："汾北、河東勢爲國家之有，若不去柏谷，事同痼疾。"則柏壁、柏谷城同是汾絳間的要塞，當是一城。

[7]定陽：郡名。北魏延興四年（474）置。治所在今山西吉縣。

[8]鉅鹿：郡名。治所在今河北石家莊市藁城區西北丘頭鎮。　長樂：郡名。治所在今河北冀州市。　樂平：郡名。治所在今山西昔陽縣西南。　高陽：郡名。治所在今河北高陽縣東。

芒山之捷，後主謂長恭曰："入陣太深，失利悔無所及。"對曰："家事親切，不覺遂然。"帝嫌其稱家事，遂忌之。及在定陽，其屬尉相願謂曰："王既受朝寄，何得如此貪殘？"長恭未答。相願曰："豈不由芒山大捷，[1]恐以威武見忌，欲自穢乎？"長恭曰："然。"相願曰："朝廷若忌王，於此犯便當行罰，求福反以速禍。"長恭泣下，前膝請以安身術。相願曰："王前既有勳，今復告捷，威聲太重，宜屬疾在家，勿預事。"長恭然其言，未能退。及江淮寇擾，[2]恐復爲將，歎曰："我去年面腫，今何不發。"自是有疾不療。武平四年五月，[3]帝使徐之範飲以毒藥。[4]長恭謂妃鄭氏曰："我忠以事上，何辜於天，而遭鴆也。"妃曰："何不求見天顏。"長恭曰："天顏何由得見。"[5]遂飲藥薨。贈太尉。

[1]由：諸本及《北史》卷五二同，百衲本作"曰"。作"由"是，從改。
[2]江淮：地區名。泛指今安徽、江蘇、河南以及湖北東北部長江以北、淮河以南地區。
[3]武平：北齊後主高緯年號（570—576）。
[4]徐之範：丹陽（今安徽當塗縣東北）人。北齊官吏。以醫術見知。事見本書卷三三、《北史》卷九〇《徐之才傳》。
[5]得見：他本作"可見。"

長恭貌柔心壯，音容兼美。爲將躬勤細事，每得甘美，雖一瓜數果，必與將士共之。初在瀛州，行參軍陽士深表列其贓，[1]免官。及討定陽，士深在軍，[2]恐禍及。長恭聞之曰："吾本無此意。"乃求小失，杖士深二十以安之。嘗入朝而僕從盡散，唯有一人，長恭獨還，無所譴罰。武成賞其功，命賈護爲買妾二十人，[3]唯受其一。有千金責券，臨死日，盡燔之。

[1]行參軍：官名。開府所置，無固定職掌。北齊公府、將軍府、州府亦置。　陽士深：北齊官吏。事不詳。
[2]及討定陽，士深在軍：中華本校勘記云："諸本'定'下有'州'字，《北史》無。按定州屬北齊，這時並未發生什麽變化，高長恭是北齊王子，怎會去攻討。上文已云長恭和段韶攻定陽，這裏正指此事。後人以'陽士深'連讀，妄增'州'字，今據《北史》刪。"今從改。

[3]賈護：北朝時北齊官吏。事不詳。

安德王延宗，文襄第五子也。母陳氏，廣陽王妓也。[1]延宗幼爲文宣所養，年十二，猶騎置腹上，令溺己臍中，抱之曰："可憐止有此一個。"問欲作何王，對曰："欲作衝天王。"文宣問楊愔，愔曰："天下無此郡名，願使安於德。"於是封安德焉。爲定州刺史，於樓上大便，使人在下張口承之。以蒸豬糝和人糞以飼左右，有難色者鞭之。孝昭帝聞之，[2]使趙道德就州杖之一百。[3]道德以延宗受杖不謹，又加三十。又以囚試刀，驗其利鈍。驕縱多不法。武成使撾之，殺其昵近九人，從是深自改悔。蘭陵王芒山凱捷，自陳兵勢，諸兄弟咸壯之。延宗獨曰："四兄非大丈夫，何不乘勝徑入？使延宗當此勢，關西豈得復存。"及蘭陵死，妃鄭氏以頸珠施佛。廣寧王使贖之。延宗手書以諫，而淚滿紙。河間死，延宗哭之淚亦甚。又爲草人以像武成，鞭而訊之曰："何故殺我兄！"奴告之，武成覆卧延宗於地，馬鞭撾之二百，幾死。後歷司徒、太尉。

[1]廣陽王：爵名。廣陽，郡名。治所在今河北隆化縣伊遜河東。

[2]孝昭帝：北齊皇帝高演（535—561），諡號孝昭。本書卷六、《北史》卷七有紀。

[3]趙道德：東魏、北齊宦者。事不詳。《北史》卷九二《齊諸宦者傳》有附傳。

及平陽之役,[1]後主自禦之,命延宗率右軍先戰,城下擒周開府宗挺。[2]及大戰,延宗以麾下再入周軍,莫不披靡。諸軍敗,延宗獨全軍。後主將奔晉陽,延宗言:"大家但在營莫動,以兵馬付臣,臣能破之。"帝不納。及至并州,又聞周軍已入雀鼠谷,[3]乃以延宗爲相國、并州刺史,總山西兵事。謂曰:"并州,阿兄自取,兒今去也。"延宗曰:"陛下爲社稷莫動,臣爲陛下出死力戰。"駱提婆曰:[4]"至尊計已成,王不得輒沮。"後主竟奔鄴。在并將率咸請曰:"王若不作天子,諸人實不能出死力。"延宗不得已,即皇帝位,下詔曰:"武平孱弱,政由宦豎,釁結蕭墻,盜起疆場。斬關夜遁,莫知所之,則我高祖之業將墜於地。王公卿士,猥見推逼,今便祇承寶位。可大赦天下,改武平七年爲德昌元年。"[5]以晉昌王唐邕爲宰輔,[6]齊昌王莫多婁敬顯、[7]沭陽王和阿于子、[8]右衛大將軍段暢、[9]武衛將軍相里僧伽、[10]開府韓骨胡、[11]侯莫陳洛州爲爪牙。[12]衆聞之,不召而至者,前後相屬。延宗容貌充壯,坐則仰,偃則伏,人笑之,乃嚇然奮發。氣力絶異,馳騁行陣,勁捷若飛。傾覆府藏及後宫美女,以賜將士,籍没内參千餘家。[13]後主謂近臣曰:"我寧使周得并州,不欲安德得之。"左右曰:"理然。"延宗見士卒,皆親執手,陳辭自稱名,流涕鳴咽。衆皆争爲死,童兒女子亦乘屋攘袂,投磚石以禦周軍。特進、開府那盧安生守太谷,[14]以萬兵叛。周軍圍晉陽,望之如黑雲四合。延宗命莫多婁敬顯、韓骨胡拒城南,和阿于子、段暢拒城東。延宗親當周齊王於城北，奮大矟，往來督戰，所向無前。尚書令史沮山亦肥大多力，[15]捉長刀步從，殺傷甚多。武衛蘭芙蓉、[16]綦連延長皆死於陣。[17]

[1]平陽：郡名。治所在今山西臨汾市。

[2]宗挺：北周官吏。事見《北史》卷五二《文襄諸子安德王延宗傳》。

[3]又聞周軍已入雀鼠谷：中華本校勘記云："三朝本、南本、北本、殿本'雀'作'勮'，即'貂'字。汲本、局本作'勮'，不成字。按《水經注》卷六汾水'又南過冠爵津'，注云：'汾津名，在界休縣之西南，俗謂之雀鼠谷，數十里間道險隘。'《通鑑》卷一七二叙周軍追齊後主事，胡注引宋白曰：'靈石縣東南有高壁嶺、雀鼠谷、汾水關，皆汾西險固之地。'雀鼠谷是周軍自晉州經靈石、介休向太原進軍的必經之路，別無所謂'勮鼠谷'，今改正。"説是，據改。雀鼠谷，山谷名。亦名調鑒谷。即今山西介休市西南、霍州市北汾河河谷。

[4]駱提婆（？—578）：亦作"穆提婆"，漢陽（今甘肅天水市）人。北齊官吏。本書卷五〇、《北史》卷九二有傳。

[5]德昌：北齊安德王年號（576）。

[6]唐邕：字道和，太原晉陽（今山西太原市晉源區古城營村一帶）人。北齊官吏。本書卷四〇、《北史》卷五五有傳。

[7]齊昌王：爵名。齊昌，郡名。北齊置，治所在今湖北蘄春縣西北羅州城。　莫多婁敬顯：四庫本、百衲本、中華本皆同，宋刻本作"莫婁敬顯"。

[8]沭陽王和阿于子：中華本校勘記云："諸本及《北史》卷五二'沭'作'沐'，局本及《通鑑》卷一七二、《通志》卷八五《北齊宗室傳》作'沭'。按沭陽屬東海郡，見《隋書》卷三一《地理志下》，今從局本。"説是，據改。沭陽王，封爵號。和阿于

子，北齊官吏。事不詳。

[9]右衛大將軍：官名。爲右衛府主官。掌宮掖禁禦，督攝仗衛。　段暢：北齊將領。位開府儀同三司。兵敗投周。

[10]相里僧伽：北齊官吏。事不詳。

[11]韓骨胡：北齊官吏。事不詳。

[12]侯莫陳洛州：北齊官吏。位開府儀同三司。

[13]內參：宦官。

[14]特進：官名。初爲對大臣的優待名義。三國兩晉南北朝成爲正式加官名號，用以安置閑退大臣。北齊二品。　那盧安生：北齊將領。事不詳。　太谷：地名。在今山西太古縣西。

[15]史沮山：北齊官吏。事不詳。

[16]蘭芙蓉：北齊官吏。事不詳。

[17]綦連延長：北齊官吏。事不詳。

　　阿于子、段暢以千騎投周。周軍攻東門，際昏，遂入。進兵焚佛寺門屋，飛焰照天地。延宗與敬顯自門入，夾擊之，周軍大亂，爭門相填壓，齊人從後斫刺，死者二千餘人。周武帝左右略盡，自拔無路，承御上士張壽輒牽馬頭，[1]賀拔佛恩以鞭拂其後，[2]崎嶇僅得出。齊人奮擊，幾中焉。城東阨曲，佛恩及降者皮子信爲之導，[3]僅免，時四更也。延宗謂周武帝崩於亂兵，使於積屍中求長鬚者，不得。時齊人既勝，入坊飲酒，盡醉臥，延宗不復能整。周武帝出城，饑甚，欲爲遁逸計。齊王憲及柱國王誼諫，[4]以爲去必不免。延宗叛將段暢亦盛言城內空虛。周武帝乃駐馬，鳴角收兵，俄頃復振。詰旦，還攻東門，剋之，又入南門。延宗戰，力屈，走至城北，於人家見禽。周武帝自投下馬，執其手。延宗辭曰："死人手何敢迫至尊。"帝曰："兩國天子，有何怨惡，直爲百姓來耳。勿怖，終不相害。"使復衣帽，禮之。先是，高都郡有山焉，[5]絶壁臨水，忽有黑書見，云"齊亡延宗"，洗視逾明。帝使人就寫，使者改亡爲上。至是應焉。延宗敗前，在鄴廳事，見兩日相連置，以十二月十三日晡時受敕守并州，明日建尊號，不間日而被圍，經宿，至食時而敗。年號德昌，好事者言其得二日云。既而周武帝問取鄴計。辭曰："亡國大夫不可以圖存，此非臣所及。"強問之，乃曰："若任城王援鄴，臣不能知，若今主自守，陛下兵不血刃。"

[1]承御上士：宿衛武官名。　張壽（？—611）：北周官吏。初爲承御上士。隋建，歷位光禄大夫、右御位大將軍。

[2]賀拔佛恩：鮮卑族。初爲北齊官吏，後降周。

[3]皮子信（？—583）：亦作"皮信"，琅邪下邳（今江蘇睢寧縣西北古邳鎮北）人。皮景子。北齊官吏。位開府儀同三司、武衛將軍。後降周。

[4]柱國：官名。西魏設八員，爲府兵最高指揮官。北周因之，正九命。後轉爲第二等勳官。　王誼（540—585）：字宜君，洛陽（今河南洛陽市）人。北周及隋朝將領。周武帝時封楊國公。《隋書》卷四〇有傳。

[5]高都郡：治所在今山西晉城市東。

及至長安，周武與齊君臣飲酒，令後主起舞，延宗悲不自持。屢欲仰藥自裁，傅婢苦執諫而止。未幾，周武誣後主及延宗等，云遥應穆提婆反，使並賜死。皆自陳無之，延宗攘袂，泣而不言。皆以椒塞口而死。明年，李妃收殯之。[1]

[1]李妃收殯之：中華本校勘記云："諸本'妃'作'起'，《北史》卷五二作'妃'。按本書卷三七《魏收傳》（補）、《北史》卷三三《李孝貞傳》都説延宗娶李氏，作'妃'是，今據改。"説是，據改。

後主之傳位於太子也，孫正言竊謂人曰：[1]"我武定中爲廣州士曹，[2]聞襄城人曹普演有言，[3]高王諸兒，阿保當爲天子，至高德之承之當滅。"阿保謂天保，德之謂德昌也，承之謂後主年號承光，其言竟信云。

[1]孫正言：北齊方士。好相術。
[2]我武定中爲廣州士曹：中華本校勘記云："諸本'武定'作'保定'，《北史》作'武定'。按此事又見本書卷四九《綦母懷文傳》（補），亦作'武定'。保定是周武帝年號，這時高洋早已稱帝，與下文'高王諸兒'云云不符。今據《北史》改。"説是，據改。武定，東魏孝静帝元善見年號（543—550）。廣州，本治魯陽（今河南市魯山縣），武定中因陷於西魏，徙治襄城（今河南襄城縣）。士曹，掌工役及津梁舟車之機構。
[3]襄城：郡名。治所在今河南襄城縣。 曹普演：東魏、北齊方士。

漁陽王紹信，文襄第六子也。歷特進、開府、中領軍、護軍、青州刺史。[1]行過漁陽，與大富人鍾長命同床坐。[2]太守鄭道蓋謁，[3]長命欲起，紹信不聽，曰："此何物小人，而主人公爲起。"乃與長命結爲義兄弟，妃與長命妻爲姊妹，責其闔家幼長皆有贈賄，鍾氏因此遂貧。齊滅，死於長安。

［1］中領軍：官名。與中護軍皆典禁兵。　護軍：官名。護軍將軍的簡稱。職掌監護諸軍及武官選拔考核，北齊從三品。
［2］鍾長命：事見本卷，餘不詳。
［3］鄭道蓋：事見本卷，餘不詳。

北齊書　卷一二[1]

列傳第四

文宣四王
太原王紹德　范陽王紹義　西河王紹仁　隴西王紹廉
孝昭六王
樂陵王百年　始平王彥德　城陽王彥基　定陽王彥康
汝陽王彥忠　汝南王彥理
武成十二王
南陽王綽　琅邪王儼　齊安王廓　北平王貞
高平王仁英　淮南王仁光　西河王仁幾　樂平王仁邕
潁川王仁儉　安陽王仁雅　丹陽王仁直　東海王仁謙

文宣五男：[2]李后生廢帝及太原王紹德，[3]馮世婦生范陽王紹義，[4]裴嬪生西河王紹仁，[5]顏嬪生隴西王紹廉。[6]

[1]《北齊書》卷一二：中華本校勘記云："按此卷原缺，後人以《北史》卷五二《文宣諸子》《孝昭諸子》《武成諸子》《後主

諸子傳》補。三朝本、南本卷末有宋人校語：'此卷與《北史》同。'"

[2]文宣：北齊開國皇帝高洋（529—559），謚號文宣。本書卷四、《北史》卷七有紀。

[3]李后：北齊文宣皇后，名祖娥。趙郡（今河北趙縣）人。本書卷九、《北史》卷一四有傳。　廢帝：北齊廢帝高殷（545—561），高洋長子。洋卒，繼爲帝，後被高演廢爲濟南王。次年被殺。本書卷五、《北史》卷七有紀。　太原王：爵名。太原，郡名。治所在今山西太原市西南。

[4]馮世婦：事不詳。　范陽王：爵名。范陽，郡名。治所在今河北涿州市。

[5]裴嬪：事不詳。　西河王：爵名。西河，郡名。治所在今山西汾陽市。

[6]顔嬪：事不詳。　隴西王：爵名。隴西，郡名。治所在今甘肅隴西縣東南。

太原王紹德，文宣第二子也。天保末，[1]爲開府儀同三司。[2]武成因怒李后，[3]罵紹德曰："你父打我時，竟不來救！"以刀環築殺之，親以土，[4]埋之遊豫園。[5]武平元年，[6]詔以范陽王子辨才爲後，[7]襲太原王。

[1]天保：北齊文宣帝高洋年號（550—559）。

[2]開府儀同三司：官名。本指高級官員開建府屬之待遇，儀同三司（三公）。以後遂成加銜，爲大臣加號，意謂與三司禮制、待遇相同，許開設府屬，自辟僚屬。至南北朝又爲官稱。北齊二品。

[3]武成：北齊皇帝高湛（537—568），謚號武成。本書卷七、《北史》卷八有紀。

[4]親以土：無棺椁，尸體直接入土而葬。
[5]遊豫園：園林。北齊以華林園改名，在今河北臨漳縣西南。
[6]武平：北齊後主高緯年號（570—576）。
[7]辨才：高辨才。高紹義子。北齊宗室。

范陽王紹義，文宣第三子也。初封廣陽，[1]後封范陽。歷位侍中、清都尹。[2]好與群小同飲，擅置内參，打殺博士任方榮。[3]武成嘗杖之二百，送付昭信后，[4]后又杖一百。及後主奔鄴，[5]以紹義爲尚書令、定州刺史。[6]周武帝剋并州，[7]以封輔相爲北朔州總管。[8]此地齊之重鎮，諸勇士多聚焉。前長史趙穆、司馬王當萬等謀執輔相，[9]迎任城王於瀛州。[10]事不果，便迎紹義。紹義至馬邑。[11]輔相及其屬韓阿各奴等數十人皆齊叛臣，自肆州以北城戍二百八十餘盡從輔相，[12]及紹義至，皆反焉。紹義與靈州刺史袁洪猛引兵南出，[13]欲取并州，至新興而肆州已爲周守。[14]前隊二儀同以所部降周。周兵擊顯州，[15]執刺史陸瓊，[16]又攻陷諸城。紹義還保北朔。周將宇文神舉軍逼馬邑，[17]紹義遣杜明達拒之，[18]兵大敗。紹義曰："有死而已，不能降人。"遂奔突厥。[19]衆三千家，令之曰："欲還者任意。"於是哭拜別者太半。突厥他鉢可汗謂文宣爲英雄天子，[20]以紹義重踝似之，甚見愛重，凡齊人在北者，悉隸紹義。高寶寧在營州，[21]表上尊號，紹義遂即皇帝位，稱武平元年。[22]以趙穆爲天水王。[23]他鉢聞寶寧得平州，[24]亦招諸部，各舉兵南向，云共立范陽王作齊帝，爲其報讎。周武帝大集兵於雲陽，[25]將親北伐，遇疾暴崩。紹義聞之，以爲天贊己。盧昌期據范陽，亦表迎紹義。俄而周將宇文神舉攻滅昌期。其日，紹義適至幽州，[26]聞周總管出兵于外，欲乘虛取薊城，[27]列天子旌旗，登燕昭王冢，[28]乘高望遠，部分兵衆。神舉遣大將軍宇文恩將四千人馳救幽州，[29]半爲齊軍所殺。紹義聞范陽城陷，素服舉哀，迴軍入突厥。周人購之於他鉢，又使賀若誼往說之。[30]他鉢猶不忍，遂僞與紹義獵於南境，使誼執之。流于蜀。[31]紹義妃渤海封孝琬女，[32]自突厥逃歸。紹義在蜀，遺妃書云：「夷狄無信，送吾於此。」竟死蜀中。

[1]廣陽：郡名。治所在今北京市密雲區。
[2]侍中：官名。門下省長官。備切問近對，拾遺補缺。　清都尹：官名。北齊京師所在郡的長官。
[3]擅置内參，打殺博士任方榮：中華本校勘記云：「《北史》卷五二'置'作'致'。《通志》卷八五《齊宗室傳》作'使'。按'内參'就是宫庭閹宦，諸王家的閹人不能叫'内參'，王公貴族家照例都有閹人，不能説是'擅置'。'致'是'招致'，意謂交結宫庭閹宦。《通志》作'使'，和'打死博士'事連接起來，亦通。作'置'當誤。」説是。博士，官名。掌管圖籍、博通古今，傳授經學。
[4]昭信后：北齊文宣帝后祖娥封號。
[5]後主：北齊後主高緯（556—578），武成帝長子。本書卷八、《北史》卷八有紀。　鄴：北齊都城。治所在今河北臨漳縣西南。
[6]尚書令：官名。尚書省長官。魏晋以降，總掌全國行政。北齊二品。　定州：治所在今河北定州市。

［7］周武帝：北周武帝宇文邕（543—578），字禰羅突。宇文泰第四子。公元561年至578年在位。《周書》卷五、六，《北史》卷一〇有紀。　并州：治所在今山西太原市晋源區古城營村一帶。

［8］封輔相：北齊將領。歷任儀同三司、武衛大將軍。武平七年（576）投周，爲朔州總管。　北朔州：北齊置。治所在今山西朔州市東北。　總管：官名。地方高級軍政官員。北周明帝武成元年（559）由"都督諸州軍事"改名，加使持節，管理轄區軍政民政。

［9］前長史趙穆：中華本校勘記云："諸本'長史'作'卒長'，《北史》卷五二、《通鑑》卷一七三作'長史'。按趙穆和司馬王當萬並舉，長史、司馬是軍府的首要僚屬，作'卒長'誤，今據《北史》改。"説是，據改。長史，官名。魏晋南北朝時諸州府、公府、將軍府及都督府置，主持府務，爲衆史之長。趙穆，北齊官吏。事不詳。　司馬：諸公府、軍府或邊郡府内掌軍事的武官。　王當萬：北齊官吏。事不詳。

［10］任城王：爵名。此指北齊神武皇帝第十子高湝（？—578）。本書卷一〇有傳。　瀛州：治所在今河北河間市。

［11］馬邑：縣名。治所在今山西朔州市。

［12］肆州：治所在今山西忻州市西北。

［13］靈州：治所在今寧夏吴忠市西北。　袁洪猛：北齊官吏。事不詳。

［14］新興：縣名。治所在今甘肅武山縣西北。

［15］顯州：治所在今山西孝義市西西六壁頭村。

［16］陸瓊：北齊官吏。事不詳。

［17］宇文神舉（532—579）：代郡武川（今内蒙古武川縣）人。周文帝宇文泰族子。北周將領。鮮卑族。《周書》卷四〇、《北史》卷五七有傳。

［18］杜明達：北齊官吏。事不詳。

［19］突厥：民族名、國名。廣義包括鐵勒、突厥各部落，狹義

則專指突厥汗國。六世紀初興起於金山（今阿爾泰山）西南麓，爲一游牧部落。以金山形似古代戰盔兜鍪，當地俗語呼兜鍪爲突厥，故以爲名。西魏廢帝二年（553）建突厥汗國於今鄂爾渾河流域。《周書》卷五〇、《北史》卷九九有傳。

[20]他鉢可汗：名阿史那庫頭（？—581），突厥可汗。公元572年至581年在位。

[21]高寶寧：一作"高保寧"。代（今山西大同市東北）人。北齊官吏。武平（570—576）末爲營州刺史。鎮黃龍。范陽王在突厥稱帝，其以勸進功署丞相。　營州：治所在今遼寧朝陽市。

[22]稱武平元年：中華本校勘記云："錢氏《考異》卷四〇云：'"元年"當作"九年"。蓋後主以武平八年失國，紹義逃奔突厥。至次年因高寶寧上表勸進，乃稱帝，仍用武平之號，不自改元也。'按錢説是。"疑是。

[23]天水王：爵名。天水，郡名。治所在今甘肅禮縣東。

[24]平州：治所在今河北盧龍縣潘莊鎮附近。

[25]雲陽：郡名。治所在今陝西涇陽縣西北長街村。

[26]幽州：治所在今北京市西城區。

[27]薊城：城名。治所在今北京市西南。

[28]燕昭王：戰國時燕國國君姬平（？—前279），一説名職，燕王噲庶子。公元前311年至前279年在位。詳見《史記》卷三四。

[29]宇文恩：北周將領，位大將軍、上柱國。封中山公。

[30]賀若誼：字道機，河南洛陽（今河南洛陽市）人。北周將領。累遷直閤將軍、大都督、通直散騎常侍。

[31]蜀：地名。指今四川成都市及周邊地區。

[32]渤海：郡名。治所在今河北東光縣。　封孝琬：字子蕡，又作"士蕡"。渤海蓨（今河北景縣）人。東魏、北齊官吏。本書卷二一《封隆之傳》、《北史》卷二四《封懿傳》有附傳。

西河王紹仁，文宣第四子也。天保末，爲開府儀同三司。尋薨。

隴西王紹廉，文宣第五子也。初封長樂，[1]後改焉。性粗暴，嘗拔刀逐紹義，紹義走入厠，閉門拒之。紹義初爲清都尹，未及理事，紹廉先往，喚囚悉出，率意決遣之。能飲酒，一舉數升，終以此薨。

[1]長樂：郡名。治所在今河北冀州市。

孝昭七男：[1]元后生樂陵王百年，[2]桑氏生襄城王亮，[3]出後襄城景王，[4]諸姬生汝南王彥理、始平王彥德、城陽王彥基、定陽王彥康、汝陽王彥忠。[5]

[1]孝昭：北齊皇帝高演（535—561），謚號孝昭。本書卷六、《北史》卷七有紀。

[2]元后：北齊孝昭帝皇后。本書卷九有傳。　樂陵王：爵名。樂陵，郡名。治所在今山東樂陵市。

[3]桑氏：北齊孝昭帝嬪妃。事不詳。　襄城王：爵名。襄城，郡名。治所在今河南襄城縣。

[4]襄城景王：高淯的封爵。

[5]汝南王：爵名。汝南，郡名。治所在今河南息縣。　始平王：爵名。始平，郡名。治所在今陝西興平市東北。　城陽王：爵名。城陽，郡名。治所在今河南信陽市東北。　定陽王：爵名。定陽，郡名。東魏興和四年（542）置，治所在今山西介休市。　汝陽王：爵名。汝陽，郡名。治所在今河南商水縣西北。

樂陵王百年，孝昭第二子也。孝昭初即位，在晋陽，[1]群臣請建中宮及太子，帝謙未許，都下百僚又請，乃稱太后令立爲皇太子。帝臨崩，遺詔傳位於武成，并有手書，其末曰："百年無罪，汝可以樂處置之，勿學前人。"大寧中，[2]封樂陵王。河清三年五月，[3]白虹圍日再重，又橫貫而不達。赤星見，帝以盆水承星影而蓋之，一夜盆自破。欲以百年厭之。會博陵人賈德冑教百年書，[4]百年嘗作數"敕"字，德冑封以奏。帝乃發怒，使召百年。百年被召，自知不免，割帶玦留與妃斛律氏。[5]見帝於玄都苑涼風堂，[6]使百年書"敕"字，驗與德冑所奏相似。遣左右亂捶擊之，又令人曳百年遶堂且走且打，所過處血皆遍地。氣息將盡，曰："乞命，願與阿叔作奴。"遂斬之，棄諸池，池水盡赤，於後園親看埋之。妃把玦哀號，不肯食，月餘亦死，玦猶在手，拳不可開，時年十四，其父光自擘之，[7]乃開。後主時，改九院爲二十七院，掘得一小屍，緋袍金帶，一髻一解，一足有靴。諸內參竊言，百年太子也，或言太原王紹德。[8]詔以襄成王子白澤襲爵樂陵王。齊亡，入關，[9]徙蜀死。

[1]晉陽：縣名。治所在今山西太原市晉源區古城營村一帶。

[2]大寧：北齊武成帝高湛年號（561—562）。

[3]河清：北齊武成帝高湛年號（562—565）。

[4]博陵：郡名。治所在今河北安平縣。　賈德冑：北齊官吏。事不詳。

[5]斛律氏：斛律光之女。

[6]涼風堂：涼風殿，居昭陽殿西側，北齊皇帝處理政務的

地方。

　　[7]光：斛律光（515—572），字明月，朔州（今内蒙古固陽縣）人。高車族敕勒部。北齊名將。少以武藝知名。本書卷一七、《北史》卷五四《斛律金傳》有附傳。

　　[8]太原王紹德："紹"字諸本及《北史》卷五二《文宣諸子傳》皆同，百衲本作"昭"。紹德，文宣第二子，封太原王。"昭"字誤。從改。

　　[9]關：指函谷關（今河南靈寶市東北）。

　　汝南王彥理，武平初封王，位開府、清都尹。齊亡，入關，隨例授儀同大將軍，封縣子。[1]女入太子宮，故得不死。隋開皇中，[2]卒并州刺史。

　　[1]縣子：爵名。子，五等爵的第四等。
　　[2]隋：朝代名。公元581年楊堅（隋文帝）代北周稱帝，國號隋，共歷二帝，三十八年。　開皇：隋文帝楊堅年號（581—600）。

　　始平王彥德、城陽王彥基、定陽王彥康、汝陽王彥忠與汝南同受封，並加儀同三司，後事闕。

　　武成十三男：胡皇后生後主及琅邪王儼，[1]李夫人生南陽王綽，[2]後宮生齊安王廓、北平王貞、高平王仁英、淮南王仁光、西河王仁幾、樂平王仁邕、潁川王仁儉、安樂王仁雅、丹陽王仁直、東海王仁謙。[3]

　　[1]胡皇后：北齊武成皇后胡氏。安定（今甘肅涇川縣北）人。本書卷九、《北史》卷一四有傳。　琅邪王：爵名。琅邪，郡

名。治所在今山東臨沂市西。

[2]南陽王：爵名。南陽，郡名。治所在今河南鄁縣西北。

[3]齊安王：爵名。齊安，郡名。治所在今河南信陽市平橋區東。　北平王：爵名。北平，郡名。治所在今河北盧龍縣。　高平王：爵名。高平，郡名。治所在今山東濟寧市。　淮南王：爵名。淮南，郡名。治所在今安徽壽縣。　西河王：爵名。西河，郡名。治所在今山西汾陽市。　樂平王：爵名。樂平，郡名。治所在今山西昔陽縣西南。　潁川王：爵名。潁川，郡名。秦置，東魏武定七年（549）移治今河南許昌市。　安樂王：爵名。安樂，郡名。治所在今北京市密雲區東北。　丹陽王：爵名。丹陽，郡名。治所在今河南沈丘縣。　東海王：爵名。東海，郡名。治所在今江蘇連雲港市東南。

南陽王綽，字仁通，武成長子也。以五月五日辰時生，[1]至午時，後主乃生。武成以綽母李夫人非正嫡，故貶爲第二，初名融，[2]字君明，出後漢陽王。[3]河清三年，改封南陽，別爲漢陽置後。

[1]辰時：百衲本作"景時"。按時無景或丙，"景"字誤，據《北史》改。

[2]初名融：中華本校勘記云："諸本脱'初'字，今據《北史》卷五二補。"據補。

[3]漢陽王：爵名。漢陽，郡名。治所在今甘肅天水市。

綽始十餘歲，留守晉陽。愛波斯狗，[1]尉破胡諫之，[2]欻然斫殺數狗，狼藉在地。破胡驚走，不敢復言。後爲司徒、冀州刺史，[3]好裸人，使踞爲獸狀，縱犬噬而食之。左轉定州，汲井水爲後池，在樓上彈人。好微行，遊獵無度，姿情强暴，云學文宣伯爲人。有婦人抱兒在路，走避入草，綽奪其兒飼波斯狗。婦人號哭，綽怒，又縱狗使食，狗不食，塗以兒血，乃食焉。後主聞之，詔鎖綽赴行在所。至而宥之。問在州何者最樂。對曰："多取蠍將蛆混，[4]看極樂。"後主即夜索蠍一斗，比曉得三二升，置諸浴斛，使人裸卧斛中，號叫宛轉。帝與綽臨觀，喜噱不已，謂綽曰："如此樂事，何不早馳驛奏聞。"綽由是大爲後主寵，拜大將軍，[5]朝夕同戲。韓長鸞間之，[6]除齊州刺史。[7]將發，長鸞令綽親信誣告其反，奏云："此犯國法，不可赦。"後主不忍顯戮，使寵胡何猥薩後園與綽相撲，搤殺之。瘞於興聖佛寺。經四百餘日乃大斂，顏色毛髮皆如生，俗云五月五日生者腦不壞。綽兄弟皆呼父爲兄兄、嫡母爲家家、乳母爲姊姊、婦爲妹妹。[8]齊亡，妃鄭氏爲周武帝所幸，[9]請葬綽。敕所司葬於永平陵北。[10]

[1]波斯：今伊朗。

[2]尉破胡：北齊將領。位開府儀同三司、領軍將軍。

[3]司徒：官名。爲三公之一，分掌宰相職能，管理民政，與丞相通職，北齊一品。　冀州：治所在今河北冀州市。

[4]多取蠍將蛆混：中華本校勘記云："《通鑑》卷一七一作'多聚蠍於器，置狙其中，觀之極樂'。按把蠍和蛆混在一起，與後文所述暴行不類。狙是猴子。高綽使蠍螫猴，後主乃逕使螫人，正是封建統治者發泄其殘虐狂的表現。疑'蛆'當作'狙'。"説是，存疑。

[5]大將軍：官名。北齊爲名譽職銜。作爲加授給大臣、重要州郡長官的戎號。一品。

[6]韓長鸞：韓鳳，字長鸞，昌黎（今遼寧義縣）人。北齊倖臣。少有臂力，善騎射。本書卷五〇《韓寶業等傳》、《北史》卷九二《齊諸宦者傳》有附傳。

[7]齊州：治所在今山東濟南市。

[8]綽兄弟皆呼父爲兄兄、嫡母爲家家、乳母爲姊姊、婦爲妹妹：中華本校勘記云："按此數語和前後文不相連貫，突然插入。疑是下文《琅邪王儼傳》中語。儼曾說'剃家家頭''願遣姊姊來迎臣'，陸令萱說'兄兄喚，兒何不去'，故有此解釋。不知何以屬入《綽傳》，又作'綽兄弟'云云。又陸令萱所說'兄兄'，指後主，則是稱兄爲'兄兄'。這裏的'父'字疑誤。"

[9]鄭氏：高綽的嬪妃。事不詳。

[10]永平陵：陵墓名。武成帝高湛的陵墓。

　　琅邪王儼，字仁威，武成第三子也。初封東平王，[1]拜開府、侍中、中書監、京畿大都督、領軍大將軍、領御史中丞，[2]遷司徒、尚書令、大將軍、録尚書事、大司馬。[3]魏氏舊制，[4]中丞出，清道，與皇太子分路行，王公皆遥住車，去牛，頓軛於地，以待中丞過，其或遲違，則赤棒棒之。自都鄴後，此儀浸絶，武成欲雄寵儼，乃使一依舊制。初從北宮出，[5]將上中丞，凡京畿步騎，領軍之官屬，中丞之威儀，司徒之鹵簿，莫不畢備。帝與胡后在華林園東門外張幕，[6]隔青紗步障觀之。遣中貴騾馬趣仗，不得入，自言奉敕，赤棒應聲碎其鞍，馬驚人墜。帝大笑，以爲善。更敕令駐車，傳語良久，觀者傾京邑。儼恒在宫中，坐含光殿以視事，[7]諸父皆拜焉。帝幸并州，儼常居守，每送駕，或半路，或至晉陽，乃還。王師羅常從駕，[8]後至，武成欲罪之，辭曰："臣與第三子別，留連不覺晚。"武成憶儼，爲之下泣，舍師羅不問。儼器服玩飾，皆與後主同，所須悉官給。於南宮嘗見新冰早李，還，怒曰："尊兄已有，我何意無！"從是，後主先得新奇，屬官及工匠必獲罪。太上、胡后猶以爲不足。儼常患喉，使醫下針，張目不瞬。又言於帝曰："阿兄懦，何能率左右？"帝每稱曰："此點兒也，當有所成。"以後主爲劣，有廢立意。

[1]東平王：爵名。東平，郡名。治所在今山東東平縣東南。
[2]中書監：官名。魏晉南北朝爲中書省長官之一，掌納奏、擬詔、出令。北齊從二品。　京畿大都督：官名。統領京畿軍士，爲京都最高軍事長官。北齊時多任用宗室諸王。　領軍大將軍：官名。爲領軍府長官，總掌禁衛諸軍。在領軍將軍之上，二品。　御史中丞：官名。初爲御史大夫副貳，後爲御史臺長官。監察百官。北齊從三品。
[3]遷司徒：中華本校勘記云："諸本和《北史》卷五二'司徒'上有'大'字。按北齊司徒、司空不加'大'字，今删。"説是，據改。　録尚書事：官名。總領尚書省政務。北魏、北齊亦定爲尚書省長官，尚書令、僕射爲其副貳。　大司馬：官名。北齊與大將軍並稱"二大"，仍爲加官，皆一品。北齊後主時增員冗濫，不復尊貴。
[4]魏氏：指北魏。
[5]北宮：位鄴城北部，故曰北宮。
[6]華林園：皇帝園林。本東漢芳林園，三國魏爲避齊王芳諱，

改名華林園。

[7]含光殿：居宮內昭陽殿東側。

[8]王師羅（？—574）：名紘，字師羅，太安狄那（今山西忻州市）人。北齊官吏。著有《鑒誡》二十四篇。本書卷二五、《北史》卷五五有傳。

武成崩，改封琅邪。儼以和士開、駱提婆等奢恣，[1]盛修第宅，意甚不平，嘗謂曰："君等所營宅早晚當就？何太遲也。"二人相謂曰："琅邪王眼光弈弈，數步射人，向者暫對，不覺汗出，天子前奏事尚不然。"由是忌之。

[1]和士開（524—571）：字彥通，清都臨漳（今河北臨漳縣）人。先世西域商人，本姓素和。本書卷五〇、《北史》卷九二有傳。墓在今河南安陽縣。 駱提婆（？—578）：亦作"穆提婆"，漢陽（今甘肅天水市）人。北齊官吏。本書卷五〇、《北史》卷九二有傳。

武平二年，出儼居北宫，五日一朝，不復得每日見太后。四月，詔除太保，[1]餘官悉解，猶帶中丞，督京畿。以北城有武庫，欲移儼於外，然後奪其兵權。治書侍御史王子宜與儼左右開府高舍洛、中常侍劉辟疆説儼曰：[2]"殿下被疏，正由士開間構，何可出北宫入百姓叢中也。"儼謂侍中馮子琮曰：[3]"士開罪重，兒欲殺之。"子琮心欲廢帝而立儼，因贊成其事。儼乃令子宜表彈士開罪，請付禁推。子琮雜以他文書奏之，後主不审省而可之。俨诳领军厍狄伏连曰：[4]"奉敕令领军收士开。"伏连以谘子琮，且请覆奏。子琮曰："琅邪王受敕，何须重奏。"伏连信之，伏五十人於神兽门外，[5]诘旦，执士开送御史。[6]俨使冯永洛就台斩之。[7]

[1]太保：官名。爲辅弼君王的重要大臣。相传周初与太师、太傅并号三公。北齐爲三师之一，一品。

[2]治书侍御史：官名。御史台属官。亦称治书御史，简称御史、侍御。分领侍御史诸曹，监察、弹劾较高级官员，北齐从五品。　王子宜（？—571）：一作"王子宣"。北齐官吏。官至治书侍御史。武平二年（571），与开府高舍洛、中常侍刘辟疆等劝说琅邪王俨诛杀和士开，由是获罪，爲後主射杀。　高舍洛（？—571）：北齐官吏，位开府。事见《北史》卷九二《齐诸宦者传》。

中常侍：官名。北齐置四员，爲中侍中省次官，四品上。掌管宫中供奉事务。　刘辟疆：亦作"刘辟强"。北齐官吏，位中常侍。

[3]冯子琮（？—571）：长乐信都（今河北冀州市）人。北齐大臣。本书卷四〇、《北史》卷五五有传。

[4]厍狄伏连（？—571）：字仲山，本名伏怜，代（今山西大同市东北）人。北齐官吏。本书卷二〇、《北史》卷五三《慕容俨传》有附传。

[5]神兽门：宫门名。原爲神虎门。《北齐书》避唐讳而改。爲北齐邺宫西门。

[6]御史：指御史台。

[7]冯永洛：北齐官吏，位都督。

俨徒本意唯杀士开，及是，因逼俨曰："事既然，不可中止。"俨遂率京畿军士三千馀人屯千秋门。[1]帝使劉桃枝將禁兵八十人召儼。[2]桃枝遙拜，儼命反縛將斬之，禁兵散走。帝又使馮子琮召儼，儼辭曰："士開昔來實合萬死，謀廢至尊，剃家家頭使作阿尼，故擁兵馬欲坐着孫鳳珍宅上，[3]臣爲是矯詔誅之。尊兄若欲殺臣，不敢逃罪，若放臣，願遣姊姊來迎臣，臣即入見。"姊姊即陸令萱也，[4]儼欲誘出殺之。令萱執刀帝後，聞之戰慄。又使韓長鸞召儼，儼將入，劉辟疆牽衣諫曰："若不斬提婆母子，[5]殿下無由得入。"廣寧、安德二王適從西來，[6]欲助成其事，曰："何不入？"辟疆曰："人少。"安德王顧衆而言曰："孝昭帝殺楊遵彥，[7]止八十人，今乃數千，何言人少？"後主泣啓太后曰："有緣更見家家，無緣永別。"乃急召斛律光，儼亦召之。光聞殺士開，撫掌大笑曰："龍子作事，固自不似凡人。"入見後主於永巷。帝率宿衛者步騎四百，授甲將出戰。光曰："小兒輩弄兵，與交手即亂。鄙諺云'奴見大家心死'，至尊宜自至千秋門，琅邪必不敢動。"皮景和亦以爲然，[8]後主從之。光步道，使人出曰："大家來。"儼徒駭散。帝駐馬橋上，遙呼之，儼猶立不進。光就謂曰："天子弟殺一漢，何所苦。"執其手，強引以前。請帝曰："琅邪王年少，腸肥腦滿，輕爲舉措，長大自不復然，願寬其罪。"帝拔儼帶刀環亂築，辮頭，良久乃釋之。收伏連及高舍洛、王子宜、劉辟疆、都督翟顯貴於後園，[9]帝親射之而後斬，皆支解，暴之都街下。文武職吏盡欲殺之。光以皆勳貴子弟，恐人心不安，趙彥深亦云《春秋》責帥，[10]於是罪之各有差。儼之未獲罪也，鄴北城有白馬佛塔，[11]是石季龍爲澄公所作，[12]儼將修之。巫曰："若動此浮圖，北城失主。"不從，破至第二級，得白蛇長數丈，回旋失之，數旬而敗。

[1]千秋門：古城名。鄴城宫城的西北門。

[2]劉桃枝：北齊官吏。位至領軍、開府，封王爵。事見本書卷五〇《韓寶業等傳》、《北史》卷九二《齊諸宦者傳》。

[3]孫鳳珍：孫騰子。咸陽石安（今陝西咸陽市東北）人。北齊官吏。武平中，位開府儀同三司。卒於官。

[4]陸令萱（？—577）：亦稱陸媪，爲北齊後主乳母，受胡太后寵信，封郡君。齊亡後被勒令自殺。《北史》卷九二《穆提婆傳》有附傳。

[5]提婆：穆提婆（？—578），本姓駱，亦作"駱提婆"，漢陽（今甘肅天水市）人。北齊官吏。本書卷五〇、《北史》卷九二有傳。

[6]廣寧：指廣寧王高孝珩（？—577），北齊宗室。文襄帝第二子。本書卷一一有傳。廣寧，郡名。治所在今山西朔州市城區。

安德：指北齊安德王高延宗（？—578），渤海蓨（今河北景縣）人。北齊宗室，齊文襄帝子。本書卷一一、《北史》卷五二有傳。

[7]楊遵彦：楊愔（511—560），字遵彦，小名秦王，弘農華陰（今陝西華陰市）人，楊津子。北齊官吏。本書卷三四有傳，《北史》卷四一《楊播傳》有附傳。

[8]皮景和（521—575）：琅邪下邳（今江蘇睢寧縣西北古邳鎮北）人。北齊將領。《北史》卷五三有傳。

[9]翟顯貴：北齊官吏。位都督。

[10]趙彦深（507—576）：本名隱，字彦深，平原（今山東聊城市東北）人，祖籍南陽宛縣（今河南南陽市）。北齊大臣。本書卷三八、《北史》卷五五有傳。

[11]白馬佛塔：古塔名。亦稱白馬浮圖。十六國後趙時石虎爲佛圖澄所建。在北齊都城鄴（今河北臨漳縣西南）北宮中。

[12]石季龍：石虎（295—349），字季龍，羯族。十六國時後趙國主。《晉書》卷一○六、一○七有載記。　澄公：佛圖澄。

自是太后處儼於宮內，食必自嘗之。陸令萱説帝曰："人稱琅邪王聰明雄勇，當今無敵，觀其相表，殆非人臣。自專殺以來，常懷恐懼，宜早爲計。"何洪珍與和士開素善，[1]亦請殺之。未決，以食輿密迎祖珽問之，[2]珽稱周公誅管叔，[3]季友酖慶父，[4]帝納其言。以儼之晉陽，使右衛大將軍趙元侃誘執儼。[5]元侃曰："臣昔事先帝，日見先帝愛王，今寧就死，不能行。"帝出元侃爲豫州刺史。[6]九月下旬，帝啓太后曰："明旦欲與仁威出獵，須早出早還。"是夜四更，帝召儼，儼疑之。陸令萱曰："兄兄喚，兒何不去。"儼出至永巷，劉桃枝反接其手。儼呼曰："乞見家家、尊兄！"桃枝以袂塞其口，反袍蒙頭負出，至大明宮，[7]鼻血滿面，立殺之，時年二十四。不脱靴，裹以席，埋於室內。帝使啓太后，臨哭十餘聲，便擁入殿。明年三月，葬於鄴西，贈諡曰楚恭哀帝，以慰太后。有遺腹四男，生數月皆幽死。以平陽王淹孫世俊嗣。[8]

[1]何洪珍：北齊官吏。胡人。初以富家子選送入朝，爲後主寵佞。武平（570—576）中封王，位開府。在朝與和士開勾結，弄權賣官。事見本書卷五○《韓寶業等傳》、《北史》卷九二《齊諸宦者傳》。　善：百衲本無"善"字，諸本及《北史》卷五二、

《通志》卷八五上有。據補。

［2］祖珽：字孝徵，范陽遒（今河北淶水縣北）人。東魏、北齊官吏。本書卷三九有傳，《北史》卷四七《祖瑩傳》有附傳。

［3］周公：西周貴族。姬姓，名旦。文王子，武王弟。 管叔：西周時期周武王的弟弟，在武王死後，成王年幼之時，不服周公攝政，和蔡叔、商紂王之子武庚一起作亂。

［4］季友（？—前644）：春秋時魯國人。魯桓公季子，魯莊公弟，因手掌中生成一"友"字，遂以爲名，號成季，故稱季友，又稱"公孫友"。 慶父（？—前660）：姬姓，魯氏。春秋時魯桓公之子，魯莊公庶兄。又稱仲慶父、共仲或孟氏。莊公去世，他派人先後殺死繼位的子般和閔公，製造內亂。

［5］趙元侃：北齊將領。生平不詳。

［6］豫州：治所在今河南汝南縣汝寧街道。

［7］大明宮：宮殿名。亦稱大明殿。北齊天統元年（565）始建，三年十一月成。故址在北齊陪都晉陽（今山西太原市晉源區古城營村一帶）。

［8］平陽王：高淹（？—564），字子邃，渤海蓚（今河北景縣）人。北齊宗室，高歡第四子。本書卷一〇、《北史》卷五一有傳。平陽，郡名。治所在今山西臨汾市。

　　儼妃，李祖欽女也，[1]進爲楚帝后，居宣則宮。齊亡，乃嫁焉。

［1］李祖欽：趙郡平棘（今河北趙縣東南）人。北齊外戚。事見《北史》卷三三《李順傳》。

　　齊安王廓，字仁弘，武成第四子也。性長者，無過行。位特進、開府、儀同三司、定州刺史。

北平王貞，字仁堅，武成第五子也。沉審寬恕。帝常曰："此兒得我鳳毛。"位司州牧、京畿大都督，[1]兼尚書令、錄尚書事。帝行幸，總留臺事。[2]積年，後主以貞長大，漸忌之。阿那肱承旨，[3]令馮士幹劾繫貞於獄，[4]奪其留後權。

[1]司州牧：官名。北魏孝文帝太和二十三年（499）改司州刺史置，爲京畿最高行政長官。北齊從二品。

[2]帝行幸，總留臺事：中華本校勘記云："按前云：'帝常曰："此兒得我鳳毛"'，帝指武成帝，則'帝行幸'之'帝'也當指武成。但上已説高貞官爲'兼尚書令、錄尚書事'，都是後主武平二年（五七一）和四年事，且正因居此官，故總留臺，即留鄴的尚書省事，則此'帝'又指後主。相隔一行，兩'帝'字非指一人，殊不分明。"可見爲人刪節之誤。

[3]阿那肱：高阿那肱，一作"高阿那瓌"，善無（今山西右玉縣南）人。高市貴子。北齊官吏。本書卷五〇、《北史》卷九二有傳。

[4]馮士幹：北齊官吏。事不詳。

高平王仁英，武成第六子也。舉止軒昂，精神無檢格。位定州刺史。

淮南王仁光，武成第七子也。性躁且暴，位清都尹。次西河王仁幾，[1]生而無骨，不自支持；次樂平王仁邕；次潁川王仁儉；次安樂王仁雅，從小有瘖疾；次丹陽王仁直；次東海王仁謙。皆養於北宮。琅邪王死後，諸王守禁彌切。武平末年，仁邕已下始得出外，供給儉薄，取充而已。尋後主窮蹙，以廓爲光州，[2]貞爲青州,[3]仁英爲冀州,仁儉爲膠州,[4]仁直爲濟州刺史。[5]自廓已下,多與後主死於長安。仁英以清狂,仁雅以痼疾,獲免,俱徙蜀。隋開皇中,追仁英,詔與蕭琮、陳叔寶修其本宗祭祀。[6]未幾而卒。

[1]次西河王仁幾:中華本校勘記云:"諸本'西河'倒作'河西',《北史》卷五二作'西河'。按前總叙武成諸子,也作'西河',今乙正。"説是,據改。
[2]光州:北魏分青州置,治所在今山東萊州市。
[3]青州:治所在今山東青州市。
[4]膠州:治所在今山東諸城市。
[5]濟州:治所在今山東茌平縣西南。
[6]蕭琮(541—610):西梁後主(惠宗靖皇帝)。爲西梁明帝蕭巋之子,字温文。 陳叔寶(553—604):字元秀。南朝陳皇帝,公元582年至589年在位。《陳書》卷六有紀。

後主五男:穆皇后生幼主,[1]諸姬生東平王恪,[2]次善德,[3]次買德,[4]次質錢。[5]胡太后以恪嗣琅邪王,尋夭折。齊滅,周武帝以任城已下大小三十王歸長安,[6]皆有封爵。其後不從戮者散配西土,皆死邊。

[1]穆皇后:後主皇后穆氏。小字黄花,後字舍利。莫知氏族,或云侍中宋欽道女。 幼主:北齊幼主高恒(570—578),隆化二年(577),受父禪即皇帝位,改元承光,稱"承光主"。本書卷八、《北史》卷八有紀。
[2]恪:高恪。北齊後主子,高儼死後襲東平王。
[3]善德:高善德。北齊後主子,齊亡入周,建德七年(578)

被害。

［4］買德：高買德。北齊後主子，齊亡入周，建德七年被害。
［5］質錢：高賣錢。北齊後主子，齊亡入周，建德七年被害。
［6］長安：治所在今陝西西安市。

論曰：文襄諸子，[1]咸有風骨，雖文雅之道，有謝間、平，[2]然武藝英姿，多堪禦侮。縱咸陽賜劍，[3]覆敗有徵，若使蘭陵獲全，[4]未可量也，而終見誅翦，[5]以至土崩，可爲太息者矣。安德以時艱主暗，匿迹韜光，及平陽之陣，奮其忠勇，蓋以臨難見危，義深家國。德昌大舉，事迫群情，理至淪亡，無所歸命。廣寧請出後宮，竟不獲遂，非孝珩辭致，有謝李同，[6]自是後主心識去。[7]平原已遠，存亡事異，安可同年而説。武成殘忍姦穢，事極人倫。太原跡異猜嫌，情非釁逆，禍起昭信，遂及淫刑。嗟乎！欲求長世，未之有也。以孝昭德音，庶可慶流後嗣，百年之酷，蓋濟南之濫觴。[8]其云"莫效前人"之言，可爲傷歎，各愛其子，豈其然乎？琅邪雖無師傅之資，而早聞氣尚。士開淫亂，多歷歲年，一朝勤絶，慶集朝野，以之受斃，深可痛焉。然專戮之釁，未之或免，贈帝謚恭，矯枉過直，觀過知仁，不亦異於是乎？

［1］文襄：北齊皇帝高澄（521—549），謚號文襄，廟號世宗。本書卷三、《北史》卷六有紀。
［2］有謝間、平：間指西漢河間王劉德，平指東漢東平王劉蒼。二者以好儒名史。

［3］咸陽賜劍：用的是秦將白起被秦王賜劍自殺的典故。

［4］蘭陵：蘭陵王高孝瓘（？—573），文襄第四子。多有戰功。後主忌其威武，以毒藥鴆殺。贈太尉。

［5］翦：諸本同，百衲本作"剪"。作"翦"是，從改。

［6］李同：戰國時平原君趙勝食客。

［7］自是後主心識去：中華本校勘記云："諸本'去'下有'矣'字，《北史》無。按，《史記》卷七六《平原君傳》，記秦軍圍趙都邯鄲，邯鄲人李同説平原君出宮人散家財以募勇士，平原君從之，邯鄲得全。今孝珩請後主出後宮而不見從，齊固以亡，非孝珩不及李同，乃後主識見距平原君太遠。'矣'乃涉'去'字形似而衍，今删。"説是，從删。

［8］濟南：指齊廢帝高殷（545—561），因被太皇太后婁氏廢爲濟南王，故代指。本書卷五有紀。

北齊書　卷一三

列傳第五

趙郡王琛　子叡　　清河王岳　子勱

趙郡王琛,[1]字永寶,高祖之弟也。[2]少時便弓馬,有志氣。高祖既匡天下,中興初,[3]授散騎常侍、鎮西將軍、金紫光祿大夫。[4]既居禁衛,恭勤慎密,率先左右。太昌初,[5]除車騎大將軍、左光祿大夫,[6]封南趙郡公,[7]食邑五千戶。尋拜驃騎大將軍、特進、開府儀同三司、散騎常侍。[8]永熙二年,[9]除使持節、都督定州刺史、六州大都督。[10]琛推誠撫納,拔用人士,甚有聲譽。及斛斯椿等釁結,[11]高祖將謀內討,以晉陽根本,[12]召琛留掌後事,以爲并、肆、汾大行臺僕射,[13]領六州九酋長大都督。[14]其相府政事琛悉決之。天平中,[15]除御史中尉,[16]正色糾彈,無所回避,遠近肅然。尋亂高祖後庭,高祖責罰之,因杖而斃,時年二十三。贈使持節、侍中、都督冀定滄瀛幽殷并肆雲朔十州諸軍事、驃騎大將軍、冀州刺史、太尉、尚書令,[17]諡曰貞平。天統三年，[18]又贈假黃鉞、左丞相、太師、録尚書事、冀州刺史，[19]進爵爲王，配饗高祖廟庭。子叡嗣。

[1]趙郡王：爵名。趙郡，治所在今河北趙縣。　琛：高琛（513—535），字永寶，一作"元寶"，渤海蓨（今河北景縣）人。高歡弟。東魏大臣。本書卷一三、《北史》卷五一有傳。

[2]高祖：北齊神武皇帝高歡（496—547），廟號高祖。本書卷一、二，《北史》卷六有紀。

[3]中興：北魏安定王元朗年號（531—532）。

[4]散騎常侍：官名。職掌侍從皇帝左右。北齊集書省設六員，下設之起居省又設一員，皆從三品。　鎮西將軍：官名。與鎮東、鎮南、鎮北將軍合稱四鎮將軍。多授持節都督，出鎮方面，二品。北齊成爲褒賞軍功勳臣的閑職，從二品。　金紫光禄大夫：官名。凡資深勳重之光禄大夫授金章紫綬，故有此稱。爲元老重臣之加官或致仕之官，亦爲死者之贈官。

[5]太昌：北魏孝武帝元脩年號（532）。

[6]車騎大將軍：官名。多加權臣元老，以示尊崇，開府置僚屬，不領兵，北齊一品。　左光禄大夫：官名。爲元老重臣之加官或死後之贈官。三品。

[7]南趙郡公：爵名。南趙郡，治所在今河北隆堯縣東。

[8]驃騎大將軍：官名。重號將軍，僅次於大將軍，高於諸名號大將軍，授此職者以權臣元老居多，可開府置僚屬，不領兵，北齊從一品。　特進：官名。用以安置閑退大臣。北齊二品。　開府儀同三司：官名。本指高級官員開建府屬之待遇，儀同三司（三公）。至南北朝又爲官稱。北齊二品。

[9]永熙：北魏孝武帝元脩年號（532—534）。

[10]使持節：官吏奉使外出時，或由皇帝授予節杖，以提高其威望。加使持節，可誅殺二千石以下官員。　定州：治所在今河北

定州市。　大都督：官名。高級軍事長官。東、西魏分裂後，授予漸濫。東魏、北齊時所置"京畿大都督"，權勢極重。

[11]斛斯椿（495—537）：字法壽，北魏廣牧富昌（今内蒙古准格爾旗東南）人，高車族。初投尒朱榮，後隨尒朱兆。最後投宇文泰，拜尚書、遷太傅。《魏書》卷八〇、《北史》卷四九有傳。

[12]晉陽：縣名。治所在今山西太原市晉源區古城營村一帶。

[13]并：州名。治所在今山西太原市西南。　肆：州名。治所在今山西忻州市西北。　汾：汾陽，治所在今山西河津市境。　大行臺僕射：官名。大行臺之主官，北魏始設。北齊時大行臺爲一級地方行政機構，有完整的官員系統。

[14]六州九酋長大都督：官名。統領恒、雲、燕、朔、顯、蔚六州及九領民酋長的軍政長官。

[15]天平：東魏孝静帝元善見年號（534—537）。

[16]御史中尉：官名。北魏爲御史中丞之改稱，主御史臺，頗重其選。北齊復名御史中丞，從三品。

[17]侍中：官名。門下省長官。備切問近對，拾遺補缺。北朝常總典機密，時號"小宰相"。　都督：官名。地方行政長官。冀：州名。治所在今河北冀州市。　滄：州名。治所在今河北鹽山縣西南。　瀛：州名。治所在今河北河間市。　幽：州名。治所在今北京市西城區。　殷：州名。北魏孝昌二年（526）分定、相二州置，治所在今河北隆堯縣。　雲：州名。北魏孝昌元年（525）改朔州置，治所在今内蒙古和林格爾縣盛樂鎮上土城子村北，旋陷。後寄治今山西文水縣劉胡蘭鎮雲周村（一説治所在今山西祁縣東）。　朔：州名。治所在今山西朔州市城區。　太尉：官名。時爲名譽宰相，位居一品，多爲大臣加官，無實際職掌。　尚書令：官名。總掌全國行政。如設有録尚書事，則尚書令職權往往在其之下。北齊二品。

[18]天統：北齊後主高緯年號（565—569）。

[19]假黄鉞：政治術語。授此者以示有權總統内外諸軍，專戮

節將。不常設，以爲非人臣之常器。　　左丞相：官名。北魏、北齊或置或省，皆特爲權臣專設之名號，並非處理實際政務的宰相。位一品。　　太師：官名。爲輔弼君王的重要大臣。北朝時，爲三師之一，位在太傅、太保之上，一品。居百官之首，名位極尊。北齊後主爲激賞人心，增員而授，遂不可勝數。　　錄尚書事：官名。多以公卿權重者居之，總領尚書省政務。北魏、北齊亦定爲官員，爲尚書省長官。

叡小名須拔，生三旬而孤，聰慧夙成，特爲高祖所愛，養於宮中，令游娘母之，[1]恩同諸子。魏興和中，[2]襲爵南趙郡公。至四歲，未嘗識母，其母則魏華陽公主也。[3]有鄭氏者，叡母之從母姊妹之女，戲語叡曰：“汝是我姨兒，何因倒親游氏。”叡因問訪，遂精神不怡。高祖甚以爲怪，疑其感疾，欲命醫看之。叡對曰：“兒無患苦，但聞有所生，欲得暫見。”高祖驚曰：“誰向汝道耶？”叡具陳本末。高祖命元夫人令就宮與叡相見，[4]叡前跪拜，因抱頭大哭。高祖甚以悲傷。語平秦王曰：[5]“此兒天生至孝，我兒子無有及者。”遂爲休務一日。叡初讀《孝經》，[6]至“資於事父”，[7]輒流涕歔欷。十歲喪母，高祖親送叡至領軍府，爲叡發喪，舉聲殞絶，哀感左右，三日水漿不入口。高祖與武明婁皇后慇懃敦譬，[8]方漸順旨。居喪盡禮，持佛像長齋，至于骨立，杖而後起。高祖令常山王共臥起，[9]日夜説喻之。并敕左右不聽進水，雖絶清漱，午後輒不肯食。由是高祖食必唤叡同案。其見慇惜如此。高祖崩，哭泣嘔血。及壯，將爲婚娶，而貌有戚容。世宗謂之曰：[10]“我爲爾娶鄭述祖女，[11]門閥甚高，汝何所嫌而精神不樂？"叡對曰："自痛孤遺，常深膝下之慕，方從婚冠，彌用感切。"言未卒，嗚咽不自勝。世宗爲之憫默。勵己勤學，常夜久方罷。武定末，[12]除太子庶子。[13]顯祖受禪，[14]進封爵爲趙郡王，[15]邑一千二百户，遷散騎常侍。

[1]游娘：北齊高歡妃游氏，生高陽王。《北史》卷一四有傳。

[2]魏：東魏。　興和：東魏孝靜帝元善見年號（539—542）。

[3]華陽公主：封號，即華陽長公主。華陽，縣名。治所在今陝西勉縣。

[4]元夫人：指華陽公主。

[5]平秦王：爵名。平秦，郡名。治所在今陝西鳳翔縣東南。

[6]《孝經》：書名。儒家著作。相傳孔子作，實成書於秦漢之際。自西漢至魏晉南北朝，注解者及百家。現在流行的版本是唐玄宗李隆基注，宋代邢昺疏。全書共分十八章。

[7]資於事父：出自《孝經·士章第五》。

[8]婁皇后：北齊神武皇后（501—562），名昭君，鮮卑族。本書卷九、《北史》卷一四有傳。

[9]常山王：北齊孝昭帝高演即位前的封爵。

[10]世宗：北齊文襄帝高澄（521—549），廟號世宗。本書卷三、《北史》卷六有紀。

[11]鄭述祖（485—565）：字恭文，滎陽開封（今河南開封市南）人。東魏、北齊官吏。本書卷二九有傳。

[12]武定：東魏孝靜帝元善見年號（543—550）。

[13]太子庶子：官名。掌太子侍從宿衛，多以勳臣等貴族子弟爲之。

[14]顯祖：北齊文宣皇帝高洋（529—559），廟號顯祖。本書卷四、《北史》卷七有紀。

[15]進封爵爲趙郡王：中華本校勘記云："諸本趙郡上有'南'字。按高叡封趙郡王，見本書卷四《文宣紀》天保元年六月，本書和《北史》紀傳都稱叡爲趙郡王，從無'南趙郡王'之稱。《八瓊室金石補正》卷二〇有《高叡造像記》三段和《修定國寺頌》《修定國寺塔銘碑》，題記都作'趙郡王'。此《傳》稱叡父琛封南趙郡公，叡初襲父爵，至天保封王時則是趙郡而非南趙郡，所以目錄和傳首也稱'趙郡王琛'。這裏'南'字衍，今據刪。"說是，據改。

叡身長七尺，容儀甚偉，閑習吏職，有知人之鑒。二年，出爲定州刺史，加撫軍將軍、六州大都督，[1]時年十七。叡留心庶事，糾摘奸非，勸課農桑，接禮民儁，所部大治，稱爲良牧。三年，加儀同三司。六年，詔叡領山東兵數萬監築長城。[2]于時盛夏六月，叡在途中，屏除蓋扇，親與軍人同其勞苦。而定州先有冰室，每歲藏冰，長史宋欽道以叡冒犯暑熱，[3]遂遣輿冰，倍道追送。正值日中停軍，炎赫尤甚，人皆不堪，而送冰者至，咸謂得冰一時之要。叡乃對之歎息云："三軍之人，皆飲溫水，吾以何義，獨進寒冰，非追名古將，實情所不忍。"遂至消液，竟不一嘗。兵人感悦，遐邇稱歎。先是，役徒罷作，任其自返。丁壯之輩，各自先歸；羸弱之徒，棄在山北，加以飢病，多致僵殣。叡於是親帥所部，與之俱還，配合州鄉，部分營伍，督帥監領，強弱相持，遇善水草，即爲停頓，分有餘，贍不足，賴以全者十三四焉。

[1]撫軍將軍：官名。北齊時多以武職罷任者爲之，從二品。
　　[2]山：指太行山。　長城：北齊所修防禦北方游牧民族的邊防建築。
　　[3]宋欽道（？—560）：廣平（今河北邯鄲市永年區）人。東魏、北齊官吏。本書卷三四《楊愔傳》、《北史》卷二六《宋隱傳》有附傳，事亦見《魏書》卷六三《宋弁傳》。

　　七年，詔以本官都督滄瀛幽安平東燕六州諸軍事、滄州刺史。[1]八年，徵叡赴鄴，[2]仍除北朔州刺史，[3]都督北燕、北蔚、北恒三州，[4]及庫推以西黃河以東長城諸鎮諸軍事。[5]叡慰撫新遷，量置烽戍，内防外禦，備有條法，大爲兵民所安。有無水之處，禱而掘井，鍫鎬裁下，泉源湧出，至今號曰趙郡王泉。

　　[1]安：州名。治所在今北京密雲區東。　平：州名。北魏置，治所在今河北盧龍縣北。　東燕：州名。治所在今北京昌平區西南。
　　[2]鄴：北齊都邑。治所在今河北臨漳縣西南。
　　[3]北朔州：北齊置，治所在今山西朔州市東北。
　　[4]北燕：州名。治所在今河北涿鹿縣。　北蔚：州名。治所在今河北蔚縣。　北恒：州名。治所在今山西大同市東。
　　[5]庫推：戍名。北齊置，約在今河北省東北長城一帶。

　　九年，車駕幸樓煩，[1]叡朝於行宮，仍從還晉陽。時濟南以太子監國，[2]因立大都督府，與尚書省分理衆事，仍開府置佐。顯祖特崇其選，乃除叡侍中、攝大都督府長史。[3]叡後因侍宴，顯祖從容顧謂常山王演等曰：

"由來亦有如此長史不？吾用此長史何如？"演對曰："陛下垂心庶政，優賢禮物，須拔進居蟬珥之榮，退當委要之職，自昔以來，實未聞如此銓授。"帝曰："吾於此亦自謂得宜。"十年，轉儀同三司，侍中、將軍、長史，王如故。尋加開府儀同三司、驃騎大將軍、太子太保。[4]

[1]樓煩：城關名。在今山西寧武縣東北陽方口。
[2]濟南：此代指北齊廢帝高殷（545—561）。因被太皇太后婁氏廢爲濟南王，故代指。本書卷五有紀。濟南，郡名。治所在今山東濟南市。
[3]長史：官名。魏晉南北朝時諸州府、公府、將軍府及都督府置，主持府務，爲衆史之長。
[4]太子太保：官名。位在太子太師、太子太傅下，三者謂東宮三師。掌輔導太子，三品。

皇建初，[1]行并州事。孝昭臨崩，[2]預受顧託，奉迎世祖於鄴，[3]以功拜尚書令，別封浮陽郡公，[4]監太史，[5]太子太傅，[6]議律令。又以討北狄之功，[7]封潁川郡公。[8]復拜尚書令，攝大宗正卿。[9]天統中，追贈叡父琛假黃鉞，母元氏贈趙郡王妃，謚曰貞昭，[10]華陽長公主如故，有司備禮儀就墓拜授。時隆冬盛寒，叡跣步號哭，面皆破裂，嘔血數升。及還，不堪參謝，帝親就第看問。拜司空，[11]攝録尚書事。突厥嘗侵軼至并州，帝親御戎，六軍進止皆令取叡節度。[12]以功復封宣城郡公。[13]攝宗正卿，進拜太尉，監議五禮。[14]叡久典朝政，清真自守，譽望日隆，漸被疏忌，乃撰古之忠臣義士，號曰《要言》，以致其意。

［1］皇建：北齊孝昭帝高演年號（560—561）。

［2］孝昭：北齊皇帝高演（535—561），諡號孝昭。本書卷六、《北史》卷七有紀。

［3］世祖：北齊武成帝高湛（537—568），廟號世祖。本書卷七、《北史》卷八有紀。

［4］浮陽郡公：爵名。浮陽，郡名。治所在今河北滄州市。

［5］太史：官名。即太史令。隸太常，掌天文律曆。北齊九品上。

［6］太子太傅：官名。與太子少傅並稱太子二傅。掌訓導輔翊太子。北齊二品。

［7］北狄：民族名。因其主要居住於北方，故稱。後用爲對北方少數民族的泛稱。

［8］穎川郡公：爵名。穎川，郡名。治所在今河南許昌市。

［9］大宗正卿：官名。也稱宗正卿。掌宗室親族事務。多以宗室擔任，三品。

［10］諡曰貞昭：中華本校勘記云："諸本'貞'作'真'，《北史》卷五一《齊宗室諸王傳》上作'貞'。按高琛諡'貞平'，上一字例從夫諡，作'貞'是，今據改。"説是，從改。

［11］司空：官名。三公之一。與太尉、司徒並爲三公。魏晋南北朝爲名譽宰相，多爲大臣加官，位居一品。

［12］突厥嘗侵軼至并州，帝親御戎，六軍進止皆令取叡節度：中華本校勘記云："按上文記天統中追贈叡父母事〔天統三年（五六七）〕，似此事也在天統中。據本書卷七《武成紀》（補）、《周書》卷五《武帝紀》和相關紀傳，周和突厥聯合攻齊并州在河清二年（五六三）十二月至次年正月，早於追贈叡父母三年。《北

史》卷五一此事前記'河清二年',疑此《傳》脫去。然有此四字,敘次也顛倒。"説是,存疑。突厥,廣義包括鐵勒、突厥各部落,狹義則專指突厥汗國。六世紀初興起於金山(今阿爾泰山)西南麓,爲一游牧部落。西魏廢帝二年(553)建突厥汗國於今鄂爾渾河流域。

[13]宣城郡公:爵名。此爲遥封。宣城,郡名。治所在今安徽宣城市。

[14]五禮:指吉禮、凶禮、賓禮、軍禮、嘉禮五種禮制。

世祖崩,葬後數日,叡與馮翊王潤、安德王延宗及元文遥奏後主云:[1]"和士開不宜仍居内任。"[2]并入奏太后,因出士開爲兖州刺史。[3]太后曰:"士開舊經驅使,欲留過百日。"叡正色不許。數日之内,太后數以爲言。有中官要人知太后密旨,謂叡曰:"太后意既如此,殿下何宜苦違。"叡曰:"吾國家事重,死且不避,若貪生苟全,令國家擾攘,非吾志也。況受先皇遺旨,委寄不輕。今嗣主幼冲,豈可使邪臣在側。不守之以正,何面戴天。"遂重進言,詞理懇切。太后令酌酒賜叡。叡正色曰:"今論國家大事,非爲卮酒!"言訖便出。其夜,叡方寢,見一人可長丈五,臂長丈餘,當門向床,以臂壓叡,良久,遂失所在。叡意甚惡之,便起坐獨歎曰:"大丈夫命運一朝至此!"恐爲太后所殺,且欲入朝,妻子咸諫止之。叡曰:"自古忠臣,皆不顧身命,社稷事重,吾當以死效之,豈容令一婦人傾危宗廟。且和士開何物豎子,如此縱横,吾寧死事先皇,不忍見朝廷顛沛。"至殿門,又有人曰:"願殿下勿入,慮有危變。"叡曰："吾上不負天，死亦無恨。"入見太后，太后復以爲言，叡執之彌固。出至永巷，[4]遇兵被執，送華林園，[5]於雀離佛院令劉桃枝拉而殺之，[6]時年三十六。大霧三日，朝野冤惜之。期年後，詔聽以王禮葬，竟無贈諡焉。

[1]馮翊王：爵名。馮翊，郡名。治所在今陝西高陵縣。　潤：高潤，字子澤，高歡第十四子。本書卷一〇有傳。　安德王：爵名。安德，郡名。治所在今山東平原縣東北。　延宗：高延宗（？—578），渤海蓨（今河北景縣）人。北齊宗室，齊文襄帝子。本書卷一一、《北史》卷五二有傳。　元文遥：字德遠，河南洛陽（今河南洛陽市東北）人，鮮卑族。北齊大臣。本書卷三八、《北史》卷五五有傳。　後主：北齊皇帝高緯（556—578），武成帝長子。本書卷八、《北史》卷八有紀。

[2]和士開（524—571）：字彥通，清都臨漳（今河北臨漳縣）人。先世西域商人，本姓素和。本書卷五〇、《北史》卷九二有傳。墓在今河南安陽縣。

[3]兗州：治所在今山東濟寧市兗州區新驛鎮東頓村南。

[4]永巷：后妃居所之道。

[5]華林園：園林名。原爲東漢芳林園，三國魏避諱改名。

[6]雀離佛院：北齊皇家寺院。　劉桃枝：北齊官吏。位至領軍、開府，封王爵。事見本書卷五〇《韓寶業等傳》、《北史》卷九二《齊諸宦者傳》。

子整信嗣。[1]歷散騎常侍、儀同三司。好學有行檢，少年時因獵墜馬，傷腰脚，卒不能行起，終於長安。[2]琛同母弟惠寶早亡，元象初，[3]贈侍中、尚書令、都督四州諸軍事、青州刺史。[4]天統三年，重贈十州都督，封陳留王，[5]謚曰文恭，以清河王岳第十子敬文嗣。[6]

[1]整信：高整信。事見本傳。
[2]長安：治所在今陝西西安市西北。北周都此。
[3]元象：東魏孝靜帝元善見年號（538—539）。
[4]青州：治所在今山東青州市。
[5]陳留王：爵名。陳留，郡名。治所在今河南開封市。
[6]清河王：爵名。清河，郡國名。西漢高帝置，治清陽縣（今河北清河縣）。西晉爲清河國，治清河縣（今山東臨清市）。北魏仍改爲郡。北齊移治武城縣（今河北清河縣西城關鄉西北）。岳：高岳（512—555），字洪略，渤海蓨（今河北景縣）人。高翻子，高歡從父弟。東魏、北齊宗室大臣。本書卷一三、《北史》卷五一有傳。　敬文：高敬文。事不詳。

清河王岳，字洪略，高祖從父弟也。父翻，[1]字飛雀，魏朝贈太尉，謚孝宣公。岳幼時孤貧，人未之知也，長而敦直，姿貌嶷然，沈深有器量。初岳家于洛邑，[2]高祖每奉使入洛，必止于岳舍。岳母山氏，[3]嘗夜起，見高祖室中有光，密往覘之，乃無燈，即移高祖於別室，如前所見。怪其神異，詣卜者筮之，遇《乾》之《大有》，[4]占之曰：“吉，《易》稱'飛龍在天，大人造也'，[5]飛龍九五大人之卦，貴不可言。”山氏歸報高祖。後高祖起兵於信都，[6]山氏聞之，大喜，謂岳曰：“赤光之瑞，今當驗矣，汝可間行從之，共圖大計。”岳遂往信都。高祖見之，大悅。

[1]翻：高翻。事不詳。

[2]洛邑：城邑名。北魏後期都城，在今河南洛陽市東北。

[3]山氏：北魏末人。事見本傳。

[4]乾：六十四卦第一卦。六爻，皆陽。　大有：六十四卦之一。乾下離上。《易·大有》："火在天上，大有。"象徵"大獲所有"。

[5]《易》：書名。亦稱《易經》《周易》。儒家經典。爲經、傳兩部分，歷代注本甚多，今通行本有魏王弼、晋韓康伯注，唐孔穎達疏《周易正義》等。

[6]信都：縣名。治所在今河北冀州市。

中興初，除散騎常侍、鎮東將軍、金紫光禄大夫，領武衛將軍。[1]高祖與四胡戰于韓陵，[2]高祖將中軍，高昂將左軍，[3]岳將右軍。中軍敗績，賊乘之，岳舉麾大呼，横衝賊陣，高祖方得回師，表裏奮擊，因大破賊。以功除衛將軍、右光禄大夫，[4]仍領武衛。太昌初，除車騎將軍、左光禄大夫，[5]領左右衛，封清河郡公，[6]食邑二千户。母山氏，封爲郡君，授女侍中，入侍皇后。時尒朱兆猶據并州，[7]高祖將討之，令岳留鎮京師，遷驃騎大將軍、儀同三司。天平二年，除侍中、六州軍事都督，尋加開府。岳辟引時賢，以爲僚屬，論者以爲美。尋都監典書，復爲侍學，除使持節、六州大都督、冀州大中正。[8]俄拜京畿大都督，[9]其六州事悉詣京畿。時高祖統務晋陽，岳與侍中孫騰等在京師輔政。[10]元象二年，遭母憂去職。岳性至孝，盡力色養，母若有疾，衣不解帶，及遭喪，哀毁骨立。高祖深以憂之，每日遣人勞勉。尋起復本任。二年，[11]除兼領軍將軍。[12]興和初，世宗入總朝政，岳出爲使持節、都督、冀州刺史，侍中、驃騎、開府儀同如故。三年，轉青州刺史。岳任權日久，素爲朝野畏服，及爲二藩，[13]百姓望風聾憚。武定元年，除晋州刺史、西南道大都督，得綏邊之稱。時岳遇患，高祖令還并治療，疾瘳，復令赴職。

[1]鎮東將軍：將軍名號。北齊爲褒賞勳臣的閑職，從二品。武衛將軍：官名。掌宿衛兵。北齊從三品。

[2]四胡：尒朱兆、尒朱天光、尒朱度律、尒朱仲遠。　韓陵：在今河南安陽市東北。韓陵之戰爲高歡戰勝尒朱氏，奪取北魏控制權的決勝一役。

[3]高昂（491—538）：字敖曹，渤海蓚（今河北景縣）人。高翼子。東魏將領。本書卷二一《高乾傳》、《北史》卷三一《高允傳》有附傳。

[4]右光禄大夫：官名。多爲加官，以示優崇，或授予年老有病者爲致仕之官，亦常用爲卒後贈官。無職掌。北齊二品。

[5]車騎將軍：官名。位次三公，爲重要將軍之一。多爲大臣加官。北齊二品。

[6]清河郡公：爵名。五等爵的第一等。

[7]尒朱兆（？—533）：字萬仁（一作"吐萬兒"），北魏北秀容（今山西朔州市）契胡貴族。《魏書》卷七五有傳，《北史》卷四八《尒朱榮傳》有附傳。

[8]大中正：官名。魏晋南北朝時期負責評定士人品第的官員。北齊時規定州大中正須由京官擔任，州大中正視五品。

[9]京畿大都督：官名。北魏末、東魏、北齊置。統領京畿軍士，爲京都最高軍事長官。北齊時多任用宗室諸王。

[10]孫騰（481—548）：字龍雀，咸陽石安（今陝西咸陽市東

北）人。王仲犖認爲石安在今陝西涇陽縣城關（《北周地理志》第30頁）。北魏、東魏大臣。孫機子。高歡心腹。本書卷一八、《北史》卷五四有傳。

[11]二年：中華本校勘記云："按上已見元象二年，這裏重出，當是衍文，否則前'二年'爲'元年'之誤。"存疑。

[12]領軍將軍：官名。職掌與中領軍同，皆典禁兵，但資重於中領軍，省稱領軍。北齊時爲領軍府長官，掌禁衛宫掖，主朱華閣以外的禁衛。

[13]及爲二藩：中華本校勘記云："三朝本作'及二爲藩'，他本作'及出爲藩'。《册府》宋本卷六八九作'及爲二藩'（明本訛作'久爲二藩'）。按'二藩'指高岳任刺史的冀、青二州。三朝本'爲''二'誤倒，南本以讀不可通，改'二'作'出'。今據《册府》改。"説是，從改。

及高祖崩，侯景叛，[1]世宗徵岳還并，共圖取景之計。而梁武帝乘間遣其貞陽侯明率衆於寒山，[2]擁泗水灌彭城，[3]與景爲掎角聲援。岳總帥諸軍南討，與行臺慕容紹宗等擊明，[4]大破之，臨陣擒明及其大將胡貴孫，[5]自餘俘馘數萬。景乃擁衆於渦陽，[6]與左衛將軍劉豐等相持。[7]岳回軍追討，又破之，景單騎逃竄。六年，以功除侍中、太尉，餘如故，别封新昌縣子。[8]又拜使持節、河南總管、大都督，[9]統慕容紹宗、劉豐等討王思政於長社。[10]思政嬰城自守，岳等引洧水灌城。[11]紹宗、劉豐爲思政所獲，關西出兵援思政，[12]岳内外防禦，甚有謀算。城不没者三板。會世宗親臨，數日城下，獲思政等。以功别封真定縣男，[13]世宗以爲己功，故賞典弗弘也。

[1]侯景（503—552）：字萬景，懷朔鎮（今内蒙古固陽縣西南）人，或云雁門（今山西代縣西南）人，羯族。北魏、東魏將領，後降南朝梁。《梁書》卷五六、《南史》卷八〇有傳。

[2]梁武帝：南朝梁建立者蕭衍（464—549）。字叔達，南蘭陵（今江蘇常州市武進區西北）人。《梁書》卷一至三，《南史》卷六、七有紀；《魏書》卷九八有傳。　貞陽侯：爵名。五等爵之第二等。貞陽，縣名。治所在今廣東英德市東翁水北。　明：蕭淵明（？—556）。梁武帝長兄長沙王蕭懿之子。梁承聖四年（555），被北齊立爲梁帝。謚梁閔帝。次年，被陳霸先所廢，病死。本書卷三三有傳，《南史》卷五一《長沙宣武王懿傳》有附傳。　寒山：山名。在今江蘇徐州市東南。

[3]泗水：水名。又名清水、清泗。源出今山東泗水縣蒙山南麓，西南流，在山東魚臺縣東轉東南，經江蘇徐州市大致循黄河故道至淮安市西南入淮河。　彭城：郡名。治所在今江蘇徐州市老城區。

[4]慕容紹宗（501—549）：北魏、東魏將領。前燕皇室後裔，鮮卑族。本書卷二〇、《北史》卷五三有傳。

[5]胡貴孫：南朝梁官吏。任兖州刺史。

[6]渦陽：縣名。治所在今安徽蒙城縣。

[7]劉豐（？—549）：字豐生，普樂（今寧夏靈武市西南）人。北魏、西魏、東魏官吏。後被北周軍所殺。本書卷二七、《北史》卷五三有傳。

[8]新昌縣子：爵名。新昌縣，治所在今河北盧龍縣。

[9]河南總管：統轄黄河以南諸州軍政事務的長官。

[10]王思政：字司政，太原祁（今山西祁縣）人。西魏名將。後降北齊，爲都官尚書、儀同三司。《周書》卷一八、《北史》卷六二有傳。　長社：縣名。治所在今河南許昌市。

[11]洧水：今河南雙洎河。

[12]關西：地區名。泛指今潼關以西地區。此代指西魏。

[13]真定縣男：爵名。真定縣，治所在今河北石家莊市東北。

世宗崩，顯祖出撫晉陽，令岳以本官兼尚書左僕射，[1]留鎮京師。天保初，[2]進封清河郡王，尋除使持節、驃騎大將軍、開府儀同三司、宗師、司州牧。[3]五年，加太保。[4]梁蕭繹爲周軍所逼，[5]遣使告急，且請援。冬，詔岳爲西南道大行臺，[6]都統司徒潘相樂等救江陵。[7]六年正月，師次義陽，[8]遇荆州陷，[9]因略地南至郢州，[10]獲梁州刺史、司徒陸法和，[11]仍剋郢州。岳先送法和於京師，遣儀同慕容儼據郢城。[12]朝廷知江陵陷，詔岳旋師。

[1]尚書左僕射：官名。爲尚書令副貳。北朝列位宰相，職掌都省庶務及執法，或典選舉，兼掌糾彈百官。北齊從二品。

[2]天保：北齊文宣帝高洋年號（550—559）。

[3]宗師：官名。掌宗室事務。　司州牧：官名。北魏孝文帝太和二十三年（499）改司州刺史置。爲京畿最高行政長官。北齊從二品。

[4]太保：官名。爲輔弼君王的重要大臣。北齊爲三師之一，位居太師、太傅之下，一品。北齊後主時曾增員而授，所施頗濫。

[5]梁：南朝梁（502—557）。南朝齊和帝中興二年（502），相國梁王蕭衍禪代南齊，改元稱帝，都建康（今江蘇南京市），國號梁，史稱蕭梁。歷四主，五十六年。　蕭繹：梁元帝。字世誠，南蘭陵（今江蘇常州市武進區西北）人。《梁書》卷五有紀。　周：即北周（557—581）。西魏恭帝三年（556）十二月，宇文泰之子宇文覺廢西魏主自立，次年（557）改元，建號周，史稱北周，又稱後周。都長安（今陝西西安市）。

[6]西南道大行臺：官名。北齊時多作爲西南道大行臺長官的省稱。

　　[7]潘相樂（？—555）：又作"潘樂""潘洛"。初名相貴，後以爲字，廣寧石門（今甘肅渭源縣西南洮河東岸）人。北魏、東魏、北齊官吏。本書卷一五、《北史》卷五三有傳。　江陵：縣名。治所在今湖北荆州市荆州區。

　　[8]義陽：郡名。治所在今河南信陽市。

　　[9]荆州：指南朝梁荆州，治所在今湖北荆州市。

　　[10]郢州：南朝宋置，治所在今湖北武漢市武昌區。

　　[11]陸法和：初爲南朝梁僧人，天保六年舉州入齊。本書卷三二、《北史》卷八九有傳。

　　[12]慕容儼：字恃德，清都成安（今河北成安縣）人。鮮卑族。東魏、北齊將領。本書卷二〇、《北史》卷五三有傳。

　　岳自討寒山、長社及出隨、陸，[1]並有功績，威名彌重。而性華侈，尤悦酒色，歌姬舞女，陳鼎擊鍾，諸王皆不及也。初，高歸彦少孤，[2]高祖令岳撫養，輕其年幼，情禮甚薄。歸彦内銜之而未嘗出口。及歸彦爲領軍，[3]大被寵遇，岳謂其德己，更倚賴之。歸彦密構其短。岳於城南起宅，聽事後開巷。歸彦奏帝曰："清河造宅，僭擬帝宫，制爲永巷，但唯無闕耳。"顯祖聞而惡之，漸以疏岳。仍屬顯祖召鄴下婦人薛氏入宫，而岳先嘗唤之至宅，由其姊也。帝懸薛氏姊而鋸殺之，讓岳以爲奸民女。岳曰："臣本欲取之，嫌其輕薄不用，非奸也。"帝益怒。六年十一月，使高歸彦就宅切責之。岳憂悸不知所爲，數日而薨，故時論紛然，以爲賜鴆也。朝野歎惜之。時年四十四。詔大鴻臚監護喪事，[4]

贈使持節、都督冀定滄瀛趙幽濟七州諸軍、太宰、太傅、定州刺史，[5]假黃鉞，給輼輬車，[6]賵物二千段，謚曰昭武。

[1]隨：隨郡，治所在今湖北隨州市。　陸：安陸郡，治所在今湖北安陸市。

[2]高歸彥（？—562）：字仁英，渤海蓨（今河北景縣）人。高徽子。高歡族弟。東魏、北齊大臣。本書卷一四、《北史》卷五一有傳。

[3]領軍：官名。即領軍將軍之簡稱。

[4]大鴻臚：官名。北齊時掌賓客接待及朝禮和封爵儀式等。三品。

[5]濟：濟州。治所在今山東茌平縣西南。　太宰：官名。居上公之首。北魏、北齊於太師、太傅、太保三師之上，別置太宰，皆一品。　太傅：官名。爲輔弼君王的大臣。北魏、北齊則與太師、太保並號三師，位居太師下、太保上，一品。北齊後主時曾增員而授，所施頗濫。

[6]輼輬車：古代的臥車，亦用作喪車。

初，岳與高祖經綸天下，家有私兵，并畜戎器，儲甲千餘領。世宗之末，岳以四海無事，表求納之。世宗敦至親之重，推心相任，云：“叔屬居肺腑，職在維城，所有之甲，本資國用，叔何疑而納之。”文宣之世，[1]亦頻請納，又固不許。及將薨，遺表謝恩，并請上甲于武庫，至此葬畢，方許納焉。皇建中，配享世宗廟庭。後歸彥反，世祖知其前譖，曰：“清河忠烈，盡力皇家，而歸彥毀之，間吾骨肉。”籍没歸彥，以良賤百口賜岳家。後又思岳之功，重贈太師、太保，餘如故。子勱嗣。[2]

[1]文宣：北齊開國皇帝高洋（529—559），諡號文宣。本書卷四、《北史》卷七有紀。
[2]勱（mài）：高勱，字敬德。《北史》卷五一《清河王岳傳》有附傳。

勱，字敬德，夙智早成，爲顯祖所愛。年七歲，遣侍皇太子。後除青州刺史，拜曰，顯祖戒之曰："叔父前牧青州，甚有遺惠，故遣汝慰彼黎庶，宜好用心，無墜聲績。"勱流涕對曰："臣以蒙幼，濫叨拔擢，雖竭庸短，懼忝先政。"帝曰："汝既能有此言，吾不慮也。"尋追授武衛將軍、領軍、祠部尚書、開府儀同三司。[1]以清河地在畿内，改封樂安王。[2]轉侍中、尚書右僕射，[3]出爲朔州行臺僕射。[4]

[1]祠部尚書：官名。主掌尚書祠部曹，管祭祀禮儀。與尚書右僕射通職，二者不並設。階三品。北齊兼管主客虞曹、屯田、起部等曹。
[2]樂安王：高勱封爵名。樂安，郡名。治所在今山東廣饒縣北。
[3]尚書右僕射：官名。爲尚書令之副職。參議大政，諫諍得失，北齊從二品。
[4]行臺僕射：官名。"行臺尚書僕射"的省稱。北魏、北齊所設諸行臺高級官員，爲行臺尚書令副職，視從二品。

後主晉州敗，[1]太后從土門道還京師，[2]敕勱統領兵馬，侍衛太后。時佞幸閹寺，猶行暴虐，民間雞豬，悉放鷹犬搏噬取之。勱收儀同三司苟子溢狗軍，[3]欲行大戮。太后有令，然後釋之。劉文殊竊謂勱曰：[4]"子溢之徒，言成禍福，何容如此，豈不慮後生毀謗耶？"勱攘袂語文殊曰："自獻武皇帝以來，[5]撫養士卒，委政親賢，用武行師，未有折衄。今西寇已次幷州，達官多悉委叛，正坐此輩專政弄權，所以内外離心，衣冠解體。若得今日斬此卒，明日及誅，亦無所恨。王國家姻婭，須同疾惡，返爲此言，豈所望乎！"

[1]晉州：治所在今山西臨汾市城區。
[2]太后從土門道還京師：中華本校勘記云："諸本'土'作'玉'，《通鑑》卷一七二作'土'。《太平寰宇記》卷六一鎮州石邑縣韓信山條引《隋圖經》，稱'土門口西入井陘，即向太原路是也'。土門是河北通向山西的井陘道之口，胡太后從北朔州（今山西朔縣）還鄴（今河北磁縣），通過井陘，作'土門'是，今據改。"説是，從改。土門，即土門關，亦即井陘關。在今河北井陘縣北井陘山上，地當太行山區進入華北平原的關隘。
[3]苟子溢：北齊宦官。後主時授開府儀同三司，甚得寵愛。
[4]劉文殊：北齊官吏。生平不詳。
[5]獻武皇帝：高歡的諡號。高洋稱帝，初諡歡獻武，天統元年改諡神武。

太后還至鄴，周軍續至，人皆恟懼，無有鬭心，朝士出降，晝夜相屬。勱因奏後主曰："今所翻叛，多是貴人，至於卒伍，猶未離貳。請追五品已上家屬，置之三臺，[1]因脅之曰：'若戰不捷，即退焚臺。'此曹顧惜妻子，必當死戰。且王師頻北，賊徒輕我，今背城一決，理必破之，此亦計之上者。"後主卒不能用。齊亡入周，依例授開府。隋朝歷楊、楚、光、洮四州刺史。[2]開皇中卒。[3]

[1]三臺：臺閣名。故址在鄴城（今河北臨漳縣西南）西北隅。東漢建安十五年（210），曹操主持修築。中爲銅雀臺，高十丈；南爲金虎臺，北爲冰井，皆高八丈。十六國時後趙石虎將銅雀臺增高二丈。北齊高洋在舊基之上重修三臺，於天保八年落成，改銅雀爲金鳳，金虎爲聖應，冰井爲崇光。

[2]隋朝：公元581年楊堅（隋文帝）代北周稱帝，國號隋，都大興（今陝西西安市）。歷二帝，三十八年。 楊：州名。治所在今安徽壽縣。 楚：州名。隋文帝開皇元年（581）置，治壽張縣（今江蘇淮陰市西南），開皇十二年（592）移治山陰縣（今江蘇淮安市）。 光：州名。北魏皇興四年（470）置。治所在今山東萊州市。 洮：州名。治所在今甘肅臨潭縣。

[3]開皇：隋文帝楊堅年號（581—600）。

史臣曰：《易》稱："天地盈虚，與時消息，況於人乎。"蓋以通塞有期，污隆適道。舉世思治，則顯仁以應之；小人道長，則儉德以避之。至若負博陸之圖，[1]處藩屏之地，而欲迷邦違難，其可得乎。趙郡以跗萼之親，[2]當顧命之重，高揖則宗社易危，去惡則人神俱泰。是用安夫一德，同此貞心，踐畏途而不疑，履危機而莫懼。以斯忠義，取斃凶慝。豈道光四海，不遇周成之明；[3]將朝去三仁，[4]終見殷墟之禍。不然則邦國殄瘁，何影響之速乎？清河屬經綸之會，自致青雲，出將入相，翊成鴻業，雖漢朝劉賈，[5]魏室曹洪，[6]俱未足論其高下。天保不辰，[7]易生悔咎，固不可掩其風烈，適以彰顯祖之失德云。

［1］博陸之圖：取霍光輔助幼主昭帝之典。博陸，西漢霍光封侯名。
［2］跗萼：花萼與子房。喻兄弟之親。
［3］周成：周成王姬誦，周武王子，即位時十二歲。由周公旦攝政。取信用周公之典。
［4］朝去三仁：三仁指比干、微子、箕子。分别爲商王紂所囚、殺，招致商亡之禍。
［5］劉賈（？—前196）：西漢初泗水沛（今江蘇沛縣）人。漢高祖堂兄。劉邦稱帝後封荆王，王淮東。漢高祖十一年（前196）淮南王英布反，東擊荆，劉賈率兵禦之，爲布軍所殺。
［6］魏室：三國時曹魏。　曹洪（？—232）：字子廉，沛國譙（今安徽亳州市）人。曹操的從弟，隨曹操征戰一生，多功。
［7］天保不辰："不"字諸本同，百衲本作"在"。按，"不辰"意爲生不逢時，没有遇到好的時候。典出《詩·大雅·桑柔》："我生不辰，逢天僤怒。"作"不"是，從改。

贊曰：趙郡英偉，風範凝正。天道無親，斯人斯命。赫赫清河，于以經國。末路小疵，非爲敗德。

北齊書　卷一四[1]

列傳第六

廣平公盛　陽州公永樂 弟長弼　襄樂王顯國
上洛王思宗 子元海 弟思好　平秦王歸彦　武興王普
長樂太守靈山 嗣子伏護

　　廣平公盛,[2]神武從叔祖也。[3]寬厚有長者風。神武起兵於信都,[4]以盛爲中軍大都督,[5]封廣平郡公。歷位司徒、太尉。[6]天平三年,[7]薨於位。贈假黃鉞,[8]太尉、太師、録尚書事。[9]無子,以兄子子瑗嗣。[10]天保初,[11]改封平昌王,[12]卒於魏尹。[13]

　　[1]《北齊書》卷一四：中華本校勘記云："按此卷原缺,後人以《北史》卷五一《齊宗室諸王傳》上相同諸《傳》補。三朝本卷末有宋人校語'此卷與《北史》同'。"

　　[2]廣平公：爵名。廣平,郡名。治所在今河北邯鄲市永年區東南。

　　[3]神武：北齊皇帝高歡（496—547）,謚號神武。本書卷一、

二，《北史》卷六有紀。

[4]信都：治所在今河北冀州市。

[5]中軍大都督：官名。北魏末置。東、西魏沿置。統帥中軍，地位很高。

[6]司徒：官名。爲三公之一，管理民政，公務繁多，一品，其府屬吏甚衆。兩晉延魏制，與丞相通職，一般不並置。爲名譽宰相，一品。　太尉：官名。與丞相、御史大夫合稱三公。漢以後歷代因之。魏晉以後多爲元老重臣之加官。

[7]天平：東魏孝靜帝元善見年號（534—537）。

[8]假黄鉞：政治術語。授此者以示有權總統內外諸軍，專戮節將。不常設，以爲非人臣之常器。

[9]太師：官名。爲輔弼君王的重要大臣，爲三師之一，位在太傅、太保之上，一品。北齊後主爲激賞人心，增員而授，遂不可勝數。　錄尚書事：官名。總領尚書省政務。北魏、北齊亦定爲尚書省長官，尚書令、僕射爲其副貳，職權甚重。

[10]子瑗：高子瑗。事見本傳。

[11]天保：北齊文宣帝高洋年號（550—559）。

[12]平昌王：爵名。平昌，郡名。治所在今山東膠州市西南。

[13]魏尹：官名。魏郡郡守改置。東魏都於此，故改郡守稱尹。

陽州公永樂，[1]神武從祖兄子也。太昌初，[2]封陽州縣伯，進爵爲公。累遷北豫州刺史。[3]河陰之戰，[4]司徒高昂失利退。[5]永樂守河陽南城，[6]昂走趣城，西軍追者將至，永樂不開門，昂遂爲西軍所擒。神武大怒，杖之二百。後罷豫州，[7]家產不立。神武問其故，對曰："裴監爲長史，[8]辛公正爲別駕，[9]受王委寄，斗酒隻鷄不入。"神武乃以永樂爲濟州，[10]仍以監、公正爲長史、別駕。謂永樂曰："爾勿大貪，小小義取莫復畏。"永樂至州，監、公正諫不見聽，以狀啓神武。神武封啓以示永樂。然後知二人清直，並擢用之。永樂卒於州。贈太師、太尉、録尚書事，謚曰武昭。無子，從兄思宗以第二子孝緒爲後，[11]襲爵。天保初，改封脩城郡王。[12]

[1]陽州公：爵名。陽州，治所在今河南宜陽縣西。

[2]太昌：北魏孝武帝元脩年號（532）。

[3]北豫州：治所在今河南滎陽市西北。

[4]河陰：郡名。治、領河陰縣。治所在今河南孟津縣東。

[5]高昂（491—538）：字敖曹，渤海蓨（今河北景縣）人。高翼子。東魏將領。本書卷二一《高乾傳》、《北史》卷三一《高允傳》有附傳。

[6]河陽：縣名。治所在今河南孟州市西南。

[7]豫州：治所在今河南汝南縣汝寧街道。

[8]裴監：東魏官吏。事見本傳。 長史：官名。魏晉南北朝時諸州府、公府、將軍府及都督府沿置，主持府務，爲衆史之長。

[9]辛公正：東魏官吏。事見本傳。 別駕：官名。即別駕從事、別駕從事史。因從刺史行部，別乘傳車，故謂之別駕。與治中從事史同爲州上綱，事無不統。

[10]濟州：治所在今山東茌平縣西南。

[11]從兄思宗以第二子孝緒爲後：中華本校勘記云："諸本'思宗'作'恩'，《册府》卷二八四作'恩宗'，《北史》卷五一作'思宗'。按北齊宗室無名'恩'者。思宗本卷有傳，《册府》'思'字已訛'恩'，但'宗'字未脱，足證《北史》是對的，今據改。"說是，從改。

[12]脩城郡王：爵名。脩城，郡名。治所在今甘肅成縣東南。

永樂弟長弼，[1]小名阿伽。性粗武，出入城市，好毆擊行路，時人皆呼爲阿伽郎君。以宗室封廣武王。[2]時有天恩道人，[3]至兇暴，橫行閭肆，後入長弼黨，專以鬭爲事。文宣並收掩付獄，[4]天恩黨十餘人皆棄市，長弼鞭一百。尋爲南營州刺史，[5]在州無故自驚走，叛亡入突厥，[6]竟不知死所。

[1]長弼：高長弼，一作"高弼"。小名阿迦，渤海蓨（今河北景縣）人。北齊宗室，高吞子。武定（543—550）中，爲安西將軍、營州刺史，賜爵安陵縣開國男。北齊時，封廣武王，爲南營州刺史。

[2]廣武王：爵名。廣武，郡名。治所在今河南中牟縣東。

[3]天恩道人：北齊道士。事見本傳。

[4]文宣：北齊開國皇帝高洋（529—559），謚號文宣。本書卷四、《北史》卷七有紀。

[5]南營州：寄治今河北保定市徐水區西。

[6]突厥：民族名、國名。廣義包括鐵勒、突厥各部落，狹義則專指突厥汗國。六世紀初興起於金山（今阿爾泰山）西南麓，爲一游牧部落。以金山形似古代戰盔兜鍪，當地俗語呼兜鍪爲突厥，故以爲名。西魏廢帝二年（553）建突厥汗國於今鄂爾渾河流域。《周書》卷五〇、《北史》卷九九有傳。

襄樂王顯國，[1]神武從祖弟也。無才伎，直以宗室謹厚，天保元年，封襄樂王，位右衛將軍。[2]卒。

[1]襄樂王：爵名。襄樂，郡名。治所在今甘肅寧縣。　顯國：高顯國。北齊宗室。事見本傳。

[2]右衛將軍：官名。負責宮禁宿衛。北齊時爲右衛府長官，員一人，三品。

上洛王思宗，[1]神武從子也。性寬和，頗有武幹。天保初，封上洛郡王。歷位司空、太傅。[2]薨於官。

[1]上洛王：爵名。上洛，郡名。治所在今陝西商洛市商州區。思宗：高思宗。北齊宗室、大臣。《北史》卷五一有傳。
[2]司空：官名。與太尉、司徒並爲三公，南北朝爲名譽宰相，多爲大臣加官，位居一品，無實際職掌。　太傅：官名。爲輔弼君王的大臣。北魏、北齊則與太師、太保並號三師，位居太師下、太保上，一品。後來北齊後主時曾增員而授，所施頗濫。

子元海，累遷散騎常侍。[1]願處山林，脩行釋典。文宣許之。乃入林慮山，[2]經二年，絕棄人事，志不能固，啓求歸。徵復本任，便縱酒肆情，廣納姬侍。又除領軍，器小志大，頗以智謀自許。

[1]散騎常侍：官名。職掌侍從皇帝左右，諫諍得失，顧問應對，與侍中等共平尚書奏事，有異議得駁奏。北齊集書省設六員，下設之起居省又設一員，皆從三品。
[2]林慮山：山名。本名隆慮山，在今河南林州市内。

皇建末，[1]孝昭幸晉陽，[2]武成居守，[3]元海以散騎常侍留典機密。初孝昭之誅楊愔等，[4]謂武成云"事成以爾爲皇太弟"。及踐祚，乃使武成在鄴主兵，[5]立子百年爲皇太子，[6]武成甚不平。先是，恒留濟南於鄴，[7]除領軍厙狄伏連爲幽州刺史，[8]以斛律豐樂爲領軍，[9]以分武成之權。武成留伏連而不聽豐樂視事。乃與河南王孝瑜偽獵，[10]謀於野，暗乃歸。先是童謠云："中興寺內白鳧翁，四方側聽聲雍雍，道人聞之夜打鍾。"時丞相府在北城中，即舊中興寺也。[11]鳧翁，謂雄雞，蓋指武成小字步落稽也。道人，濟南王小名。打鍾，言將被擊也。既而太史奏言北城有天子氣。昭帝以爲濟南應之，乃使平秦王歸彥之鄴，[12]迎濟南赴并州。[13]武成先咨元海，[14]并問自安之計。元海曰："皇太后萬福，至尊孝性非常，殿下不須別慮。"武成曰："豈我推誠之意耶？"元海乞還省一夜思之。武成即留元海後堂。元海達旦不眠，唯遶床徐步。夜漏未曙，武成遽出，曰："神算如何？"[15]答云："夜中得三策，恐不堪用耳。"因説梁孝王懼誅入關事，[16]請乘數騎入晉陽，先見太后求哀，後見主上，請去兵權，以死爲限，求不干朝政，必保太山之安。此上策也。若不然，當具表，云："'威權大盛，恐取謗衆口'，請青、齊二州刺史。[17]沉靜自居，必不招物議。此中策也。"更問下策。曰："發言即恐族誅。"因逼之，答曰："濟南世嫡，主上假太后令而奪之。今集文武，示以此敕，執豐樂，斬歸彥，尊濟南，號令天下，以順討逆，此萬世一時也。"武成大悦，狐疑，竟未能用。乃使鄭道謙卜之，[18]皆曰："不利舉事，靜則吉。"又召曹魏祖，[19]問之國事。對曰："當有大凶。"又時有林慮令姓潘，[20]知占候，密謂武成曰："宮車當晏駕，殿下爲天下主。"武成拘之於內以候之。又令巫覡卜之，多云不須舉兵，自有大慶。武成乃奉詔，令數百騎送濟南於晉陽。

　　[1]皇建：北齊孝昭帝高演年號（560—561）。

　　[2]孝昭：北齊皇帝高演（535—561），謚號孝昭。本書卷六、《北史》卷七有紀。　晉陽：縣名。治所在今山西太原市晉源區古城營村一帶。

　　[3]武成：北齊皇帝高湛（537—568），謚號武成。本書卷七、《北史》卷八有紀。

　　[4]楊愔（511—560）：字遵彥，小名秦王，弘農華陰（今陝西華陰市）人，楊津子。北齊官吏。本書卷三四有傳，《北史》卷四一《楊播傳》有附傳。

　　[5]鄴：都邑名。治所在今河北臨漳縣西南。北齊定都於此。

　　[6]百年：高百年，渤海蓨（今河北景縣）人。北齊孝昭帝子。本書卷一二有傳。

　　[7]濟南：此指濟南王，北齊廢帝高殷的封爵名。本書卷五有紀。濟南，郡名。治所在今山東濟南市。

　　[8]領軍：官名。領軍將軍之簡稱，掌中軍禁區。資望重者則稱領軍將軍。資輕者稱中領軍。　庫狄伏連（？—571）：字仲山，本名伏憐，代（今山西大同市東北）人。北齊官吏。本書卷二〇、《北史》卷五三《慕容儼傳》有附傳。"庫"字宋刻本、中華本同，四庫本、百衲本作"庫"。　幽州：治所在今北京市西城區。

　　[9]斛律豐樂：斛律金第二子，位武衛大將軍。北齊官吏。

　　[10]乃與河南王孝瑜偶獵：中華本校勘記云："諸本及《北史》卷五一'河南'都作'河陽'，唯南本作'河南'。按孝瑜封河南王，見本書卷四《文宣紀》天保元年七月、卷一一《孝愉傳》（補）。今從南本。"說是，從改。河南王，爵名。河南，郡名。治所在今河南洛陽市西。孝瑜，高孝瑜（537—563）。字正德，文襄

長子。本書卷一一、《北史》卷五二有傳。

[11]中興寺：寺名。北魏在鄴城所建的大型佛寺。

[12]平秦王：爵名。平秦，郡名。治所在今陝西鳳翔縣東南。歸彥：高歸彥（？—562），字仁英，渤海蓨（今河北景縣）人。高徽子。高歡族弟。東魏、北齊大臣。本書卷一四、《北史》卷五一有傳。

[13]并州：治所在今山西太原市晋源區古城營村一帶。

[14]武成先咨元海：中華本校勘記云："諸本'武成'下衍'王'字，今據《北史》卷五七刪。"説是，從改。

[15]神算："算"字諸本及《北史》卷五一《齊宗室諸王傳》皆同，百衲本作"下"。疑作"算"是。據改。然百衲本"下"字，形近於"卜"，而遠於"算"。或爲"卜"字之訛。"神卜"亦通，且下文有"乃使鄭道謙卜之""又令巫覡卜之"之語，疑作"卜"是。存疑。

[16]梁孝王：劉武（前184—前144），西漢文帝次子。公元前178年被漢文帝封爲太原王。因刺殺大臣懼誅而入京請罪，獲釋。

[17]青：州名。治所在今山東青州市。　齊：州名。治所在今山東濟南市。

[18]鄭道謙：北朝方士，善卜。事見本傳。

[19]曹魏祖：東魏官吏。生卒不詳。善星占曆法。位員外司馬督。興和元年（539），上書言改曆事。

[20]林慮：縣名。治所在今河南林州市。

及孝昭崩，武成即位，除元海侍中、開府儀同三司、太子詹事。[1]河清二年，[2]元海爲和士開所譖，[3]被捶馬鞭六十。責云："爾在鄴城，[4]説我以弟反兄，幾許不義！鄴城兵馬抗并州，幾許無智！不義無智，若爲可使？"[5]出爲兗州刺史。[6]元海後妻，陸太姬甥也，[7]故尋被追任使。武平中，[8]與祖珽共執朝政。[9]元海多以太姬密語告珽。珽求領軍，元海不可，珽乃以其所告報太姬。姬怒，出元海爲鄭州刺史。[10]鄴城將敗，徵爲尚書令。[11]周建德七年，[12]於鄴城謀逆，伏誅。

[1]侍中：官名。門下省長官。掌切問近對，時有宰相之實。北齊三品。　開府儀同三司：官名。本指高級官員開建府屬之待遇，儀同三司（三公）。三國魏始置。以後遂成加銜，爲大臣加號。至南北朝又爲官稱。北齊二品。　太子詹事：官名。總領東宮內外事務及諸官屬。北齊三品上。

[2]河清：北齊武成帝高湛年號（562—565）。

[3]和士開（524—571）：字彥通，清都臨漳（今河北臨漳縣）人。先世西域商人，本姓素和。本書卷五〇、《北史》卷九二有傳。墓在今河南安陽縣。

[4]鄴城：邑名。治所在今河北臨漳縣。東魏、北齊定都於此。

[5]若爲可使："若"字諸本及《北史》卷五一《齊宗室諸王傳》皆同，百衲本作"不"。作"若"是。據改。

[6]兗州：治所在今山東濟寧市兗州區新驛鎮東頓村南。

[7]陸太姬：陸令萱（？—577），亦稱陸媼，爲北齊後主乳母，受胡太后寵信，封郡君。齊亡後被勒令自殺。《北史》卷九二《穆提婆傳》有附傳。

[8]武平：北齊後主高緯年號（570—576）。

[9]祖珽：字孝徵，范陽遒（今河北淶水縣北）人。東魏、北齊官吏。本書卷三九有傳，《北史》卷四七《祖瑩傳》有附傳。

[10]鄭州：治所在今河南許昌市。

[11]尚書令：官名。尚書省長官，總掌全國行政，在多數情況下是實際上的宰相。北齊二品。

[12]建德：北周武帝宇文邕年號（572—578）。

元海好亂樂禍，然詐仁慈，不飲酒噉肉。文宣天保末年敬信內法，[1]乃至宗廟不血食，皆元海所謀。及爲右僕射，[2]又説後主禁屠宰，[3]斷酤酒。然本心非靖，故終致覆敗。思宗弟思好。

[1]內法：指佛教戒律。
[2]右僕射：官名。尚書右僕射的簡稱。尚書省副長官之一。輔助尚書令執行政務，參議大政，與祠部尚書通職，二者不並設。兼管儀曹事。
[3]後主：北齊後主高緯（556—578），武成帝長子。本書卷八、《北史》卷八有紀。

思好本浩氏子也，[1]思宗養以爲弟，遇之甚薄。少以騎射事文襄。[2]及文宣受命，爲左衛大將軍。[3]本名思孝，天保五年，討蠕蠕，[4]文宣悦其驍勇，謂曰："爾擊賊如鶻入鴉群，宜思好事。"故改名焉。累遷尚書令、朔州道行臺、朔州刺史、開府、南安王，[5]甚得邊朔人心。

[1]浩氏：事不詳。
[2]文襄：北齊皇帝高澄（521—549），諡號文襄，廟號世宗。本書卷三、《北史》卷六有紀。
[3]左衛大將軍：官名。與右衛將軍共掌宿衛營兵。
[4]蠕蠕：古族名。又稱柔然、茹茹、蝚蠕、芮芮等。其強盛時，勢力達於整個蒙古高原。該國汗族郁久閭氏源自雜胡（詳見曹永年《柔然源於雜胡考》，《歷史研究》1981年第3期）。境內有匈奴、鮮卑、高車、西域諸族以及其他民族，多以游牧爲生。《魏書》

卷一〇三、《北史》卷九八有傳。

[5]朔州：治所在今山西朔州市。　行臺：行尚書臺的省稱，亦爲行臺尚書令的省稱。是掌管轄區的軍政官署或行政長官。　開府：官名。本指高級官員開建府署，辟置僚屬之舉。常以此作爲對高級官員的寵待。北齊時除授冗濫，從一品。　南安王：爵名。南安，郡名。治所在今河南平葉縣南。

後主時，斛胥光弁奉使至州，[1]思好迎之甚謹，光弁倨敖，思好因心銜恨。武平五年，遂舉兵反。與并州諸貴書曰：“主上少長深宮，未辨人之情僞，昵近凶狡，疏遠忠良。遂使刀鋸刑餘，貴溢軒階，商胡醜類，[2]擅權帷幄，剥削生靈，劫掠朝市。闇於聽受，專行忍害。幽母深宮，無復人子之禮；二弟殘戮，頓絶孔懷之義。仍縱子立奪馬於東門，光弁擎鷹於西市，駁龍得儀同之號，[3]逍遥受郡君之名，[4]犬馬班位，榮冠軒冕。人不堪役，思長亂階。趙郡王叡實曰宗英，[5]社稷惟寄；左丞相斛律明月，[6]世爲元輔，威著鄰國。無罪無辜，奄見誅殄。孤既忝預皇枝，實蒙殊獎，今便擁率義兵，指除君側之害。幸悉此懷，無致疑惑。”行臺郎王行思之辭也。[7]

[1]斛胥光弁奉使至州：中華本校勘記云：“諸本及《北史》卷五一‘胥’作‘骨’。錢氏《考異》卷四〇云：‘廣韻（入聲十八藥）“漢複姓有斛胥氏，何氏《姓苑》云：今平陽人”。’此作‘骨’字，相似而訛也。《恩倖傳》（《北史》卷九二）作‘研胥光弁’，‘研’又‘斛’之訛，即一人。’按錢説是，今據改。”今從改。斛胥光弁，北齊宦官。後主時貴寵，位中常侍。

[2]刀鋸刑餘，貴溢軒階，商胡醜類：意指宦者充斥官界，胡商專擅政權。刀鋸刑餘，指宦官。商胡，胡商，指和士開之流。

[3]駮龍：馬。"駮"字諸本及《北史》卷五一皆同，百衲本作"駿"。作"駮"是，據改。

[4]逍遙：即狗。

[5]趙郡王：爵名。趙郡，治所在今河北趙縣。　叡：高叡（534—569），小名須拔，渤海蓨（今河北景縣）人。高琛子。東魏、北齊大臣。本書卷一三、《北史》卷五一《趙郡王琛傳》有附傳。

[6]斛律明月：斛律光（515—572），字明月，朔州（今内蒙古固陽縣）人。高車族敕勒部。北齊名將。少以武藝知名。本書卷一七、《北史》卷五四《斛律金傳》有附傳。

[7]行臺郎：官名。北魏置。北齊沿置。行臺屬官。爲行臺諸曹郎中的泛稱，各曹皆冠以曹名。　王行思（？—574）：北齊官吏。事見本傳。

　　思好至陽曲，[1]自號大丞相，[2]置百官，以行臺左丞王尚之爲長史。[3]武衛趙海在晉陽掌兵，[4]時倉卒不暇奏，矯詔發兵拒之。軍士皆曰："南安王來，我輩唯須唱萬歲奉迎耳。"帝聞變，使唐邕、莫多婁敬顯、劉桃枝、中領軍厙狄士文馳之晉陽，[5]帝勒兵續進。思好軍敗，與行思投水而死。其麾下二千人，桃枝圍之，且殺且招，終不降以至盡。時帝在道，叱奴世安自晉陽送露布於平都，[6]遇斛斯孝卿。[7]孝卿誘使食，因馳詣行宮，叫已了。[8]帝大歡，左右呼萬歲。良久，世安乃以狀自陳。帝曰："告示何物事，[9]乃得坐食。"於是賞孝卿而免世安罪。暴思好屍七日，然後屠剥焚之，烹尚之於鄴市，令內參射其妃於宮內，仍火焚殺之。思好反前五旬，有人告其謀反。韓長鸞女適思好子，[10]故奏有人誣告諸貴，事相擾動，不殺無以息後，乃斬之。思好既誅，死者弟伏闕下訴求贈兄，長鸞不為通也。[11]

[1]陽曲：縣名。治所在今山西陽曲縣南。

[2]大丞相：官名。多為權臣所擔任，操縱軍國政務。

[3]行臺左丞：官名。北朝後期已有之。為行臺尚書省官員，輔省內左三部十二司。員一人。北齊從四品上。　王尚之（？—574）：北齊官吏。事見本傳。

[4]武衛：官名。北齊時為左、右衛府次官，員各二人，佐左、右衛將軍掌宮禁宿衛，從三品。　趙海：北齊官吏。事見本傳。

[5]唐邕：字道和，太原晉陽（今山西太原市晉源區古城營村一帶）人。北齊官吏。本書卷四〇、《北史》卷五五有傳。　莫多婁敬顯（？—577）：太安狄那（今山西壽陽縣北）人。羌族。北齊官吏。少以武功著聞。本書卷一九、《北史》卷五三《莫多婁貸文傳》有附傳。　劉桃枝：北齊官吏。位至領軍、開府，封王爵。事見本書卷五〇《韓寶業等傳》、《北史》卷九二《齊諸宦者傳》。

中領軍：官名。北齊時為領軍府長官，掌禁衛宮掖，主朱華閣以外的禁衛官，三品。

[6]叱奴世安：北齊官吏。事見本傳。　平都：治所在今山西臨汾市。

[7]遇斛斯孝卿：中華本校勘記云："按本書卷二〇有《斛律孝卿傳》（附其父《羌舉傳》後），他是後主時'朝臣典機密者'之一，應即此人，'斯'字疑是'律'之訛。"疑是。

[8]叫已了："叫"字諸本及《北史》卷五一《齊宗室諸王傳》皆同，百衲本作"前"。據改。然無論"叫"或"前"字，文氣皆不順，似有脫簡。

[9]告示何物事：中華本校勘記云："《北史》卷五一'示'作'爾'，《通志》卷八五《齊宗室傳》作'爾告何物事'。按告示是後世纔有的名稱，後主豈能作此語。'爾'簡寫作'尔'，與'示'字形近而訛，疑《通志》是，意謂爾所告者是何等事。《北史》'爾告'作'告爾'當是傳本倒誤。"疑是。

[10]韓長鸞：韓鳳，字長鸞，昌黎（今遼寧義縣）人。北齊倖臣。少有臂力，善騎射。本書卷五〇《韓寶業等傳》、《北史》卷九二《齊諸宦者傳》有附傳。 子：百衲本無"子"字，諸本及《北史》卷五一、《資治通鑑》卷一七一、《通志》卷八五上有。據補。

[11]死者弟伏闕下訴求贈兄，長鸞不爲通也：百衲本無"死者""長"三字，諸本及《北史》卷五一《齊宗室諸王傳》有此三字。以文意度之，當有此三字。據補。

　　平秦王歸彥，字仁英，神武族弟也。父徽，[1]魏末坐事當徙涼州，[2]行至河、渭間，[3]遇賊，以軍功得免流。因於河州積年。[4]以解胡言，爲西域大使，得胡師子來獻，以功得河東守。[5]尋遂死焉。徽於神武舊恩甚篤。及神武平京洛，[6]迎喪以穆同營葬。[7]贈司徒，謚曰文宣。

[1]徽：高徽，字榮顯，小字苟兒，渤海蓨（今河北景縣）人。北魏官吏。《魏書》卷三二《高湖傳》有附傳。

[2]涼州：治所在今甘肅武威市。

[3]河：指黃河。　渭：指渭水。

[4]河州：治所在今甘肅臨夏市西南。

[5]以功得河東守：中華本校勘記云："《北史》卷五一作'以功行河東事'。按高徽事見《魏書》卷九《肅宗紀》孝昌元年十月

和卷三二《高湖傳》後，他没有任過河東守或行河東事。《傳》稱莫折念生起義後，他被河州一些官員推爲'行河州事'，抗拒起義軍，不久城破受誅。《北史》'行河東事'，'東'乃'州'之訛，補此《傳》者又改作'得河東守'。"説是。河東，郡名。治所在今山西永濟市蒲州鎮。

[6]京洛：河南洛陽的别稱。北魏定都於此，故號稱京洛。

[7]迎喪以穆同營葬：中華本校勘記云："按'穆'不知何人，這裏必有脱誤。"疑是。

初徽嘗過長安市，[1]與婦人王氏私通而生歸彦，至是年已九歲。神武追見之，撫對悲喜。稍遷徐州刺史。[2]歸彦少質樸，後更改節，放縱好聲色，朝夕酣歌。妻魏上黨王元天穆女也，[3]貌不美而甚嬌妒，數忿争，密啓文宣求離，事寝不報。天保元年，封平秦王。嫡妃康及所生母王氏並爲太妃。善事二母，以孝聞。徵爲兼侍郎，稍被親寵。以討侯景功，[4]别封長樂郡公，[5]除領軍大將軍，[6]領軍加大，自歸彦始也。文宣誅高德正，[7]金寶財貨悉以賜之。乾明初，[8]拜司徒，仍總知禁衛。

[1]長安：縣名。治所在今陝西西安市西北。

[2]徐州：治所在今江蘇徐州市。

[3]上黨王：爵名。上黨，郡名。治所在今山西長治市北。元天穆（？—530）：亦稱元穆。鮮卑族拓跋部人。北魏宗室、官吏。《魏書》卷一四、《北史》卷一五《高涼王孤傳》有附傳。

[4]侯景（503—552）：字萬景，懷朔鎮（今内蒙古固陽縣西南）人，或云雁門（今山西代縣西南）人，羯族。北魏、東魏將領，後降南朝梁。《梁書》卷五六、《南史》卷八〇有傳。

[5]別封：百衲本無"別"字，諸本及《北史》卷五一有。據補。　長樂郡公：爵名。長樂，郡名。北魏改長樂國置。治所在今河北冀州市。

[6]領軍大將軍：官名。北齊天保中置。爲領軍府長官。總掌禁衛諸軍。在領軍將軍之上，權勢極重，二品，位次尚書令。

[7]高德正（？—559）：一作"高德政"，字士貞，渤海蓨（今河北景縣）人。東魏、北齊官吏。本書卷三〇有傳，《北史》卷三一《高允傳》有附傳。

[8]乾明：北齊廢帝高殷年號（560）。

初濟南自晉陽之鄴，楊愔宣敕，留從駕五千兵於西中，[1]陰備非常。至鄴數日，歸彥乃知之，由是陰怨楊、燕。[2]楊、燕等欲去二王，[3]問計於歸彥。歸彥詐喜，請共元海量之。元海亦口許心違，馳告長廣。[4]長廣於是誅楊、燕等。孝昭將入雲龍門，[5]都督成休寧列仗拒而不内，[6]歸彥諭之，然後得入，進向柏閤、永巷亦如之。孝昭踐祚，以此彌見優重，每入常在平原王段韶上。[7]以爲司空，兼尚書令。[8]齊制，宮内唯天子紗帽，臣下皆戎帽，特賜歸彥紗帽以寵之。

[1]西中：晉陽城。治所在今山西太原市晉源區古城營村一帶。

[2]燕：燕子獻（？—560），字季則，廣漢下洛（今河北涿鹿縣）人。北齊官吏。事見本卷，《北史》卷四一《楊播傳》有附傳。

[3]二王：孝昭帝，時爲常山王高演；武成帝，時爲長廣王高湛。

[4]長廣：此處指長廣王高湛。長廣，郡名。治所在今山東龍

口市。

[5]雲龍門：鄴都外朝東門。

[6]休寧：北齊將領。位至都督、開府。 仗：百衲本無"仗"字，諸本及《北史》卷五一《齊宗室諸王傳》有。據補。

[7]平原：郡名。治所在今山東聊城市東北。 段韶（？—571）：字孝先，小名鐵伐，亦稱段婆，姑臧武威（今甘肅武威市）人。北齊將領。本書卷一六、《北史》卷五四《段榮傳》有附傳。

[8]以爲司空，兼尚書令：中華本校勘記云："按歸彥先已由司空遷司徒，這時〔皇建元年（五六〇）〕正以擁戴高演受演重用，豈有降退之理。據卷七《武成紀》（補）大寧元年（五六一）十一月乙卯稱'以司徒平秦王歸彥爲太傅'，則以先仍是'司徒'可知。這裏'司空'乃'司徒'之訛。"疑是。

孝昭崩，歸彥從晉陽迎武成於鄴。及武成即位，進位太傅，領司徒，常聽將私部曲三人帶刀入仗。從武成還都，諸貴戚等競要之，其所往處，一坐盡傾。歸彥既地居將相，志意盈滿，發言陵侮，旁若無人。議者以威權震主，必爲禍亂。上亦尋其前翻覆之跡，漸忌之。高元海、畢義雲、高乾和等咸數言其短。[1]上幸歸彥家，召魏收對御作詔草，[2]欲加右丞相。[3]收謂元海曰："至尊以右丞相登位，今爲歸彥威名太盛，故出之，豈可復加此號。"乃拜太宰、冀州刺史，[4]即乾和繕寫。晝日，仍敕門司不聽輒入內。時歸彥在家縱酒，經宿不知，至明欲參，至門知之，大驚而退。及通名謝，敕令早發，別賜錢帛、鼓吹、醫藥，事事周備。又敕武職督將悉送至青陽宮，拜而退，莫敢共語。唯與趙郡王叡久語，時無聞者。

［1］畢義雲：東平須昌（今山東東平縣）人。北齊官吏。本書卷四七有傳。　高乾和：冀州（今河北冀州市）人。北齊官吏。初爲秀才。武定七年（549）嘗與樊遜等奉詔校定羣書，武成在位時任黄門郎。

［2］上幸歸彦家，召魏收對御作詔草：中華本校勘記云："按'對御作詔草'，極言其機密。觀下文説'晝日，仍敕門司不聽輒入内，時歸彦在家縱酒，經宿不知'。可見作詔本不欲歸彦得知，事實上也没有知道。豈有'幸歸彦家'，即在其家作詔之事。《通鑑》卷一六八云：'伺歸彦還家，召魏收於帝前作詔草。'疑當作'上幸歸彦還家'，意謂高湛以歸彦還家爲幸，乘機作詔解除其中樞要職。"説是。魏收（505—572），字伯起，小字佛助，鉅鹿下曲陽（今河北晋州市西）人。北朝時著名史學家。本書卷三七、《北史》卷五六有傳，《魏書》卷一〇四有其家世自序（部分爲後人所補）。

［3］右丞相：官名。輔助皇帝管理國家政務。北齊或置或省，皆特爲權臣專設之名號，並非處理實際政務的宰相。一品。

［4］太宰：官名。北魏、北齊於太師、太傅、太保三師之上，別置太宰，皆一品。　冀州：治所在今河北冀州市。

　　至州，不自安，謀逆，欲待受調訖，班賜軍士，[1]望車駕如晋陽，乘虚入鄴。爲其郎中令吕思禮所告，[2]詔平原王段韶襲之。歸彦舊於南境置私驛，聞軍將逼，報之，便嬰城拒守。先是，冀州長史宇文仲鸞、司馬李祖挹、別駕陳季璩、中從事房子弼、長樂郡守尉普興等疑歸彦有異，[3]使連名密啓，歸彦追而獲之，遂收禁仲鸞等五人，仍並不從，皆殺之。軍已逼城，歸彦登城大叫云："孝昭皇帝初崩，六軍百萬衆悉由臣手，投身向鄴迎陛下，當時不反，今日豈有異心。正恨高元海、畢義雲、高乾和詆惑聖上，疾忌忠良。但爲殺此三人，即臨城自刎。"其後城破，單騎北走，[4]至交津見獲，[5]鎖送鄴。帝令趙郡王叡私問其故。歸彥曰："使黃頷小兒牽挽我，何可不反。"曰："誰耶？"歸彥曰："元海、乾和豈是朝廷老宿。如趙家老公時，又詎懷怨。"於是帝又使讓焉。對曰："高元海受畢義雲宅，用作本州刺史，給後部鼓吹。臣爲藩王、太宰，仍不得鼓吹。正殺元海、義雲而已。"上令都督劉桃枝牽入，歸彥猶作前語望活。帝命議其罪，皆云不可赦。乃載以露車，銜枚面縛，劉桃枝臨之以刃，擊鼓隨之，並子孫十五人皆棄市。贈仁州刺史。[6]

[1]班賜軍士："士"字諸本及《北史》卷五一《齊宗室諸王傳》皆同，百衲本作"事"。"事"字誤，作"士"是。從改。

[2]郎中令：官名。爲王國屬官，掌侍衛武官。　吕思禮：東平壽張（今山東東平縣西南）人。北齊官吏。

[3]宇文仲鸞：河南洛陽（今河南洛陽市）人。匈奴族。北魏、北齊官吏。宇文延子。　司馬：高級幕僚。漢設。於諸公府、軍府或邊郡府内掌軍事及府内武官。　李祖挹：北齊官吏。事見本傳。　陳季璩：廣宗（今河北威縣東南）人，陳元康弟。北齊官吏。事見本書卷二四《陳元康傳》。　中從事：官名。即治中從事史。爲州府屬官。掌財穀、賬簿、文書。　房子弼：北齊官吏。事見本卷。　尉普興：北齊官吏。事見本卷。

[4]單騎："單"字諸本及《北史》卷五一《齊宗室諸王傳》皆同，百衲本作"軍"。"軍"字乃與"單"形近而訛。作"單"字是。從改。

[5]交津：津渡名。在今河北磁縣西清漳河與漳河合流處。

[6]仁州：治所在今安徽泗縣西南。

魏時山崩，得石角二，藏在武庫。文宣入庫，賜從臣兵器，[1]特以二石角與歸彥。謂曰："爾事常山不得反，[2]事長廣得反，反時，將此角嚇漢。"歸彥額骨三道，著幘不安。文宣嘗見之，怒，使以馬鞭擊其額，血被面，曰："爾反時當以此骨嚇漢。"其言反竟驗云。

[1]賜從臣兵器：百衲本無"兵"字，諸本及《北史》卷五一《齊宗室諸王傳》有。從補。
[2]常山：此指北齊孝昭帝高演（535—561）。字延安，渤海蓨（今河北景縣）人。高歡第六子。本書卷六、《北史》卷七有紀。

武興王普，[1]字德廣，歸彥兄歸義之子也。[2]性寬和有度量。九歲，歸彥自河州俱入洛，神武使與諸子同遊處。天保初，封武興郡王。武平二年，累遷司空。六年，為豫州道行臺、尚書令。後主奔鄴，就加太宰。周師逼，乃降。卒於長安。贈上開府、豫州刺史。

[1]武興王：爵名。武興，郡名。治所在今陝西略陽縣。
[2]歸義：高歸義。北魏將領。《魏書》卷三二《高湖傳》有附傳。

長樂太守靈山，[1]字景嵩，神武族弟也。從神武起兵信都，終於長樂太守。贈大將軍、司空，謚曰文宣。

子懿，[2]卒於武平鎮將，無子，文宣帝以靈山從父兄齊州刺史建國子伏護爲靈山後。[3]

　　[1]靈山：高靈山，字景嵩。北魏官吏。事見本卷。
　　[2]懿：高懿。東魏官吏。早卒。事見本卷。
　　[3]齊州：治所在今山東濟南市。　建國：高建國。北齊官吏。事見本卷。

　　伏護，字臣援，粗有刀筆。天統初，[1]累遷黃門侍郎。[2]伏護歷事數朝，恒參機要，而性嗜酒，每多醉失，末路逾劇，乃至連日不食，專事酣酒，神識恍惚，遂以卒。贈兗州刺史。建國侯孫乂襲。[3]乂少謹。武平末，給事黃門侍郎。[4]隋開皇中，[5]爲太府少卿，[6]坐事卒。

　　[1]天統：北齊後主高緯年號（565—569）。
　　[2]黃門侍郎：官名。與侍中俱掌門下事。北齊四品上。
　　[3]建國侯孫乂襲：中華本校勘記云："按此語不可解。'侯'字疑是'從'之訛。"
　　[4]給事黃門侍郎：官名。亦簡稱"黃門""黃門郎""黃門侍郎"。與侍中俱掌門下衆事，北齊置六員，四品。
　　[5]開皇：隋文帝楊堅年號（581—600）。
　　[6]太府少卿：官名。北齊置爲太府寺次官，員一人，四品上。太府寺掌金帛庫藏、國家財政開支，兼管冶鑄、染織等。

北齊書　卷一五[1]

列傳第七

竇泰　尉景　婁昭 兄子叡　厙狄干 子士文　韓軌　潘樂

竇泰,[2]字世寧,大安捍殊人也。[3]本出清河觀津冑,[4]祖羅,[5]魏統萬鎮將,[6]因居北邊。父樂,[7]魏末破六韓拔陵爲亂,[8]與鎮將楊鈞固守,[9]遇害。泰貴,追贈司徒。[10]初,泰母夢風雷暴起,若有雨狀,出庭觀之,見電光奪目,駛雨霑灑,寤而驚汗,遂有娠。期而不產,大懼。有巫曰:"渡河湔裙,產子必易。"便向水所,忽見一人,曰:"當生貴子,可徙而南。"泰母從之。俄而生泰。及長,善騎射,有勇略。泰父兄戰歿於鎮,泰身負骸骨歸尒朱榮。[11]以從討邢杲功,[12]賜爵廣阿子。[13]神武之爲晉州,[14]請泰爲鎮城都督,參謀軍事。[15]累遷侍中、京畿大都督,[16]尋領御史中尉。[17]泰以勳戚居臺,雖無多糾舉,而百僚畏懼。

[1]《北齊書》卷一五:中華本校勘記云:"按此卷原缺,後人

以《北史》卷五三、卷五四中相同諸人傳補。三朝本、南本、局本卷末有宋人校語'此卷與《北史》同'。"

〔2〕竇泰（？—537）：《北史》卷五四有傳。

〔3〕大安：郡名。治所在今内蒙古鄂托克前旗城川鎮一帶。《隋書·地理志上》有："（長澤縣）西魏置闡熙郡。又有後魏大安郡。" 捍殊：縣名。治所在今内蒙古五原縣。

〔4〕清河：郡國名。西漢高帝置，治清陽縣（今河北清河縣）。西晋爲清河國，治清河縣（今山東臨清市）。北魏仍改爲郡。北齊移治武城縣（今河北清河縣西城關鄉西北）。 觀津：縣名。治所在今河北武邑縣東南。

〔5〕羅：竇羅。北魏將領。事見《北史》卷五四《竇泰傳》。

〔6〕統萬：城名。治所在今陝西靖邊縣東北白城子。

〔7〕父樂：諸本同。中華本誤作"樂樂"。大安捍殊人。

〔8〕破六韓拔陵（？—525）：匈奴族人。北魏末年六鎮起義軍首領。公元523年，率兵民在沃野鎮（今内蒙古五原縣北）起義，殺鎮將，建元真王。公元525年兵敗被殺。

〔9〕鎮將：官名。北魏置，鎮的長官。在不設州郡的地區兼統軍民；在設州、郡的内地主要掌軍政，但兼任駐在州刺史時亦兼理民政。 楊鈞：北魏人，楊播族弟。位七兵尚書、北道行臺、恒州刺史、懷朔鎮將。《魏書》五八《楊播傳》有附傳，事亦見《北史》四一《楊播傳》。

〔10〕司徒：官名。爲三公之一，與丞相通職，一般不並置。爲名譽宰相，北齊一品。

〔11〕尒朱榮（493—530）：字天寶，北魏北秀容（今山西朔州市）契胡貴族。繼父爲部落酋帥，六鎮起義後投魏。後擁立莊帝，自爲大丞相、天柱大將軍，封太原王。《魏書》卷七四、《北史》卷四八有傳。

〔12〕邢杲（？—529）：河間（今河北河間市南）人。北魏末年山東暴動首領。士族出身。曾任幽州平北府主簿。武泰元

(528），在青州北海（今山東昌樂縣西）起兵反魏，自稱漢王，年號天統。後因衆寡懸殊，在濟南爲元天穆和尒朱兆的軍隊所敗，降後被殺。

[13]廣阿子：爵名。廣阿，縣名。治所在今河北隆堯縣東。

[14]神武：北齊皇帝高歡（496—547），謚號神武。本書卷一、二，《北史》卷六有紀。　晋州：治所在今山西臨汾市城區。

[15]參謀軍事：官名。簡稱參軍。北朝公府、都督、將軍州府皆置，爲長官的僚屬，分理諸曹事。中華本校勘記云："《通志》卷一五二此下有：'從起義信都，封廣阿伯，從破四胡。及神武入洛，以預謀定策，除車騎大將軍、儀同三司，進爵爲公。尒朱兆敗保秀容，分兵守嶮。神武每揚聲云欲討之，師出復止，如是數四。神武揣兆歲首必應會飲，使泰率精騎先驅，一日一夜五百里。兆軍人因宴休惰，忽見泰軍，莫不奪氣，神武因而剋之。'凡一百十一字不見此《傳》和《北史》卷五四《本傳》。按《通志》北齊諸傳，凡溢出《北史》字句，大抵出於《北齊書》（原文），如斛律金父子、段榮父子《傳》都是這情况。今以此卷竇泰等六人傳和《通志》核對，《通志》都有多少不等的溢出字句。疑南宋時《北齊書》此卷原文，還没有完全絶迹，鄭樵偶得見之，得以用來補上一些文句。如此段所説竇泰從高歡起兵後，加官進爵，和《竇泰墓誌》（《漢魏南北朝墓誌集釋》圖版二〇五）基本符合，又如下文竇泰死後贈官，《通志》多'定州刺史'，也和《墓誌》相同。鄭樵不見墓誌，所增却與之相合，也可推知所據爲較原始的材料，當即《北齊書》原文。其進攻尒朱兆一事今見本書卷一和《北史》卷六的《神武紀》，或李延壽截取《傳》中語入《紀》。由《竇泰傳》所增之情况看來，則以下五人傳中《通志》溢出《北史》字句也可能是《北齊書》佚文。但這些多半是歷官和其他無關重要語句，今不一一列舉。"

[16]侍中：官名。門下省長官。備切問近對，拾遺補缺。北朝常總典機密，時號"小宰相"。　京畿大都督：官名。北魏末、東

魏、北齊置。統領京畿軍士，爲京都最高軍事長官。北齊時多任用宗室諸王。

[17]御史中尉：官名。北魏改御史中丞爲此稱。主掌御史臺。糾彈百官，參治刑獄。北齊復名御史中丞，從三品。

天平三年，[1]神武西討，令泰自潼關入。[2]四年，泰至小關，[3]爲周文帝所襲，[4]衆盡没，泰自殺。初泰將發鄴，[5]鄴有惠化尼謡云：[6]"竇行臺，[7]去不回。"未行之前，夜三更，忽有朱衣冠幘數千人入臺，云"收竇中尉"，[8]宿直兵吏皆驚，其人入數屋，俄頃而去。旦視關鍵不異，方知非人。皆知其必敗。贈大司馬、太尉、録尚書事，[9]謚曰武貞。泰妻，武明婁后妹也。[10]泰雖以親見待，而功名自建。齊受禪，祭告其墓。皇建初，[11]配享神武廟庭。子孝敬嗣。[12]位儀同三司。[13]

[1]天平：東魏孝静帝元善見年號（534—537）。

[2]潼關：關隘名。在今陝西潼關縣東北。

[3]小關：又稱禁峪關。在今陝西潼關縣東，去舊潼關十里。

[4]周文帝：北周文帝宇文泰（505—556），字黑獺，代郡武川（今内蒙古武川縣）人。鮮卑族。北周奠基者。《周書》卷一、二，《北史》卷九有紀。

[5]鄴：鄴城。在今河北臨漳縣西南。東魏、北齊皆定都於此。

[6]惠化尼：事不詳。

[7]竇行臺：即竇泰。然本傳、墓誌、《神武紀》皆不言其爲行臺，疑史文闕。

[8]竇中尉：即竇泰。時任御史中尉。

[9]大司馬：官名。北魏、北齊與大將軍並稱"二大"，仍爲

加官，皆一品。北齊後主時增員冗濫，不復尊貴。　太尉：官名。與丞相、御史大夫合稱三公。魏晉以後多爲元老重臣之加官。　錄尚書事：官名。綜理政務，總知國事。魏晉南北朝多以公卿權重者居之。北魏、北齊亦定爲官員，爲尚書省長官。

　　[10]婁后：指北齊神武明皇后婁氏（501—562），高歡妻，名昭君，北魏贈司徒婁内干之女。本書卷九、《北史》卷一四有傳。

　　[11]皇建：北齊孝昭帝高演年號（560—561）。

　　[12]孝敬：竇孝敬。事不詳。

　　[13]儀同三司：官名。本指官場待遇，儀同三司（三公）。魏晉以降，凡開府，皆儀同三司，遂成加銜。至北魏、北齊又爲官號。北齊二品。

　　尉景，[1]字士真，善無人也。[2]秦、漢置尉候官，其先有居此職者，因以氏焉。景性温厚，頗有俠氣。魏孝昌中，[3]北鎮反，景與神武入杜洛周中，[4]仍共歸尒朱榮。以軍功封博野縣伯。[5]後從神武起兵信都，[6]韓陵之戰，[7]唯景所統失利。神武入洛，[8]留景鎮鄴。尋進封爲公。

　　[1]尉景：高歡妹夫。《北史》卷五四有傳。

　　[2]善無：諸本及《北史》卷五四、《通志》卷一五二皆同，百衲本作"無善"。北魏置善無郡、善無縣，治所在今山西右玉縣南。時郡縣無"無善"，"無善"誤。今予乙正。

　　[3]孝昌：北魏孝明帝元詡年號（525—527）。

　　[4]杜洛周（？—528）：又名杜周，北魏柔玄鎮（今内蒙古興和縣西北）人。高車族。北魏末六鎮起兵領袖。初爲柔玄鎮鎮兵。孝昌元年，在上谷舉兵反魏，自號真王，攻没郡縣，南圍燕州。次年，攻取幽州（今北京市西城區），執刺史。武泰元年（528），攻

下定州（今河北定州市），俘刺史楊津。後爲葛榮所害。

[5]博野縣伯：爵名。博野，縣名。治所在今河北蠡縣。

[6]信都：縣名。治所在今河北冀州市。

[7]韓陵：山名。在今河南安陽市東北。

[8]洛：洛陽。縣名。治所在今河南洛陽市東北。高歡率軍在此與尒朱氏決戰而勝。

景妻常山君，[1]神武之姊也。以勳戚，每有軍事，與厙狄干常被委重，[2]而不能忘懷射利，神武每嫌責之。轉冀州刺史，[3]又大納賄，發夫獵，死者三百人。厙狄干與景在神武坐，請作御史中尉。神武曰："何意下求卑官。"干曰："欲捉尉景。"神武大笑，令優者石董桶戲之。[4]董桶剝景衣，曰："公剝百姓，董桶何爲不剝公？"神武誡景曰："可以無貪也。"景曰："與爾計生活孰多，我止人上取，爾割天子調。"神武笑不答。改長樂郡公。[5]歷位太保、太傅，[6]坐匿亡人見禁止。使崔暹謂文襄曰：[7]"語阿惠兒，[8]富貴欲殺我耶！"神武聞之泣，詣闕曰："臣非尉景，無以至今日。"三請，帝乃許之。於是黜爲驃騎大將軍、開府儀同三司。[9]神武造之，景恚臥不動，叫曰："殺我時趣耶！"常山君謂神武曰："老人去死近，何忍煎迫至此。"又曰："我爲爾汲水胝生。"因出其掌。神武撫景，爲之屈膝。先是，景有果下馬，文襄求之，景不與，曰："土相扶爲牆，人相扶爲王，一馬亦不得畜而索也。"神武對景及常山君責文襄而杖之。常山君泣救之。景曰："小兒慣去，放使作心腹，何須乾啼濕哭不聽打耶！"尋授青州刺史，[10]操行頗改，百姓安之。徵授大司馬。遇疾，薨於州。贈太師、尚書令。[11]齊受禪，以景元勳，詔祭告其墓。皇建初，配享神武廟庭，追封長樂王。

[1]常山君：事見本傳。
[2]厙（shè）狄干：善無（今山西右玉縣南）人。鮮卑厙狄氏。東魏、北齊大臣。封章武郡王，轉太宰。《北史》卷五四有傳。
[3]冀州：治所在今河北冀州市。
[4]石董桶：高歡身邊的優伶。事見本傳。
[5]長樂郡公：爵名。長樂郡，治所在今河北冀州市。
[6]太保：官名。北魏、北齊爲三師之一，位居太師、太傅之下，一品。北齊後主時曾增員而授，所施頗濫。　太傅：官名。西周始置，爲輔弼君王的大臣。北魏、北齊則與太師、太保並號三師，位居太師下、太保上，一品。北齊後主時曾增員而授，所施頗濫。
[7]崔暹（？—559）：字季倫，博陵安平（今河北安平縣）人。東魏、北齊官吏。本書卷三〇有傳，《北史》卷三二《崔挺傳》有附傳。　文襄：北齊皇帝高澄（521—549），諡號文襄，廟號世宗。本書卷三、《北史》卷六有紀。
[8]阿惠兒：高澄，字子惠，故尉景稱之。
[9]驃騎大將軍：官名。魏晉爲重號將軍。高於諸名號將軍。按，《魏書·官氏志》云，驃騎將軍，第二品。加大者，位在太子太師之上。北齊從一品。　開府儀同三司：官名。本指高級官員開建府屬之待遇，儀同三司（三公）。至南北朝又爲官稱。北齊二品。
[10]尋授青州刺史：中華本校勘記云：“《通志》卷一五二此句上有‘元象初，周文遣金祚、皇甫知達入據東雍，景督諸軍討擒之’二十三字。按此事又見本書卷二七《可朱渾元傳》（補），但沒有提到尉景，《北史》卷五三《可朱渾元傳》不載，而同卷《金

祚傳》稱祚'入據東雍州，神武遣尉景攻降之'。此段所增二十三字疑出《北齊書》原文。"青州，治所在今山東青州市。

[11]太師：官名。爲輔弼君王的重要大臣。北朝時爲三師之一，位在太傅、太保之上，一品。北齊後主爲激賞人心，增員而授，遂不可勝數。　尚書令：官名。總掌全國行政。多數情況下是實際上的丞相。北齊二品。

子粲，少歷顯職，性粗武。天保初，[1]封厙狄干等爲王，粲以父不預王爵，大恚恨，十餘日閉門不朝。帝怪，遣使就宅問之。[2]隔門謂使者曰："天子不封粲父爲王，粲不如死。"使云："須開門受敕。"粲遂彎弓隔門射使者。使者以狀聞之，文宣使段韶諭旨。[3]粲見韶，唯撫膺大哭，不答一言。文宣親詣其宅慰之，方復朝請。尋追封景長樂王。粲襲爵。位司徒、太傅，薨。子世辯嗣。[4]周師將入鄴，令辯出千餘騎覘候，出滏口，[5]登高阜西望，遥見群烏飛起，[6]謂是西軍旗幟，即馳還，比至紫陌橋，[7]不敢回顧。[8]隋開皇中，[9]卒於淅州刺史。[10]

[1]天保：北齊文宣帝高洋年號（550—559）。

[2]遣使就宅問之：中華本校勘記云："諸本脱'使'字，據《北史》卷五四補。"

[3]文宣：北齊開國皇帝高洋（529—559），諡號文宣。本書卷四、《北史》卷七有紀。　段韶（？—571）：字孝先，小名鐵伐，亦稱段婆，姑臧武威（今甘肅武威市）人。北齊將領。本書卷一六、《北史》卷五四《段榮傳》有附傳。

[4]世辯：尉世辯。事見本傳。

[5]滏口：古隘道名。太行八陘之一。在今河北邯鄲市西南石鼓山。滏水（今滏陽河）源出於此，形勢險峻，古爲自鄴（今河北臨漳縣西南）西出要道。

[6]遥見群烏飛起：中華本校勘記云："諸本及《北史》卷五四'烏'作'鳥'。《御覽》卷九二〇引《北史》、《通鑑》卷一七三作'烏'。胡注：'西軍旗幟皆黑，齊人時怔懼，望見烏飛，以爲周師已至。'按胡注很清楚。《御覽》引在《羽族部》烏類，可知宋人所見《北史》都作'烏'，今據改。"説是，據改。

[7]紫陌橋：在今河北臨漳縣西南古鄴城西北。十六國後趙石虎建武十一年（345）在漳河上建（《歷代帝王宅京記》卷一三），因接紫陌，故名紫陌橋。

[8]不敢回顧：中華本校勘記云："諸本及《北史》卷五四無'回'字，局本有。按局本當據《通鑑》卷一七三補。《册府》卷四五三作'迴'，《御覽》卷九二〇作'返'。今從局本。"從改。

[9]開皇：隋文帝楊堅年號（581—600）。

[10]淅州：治所在今河南西峽縣。中華本校勘記云："諸本'淅'作'浙'，《北史》（百衲本）卷五四作'淅'。按《隋書》卷三〇《地理志中》淅陽郡條云：'西魏置淅州'，楊守敬以爲即《魏書》卷一〇六《地形志》的析州（《隋書地理志考證》卷三）。地在東、西魏邊界，故雙方都有此州。今據《北史》改，以後逕改，不再出校記。"

婁昭，[1]字菩薩，代郡平城人也，[2]武明皇后之母弟也。祖父提，[3]雄傑有識度，家僮千數，牛馬以谷量。性好周給，士多歸附之。魏太武時，[4]以功封真定侯。[5]父内干，有武力，未仕而卒。昭貴，魏朝贈司徒。齊受禪，追封太原王。[6]昭方雅正直，有大度深謀，腰帶八尺，弓馬冠世。神武少親重之。昭亦早識人，恒曲盡禮敬。數隨神武獵，每致請不宜乘危歷險。

[1]婁昭：《北史》卷五四有傳。
[2]代郡：治所在今山西大同市東北。　平城：縣名。治所在今山西大同市東北。
[3]提：婁提。《北史》卷八五有傳。
[4]魏太武：北魏太武帝拓跋燾（408—452），一名佛貍，明元帝長子。公元424年至452年在位。《魏書》卷四、《北史》卷二有紀。
[5]真定侯：爵名。真定，縣名。治所在今河北石家莊市東北。
[6]太原王：爵名。太原，郡名。治所在今山西太原市西南。

　　神武將出信都，昭贊成大策，即以爲中軍大都督。[1]從破尒朱兆於廣阿，[2]封安喜縣伯，[3]改濟北公，[4]又徙濮陽郡公，[5]授領軍將軍。[6]魏孝武將貳於神武，[7]昭以疾辭還晉陽。[8]從神武入洛，[9]兗州刺史樊子鵠反，[10]以昭爲東道大都督討之。[11]子鵠既死，諸將勸昭盡捕誅其黨。昭曰："此州無狀，橫被殘賊，其君是怨，其人何罪。"遂皆捨焉。後轉大司馬，仍領軍。遷司徒，出爲定州刺史。[12]昭好酒，晚得偏風，雖愈，猶不能處劇務，在州事委僚屬，昭舉其大綱而已。薨於州。贈假黃鉞、太師、太尉，[13]謚曰武。齊受禪，詔祭告其墓，封太原王。皇建初，配享神武廟庭。長子仲達嗣。[14]改封濮陽王。[15]

[1]中軍大都督：官名。北魏末置。東、西魏沿之。統帥中軍的長官。

[2]尒朱兆（？—533）：字萬仁（一作"吐萬兒"），北魏北秀容（今山西朔州市）契胡貴族。《魏書》卷七五有傳，《北史》卷四八《尒朱榮傳》有附傳。

[3]安喜縣伯：爵名。安喜，縣名。治所在今河北定州市東南。

[4]改濟北公：中華本校勘記云："《通志》卷一五二此下有'又從拔鄴，破四胡，累拜驃騎大將軍、開府'十六字。又下文'從神武入洛'下有'魏孝静之立也，昭預大策'十字。疑出《北齊書》原文。"

[5]濮陽郡公：爵名。濮陽，郡名。治所在今山東鄄城縣北。

[6]授：諸本及《北史》卷五四皆同，百衲本作"受"。作"授"是，據改。　領軍：官名。即領軍將軍。職掌與中領軍同，皆典禁兵，但任職者資重於中領軍，省稱領軍。主朱華閣以外的禁衛，從二品。

[7]魏孝武：北魏皇帝元脩（510—534），字孝則，廣平武穆王元懷第三子。公元532年至534年在位。《魏書》卷一一、《北史》卷五有紀。

[8]晉陽：縣名。治所在今山西太原市晉源區古城營村一帶。

[9]洛：洛陽的簡稱。其城南臨洛水，故簡稱洛。

[10]兗州：治所在今山東濟寧市兗州區新驛鎮東頓村南。　樊子鵠（？—535）：代郡平城（今山西大同市東北）人，樊興之子。北魏官吏。《北史》卷四九有傳。

[11]東道大都督：官名。時爲征討兗州的軍事統帥，爲征討都督。

[12]定州：治所在今河北定州市。

[13]假黄鉞：政治術語。授此者以示有權總統内外諸軍，專戮節將。不常設，以爲非人臣之常器。

[14]仲達：婁仲達。事不詳。

[15]濮陽王：爵名。濮陽，郡名。治所在今山東鄄城縣北。

次子定遠,[1]少歷顯職,外戚中偏爲武成愛狎。[2]別封臨淮郡王。[3]武成大漸,[4]與趙郡王等同受顧命,[5]位司空。[6]趙郡王之奏黜和士開,[7]定遠與其謀,遂納士開賄賂,成趙郡之禍,其貪鄙如此。尋除瀛州刺史。[8]初定遠弟季略,[9]穆提婆求其伎妾,[10]定遠不許。因高思好作亂,[11]提婆令臨淮國郎中令告定遠陰與思好通。後主令開府段暢率三千騎掩之,[12]令侍御史趙秀通至州,[13]以贓貨事劾定遠。定遠疑有變,遂縊而死。

[1]定遠:婁定遠。《北史》卷五四《婁昭傳》有附傳。

[2]武成:北齊皇帝高湛(537—568),諡號武成。本書卷七、《北史》卷八有紀。

[3]臨淮郡王:爵名。臨淮郡,治所在今安徽固鎮縣東南仁和集鄉。

[4]大漸:病危。

[5]趙郡王:高叡的封爵名。趙郡,治所在今河北趙縣。

[6]司空:官名。爲三公之一。魏晉南北朝爲名譽宰相,多爲大臣加官。一品。

[7]和士開(524—571):字彥通,清都臨漳(今河北臨漳縣)人。先世西域商人,本姓素和。本書卷五〇、《北史》卷九二有傳。墓在今河南安陽縣。

[8]瀛州:治所在今河北河間市。

[9]季略:婁季略。事不詳。

[10]穆提婆(?—578):本姓駱,故亦作"駱提婆",漢陽(今甘肅天水市)人。北齊官吏。本書卷五〇、《北史》卷九二有傳。百衲本無"穆"字,《北史》卷五四《婁昭傳》有。據補。

[11]高思好(?—574):本名思孝,文宣帝時改名思好,北

齊將領。本書卷一四、《北史》卷五一《上洛王思宗傳》有附傳。

[12]後主：北齊後主高緯（556—578），武成帝長子。本書卷八、《北史》卷八有紀。　開府：官名。本指高級官員開建府署，辟置僚屬之舉。後復轉爲勳、散官，爲開府儀同三司等官之簡稱。

段暢：北齊將領。位開府儀同三司。兵敗投周。

[13]侍御史：官名。亦簡稱"御史""侍御"。爲御史臺佐貳官，分監御史臺諸曹，北齊置八員，從七品。　趙秀通：事不詳。

昭兄子叡。[1]叡字佛仁，父拔，[2]魏南部尚書。[3]叡幼孤，被叔父昭所養。爲神武帳内都督，封掖縣子，[4]累遷光州刺史，[5]在任貪縱，深爲文襄所責。後改封九門縣公。[6]齊受禪，得除領軍將軍，別封安定侯。[7]叡無他器幹，以外戚貴幸，縱情財色。爲瀛州刺史，聚斂無厭。皇建初，封東安王。[8]大寧元年，[9]進位司空。平高歸彦於冀州，[10]還拜司徒。河清三年，[11]濫殺人，爲尚書左丞宋仲羡彈奏，[12]經赦乃免。尋爲太尉，以軍功進大司馬。武成至河陽，[13]仍遣總偏師赴懸瓠。[14]叡在豫境留停百餘日，[15]專行非法，詔免官，以王還第。尋除太尉，薨。贈大司馬。子子彦嗣。[16]位開府儀同三司。

[1]昭兄子叡：中華本校勘記云："按卷四八《外戚傳》婁叡重出。《北齊書》既把他列入《外戚傳》，這裏必不附見，這是補此《傳》者草率抄録《北史》之故。"叡，婁叡，字佛仁，代郡平城（今山西大同市東北）人。北齊大臣。本書卷四八有傳，本書卷一五、《北史》卷五四《婁昭傳》有附傳。

[2]拔：婁拔。亦作"婁壯"。北魏官吏。事見本傳。

[3]南部尚書：官名。北魏道武帝皇始元年（396）置。尚書

省南部曹長官。三品。南部曹爲管理南部州郡事務的官署。掌南部州郡的考課、選舉、辭訟以及巡察等事務。

[4]掖縣子：爵名。掖縣，治所在今山東萊州市。

[5]光州：北魏分青州置，治所在今山東萊州市。

[6]九門縣公：爵名。九門縣，治所在今河北藁城市西北。

[7]安定侯：爵名。安定，郡名。治所在今甘肅涇川縣北。

[8]東安王：爵名。東安，郡名。治所在今山東沂水縣。

[9]大寧：北齊武成帝高湛年號（561—562）。

[10]高歸彥（？—562）：字仁英，渤海蓨（今河北景縣）人。高徽子。高歡族弟。東魏、北齊大臣。本書卷一四、《北史》卷五一有傳。

[11]河清：北齊武成帝高湛年號（562—565）。

[12]尚書左丞：尚書令佐吏，位在尚書之下。　宋仲羨：北齊官吏。事不詳。

[13]河陽：縣名。治所在今河南孟州市西南。

[14]懸瓠：地名。又作"懸壺城"。在今河南汝南縣。南北朝時爲軍事要地。

[15]豫：州名。治所在今河南汝南縣城關。

[16]子子彥嗣：中華本校勘記云："諸本及《北史》卷五四'彥'作'産'，按《八瓊室金石補正》卷二一《司徒公夔叡華嚴經碑跋》引《安陽金石志》稱碑側名有'王世子子彥，第二子仲彥'。本書卷一一《河南王孝瑜傳》記酖殺孝愉的人亦作夔子彥。今據改。"說是，從改。子彥，夔子彥。北朝時武成帝侍衛。

厙狄干，善無人也。曾祖越豆眷，[1]魏道武時以功割善無之西臘汙山地方百里以處之，[2]後率部落北遷，[3]因家朔方。干梗直少言，有武藝。魏正光初，[4]除掃逆黨，授將軍，宿衛於内。以家在寒郷，不宜毒暑，冬得入京師，夏歸鄉里。孝昌元年，[5]北邊擾亂，奔雲中，[6]爲刺史費穆送于尒朱榮。[7]以軍主隨榮入洛。[8]

[1]越豆眷：事不詳。
[2]魏道武：北魏皇帝拓跋珪的謚號。　臘汙山：地名。位於今山西右玉縣西。
[3]北遷："遷"字諸本及《北史》卷五四、《通志》卷一五二皆同，百衲本作"邊"。作"遷"是，據改。
[4]正光：北魏孝明帝元詡年號（520—525）。
[5]孝昌：北魏孝明帝元詡年號（525—527）。
[6]雲中：郡名。治所在今内蒙古和林格爾縣西北土城子。
[7]費穆（477—529）：字朗興，代（今山西大同市東北）人。北魏將領。《北史》卷五〇有傳。
[8]以軍主隨榮入洛：中華本校勘記云："《通志》卷一五二此下有'授伏波將軍，神武臨晋州，請干爲都督'十五字。疑是《北齊書》原文所有，無此十五字，則厙狄干既在洛陽，何以又從高歡起兵，不明。"

後從神武起兵，破四胡於韓陵，[1]封廣平縣公，[2]尋進郡公。河陰之役，[3]諸將大捷，唯干兵退。神武以其舊功，竟不責黜。尋轉太保、太傅。及高仲密以武牢叛，[4]神武討之，以干爲大都督前驅。[5]干上道不過家，見侯景不遑食，[6]景使騎追饋之。時文帝自將兵至洛陽，軍容甚盛。諸將未欲南度，干決計濟河。神武大兵繼至，遂大破之。還爲定州刺史，不閑吏事，事多擾煩，然清約自居，不爲吏人所患。遷太師。天保初，以天平元勳佐命，[7]封章武郡王，[8]轉太宰。[9]

417

[1]四胡：指尒朱兆、尒朱天光、尒朱度律、尒朱仲遠四人。

[2]廣平縣公：爵名。廣平，縣名。治所在今河北鷄澤縣東南舊城營。

[3]河陰：郡名。治、領河陰縣。治所在今河南孟津縣東。

[4]高仲密：高慎，字仲密，高乾弟。魏孝武帝初，爲驃騎大將軍、儀同三司，光州刺史。東魏元象初，據武牢降西魏。本書卷二一《高乾傳》、《北史》卷三一《高祐傳》有附傳。 武牢：地名。即虎牢。《隋書》《北史》均因避唐諱而改稱武牢。故址在今河南榮陽市氾水鎮西。

[5]大都督：官名。高級軍事長官。戰爭時亦臨時加置，冠以名號。

[6]侯景（503—552）：字萬景，懷朔鎮（今內蒙古固陽縣西南）人，或云雁門（今山西代縣西南）人，羯族。北魏、東魏將領，後降南朝梁。《梁書》卷五六、《南史》卷八〇有傳。

[7]天保初，以天平元勳佐命：中華本校勘記云："南、北、殿、局四本及《北史》卷五四《厙狄干傳》'天平'作'干'。按'天平元勳佐命'當指追隨高歡擁立孝静帝和遷鄴的人。今從三朝本。"

[8]章武郡王：爵名。章武，郡名。治所在今河北大城縣。百衲本"郡"後有"公"字，諸本及《北史》卷五四無。"公"字衍。據删。

[9]太宰：官名。北魏、北齊於太師、太傅、太保三師之上，別置太宰，皆一品。

　　干尚神武妹樂陵長公主，[1]以親地見待。自預勤王，常總大衆，威望之重，爲諸將所伏。而最爲嚴猛，[2]曾詣京師，魏譙王元孝友於公門言戲過度，[3]諸公無能面折者，干正色責之，孝友大慚，時人稱善。薨，贈假黄鉞，太宰，給輼輬車，謚曰景烈。干不知書，署名爲"干"字，逆上畫之，時人謂之穿錐。又有武將王周者，署名先爲"吉"而後成其外，二人至子孫始並知書。干，皇建初配享神武廟庭。子敬伏，[4]位儀同三司，卒。子士文嗣。[5]

[1]樂陵：郡名。北魏置，治所在今山東樂陵市。　長公主：皇帝的姐妹及皇女尊崇者的封號。

[2]爲諸將所伏。而最爲嚴猛：《北史》同。百衲本作"與諸侯最，而爲性嚴猛"。依《北史》改。

[3]魏譙王元孝友於公門言戲過度：中華本校勘記云："張森楷云：'孝友始爲臨淮王，齊受禪，降臨淮公，未嘗封譙，此文疑誤。'張説據本書卷二八（補）、《北史》卷一六《元孝友傳》。按當是'淮'訛'譙'，後人又删'臨'字。"説是，從改。譙王，爵名。元孝友（？—551），祖魏太武皇帝。兄臨淮王或無子，令孝友襲爵。《北史》卷一六有傳。

[4]敬：庫狄敬。位武衛將軍、肆州刺史。

[5]子士文嗣：中華本校勘記云："錢氏《考異》卷三一云：'按士文隋之酷吏，《隋史》已爲立傳，不應闌入《齊書》，蓋後人以《庫狄干傳》亡，取《北史》補之，而不知限斷之例，遂併《士文傳》牽入之。'"士文，庫狄士文。爲政嚴苛，爲人孤僻耿直。《隋書》卷七四有傳。

士文性孤直，雖鄰里至親，莫與通狎。在齊，襲封章武郡王，位領軍將軍。周武帝平齊，[1]山東衣冠多來迎，[2]唯士文閉門自守。帝奇之，授開府儀同三司，隨州刺史。[3]隋文受禪，加上開府，封湖陂縣子。[4]

[1]周武帝：北周武帝宇文邕（543—578），字禰羅突。宇文泰第四子。公元561年至578年在位。《周書》卷五、六，《北史》卷一〇有紀。

[2]山東：指北齊。山，指太行山。

[3]隨州刺史：中華本校勘記云："諸本'隨州'訛'隋州'，今據《北史》卷五四改。"從改。隨州，治所在今湖北隨州市。

[4]湖陂縣子：爵名。湖陂縣，隋唐地志無此縣，疑虛置。

尋拜貝州刺史。[1]性清苦，不受公料，家無餘財。其子嘗噉官厨餅，士文枷之於獄累日，杖之二百，步送還京。僮隸無敢出門。所買鹽菜，必於外境。凡有出入，皆封署其門，親故絶迹，慶弔不通。法令嚴肅，吏人貼服，道不拾遺。凡有細過，士文必陷害之。嘗入朝，遇上賜公卿入左藏，任取多少。人皆極重，士文獨口銜絹一匹，兩手各持一匹。上問其故，士文曰："臣口手俱足，餘無所須。"上異之，别齎遺之。[2]士文至州，發摘奸吏，尺布斗粟之贓，無所寬貸，得千人奏之，悉配防嶺南。[3]親戚相送，哭聲遍於州境。至嶺南，遇瘴厲死者十八九，於是父母妻子唯哭士文。士文聞之，令人捕搦，捶楚盈前，而哭者彌甚。司馬京兆韋焜、清河令河東趙達二人並苛刻，[4]唯長史有惠政。時人語曰："刺史羅刹政，司馬蝮蛇瞋，長史含笑判，清河生喫人。"上聞，歎曰："士文暴過猛獸。"竟坐免。未幾爲雍州長史，[5]謂人曰："我向法深，不能窺候要貴，無乃必死此官。"及下車，執法嚴正，不避貴戚，賓客莫敢至門。人多怨望。士文從妹爲齊氏嬪，有色，齊滅後，賜薛公長孫覽。[6]覽妻鄭氏妒，譖之文獻后，[7]后令覽離絕。士文恥之，不與相見。後應州刺史唐君明居母憂，[8]娉以爲妻，由是君明、士文並爲御史所劾。士文性剛，在獄數日，憤恚而死。家無餘財，有三子，朝夕不繼，親賓無贍之者。

[1]貝州：治所在今河北清河縣西北。

[2]別齎遺之：中華本校勘記云："《北史》卷五四'齎'作'賞'。按《隋書》卷七四《本傳》作'別加賞物，勞而遣之'。疑《北史》本刪節《隋書》作'別賞遣之'。傳本《北史》'遣'訛'遺'。補《北齊書》者又改'賞'爲'齎'。"疑是。

[3]嶺南：五嶺以南，約當今廣東、廣西地區。

[4]京兆：郡名。治所在今陝西西安市西北。河東：郡名。治所在今山西永濟市蒲州鎮。百衲本無"令河東"三字，諸本及《北史》卷五四皆有。據補。

[5]雍州：隋時治所在今陝西西安市。

[6]長孫覽：字休因，河南洛陽（今河南洛陽市）人。鮮卑族。北周、隋大臣。《北史》卷二二《長孫道生傳》有附傳。

[7]文獻后：隋文帝楊堅皇后獨孤氏的謚號。

[8]應州：治所在今湖北廣水市。

韓軌，[1]字百年，太安狄那人也。[2]少有志操，性深沉，喜怒不形於色。神武鎮晉州，引爲鎮城都督。及起兵於信都，軌贊成大策。從破尒朱兆於廣阿，又從韓陵陣，封平昌縣侯。[3]仍督中軍，從破尒朱兆於赤洪嶺。[4]再遷泰州刺史，[5]甚得邊和。神武巡泰州，[6]欲以軌還，仍賜城人戶別絹布兩匹。州人田昭等七千戶皆辭不受，[7]唯乞留軌。神武嘉歎，乃留焉。頻以軍功，進封安德郡公。[8]遷瀛州刺史，在州聚斂，爲御史糾劾，削除官爵。未幾，復其安德郡公。歷位中書令、司徒。[9]齊受禪，封安德郡王。軌妹爲神武所納，生上黨王渙，[10]復以勳庸，歷登台鉉。常以謙恭自處，不以富貴驕人。後拜大司馬，從文宣征蠕蠕，[11]在軍暴疾薨。贈假黃鉞，太宰、太師，諡曰肅武。皇建初，配饗文襄廟庭。

[1]韓軌：《北史》卷五四有傳。

[2]狄那：縣名。治所在今山西壽陽縣北。

[3]平昌縣侯：爵名。平昌，縣名。平昌治所有今山東諸城市西北、今山西鄉寧縣西南、今山西介休市等處。此處具體所指難知。

[4]從破尒朱兆於赤谼嶺：中華本校勘記云："《通志》卷一五二下有'除車騎大將軍。出爲晉州刺史，慰諭山胡，莫不綏附'二十字。按下云'再遷泰州刺史'，即因先曾任晉州刺史，所以説'再遷'。《北史》删去此段，'再遷'二字便没有着落。"説是。赤谼嶺，山名。又名赤洪嶺、赤洪山。在今山西吕梁市離石區東北。

[5]再遷泰州刺史：中華本校勘記云："諸本及《北史》卷五四《韓軌傳》'泰州'作'秦州'。按此句下《通志》卷一五二多出'軌性寬和，罕行楚撻，甚得邊民之心。西魏前後遣將東伐，又周文帝自屯鹽倉，軌身先士卒，每戰必剋'三十九字。從這段文字中，可證此處的秦州實即治河東郡蒲阪的泰州。《魏書地形志》已訛作秦州（見卷二校記）。其地爲東、西魏歷年争戰之所，故云'西魏歷年遣將東伐'。所謂'周文帝自屯鹽倉'，據《唐書》卷三八《地理志》陝州平陸縣條云'西有鹽倉'，地即北魏的河北郡，

與蒲阪相接。'秦'字訛，今改正。下'神武巡秦州'句同改。"說是，從改。

[6]泰州：治所在今山西永濟市西南。

[7]田昭：事不詳。

[8]安德郡公：爵名。安德，郡名。治所在今山東平原縣東北。

[9]中書令：官名。中書省長官之一，掌草擬詔令。北齊三品。

[10]上黨王：北齊神武帝高歡第七子高渙的封爵名。上黨，郡名。治所在今山西長治市北。　渙：高渙（533—558），字敬壽。高歡第七子。本書卷一〇、《北史》卷五一有傳。

[11]蠕蠕：古族名。又稱柔然、茹茹、蝚蠕、芮芮等。其強盛時，勢力達於整個蒙古高原。該國汗族郁久閭氏源自雜胡（詳見曹永年《柔然源於雜胡考》，《歷史研究》1981年第3期）。境內有匈奴、鮮卑、高車、西域諸族以及其他民族，多以游牧爲生。《魏書》卷一〇三、《北史》卷九八有傳。

子晋明嗣。天統中，[1]改封東萊王。[2]晋明有俠氣，諸勳貴子孫中最留心學問。好酒誕縱，招引賓客，一席之費，動至萬錢，猶恨儉率。朝庭處之貴要之地，必以疾辭。告人云："廢人飲美酒、對名勝，安能作刀筆吏返披故紙乎？"武平末，[3]除尚書左僕射，[4]百餘日便謝病解官。

[1]天統：北齊後主高緯年號（565—569）。

[2]東萊王：爵名。東萊，郡名。治所在今山東萊州市。

[3]武平：北齊後主高緯年號（570—576）。

[4]尚書左僕射：官名。助尚書令掌政務。兼監察百官，領殿中、主客二曹。北齊從二品。

潘樂，[1]字相貴，廣寧石門人也。[2]本廣宗大族，[3]魏世分鎮北邊，因家焉。父永，有技藝，襲爵廣宗男。樂初生，有一雀止其母左肩，占者咸言富貴之徵，因名相貴，後始爲字。及長，寬厚有膽略。初歸葛榮，[4]授京兆王，時年十九。榮敗，隨尒朱榮，爲別將討元顥，[5]以功封敷城縣男。[6]

[1]潘樂（？—555）：又名"潘相樂""潘洛"。初名相貴，後以爲字，廣寧石門（今甘肅渭源縣西南洮河東岸）人。北魏、東魏、北齊官吏。本書卷一五、《北史》卷五三有傳。

[2]廣寧：郡名。北魏末、東魏初僑置，寄治在今山西晉中市壽陽縣境内。 石門：縣名。治所在今甘肅渭源縣西南洮河東岸。

[3]廣宗：郡名。治所在今河北威縣東南。

[4]寬厚有膽略。初歸葛榮：中華本校勘記云："《通志》卷一五二作：'寬厚有膽略。北鎮亂，魏臨淮王或北討至雲中，問士人膽略者，或以樂對。或乃召爲軍主，每摧堅陷陣，轉統軍。樂以天下多事，遂歸葛榮。'凡溢出四十六字。"

[5]元顥（？—529）：字子明，鮮卑族拓跋部人。北魏宗室、大臣。永安二年（529），乘亂於梁國（今河南商丘市南）城南即位，進入洛陽，改元建武。後被縣卒所殺。《魏書》卷二一上、《北史》卷一九《北海王詳傳》有附傳。"顥"字諸本及《北史》卷五三《潘樂傳》皆同，百衲本作"顯"。"顯"與"顥"形近而訛，"顥"是。據改。

[6]敷城縣男：爵名。敷城縣，治所在今陝西洛川縣。

齊神武出牧晉州，引樂爲鎮城都將。從破尒朱兆於廣阿，進爵廣宗縣伯。累以軍功拜東雍州刺史。[1]神武嘗議欲廢州，樂以東雍地帶山河，境連胡、蜀，[2]形勝之會，不可棄也。遂如故。後破周師於河陰，議欲追之，令追者在西，不願者東，唯樂與劉豐居西。[3]神武善之，以衆議不同而止。[4]改封金門郡公。[5]文宣嗣事，鎮河陽，破西將楊㩜等。[6]時帝以懷州刺史平鑒等所築城深入敵境，[7]欲棄之。樂以軹關要害，[8]必須防固，乃更修理，增置兵將，而還鎮河陽。拜司空。齊受禪，樂進璽綬。進封河東郡王，[9]遷司徒。周文東至崤、陝，[10]遣其行臺侯莫陳崇自齊子嶺趣軹關，[11]儀同楊㯹從鼓鍾道出建州，[12]陷孤公戍。[13]詔樂總大衆禦之。樂晝夜兼行，至長子，[14]遣儀同韓永興從建州西趣崇，[15]崇遂遁。又爲南道大都督，討侯景。樂發石鱉，[16]南度百餘里，[17]至梁涇州。[18]涇州舊在石梁，[19]侯景改爲懷州，[20]樂獲其地，仍立涇州。又克安州。除瀛州刺史，仍略淮、漢。天保六年，薨於懸瓠。贈假黃鉞，太師、大司馬、尚書令。[21]

[1]東雍州：治所在今山西新絳縣萬安鎮柏壁村。

[2]胡：謂東雍州地處與西魏、南朝梁接壤戰略要地。 蜀：指南朝控制的今陝西漢中地區。

[3]劉豐（？—549）：字豐生，普樂（今寧夏靈武市西南）人。北魏、西魏、東魏官吏。後被北周軍所殺。本書卷二七、《北史》卷五三有傳。

[4]以衆議不同而止：諸本及《北史》卷五三《潘樂傳》皆同，百衲本"衆"作"之"、"同"作"行"。作"衆""同"是，從改。

［5］金門郡公：爵名。金門，郡名。治所在今河南宜陽縣西南。

［6］楊㯹：字顯進，正平高涼（今山西稷山縣東南）人。西魏、北周將領。《周書》卷三四、《北史》卷六九有傳。

［7］懷州：治所在今河南沁陽市城區。 平鑒：字明達，燕郡薊（今北京市西南）人。東魏將領。"鑒"字諸本及《北史》卷五三《潘樂傳》皆同，百衲本作"監"。作"鑒"是，據改。

［8］軹關：關隘名。在今河南濟源市西北，乃豫北平原進入山西高原之要衝，爲"太行八陘"的第一陘，歷代兵家必爭之地。

［9］河東郡王：爵名。河東，郡名。治所在今山西永濟市蒲州鎮。

［10］崤：指崤山。在今河南洛寧縣西北，東接澠池縣，西接陝縣界。 陝：指陝縣，治所在今河南陝縣。

［11］侯莫陳崇（？—563）：字尚樂，代郡武川（今內蒙古武川縣）人，鮮卑族。西魏、北周將領。《北史》卷六〇有傳。 自：百衲本無，諸本及《北史》卷五三《潘樂傳》有。從補。 齊子嶺：山名。在今河南濟源市西北。北齊、北周以此爲界。

［12］鼓鍾道：地名。在今山西垣曲縣東。 建州：治所在今山西澤州縣高都鎮一帶。

［13］孤公戍：地名。在今山西沁水縣西南。

［14］長子：縣名。治所在今山西長治市上黨區東北。

［15］韓永興：昌黎（今遼寧義縣）人，韓長鸞父。北齊官吏，位開府儀同三司，青州刺史。封高密郡公。

［16］石鱉：古城名。在今江蘇寶應縣西南。

［17］南度百餘里：中華本校勘記云："《通志》此下有'淮南聞大軍至，所在棄城走'十一字。"

［18］涇州：梁置，治所在今安徽天長市西北石梁鎮。

［19］石梁：縣名。治所在今安徽天長市。

［20］侯景改爲懷州：中華本校勘記云："《北史》卷五三、《册府》卷四二九、《通志》卷一五二'懷'作'淮'，疑'懷'字誤。"疑是。

［21］贈假黄鉞，太師、大司馬、尚書令：中華本校勘記云："《通志》卷一五二此下有'神武再破周文也，樂皆先鋒摧陣。邙山之役，樂因勢追之。至其營所，仍大抄掠，樂獲周文金帶一袋。貪貨稽留，不即東返。於時周文於陣可擒，失而不獲者，實樂貪貨之由也。神武忿之，以大捷之後，恕而不問'一段文字。按此事見於《北史》卷五三《彭樂傳》而更詳。鄭樵似不致竄改《北史‧彭樂傳》中語入潘樂傳，且今《通志》同卷自有《彭樂傳》，全同《北史》。如果鄭樵以彼樂爲此樂，就應删去《彭樂傳》中此事，何以兩《傳》重出？《北齊書》無《彭樂傳》，疑《北齊書》本以此爲潘樂事。《北史》別據其他史料爲《彭樂傳》，則以爲彭樂事。《通志》兩取之，以致重複。"説是。

子子晃嗣。[1]諸將子弟，率多驕縱，子晃沉密謹愨，以清净自居。尚公主，拜駙馬都尉。[2]武平末，爲幽州道行臺右僕射、幽州刺史。[3]周師將入鄴，子晃率突騎數萬赴援。至博陵，[4]知鄴城不守，詣冀州降。周授上開府。[5]隋大業初卒。[6]

［1］子晃：潘子晃，潘樂子。《北史》卷五三《潘樂傳》有附傳。

［2］駙馬都尉：官名。皇帝出行時掌副車。爲侍從近臣，常用作加官。北齊爲從五品。帝婿例授此職，簡稱"駙馬"。

［3］幽州：治所在今北京市西城區。　行臺右僕射：官名。即"行臺尚書右僕射"的省稱。北齊置，職掌略同尚書右僕射，從二品。

[4]博陵：郡名。治所在今河北安平縣。

[5]上開府：官名。"上開府儀同大將軍"的簡稱，北周武帝建德四年（575）置，主要授予有軍勳的功臣及北齊降官。無具體職掌，九命。

[6]大業：隋煬帝楊廣年號（605—618）。

北齊書 卷一六

列傳第八

段榮 子韶 孝言

段榮,[1]字子茂,姑臧武威人也。[2]祖信,[3]仕沮渠氏,[4]後入魏,[5]以豪族徙北邊,仍家於五原郡。[6]父連,[7]安北府司馬。[8]榮少好曆術,專意星象。正光初,[9]語人曰:"《易》云'觀於天文以察時變',又曰'天垂象,見吉凶',今觀玄象,察人事,不及十年,當有亂矣。"或問曰:"起於何處,當可避乎?"榮曰:"構亂之源,此地爲始,恐天下因此橫流,無所避也。"未幾,果如言。榮遇亂,與鄉舊攜妻子,南趣平城。[10]屬杜洛周爲亂,[11]榮與高祖謀誅之,[12]事不捷,共奔尒朱榮。[13]

[1]段榮(478—539):《北史》卷五四有傳。
[2]姑臧武威:疑當作武威姑臧。姑臧,縣名。治所在今甘肅武威市。武威,郡名。治所在今甘肅武威市。

［3］信：段信。事見本傳，餘不詳。

［4］沮渠：又作"且渠"。盧水胡姓氏之一。本匈奴官號。張掖人蒙遜祖先曾爲匈奴左沮渠，後以此爲姓。或説沮渠氏源於月氏。

［5］魏：指北魏。

［6］五原郡：西漢置，治所有三説。一是位於今内蒙古巴彦淖爾市黑柳子鄉三頂帳房村古城，二是内蒙古包頭市九原區哈林格爾鄉孟家梁古城，三是内蒙古包頭市九原區麻池古城。北魏改置大安郡。

［7］連：段連。事見本傳。

［8］安北府：安北將軍府。　司馬：諸公府、軍府内掌軍事的武官。

［9］正光：北魏孝明帝元詡年號（520—525）。

［10］平城：縣名。治所在今山西大同市東北。

［11］杜洛周（？—528）：又名杜周，北魏柔玄鎮（今内蒙古興和縣西北）人。高車族。北魏末六鎮起兵領袖。初爲柔玄鎮鎮兵。孝昌元年（525），在上谷舉兵反魏，自號真王，攻没郡縣，南圍燕州。次年，攻取幽州（今北京市西城區），執刺史。武泰元年（528），攻下定州（今河北定州市），俘刺史楊津。後爲葛榮所害。

［12］高祖：北齊神武皇帝高歡（496—547），廟號高祖。本書卷一、二，《北史》卷六有紀。

［13］尒朱榮（493—530）：字天寶，北魏北秀容（今山西朔州市）契胡貴族。繼父爲部落酋帥，六鎮起義後投魏。後擁立莊帝，自爲大丞相、天柱大將軍，封太原王。《魏書》卷七四、《北史》卷四八有傳。

　　後高祖建義山東，[1]榮贊成大策。爲行臺右丞，[2]西北道慰喻大使，巡方曉喻，所在下之。高祖南討鄴，[3]

留榮鎮信都,[4]仍授鎮北將軍,[5]定州刺史。[6]時攻鄴未克,所須軍資,榮轉輸無闕。高祖入洛,[7]論功封姑臧縣侯,邑八百户。轉授瀛州刺史。[8]榮妻,皇后姊也,榮恐高祖招私親之議,[9]固推諸將,竟不之州。尋行相州事,[10]後爲濟州刺史。[11]天平三年,轉行泰州事。[12]榮性温和,所歷皆推仁恕,民吏愛之。初高祖將圖關右,[13]與榮密謀,榮盛稱未可。及渭曲失利,[14]高祖悔之,曰:"吾不用段榮之言,以至於此。"四年,除山東大行臺、大都督,[15]甚得物情。元象元年,[16]授儀同三司。[17]二年五月卒,年六十二。贈使持節、定冀滄瀛四州諸軍事、定州刺史、太尉、尚書左僕射,[18]諡曰昭景。皇建初,[19]配饗高祖廟庭。二年,重贈大司馬、尚書令,[20]武威王。長子韶嗣。

[1]山:指太行山。
[2]行臺右丞:官名。即"行臺尚書右丞"的省稱。北魏置。行臺尚書令的佐吏。
[3]鄴:地名。北齊都邑。治所在今河北臨漳縣西南。
[4]信都:縣名。治所在今河北冀州市。
[5]鎮北將軍:官名。與鎮東、鎮南、鎮西將軍合稱四鎮將軍。多授持節都督,出鎮方面,二品。北齊成爲褒賞軍功勳臣的閑職,從二品。
[6]定州:治所在今河北定州市。
[7]洛:指洛陽。
[8]瀛州:治所在今河北河間市。
[9]私親之議:"議"字諸本及《北史》卷五四、《通志》卷一五二、《册府元龜》卷三〇五皆同,百衲本作"義"。據改。

[10]行相州事：官名。即"行相州刺史事"的省稱，代理刺史。相州，治所在今河北臨漳縣西南鄴鎮。

[11]濟州：治所在今山東茌平縣西南。

[12]天平三年，轉行泰州事：中華本校勘記云："三朝本、汲本'泰'作'恭'，他本作'秦'。按當時無'恭州'，秦州屬西魏。'恭'和'秦'都是'泰'之訛（參卷二校記），今改正。"説是，從改。泰州，治所在今山西永濟市西南。

[13]關右：此指西魏。關，潼關。

[14]渭曲：地名。在今陝西大荔縣東南。渭曲失利，指東魏天平四年（537）與西魏間發生的沙苑之戰，東魏慘敗。

[15]山東大行臺：官名。北齊時多作爲山東大行臺長官的省稱。　大都督：官名。高級軍事長官。

[16]元象：諸本同，百衲本作"大象"。"元象"是東魏孝靜帝元善見年號（538—539），與本傳所叙事合。大象爲北周静帝年號（579—580），段榮卒於元象二年（539），並於北齊孝昭帝皇建元年（560），享"配饗高祖廟庭"之禮遇。"元象"是。從改。

[17]儀同三司：官名。本指官場待遇，謂官非三公而儀制待遇同於三司（三公）。儀同自此成專名。魏晋以降，逐成加銜。至北魏、北齊又爲官號。北齊二品。

[18]冀：州名。治所在今河北冀州市。　滄：州名。治所在今河北鹽山縣西南。　太尉：官名。與丞相、御史大夫合稱三公。魏晋以後多爲元老重臣之加官。　尚書左僕射：官名。爲尚書令副貳。北朝列位宰相，職掌都省庶務及執法。北齊從二品。

[19]皇建：北齊孝昭帝高演年號（560—561）。

[20]大司馬：官名。北齊與大將軍並稱"二大"，皆一品。北齊後主時增員冗濫，不復尊貴。　尚書令：官名。尚書省長官。總掌全國行政。在多數情況下是實際上的宰相。北齊二品。

韶，字孝先，小名鐵伐。少工騎射，有將領才略。高祖以武明皇后姊子，[1]益器愛之，常置左右，以爲心腹。

[1]武明皇后：指北齊神武明皇后婁氏（501—562），高歡妻，名昭君，北魏贈司徒婁內干之女。本書卷九、《北史》卷一四有傳。

建義初，[1]領親信都督。中興元年，[2]從高祖拒尒朱兆，[3]戰於廣阿。[4]高祖謂韶曰："彼衆我寡，其若之何。"韶曰："所謂衆者，得衆人之死；強者，得天下之心。尒朱狂狡，行路所見，裂冠毀冕，拔本塞源，邙山之會，[5]搢紳何罪，兼殺主立君，不脫旬朔，天下思亂，十室而九。王躬昭德義，除君側之惡，何往而不克哉！"高祖曰："吾雖以順討逆，奉辭伐罪，但弱小在強大之間，恐無天命，卿不聞之也？"答曰："韶聞小能敵大，小道大淫，皇天無親，唯德是輔，尒朱外賊天下，內失善人，知者不爲謀，勇者不爲鬬，不肖失職，賢者取之，復何疑也。"遂與兆戰，兆軍潰。攻劉誕於鄴，[6]及韓陵之戰，[7]韶督率所部，先鋒陷陣。尋從高祖出晉陽，[8]追尒朱兆於赤洪嶺，[9]平之。以軍功封下洛縣男，[10]又從襲取夏州，[11]擒斛律彌娥突，[12]加龍驤將軍、諫議大夫，[13]累遷武衛將軍。[14]後迴賜父爵姑臧縣侯，[15]其下洛縣男啓讓繼母弟寧安。[16]

[1]建義：北魏孝莊帝元子攸年號（528）。
[2]中興：北魏安定王元朗年號（531—532）。

［3］尒朱兆（？—533）：字萬仁（一作"吐萬兒"），北魏北秀容（今山西朔州市）契胡貴族。《魏書》卷七五有傳，《北史》卷四八《尒朱榮傳》有附傳。

［4］廣阿：縣名。治所在今河北隆堯縣東。

［5］邙山：山名。亦作"邙嶺""芒山"。在今河南西部，西起三門峽，東止伊洛河岸。

［6］劉誕：北魏官吏。北魏東海王至安定王在位時曾爲相州刺史，中興二年爲高歡所俘。

［7］韓陵：山名。在今河南安陽市東北。韓陵之戰爲高歡戰勝尒朱氏的決勝之戰。

［8］晉陽：縣名。治所在今山西太原市晉源區古城營村一帶。

［9］赤銚嶺：山名。又名"赤洪嶺""赤洪山"。在今山西吕梁市離石區東北。

［10］下洛縣男：爵名。下洛縣，治所在今河北涿鹿縣。

［11］夏州：治所在今陝西靖邊縣北白城子。

［12］斛律彌娥突：中華本校勘記云："按'律'是'拔'之訛，詳卷二校記。"斛律彌娥突，亦作"解拔彌俄突""斛律彌俄突""斛拔彌俄突"。西魏官吏，任夏州刺史。天平三年（536），東魏厙狄干、段韶率軍襲夏州，兵敗被擒。

［13］龍驤將軍：官名。雜號將軍，三品。　諫議大夫：官名。掌侍從顧問、參謀諷議，名義上隷光禄勳。北齊員七人，從四品。

［14］武衛將軍：官名。北齊時爲左、右衛府次官，員各二人，佐左、右衛將軍掌宫禁宿衛，從三品。

［15］後迴賜父爵姑臧縣侯：中華本校勘記云："三朝本、殿本'迴'作'恩'。南、北、局三本及《北史》卷五四《段韶傳》作'迴'，今從之。又諸本'爵'都作'榮'，《北史》作'爵'。按上文稱段榮封姑臧縣侯，這時是把段榮封爵迴賜給韶。諸本皆誤，今據《北史》改。"説是，從改。

［16］寧安：段寧安。事不詳。

興和四年,[1]從高祖禦周文帝於邙山。[2]高祖身在行間,爲西魏將賀拔勝所識,[3]率銳來逼。韶從傍馳馬引弓反射,一箭斃其前驅,追騎懾憚,莫敢前者。西軍退,賜馬并金,進爵爲公。

[1]興和:東魏孝静帝元善見年號(539—542)。
[2]周文帝:北周文帝宇文泰(505—556),字黑獺,代郡武川(今内蒙古武川縣)人。鮮卑族。北周奠基者。《周書》卷一、二,《北史》卷九有紀。
[3]賀拔勝(?—544):字破胡,神武尖山(今山西神池縣)人。徙居武川(今内蒙古武川縣)。北魏、西魏名將。《魏書》卷八〇、《周書》卷一四有傳,《北史》卷四九《賀拔允傳》有附傳。

武定四年,[1]從征玉壁。[2]時高祖不豫,攻城未下,召集諸將,共論進止之宜。謂大司馬斛律金、司徒韓軌、左衛將軍劉豐等曰:[3]"吾每與段孝先論兵,殊有英略,若使比來用其謀,亦可無今日之勞矣。吾患勢危篤,恐或不虞,欲委孝先以鄴下之事,何如?"金等曰:"知臣莫若君,實無出孝先。"仍謂韶曰:"吾昔與卿父冒涉險艱,同獎王室,建此大功。今病疾如此,殆將不濟,宜善相翼佐,克兹負荷。"即令韶從顯祖鎮鄴,[4]召世宗赴軍。[5]高祖疾甚,顧命世宗曰:"段孝先忠亮仁厚,智勇兼備,親戚之中,唯有此子,軍旅大事,宜共籌之。"五年春,高祖崩於晋陽,祕不發喪。俄而侯景構亂,[6]世宗還鄴,韶留守晋陽。世宗還,賜女樂十數人,金十斤,繒帛稱是,封長樂郡公。[7]世宗征潁川,[8]

詔留鎮晉陽。別封真定縣男，[9]行并州刺史。[10]顯祖受禪，別封朝陵縣，[11]又封霸城縣，[12]加位特進。[13]啓求歸朝陵公，乞封繼母梁氏爲郡君。顯祖嘉之，別以梁氏爲安定郡君。[14]又以霸城縣侯讓其繼母弟孝言。[15]論者美之。

[1]武定：東魏孝靜帝元善見年號（543—550）。

[2]玉壁：即玉壁城。在今山西稷山縣西南。西魏大統四年（538）東道行臺王思政因玉壁險要，築城以禦東魏。

[3]斛律金（488—567）：原名敦，後改爲金，字阿六敦，朔州（今內蒙古固陽縣）人。高車族。北魏、東魏、北齊將領。本書卷一七、《北史》卷五四有傳。　司徒：官名。三公之一，管理民政，公務繁多，一品，其府屬吏甚衆。兩晉延魏制，與丞相通職，一般不並置。爲名譽宰相，一品。北魏、北齊亦爲一品。　韓軌：字百年，太安狄那（今山西壽陽縣北）人。北魏、北齊官吏。本書卷一五、《北史》卷五四有傳。　左衞將軍：官名。北齊時爲左衞府長官，員一人，三品。掌左厢，與右衞將軍共主朱華閣以外禁衞事務。　劉豐（？—549）：字豐生，普樂（今寧夏靈武市西南）人。北魏、西魏、東魏官吏。後被北周軍所殺。本書卷二七、《北史》卷五三有傳。

[4]顯祖：北齊文宣帝高洋（529—559），廟號顯祖。本書卷四、《北史》卷七有紀。

[5]世宗：北齊文襄帝高澄（521—549），廟號世宗。本書卷三、《北史》卷六有紀。

[6]侯景（503—552）：字萬景，懷朔鎮（今內蒙古固陽縣西南）人，或云雁門（今山西代縣西南）人，羯族。北魏、東魏將領，後降南朝梁。《梁書》卷五六、《南史》卷八〇有傳。

[7]長樂郡公：爵名。長樂，郡名。治所在今河北冀州市。

[8]潁川：郡名。治所在今河南許昌市。

[9]真定縣男：爵名。真定，縣名。治所在今河北石家莊市東北。

[10]并州：治所在今山西太原市晉源區古城營村一帶。

[11]朝陵縣：治所在今山東陵縣。

[12]霸城縣：治所在今陝西西安市東北。

[13]特進：官名。初爲對大臣的優待名義。用以安置閑退大臣。北齊二品。

[14]安定郡君：爵名。安定，郡名。治所在今甘肅涇川縣北。

[15]孝言：段孝言。事不詳。

天保三年，[1]爲冀州刺史、六州大都督，[2]有惠政，得吏民之心。四年十二月，梁將東方白額潜至宿預，[3]招誘邊民，殺害長吏，淮、泗擾動。[4]五年二月，詔徵韶討之。既至。會梁將嚴超達等軍逼涇州；[5]又陳武帝率衆將攻廣陵，[6]刺史王敬寶遣使告急；[7]復有尹思令，[8]衆萬餘人，謀襲盱眙。[9]三軍咸懼。韶謂諸將曰："自梁氏喪亂，國無定主，人懷去就，强者從之。霸先等智小謀大，政令未一，外託同德，内有離心，諸君不足憂，吾揣之熟矣。"乃留儀同敬顯儁、堯難宗等圍守宿預，[10]自將步騎數千人倍道赴涇州。塗出盱眙，思令不虞大軍卒至，望旗奔北。進與超達合戰，大破之，盡獲其舟艦器械。謂諸將士曰："吳人輕躁，本無大謀，今破超達，霸先必走。"即迴赴廣陵。陳武帝果遁去。追至楊子柵，[11]望揚州城乃還，[12]大獲其軍資器物，旋師宿預。六月，詔遣辯士喻白額禍福，白額於是開門請盟。詔與行臺辛術等議，[13]且爲受盟。盟訖，度白額終不爲用，因執而斬之，并其諸弟等並傳首京師。江淮帖然，民皆安輯。顯祖嘉其功，詔賞吴口七十人，封平原郡王。[14]清河王岳之克郢州，[15]執司徒陸法和，[16]詔亦豫行，築層城於新蔡，[17]立郭默戍而還。[18]皇建元年，領太子太師。[19]

[1]天保：北齊文宣帝高洋年號（550—559）。

[2]六州大都督：官名。北魏置。東魏、北齊沿置。掌握恒、云、燕、朔、顯、蔚六州的軍政事務。

[3]東方白額：南朝梁將領。　宿預：縣名。治所在今江蘇泗陽縣西北。

[4]淮、泗：大體相當於今江蘇宿遷市、淮安市轄境。淮，淮河。泗，泗水。

[5]嚴超達：南朝梁將領。位秦州刺史。　涇州：治所在今安徽天長市西北石梁鎮。

[6]陳武帝：陳霸先（503—559），字興國，小字法生，吴興長城（今浙江長興縣東）人。公元557年至559年在位。《陳書》卷一、二，《南史》卷九有紀。　廣陵：郡名。治所在今江蘇揚州市西北。

[7]王敬寶（？—556）：太原（今山西太原市西南）人。北齊官吏，位至東廣州刺史。

[8]尹思令：南朝梁將領。事見本傳。

[9]盱眙：縣名。治所在今江蘇盱眙縣東北。

[10]乃留儀同敬顯儁、堯難宗等圍守宿預：中華本校勘記云："三朝本及《册府》卷三五四'難宗'作'難示'，南本單作'雄'，北、汲、殿、局四本作'雄示'。按堯雄死於東魏興和四年（五四二），見本書卷二〇、《北史》卷二七《本傳》，這裏是説天

保五年（五五四）以後的事，雄已久死，南本顯誤。《陳書》卷一《武帝紀》紹泰二年［北齊天保七年（五五六）］三月載北齊南侵諸將中有堯難宗，《通鑑》卷一六六同。《北史》卷三一《高德正傳》說高洋稱帝，堯難宗染赤雀以獻，亦即此人。三朝本'難'字不誤，'宗'已訛作'示'，今據改。"說是，從改。敬顯儁，字孝英，平陽太平（今山西襄汾縣西北）人。北魏、東魏、北齊官吏。生卒不詳，《金石萃編》所收《敬史君之碑》，言其卒於武成帝河清（562—565）中。本書卷二六、《北史》卷五五有傳。堯難宗，北齊將領。宿預，縣名。治所在今江蘇泗陽縣西北。

［11］楊子柵：地名。疑在今江蘇南京市江北，故可"望揚州城"。

［12］揚州：治所在今江蘇南京市。

［13］行臺：官名。魏晉南北朝尚書臺（省）臨時在外設置的權力機構，爲地方最高行政機構。置行臺尚書令、尚書僕射爲正副長官。　辛術（500—559）：一作"辛述"，字懷哲，隴西狄道（今甘肅臨洮縣）人。本書卷三八有傳，《北史》卷五〇《辛雄傳》有附傳。

［14］平原郡王：爵名。平原郡，治所在今山東聊城市東北。

［15］清河王：高岳的封爵名。清河，郡國名。西漢高帝置，治清陽縣（今河北清河縣）。西晉爲清河國，治清河縣（今山東臨清市）。北魏仍改爲郡。北齊移治武城縣（今河北清河縣西城關鄉西北）。　岳：高岳（512—555），字洪略，渤海蓨（今河北景縣）人。高翻子，高歡從父弟。東魏、北齊宗室大臣。本書卷一三、《北史》卷五一有傳。　鄂州：南朝宋置，治所在今湖北武漢市武昌區。

［16］陸法和：初爲南朝梁僧人，天保六年舉州入齊。本書卷三二、《北史》卷八九有傳。

［17］築層城：中華本校勘記云："諸本'魯'作'層'。《冊府》卷四一〇作'魯'。按《通典》卷一七七臨汝郡魯山縣條云：

卷一六

列傳第八

439

'高齊則於縣東北一十七里築魯城以禦周。'作'魯'是,今據《册府》改。"按,中華本據《册府元龜》改"層城"爲"魯城",理據未足。本書《清河王岳傳》,岳破梁郢州事在天保六年正月,"築層城於新蔡,立郭默戍而還",文承克郢州之事,可見其爲此次戰爭的連續活動,爲鞏固戰果而爲,而魯城(今河南魯山縣)離郢州(今湖北武漢市)有近千里之遥,當與本次戰事無涉。 新蔡:郡名。梁僑置,治所在今河南商城縣南。

[18]郭默戍:《讀史方輿紀要》卷七六載:"又郭默城,志云:在縣東,東晉初郭默曾據此。……齊《段韶傳》:'天保中築城於新蔡,立郭默戍。'是也。"

[19]太師:官名。西周始置,爲輔弼君王的重要大臣。相傳周初與太傅、太保並號三公。十六國、北朝時爲三師之一,位在太傅、太保之上,一品。居百官之首,名位極尊。北齊後主爲激賞人心,增員而授,遂不可勝數。北周改號三公,正九命。

大寧二年,[1]除并州刺史。高歸彦作亂冀州,詔與東安王婁叡率衆討平之。[2]遷太傅,[3]賜女樂十人,并歸彦果園一千畝。仍蒞并州,爲政舉大綱,不存小察,甚得民和。

[1]大寧:北齊武成帝高湛年號(561—562)。
[2]東安王:爵名。東安,郡名。治所在今山東沂水縣。 婁叡:字佛仁,代郡平城(今山西大同市東北)人。北齊大臣。本書卷四八有傳,本書卷一五、《北史》卷五四《婁昭傳》有附傳。
[3]太傅:官名。多爲元老重臣加官。北齊一品。

十二月,周武帝遣將率羌夷與突厥合衆逼晉陽,[1]

世祖自鄴倍道兼行赴救。[2]突厥從北結陣而前，東距汾河，[3]西被風谷。[4]時事既倉卒，兵馬未整，世祖見如此，亦欲避之而東。尋納河間王孝琬之請，[5]令趙郡王盡護諸將。[6]時大雪之後，周人以步卒爲前鋒，從西山而下，[7]去城二里。諸將咸欲逆擊之。詔曰："步人氣勢自有限，今積雪既厚，逆戰非便，不如陣以待之。彼勞我逸，破之必矣。"既而交戰，大破之，敵前鋒盡殪，無復孑遺，自餘通宵奔遁。仍令韶率騎追之，出塞不及而還。世祖嘉其功，別封懷州武德郡公，[8]進位太師。

[1]十二月，周武帝遣將率羌夷與突厥合衆逼晋陽：中華本校勘記云："按周與突厥合攻晋陽，事在北齊河清二年十二月至三年正月間（五六四），歷見本書卷七《武成紀》（補）、《周書》卷五《武帝紀》（保定三年）和相關諸《傳》。這裏承上文則在大寧二年（五六二—三），誤。疑上脱'河清二年'四字。"説是。周武帝，北周武帝宇文邕（543—578），字禰羅突。宇文泰第四子。公元561年至578年在位。《周書》卷五、六，《北史》卷一〇有紀。突厥，廣義包括鐵勒、突厥各部落，狹義則專指突厥汗國。六世紀初興起於金山（今阿爾泰山）西南麓，爲一游牧部落。西魏建突厥汗國於今鄂爾渾河流域。

[2]世祖：北齊武成帝高湛（537—568），廟號世祖。本書卷七、《北史》卷八有紀。

[3]汾河：古稱汾水。黄河第二大支流，在山西省中部。

[4]風谷：谷山，在今山西太原市西。

[5]河間王：爵名。河間，郡名。治所在今河北河間市南。孝琬：高孝琬，北齊宗室王。北齊文襄帝第三子。《北史》卷五二有傳。

[6]趙郡王：爵名。趙郡，治所在今河北趙縣。

[7]西山：即風谷山。

[8]武德郡公：爵名。武德郡，治所在今河南沁陽市東南。

周冢宰宇文護母閻氏先配中山宮，[1]護聞閻尚存，乃因邊境移書，請還其母，並通鄰好。時突厥屢犯邊，詔軍於塞下。世祖遣黃門徐世榮乘傳齎周書問詔。[2]詔以周人反覆，本無信義，比晉陽之役，其事可知。護外託爲相，其實王也。既爲母請和，不遣一介之使申其情理，仍據移書，[3]即送其母，恐示之弱。如臣管見，且外許之，待後放之未晚。不聽。遂遣使以禮將送。

[1]宇文護（？—572）：字薩保，代郡武川（今内蒙古武川縣）人，鮮卑族。北周權臣、宇文泰姪。天和七年（572）爲北周武帝所誅。《周書》卷一一、《北史》卷五七有傳。 中山宮：指東魏廢帝元善見，高洋代魏，廢善見爲中山王。閻氏以婢身配入宮。

[2]黃門：官名。即給事黃門侍郎。亦簡稱"黃門郎""黃門侍郎"。爲侍中省或門下省次官，與侍中俱掌門下衆事，職掌略同。北齊置六員，四品。 徐世榮：北齊官吏。事不詳。

[3]仍：諸本作"乃"，《册府元龜》卷四〇四亦作"乃"。按，"乃"通"仍"。《通志》卷一五二作"仍"。

護既得母，仍遣將尉遲迥等襲洛陽。[1]詔遣蘭陵王長恭、大將軍斛律光率衆擊之，[2]軍於邙山之下，逗留未進。世祖召謂曰："今欲遣王赴洛陽之圍，但突厥在此，復須鎮禦，王謂如何？"詔曰："北虜侵邊，事等疥癖，今西羌窺逼，便是膏肓之病，請奉詔南行。"世祖曰："朕意亦爾。"乃令韶督精騎一千，發自晋陽。五日便濟河，與大將共量進止。韶旦將帳下二百騎與諸軍共登邙阪，[3]聊觀周軍形勢。至大和谷，[4]便值周軍，即遣馳告諸營，追集兵馬。仍與諸將結陣以待之。韶爲左軍，[5]蘭陵王爲中軍，斛律光爲右軍，與周人相對。韶遥謂周人曰："汝宇文護幸得其母，不能懷恩報德，今日之來，竟何意也？"周人曰："天遣我來，有何可問。"韶曰："天道賞善罰惡，當遣汝送死來耳。"周軍仍以步人在前，上山逆戰。韶以彼徒我騎，且却且引，待其力弊，乃遣下馬擊之。短兵始交，周人大潰。其中軍所當者，亦一時瓦解，投墜溪谷而死者甚衆。洛城之圍，亦即奔遁，盡棄營幕，從邙山至穀水三十里中，[6]軍資器物彌滿川澤。車駕幸洛陽，親勞將士，於河陰置酒高會，[7]策勳命賞，除太宰，[8]封靈武縣公。[9]天統三年，[10]除左丞相，[11]永昌郡公，[12]食滄州幹。[13]

[1]尉遲迥（？—580）：字薄居羅，代（今山西大同市東北）人。其先爲鮮卑族尉遲部。宇文泰之甥。西魏、北周重臣。《周書》卷二一、《北史》卷六二有傳。

[2]蘭陵王：爵名。蘭陵，郡名。治所在今山東棗莊市南嶧城鎮西北。　長恭：一名孝瓘（？—573），文襄第四子。本書卷一一有傳。

[3]邙阪：邙山之阪。

[4]大和谷：太和谷，在今河南洛陽市東北。

[5]結陣以待之。韶爲左軍：百衲本無"之韶爲"三字，諸本

443

及《北史》卷五四《段韶傳》有。從補。

［6］穀水：水名。即今河南洛河支流澗水及其上游澠池縣南澠水。

［7］河陰：郡名。治、領河陰縣。治所在今河南孟津縣東。

［8］太宰：官名。北齊於太師、太傅、太保三師之上，別置太宰，以寵勳貴，一品。

［9］靈武縣公：爵名。靈武縣，治所在今陝西咸陽市東北。

［10］天統：北齊後主高緯年號（565—569）。

［11］左丞相：官名。北齊或置或省，皆特爲權臣專設之名號，並非處理實際政務的宰相，位一品。

［12］永昌郡公：爵名。永昌郡，北齊改濟陰郡置，治所在今山東成武縣東南。

［13］食滄州幹：幹爲向政府提供力役的吏雜户。食幹，即享受吏雜户所提供之力役。但有學者否定幹爲力雜户之說，認爲幹是均田户中該服力役的編户民（趙向群等：《北齊食幹制度新探》，《西北師大學報》2001年第1期）。

武平二年正月，[1]出晉州道，[2]到定隴，[3]築威敵、平寇二城而還。[4]二月，周師來寇，遣韶與右丞相斛律光、太尉蘭陵王長恭同往捍禦。以三月暮行達西境。有柏谷城者，[5]乃敵之絶險，石城千仞，諸將莫肯攻圍。韶曰："汾北、河東，勢爲國家之有，若不去柏谷，事同痼疾。計彼援兵，會在南道，今斷其要路，救不能來。且城勢雖高，其中甚狹，火弩射之，一旦可盡。"諸將稱善，遂鳴鼓而攻之，城潰，獲儀同薛敬禮，[6]大斬獲首虜，仍城華谷，[7]置戍而還。封廣平郡公。[8]

［1］武平：北齊後主高緯年號（570—576）。
［2］晋州：治所在今山西臨汾市城區。
［3］定隴：北齊築定隴城，在今河南宜陽縣境内。
［4］威敵、平寇二城：城壘名。確址不詳。
［5］柏谷：地名。在今河南宜陽縣南。
［6］薛敬禮：北朝時北周將領。
［7］華谷：城名。在今山西稷山縣。
［8］廣平郡公：爵名。廣平郡，治所在今河北邯鄲市永年區東南。

　　是月，周又遣將寇邊。右丞相斛律光先率師出討，韶亦請行。五月，攻服秦城。[1]周人於姚襄城南更起城鎮，[2]東接定陽，[3]又作深塹，斷絶行道。韶乃密抽壯士，從北襲之。又遣人潛度河，告姚襄城中，令内外相應，度者千有餘人，周人始覺。於是合戰，大破之，獲其儀同若干顯寶等。[4]諸將咸欲攻其新城。韶曰："此城一面阻河，三面地險，不可攻，就令得之，一城地耳。[5]不如更作一城壅其路，破服秦，併力以圖定陽，計之長者。"將士咸以爲然。六月，徙圍定陽，[6]其城主開府儀同楊範固守不下。[7]韶登山望城勢，乃縱兵急攻之。七月，屠其外城，大斬獲首級。時韶病在軍中，以子城未克，謂蘭陵王長恭曰："此城三面重澗險阻，並無走路，唯恐東南一處耳。[8]賊若突圍，必從此出，但簡精兵專守，自是成擒。"長恭乃令壯士千餘人設伏於東南澗口。其夜果如所策，賊遂出城，伏兵擊之，大潰，範等面縛，盡獲其衆。

[1]服秦城：城名。北周築，在今山西吉縣西北黃河東岸。

[2]姚襄城：古城名。在今山西吉縣西北黃河東岸。

[3]定陽：郡名。北魏延興四年（474）置，治所在今山西吉縣。

[4]若干顯寶：北朝時北周將領。事見本傳。

[5]就令得之，一城地耳：中華本校勘記云：“諸本無‘一’字，語氣不完，今據《御覽》卷三〇二、《通典》卷一五四補。”說是，從改。

[6]徙圍定陽：中華本校勘記云：“諸本‘徙’作‘從’，《北史》卷五四作‘徙’。按段韶是主將，‘從圍’不可通。當時諸將欲攻新城，以段韶言轉而攻定陽，作‘徙’是，今據《北史》改。”說是，從改。

[7]其城主開府儀同楊範固守不下：中華本校勘記云：“按本書卷八《後主紀》（補）武平二年（五七一）六月記此事稱‘獲刺史楊敷’。楊敷，《周書》卷三四有《傳》，記他守汾州被俘事甚詳，似作‘範’誤。但諸本和《册府》卷三六九、《通典》卷一五四都作‘楊範’，今不改。”存疑。楊範，北周將領。《北史》卷九二有傳。

[8]唯恐東南一處耳：百衲本無“一”字，諸本有。既承上言“此城三面重澗險阻，並無走路”語，當有“一”字。從補。

韶疾甚，先軍還。以功別封樂陵郡公。[1]竟以疾薨。上舉哀東堂，贈物千段、溫明祕器、輼輬車，軍校之士陣衛送至平恩墓所，[2]發卒起冢。贈假黃鉞、使持節、都督朔并定趙冀滄齊兗梁洛晋建十二州諸軍事，[3]相國、太尉、錄尚書事、朔州刺史，[4]諡曰忠武。

[1]樂陵郡公：爵名。樂陵郡，治所在今山東樂陵市。

［2］軍校之士陣衛送至平恩墓所：中華本校勘記云："諸本及《北史》卷五四'陳'作'陣'，據《册府》卷三八二改。"按，"陣"通"陳"，似不必改。平恩，縣名。治所在今河北曲周縣東南。

［3］假黄鉞：政治術語。授此者以示有權總統内外諸軍，專戮節將。不常設，以爲非人臣之常器。　使持節：魏、晋以後，凡重要軍事長官出征或出鎮時，加使持節，可誅殺二千石以下官員。

［4］相國：官名。職掌與丞相相同，但是地位更尊。多由權臣擔任，掌握最高政治權力。　録尚書事：官名。綜理政務，總知國事。魏晋南北朝多以公卿權重者居之，總領尚書省政務。北魏、北齊亦定爲官員，爲尚書省長官。　朔州：治所在今山西朔州市。

　　韶出總軍旅，入參帷幄，功既居高，重以婚媾，望傾朝野。長於計略，善於御衆，得將士之心，臨敵之日，人人争奮。又雅性温慎，有宰相之風。教訓子弟，閨門雍肅，事後母以孝聞，齊世勳貴之家罕有及者。然僻於好色，雖居要重，微服間行。有皇甫氏，魏黄門郎元瑀之妻，[1]弟謹謀逆，[2]皇甫氏因没官。韶美其容質，上啓固請，世宗重違其意，因以賜之。尤嗇於財，雖親戚故舊略無施與。其子深尚公主，并省丞郎在家佐事十餘日，[3]事畢辭還，人唯賜一杯酒。長子懿嗣。

［1］元瑀：事見本傳，餘不詳。
［2］謹：皇甫謹。事不詳。
［3］并省：并州行尚書省。　丞郎："丞"字諸本及《北史》卷五四《段韶傳》皆同，百衲本作"承"。此指并州尚書省屬官尚書丞、尚書郎。"承"字誤，作"丞"是。從改。

懿，字德猷，有姿儀，頗解音樂，又善騎射。天保初，尚潁川長公主。[1]累遷行臺右僕射，[2]兼殿中尚書，[3]出除兗州刺史。[4]卒。子寶鼎嗣。尚中山長公主，[5]武平末，儀同三司。隋開皇中，[6]開府儀同三司、驃騎大將軍，[7]大業初，[8]卒於饒州刺史。[9]

[1]潁川長公主：封號。潁川，郡名。秦置，東魏武定七年（549）移治今河南許昌市。
[2]行臺右僕射：官名。即"行臺尚書右僕射"的省稱。北齊置，職掌略同尚書右僕射，從二品。尚書右僕射職掌都省庶務及執法，或典選舉。
[3]殿中尚書：官名。掌管宮中兵馬、宮禁宿衛及倉庫。
[4]兗州：治所在今山東濟寧市兗州區新驛鎮東頓村南。
[5]中山長公主：封號。中山，郡名。治所在今河北定州市。
[6]開皇：隋文帝楊堅年號（581—600）。
[7]驃騎大將軍：官名。驃騎將軍爲重號將軍，僅次於大將軍。授此職者以權臣元老居多，可開府置僚屬，不領兵，北齊爲從一品。
[8]大業：隋煬帝楊廣年號（605—618）。
[9]饒州：治所在今江西鄱陽縣。

韶第二子深，字德深。美容貌，寬謹有父風。天保中，受父封姑臧縣公。[1]大寧初，拜通直散騎侍郎。[2]二年，詔尚永昌公主，[3]未婚，主卒。河清三年，[4]又詔尚東安公主。[5]以父頻著大勳，累遷侍中、將軍、源州大中正，[6]食趙郡幹。韶病篤，詔封深濟北王，[7]以慰其意。武平末，徐州行臺左僕射、徐州刺史。[8]入周，拜大將軍，[9]郡公，坐事死。

［1］姑臧縣公：爵名。姑臧縣，治所在今甘肅武威市。
［2］通直散騎侍郎：官名。屬集書省，員六人。
［3］永昌公主：封號。永昌，郡名。北齊改濟陰郡置，治所在今山東成武縣東南。
［4］河清：北齊武成帝高湛年號（562—565）。
［5］東安公主：封號。東安，郡名。治所在今山東沂水縣。
［6］侍中：官名。門下省長官。備切問近對，拾遺補缺，時號"小宰相"。
［7］濟北王：爵名。濟北，郡名。治所在今山東平陰縣西南。
［8］徐州：治所在今江蘇徐州市。　行臺左僕射：官名。即"行臺尚書左僕射"。
［9］大將軍：官名。北齊爲名譽職銜。作爲加授給大臣、重要州郡長官的戎號。凡加戎號者可開府。一品。

韶第三子德舉，武平末，儀同三司。周建德七年，[1]在鄴城與高元海等謀逆，[2]誅。

［1］建德：北周武帝宇文邕年號（572—578）。
［2］鄴城：在今河北臨漳縣西南。東魏、北齊皆定都於此。高元海（？—578）：渤海蓨（今河北景縣）人。上洛王思宗子。北齊官吏。本書卷一四、《北史》卷五一《上洛王思宗傳》有附傳。

韶第四子德衡，武平末，開府儀同三司，隆化時，[1]濟州刺史。入周，授儀同大將軍。

[1]隆化：北齊後主高緯年號（576—577）。

詔第七子德堪，武平中，儀同三司。隋大業初，汴州刺史，[1]卒於汝南郡守。[2]

[1]汴州：治所在今河南開封市西北。
[2]汝南：郡名。治所在今河南息縣。

榮第二子孝言，少警發有風儀。魏武定末，起家司徒參軍事。[1]齊受禪，其兄韶以別封霸城縣侯授之。累遷儀同三司、度支尚書、清都尹。[2]

[1]司徒參軍事：官名。司徒的佐吏，分掌諸曹事。
[2]度支尚書：官名。領尚書省度支等曹，北齊統度支、倉部、右户、左户、庫部、金部等郎曹。三品。　清都尹：官名。北齊時改魏尹爲清都尹。主要管理京畿地區，也作爲京官參與朝政。

孝言本以勳戚緒餘，致位通顯，至此便驕奢放逸，無所畏憚。曾夜行，過其賓客宋孝王家宿，[1]唤坊民防援，不時應赴，遂拷殺之。又與諸淫婦密遊，爲其夫覺，復恃官勢，拷掠而殞。時苑内須果木，科民間及僧寺備輸，悉分向其私宅種植。又殿内及園須石，差車牛從漳河運載，復分車迴取。事悉聞徹，出爲海州刺史。[2]尋以其兄故，徵拜都官尚書，[3]食陽城郡幹，[4]仍加開府。遷太常卿，[5]除齊州刺史，[6]以贓賄爲御史所劾。屬世祖崩，遇赦免。拜太常卿，轉食河南郡幹，[7]

遷吏部尚書。[8]

　　[1]過其賓客宋孝王家宿：中華本校勘記云："諸本'宋'作'宗'，《册府》卷三〇六、《北史》卷五四《段孝言傳》作'宋'。按本書卷四六《宋世良傳》附見從子孝王，記他曾爲段孝言的開府參軍。'宗'字誤，今據改。"說是，從改。宋孝王，廣平（今河北邯鄲市永年區）人。北齊文吏。事見本書卷四六《宋世良傳》。
　　[2]海州：治所在今江蘇連雲港市海州區海洲街道。
　　[3]都官尚書：官名。爲尚書省諸尚書之一。北齊統都官、二千石、比部、水部、膳部諸曹事務，階第三品。
　　[4]陽城郡：治所在今河南登封市東南。
　　[5]太常卿：官名。初爲太常尊稱。北齊及南朝梁正式定爲官稱。掌禮樂、祭祀、宗廟、朝會等。北齊三品。
　　[6]齊州：治所在今山東濟南市。
　　[7]河南郡：治所在今河南洛陽市。
　　[8]吏部尚書：官名。尚書省屬官。位居列曹尚書之上。北齊時主管官吏銓選、考課獎懲，其實權甚或過於尚書僕射。位三品。

　　祖珽執政，[1]將廢趙彥深，[2]引孝言爲助。除兼侍中，入內省，[3]典機密，尋即正，仍吏部尚書。孝言既無深鑒，又待物不平，抽擢之徒，非賄則舊。有將作丞崔成，[4]忽於衆中抗言曰："尚書天下尚書，豈獨段家尚書也！"孝言無辭以答，惟厲色遣下而已。尋除中書監，[5]加特進。又託韓長鸞，[6]共構祖珽之短。及祖出後，孝言除尚書右僕射，[7]仍掌選舉，恣情用捨，請謁大行。敕濬京城北隍，孝言監作，儀同三司崔士順、將作大匠元士將、太府少卿酈孝裕、尚書左民郎中薛叔昭、司州治中崔龍子、清都尹丞李道隆、鄴縣令尉長卿、臨漳令崔象、成安令高子徹等並在孝言部下。[8]典作日，別置酒高會，諸人膝行跪伏，稱觴上壽，或自陳屈滯，更請轉官，孝言意色揚揚，以爲己任，皆隨事報答，許有加授。富商大賈多被銓擢，縱令進用人士，咸是粗險放縱之流。尋遷尚書左僕射，特進、侍中如故。

[1]祖珽：字孝徵，范陽遒（今河北淶水縣北）人。東魏、北齊官吏。本書卷三九有傳，《北史》卷四七《祖瑩傳》有附傳。

[2]趙彥深（507—576）：本名隱，字彥深，平原（今山東聊城市東北）人，祖籍南陽宛縣（今河南南陽市）。北齊大臣。本書卷三八、《北史》卷五五有傳。

[3]內省：泛指宮禁內之官署。

[4]將作丞：官名。爲將作大匠副貳，掌判本監日常公務。北齊爲從七品上，員四人。 崔成：事不詳。

[5]中書監：官名。魏晉南北朝爲中書省長官之一，掌納奏、擬詔、出令，多用作重臣加官，時人視爲閑地。北齊從二品。

[6]韓長鸞：韓鳳，字長鸞，昌黎（今遼寧義縣）人。北齊倖臣。少有臂力，善騎射。本書卷五〇《韓寶業等傳》、《北史》卷九二《齊諸宦者傳》有附傳。

[7]尚書右僕射：官名。尚書省次官，北齊爲從二品。

[8]崔士順：北齊官吏。事不詳。 將作大匠：官名。負責修建宮殿、陵寢、宗廟以及其他的土木工程。從三品。 元士將：北齊官吏。事不詳。 太府少卿：官名。北齊置爲太府寺次官，員一人，四品上。太府寺掌金帛庫藏、國家財政開支，兼管冶鑄、染織等。"卿"字諸本及《北史》卷五四、《通志》卷一五二皆同，百衲本作"府"。太府少卿乃太府次官，"府"字誤。據改。 酈孝裕：一作"鄒孝裕"。北齊官吏。事不詳。 尚書左民郎中：官名。

即尚書省左民曹郎中，掌户籍。　薛叔昭：北齊官吏。事不詳。
司州：治所在今河北臨漳縣西南。　治中：官名。即治中從事史。
爲州府屬官，掌財穀賬簿文書。　崔龍子：北齊官吏。事不詳。百
衲本無"龍"字，諸本及《北史》卷五四《段韶傳》有。從補。
　李道隆：北齊官吏。事不詳。　尉長卿：北齊官吏。事不詳。
臨漳：縣名。治所在今河北臨漳縣西南鄴鎮。　崔象：北齊官吏。
事不詳。　成安：縣名。治所在今河北成安縣。　高子徹：北齊官
吏。事不詳。

孝言富貴豪侈，尤好女色。後娶婁定遠妾董氏，[1]大耽愛之，爲此内外不和，更相糾列，坐爭免官徙光州。[2]隆化敗後，有敕追還。孝言雖黷貨無厭，恣情酒色，然舉止風流，招致名士，美景良辰，未嘗虚棄，賦詩奏伎，畢盡歡洽。雖草萊之士，粗閑文藝，多引入賓館，與同興賞，其貧躓者亦時有乞遺。世論復以此多之。齊亡入周，授開府儀同大將軍，[3]後加上開府。[4]

[1]婁定遠（？—574）：代郡平城（今山西大同市東北）人。婁昭子。北齊官吏。以外戚貴盛，少歷顯職。本書卷一五、《北史》卷五四《婁昭傳》有附傳。

[2]光州：北魏分青州置，治所在今山東萊州市。

[3]開府儀同大將軍：官名。北周武帝建德四年（575）改驃騎大將軍、開府儀同三司爲此稱，爲勳官之第六等，九命。

[4]上開府：上開府儀同大將軍，勳官名。北周武帝建德四年置，主要授予有軍勳的功臣及北齊降官。無具體職掌，九命。

史臣曰：段榮以姻戚之重，遇時來之會，功伐之

地，亦足稱焉。韶光輔七君，克隆門業，每出當閫外，或任以留臺，以猜忌之朝，終其眉壽。屬亭候多警，爲有齊上將，豈其然乎？當以志謝矜功，名不逾實，不以威權御物，不以智數要時，欲求覆餗，其可得也？語曰"率性之謂道"，[1]此其效歟？

[1]率性之謂道：語出《禮記·中庸》："天命之謂性，率性之謂道。"

贊曰：榮發其原，韶大其門。位因功顯，望以德尊。

北齊書 卷一七

列傳第九

斛律金 子光 羨

斛律金,[1]字阿六敦,朔州勅勒部人也。[2]高祖倍侯利,[3]以壯勇有名塞表,道武時率户内附,[4]賜爵孟都公。[5]祖幡地斤,[6]殿中尚書。[7]父大那瓌,[8]光禄大夫、第一領民酋長。[9]天平中,[10]金貴,贈司空公。[11]

[1]斛律:《通志》卷二五《氏族略第一》云斛律爲代北複姓。屬高車種（又名敕勒）。
[2]朔州:治所在今内蒙古固陽縣。 勅勒:少數民族部落。《北史》作"敕勒",亦稱鐵勒、赤勒、狄歷。源於戰國、秦漢時丁零。南北朝時又稱高車。詳見《魏書》卷一○三、《通典》卷一九七、《通志》卷二○○《高車傳》。
[3]高祖倍侯利:"侯"字中華本同,宋本、四庫本、百衲本作"俟"。中華本校勘記云:"《北史》卷五四《斛律金傳》、卷九八《高車傳》作'侯'。張森楷云:'據《高車傳》載歌謠云"求良夫,當如倍侯","夫""侯"古韵通用,"俟"字則失韵。'按張

説是。"今據中華本改。高祖，指曾祖的父親。倍侯利，十六國時漠北高車族斛律部首領。事見《魏書》卷一〇三《高車傳》、《北史》卷九八《高車傳》。

[4]道武：北魏拓跋珪諡號。拓跋珪（371—409），北魏建立者，鮮卑拓跋部人，諡宣武，又改諡道武，廟號太祖。《魏書》卷二有紀。

[5]孟都公：爵名。孟都，確址不詳。

[6]幡地斤：人名。事見本傳。

[7]殿中尚書：官名。爲尚書省六曹尚書之一，領殿中諸曹，亦簡稱"殿中"。《通考·職官六》云："掌殿內兵馬、倉庫。"北齊統殿中、儀曹、三公、駕部四曹。三品。

[8]大那瓌：人名。斛律金父，即斛律大那瓌。宋本作"大瓌"，四庫本作"那瓌"。

[9]光禄大夫：官名。爲散官、加官。無員限。北齊三品。第一領民酋長：官名。北魏置。唐人避諱，改稱"領人酋長"或"鎮人酋長"。主要授予依附北魏政權的北方少數民族首領，可世襲，未被列爲中央政權的正式官職。北魏末期戰亂後，北方邊鎮的軍人集團地位提高，進入中央政權。北齊時定爲視從三品。

[10]天平：東魏孝靜帝元善見年號（534—537）。

[11]司空公：官名。司空的尊稱，三公之一。魏晉南北朝爲名譽宰相，多爲大臣加官，位居一品，無實際職掌。

金性敦直，善騎射，行兵用匈奴法，望塵識馬步多少，嗅地知軍度遠近。初爲軍主，與懷朔鎮將楊鈞送茹茹主阿那瓌還北。[1]瓌見金射獵，深歎其工。後瓌入寇高陸，[2]金拒擊破之。正光末，[3]破六韓拔陵構逆，[4]金擁衆屬焉，陵假金王號。金度陵終敗滅，乃統所部萬户詣雲州請降，[5]即授第二領民酋長。[6]稍引南出黄瓜堆，[7]爲杜洛周所破，[8]部衆分散，金與兄平二人脱身歸尒朱榮。[9]榮表金爲别將，[10]累遷都督。[11]孝莊立，[12]賜爵阜城縣男，[13]加寧朔將軍、屯騎校尉。[14]從破葛榮、元顥，[15]頻有戰功，加鎮南大將軍。[16]

[1]懷朔：鎮名。北魏六鎮之一。治所在今内蒙古固陽縣西南。鎮將：官名。北魏置，鎮的長官。在不設州郡的地區兼統軍民；在設州、郡的内地主要掌軍政，北齊三等鎮將爲四品。　楊鈞：北魏人，楊播族弟。《魏書》卷五八《楊播傳》、《周書》卷二二《楊寬傳》有附傳。　茹茹：古族名。又稱柔然、蠕蠕、蝚蠕、芮芮等。其强盛時，勢力達於整個蒙古高原。該國汗族郁久閭氏源自雜胡（詳見曹永年《柔然源於雜胡考》，《歷史研究》1981年第3期）。境内有匈奴、鮮卑、高車、西域諸族以及其他民族，多以游牧爲生。《魏書》卷一〇三、《北史》卷九八有傳。　阿那瓌：人名。茹茹王，後爲突厥所破，自殺。見《魏書》卷一〇三《蠕蠕傳》。

[2]高陸：縣名。治所在今陝西高陵縣。

[3]正光：北魏孝明帝元詡年號（520—525）。

[4]破六韓拔陵（？—525）：匈奴族人。北魏末年六鎮起義軍首領。公元523年，率兵民在沃野鎮（今内蒙古五原縣北）起義，殺鎮將，建元真王。公元525年兵敗被殺。

[5]雲州：有三雲州。一是北魏孝昌元年（525）改朔州置，治所在今内蒙和林格爾縣盛樂鎮上土城子村北，旋陷，後寄治今山西文水縣劉胡蘭鎮雲周村（一説治所在今山西祁縣東）。二是西魏僑置，天和元年（566）廢，治所在今甘肅慶陽市西峰區北彭原鎮。三是北周天和元年（566）置、建德三年（574）廢，治所在今陝西眉縣。

[6]第二領民酋長：官名。北魏置。職掌同第一領民酋長。北

齊時定爲視從四品。

［7］黃瓜堆：地名。又作"黃花堆"。在今山西山陰縣東北。

［8］杜洛周（？—528）：又名杜周，北魏柔玄鎮（今內蒙古興和縣西北）人。高車族。北魏末六鎮起兵領袖。初爲柔玄鎮鎮兵。孝昌元年（525），在上谷舉兵反魏，自號真王，攻没郡縣，南圍燕州。次年，攻取幽州（今北京市西城區），執刺史。武泰元年（528），攻下定州（今河北定州市），俘刺史楊津。後爲葛榮所害。

［9］平：斛律平，斛律金兄。事見本卷及《北史》卷五四《斛律金傳》。　尒朱榮（493—530）：字天寶，北魏北秀容（今山西朔州市）契胡貴族。繼父爲部落酋帥，六鎮起義後投魏。後擁立莊帝，自爲大丞相、天柱大將軍，封太原王。《魏書》卷七四、《北史》卷四八有傳。

［10］別將：官名。泛指率領部分兵力與主力分道而進的別部將領。

［11］都督：官名。初爲統軍將帥。魏晉之後演變爲地方軍政長官。稱都督諸州軍事，多帶將軍名號。分使持節、持節、假節三種，以使持節職權最重，假節最輕。

［12］孝莊：北魏孝莊帝元子攸（507—530），彭城王元勰第三子。公元528年至530年在位。謚號孝莊。《魏書》卷一〇、《北史》卷五有紀。

［13］阜城縣男：封爵名。阜城縣，治所在今河北阜城縣。

［14］寧朔將軍：官名。爲雜號將軍之一，從四品。　屯騎校尉：官名。漢武帝初置。爲北軍八校尉之一。秩二千石。掌騎士，戍衛京師，兼任征伐。南北朝皆沿置。

［15］葛榮（？—528）：北魏末年河北暴動首領。本爲懷朔鎮將。公元526年參加鮮于脩禮起事。鮮于脩禮被害後，繼領其衆，乃稱天子，國號齊，年號廣安。公元528年被尒朱榮俘，十月死於洛陽。　元顥（？—529）：字子明，鮮卑族拓跋部人。北魏宗室、大臣。永安二年（529），乘亂於梁國（今河南商丘市南）城南即

位，進入洛陽，改元建武。後被縣卒所殺。《魏書》卷二一上、《北史》卷一九《北海王詳傳》有附傳。

[16]鎮南大將軍：官名。北魏孝文帝太和十七年（493）定爲從一品上，位次尚書令，二十三年改爲二品。北齊爲褒賞軍功勳臣的二品閑職。

及尒朱兆等逆亂，[1]高祖密懷匡復之計，[2]金與婁昭、厙狄干等贊成大謀，[3]仍從舉義。高祖南攻鄴，[4]留金守信都，[5]領恒、雲、燕、朔、顯、蔚六州大都督，[6]委以後事。別討李脩，[7]破之，加右光禄大夫。[8]會高祖於鄴，仍從平晋陽，[9]追滅尒朱兆。太昌初，[10]以金爲汾州刺史、當州大都督，[11]進爵爲侯。從高祖破紇豆陵於河西。[12]天平初，遷鄴，使金領步騎三萬鎮風陵以備西寇。[13]軍罷，還晋陽。從高祖戰於沙苑，[14]不利班師，因此東雍諸城復爲西軍所據，[15]遣金與尉景、厙狄干等討復之。[16]元象中，[17]周文帝復大舉向河陽。[18]高祖率衆討之，使金徑往太州，[19]爲掎角之勢。金到晋州，[20]以軍退不行，仍與行臺薛脩義共圍喬山之寇。[21]俄而高祖至，仍共討平之，因從高祖攻下南絳、邵郡等數城。[22]武定初，[23]北豫州刺史高仲密據城西叛，[24]周文帝入寇洛陽。[25]高祖使金統劉豐、步大汗薩等步騎數萬守河陽城以拒之。[26]高祖到，仍從破密。[27]軍還，除大司馬，[28]改封石城郡公，[29]邑一千户，轉第一領民酋長。二年，[30]高祖出軍襲山胡，[31]分爲二道。以金爲南道軍司，[32]由黄櫨嶺出。[33]高祖自出北道，度赤洪嶺，[34]會金於烏突戍，[35]合擊破之。軍還，出爲冀州刺史。[36]四年，詔金率衆從烏蘇道會高祖於晉州，[37]仍從攻玉壁。[38]軍還，高祖使金總督大衆，從歸晉陽。

[1]尒朱兆（？—533）：字萬仁（一作"吐萬兒"），北魏北秀容（今山西朔州市）契胡貴族。《魏書》卷七五有傳，《北史》卷四八《尒朱榮傳》有附傳。

[2]高祖：北齊神武皇帝高歡（496—547），廟號高祖。本書卷一、二，《北史》卷六有紀。

[3]婁昭：字菩薩，代郡平城（今山西大同市東北）人。東魏大臣。北魏末跟隨高歡。齊受禪，追封太原王。本書卷一五、《北史》卷五四有傳。　厙（shè）狄干：善無（今山西右玉縣南）人。鮮卑厙狄氏。東魏、北齊大臣。本書卷一五、《北史》卷五四有傳。

[4]鄴：北齊都邑。在今河北臨漳縣西南。

[5]信都：縣名。治所在今河北冀州市。

[6]恒、雲、燕、朔、顯、蔚：百衲本無"蔚"字。錢大昭《廿二史考異》卷三一以爲當脫"蔚州"。中華本校勘記云："按錢說是。本書卷二四《孫搴傳》稱'時又大括燕、恒、雲、朔、顯、蔚、二夏州、高平、平涼之民以爲軍士'。'蔚州'和上五州連稱。這六州都是北魏以北邊軍鎮改置的州，魏末僑置在幽、肆、并、汾等州境内，是北鎮流民聚居之地。今補'蔚'字。"從補。恒，即恒州。治所在今山西大同市東。燕，即燕州。北魏置，治所在今河北涿鹿縣西。顯，即顯州。治所在今山西孝義市西六壁頭村。蔚，即蔚州。治所在今山西平遥縣西北。　大都督：官名。高級軍事長官。東、西魏分裂後，授予漸濫。東魏、北齊時所置"京畿大都督"權勢極重。

[7]李脩：事不詳。

[8]右光禄大夫：官名。多爲加官，以示優崇，或授予年老有

病者爲致仕之官，亦常用爲卒後贈官。無職掌。北齊第二品。

［9］晉陽：縣名。治所在今山西太原市晉源區古城營村一帶。

［10］太昌：北魏孝武帝元脩年號（532）。

［11］汾州：治所在今山西汾陽市。

［12］紇豆陵：紇豆陵步藩（？—530），北魏河西（約今山西呂梁山以西黃河兩岸）人，鮮卑族。永安三年（530），受莊帝詔，率軍東上進攻尒朱兆。後在平樂郡（今山西昔陽縣）爲尒朱兆和高歡聯軍所敗。　河西：黃河以西。

［13］風陵：風陵津，黃河重要渡口之一。即今山西芮城縣西南黃河北岸之風陵渡。

［14］沙苑：地名。又名"沙阜""沙海""沙澤""沙窩"。在今陝西大荔縣南洛、渭二河之間，東西八十里，南北三十里，其沙隨風流徙，不可耕植，而宜於牧林瓜果。東魏天平四年（537）與西魏於此爆發惡戰，史稱沙苑之戰，東魏慘敗。

［15］東雍：州名。治所在今山西新絳縣萬安鎮柏壁村。

［16］尉景（？—547）：字士真，善無（今山西右玉縣）人。高歡妹夫。本書卷一五、《北史》卷五四有傳。

［17］元象：諸本同，百衲本作"大象"。"元象"是東魏孝靜帝元善見年號（538—539），與本傳所敘事合。大象爲北周靜帝年號（579—580），此時，周文帝宇文泰已去世多年。作"元象"是。據改。

［18］周文帝：北周文帝宇文泰（505—556），字黑獺，代郡武川（今内蒙古武川縣）人。鮮卑族。北周奠基者。《周書》卷一、二，《北史》卷九有紀。　河陽：縣名。治所在今河南孟州市西南。

［19］太州：即泰州。治所在今山西永濟市西南。

［20］晉州：治所在今山西臨汾市城區。

［21］行臺：官名。魏晉南北朝尚書臺（省）臨時在外設置的權力機構。北魏、北齊時設置漸多，成爲地方最高行政機構。置行臺尚書令、尚書僕射爲正副長官。北齊時亦設有"大行臺"。　薛

脩義：四庫本、百衲本"脩"作"循"。據錢大昕《廿二史考異》，"薛脩義"《北史》作"脩義"，《孝昭紀》亦作"脩義"。魏、齊碑刻，人旁字多從彳旁，故"脩""循"二文多相混。薛脩義，又名薛循義（478—554），字公讓，河東汾陰（今山西萬榮縣西南）人。本書卷二〇、《北史》卷五三有傳。　喬山：地名。在今山西襄汾縣北。

［22］南絳：郡名。北魏析平陽郡置。西魏去"南"字，治所在今山西絳縣。　邵郡：治所在今山西垣曲縣。

［23］武定：東魏孝靜帝元善見年號（543—550）。

［24］北豫州：東魏天平（534—537）復置。治所在今河南滎陽市西北。　高仲密：高慎，字仲密，高乾弟。魏孝武帝初爲驃騎大將軍，儀同三司、光州刺史。東魏元象初，據武牢降西魏。本書卷二一《高乾傳》、《北史》卷三一《高祐傳》有附傳。

［25］洛陽：地名。治所在今河南洛陽市。

［26］劉豐（？—549）：字豐生，普樂（今寧夏靈武市西南）人。北魏、西魏、東魏官吏。後被北周軍所殺。本書卷二七、《北史》卷五三有傳。　步大汗薩：人名。東魏、北齊將領。匈奴破六韓氏。代郡西部（一作"太安狄郡"）人。本書卷二〇、《北史》卷五三有傳。步大汗，中華本同，宋本、四庫本作"大步汗"，百衲本作"大汗步"。"薩"字百衲本作"薛"。中華本校勘記云："'薩'字三朝本作'薛'，汲本、局本及《册府》卷三五四作'薛'。按步大汗薩，本書卷二〇有《傳》，'大步汗'乃誤倒；'薩'字是'薛'的別體，錢氏《考異》卷三一有説。今從本傳作'步大汗薩'。"説是，從改。

［27］仍從破密：密，四庫本、中華本同，宋本、百衲本作"定"。從上文"北豫州刺史高仲密據城西叛"可知，"定"當爲"密"字之訛。據改。

［28］大司馬：官名。北魏、北齊與大將軍並稱"二大"，仍爲加官，皆一品。北齊後主時增員冗濫，不復尊貴。

［29］石城郡公：爵名。石城郡，東魏置，治所在今山西蒲縣東南五十里。

［30］二年：四庫本作"三年"。中華本校勘記云："按本書卷二《神武紀》（補）、《魏書》卷一二《孝靜紀》，事在武定二年（五四四）十一月。'三年'當作'二年'。"

［31］山胡：民族名。亦稱"稽胡""步落稽"。源於南匈奴。一説爲山戎、赤狄之後。南北朝時居於山西北部。與漢人雜居。

［32］軍司：官名。西晋因避諱改軍師置，北齊沿置。爲諸軍府主要僚屬，佐主帥統帶軍隊，負有匡正監察主帥之責。

［33］黄櫨嶺：在今山西汾陽市西北。

［34］赤𧒒嶺：山名。又名"赤洪嶺""赤洪山"。在今山西吕梁市離石區東北。

［35］烏突戍：古城名。在今山西臨縣。

［36］冀州：治所在今河北冀州市。

［37］烏蘇道：地名。由冀州通晋州之道。有烏蘇城，在今山西沁縣西南烏蘇村。

［38］玉壁：即玉壁城。在今山西稷山縣西南。西魏大統四年（538）東道行臺王思政因玉壁險要，築城以禦東魏。

世宗嗣事，[1]侯景據潁川降於西魏，[2]詔遣金帥潘樂、薛孤延等固守河陽以備。[3]西魏使其大都督李景和、若干寶領馬步數萬，[4]欲從新城赴援侯景。[5]金率衆停廣武以要之，[6]景和等聞而退走。還爲肆州刺史，[7]仍率所部於宜陽築楊志、百家、呼延三戍，[8]置守備而還。侯景之走南豫，[9]西魏儀同三司王思政入據潁川。[10]世宗遣高岳、慕容紹宗、劉豐等率衆圍之，[11]復詔金督彭樂、可朱渾道元等出屯河陽，[12]斷其奔救之路。又詔金率衆會攻潁川。事平，復使金率衆從崿坂送米宜陽。[13]西魏九曲戍將馬紹隆據險要鬭，[14]金破之。以功別封安平縣男。[15]

[1]世宗：北齊文襄帝高澄（521—549），廟號世宗。本書卷三、《北史》卷六有紀。

[2]侯景（503—552）：字萬景，懷朔鎮（今內蒙古固陽縣西南）人，或云雁門（今山西代縣西南）人，羯族。北魏、東魏將領，後降南朝梁。《梁書》卷五六、《南史》卷八〇有傳。　潁川：地名。治所在今河南許昌市。

[3]潘樂（？—555）：又名"潘相樂""潘洛"。初名相貴，後以爲字，廣寧石門（今甘肅渭源縣西南洮河東岸）人。北魏、東魏、北齊官吏。本書卷一五、《北史》卷五三有傳。　薛孤延：代（今山西大同市東北）人。東魏、北齊官吏。本書卷一九、《北史》卷五三有傳。

[4]李景和（493—557）：李弼，字景和，遼東襄平（今遼寧遼陽市）人，後改稱隴西（今甘肅隴西縣）人。《周書》卷一五、《北史》卷六〇有傳。　若干寶：人名。事不詳。

[5]新城：縣名。治所在今河北保定市徐水區西南。

[6]廣武：郡名。治所在今河南中牟縣東。

[7]肆州：治所在今山西忻州市西北。

[8]宜陽：郡名。北魏置，治所在今河南宜陽縣西韓城鎮，北周徙治今河南宜陽縣西福昌村。

[9]南豫：州名。治所在今安徽壽縣。

[10]儀同三司：官名。本指官場待遇，儀同三司（三公）。儀同自此成專名。至北魏、北齊又爲官號。北齊二品。　王思政：字司政，太原祁（今山西祁縣）人。西魏名將。後降北齊，爲都官尚書、儀同三司。《周書》卷一八、《北史》卷六二有傳。

[11]高岳（512—555）：字洪略，渤海蓨（今河北景縣）人。高翻子，高歡從父弟。東魏、北齊宗室大臣。本書卷一三、《北史》卷五一有傳。　慕容紹宗（501—549）：北魏、東魏將領。前燕皇室後裔，鮮卑族。本書卷二〇、《北史》卷五三有傳。

[12]彭樂（？—551）：字興，安定（今甘肅涇川縣北）人。北魏、東魏將領。《北史》卷五三有傳。　可朱渾道元：字道元，又名可朱渾元。自云遼東（今遼寧遼陽市）人，然其曾祖爲懷朔（今內蒙古固陽縣西南）鎮將，定居於此。北魏、北齊官吏。本書卷二七、《北史》卷五三有傳。

[13]崿坂：地名。崿阪關。亦作"崿岅""崿阪"。在今河南登封市東南，爲洛陽東南門户。

[14]九曲：地名。即九曲城。又名九阿。在今河南宜陽縣西北。　馬紹隆：事不詳。

[15]安平縣男：爵名。安平縣，治所在今河北安平縣。

顯祖受禪，[1]封咸陽郡王，[2]刺史如故。其年冬，朝晉陽宫。金病，帝幸其宅臨視，賜以醫藥，中使不絶。病愈還州。三年，就除太師。帝征奚賊，[3]金從帝行。軍還，帝幸肆州，與金宴射而去。四年，解州，[4]以太師還晉陽。車駕復幸其第，六宫及諸王盡從，置酒作樂，極夜方罷。帝忻甚，[5]詔金第二子豐樂爲武衛大將軍，[6]因謂金曰："公元勳佐命，父子忠誠，朕當結以婚姻，永爲藩衛。"仍詔金孫武都尚義寧公主。[7]成禮之日，帝從皇太后幸金宅，皇后、太子及諸王等皆從，其見親待如此。

[1]顯祖：北齊文宣帝高洋（529—559），廟號顯祖。本書卷

四、《北史》卷七有紀。

[2]咸陽郡王：爵名。咸陽郡，治所在今陝西涇陽縣西北。

[3]奚：部族名。南北朝稱"庫莫奚"，隋時稱"奚"。源於東胡。分布在饒樂水（今西拉木倫河）流域。東接契丹，西至突厥，南據白狼河，北鄰霫。初臣屬於突厥，後稍盛，分爲辱紇主（一作"辱紇王"）、莫賀弗、契箇、木昆、室得五部。習俗與突厥相似。以游牧爲主，兼以射獵。北朝時，向北魏朝貢貿易。

[4]解州：被解除州刺史一職。

[5]忻：通"欣"。意爲喜悦、歡欣。

[6]豐樂：斛律羨。錢大昕《廿二史考異》云："豐樂本名羨，而詔稱其字，當時風俗敦樸，不以稱字爲嫌也。"　武衛大將軍：官名。即武衛將軍加"大"者。北魏置，掌宿衛禁軍，位任很重。北魏孝文帝太和十七年（493）定爲二品。北齊沿置。

[7]武都：斛律武都（？—572），朔州（今内蒙古固陽縣）人，高車族敕勒部，斛律光長子。北齊官吏。任内無政績，聚斂侵略百姓。其父在京爲後主所殺，亦遇害。　義寧公主：北齊文宣帝女。

後以茹茹爲突厥所破，[1]種落分散，慮其犯塞，驚撓邊民，乃詔金率騎二萬屯白道以備之。[2]而虜帥豆婆吐久備將三千餘户密欲西過，[3]候騎還告，金勒所部追擊，盡俘其衆。茹茹但鉢將舉國西徙，[4]金獲其候騎送之，并表陳虜可擊取之勢。顯祖於是率衆與金共討之於吐賴，[5]獲二萬餘户而還。進位右丞相，[6]食齊州幹，[7]遷左丞相。[8]

[1]突厥：民族名、國名。廣義包括鐵勒、突厥各部落，狹義

則專指突厥汗國。六世紀初興起於金山（今阿爾泰山）西南麓，爲一游牧部落。以金山形似古代戰盔兜鍪，當地俗語呼兜鍪爲突厥，故以爲名。西魏廢帝二年（553）建突厥汗國於今鄂爾渾河流域。《周書》卷五〇、《北史》卷九九有傳。

[2]白道：古道名。在今内蒙古呼和浩特市西北，爲古代穿越陰山南北的主要通道之一。因路口千餘步土色灰白，遥望見之得名。

[3]豆婆吐久備：人名。柔然（即茹茹）首領。

[4]但鉢：人名。茹茹首領。

[5]吐賴：原屬隴西鮮卑的一個部落。作爲地名，當在今内蒙古呼和浩特市西北。

[6]右丞相：官名。北魏、北齊或置或省，皆特爲權臣專設之名號，並非處理實際政務的宰相。位一品。

[7]齊州：北魏皇興三年（469）改冀州置，治所在今山東濟南市。　幹：向政府提供力役的吏雜户。食幹即享有吏雜户所提供的力役。

[8]左丞相：官名。北齊或置或省，同右丞相一樣，皆特爲權臣專設之名號，並非處理實際政務的宰相。位一品。

　　肅宗踐阼，[1]納其孫女爲皇太子妃。又詔金相見，聽步挽車至階。[2]世祖登極，禮遇彌重，又納其孫女爲太子妃。金長子光大將軍，[3]次子羨及孫武都並開府儀同三司，[4]出鎮方岳，[5]其餘子孫皆封侯貴達。一門一皇后，二太子妃，三公主，尊寵之盛，當時莫比。金嘗謂光曰："我雖不讀書，聞古來外戚梁冀等無不傾滅。[6]女若有寵，諸貴妬人；女若無寵，天子嫌人。[7]我家直以立勳抱忠致富貴，豈可藉女也？"[8]辭不獲免，常以爲憂。天統三年薨，[9]年八十。世祖舉哀西堂，[10]後主又舉哀於晉陽宮。[11]贈假黃鉞、使持節、都督朔定冀幷瀛青齊滄幽肆晉汾十二州諸軍事、相國、太尉公、錄尚書、朔州刺史，[12]酋長、王如故，贈錢百萬，謚曰武。子光嗣。

[1]肅宗：北齊孝昭帝高演（535—561），廟號肅宗。本書卷六、《北史》卷七有紀。　踐阼：阼，指王位前之階。後稱皇帝登極爲踐阼。

[2]聽：聽任、允許。　步挽車：用人拉送的車子。

[3]大將軍：官名。北齊爲名譽職銜。作爲加授給大臣、重要州郡長官的戎號。凡加戎號者可開府。一品。

[4]開府儀同三司：官名。本指高級官員開建府屬之待遇，儀同三司（三公）。以後遂成加銜，爲大臣加號，意謂與三司即太尉、司徒、司空禮制、待遇相同，許開設府屬，自辟僚屬。至南北朝又爲官稱。北齊二品。

[5]方岳：本指四方之岳即四方的大山，後用來稱高級地方長官，如刺史、郡太守等。

[6]梁冀（？—159）：字伯卓，東漢安定烏氏（今寧夏固原市東南）人。兩妹分別爲順帝、桓帝皇后。梁太后臨朝，及操權柄。先後立沖、質、桓三帝，專斷朝政近二十年。後被桓帝及中常侍單超等共謀誅滅。《後漢書》卷三四《梁統傳》有附傳。

[7]女若有寵，諸貴妬人；女若無寵，天子嫌人：四庫本"妬人"作"人妬"，疑爲誤寫。四庫本"嫌人"作"嫌之"，宋本、百衲本、中華本作"嫌人"。"之"或"人"本不影響文意，按照上下句句式對應，則應從宋本、百衲本、中華本作"嫌人"。

[8]豈可藉女也：怎麼能靠女眷求富貴呢？"藉"字宋本、百衲本作"籍"。"藉"通"籍"。

[9]天統三年薨：宋本、百衲本"三"作"二"，四庫本、中華本作"三"，殿本依《北史》卷五四改作"三"。中華本校勘記云："按斛律金死於天統三年（五六七），見下文《斛律光傳》和本書卷八《後主紀》。"說是，今從四庫本改。天統，北齊後主高緯年號（565—569）。

[10]西堂：太極殿西堂，皇帝處理公務之所。

[11]後主：北齊後主高緯（556—578），武成帝長子。本書卷八、《北史》卷八有紀。

[12]贈假黃鉞："贈"字《北史》卷五四同，宋本、四庫本、百衲本作"賜"。中華本校勘記云："死後例稱贈官，今據改。又諸本無'晉'字，十二州缺了一州，今據《册府》卷三八二補。"說是，從補。黃鉞即飾以黃金的鉞，本用於皇帝儀仗。三國以後多特賜予出征重臣，以示威重，令其專主征伐。北齊沿此制。　使持節：漢朝官吏奉使外出時，或由皇帝授予節杖，以提高其威望。魏、晉以後，凡重要軍事長官出征或出鎮時，加使持節，可誅殺二千石以下官員。　定：州名。北魏天興三年（400）以安州改置。治所在今河北定州市。　并：州名。治所在今山西太原市西南。瀛：州名。治所在今河北河間市。　青：州名。治所在今山東青州市。　滄：州名。治所在今河北鹽山縣西南。　幽：州名。治所在今北京市西城區。　晉：州名。治所在今山西臨汾市城區。　汾：州名。當指南汾州，治所在今山西吉縣吉昌鎮。　太尉公：官名。與丞相、御史大夫合稱三公。魏晉以後多爲元老重臣之加官。　錄尚書：官名。魏晉南北朝多以公卿權重者居之，總領尚書省政務。北魏、北齊亦定爲官員，爲尚書省長官。

光，字明月，少工騎射，以武藝知名。魏末，從金西征，周文帝長史莫者暉時在行間，[1]光馳馬射中之，因擒於陣，光時年十七。高祖嘉之，即擢爲都督。世宗爲世子，[2]引爲親信都督，[3]稍遷征虜將軍，[4]累加衛將軍，[5]武定五年，封永樂縣子。[6]嘗從世宗於洹橋校獵，[7]見一大鳥，雲表飛颺，光引弓射之，正中其頸。此鳥形如車輪，旋轉而下，至地乃大鵰也。世宗取而觀之，深壯異焉。丞相屬邢子高見而歎曰：[8]"此射鵰手也。"當時傳號落鵰都督。尋兼左衛將軍，[9]進爵爲伯。

[1]長史：官名。魏晋南北朝時諸州府、公府、將軍府及都督府置，主持府務，爲衆史之長。 莫者暉：人名。事不詳。"者"字宋本同，四庫本、百衲本作"孝"。《册府元龜》卷三九五倒作"莫暉者"。中華本校勘記云："按'莫者'複姓，見《元和姓纂》輯本卷一四、《廣韻》卷五鐸韻、《通志·氏族略》。"今從宋本。
行間：行伍之間，軍中、陣上。

[2]世宗爲世子："宗"字宋本、百衲本、四庫本作"祖"。"世宗"指文襄帝高澄，"世祖"指武成帝高湛（561—562在位）。中華本校勘記云："按'世祖'是高湛，他從未爲'世子'。'世祖'乃'世宗'之訛，指高澄。高歡爲渤海王，立澄爲世子，見本書卷三《文襄紀》（補），且下文明云武定五年'嘗從世宗於洹橋校獵'。'祖'字誤。"説是。且由時間亦可知，公元547年世祖高湛尚未即位。故"祖"字誤，今改作"宗"。

[3]親信都督：官名。北魏末尒朱榮置，東魏高歡父子沿置。統領主帥左右的侍衛。選工於騎射者爲之。

[4]征虜將軍：官名。名號將軍，亦作爲高級文職官員的加官。北魏孝文帝太和十七年（493）定爲第三品上，太和二十三年改爲從三品。

[5]衛將軍：官名。將軍名號之一。多作爲軍府名號，以加大臣、重要州郡長官，無具體職掌。北齊二品。

[6]永樂縣子：爵名。永樂縣，治所在今河北保定市滿城區西

北魚條山下。

[7]洹橋：橋名。似即今河南安陽市北安陽橋，在洹水上，故名。

[8]丞相屬：丞相府辦事機構諸曹的副職。屬，官名。於府中掌諸曹事，位次於掾。《續漢書·百官志》："正曰掾，副曰屬。"邢子高（516—549）：又名邢亢，字子高，河間鄚（今河北任丘市北）人。邢晏子。東魏官吏。歷司安行參軍、通直散騎常侍、平東將軍等職。後坐事死於獄中。

[9]左衛將軍：官名。北齊時爲左衛府長官，員一人，三品。掌左厢，與右衛將軍共主朱華閣以外禁衛事務，各由武衛將軍二員以協助其理事。

　　齊受禪，[1]加開府儀同三司，別封西安縣子。[2]天保三年，[3]從征出塞，光先驅破敵，多斬首虜，并獲雜畜。還，除晉州刺史。東有周天柱、新安、牛頭三戍，[4]招引亡叛，屢爲寇竊。七年，光率步騎五千襲破之，又大破周儀同王敬儁等，[5]獲口五百餘人，雜畜千餘頭而還。九年，又率衆取周絳川、白馬、澮交、翼城等四戍。[6]除朔州刺史。十年，除特進、開府儀同三司。[7]二月，率騎一萬討周開府曹迴公，[8]斬之。柏谷城主儀同薛禹生棄城奔遁，[9]遂取文侯鎮，[10]立戍置栅而還。乾明元年，[11]除并州刺史。皇建元年，[12]進爵鉅鹿郡公。[13]時樂陵王百年爲皇太子，[14]肅宗以光世載醇謹，兼著勳王室，納其長女爲太子妃。大寧元年，[15]除尚書右僕射，[16]食中山郡幹。[17]二年，除太子太保。[18]河清二年四月，[19]光率步騎二萬築勳掌城於軹關西，[20]仍築長城二百里，置十三戍。三年正月，周遣將達奚成興等來寇平陽，[21]詔光率步騎三萬禦之，興等聞而退走。光逐北，[22]遂入其境，獲二千餘口而還。其年三月，遷司徒。[23]四月，率騎北討突厥，獲馬千餘匹。是年冬，周武帝遣其柱國大司馬尉遲迥、齊國公宇文憲、柱國庸國公可叱雄等，[24]衆稱十萬，寇洛陽。光率騎五萬馳往赴擊，戰於邙山，[25]迥等大敗。光親射雄，殺之，斬捕首虜三千餘級，迥、憲僅而獲免，盡收其甲兵輜重，[26]仍以死者積爲京觀。[27]世祖幸洛陽，[28]策勳班賞，[29]遷太尉，又封冠軍縣公。[30]先是世祖命納光第二女爲太子妃，天統元年，拜爲皇后。其年，光轉大將軍。三年六月，父喪去官，其月，詔起光及其弟羨並復前任。秋，除太保，[31]襲爵咸陽王，[32]并襲第一領民酋長，別封武德郡公，[33]徙食趙州幹，遷太傅。[34]

[1]齊受禪：東魏孝靜帝武定八年（550）禪位於齊。

[2]西安縣子：爵名。西安縣，治所在今山東臨朐縣西。

[3]天保：北齊文宣帝高洋年號（550—559）。

[4]天柱：戍所名。北周置。在今山西翼城縣境内。與新安、牛頭二戍相鄰。　新安：城壘名。北魏末置。在今山西翼城縣境内。　牛頭：戍所名。北周置。在今山西翼城縣境内。

[5]儀同：官名。本指官場待遇，後成爲官銜。先後爲儀同三司、儀同將軍、儀同大將軍等官名的簡稱。　王敬儁：西魏、北周官吏。事不詳。

[6]絳川：戍所名。北周置。在今山西絳縣北。　白馬：城名。北魏置。故址在今山西臨汾市。　澮交：中華本同，宋本、四庫本、百衲本作"澮文"。中華本校勘記云："按《水經注》卷六云：'澮水出河東絳縣東高山。'酈注：'澮水又西南，與諸水合，謂之

"澮交".'澮交在翼城東，東南有白馬山、白馬川，西有浍水，四戍鄰接，都因地立名。今據《水經注》改。"今從改。 翼城：城名。北周置，在今山西翼城縣東南。

[7]特進：官名。初爲對大臣的優待名義。三國兩晉南北朝成爲正式加官名號，用以安置閑退大臣。北齊二品。

[8]曹迴公（？—559）：北周官吏。餘不詳。

[9]柏谷城：地名。在今河南宜陽縣南。 薛禹生：一作"薛羽生"。北周官吏。餘不詳。

[10]文侯鎮：地名。治所在今山西新絳縣境。

[11]乾明：北齊廢帝高殷年號（560）。

[12]皇建：北齊孝昭帝高演年號（560—561）。

[13]鉅鹿郡公：四庫本、百衲本皆作"鉅鹿郡"，中華本從《北史》卷五四、《通志》卷一五二補"公"字。從補。鉅鹿郡，治所在今河北石家莊市藁城區西北丘頭鎮。

[14]樂陵王：爵名。樂陵，郡名。治所在今山東樂陵市。 百年：高百年，渤海蓨（今河北景縣）人。北齊孝昭帝子。本書卷一二有傳。

[15]大寧：北齊武成帝高湛年號（561—562）。

[16]尚書右僕射：官名。爲尚書令之副職。北朝列位宰相執掌都省庶務及執法，或典選舉。參議大政，諫諍得失。北齊從二品。

[17]中山郡：治所在今河北定州市。

[18]太子太保：官名。西晉置，位在太子太師、太子太傅下，三者謂東宮三師。掌輔導太子，三品。

[19]河清：北齊武成帝高湛年號（562—565）。

[20]軹關：關隘名。在今河南濟源市西北，乃豫北平原進入山西高原之要衝，爲"太行八陘"的第一陘，歷代兵家必爭之地。

[21]達奚成興：達奚武（504—570），字成興，代（今山西大同市東北）人。鮮卑族。西魏、北周將領。北魏末爲賀拔岳部將。岳被害，歸附宇文泰。《周書》卷一九有傳。 平陽：郡名。治所

在今山西臨汾市，因在平水之陽而得名。

[22]逐北：追擊敗逃的敵人。

[23]司徒：官名。爲三公之一，其府屬吏甚衆，與丞相通職，一般不並置。爲名譽宰相，北齊一品。

[24]周武帝：四庫本作"周文帝"，宋本、百衲本作"周文"，中華本作"周武帝"。中華本校勘記云："按是年指河清三年，即周武帝保定四年（五六四），'文'字顯爲'武'字之誤，今改正。"説是，從改。　柱國：官名。西魏設八員，爲府兵最高指揮官。北周因之，正九命。後轉爲第二等勳官。　尉遲迥（？—580）：字薄居羅，代（今山西大同市東北）人。其先爲鮮卑族尉遲部。宇文泰之甥。西魏、北周重臣。《周書》卷二一、《北史》卷六二有傳。宇文憲（544—578）：字毗賀突，宇文泰第五子。代郡武川（今內蒙古武川縣西）人，著有《兵書要略》五篇。《周書》卷一二有傳。　可叱雄（507—564）：《周書》卷一九《王雄傳》說其賜姓可頻氏，諸本作"可叱氏"，不知孰是。字胡布頭，太原（今山西太原市）人。北朝時西魏、北周將領。從賀拔岳入關。後賜姓可頻氏。入周後，從宇文護東征，與齊將斛律明月大戰於邙山，中箭而卒。《周書》卷一九有傳。

[25]邙山：山名。亦作"邙岭""芒山"。今屬河南西部，西起三門峽，東止伊洛河岸。

[26]輜重：軍用糧草、器械等的統稱。

[27]京觀：收敵人屍首，封土成高冢，稱爲京觀，也稱"京丘"。

[28]世祖：北齊武成帝高湛（537—568），廟號世祖。本書卷七、《北史》卷八有紀。

[29]策勳班賞：計勳分賞。策勳，本指記功於策，後成爲記錄功勳的代稱。班賞，分賞。

[30]冠軍縣公：爵名。冠軍縣，治所在今河南鄧州市西北。

[31]太保：官名。北魏、北齊爲三師之一，位居太師、太傅之

下，一品。北齊後主時曾增員而授，所施頗濫。

［32］咸陽王：爵名。咸陽，郡名。治所在今陝西涇陽縣西北。

［33］武德郡公：爵名。武德，治所在今河南沁陽市東南。

［34］徒食趙州幹，遷太傅：四庫本、中華本同，宋本、百衲本作"徒食趙州轉，遷太保"。幹，乃州郡中爲長官服雜役的吏員。故此處"轉"應改作"幹"。又因前文已述斛律光"秋，除太保，襲爵咸陽王"，故此處從四庫本作太傅。趙州，北齊天保二年改殷州置。治所廣阿縣，在今河北隆堯縣東。太傅，北魏、北齊與太師、太保並號三師，位居太師下、太保上，一品。北齊後主時曾增員而授，所施頗濫。

十二月，周遣將圍洛陽，壅絕糧道。武平元年正月，[1]詔光率步騎三萬討之。軍次定隴，[2]周將張掖公宇文桀、中州刺史梁士彥、開府司水大夫梁景興等又屯鹿盧交道，[3]光擐甲執銳，身先士卒，鋒刃纔交，桀衆大潰，斬首二千餘級。直到宜陽，與周齊國公宇文憲、申國公擔跋顯敬相對十旬。[4]光置築統關、豐化二城，[5]以通宜陽之路。軍還，行次安鄴，[6]憲等衆號五萬，仍躡軍後。光縱騎擊之，憲衆大潰，虜其開府宇文英、都督越勤世良、韓延等，[7]又斬首三百餘級。憲仍令桀及其大將軍中部公梁洛都與景興、士彥等步騎三萬於鹿盧交塞斷要路。[8]光與韓貴孫、呼延族、王顯等合擊，[9]大破之，斬景興，獲馬千匹。詔加右丞相，并州刺史。其冬，光又率步騎五萬於玉壁築華谷、龍門二城，[10]與憲、顯敬等相持，憲等不敢動。光乃進圍定陽，[11]仍築南汾城，[12]置州以逼之，夷夏萬餘户並來内附。[13]

[1]武平：後主高緯年號（570—576）。

[2]定隴：城名。北齊築，在今河南宜陽縣境内。

[3]張掖公：爵名。張掖，郡名。治所在今甘肅張掖市西北。宇文桀（515—579）：本名文達，金城直城（今陝西漢陰縣西）人。《周書》卷二九有傳。 中州：北周保定五年置。治所在今河南新安縣。 梁士彦（515—586）：字相如，安定（今甘肅涇川縣北）人。《周書》卷三一有傳。 司水大夫：官名。即司水中大夫。西魏恭帝三年設。屬冬官府，掌河渠灌漑、舟楫航運等。下屬有小司水下大夫、小司水上士等。員一人，正五命。北周因之。梁景興（？—570）：北周將領。餘不詳。 鹿盧交：地名。在今河南宜陽縣附近。

[4]擒跋顯敬：人名。即李穆（509—586），本字顯慶，齊人避高歡家諱作"敬"。隴西成紀（今甘肅静寧縣西南）人。《周書》卷三〇、《隋書》卷三七有傳，《北史》卷五九《李賢傳》有附傳。據《周書》卷三〇中華本校勘記，"擒"與"拓"都是譯音，又本卷有"（李穆）賜姓拓跋氏"，此處應作"拓"。

[5]統關：城名。在今河南宜陽縣西。 豐化：城名。在今河南宜陽縣。

[6]安鄢：地名。確址不詳，當在今河南宜陽縣境内。

[7]開府：文散官名。"開府儀同三司"的簡稱。多爲大臣的加銜。 宇文英：北周官吏。餘不詳。 越勤世良：人名。北周將領。餘不詳。 韓延（？—593）：北周官吏。從宇文憲攻齊，爲斛律光所擒。齊亡入周。後以受賄罪被殺。

[8]梁洛都：一名梁臺，字洛都，長池（今四川南江縣）人。北周官吏。《周書》卷二七有傳。

[9]韓貴孫：北齊將領。餘不詳。 呼延族：北齊將領。少從高昂起兵。武平元年（570）從斛律光率軍與周宇文憲戰，大敗周軍。後與廣寧王孝珩密謀殺高阿那肱。 王顯：北齊將領。餘不詳。

［10］華谷：關隘。北齊武平元年，斛律光於玉壁築，以與周師相持。在今山西稷山縣西北華谷村。　龍門：縣名。治所在今山西河津市東南。

［11］定陽：郡名。北魏延興四年（474）置，治所在今山西吉縣。

［12］南汾城：古城名。北齊武平元年斛律光築。在今山西吉縣，爲南汾州治所。

［13］夷夏：夷狄與華夏。

　　二年，率衆築平隴、衛壁、統戎等鎮戍十有三所。[1]周柱國枹罕公普屯威、柱國韋孝寬等，[2]步騎萬餘，來逼平隴，與光戰於汾水之北，[3]光大破之，俘斬千計。又封中山郡公，增邑一千户。軍還，詔復令率步騎五萬出平陽道，攻姚襄、白亭城戍，[4]皆克之，獲其城主儀同、大都督等九人，捕虜數千人。又别封長樂郡公。[5]是月，周遣其柱國紇干廣略圍宜陽。[6]光率步騎五萬赴之，大戰於城下，乃取周建安等四戍，[7]捕虜千餘人而還。軍未至鄴，敕令便放兵散。光以爲軍人多有勳功，未得慰勞，若即便散，恩澤不施，乃密通表請使宣旨，軍仍且進。朝廷發使遲留，軍還，將至紫陌，[8]光仍駐營待使。帝聞光軍營已逼，心甚惡之，急令舍人追光入見，然後宣勞散兵。拜光左丞相，又别封清河郡公。[9]

　　［1］平隴：戍所名。北齊武平二年斛律光築，在今山西稷縣西平隴村。　衛壁：戍所名。北齊將領斛律光築，在今山西吉縣附近。　統戎：戍所名。北齊置，約在今山西稷山縣境内，爲其兩邊

軍事要地。

［2］枹罕公：爵名。枹罕，郡名。治所在今甘肅臨夏縣。 普屯威（512—580）：原名辛威，賜姓普屯氏，隴西（今甘肅隴西縣）人。西魏、北周將領。《周書》卷二七、《北史》卷六五有傳。
韋孝寬（509—580）：名叔裕，字孝寬，京兆杜陵（今陝西西安市東南）人。韋旭子。恭帝元年（554），賜姓宇文氏。北魏、西魏、北周將領。《周書》卷三一、《北史》卷六四有傳。

［3］汾水：水名。即今山西黃河支流汾河。源出今山西寧武縣西南管涔山。

［4］姚襄：地名。即姚襄城。治所在今山西吉縣西北黃河東岸。
白亭城：城名。在今山西吉縣附近。"白"字百衲本作"自"，諸本及《北史》卷五四《斛律金傳》作"白"。從改。

［5］長樂郡公：爵名。長樂郡，治所在今河北冀州市。

［6］紇干廣略：人名。即田弘（？—574），字廣略，高平（今寧夏固原市）人。北周將領。宇文泰賜姓紇干氏。《周書》卷二七有傳。

［7］建安：戍所名。在今河南宜陽縣西。

［8］紫陌：即紫陌橋。在今河北臨漳縣西南古鄴城西北。

［9］清河郡公：爵名。清河，郡國名。西漢高帝置，治清陽縣（今河北清河縣）。西晉爲清河國，治清河縣（今山東臨清市）。北魏仍改爲郡。北齊移治武城縣（今河北清河縣西城關鄉西北）。

光入，常在朝堂垂簾而坐。祖珽不知，[1]乘馬過其前。光怒，謂人曰："此人乃敢爾！"後珽在內省，[2]言聲高慢，光適過，聞之，又怒。珽知光忿，而賂光從奴而問之曰：[3]"相王瞋孝徵耶？"[4]曰："自公用事，相王每夜抱膝歎曰：'盲人入，[5]國必破矣！'"穆提婆求娶光庶女，[6]不許。帝賜提婆晉陽之田，光言於朝曰："此田，神武帝以來常種禾，飼馬數千匹，[7]以擬寇難，今賜提婆，無乃闕軍務也？"由是祖、穆積怨。

[1]祖珽：字孝徵，范陽遒（今河北淶水縣北）人。東魏、北齊官吏。本書卷三九有傳，《北史》卷四七《祖瑩傳》有附傳。
[2]內省：宮禁。
[3]珽知光忿，而賂光從奴而問之曰："而"字宋本、百衲本同，四庫本作"己"。若作"珽知光忿己，賂光從奴而問之曰"較順，似從四庫本作"己"字爲勝。
[4]孝徵：祖珽字孝徵。
[5]盲人：當時祖珽已雙目失明。
[6]穆提婆（？—578）：本姓駱，故亦作"駱提婆"，漢陽（今甘肅天水市）人。北齊官吏。本書卷五〇、《北史》卷九二有傳。
[7]飼馬數千匹："千"字宋本、百衲本、中華本同，四庫本作"十"。據上下文作"千"是，從改。

　　周將軍韋孝寬忌光英勇，乃作謠言，令間諜漏其文於鄴，曰"百升飛上天，[1]明月照長安"。[2]又曰"高山不推自崩，槲樹不扶自豎"。[3]祖珽因續之曰："盲眼老公背上下大斧，饒舌老母不得語。"令小兒歌之於路。提婆聞之，以告其母令萱。[4]萱以饒舌，斥己也，盲老公，謂珽也，遂相與協謀，以謠言啓帝曰："斛律累世大將，明月聲震關西，[5]豐樂威行突厥，女爲皇后，男尚公主，謠言甚可畏也。"帝以問韓長鸞，[6]鸞以爲不可，事寢。祖珽又見帝請間，[7]唯何洪珍在側。[8]帝曰："前得公啓，即欲施行，長鸞以爲無此理。"珽未對，洪珍進曰："若本無意則可，既有此意而不決行，萬一洩露如何？"帝曰："洪珍言是也。"猶豫未決。會丞相府佐封士讓密啓云：[9]"光前西討還，敕令放兵散，光令軍逼帝京，將行不軌，事不果而止。家藏弩甲，奴僮千數，[10]每遣使豐樂、武都處，陰謀往來。若不早圖，恐事不可測。"啓云"軍逼帝京"，會帝前所疑意，謂何洪珍云："人心亦大聖，[11]我前疑其欲反，果然。"帝性至怯懦，恐即變發，令洪珍馳召祖珽告之。又恐追光不從命。珽因云："正爾召之，恐疑不肯入。宜遣使賜其一駿馬，語云'明日將往東山遊觀，[12]王可乘此馬同行'，光必來奉謝，因引入執之。"帝如其言。頃之，光至，引入涼風堂，[13]劉桃枝自後拉而殺之，[14]時年五十八。於是下詔稱光謀反，今已伏法，其餘家口並不須問。尋而發詔，盡滅其族。

[1]百升：十升爲一斗，十斗爲一斛，"百升"指斛律光的"斛"。清人沈濤《銅熨斗齋隨筆》卷五："百升爲斛律之讖，蓋六朝時'斛'字別體作'斞'。余所藏正定開元寺石柱題名拓本有'俎乾員妻斞律'，正作此字。"

[2]明月：指斛律光。斛律光字明月。

[3]槲樹：這裏指斛律。

[4]令萱：陸令萱（？—577），亦稱陸媪，爲北齊後主乳母，受胡太后寵信，封郡君。齊亡後被勒令自殺。《北史》卷九二《穆提婆傳》有附傳。

[5]關西：地區名。又稱關右，泛指故函谷關或潼關以西地區。

[6]韓長鸞：韓鳳，字長鸞，昌黎（今遼寧義縣）人。北齊倖臣。少有臂力，善騎射。本書卷五〇《韓寶業等傳》、《北史》卷

九二《齊諸宦者傳》有附傳。

　　[7]請間：找機會單獨進言。

　　[8]何洪珍：北齊官吏。胡人。初以富家子選送入朝，爲後主寵佞。武平（570—576）中封王，位開府。在朝與和士開勾結，弄權賣官。事見本書卷五〇《韓寶業等傳》、《北史》卷九二《齊諸宦者傳》。

　　[9]丞相府佐：丞相府的辦事人員。　封士讓：北齊官吏。餘不詳。

　　[10]奴僮：指私家所蓄的奴隸僮僕。

　　[11]人心亦大聖：衆人都能察覺。

　　[12]東山：北齊於鄴城所建皇家園林，齊亡，爲北周所毀。

　　[13]涼風堂：即涼風殿，北齊都城皇宫中處理政務的地方。

　　[14]劉桃枝：北齊官吏。位至領軍、開府，封王爵。事見本書卷五〇《韓寶業等傳》、《北史》卷九二《齊諸宦者傳》。

　　光性少言剛急，嚴於御下，治兵督衆，唯仗威刑。[1]版築之役，[2]鞭撻人士，頗稱其暴。自結髮從戎，未嘗失律，深爲鄰敵所懾憚。罪既不彰，一旦屠滅，朝野痛惜之。周武帝聞光死，大喜，赦其境内。後入鄴，追贈上柱國、崇國公。[3]指詔書曰："此人若在，朕豈能至鄴。"

　　[1]仗：諸本及《北史》卷五四《斛律金傳》同，百衲本作"杖"。例作"仗"，從改。

　　[2]版築之役：築城墻、戰爭防禦工事的力役。

　　[3]上柱國：官名。戰國楚始設。北周復設此官，階正九命，位高權重，後轉爲勳官之第一等。　崇國公：四庫本、百衲本、宋本無"崇國"二字。中華本校勘記引張森楷云："據《北史》是

'上柱國崇國公'，此誤脱文，下文'襲封崇國公'，亦其一證。"張説是，今據《北史》補。

光有四子。長子武都，歷位特進、太子太保、開府儀同三司、梁兗二州刺史。[1]所在並無政績，唯事聚斂，侵漁百姓。光死，遣使於州斬之。次須達，中護軍、開府儀同三司，[2]先光卒。次世雄，開府儀同三司。次恒伽，假儀同三司。[3]並賜死。光小子鍾，年數歲，獲免。周朝襲封崇國公。隋開皇中卒於驃騎將軍。[4]

[1]太子太保：官名。位在太子太師、太子太傅下，三者謂東宮三師。掌輔導太子，三品。　梁：州名。治所在今河南開封市城區。　兗：州名。治所在今山東濟寧市兗州區新驛鎮東頓村南。
[2]中護軍：官名。職掌與護軍將軍同，以資望輕者爲此稱。主武官選舉，分領禁兵，出則監護諸軍。第四品。
[3]假：官制用語。代理、兼攝之意。
[4]驃騎將軍：官名。爲重要將軍名號，位次丞相，魏晋之後多爲加官。

羨，字豐樂，少有機警，尤善射藝，高祖見而稱之。世宗擢爲開府參軍事。[1]遷征虜將軍、中散大夫，[2]加安西將軍，[3]進封大夏縣子，[4]除通州刺史。[5]顯祖受禪，進號征西，別封顯親縣伯。[6]

[1]開府參軍事：開府的僚屬。參軍事，亦作"參軍"。掌府中諸曹事。
[2]中散大夫：官名。與光禄、太中、諫議大夫等皆備顧問應

對。北齊四品下。

　　[3]安西將軍：官名。與安東、安南、安北將軍合稱四安將軍。三品。

　　[4]大夏縣子：爵名。大夏縣，治所在今甘肅廣河縣西北。

　　[5]通州：西魏廢帝二年（553）以萬州居四達之路，改爲通州。治所在今四川達州市。

　　[6]顯親縣伯：爵名。顯親縣，治所在今甘肅秦安縣西北。

　　河清三年，[1]轉使持節，都督幽、安、平、南北營、東燕六州諸軍事，[2]幽州刺史。其年秋，突厥衆十餘萬來寇州境，羨總率諸將禦之。突厥望見軍威甚整，遂不敢戰，即遣使求款。慮其有詐，且喻之曰："爾輩此行，本非朝貢，見機始變，未是宿心。若有實誠，宜速歸巢穴，別遣使來。"於是退走。天統元年夏五月，突厥木汗遣使請朝獻，[3]羨始以聞，自是朝貢歲時不絕，羨有力焉。詔加行臺僕射。[4]羨以北虜屢犯邊，須備不虞，自庫堆戍東拒於海，[5]隨山屈曲二千餘里，其間二百里中凡有險要，或斬山築城，或斷谷起障，并置立戍邏五十餘所。又導高梁水北合易京，[6]東會於潞，[7]因以灌田，邊儲歲積，轉漕用省，公私獲利焉。其年六月，丁父憂去官，與兄光並被起復任，還鎮燕薊。三年，加位特進。[8]四年，遷行臺尚書令，[9]別封高城縣侯。[10]

　　[1]河清：諸本同，百衲本作"清河"。"河清"乃武成帝高湛的年號（562—565），北齊無清河年號，"清河"乃"河清"之誤。今乙正。

　　[2]安：州名。北魏置，治所在今北京市密雲區東。　平：州

名。北魏置，治所在今河北盧龍縣北。　南北營：南營州和北營州。南營州，北魏永熙二年（533）置。寄治英雄城，在今河北保定市徐水區西。北營州，即營州。北魏太平真君五年（444）置，治龍城縣（今遼寧朝陽市）。　東燕：州名。治所在今北京市昌平區西南。

[3]木汗：木杆可汗，又作"木漢可汗""突厥可汗"。名俟斤，又名燕尹或燕都。西魏廢帝二年（553）即可汗位後擊滅柔然殘部，在位期間爲突厥最盛時期。事見《周書》卷五〇、《北史》卷九九《突厥傳》。

[4]行臺僕射：官名。"行臺尚書僕射"的省稱。爲行臺尚書令副職，視從二品。

[5]庫堆戍：戍名。北齊置，在今河北省東北長城一帶。

[6]高梁水：高梁河。發源於今北京市。　易京：治所在今北京市。

[7]潞：潞河，在今北京通州區。

[8]"其年六月"至"加位特進"：中華本校勘記云："按'其年'承上文是天統元年（五六五）。據上《斛律金傳》金死在天統三年，《斛律光傳》也説光於天統三年六月丁父憂，與卷八《後主紀》（補）合。這裏'其年'當作'三年'，'加位特進'之'三年'當作'其年'，紀年誤倒。"説是。燕薊，指燕州、薊縣。治所在今北京市。

[9]行臺尚書令：官名。北魏、北齊所設，諸行臺最高長官，總領所轄地區軍政、民政。

[10]高城縣：北齊改槀城縣置。治所在今河北藁城市西南邱頭。

武平元年，加驃騎大將軍。[1]時光子武都爲兗州刺史。羨歷事數帝，以謹直見推，雖極榮寵，不自矜尚，至是以合門貴盛，深以爲憂。乃上書推讓，乞解所職，優詔不許。其年秋，進爵荊山郡王。[2]

[1]驃騎大將軍：官名。魏晉爲重號將軍。高於諸名號將軍。按《魏書·官氏志》云驃騎將軍爲第二品，"加大者，位在都督中外之下"。多爲褒獎功勳之虛銜。北齊從一品。
[2]荊山郡王：爵名。荊山郡，治所在今安徽懷遠縣。

　　三年七月，光誅，敕使中領軍賀拔伏恩等十餘人驛捕之。[1]遣領軍大將軍鮮于桃枝、洛州行臺僕射獨孤永業便發定州騎卒續進，[2]仍以永業代羨。伏恩等既至，門者白使人衷甲馬汗，[3]宜閉城門。羨曰："敕使豈可疑拒？"出見之，伏恩把手，遂執之，死於長史廳事。[4]臨終歎曰："富貴如此，女爲皇后，公主滿家，常使三百兵，何得不敗！"及其五子世達、世遷、世辨、世酋、伏護，[5]餘年十五已下者宥之。[6]羨未誅前，忽令其在州諸子自伏護以下五六人，鎖頸乘驢出城，[7]合家皆泣送之至門，日晚而歸。吏民莫不驚異。行燕郡守馬嗣明醫術之士，[8]爲羨所欽愛，乃竊問之，答曰："須有禳厭。"[9]數日而有此變。

[1]中領軍：官名。與領軍將軍通職，典禁兵。　賀拔伏恩：亦作"賀拔佛恩"。鮮卑族。初爲北齊官吏，後降周。周武帝攻晉陽，爲安德王高延宗擊潰，其力保武帝免於難。
[2]鮮于桃枝：北齊官吏。餘不詳。　獨孤永業：字世基，中山（今河北定州市）人。本姓劉，以母改適獨孤氏，故更姓獨孤。

北齊官吏。本書卷四一、《北史》卷五三有傳。

[3]門者白使人衷甲馬汗：守門人説，使者衣内穿着甲，馬身有汗（來者不善）。門者，守門者。使人，使者。衷甲，衣内穿着甲。

[4]長史廳事：長史辦公的廳堂。長史，官名。此指斛律羨的驃騎大將軍府長史，爲將軍府的僚屬長。

[5]世達、世遷、世辨、世酋、伏護：五人皆遇難，餘不詳。

[6]宥：寬恕、赦免。

[7]鎖頸：頸帶囚鎖。

[8]燕郡：治所在今北京城西南隅。 馬嗣明：北齊河内野王（今河南沁陽市）人。少明醫術，博綜經方。兼善針灸。本書卷四九、《北史》卷九〇有傳。

[9]禳厭：禳去惡兆。

羨及光並少工騎射，其父每日令其出畋，[1]還即較所獲禽獸。光所獲或少，必麗龜達腋。[2]羨雖獲多，非要害之所。光常蒙賞，羨或被捶撻。人問其故，金答云："明月必背上着箭，豐樂隨處即下手，其數雖多，去兄遠矣。"聞者咸服其言。

[1]其父每日令其出畋：宋本、百衲本"每"作"母"，中華本校勘記云："今從《北史》卷五四、《册府》卷八四六改。"從改。

[2]必麗龜達腋：意爲必定射中獵物的核心部位。麗，著也。龜，背部隆起的中心處。腋，腋窩。

金兄平，便弓馬，有幹用。魏景明中，[1]釋褐殿中將軍，[2]遷襄威將軍。[3]正光末，[4]六鎮擾亂，隸大將軍尉賓北討。[5]軍敗，爲賊所虜。後走奔其弟金於雲州，進號龍驤將軍。[6]與金擁衆南出，至黃瓜堆，爲杜洛周所破，部落離散。及歸尒朱榮，待之甚厚，以平襲父爵第一領民酋長。

[1]景明：北魏宣武帝元恪年號（500—503）。
[2]殿中將軍：官名。爲侍衛武職，不典兵。北齊員五十人，八品上。又有員外將軍一百人，皆隸左右衛府。
[3]襄威將軍：官名。將軍名號。北魏置，孝文帝太和二十三年（499）定爲從六品上。
[4]正光：北魏孝明帝元詡年號（520—525）。
[5]尉賓：又名尉慶賓（？—529），多侯弟之子。北魏官吏。《魏書》卷二六、《北史》卷二〇《尉古真傳》有附傳。
[6]龍驤將軍：官名。雜號將軍，階三品。

高祖起義，以都督從。稍遷平北將軍、顯州刺史，[1]加鎮南將軍，[2]封固安縣伯。[3]尋進爲侯，行肆州刺史。[4]周文帝遣其右將軍李小光據梁州，[5]平以偏師討擒之。出爲燕州刺史。入兼左衛將軍，領衆一萬討北徐賊，[6]破之，除濟州刺史。[7]侯景度江，詔平爲大都督，率青州刺史敬顯儁、左衛將軍厙狄伏連等略定壽陽、宿預三十餘城。[8]事罷還州，加開府，進位驃騎大將軍，進爵爲公。顯祖受禪，別封羨陽侯。[9]行兗州刺史，以瀆貨除名。[10]後除開府儀同三司。廢帝即位，[11]拜特進，食滄州樂陵郡幹。[12]皇建初，封定陽郡公，[13]拜護軍。[14]後爲青州刺史，卒。贈太尉。

［1］平北將軍：官名。與平東、平西、平南將軍合稱四平將軍。北齊爲褒獎軍功勳臣的閑職，三品。　顯州：北魏置，治所在今山西孝義市西六壁頭村。

［2］鎮南將軍：官名。與鎮東、鎮西、鎮北將軍合稱四鎮將軍。北齊爲褒賞軍功勳臣的閑職，從二品。

［3］固安縣：治所在今河北易縣東南。

［4］肆州：治所在今山西忻州市西北。"肆"字諸本同，百衲本作"律"。北齊無律州。"律"乃與"肆"形近而訛。據改。

［5］右將軍：官名。與前、左、後將軍用作加官。北魏孝文帝太和十七年（493）定爲從二品上，二十三年定爲三品。　李小光：西魏將領。事不詳。

［6］北徐：州名。治所在今山東臨沂市。

［7］濟州：北魏泰常八年（423）置。治所在今山東茌平縣西南古黃河南岸。

［8］敬顯儁：字孝英，平陽太平（今山西襄汾縣西北）人。北魏、東魏、北齊官吏。生卒不詳，《金石萃編》所收《敬史君之碑》，言其卒於武成帝河清（562—565）中。本書卷二六、《北史》卷五五有傳。　庫狄伏連（？—571）：字仲山，本名伏憐，代（今山西大同市東北）人。北齊官吏。本書卷二〇、《北史》卷五三《慕容儼傳》有附傳。　壽陽：縣名。治所在今安徽壽縣。　宿預：縣名。治所在今江蘇泗陽縣西北。北魏作"宿豫"。

［9］羨陽侯：爵名。羨陽，縣名。治所在今江蘇宜興市南。

［10］以瀆貨除名：瀆貨，貪污納賄。"瀆"字諸本作"黷"。按，"瀆"通"黷"。《左傳》昭公十三年："晉有羊舌鮒者，瀆貨無厭。"

［11］廢帝：指北魏節閔帝元恭（498—532），字脩業，廣陵惠

王元羽之子。被尒朱世隆立爲帝。次年，被高歡所廢。同年卒，謚曰節閔。史稱魏前廢帝。《魏書》卷一一、《北史》卷五有紀。

[12]樂陵郡：北魏置，治所在今山東樂陵市。

[13]定陽郡：東魏興和四年（542）置，治所在今山西介休市。

[14]護軍：官名。護軍將軍的簡稱。職掌監護諸軍及武官選拔考核，亦掌部分中軍兵。北魏、北齊爲從三品。

史臣曰：斛律金以高祖撥亂之始，翼成王業，忠款之至，成此大功，故能終享遐年，位高百辟。[1]觀其盈滿之戒，動之微也，纔及後嗣，遂至誅夷，雖爲威權之重，蓋符道家所忌。[2]光以上將之子，有沈毅之姿，戰術兵權，暗同韜略，臨敵制勝，變化無方。自關、河分隔，年將四紀。[3]以高祖霸王之期，屬宇文草創之日，出軍薄伐，屢挫兵鋒。而大寧以還，東鄰浸弱，[4]關西前收巴蜀，又殄江陵，叶建瓴而用武，[5]成并吞之壯氣。斛律治軍誓衆，式遏邊鄙，戰則前無完陣，攻則罕有全城，齊氏必致拘原之師，秦人無復啓關之策。[6]而世亂讒勝，詐以震主之威；主暗時艱，[7]自毁藩籬之固。昔李牧之爲趙將也，[8]北翦胡寇，西却秦軍，郭開譖之，[9]牧死趙滅。其議誅光者，豈秦之反間歟，何同術而同亡也！内令諸將解體，外爲强鄰報讎。嗚呼！後之君子可爲深戒。

[1]百辟：百官、諸侯。

[2]蓋符道家所忌：道家滿招損之忌。符，應驗，效驗。

［3］自關、河分隔，年將四紀：一紀爲十二年，言自東魏西魏分裂至北周滅齊，近四十八年。實爲四十四年（534—577）。

［4］浸：諸本及《北史》卷五四《斛律金傳》同，百衲本作"侵"。作"浸"是，據改。

［5］叶建瓴而用武：叶，同"協"，和、合。建瓴，謂猶傾瓶中之水，居高臨下，勢不可擋。而，百衲本作"之"。

［6］齊氏必致拘原之師，秦人無復啓關之策：齊氏，指北齊。拘原之師，喻斛律指揮的北齊之師爲勇猛之師。拘原，典出《左傳》僖公三十三年晉先軫語："武夫力而拘諸原。"言晉軍力擒秦師於戰場。秦人，借喻北周。

［7］主暗時艱："艱"字諸本同，百衲本、四庫本作"難"。作"艱"是，從改。

［8］李牧（？—前229）：戰國時人，趙將。屢敗秦軍，秦以之爲患，遂設計揚言李牧欲反。趙王中反間計，捕殺之。不久，趙即爲秦所滅。

［9］郭開譖之：郭開，戰國時人。趙王遷寵臣，排擠老將廉頗，受秦賄賂害死李牧，使司馬尚被廢。遂致秦破趙，趙亡。

贊曰：赳赳咸陽，邦家之光。明月忠壯，仍世將相。聲振關右，勢高時望。迫此威名，易興讒謗。始自工言，終斯交喪。

北齊書　卷一八

列傳第十

孫騰　高隆之　司馬子如

孫騰，字龍雀，咸陽石安人也。[1]祖通，[2]仕沮渠氏爲中書舍人，[3]沮渠滅，入魏，[4]因居北邊。及騰貴，魏朝贈通使持節、侍中、都督雍華岐豳四州諸軍事、驃騎大將軍、司徒公、尚書左僕射、雍州刺史，[5]贈騰父機使持節、侍中、都督冀定滄瀛殷五州諸軍事、太尉公、尚書令、冀州刺史。[6]

[1]咸陽：郡名。治所在今陝西涇陽縣西北。　石安：縣名。十六國後趙置。治所在今陝西咸陽市東北。

[2]通：孫通。北魏官吏。事見本傳。

[3]沮渠氏：一作"且渠"。盧水胡姓氏之一。本匈奴官號。張掖人蒙遜祖先曾爲匈奴左沮渠，後以此爲姓。或說沮渠氏源於月氏。後與河西各族雜處，稱盧水胡。　中書舍人：官名。爲中書省屬官，掌收納、轉呈章奏。北齊六品，定員十人。

[4]魏：即北魏（386—557）。北朝政權之一。公元386年鮮卑

人拓跋珪建立代國，初居盛樂（今內蒙古和林格爾縣），398年定都平城（今山西大同市東北），後遷都洛陽（今河南洛陽市東北）。永熙三年（534）分裂爲東魏與西魏。東魏（534—550）都於鄴（今河北臨漳縣西南鄴鎮東），西魏（535—557）都於長安（今陝西西安市西北郊）。

[5]侍中：官名。門下省長官。備切問近對，拾遺補缺。北朝常總典機密，時號"小宰相"。北魏孝文帝太和十七年（493）定爲從一品中，二十三年改爲三品。北齊因之。　雍：州名。治所在今陝西西安市西北。　華：州名。治所在今陝西華縣西南。　岐：州名。治所在今陝西鳳翔縣南。　豳：州名。治所在今甘肅寧縣。　驃騎大將軍："驃騎"百衲本、中華本、四庫本皆同，宋本作"單騎"。"單騎"爲"驃騎"的誤寫，驃騎將軍爲重號將軍，僅次於大將軍，高於諸名號大將軍，本不須要加"大"。然兩晉將軍名號過濫，遂又增此號。授此職者以權臣元老居多，不領兵，北齊從一品。　司徒公：官名。與丞相通職，一般不並置。爲名譽宰職，一品。北魏、北齊亦一品。　尚書左僕射：官名。爲尚書令副貳。北朝列位宰相，職掌都省庶務及執法，或典選舉，兼掌糾彈百官。北齊從二品。

[6]機：孫機。孫騰父。餘不詳。　使持節：魏、晉以後，凡重要軍事長官出征或出鎮時，加使持節，可誅殺二千石以下官員。　都督諸軍事：官名。軍事長官，總管所部的軍政事務。　冀：州名。治所在今河北冀州市。　定：州名。北魏天興三年（400）以安州改置。治所在今河北定州市。　滄：州名。北魏熙平二年（517）分瀛、冀二州改置。治所在今河北鹽山縣西南舊縣。　瀛：州名。北魏太和十一年分定、冀二州置。治所在今河北清苑縣。　殷：州名。北魏孝昌二年（526）分定、相二州置，治所在今河北隆堯縣。　太尉公：官名。魏晉南北朝列三公之首，爲名譽宰相，多爲大臣加官，無實際職掌。　尚書令：官名。尚書省長官。總掌全國行政。在多數情況下是實際上的丞相。北齊二品。

騰少而質直，明解吏事。魏正光中，[1]北方擾亂，騰間關危險，得達秀容。[2]屬尒朱榮建義，[3]騰隨榮入洛，例除冗從僕射。[4]尋爲高祖都督府長史，[5]從高祖東征邢杲。[6]師次齊城，[7]有撫宜鎮軍人謀逆，[8]將害督帥。騰知之，密啓高祖。俄頃事發，高祖以有備，擒破之。高祖之爲晋州，[9]騰爲長史，加後將軍，[10]封石安縣伯。[11]高祖自晋陽出滏口，[12]行至襄垣，[13]尒朱兆率衆追。[14]高祖與兆宴飲於水湄，[15]誓爲兄弟，各還本營。明旦，兆復招高祖，高祖欲安其意，將赴之，臨上馬，騰牽衣止之。兆乃隔水肆罵，馳還晋陽。高祖遂東。

[1]正光：北魏孝明帝元詡年號（520—525）。

[2]秀容：地名。北魏永興二年（410）置。治所在今山西忻州市西北。

[3]尒朱榮（493—530）：字天寶，北魏北秀容（今山西朔州市）契胡貴族。繼父爲部落酋帥，六鎮起義後投魏。後擁立莊帝，自爲大丞相、天柱大將軍，封太原王。《魏書》卷七四、《北史》卷四八有傳。

[4]例除：依例授予。　冗從僕射：皇宫侍衛武職，屬領軍將軍。

[5]高祖：北齊神武皇帝高歡（496—547），廟號高祖。本書卷一、二，《北史》卷六有紀。　都督府：官署名。都督諸州軍事府的簡稱。　長史：官名。主持都督府務，爲衆史之長。

[6]邢杲（？—529）：河間（今河北河間市南）人。北魏末年山東暴動首領。士族出身。曾任幽州平北府主簿。武泰元年（528），在青州北海（今山東昌樂縣西）起兵反魏，自稱漢王，年號天統。後因衆寡懸殊，在濟南爲元天穆和尒朱兆的軍隊所敗，降

後被殺。

［7］齊城：城名。在今山東微山縣西北。

［8］撫宜鎮：地名。宋本、四庫本、百衲本、中華本皆同。中華本校記云："撫宜鎮不見他處，疑爲撫冥鎮之訛。"按，撫冥鎮爲北魏所設置北方六鎮之一，治所在今內蒙古四王子旗東南。"撫宜"或爲"撫冥"之訛。

［9］晉州：北魏建義元年（528）以唐州改名，治所在今山西臨汾市城區。

［10］後將軍：官名。漢朝爲重號將軍之一，與前、左、右將軍並爲軍府名號，用作加官。北魏孝文帝太和十七年（493）定爲從二品上，後改爲三品。

［11］石安縣伯：爵名。石安縣，北魏置，治所在今陝西涇陽縣。

［12］滏口：古隘道名。太行八陘之一。在今河北邯鄲市西南石鼓山。滏水（今滏陽河）源出於此，形勢險峻，古爲自鄴（今河北臨漳縣西南）西出要道。

［13］襄垣：縣名。治所在今山西襄垣縣北。

［14］尒朱兆（？—533）：字萬仁（一作"吐萬兒"），北魏北秀容（今山西朔州市）契胡貴族。《魏書》卷七五有傳，《北史》卷四八《尒朱榮傳》有附傳。

［15］水湄：岸邊。

及起義信都，騰以誠款，常預謀策。騰以朝廷隔絕，號令無所歸，不權有所立，則衆將沮散，苦請於高祖，高祖從之，遂立中興主。[1]除侍中，尋加使持節、六州流民大都督、北道大行臺。[2]高祖進軍於鄴，[3]初留段榮守信都，[4]尋遣榮鎮中山，[5]仍令騰居守。及平鄴，授相州刺史，[6]改封咸陽郡公，[7]增邑通前一千三百户。[8]入爲侍中。時魏京兆王愉女平原公主寡居,[9]騰欲尚之,公主不許。[10]侍中封隆之無婦,[11]公主欲之,騰妬隆之,[12]遂相間構。[13]高祖啓免騰官,請除外任,俄而復之。

[1]中興主:指魏廢帝元朗,字仲哲,章武王元融第三子。史稱魏後廢帝。《魏書》卷一一有紀。

[2]流民大都督:官名。一作"流人都督"。統率管領流民,亦統兵出征。 大行臺:官名。多作爲"大行臺長官行臺尚書令"的省稱。

[3]鄴:地名。北齊都邑。治所在今河北臨漳縣西南。

[4]段榮(478—539):字子茂,東魏武威姑臧(今甘肅武威市)人。本書卷一六、《北史》卷五四有傳。 信都:縣名。治所在今河北冀州市。

[5]中山:郡名。治所在今河北定州市。

[6]相州:北魏天興四年(401)分冀州置。治所在今河北臨漳縣西南鄴鎮。

[7]咸陽郡公:爵名。咸陽郡,治所在今陝西涇陽縣西北。

[8]增邑通前一千三百户:增加食邑連同已有的共一千三百户。

[9]京兆王:爵名。京兆,郡名。治所在今陝西西安市西北。 愉:元愉(488—508)。北魏孝文帝之子。字宣德。封京兆王。《魏書》卷二二、《北史》卷一九有傳。 平原公主:周文帝皇后元氏(?—551)。北魏孝武帝之妹。鮮卑族。疑其初封平原公主,孝武帝由平陽王而即帝位,公主改封平陽。嫁張忻。孝武帝殺忻,改封馮翊公主,嫁宇文泰,生孝閔帝。周初,尊爲王后。武成(559—560)初,又追尊爲皇后。

[10]騰欲尚之,公主不許:"騰欲尚之"四庫本及中華本同,宋本及百衲本作"騰尚之"。據下文"公主不許"意,加"欲"更

合邏輯，今從四庫本。

[11]封隆之（485—545）：字祖裔，渤海蓨（今河北景縣）人。東魏大臣。本書卷二一有傳，《魏書》卷三二、《北史》卷二四《封懿傳》有附傳。

[12]妬：同"妒"。

[13]間構：離間中傷之意。

騰以高祖腹心，入居門下，與斛斯椿同掌機密。[1]椿既生異端，觸塗乖謬。[2]騰深見猜忌，慮禍及己，遂潛將十餘騎馳赴晋陽。高祖入討斛斯椿，留騰行并州事，又使騰爲冀相殷定滄瀛幽安八州行臺僕射、行冀州事，[3]復行相州事。

[1]斛斯椿（495—537）：字法壽，北魏廣牧富昌（今内蒙古准格爾旗東南）人，高車族。初投尒朱榮，後隨尒朱兆。最後投宇文泰，拜尚書、遷太傅。《魏書》卷八〇、《北史》卷四九有傳。

[2]椿既生異端，觸塗乖謬：斛斯椿既已有二心，做事處處與高歡不和。乖謬，荒謬反常，謂處處不能協調，怪異反常。"觸塗"宋本、百衲本作"解塗"，四庫本作"漸至"。中華本校勘記認爲，《册府元龜》卷三四五作"觸塗"，疑"解"爲訛字，後人又以"解塗"不可通臆而改爲"漸至"，故從《册府元龜》改。按，中華本説是，從改。

[3]幽：州名。治所在今北京市西城區。　安：州名。治所在今北京密雲區東。　行臺僕射：官名。即"行臺尚書僕射"的省稱。爲行臺尚書令副職。　行冀州事："行冀州刺史事"的省稱。代理州刺史之職。

天平初，[1]入爲尚書左僕射，内外之事，騰咸知之，兼司空、尚書令。時西魏遣將寇南兖，[2]詔騰爲南道行臺，率諸將討之。騰性尫怯，[3]無威略，失利而還。又除司徒。初北境亂離，亡一女，及貴，遠加推訪，終不得，疑其爲人婢賤。及爲司徒，奴婢訴良者，不研虛實，率皆免之，願免千人，冀得其女。時高祖入朝，左右有言之者，高祖大怒，解其司徒。武定中，[4]使於青州，[5]括浮逃户口，[6]遷太保。初博陵崔孝芬養貧家子賈氏以爲養女，[7]孝芬死，其妻元更適鄭伯猷，[8]攜賈於鄭氏。賈有姿色，騰納之。始以爲妾，其妻袁氏死，騰以賈有子，正以爲妻，詔封丹陽郡君，[9]復請以袁氏爵迴授其女。違禮肆情，多此類也。

[1]天平：東魏孝静帝元善見年號（534—537）。

[2]南兖：州名。北魏正始四年（507）置。治所在今安徽亳州市。

[3]尫怯：懦弱。

[4]武定：東魏孝静帝元善見年號（543—550）。

[5]青州：治所在今山東青州市。

[6]括：搜求。　浮逃：流寓逃亡。

[7]博陵：郡名。北魏改博陵國置，治所在今河北安平縣。崔孝芬（485—534）：字恭梓，博陵安平（今河北安平縣）人。北魏官員。《魏書》卷五七、《北史》卷三二《崔挺傳》有附傳。

[8]鄭伯猷（486—549）：平城子。少有文名。東魏時爲南青州刺史。《魏書》卷五六、《北史》卷三五《鄭羲傳》有附傳。

[9]丹陽郡君：爵名。漢蔡邕《獨斷下》："異姓婦女以恩澤封者曰君，比長公主。"丹陽郡，東魏改陳郡置。治所在今河南沈

丘縣。

騰早依附高祖，契闊艱危，[1]勤力恭謹，深見信待。[2]及高祖置之魏朝，寄以心腹，遂志氣驕盈，與奪由己，求納財賄，不知紀極，生官死贈，[3]非貨不行，餚藏銀器，[4]盜爲家物，親狎小人，專爲聚斂。在鄴，與高岳、高隆之、司馬子如號爲四貴，[5]非法專恣，騰爲甚焉。高祖屢加譴讓，終不悛改，朝野深非笑之。武定六年四月薨，時年六十八。贈使持節、都督冀定等五州諸軍事、冀州刺史、太師、開府、録尚書事，[6]謚曰文。天保初，以騰佐命，詔祭告其墓。皇建中，[7]配享高祖廟庭。[8]子鳳珍嗣。[9]鳳珍庸暗，武平中，卒於開府儀同三司。

[1]契闊：要約，生死相約。
[2]信待：宋本、百衲本、四庫本作"待信"，中華本校勘記認爲，《北史》卷五四《孫騰傳》及《册府元龜》卷三四五作"信待"爲是，當作"信待"。從改。
[3]生官死贈：指活的人爲官，死的人獲贈官。
[4]餚藏銀器："餚藏"百衲本、三朝本、中華本、汲本及《北史》卷五四同，四庫本、南本、北本、殿本、局本作"府藏"。中華本校勘記認爲，《隋書·百官志中》記載北齊光禄寺有"餚藏署"，作"餚藏"是。
[5]在鄴，與高岳、高隆之、司馬子如號爲四貴：中華本、四庫本同，宋本、百衲本無"高岳"。由下文所稱"四貴"，《資治通鑑》卷一五八有"丞相歡多在晉陽，孫騰、司馬子如、高岳、高隆之，皆歡之親黨也，委以朝政，鄴中謂之四貴"，故從四庫本補

"高岳"。高岳（512—555），字洪略，渤海蓨（今河北景縣）人。高翻子，高歡從父弟。東魏、北齊宗室大臣。本書卷一三、《北史》卷五一有傳。

［6］太師：官名。北朝時，爲三師之一，位在太傅、太保之上，一品。居百官之首，名位極尊。北齊後主爲激賞人心，增員而授，遂不可勝數。　開府：官名。本指高級官員開建府署，辟置僚屬之舉。南北朝沿置，後復轉爲勳、散官，爲開府儀同三司等官的簡稱。　録尚書事：官名。總領尚書省政務。北魏、北齊亦定爲官員，爲尚書省長官，尚書令、僕射爲其副貳，職權甚重。

［7］皇建：北齊孝昭帝高演年號（560—561）。

［8］配享高祖廟庭：被附祭於高祖廟庭。

［9］鳳珍：孫鳳珍。事見本傳。

　　高隆之，字延興，本姓徐氏，云出自高平金鄉。[1]父幹，[2]魏白水郡守，[3]爲姑婿高氏所養，[4]因從其姓。隆之貴，魏朝贈司徒公、雍州刺史。隆之後有參議之功，高祖命爲從弟，仍云渤海蓨人。[5]

［1］高平：郡名。治所在今山東濟寧市。　金鄉：縣名。治所在今山東金鄉縣。

［2］幹：高幹（？—約532）。本姓徐，字幹奴。襲爵涇縣侯，後例降爲伯。北魏官吏。歷南青州征虜府司馬、威遠將軍、鄯善鎮遠府長史。轉汾州後軍府長史、白水太守。

［3］白水郡：治所在今陝西白水縣。

［4］姑婿：姑母的丈夫，姑父。　高氏：北魏渤海蓨（今河北景縣）人。高允女。

［5］渤海：郡名。治所在今河北東光縣。　蓨：縣名。治所在今河北景縣。

隆之身長八尺，美鬚髯，深沉有志氣。魏汝南王悦爲司州牧，[1]以爲户曹從事。[2]建義初，[3]釋褐員外散騎常侍，[4]與行臺于暉出討羊侃於太山，[5]暉引隆之爲行臺郎中，[6]又除給事中。[7]與高祖深自結託。高祖之臨晋州，引爲治中，[8]行平陽郡事。[9]

　　[1]汝南王：爵名。汝南，郡名。治所在今河南息縣。　悦：元悦（？—532）。北魏孝文帝子，封汝南王。尒朱榮入洛，乃投奔南朝梁，被立爲魏主，年號更興。後還京。出帝太昌元年（532）十二月被殺。《魏書》卷二二、《北史》卷一九有傳。　司州：北魏太和十七年（493）改洛州置。治所在今河南洛陽市東北。

　　[2]户曹從事：官名。户曹，官署名。州府諸曹之一。户曹從事，掌州户口、賦役。

　　[3]建義：北魏孝莊帝元子攸年號（528）。

　　[4]釋褐：脱下平民穿的衣服，喻指入仕做官。　員外散騎常侍：官名。初爲正員之外添差之散騎常侍，無員數，後爲定員官。屬散騎省（東省、集書省）。北齊置二十員，五品。

　　[5]行臺：官名。魏晋南北朝尚書臺（省）臨時在外設置的權力機構。"臺"指中央尚書省，北魏、北齊時設置漸多，成爲地方最高行政機構。置行臺尚書令、尚書僕射爲正副長官。北齊時亦設有"大行臺"。　于暉：中華本、四庫本同，宋本、百衲本作"子暉"。百衲本本書卷一有"後與行臺于暉破羊侃于泰山"；又《册府元龜》卷一八六有"後與行臺于暉破羊侃于太山"，卷一二一有"永安元年十二月，詔行臺于暉回師討邢杲，次於歷下"；又《北史》卷五有"行臺于暉等大破羊侃於瑕丘"。疑宋本、百衲本誤，今從四庫本。于暉（？—529），字宣明，代（今山西大同市東北）人。鮮卑族。北魏官吏。《魏書》卷八三下《于勁傳》、《北史》卷二三《于栗磾傳》有附傳。　羊侃（495—548）：字祖忻，泰山梁

甫（今山東新泰市）人。北魏降梁官吏。《梁書》卷三九、《南史》卷六三有傳。　太山：郡名。即泰山郡。治所在今山東泰安市東南。

［6］行臺郎中：官名。北魏置，北齊沿置。亦稱"行臺郎"。掌行臺諸曹事。

［7］給事中：官名。北齊隸集書省，掌諫議獻納。從六品上，員六十人。

［8］治中：官名。即治中從事史。爲州府屬官。掌諸曹文書事。

［9］平陽郡：治所在今山西臨汾市，因在平水之陽而得名。

　　從高祖起義山東，[1]以爲大行臺右丞。[2]魏中興初，[3]除御史中尉，[4]領尚食典御。[5]從高祖平鄴，行相州事。從破四胡於韓陵，[6]太昌初，除驃騎大將軍、儀同三司。西魏文帝曾與隆之因酒忿競，[7]文帝坐以黜免。高祖責隆之不能協和，[8]乃啓出爲北道行臺，轉并州刺史，封平原郡公，[9]邑一千七百户。隆之請減户七百，并求降己四階讓兄騰，並加優詔許之，仍以騰爲滄州刺史。高祖之討斛斯椿，以隆之爲大行臺尚書。[10]及大司馬、清河王亶承制，[11]拜隆之侍中、尚書右僕射，領御史中尉。廣費人工，大營寺塔，爲高祖所責。

　　［1］山東：指太行山以東。

　　［2］大行臺右丞：官名。北魏、東魏、西魏置。屬大行臺，職掌同尚書右丞。北齊時，掌都省庶務，管理省内用度雜物。又督録遠道州郡文書奏章。多由大行臺郎中遷任。

　　［3］中興：北魏安定王元朗年號（531—532）。

　　［4］御史中尉：官名。北魏爲"御史中丞"之改稱，主御史

臺。北齊復名御史中丞，從三品。

[5]尚食典御：官名。北齊門下省尚食局置爲長官，二員，五品，總知御膳事。

[6]四胡：指尒朱兆、尒朱天光、尒朱度律、尒朱仲遠四人。普泰二年（532）閏三月，四人糾集二十萬大軍於鄴，與高歡決戰於韓陵，爲高歡擊潰，史稱韓陵之戰。　韓陵：山名。在今河南安陽市東北。

[7]西魏文帝：元寶炬（507—551），北魏孝文帝的孫子。公元535年至551年在位。《北史》卷五有紀。

[8]協和：《説文》："協，同心之和，從劦，從心。""協"與"協""總"通。

[9]平原郡公：爵名。平原，郡名。治所在今山東聊城市東北。

[10]大行臺尚書：官名。大行臺尚書令屬官。掌諸曹事。

[11]清河王：爵名。清河，郡國名。西漢高帝置，治清陽縣（今河北清河縣）。西晉爲清河國，治清河縣（今山東臨清市）。北魏仍改爲郡。北齊移治武城縣（今河北清河縣西城關鄉西北）。亶：元亶（？—537），魏孝文帝孫，襲封清河王。東魏孝靜帝元善見之父。孝武帝時官至司徒。魏帝西奔關中後，丞相高歡擢之爲大司馬，使居尚書省，有繼帝位意。歡却議立其子善見爲帝，亶忿南走，追之而還。一説爲歡所鴆死。謚文宣。

天平初，丁母艱解任，[1]尋詔起爲并州刺史，入爲尚書右僕射。[2]時初給民田，貴勢皆占良美，貧弱咸受瘠薄。隆之啓高祖，悉更反易，乃得均平。又領營構大將，[3]京邑制造，莫不由之。增築南城，周迴二十五里。以漳水近於帝城，[4]起長隄以防汎溢之患。又鑿渠引漳水周流城郭，造治水碾磑，[5]並有利於時。

［1］丁母艱解任：因爲爲母親服喪而解職。丁母，爲已故母親丁憂。

［2］尚書右僕射：中華本同，宋本、百衲本、四庫本作"尚書令右僕射"。"令"字衍。今從中華本校勘記，據《册府元龜》卷一九六删。

［3］營構大將：宋本、百衲本、四庫本皆作"營構大將軍"。中華本校勘記云："《北史》卷五四《高隆之傳》、《册府》卷一九六（宋本）作'營構大將'。按當時主持大建築的官僚稱'大將'。《魏書》卷六七《崔光附子勵傳》、《漢魏南北朝墓誌集釋·元乂墓誌》（圖版七八之二）記元乂曾充當建築明堂的'明堂大將'。又《魏書》卷一二《孝静紀》興和二年見'營構主將'，卷四五《韋閬附姜儉傳》見'營構都將'。'大將'或'主將''都將'是主持'營構'的大官。'軍'或'作'皆衍文。"今從中華本删。

［4］漳水：水名。即今漳河。衛河支流。在今河北、河南兩省邊境。

［5］造治水碾（niǎn）磑（wèi）：中華本校勘記云："諸本無'水'字，《北史》卷五四無'治'字，《册府》卷一九六作'造水治碾磑'。按上文説'鑿渠引漳水周流城郭'，可知造治的必是水碾磑。《北史》避唐高宗諱删'治'字。《北齊書》較早的本子當同《册府》，'治水'二字誤倒，後人以不可通删'水'字，今補正。"説是，從補。碾磑，利用水力使水磨的機械裝置自然轉動，可以作灌溉及糧食加工之用。

魏自孝昌已後，[1]天下多難，刺史太守皆爲當部都督，[2]雖無兵事，皆立佐僚，[3]所在頗爲煩擾。隆之表請自非實在邊要，見有兵馬者，悉皆斷之。又朝貴多假常侍以取貂蟬之飾，[4]隆之自表解侍中，并陳諸假侍中服用者，請亦罷之。詔皆如表。自軍國多事，冒名竊官者不可勝數，隆之奏請檢括，向五萬餘人，[5]而羣小諠囂，隆之懼而止。詔監起居事，進位司徒公。

[1]孝昌：北魏孝明帝元詡年號（525—527）。
[2]當部都督：中華本、四庫本同，百衲本、宋本作"當部督"。據文意，從四庫本補。
[3]佐僚：宋本、百衲本、中華本同，四庫本作"僚佐"。
[4]貂蟬之飾：散騎常侍官冠上之飾物。
[5]向：將近。

武定中，爲河北括戶大使。[1]追還，授領軍將軍、錄尚書事，[2]尋兼侍中。續出行青州事。[3]追還，拜太子太師、兼尚書左僕射、吏部尚書，[4]遷太保。時世宗作宰，[5]風俗肅清，隆之時有受納，[6]世宗於尚書省大加責辱。[7]

[1]河北：黃河以北。　括戶大使：官名。東魏置。孝靜帝武定二年（544），以太保孫騰、司徒高隆之爲之。職責爲搜括不在國家戶籍上的浮逃戶。
[2]領軍將軍：官名。省稱領軍。北齊時爲領軍府長官，員一人，掌禁衛宮掖，主朱華閣以外的禁衛，從二品。但北齊後期，官爵濫授。
[3]青州：治所在今山東青州市。
[4]太子太師：官名。掌輔導太子。北齊二品。　吏部尚書：官名。尚書省吏部之主官。位居列曹尚書之首。北齊時主管官吏銓選、考課獎懲，其實權甚或過於尚書僕射，位三品。
[5]世宗：北齊文襄帝高澄（521—549），字子惠。高歡之子。

及高洋代魏，追謚爲文襄皇帝，廟號世宗。本書卷三、《北史》卷六有紀。　作宰：在位執政。

[6]受納：指受賄。

[7]尚書省：官署名。國家行政總署。北齊以錄尚書爲長官，令、僕射副之，置六曹（部）尚書。

齊受禪，[1]進爵爲王。尋以本官錄尚書事，領大宗正卿，[2]監國史。[3]隆之性小巧，至於公家羽儀、百戲、服制時有改易，[4]不循典故，時論非之。於射埄上立三像人爲壯勇之勢。[5]顯祖曾至東山，[6]因射謂隆之曰："射埄上可作猛獸，以存古義，何爲置人？終日射人，朕所不取。"隆之無以對。

[1]齊受禪：指北齊廢東魏孝靜帝建國。

[2]大宗正卿：官名。掌宗室事務，爲九卿之一，三品。

[3]監國史：指掌修國史。

[4]羽儀：以鳥羽爲飾的旌旗儀仗，此指帝王衛隊。　百戲：古代總指樂舞雜技等各種表演娛樂形式。　服制：指古代按身份、等級規定的器服制度、喪服制度。

[5]射埄：指掛箭靶的矮墻。"埄"字中華本同，宋本、百衲本、四庫本作"棚"。"棚"通"埄"。今從中華本改。

[6]顯祖：北齊文宣帝高洋（529—559），廟號顯祖。本書卷四、《北史》卷七有紀。　東山：北齊皇家園林，在鄴地。北周滅齊後被毀。

初世宗委任兼右僕射崔暹、黃門郎崔季舒等，[1]及世宗崩，隆之啓顯祖並欲害之，不許。顯祖以隆之舊齒,[2]委以政事,季舒等仍以前隙,乃譖云:"隆之每見訴訟者,輒加哀矜之意,以示非己能裁。"顯祖以其受任既重,知有冤狀,便宜申滌,[3]何得委過要名,非大臣義。天保五年,[4]禁止尚書省。隆之曾與元昶宴飲,[5]酒酣,語昶曰:"與王交遊,當生死不相背。"人有密言之者。又帝未登庸之日,[6]隆之意常侮帝。帝將受魏禪,大臣咸言未可,隆之又在其中。帝深銜之。因此,遂大發怒,令壯士築百餘下。放出,渴將飲水,人止之,隆之曰:"今日何在!"遂飲之。因從駕,死於路中,年六十一。贈冀定瀛滄幽五州諸軍事、大將軍、太尉、太保、冀州刺史,陽夏王。[7]竟不得諡。

[1]右僕射:官名。即尚書右僕射的簡稱。與祠部尚書通職,二者不並設。兼管儀曹事。北魏孝文帝太和十七年(493)定爲從一品中,二十三年改從二品。北齊因之。 崔暹(?—559):字季倫,博陵安平(今河北安平縣)人。東魏、北齊官吏。本書卷三〇有傳,《北史》卷三二《崔挺傳》有附傳。 黃門郎:官名。爲"黃門侍郎"或"給事黃門侍郎"的簡稱。侍從皇帝、顧問應對,出則陪乘。爲侍中省或門下省次官。 崔季舒(?—573):字叔正,博陵安平(今河北安平縣)人。東魏、北齊官吏。本書卷三九有傳,《北史·崔挺傳》有附傳。

[2]舊齒:此指元老大臣。

[3]申滌:昭雪。

[4]天保:北齊文宣帝高洋年號(550—559)。

[5]元昶:字顯和,鮮卑族拓跋部人。元鸞子。北魏宗室。任鎮東將軍、南青州刺史。後封襄城郡王。歷任司空、兼尚書令、大司馬。事見《魏書》卷一九下《城陽王長壽傳》。中華本校勘記

云:"《通鑑》卷一六五'昶'作'旭'。按元昶見《魏書》卷二一《咸陽王禧傳》,死於天平二年(五三五),下距天保五年(五五四)高隆之死時已十九年。元旭見《魏書》卷一九《城陽王長壽傳》,其人齊初尚存。本書卷四《文宣紀》天保五年八月乙亥稱元旭'以罪賜死',隔四天己卯,高隆之亦死。《通鑑》以爲賜死的元旭便是和高隆之宴飲的人。"疑是。

[6]登庸:登帝位。

[7]陽夏王:爵名。陽夏,郡名。北魏孝昌四年(528)置,治所在今河南杞縣。

　　隆之雖不涉學,而欽尚文雅,搢紳名流,[1]必存禮接。寡姊爲尼,事之如母,訓督諸子,必先文義。世甚以此稱之。顯祖末年,既多猜害,追忿隆之,誅其子德樞等十餘人,[2]並投漳水。又發隆之冢,出其屍,葬已積年,其貌不改,斬截骸骨,亦棄於漳流,遂絶嗣。乾明中,[3]詔其兄子子遠爲隆之後,[4]襲爵陽夏王,還其財產。初,隆之見信高祖,性多陰毒,睚眦之忿,[5]無不報焉。儀同三司崔孝芬以結婚姻不果,太府卿任集同知營構,[6]頗相乖異,瀛州刺史元晏請託不遂,[7]前後構成其罪,並誅害之。終至家門殄滅,論者謂有報應焉。

[1]搢紳:同"縉紳",官宦裝束。舊時官宦插笏於紳帶間,因以指士大夫,亦代稱官宦。搢,插;紳,大帶。搢,同"縉"。

[2]德樞:即高德樞。事見本卷。

[3]乾明:北齊廢帝高殷年號(560)。

[4]子遠:高子遠。事不詳。

[5]睚眦之忿:瞋目怒視,瞪眼看人。借指微小的怨恨。

［6］太府卿：官名。北齊置爲太府寺長官，三品。掌管金帛庫藏出納、關市稅收。

［7］瀛州：北魏太和十一年（487）分定、冀二州置。治所在今河北河間市。　元晏：東魏官吏。鮮卑族拓跋部人。元乞子。東魏初，累遷吏部尚書。出任瀛州刺史。好集圖籍。

司馬子如，字遵業，河內溫人也。[1]八世祖模，[2]晉司空、南陽王。[3]模世子保，[4]晉亂出奔涼州，[5]因家焉。魏平姑臧，徙居於雲中，[6]其自序云爾。父興龍，[7]魏魯陽太守。[8]

［1］河內：郡名。北魏時屬司州，治野王（今河南沁陽市）。溫：縣名。治所在今河南溫縣西南。

［2］模：司馬模，字元表，河內溫（今河南溫縣）人。西晉大臣、諸侯王。司馬懿的侄孫。初封平昌公，後進爵南陽王，鎮關中。永嘉（307—312）中，進位太尉、大都督，仍鎮關中。爲劉聰子劉粲所殺。《晉書》卷三七《高密文獻王泰傳》有附傳。

［3］晉：西晉（265—316）。司馬炎代魏稱帝，國號晉。都洛陽，因在東晉前都城建康之西北，史稱西晉。　南陽王：爵名。南陽，郡名。治所在今河南南陽市。

［4］保：司馬保（294—320），字景度，河內溫（今河南溫縣）人。西晉宗室。太興三年（319），自稱晉王，改元建康。次年病死，諡曰元。《晉書》卷三七《高密文獻王泰傳》有附傳。

［5］晉亂出奔涼州：諸本"涼"作"梁"。中華本校勘記云："按下云'魏平姑臧，徙居於雲中'，姑臧是涼州治所，'梁'乃'涼'之訛，今改正。"説是，從改。涼州，州及所屬武威郡的治所均在姑臧縣，即今甘肅武威市。

［6］雲中：郡名。治所在今內蒙古和林格爾縣西北土城子。

[7]興龍：司馬興龍。事不詳。
[8]魯陽：郡名。治所在今河南魯山縣。

　　子如少機警，有口辯，好交遊豪傑，與高祖相結託，分義甚深。孝昌中，北州淪陷，子如攜家口南奔肆州，[1]爲尒朱榮所禮遇，假以中軍。[2]榮之向洛也，以子如爲司馬，持節、假平南將軍，[3]監前軍。次高都，[4]榮以建興險阻，[5]往來衝要，有後顧之憂，以子如行建興太守、當郡都督。永安初，[6]封平遥縣子，[7]邑三百户，仍爲大行臺郎中。[8]榮以子如明辯，能説時事，數遣奉使詣闕，多稱旨，孝莊亦接待焉。葛榮之亂，[9]相州孤危，榮遣子如間行入鄴，[10]助加防守。葛榮平，進爵爲侯。元顥入洛，[11]人情離阻，以子如曾守鄴城，[12]頗有恩信，乃令行相州事。顥平，徵爲金紫光禄大夫。[13]

[1]肆州：治所在今山西忻州市西北。
[2]中軍：官名。中華本校記云："《漢魏南北朝墓誌集釋·司馬遵業（即子如）墓誌》云：'即假中堅將軍。'按'中軍'是中軍將軍的簡稱，'中堅將軍'不能省作'中軍'。李百藥《北齊書》乃承其父德林舊稿，疑德林避隋諱以'中堅'爲'中軍'，百藥因而未改。"疑是。中軍將軍，武官名。掌侍衛。北魏時定爲從四品上。
[3]平南將軍：官名。北齊爲褒賞軍功勳臣的閑職，三品。
[4]高都：縣名。治所在今山西晉城市。
[5]建興：郡名。十六國西燕慕容永分上黨郡置。治所在今山西陽城縣西北大陽鎮。
[6]永安：北魏孝莊帝元子攸年號（528—530）。

[7]平遥縣子：爵名。平遥縣，治所在今山西平遥縣。

[8]大行臺郎中：官名。職同行臺郎中，掌行臺尚書下諸曹事。

[9]葛榮（？—528）：北魏末年河北暴動首領。本爲懷朔鎮將。公元526年參加鮮于脩禮起事。鮮于脩禮被害後，繼領其衆，乃稱天子，國號齊，年號廣安。528年被尒朱榮俘，十月死於洛陽。

[10]間行：微行，隱秘前往。

[11]元顥（？—529）：字子明，鮮卑族拓跋部人。北魏宗室、大臣。永安二年（529），乘亂於梁國（今河南商丘市南）城南即位，進入洛陽，改元建武。後被縣卒所殺。《魏書》卷二一上、《北史》卷一九《北海王詳傳》有附傳。

[12]鄴城：治所在今河北臨漳縣西南。東魏、北齊皆定都於此。

[13]金紫光禄大夫：官名。資深勲重之光禄大夫授金章紫綬，故有此稱。爲元老重臣之加官或致仕之官，亦爲死者之贈官。

尒朱榮之誅，子如知有變，自宫内突出，至榮宅，棄家隨榮妻子與尒朱世隆等走出京城。[1]世隆便欲還北。子如曰："事貴應機，兵不厭詐，天下恟恟，[2]唯强是視，於此際會，不可以弱示人。若必走北，即恐變故隨起，不如分兵守河橋，[3]迴軍向京，出其不意，或可離潰。假不如心，猶足示有餘力，使天下觀聽，懼我威强。"於是世隆還逼京城。魏長廣王立，[4]兼尚書右僕射。前廢帝以爲侍中、驃騎大將軍、儀同三司，[5]進爵陽平郡公，[6]邑一千七百户。固讓儀同不受。高祖起義信都，世隆等知子如與高祖有舊，疑慮，出爲南岐州刺史。[7]子如憤恨，泣涕自陳，而不獲免。

[1]尒朱世隆（500—532）：字榮宗，北魏北秀容（今山西朔州市）契胡貴族。尒朱榮從弟。《魏書》卷七五《尒朱彥伯傳》、《北史》卷四八《尒朱榮傳》有附傳。

[2]恟恟：亦作"匈匈""洶洶"，騷擾不安貌。

[3]河橋：在今河南孟州市南。

[4]長廣王：爵名。即元曄（？—532），字華興。北魏宗室。孝莊帝時封長廣王。尒朱世隆與尒朱兆立之爲帝，改元建明。次年被廢。《魏書》卷一九下、《北史》卷一八《南安王楨傳》有附傳。

[5]前廢帝：指北魏節閔帝元恭。字修業，廣陵王元羽之子。《魏書》卷一一、《北史》卷五有紀。

[6]陽平郡公：爵名。陽平郡，治所在今河北館陶縣。

[7]南岐州：北魏孝昌（525—527）中置。治所在今陝西鳳縣東北鳳州鎮。

高祖入洛，子如遣使啓賀，仍叙平生舊恩。尋追赴京，以爲大行臺尚書，朝夕左右，參知軍國。天平初，除左僕射，[1]與侍中高岳、侍中孫騰、右僕射高隆之等共知朝政，甚見信重。高祖鎮晉陽，子如時往謁見，待之甚厚，並坐同食，從旦達暮，及其當還，高祖及武明后俱有賚遺，[2]率以爲常。

[1]左僕射：官名。即"尚書左僕射"的簡稱。

[2]武明后：指北齊神武明皇后婁氏（501—562），高歡妻，名昭君，北魏贈司徒婁内干之女。本書卷九、《北史》卷一四有傳。

子如性既豪爽，兼恃舊恩，簿領之務，與奪任情，[1]公然受納，無所顧憚。興和中，[2]以爲北道行臺，巡檢諸州，守令已下，委其黜陟。[3]子如至定州，斬深澤縣令；[4]至冀州，斬東光縣令，[5]皆稽留時漏，[6]致之極刑。若言有進退，少不合意，便令武士頓曳，[7]白刃臨項。士庶惶懼，不知所爲。轉尚書令。子如義旗之始，身不參預，直以高祖故舊，遂當委重，意氣甚高，聚斂不息。時世宗入輔朝政，[8]內稍嫌之，尋以贓賄爲御史中尉崔暹所劾，禁止於尚書省。詔免其大罪，削官爵。未幾，起行冀州事。子如能自厲改，甚有聲譽，發摘姦僞，僚吏畏伏之。轉行并州事。詔復官爵，別封野王縣男，[9]邑二百户。

[1]簿領之務，與奪任情：指官府的公務，皆由自己的好惡而定。

[2]興和：東魏孝靜帝元善見年號（539—542）。

[3]委其黜陟：降官曰黜，升官曰陟。即郡守、縣令以下，任其進退。

[4]深澤：縣名。治所在今河北深澤縣東南。

[5]東光：縣名。治所在今河北東光縣。

[6]時漏：即時刻。漏是古代計時器，也叫漏壺、漏刻。

[7]頓：指把人推倒在地。 曳：牽引，拖走。

[8]世宗：北齊文襄帝高澄（521—549），廟號世宗。本書卷三、《北史》卷六有紀。

[9]野王縣男：爵名。野王縣，治所在河南沁陽市。

齊受禪，以有翼贊之功，[1]別封須昌縣公，[2]尋除司空。子如性滑稽，不治檢裁，言戲穢褻，識者非之。而事姊有禮，撫諸兄子慈篤，當時名士並加欽愛，世以此稱之。然素無鯁正，不能平心處物。世宗時，中尉崔暹、黃門郎崔季舒俱被任用。世宗崩，暹等赴晉陽。子如乃啓顯祖，言其罪惡，仍勸誅之。[3]其後子如以馬度關，爲有司所奏。顯祖引子如數讓之曰："崔暹、季舒事朕先世，有何大罪，卿令我殺之？"因此免官。久之，猶以先帝之舊，拜太尉。尋以疾薨，時年六十四。贈使持節、都督冀定瀛滄懷五州諸軍事、太師、太尉、懷州刺史，[4]贈物一千段，[5]謚曰文明。

[1]翼贊之功：佐助、輔助的功勞。
[2]須昌縣公：爵名。須昌縣，治所在今山東東平縣東。
[3]仍勸誅之：崔暹、崔季舒當時沒有被殺，衹是流放北邊服勞役，後都招出任用。
[4]滄：州名。治所在今河北鹽山縣西南。　懷：州名。北魏天安二年（467）置，治所在今河南沁陽市城區。　太尉：官名。三公之一。魏晉以後多爲元老重臣之加官。
[5]物：這裏指絹帛，當時亦可作錢幣使用。

子消難嗣。[1]尚高祖女，以主婿、貴公子，頻歷中書、黃門郎，光祿少卿。出爲北豫州刺史，[2]鎮武牢。[3]消難博涉史傳，有風神，然不能廉潔，在州爲御史所劾。又於公主情好不睦，公主譖訴之，懼罪，遂招延鄰敵，走關西。[4]

[1]消難：司馬消難，字道融，河內溫（今河南溫縣）人。司馬子如之子。初尚高歡女。叛齊降周。納女爲周靜帝后。及楊堅輔政，遂入陳境。陳亡，復歸隋。病卒。《周書》卷二一有傳。

[2]北豫州：東魏天平（534—537）復置。治所在今河南滎陽市西北。

[3]武牢：地名。即虎牢。《隋書》《北史》均因避唐諱而改稱武牢。故址在今河南滎陽市汜水鎮西。形勢險要，向爲兵爭之地。

[4]走關西：指投奔北周。

子如兄纂，[1]先卒。子如貴，贈岳州刺史。纂長子世雲，輕險無行，累遷衛將軍、潁州刺史。世雲本無勳業，直以子如故，頻歷州郡。恃叔之勢，所在聚斂，仍肆姦穢。將見推治，內懷驚懼，侯景反，遂舉州從之。時世雲母弟在鄴，便傾心附景，無復顧望。諸將圍景於潁川，[2]世雲臨城遙對諸將，言甚不遜。世宗猶以子如恩舊，免其諸弟死罪，徙於北邊。侯景於渦陽敗後，[3]世雲復有異志，爲景所殺。

[1]纂：司馬纂。事不詳。

[2]潁川：郡名。治所在今河南許昌市。

[3]渦陽：縣名。北魏置，治所在今安徽蒙城縣。

世雲弟膺之，字仲慶。少好學，美風儀。[1]天平中，子如貴盛，膺之自尚書郎歷中書、黃門郎。子如別封須昌縣公，迴授膺之。[2]膺之家富於財，厚自封殖。[3]王元景、邢子才之流以夙素重之。[4]以其疏簡傲物，竟天保世，淪滯不齒。乾明中，王晞白肅宗，[5]除衛尉少卿。[6]河清末，[7]光祿大夫。[8]患泄利，積年不起，至武平中，猶不堪朝謁，就家拜儀同三司。好讀《太玄經》，[9]注揚雄《蜀都賦》。[10]每云："我欲與揚子雲周旋。"齊亡歲，以利疾終，時年七十一。

［1］風儀：風度儀表。

［2］迴授：轉授。"授"字百衲本、宋本、四庫本作"受"。"受"同"授"。今從中華本改。兩字爲古今字。

［3］厚自封殖：擴大自己的財富。封殖，聚斂增殖財富。

［4］王元景：王昕（？—559），字元景，北海劇（今山東壽光市東南）人。北魏、東魏、北齊官吏。本書卷三一有傳，《北史》卷二四《王憲傳》有附傳。　邢子才：邢卲（496—？），字子才，河間鄚（今河北任丘市北）人。北魏、東魏、北齊官吏。博學能文，與溫子升、魏收齊名。原著有《邢子才集》，已散佚。本書卷三六有傳，《北史》卷四三《邢巒傳》有附傳。

［5］王晞（511—581）：字叔朗，小名沙彌，北海劇（今山東壽光市東南）人。王昕之弟。北齊官吏。本書卷三一《王昕傳》有附傳。　肅宗：北齊孝昭帝高演（535—561），廟號肅宗。本書卷六、《北史》卷七有紀。

［6］衛尉少卿：官名。爲衛尉寺次官，四品。

［7］河清：北齊武成帝高湛年號（562—565）。

［8］光禄大夫：官名。北齊散官、加官。無員限。三品。

［9］《太玄經》：書名。亦作《太玄》《揚子太玄經》。漢揚雄撰。十卷。此書以"玄"作爲解釋天地萬物之準則，相當於《老子》的"道"和《周易》的"易"。

［10］揚雄（前53—18）：字子雲，蜀郡成都（今四川成都市）人。西漢辭賦家。成帝時以文見召，王莽時校書天禄閣。善作賦，與司馬相如齊名。另有哲學著作《太玄經》《法言》《方言》《訓纂編》。《漢書》卷八七有傳。　《蜀都賦》：賦篇名。楊雄撰。見《文選》及《太平御覽》卷六一。

膺之弟子瑞，天保中爲定州長史，遷吏部郎中。[1]舉清勤平約。遷司徒左長史，[2]兼廷尉卿，[3]以平直稱。乾明初，領御史中丞，[4]正色舉察，爲朝廷所許。以疾去職，就拜祠部尚書。[5]卒，贈瀛州刺史，諡曰文節。

[1]吏部郎中：官名。亦稱"吏部郎"。爲尚書省吏部之吏部曹主官。資掌官吏銓選。第五品。

[2]司徒左長史：官名。司徒屬官。掌核定選舉，爲府中佐屬之首。北齊從三品。

[3]廷尉卿：官名。九卿之一。掌刑獄。三品。佐屬有廷尉正、監、評等。

[4]御史中丞：官名。御史臺長官。掌監察。北魏改名御史中尉，北齊復名，從三品，皆甚重其職。

[5]祠部尚書：官名。掌尚書祠部，管祭祀禮儀。與尚書右僕射通職，二者不並設。兼管主客、虞曹、屯田、起部等曹。

　　子瑞弟幼之，清貞有素行，少歷顯位。隋開皇中，[1]卒於眉州刺史。[2]子瑞妻，令萱之妹，[3]及令萱得寵於後主，[4]重贈子瑞懷州刺史，諸子亦並居顯職。同遊，[5]武平末給事黃門侍郎。同迴，[6]太府卿。同憲，[7]通直常侍。[8]然同遊終爲嘉吏，隋開皇中尚書民部侍郎，卒於遂州刺史。[9]

[1]開皇：隋文帝楊堅年號（581—600）。

[2]眉州：治所在今四川眉山市。

[3]令萱：陸令萱（？—577），亦稱陸媼，爲北齊後主乳母，受胡太后寵信，封郡君。齊亡後被勒令自殺。《北史》卷九二《穆

提婆傳》有附傳。

　　[4]後主：北齊後主高緯（556—578），武成帝長子。本書卷八、《北史》卷八有紀。

　　[5]同遊：司馬同遊。事不詳。

　　[6]同迴：司馬同迴。一作"司馬同回"。北齊官吏。

　　[7]同憲：司馬同憲。事不詳。

　　[8]通直常侍：官名。即"通直散騎常侍"之省稱。職侍從皇帝，顧問應對，四品。

　　[9]遂州：北周置，治所在今四川遂寧市。

　　史臣曰：高祖以晉陽戎馬之地，霸圖攸屬，治兵訓旅，遙制朝權，京臺機務，情寄深遠。孫騰等俱不能清貞守道，以治亂為懷，厚斂貨財，填彼溪壑。[1]昔蕭何之鎮關中，[2]荀彧之居許下，[3]不亦異於是乎！賴世宗入輔，責以驕縱，厚遇崔暹，奮其霜簡，[4]不然則君子屬厭，[5]豈易間焉。孫騰牽裾之誠，有足稱美。隆之勞其志力，經始鄴京，[6]又並是潛德僚寀，早申任遇，崇其名器，未失朝序。子如徒以少相親重，情深昵狎，義非草昧，恩結寵私，勳德莫聞，坐致台輔。猶子之愛，訓以義方，膺之風素可重，[7]幼之清簡自立，[8]有足稱也。

　　[1]溪壑：溪谷。喻難以滿足的貪欲。

　　[2]蕭何（？—前193）：西漢初大臣。沛縣（今江蘇沛縣）人。秦二世元年（前209）佐劉邦起兵，參贊軍事。劉邦稱帝後，以功第一封鄼侯。任丞相。《史記》卷五三、《漢書》卷三九有傳。

　　[3]荀彧（163—212）：東漢末曹操謀士。字文若，潁川潁陰（今河南許昌市）人。軍國大事悉以諮之。因反對曹操稱魏公，服

毒自殺。卒，謚曰敬侯。

[4]霜簡：指御史彈劾的奏章。

[5]厭：宋本、百衲本作"猒"。"猒"通"厭"，意爲"滿足、心服"。今從中華本改。

[6]鄴京：指北齊京都鄴。

[7]風素：風尚素樸。

[8]清簡自立：清正簡約。

贊曰：閎、散胥附，[1]蕭、曹扶翼。[2]齊運勃興，孫、高陳力。黷貨無厭，[3]多慚袞職。[4]司馬滑稽，巧言令色。

[1]閎、散：指閎夭、散宜生。周文王友好。　胥附：親附，歸附。

[2]蕭、曹：指蕭何、曹參。漢高祖功臣。　扶翼：護持、輔佐。

[3]黷貨：貪污受賄。

[4]袞（gǔn）職：三公之職，此引申爲重要職位。

北齊書　卷一九

列傳第十一

賀拔允　蔡儁　韓賢　尉長命　王懷　劉貴　任延敬
莫多婁貸文　高市貴　厙狄迴洛　厙狄盛　薛孤延
張保洛　侯莫陳相

　　賀拔允，字可泥，[1]神武尖山人也。[2]祖爾頭，[3]父度拔，[4]俱見魏史。允便弓馬，頗有膽略，與弟岳殺賊帥衛可肱，[5]仍奔魏。廣陽王元深上允爲積射將軍，[6]持節防淦口。[7]深敗，歸尒朱榮。[8]允父子兄弟並以武藝知名，榮素聞之。見允，待之甚厚。建義初，[9]除征東將軍、光祿大夫，[10]封壽陽縣侯，[11]邑七百戶。永安中，[12]除征北將軍、蔚州刺史，[13]進爵爲公。魏長廣王立，[14]改封燕郡公，[15]兼侍中，[16]使茹茹，[17]還至晉陽，[18]值高祖將出山東，[19]允素知高祖非常人，早自結託。高祖以其北土之望，尤親禮之。遂與允出信都，[20]參定大策。魏中興初，[21]轉司徒，[22]領尚書令。[23]高祖入洛，[24]進爵爲王，轉太尉，[25]加侍中。

［1］字可泥：宋本、中華本同。中華本校勘記以爲，本書卷一《神武紀上》中高歡稱允爲"阿鞠泥"。《周書》卷一四《賀拔勝傳》末有"兄允，字阿泥"，則"阿泥"是"阿鞠泥"的簡稱，疑此傳"可"字爲"阿"之訛。存疑。

［2］神武：郡名。東魏置。治所在今山西山陰縣東南。北齊改名太平郡。　尖山：縣名。北魏置。治所在今山西神池縣界。北齊廢。

［3］爾頭：賀拔爾頭，又作"賀拔爾逗"。北魏武川鎮將。神武尖山（今山西神池縣）人。鮮卑族。以良家子鎮武川。獻文帝時，以防柔然功封龍城侯。事見《周書》卷一四《賀拔勝傳》、《北史》卷四九《賀拔允傳》。

［4］度拔：賀拔度拔。北魏末鎮將。賀拔勝之父。事見《魏書》卷八〇《賀拔勝傳》，《北史》卷四九《賀拔允傳》有附傳。

［5］岳：賀拔岳，字阿斗泥，神武尖山（今山西神池縣）人。徙居武川（今内蒙古武川縣）。賀拔勝之弟。北魏、西魏名將。《魏書·賀拔勝傳》《周書·賀拔勝傳》《北史·賀拔允傳》有附傳。　衛可肱（？—525）：又名衛可瓌、衛可孤。北魏六鎮起義軍將領。正光五年（524）領兵攻下武川（今内蒙古武川縣西）、懷朔（今内蒙古固陽縣西南）兩鎮，又連敗魏軍於五原（今内蒙古包頭市西南）和白道（今内蒙古呼和浩特市西北）。次年，兵敗被殺。

［6］廣陽王：爵名。廣陽，郡名。治所在今北京市密雲區。北魏改置燕郡。　元深（？—526）：元淵，《北史》避唐諱，改"淵"爲"深"。字智遠，北魏宗室大臣，鮮卑族拓跋部人。元嘉子。襲爵廣陽王。《魏書》卷一八《廣陽王建傳》有附傳。　積射將軍：官名。漸爲雜號將軍。

［7］滏口：古隘道名。太行八陘之一。在今河北邯鄲市西南石鼓山。滏水（今滏陽河）源出於此，古爲自鄴（今河北臨漳縣西南）西出要道。

[8]尒朱榮（493—530）：字天寶，北魏北秀容（今山西朔州市）契胡貴族。繼父爲部落酋帥，六鎮起義後投魏。後擁立莊帝，自爲大丞相、天柱大將軍，封太原王。《魏書》卷七四、《北史》卷四八有傳。

[9]建義：北魏孝莊帝元子攸年號（528）。

[10]征東將軍：官名。宋本、百衲本脱"征"字，今從四庫及中華本補。四征將軍之一，北朝時爲優禮大臣、褒獎勳庸的虛號。北魏、北齊第二品。　光禄大夫：官名。後漸成散官、加官。無員限。北齊三品。

[11]壽陽縣侯：爵名。壽陽縣，治所在今安徽壽縣。宋本、百衲本脱"侯"字，據文意從四庫本、中華本補。

[12]永安：北魏孝莊帝元子攸年號（528—530）。

[13]征北將軍：官名。見上"征東將軍"。　蔚州：北魏永安中以懷荒、禦夷二鎮置，後徙治今山西平遥縣西北。

[14]魏長廣王：元曄（？—532），字華興。北魏孝莊帝時封長廣王。尒朱世隆與尒朱兆立之爲帝，改元建明。次年被廢。《魏書》卷一九下、《北史》卷一八《南安王楨傳》有附傳。

[15]燕郡：治所在今北京市西南隅。

[16]侍中：官名。門下省長官。備切問近對，拾遺補缺。北朝常總典機密，時號"小宰相"。北魏太和十七年（493）定爲從一品中，二十三年改爲三品。北齊因之。

[17]茹茹：古族名。又稱柔然、蠕蠕、蝚蠕、芮芮等。其强盛時，勢力達於整個蒙古高原。該國汗族郁久閭氏源自雜胡（詳見曹永年《柔然源於雜胡考》，《歷史研究》1981年第3期）。境内有匈奴、鮮卑、高車、西域諸族以及其他民族，多以游牧爲生。《魏書》卷一〇三、《北史》卷九八有傳。

[18]晉陽：縣名。治所在今山西太原市晉源區古城營村一帶。

[19]高祖：北齊神武皇帝高歡（496—547），廟號高祖。本書卷一、二，《北史》卷六有紀。　山東：太行山以東地區。

[20]信都：縣名。治所在今河北冀州市。

[21]中興：北魏安定王元朗年號（531—532）。

[22]司徒：官名。爲三公之一，與丞相通職，一般不並置。爲名譽宰相，北齊一品。

[23]尚書令：官名。尚書省長官。魏晉以降，總掌全國行政。多數情況下是實際上的丞相。北齊二品。

[24]洛：洛陽，縣名。治所在今河南洛陽市東北。

[25]太尉：官名。與丞相、御史大夫合稱三公。魏晉以後多爲元老重臣之加官。

魏武帝之猜忌高祖也，[1]以允弟岳深相委託，潛使來往。[2]當時咸慮允爲變。及岳死，武帝又委岳弟勝心腹之寄。[3]高祖重其舊，久全護之。天平元年乃賜死，[4]時年四十八，高祖親臨哭。[5]贈定州刺史、五州軍事。[6]

[1]魏武帝：北魏孝武帝元脩（510—534），字孝則，廣平武穆王元懷第三子。公元532年至534年在位。謚號孝武。《魏書》卷一一、《北史》卷五有紀。

[2]潛使來往：指魏武帝讓他私下與賀拔允往來，以刺探高歡行蹤。

[3]武帝又委岳弟勝心腹之寄：“弟”字宋本、百衲本、中華本同，《北史》卷四九《賀拔允傳》作“兄”。中華本校勘記云：“《魏書》卷八〇、《周書》卷一四《賀拔勝傳》都説勝是岳兄，此傳作‘弟’誤。”存疑。勝，即賀拔勝（？—544），字破胡，神武尖山（今山西神池縣）人。徙居武川（今内蒙古武川縣）。北魏、西魏名將。《魏書》卷八〇、《周書》卷一四有傳，《北史》卷四九《賀拔允傳》有附傳。

[4]天平：東魏孝静帝元善見年號（534—537）。

［5］高祖親臨哭：百衲本、宋本、中華本同，四庫本作"高祖親臨哭之"。

［6］定州：治所在今河北定州市。

允有三子，長子世文，次世樂，次難陁。[1]興和末，高祖並召與諸子同學。武定中，[2]敕居定州，賜其田宅。

［1］長子世文，次世樂，次難陁：三人事並不詳。
［2］武定：東魏孝靜帝元善見年號（543—550）。

蔡儁，字景彥，廣寧石門人也。[1]父普，北方擾亂，奔走五原，[2]守戰有功。拜寧朔將軍，[3]封安上縣男，[4]邑二百户。尋卒，贈輔國將軍、燕州刺史。[5]

［1］廣寧：郡名。北魏末、東魏初僑置，寄治在今山西晉中市壽陽縣境内。　石門：縣名。治所在今甘肅渭源縣西南洮河東岸。
［2］五原：郡名。西魏以大興郡改名。治所在今陝西定邊縣。
［3］寧朔將軍：官名。爲雜號將軍之一，北魏從四品。
［4］安上縣男：爵名。安上縣，治所在今四川屏山縣。
［5］輔國將軍：官名。雜號將軍之一。　燕州：北魏太和中置、孝昌中廢，治所在今河北涿鹿縣西。

儁豪爽有膽氣，高祖微時，深相親附。與遼西段長、太原龐蒼鷹俱有先知之鑒。[1]長爲魏懷朔鎮將，[2]嘗見高祖，甚異之，謂高祖云："君有康世之才，終不徒然也，請以子孫爲託。"興和中，啓贈司空公。[3]子寧，[4]相府從事中郎，[5]天保初，[6]兼南中郎將。[7]蒼鷹交遊豪俠，厚待賓旅，居於州城。高祖客其舍，初居處於蝸牛廬中，蒼鷹母數見廬上赤氣屬天。蒼鷹亦知高祖有霸王之量，每私加敬，割其宅半以奉高祖，由此遂蒙親識。高祖之牧晉州，[8]引爲兼治中從事史，[9]行義寧郡事。[10]及義旗建，蒼鷹乃棄家間行歸高祖，高祖以爲兼行臺倉部郎中。[11]卒於安州刺史。[12]

[1]遼西：指遼西地區。漢代的遼西以及遼西郡塞以外各地，泛指今遼寧省西部地區。　段長：北魏官吏。事見本卷。本書卷一《神武紀上》作"段長"，所載與此傳略同。　太原：郡名。治所在今山西太原市西南。　龐蒼鷹：太原陽邑（今山西太谷縣）人。北魏末官吏。事見本卷。本書卷一《神武紀上》所載與此略同。

[2]懷朔：鎮名。北魏六鎮之一。在今内蒙古固陽縣西南。　鎮將：官名。北魏置，鎮的長官。在不設州郡的地區兼統軍民；在設州、郡的内地主要掌軍政。

[3]司空公：官名。司空的尊稱。與太尉、司徒並爲三公。魏晉南北朝爲名譽宰相，多爲大臣加官，位居一品，無實際職掌。

[4]寧：蔡寧。事不詳。

[5]從事中郎：官名。爲相府僚屬，與長史共主府中吏事。北齊五品。

[6]天保：北齊文宣帝高洋年號（550—559）。

[7]南中郎將：官名。與東、西、北中郎將並稱四中郎將。多帥師征戰，北齊屬護軍府。

[8]晉州：治所在今山西臨汾市城區。

[9]治中從事史：官名。爲州之佐吏。主選署及文書案卷。

[10]義寧郡：北魏建義元年（528）置，治所在今山西沁源縣。

[11]行臺倉部郎中：官名。行臺倉部曹主官。北魏置，職掌略

同尚書倉部郎中。

［12］安州：治所在今北京市密雲區東北。

儁初爲杜洛周所虜，[1]時高祖亦在洛周軍中，高祖謀誅洛周，儁預其計。事泄，走奔葛榮，[2]仍背葛榮歸尒朱榮。榮入洛，爲平遠將軍、帳內別將。[3]從破葛榮，除諫議大夫。[4]又從平元顥，[5]封烏洛縣男。[6]隨高祖舉義，爲都督。[7]高祖平鄴，[8]及破四胡於韓陵，[9]儁並有戰功。太昌中，[10]出爲濟州刺史，[11]爲治嚴暴，又多受納，然亦明解有部分，吏民畏服之。性好賓客，頗稱施與。後胡遷等據兗州作逆，[12]儁與齊州刺史尉景討平之。[13]

［1］杜洛周（？—528）：又名杜周，北魏柔玄鎮（今內蒙古興和縣西北）人。高車族。北魏末六鎮起兵領袖。初爲柔玄鎮鎮兵。孝昌元年（525），在上谷舉兵反魏，自號真王，攻沒郡縣，南圍燕州。次年，攻取幽州（今北京市西城區），執刺史。武泰元年（528），攻下定州（今河北定州市），俘刺史楊津。後爲葛榮所害。

［2］葛榮（？—528）：北魏末年河北暴動首領。本爲懷朔鎮將。公元526年，參加鮮于脩禮起事。鮮于脩禮被害後，繼領其衆，乃稱天子，國號齊，年號廣安。528年被尒朱榮俘，十月死於洛陽。

［3］平遠將軍：官名。雜號將軍。北魏定爲四品。　帳內別將：官名。帳內，爲軍中主帥、主將之親衛。別將，北齊爲禁軍中武職。

［4］諫議大夫：官名。掌侍從顧問、參謀諷議，隸光禄勳。北齊員七人，從四品。

[5]元顥："顥"字四庫本、中華本同，百衲本、宋本作"顯"。據《魏書》卷二一上《拓跋顥傳》、卷一〇《孝莊紀》此處當爲元顥。今從中華本據《北史》卷五三《蔡儁傳》改。元顥（？—529），字子明，鮮卑族拓跋部人。北魏宗室、大臣。永安二年（529），乘亂於梁國（今河南商丘市南）城南即位，進入洛陽，改元建武。後被縣卒所殺。《魏書》卷二一上、《北史》卷一九《北海王詳傳》有附傳。

[6]烏洛縣男：爵名。烏洛縣，疑治所即今内蒙古鄂倫春自治旗。拓跋鮮卑早年居住地。

[7]都督：官名。"都督諸軍事"的省稱，爲都督區的軍事統帥，也常常兼理都督區的行政。北齊都督授予漸濫，此都督不冠地區名稱，疑爲一般的隊率。

[8]鄴：北齊都邑。在今河北臨漳縣西南。

[9]四胡：尒朱兆、尒朱天光、尒朱度律、尒朱仲遠四人。普泰二年（532），四人糾集二十萬人，與高歡決戰於韓陵，爲高歡所擊潰，史稱韓陵之戰。　韓陵：山名。在今河南安陽市東北。

[10]太昌：北魏孝武帝元脩年號（532）。

[11]濟州：北魏泰常八年（423）置，治所在今山東茌平縣西南。

[12]胡遷：北魏人。事不詳。　兗州：在今山東濟寧市兗州區新驛鎮東頓村南。

[13]齊州：北魏皇興三年（469）改冀州置，治所在今山東濟南市。　尉景（？—547）：字士真，善無（今山西右玉縣）人。高歡妹夫。本書卷一五、《北史》卷五四有傳。

　　魏武帝貳於高祖，以濟州要重，欲令腹心據之。陰詔御史構儁罪狀，欲以汝陽王代儁，[1]由是轉行兗州事。高祖以儁非罪，啓復其任。武帝不許，除賈顯智爲刺史,[2]率衆赴州。儁防守嚴備,顯智憚之,至東郡,[3]不敢前。

[1]汝陽王:北魏汝陽王元暹。《魏書》卷一九上《京兆王子推傳》有附傳。

[2]賈顯智:賈智,字顯智,中山無極(今河北無極縣)人。北魏、東魏官吏。與兄顯度、斛斯椿等謀誅尒朱氏。《魏書》卷八〇、《北史》卷四九《賈顯度傳》有附傳。

[3]東郡:秦王政五年(前242)置。治所在今河南滑縣東南城關鎮。

天平中,爲都督,隨領軍婁昭攻樊子鵠於兗州,[1]又與行臺元子思討元慶和,[2]俱平之。侯深反,[3]復以儁爲大都督,[4]率衆討之,深敗走。又轉揚州刺史。[5]天平三年秋,卒於州,時年四十二。贈持節、侍中、都督、冀州刺史、尚書令、司空公,[6]諡曰威武。齊受禪,詔祭告其墓。皇建初,[7]配享高祖廟庭。

[1]領軍:官名。即"領軍將軍"之簡稱,與中領軍將軍通職,資重者稱領軍將軍。掌禁衛。　婁昭:字菩薩,代郡平城(今山西大同市東北)人。東魏大臣。北魏末跟隨高歡,深受信重。齊受禪,追封太原王。本書卷一五、《北史》卷五四有傳。　樊子鵠:北魏官吏。代郡平城(今山西大同市東北)人,樊興之子。《北史》卷四九有傳。

[2]行臺:官署名。魏晉南北朝尚書臺(省)臨時在外設置的權力機構。"臺"指中央尚書省,北齊時設置漸多,成爲地方最高行政機構。　元子思(?—537):字衆念,鮮卑族拓跋部人。北魏

宗室、大臣。元萇子。魏末爲御史中尉，元顥敗，封安定縣子。孝靜帝時，位侍中。　元慶和：北魏宗室。鮮卑族拓跋部人。元逞子。任東豫州刺史。孝昌三年（527），據城叛降梁。後爲堯雄所敗。《魏書》卷一九上、《北史》卷一七《汝陰王天賜傳》有附傳。

　　[3]侯深：本名侯淵，《北史》避唐諱改。神武（今山西山陰縣東南）人。北魏將領。初投杜洛周，後投尒朱榮。因鎮壓葛榮起義有功，進爵爲公。《魏書》卷八〇、《北史》卷四九有傳。

　　[4]大都督：官名。高級軍事長官。

　　[5]揚州：治所在今安徽壽縣。

　　[6]持節：漢朝官吏奉使外出時，或由皇帝授予節杖，以提高其威望。魏、晋以後，凡重要軍事長官出征或出鎮時，加持節，可誅殺二千石以下官員。　冀州：治所在今河北冀州市。

　　[7]皇建：北齊孝昭帝高演年號（560—561）。

　　韓賢，字普賢，廣寧石門人也。壯健有武用。初隨葛榮作逆，榮破，隨例至并州，[1]尒朱榮擢充左右。榮妻子北走，[2]世隆等立魏長廣王曄爲主，[3]除賢鎮遠將軍、屯騎校尉。[4]先是，世隆等攻建州及石城，[5]賢並有戰功。尒朱度律用爲帳内都督，[6]封汾陽縣伯，[7]邑四百户。

　　[1]并州：治所在今山西太原市晋源區古城營村一帶。

　　[2]北走：百衲本、宋本作"比走"，當爲筆誤。今據四庫本改作"北走"。

　　[3]世隆：尒朱世隆（500—532），字榮宗，北魏北秀容（今山西朔州市）契胡貴族。尒朱榮從弟。《魏書》卷七五《尒朱彥伯傳》、《北史》卷四八《尒朱榮傳》有附傳。　長廣王曄：元曄（？—532），字華興。北魏宗室。孝莊帝時封長廣王。尒朱世隆與

尒朱兆立之爲帝，改元建明。次年被廢。《魏書》卷一九下、《北史》卷一八《南安王楨傳》有附傳。

[4]鎮遠將軍：官名。名號將軍之一。北齊四品上。　屯騎校尉：官名。漢爲北軍八校尉之一。掌騎士，戍衛京師，兼任征伐。

[5]建州：北魏永安中置，治所在今山西澤州縣高都鎮一帶。

石城：縣名。治所在今山西代縣西南。"城"字諸本同，百衲本作"成"。石城是北魏所置縣名，屬秀容郡。《魏書·地形志二上》"秀容郡"條："石城，永興二年置。有大頹石神。"作"城"是。據改。

[6]尒朱度律（？—532）：尒朱榮從父弟。《魏書》卷七五有傳，《北史》卷四八《尒朱榮傳》有附傳。　帳內都督：官名。北魏末及東、西魏置。統領主帥左右的侍衛軍士，東魏中外府、西魏大丞相府皆置。

[7]汾陽縣伯：爵名。汾陽縣，治所在今山西寧武縣西南。

普泰初，[1]除前將軍、廣州刺史。[2]屬高祖起義，度律以賢素爲高祖所知，恐其有變，遣使徵之。賢不願應召，乃密遣群蠻，多舉烽火，[3]有如寇難將至。使者遂爲啓，得停。賢仍潛遣使人通誠於高祖。[4]高祖入洛，尒朱官爵例皆削除，以賢遠送誠款，令其復舊。太昌初，累遷中軍將軍、光禄大夫，[5]出爲建州刺史。武帝西入，[6]轉行荊州事。[7]

[1]普泰：北魏節閔帝元恭年號（531—532）。

[2]前將軍：官名。南北朝成爲軍府名號。用作加官。　廣州：本治魯陽（今河南魯山縣），武定中因陷於西魏，徙治襄城（今河南襄城縣）。

［3］多舉烽火："烽"字諸本同，百衲本作"鋒"。按，"鋒"同"烽"，例作"烽"。從諸本改。

［4］遣使人通誠："遣"字四庫本、中華本同，宋本、百衲本作"追"。今據文意，從中華本改。

［5］中軍將軍：官名。爲雜號將軍。北齊用以安置罷任武官，成爲無實權的閑職。從二品。

［6］武帝西入：指北魏孝武帝元脩與高歡決裂，放棄洛陽，入關投關西大行臺宇文泰。

［7］荆州：治所在今河南鄧州市。

天平初，爲洛州刺史。[1]民韓木蘭等率土民作逆，[2]賢擊破之，親自按檢，欲收甲仗。[3]有一賊窘迫，藏於死屍之間，見賢將至，忽起斫之，斷其脛而卒。賢雖武將，性和直，不甚貪暴，所歷雖無善政，不爲吏民所苦。昔漢明帝時，[4]西域以白馬負佛經送洛，因立白馬寺，[5]其經函傳在此寺，形制淳樸，世以爲古物，歷代藏寶。賢無故斫破之，未幾而死，論者或謂賢因此致禍。贈侍中、持節、定營安平四州軍事、大將軍、尚書令、司空公、定州刺史。[6]子裔嗣。

［1］洛州：北魏太宗時以司州改置。治所在今河南洛陽市東北。

［2］韓木蘭：韓雄（？—568），字木蘭，河南東垣（今河南新安縣）人。西魏、北周將領。初舉兵洛西抗東魏，投宇文泰。北周初，賜姓宇文氏。後卒於鎮，謚曰威。《周書》卷四三、《北史》卷六八有傳。

［3］甲仗：亦作"甲杖"。泛指武器。

［4］漢明帝：劉莊（28—75）。漢光武帝劉秀第四子，母光烈

陰皇后。公元57年至75年在位，年號永平（58—75）。《後漢書》卷二有紀。

[5]白馬寺：古寺名。東漢永平十年（67）建。在今河南洛陽市東北郊。傳漢明帝時，攝摩騰、竺法蘭初自西域以白馬馱經而來，遂建白馬寺，爲中國佛寺之始。

[6]營：州名。北魏太平真君五年（444）置，治所在今遼寧朝陽縣。　平：州名。北魏置，治所在今河北盧龍縣北。　大將軍：官名。北齊爲名譽職銜。作爲加授給大臣、重要州郡長官的戎號，凡加戎號者可開府。一品。

尉長命，太安狄那人也。[1]父顯，[2]魏鎮遠將軍、代郡太守。[3]長命性和厚，有器識。扶陽之亂，[4]寄居太原。及高祖將建大義，長命參計策，從高祖破四胡於韓陵，拜安南將軍。[5]樊子鵠據兗州反，除東南道大都督，與諸軍討平之。轉鎮范陽城，[6]就拜幽州刺史，[7]督安、平二州事。州居北垂，土荒民散，長命雖多聚斂，然以恩撫民，少得安集。尋以疾去職。未幾，復徵拜車騎大將軍、都督西燕幽滄瀛四州諸軍事、幽州刺史。[8]卒於州。贈以本官，加司空，[9]謚曰武壯。

[1]太安：郡名。北魏置，治所在今山西寧武縣。　狄那：縣名。北魏置，治所在今山西壽陽縣北。

[2]顯：尉顯。事不詳。

[3]代郡：北魏置，治所在今山西大同市東北。

[4]扶陽之亂："扶陽之亂"在北朝四史（《魏書》《北齊書》《周書》《北史》）中僅此一見，疑誤。中華本校勘記云："按'扶陽'無考，疑是'拔陵'之訛，指破落韓拔陵領導的北鎮起義。"

[5]安南將軍：官名。與安東、安西、安北將軍合稱四安將軍。北齊三品。

[6]范陽城：屬幽州。治所在今河北涿州市。

[7]幽州：治所在今北京市西城區。

[8]車騎大將軍：官名。重號將軍，高於諸名號大將軍，多加權臣元老，以示尊崇，開府置僚屬，不領兵。北齊一品。　滄：州名。治所在今河北鹽山縣西南。　瀛：州名。治所在今河北河間市。

[9]司空：官名。魏晉南北朝爲名譽宰相，多爲大臣加官，位居一品，無實際職掌。

子興敬，[1]便弓馬，有武藝，高祖引爲帳內都督。出爲常山公府參軍事，[2]賜爵集中縣伯。[3]晉州民李小興群聚爲賊，[4]興敬隨司空韓軌討平之，[5]進爵爲侯。高祖攻周文帝於邙山，[6]興敬因戰爲流矢所中，卒。贈涇、岐、幽三州軍事，[7]爵爲公，謚曰閔莊。高祖哀惜之，親臨弔，賜其妻子祿如興敬存焉。子士林嗣。

[1]興敬：尉興敬，又名尉興、尉敬興、尉興慶。

[2]常山公：北齊孝昭帝高演。東魏元象元年（538），封常山郡公。本書卷六有紀。　參軍事：官名。亦作"參軍"。掌諸曹事。

[3]集中縣伯：爵名。集中縣，北朝四史僅此一見，待考。時有虛構郡縣，以授爵名之爲。

[4]李小興：事不詳。

[5]韓軌：字百年，太安狄那（今山西壽陽縣北）人。北魏、北齊官名。本書卷一五、《北史》卷五四有傳。

[6]周文帝：北周文帝宇文泰（505—556），字黑獺，代郡武川（今内蒙古武川縣）人。鮮卑族。北周奠基者。《周書》卷一、

二,《北史》卷九有紀。　邙山：山名。亦作"邙嶺""芒山"。今屬河南西部，西起三門峽，東止伊洛河岸。

　　[7]涇：州名。北魏置，治所在今甘肅涇川縣。　岐：州名。治所在今陝西鳳翔縣東南。　豳（bīn）：州名。治所在今甘肅寧縣。

　　王懷，字懷周，不知何許人也。少好弓馬，頗有氣尚，值北邊喪亂，早從戎旅。韓樓反於幽州，[1]懷知其無成，陰結所親，以中興初叛樓歸魏，拜征虜將軍、第一領民酋長、武周縣侯。[2]

　　[1]韓樓：一作"韓婁"。北魏人。爲葛榮部將，與北魏軍作戰，戰敗而死。
　　[2]征虜將軍：官名。名號將軍，亦作爲高級文職官員的加官。北魏孝文帝太和十七年（493）定爲第三品上，太和二十三年改爲從三品。　第一領民酋長：官名。北魏置。唐人避諱，改稱"第一領人酋長"。主要授予依附北魏政權的北方少數民族首領，可世襲，未被列爲中央政權的正式官職。北齊時定爲視從三品。　武周縣侯：中華本校勘記引張森楷云："據下文進爵爲侯，則此不得已是侯也。疑'侯'字誤。"武周縣，北魏置。治所在今山西左雲縣。

　　高祖東出，懷率其部人三千餘家，隨高祖於冀州。義旗建，高祖以爲大都督，從討尒朱兆於廣阿，[1]破之，除安北將軍，[2]蔚州刺史。又隨高祖攻鄴，克之，從破四胡於韓陵，進爵爲侯。仍從入洛，拜車騎將軍，[3]改封盧鄉縣侯。[4]

[1]尒朱兆（？—533）：字萬仁（一作"吐萬兒"），北魏北秀容（今山西朔州市）契胡貴族。《魏書》卷七五有傳，《北史》卷四八《尒朱榮傳》有附傳。　廣阿：縣名。治所在今河北隆堯縣東。

[2]安北將軍：官名。與安東、安西、安南將軍合稱四安將軍。爲出鎮京師北方某一地區的軍事長官，或作爲加官。北齊三品。

[3]車騎將軍：官名。多爲大臣加官。北齊二品。

[4]盧鄉縣：治所在今山東平度市西北。北齊廢。

天平中，除使持節、廣州軍事。[1]梁遣將湛僧珍、楊瞃來寇，懷與行臺元晏擊項城，拔之，擒瞃。[2]又從高祖襲克西夏州。[3]還，爲大都督，鎮下館，[4]除儀同三司。[5]元象初，[6]爲大都督，與諸將西討，遇疾卒於建州。贈定幽恒肆四州諸軍事、刺史、司徒公、尚書僕射。[7]懷以武藝勳誠爲高祖所知，志力未申，論者惜其不遂。皇建初，配饗高祖廟庭。

[1]廣州軍事：都督廣州諸軍事。

[2]梁遣將湛僧珍、楊瞃來寇，懷與行臺元晏擊項城，拔之，擒瞃：宋本、百衲本、四庫本"元晏"作"元景"，"項城"作"須城"。中華本校勘記云："《魏書》卷九八《蕭衍傳》'天平二年（五三五）正月，衍將湛僧珍寇南兗州，州軍擊破之。行臺元晏又破湛僧珍等於項城，虜其刺史楊瞟'，和此傳所述顯然是一事，唯'元景'作'元晏'，'須城'作'項城'，'楊瞃'作'楊瞟'。按《魏書》卷一二《孝靜紀》天平元年（五三四）閏十二月云，'蕭衍以元慶和爲鎮北將軍、魏王，入據平瀨鄉'，二年正月乙亥又云，'兼尚書右僕射、東南道行臺元晏討元慶和，破走之'，《魏書》卷

一九《元慶和傳》（附《汝陰王天賜傳》、《北史》卷一七同）稱，'蕭衍以爲北道總督、魏王，至項城，朝廷出師討之，望風退走'。凡上引紀載和《蕭衍傳》合，也即和此《傳》所載是一回事。湛僧珍等當是護送元慶和的梁將。據上引，這次東魏方面的主將是元晏，擊敗梁軍的地點是項城，'景'和'須'字都是訛文，今改正。唯'楊睒'和'楊曘'不知孰是。"從改。梁，南朝梁。歷史上又稱蕭梁（502—557）。湛僧珍，一作"湛僧"。南朝梁將領。普通（520—527）中，曾數度率軍攻北魏。大同（535—546）中，又曾率軍攻東魏。楊睒，南朝梁將領。事見本卷。

　　[3]西夏州：疑脱"魏"字，當作"西魏夏州"。天平三年（536），高歡將萬餘騎突襲西魏夏州（今内蒙古烏審旗）獲勝。

　　[4]下館：地名。確址待考。疑在今山西陽曲縣界（一説在今山西朔州市、代縣界）。

　　[5]儀同三司：官名。本指官場待遇，儀同三司（三公）。儀同自此成專名。魏晉以降，凡開府，皆儀同三司，遂成加銜。至北魏、北齊又爲官號。北齊二品。

　　[6]元象：東魏孝靜帝元善見年號（538—539）。

　　[7]恒：州名。東魏置。寄治肆州秀容郡城（今山西忻州市西北）。　肆：州名。治所在今山西忻州市西北。　尚書僕射：官名。秦置，爲尚書令之副職。北齊從二品。

　　劉貴，秀容陽曲人也。[1]父乾，[2]魏世贈前將軍、肆州刺史。貴剛格有氣斷，歷尒朱榮府騎兵參軍。[3]建義初，以預定策勳，封敷城縣伯，[4]邑五百户。除左將軍、太中大夫，[5]尋進爲公。榮性猛急，貴尤嚴峻，每見任使，多愜榮心，遂被信遇，位望日重，加撫軍將軍。[6]永安三年，除涼州刺史。[7]建明初，[8]尒朱世隆專擅，以貴爲征南將軍、金紫光禄、兼左僕射、西道行臺，[9]使抗孝莊行臺元顯恭於正平。[10]貴破顯恭，擒之，并大都督裴儁等，[11]復除晉州刺史。普泰初，轉行汾州事。[12]高祖起義，貴棄城歸高祖於鄴。太昌初，以本官除肆州刺史，轉行建州事。天平初，除陝州刺史。[13]四年，除御史中尉、肆州大中正。[14]其年，加行臺僕射，[15]與侯景、高昂等討獨孤如願於洛陽。[16]

[1]秀容：郡名。北魏置。治秀容縣（今山西忻州市西北）。北齊廢。　陽曲：縣名。治所在今山西陽曲縣南。

[2]乾：劉乾。事不詳。

[3]騎兵參軍：官名。爲騎兵曹長官。北齊諸公、將軍府置。

[4]敷城縣伯：爵名。敷城縣，北魏置，治所在今陝西洛川縣東南。

[5]左將軍：官名。南北朝成爲軍府名號，用作加官。　太中大夫：官名。侍從皇帝左右，掌顧問應對。北齊從三品。"太"字百衲本、中華本、宋本同，四庫本作"大"。

[6]撫軍將軍：官名。北齊時多以武職罷任者爲之，從二品。

[7]涼州：治所在今甘肅武威市。

[8]建明：北魏東海王元曄年號（530—531）。

[9]征南將軍：官名。爲四征將軍之一。兩晉南北朝多授持節都督，出鎮方面，地位一直很顯要。到北齊時漸成爲褒賞軍功勳臣的閑職。二品。　金紫光祿：官名。"金紫光祿大夫"的省稱。資深勳重之光祿大夫授金章紫綬稱加金章紫綬，故有此稱。爲元老重臣之加官或致仕之官。亦爲死者之贈官。　左僕射：官名。即尚書左僕射。爲尚書令副貳。北朝列位宰相，北齊爲從二品。

[10]元顯恭：字懷忠，徽次兄。以軍功封平陽縣開國子。被尒朱兆在晉陽殺害。《魏書》卷一九下《城陽王長壽傳》有附傳。　正平：郡名。北魏太和十八年（494）以征平郡改名。治所在今山

西新絳縣。

[11]裴儁（？—528）：又名裴延儁。字平子，河東聞喜（今山西聞喜縣）人。莊帝初，於河陰被殺。《魏書》卷六九、《北史》卷三八有傳。

[12]汾州：北魏太和八年（484）置，治所在今山西隰縣龍泉鎮，孝昌二年（526）移治今山西汾陽市兹氏古城。

[13]陝州：北魏置，治所在今河南三門峽市西。

[14]御史中尉：官名。北魏改御史中丞爲此稱。主掌御史臺。糾彈百官，參治刑獄。　大中正：官名。魏晋南北朝時期負責評定士人品第的官員。北齊州大中正視五品。

[15]行臺僕射：官名。即"行臺尚書僕射"的省稱。爲行臺尚書令副職。

[16]侯景（503—552）：字萬景，懷朔鎮（今內蒙古固陽縣西南）人，或云雁門（今山西代縣西南）人，羯族。北魏、東魏將領，後降南朝梁。《梁書》卷五六、《南史》卷八〇有傳。　高昂（491—538）：字敖曹，渤海蓨（今河北景縣）人。高翼子。東魏將領。本書卷二一《高乾傳》、《北史》卷三一《高允傳》有附傳。　獨孤如願（503—557）：獨孤信，本名如願，雲中（今內蒙古和林格爾縣西北土城子）人。鮮卑族獨孤部。北魏至北周名將。《周書》卷一六、《北史》卷六一有傳。　洛陽：地名。在今河南洛陽市。

　　貴凡所經歷，莫不肆其威酷。修營城郭，督責切峻，非理殺害，視下如草芥。然以嚴斷濟務，有益機速。性峭直，攻訐無所迴避，故見賞於時。雖非佐命元功，然與高祖布衣之舊，特見親重。興和元年十一月卒。[1]贈冀定并殷瀛五州軍事、太保、太尉公、録尚書事、冀州刺史，[2]謚曰忠武。齊受禪，詔祭告其墓。皇建中，[3]配享高祖廟庭。[4]長子元孫，員外郎、肆州中正，早卒。贈肆州刺史。次子洪徽嗣。[5]武平末，[6]假儀同三司，奏門下事。[7]

[1]興和：東魏孝靜帝元善見年號（539—542）。

[2]殷：州名。北魏孝昌二年（526）分定、相二州置，治所在今河北隆堯縣。　太保：官名。北魏、北齊爲三師之一，位居太師、太傅之下，一品。北齊後主時增員而授，所施頗濫。　錄尚書事：官名。北齊亦定爲官員，爲尚書省長官，尚書令、僕射爲其副貳，職權甚重。

[3]皇建：北齊孝昭帝高演年號（560—561）。

[4]配享高祖廟庭：百衲本無"庭"字，諸本有。本書諸傳皆有。從補。

[5]洪徽：劉洪徽，秀容陽曲（今山西陽曲縣南）人。北齊將領。初襲父爵樂縣男，後拜河州刺史。北齊建立，歷開府儀同三司、尚書右僕射、領軍將軍等職，與段韶等參與殺害楊愔等。

[6]武平：北齊後主高緯年號（570—576）。

[7]門下：官署名。即門下省。掌諫議應對、拾遺補缺。

任延敬，廣寧人也。伯父桃，[1]太和初爲雲中軍將，[2]延敬隨之，因家焉。延敬少和厚，有器度。初從葛榮爲賊，榮署爲王，甚見委任。榮敗，延敬擁所部先降，拜鎮遠將軍、廣寧太守，賜爵西河縣公。[3]

[1]桃：任桃。北魏將領。餘不詳。

[2]太和：北魏孝文帝元宏年號（477—499）。　雲中：郡名。治所在今內蒙古和林格爾縣西北土城子。　軍將：統兵武職。

[3]西河縣公：爵名。西河縣，北魏孝昌（525—527）中置。治所在今山西陽城縣西。

後隨高祖建義，中興初，[1]累遷光禄大夫。太昌初，累轉尚書左僕射，進位開府儀同三司。延敬位望既重，能以寬和接物，人士稱之。及斛斯椿釁發，[2]延敬棄家北走，至河北郡，[3]因率土民據之，以待高祖。

[1]中興：北魏後廢帝安定王元朗年號（531—532）。
[2]斛斯椿（495—537）：字法壽，北魏廣牧富昌（今内蒙古准格爾旗東南）人，高車族。初投尒朱榮，後隨尒朱兆。最後投宇文泰，拜尚書、遷太傅。《魏書》卷八〇、《北史》卷四九有傳。
[3]河北郡：指河北地區。

魏武帝入關，荆蠻不順，[1]以延敬爲持節南道大都督，討平之。天平初，復拜侍中。時范陽人盧仲延率河北流人反於陽夏，[2]西兗州民田龍聚衆應之，[3]以延敬爲大都督、東道軍司，[4]率都督元整、叱列陑等討之。[5]尋爲行臺僕射，除徐州刺史。[6]時梁遣元慶和及其諸將寇邊，延敬破梁仁州刺史黄道始於北濟陰，[7]又破梁儁於單父，[8]俘斬萬人。又拜侍中。在州大有受納，然爲政不殘，禮敬人士，不爲民所疾苦。

[1]荆蠻不順：指時荆州刺史賀拔勝出兵策應武帝事。
[2]時范陽人盧仲延率河北流人反於陽夏："陽"字諸本作"楊"。中華本校勘記云："按《魏書》卷一二《孝静紀》天平三年（五三六）二月稱'陽夏太守盧公纂據郡南叛，大都督元整破之'，

與此《傳》所載爲一事。當時地名雖多用同音字，但《地志》陽夏從没有作'楊'的，今據改。"説是。今從中華本改。范陽，郡名。治所在今河北涿州市。盧仲延，史傳無文。河北，黄河以北。陽夏，郡名。北魏孝昌四年（528）置，治所在今河南杞縣。

［3］西兖州：原治定陶（今山東菏澤市定陶區），後徙治左城（今山東曹縣韓集鎮堤上范村）。　田龍：東魏人。餘不詳。

［4］軍司：官名。西晋因避諱改軍師置。北齊沿置。爲諸軍府主要僚屬，佐主帥統帶軍隊，負有匡正監察主帥之責任，地位較高。

［5］率都督元整、叱列陃等討之："都督"四庫本、中華本同，宋本、百衲本作"都州"。據《魏書》卷一二"大都督元整破之"，可知此處應爲"都督"而非"都州"，今從四庫本、中華本改。元整，東魏將領，任武衛將軍、大都督。叱列陃，東魏將領，位都督。餘不詳。

［6］徐州：治所在今江蘇徐州市。

［7］仁州：南朝梁置。治赤坎城（今安徽泗縣西南）。　黄道始：南朝梁官吏。餘不詳。　北濟陰：地名。治所在今山東單縣。

［8］梁儁：又名梁秉儁。南朝蕭梁將領。　單父：地名。一作"亶父"。在今山東單縣。相傳虞舜師卷所居，故名。

潁州長史賀若徽執刺史田迅，據城降西魏，[1]復令延敬率豫州刺史堯雄等討之。[2]西魏遣其將怡鋒率衆來援，[3]延敬等與戰失利，收還北豫，[4]仍與行臺侯景、司徒高昂等相會，共攻潁川，[5]拔之。元象元年秋，卒於鄴，時年四十五。贈使持節、太保、太尉公、録尚書事、都督冀定瀛幽安五州諸軍事、冀州刺史。子冑嗣。

［1］潁州長史賀若徽執刺史田迅，據城降西魏：宋本、四庫本、

百衲本"州"作"川"。潁川爲郡，郡不置長史。中華本校勘記云："按賀若徽即賀若敦之父統，其事歷見本書卷二〇《堯雄傳》、《周書》卷二八《賀若敦傳》、《魏書》卷一二《孝静紀》天平四年（五三七）十月條（徽訛微），都作'潁州長史'。"今據改。潁州，東魏天平初置，治所在今河南長葛市城區。長史，官名。魏晉南北朝時諸州府、公府、將軍府及都督府沿置，主持府務，爲衆史之長。賀若徽，一作"賀若統"，代（今山西大同市東北）人。賀若敦之父。鮮卑族。北朝時官吏。事見《周書》卷二八《賀若敦傳》、《北史》卷六八《賀若敦傳》有附傳。田迅，東魏官吏，潁州刺史。餘不詳。

[2]豫州：治所在今河南汝南縣汝寧街道。 堯雄（499—542）：字休武，上黨長子（今山西長治市上黨區東北）人。堯榮子。北魏、東魏官吏。本書卷二〇有傳，《北史》卷二七《堯暄傳》有附傳，事亦見《魏書》卷四二《堯暄傳》。

[3]怡鋒（500—549）：亦稱怡峯。本姓默台，字景阜，遼西（泛指今遼寧省西部地區）人。西魏將領。《周書》卷一七、《北史》卷六五有傳。宋本"怡"作"怕"，疑誤。

[4]北豫：州名。東魏天平（534—537）中置。治所在今河南滎陽市西北。

[5]潁川：郡名。治所在今河南許昌市。

　　胄輕俠，頗敏惠。少在高祖左右，天平中，擢爲東郡太守。家本豐財，又多聚斂，動極豪華，賓客往來，將迎至厚。尋以贓污爲有司所劾，[1]高祖捨之。及解郡，高祖以爲都督。興和末，高祖攻玉壁還，[2]以晉州西南重要，留清河公岳爲行臺鎮守，[3]以胄隸之。胄飲酒遊縱，不勤防守，高祖責之。胄懼，遂潛遣使送款於周。爲人糾列，窮治未得其實，高祖特免之，謂胄曰："我推誠於物，謂卿必無此理。且黑獺降人，[4]首尾相繼，卿之虛實，於後何患不知。"冑内不自安。是時，儀同尒朱文暢及參軍房子遠、鄭仲禮等並險薄無賴，[5]冑厚與交結，乃陰圖殺逆。武定三年正月十五日，[6]因高祖夜戲，謀將竊發。有人告之，令捕窮治，[7]事皆得實。冑及子弟並誅。

[1]有司：指主管的官吏。
[2]玉壁：即玉壁城。在今山西稷山縣西南。西魏大統四年（538）東道行臺王思政築因玉壁險要，築城以禦東魏。
[3]清河公：爵名。清河，郡國名。西漢高帝置，治清陽縣（今河北清河縣）。西晉爲清河國，治清河縣（今山東臨清市）。北魏仍改爲郡。北齊移治武城縣（今河北清河縣西城關鄉西北）。岳：高岳（512—555），字洪略，渤海蓨（今河北景縣）人。高翻子，高歡從父弟。東魏、北齊宗室大臣。本書卷一三、《北史》卷五一有傳。
[4]黑獺：宇文泰，小字黑獺。因避北齊高祖泰諱，故北齊人稱宇文泰小字。
[5]尒朱文暢（528—545）：北魏北秀容（今山西朔州市）契胡貴族。東魏初，襲爵梁郡王。本書卷四八有傳，事見《魏書》卷七四《尒朱榮傳》，《北史》卷四八《尒朱榮傳》有附傳。　房子遠（？—545）：河南洛陽（今河南洛陽市）人。房謨子。東魏將領。武定三年（545），參與謀殺高歡，被誅。　鄭仲禮（？—545）：滎陽開封（今河南開封市南）人。東魏官吏。其姊爲高歡所嬖，以親戚擢帳内都督，甚見信用。本書卷四八有傳，事亦見《北史》卷三五《鄭羲傳》。
[6]武定三年正月十五日："武定"四庫本、中華本同，宋本、百衲本作"武平"。"武平"爲北齊後主高緯年號（570—576），

"武定"爲東魏孝静帝元善見年號（543—550）。"高祖夜戲"當發生在武定年間，武平顯誤。據四庫本改。另，"正月十五日"四庫本、百衲本、中華本同，宋本作"廿×"。據本書《尒朱文暢傳》："自魏氏舊俗，以正月十五日夜爲打竹簇之戲，有能中者，即時賞帛。任胄令仲禮藏刀於袴中"，與本卷記録的是同一件事情，可證。《北史》卷二二《長孫平傳》："鄴都俗薄，前後刺史，多不稱職。朝庭以平爲相州刺史，甚有能名。在州數年，坐正月十五日百姓大戲，畫衣裳爲鎧甲之象，上怒免之。"《資治通鑑》卷一七五："或以近世風俗，每正月十五夜，然燈游戲，奏請禁之。"是南北朝時已有正月十五游戲之俗。作正月十五是。從改。

[7]令捕窮治："治"字宋本、百衲本同，四庫本作"其"。據文意知，此處當爲"治"，四庫本誤。

莫多婁貸文，太安狄那人也。驍果有膽氣。從高祖舉義。中興初，除伏波將軍、武賁中郎將、虞候大都督。[1]從擊尒朱兆於廣阿，有功，加前將軍，封石城縣子，邑三百户。又從破四胡於韓陵，進爵爲侯。從平尒朱兆於赤谼嶺。[2]兆窮迫自經，貸文獲其屍。遷左厢大都督。[3]斛斯椿等釁起，魏武帝遣賈顯智據守石濟，[4]高祖令貸文率精鋭三萬，與竇泰等於定州相會，[5]同趣石濟，擊走顯智。天平中，除晋州刺史。汾州胡賊爲寇竊，[6]高祖親討焉，以貸文爲先鋒，每有戰功。還，賚奴婢三十人、牛馬各五十匹、布一千匹，[7]仍爲汾、陝、東雍、晋、泰五州大都督。[8]後與太保尉景攻東雍、南汾二州，[9]克之。

[1]伏波將軍：官名。雜號將軍之一。北齊從五品上。　武賁

中郎將：官名。即"虎賁中郎將"，唐諱改。主宿衛。北齊時屬左右衛府，員十五人，第六品。　虞候大都督：官名。北魏置。掌斥候，爲軍隊前哨，備不虞。

[2]赤銚嶺：山名。又名"赤洪嶺""赤洪山"。在今山西吕梁市離石區東北。

[3]左厢大都督：官名。北魏末置，掌左厢禁衛軍兵。東魏相府亦置，經常統兵出征。

[4]石濟：津渡名。即石濟津。又名"棘津""南津"。在今河南滑縣西南古黄河上。

[5]竇泰（？—537）：字世寧，大安捍殊（今内蒙古鄂托克前旗城川鎮一帶）人。北魏、東魏將領。善騎射，有勇略。本書卷一五、《北史》卷五四有傳。

[6]汾州：治所在今山西汾陽市兹氏古城。

[7]賫：賜。

[8]陝：州名。治所在今河南三門峽市西。　東雍：州名。治所在今山西新絳縣萬安鎮柏壁村。　泰：州名。北魏延和元年（432）以雍州改名，治所在今山西永濟市西南。

[9]南汾：州名。治所在今山西稷山縣西南。

元象初，除車騎大將軍、儀同、南道大都督，[1]與行臺侯景攻獨孤如願於金墉城。[2]周文帝軍出函谷，[3]景與高昂議整旅厲卒，[4]以待其至。貸文請率所部，擊其前鋒，景等固不許。貸文性勇而專，不肯受命，以輕騎一千軍前斥候，西過瀍澗，[5]遇周軍，戰没。贈并肆恒雲朔五州軍事、并州刺史、尚書右僕射、司徒公。[6]

[1]儀同：官名。爲官銜。先後爲"儀同三司""儀同將軍"的簡稱。

[2]金墉城：古城名。三國魏明帝時築。在今河南洛陽市東北魏、晉洛陽故城西北隅。

[3]函谷：古城名。即函谷關。在今河南新安縣東。北周改爲通洛以備北齊。

[4]景與高昂議整旅屬卒：宋本、百衲本、四庫本皆脱"景"字。中華本據《北史》卷五三《莫多婁貸文傳》、《册府元龜》卷四四七補。從補。

[5]西過瀍澗："瀍"字宋本、百衲本、四庫本作"源"。中華本校勘記云："《册府》卷四四七作'瀍'。按《周書》卷二《文帝紀》大統四年（五三八）記此事稱進軍'瀍東'。瀍澗是當時常見地名，《魏書》卷一一《出帝紀》太昌元年九月乙巳稱'南過洛汭，遂至瀍澗'。"又《北史》卷八〇《高肇傳》："將至，宿瀍澗驛亭。"《漢魏南北朝墓誌彙編》北魏平北將軍燕州刺史寇君墓誌銘中有：其年十一月廿九日窆於瀍澗之西鄉"邸"。伊、洛、瀍、澗爲洛陽周邊四條主要河流，"源"乃"瀍"之訛。據《册府元龜》改。

[6]雲：州名。北魏孝昌元年（525）改朔州置，治所在今内蒙古和林格爾縣盛樂鎮上土城子村北，旋陷。後寄治今山西文水縣劉胡蘭鎮雲周村（一說治所在今山西祁縣東）。 朔：州名。治所在今山西朔州市朔城區、平魯區一帶。

子敬顯，強直勤幹，少以武力見知。恒從斛律光征討，[1]數有戰功。光每命敬顯前驅，安置營壘，夜中巡察，或達旦不睡。臨敵置陳，亦令敬顯部分將士，造次之間，行伍整肅。深爲光所重。位至領軍將軍，恒檢校虞候事。[2]武平中，車駕幸晉陽，每令敬顯督留臺兵馬，糾察盜賊，京師肅然。七年，從後主平陽，[3]敗歸并州，與唐邕等推立安德王稱尊號。[4]安德敗，文武群官皆投周軍，[5]唯敬顯走還鄴。授司徒。周武帝平鄴城之明日，[6]執敬顯斬於閶闔門外，[7]責其不留晉陽也。[8]

［1］斛律光（515—572）：字明月，朔州（今内蒙古固陽縣）人。高車族敕勒部。北齊名將。少以武藝知名。本書卷一七、《北史》卷五四《斛律金傳》有附傳。

［2］虞候：官名。北魏設，掌軍中偵騎。北齊因之，相府及諸軍府内皆設，品秩不一。

［3］後主：北齊後主高緯（556—578），武成帝長子。本書卷八、《北史》卷八有紀。　平陽：郡名。三國魏析河東郡置。在今山西臨汾市，因在平水之陽而得名。

［4］唐邕：字道和，太原晉陽（今山西太原市晉源區古城營村一帶）人。北齊官吏。本書卷四〇、《北史》卷五五有傳。　安德王：高延宗（？—578），渤海蓨（今河北景縣）人。北齊宗室，齊文襄帝子。本書卷一一、《北史》卷五二有傳。

［5］文武群臣：百衲本、四庫本"武"訛作"帝"，文意不通，據《册府元龜》卷三七二改爲"武"。

［6］周武帝：北周武帝宇文邕（543—578），字禰羅突。宇文泰第四子。公元561年至578年在位。《周書》卷五、六、《北史》卷一〇有紀。

［7］閶闔門：城門名。鄴都宮城的正門。

［8］責其不留晉陽也："晉陽"四庫本同，宋本、百衲本作"平陽"。中華本校勘記云："《北史》卷五三作'晉'。按上文説他敗歸并州，後又走還鄴。《周書》卷六《武帝紀》下建德六年正月記周武帝責他三罪，第一條就是'從并走鄴，攜妾棄母'。并州治晉陽，《北史》是，今據改。"説是，從改。

高市貴，善無人也。[1]少有武用。孝昌初，[2]恒州内部敕勒劉崘等聚衆反，[3]市貴爲都督，率衆討崘，一戰破之。累遷撫軍將軍、諫議大夫。及尒朱榮立魏莊帝，[4]市貴預翼戴之勳。遷衛將軍、光祿大夫、秀容大都督、第一領民酋長，[5]賜爵上洛縣伯。[6]尒朱榮擊葛榮於滏口，以市貴爲前鋒都督。榮平，除使持節、汾州刺史，尋爲晉州刺史。紇豆陵步藩之侵亂并州也，[7]高祖破之，市貴亦從行有功，除驃騎大將軍、儀同三司，封常山郡公，[8]邑一千五百户。

[1]善無：縣名。治所在今山西右玉縣南。

[2]孝昌：北魏孝明帝元詡年號（525—527）。

[3]敕勒：少數民族部落。亦稱鐵勒、赤勒、勑勒、狄歷。源於戰國、秦漢時丁零。南北朝時又稱爲高車。按《魏書》卷一〇三、《通典》卷一九七、《通志》卷二〇〇《高車傳》曰："高車，蓋古赤狄之餘種也。初號爲狄歷，北方以爲敕勒，諸夏以爲高車、丁零。" 劉崘：北魏末人。事不詳。

[4]魏莊帝：北魏孝莊帝元子攸（507—530），彭城王元勰第三子。公元528年至530年在位。諡號孝莊。《魏書》卷一〇、《北史》卷五有紀。

[5]衛將軍：官名。多作爲軍府名號，以加大臣、重要州郡長官，無具體職掌。北齊二品。

[6]上洛縣伯：爵名。上洛縣，治所在今陝西商洛市商州區。

[7]紇（hé）豆陵步藩（？—530）：北魏河西（約今山西吕梁山以西黃河西岸）人，鮮卑族。永安三年（530），受莊帝詔，率軍東上進攻尒朱兆，連連獲勝。後在平樂郡（今山西昔陽縣）爲尒朱兆和高歡軍所敗。

[8]常山郡公：爵名。常山郡，治所在今河北石家莊市藁城區

西北。

高祖起義，市貴預其謀。及樊子鵠據州反，隨大都督婁昭討之。子鵠平，除西兗州刺史，不之州。天平初，復除晉州刺史。高祖尋以洪峒要險，[1]遣市貴鎮之。

[1]洪峒：軍鎮名。一作"洪洞"。在今山西洪洞縣北。縣北有洪洞嶺，故名。

高祖沙苑失利，[1]晉州行事封祖業棄城而還，[2]州民柴覽聚衆作逆。[3]高祖命市貴討覽，覽奔柴壁，[4]市貴破斬之。是時，東雍、南汾二州境多群賊，[5]聚爲盜，因市貴平覽，皆散歸復業。後秀容人五千户叛應山胡，[6]復以市貴爲行臺，統諸軍討平之。元象中，從高祖破周文帝於邙山。重除晉州刺史、西道軍司，率衆擊懷州逆賊潘集。[7]未至，遇疾道卒。贈并汾懷建東雍五州軍事、太尉公、并州刺史。子阿那肱貴寵，[8]封成皋王。[9]敕令其第二子孔雀承襲。[10]

[1]沙苑：地名。地名。又名"沙阜""沙海""沙澤""沙窩"。在今陝西大荔縣南洛、渭二河之間，東西八十里，南北三十里，其沙隨風流徙，不可耕植，而宜於牧林瓜果。東魏天平四年（537）與西魏於此爆發惡戰，史稱沙苑之戰，東魏慘敗。

[2]晉州行事：行晉州刺史事。代理晉州刺史。

[3]柴覽：東魏晉州（今山西臨汾市城區）人。餘不詳。

[4]柴壁：地名。在今山西襄汾縣西南。

[5]多群賊：中華本校勘記云："《册府》卷三五四無'賊'

字。按文義疑'賊'字衍。"

[6]山胡：民族名。亦稱"稽胡""步落稽"。源於南匈奴。一説爲山戎、赤狄之後。南北朝時居於山西北部。與漢人雜居。

[7]懷州：北魏天安二年（467）置，治所在今河南沁陽市城區。 潘集：東魏人。事不詳。

[8]阿那肱：高阿那肱，一作"高阿那瓌"，善無（今山西右玉縣南）人。高市貴子。北齊官吏。本書卷五〇、《北史》卷九二有傳。

[9]成皋王：爵名。成皋，縣名。治所在今河南滎陽市西北。

[10]孔雀：高孔雀。北齊官吏。事不詳。

　　厙狄迴洛，代人也。[1]少有武力，儀貌魁偉。初事尒朱榮爲統軍，[2]預立莊帝，轉爲別將，[3]賜爵毋極伯。[4]從破葛榮，轉都督。榮死，隸尒朱兆。高祖舉兵信都，迴洛擁衆歸義。從破四胡於韓陵，以軍功補都督，加後將軍、太中大夫，[5]封順陽縣子、邑四百户。[6]遷右厢都督。[7]從征山胡，先鋒斬級，除朔州刺史。破周文於河陽，[8]轉授夏州刺史。[9]邙山之役，力戰有功，增邑通前七百户。世宗嗣事，[10]從平潁川。天保初，除建州刺史。肅宗即位，[11]封順陽郡王。[12]大寧初，[13]轉朔州刺史，食博陵郡幹。[14]轉太子太師，[15]遇疾卒。贈使持節、都督定瀛恒朔雲五州軍事、大將軍、太尉公，定州刺史，贈物一千段。

[1]代：郡名。治所在今山西大同市東北。

[2]統軍：官名。爲統兵武官，位在都將（鎮將）、別將之下，軍主之上。時又設中統軍、帳内統軍等。北齊時爲"備身五職"

之一。

［3］別將：官名。北魏中葉以後，出兵之制，與主力分道而行爲之輔翼的將領，稱別道都將，後遂沿用此稱，逐漸成爲一級統兵武官名稱。

［4］毋極：縣名。治所在今河北無極縣西。

［5］後將軍：官名。北朝成爲軍府名號，用作加官。北魏孝文帝太和十七年（493）定爲從二品上，後改爲三品。

［6］順陽縣子：爵名。順陽縣，治所在今河南淅川縣南。

［7］右厢都督：官名。北魏末置。職掌不詳。

［8］河陽：縣名。治所在今河南孟州市西南。

［9］夏州：治所在今陝西靖邊縣北白城子。

［10］世宗：北齊文襄帝高澄（521—549），廟號世宗。本書卷三、《北史》卷六有紀。

［11］肅宗：北齊孝昭帝高演（535—561），廟號肅宗。本書卷六、《北史》卷七有紀。

［12］順陽郡王：爵名。順陽郡，治所在今河南淅川縣南。

［13］大寧：北齊武成帝高湛年號（561—562）。

［14］博陵郡：北魏改博陵國置，治所在今河北安平縣。

［15］太子太師：官名。掌輔導太子。北齊二品。

庫狄盛，懷朔人也。[1]性和柔，少有武用。初爲高祖親信都督，[2]除伏波將軍，每從征討。以功封行唐縣伯，[3]復累加安北將軍，幽州刺史，加中軍將軍，爲豫州鎮城都督。以勳舊進爵爲公，世宗减封二百户，以增其邑。除征西大將軍、開府儀同三司、朔州刺史。[4]齊受禪，改封華陽縣公。[5]又除北朔州刺史，[6]以華陽封邑在遠，隨例割并州之石艾縣、肆州之平寇縣、原平之馬邑縣各數十户，合二百户爲其食邑。[7]未幾，例罷，拜特進，[8]卒。贈使持節、都督朔瀛趙幽安五州諸軍事、太尉公、朔州刺史。[9]

[1]懷朔：鎮名。北魏六鎮之一。在今内蒙古固陽縣西南。

[2]親信都督：官名。北魏末尒朱榮置，東魏高歡父子沿置。統領主帥左右的侍衛。選工於騎射者爲之。

[3]行唐縣：北魏改南行唐縣置。治所在今河北行唐縣東北。

[4]征西大將軍：官名。爲將軍名號，多授統兵出鎮在外、都督諸州軍事者。北齊又爲褒賞軍功勳臣的閑職，二品。

[5]華陽縣公：爵名。華陽縣，治所在今陝西勉縣。

[6]北朔州：北齊置。治所在今山西朔州市東北。

[7]隨例割并州之石艾縣、肆州之平寇縣、原平之馬邑縣各數十户，合二百户爲其食邑："原平"宋本、百衲本、中華本同，四庫本作"原州"。中華本校勘記云："按原州地屬北周，北齊豈能割其領户以封人，且馬邑與原州也相去絶遠。作'原州'顯誤。原平是縣名，屬肆州雁門郡，見《魏書》卷一〇六《地形志上》。馬邑縣不見《魏志》，《隋書》卷三〇《地理志》中有馬邑郡而無馬邑縣。或北齊有此縣，《隋志》失載。但'原平之馬邑'也不可通，此'之'字當是'縣'字之誤。原文當作'割并州之石艾縣，肆州之平寇縣、原平縣、馬邑縣各數十户，合二百户爲其食邑'。"按，北朝州郡改易頻繁，原平爲郡也未可知，時地當屬顯州。存疑。石艾縣，北魏孝昌中以上艾縣改名。治所在今山西平定縣東南。平寇縣，治所在今山西忻州市西南。原平，縣名。治所在今山西代縣西。北齊廢。馬邑縣，治所在今山西朔州市。

[8]特進：官名。初爲對大臣的優待名義。後爲正式加官名號，用以安置閑退大臣。北齊二品。

[9]趙：州名。北齊天保二年（551）改殷州置，治所在今河

北隆堯縣東。

薛孤延，代人也。少驍果，有武力。韓樓之反，延隨衆屬焉。後與王懷等密計討樓，爲樓尉帥乙弗醜所覺，[1]力戰破醜，遂相率歸。行臺劉貴表爲都督，[2]加征虜將軍，賜爵永固縣侯。[3]後隸高祖爲都督，仍從起義。破尒朱兆於廣阿，因從平鄴，以功進爵爲公，轉大都督。從破四胡於韓陵，加金紫光禄大夫。從追尒朱兆於赤谼嶺，除第一領民酋長。孝静立，[4]拜顯州刺史，[5]累加車騎將軍。天平四年，從高祖西伐。至蒲津，[6]竇泰於河南失利，高祖班師，延殿後，且戰且行，一日斫折刀十五口。還，轉梁州刺史。[7]從征玉壁，又轉恒州刺史。從破周文帝於邙山，進爵爲縣公，邑一千户。

[1]尉帥：官名。即統兵之校尉或都尉。　乙弗醜：北魏人。餘不詳。

[2]行臺劉貴表爲都督：百衲本"表"前有"之"字，諸本無。《册府元龜》卷一六四同。據删。

[3]永固縣侯：爵名。永固縣，北魏置。治所在今山西大同市西北。

[4]孝静：東魏皇帝元善見（524—551），謚號孝静。公元534年至550年在位。《魏書》卷一二、《北史》卷五有紀。

[5]顯州：北魏置，治所在今山西孝義市西六壁頭村。

[6]蒲津：渡口名。一作"蒲阪津"。在今山西永濟市與陝西大荔縣之間黄河上。

[7]梁州：治所在今河南開封市城區。

高祖嘗閱馬於北牧，[1]道逢暴雨，大雷震地。前有浮圖一所，[2]高祖令延視之。延乃馳馬按矟直前，[3]未至三十步，雷火燒面，延唱殺，繞浮圖走，火遂滅。延還，眉鬚及馬鬃尾俱燋。[4]高祖歎曰："薛孤延乃能與霹靂鬭。"[5]其勇決如此。

[1]北牧：時設於北方的牧馬苑。
[2]浮圖：佛教名詞。亦作"佛圖""浮屠"，皆"佛陀"之音譯。意譯"覺者""知者""覺"。覺含三義：自覺、覺他、覺行圓滿。此處代指寺院。
[3]按矟（shuò）：手持長矛。矟，同"槊"。長矛。
[4]燋：通"焦"，燒焦。
[5]霹靂：古星官名。在壁宿南，土公西南，由五星組成。屬雙魚座。

　　又頻從高祖討破山胡，西攻玉壁。入爲左衛將軍，[1]改封平秦郡公。[2]爲左厢大都督，與諸軍將討潁州。延專監造土山，以酒醉爲敵所襲據。潁州平，諸將還京師，譖於華林園。[3]世宗啓魏帝，[4]坐延於階下以辱之。後兼領軍將軍，出爲滄州刺史，[5]別封溫縣男，[6]邑三百户。齊受禪，別賜爵都昌縣公。[7]性好酒，率多昏醉。而以勇決善戰，每大軍征討，常爲前鋒，故與彭、劉、韓、潘同列。[8]天保二年，爲太子太保，[9]轉太子太傅。[10]八年，除肆州刺史，加開府儀同三司，食洛陽郡幹，尋改食河間郡幹。[11]

［1］左衛將軍：官名。北齊時爲左衛府長官，員一人，三品。掌左厢，與右衛將軍共主朱華閤以外禁衛事務。

［2］平秦郡公：爵名。平秦郡，北魏太延二年（436）置，治雍縣（今陝西鳳翔縣東南）。"秦"字諸本及《册府元龜》卷三八二皆同，百衲本作"泰"。作"秦"是，據改。

［3］讌（yàn）：即"宴"。　華林園：皇家園林。

［4］世宗：北齊文襄帝高澄（521—549），廟號世宗。本書卷三、《北史》卷六有紀。

［5］滄州：北魏熙平二年（517）分瀛、冀二州置。以滄海爲名。治所在今河北鹽山縣舊縣鎮。

［6］温縣男：爵名。温縣，治所在今河南温縣西南。

［7］都昌縣公：爵名。都昌縣，治所在今山東昌樂縣。

［8］彭、劉、韓、潘：分别指彭樂、劉貴、韓賢、潘樂。彭樂（？—551），字興，安定（今甘肅涇川縣北）人。北魏、東魏將領。《北史》卷五三有傳。劉貴、韓賢本卷有傳。潘樂，本書卷一五、《北史》卷五三有傳。

［9］太子太保：官名。位在太子太師、太子太傅下，三者謂東宫三師。掌輔導太子，三品。

［10］太子太傅：官名。與太子少傅並稱爲太子二傅。北齊二品。

［11］河間郡：治所在今河北河間市南。　幹：州郡向官府提供力役的吏雜户，食州、食郡幹，即可享受州郡吏雜户提供的力役。

　　張保洛，代人也，自云本出南陽西鄂。[1]家世好賓客，尚氣俠，頗爲北土所知。保洛少率健，善弓馬。魏孝昌中，北鎮擾亂，保洛亦隨衆南下。葛榮僭逆，以保洛爲領左右。榮敗，仍爲尒朱榮統軍，累遷揚烈將軍、奉車都尉。[2]後隸高祖爲都督，從討步蕃。[3]

〔1〕南陽：郡名。治所在今河南南陽市。　西鄂：縣名。治所在今河南南陽市北。

〔2〕揚烈將軍：官名。爲雜號將軍之一。北魏五品上。　奉車都尉：官名。掌皇帝車輿，入侍左右。北齊員十人，隸左、右衛府，從五品。

〔3〕步蕃：紇豆陵步藩。本書卷一《神武紀上》作"步藩"。

及高祖起義，保洛爲帳内，從破尒朱兆於廣阿。尋遷右將軍、中散大夫，仍以帳内從高祖圍鄴城，既拔，除平南將軍、光禄大夫。[1]從破尒朱兆等於韓陵，因隨高祖入洛，加安東將軍。[2]後高祖啓減國邑，分授將士。保洛隨例封昌平縣薄家城鄉男一百户。[3]

〔1〕平南將軍：官名。北齊爲褒賞軍功勳臣的閑職，三品。

〔2〕安東將軍：官名。魏晋以後和安南、安北、安西將軍合稱爲四安將軍。北齊爲褒賞軍功勳臣的閑職，三品。

〔3〕昌平縣：治所在今北京市昌平區西南。　薄家城鄉男：爵名。

魏出帝不協於高祖，[1]令儀同賈顯智率豫州刺史斛斯壽東趣濟州。[2]高祖遣大都督竇泰濟自滑臺拒顯智，[3]保洛隸泰前驅。事定，轉都督。

〔1〕魏出帝：北魏孝武帝元脩。

〔2〕斛斯壽：一作"斛斯元壽"。富昌（今内蒙古准格爾旗東南）人。斛斯椿之弟。北魏官吏。《北史》卷四九《斛斯椿傳》有附傳。

[3]滑臺：城名。即滑臺城。在今河南滑縣東。北臨古黃河，爲軍事要地。

從高祖襲夏州，[1]剋之。万俟受洛干之降也，[2]高祖遣保洛與諸將於路接援。元象初，除西夏州刺史、當州大都督，又以前後功，封安武縣伯，[3]邑四百户。轉行蔚州刺史。從高祖攻周文帝於邙山，圍玉壁，攻龍門。[4]還，留鎮晉州。

[1]從高祖襲夏州：百衲本無"從"字，諸本有。以文意度之，當有。從補。
[2]万俟受洛干：北齊將領。名洛，字受洛干，亦稱万俟干、万俟洛、万俟受洛、万俟壽洛干、壽樂干，太平（今山西山陰縣東南）人。鮮卑族。本書卷二七、《北史》卷五三有附傳。
[3]安武縣伯：爵名。安武縣，治所在今甘肅鎮原縣西南。
[4]龍門：縣名。治所在今山西河津市東南。

世宗即位，以保洛爲左厢大都督。後出晉州，加征西將軍。[1]王思政之援潁州，[2]攻圍未克。[3]世宗仍令保洛鎮楊志塢，使與陽州爲掎角之勢。[4]潁川平，尋除梁州刺史。

[1]征西將軍：官名。北齊時成爲褒賞軍功勳臣的閑職，二品。
[2]王思政：字司政，太原祁（今山西祁縣）人。西魏名將。後降北齊，爲都官尚書、儀同三司。《周書》卷一八、《北史》卷六二有傳。
[3]攻圍未克："克"字百衲本、四庫本、中華本同，宋本作

"免"。根據句意，此處應爲"克"。

[4]使與陽州爲掎角之勢："陽"字中華本、宋本同，百衲本、四庫本作"揚"。中華本校勘記云："按魏書卷一〇六《地形志》中，陽州治宜陽。本書卷一七《斛律金傳》，説在侯景以潁川降西魏後，他'仍率所部於宜陽築楊志、百家、呼延三戍，置守備而還'。張保洛之鎮楊志塢當即在置戍後不久。據《水經注》卷一五伊水注，塢在廣成澤西大戟水的南岸，當在今伊川縣，即在宜陽亦即陽州之東不遠。據守此地和陽州'爲掎角之勢'，可以控制西魏通向河南的要道。治壽春的揚州和治項城的北揚州都距楊志塢甚遠。今從三朝本。"説是，從改。陽州，治宜陽縣（今河南宜陽縣西）。

顯祖受禪，仍爲刺史，所在聚斂爲務，民吏怨之。濟南初，[1]出爲滄州刺史，封敷城郡王。[2]爲在州聚斂，免官，削奪王爵。及卒，贈以前官，追復本封。子默言嗣。[3]武平末，衛將軍。

[1]濟南：北齊廢帝高殷（545—561）。因被太皇太后婁氏廢爲濟南王，故代指。本書卷五有紀。
[2]敷城郡王：爵名。敷城郡，東魏天平四年（537）置，治所在今山西臨汾市。
[3]默言：張默言。齊亡入周。隋建，任行軍總管。

以帳内從高祖出山東，有麹珍、段琛、牒舍樂、尉摽、乞伏貴和及弟令和、王康德，[1]並以軍功至大官。

[1]有麹珍：四庫本"有"前有一"又"字。

麴珍字舍洛，[1]西平酒泉人也。[2]壯勇善騎射。以帳內從高祖晉州，仍起義，所在征討。武定末，封富平縣伯。[3]天保初，食黎陽郡幹，[4]除晉州刺史。武平初，遷豫州道行臺尚書令、豫州刺史，卒，贈太尉。

[1]舍洛：四庫本、中華本同，宋本、百衲本作"舍樂洛"。《北史》卷五三《麴珍傳》："珍字舍洛，西平酒泉人。壯勇善騎射，以帳內從神武。天統中，封安康郡王。武平初，爲豫州道行臺尚書令、豫州刺史。卒，贈太尉。"今據《北史》改。

[2]西平：郡名。治所在今青海西寧市。 酒泉：縣名。治所在今甘肅酒泉市。

[3]富平縣伯：爵名。宋本、百衲本無"伯"字，中華本、四庫本有。今據中華本補。富平縣，北魏置，治所在今甘肅慶陽市西南。

[4]食黎陽郡幹："幹"字四庫本、中華本同，宋本、百衲本作"王"。疑爲形似而訛，據四庫本改。黎陽郡，治所在今河南浚縣東。

段琛字懷寶，代人也。少有武用。從高祖起義信都。天保中，光州刺史。[1]

[1]光州：北魏皇興四年（470）置。治所在今山東萊州市。"光州"宋本、百衲本、中華本同，四庫本作"兗州"。

牒舍樂，武成開府儀同三司、營州刺史，[1]封漢中郡公。[2]戰歿關中。[3]

［1］武成開府儀同三司：四庫本"武成"下有"初"字，宋本、百衲本無。中華本校勘記云："《北史》卷五三《張保洛傳》末'武成'作'武威人'。錢氏《考異》卷三一云：''武成'疑是"武威"之譌。此段附出諸臣各著里居，不應舍樂獨殊其例。當云"武威人"而其下尚有脱文爾。'按本書卷二〇《慕容儼傳》末亦稱'武威牒舍樂'。這裏'武威'訛'武成'，又脱'人'字，諸本以不可通以意增'初'字。"疑是。　營州：北魏太平真君五年（444）置，治龍城縣（今遼寧朝陽市）。

［2］漢中郡公：爵名。漢中郡，治南鄭縣（今陝西漢中市）。

［3］關中：指今陝西關中盆地。

　　尉摽，代人也。大寧初，封海昌王。[1]子相貴嗣，武平末，晋州道行臺尚書僕射、晋州刺史。[2]爲行臺左丞侯子欽等密啓周武請師，[3]欽等爲内應。周武自率衆至城下，欽等夜開城門引軍入，鎖相貴送長安。尋卒。弟相願，强幹有膽略。武平末，領軍大將軍。[4]自平陽至并州，及到鄴，每立計將殺高阿那肱，廢後主，立廣寧王，[5]事竟不果。及廣寧被出，相願拔佩刀斫柱而歎曰："大事去矣，知復何言！"

［1］海昌王：爵名。海昌，郡名。疑在今山東境内。

［2］行臺尚書僕射：官名。爲行臺尚書令副職。

［3］爲行臺左丞侯子欽等密啓周武請師：疑"爲"字錯簡，當上置"晋州道行臺尚書僕射"之前。"啓"字諸本同，百衲本作"起"。從諸本改。行臺左丞，官名。即行臺尚書左丞。行臺尚書令的屬官。侯子欽，北齊官吏。事不詳。周武，北周武帝宇文邕（543—578），字禰羅突。宇文泰第四子。公元561年至578年在

位。《周書》卷五、六，《北史》卷一〇有紀。

［4］領軍大將軍：官名。北齊文宣帝天保中置，爲領軍府長官，總掌禁衛諸軍，在領軍將軍之上。權勢極重，二品。

［5］廣寧王：指高孝珩（？—577）。文襄帝第二子。天保初封廣寧王。本書卷一一有傳。

貴和及令和兄弟，武平末，並開府儀同三司。令和，領軍將軍。并州未敗前，與領軍大將軍韓建業、武衛大將軍封輔相相繼投周軍。[1]令和授柱國，[2]封西河郡公。[3]隋大業初，[4]卒於秦州總管。[5]

［1］武衛大將軍：官名。掌宿衛禁軍，二品。
［2］柱國：官名。西魏設八員，爲府兵最高指揮官。北周因之，正九命。後轉爲第二等勳官。
［3］西河郡公：爵名。西河郡，東魏天平四年（537）置。治所在今山西汾陽市。
［4］隋：公元581年楊堅（隋文帝）代北周稱帝，國號隋。大業：隋煬帝楊廣年號（605—618）。
［5］秦州：治所在今甘肅天水市西南。　總管：官名。地方高級軍政官員。北周明帝武成元年（559）由"都督諸州軍事"改名，加使持節，管理轄區軍政民政。

建業、輔相，俱不知所從來。建業授上柱國，[1]封郇國公，隋開皇中卒。[2]輔相，上柱國，[3]封郡公。周武平并州，即以爲朔州總管。康德，代人也。歷數州刺史、并省尚書，封新蔡郡王。[4]

[1]上柱國：官名。戰國楚始設，兼掌軍政，名位在柱國之上。北周復設此官，階正九命，位高權重，後轉爲勳官之第一等。

[2]開皇：隋文帝楊堅年號（581—600）。

[3]上柱國：百衲本"上柱國"前有"封"字，諸本無。《北史》卷五三作"輔相授上柱國，封郡公"。符合授官封爵之用例，疑是。無"授"字亦通，但"封"官"封"爵則不合用例。從删。

[4]新蔡郡王：爵名。新蔡郡，北齊置，治所在今河南固始縣東北。

侯莫陳相，代人也。祖伏頹，[1]魏第一領民酋長。父斛古提，[2]朔州刺史、白水郡公。[3]

[1]伏頹：侯莫陳伏頹，又名侯莫陳社伏頹。鮮卑族。

[2]斛古提：百衲本作"斛右提"，從《北史》改。東魏官吏。事不詳。

[3]白水郡公：爵名。白水郡，治所在今陝西白水縣。

尋除蔚州刺史，[1]仍爲大行臺，[2]節度西道諸軍事。又遷車騎將軍，顯州刺史。入除太僕卿。[3]頃之，出爲汾州刺史。别封安次縣男，[4]又别封始平縣公。[5]天保初，除太師，轉司空公，[6]進爵爲白水王，邑一千一百户。累授太傅，[7]進食建州幹，别封義寧郡公。武平二年四月，薨於州，[8]年八十三。贈假黄鉞、使持節、督冀定瀛滄濟趙幽并朔恒十州軍事、右丞相、太宰、太尉公、朔州刺史。[9]有二子。長子貴樂，尚公主，駙馬都尉。[10]次子晋貴，[11]武衛將軍、梁州刺史。[12]隆化時，[13]并州失守，晋貴遣使降周，授上大將軍，[14]封信安縣公。[15]

[1]尋除蔚州刺史：中華本校勘記云："按這裏似以蔚州刺史爲斛古提官，但觀下文却是侯莫陳相自己的官。《北史》卷五三《侯莫陳相傳》在'白水郡公'下有'相七歲喪父，號慕過人。及長，性雄傑。後從神武起兵，破四胡於韓陵，力戰有功，封陽平縣伯，改封白水郡公'一段。《北史》中北齊《紀》《傳》即出於《北齊書》，知此《傳》在'白水郡公'下脱去一大段叙述侯莫陳相早年事迹的文字。當因兩見'白水郡公'，抄刻時誤把後一'白水郡公'下的文字接在前一'白水郡公'下，便擠掉了這段早年事迹，以致父子歷官混淆。"説是。

[2]大行臺：官名。北齊時多作爲大行臺尚書令的省稱。

[3]太僕卿：官名。爲"太僕"的尊稱。北齊置爲太僕寺長官，三品，位列九卿。管理宫廷車馬及全國畜牧事務。

[4]安次縣男：爵名。安次縣，治所在今河北廊坊市安次區西北。

[5]始平縣公：爵名。始平縣，治所在今陝西興平市東北。

[6]天保初，除太師，轉司空公：張森楷曰："《文宣紀》：'以太子太師侯莫陳相爲司空'。"中華本校勘記云："此蓋誤脱'太子'二字。按魏齊官品，三師、二大、三公爲序。太師是三師之首，司空乃三公之末。"疑是。太師，官名。北朝時爲三師之一，位在太傅、太保之上，一品。居百官之首，名位極尊。北齊後主爲激賞人心，增員而授，遂不可勝數。

[7]太傅：官名。北齊與太師、太保並號三師，位居太師下、太保上，一品。北齊後主時曾增員而授，所施頗濫。

[8]薨於州：百衲本"州"作"周"，顯誤，從《北史》改。

[9]假黃鉞：官制術語。即臨時授飾以黄金的鉞，本用於皇帝儀仗。授此者以示有權總統内外諸軍，專戮節將。不常設，以爲非

人臣之常器。

[10]駙馬都尉：官名。爲侍從近臣，常用作加官。北齊從五品。專加帝婿，簡稱"駙馬"。

[11]次子晉貴：百衲本脱，從《北史》補。

[12]武衛將軍：官名。北齊時爲左、右衛府次官，員各二人，佐左、右衛將軍掌宮禁宿衛，從三品。

[13]隆化：北齊後主高緯年號（576）。

[14]上大將軍：官名。北周置，正九命，位大將軍上，爲高級武官名號。

[15]信安縣公：爵名。信安縣，治所在今浙江衢州市。

史臣曰：高祖世居雲代，[1]以英雄見知。後遇尒朱，武功漸振，鄉邑故人，彌相推重。賀拔允以昆季乖離，[2]處猜嫌之地，初以舊望矜護，而竟不獲令終，比於吳、蜀之安瑾、亮，[3]方知器識之淺深也。劉貴、蔡儁有先見之明，霸業始基，義深匡贊，配饗清廟，豈徒然哉。韓賢等及聞義舉，競趣戎行，憑附末光，申其志力，化爲公侯，固其宜矣。

[1]雲代：指雲中代郡。
[2]賀拔允以昆季乖離：指賀拔允之弟賀拔勝、賀拔岳背高歡，西投宇文泰。昆季，兄弟；乖離，分離、離別。
[3]比於吳、蜀之安瑾、亮：指三國時諸葛瑾、諸葛亮兄弟分別得到東吳與蜀人信用。

贊曰：帝鄉之親，世有其人。降靈雲朔，載挺良臣。功名之地，望古爲鄰。

北齊書　卷二〇

列傳第十二

張瓊　斛律羌舉　堯雄　宋顯　王則　慕容紹宗
薛脩義　叱列平　步大汗薩　慕容儼

張瓊，字連德，代人也。[1]少壯健，有武用。魏世自盪寇將軍，[2]爲朔州征虜府外兵參軍。[3]隨葛榮爲亂，[4]榮敗，尒朱榮以爲都督。[5]討元顥有功，[6]除汲郡太守。[7]建明初，[8]爲東道慰勞大使，[9]封行唐縣子，[10]邑三百户。轉太尉長史，[11]出爲河内太守，[12]除濟州刺史。[13]尒朱兆敗，[14]歸高祖，[15]遷汾州刺史。[16]天平中，[17]高祖襲克夏州，[18]以爲慰勞大使，仍留鎮之。尋爲周文帝所陷，[19]卒。贈使持節、燕恒雲朔四州諸軍事、大將軍、司徒公、恒州刺史。[20]有二子。長忻，[21]次遵業。

[1]代：郡名。治所在今山西大同市東北。
[2]盪寇將軍：官名。爲雜號將軍之一。階五品。

[3]朔州：治所在今山西朔州市。　征虜府：官府名。即征虜將軍府。征虜將軍，名號將軍之一，三品。　外兵參軍：官名。即外兵參軍事，掌本府外兵曹事務，兼備參謀諮詢。

[4]葛榮（？—528）：北魏末年河北暴動首領。本爲懷朔鎮將。公元526年參加鮮于脩禮起事。鮮于脩禮被害後，繼領其衆，乃稱天子，國號齊，年號廣安。528年被尒朱榮俘，十月死於洛陽。

[5]尒朱榮（493—530）：字天寶，北魏北秀容（今山西朔州市）契胡貴族。繼父爲部落酋帥，六鎮起義後投魏。後擁立莊帝，自爲大丞相、天柱大將軍，封太原王。《魏書》卷七四、《北史》卷四八有傳。　都督：官名。東漢始置。初爲統軍將帥。魏晉之後演變爲地方軍政長官。稱都督某州軍事，領駐在刺史，兼理民政。無固定品級，多帶將軍名號。南北朝沿置，分使持節、持節、假節三種，以使持節職權最重，假節最輕。北周時改稱總管。

[6]元顥（？—529）：字子明，鮮卑族拓跋部人。北魏宗室、大臣。永安二年（529），乘亂於梁國（今河南商丘市南）城南即位，進入洛陽，改元建武。後被縣卒所殺。《魏書》卷二一上、《北史》卷一九《北海王詳傳》有附傳。

[7]汲郡：治所在今河南浚縣西南淇門渡。

[8]建明：北魏東海王元曄年號（530—531）。

[9]東道慰勞大使：官名。又稱"東道慰勞"。北魏所置巡視地方的官員。

[10]行唐縣子：爵名。行唐縣，治所在今河北行唐縣。

[11]太尉長史：官名。太尉之屬官。掌顧問參謀。主持府務，爲衆史之長。

[12]河內：郡名。治所在今河南沁陽市。

[13]濟州：北魏泰常八年（423）置。治所在今山東茌平縣西南古黃河南岸。

[14]尒朱兆（？—533）：字萬仁（一作"吐萬兒"），北魏北秀容（今山西朔州市）契胡貴族。《魏書》卷七五有傳，《北史》

卷四八《尒朱榮傳》有附傳。

［15］高祖：北齊神武皇帝高歡（496—547），廟號高祖。本書卷一、二，《北史》卷六有紀。

［16］汾州：治所在今山西汾陽市。

［17］天平：東魏孝靜帝元善見年號（534—537）。

［18］夏州：治所在今陝西靖邊縣北白城子。

［19］周文帝：北周文帝宇文泰（505—556），字黑獺，代郡武川（今内蒙古武川縣）人。鮮卑族。北周奠基者。《周書》卷一、二，《北史》卷九有紀。

［20］使持節：漢朝官吏奉使外出，或由皇帝授予節杖，以示權威。魏、晉以後，凡重要軍事長官出征或出鎮時，加持節，可誅殺二千石以下官員。　燕：州名。北魏置，治所在今河北涿鹿縣西。

恒：州名。東魏置。寄治肆州秀容郡城（今山西忻州市西北）。

雲：州名。北魏孝昌元年（525）改朔州置，治所在今内蒙古和林格爾縣盛樂鎮上土城子村北，旋陷。後寄治今山西文水縣劉胡蘭鎮雲周村（一説治所在今山西祁縣東）。　大將軍：官名。北齊爲名譽職銜。作爲加授給大臣、重要州郡長官的戎號。凡加戎號者可開府。一品。　司徒公：官名。與丞相通職，一般不並置。爲名譽宰職，北齊一品。

［21］忻：張忻。本書卷一《神武紀上》，《北史》卷六《齊高祖紀》、卷一四《周文皇后元氏傳》、卷四九《斛斯椿傳》及《周書》卷九《文帝元皇后傳》作"歡"，《魏書》卷七五、《北史》卷四八《尒朱彦伯傳》作"勸"，《北史》卷五三《張瓊傳》作"欣"。按，"忻"同"欣"。錢大昕《廿二史考異》卷四〇《北史·張瓊傳》曰："按《后妃傳》：魏孝武妹平原公主適開府張歡，歡遇之無禮，帝殺歡……齊史避諱，改'歡'爲'欣'。"錢氏所言是。"忻"當爲"歡"。"歡"字因避北齊高歡諱改爲"忻"（因與"歡"同義而訛）、"欣"或"勸"（因與"歡"形似而訛）。

忻，普泰中爲都督，[1]隨尒朱世隆。[2]以功尚魏平陽公主，[3]除駙馬都尉、大將軍、開府儀同三司、建州刺史、南鄭縣伯。[4]瓊常憂其太盛，每語親識曰："凡人官爵，莫若處中，忻位秩太高，深爲憂慮。"而忻豪險放縱，遂與公主情好不協，尋爲武帝所害，時稱瓊之先見。

[1]普泰：北魏節閔帝元恭年號（531—532）。

[2]尒朱世隆（500—532）：字榮宗，北魏北秀容（今山西朔州市）契胡貴族。尒朱榮從弟。《魏書》卷七五《尒朱彥伯傳》、《北史》卷四八《尒朱榮傳》有附傳。

[3]平陽公主：《北史》卷一四、《周書》卷九《周文皇后元氏傳》皆作"平原公主"，即周文皇后元氏（？—551）。北魏孝武帝之妹。鮮卑族。疑其初封平原公主，孝武帝由平陽王而即帝位，公主改封平陽。嫁張忻。孝武帝殺忻，改封馮翊公主，嫁宇文泰，生孝閔帝。周初，尊爲王后。武成（559—560）初，又追尊爲皇后。

[4]駙馬都尉：官名。西漢武帝始置，皇帝出行時掌副車，秩比兩千石。爲侍從近臣，常用作加官。北齊從五品。專加帝婿，簡稱"駙馬"。　開府儀同三司：官名。本指高級官員開建府屬之待遇，儀同三司（三公）。以後遂成加銜，爲大臣加號，意謂與三司即太尉、司徒、司空禮制待遇相同，許開設府屬，自辟僚屬。至南北朝又爲官稱。北齊二品。　建州：北魏永安中置，治所在今山西澤州縣高都鎮一帶。　南鄭縣伯：爵名。南鄭縣，治所在今陝西漢中市東。

遵業，討元顥有功，封固安縣開國子，[1]除寧遠將軍、雲州大中正。[2]天平中，[3]除清河太守，[4]尋加安西將軍、建州刺史。[5]武定中,[6]隨儀同劉豐討侯景,[7]爲景所擒。景敗,殺遵業於渦陽。[8]喪還,世宗親自臨弔,[9]贈并肆幽安四州軍事、開府儀同三司、并州刺史。[10]

[1]固安縣:治所在今河北易縣東南。　開國子:封爵名。初指子爵中開國置官食封者,僅爲爵位名。食邑爲縣,故爵前常冠以所封縣名。北魏中期置,四品,食邑五分食一。北齊品同,四分食一。

[2]寧遠將軍:官名。名號將軍。北魏孝文帝太和十七年(493)定爲五品上。　大中正:官名。魏晋南北朝時期負責評定士人品第的官員。北齊時規定州大中正須由京官擔任,視五品。

[3]天平:東魏孝静帝元善見年號(534—537)。

[4]清河:郡國名。西漢高帝置,治清陽縣(今河北清河縣)。西晋爲清河國,治清河縣(今山東臨清市)。北魏仍改爲郡。北齊移治武城縣(今河北清河縣西城關鄉西北)。

[5]安西將軍:官名。與安東、安南、安北將軍合稱四安將軍。三品。

[6]武定:東魏孝静帝元善見年號(543—550)。

[7]儀同:官名。本指官場待遇,始自東漢末。後成爲官銜。先後爲儀同三司、儀同將軍、儀同大將軍等官名的簡稱。　劉豐(?—549):字豐生,普樂(今寧夏靈武市西南)人。北魏、西魏、東魏官吏。後被北周軍所殺。本書卷二七、《北史》卷五三有傳。　侯景(503—552):字萬景,懷朔鎮(今内蒙古固陽縣西南)人,或云雁門(今山西代縣西南)人,羯族。北魏、東魏將領,後降南朝梁。《梁書》卷五六、《南史》卷八〇有傳。

[8]渦(guō)陽:縣名。治所在今安徽蒙城縣。

[9]世宗:北齊文襄帝高澄(521—549),廟號世宗。本書卷

三、《北史》卷六有紀。
　　[10]并：州名。治所在今山西太原市。　　肆：州名。治所在今山西忻州市西北。　　幽：州名。治所在今北京市西城區。　　安：州名。治所在今北京市密雲區東。

　　斛律羌舉，太安人也。[1]世爲部落酋長。父謹，[2]魏龍驤將軍、武川鎮將。[3]羌舉少驍果，有膽力。永安中，[4]從尒朱兆入洛，[5]有戰功，深爲兆所愛遇，恒從征伐。高祖破兆，方始歸誠。高祖以其忠於所事，亦加嗟賞。

　　[1]太安：郡名。北魏置。治所在今山西寧武縣。
　　[2]謹：斛律謹。北魏官吏。高車族敕勒部人。
　　[3]龍驤將軍：官名。爲較重要之雜號將軍，三品。　　武川：軍鎮名。北魏置。在今内蒙古武川縣西南。爲北魏邊境六鎮之一。
　　鎮將：官名。北魏置，鎮的長官。在不設州郡的地區兼統軍民，在設州郡的内地主要掌軍政，地位高於刺史，孝文帝改制後地位漸低。北齊三等鎮將爲四品。
　　[4]永安：北魏孝莊帝年號（528—530）。
　　[5]洛：州名。北魏太宗時以司州改置。治所在今河南洛陽市東北。

　　天平中，除大都督，[1]令率步騎三千導衆軍西襲夏州，尅之。後從高祖西討，大軍濟河，集諸將議進趣之計。羌舉曰："黑獺聚兇黨，[2]强弱可知，若欲固守，無糧援可恃。今揣其情，已同困獸，若不與其戰，而逕趣咸陽，咸陽空虛，[3]可不戰而尅。拔其根本，彼無所歸，則黑獺之首懸於軍門矣。"諸將議有異同，遂戰於渭曲，[4]大軍敗績。

[1]大都督：官名。高級軍事長官。初於戰爭時臨時設置，作爲加官。後漸成爲常設官職，地位極高。東、西魏分裂後，授予漸濫。
[2]黑獺：宇文泰，小字黑獺。
[3]咸陽：郡名。治所在今陝西涇陽縣西北。
[4]渭曲：地名。渭水曲折近黃河處。在今陝西大荔縣東南。此戰史稱"沙苑之戰"。東魏大敗於此。

天平末，潁川人張儉聚衆反叛，[1]西通關右，[2]羌舉隨都督侯景、高昂等討破之。[3]元象中，[4]除清州刺史，[5]封密縣侯。[6]興和初，[7]高祖以爲中軍大都督，[8]尋轉東夏州刺史。[9]時高祖欲招懷遠夷，令羌舉使於阿至羅，[10]宣揚威德，前後稱旨，甚被知賞。卒於州，時年三十六。高祖深悼惜之。贈并恒二州軍事、恒州刺史。

[1]潁川：郡名。因水爲名。治所在今河南許昌市。　張儉：東魏潁川密縣（今河南新密市）人。
[2]關右：地區名。又稱關西。泛指故函谷關（今河南靈寶市東北）或今潼關以西地區。此代指西魏。
[3]高昂（491—538）：字敖曹，渤海蓨（今河北景縣）人。高翼子。東魏將領。本書卷二一《高乾傳》、《北史》卷三一《高允傳》有附傳。
[4]元象：東魏孝靜帝元善見年號（538—539）。
[5]清州：疑治所在今河北高陽縣。

[6]密縣：治所在今河南新密市。

[7]興和：東魏孝靜帝元善見年號（539—542）。

[8]中軍大都督：官名。北魏末置。東、西魏沿之。中軍統帥。

[9]東夏州：北魏延昌二年（513）置。治所在今陝西延安市東北甘谷驛鎮。

[10]阿至羅：北方古民族名。鮮卑慕容部之一，即吐谷渾，亦作"吐渾"。本居遼東，西晉時在首領吐谷渾的率領下西徙至今甘肅、青海間。至其孫葉延時，始號其國曰吐谷渾。

　　子孝卿，少聰敏幾悟，[1]有風檢，頻歷顯職。武平末，[2]侍中、開府儀同三司，[3]封義寧王，[4]知內省事，[5]典外兵、騎兵機密。[6]是時，朝綱日亂，政由群豎。自趙彥深死，[7]朝貴典機密者，唯孝卿一人差居雅道，不至貪穢。後主至齊州，[8]以孝卿爲尚書令。[9]又以中書侍郎薛道衡爲侍中，[10]封北海王。[11]二人勸後主作承光主詔，[12]禪位任城王，[13]令孝卿齎詔策及傳國璽往瀛州。[14]孝卿便詣鄴城，[15]歸於周武帝，[16]仍從入長安，[17]授納言上士。[18]隋開皇中，[19]位太府卿，[20]卒於民部尚書。[21]

　　[1]少聰敏幾悟：四庫本"幾悟"作"機悟"，"幾"通"機"，此指事情的苗頭或預兆。

　　[2]武平：北齊後主高緯年號（570—576）。

　　[3]侍中：官名。門下省長官。備切問近對，拾遺補缺。時號"小宰相"。北魏孝文帝太和十七年（493）定爲從一品中，二十三年改爲三品。北齊因之。

　　[4]義寧王：爵名。義寧，郡名。北魏建義元年（528）置，

治所在今山西沁源縣。

［5］內省：此指門下省。

［6］外兵：官署名。即外兵省。北齊改相府外兵曹置。　騎兵：官署名。即騎兵省。北齊改相府騎兵曹置。自北魏後期至東魏大丞相、相國掌軍國大政，相府諸曹成爲實際上的行政中樞，其外兵曹、騎兵曹分掌全國兵馬。北齊代魏後，罷相國府、原相府諸曹多併入尚書省，唯外兵曹、騎兵曹不廢，特置爲省，分掌軍機樞務，直接稟命於皇帝，位權極重。

［7］趙彥深（507—576）：本名隱，字彥深，平原（今山東聊城市東北）人，祖籍南陽宛縣（今河南南陽市）。北齊大臣。本書卷三八、《北史》卷五五有傳。

［8］後主：北齊後主高緯（556—578），武成帝長子。本書卷八、《北史》卷八有紀。　齊州：北魏皇興三年（469）改冀州置，治所在今山東濟南市。

［9］尚書令：官名。尚書省長官。在多數情況下是實際上的丞相。北齊二品。

［10］中書侍郎：官名。中書省次官。亦稱中書郎，五品。北魏、北齊設四員，從四品。　薛道衡（540—609）：字玄卿，河東汾陰（今山西萬榮縣西南）人。薛孝通子。初仕北齊。齊亡，爲周武帝所用。入隋，與楊素親善，後得罪煬帝，被殺。詩文爲時人稱誦，原有集七十卷，已佚。現存明人輯《薛司隸集》一卷。《隋書》卷五七有傳，《北史》卷三六《薛辯傳》有附傳。

［11］北海王：爵名。北海，郡名。治所在今山東昌樂縣西。

［12］承光主：北齊幼主高恒。隆化二年（577），受父禪即皇帝位，改元承光，故稱"承光主"，本書卷八有紀。"光"字諸本及《北史》卷五三、《通志》卷一五二皆同，百衲本作"先"。作"光"是，據改。

［13］任城王：指北齊神武皇帝第十子湝（？—578）。本書卷一〇有傳。

[14]齎（jī）：携帶。 瀛州：治所在今河北河間市。

[15]鄴城：都邑名。在今河北臨漳縣西南。東魏、北齊皆定都於此。

[16]周武帝：北周武帝宇文邕（543—578），字禰羅突。宇文泰第四子。公元561年至578年在位。《周書》卷五、六，《北史》卷一〇有紀。

[17]長安：縣名。治所在今陝西西安市西北。

[18]納言上士：官名。一作"宣納上士"。北周武帝保定四年（564）改爲此稱。爲納言中大夫之屬官，專掌文翰，正三命。

[19]隋：朝代名。公元581年楊堅（隋文帝）代北周稱帝，國號隋。 開皇：隋文帝楊堅年號（581—600）。

[20]太府卿：官名。北齊置爲太府寺長官，三品。掌管金帛庫藏出納、關市稅收，以供國家、宮廷用度。

[21]民部尚書：官名。掌尚書省民部。

代人劉世清，祖拔，[1]魏燕州刺史；[2]父巍，[3]金紫光禄大夫。[4]世清，武平末，侍中、開府儀同三司，任遇與孝卿相亞。情性甚整，周慎謹密，在孝卿之右。能通四夷語，[5]爲當時第一。後主命世清作突厥語翻涅盤經，[6]以遺突厥可汗，敕中書侍郎李德林爲其序。[7]世清，隋開皇中，卒於開府、親衛、驃騎將軍。[8]

[1]拔：劉拔。北魏官吏。事不詳。

[2]燕州：北魏太和中置、孝昌中廢，治所在今河北涿鹿縣西。

[3]巍：劉巍。事不詳。

[4]金紫光禄大夫：官名。資深勳重之光禄大夫授金章紫綬並稱加金章紫綬，故有此稱。爲元老重臣之加官或致仕之官。亦爲死者之贈官。

[5]四夷：多種民族。

[6]突厥：民族名、國名。廣義包括鐵勒、突厥各部落，狹義則專指突厥汗國。六世紀初興起於金山（今阿爾泰山）西南麓，爲一游牧部落。以金山形似古代戰盔兜鍪，當地俗語呼兜鍪爲突厥，故以爲名。西魏廢帝二年（553）建突厥汗國於今鄂爾渾河流域。《周書》卷五〇、《北史》卷九九有傳。　涅盤經：佛經名。分大、小乘兩類，譯本很多。此經主旨宣揚"一切衆生，皆有佛性"。

[7]李德林（531—591）：字公輔，博陵安平（今河北安平縣）人。李敬族之子。初仕北齊，參修國史。後入隋，參修律令。後撰成《霸朝雜集》，受文帝賞識。卒官贈大將軍、廉州刺史，謚曰文。撰有文集八十卷，並奉詔撰《齊史》而未成。其子李百藥將其完成，即本書《北齊書》。《隋書》卷四二、《北史》卷七二有傳。

[8]開府：官名。本指高級官員開建府署，辟置僚屬之舉。遂成加銜。南北朝沿置，後復轉爲勳、散官，爲開府儀同三司等官之簡稱。　親衛：軍府名。左、右衛及太子左、右衛率府所領軍府。

驃騎將軍：官名。爲重要將軍名號，魏晋之後多爲加官。

　　堯雄，字休武，上黨長子人也。[1]祖暄，[2]魏司農卿。[3]父榮，[4]員外侍郎。[5]雄少驍果，善騎射，輕財重氣，爲時輩所重。永安中，拜宣威將軍、給事中、持節慰勞恒燕朔三州大使。[6]仍爲都督，從叱列延討劉靈助，[7]平之，拜鎮東將軍、燕州刺史，[8]封城平縣伯，[9]邑五百戶。

[1]上黨：郡名。治所在今山西長治市北。　長子：縣名。治所在今山西長治市上黨區東北。

[2]暄：堯暄。字辟邪，本名鍾葵，後賜名暄。北魏官吏。曾任太僕卿，轉大司農。卒於平城，贈相州刺史。《魏書》卷四二、

《北史》卷二七有傳。

［3］司農卿：官名。北齊置爲司農寺長官，三品。

［4］榮：堯榮，暄第三子。北魏官吏。事見《魏書》卷四二、《北史》卷二七《堯暄傳》。

［5］員外侍郎：官名。由《北史》卷二七《堯暄傳》"遵弟榮，位員外散騎侍郎"可知，員外侍郎是"員外散騎侍郎"的簡稱。初爲正員之外添差之散騎侍郎，無員數，後成定員官。屬散騎省（東省、集書省），北齊此官所授頗濫，集書省設一百二十員，七品上。

［6］宣威將軍：官名。爲雜號將軍。北魏孝文帝太和十七年（493）定爲六品上。　給事中：官名。北齊隸集書省，掌諫議獻納，從六品上，員六十人。

［7］叱列延（？—534）：一作"叱列延慶"，代（今山西大同市東）人。北魏官吏。《魏書》卷八〇、《北史》卷四九有傳。劉靈助（？—531）：燕郡（今北京市西南隅）人。北魏將領。初以占術事尒朱榮。及榮卒，自號燕王。《魏書》卷九一、《北史》卷八九有傳。

［8］鎮東將軍：官名。與鎮西、鎮南、鎮北將軍合稱四鎮將軍，多授持節都督，出鎮方面，二品。北齊成爲褒賞軍功勳臣的閑職，從二品。

［9］城平縣伯：爵名。城平縣，亦作"成平縣"，北魏以景城縣改置，治所在今河北交河縣東北。"城平"宋本、百衲本、中華本及《魏書》卷四二《堯雄傳》皆同，四庫本倒作"平城"。作"城平"是。

義旗初建，雄隨尒朱兆敗於廣阿，[1]遂率所部據定州以歸高祖。[2]時雄從兄傑，尒朱兆用爲滄州刺史，[3]至瀛州，知兆敗，亦遣使歸降。高祖以其兄弟俱有誠欵，便留傑行瀛州事。尋以雄爲車騎大將軍、瀛州刺史以代傑，[4]進爵爲公，增邑五百戶。于時禁網疏闊，官司相與聚斂，唯雄義然後取，復能接下以寬恩，甚爲吏民所懷附。

［1］廣阿：縣名。治所在今河北隆堯縣東。
［2］定州：北魏天興三年（400）以安州改置。治所在今河北定州市。
［3］滄州：治所在今河北鹽山縣舊縣鎮。
［4］尋以雄爲車騎大將軍：宋本、百衲本脫"雄"字，今從四庫本、中華本補。車騎大將軍，官名。重號將軍，高於諸名號大將軍，多加權臣元老，以示尊崇，開府置僚屬，不領兵，北齊因之，一品。

魏武帝入關，[1]雄爲大都督，隨高昂破賀拔勝於穰城。[2]周旋征討三荆，[3]仍除二豫、揚、郢四州都督，[4]豫州刺史。[5]元洪威據潁州叛，[6]民趙繼宗殺潁川太守邵招，[7]據樂口，[8]自稱豫州刺史，北應洪威。雄率衆討之，繼宗敗走。民因雄之出，遂推城人王長爲刺史，據州引西魏。雄復與行臺侯景討平之。[9]梁將李洪芝、王當伯襲破平鄉城，[10]侵擾州境。雄設伏要擊，生擒洪芝、當伯等，俘獲甚衆。梁司州刺史陳慶之復率衆逼州城，[11]雄出與戰，所向披靡，身被二創，壯氣益厲，慶之敗，棄輜重走。後慶之復圍南荆州，[12]雄曰："白苟堆，[13]梁之北面重鎮，因其空虛，攻之必剋，彼若聞難，荆圍自解，此所謂機不可失也。"遂率衆攻之，慶之果棄荆州來。未至，雄陷其城，擒梁鎮將苟元廣，[14]兵二千人。梁以元慶和爲魏王，[15]侵擾南境。雄率衆討之，大破慶和於南頓。[16]尋與行臺侯景破梁楚城。豫州民上書，[17]更乞雄爲刺史，復行豫州事。

[1]關：地名。泛指故函谷關（今河南靈寶市東北）。

[2]賀拔勝（？—544）：字破胡，神武尖山（今山西神池縣）人。徙居武川（今内蒙古武川縣）。北魏、西魏名將。《魏書》卷八〇、《周書》卷一四有傳，《北史》卷四九《賀拔允傳》有附傳。

穰城：城名。在今河南鄧州市。北魏太和（477—499）後爲荆州治所。

[3]三荆：北魏時所置荆州（今河南鄧州市）、南荆州（今湖北棗陽市南）、東荆州（今河南泌陽縣）的合稱。

[4]二豫：北魏豫州（今河南汝陽縣）和東豫州（今河南息縣）的合稱。　揚：州名。治所在今安徽壽縣。　郢：州名。治所在今河南信陽市。

[5]豫州：治所在今河南汝南縣汝寧街道。

[6]元洪威據潁州叛：諸本作"潁州"，但據《北史》卷二七《堯雄傳》"元洪威據潁川叛，叛人趙繼宗殺潁川太守邵招，據樂口，北應洪威"，《魏書》卷一四、《北史》卷一五《高涼王孤傳》元洪威"爲潁川太守，有政績"及"在潁川聚衆應關西"，及本書卷二二《李景遺傳》元景遺"爲前潁川太守元洪威所襲殺"，疑"潁州"應作"潁川"。元洪威，北魏宗室。鮮卑族拓跋部人。元大曹從兄子。事見《魏書》卷一四、《北史》卷一五《高涼王孤傳》。

[7]趙繼宗：西魏官吏。本東魏平民，事見本卷。　邵招（？—532）：北魏官吏。餘不詳。

[8]樂口：古城名。疑在今河南漯河市境内，古醴水匯入汝水

之口處。《周書》卷三一《韋孝寬傳》："破東魏將任祥、堯雄於潁川。孝寬又進平樂口，下豫州。"又《北史》卷二七《堯雄傳》："雄別破樂口，禽丞伯，進討懸瓠。"則樂口居潁川（今河南許昌市）與懸瓠（今河南汝南縣）之間，即漯河境內。

[9]行臺：官名。魏晉南北朝尚書臺（省）臨時在外設置的權力機構。"臺"指中央尚書省。北魏、北齊時設置漸多，成爲地方最高行政機構。置行臺尚書令、尚書僕射爲正副長官。

[10]李洪芝：南朝梁將領。 王當伯：南朝梁將領。 平鄉城：古城名。在今河南項城市。

[11]司州：南朝梁置。寄治平陽（今河南信陽市）。 陳慶之：字子雲，國山（今江蘇宜興市西南）人。南朝梁將領。《梁書》卷三二有傳。

[12]南荊州：北魏延興初置。治所在今湖北棗陽市南。

[13]白苟堆：古城名。亦作"白狗堆"。在今河南正陽縣東南。爲梁北境重鎮。

[14]苟元廣：一作"苟元曠"。南朝梁官吏。武帝末任北平太守。

[15]元慶和：北魏宗室、將領。鮮卑族拓跋部人。元逞子。任東豫州刺史。孝昌三年（527），據城叛降梁朝。《魏書》卷一九上、《北史》卷一七《汝陰王天賜傳》有附傳。

[16]南頓：縣名。梁僑置，治所在今安徽阜陽市。

[17]尋與行臺侯景破梁楚城。豫州民上書：宋本、百衲本、四庫本"破梁楚城"作"破梁楚二州"。中華本校勘記云："《册府》卷三五四亦無'城'字，但'豫'字不作'二'。按《北史》卷二七《堯雄傳》作'破梁楚城，豫州民上書'云云。梁指梁朝，楚城是西楚州治所（《魏書》卷一〇六《地形志》中）。天平三年（五三六）侯景攻取梁之楚州歷見《魏書》卷一二、《北史》卷五《孝靜紀》，《梁書》卷三二《陳慶之傳》，而《魏書》卷九八《蕭衍傳》即作'楚城'。這裏先脫'城'字，後人又妄改'豫'爲

'二'。今從《北史》《冊府》補改。"說是，從改。楚城，城名。又作"楚王城""楚州"。治所在今河南信陽市東北常臺關西。

潁州長史賀若徽執刺史田迅據州降西魏，[1]詔雄與廣州刺史趙育、揚州刺史是云寶等各總當州士馬，[2]隨行臺任延敬并勢攻之。[3]西魏遣其將怡鋒率衆援之，[4]延敬等與戰失利。育，寶各還本州，據城降敵。雄收集散卒，保大梁。[5]周文帝因延敬之敗，遣其右丞韋孝寬等攻豫州。[6]雄都督郭丞伯、程多寶等舉豫州降敵，[7]執刺史馮邕并家屬及部下妻子數千口，[8]欲送之長安。至樂口，雄外兵參軍王恒伽、都督赫連儁等數十騎從大梁邀之，[9]斬多寶，拔雄等家口還大梁。西魏以丞伯爲潁川太守，雄仍與行臺侯景討之。雄別攻破樂口，擒丞伯。進討懸瓠，[10]逐西魏刺史趙繼宗、韋孝寬等。復以雄行豫州事。西魏以是云寶爲揚州刺史，據項城；[11]義州刺史韓顯據南頓。[12]雄復率衆攻之，一日拔其二城，擒顯及長史丘岳，[13]寶遁走，獲其妻妾將吏二千人，皆傳送京師。加驃騎大將軍。[14]仍隨侯景平魯陽，[15]除豫州刺史。

[1]潁州：東魏天平初置，治所在今河南長葛市城區。　賀若徽：又名賀若統，代（今山西大同市東北）人。鮮卑族。賀若敦之父。北朝時官吏。事見《周書》卷二八《賀若敦傳》，《北史》卷六八《賀若敦傳》有附傳。　田迅：東魏官吏，潁州刺史。餘不詳。

[2]廣州：本治魯陽（今河南市魯山縣），武定中因陷於西魏，

徙治襄城（今河南襄城縣）。　趙育：東魏將領。天平四年（537）降西魏。　是云寶（？—559）：百衲本作"是育寶"。錢大昕《廿二史考異》云："《北史》本傳作'是寶'，《宇文貴傳》作'是云寶'。'云''育'聲相近。"西魏、北周將領。鮮卑族。初仕東魏，後附西魏。事見《周書》卷一九《宇文貴傳》。

[3]任延敬：本名任祥（494—538），廣寧（今河北涿鹿縣）人。本書卷一九、《北史》卷五三有傳。

[4]怡鋒（500—549）：亦稱怡峯。本姓默台，字景阜，遼西（泛指今遼寧省西部地區）人。西魏將領。《周書》卷一七、《北史》卷六五有傳。宋本"怡"作"怕"，疑誤。

[5]大梁：百衲本、宋本、四庫本皆作"大梁州"，中華本校勘記云："《北史》卷二七無。按下文兩見'大梁'，《魏書》卷一〇六《地形志》中，梁州'治大梁城'。'州'字衍，今據《北史》删。"說是，從删。大梁，即大梁城，古城名。故址在今河南開封市西北。

[6]右丞：官名。據《北史》卷六四《韋孝寬傳》知，寬所任職爲大行臺尚書右丞。此省稱爲右丞。屬大行臺，職掌同尚書右丞。多由大行臺郎中遷任。　韋孝寬（509—580）：名叔裕，字孝寬，京兆杜陵（今陝西西安市東南）人。韋旭子。恭帝元年（554），賜姓宇文氏。北魏、西魏、北周將領。《周書》卷三一、《北史》卷六四有傳。

[7]郭丞伯：東魏官吏。餘不詳。　程多寶：東魏將領。餘不詳。

[8]馮邕：東魏官吏。餘不詳。

[9]外兵參軍：官名。亦稱"外兵參軍事"。掌本府外兵曹事務，兼備參謀諮詢。　王恒伽：北齊官吏。餘不詳。　赫連儁：東魏將領。餘不詳。

[10]懸瓠：地名。又作"懸壺城"。在今河南汝南縣。南北朝時爲軍事要地。

[11]項城：郡名。治所在今河南項城市。

[12]義州：治所在今河南浚縣新鎮西坊城村東北。　韓顯：西魏官吏。餘不詳。

[13]丘岳：西魏官吏。餘不詳。

[14]驃騎大將軍：官名。爲重號將軍，僅次於大將軍，高於諸名號大將軍，授此職者以權臣元老居多，可開府置僚屬，不領兵，北齊從一品。

[15]魯陽：郡名。治所在今河南魯山縣。

雄雖武將，而性質寬厚，治民頗有誠信，爲政去煩碎，舉大綱而已。撫養兵民，得其力用，在邊十年，屢有功績，豫人於今懷之。又愛人物，多所施與，賓客往來，禮遺甚厚，亦以此見稱。興和三年，徵還京師，尋領司、冀、瀛、定、齊、青、膠、兗、殷、滄十州士卒十萬人，[1]巡行西南，分守險要。四年，卒於鄴，時年四十四。贈使持節、都督青徐膠三州軍事、大將軍、司徒公、徐州刺史，[2]諡武恭。子師嗣。[3]

[1]冀：州名。治所在今河北冀州市。　青：州名。治所在今山東青州市。　膠：州名。北魏孝莊帝永安二年（529）始置膠州，治所在今山東諸城市。　兗：州名。治所在今山東濟寧市兗州區新驛鎮東頓村南。　殷：州名。北魏孝昌二年（526）分定、相二州置，治所在今河北隆堯縣。

[2]徐州：治所在今江蘇徐州市。

[3]師：堯師。事不詳。

雄弟奮，字彦舉。解褐宣威將軍、給事中，轉中堅將軍、金紫光祿大夫，[1]賜爵安夷縣子。[2]從高祖平鄴，破尒朱兆等，進爵爲伯。出爲南汾州刺史，[3]胡夷畏憚之。西魏行臺薛崇禮舉衆攻奮，[4]與戰，大破之，崇禮兄弟乞降，送於相府。轉奮驃騎將軍、左光祿大夫、潁州刺史，[5]卒。贈兗豫梁三州諸軍事、司空、兗州刺史。[6]

[1]中堅將軍：官名。率營兵，掌侍衛之責。北魏孝文帝太和十七年（493）定爲四品上，太和二十三年職員令定爲從四品上。

[2]安夷縣子：爵名。安夷縣，治所在今青海省樂都縣西南。

[3]南汾州：治所在今山西吉縣。

[4]薛崇禮：北魏將領。餘不詳。

[5]左光祿大夫：官名。西晉武帝太始年間始分光祿大夫爲左、右，爲元老重臣之加官或死後之贈官。第三品。北朝因之。

[6]梁：州名。治所在今河南開封市城區。　司空：官名。魏晉南北朝爲名譽宰相，多爲大臣加官，位居一品，無實際職掌。

雄從父兄傑，字壽。性輕率，嗜酒，頗有武用。歷給事中、羽林監。[1]從高祖破紇豆陵步藩有功，[2]除鎮東將軍，封樂城縣伯，[3]邑百户。出爲滄州刺史。屬義兵起，歸高祖。從平鄴及破尒朱兆，進爵爲侯。後爲都督，率衆隨樊子鵠討元樹於譙城，[4]平之。仍除南兗州，[5]多所取受，然性果決，吏民畏之。尋加行兗州事。元象初，拜車騎大將軍、儀同三司，[6]進爵爲公。出爲磨城鎮大都督，[7]轉安州刺史，卒於州。贈使持節、滄瀛二州諸軍事、尚書右僕射，[8]滄州刺史，謚曰（闕）。

［1］羽林監：官名。屬羽林中郎將，主羽林左、右騎。職掌宿衞宮禁，護從皇帝。

［2］紇（hé）豆陵步藩（？—530）：北魏河西（約今山西呂梁山以西黃河兩岸）人，鮮卑族。永安三年（530），受莊帝詔，率軍東上進攻尒朱兆。後在平樂郡（今山西昔陽縣）爲尒朱兆和高歡聯軍所敗。

［3］樂城縣伯：爵名。樂城縣，治所在今河北獻縣西南。

［4］樊子鵠：代郡平城（今山西大同市東北）人，樊興之子。北魏官吏。《魏書》卷八〇、《北史》卷四九有傳。　元樹（？—532）：字秀和，一字君立，鮮卑族拓跋部人。北魏宗室。元禧子。《魏書》卷二一上、《北史》卷一九有傳。　譙城：地名。一名譙陵城。在今河南夏邑縣北。

［5］南兗州：治所在今安徽亳州市。

［6］儀同三司：官名。本指官場待遇，儀同三司（三公）。儀同自此成專名。北齊又爲官號，二品。

［7］磨城鎮：地名。在今湖北當陽市東南。

［8］尚書右僕射：官名。爲尚書令之副職。北朝列位宰相，執掌都省庶務及執法，或典選舉，參議大政，諫諍得失。北齊從二品。

　　宋顯，字仲華，燉煌效穀人也。[1]性果敢，有幹用。初事尒朱榮爲軍主，[2]擢爲長流參軍。[3]永安中，除前軍、襄垣太守，[4]轉榮府記室參軍。[5]從平元顥，加平東將軍。[6]榮死，世隆等向洛，復以顯爲襄垣太守。普泰初，遷使持節、征北將軍、晋州刺史。[7]後歸高祖，以爲行臺右丞。樊子鵠據兗州反，前西兗州刺史乙瑗、譙郡太守辛景威屯據五梁，[8]以應子鵠。高祖以顯行西兗州事，率衆討破之，斬瑗，景威遁走。拜西兗州刺史。時梁州刺史鹿永吉據州外叛，[9]西魏遣博陵王元約、趙郡王元景神率衆迎接。[10]顯勒當州士馬邀破之，斬約等，仍與左衛將軍斛律平共會大梁。[11]拜儀同三司。在州多所受納，然勇決有氣幹，檢御左右，咸能得其心力。及河陰之戰，深入赴敵，遂没于行陣。贈司空公。

[1]燉煌：郡名。治所在今甘肅敦煌市西。　效穀：縣名。治所在今甘肅安西縣西。北周廢。

[2]軍主：官名。南北朝置，爲基層軍隊的主將，其下設有軍副，所統兵力無定員。北齊時宿衛宮禁的諸備身五職中皆置此職。北朝地位稍低於南朝。

[3]長流參軍：官名。"長流賊曹參軍"與"長流賊曹參軍事"的省稱。掌盜賊事。

[4]前軍：官名。前軍將軍的省稱。與後軍、左軍、右軍將軍合稱四軍將軍，各領營兵千人，是護衛皇帝禁宮的主要禁軍將領之一。北齊屬左、右衛府，員四人，從四品上。　襄垣：縣名。治所在今山西襄垣縣北。

[5]記室參軍：官名。掌本府記室曹，起草文書奏章等。

[6]平東將軍：官名。與平西、平南、平北將軍合稱四平將軍，亦作爲刺史等地方官員兼理軍務的加官。北齊爲褒獎軍功勳臣的閑職，三品。

[7]征北將軍：官名。爲四征將軍之一，北齊成爲褒賞軍功勳臣的閑職，二品。　晋州：治所在今山西臨汾市城區。

[8]西兗州：原治定陶（今山東菏澤市定陶區），後徙治左城（今山東曹縣韓集鎮堤上范村）。　乙瑗（489—534）：字雅珍，乙海子。娶淮陽公主，爲駙馬都尉。《魏書》卷四四、《北史》卷二五《乙瓌傳》有附傳。　辛景威：北魏官吏。餘不詳。　五梁：地

［9］鹿永吉：鹿悆（yù），字永吉，濟陰乘氏（今山東菏澤市）人。鹿生子。北魏、東魏官吏、將領。《魏書》卷七九、《北史》卷四六有傳。

［10］博陵：郡名。北魏改博陵國置，治所在今河北安平縣。　元約：西魏官吏。餘不詳。　趙郡：治所在今河北趙縣。　元景神：西魏官吏。餘不詳。

［11］左衛將軍：官名。北齊時爲左衛府長官，員一人，三品。掌左厢，與右衛將軍共主朱華閣以外禁衛事務。　斛律平：斛律金兄。朔州（今内蒙古固陽縣）人。北魏、東魏、北齊大臣。本書卷一七、《北史》卷五四《斛律金傳》有附傳。

顯從祖弟繪，少勤學，多所博覽，好撰述。魏時，張緬《晋書》未入國，[1]繪依准裴松之注國志體，[2]注王隱及《中興書》。[3]又撰《中朝多士傳》十卷，《姓系譜録》五十篇。以諸家年歷不同，多有紕繆，乃刊正異同，撰《年譜録》，未成。河清五年並遭水漂失。[4]繪雖博聞强記，而天性恍惚，晚又遇風疾，言論遲緩。及失所撰之書，乃撫膺慟哭曰："可謂天喪予也！"天統中卒。[5]

［1］張緬（490—531）：字元長，范陽方城（今河北固安縣南）人。南朝梁官吏、史學家。歷仕武陵太守、御史中丞等。抄東漢及晋史衆家異同著《後漢略》《晋書抄》等史書。《梁書》卷三四有傳。

［2］裴松之（372—451）：南朝宋河東聞喜（今山西聞喜縣）人，字世期。東晋時歷任仕殿中將軍、國子博士等。入宋後，爲陳

壽《三國志》作注，寫成《三國志注》。《南史》卷三三有傳。

[3]注王隱及《中興書》：中華本校勘記云："這裏疑有脫文，當云'注王隱《晋書》及何法盛《晋中興書》'，如求簡省，也可作'注王隱及何法盛書'。今上舉王隱而無書名，下舉書名，又不出何法盛姓名，又《中興書》上無'晋'字，都不妥。"

[4]河清五年並遭水漂失：本書卷八《後主紀》有"天統元年夏四月丙子，皇帝即位於晋陽宫，大赦，改河清四年爲天統"。據中華本校勘記，張森楷亦云："河清四年四月即改天統。"因此，河清紀年無五年，"五"或爲"三"字之誤。河清，北齊武成帝高湛年號（562—565）。

[5]天統：北齊後主高緯年號（565—569）。

　　王則，字元軌，自云太原人也。[1]少驍果，有武藝。初隨叔父魏廣平内史老生征討，[2]每有戰功。老生爲朝廷所知，則頗有力。初以軍功除給事中，賜爵白水子。[3]後從元天穆討邢杲，[4]輕騎深入，爲杲所擒。元顥入洛，則與老生俱降顥，顥疑老生，遂殺之。則奔廣州刺史鄭先護，[5]與同拒顥。顥敗，遷征虜將軍，[6]出爲東徐州防城都督。[7]

[1]太原：郡名。治所在今山西太原市西南。

[2]初隨叔父魏廣平内史老生征討：宋本、百衲本、四庫本"廣平"下有"王"字，《北史》卷五三《王則傳》無。中華本校勘記云："按郡爲王國，則太守稱内史，無於國名下又加'王'字之例。'王'字衍，今據《北史》删。"説是，從删。廣平，郡名。治所在今河北邯鄲市永年區東南。内史，官名。魏晋後則爲國相改名，王國行政長官。地位相當於郡太守。老生，王老生。事見

本卷。

［3］白水子：爵名。白水，縣名。治所在今山西垣曲縣東南城關。

［4］元天穆（？—530）：亦稱元穆。鮮卑族拓跋部人。北魏宗室、官吏。《魏書》卷一四、《北史》卷一五《高涼王孤傳》有附傳。　邢杲（？—529）：河間（今河北河間市南）人。北魏末年山東暴動首領。士族出身。曾任幽州平北府主簿。武泰元年（528），在青州北海（今山東昌樂縣西）起兵反魏，自稱漢王，年號天統。後因衆寡懸殊，在濟南爲元天穆和尒朱兆的軍隊所敗，降後被殺。

［5］鄭先護（？—531）：滎陽開封（今河南開封市南）人，鄭連山子。北魏官吏。《魏書》卷五六《鄭羲傳》、《周書》卷三六《鄭偉傳》、《北史》卷三五《鄭羲傳》有附傳。

［6］征虜將軍：官名。名號將軍，亦作爲高級文職官員的加官。北魏孝文帝太和十七年（493）定爲第三品上，太和二十三年改爲從三品。

［7］東徐州：治所在今江蘇睢寧縣古邳鎮北側。　防城都督：官名。北魏末諸州置，負責城防事務，位在長史、司馬下。

尒朱榮之死也，東徐州刺史斛斯椿其枝黨，[1]内懷憂怖。時梁立魏汝南王悦爲魏主，[2]資其士馬，送境上，椿遂翻城降悦。則與蘭陵太守李義擊其偏師，[3]破之。魏因以則行北徐州事。[4]後隸尒朱仲遠，[5]仲遠敗，始歸高祖。仍加征南將軍、金紫光禄大夫。[6]初隨荆州刺史賀拔勝，[7]後從行臺侯景，周旋征討，屢有功績。

［1］斛斯椿（495—537）：字法壽，北魏廣牧富昌（今内蒙古准格爾旗東南）人，高車族。初投尒朱榮，後隨尒朱兆。最後投宇

文泰，拜尚書、遷太傅。《魏書》卷八〇、《北史》卷四九有傳。

[2]汝南王：爵名。汝南，郡名。治所在今河南息縣。 悦：元悦（？—532）。北魏孝文帝子，封汝南王。尒朱榮入洛，乃投奔南朝梁，被立爲魏主，年號更興。後還京。出帝太昌元年（532）十二月被殺。《魏書》卷二二、《北史》卷一九有傳。

[3]蘭陵：郡名。治所在今山東棗莊市南嶧城鎮西北。 李義：北魏官吏。餘不詳。

[4]北徐州：治所在今山東臨沂市西。

[5]尒朱仲遠：北魏北秀容（今山西朔州市）契胡貴族。尒朱榮從弟。《魏書》卷七五《尒朱彦伯傳》、《北史》卷四八《尒朱榮傳》有附傳。

[6]征南將軍：官名。爲四征將軍之一，到北齊時漸成爲褒賞軍功勳臣的閑職，二品。

[7]荆州：北魏太和二十二年（498）置，治所在今河南鄧州市。

天平初，行荆州事，都督三荆、二襄、南雍六州軍事，[1]荆州刺史。則有威武，邊人畏服之。渭曲之役，則爲西師圍逼，遂棄城奔梁，梁尋放還，高祖恕而不責。元象初，除洛州刺史。[2]則性貪婪，在州取受非法，舊京取像，毁以鑄錢，于時世號河陽錢，皆出其家。[3]武定中，復隨侯景西討。景於潁川作逆，時則鎮柏崖戍，[4]世宗以則有武用，[5]徵爲徐州刺史。景既南附，梁遣貞陽侯明率大衆向徐州，[6]以爲影響，堰清水灌州城。[7]則固守歷時，而取受狼籍，鎖送晋陽，世宗恕其罪。武定七年春，卒，時年四十八。贈青齊二州軍事、司空、青州刺史，謚曰烈懿。

[1]三荆：當時所置荆州、東荆州（今河南泌陽縣）、南荆州（今湖北棗陽市南）之合稱。 二襄：地名。即襄州（今河南方城縣東）、南襄州（今河南唐河縣西南湖陽鎮）的合稱。 南雍：州名。北魏置。治所在今湖北棗陽市西南。

[2]洛州：治所在今河南洛陽市東北。

[3]舊京取像，毀以鑄錢，于時世號河陽錢，皆出其家：意爲王則把洛陽的佛像銷毀鑄錢，當時號稱河陽錢。四庫本"取"作"諸"，或爲"聖"字之訛，待考。

[4]柏崖：山名。在今河南孟津縣西。侯景築城於山上。

[5]世宗：北齊文襄帝高澄（521—549），廟號世宗。本書卷三、《北史》卷六有紀。

[6]貞陽侯：爵名。貞陽，縣名。治所在今廣東英德市東翁水北。 明：蕭明（？—556）。本名淵明，唐人避諱，去"淵"字。梁武帝長兄長沙王蕭懿之子。梁承聖四年（555），被北齊立爲梁帝。謚梁閔帝。次年，被陳霸先所廢，後病死。本書卷三三有傳，《南史》卷五一《長沙宣武王懿傳》有附傳。諸本前有"蕭"字，《册府元龜》卷四〇〇同百衲本。

[7]堰清水灌州城："清水"百衲本及宋本同，四庫本作"泗水"。中華本校勘記云："按《魏書》卷一二《孝靜紀》、卷九八《蕭衍傳》，本書卷一三《清河王岳傳》、卷二〇《慕容儼傳》記此事都作'泗水'，但《南史》卷五一《蕭明傳》載梁武帝與明敕却說'引清水以灌彭城'。以後陳太建九年（五七七）陳將吳明徹又曾堰清水灌彭城，見《陳書》卷九《吳明徹傳》、《周書》卷四〇《王軌傳》。《通鑑》卷一七三太建十年，胡注云：'酈道元曰，"清水即泗水之別名"。'（今戴震校《水經注》改作'清水即洍水之別名也'，誤。）所以諸史'清''泗'互見。這裏本當作'清'，後人改作'泗'。今從三朝本。"泗水，古水名。又名清水、清泗。源出今山東泗水縣蒙山南麓，西南流，經江蘇徐州市大致循黄河故道至淮安市西南入淮河。

则弟敬寶，少歷顯位。後爲東廣州刺史，[1]與蕭軌等攻建業，[2]不克，[3]没焉。

[1]東廣州：北齊改南兖州置，治廣陵縣（今江蘇揚州市西北）。

[2]蕭軌（？—556）：北齊官吏，位儀同。本南朝梁宗室，爵番禺侯。梁末降齊，天保七年（556）與梁師戰於鍾山之西，遇雨失利，與都督李希光等陣亡。

[3]不克：諸本皆同，百衲本作"不見克"。《册府元龜》卷四四四作"王敬寶爲東魏廣州刺史，與蕭軌等攻建業，不克，没焉"。從删。

慕容紹宗，慕容晃第四子太原王恪後也。[1]曾祖騰，[2]歸魏，遂居於代。祖都，[3]岐州刺史。[4]父遠，[5]恒州刺史。紹宗容貌恢毅，少言語，深沉有膽略。尒朱榮即其從舅子也。值北邊撓亂，紹宗攜家屬詣晉陽以歸榮，榮深待之。及榮稱兵入洛，私告紹宗曰："洛中人士繁盛，驕佚成俗，若不加除剪，恐難制馭。吾欲因百官出迎，仍悉誅之，謂可爾不？"紹宗對曰："太后臨朝，淫虐無道，天下憤惋，共所棄之。公既身控神兵，心執忠義，忽欲殲夷多士，謂非長策，深願三思。"榮不從。後以軍功封索盧縣子，[6]尋進爵爲侯。從高祖破羊侃，[7]又與元天穆平邢杲，累遷并州刺史。

[1]慕容晃（297—348）：一作"慕容皝（huàng）"。字元真，小字萬年，昌黎棘城（今遼寧義縣西）人。十六國時前燕首領。鮮卑族。慕容廆第三子。父死，嗣立爲部主。於咸康三年

（337）自稱燕王。史稱前燕。卒，子儁繼位，謚文明皇帝。《晉書》卷一〇九有載記，《北史》卷九三有傳。　太原王恪：慕容恪（？—366）。字玄恭，慕容皝子。封太原王，授侍中、大都督、録尚書事。晉穆帝升平四年（360），受遺詔輔佐幼主慕容暐，總攬朝政。《晉書》卷一一一有載記。

[2]騰：慕容騰。十六國時後燕將領。爲左衛將軍。

[3]都：慕容都，亦作"慕容郁"。北魏官吏。事不詳。

[4]岐州：治雍縣（今陝西鳳翔縣東南）。

[5]遠：慕容遠。事不詳。

[6]索盧縣子：爵名。索盧縣，治所在今河北棗强縣東。

[7]羊侃（495—548）：字祖忻，泰山梁甫（今山東新泰市）人。北魏降梁官吏。《梁書》卷三九、《南史》卷六三有傳。

紇豆陵步蕃逼晉陽，尒朱兆擊之，累爲步蕃所破，欲以晉州徵高祖，共圖步蕃。[1]紹宗諫曰："今天下擾擾，人懷覬覦，正是智士用策之秋。高晉州才雄氣猛，英略蓋世，譬諸蛟龍，安可借以雲雨。"兆怒曰："我與晉州推誠相待，何忽輒相猜阻，横生此言！"便禁止紹宗，數日方釋。遂割鮮卑隸高祖。高祖共討步蕃，滅之。及高祖舉義信都，[2]兆以紹宗爲長史，又命爲行臺，率軍壺關，[3]以抗高祖。及廣阿、韓陵之敗，[4]兆乃撫膺自咎，謂紹宗曰："比用卿言，今豈至此。"

[1]欲以晉州徵高祖，共圖步蕃：中華本校勘記云："按高歡這時正在晉州刺史任上，故下文慕容紹宗稱之爲高晉州，哪有又以晉州徵之的事。據《魏書》卷一一《前廢帝紀》普泰元年（五三一）四月載以高歡爲冀州刺史。高歡自晉州東出，在信都起兵，即因自

晋州赴任冀州之故。這裏'晋州'當是'冀州'之誤。否則'以'字爲'從'之訛。""從"字意順。

[2]信都：縣名。治所在今河北冀州市。

[3]壺關：縣名。治所在今山西壺關縣東南。有壺口關，故曰壺關。

[4]韓陵：山名。在今河南安陽市東北。普泰二年（532），高歡與尒朱氏在此爆發大戰，高歡大勝，史稱韓陵之戰。

兆之敗於韓陵也，士卒多奔，兆懼，將欲潛遁。紹宗建旗鳴角，招集義徒，軍容既振，與兆徐而上馬。後高祖從鄴討兆於晋陽，兆窘急，走赤谼嶺，[1]自縊而死。紹宗行到烏突城，[2]見高祖追至，遂携榮妻子及兆餘衆自歸。高祖仍加恩禮，所有官爵並如故，軍謀兵略，時參預焉。

[1]赤谼嶺：山名。又名"赤洪嶺""赤洪山"。在今山西吕梁市離石區東北。

[2]紹宗行到烏突城："烏"字中華本同，宋本、百衲本、四庫本作"馬"。中華本本書卷一校勘記云："《北史》卷五三《紹宗傳》作'烏'。按本書卷一七《斛律金傳》武定三年攻山胡，稱高歡'度赤谼嶺，會金於烏突戍'。尒朱兆最後戰敗之地，上文説是赤洪嶺，自即赤谼嶺，則紹宗所保的城應即《斛律金傳》的烏突戍。考《隋書》卷三〇《地理志》中離石郡太和縣條、《太平寰宇記》卷四二石州臨泉縣條都説北周在此地置烏突郡、烏突縣。"作"馬"誤，今從《北史》卷五三《慕容紹宗傳》改。

天平初，遷都鄴，庶事未周，乃令紹宗與高隆之共知府庫圖籍諸事。[1]二年，宜陽民李延孫聚衆反，[2]乃以紹宗爲西南道軍司，率都督厙狄安盛等討破之。[3]軍還，行揚州刺史，尋行青州刺史。[4]丞相府記室孫搴屬紹宗以兄爲州主簿，[5]紹宗不用。搴譖之於高祖，云：慕容紹宗嘗登廣固城長歎，[6]謂其所親云"大丈夫有復先業理不"。由是徵還。元象初，西魏將獨孤如願據洛州，[7]梁、潁之間，寇盜鋒起。高祖命紹宗率兵赴武牢，[8]與行臺劉貴等平之。[9]進爵爲公，除度支尚書。[10]後爲晉州刺史、西道大行臺，[11]還朝，遷御史中尉。[12]屬梁人劉烏黑入寇徐方，[13]令紹宗率兵討擊之，大破，因除徐州刺史。烏黑收其散衆，復爲侵竊，紹宗密誘其徒黨，數月間，遂執烏黑殺之。

[1]高隆之（494—554）：本姓徐，字延興，高平金鄉（今山東金鄉縣）人。後高歡認爲從弟，乃稱渤海蓨（今河北景縣）人。東魏、北齊大臣。本書卷一八、《北史》卷五四有傳。

[2]宜陽：郡名。北魏置，治所在今河南宜陽縣西韓城鎮，北周徙治今河南宜陽縣西福昌村。 李延孫（？—538）：伊川（東魏改伊陽郡置，寄治今河南洛陽市伊川縣西南）人。西魏將領。《周書》卷四三、《北史》卷六六有傳。

[3]厙狄安盛：東魏將領。餘不詳。

[4]尋行青州刺史："青州"中華本同，宋本、百衲本、四庫本作"豫州"。中華本校勘記云："《北史》卷五三作'青'。張森楷云：'案搴是樂安人（本書卷二四《本傳》），屬青州，不屬豫州，疑《北史》是。'按州主簿例用本州人。又下文說孫搴譖紹宗於高歡，說'紹宗嘗登廣固城長歎'。廣固城在青州之益都，即紹宗先世南燕的故都，可證《北史》作'青州'是。"從改。

［5］丞相府記室：官名。"丞相府記室參軍"的省稱。主本府文書表報。　孫搴：字彥舉，樂安（今山東博興縣南）人。東魏、北齊官吏。本書卷二四有傳。　州主簿：官名。州刺史屬吏。典領州府文書簿籍。

［6］廣固城：古城名。西晉永嘉中築。在今山東青州市西北堯王山南。

［7］獨孤如願（503—557）：獨孤信，本名如願，雲中（今内蒙古和林格爾縣西北土城子）人。鮮卑族獨孤部。北魏至北周名將。《周書》卷一六、《北史》卷六一有傳。

［8］武牢：關隘名。即虎牢。《隋書》《北史》均因避唐諱而改稱武牢。故址在今河南滎陽市汜水鎮西。

［9］劉貴（？—539）：秀容陽曲（今山西陽曲縣南）人。北魏、東魏將領。本書卷一九、《北史》卷五三有傳。

［10］度支尚書：官名。尚書省度支曹長官。北齊三品。

［11］大行臺：官名。北齊時多作爲"大行臺長官"的省稱。

［12］御史中尉：官名。北魏改御史中丞爲此稱。主掌御史臺。糾彈百官，參治刑獄。北齊復名御史中丞，從三品。

［13］劉烏黑（？—544）：東魏徐州（今江蘇徐州市）人。事不詳。　徐方：指徐州。

　　侯景反叛，命紹宗爲東南道行臺，加開府，轉封燕郡公，[1]與韓軌等詣瑕丘，[2]以圖進趣。梁武帝遣其兄子貞陽侯淵明等率衆十萬，[3]頓軍寒山，[4]與侯景掎角，擁泗水灌彭城。[5]仍詔紹宗爲行臺，節度三徐、二兗州軍事，[6]與大都督高岳等出討，大破之，擒蕭明及其將帥等，[7]俘虜甚衆。乃迴軍討侯景於渦陽。于時景軍甚衆，[8]前後諸將往者莫不爲其所輕。及聞紹宗與岳將至，深有懼色，謂其屬曰："岳所部兵精，紹宗舊將，宜共慎之。"於是與景接戰，諸將持疑，無肯先者，紹宗麾兵徑進，諸將從之，因而大捷，景遂奔遁。軍還，別封永樂縣子。[9]初高祖末命世宗云："侯景若反，以慕容紹宗當之。"至是，竟立功效。

[1]燕郡：治所在今北京市西南隅。

[2]韓軌：字百年，太安狄那（今山西壽陽縣北）人。北魏、北齊官吏。本書卷一五、《北史》卷五四有傳。 瑕丘：地名。在今山東兖州市東北。

[3]梁武帝遣其兄子貞陽侯淵明等率衆十萬："淵明"中華本同，百衲本、宋本作"深明"，四庫本作"蕭明"。本卷上文有"梁遣貞陽侯蕭明率大衆向徐州"。中華本校勘記云："按其人本名'淵明'。唐人避諱，《梁書》（百衲本）作'深明'，本書和南、北《史》單稱'明'。這裏三朝本作'深明'，和此傳下文及其他紀傳單作'明'不同，疑'深'字亦後人所加，又再改作'淵明'。'淵明'是本名。"

[4]寒山：山名。在今江蘇徐州市東南。

[5]彭城：郡名。治所在今江蘇徐州市老城區。

[6]三徐：三徐州。時置東徐州、北徐州和徐州的合稱。 二兖州：南兖州和西兖州。百衲本"兖"後無"州"字，諸本及《册府元龜》卷三五四有。從補。

[7]蕭明：諸本作"淵明"，百衲本及《北史》卷五〇、五一、五三、五五等作"蕭明"。即蕭淵明。唐初避諱去"淵"字。

[8]于時景軍甚衆：四庫本"時"作"是"。據文意，應作"時"。

[9]永樂縣子：爵名。永樂縣，治所在今河北保定市滿城區西北魚條山下。

西魏遣其大將王思政入據潁州，[1]又以紹宗爲南道行臺，與太尉高岳、儀同劉豐等率軍圍擊，[2]堰洧水以灌之。[3]時紹宗頻有凶夢，意每惡之。乃私謂左右曰："吾自年二十已還，恒有蒜髮，[4]昨來蒜髮忽然自盡。以理推之，蒜者算也，吾算將盡乎？"[5]未幾，與豐臨堰，見北有塵氣，乃入艦同坐。暴風從東北來，遠近晦冥，舟纜斷，飄艦徑向敵城。紹宗自度不免，遂投水而死，時年四十九。三軍將士莫不悲惋，朝廷嗟傷。贈使持節二青、二兗、齊、濟、光七州軍事，[6]尚書令，太尉，青州刺史，謚曰景惠。除其長子士肅爲散騎常侍。[7]尋以謀反，伏誅。朝廷以紹宗功，罪止士肅身。[8]皇建初，[9]配饗世宗廟庭。士肅弟建中，[10]襲紹宗爵。武平末，儀同三司。隋開皇中，大將軍、疊州總管。[11]

[1]王思政：字司政，太原祁（今山西祁縣）人。西魏名將。後降北齊，爲都官尚書、儀同三司。《周書》卷一八、《北史》卷六二有傳。百衲本"王思政"後有"之"字，諸本及《册府元龜》卷八九五無。據删。

[2]太尉：官名。時爲名譽宰相，位居一品，多爲大臣加官，無實際職掌。　劉豐（？—549）：字豐生，普樂（今寧夏靈武市西南）人。北魏、西魏、東魏官吏。後被北周軍所殺。本書卷二七、《北史》卷五三有傳。

[3]堰：壅塞。　洧（wěi）水：古水名。源出今河南登封市陽城山，東南流至新鄭市與溱水合，至西華縣入潁水。

[4]蒜髮：青壯年人的白髮。宋人張淏《雲谷雜記》："今人言壯而髮白者，目之曰蒜髮。"

[5]吾算將盡乎：百衲本"算"前有"一"字，諸本無。

［6］二青：時置青州與南青州的合稱。　濟：州名。北魏泰常八年（423）置，治所在碻磝城（今山東茌平縣西南）。　光：州名。北魏皇興四年（470）置。治所在今山東萊州市。

［7］士肅：慕容士肅。事不詳。　散騎常侍：官名。職掌侍從皇帝左右。北朝以兼領修史。北齊集書省設六員，下設之起居省又設一員，皆從三品。

［8］朝廷以紹宗功，罪止士肅身：中華本同，百衲本、宋本作"朝廷以紹宗之罪止士肅身"，據文意，朝廷是因紹宗功勞，故免士肅罪，今從中華本。

［9］皇建：北齊孝昭帝高演年號（560—561）。

［10］士肅弟建中：錢大昕《廿二史考異》卷三一："'建中'《北史》作'三藏'，三藏蓋建中小字，入周、隋後，以小字行爾。"建中（？—611），慕容建中，又名慕容三藏。鮮卑族。北齊時，襲爵燕郡公，累遷武衛大將軍等。齊亡，仕於周、隋。《隋書》卷六五有傳。

［11］疊（dié）州：北周建德中置，治所在今甘肅迭部縣。總管：官名。地方高級軍政官員。北周明帝武成元年（559）由"都督諸州軍事"改名。

　　薛脩義，[1]字公讓，河東汾陰人也。[2]曾祖紹，[3]魏七兵尚書、太子太保。[4]祖壽仁，[5]河東河北二郡守、秦州刺史、汾陰公。[6]父寶集，[7]定陽太守。[8]

［1］薛脩義："脩義"中華本同，百衲本、宋本、四庫本作"循義"。中華本校勘記云："《北史》卷五三本《傳》作'脩義'，他處多同本《傳》。本書以《北史》補的部分同作'脩義'，本《傳》是原文，則作'循義'。錢氏《考異》卷三一云：'魏齊碑刻

"人"旁多從"亻"旁，故"脩""循"二字多相混。'按《魏書》卷一〇《孝莊紀》永安三年（五三〇）十月作'修義'。"今從中華本。

　　[2]河東：郡名。秦置，治所在今山西永濟市蒲州鎮。　汾陰：縣名。西漢置，治所在今山西萬榮縣。

　　[3]紹：薛紹。北魏官吏。事不詳。

　　[4]七兵尚書：官名。尚書省七兵曹長官。北魏定爲官稱。領騎兵、都兵、左右中兵、左右外兵七曹。　太子太保：官名。西晉置，位在太子太師、太子太傅下，三者謂東宮三師。掌輔導太子，三品。

　　[5]壽仁：薛壽仁。事不詳。

　　[6]河北：郡名。治所在今山西平陸縣西南。　秦州：治所在今甘肅天水市。

　　[7]寶集：薛寶集。事不詳。

　　[8]定陽：郡名。北魏延興四年（474）置，治所在今山西吉縣。

　　脩義少而姦俠，輕財重氣，招召豪猾，時有急難相奔投者，多能容匿之。魏咸陽王爲司州牧，[1]用爲法曹從事。[2]魏北海王顥鎮徐州，引爲墨曹參軍。[3]正光末，[4]天下兵起，顥爲征西將軍，[5]都督華、豳、東秦諸軍事，[6]兼左僕射、西道行臺，[7]以脩義爲統軍。時有詔，能募得三千人者用爲別將。[8]於是脩義還河東，仍歷平陽、弘農諸郡，[9]合得七千餘人，即假安北將軍、西道別將。[10]俄而東西二夏、南北兩華及豳州等反叛，[11]顥進討之。脩義率所部，頗有功。絳蜀賊陳雙熾等聚汾曲，[12]詔脩義爲大都督，與行臺長孫稚共討

599

之。[13]脩義以雙熾是其鄉人，遂輕詣壘下，曉以利害，熾等遂降。拜脩義龍門鎮將。[14]

［1］魏咸陽王：指元禧（？—501），字永壽。鮮卑族拓跋部人。獻文帝子。北魏宗室、大臣。封咸陽王。《魏書》卷二一上有傳。

［2］法曹從事：州刺史屬吏，掌法曹，主司法事。

［3］墨曹參軍：官名。爲本府墨曹長官。掌文翰。七品。

［4］正光：北魏孝明帝元詡年號（520—525）。

［5］征西將軍：官名。北齊時成爲褒賞軍功勳臣的閑職，二品。

［6］華：州名。治所在今陝西大荔縣。　豳（bīn）：州名。治所在今甘肅寧縣。　東秦：州名。治所在今陝西隴縣東南。

［7］左僕射：官名。即尚書左僕射。爲尚書令副貳。北齊從二品。

［8］別將：官名。秦、漢泛指率領部分兵力與主力分道而進的別部將領。北魏中葉以後，出兵之制，與主力分道而行爲之輔翼的將領稱"別道都將"，後遂沿用此稱，逐漸成爲一級統兵武官名稱。

［9］平陽：郡名。治所在今山西臨汾市，因在平水之陽而得名。
　弘農：郡名。治所在今河南靈寶市北。

［10］安北將軍：官名。與安東、安西、安南將軍合稱四安將軍。或作爲刺史等地方官員兼理軍務的加官，北齊三品。

［11］東西二夏：東夏州和西夏州。東夏州，治廣武縣（今陝西延安市東北甘谷驛鎮）。西夏州，即北魏夏州，治所在今陝西靖邊縣。　南北兩華：南華州和北華州。南華州，即華州。北華州，北魏孝明帝以東秦州改名，治所在杏城（今陝西黃陵縣西南故邑）。

［12］絳蜀：曹魏滅蜀漢後，被遷居於絳的蜀人後裔。絳，郡名。指南絳，治所在今山西絳縣南。　汾曲：今山西襄汾縣、新絳縣之間汾河曲流處。

[13]長孫稚："稚"字中華本同，百衲本、宋本、四庫本作"權"。本書卷二二《李憨傳》有"賊帥鮮于脩禮、毛普賢作亂，詔遣大都督長孫稚討之"，又《魏書》卷二五《長孫道生傳》後附有《長孫稚傳》。另《北史》卷二二《長孫道生傳》作"長孫幼"，亦即"長孫稚"，因避唐諱改，實則一人。從《魏書》改。

[14]龍門：縣名。治所在今山西河津市東南。　鎮將：官名。北魏置，鎮的長官。在不設州郡的地區兼統軍民；在設州、郡的內地主要掌軍政。北齊三等鎮將為四品。

後脩義宗人鳳賢等作亂，[1]圍鎮城。脩義亦以天下紛擾，規自縱擅，遂與鳳賢聚衆為逆，自號黃鉞大將軍。[2]詔都督宗正珍孫討之。[3]軍未至，脩義慚悔，乃遣其帳下孫懷彥奉表自陳，[4]乞一大將招慰。魏孝明遣西北道大行臺胡元吉奉詔曉喻，[5]脩義降。鳳賢等猶據險屯結，長孫稚軍於弘農，珍孫軍靈橋，[6]未能進。脩義與其從叔善樂、從弟嘉族等各率義勇為攻取之勢，[7]與鳳賢書示其禍福。鳳賢降，拜鳳賢龍驤將軍、假節、稷山鎮將，[8]夏陽縣子、邑三百户。封脩義汾陰縣侯，邑八百户。

[1]鳳賢：薛鳳賢。餘不詳。
[2]黃鉞大將軍：官名。三國魏置，指加"假黃鉞"名義之大將軍，位在三公之上。一品。
[3]宗正珍孫（？—529）：北魏將領。歷任安西將軍、光祿大夫、都督。元顥入洛，仍為都督。後為尒朱榮攻殺。
[4]孫懷彥：事不詳。
[5]魏孝明：北魏孝明帝元詡（510—528），宣武帝次子。公

元515年至528年在位。武泰元年（528）被太后所殺。諡曰孝明，廟號肅宗。《魏書》卷九、《北史》卷四有紀。　胡元吉：事不詳。

［6］靈橋：地名。在今河南靈寶市附近。

［7］善樂：薛善樂。北魏將領。事不詳。

［8］假節：假以節杖。西漢時假節唯有軍事得殺犯軍令者，西晉後成爲官稱。　稷山：縣名。治所在今山西稷山縣。

爾朱榮以脩義豪猾反覆，録送晉陽，與高昂等並見拘防。榮赴洛，以脩義等自隨，置於駝牛署。[1]榮死，魏孝莊以脩義爲弘農、河北、河東、正平四郡大都督。[2]時高祖爲晉州刺史，見脩義，待之甚厚。及爾朱兆立魏長廣王爲主，[3]除脩義右將軍、陝州刺史，[4]假安南將軍。[5]魏前廢帝初，[6]以脩義爲持節、後將軍、南汾州刺史。[7]

［1］駝牛署：官署名。北魏置，掌飼駝騾驢牛。北齊沿置，設令、丞，隸太僕寺。領典駝、特牛、牸牛三局，各設都尉，亦常作爲囚禁官員之所。

［2］正平：郡名。北魏太和十八年（494）以征平郡改名。治所在今山西新絳縣。

［3］魏長廣王：指元曄（？—532），字華興。北魏宗室。孝莊帝時封長廣王。爾朱世隆與爾朱兆立之爲帝，改元建明。次年被廢。《魏書》卷一九下、《北史》卷一八《南安王楨傳》有附傳。

［4］右將軍：官名。與前、左、後將軍並爲軍府名號，用作加官。北魏太和十七年定爲從二品上，二十三年定爲三品。　陝州：北魏置。治所在今河南三門峽市西。

［5］安南將軍：官名。與安東、安西、安北將軍合稱四安將軍。

北齊三品。

　　[6]魏前廢帝：指北魏節閔帝元恭（498—532），字脩業，廣陵惠王元羽之子。公元531年被尒朱世隆立爲帝。次年，被高歡所廢。《魏書》卷一一、《北史》卷五有紀。

　　[7]後將軍：官名。與前、左、右將軍並爲軍府名號。

　　高祖起義信都，破四胡於韓陵，[1]遣徵脩義，從至晋陽，以脩義行并州事。又從高祖平尒朱兆。武帝之入關也，高祖奉迎臨潼關，[2]以脩義爲關右行臺，自龍門濟河。西魏北華州刺史薛崇禮屯楊氏壁，[3]脩義以書招之，崇禮率萬餘人降。樊子鵠之據兖州，脩義從大司馬婁昭破平之。[4]天平中，除衛將軍、南中郎將，[5]帶汲郡太守，頓丘、淮陽、東郡、黎陽五郡都督。[6]遷東徐州。

　　[1]四胡：指尒朱兆、尒朱天光、尒朱度律、尒朱仲遠四人。普泰二年（532），四人率軍二十萬與高歡大戰於韓陵，爲高歡所擊敗。

　　[2]潼關：關隘名。在今陝西潼關縣東北。

　　[3]西魏北華州刺史薛崇禮屯楊氏壁：中華本校勘記云："諸本'楊'作'陽'。按《周書》卷三五《薛端傳》記薛崇禮降東魏後，東魏曾派兵據楊氏壁。楊氏壁是黃河西岸的險要，屢見《魏書》卷四一《源子雍傳》，《周書》卷二《文帝紀》大統三年、卷一五《于謹傳》等。這裏'陽'字誤。"説是，從改。楊氏壁，在今陝西韓城市東北、龍門西岸。西魏僑置南汾州。

　　[4]大司馬：官名。北齊與大將軍並稱"二大"，仍爲加官，皆一品。北齊後主時增員冗濫，不復尊貴。　婁昭：字菩薩，代郡平城（今山西大同市東北）人。東魏大臣。北魏末跟隨高歡。齊受

禪，追封太原王。本書卷一五、《北史》卷五四有傳。

[5]衛將軍：官名。將軍名號之一。多作爲軍府名號，以加大臣、重要州郡長官，無具體職掌。北齊二品。　南中郎將：官名。與東、西、北中郎將並稱四中郎將，多帥師征戰。北齊屬護軍府。

[6]頓丘：郡名。西晋泰始二年（266）置，治所在今河南清豐縣西南。　淮陽：諸本均同，錢大昕《廿二史考異》卷三一云："淮陽與汲郡迥遠，恐是'濮陽'之訛。《北史·孝靜紀》天平元年，初置四中郎將，於礓石橋置東中，蒲泉置西中，濟北置南中，洺水置北中。魏收《志》惟云魏郡貴鄉縣有東中郎將治，餘皆失書'。"中華本校勘記云："按錢説是，薛脩義以南中郎將帶職，五郡應該都屬司州。"存疑。淮陽，郡名。治所在今江蘇睢寧縣。東郡：治所在今河南滑縣東南城關鎮。　黎陽：郡名。治所在今河南浚縣東。

　　元象初，拜儀同。沙苑之役，[1]從諸軍退。還，行晋州事封祖業棄城走，[2]脩義追至洪洞，[3]説祖業還守，而祖業不從。脩義還據晋州，安集固守。西魏儀同長孫子彦圍逼城下，[4]脩義開門伏甲以待之，子彦不測虛實，於是遁去。高祖甚嘉之，就拜晋州刺史、南汾、東雍、陝四州行臺，[5]賞帛千匹。脩義在州，擒西魏所署正平太守段榮顯。[6]招降胡酋胡垂黎等部落數千口，[7]表置五城郡以安處之。[8]高仲密之叛，[9]以脩義爲西南道行臺，爲掎角聲勢，不行。尋除齊州刺史，以黷貨除名。[10]追其前守晋州功，復其官爵，仍拜衛尉卿。[11]時山胡侵亂晋州，[12]遣脩義追討，破之。進爵正平郡公，加開府。世宗以高祖遺旨，減封二百户，別封脩義爲平鄉男。天保初，[13]除護軍，[14]別封藍田縣公，[15]又拜太子太保。

五年七月卒，時年七十七。贈晉太華三州諸軍事、司空、晉州刺史，[16]贈物三百段。子文殊嗣。[17]

[1]沙苑：地名。又名"沙阜""沙海""沙澤""沙窩"。在今陝西大荔縣南洛、渭二河之間，東西八十里，南北三十里，其沙隨風流徙，不可耕植，而宜於牧林瓜果。東魏天平四年（537）與西魏於此爆發惡戰，史稱沙苑之戰，東魏慘敗。

[2]封祖業：東魏將領。餘不詳。

[3]洪洞：地名。即洪洞城。東魏、北齊鎮城。在今山西洪洞縣北。其地"百雉相臨，四周重複，控據要險"（《元和郡縣圖志》引姚最《序行記》）。

[4]長孫子彥：本名俊。長孫稚子。鮮卑族。北魏官吏。《魏書》卷二五、《北史》卷二二《長孫道生傳》有附傳。

[5]東雍：州名。治所在今山西新絳縣萬安鎮柏壁村。

[6]段榮顯：西魏官吏。事不詳。

[7]胡垂黎：東魏人。事不詳。

[8]五城郡：治所在今山西臨汾市。

[9]高仲密：高慎，字仲密，高乾弟。魏孝武帝初，爲驃騎大將軍、儀同三司，光州刺史。東魏元象初，據武牢降西魏。本書卷二一《高乾傳》、《北史》卷三一《高祐傳》有附傳。

[10]黷貨：貪污受賄。

[11]衛尉卿：官名。北齊置爲衛尉寺長官，三品，位列九卿。主管宮殿、京城諸門禁衛，武器、儀仗庫藏。又稱"衛尉寺卿"。

[12]山胡：民族名。亦稱"稽胡""步落稽"。源於南匈奴。一説爲山戎、赤狄之後。南北朝時居於山西北部。與漢人雜居。

[13]天保：北齊文宣帝高洋年號（550—559）。

[14]護軍：官名。"護軍將軍"的簡稱。職掌監護諸軍及武官選拔考核，亦掌部分中軍兵。北魏、北齊爲從三品。

[15]藍田縣公：爵名。藍田縣，治所在今陝西藍田縣西灞河西岸。

[16]太：太州。即泰州。治所在今山西永濟市西南。　司空：官名。與太尉、司徒並爲三公。名譽宰相，多爲大臣加官，位居一品，無實際職掌。

[17]文殊：薛文殊。事不詳。

脩義從弟嘉族，[1]性亦豪爽。釋褐員外散騎侍郎，[2]稍遷正平太守。屬高祖在信都，嘉族聞而赴義。從平四胡於韓陵，除華州刺史。及賀拔岳拒命，[3]令嘉族置騎河上，以禦大軍。嘉族遂棄其乘馬，浮河而度，歸於高祖。由是拜揚州刺史，卒於官。子震，字文雄。天平初，受旨鎮守龍門，陷於西魏。元象中，方得逃還。高祖嘉其至誠，除廣州刺史。後從慕容紹宗討侯景，以功別封膚施縣男。[4]天保四年，從討山胡，破茹茹，[5]並有功績，累遷譙州刺史。[6]

[1]脩義從弟嘉族：百衲本、宋本無"脩義從弟"四字。《北史》卷五三有，從補。

[2]員外散騎侍郎：官名。初爲正員之外添差之散騎侍郎，無員數，後成定員官。北齊此官所授頗濫，集書省設一百二十員，七品上。

[3]賀拔岳：字阿斗泥，神武尖山（今山西神池縣）人。徙居武川（今内蒙古武川縣）。賀拔勝之弟。北魏、西魏名將。《魏書》卷八〇《賀拔勝傳》、《周書》卷一四《賀拔勝傳》、《北史》卷四九《賀拔允傳》有附傳。

[4]膚施縣：治所在今陝西延安市東北。

[5]茹茹：古族名。又稱柔然、蠕蠕、蝚蠕、芮芮等。其强盛時，勢力達於整個蒙古高原。該國汗族郁久閭氏源自雜胡（詳見曹永年《柔然源於雜胡考》，《歷史研究》1981年第3期）。境内有匈奴、鮮卑、高車、西域諸族以及其他民族，多以游牧爲生。《魏書》卷一〇三、《北史》卷九八有傳。

[6]譙州：治所在今安徽蒙城縣。

脩義從子元穎，[1]父光熾，[2]東雍州刺史、太常卿。[3]元穎廉謹有信義，起家永安王參軍，[4]行秀容縣事，[5]有清名。累轉定州别駕，[6]舉清平勤幹，除漁陽太守。[7]

[1]元穎："穎"字諸本同，百衲本作"潁"。"潁"字從"水"，多作地名、水名。此處作"穎"是，從改。

[2]光熾：薛光熾。事不詳。

[3]東雍州：治所在今山西新絳縣萬安鎮柏壁村。 太常卿：北魏爲"太常"的尊稱。北齊置爲太常寺長官，三品，掌管宗廟祭祀禮樂。

[4]永安王：高浚（？—558），字定樂，渤海蓨（今河北景縣）人。北齊宗室。本書卷一〇、《北史》卷五一有傳。 參軍：官名。亦作"參軍事"。掌參謀軍務。掌分主諸曹事。

[5]秀容縣：北魏永興二年（410）置，治所在今山西忻州市西北。

[6]别駕：官名。即别駕從事、别駕從事史。因從刺史行部，别乘傳車，故謂之别駕。刺史的重要佐吏。

[7]漁陽：郡名。治所在今北京市通州區東城子。

叱列平，字殺鬼，代郡西部人也，世爲酋帥。平有容貌，美鬚髯，善騎射。襲第一領民酋長，[1]臨江伯。[2]孝昌末，[3]拔陵反叛，[4]茹茹餘衆入寇馬邑，[5]平以統軍屬，有戰功，補別將。後牧子作亂，劉胡崙、斛律可那律俱時構逆，[6]以平爲都督，討定胡崙等。魏孝莊初，[7]除武衛將軍。[8]隨尒朱榮破葛榮，平元顥，遷中軍都督、右衛將軍，[9]封麼陶縣伯，[10]邑七百户。榮死，平與榮妻及尒朱世隆等北走。長廣王曄立，[11]授右衛將軍，加京畿大都督。[12]

[1]第一領民酋長：官名。北魏置。唐人避諱，改稱"第一領人酋長"。主要授予依附北魏政權的北方少數民族首領，可世襲，北齊時定爲視從三品。

[2]臨江伯：爵名。臨江，縣名。治所在今重慶忠縣。

[3]孝昌：北魏孝明帝元詡年號（525—527）。

[4]拔陵：破六韓拔陵（？—525），匈奴族人。北魏末年六鎮起義軍首領。公元523年率兵民在沃野鎮（今内蒙古五原縣北）起義，殺鎮將，建元真王。525年兵敗被殺。

[5]茹茹餘衆入寇馬邑：中華本校勘記云："按《魏書》卷九《肅宗紀》'茹茹主阿那瓌率衆犯塞'，在正光四年（五二三）二月，破落汗拔陵起義在次年三月。孝昌元年（五二五）北魏勾結茹茹主阿那瓌入塞鎮壓起義軍。前一次和起義軍無關，這裏所説孝昌末的一次，則是北魏政權勾結來的。史文叙事牽連不清，企圖以'茹茹入塞'駕罪破落汗拔陵的起義，故爲辯之。"

[6]劉胡崙：北魏末人。事不詳。　斛律可那律：北魏末人。事不詳。

[7]孝莊：北魏孝莊帝元子攸（507—530），彭城王元勰第三子。公元528年至530年在位。諡號孝莊。《魏書》卷一〇、《北

史》卷五有紀。

［8］武衛將軍：官名。北齊時爲左、右衛府次官，員各二人，佐左、右衛將軍掌宮禁宿衛，從三品。

［9］中軍都督：官名。統兵武官。　右衛將軍：官名。負責宮禁宿衛。北齊時爲右衛府長官，員一人，三品。掌右廂，與左衛將軍共主朱華閣以外禁衛事務。

［10］廮陶縣伯：爵名。廮陶縣，治所在今河北寧晋縣西南。

［11］曄：諸本皆同，百衲本作"暉"。本書卷一、卷一九及《北史》所涉其事名皆同，唯《魏書》卷七五《尒朱兆傳》一作"暉"。中華本校勘記云："按尒朱世隆等立長廣王曄爲帝，歷見本卷《世隆傳》、卷一〇《孝莊紀》永安三年十月條、卷一九下《南安王楨附元曄傳》，'暉'字訛，今據改。"從改。

［12］京畿大都督：官名。統領京畿軍士，爲京都最高軍事長官。北齊時多任用宗室諸王。北齊後主武平二年（571）罷，其職掌併入領軍府。

時尒朱氏凌僭，[1]平常慮危禍，會高祖起義，平遂歸誠。從平鄴，破四胡於韓陵。仲遠既走，以平爲東郡大行臺。軍還，從高祖平尒朱兆。復從領軍婁昭討樊子鵠，平之。授使持節、華州刺史。高仲密之叛，平從高祖破周文帝於邙山。[2]武定初，除廓州刺史。[3]五年，加儀同三司，鎮河陽。[4]八年，進爵爲侯。天保初，授兗州刺史，尋加開府，別封臨洮縣子。[5]三年，與諸將南討江淮，[6]克陽平郡。[7]陳人攻圍廣陵，[8]詔平統河南諸軍赴援，陳人退，乃還。五年夏，卒於州，時年五十一。贈瀛滄幽三州軍事、瀛州刺史、中書監，[9]諡曰莊惠。子孝中嗣。[10]

[1]時尒朱氏凌僭：指尒朱世隆猖狂弄權。

[2]邙山：山名。在今河南西部，西起三門峽，東止伊洛河岸。

[3]廓州：東魏武定元年（543）置，寄治廓城（今山西原平縣西北）。北齊改爲顯州，移治石城縣（今山西原平縣北崞陽鎮）。

[4]河陽：縣名。治所在今河南孟州市西南。

[5]臨洮縣子：爵名。臨洮縣，治所在今甘肅岷縣。

[6]江淮：地區名。泛指今安徽、江蘇、河南以及湖北東北部長江以北、淮河以南地區。

[7]陽平郡：治所在今河北館陶縣。

[8]陳人攻圍廣陵：中華本校勘記云："按天保三年即梁元帝承聖元年（五五二）。據《陳書》卷一《高祖紀》，這一年陳霸先曾二次統兵到廣陵。統兵的雖是陳霸先，改梁爲陳還在其後五年。這裏'陳人'應作'梁人'。"

[9]中書監：官名。中書省長官之一，掌納奏、擬詔、出令，多用作重臣加官。北齊從二品。

[10]孝中：叱列孝中。一作"叱列孝冲"。

弟長叉，[1]武平末，侍中、開府儀同三司，封新寧王。[2]隋開皇中，上柱國，[3]卒於涇州長史。[4]雖無他伎，前在官以清幹著稱。

[1]弟長叉：中華本校勘記云："諸本'叉'作'乂'，今據《北史》卷五三《叱列平傳》改。參卷八校記。"從改。

[2]新寧：郡名。治所在今四川達縣西南。

[3]柱國：官名。西魏設八員，爲府兵最高指揮官。北周因之，正九命。後轉爲第二等勳官。隋因之。

[4]涇州：北魏神䴥年（430）置，治所在今甘肅涇川縣北。

步大汗薩，太安狄那人也。[1]曾祖榮，[2]仕魏歷金門、化正二郡太守。[3]父居，[4]龍驤將軍、領民別將。[5]正光末，六鎮反亂，薩乃將家避難南下，奔尒朱榮於秀容。後從榮入洛，以軍功除揚武軍帳內統軍，[6]賜爵江夏子。[7]從平葛榮，累前後功，加鎮南將軍。[8]榮死後，從尒朱兆入洛，補帳內大都督，[9]從兆拒戰於韓陵。兆敗，薩以所部降。高祖以爲第三領民酋長，累遷秦州鎮城都督、北雍州刺史。[10]天平中，轉東壽陽三泉都督。[11]元象中，行燕州，累遷臨川領民大都督，[12]賜爵長廣伯。時茹茹寇鈔，屢爲邊害，高祖撫納之，遣薩將命。還，拜儀同三司。出爲五城大都督，鎮河陽。又加車騎大將軍、開府，進封行唐縣公，[13]減勃海三百户以增其封。仍授晉州刺史，別封安陵縣男，邑二百户，加驃騎大將軍。齊受禪，改封義陽郡公。[14]

　　[1]太安狄那人也：錢大昕《廿二史考異》："《北史》作'代郡西部人'。太安、神武、廣寧皆六鎮改州所置之郡，統言之，則爲代人，大率皆鮮卑也。"
　　[2]榮：步大汗榮。事不詳。
　　[3]金門：郡名。東魏天平初置，治所在今河南宜陽縣西南。化正：當作"化政"。《魏書·地形志》夏州條有"化政郡"。本注曰："太和十二年置。"治所在今陝西靖邊縣。
　　[4]居：步大汗居。事不詳。
　　[5]領民別將：官名。北魏置。北齊置爲禁軍諸府及太子左、右衛率屬官，皆爲近衛武官。
　　[6]以軍功除揚武軍帳內統軍：中華本校勘記引張森楷云："'揚武'下疑當有'將'字。"揚武將軍，官名。統兵出征。北魏

從四品。

[7]江夏子：爵名。江夏，縣名。北魏置，治所在今河南泌陽縣北。

[8]鎮南將軍：官名。與鎮東、鎮西、鎮北將軍合稱四鎮，北齊爲褒賞軍功勳臣的閑職，從二品。

[9]帳内大都督：官名。統領主帥身邊的侍衛軍士。

[10]秦州：治所在今甘肅天水市。　北雍州：北魏孝昌三年置，治所在今陝西淳化縣東嵯峨山北。

[11]東壽陽：治所約在今山西壽陽縣。　三泉：地名。在今山西陽泉市。

[12]臨川：郡名。治所在今山西襄垣縣（《魏書·地形志》）。　領民大都督：官名。東魏置，北齊沿之。

[13]行唐縣公：爵名。行唐縣，北魏改南行唐縣置，治所在今河北行唐縣東北。

[14]義陽郡公：爵名。義陽郡，治所在今河南信陽市北。

慕容儼，字恃德，清都成安人，[1]慕容廆之後也。[2]父叱頭，[3]魏南頓太守，身長一丈，腰帶九尺。武平初，追贈開府儀同三司、尚書左僕射、持節、都督滄恒二州軍事、恒州刺史。[4]

[1]清都：北齊都邑。改鄴置。治所在今河北臨漳縣西南。成安：縣名。北齊置，治所在今河北成安縣。

[2]慕容廆（269—333）：十六國時遼東鮮卑首領。字奕洛瓌，昌黎棘城（今遼寧義縣西）人。其孫慕容儁稱帝，追謚爲宣武皇帝。《晋書》卷一〇八有載記，《魏書》卷九五、《北史》卷九三有傳。

[3]叱頭：慕容叱頭。事不詳。

[4]滄：州名。治所在今河北鹽山縣西南。

儼容貌出群，衣冠甚偉，不好讀書，頗學兵法，工騎射。正光中，魏河間王元琛率衆救壽春，[1]辟儼左厢軍主，[2]以戰功賞帛五十匹。軍次西硤石，[3]因解渦陽之圍，平倉陵城、荆山戍。[4]梁遣將鄭僧等要戰，[5]儼擊之，斬其將蕭喬，[6]梁人奔遁。又襲破王神念等軍，[7]擒二百餘人，神念僅以身免。三年，梁遣將攻東豫州，[8]大都督元寶掌討之。[9]儼爲別將。[10]鄭海珍與戰，斬其軍主朱僧珍、軍副秦太。[11]又擊賊王苟於陽夏，[12]平之。

[1]河間王：爵名。河間，郡名。治所在今河北河間市南。元琛：字曇寶，元簡子。繼河間王爵。《魏書》卷二〇《河間王若傳》有附傳。　壽春：治所在今安徽壽縣。

[2]左厢軍主：官名。軍隊左翼的下級軍官。

[3]西硤石：山名。今安徽鳳陽縣西南有硤石山，淮水流經其中，山兩岸相對。淮水西岸即西硤石。

[4]倉陵城：城名。在今安徽壽縣境。　荆山：地名。在今安徽懷遠縣。

[5]鄭僧：南朝梁將領。事不詳。

[6]蕭喬：南朝梁將領。事不詳。

[7]王神念：北魏官吏。宣武帝時任潁川太守。永平元年（508）南投梁。

[8]東豫州：北魏太和十九年（495）置，治廣陵城（今河南息縣城郊鄉張莊東南）。

[9]元寶掌：北魏將領。事不詳。

[10]儼爲別將：宋本、百衲本及《册府元龜》卷三五四同，

四庫本"爲"作"督"。中華本校勘記云："按慕容儼據上文祇是軍主，魏時軍主一般應經由統軍一級纔升別將，哪有以軍主督別將之理。'督'字原當作'爲'，但'別將'下有脫文，後人以不可解，改作'督'。"

[11]軍主：官名。南北朝置，爲軍的主將，其下設有軍副，所統兵力無定員。北齊時宿衛宮禁的諸備身五職中皆置此職。　朱僧珍（？—572）：南朝梁將領。宋本"朱"訛作"未"。　軍副：官名。南北朝時期"軍"的副長官，協助軍主管理軍務，北齊爲八品。　秦太（？—522）：南朝梁將領。宋本"秦"訛作"泰"。

[12]王苟：事不詳。　陽夏：郡名。北魏孝昌四年（528）置，治所在今河南杞縣。

孝昌中，尒朱榮入洛，授儼京畿南面都督。[1]永安中，西荆州爲梁將曹義宗所圍，[2]儼應募赴之。時北育太守宋帶劍謀叛，[3]儼乃輕騎出其不意，直至城下，語云："大軍已到，太守何不迎？"帶劍造次惶恐不知所爲，便出迎，儼即執之，一郡遂定。又破梁將馬元達、蔡天起、柳白嘉等，[4]累有功。除强弩將軍。[5]與梁將王玄真、董當門等戰，[6]並破之，解穰城圍，剋復南陽、新鄉。[7]轉積射將軍，[8]持節、豫州防城大都督。[9]

[1]京畿南面都督：官名。北魏末置。統領京畿南部軍兵。
[2]西荆州：即荆州。下文所言"解穰城圍"即此。北魏荆州治穰城（今河南鄧州市）。其地正在東荆州（今河南泌陽縣）之西。故稱西荆州。　曹義宗：南朝梁將領。普通（520—527）末領兵攻荆州，爲北魏將領費穆所敗。大通（527—529）中爲魏軍所擒。

[3]北育：諸本同，錢大昕《廿二史考異》云："北育蓋荆州屬郡。《魏志》荆州領郡八，有'北清'而無'北育'，蓋傳寫之訛，當爲'北渚'也。此傳'渚'去水旁。"錢説是，"育"同"渚"。《魏書》訛。北育，郡名。北魏置，以渚水（今白河）而得名。治所在今河南南召縣東南。　宋帶劍：事不詳。

　　[4]馬元達：南朝梁將領。事不詳。　蔡天起：南朝梁將領。事不詳。　柳白嘉：南朝梁將領。事不詳。

　　[5]强弩將軍：官名。爲雜號將軍。北齊屬左、右衛府，員二十五人，從七品上。

　　[6]王玄真：南朝梁將領。大通二年（528）領兵攻順陽（今河南淅川縣南），爲魏將泉仚等所敗。　董當門：南朝梁將領。事不詳。

　　[7]南陽：郡名。治所在今河南南陽市。　新鄉：諸本皆同。然"新鄉"無考，疑爲"新野"之誤。時西荆州屬下有新野郡，與南陽郡相鄰，符合"克復南陽、新鄉"意。

　　[8]積射將軍：官名。領射營。

　　[9]防城大都督：官名。北魏末置，負責州治的城防事務。

　　尒朱敗，與豫州刺史李恩歸高祖。[1]以勳累遷安東將軍、高梁太守，[2]轉五城太守、東雍州刺史。沙苑之敗，西魏荆州刺史郭鸞率衆攻儼，[3]拒守二百餘日，晝夜力戰，大破鸞軍，追斬三百餘級，又擒西魏刺史郭他。[4]時諸州多有翻陷，唯儼獲全。進號鎮南將軍。武定三年，率師解襄州圍，[5]頻使茹茹。又從攻玉壁，[6]賜帛七百匹并衣帽等。五年，鎮河橋五城。侯景叛，儼擊陳郡賊，[7]獲景麾下厙狄曷賴及僞署太守鄭道合、兗州刺史王彦夏、行臺狄暢等，[8]擒斬百餘級。旋軍項城，又擒景僞署刺史辛光及蔡遵，[9]并其部下二千人。六年，除譙州刺史，屢有戰功，多所降附。七年，又除膠州刺史。[10]

[1]李恩：北魏官吏。事不詳。

[2]安東將軍：官名。和安南、安北、安西將軍合稱爲四安將軍。北齊爲褒賞軍功勳臣的閑職，三品。　高梁太守：中華本校勘記云："按魏無'高梁郡'，當是'高凉'之訛。《魏書》卷一〇六《地形志》上，高凉郡屬東雍州。"疑是。高凉，郡名。治所在今山西稷山縣。

[3]郭鸞：西魏官吏。事不詳。

[4]郭他：西魏官吏。事不詳。

[5]襄州：北魏置，治所在今河南方城縣東南。

[6]玉壁：即玉壁城。在今山西稷山縣西南。西魏大統四年（538）東道行臺王思政因玉壁險要，築城以禦東魏。

[7]陳郡：治所在今河南淮陽縣。

[8]厙狄曷賴：事不詳。　鄭道合：事不詳。　王彦夏：事不詳。　狄暢：事不詳。

[9]辛光：東魏人。事不詳。百衲本"辛光"後有"并"字，諸本及《册府元龜》卷三五四無。據删。　蔡遵：一作"蔡遵道"。東魏人。侯景部將。景叛，慕容儼率軍擊之，其在項城爲儼生俘。

[10]膠州：北魏永安二年（529）置，治所在今山東諸城市。

天保初，除開府儀同三司。六年，[1]梁司徒陸法和、儀同宋蒞等率其部下以郢州城内附。[2]時清河王岳帥師江上，[3]乃集諸軍議曰："城在江外，人情尚梗，必須才略兼濟，忠勇過人，可受此寄耳。"衆咸共推儼。岳以爲然，遂遣鎮郢城。始入，便爲梁大都督侯瑱、任約率水陸軍奄至城下。[4]儼隨方禦備，瑱等不能剋。又於上流鸚鵡洲上造荻洪竟數里，[5]以塞船路。人信阻絶，城守孤懸，衆情危懼，儼導以忠義，又悦以安之。城中先有神祠一所，俗號城隍神，公私每有祈禱。於是順士卒之心，乃相率祈請，冀獲冥祐。須臾，衝風欻起，驚濤涌激，漂斷荻洪。約復以鐵鎖連治，防禦彌切。儼還共祈請，風浪夜驚，復以斷絶，如此者再三。城人大喜，以爲神助。瑱移軍於城北，造栅置營，焚燒坊郭，產業皆盡。約將戰士萬餘人，各持攻具，於城南置營壘，南北合勢。儼乃率步騎出城奮擊，大破之，擒五百餘人。先是郢城卑下，兼土疏頽壞，儼更修繕城雉，多作大樓。又造船艦，水陸備具，工無暫闋。蕭循又率衆五萬，與瑱、約合軍，夜來攻擊。儼與將士力戰終夕，至明，約等乃退。追斬瑱驍將張白石首，[6]瑱以千金贖之，不與。夏五月，瑱、約等又相與并力，悉衆攻圍。城中食少，糧運阻絶，無以爲計，唯煮槐楮、桑葉并紵根、水萍、葛、艾等草及靴、皮帶、筋角等物而食之。人有死者，即取其肉，火別分噉，唯留骸骨。儼猶申令將士，信賞必罰，分甘同苦，死生以之。自正月至於六月，人無異志。

[1]六年：中華本及《北史》卷五三《慕容儼傳》同，宋本、四庫本、百衲本作"三年"。中華本校勘記云："按本書卷四《文宣紀》、卷一三《清河王岳傳》、卷三二《陸法和傳》記此事都在天

保六年（五五五）。"説是，從改。

［2］陸法和：初爲南朝梁僧人，天保六年（555）舉州入齊。本書卷三二、《北史》卷八九有傳。　宋蒞（zhǐ）：一作"宋蕋"。初侍梁，位侍中、荆州刺史。天保中，歸附北齊，拜驃騎大將軍、鄞州刺史。賜爵安湘郡公。

［3］清河王：爵名。清河，郡國名。西漢高帝置，治清陽縣（今河北清河縣）。西晋爲清河國，治清河縣（今山東臨清市）。北魏仍改爲郡。北齊移治武城縣（今河北清河縣西城關鄉西北）。岳：高岳（512—555），字洪略，渤海蓨（今河北景縣）人。高翻子，高歡從父弟。東魏、北齊宗室大臣。本書卷一三、《北史》卷五一有傳。

［4］侯瑱（510—561）：字伯玉，巴西充國（今四川閬中市）人。家世爲西蜀豪族。南朝梁、陳將領。《陳書》卷九、《南史》卷六六有傳。　任約：南朝梁官吏。位南豫州刺史。天成元年（555）率州歸降北齊。

［5］鸚鵡洲：地名。在今湖北武漢市武昌區外長江中，今已没江中。　荻洪：蘆荻所做攔水壩。

［6］張白石（？—555）：南朝梁將領。事不詳。

後蕭方智立，[1]遣使請和。顯祖以城在江表，據守非便，有詔還之。儼望帝，悲不自勝。帝呼令至前，執其手，持儼鬚鬢，脱帽看髮，歎息久之。謂儼曰："觀卿容貌，朕不復相識，自古忠烈，豈能過此！"儼對曰："臣恃陛下威靈，得申愚節，不屈竪子，重奉聖顔。今雖夕死，没而無恨。"帝嗟稱不已。除趙州刺史，進伯爲公，賜帛一千匹、錢十萬。

[1]蕭方智（542—557）：字慧相，小字法真，南蘭陵（今江蘇常州市武進區西北）人。承聖元年（552）封晉安王，四年即皇帝位。在位三年，後爲陳霸先所殺。死年十六。追謚號敬皇帝。《梁書》卷六、《南史》卷八有紀。

九年，又討賊有功，賜帛一百匹、錢十萬。十年，詔除揚州行臺，與王貴顯、侯子監將兵衛送蕭莊。[1]築郭默、若邪二城。[2]與陳新蔡太守魯悉達戰大蛇洞，[3]破走之。又監蕭莊、王琳軍，[4]與陳將侯瑱、侯安都戰於蕪湖，[5]敗歸。皇建初，別封成陽郡公。[6]天統二年，除特進。[7]四年十月，又別封猗氏縣公，[8]并賜金銀酒鍾各一枚、胡馬一匹。五年四月，進爵爲義安王。[9]武平元年，出爲光州刺史。儼少任俠，交通輕薄，遨遊京洛間。及從征討，每立功效，經略雖非所長，而有將帥之節。所歷諸州，雖不能清白守道，亦不貪殘。卒，贈司徒、尚書令。子子顒，[10]給事黃門侍郎。[11]

[1]王貴顯：北齊官吏。　侯子監：北齊將領。　蕭莊：南朝梁元帝孫。南蘭陵（今江蘇常州市武進區西北）人。初封永嘉王，敬帝時出質北齊。陳禪代梁，王琳於郢州扶其即帝位，改年號天啟，署置百官。王琳兵敗，逃歸北齊，齊封梁王。後卒於鄴。《南史》卷五四有傳。

[2]郭默、若邪：二城名。俱在今湖北浠水縣境内。

[3]陳：南朝陳（557—589）。南朝梁敬帝太平二年（557），陳霸先改元稱帝，都建康（今江蘇南京市），國號陳。歷五帝，三十三年。後主禎明二年（589）被隋所滅。　新蔡：郡名。治所在今河南商城縣南。　魯悉達：南朝梁、陳時人，字志通，祖籍扶風

郿縣（今陝西眉縣）。《陳書》卷一三有傳。　大蛇洞：地名。確址待考。

[4]王琳（516—563）：字子珩，會稽山陰（今浙江紹興市）人。北齊將領。初仕梁，任岳陽内史，以軍功封建寧縣侯。陳初降齊。本書卷三二、《南史》卷六四有傳。

[5]侯安都（520—563）：始興郡曲江（今廣東韶關市）人。南朝陳名將，輔佐陳霸先建立陳王朝。《陳書》卷八、《南史》卷六六有傳。　蕪湖：縣名。治所在今安徽蕪湖市東。因地卑蓄水而生蕪藻，故名。

[6]成陽郡公：爵名。成陽郡，當爲"城陽郡"。治所在今河南信陽市東北。

[7]特進：官名。初爲對大臣的優待名義，後成爲正式加官名號，用以安置閑退大臣。北齊二品。

[8]猗氏縣公：爵名。猗氏縣，治所在今山西臨猗縣南。

[9]義安王：爵名。義安，郡名。治所在今湖北襄陽市西。

[10]子顒：慕容子顒。事不詳。

[11]給事黃門侍郎：官名。簡稱"黃門""黃門郎""黃門侍郎"。爲侍中省或門下省次官，與侍中俱掌門下衆事，職掌略同。北齊置六員，四品。

尒朱將帥，義旗建後歸順立功者，武威牒舍樂、代郡范舍樂亦致通顯。[1]

[1]武威：郡名。治所在今甘肅武威市。

牒舍樂，少從尒朱榮爲軍主、統軍，[1]後西河領民都督。[2]尒朱兆敗，率衆歸高祖，拜鎮西將軍、金紫光禄大夫。[3]以都督隸侯景，破賀拔勝於穰城。又與諸將討平青、兗、荆三州，拜鎮西將軍、營州刺史。[4]天保初，封漢中郡公。[5]後因戰，沒於關中。[6]

[1]統軍：官名。爲統兵武官，位在都將（鎮將）、別將之下，軍主之上。

[2]西河：郡名。東魏天平四年（537）置。治所在今山西汾陽市。　領民都督：官名。北魏置。

[3]鎮西將軍：官名。與鎮東、鎮南、鎮北將軍合稱四鎮將軍。北齊成爲褒賞軍功勳臣的閑職，從二品。

[4]營州：北魏太平真君五年（444）置，治所在今遼寧朝陽市。

[5]漢中郡公：爵名。漢中郡，治所在今陝西漢中市。

[6]關中：古地區名。指今陝西關中盆地。

范舍樂，有武藝，筋力絶人。魏末，從崔暹、李崇等征討有功，[1]授統軍。後入尒朱榮軍中，頻有戰功，授都督。後隨尒朱兆破步藩於梁郡。[2]高祖義旗舉，棄兆歸信都。從高祖破兆於廣阿、韓陵，並有功，賜爵平舒男。[3]每從征役，多有剋捷。除相府左廂大都督。[4]尋出爲東雍州刺史。世宗嗣事，封平舒縣侯，拜儀同。天保中，進位開府。

[1]崔暹（？—559）：字季倫，博陵安平（今河北安平縣）人。東魏、北齊官吏。本書卷三〇有傳，《北史》卷三二《崔挺傳》有附傳。　李崇（455—525）：小名繼伯，字繼長，頓丘（今河南清豐縣西南）人。北魏將領。李誕子。襲爵陳留公。《魏書》卷六六、《北史》卷四三有傳。

[2]步藩：紇豆陵步藩。　梁郡：治所在今河南商丘市南。

[3]平舒男：爵名。平舒，縣名。北魏改東平舒縣置，治所在今河北大城縣。

[4]相府左厢大都督：官名。北魏末置。掌相府左厢軍隊。

又有代人厙狄伏連，字仲山，少以武幹事尒朱榮，至直閤將軍。[1]後從高祖建義，賜爵蛇丘男。[2]世宗輔政，遷武衛將軍。天保初，儀同三司。四年，除鄭州刺史，[3]尋加開府。伏連質樸，勤於公事，直衛官闕，曉夕不離帝所，以此見知。鄙吝愚佷，無治民政術。及居州任，專事聚斂。性又嚴酷，不識士流。開府參軍多是衣冠士族，伏連加以捶撻，逼遣築墻。武平中，封宜都郡王，[4]除領軍大將軍。[5]尋與瑯琊王儼殺和士開，[6]伏誅。伏連家口有百數，盛夏之日，料以倉米貳升，不給鹽菜，常有飢色。冬至之日，親表稱賀，其妻爲設豆餅。伏連問此豆因何而得，妻對向於食馬豆中分減充用。伏連大怒，典馬、掌食之人並加杖罰。積年賜物，藏在別庫，遣侍婢一人專掌管籥。每入庫檢閱，必語妻子云："此是官物，不得輒用。"至是簿錄，並歸天府。[7]

[1]直閤將軍：官名。爲皇帝左右侍衛之官。北齊時爲左右衛府直閤屬官。從四品。

[2]蛇丘男：爵名。蛇丘，縣名。亦作"虵丘"。治所在今山東肥城市東南。

[3]鄭州：東魏武定七年（549）改潁州置，置潁陰縣（今河

南許昌市)。

[4]宜都郡王：爵名。宜都郡，治所在今湖北枝江市西北。

[5]領軍大將軍：官名。北齊天保中置，爲領軍府長官，總掌禁衛諸軍。在領軍將軍之上，二品，位次尚書令。

[6]瑯琊王儼：高儼（548—571），字仁威，渤海蓨（今河北景縣）人，北齊武成帝第三子。初封東平王，改封琅琊王。本書卷一二、《北史》卷五二有傳。　和士開（524—571）：字彥通，清都臨漳（今河北臨漳縣）人。先世西域商人，本姓素和。本書卷五〇、《北史》卷九二有傳。墓在今河南安陽縣。

[7]天府：天子之府庫。意歸之國庫。

史臣曰：高祖霸業始基，招集英勇。張瓊等雖識非先覺，而運屬時來，驅馳戎旅，日不暇給，義宣禦侮，契協宏圖，臨敵制勝，有足稱也。慕容紹宗兵機武略，在世見推。昔事尒朱，固執忠義，不用范增之言，終見烏江之禍。[1]侯景狼戾，固非後主之臣，末命緒言，實表知人之鑒。寒山、渦水，往若摧枯，算盡數奇，逢斯厄運。悲夫！

[1]不用范增之言，終見烏江之禍：此用《史記》卷七《項羽本紀》典。即項羽不聽范增諫言，沒有殺掉劉邦，終致兵敗烏江。

贊曰：霸圖立肇，王業是因。偉哉諸將，寔曰功臣。永懷耿、賈，無累清塵。[1]

[1]耿、賈：此用《後漢書》典。即耿弇、賈復，東漢初將領、功臣，名列雲臺二十八將。

今注本二十四史

北齊書

唐 李百藥 撰
陳長琦 主持校注

三
傳〔二〕

中國社會科學出版社

北齊書　卷二一

列傳第十三

高乾　弟慎　昂　季式　　封隆之　子子繪　從子孝琬　孝琰

　　高乾，字乾邕，渤海蓨人也。[1]父翼，[2]字次同，豪俠有風神，爲州里所宗敬。孝昌末，[3]葛榮作亂於燕、趙，[4]朝廷以翼山東豪右，即家拜渤海太守。至郡未幾，賊徒愈盛，翼部率合境，徙居河、濟之間。[5]魏因置東冀州，[6]以翼爲刺史，加鎮東將軍、樂城縣侯。[7]及尒朱兆弑莊帝，[8]翼保境自守。謂諸子曰："主憂臣辱，主辱臣死，今社稷阽危，[9]人神憤怨，破家報國，在此時也。尒朱兄弟，性甚猜忌，忌則多害，汝等宜早圖之。先人有奪人之心，時不可失也。"事未輯而卒。中興初，[10]贈使持節、侍中、太保、錄尚書事、冀定瀛相殷幽六州諸軍事、冀州刺史，[11]謚曰文宣。

　　[1]渤海：郡名。治所在今河北東光縣。　蓨：縣名。治所在今河北景縣。

[2]翼：高翼（？—約529），字次同，渤海蓨（今河北景縣）人。高乾父。北魏官吏。《北史》卷三一有附傳。

[3]孝昌：北魏孝明帝元詡年號（525—527）。

[4]葛榮（？—528）：北魏末年河北暴動首領。本爲懷朔鎮將。公元526年參加鮮于脩禮起事。鮮于脩禮被害後，繼領其衆，乃稱天子，國號齊，年號廣安。528年被尒朱榮俘，十月死於洛陽。

燕、趙：指今河北北部和山西中部地區。

[5]河、濟：指黃河和濟水。

[6]東冀州：北魏孝昌中改齊州置，治所在今山東濟南市。

[7]鎮東將軍：官名。與鎮西、鎮南、鎮北將軍合稱四鎮將軍，北齊成爲褒賞軍功勳臣的閑職，從二品。　樂城縣侯：爵名。樂城縣，治所在今河北獻縣西南。

[8]尒朱兆（？—533）：字萬仁（一作"吐萬兒"），北魏北秀容（今山西朔州市）契胡貴族。《魏書》卷七五有傳，《北史》卷四八《尒朱榮傳》有附傳。中華本校勘記云："諸本'兆'作'榮'，《北史》卷三一《高乾傳》作'兆'。按魏孝莊帝爲尒朱兆所殺，見《魏書》卷一〇《孝莊紀》、卷七五《尒朱兆傳》，今據《北史》改。"説是。　莊帝：北魏孝莊帝元子攸（507—530），彭城王元勰第三子。公元528年至530年在位。謚號孝莊。《魏書》卷一〇、《北史》卷五有紀。

[9]阽（diàn）：近邊欲墜。

[10]中興：北魏安定王元朗年號（531—532）。

[11]使持節：漢朝官吏奉使外出時，或由皇帝授予節杖，以提高其威望。魏、晉後，凡重要軍事長官出征或出鎮時，加持節，可誅殺二千石以下官員。　侍中：官名。門下省長官。備切問近對，拾遺補缺。時號"小宰相"。北魏孝文帝太和十七年（493）定爲從一品中，二十三年改爲三品。北齊因之。　太保：官名。北齊爲三師之一，位居太師、太傅之下，一品。北齊後主時曾增員而授，所施頗濫。　錄尚書事：官名。總領尚書省政務。北魏、北齊亦定

爲官員，爲尚書省長官。　冀：州名。治所在今河北冀州市。　定：州名。北魏天興三年（400）改安州置，治所在今河北定州市。　瀛：州名。治所在今河北河間市。　相：州名。治所在今河北臨漳縣西南鄴鎮。　殷：州名。北魏孝昌二年分定、相二州置，治所在今河北隆堯縣。　幽：州名。治所在今北京市西城區。

乾性明悟，俊偉有知略，美音容，進止都雅。少時輕俠，數犯公法，長而修改，輕財重義，多所交結。魏領軍元叉，[1]權重當世，以意氣相得，接乾甚厚。起家拜員外散騎侍郎，[2]領直後，[3]轉太尉士曹、司徒中兵、遷員外。[4]

[1]領軍：官名。即"中領軍""中領將軍""領軍將軍"之簡稱，掌宿衞。　元叉：字伯儁，小名夜叉。繼長子。北魏宗室。《魏書》卷一六、《北史》卷一六有傳。"叉"字諸本及《北史》卷一六皆同，百衲本作"乂"。元叉爲北魏宗室、胡靈太后妹夫、權臣，"乂"字乃雕版磨滅缺筆所致。作"叉"是。從改。

[2]員外散騎侍郎：官名。初爲正員之外添差之散騎侍郎，無員數，後爲定員官。北齊置二十員，五品。

[3]直後：官名。皇帝左右的侍衞武官。北齊時爲左右衞府直閣屬官，從六品上。

[4]轉：官制用語。指官職晋升。　遷員外：中華本校勘記云："《北史》卷三一作'稍遷員外散騎常侍'。按'員外散騎常侍'不宜省稱'員外'，當是脱'散騎常侍'四字。"説是。

魏孝莊之居藩也，乾潛相託附。及尒朱榮入洛，[1]乾東奔於冀。莊帝立，遥除龍驤將軍、通直散騎常侍。[2]乾兄弟本有從橫志，見榮殺害人士，謂天下遂亂，乃率河北流人反於河、濟之間，[3]受葛榮官爵，屢敗齊州士馬。[4]莊帝尋遣右僕射元羅巡撫三齊，[5]乾兄弟相率出降。朝廷以乾爲給事黄門侍郎。[6]尒朱榮以乾前罪，不應復居近要，莊帝聽乾解官歸鄉里。於是招納驍勇，以射獵自娛。榮死，乾馳赴洛陽，[7]莊帝見之，大喜。時尒朱徒黨擁兵在外，莊帝以乾爲金紫光禄大夫、河北大使，[8]令招集鄉間爲表裏形援。乾垂涕奉詔，弟昂援劍起舞，[9]請以死自效。

[1]尒朱榮（493—530）：字天寶，北魏北秀容（今山西朔州市）契胡貴族。繼父爲部落酋帥，六鎮起義後投魏。後擁立莊帝，自爲大丞相、天柱大將軍，封太原王。《魏書》卷七四、《北史》卷四八有傳。

[2]龍驤將軍：官名。西晉武帝設，爲雜號將軍，階三品。通直散騎常侍：官名。北魏員六人，屬集書省。北齊集書省所轄起居省亦設一員，皆四品。

[3]河、濟之間：指黄河和濟水之間。

[4]齊州：北魏皇興三年（469）改冀州置，治所在今山東濟南市。

[5]右僕射：官名。即"尚書右僕射"之簡稱。助尚書令掌全國政務。與祠部尚書通職，二者不並設。兼管儀曹事。 元羅（？—568）：字仲綱，鮮卑族拓跋部人。北魏宗室。終仕於西魏、北周。《魏書》卷一六、《北史》卷一六《京兆王黎傳》有附傳。

三齊：相當於今山東大部分地區。

[6]給事黄門侍郎：官名。簡稱"黄門""黄門郎""黄門侍郎"。爲侍中省或門下省次官，與侍中俱掌門下衆事，北齊置六員，

四品。

[7]洛陽：地名。在今河南洛陽市。

[8]金紫光禄大夫：官名。凡資深勳重之光禄大夫授金章紫綬，故有此稱。爲元老重臣之加官或致仕之官，亦爲死者之贈官。

[9]昂：指高昂，即高敖曹。詳見本卷附傳。

俄而尒朱兆入洛。尋遣其監軍孫白鷂百餘騎至冀州，[1]託言普徵民馬，欲待乾兄弟送馬，因收之。乾既宿有報復之心，而白鷂忽至，知將見圖，乃先機定策，潛勒壯士，襲據州城，傳檄州郡，殺白鷂，執刺史元仲宗。[2]推封隆之權行州事，爲莊帝舉哀，三軍縞素。乾昇壇誓衆，辭氣激揚，涕淚交下，將士莫不哀憤。北受幽州刺史劉靈助節度，[3]共爲影響。俄而靈助被殺。

[1]監軍：官名。地方軍政長官。其權任因所加"使持節""持節"或"假節"之號而有所不同。　孫白鷂（？—531）：一作"孫白雞"。北魏將領。事不詳。

[2]元仲宗：此處爲"元子仲"之訛誤。名嶷，字子仲。鮮卑族拓跋部人。北魏宗室。元悰子。《魏書》卷一五、《北史》卷一五《常山王遵傳》有附傳。

[3]幽州：治所在今北京市西城區。　劉靈助（？—531）：燕郡（今北京市西南隅）人。北魏將領。初以占術事尒朱榮。及榮卒，自號燕王。《魏書》卷九一、《北史》卷八九有傳。

屬高祖出山東，[1]揚聲來討，衆情莫不惶懼。乾謂其徒曰："吾聞高晉州雄略蓋世，其志不居人下。且尒朱無道，殺主虐民，正是英雄效義之會也。今日之來，必有深計，吾當輕馬奉迎，密參意旨，諸君但勿憂懼，聽我一行。"乾乃將十數騎於關口迎謁。乾既曉達時機，閑習世事，言辭慷慨，雅合深旨。高祖大加賞重，仍同帳寢宿。時高祖雖內有遠圖，而外跡未見。尒朱羽生爲殷州刺史，[2]高祖密遣李元忠舉兵逼其城，[3]令乾率衆僞往救之。乾遂輕騎入見羽生，與指畫軍計。羽生與乾俱出，因擒之，遂平殷州。又共定策推立中興主，[4]拜乾侍中、司空。[5]先是信都草創，[6]軍國權輿，乾遭喪不得終制。及武帝立，[7]天下初定，乾乃表請解職，行三年之禮。詔聽解侍中，司空如故，封長樂郡公，[8]邑一千戶。乾雖求退，不謂便見從許。既去內侍，朝廷罕所關知，居常怏怏。

[1]高祖：北齊神武皇帝高歡（496—547），廟號高祖。本書卷一、二，《北史》卷六有紀。 山東：此指太行山以東。山，即太行山。

[2]尒朱羽生：北魏北秀容（今山西朔州市）契胡貴族。尒朱榮從叔。孝昌二年（526），尒朱榮破肆州，以羽生爲統州事。 殷州：北魏孝昌二年置，治所在今河北隆堯縣。

[3]李元忠（486—545）：趙郡柏人（今河北隆堯縣西北）人。北魏、東魏官吏。本書卷二二有傳，《北史》卷三三《李靈傳》有附傳。

[4]中興主：指元朗，字仲哲，章武王元融第三子。史稱北魏後廢帝。《魏書》卷一一有紀。百衲本無"主"字，諸本有。建明二年（531），高歡起兵河北，推元朗爲帝，改元中興，故名。據補。

[5]司空：官名。魏晉南北朝爲名譽宰相，多爲大臣加官，位

居一品，無實際職掌。

[6]信都：縣名。治所在今河北冀州市。

[7]武帝：北魏孝武帝元脩（510—534），字孝則，廣平武穆王元懷第三子。公元532年至534年在位。謚號孝武。《魏書》卷一一、《北史》卷五有紀。

[8]長樂郡公：爵名。長樂郡，北魏改長樂國置。治信都縣（今河北冀州市）。

武帝將貳於高祖，望乾爲己用，曾於華林園讌罷，[1]獨留乾，謂之曰："司空弈世忠良，今日復建殊效，相與雖則君臣，實亦義同兄弟，宜共立盟約以敦情契。"殷勤逼之。乾對曰："臣世奉朝廷，遇荷殊寵，以身許國，何敢有貳。"乾雖有此對，然非其本心。事出倉卒，又不謂武帝便有異圖，遂不固辭，而不啓高祖。及武帝置部曲，乾乃私謂所親曰："主上不親勳賢，而招集羣豎。數遣元士弼、王思政往來關西，[2]與賀拔岳計議。又出賀拔勝爲荆州刺史，[3]外示疏忌，實欲樹黨，令其兄弟相近，冀據有西方。禍難將作，必及於我。"乃密啓高祖。高祖召乾詣并州，[4]面論時事，乾因勸高祖以受魏禪。高祖以袖掩其口曰："勿妄言。今啓司空復爲侍中，門下之事，一以相委。"高祖屢啓，詔書竟不施行。

[1]華林園：北齊皇帝於鄴城的主要園林。

[2]元士弼（？—534）：北魏官吏。歷位舍人、散騎常侍。曾奏高歡受敕不敬而爲歡忌恨。後被殺。"士"字諸本及《北史》卷三一、《資治通鑑》卷一五六、《册府元龜》卷一八六、《通志》卷

一五二皆同，百衲本作"休"。作"士"是，據改。　王思政：字司政，太原祁（今山西祁縣）人。西魏名將。後降北齊，爲都官尚書、儀同三司。《周書》卷一八、《北史》卷六二有傳。　關西：地區名。古人以西爲右，亦稱關右。漢、唐時泛指函谷關（今河南靈寶市東北）或今潼關以西地區。

[3]荆州：北魏太和二十二年（498）置，治所在今河南鄧州市。

[4]并州：治所在今山西太原市晋源區古城營村一帶。

乾以頻請不遂，知變難將起，[1]密啓高祖，求爲徐州，[2]乃除使持節、都督三徐諸軍事、開府儀同三司、徐州刺史。[3]指期將發，而帝知乾泄漏前事，乃詔高祖云："曾與乾邕私有盟約，今復反覆兩端。"高祖便取乾前後數啓論時事者，遣使封送武帝。帝召乾邕示之，禁於門下省，[4]對高祖使人，責乾前後之失。乾曰："臣以身奉國，義盡忠貞，陛下既立異圖，而乃云臣反覆。以匹夫加諸，尚或難免，况人主推惡，復何逃命。欲加之罪，其無辭乎？功大身危，自古然也。若死而有知，庶無負莊帝。"遂賜死，時年三十七。乾臨死，神色不變，見者莫不歎惜焉。時武衛將軍元整監刑，[5]謂乾曰："頗有書及家人乎？"乾曰："吾兄弟分張，各在異處，今日之事，想無全者，兒子既小，未有所識，亦恐巢傾卵破，夫欲何言。"後高祖討斛斯椿等，[6]次盟津，[7]謂乾弟昂曰："若早用司空之策，豈有今日之舉也。"天平初，贈使持節、都督冀定滄瀛幽齊徐青光兖十州軍事、太師、錄尚書事、冀州刺史，[8]諡曰文昭。長子繼叔襲祖樂城縣侯，[9]令弟二子吕兒襲乾爵。[10]

[1]知變難將起：百衲本無"將"字，諸本有。從補。

[2]徐州：治所在今江蘇徐州市。

[3]三徐：三徐州。北魏以彭城爲徐州、下邳爲東徐州、琅邪爲北徐州。下邳，治所在今江蘇睢寧縣西北古邳鎮北。琅邪，治所在今山東臨沂市。　開府儀同三司：官名。本指高級官員開建府屬之待遇，儀同三司（三公）。遂成加銜，爲大臣加號，意謂與三司即太尉、司徒、司空禮制、待遇相同，許開設府屬，自辟僚屬。至南北朝又爲官稱。北齊二品。

[4]門下省：官署名。北齊設侍中、給事黃門侍郎爲長貳，掌陪侍，切問近對，拾遺補闕。

[5]武衛將軍：官名。北齊時爲左、右衛府次官，員各二人，佐左、右衛將軍掌宫禁宿衛，從三品。　元整：東魏將領。任武衛將軍、大都督。天平三年（536），討破南叛的陽夏太守盧公纂。

[6]斛斯椿（495—537）：字法壽，北魏廣牧富昌（今内蒙古准格爾旗東南）人，高車族。初投尒朱榮，後隨尒朱兆。最後投宇文泰，拜尚書、遷太傅。《魏書》卷八〇、《北史》卷四九有傳。

[7]盟津：地名。亦作"孟津"，又名"富平津"。在今河南孟津縣會盟鎮扣馬村黃河河心。

[8]青：州名。治所在今山東青州市。　兗：州名。治所在今山東濟寧市兗州區新驛鎮東頓村南。　太師：官名。北朝時爲三師之一，位在太傅、太保之上，一品。北齊後主爲激賞人心，增員而授，遂不可勝數。

[9]長子繼叔襲祖樂城縣侯：宋本、四庫本、百衲本"樂"作"洛"。中華本校勘記云："《北史》卷三一'洛'作'樂'。錢氏《廿二史考異》卷三一云：'按乾父翼封樂城縣侯，此稱"洛城"，前後互異。'按當時地名多用同音字，非由字訛，但《傳》内前後

應一致，今改作'樂'。"今從中華本改。繼叔，人名。指高繼叔。事不詳。

[10]呂兒：人名。即高呂兒。事不詳。

乾弟慎，字仲密，頗涉文史，與兄弟志尚不同，偏爲父所愛。魏中興初，除滄州刺史、東南道行臺尚書。[1]太昌初，[2]遷光州刺史，[3]加驃騎大將軍、儀同三司。[4]時天下初定，聽慎以本鄉部曲數千人自隨。慎爲政嚴酷，又縱左右，吏民苦之。兄乾死，密棄州將歸高祖，武帝敕青州斷其歸路。慎間行至晉陽，[5]高祖以爲大行臺左丞，[6]轉尚書，[7]當官無所迴避，時咸畏憚之。自義旗之後，安州民恃其邊險，[8]不賓王化，尋以慎爲行臺僕射，[9]率衆討平之。天平末，[10]拜侍中，加開府。[11]

[1]滄州：治所在今河北鹽山縣舊縣鎮。

[2]太昌：北魏孝武帝元脩年號（532）。

[3]光州：北魏分青州置，治所在今山東萊州市。

[4]驃騎大將軍：官名。爲重號將軍，僅次於大將軍，高於諸名號大將軍。授此職者以權臣元老居多，可開府置僚屬，不領兵。北齊爲從一品。

[5]晉陽：縣名。治所在今山西太原市晉源區古城營村一帶。

[6]大行臺左丞：官名。屬大行臺，職掌同尚書左丞。多由大行臺郎中或大行臺尚書右丞進任。

[7]尚書：官名。分掌尚書省諸曹，北齊爲三品。

[8]安州：治所在今北京市密雲區東北。

[9]行臺僕射：官名。"行臺尚書僕射"的省稱。爲行臺尚書

令副職，視從二品。

[10]天平：東魏孝靜帝元善見年號（534—537）。

[11]開府：官名。本指高級官員開建府署，辟置僚屬之舉。遂成加銜。北齊爲勳、散官，爲"開府儀同三司"等官之簡稱。

元象初，[1]出爲兗州刺史。[2]尋徵爲御史中尉，[3]選用御史，多其親戚鄉閭，不稱朝望，世宗奏令改選焉。慎前妻吏部郎中崔暹妹，[4]爲慎所棄。暹時爲世宗委任，[5]慎謂其構己，性既狷急，積懷憤恨，因是罕有糾劾，多所縱舍。高祖嫌責之，彌不自安。出爲北豫州刺史，[6]遂據武牢降西魏。[7]慎先入關。周文帝率衆東出，[8]高祖破之於邙山。[9]慎妻子將西度，於路盡禽之。高祖以其勳家，啓慎一房配沒而已。

[1]元象：東魏孝靜帝元善見年號（538—539）。

[2]兗州：治所在今山東濟寧市兗州區新驛鎮東頓村南。

[3]御史中尉：官名。北魏改御史中丞爲此稱。主掌御史臺。糾彈百官，參治刑獄。北齊復名御史中丞，從三品。

[4]吏部郎中：官名。省稱吏部郎。爲尚書省吏部之吏部曹主官。掌官吏銓選。第五品。　崔暹（？—559）：字季倫，博陵安平（今河北安平縣）人。東魏、北齊官吏。本書卷三〇有傳，《北史》卷三二《崔挺傳》有附傳。

[5]世宗：北齊文襄帝高澄（521—549），廟號世宗。本書卷三、《北史》卷六有紀。

[6]北豫州：東魏天平（534—537）年間復置。治所在今河南滎陽市西北。

[7]武牢：地名。即虎牢。《隋書》《北史》均因避唐諱而改稱

武牢。故址在今河南滎陽市汜水鎮西。

[8]周文帝：北周文帝宇文泰（505—556），字黑獺，代郡武川（今内蒙古武川縣）人。鮮卑族。北周奠基者。《周書》卷一、二，《北史》卷九有紀。

[9]邙山：山名。亦作"邙嶺""芒山"。今屬河南西部，西起三門峽，東止伊洛河岸。

昂，字敖曹，乾第三弟。幼稚時，便有壯氣。長而俶儻，[1]膽力過人，龍眉豹頸，姿體雄異。其父爲求嚴師，令加捶撻。[2]昂不遵師訓，專事馳騁，每言男兒當橫行天下，自取富貴，誰能端坐讀書，作老博士也。[3]與兄乾數爲劫掠，州縣莫能窮治。招聚劍客，家資傾盡，鄉閭畏之，無敢違迕。父翼常謂人曰："此兒不滅我族，當大吾門，不直爲州豪也。"

[1]俶（tì）儻（tǎng）：同"倜儻"，卓異、豪爽、灑脱不拘。
[2]令加捶撻：百衲本無"加"字，諸本有。從補。
[3]博士：官名。掌管圖籍、博通古今，教授弟子。北朝以來也用來稱民間塾師和一般讀書人。

建義初，[1]兄弟共舉兵，既而奉旨散衆，仍除通直散騎侍郎，[2]封武城縣伯，[3]邑五百户。乾解官歸，與昂俱在鄉里，陰養壯士。尒朱榮聞而惡之，密令刺史元仲宗誘執昂，送於晉陽。永安末，[4]榮入洛，以昂自隨，禁於駝牛署。[5]既而榮死，魏莊帝即引見勞勉之。時尒朱世隆還逼宫闕，[6]帝親臨大夏門指麾處分。[7]昂既免縲緤,[8]被甲橫戈,志凌勁敵,乃與其從子長命等推鋒徑進,[9]所向披靡。帝及觀者莫不壯之。即除直閣將軍,[10]賜帛千匹。

[1]建義:北魏孝莊帝元子攸年號(528)。
[2]通直散騎侍郎:官名。職掌品秩與散騎侍郎同,掌規諫。北齊除集書省置六員外,集書省所轄起居省亦置一員,從五品上。
[3]武城縣伯:爵名。武城縣,治所在今山東清河縣西北。
[4]永安:北魏孝莊帝元子攸年號(528—530)。
[5]駝牛署:官署名。北魏置,掌飼駝騾驢牛。北齊沿置,設令、丞,隸太僕寺。領典駝、特牛、牸牛三局。各設都尉,亦常作爲囚禁官員之所。
[6]尒朱世隆(500—532):字榮宗,北魏北秀容(今山西朔州市)契胡貴族。尒朱榮從弟。《魏書》卷七五《尒朱彦伯傳》、《北史》卷四八《尒朱榮傳》有附傳。
[7]大夏門:城門名。北魏京都洛陽城北有大夏、廣莫二門。
[8]縲(léi)緤(xiè):古代拘繫犯人的繩索,引申爲拘繫、囚禁。
[9]長命:高長命。高翼長孫之兄,高昂堂侄,高永樂子。東魏將領,渤海蓨(今河北景縣)人。以生母低賤,二十餘歲方被舉用。以軍功遷左光祿大夫、雍州刺史,封沮陽鄉男,後進封鄢陵縣伯。武定中,隨儀同劉豐討侯景,爲景所殺。贈冀州刺史。
[10]直閣將軍:官名。北齊置爲皇帝左右侍衛之官,從四品。

昂以寇難尚繁,非一夫所濟,乃請還本鄉,招集部曲。仍除通直常侍,[1]加平北將軍。[2]所在義勇,競來投赴。尋值京師不守,遂與父兄據信都起義。殷州刺史尒朱羽生潛軍來襲，奄至城下，昂不暇擐甲，將十餘騎馳之，羽生退走，人情遂定。後廢帝立，[3]除使持節、冀州刺史以終其身。仍爲大都督，[4]率衆從高祖破尒朱兆於廣阿。[5]及平鄴，[6]別率所部領黎陽。[7]又隨高祖討尒朱兆於韓陵，[8]昂自領鄉人部曲王桃湯、東方老、呼延族等三千人。[9]高祖曰："高都督純將漢兒，恐不濟事，今當割鮮卑兵千餘人共相參雜，於意如何？"昂對曰："敖曹所將部曲，練習已久，前後戰鬭，不減鮮卑，今若雜之，情不相合，勝則爭功，退則推罪，願自領漢軍，不煩更配。"高祖然之。及戰，高祖不利，軍小却，兆等方乘之。高岳、韓匃奴等以五百騎衝其前，[10]斛律敦收散卒躡其後，[11]昂與蔡儁以千騎自栗園出，[12]橫擊兆軍，兆衆由是大敗。是日微昂等，高祖幾殆。

[1]仍除通直常侍：宋本、四庫本、百衲本"通直"下有"郎"字，《册府元龜》卷七六二無。中華本校勘記云："《北史》卷三一《高昂傳》作'除通直散騎常侍'。按'通直散騎常侍'省稱'通直常侍'，'郎'字衍。今據《册府》删。"説是，從删。通直常侍，官名。即"通直散騎常侍"省稱。職掌略同散騎常侍。北齊除集書省置六員外，集書省所轄起居省亦設一員，皆四品。

[2]平北將軍：官名。與平西、平南、平東將軍合稱四平將軍，北朝後期漸成無職掌的散官。北齊三品。

[3]廢帝：北齊廢帝高殷（545—561），高洋長子。洋卒，繼爲帝，後被高演廢爲濟南王。次年被殺。本書卷五、《北史》卷七有紀。

[4]大都督：官名。高級軍事長官。東、西魏分裂後，授予漸濫。

［5］廣阿：縣名。治所在今河北隆堯縣東。

［6］鄴：都邑名。即鄴城，在今河北臨漳縣西南。東魏、北齊皆定都於此。

［7］別率所部領黎陽："黎陽"四庫本同，宋本、百衲本作"黎陵"。按，無"黎陵"一地，據四庫本改。黎陽，郡名。治所在今河南浚縣東。另中華本校勘記云："按'領'字疑是'鎮'之訛，不則'黎陽'下脱'太守'二字。"

［8］韓陵：山名。在今河南安陽市東北。

［9］王桃湯：事不詳。 東方老（？—556）：安德㢠（今山東德州市陵城區）人。北齊將領。初爲高昂部曲，數從昂征戰，以軍功除平遠將軍、魯陽、宜陽太守，南益州刺史。賜爵長樂子。文宣帝即位，別封陽平縣伯，遷南兖州刺史。天保七年（556）與蕭軌渡江南征，戰死。 呼延族：北齊將領。少從高昂起兵。武平元年（570）從斛律光率軍與周宇文憲戰，大敗周軍。後與廣寧王孝珩密謀殺高阿那肱。

［10］高岳（512—555）：字洪略，渤海蓚（今河北景縣）人。高翻子，高歡從父弟。東魏、北齊宗室大臣。本書卷一三、《北史》卷五一有傳。 韓匈奴：北魏末將領。事不詳。

［11］斛律敦：一名足，富昌（今内蒙古准格爾旗東南）人。斛斯椿之父。北魏官吏。孝明帝時，位左牧令，後爲揚州刺史。

［12］蔡儁（495—536）：字景彦，廣寧石門（今甘肅渭源縣西南洮河東岸）人，北魏、東魏官吏。本書卷一九、《北史》卷五三有傳。

太昌初，始之冀州。尋加侍中、開府，進爵爲侯，邑七百户。兄乾被殺，乃將十餘騎奔晉陽，歸於高祖。及斛斯椿釁起，高祖南討，令昂爲前驅。武帝西遁，[1]昂率五百騎倍道兼行，至於崤陝，[2]不及而還。尋行豫州刺史，[3]仍討三荆諸州不附者，並平之。天平初，除侍中、司空公。[4]昂以兄乾巎於此位，固辭不拜，轉司徒公。[5]

[1]武帝西邁：指北魏孝武帝元脩放棄洛陽，入關投關西大行臺宇文泰。

[2]崤陝：崤，指崤山。在今河南洛寧縣西北，東接澠池縣，西接陝縣界。陝，指陝縣。治所在今河南陝縣。爲洛陽西通關中之要道。

[3]豫州：治所在今河南汝南縣汝寧街道。

[4]司空公：官名。"司空"的尊稱，與太尉、司徒並爲三公。魏晉南北朝爲名譽宰相，多爲大臣加官，位居一品，無實際職掌。

[5]司徒公：官名。與丞相通職，一般不並置。爲名譽宰職，一品。北魏、北齊亦爲一品。

時高祖方有事關隴，[1]以昂爲西南道大都督，徑趣商洛。[2]山道峻隘，已爲寇所守險，昂轉鬭而進，莫有當其鋒者。遂攻剋上洛，[3]獲西魏洛州刺史泉企，[4]并將帥數十人。會竇泰失利，[5]召昂班師。時昂爲流矢所中，創甚，顧謂左右曰："吾以身許國，死無恨矣，所可歎息者，不見季式作刺史耳。"[6]高祖聞之，即馳驛啓季式爲濟州刺史。[7]

[1]關隴：區域名。泛指關中和隴西郡所轄之地。
[2]商：洛州上庸郡治所，在今陝西商洛市東南。
[3]上洛：郡名。治所在今陝西商洛市商州區。
[4]洛州：北魏太宗時以司州改置。治所在今河南洛陽市東北。

泉企（？—537）：亦作"泉仚"，字思道，上洛豐陽（今陝西山陽縣）人。北魏、西魏將領。《周書》卷四四有傳。

[5]竇泰（？—537）：字世寧，大安捍殊（今內蒙古鄂托克前旗城川鎮一帶）人。北魏、東魏將領。善騎射，有勇略。本書卷一五、《北史》卷五四有傳。

[6]季式：高季式（516—553），字子通，渤海蓨（今河北景縣）人。東魏、北齊名將。《北史》卷三一《高允傳》有附傳。

[7]濟州：北魏泰常八年（423）置。治碻磝城（今山東茌平縣西南古黃河南岸）。

昂還，復爲軍司大都督，[1]統七十六都督，與行臺侯景治兵於武牢。[2]御史中尉劉貴時亦率衆在北豫州，[3]與昂小有忿爭，昂怒，鳴鼓會兵而攻之。侯景與冀州刺史万俟受洛干救解乃止。[4]其俠氣凌物如此。于時，鮮卑共輕中華朝士，唯憚服於昂。高祖每申令三軍，常鮮卑語，昂若在列，則爲華言。[5]昂嘗詣相府，掌門者不聽，[6]昂怒，引弓射之。高祖知而不責。

[1]軍司大都督：官名。東魏置。高級軍事長官。
[2]行臺：官署名。魏晉南北朝尚書臺（省）臨時在外設置的權力機構。"臺"指中央尚書省，北齊時設置漸多，成爲地方最高行政機構。置行臺尚書令、尚書僕射爲正副長官。北齊時亦設有"大行臺"。　侯景（503—552）：字萬景，懷朔鎮（今內蒙古固陽縣西南）人，或云雁門（今山西代縣西南）人，羯族。北魏、東魏將領，後降南朝梁。《梁書》卷五六、《南史》卷八〇有傳。
[3]劉貴（？—539）：秀容陽曲（今山西陽曲縣南）人。北魏、東魏將領。本書卷一九、《北史》卷五三有傳。

[4]万俟受洛干（？—539）：名洛，字受洛干，亦稱"万俟干""万俟洛""万俟受洛""万俟壽洛干""壽樂干"，太平（今山西山陰縣東南）人。万俟普子鮮卑族。東魏、北齊將領。本書卷二七、《北史》卷五三有附傳。万俟，本是鮮卑的一個部落。

[5]則爲華言：百衲本無"則"字，諸本有。從補。

[6]掌門者不聽："聽"字《北史》卷三一《高昂傳》同，諸本作"納"。作"聽"是，從改。

元象元年，進封京兆郡公，[1]邑一千户。與侯景等同攻獨孤如願於金墉城，[2]周文帝率衆救之。戰於邙陰，昂所部失利，左右分散，單馬東出，欲趣河梁南城，門閉不得入，遂爲西軍所害，時年四十八。[3]贈使持節、侍中、都督冀定滄瀛殷五州諸軍事、太師、大司馬、太尉公、録尚書事、冀州刺史，[4]諡忠武。子突騎嗣，[5]早卒。世宗復召昂諸子，親簡其第三子道豁嗣。皇建初，[6]追封昂永昌王。[7]道豁襲，武平末，[8]開府儀同三司。入周，授儀同大將軍。[9]開皇中，[10]卒於黃州刺史。[11]

[1]京兆郡公：爵名。京兆郡，治所在今陝西西安市西北。

[2]獨孤如願（503—557）：獨孤信，本名如願，雲中（今内蒙古和林格爾縣西北土城子）人。鮮卑族獨孤部。北魏至北周名將。《周書》卷一六、《北史》卷六一有傳。　金墉城：城名。三國魏明帝時築。在今河南洛陽市東北，魏、晉洛陽故城西北隅。魏、晉時被廢的帝、后，皆安置於此。

[3]時年四十八：中華本校勘記云："按昂死於元象元年（五三八），年四十八，上推生於太和十五年（四九一）。據上《高乾傳》

及本書卷一《神武紀》，其兄高乾死於永熙二年（五三三），年三十七，當生於太和二十一年（四九七），這樣，高昂反比其兄大了六歲。又其胞弟季式死於天保四年（五五三），年三十八，算來小於高昂二十五歲，也太懸殊。這裏四十八疑是三十八之誤。"存疑。

　　[4]大司馬：官名。北齊與大將軍並稱"二大"，仍爲加官，皆一品。北齊後主時增員冗濫，不復尊貴。隋罷。　太尉公：官名。魏晉南北朝列三公之首，爲名譽宰相，位居一品（梁十八班），多爲大臣加官，無實際職掌。

　　[5]突騎：高突騎。事不詳。

　　[6]皇建：北齊孝昭帝高演年號（560—561）。

　　[7]永昌王：爵名。永昌，郡名。治所在今山東成武縣東南。

　　[8]武平：北齊後主高緯年號（570—576）。

　　[9]儀同大將軍：官名。北周武帝建德四年（575）改儀同三司置。主要授予有軍勳的功臣及北齊降官，無具體職掌，九命。

　　[10]開皇：隋文帝楊堅年號（581—600）。

　　[11]黃州：治所在今湖北武漢市新洲區。

　　季式，字子通，乾第四弟也。亦有膽氣。中興初，拜鎮遠將軍、正員郎，[1]遷衛將軍、金紫光祿大夫，[2]尋加散騎常侍，[3]領主衣都統。[4]太昌初，除尚食典御。[5]

　　[1]鎮遠將軍：官名。名號將軍之一，北齊爲四品上。　正員郎：官名。即員額內的散騎侍郎，係與員外散騎侍郎相對而言。

　　[2]衛將軍：官名。多作爲軍府名號，以加大臣，無具體職掌。北齊二品。

　　[3]散騎常侍：官名。職掌侍從皇帝左右，諫諍得失，顧問應對，與侍中等共平尚書奏事。北朝以兼領修史，但仍爲閑散之職。北齊集書省設六員，下設之起居省又設一員，皆從三品。

［4］主衣都統：官名。北齊爲門下省主衣局長官，掌管御用衣服器玩等事務，是皇帝左右親近之職，多以散騎常侍兼領。員二人，五品。

［5］尚食典御：官名。北齊門下省尚食局置爲長官，二員，五品，總知御膳事。

天平中，出爲濟州刺史。山東舊賊劉盤陁、史明曜等攻劫道路，[1]剽掠村邑，齊、兗、青、徐四州患之，歷政不能討。季式至，皆破滅之。尋有濮陽民杜靈椿等攻城剽野，[2]聚衆將萬人，季式遣騎三百，一戰擒之。又陽平路文徒黨緒顯等立營柵爲亂，[3]季式討平之。又有群賊破南河郡，[4]季式遣兵臨之，應時斬戮。自兹以後，遠近清晏。季式兄弟貴盛，並有勳於時，自領部曲千餘人、馬八百匹，戈甲器仗皆備，故凡追督賊盜，多致克捷。有客嘗謂季式曰：“濮陽、陽平乃是畿内，既不奉命，又不侵境，而有何急，遣私軍遠戰？萬一失脱，豈不招罪？”季式曰：“君言何不忠之甚也。我與國義同安危，豈有見賊不討之理。且賊知臺軍卒不能來，又不疑外州有救，未備之間，破之必矣。兵尚神速，何得後機，若以獲罪，吾亦無恨。”

［1］劉盤陁、史明曜：事並不詳。
［2］濮陽：郡名。治所在今山東鄄城縣北。　杜靈椿：事不詳。
［3］陽平：郡名。司州屬郡，治所在今河北館陶縣。
［4］又有群賊破南河郡：中華本校勘記云：“按魏無南河郡，疑‘南’下脱‘清’字。南清河郡屬濟州（見《魏書》卷一〇六《地形志》中），高季式方任此州刺史。”存疑。

元象中，西寇大至。[1]高祖親率三軍以禦之，陣於邙北，師徒大敗，河中流尸相繼，敗兵首尾不絕。人情騷動，謂世事艱難。所親部曲請季式曰：「今日形勢，大事去矣，可將腹心二百騎奔梁，[2]既得避禍，不失富貴。何爲坐受死也？」季式曰：「吾兄弟受國厚恩，與高王共定天下，一旦傾危，亡去不義。若社稷顛覆，當背城死戰，安能區區偷生苟活。」是役也，司徒歿焉。[3]

[1]西寇：西魏軍隊。
[2]梁：即南朝梁（502—557）。南朝齊和帝中興二年（502），相國梁王蕭衍禪代南齊，改元稱帝，都建康（今江蘇南京市），國號梁，史稱蕭梁。歷四主，五十六年。
[3]司徒歿：指高昂在本次戰役中陣亡。

　　入爲散騎常侍。興和中，[1]行晉州事。[2]解州，仍鎮永安戍。[3]高慎以武牢叛，遣信報季式。季式得書驚懼，即狼狽奔告高祖。高祖昭其至誠，待之如舊。武定中，[4]除侍中，尋加冀州大中正。[5]時世宗先爲此任，啓以迴授。爲都督，從清河公岳破蕭明於寒山，[6]敗侯景於渦陽。[7]還，除衛尉卿。[8]復爲都督，從清河公攻王思政於潁川，拔之。以前後功加儀同三司。天保初，[9]封乘氏縣子，[10]仍爲都督，隨司徒潘樂征討江、淮之間。[11]爲私使樂人於邊境交易，還京，坐被禁止，尋而赦之。四年夏，發疽卒，年三十八。贈侍中、使持節、都督滄冀州諸軍事、開府儀同三司、冀州刺史，諡曰恭穆。

[1]興和：東魏孝靜帝元善見年號（539—542）。

[2]晉州：治所在今山西臨汾市城區。

[3]永安戍：戍所名。在今湖北黃岡市。

[4]武定：東魏孝靜帝元善見年號（543—550）。

[5]大中正：官名。負責評定士人品第的官員。北齊時規定州大中正須由京官擔任，州大中正視五品。

[6]清河公：爵名。清河，郡國名。西漢高帝置，治清陽縣（今河北清河縣）。西晉爲清河國，治清河縣（今山東臨清市）。北魏仍改爲郡。北齊移治武城縣（今河北清河縣西城關鄉西北）。 蕭明（？—556）：本名淵明，唐人避諱，去"淵"字。梁武帝長兄長沙王蕭懿之子。梁承聖四年（555）被北齊立爲梁帝。謚梁閔帝。次年，被陳霸先所廢，後病死。本書卷三三有傳，《南史》卷五一《長沙宣武王懿傳》有附傳。 寒山：古山名。在今江蘇徐州市東南。

[7]渦（guō）陽：縣名。治所在今安徽蒙城縣。

[8]衛尉卿：官名。北齊置爲衛尉寺長官，三品，位列九卿。主管宮殿、京城諸門禁衛，武器、儀仗庫藏。北齊以來又稱"衛尉寺卿"。

[9]天保：北齊文宣帝高洋年號（550—559）。

[10]乘氏縣子：爵名。乘氏縣，治所在今山東菏澤市。

[11]潘樂（？—555）：又名"潘相樂""潘洛"。初名相貴，後以爲字，廣寧石門（今甘肅渭源縣西南洮河東岸）人。北魏、東魏、北齊官吏。本書卷一五、《北史》卷五三有傳。

季式豪率好酒，又恃舉家勳功，不拘檢節。與光州刺史李元忠生平遊款，在濟州夜飲，憶元忠，開城門，令左右乘驛持一壺酒往光州勸元忠。朝廷知而容之。兄慎叛後，少時解職。黃門郎司馬消難，[1]左僕射子如之子,[2]又是高祖之婿，勢盛當時。因退食暇，尋季式與之酣飲。留宿旦日，重門並閉，關籥不通。消難固請云："我是黃門郎，天子侍臣，豈有不參朝之理？且已一宿不歸，家君必當大怪。今若又留我狂飲，我得罪無辭，恐君亦不免譴責。"季式曰："君自稱黃門郎，又言畏家君怪，欲以地勢脅我邪？高季式死自有處，初不畏此。"消難拜謝請出，終不見許。酒至，不肯飲。季式云："我留君盡興，君是何人，不爲我痛飲。"命左右索車輪括消難頸，又索一輪自括頸，仍命酒引滿相勸。消難不得已，欣笑而從之，方乃俱脫車輪，更留一宿。是時失消難兩宿，莫知所在，內外驚異。及消難出，方具言之。世宗在京輔政，白魏帝賜消難美酒數石，珍羞十輿，并令朝士與季式親狎者，就季式宅讌集。其被優遇如此。

　　[1]司馬消難：字道融，河內溫（今河南溫縣）人。司馬子如之子。事見本卷。
　　[2]左僕射：官名。即尚書左僕射。爲尚書令副貳。從二品。子如：司馬子如（487—551），字遵業，河內溫（今河南溫縣）人。北魏、東魏、北齊官吏。本書卷一八、《北史》卷五四有傳。

　　翼長兄子永樂、次兄子延伯，並和厚有長者稱，俱從翼舉義。永樂官至衛將軍、右光祿大夫、冀州大中正，[1]出爲博陵太守，[2]以民事不濟，自殺。贈使持節、督滄冀二州諸軍事、儀同三司、冀州刺史。子長命，本自賤出，年二十餘始被收舉。猛暴好殺，然亦果於戰鬬。初於大夏門拒尒朱世隆，以功累遷左光禄大夫。高祖遥授長命雍州刺史，[3]封沮陽鄉男，[4]一百户，尋進封鄢陵縣伯，[5]增二百户。武定中，隨儀同劉豐討侯景，[6]爲景所殺。贈冀州刺史。延伯歷中散大夫、安州刺史，[7]封萬年縣男，[8]邑二百户。天保初，加征西將軍，[9]進爵爲子。卒，贈太府少卿。[10]

[1]右光禄大夫：官名。多爲加官，以示優崇，或授予年老有病者爲致仕之官，亦常用爲卒後贈官。無職掌。北齊二品。
[2]博陵：郡名。北魏改博陵國置，治所在今河北安平縣。
[3]雍州：治所在今陝西西安市西北。
[4]沮陽鄉男：爵名。沮陽鄉，地名。確址不詳。
[5]鄢陵縣伯：爵名。鄢陵縣，治所在今河南鄢陵縣西北。
[6]劉豐（？—549）：字豐生，普樂（今寧夏靈武市西南）人。北魏、西魏、東魏官吏。後被北周軍所殺。本書卷二七、《北史》卷五三有傳。
[7]中散大夫：官名。與光禄、太中、諫議大夫等皆備顧問應對。北齊爲四品下。
[8]萬年縣男：爵名。萬年縣，治所在今陝西西安市西北。
[9]征西將軍：官名。北齊時成爲褒賞軍功勳臣的閑職，二品。
[10]太府少卿：官名。北齊置爲太府寺次官，員一人，四品上。

自昂初以豪俠立名，爲之羽翼者，呼延族、劉貴珍、劉長狄、東方老、劉士榮、成五、韓願生、劉桃棒；[1]隨其建義者，李希光、劉叔宗、劉孟和。並仕宦顯達。

［1］劉貴珍、劉長狄、劉士榮、韓願生、劉桃棒：事並不詳。

成五：宋本、百衲本作"成王"，四庫本及《北史》卷三一《高季式傳》"五"下有"彪"字，中華本、《册府元龜》卷八四八作"成五"。中華本校勘記云："按其人姓名當是'成五虎'，避唐諱，《北齊書》去'虎'字，《北史》改'虎'爲'彪'。三朝本'五'訛'王'，南本以下據《北史》改。今從《册府》。"説是，從改。

孟和名協，浮陽饒安人也。[1]孟和少好弓馬，率性豪俠。幽州刺史劉靈助之起兵也，孟和亦聚衆附昂兄弟，昂遥應之。及靈助敗，昂乃據冀州，孟和爲其致力。會高祖起義冀州，以孟和爲都督。中興初，拜通直常侍。二年，除安東將軍，[2]尋加征東將軍、金紫光禄。[3]以建義勳，賜爵長廣縣伯。[4]天平中，衛將軍、上黨内史，[5]罷郡，除大丞相司馬。[6]武定元年，坐事死。

［1］浮陽：郡名。治所在今河北滄州市。　饒安：縣名。治所在今河北鹽山縣西南。

［2］安東將軍：官名。和安南、安北、安西將軍合稱爲四安將軍。北齊爲褒賞軍功勳臣的閑職，三品。

［3］征東將軍：官名。四征將軍之一。南北朝時爲優禮大臣、褒獎勳庸的虛號。北齊二品。

［4］長廣縣伯：爵名。長廣縣，治所在今山東平度市。

［5］上黨：郡名。治所在今山西長治市北。　内史：官名。魏晉之後則爲國相改名，地位相當於郡太守。

［6］大丞相司馬：大丞相之佐吏，掌參謀軍事。時高歡爲大丞相。

叔宗字元纂，樂陵平昌人。[1]和謹，頗有學業，舉秀才。稍遷滄州治中。[2]永安中，加鎮遠將軍、諫議大夫。[3]兄海寶，少輕俠，然爲州里所愛。昂之起義也，海寶率鄉閭襲滄州以應昂，[4]昂以海寶權行滄州事。前范陽太守刁整心附尒朱，[5]遣弟子安壽襲殺海寶。[6]叔宗仍歸於昂。中興初，[7]高祖除前將軍、廷尉少卿。[8]太昌初，加鎮軍將軍、光禄大夫。[9]天平初，除車騎將軍、左光禄大夫。[10]二年卒。贈使持節、儀同、定州刺史。[11]

[1]樂陵：郡名。北魏置，治所在今山東樂陵市。　平昌：縣名。治所在今山東諸城市西北。

[2]治中：官名。即治中從事史。爲州府屬官，掌財穀、賬簿、文書。

[3]諫議大夫：官名。掌侍從顧問、參謀諷議，名義上隸光禄勳。北齊員七人，從四品。

[4]海寶率鄉閭襲滄州以應昂："滄州"殿本、中華本同，宋本、四庫本、百衲本、南本、汲本、局本作"滄海"，北本訛作"倉海"。中華本校勘記云："下文説'昂以海寶權行滄州事'，知作'滄州'是，今從殿本。"説是，從改。

[5]范陽：郡名。治所在今河北涿州市。　刁整（？—537）：字景智，渤海饒安（今河北鹽山縣西南）人。刁遵子。北魏官吏。官征東大將軍、車騎將軍、右光禄大夫。謚文獻。

[6]安壽：刁安壽。事不詳。

[7]中興初：百衲本無"初"字，諸本有。依本傳叙事，例多有之。據補。

[8]前將軍：官名。南北朝成爲軍府名號。用作加官。　廷尉

少卿：官名。爲廷尉次官。

[9]鎮軍將軍：官名。北齊多以罷任武職者任之，無職事，從二品。　光禄大夫：官名。北齊散官、加官，無員限。三品。

[10]車騎將軍：官名。多爲大臣加官，北齊爲二品。

[11]定州：北魏天興三年（400）改安州置。治所在今河北定州市。

老，安德鬲人。[1]家世寒微，身長七尺，膂力過人。少粗獷無賴，結輕險之徒共爲賊盗，鄉里患之。魏末兵起，遂與昂爲部曲。義旗建，仍從征討，以軍功除殿中將軍。[2]累遷平遠將軍，[3]除魯陽太守。[4]後除南益州刺史，[5]領宜陽太守，[6]賜爵長樂子。老頻爲二郡，出入數年，境接群蠻，又鄰西敵，至於攻城野戰，率先士卒，屢以少制衆，西人憚之。顯祖受禪，別封陽平縣伯，[7]遷南兗州刺史。[8]後與蕭軌等渡江，[9]戰没。

[1]老，安德鬲人：宋本、四庫本、百衲本"老"下有"字"字，中華本、《北史》卷三一《高季式傳》無。中華本校勘記云："錢氏《考異》卷三一云：'安德郡名，非"老"之字，蓋校書者妄加"字"耳。'按《魏書》卷一〇六《地形志》上冀州安德郡有鬲縣。錢説是，今據《北史》删。"安德，郡名。北魏太和（477—499）中置，治所在今山東平原縣東北。鬲，縣名。治所在今山東德州市陵城區。北齊廢。

[2]殿中將軍：官名。爲侍衛武職，不典兵，北齊員五十人，八品上，隸左右衛府。

[3]平遠將軍：官名。雜號將軍，北魏定爲四品。

[4]魯陽：郡名。治所在今河南魯山縣。

[5]南益州：確址不詳。

[6]宜陽：郡名。北魏置，治所在今河南宜陽縣西韓城鎮，北周徙治今河南宜陽縣西福昌村。

[7]陽平縣伯：爵名。陽平縣，治所在今山東聊城市莘縣。

[8]南兗州：治所在今安徽亳州市。

[9]蕭軌（？—556）：北齊官吏，位儀同。本南朝梁宗室，爵番禺侯。梁末降齊，天保七年（556）與梁師戰於鍾山之西，遇雨失利，與都督李希光等陣亡。

希光，渤海蓨人也。父紹，[1]魏長廣太守。希光隨高乾起義信都。中興初，除安南將軍、安德郡守。[2]後爲世祖開府長史。[3]武定末，從高岳平潁川，[4]封義寧縣開國侯，[5]歷潁、梁、南兗三州刺史。[6]天保中，揚州刺史，[7]與蕭軌等渡江，戰没。贈開府儀同三司、西兗州刺史。[8]子子令，尚書外兵郎中。[9]武平末，通直常侍。隋開皇中，[10]卒於易州刺史。[11]希光族弟子貢，以與義旗之功，官至吏部郎，[12]後爲兗州刺史。坐貪暴爲世宗所殺。

[1]紹：李紹。事不詳。

[2]安南將軍：官名。與安東、安西、安北將軍合稱四安將軍，北齊爲三品。

[3]開府長史：官名。公府、將軍府及都督府置，主持府務，爲衆史之長。

[4]潁川：地名。在今河南許昌市。

[5]義寧縣：北魏建義元年（528）置，治所在今山西沁源縣。

[6]梁：州名。治所在今河南開封市城區。

[7]揚州：治所在今安徽壽縣。

[8]西兗州：原治定陶（今山東菏澤市定陶區），後徙治左城（今山東曹縣韓集鎮堤上范村）。

[9]尚書外兵郎中：官名。尚書省外兵曹長官，亦稱外兵郎。

[10]開皇：隋文帝楊堅年號（581—600）。

[11]易州：隋以南營州改置。治所在今河北易縣。

[12]吏部郎：官名。爲尚書省吏部郎曹主官，掌官吏銓選。第五品。

顯祖責陳武廢蕭明，[1]命儀同蕭軌率希光、東方老、裴英起、王敬寳，[2]步騎數萬伐之。以七年三月渡江，襲剋石頭城。[3]五將名位相侔，英起以侍中爲軍司，[4]蕭軌與希光並爲都督，軍中抗禮，不相服御，競説謀略，動必乖張。頓軍丹陽城下，[5]值霖雨五十餘日，及戰，兵器並不堪施用，故致敗亡。將帥俱死，士卒得還者十二三，所没器械軍資不可勝紀。蕭軌、王敬寳事行，史闕其傳。

[1]顯祖：北齊文宣皇帝高洋（529—559），廟號顯祖。本書卷四、《北史》卷七有紀。　陳武：陳武帝陳霸先（503—559），字興國，小字法生，吳興長城（今浙江長興縣東）人。年號永定（557—559）。《陳書》卷一、二，《南史》卷九有紀。

[2]王敬寳（？—556）：太原（今山西太原市西南）人。北齊官吏。位至東廣州刺史。後與蕭軌等合攻建業，陣亡。

[3]石頭城：古城名。一名"石首城"。亦簡稱"石頭""石城"。故址在今南京清凉山。

[4]軍司：官名。西晉因避諱改軍師置，北齊沿置。負有匡正

監察主帥之責。

[5]丹陽城：地名。南朝以京師屬丹陽郡，治所在今江蘇南京市。

裴英起，河東人。[1]其先晋末渡淮，寓居淮南之壽陽縣。[2]祖彥先，隨薛安都入魏，[3]官至趙郡守。[4]父約，[5]渤海相。英起聰慧滑稽，好劇談，不拘儀檢，仕魏至定州長史。世宗引爲行臺左丞。[6]天保中，都官尚書，[7]兼侍中，及戰没，贈開府、尚書左僕射。[8]

[1]河東：郡名。治所在今山西永濟市蒲州鎮。

[2]壽陽縣：治所在今安徽壽縣。

[3]薛安都（410—469）：字休達，河東汾陰（今山西萬榮縣西南）人。北魏將領。《北史》卷三九有傳。

[4]趙郡：治所在今河北趙縣。

[5]約：裴約（480—515），字元儉，河東聞喜（今山西聞喜縣）人。裴彥先子。北魏官吏。

[6]行臺左丞：官名。即行臺尚書左丞。行臺尚書令的屬吏。

[7]都官尚書：官名。爲尚書省諸尚書之一。北齊統都官、二千石、比部、水部、膳部諸曹事務，階第三品。

[8]尚書左僕射：官名。爲尚書令副貳，兼掌糾彈百官。北齊從二品。

封隆之，字祖裔，小名皮，渤海蓚人也。父回，[1]魏司空。隆之性寬和，有度量。弱冠，[2]州郡主簿，[3]起家奉朝請，[4]領直後。汝南王悦開府，[5]爲中兵參軍。[6]

[1]回：封回（452—528），字叔念，渤海蓨（今河北景縣）人。北魏大臣。襲爵富城子。宣武帝時累遷安州刺史。孝明帝時爲瀛州刺史，死於河陰之變。《北史》卷二四《封懿傳》有附傳。

[2]弱冠：《禮記·曲禮》："二十曰弱冠。"故男子二十稱弱冠。

[3]主簿：官名。州郡官府均置，典領文書簿籍，經辦事務。

[4]起家：官制用語。即離家而入仕。　奉朝請：官名。散官，無職事，以朝會到請爲名。

[5]汝南王：爵名。汝南，郡名。治所在今河南息縣。　悦：元悦（？—532）。北魏孝文帝子，封汝南王。尒朱榮入洛，乃投奔南朝梁，被立爲魏主，年號更興。後還京。出帝太昌元年（532）十二月被殺。《魏書》卷二二、《北史》卷一九有傳。

[6]中兵參軍：官名。軍府僚屬之一，即中兵參軍事。掌本府中兵曹事務，兼備參謀諮詢。

　　初，延昌中，[1]道人法慶作亂冀方，自號"大乘"，[2]衆五萬餘，遣大都督元遥及隆之擒獲法慶，[3]賜爵武城子。俄兼司徒主簿、河南尹丞。時青、齊二州士民反叛，隆之奉使慰諭，咸即降款。永安中，除撫軍府長史。[4]尒朱兆等屯據晉陽，魏朝以河内要衝，[5]除隆之龍驤將軍、河内太守，尋加持節、後將軍、假平北將軍、當郡都督。[6]未及到郡，屬尒朱兆入洛，莊帝幽崩。

[1]延昌：北魏宣武帝元恪年號（512—515）。

[2]道人法慶作亂冀方，自號"大乘"：延昌四年冀州沙門法慶自稱"大乘"，自命"新佛"，聚衆暴動，爲元遥所平。事見《魏書》卷一九上《拓跋遥傳》。

[3]元遙：字太原，鮮卑族拓跋部人。京兆王元子推子。北魏宗室。《魏書》卷一九《京兆王子推傳》有附傳。

[4]撫軍府長史：撫軍將軍之屬吏。爲衆吏之長，主府務。

[5]河内：郡名。治所在今河南沁陽市。

[6]後將軍：官名。與前、左、右將軍並爲軍府名號，用作加官，三品。

隆之以父遇害，常懷報雪，因此遂持節東歸，圖爲義舉。時高乾告隆之曰："尒朱暴逆，禍加至尊，弟與兄並荷先帝殊常之眷，[1]豈可不出身爲主，以報讎恥乎？"隆之對曰："國恥家怨，痛入骨髓，乘機而動，今實其時。"遂與乾等定計，夜襲州城，[2]剋之。乾等以隆之素爲鄉里所信，乃推爲刺史。隆之盡心慰撫，人情感悦。

[1]弟與兄：百衲本"兄"後有一"弟"字，諸本無。此語爲高乾與封隆之兩人間對話，乾自稱弟，稱隆之兄，"兄"字後不當再有"弟"字，"弟"字衍。據删。

[2]州城：此指冀州。

尋高祖自晋陽東出，隆之遣子子繪奉迎於滏口，[1]高祖甚嘉之。既至信都，集諸州郡督將僚吏等議曰："逆胡尒朱兆窮凶極虐，天地之所不容，人神之所捐棄，今所在蜂起，此天亡之時也。欲與諸君剪除凶羯，其計安在？"隆之對曰："尒朱暴虐，天亡斯至，神怒民怨，衆叛親離，雖握重兵，其强易弱。而大王乃心王室，首唱義旗，天下之人，孰不歸仰，願大王勿疑。"中興初，拜左光禄大夫、吏部尚書。[2]尒朱兆等軍於廣阿，十月，高祖與戰，大破之。乃遣隆之持節爲北道大使。高祖將擊尒朱兆等於韓陵，留隆之鎮鄴城。尒朱兆等走，以隆之行冀州事，仍領降俘三萬餘人，分置諸州。

[1]子繪：封子繪（515—564），字仲藻，小名搔，隆之次子。《北史》卷二四《封懿傳》有附傳。　滏口：古隘道名。太行八陘之一。在今河北邯鄲市西南石鼓山。滏水（今滏陽河）源出於此，古爲自鄴（今河北臨漳縣西南）西出要道。

[2]吏部尚書：官名。尚書省屬官。主管官吏銓選、考課獎懲，其實權甚或過於尚書僕射，位三品。

尋徵爲侍中。時高祖自洛還師於鄴。隆之將赴都，因過謁見，啓高祖曰："斛斯椿、賀拔勝、賈顯智等往事尒朱，[1]中復乖阻，及討仲遠，[2]又與之同，猜忍之人，志欲無限。又叱列延慶、侯[3]念賢皆在京師，王授以名位，此等必構禍隙。"[4]高祖經宿乃謂隆之曰："侍中昨言實是深慮。"尋封安德郡公，邑二千户，進位儀同三司。于時朝議以尒朱榮佐命前朝，宜配食明帝廟庭。隆之議曰："榮爲人臣，親行殺逆，安有害人之母，與子對饗？考古詢今，未見其義。"從之。詔隆之參議麟趾閣，[5]以定新制。又贈其妻祖氏范陽郡君。[6]隆之表以先爵富城子及武城子轉授弟子孝琬等，[7]朝廷嘉而從之。後爲斛斯椿等構之於魏帝，逃歸鄉里。高祖知其被誣，召赴晉陽。魏帝尋以本官徵之，隆之固辭不赴。仍以隆之行并州刺史。魏清河王亶爲大司馬。長史。[8]

[1]賀拔勝（？—544）：字破胡，神武尖山（今山西神池縣）人。徙居武川（今內蒙古武川縣）。北魏、西魏名將。《魏書》卷八〇、《周書》卷一四有傳，《北史》卷四九《賀拔允傳》有附傳。

賈顯智：賈智，字顯智，中山無極（今河北無極縣）人。北魏、東魏官吏。《魏書》卷八〇、《北史》卷四九《賈顯度傳》有附傳。

[2]仲遠：尒朱仲遠，北魏北秀容（今山西朔州市）契胡貴族。尒朱榮從弟。《魏書》卷七五《尒朱彥伯傳》、《北史》卷四八《尒朱榮傳》有附傳。

[3]叱列延慶（？—534）：一作"叱列延"，代（今山西大同市東）人。北魏官吏。《魏書》卷八〇、《北史》卷四九有傳。

侯：中華本校勘記云："按'侯'下疑脫'深'字。侯深本名'淵'，本書避唐諱改。"侯深，即侯淵，《北史》避唐諱改。神武（今山西山陰縣東南）人。北魏將領。初投杜洛周，後投尒朱榮。因鎮壓葛榮起義有功，進爵爲公。《魏書》卷八〇、《北史》卷四九有傳。

[4]構：同"搆"。

[5]麟趾閣：東魏殿閣名。時爲議政之所。

[6]范陽郡：治所在今河北涿州市，北魏復爲郡。

[7]富城子：爵名。富城，縣名。治所在今山東肥城市西南，北齊廢。

[8]魏清河王亶爲大司馬。長史：南本、局本無"爲"字，宋本、四庫本、百衲本、中華本有。中華本校勘記云："按若無'爲'字，則似高隆之以'行并州刺史'（見上文）兼大司馬長史，并州和洛陽遙遠，豈能兼任。疑'爲大司馬'下有脫文，當云：'魏清河王亶爲大司馬，以隆之爲長史'〔元亶爲大司馬，見《魏書》卷一一《出帝紀》永熙三年（五三四）八月〕，今無可參證，仍從三

朝本。"説是,存疑。清河,郡國名。西漢高帝置,治清陽縣(今河北清河縣)。西晋爲清河國,治清河縣(今山東臨清市)。北魏仍改爲郡。北齊移治武城縣(今河北清河縣西城關鄉西北)。元亶(？—537),魏孝文帝孫,襲封清河王。東魏孝静帝元善見之父。孝武帝時官至司徒。魏帝西奔關中後,丞相高歡擢之爲大司馬,使居尚書省,有繼帝位意。歡却議立其子善見爲帝,亶恚忿南走,追之而還。一説爲歡所鴆死。謚文宣。

天平初,復入爲侍中,預遷都之議。魏静帝詔爲侍講,[1]除吏部尚書,加侍中,以本官行冀州事。陽平民路紹遵聚衆反,[2]自號行臺,破定州博陵郡,虜太守高永樂,南侵冀州。隆之令所部長樂太守高景等擊破之,[3]生擒紹遵,送於晋陽。元象初,除冀州刺史,尋加開府。時初召募勇果,都督宇八、高法雄、封子元等不願遠戍,[4]聚衆爲亂。隆之率州軍破平之。興和元年,復徵爲侍中。隆之素得鄉里人情,頻爲本州,留心撫字,吏民追思,立碑頌德。轉行梁州事,又行濟州事,徵拜尚書右僕射。武定初,北豫州刺史高仲密將叛,遣使陰通消息於冀州豪望,使爲内應,輕薄之徒,頗相扇動。詔隆之馳驛慰撫,遂得安静。世宗密書與隆之云："仲密枝黨同惡向西者,[5]宜悉收其家累,以懲將來。"隆之以爲恩旨既行,理無追改,今若收治,示民不信,脱或驚擾,所虧處大。乃啓高祖,事遂得停。

[1]魏静帝：東魏皇帝元善見(524—551)。謚號孝静。公元534年至550年在位。《魏書》卷一二、《北史》卷五有紀。　侍

講：官稱。掌爲皇帝或太子講解經義，以博學通經者任之。此爲加職。

[2]路紹遵：事見本卷。

[3]高景：事不詳。

[4]字八、高法雄、封子元：三人並見本卷。

[5]仲密枝黨同惡向西者：宋本、四庫本、百衲本無"者"字，中華本校勘記云："據《册府》卷六五五補。"從補。"西"指西魏。

　　隆之自義旗始建，首參經略，奇謀妙算，密以啓聞，手書削稾，[1]罕知於外。高祖嘉其忠謹，每多從之。復以本官行濟州事，轉齊州刺史。武定三年卒官，年六十一。詔遣主書監神貴就弔，[2]賵物五百段。贈使持節、都督滄瀛二州諸軍事、驃騎大將軍、瀛州刺史、司徒公。高祖以隆之勳舊，追榮未盡，復啓贈使持節、都督冀瀛滄齊濟五州諸軍事、冀州刺史、太保，餘如故，謚曰宣懿。高祖後至冀州境，次於交津，[3]追憶隆之，顧謂冀州行事司馬子如曰："封公積德履仁，體通性達，自出納軍國，垂二十年，契闊艱虞，始終如一。以其忠信可憑，方以後事託之。何期報善無徵，奄從物化，言念忠賢，良可痛惜。"爲之流涕。令參軍宋仲羨以太牢就祭焉。[4]長子早亡。第二子子繪嗣。

[1]手書削稾：親手起草文書，删定文稿。

[2]主書：官名。爲"主書令史"的簡稱。掌簿書文案。屬祕書監。　監神貴：人名。事不詳。

[3]交津：津渡名。在今河北磁縣西清漳河與漳河合流處。

[4]參軍：官名。亦作"參軍事"。掌本府諸曹事。　宋仲羨：北齊官吏，位尚書左丞，曾彈奏韋叡濫殺無辜。餘不詳。　太牢：指祭祀用的牛、羊、豕三牲。

子繪，字仲藻，小名搔。性和理，有器局。釋褐祕書郎中。[1]尒朱兆之害魏莊帝也，與父隆之舉義信都，奉使詣高祖。至信都，召署開府主簿，[2]仍典書記。中興元年，轉大丞相主簿，[3]加伏波將軍，[4]從高祖征尒朱兆。及平中山，[5]軍還，除通直常侍、左將軍，[6]領中書舍人。[7]母憂解職，尋復本任。太昌中，從高祖定并、汾、肆數州，[8]平尒朱兆及山胡等，[9]加征南將軍、金紫光祿大夫。[10]魏武帝末，斛斯椿等佞倖用事，父隆之以猜忌，懼難潛歸鄉里，子繪亦棄官俱還。孝靜初，兼給事黃門侍郎，與太常卿李元忠等並持節出使，[11]觀省風俗，問人疾苦。還，赴晉陽，從高祖征夏州。[12]二年，除衛將軍、平陽太守，[13]尋加散騎常侍。晉州北界霍太山，[14]舊號千里徑者，[15]山坂高峻，每大軍往來，士馬勞苦。子繪啓高祖，請於舊徑東谷別開一路。高祖從之，仍令子繪領汾、晉二州夫修治，旬日而就。高祖親總六軍，路經新道，嘉其省便，賜穀二百斛。後大軍討復東雍，[16]平柴壁及喬山、紫谷絳蜀等，[17]子繪恒以太守前驅慰勞，徵兵運糧，軍士無乏。興和初，自郡徵補大行臺吏部郎中。

[1]祕書郎中：官名。祕書署屬官，亦稱"祕書郎"。掌整理典籍、多爲世族子弟之起家官，六品。

［2］開府主簿：官名。開府典領文書簿籍、經辦事務的官員。開府，北魏置，北齊沿置，地位漸低，除授冗濫。

［3］大丞相主簿：官名。大丞相府典領文書簿籍、經辦事務的官員。

［4］伏波將軍：官名。雜號將軍之一。北齊從五品上。

［5］中山：郡名。治所在今河北定州市。

［6］左將軍：官名。與前、右、後將軍均爲軍府名號，用作加官。

［7］中書舍人：官名。即中書通事舍人。爲中書省屬官，掌草擬詔書，參與機務。位卑權重。北齊六品上。

［8］汾：州名。治所在今山西汾陽市。　肆：州名。治所在今山西忻州市西北。

［9］山胡：民族名。亦稱"稽胡""步落稽"。源於南匈奴。一説爲山戎、赤狄之後。南北朝時居於山西北部。與漢人雜居。

［10］征南將軍：官名。爲四征將軍之一，到北齊時漸成爲褒賞軍功勳臣的閑職。二品。

［11］太常卿：官名。北齊置爲太常寺長官，掌管宗廟祭祀禮樂。三品。

［12］夏州：治所在今陝西靖邊縣北白城子。

［13］平陽：郡名。治所在今山西臨汾市，因在平水之陽而得名。

［14］霍太山：山名。一作"霍泰山"，即霍山（又名"太岳山""霍岳"），在今山西霍州市東南。

［15］千里徑：地名。在今山西霍州市東。

［16］東雍：州名。北魏太平真君四年（443）置，治所在今山西新絳縣萬安鎮柏壁村。

［17］柴壁：地名。在今山西襄汾縣西南。"柴壁"中華本同，宋本、百衲本、四庫本作"紫壁"。中華本校勘記云："按本書卷一九《高市貴傳》説市貴鎮洪峒，沙苑戰後，'州民柴覽'反抗東

魏，高市貴破柴壁事，和此《傳》所載時地都相符合。柴壁之名早見於《晉書》卷一一七《姚興載記》，《魏書》卷三〇《安同傳》、卷三三《李先傳》，其地正在汾水邊。'紫'字乃涉下'紫谷'而訛。今改正。"説是，今從中華本改。　喬山：地名。在今山西襄汾縣北。　紫谷：地名。當在今山西翼城縣東。　絳蜀：曹魏滅蜀後遷居於絳的蜀人後代。絳，郡名。治所在今山西絳縣南。

　　武定元年，高仲密以武牢西叛，周文帝擁衆東侵，高祖於邙山破之，乘勝長驅，遂至潼關。[1]或諫不可窮兵極武者，高祖總命群僚議其進止。子繪言曰："賊帥才非人雄，偷竊名號，遂敢驅率亡叛，送死伊瀍。天道禍淫，一朝瓦解。雖僅以身免，而魂膽俱喪。混一車書，正在今日，天與不取，反得其咎。時難遇而易失，昔魏祖之平漢中，[2]不乘勝而取巴蜀，失在遲疑，悔無及已。伏願大王不以爲疑。"高祖深然之。但以時既盛暑，方爲後圖，遂命班師。

　　[1]潼關：關隘名。在今陝西潼關縣東北。
　　[2]魏祖：指曹操。曹丕代漢稱帝，追諡曹操武帝，廟號太祖。

　　三年，父喪去職。四年，高祖西討，起爲大都督，領冀州兵赴鄴，從高祖自滏口西趣晉州，會大軍於玉壁。[1]復以子繪爲大行臺吏部郎中。及高祖病篤，師還晉陽，引入内室，面受密旨，銜命山東，安撫州郡。高祖崩，祕未發喪，世宗以子繪爲渤海太守，令馳驛赴任。世宗親執其手曰："誠知此郡未允勳望，但時事未安，須卿鎮撫。且衣錦晝遊，古人所貴。善加經略，綏靜海隅，不勞學習常太守向州參也。"[2]仍聽收集部曲一千人。後進秩一等，加驃騎將軍。[3]天保二年，除太尉長史。[4]三年，頻以本官再行南青州事。[5]四年，坐事免。六年，行南兗州事，尋除持節海州刺史，[6]不行。

[1]玉壁：即玉壁城。在今山西稷山縣西南。西魏大統四年（538）東道行臺王思政因玉壁險要，築城以禦東魏。
[2]不勞學習常太守向州參也：謂其不須同一般太守施敬於州。
[3]驃騎將軍：官名。爲重要將軍名號。魏晉之後多爲加官。
[4]太尉長史：太尉屬官。主持府務，爲衆史之長。
[5]南青州：北魏太和二十二年（498）改東徐州爲南青州，治團城（今山東沂水縣）。北齊廢。
[6]海州：東魏武定七年（549）改青、冀二州置，治龍沮縣（今江蘇灌雲縣西南）。北齊移治朐縣（今江蘇連雲港市海州區海洲街道）。

七年，改授合州刺史。[1]到州未幾，值蕭軌、裴英起等江東敗沒，行臺司馬恭發歷陽，[2]徑還壽春，[3]疆埸大駭。兼在州器械，隨軍略盡，城隍樓雉，虧壞者多。子繪乃修造城隍樓雉，繕治軍器，守禦所須畢備，人情漸安。尋敕於州營造船艦，子繪爲大使，總監之。陳武帝曾遣其護軍將軍徐度等率輕舟從柵口歷東關入巢湖，[4]徑襲合肥，[5]規燒船舫。以夜一更潛寇城下，子繪率將士格戰，陳人奔退。

[1]合州：治所在今安徽合肥市西北。

[2]司馬恭：一作"馬恭"。北齊官吏。初仕東魏，任東雍州刺史。齊建，位行臺。後稱臣於南朝齊，與梁人於歷陽訂立盟約。歷陽：郡名。治所在今安徽和縣。

　　[3]壽春：地名。在今安徽壽縣。

　　[4]護軍將軍：官名。亦簡稱"護軍"。職掌監護諸軍及武官選拔考核，亦掌部分中軍兵。北齊從三品。　徐度（509—568）：字孝節，安陸（今湖北安陸市）人。南朝梁、陳將領。初仕梁，任護軍將軍。梁亡歸陳，多次率兵北上征討。《南史》卷六七有傳。　柵口：在今安徽無爲縣東南，即古柵水入長江之口。　東關：地名。在今安徽巢湖市東南。　巢湖：地名。即今安徽巢湖。

　　[5]合肥：縣名。治所在今安徽合肥市西。

　　九年，轉鄭州刺史。[1]子繪曉達政事，長於綏撫，歷宰州郡，所在安之。徵爲司徒左長史，[2]行魏尹事。[3]乾明初，[4]轉大司農，[5]尋正除魏尹。皇建中，加驃騎大將軍。大寧二年，[6]遷都官尚書。

　　[1]鄭州：東魏武定七年（549）改潁州置，治潁陰縣（今河南許昌市）。

　　[2]司徒左長史：官名。司徒府二長史之一，位在司徒右長史上。掌核定選舉，爲府中佐屬之首。北齊從三品。

　　[3]行魏尹事：代理魏尹。東魏遷都於鄴，鄴屬魏郡，故改郡守爲尹。

　　[4]乾明：北齊廢帝高殷年號（560）。

　　[5]大司農：官名。掌管全國租賦收入和國家財政開支。北齊改名"司農卿"。

　　[6]大寧：北齊武成帝高湛年號（561—562）。

高歸彥作逆，[1]召子繪入見昭陽殿。[2]帝親詔子繪曰："冀州密邇京甸，歸彥敢肆凶悖。已敕大司馬、平原王段孝先總勒重兵，[3]乘機電發；司空、東安王婁叡督率諸軍，[4]絡繹繼進。卿世載名德，恩洽彼州，故遣參贊軍事，隨便慰撫。宜善加謀略，以稱所寄。"即以其日馳傳赴軍。子繪祖父世爲本州，百姓素所歸附。既至，巡城諭以禍福，民吏降款，日夜相繼，賊中動靜，小大必知。賊平，仍敕子繪權行州事。

[1]高歸彥（？—562）：字仁英，渤海蓨（今河北景縣）人。高徽子。高歡族弟。東魏、北齊大臣。本書卷一四、《北史》卷五一有傳。

[2]昭陽殿：宮殿名。北齊以顯陽殿改名。故址在今河北臨漳縣西南古鄴鎮。

[3]平原王：爵名。平原，郡名。治所在今山東聊城市東北。段孝先：段韶（？—571），字孝先，小名鐵伐，亦稱段婆，姑臧武威（今甘肅武威市）人。北齊將領。本書卷一六、《北史》卷五四《段榮傳》有附傳。

[4]東安王：爵名。東安，郡名。治所在今山東沂水縣。婁叡：字佛仁，代郡平城（今山西大同市東北）人。北齊大臣。本書卷四八有傳，本書卷一五、《北史》卷五四《婁昭傳》有附傳。

尋徵還，敕與群官議定律令，加儀同三司。後突厥入逼晉陽，[1]詔子繪行懷州事，[2]乘驛之任。還爲七兵尚書，[3]轉祠部尚書。[4]河清三年暴疾卒，[5]年五十。世祖深歎惜之。贈使持節、瀛冀二州軍事、冀州刺史、開府儀同、尚書右僕射，諡曰簡。子寶蓋嗣。[6]武平末，通直常侍。

[1]突厥：民族名、國名。廣義包括鐵勒、突厥各部落，狹義則專指突厥汗國。六世紀初興起於金山（今阿爾泰山）西南麓，爲一游牧部落。以金山形似古代戰盔兜鍪，當地俗語呼兜鍪爲突厥，故以爲名。西魏廢帝二年（553）建突厥汗國於今鄂爾渾河流域。《周書》卷五〇、《北史》卷九九有傳。

[2]懷州：北魏天安二年（467）置，治所在今河南沁陽市城區。

[3]七兵尚書：官名。尚書省七兵曹長官。掌管軍事行政，領七兵、騎兵、都兵、左右中兵、左右外兵七曹。

[4]祠部尚書：官名。主掌尚書祠部曹，管祭祀禮儀。與尚書右僕射通職，二者不並置。階三品。

[5]河清：北齊武成帝高湛年號（562—565）。

[6]寶蓋：封寶蓋。事不詳。

子繪弟子繡，武平中，渤海太守、霍州刺史。[1]陳將吳明徹侵略淮南，[2]子繡城陷，被送揚州。齊亡後，逃歸。隋開皇初，終於通州刺史。[3]子繡外貌儒雅，而俠氣難忤。司空婁定遠，[4]子繡兄之婿也，爲瀛州刺史。子繡在渤海，定遠過之，對妻及諸女讌集，言戲微有褻慢，子繡大怒，鳴鼓集衆將攻之。俄頃，兵至數千，馬將千匹。定遠免冠拜謝，久乃釋之。

[1]霍州：治所在今安徽霍山縣。

[2]吳明徹（511—577）：字通昭，秦郡（今江蘇南京市六合區北）人。南朝陳將領。《陳書》卷九、《南史》卷六六有傳。

[3]通州：西魏末改萬州置，治石城縣（今四川達州市通川區）。

[4]婁定遠（？—574）：代郡平城（今山西大同市東北）人。婁昭子。北齊官吏。以外戚貴盛，少歷顯職。本書卷一五、《北史》卷五四《婁昭傳》有附傳。

隆之弟延之，字祖業。少明辨，有世用。起家員外郎。中興初，[1]除中堅將軍。[2]高祖以爲大行臺左光禄大夫，[3]封郟城縣子，[4]行渤海郡事。以都督從婁昭討樊子鵠，[5]事平，除青州刺史。延之好財利，在州多所受納。後行晋州事，高祖沙苑失利還，[6]延之棄州北走。高祖大怒，同罪人皆死，以隆之故，獨得免。興和二年卒，年五十四。贈使持節、都督冀殷瀛三州諸軍事、驃騎大將軍、尚書左僕射、司徒、冀州刺史，謚曰文恭。子孝纂嗣。[7]

[1]中興初：宋本、百衲本、四庫本作"中興和初"。此處疑是"中興"或"興和"。若此處是興和初除中堅將軍的話，下文隆之"興和二年卒，年五十四"，也就是興和初除中堅將軍（具體興和初哪年不詳），第二年就死了，這不符合下文隆之又封他官、沙苑之戰棄城等事實。今從中華本作"中興初"。

[2]中堅將軍：官名。率營兵，掌侍衛之責。北魏孝文帝太和十七年（493）定爲四品上，太和二十三年職員令定爲從四品上。

[3]高祖以爲大行臺左光禄大夫：宋本、百衲本、四庫本、中華本同。中華本校勘記云："張森楷云：'"左"字下當有"丞"字，屬上爲句。大行臺固無左光禄大夫也。若讀"臺"字斷句，則延之此時，官尚卑微，豈得躋茲顯秩。'按張説是，但别無他據。

今仍原文。"存疑。

［4］鄚城縣子：爵名。鄚城縣，北魏改鄚縣置，治所在今河南鄚縣。

［5］婁昭：字菩薩，代郡平城（今山西大同市東北）人。東魏大臣。北魏末跟隨高歡，深受信重。齊受禪，追封太原王。本書卷一五、《北史》卷五四有傳。

［6］沙苑：地名。又名"沙阜""沙海""沙澤""沙窩"。在今陝西大荔縣南洛、渭二河之間，東西八十里，南北三十里，其沙隨風流徙，不可耕植，而宜於牧林瓜果。東魏天平四年（537）與西魏於此爆發惡戰，史稱沙苑之戰，東魏慘敗。

［7］孝纂：封孝纂，一名封纂。渤海蓨（今河北景縣）人。封延之子。北齊官吏。襲爵鄚城縣子。

隆之弟子孝琬，字子蒨。父祖曹，[1]魏冀州平北府長史。以隆之佐命之功，贈雍州刺史、殿中尚書。[2]孝琬七歲而孤，獨爲隆之所鞠養，慈愛甚篤。年十六，本州辟主簿。魏永熙二年，[3]隆之啓以父爵富城子授焉。三年，釋褐開府參軍事。[4]天平中，輕車將軍、司徒主簿。[5]武定中，爲顯祖開府主簿，[6]遷從事中郎將，[7]領東宫洗馬。[8]天保二年卒，時年三十六，帝聞而歎惜焉。贈左將軍、太府少卿。孝琬性恬静，頗好文詠。太子少師邢卲、七兵尚書王昕並先達高才，[9]與孝琬年位懸隔，晚相逢遇，分好遂深。孝琬靈櫬言歸，二人送於郊外，悲哭悽慟，有感路人。

［1］父祖曹：諸本皆同。中華本校勘記云："《北史》卷二四《封隆之傳》云：'弟興之，字祖胄。'錢氏《考異》卷三一云：

'以隆之字祖裔推之，當以"胄"爲正。《傳》失書其名爾。'"存疑。

[2]殿中尚書：官名。西晉武帝太康（280—289）中始置，爲尚書省六曹尚書之一，亦簡稱"殿中"。北齊統殿中、儀曹、三公、駕部等曹。

[3]永熙：北魏孝武帝元脩年號（532—534）。

[4]釋褐：官制用語。與"起家"之意同。褐爲民服，釋褐即脱去民服，穿官服入仕之意。　開府參軍事：官名。亦作"參軍"。掌本府諸曹事。

[5]輕車將軍：官名。名號將軍。北齊從五品。

[6]顯祖：北齊文宣帝高洋（529—559），廟號顯祖。本書卷四、《北史》卷七有紀。

[7]從事中郎將：官名。即從事中郎。爲軍府僚屬。與長史共主府中吏事。北齊五品。

[8]東宫洗馬：東宫，指太子所居之宫，亦爲太子代稱。東宫洗馬，即太子洗馬。掌賓贊受事，太子出行則爲前導。北齊置八員，從五品上。

[9]太子少師：官名。東宫三少之首。與太子太師、太傅、太保、少傅、少保並號"六傅"，掌輔導太子，三品。　邢邵（496—?）：字子才，河間鄚（今河北任丘市北）人。北魏、東魏、北齊官吏。博學能文，與温子升、魏收齊名。原著有《邢子才集》，已散佚。本書卷三六有傳，《北史》卷四三《邢巒傳》有附傳。

王昕（?—559）：字元景，北海劇（今山東壽光市東南）人。北魏、東魏、北齊官吏。本書卷三一有傳，《北史》卷二四《王憲傳》有附傳。

　　孝琬弟孝琰，字士光。少修飾學尚，有風儀。年十六，辟州主簿，釋褐祕書郎。天保元年，爲太子舍人，[1]出入東宮，甚有令望。丁母憂，解任。除晉州法曹參軍。[2]尋徵還，復除太子舍人。乾明初，爲中書舍人。皇建初，司空掾、祕書丞。[3]散騎常侍，聘陳使主，[4]已發道途，遥授中書侍郎。[5]還，坐事除名。天統三年，[6]除并省吏部郎中、南陽王友，[7]赴晉陽典機密。

[1]太子舍人：官名。太子屬官。掌文集。北齊置二十八人，從六品下，隸詹事府典書坊。

[2]法曹參軍：官名。法曹長官。掌郵驛科程事。

[3]司空掾：官名。爲司空府僚屬。掌司空諸曹事。　祕書丞：官名。祕書省屬官。參領著作事，主修撰國史及起居注，並得參預議定禮儀制度。五品上。

[4]使主：北朝時代表國家出使的首席使臣之稱。一般冠以使命名號。其助手稱使副。

[5]中書侍郎：官名。中書省屬官。北齊設四員，從四品，兼管伎樂。

[6]天統：北齊後主高緯年號（565—569）。

[7]并省：并州行尚書省。東魏、北齊皇帝常住晉陽（并州），故置并省，處理全國政務。　南陽：郡名。治所在今河南南陽市。

和士開母喪，託附者咸往奔哭。鄴中富商丁鄒、嚴興等並爲義孝，[1]有一士人，亦哭在限。孝琬入弔，出謂人曰："嚴興之南，丁鄒之北，有一朝士，號叫甚哀。"聞者傳之。士開知而大怒。其後會黄門郎李懷奏南陽王綽專恣，[2]士開因譖之曰："孝琬從綽出外，乘其副馬，捨離部伍，别行戲話。"[3]時孝琬女爲范陽王妃，[4]爲禮事因假入辭。帝遂決馬鞭百餘，放出，又遣高阿那肱重决五十，[5]幾致於死。還京，在集書省上下，[6]從是沉廢。士開死後，爲通直散騎常侍。後與周朝通好，趙彥深奏之，[7]詔以爲聘周使副。祖珽輔政，[8]又奏令入文林館，[9]撰《御覽》。[10]孝琬文筆不高，但以風流自立，善於談謔，威儀閑雅，容止進退，人皆慕之。嘗謂祖珽云："公是衣冠宰相，異於餘人。"近習聞之，大以爲恨。

[1]丁鄒、嚴興：二人事並不詳。

[2]李懷：隴西成紀（今甘肅静寧縣西南）人。北齊官吏。位中書舍人、黃門郎。

[3]孝琬從綽出外，乘其副馬，捨離部伍，別行戲話：時制，士人不得與諸王擯人私語。

[4]范陽王：爵名。范陽，郡名。治所在今河北涿州市。

[5]高阿那肱：一作"高阿那瓌"，善無（今山西右玉縣南）人。高市貴子。北齊官吏。本書卷五〇、《北史》卷九二有傳。

[6]集書省：官署名。爲門下三省之一，習稱"散騎省"，兼修起居注。

[7]趙彥深（507—576）：本名隱，字彥深，平原（今山東聊城市東北）人，祖籍南陽宛縣（今河南南陽市）。北齊大臣。本書卷三八、《北史》卷五五有傳。

[8]祖珽：字孝徵，范陽遒（今河北淶水縣北）人。東魏、北齊官吏。本書卷三九有傳，《北史》卷四七《祖瑩傳》有附傳。

[9]文林館：官署名。北齊武平四年（573）置。引文學之士充之，稱待詔。

[10]《御覽》：《修文殿御覽》，後主時祖珽主持編纂的一部大型類書。今佚。

尋以本官兼尚書左丞，[1]其所彈射，多承意旨。時有道人曇獻者，爲皇太后所幸，賞賜隆厚，車服過度。又乞爲沙門統，[2]後主意不許，[3]但太后欲之，遂得居任，然後主常憾焉。因有僧尼以他事訴競者，辭引曇獻。上令有司推劾。孝琰案其受納貨賄，致於極法，因搜索其家，大獲珍異，悉以没官。由是正授左丞，仍令奏門下事。性頗簡傲，不諧時俗，恩遇漸高，彌自矜誕，舉動舒遲，無所降屈。識者鄙之。與崔季舒等以正諫同死，[4]時年五十一。子開府行参軍君確、君静等二人徙北邊，[5]少子君嚴、君贊下蠶室。[6]南安之敗，[7]君確二人皆坐死。

[1]尚書左丞：官名。尚書省佐官，位次尚書，與右丞共掌尚書都省庶務，率諸都令史督促稽核諸尚書曹、郎曹政務，督録近道文書奏章；監察糾彈尚書令、僕射、尚書等文武百官，號稱"監司"。

[2]沙門統：官名。北魏道武帝皇始二年（397）設。分掌全國及地方之僧尼、寺産、宗教活動等。又稱"道人統"，及後改稱"昭玄統"等，又按級分稱沙門都統、州統、郡統等。一般皆以僧人任之。

[3]後主：北齊後主高緯（556—578），武成帝長子。本書卷八、《北史》卷八有紀。

[4]崔季舒（？—573）：字叔正，博陵安平（今河北安平縣）人。東魏、北齊官吏。本書卷三九有傳，《北史》卷三二《崔挺傳》有附傳。

[5]開府：官名。本指高級官員開建府署，辟置僚屬之舉。後復轉爲勳、散官，爲"開府儀同三司"等官之簡稱。　行參軍：官

名。由諸府主辟召之參軍爲此稱。分掌府內各曹時爲正參軍之副職。北齊爲從七品至八品。　君碓：封君碓（？—574）。事見本卷，餘不詳。　君靜：封君靜。事見本卷，餘不詳。

[6]君嚴：封君嚴。事不詳。　君贊：封君贊。事不詳。　蠶（cán）室：監獄名。專門關押受宮刑者。室內蓄火，較爲暖和，以免受宮刑者畏冷。

[7]南安之敗：指武平五年（574）南安王高思好起兵被後主所平事。

　　史臣曰：高、封二公，無一人尺土之資，奮臂而起河朔，將致勤王之舉，以雪莊帝之讎，不亦壯哉！既剋本藩，成其讓德，異夫韓馥懾袁紹之威。[1]然力謝時雄，才非命世，是以奉迎麾旆，用叶本圖。高祖因之，遂成霸業。重以昂之膽力，氣冠萬物，韓陵之下，風飛電擊。然則齊氏元功，一門而已。但以非潁川元從，[2]異豐、沛故人，[3]腹心之寄，有所未允。露其啓疏，假手天誅，枉濫之極，莫過於此。子繪才幹，可稱克荷堂構，弈世載德，斯爲美焉。

[1]既剋本藩，成其讓德，異夫韓馥懾袁紹之威：既已占據州城爲一方頭領，又主動聽命於明主，成就讓賢之美德，區別於當年韓馥的不得已而懾服於袁紹之威。韓馥（？—191），字文節，潁川（今河南許昌市）人。東漢末官吏。與袁術等共推袁紹爲盟主，起兵討董卓。因猜懼袁紹，轉投張邈。後自殺。事見《三國志》卷一《魏書·武帝紀》。袁紹（？—202），字本初，汝南汝陽（今河南商水縣西北）人。東漢末大臣。靈帝死，與大將軍何進謀誅宦官，召董卓入關。事泄，何進被殺，紹統兵盡殺宦官。後起兵討卓，爲

關東聯軍盟主。在官渡之戰中爲曹操所敗，後病死。《後漢書》卷七四、《三國志》卷六有傳。

　　[2]潁川元從：指跟從韓馥起事者。潁川，似指韓馥。

　　[3]豐、沛故人：指跟隨劉邦起兵的故鄉人。劉邦爲秦沛郡豐邑人。

　　贊曰：烈烈文昭，雄圖斯契，灼灼忠武，英資冠世。門下之酷，進退惟谷。黄河之濱，蹈義亡身。封公矯矯，共濟時屯，比承明德，暉光日新。

北齊書　卷二二

列傳第十四

李元忠　族弟密　族人愍　族叔景遺　　盧文偉　孫詢祖　族人勇　李義深

　　李元忠，趙郡柏人人也。[1]曾祖靈，[2]魏定州刺史、鉅鹿公。[3]祖恢，[4]鎮西將軍。[5]父顯甫，[6]安州刺史。[7]元忠少厲志操，居喪以孝聞。襲爵平棘子。[8]魏清河王懌為司空，[9]辟為士曹參軍；[10]遷太尉，[11]復啓為長流參軍。[12]懌後為太傅，[13]尋被詔為營構明堂大都督，[14]又引為主簿。[15]元忠粗覽史書及陰陽數術，解鼓箏，兼好射彈，有巧思。遭母憂，去任。未幾，相州刺史、安樂王鑒請為府司馬，[16]元忠以艱憂，固辭不就。

　　[1]趙郡：治所在今河北趙縣。　柏人：縣名。治所在今河北隆堯縣西北。
　　[2]靈：李靈，字虎符（一作"武符"），趙郡平棘（今河北趙縣東南）人。北魏官吏。以學優溫謹，被選為文成帝師。卒年六

十三。謚曰簡。《魏書》卷四九、《北史》卷三三有傳。

[3]魏定州刺史、鉅鹿公："魏"字中華本、四庫本同，宋本、百衲本作"衛"。《北史》卷三三《李靈傳》"李靈字武符……有聲趙、魏間"，作"魏"是。據《北史》改。定州，北魏天興三年（400）以安州改置。治所在今河北定州市。鉅鹿，郡名。屬定州，治曲陽縣（今河北晉州市西）。

[4]恢：李恢（420—467），趙郡平棘（今河北趙縣東南）人。李靈子。北魏官吏。襲父爵爲高邑子。《北史》卷三三《李靈傳》有附傳。

[5]鎮西將軍：官名。與鎮東、鎮南、鎮北將軍合稱四鎮將軍。北齊成爲褒賞軍功勳臣的閑職，從二品。

[6]顯甫：李顯甫，趙郡平棘（今河北趙縣東南）人。李恢子。北魏官吏。《北史》卷三三《李靈傳》有附傳。

[7]安州：北魏時治所在今河北隆化縣伊遜河東岸北。

[8]平棘子：爵名。平棘，縣名。治所在今河北趙縣東南。

[9]清河王：爵名。清河，郡國名。西漢高帝置，治清陽縣（今河北清河縣）。西晉爲清河國，治清河縣（今山東臨清市）。北魏仍改爲郡。北齊移治武城縣（今河北清河縣西城關鄉西北）。懌（yì）：元懌（487—520），字宣仁，北魏宗室。鮮卑族拓跋部人。孝文帝子。《魏書》卷二二、《北史》卷一九有傳。　司空：官名。魏晉南北朝爲名譽宰相，多爲大臣加官，位居一品，無實際職掌。

[10]參軍：官名。即參軍事。掌本府諸曹事。

[11]太尉：官名。與丞相、御史大夫合稱"三公"。魏晉以後多爲元老重臣之加官。

[12]長流參軍：官名。即"長流賊曹參軍"或"長流賊曹參軍事"的省稱。掌盜賊徒流事。"長流"四庫本、中華本同，宋本、百衲本作"長沙"。從四庫本、中華本改。

[13]太傅：官名。北齊與太師、太保並號三師，位居太師下、

太保上，一品。北齊後主時曾增員而授，所施頗濫。

[14]營構明堂大都督：官名。負責建造明堂工程的特設官職。

[15]主簿：官名。典領本府文書簿籍，經辦事務。

[16]相州：北魏天興四年（401）分冀州置。治鄴縣（今河北臨漳縣西南鄴鎮）。東魏天平元年（534）改爲司州。　安樂王：爵名。安樂，郡名。北魏太平真君二年（441）以交州改置。治所在今北京市密雲區東北。　鑒：元鑒（？—527），字長文，鮮卑族拓跋部人，北魏宗室、大臣。元詮子，襲爵安樂王。《魏書》卷二〇、《北史》卷一九《安樂王長樂傳》有附傳。

初元忠以母老多患，乃專心醫藥，研習積年，遂善於方技。性仁恕，見有疾者，不問貴賤，皆爲救療。家素富實，其家人在鄉，多有舉貸求利，元忠每焚契免責。鄉人甚敬重之。魏孝明時，[1]盜賊蜂起，清河有五百人西戍，還經南趙郡，[2]以路梗共投元忠。奉絹千匹，元忠唯受一匹，殺五羊以食之，遣奴爲導，曰："若逢賊，但道李元忠遣送。"奴如其言，賊皆捨避。

[1]魏孝明：北魏孝明帝元詡（510—528），宣武帝次子。公元515年至528年在位。武泰元年（528），被太后所殺。謚曰孝明，廟號肅宗。《魏書》卷九有紀。

[2]南趙郡：北魏以南鉅鹿郡改名。治所在今河北隆堯縣東。

永安初，[1]就拜南趙郡太守，以好酒無政績。值洛陽傾覆，[2]莊帝幽崩，[3]元忠棄官還家，潛圖義舉。會高祖率衆東出，[4]便自往奉迎。乘露車，[5]載素箏濁酒以見高祖，因進從橫之策，備陳誠款，深見嘉納。時刺史尒朱羽生阻兵據州，[6]元忠先聚衆於西山，[7]仍與大軍相合，擒斬羽生。即令行殷州事。[8]中興初，[9]除中軍將軍、衛尉卿。[10]二年，轉太常卿、殷州大中正。[11]後以從兄瑾年長，以中正讓之。[12]尋加征南將軍。[13]武帝將納后，[14]即高祖之長女也，[15]詔元忠與尚書令元羅致娉於晉陽。[16]高祖每於宴席論叙舊事，因撫掌欣笑云："此人逼我起兵。"賜白馬一匹。元忠戲謂高祖曰："若不與侍中，當更覓建義處。"高祖答曰："建義處不慮無，止畏如此老翁不可遇耳。"元忠曰："止爲此翁難遇，所以不去。"因捋高祖鬚而大笑。高祖亦悉其雅意，深相嘉重。後高祖奉送皇后，仍田於晉澤，元忠馬倒被傷，當時殞絶，久而方蘇。[17]高祖親自撫視。其年封晉陽縣伯，邑五百戶。後以微譴失官。時朝廷離貳，義旗多見猜阻。斛斯椿等以元忠淡於榮利，[18]又不以世事經懷，故不在嫌嫉之地。尋兼中書令。[19]

[1]永安：北魏孝莊帝元子攸年號（528—530）。

[2]洛陽：縣名。治所在今河南洛陽市東北。

[3]莊帝：北魏孝莊帝元子攸（507—530），彭城王元勰第三子。公元528年至530年在位。諡號孝莊。《魏書》卷一〇、《北史》卷五有紀。 幽：諸本同，百衲本作"憂"。幽，幽深；幽囚。北魏孝莊帝是在被尒朱氏幽囚中離世的。《魏書》卷一〇《孝莊紀》永安三年十二月："尒朱兆遷帝於晉陽；甲子，崩於城内三級佛寺，時年二十四。"死因不明。作"幽"是。從改。

[4]高祖：北齊神武皇帝高歡（496—547），廟號高祖。本書卷一、二，《北史》卷六有紀。

[5]露車：沒有幃蓋的車子。

[6]尒朱羽生：北魏北秀容（今山西朔州市）契胡貴族。尒朱榮從叔。孝昌二年（526），尒朱榮破肆州，以羽生爲統州事。

[7]元忠先聚衆於西山：宋本、百衲本、四庫本均無"山"字，《册府元龜》卷七六五作"西山"。中華本校勘記云："按《本傳》後附《李景遺傳》，稱高歡命他'與元忠舉兵於西山，仍與大軍俱會，擒刺史尒朱羽生'，所記爲一事。"又據《北史》卷三三《李靈傳》有"悦祖弟顯甫，豪俠知名，集諸李數千家於殷州西山"，知西山是元忠父顯甫及元忠落户之處。今據《册府元龜》補。

[8]殷州：北魏孝昌二年分定、相二州置，治所在今河北隆堯縣。

[9]中興：北魏安定王元朗年號（531—532）。

[10]中軍將軍：官名。爲雜號將軍。北齊用以安置罷任武官，成爲無實權的閑職，從二品。　衛尉卿：官名。北齊置爲衛尉寺長官，三品，位列九卿。主管宮殿、京城諸門禁衛，武器、儀仗庫藏。又稱"衛尉寺卿"。

[11]太常卿：官名。北齊置爲太常寺長官，三品，掌管宗廟、祭祀、禮樂。歷朝沿置。以其掌禮樂祭祀，或稱"樂卿"。

[12]中正：官名。魏晋南北朝時期評定士人品第的官員。

[13]征南將軍：官名。爲四征將軍之一，北齊時漸成爲褒賞軍功勳臣的閑職，二品。

[14]武帝：北魏孝武帝元脩（510—534），字孝則，廣平武穆王元懷第三子。公元532年至534年在位。謚號孝武。《魏書》卷一一、《北史》卷五有紀。

[15]高祖：指高歡。

[16]尚書令：官名。總掌全國行政。在多數情況下是實際上的丞相。北齊二品。　元羅（？—568）：字仲綱，鮮卑族拓跋部人。北魏宗室。終仕於西魏、北周。《魏書》卷一六、《北史》卷一六《京兆王黎傳》有附傳。　晉陽：縣名。治所在今山西太原市晋源

區古城營村一帶。

[17]後高祖奉送皇后，仍田於晉澤，元忠馬倒被傷，當時殞絕，久而方蘇：宋本、百衲本無"後高祖奉送皇后，仍田於晉澤，元忠"十四字，諸本有。《北史》卷三三《李元忠傳》作"後神武奉送皇后，仍田於晉澤，元忠馬倒，良久乃蘇"。據諸本改。晉澤，地名。在今山西太原市附近。

[18]斛斯椿（495—537）：字法壽，北魏廣牧富昌（今內蒙古准格爾旗東南）人，高車族。初投尒朱榮，後隨尒朱兆。最後投宇文泰，拜尚書、遷太傅。《魏書》卷八〇、《北史》卷四九有傳。

[19]中書令：官名。中書省長官之一，掌草擬詔令，參與機務，北齊三品。

天平初，[1]復爲太常。[2]後加驃騎將軍。[3]四年，除使持節、光州刺史。[4]時州境災儉，人皆菜色，元忠表求賑貸，俟秋徵收。被報，聽用萬石。元忠以爲萬石給人，計一家不過升斗而已，徒有虛名，不救其弊，遂出十五萬石以賑之。[5]事訖表陳，朝廷嘉而不責。興和末，[6]拜侍中。[7]

[1]天平：東魏孝靜帝元善見年號（534—537）。
[2]太常：官名。九卿之一，掌邦國樂禮、祭祀、朝會等事。《晉書·職官志》："太常，有博士、協律校尉員，又統太學諸博士、祭酒及太史、太廟、太樂、鼓吹、陵等令。"
[3]驃騎將軍：官名。爲重要將軍名號。魏晉之後多爲加官。
[4]使持節：漢朝官吏奉使外出，或由皇帝授予節杖，以提高其威望。魏、晉以後，凡重要軍事長官出征或出鎮時，加持節，可誅殺二千石以下官員。　光州：北魏分青州置，治所在今山東萊州市。

[5]遂出十五萬石以賑之："賑"字中華本同，宋本、百衲本、四庫本均作"振"。"振"通"賑"，意爲"賑濟"。今從中華本做"賑"。

[6]興和：東魏孝静帝元善見年號（539—542）。

[7]侍中：官名。門下省長官。備切問近對，拾遺補缺。北齊三品。

元忠雖居要任，初不以物務干懷，唯以聲酒自娛，大率常醉。家事大小，了不關心。園庭之內，羅種果藥，親朋尋詣，必留連宴賞。每挾彈携壺，遨遊里閈，[1]遇會飲酌，蕭然自得。常布言於執事云："年漸遲暮，志力已衰，久忝名官，以妨賢路。若朝廷厚恩，未便放棄者，乞在閑冗，以養餘年。"武定元年，[2]除東徐州刺史，[3]固辭不拜。乃除驃騎大將軍、儀同三司。[4]曾貢世宗蒲桃一盤。[5]世宗報以百練縑，遺其書曰："儀同位亞台鉉，識懷貞素，出藩入侍，備經要重。而猶家無擔石，室若懸磬，豈輕財重義，奉時愛己故也。久相嘉尚，嗟詠無極，恒思標賞，有意無由。忽辱蒲桃，良深佩帶。[6]聊用絹百匹，以酬清德也。"其見重如此。孫騰、司馬子如嘗共詣元忠，[7]見其坐樹下，擁被對壺，庭室蕪曠。謂二公曰："不意今日披藜藿也。"因呼妻出，衣不曳地。二公相顧歎息而去，大餉米絹衣服，元忠受而散之。三年，復以本官領衛尉卿。其年卒於位，年六十。詔贈縑布五百匹，使持節、督定冀殷幽四州諸軍事、大將軍、司徒、定州刺史，[8]諡曰敬惠。初元忠將仕，夢手執炬火入其父墓，中夜驚起，甚惡之。且告其受業師，占云："大吉，此謂光照先人，終致貴達矣。"子搔嗣。

［1］遨遊里閈："遨"字宋本作"邀"，四庫本同中華本作"敖"，"敖"通"遨"。疑宋本誤。

［2］武定：東魏孝靜帝元善見年號（543—550）。

［3］東徐州：治所在今江蘇睢寧縣古邳鎮北側。

［4］驃騎大將軍：官名。爲重號將軍，授此職者以權臣元老居多，可開府置僚屬，不領兵，北齊從一品。　儀同三司：官名。本指官場待遇，儀同三司（三公）。儀同自此成專名。魏晉以降，凡開府，皆儀同三司，遂成加銜。至北魏、北齊又爲官號。北齊二品。

［5］曾貢世宗蒲桃一盤：宋本、百衲本、四庫本"蒲桃"下均有"酒"字。中華本校勘記云："《北史》卷三三《李元忠傳》及《御覽》卷九七二無。按下高澄回書說：'忽辱蒲桃，良深佩帶'，知'酒'字衍。今據删。"據改。

［6］良深佩帶："帶"字諸本同，百衲本作"戴"。作"帶"是，從改。

［7］孫騰（481—548）：字龍雀，咸陽石安（今陝西咸陽市東北）人。北魏、東魏大臣。孫機子。高歡心腹。本書卷一八、《北史》卷五四有傳。　司馬子如（487—551）：字遵業，河內溫（今河南溫縣）人。北魏、東魏、北齊官吏。本書卷一八、《北史》卷五四有傳。

［8］冀：州名。治所在今河北冀州市。　幽：州名。治所在今北京市西城區。　大將軍：官名。北齊爲名譽職銜。作爲加授給大臣、重要州郡長官的戎號。凡加戎號者可開府。一品。　司徒：官名。管理民政，公務繁多，與丞相通職，一般不並置。爲名譽宰相，一品。

搔，字德况，少聰敏，有才藝，音律博弈之屬，多所通解。曾采諸聲，別造一器，號曰八絃，時人稱其思理。起家司徒行參軍。[1]累遷河内太守，[2]百姓安之。入爲尚書儀曹郎。[3]天保八年卒。[4]

[1]行參軍：官名。由府主辟召之參軍爲此稱。分掌府内諸曹事，爲正參軍之副職。北齊從七品至八品。
[2]河内：郡名。治所在今河南沁陽市。
[3]尚書儀曹郎：官名。北齊爲尚書省儀曹長官通稱。北齊六品上。儀曹掌車服、羽儀、朝覲、郊廟、饗宴等吉凶禮制。
[4]天保：北齊文宣帝高洋年號（550—559）。

元忠族弟密，字希邕，平棘人也。祖伯膺，[1]魏東郡太守，[2]贈幽州刺史。父焕，[3]治書侍御史、河内太守，[4]贈青州刺史。[5]密少有節操，屬尒朱兆殺逆，[6]乃陰結豪右，與渤海高昂爲報復之計。[7]屬高祖出山東，密以兵從舉義，遥授并州刺史，[8]封容城縣侯，[9]邑四百户。尒朱兆至廣阿，[10]高祖令密募殷、定二州兵五千人鎮黄沙、井陘二道。[11]及兆韓陵敗還晋陽，[12]隨軍平兆。高祖乃以薛脩義行并州事，[13]授密建州刺史。[14]又除襄州刺史，[15]在州十餘年，甚得安邊之術，威信聞於外境。高祖頻降手書勞問，并賜口馬。侯景外叛，[16]誘密執之，授以官爵。景敗歸朝，朝廷以密從景非元心，不之罪也。天保初，以舊功授散騎常侍，[17]復本爵縣侯，卒。贈殿中尚書、濟州刺史。[18]密性方直，有行檢。因母患積年，得名醫治療，不愈。乃精習經方，洞曉針藥，母疾得除。當世皆服其明解，由是亦以醫術知名。

[1]伯膺：李伯膺。一作"李伯應"。北魏官吏。餘不詳。

[2]東郡：治所在今河南滑縣東南城關鎮。

[3]焕：李焕。字仲文，小字醜環，趙郡平棘（今河北趙縣東南）人。北魏官吏。少爲李彪所知。荆蠻騷動，焕以兼散騎常侍慰勞之，降者萬餘家。後討斬氏王楊定進，還朝時病卒。諡曰昭。

[4]治書侍御史：官名。亦稱"治書御史"，簡稱"御史""侍御"。魏晋南北朝爲御史中丞佐貳，御史臺要職，置二至四員，分領侍御史諸曹，監察、彈劾較高級官員，亦奉命出使，收捕犯官等。北齊從五品。

[5]青州：治所在今山東青州市。

[6]尒朱兆（？—533）：字萬仁（一作"吐萬兒"），北魏北秀容（今山西朔州市）契胡貴族。《魏書》卷七五有傳，《北史》卷四八《尒朱榮傳》有附傳。

[7]渤海：郡名。治所在今河北東光縣。 高昂（491—538）：字敖曹，渤海蓨（今河北景縣）人。高翼子。東魏將領。本書卷二一《高乾傳》、《北史》卷三一《高允傳》有附傳。

[8]并州：治所在今山西太原市晋源區古城營村一帶。

[9]容城縣侯：爵名。容城縣，治所在今河北容城縣北。

[10]廣阿：縣名。治所在今河北隆堯縣東。

[11]黃沙：古道。在今山西昔陽縣東。 井陘：古道。在今河北井陘縣西北。

[12]韓陵：山名。在今河南安陽市東北。

[13]薛脩義：又名薛循義（478—554），字公讓，河東汾陰（今山西萬榮縣西南）人。本書卷二〇、《北史》卷五三有傳。"脩"字諸本同，百衲本作"循"。作"脩"是，從改。

[14]建州：北魏永安中置，治所在今山西澤州縣高都鎮一帶。

[15]襄州：北魏置，治所在今河南方城縣東南。

[16]侯景（503—552）：字萬景，懷朔鎮（今内蒙古固陽縣西南）人，或云雁門（今山西代縣西南）人，羯族。北魏、東魏將領，後降南朝梁。《梁書》卷五六、《南史》卷八〇有傳。

[17]散騎常侍：官名。職掌侍從皇帝左右，諫諍得失，顧問應對，與侍中等共平尚書奏事，兼領修史。北齊集書省設六員，下設之起居省又設一員，皆從三品。

[18]殿中尚書：官名。爲尚書省六尚書之一，領殿中諸曹，亦簡稱"殿中"。北齊統殿中、儀曹、三公、駕部等曹。三品。　濟州：北魏泰常八年（423）置。治所在今山東茌平縣西南。

魏末行護軍司馬、武邑太守。[1]天保初，司空長史。[2]大寧、武平中，[3]清河、廣平二郡守，[4]銀青光禄大夫。[5]齊亡後卒。子道謙，[6]武平中，侍御史。[7]道謙弟道貞，南青州司馬，爲逆賊邢杲所殺。[8]贈北徐州刺史。[9]

[1]魏末行護軍司馬：宋本、百衲本、四庫本、中華本本句均無主語。中華本校勘記云："按上文已説李密天保初卒。這裏和下文却又叙魏末到齊末的歷官，又云：'齊亡後卒'……乃是另一個人的事迹，脱去其名。考《唐書》卷七二上《宰相世系表》趙郡李氏西祖房載李密之祖伯膺，伯膺下兩格有'弘節，北齊廣平郡太守'，弘節下一格有'道謙，太府卿'。弘節官和此段所云'大寧、武平中清河、廣平二郡守'相合，子名道謙亦同。疑這段是叙述弘節事，於上'醫術知名'下脱去'從弟弘節'等字。"説是，存疑。護軍司馬，官名。護軍將軍佐吏，掌軍事，位同長史。　武邑：郡名。治所在今河北武邑縣。

[2]司空長史：司空府屬官。主持府務，爲衆史之長。

[3]大寧：北齊武成帝高湛年號（561—562）。　武平：北齊後主高緯年號（570—576）。

[4]清河：郡國名。西漢高帝置，治清陽縣（今河北清河縣）。西晉爲清河國，治清河縣（今山東臨清市）。北魏仍改爲郡。北齊移治武城縣（今河北清河縣西城關鄉西北）。　廣平：郡名。治所在今河北邯鄲市永年區東南。

[5]銀青光禄大夫：官名。西晉武帝設。凡光禄大夫皆授銀章青綬，故有此稱。爲元老重臣之加官或致仕之官，亦爲死者之贈官。位在金紫光禄大夫之下。

[6]道謙：李道謙。事不詳。

[7]侍御史：御史臺屬官治書侍御史。

[8]道謙弟道貞，南青州司馬，爲逆賊邢杲所殺："邢杲"百衲本、四庫本、中華本同，宋本作"並杲"。疑宋本誤。又中華本校勘記云："按邢杲起兵，在魏建義元年（五二八），至齊武平元年（五七〇）凡四十二年。傳稱道貞父在大寧、武平中官清河、廣平二郡太守，其兄道謙也在武平中爲侍御史，而道貞却在四十多年前已官南青州司馬被殺，殊不可解。疑'道貞'下又有脱文，其官南青州司馬被殺者乃另一人。"説是，存疑。邢杲（？—529），河間（今河北河間市南）人。北魏末年山東暴動首領。士族出身。曾任幽州平北府主簿。武泰元年（528），在青州北海（今山東昌樂縣西）起兵反魏，自稱漢王，年號天統。後因衆寡懸殊，在濟南爲元天穆和尒朱兆的軍隊所敗，降後被殺。

[9]北徐州：治所在今山東臨沂市西。

元忠宗人愍，字魔憐，形貌魁傑，見異於時。少有大志，年四十，猶不仕州郡，唯招致姦俠，以爲徒侶。孝昌之末，[1]天下兵起，愍潛居林慮山，觀候時變。賊帥鮮于脩禮、毛普賢作亂，[2]詔遣大都督長孫稚討之。[3]

稚素聞愍名，召兼帳內統軍。[4]軍達呼沱，[5]賊來逆戰，稚軍爲賊所敗。愍遂歸家。安樂王元鑒爲北道大行臺，[6]至鄴，[7]以賊衆盛强，未得前。遣使徵愍，表授武騎常侍、假節、別將，[8]鎮鄴城東郭。葛榮之圍信都，[9]餘黨南抄，陽平以北，[10]皆爲賊有。鑒命滔爲前驅，別討之，頗有斬獲。及鑒謀逆，愍乃詐患暴風，鑒信之，因此得免。未幾，大都督源子邕屯安陽，[11]大都督裴衍屯鄴城，[12]西討鑒。愍棄家口奔子邕，仍被徵赴洛，除奉車都尉，[13]持節鎮汁河，[14]別將。汁河在鄴之西北，重山之中，并、相二州交境。以葛榮南逼，故用愍鎮之。榮遣其叔樂陵王葛萇率精騎一萬擊愍，[15]愍據險拒戰，萇不得前。尒朱榮至東關，[16]愍乃見榮。榮欲分賊勢，遣愍別道向襄國，[17]襲賊署廣州刺史田怙軍。[18]愍未至襄國，已擒葛榮。即表授愍建忠將軍；分廣平易陽、襄國，南趙郡之中丘三縣爲易陽郡，[19]以愍爲太守；賜爵襄國侯。

[1]孝昌：北魏孝明帝元詡年號（525—527）。

[2]鮮于脩禮（？—526）：敕勒族，北魏末河北民變首領。本爲懷朔鎮兵。孝昌二年（526）反於定州，號魯興。敗長孫稚於五鹿（今河南濮陽市東北），與杜洛周呼應，圍瀛、定二州。後爲其部將元洪業所殺。"脩"字諸本同，百衲本作"循"。作"脩"是，從改。 毛普賢：朔州（今山西文水縣東）人。北魏末葛榮起義軍將領。初仕北魏，後參加河北暴動。死於內訌。

[3]大都督：官名。高級軍事長官。東、西魏分裂後，授予漸濫。東魏、北齊時所置京畿大都督權勢極重。 長孫稚：《魏書》

卷二五《長孫道生傳》有附傳。

[4]帳内統軍：官名。軍府侍衛武職。

[5]呼沱：水名。即今河北西部之滹沱河。

[6]大行臺：官名。北齊時多作爲"大行臺長官"的省稱。

[7]鄴：都邑名。在今河北臨漳縣西南。東魏、北齊皆定都於此。

[8]武騎常侍：官名。亦稱常侍武騎，皇帝近侍護衛之一，多以郎官爲之，車駕游獵，常侍左右。北齊員二十五人，隸左、右衛府，從七品。　假節：官制用語。假以節杖。西漢時假節唯有軍事得殺犯軍令者，西晉後成爲官稱。　別將：官名。本指與主力分道而進的別部將領。逐漸成爲一級統兵武官名稱，北齊置爲禁軍諸府及太子左、右衛率屬官，皆爲近衛武官，與都將、統軍、軍主、幢主並列五職。品級自七品至八品不等。

[9]葛榮（？—528）：北魏末年河北暴動首領。本爲懷朔鎮將。公元526年參加鮮于脩禮起事。鮮于脩禮被害後，繼領其衆，乃稱天子，國號齊，年號廣安。528年被尒朱榮俘，十月死於洛陽。

信都：縣名。治所在今河北冀州市。

[10]陽平：郡名。治所在今河北館陶縣。

[11]源子邕（489—528）：一作"子雍"，字靈和，西平樂都（今青海樂都縣）人。鮮卑族。元懷子。北魏官吏。《魏書》卷四一、《北史》卷二八《源賀傳》有附傳。　安陽：縣名。治所在今河南沁陽縣西。

[12]裴衍：字文舒，河東聞喜（今山西聞喜縣）人。裴叔寶子。北魏官吏。《魏書》卷七一、《北史》卷四五《裴叔業傳》有附傳。

[13]奉車都尉：官名。掌皇帝車輿，入侍左右。北齊員十人，隸左、右衛府，從五品。

[14]汁河：水名。在鄴縣（今河北臨漳縣西南）西北。

[15]樂陵王：爵名。樂陵，郡名。治所在今山東樂陵市。　葛

莨：北魏末人。葛榮叔父。事不詳。

[16]尒朱榮（493—530）：字天寶，北魏北秀容（今山西朔州市）契胡貴族。繼父爲部落酋帥，六鎮起義後投魏。後擁立莊帝，自爲大丞相、天柱大將軍，封太原王。《魏書》卷七四、《北史》卷四八有傳。 東關：鄴城之西，太行山東出之口。

[17]襄國：縣名。治所在今河北邢臺市西南。

[18]廣州：本治魯陽（今河南市魯山縣），武定中因陷於西魏，徙治襄城（今河南襄城縣）。 田怙（hù）：亦作"田怗""田估""田怡""田怗"。北魏官吏。任河内太守，居官不檢。

[19]分廣平易陽、襄國，南趙郡之中丘三縣爲易陽郡：中華本校勘記云："按'三縣'指易陽、襄國和中丘。《魏書》卷一〇六《地形志》上司州魏尹有易陽，注云：'晋屬廣平，天平初屬。'則在天平遷都、設置魏尹之前，易陽和襄國同屬廣平郡。這裏'廣平'指郡，下當脱'之'字。又《魏志》不記置易陽郡事，亦因遂即廢罷之故。"易陽，縣名。治所在今河北永年縣西。中丘，縣名。治所在今山東臨沂市東北。

永安末，假平北將軍、持節、當郡大都督，[1]遷樂平太守。[2]未之郡，洛京傾覆，愍率所部西保石門山，[3]潛與幽州刺史劉靈助及高昂兄弟、安州刺史盧曹等同契義舉。[4]助敗，愍遂入石門。[5]高祖建義，以書招愍，愍奉書，擁衆數千人以赴高祖，高祖親迎之。除使持節、征南將軍、都督相州諸軍事、相州刺史，兼尚書西南道行臺、州都督。[6]令愍率本衆西還舊鎮，高祖親送之。愍至鄉，據馬鞍山，[7]依險爲壘，徵糧集兵，以爲聲勢。尒朱兆出井陘，高祖破兆於廣阿。愍統其本衆，屯故城以備尒朱兆。相州既平，命愍還鄴，除西南道行臺都官尚書，[8]復屯故城。尒朱兆等將至，高祖徵憨參守鄴城。

[1]平北將軍：官名。魏晉時多與平西、平南、平東將軍合稱四平將軍，權任頗重，北朝後期漸成無職掌的散官。北齊三品。

[2]樂平：郡名。治所在今山西昔陽縣西南。

[3]石門山：地名。在今遼寧朝陽縣西南。

[4]潛與幽州刺史劉靈助及高昂兄弟、安州刺史盧曹等同契義舉："昂"字《册府元龜》卷七六五同，宋本、百衲本、四庫本均作"昇"。中華本校勘記云："按高昂兄弟起兵，受劉靈助節度，事見本書卷二一《高乾傳》，'昇'字訛。"從改。劉靈助（？—531），燕郡（今北京城西南隅）人。北魏將領。初以占術事尒朱榮。及榮卒，自號燕王。《魏書》卷九一、《北史》卷八九有傳。盧曹，范陽（今河北涿州市）人。北魏官吏。《北史》卷三一有傳。

[5]憨遂入石門："石門"四庫本、中華本同，宋本作"西門"，《册府元龜》卷七六五作"西山"。中華本校勘記云："疑本作'西山'，三朝本'山'訛'門'，後人因上有'西保石門山'事，又改'西'爲'石'。"疑是。

[6]州都督：四庫本"州都督"上有"當"字，宋本、百衲本、中華本無，《册府元龜》卷七六五作"大都督"。中華本校勘記云："李憨以相州刺史都督相州諸軍事即是'當州都督'，下又加'州都督'或'當州都督'，殊爲重複，疑《册府》作'大都督'是。"疑是。

[7]馬鞍山：地名。在今河北邢臺市西。

[8]都官尚書：官名。爲尚書省諸尚書之一。北齊統都官、二千石、比部、水部、膳部諸曹事務，階第三品。

太昌初，[1]除太府卿。[2]後出爲南荆州刺史、當州大都督。[3]此州自孝昌以來，舊路斷絕，前後刺史皆從間道始得達州。愍勒部曲數千人，徑向懸瓠，[4]從比陽復舊道，[5]且戰且前三百餘里，所經之處，即立郵亭，蠻左大服。梁遣其南司州刺史任思祖、隨郡太守桓和等率馬步三萬，[6]兼發邊蠻，圍逼下溠戍。[7]愍躬自討擊，破之。詔加車騎將軍。[8]愍於州內開立陂渠，溉稻千餘頃，公私賴之。轉行東荊州，[9]仍除驃騎將軍、東荊州刺史、當州大都督，加散騎常侍。天平二年，卒。贈使持節、定殷二州軍事、儀同、定州刺史。[10]

［1］太昌：北魏孝武帝元脩年號（532）。

［2］太府卿：官名。太府寺長官。北魏改少府置太府，掌金帛庫藏出納，兼官府手工業。

［3］南荊州：北魏延興初置。治所在今湖北棗陽市南。

［4］懸瓠：地名。又作"懸壺城"。在今河南汝南縣。南北朝時為軍事要地。

［5］從比陽復舊道："比陽"宋本、百衲本、四庫本作"北陽"，《册府元龜》卷六九一作"比湯"。中華本校勘記云："按比陽（今泌陽）在北魏時置鎮，《漢魏南北朝墓誌集釋・寇臻墓誌》（圖版二〇六）稱臻曾官'泚陽鎮將'，'泚陽'即'比陽'，而《魏書》卷四二《寇臻傳》也訛作'北陽'。卷七下《高祖紀》下太和二十二年三月元宏由湖陽到懸瓠，中間經過比陽。李愍是由懸瓠（今汝南）到南荊州（今棗陽東）也須經此地。這一帶也正是所謂太胡山蠻、板橋蠻的居地，所以下面說'蠻左大服'。'北陽'無此地名。今改正。"說是，從改。比陽，地名。亦作"泚陽"，故城在今河南泌陽縣西。

［6］梁：南朝梁。　任思祖：南朝梁官吏。事不詳。　桓和：

693

南朝梁將領。爲冀州刺史。於天監五年（506）攻南青州，敗走。繼而攻陷固城。旋又被北魏將邢巒擊敗於孤山。後在楚州被侯景俘虜。

[7]下溠戍：戍所名。在今湖北隨州市西北唐城鎮。

[8]車騎將軍：官名。多爲大臣加官，北齊二品。

[9]轉：官制用語。指官職的晋升。 東荆州：北魏置。治所在今河南泌陽縣。

[10]定殷二州軍事：“事”字百衲本無，諸本有。例當有“事”字。從補。 儀同：官名。本指官場待遇，後成爲官銜。先後爲"儀同三司""儀同將軍""儀同大將軍"等官名的簡稱。

元忠族叔景遺，少雄武，有膽力，好結聚亡命，共爲劫盜，鄉里每患之。永安末，其兄南鉅鹿太守無爲以贓罪爲御史糾劾，[1]禁於州獄。景遺率左右十餘騎，詐稱臺使，[2]徑入州城，劫無爲而出之。州軍追討，竟不能制。由是以俠聞。及高祖舉義於信都，景遺赴於軍門。高祖素聞其名，接之甚厚。命與元忠舉兵於西山，仍與大軍俱會，擒刺史尒朱羽生。以功除龍驤將軍，[3]昌平縣公，[4]邑八百户。尒朱兆來伐，又力戰有功，除使持節、大都督、左將軍。[5]太昌初，進爵昌平郡公，增邑三百户，加車騎將軍。天平初，出爲潁州刺史。[6]未幾，爲前潁川太守元洪威所襲殺[7]。贈侍中、殷滄二州軍事、大將軍、開府、殷州刺史。[8]子伽林襲。[9]

[1]南鉅鹿：郡名。北魏太和十一年（487）置。治所在今河北隆堯縣東。 無爲：人名。即李無爲。事不詳。

[2]臺使：官名。北魏尚書、御史臺所遣使者。

［３］龍驤將軍：官名。雜號將軍，階三品。

［４］昌平縣公：爵名。昌平縣，治所在今北京市昌平區西南。

［５］左將軍：官名。與前、右、後將軍並爲軍府名號，用作加官。

［６］潁州：治所在今河南長葛市城區。

［７］潁川：郡名。因水爲名。治所在今河南許昌市。　元洪威：北魏宗室，鮮卑族拓跋部人。元大曹從兄子。爲潁川太守。《魏書》卷一四、《北史》卷一五有傳。

［８］滄：州名。治所在今河北鹽山縣西南。　開府：官名。本指高級官員開建府署，辟置僚屬之舉。後復轉爲勳、散官，爲"開府儀同三司"等官之簡稱。

［９］伽林：李伽林。事不詳。

盧文偉，字休族，范陽涿人也。[1]爲北州冠族。父敞，[2]出後伯假。[3]文偉少孤，有志尚，頗涉經史，篤於交遊，少爲鄉閭所敬。州辟主簿。年三十八，始舉秀才。除本州平北府長流參軍，説刺史裴儁按舊迹修督亢陂，[4]溉田萬餘頃，民賴其利，修立之功，多以委文偉。文偉既善於營理，兼展私力，家素貧儉，因此致富。[5]

［１］范陽：郡名。治所在今河北涿州市。　涿：縣名。治所同郡。

［２］敞：人名。盧敞。事不詳。

［３］假：人名。盧假。事不詳。

［４］裴儁（？—528）：又名裴延儁，字平子，河東聞喜（今山西聞喜縣）人。《魏書》卷六九、《北史》卷三八有傳。　督亢陂：陂名。在今河北涿州市東南。漢及北魏時修治，周五十餘里，支渠四通，富灌溉之利，今已湮廢。

[5]致：諸本同，百衲本作"置"。作"致"是，從改。

孝昌中，詔兼尚書郎中，[1]時行臺常景啓留爲行臺郎中。[2]及北方將亂，文偉積稻穀於范陽城，時經荒儉，多所賑贍，彌爲鄉里所歸。尋爲杜洛周所虜。[3]洛周敗，復入葛榮，榮敗，歸家。時韓樓據薊城，[4]文偉率鄉閭屯守范陽，與樓相抗。乃以文偉行范陽郡事。防守二年，與士卒同勞苦，分散家財，拯救貧乏，莫不人人感説。介朱榮遣將侯深討樓，[5]平之，文偉以功封大夏縣男，[6]邑二百户，除范陽太守。深乃留鎮范陽。及榮誅，文偉知深難信，乃誘之出獵，閉門拒之。深失據，遂赴中山。[7]

[1]尚書郎中：官名。亦稱尚書郎。尚書之屬官，掌郎曹事。北齊六品上。

[2]常景（？—550）：字永昌，河内溫（今河南溫縣）人。北魏、東魏官吏。孝文帝時入仕，爲太常博士。《魏書》卷八二有傳。

行臺郎中：官名。亦稱"行臺郎"。爲行臺諸郎曹的長官，職如尚書郎。

[3]杜洛周（？—528）：又名杜周，北魏柔玄鎮（今内蒙古興和縣西北）人。高車族。北魏末六鎮起兵領袖。初爲柔玄鎮鎮兵。孝昌元年（525），在上谷舉兵反魏，自號真王，攻没郡縣，南圍燕州。次年，攻取幽州（今北京市西城區），執刺史。武泰元年（528），攻下定州（今河北定州市），俘刺史楊津。後爲葛榮所害。

[4]韓樓：一作"韓婁"。爲葛榮部將，與北魏軍作戰，戰敗而死。　薊城：城名。在今北京市西南。

[5]侯深：本名侯淵，《北史》避唐諱改。神武（今山西山陰縣東南）人。北魏將領。因鎮壓葛榮起義有功，進爵爲公。《魏

書》卷八〇、《北史》卷四九有傳。

[6]大夏縣男：爵名。大夏縣，治所在今甘肅廣河縣西北。北魏屬金城郡。

[7]中山：郡名。治所在今河北定州市。

莊帝崩，文偉與幽州刺史劉靈助同謀起義。靈助克瀛州，[1]留文偉行事，自率兵赴定州，爲尒朱榮將侯深所敗。文偉棄州，走還本郡，仍與高乾邕兄弟共相影響。[2]屬高祖至信都，文偉遣子懷道奉啓陳誠，[3]高祖嘉納之。中興初，除安東將軍、安州刺史。[4]時安州未賓，仍居帥任，行幽州事，加鎮軍、正刺史。[5]時安州刺史盧曹亦從靈助舉兵，助敗，因據幽州降尒朱兆，兆仍以爲刺史，據城不下。文偉不得入州，即於郡所爲州治。太昌初，遷安州刺史，累加散騎常侍。天平末，高祖以文偉行東雍州事，[6]轉行青州事。

[1]瀛州：治所在今河北河間市。

[2]高乾邕：高乾（497—533），字乾邕，渤海蓚（今河北景縣）人。高翼子。北魏末大臣。本書卷二一有傳，《北史》卷三一《高允傳》有附傳。

[3]懷道：盧懷道。盧文偉子。事見本卷。

[4]安東將軍：官名。和安南、安北、安西將軍合稱爲四安將軍。北齊爲褒賞軍功勳臣的閑職，三品。

[5]鎮軍：官名。"鎮軍將軍"的省稱。北齊多以罷任武職者任之，無職事，從二品。　正刺史：指由代理刺史正式任命爲刺史。

[6]東雍州：北魏太平真君四年（443）置。治所在今山西新

绛縣萬安鎮柏壁村。

文偉性輕財，愛賓客，善於撫接，好行小惠，是以所在頗得人情，雖有受納，吏民不甚苦之。經紀生資，常若不足，致財積聚，承候寵要，餉遺不絕。興和三年卒於州，年六十。贈使持節、侍中、都督定瀛殷三州軍事、司徒、尚書左僕射、定州刺史，[1]諡曰孝威。

[1]司徒：官名。與太尉、司空並爲三公，與丞相通職，一般不並置。爲名譽宰職，一品。　尚書左僕射：官名。爲尚書令副貳。北朝列位宰相。北齊從二品。

子恭道，性温良，頗有文學。州辟主簿。李崇北征，[1]以爲開府墨曹參軍。[2]自文偉據范陽，屢經寇難，恭道常助父防守。七兵尚書郭秀素與恭道交款，[3]及任事，每稱薦之，高祖亦聞其名。天平初，特除龍驤將軍、范陽太守。在郡有德惠。先文偉卒。贈使持節、都督幽平二州軍事、幽州刺史、度支尚書，[4]諡曰定。

[1]李崇（455—525）：小名繼伯，字繼長，頓丘（今河南清豐縣西南）人。李誕子。北魏將領。襲爵陳留公，爲鎮西大將軍。《魏書》卷六六、《北史》卷四三有傳。
[2]墨曹參軍：官名。爲墨曹長官。掌文翰。七品。
[3]七兵尚書：官名。尚書省七兵曹長官。領七兵、騎兵、都兵、左右中兵、左右外兵七曹。　郭秀：范陽涿（今河北涿州市）人。東魏官吏。初仕高歡爲行臺右丞，爲歡所重用。後遇疾而卒。
[4]平：州名。北魏置，治所在今河北盧龍縣北。　度支尚書：

官名。爲尚書省度支曹長官。掌財政。北齊三品。

　　子詢祖，襲祖爵大夏男。有術學，文章華靡，爲後生之俊。舉秀才入京。[1]李祖勳嘗宴文士，[2]顯祖使小黄門敕祖勳母曰：[3]"茹茹既破，[4]何故無賀表？"使者佇立待之。諸賓皆爲表，詢祖俄頃便成。後朝廷大遷除，同日催拜。詢祖立於東止車門外，爲二十餘人作表，文不加點，辭理可觀。

　　[1]秀才：當時察舉科目名。由各州刺史薦舉於尚書省。
　　[2]李祖勳：趙郡平棘（今河北趙縣東南）人。北齊文宣李皇后弟。本書卷四八《李祖昇傳》、《北史》卷三三《李順傳》有附傳。
　　[3]顯祖：北齊文宣帝高洋（529—559），廟號顯祖。本書卷四、《北史》卷七有紀。　小黄門：官名。多由宦者任職，侍皇帝左右，受尚書事，爲關通宫内外人員。
　　[4]茹茹：古族名。又稱"柔然""蠕蠕""蝚蠕""芮芮"等。其强盛時，勢力達於整個蒙古高原。該國汗族郁久閭氏源自雜胡（詳見曹永年《柔然源於雜胡考》，《歷史研究》1981年第3期）。境内有匈奴、鮮卑、高車、西域諸族以及其他民族，多以游牧爲生。《魏書》卷一〇三、《北史》卷九八有傳。

　　詢祖初襲爵封大夏男，有宿德朝士謂之曰："大夏初成。"應聲答曰："且得燕雀相賀。"天保末，以職出爲築長城子使。[1]自負其才，内懷鬱怏，遂毁容服如賤役者以見楊愔。[2]愔曰："故舊皆有所縻，唯大夏未加處分。"詢祖厲聲曰："是誰之咎！"既至役所，作築長城賦，其略曰："板則紫柏，杵則木瓜，何斯材而斯用也？草則離離靡靡，緣崗而殖，但使十步而有一芳，余亦何辭間於荊棘。"邢邵曾戲曰：[3]"卿少年才學富盛，戴角者無上齒，恐卿不壽。"對曰："詢祖初聞此言，實懷恐懼，見丈人蒼蒼在鬢，差以自安。"邵甚重其敏贍。既有口辯，好臧否人物，嘗語人曰："我昨東方未明，過和氏門外，已見二陸兩源，森然與槐柳齊列。"蓋謂彥師、仁惠與文宗、那延也。[4]邢邵盛譽盧思道，[5]以詢祖爲不及。詢祖曰："見未能高飛者借其羽毛，知逸勢冲天者剪其翅翮。"謗毀日至，素論皆薄其爲人。長廣太守邢子廣目二盧云："詢祖有規檢襧衡，思道無冰稜文舉。"[6]後頗折節。[7]歷太子舍人、司徒記室，[8]卒官。有文集十卷，皆致遺逸。嘗爲趙郡王妃鄭氏製挽歌詞，[9]其一篇云："君王盛海內，伉儷盡寰中。女儀掩鄭國，嬪容映趙宮。春豔桃花水，秋度桂枝風。遂使叢臺夜，明月滿床空。"

[1]以職出爲築長城子使："出"字諸本同，百衲本作"入"。詢祖以朝廷內職，外任築長城子使，當爲"出"任，"入"字誤。作"出"是。從改。

[2]楊愔（511—560）：字遵彥，小名秦王，弘農華陰（今陝西華陰市）人，楊津子。北齊官吏。本書卷三四有傳，《北史》卷四一《楊播傳》有附傳。

[3]邢邵（496—？）：字子才，河間鄭（今河北任丘市北）人。北魏、東魏、北齊官吏。博學能文，與溫子升、魏收齊名。原著有《邢子才集》，已散佚。本書卷三六有傳，《北史》卷四三《邢巒

傳》有附傳。

[4]彥師：陸彥師，字雲房，代（今山西大同市東北）人。北齊、北周官吏。初仕魏，後爲彭城王高浟主簿。隋建，拜尚書左丞，病卒。《北史》卷二八《陸俟傳》有附傳。　仁惠：陸寬，字仁惠，代（今山西大同市東北）人。北齊官吏。事見《北史》卷二八《陸俟傳》。　文宗：源彪，字文宗，西平樂都（今青海樂都縣）人。鮮卑族。東魏、北齊及隋朝官吏。本書卷四三有傳，《北史》卷二八《源賀傳》有附傳。　那延：源楷，字士質，小字那延，西平樂都（今青海樂都縣）人。鮮卑族。東魏、北齊官吏。

[5]盧思道（535—586）：字子行，小字釋奴，范陽涿（今河北涿州市）人。北齊、北周、隋官吏。事見本書卷四二《盧潛傳》，《北史》卷三〇《盧玄傳》有附傳。

[6]詢祖有規檢禰衡，思道無冰稜文舉：意爲盧詢祖有如禰衡一般長於直諫，而盧思道則不像文舉般鋒芒畢露、剛正不阿。禰衡（173—198），字正平，平原般（今山東寧津縣東南）人。東漢末名士。《後漢書》卷八〇下有傳。文舉，指孔融（153—208），字文舉。魯國（今山東曲阜市）人。東漢末著名學者，"建安七子"之一。孔子二十世孫。曾爲北海相，故也稱孔北海。爲曹操所用。因好賓客，抨議時政，言辭激烈，遭曹操所忌，被戮。所著文集已散佚。明人輯有《孔北海集》。《後漢書》卷七〇有傳。

[7]後頗折節：百衲本無"後"字，諸本有。從補。

[8]太子舍人：官名。太子屬官，掌宿衛。北齊置二十八人，從六品下，隸詹事府典書坊。　記室：官名。即"記室掾""記室令史""記室參軍"等官簡稱。掌上章報表書記。

[9]趙郡王妃鄭氏：東魏趙郡王高叡妃，鄭述祖女。武定（543—550）中適叡。

恭道弟懷道，性輕率好酒，頗有慕尚。以守范陽勳，出身員外散騎侍郎。[1]文偉遣奉啓詣高祖。中興初，加平西將軍、光禄大夫。[2]元象初，[3]行臺薛琡表行平州事，[4]徵赴霸府。興和中，行汾州事。[5]懷道家預義舉，高祖親待之。出爲烏蘇鎮城都督，[6]卒官。

[1]員外散騎侍郎：官名。初爲正員之外之散騎侍郎，無員數，後成定員官。北齊此官所授頗濫，集書省設一百二十員，七品上。

[2]平西將軍：官名。與平東、平南、平北將軍合稱四平將軍。北齊爲褒獎軍功勳臣的閑職，三品。　光禄大夫：官名。爲散官、加官。無員限。北齊三品。

[3]元象：東魏孝静帝元善見年號（538—539）。

[4]薛琡（？—550）：字曇珍，代（今山西大同市東北）人。鮮卑族。北魏、東魏、北齊官吏。本書卷二六有傳，《北史》卷二五《薛彪子傳》有附傳。

[5]汾州：治所在今山西汾陽市。

[6]烏蘇鎮：城戍名。在今山西沁縣西南烏蘇村。

懷道弟宗道，性粗率，重任俠。歷尚書郎、通直散騎常侍，[1]後行南營州刺史。[2]嘗於晉陽置酒，賓遊滿坐。中書舍人馬士達目其彈箜篌女妓云：[3]"手甚纖素。"宗道即以此婢遺士達，士達固辭，宗道便命家人將解其腕，士達不得已而受之。將赴營州，於督亢陂大集鄉人，殺牛聚會。有一舊門生酒醉，言辭之間，微有疏失，宗道遂令沉之於水。後坐酷濫除名。

[1]通直散騎常侍：官名。使員外散騎常侍二人與散騎常侍通員當值，故名。北魏員六人，屬集書省。北齊沿置，除集書省置六

員外，集書省所轄起居省亦設一員，皆四品。

[2]南營州：北魏永熙二年（533）置。寄治英雄城（今河北保定市徐水區西）。

[3]中書舍人：官名。爲中書省屬官，掌呈奏表。北齊六品上。

馬士達：東魏官吏。事不詳。

文偉族人勇，字季禮。父璧，[1]魏下邳太守。[2]勇初從兄景裕俱在學，[3]其叔同稱之曰：[4]"白頭必以文通，[5]季禮當以武達，[6]興吾門在二子也。"幽州反者僕骨那以勇爲本郡范陽王，[7]時年十八。後葛榮作亂，又以勇爲燕王。

[1]璧：盧璧。范陽涿（今河北涿州市）人。盧玄之父。北魏官吏，官至郡太守。善書法，尤精草書。

[2]下邳：郡名。治所在今江蘇睢寧縣西北古邳鎮北。

[3]景裕：盧景裕，字仲儒，小字白頭，范陽涿（今河北涿州市）人。北魏、東魏官吏。《魏書》卷八四有傳，《北史》卷三〇《盧同傳》有附傳。

[4]同：盧同（476—532），字叔倫，范陽涿（今河北涿州市）人。北魏官吏。《魏書》卷七六、《北史》卷三〇有傳。

[5]白頭：指盧景裕。

[6]季禮：盧勇（513—544），字季禮。東魏將領。《北史》卷三〇《盧同傳》有附傳。

[7]僕骨那：人名。事不詳。

義旗之起也，盧文偉召之，不應。尒朱滅後，乃赴晉陽。高祖署勇丞相主簿。屬山西霜儉，運山東鄉租輸，皆令載實，[1]違者治罪，令勇典其事。琅邪公主虛僦千餘車，勇繩劾之。公主訴於高祖，[2]而勇守法不屈。高祖謂郭秀曰："盧勇懍懍有不可犯之色，真公直人也，方當委之大事，豈直納租而已。"遷汝北太守，[3]行陝州事，[4]轉行洛州事。[5]

[1]運山東鄉租輸，皆令載實：宋本、百衲本、四庫本及中華本皆有"鄉"字，中華本校勘記云："《北史》卷三〇《盧勇傳》及《冊府》卷二〇〇、卷七一九無'鄉'字。疑'鄉'字衍。"
[2]公主訴於高祖："高祖"《冊府元龜》卷二〇〇、卷七一九同，宋本、百衲本、四庫本作"太祖"。中華本校勘記云："按本書例稱'高祖'，且一篇之中，前後異稱，很不恰當。今從《冊府》改。"説是，從改。
[3]汝北：郡名。治所在今河南汝州市。
[4]陝州：北魏置，治所在今河南三門峽市西。
[5]洛州：北魏太宗時以司州改置。治所在今河南洛陽市東北。

元象元年，官軍圍廣州，數旬未拔。行臺侯景聞西魏救兵將至，集諸將議之。勇進觀形勢，於是率百騎，各籠一匹馬。至大隗山，[1]知魏將李景和率軍將至。[2]勇多置幡旗於樹頭，分騎爲十隊，鳴角直前，擒西魏儀同程華，[3]斬儀同王征蠻，[4]驅馬三百匹，通夜而還。[5]廣州守將駱超以城降，高祖令勇行廣州事。

[1]大隗山：山名。一作"大騩山"。在今河南新鄭市境内。
[2]李景和（493—557）：李弼，字景和，遼東襄平（今遼寧遼陽市）人，後改稱隴西（今甘肅隴西縣）人。《周書》卷一五、

《北史》卷六〇有傳。

　　［3］程華：西魏官吏。事不詳。

　　［4］王征蠻（？—538）：西魏官吏。事不詳。

　　［5］通夜而還：中華本校勘記云："《册府》卷三六四'通'作'逼'。"

　　以功授儀同三司、陽州刺史，[1]鎮宜陽。[2]叛民韓木蘭、陳忻等常爲邊患，[3]勇大破之。啓求入朝，高祖賜勇書曰："吾委卿陽州，唯安枕高卧，無西南之慮矣。但依朝廷所委，表啓宜停。卿之妻子任在州住，當使漢兒之中無在卿前者。"武定二年卒，年三十二。勇有馬五百匹，繕造甲仗六車，[4]遺啓盡獻之朝廷。賻物之外，别賜布絹四千匹。贈司空、冀州刺史，諡曰武貞侯。

　　［1］以功授儀同三司、陽州刺史："陽"字宋本、百衲本、四庫本皆作"揚"。中華本校勘記云："按《魏書》卷一〇六《地形志》中宜陽屬陽州。'揚'字訛，今改正。下'委卿陽州'同改。"説是，從改。陽州，治宜陽縣（今河南宜陽縣西）。

　　［2］宜陽：郡名。北魏置，治所在今河南宜陽縣西韓城鎮，北周徙治今河南宜陽縣西福昌村。

　　［3］韓木蘭：又名韓雄（？—568），字木蘭，河南東垣（今河南新安縣）人。西魏、北周將領。《周書》卷四三、《北史》卷六八有傳。　陳忻（？—566）：一作"陳欣"，字永怡，宜陽（今河南宜陽縣）人。西魏、北周將領。《周書》卷四三有傳。

　　［4］繕造甲仗："繕"字百衲本無，諸本有。從補。甲仗，兵器。

李義深，趙郡高邑人也。[1]祖真，[2]魏中書侍郎。[3]父紹宗，[4]殷州別駕。[5]義深學涉經史，有當世才用。解褐濟州征東府功曹參軍，[6]累加龍驤將軍。義旗初，歸高祖於信都，以爲大行臺郎中。[7]中興初，除平南將軍、鴻臚少卿。[8]義深見尒朱兆兵盛，遂叛高祖奔之。兆平，高祖恕其罪，以爲大丞相府記室參軍。累遷左光禄大夫、相府司馬，[9]所經稱職。轉并州長史。時刺史可朱渾道元不親細務，[10]民事多委義深，甚濟機速。復爲大丞相司馬。武定中，除齊州刺史，[11]好財利，多所受納。天保初，行鄭州事，[12]轉行梁州事，[13]尋除散騎常侍，爲陽夏太守。[14]段業告其在州聚斂，[15]被禁止，送梁州窮治，未竟。三年，遇疾卒於禁所，年五十七。

[1]高邑：縣名。東漢置，北齊移治今河北高邑縣。

[2]真：李真，字令才。北魏官吏。事不詳。

[3]中書侍郎：官名。又稱"中書郎"，爲中書省次官，掌起草書疏表檄。第四品上。

[4]父紹宗：宋本、四庫本、百衲本同。中華本校勘記云："《北史》卷三三《李義深傳》、《唐書》卷七二上《宰相世系表》趙郡李氏（南祖房）都作'紹字嗣宗'，疑'紹'下脱'字嗣'二字。"

[5]別駕：官名。即"別駕從事""別駕從事史"，州部佐吏。因從刺史行部，別乘傳車，故謂之別駕。位居州吏之右，與治中從事史同爲州上綱，事無不統。

[6]功曹參軍：官名。即"功曹參軍事"。功曹之長，掌本府吏職選用。

[7]大行臺郎中：官名。職如行臺郎。

[8]平南將軍：官名。北齊爲褒賞軍功勳臣的閑職，三品。鴻臚少卿：官名。北齊始置，爲鴻臚寺次官，四品上。

[9]左光禄大夫：官名。爲元老重臣之加官或死後之贈官。第三品。

[10]可朱渾道元：字道元，又名可朱渾元。自云遼東（今遼寧遼陽市）人，然其曾祖爲懷朔（今内蒙古固陽縣西南）鎮將，定居於此。北魏、北齊官吏。本書卷二七、《北史》卷五三有傳。

[11]齊州：北魏皇興三年（469）改冀州置，治所在今山東濟南市。

[12]鄭州：東魏武定七年（549）改潁州置，治所在今河南許昌市。

[13]梁州：治所在今河南開封市城區。

[14]陽夏：郡名。北魏孝昌四年（528）置，治所在今河南杞縣。

[15]段業：事不詳。

子駒騄，有才辯，尚書郎、鄴縣令。武平初，兼通直散騎常侍聘陳，[1]爲陳人所稱。後爲壽陽道行臺左丞，[2]與王琳等同陷。[3]周末逃歸。開皇初，[4]永安太守。卒於絳州長史。[5]

[1]陳：南朝陳（557—589）。南朝梁敬帝太平二年（557），陳霸先改元稱帝，都建康（今江蘇南京市），國號陳。歷五帝，三十三年。後主禎明二年（589）被隋所滅。

[2]壽陽：縣名。治所在今安徽壽縣。　行臺左丞：官名。即行臺尚書左丞。行臺尚書令的屬官。

[3]王琳（516—563）：字子珩，會稽山陰（今浙江紹興市）人。北齊將領。初仕梁，任岳陽内史，以軍功封建寧縣侯。陳初降

齊。本書卷三二、《南史》卷六四有傳。

[4]開皇：隋文帝楊堅年號（581—600）。

[5]絳州：北周以東雍州改置，治所在今山西聞喜縣。

子正藻，明敏有才幹。武平末，儀同開府行參軍、判集書省事。[1]以父騊駼没陳，正藻便謝病解職，憂思毀瘠，居處飲食若在喪之禮，人士稱之。隋開皇中，[2]歷尚書工部員外郎、盩厔縣令。[3]卒於宜州長史。[4]

[1]行參軍：官名。由諸府主辟召之參軍爲此稱。分掌府内各曹事，爲正參軍之副職。　集書省：官署名。與中書、尚書、門下、祕書並稱五省，掌侍從左右、獻納得失及圖書文翰等，以散騎常侍爲主官。

[2]隋：公元581年楊堅（隋文帝）代北周稱帝，國號隋。

[3]尚書工部員外郎：尚書省工部屬官，爲工部下屬郎曹之次官。　盩(zhōu)厔(zhì)縣：治所在今陝西周至縣東終南鎮。

[4]宜州：西魏置，治所在今陝西銅川市耀州區。

騊駼弟文師，[1]中書舍人、齊郡太守。[2]

[1]文師：李文師。事不詳。

[2]齊郡：治所在今山東淄博市東北。

義深兄弟七人，多有學尚。第二弟同軌以儒學知名。[1]第六弟稚廉別有傳。[2]

[1]同軌：李同軌（500—546），趙郡高邑（今河北高邑縣）

人。北魏、東魏官吏、學者。好醫術，學綜諸經，兼通佛學。曾任著作郎，典儀注，參與修國史。後被高歡引在館教諸公子，禮待甚厚。卒謚曰康。《魏書》卷三六《李順傳》、《北史》卷三三《李義深傳》有附傳。

[2]稚廉：李稚廉（508—574）。本書卷四三有傳。

義深族弟神威。曾祖融，[1]魏中書侍郎。神威幼有風裁，傳其家業，禮學粗通義訓。又好音樂，撰集《樂書》，近於百卷。魏武之末，尚書左丞。[2]天保初，卒。贈信州刺史。[3]

[1]融：李融。事不詳。
[2]尚書左丞：官名。爲尚書省佐官，位次尚書，與右丞共掌尚書都省庶務。
[3]信州：北齊以北揚州改置。治所在今河南淮陽縣。

史臣曰：元忠本自素流，有聞教義，人倫之譽，未以縱橫許之。屬莊帝幽崩，群胡矯擅，士之有志力者皆望勤王之師。及高祖東轅，事與心會，一遇雄姿，遂瀝肝膽，以石投水，豈徒然哉？既享功名，終知止足，進退之道，有可觀焉。文偉望重地華，早有志尚，間關夷險之際，終遇英雄之主，雖禮秩未弘，亦爲佐命之一。詢祖詞情艷發，早著聲名，負其才地，肆情矜矯，京華人士，莫不畏其舌端。任遇未聞，弱年夭逝，若得終介眉壽，通塞未可量焉。

贊曰：晉陽、大夏，抱質懷文。蹈仁履義，感會風雲。盧嬰貨殖，李厭囂氛。始終之操，清濁斯分。義深參贊，有謝忠勤。

北齊書　卷二三

列傳第十五

魏蘭根　崔㥄 子瞻

　　魏蘭根，鉅鹿下曲陽人也。[1]父伯成，[2]魏太山太守。[3]蘭根身長八尺，儀貌奇偉，汎覽羣書，誦《左氏傳》《周易》，機警有識悟。起家北海王國侍郎，[4]歷定州長流參軍。[5]丁母憂，[6]居喪有孝稱。將葬常山郡境，[7]先有董卓祠，[8]祠有柏樹。蘭根以卓凶逆無道，不應遺祠至今，乃伐柏以爲槨材。人或勸之不伐，蘭根盡取之，了無疑懼。遭父喪，廬於墓側，負土成墳，憂毀殆於滅性。後爲司空、司徒二府記室參軍，[9]轉夏州平北府長史，[10]入爲司徒掾，[11]出除本郡太守，並有當官之能。

　　[1]鉅鹿：郡名。治所在今河北石家莊市藁城區。　下曲陽：縣名。治所在今河北晉州市西。
　　[2]伯成：魏伯成。事不詳。

[3]太山：郡名。即泰山郡，治所在今山東泰安市東南。

[4]北海王：元顥（？—529），字子明，鮮卑族拓跋部人。北魏宗室、大臣。永安二年（529），乘亂於梁國（今河南商丘市南）城南即位，進入洛陽，改元建武。後被縣卒所殺。《魏書》卷二一上、《北史》卷一九《北海王詳傳》有附傳。　王國侍郎：王國屬官，職陪侍，如朝廷散騎侍郎。

[5]定州：北魏天興三年（400）以安州改置。定州及所屬中山郡的治所均在今河北定州市。　長流參軍：官名。"長流賊曹參軍"或"長流賊曹參軍事"的省稱，掌盜賊事。

[6]丁母憂：百衲本無"母"字，諸本有。本"丁憂"亦可通，然下文接續再有"父喪"事，知"丁母憂"是。從補。

[7]常山郡：治所在今河北石家莊市藁城區西北。

[8]董卓（？—192）：字仲穎，隴西臨洮（今甘肅岷縣）人。東漢末大臣。曾率部擊張角黃巾軍。後率軍入洛陽，廢少帝，立獻帝，專斷朝政。終被司徒王允及部將呂布所殺。

[9]司空：官名。魏晉南北朝爲名譽宰相，多爲大臣加官，位居一品，無實際職掌。　司徒：官名。與丞相通職，一般不並置。爲名譽宰相，一品。　記室參軍：官名。主公府内記室曹，掌起草文書奏章等。

[10]夏州：治所在今陝西靖邊縣北白城子。　長史：官名。主持府務，爲衆史之長。

[11]司徒掾：司徒屬吏，掌諸曹事。

　　正光末，[1]尚書令李崇爲本郡都督，[2]率衆討茹茹，[3]以蘭根爲長史。因說崇曰："緣邊諸鎮，控攝長遠。昔時初置，地廣人稀，或徵發中原强宗子弟，[4]或國之肺腑，寄以爪牙。中年以來，有司乖實，號曰府户，[5]役同厮養，[6]官婚班齒，致失清流。而本宗舊類，各各榮顯，顧瞻彼此，理當憤怨。更張琴瑟，今也其時，靜境寧邊，事之大者。宜改鎮立州，分置郡縣，凡是府户，悉免爲民，入仕次叙，一准其舊，文武兼用，威恩並施。此計若行，國家庶無北顧之慮矣。"崇以奏聞，事寢不報。軍還，除冠軍將軍，[7]轉司徒右長史，[8]假節，[9]行豫州事。[10]

[1]正光：北魏孝明帝元詡年號（520—525）。

[2]尚書令李崇爲本郡都督："本郡"宋本、百衲本、四庫本及中華本同，《北史》卷五六《魏蘭根傳》二字作"大"。中華本校勘記云："按《魏書》卷六六《李崇傳》稱'崇以本官都督北討諸軍事'。這時李崇官位很高，不會加上'本郡都督'的官銜，'本郡都督'也不是元帥之任。疑本作'以本官爲大都督'，傳本脱訛。"説是，存疑。尚書令，官名。尚書省長官。總掌全國行政。多數情况下是實際上的宰相。北齊二品。李崇（455—525），小名繼伯，字繼長，頓丘（今河南清豐縣西南）人。李誕子。北魏將領。襲爵陳留公。《魏書》卷六六、《北史》卷四三有傳。

[3]茹茹：古族名。又稱"柔然""蠕蠕""蝚蠕""芮芮"等。其强盛時，勢力達於整個蒙古高原。該國汗族郁久閭氏源自雜胡（詳見曹永年《柔然源於雜胡考》，《歷史研究》1981年第3期）。境内有匈奴、鮮卑、高車、西域諸族以及其他民族，多以游牧爲生。《魏書》卷一〇三、《北史》卷九八有傳。

[4]或徵發中原强宗子弟："徵發"四庫本、中華本同，宋本、百衲本作"激發"。據文意從四庫本、中華本改。

[5]府户：隸於軍府，世代服兵役的人户，亦謂之兵户。

[6]厮養：爲官府服雜役的賤民。

[7]冠軍將軍：官名。北朝置爲將軍名號。北齊從三品。

[8]司徒右長史：官名。司徒屬官，位在司徒左長史下。與左

長史分掌司徒府事。北齊四品。

[9]假節：假以節杖。西漢時假節唯有軍事得殺犯軍令者，西晉後成爲官稱。

[10]豫州：治所在今河南汝南縣汝寧街道。

孝昌初，[1]轉岐州刺史。[2]從行臺蕭寶寅討破宛川，[3]俘其民人爲奴婢，以美女十人賞蘭根。蘭根辭曰："此縣界於強虜，皇威未接，無所適從，故成背叛。今當寒者衣之，飢者食之，奈何將充僕隸乎？"盡以歸其父兄。部内麥多五穗，鄰州田鼠爲災，犬牙不入岐境。屬秦隴反叛，[4]蕭寶寅敗於涇州，[5]高平虜賊逼岐州，[6]州城民逼囚蘭根降賊。寶寅至雍州，[7]收輯散亡，兵威復振，城民復斬賊刺史侯莫陳仲和，[8]推蘭根復任。朝廷以蘭根得西土人心，加持節、假平西將軍、都督涇岐東秦南岐四州軍事，[9]兼四州行臺尚書。[10]尋入拜光禄大夫。[11]

[1]孝昌：北魏孝明帝元詡年號（525—527）。

[2]岐州：治所在今陝西鳳翔縣東南。

[3]從行臺蕭寶寅討破宛川："宛川"中華本及《北史》卷五六、《册府元龜》卷四〇四、《太平御覽》卷二五七同，宋本、百衲本、四庫本作"宛州"。中華本校勘記云："《地形志》無'宛州'。《隋書》卷二九《地理志》上扶風郡陳倉縣條注云：'後魏曰宛川。'《魏書》卷五九《蕭寶寅傳》、卷七三《崔延伯傳》載鎮壓秦隴起義軍事，稱'追至小隴'，小隴據《水經注》卷一七即在陳倉，亦即'宛川'之西。此《傳》所記即這次戰事。'州'字訛，今據改。"説是，從改。行臺，官屬名。魏晉南北朝尚書臺（省）

臨時在外設置的分支機構。"臺"指中央尚書省，出征時於其駐地設立代表中央的臨時機構稱行臺。北魏、北齊時設置漸多，成爲地方最高行政機構。置行臺尚書令、尚書僕射爲正副長官。北齊時亦設有"大行臺"。蕭寶寅，字智亮，南蘭陵（今江蘇常州市武進區西北）人。齊明帝蕭鸞第六子。於梁武帝攻克建業後逃往北魏。後叛孝明帝自號爲齊，年號隆緒，立百官。事敗，投万俟醜奴，被魏將賀拔岳俘後被賜死。《魏書》卷五九有傳。宛川，縣名。北魏置。治所在今陝西寶雞市渭水北岸。

[4]秦隴：地區名。秦嶺隴山地區，泛指關中。

[5]涇州：北魏神麚三年（430）置，治所在今甘肅涇川縣北。

[6]高平：郡名。時在北魏孝昌三年（527），此高平郡當是北魏正光五年（524）置，治所在今寧夏固原市原州區。

[7]雍州：治所在今陝西西安市西北。

[8]侯莫陳仲和：人名。事不詳。

[9]持節：漢朝官吏奉使外出時，或由皇帝授予節杖，以提高其威望。魏、晉以後，凡重要軍事長官出征或出鎮時加持節，可誅殺二千石以下官員。　假：官制用語。代理、兼攝之意。　平西將軍：官名。與平東、平南、平北將軍合稱四平將軍，北齊爲褒獎軍功勳臣的閑職，三品。　涇：州名。治所在今甘肅涇川縣。　岐：諸本同，百衲本作"州"。本傳言蘭根已爲岐州刺史，此爲加督涇、岐、東秦、南岐四州諸軍事。作"岐"是。從改。　東秦：州名。治所在今陝西隴縣東南。　南岐：州名。北魏孝昌中置。治所在今陝西鳳縣東北鳳州鎮。

[10]行臺尚書：官名。北魏末期爲行臺屬官，分曹理事。在未設行臺尚書令或行臺僕射時，爲行臺長官。

[11]光祿大夫：官名。掌議論。無定員。後成散官、加官。北齊三品。

孝昌末，河北流人南度，[1]以蘭根兼尚書，[2]使齊、濟、二兗四州安撫，[3]并置郡縣。河間邢杲反於青、兗之間，[4]杲，蘭根之甥也。復詔蘭根銜命慰勞，杲不下，仍隨元天穆討之。[5]還，除太府卿，[6]辭不拜。轉安東將軍、中書令。[7]

[1]河：黃河。

[2]尚書：官名。尚書省屬官，掌諸部曹事。北齊三品。

[3]齊：州名。北魏皇興三年（469）改冀州置，治所在今山東濟南市。　濟：州名。北魏泰常八年（423）置，治所在碻磝城（今山東茌平縣西南）。　二兗：指南兗州和西兗州。

[4]河間邢杲反於青、兗之間：諸本同，《北史》卷五六"兗"作"光"。中華本校勘記云："按邢杲在北海起兵，正在青、光之間。《北史》卷一五《元天穆傳》稱'邢杲東掠光州，盡海而還'。疑作'光'是。"存疑。河間，郡名。治所在今河北河間市南。邢杲（？—529），河間（今河北河間市南）人。北魏末年山東暴動首領。士族出身。曾任幽州平北府主簿。武泰元年（528），在青州北海（今山東昌樂縣西）起兵反魏，自稱漢王，年號天統。後因衆寡懸殊，在濟南爲元天穆和尒朱兆的軍隊所敗，降後被殺。青，州名。治所在今山東青州市。兗，州名。治所在今山東濟寧市兗州區新驛鎮東頓村南。

[5]元天穆（？—530）：亦稱元穆。鮮卑族拓跋部人。北魏宗室、官吏。《魏書》卷一四、《北史》卷一五《高涼王孤傳》有附傳。

[6]太府卿：官名。北魏改少府置，亦省稱"太府"，三品。北齊置爲太府寺長官。掌管金帛庫藏出納、關市稅收，以供國家、宮廷用度。

[7]安東將軍：官名。和安南、安北、安西將軍合稱爲四安將

軍。北齊爲褒賞軍功勳臣的閑職，三品。　中書令：官名。中書省長官之一，掌草詔，參與機務。北齊三品。

　　莊帝之將誅尒朱榮也，[1]蘭根聞其計，遂密告尒朱世隆。[2]榮死，蘭根恐莊帝知之，憂懼不知所出。時應詔王道習見信於莊帝，[3]蘭根乃託附之，求得在外立功。道習爲啓聞，乃以蘭根爲河北行臺、於定州率募鄉曲，[4]欲防井陘。[5]時尒朱榮將侯深自范陽趣中山，[6]蘭根與戰，大敗，走依渤海高乾。[7]屬乾兄弟舉義，因在其中。[8]高祖至，[9]以蘭根宿望，深禮遇之。中興初，[10]加車騎大將軍、尚書右僕射。[11]

　　[1]莊帝：北魏孝莊帝元子攸（507—530），彭城王元勰第三子。公元528年至530年在位。謚號孝莊。《魏書》卷一〇、《北史》卷五有紀。　尒朱榮（493—530）：字天寶，北魏北秀容（今山西朔州市）契胡貴族。繼父爲部落酋帥，六鎮起義後投魏。後擁立莊帝，自爲大丞相、天柱大將軍，封太原王。《魏書》卷七四、《北史》卷四八有傳。

　　[2]尒朱世隆（500—532）：字榮宗，北魏北秀容（今山西朔州市）契胡貴族。尒朱榮從弟。《魏書》卷七五《尒朱彥伯傳》、《北史》卷四八《尒朱榮傳》有附傳。

　　[3]王道習：事不詳。

　　[4]於定州率募鄉曲：諸本及《北史》"定州"上無"於"字，讀不通，中華本校勘記云："今據《通志》卷一五五《魏蘭根傳》補。"從補。定州，北魏天興三年（400）以安州改置。定州及所屬中山郡的治所均在今河北定州市。

　　[5]井陘：關名。在今河北井陘縣西北。扼守太行山井陘之口，

爲晉冀要道。

［6］侯深：本名侯淵，《北史》避唐諱改。神武（今山西山陰縣東南）人。北魏將領。初投杜洛周，後投尒朱榮。因鎮壓葛榮起義有功，進爵爲公。《魏書》卷八〇、《北史》卷四九有傳。　范陽：郡名。治所在今河北涿州市。　中山：郡名。治所在今河北定州市。

［7］渤海：郡名。治所在今河北東光縣。　高乾（497—533）：字乾邕，渤海蓨（今河北景縣）人。高翼子。北魏末大臣。本書卷二一有傳，《北史》卷三一《高允傳》有附傳。

［8］屬乾兄弟舉義，因在其中：百衲本無"乾"字，諸本有。此言蘭根隨高乾兄弟起兵事，當有"乾"字，無"乾"，則誤爲蘭根兄弟。從補。"其中"百衲本《北史》卷五六同，宋本、百衲本、四庫本本卷作"中山"。中華本校勘記云："按上文説蘭根在中山被侯深（即侯淵）所敗，走依'渤海高乾'，這時不可能又在中山。"今據百衲本《北史》改。

［9］高祖：北齊神武皇帝高歡（496—547），廟號高祖。本書卷一、二，《北史》卷六有紀。

［10］中興：北魏安定王元朗年號（531—532）。

［11］車騎大將軍：重號將軍，多加權臣元老，以示尊崇，開府置僚屬，不領兵，北齊因之，一品。　尚書右僕射：官名。爲尚書令之副職。北朝列位宰相，執掌都省庶務。北齊從二品。

及高祖將入洛陽，[1]遣蘭根先至京師。時廢立未決，令蘭根觀察魏前廢帝。[2]帝神采高明，蘭根恐於後難測，遂與高乾兄弟及黄門崔㥄同心固請於高祖，[3]言廢帝本是胡賊所推，今若仍立，於理不允。高祖不得已，遂立武帝。[4]廢帝素有德業，而爲蘭根等構毁，深爲時論所非。

［1］洛陽：地名。治所在今河南洛陽市。

［2］令蘭根觀察魏前廢帝："前"字中華本同，宋本、百衲本、四庫本作"後"。"前廢帝"《北史》卷五六《魏蘭根傳》作"節閔帝"，亦即前廢帝。中華本校勘記云："按高歡命蘭根到洛陽，觀察前廢帝，《魏書》卷一一《前廢帝紀》有明文。且前廢帝乃尒朱氏所立，故下文蘭根説'本是胡賊所推'。後廢帝則高歡所立，也和此語不符。今改正。"説是，今從中華本改。

［3］黃門：官名。即"黃門侍郎"之簡稱。侍從皇帝，與侍中俱掌門下事。

［4］武帝：北魏孝武帝元脩（510—534），字孝則，廣平武穆王元懷第三子。公元532年至534年在位。謚號孝武。《魏書》卷一一、《北史》卷五有紀。

太昌初，[1]除儀同三司，[2]尋加開府，[3]封鉅鹿縣侯，[4]邑七百户。啓授兄子同達。[5]蘭根既預義勳，位居端揆，[6]至是始叙復岐州勳，[7]封永興縣侯，[8]邑千户。高乾之死，蘭根懼，去宅，避於寺。武帝大加譴責，蘭根憂怖，乃移病解僕射。[9]天平初，以病篤上表求還鄉里。魏帝遣舍人石長宣就家勞問，[10]猶以開府儀同，門施行馬，歸於本鄉。二年卒，時年六十一。贈冀定殷三州軍事、定州刺史、司徒公、侍中，[11]謚曰文宣。蘭根雖以功名自立，然善附會，出處之際，多以計數爲先，是以不爲清論所許。

［1］太昌：北魏孝武帝元脩年號（532）。

［2］儀同三司：官名。本指官場待遇，儀同三司（三公）。儀同自此成專名。魏晋以降，凡開府，皆儀同三司，遂成加銜。至北

魏、北齊又爲官號。北齊二品。

[3]開府：官名。本指高級官員開建府署，辟置僚屬之舉。後復轉爲勳、散官，爲"開府儀同三司"等官之簡稱。

[4]鉅鹿縣：秦置，北魏徙治今河北平鄉縣西南平鄉鎮。

[5]同達：魏同達。一作"魏周達"，魏蘭根兄子。北魏末官吏。事不詳。

[6]端揆：指尚書令、僕射。後成爲宰相的代稱。

[7]勳：百衲本無"勳"字，諸本及《北史》卷五六有。據補。

[8]永興縣侯：爵名。永興縣，北魏皇興（467—471）初置。治所在今山東棗莊市西。

[9]僕射：官名。此處指尚書右僕射。爲尚書令之副職。北朝列位宰相，執掌都省庶務。北齊從二品。

[10]舍人：官名。疑爲中書舍人。北朝中書舍人位卑權重，常參與機務，奉使出行。　石長宣（？—547）：東魏官吏。北魏洛州刺史石榮之子。後與侯景同叛，被殺。

[11]冀：州名。治所在今河北冀州市。　殷：州名。北魏孝昌二年（526）分定、相二州置，治所在今河北隆堯縣。　司徒公：官名。與丞相通職，一般不並置。爲名譽宰職，一品。　侍中：官名。門下省長官。備切問近對，拾遺補缺。北朝常總典機密，時號"小宰相"。北魏孝文帝太和十七年（493）定爲從一品中，二十三年改爲三品。北齊因之。

　　長子相如，祕書郎中。[1]以建義勳，尋加將軍。襲父爵，遷安東將軍、殷州別駕，[2]入爲侍御史。[3]武定三年卒。[4]次子敬仲。肅宗時，[5]佐命功臣配享，而不及蘭根。敬仲表訴，帝以詔命既行，難於追改，擢敬仲爲祠部郎中。[6]卒於章武太守。[7]

[1]祕書郎中：官名。祕書署屬官，亦稱"祕書郎"。掌整理典籍，多爲世族子弟起家官。

[2]別駕：官名。即"別駕從事""別駕從事史"。因從刺史行部，別乘傳車，故謂之別駕。秩輕職重，位居州吏之右，與治中從事史同爲州上綱，事無不統。

[3]侍御史：官名。亦簡稱"御史""侍御"。御史臺屬官。治書侍御史爲御史臺佐貳官，分監御史臺諸曹，位在侍御史上；設殿中侍御史專司殿廷朝儀，位在侍御史下。

[4]武定：東魏孝靜帝元善見年號（543—550）。

[5]肅宗：北齊孝昭帝高演（535—561），廟號肅宗。本書卷六、《北史》卷七有紀。

[6]祠部郎中：官名。亦稱"祠部郎"，爲尚書省祠部曹長官，在北齊專掌祠祀醫藥、死喪贈賜。北齊六品上。

[7]章武：郡名。北魏以章武國改置。治所在今河北大城縣。

蘭根族弟明朗，頗涉經史，粗有文性。累遷大司馬府法曹參軍，[1]兼尚書金部郎中。[2]元顥入洛陽，明朗爲南道行臺郎中，[3]爲顥所擒。後棄顥逃還，除龍驤將軍、中散大夫，[4]賜爵鉅鹿侯。永安末，[5]蘭根爲河北行臺，引明朗爲左丞。[6]及蘭根中山之敗，俱歸高祖。中興初，拜撫軍將軍，[7]出爲安德太守。[8]後轉衛將軍、右光禄大夫、定州大中正。[9]武定初，爲顯祖諮議參軍。[10]出爲平陽太守，[11]爲御史所劾，因被禁止。遇病卒。

[1]大司馬府法曹參軍：官名。大司馬僚屬，掌郵驛科程事。

[2]尚書金部郎中：官名。即"金部郎"，爲尚書省金部曹長官，掌稽核國庫錢帛籍賬、鑄幣事。

[3]行臺郎中：官名。亦稱"行臺郎"。爲行臺諸曹郎中的泛稱，職如尚書曹郎。

[4]龍驤將軍：官名。雜號將軍，階三品。　中散大夫：官名。與光禄、太中、諫議大夫等皆備顧問應對，無常事，唯詔令所使。北魏爲四品上或四品下，北齊皆四品下。

[5]永安：北魏孝莊帝元子攸年號（528—530）。

[6]左丞：官名。即"尚書左丞"。爲尚書臺屬官，佐助令、僕射掌政務。

[7]撫軍將軍：官名。位比四鎮，開府，北齊時多以武職罷任者爲之，從二品。

[8]安德：郡名。北魏太和（477—499）中置。治所在今山東平原縣東北。

[9]衛將軍：官名。將軍名號之一。多作爲軍府名號，以加大臣、重要州郡長官，無具體職掌。北齊二品。　右光禄大夫：官名。多爲加官，以示優崇，或授予年老有病者爲致仕之官，亦常用爲卒後贈官。無職掌。北齊第二品。　大中正：官名。魏晋南北朝時期負責評定士人品第的官員。

[10]顯祖：北齊文宣帝高洋（529—559），廟號顯祖。本書卷四、《北史》卷七有紀。　諮議參軍：官名。於本府諷議軍政事務。員二人。

[11]平陽：郡名。治所在今山西臨汾市，因在平水之陽而得名。

　　明朗從弟愷，少抗直有才辯。魏末，辟開府行參軍，[1]稍遷尚書郎、齊州長史。[2]天保中，[3]聘陳使副。[4]遷青州長史，固辭不就。楊愔以聞。[5]顯祖大怒，謂愷云："何物漢子，我與官，不肯就！明日將過，我自共語。"是時顯祖已失德，朝廷皆爲之懼，而愷情貌坦然。

顯祖切責之，仍云："死與長史孰優，任卿選一處。"愷答云："能殺臣者是陛下，不受長史者是愚臣，伏聽明詔。"顯祖謂愷云："何慮無人作官職，苦用此漢何為，放其還家，永不收採。"由是積年沉廢。後遇楊愔於路，微自披陳。楊答曰："發詔授官，咸由聖旨，非選曹所悉，公不勞見訴。"愷應聲曰："雖復零雨自天，終待雲興四嶽。公豈得言不知？"楊欣然曰："此言極為簡要，更不須多語。"數日，除霍州刺史。[6]在職有治方，為邊民悅服。大寧中，[7]卒於膠州刺史。[8]

[1]行參軍：官名。由諸府主辟召之參軍為此稱。分掌府內各曹事，為正參軍之副職。北齊為從七品至八品。

[2]尚書郎：官名。尚書省屬官，掌諸郎曹事，北齊為六品。

[3]天保：北齊文宣帝高洋年號（550—559）。

[4]陳：南朝陳（557—589）。南朝梁敬帝太平二年（557），陳霸先改元稱帝，都建康（今江蘇南京市），國號陳。歷五帝，三十三年。後主禎明二年（589）被隋所滅。 使副：官名。即副使，為皇帝所派使者的副手。

[5]楊愔（511—560）：字遵彥，小名秦王，弘農華陰（今陝西華陰市）人，楊津子。北齊官吏。本書卷三四有傳，《北史》卷四一《楊播傳》有附傳。

[6]霍州：治所在今安徽霍山縣。

[7]大寧：北齊武成帝高湛年號（561—562）。

[8]膠州：北魏永安二年（529）置，治所在今山東諸城市。

愷從子彥卿，魏大司農季景之子。[1]武平中，[2]兼通直散騎常侍，[3]聘陳使副。

[1]大司農：官名。簡稱"大農"。秩中二千石，列位九卿。掌管全國租賦收入和國家財政開支。北齊改名"司農卿"。　季景：魏季景，鉅鹿下曲陽（今河北晉州市西）人。北魏學者。博學有文才，莊帝時爲中書侍郎。官至大司農卿。

[2]武平：北齊後主高緯年號（570—576）。

[3]通直散騎常侍：官名。員外散騎常侍與散騎常侍通員當值，故名。北魏員六人，屬集書省。北齊除集書省置六員外，集書省所轄起居省亦設一員，皆四品。

彥卿弟澹，學識有詞藻。武平初，殿中御史，[1]遷中書舍人，[2]待詔文林館。[3]隋開皇中，[4]太子舍人、著作郎。[5]撰《後魏書》九十二卷，[6]甚得史體，時稱其善云。

[1]殿中御史：官名。即"殿中侍御史"。居宮殿中糾察非法，隸御史臺。北齊員十二人，八品。

[2]中書舍人：官名。爲中書省屬官，掌收納、轉呈章奏。北齊六品，定員十人。

[3]文林館：官署名。北齊武平四年（573）置。引文學之士充之，稱待詔。

[4]隋：公元581年楊堅（隋文帝）代北周稱帝，國號隋。開皇：隋文帝楊堅年號（581—600）。

[5]太子舍人：官名。太子官屬，輪流宿衛。北齊置二十八人，從六品下，隸詹事府典書坊。　著作郎：官名。隋代爲祕書省屬官，掌修國史及祝文、祭文等。

[6]《後魏書》：書名。隋魏澹撰。《隋書·經籍志》著錄一百卷。隋文帝以爲六朝南北政權參錯對峙，各以本朝爲正統；本書以西魏爲正統，南朝爲偏朝。從道武帝拓跋珪起至恭帝拓跋廓止。有

本紀十二、列傳七十八、史論及義例、目錄等，已佚。

崔悛，字長孺，清河東武城人也。[1]父休，[2]魏七兵尚書，[3]贈僕射。悛狀貌偉麗，善於容止，少有名望，爲當時所知。初爲魏世宗挽郎，[4]釋褐太學博士。[5]永安中，坐事免歸鄉里。高祖於信都起義，[6]悛歸焉。高祖見之，甚悦，以爲諮議參軍。尋除給事黃門侍郎，[7]遷將軍、右光禄大夫。[8]

[1]清河：郡國名。西漢高帝置，治清陽縣（今河北清河縣）。西晉爲清河國，治清河縣（今山東臨清市）。北魏仍改爲郡。北齊移治武城縣（今河北清河縣西城關鄉西北）。　東武城：縣名。治所在今河北清河縣東北。

[2]休：崔休，字惠盛。北魏官吏。孝文帝時，頻遷給事黃門侍郎，又歷任幽州、青州刺史。《魏書》卷六九有傳，《北史》卷二四《崔逞傳》有附傳。

[3]七兵尚書：官名。尚書省七兵曹長官。領七兵、騎兵、都兵、左右中兵、左右外兵七曹。北齊初沿置，後復改名五兵尚書。三品。

[4]魏世宗：北魏宣武帝元恪（483—515），孝文帝次子。公元499年至515年在位。好佛學。延昌四年（515）死，謚號宣武，廟號世宗。《魏書》卷八、《北史》卷四有紀。　挽郎：執事於皇帝、皇后等喪禮的儀仗隊員。北魏選品官子弟擔任，爲入仕途徑之一。北魏制，被選挽郎後，可除奉朝請或將軍府參軍等官。

[5]太學博士：學官名。漢、魏置五經博士，分經教授弟子員。北魏從七品。北齊太學隸國子寺，置博士十員，從七品。

[6]信都：縣名。治所在今河北冀州市。

[7]給事黃門侍郎：官名。東漢合併"黃門侍郎"與"給事黃

門"而置。亦簡稱"黃門""黃門郎""黃門侍郎"。掌侍從左右、關通內外，與侍中平省尚書奏事，爲侍中省或門下省次官。北齊置六員，四品。

[8]遷將軍："遷"字《北史》卷五六作"衛"。中華本校勘記云："按單稱'將軍'不知爲何等將軍，疑《北史》是。"存疑。

右光禄大夫：官名。多爲加官，以示優崇，或授予年老有病者爲致仕之官，亦常用爲卒後贈官。無職掌。北齊第二品。

高祖入洛，議定廢立。太僕綦儁盛稱普泰主賢明，[1]可以爲社稷主。悛曰："若其明聖，自可待我高王，徐登九五。既爲逆胡所立，何得猶作天子。若從儁言，王師何名義舉？"由是中興、普泰皆廢，[2]更立平陽王爲帝。[3]以建義功，封武城縣公，[4]邑一千四百户，進位車騎大將軍、左光禄大夫，仍領黃門郎。

[1]太僕：官名。九卿之一，掌皇帝車馬及畜牧業。北魏孝文帝太和十七年（493）定爲二品上，二十三年改三品。北魏、北齊亦稱"太僕卿"。　綦儁：字欋顯，河南洛陽（今河南洛陽市東北）人。北魏、東魏官吏。《魏書》卷八一、《北史》卷五〇有傳。

普泰主："主"字宋本、百衲本、四庫本作"王"。按，作"主"是，據改。即北魏節閔帝元恭（498—532），字脩業，廣陵惠王元羽之子。公元531年被左僕射尔朱世隆立爲帝。次年，被高歡所廢。同年卒，諡曰節閔。史稱魏前廢帝。《魏書》卷一一、《北史》卷五有紀。普泰，北魏節閔帝年號（531—532）。

[2]由是中興、普泰皆廢：指安定王元朗、節閔帝元恭被高歡所廢。

[3]平陽王：指魏孝武帝元脩。見前注。

[4]武城縣公：爵名。武城縣，北魏置。治所在今山東清河縣

西北。

㥄居門下,[1]恃預義旗,頗自矜縱。尋以貪汙爲御史糾劾,因逃還鄉里,[2]遇赦始出。高祖以㥄本預義旗,復其黃門。天平初,[3]爲侍讀,[4]監典書。尋除徐州刺史,[5]給廣宗部曲三百、清河部曲千人。[6]㥄性豪慢,寵妾馮氏,[7]假其威刑,恣情取受,風政不立。初㥄爲常侍,求人修起居注。[8]或曰:"魏收可。"㥄曰:"收輕薄徒耳。"[9]更引祖鴻勳爲之。[10]既居樞要,又以盧元明代收爲中書郎,[11]由是收銜之。及收聘梁,[12]過徐州,㥄備刺史鹵簿而送之,使人相聞魏曰:"勿怪儀多,稽古之力也。"收報曰:"白崔徐州,[13]建義之勳,何稽古之有!"㥄自以門閥素高,特不平此言。收乘宿憾,故以挫之。罷州,除七兵尚書、清河邑中正。[14]

[1]門下:官署名。即"門下省"。
[2]因逃還鄉里:百衲本無"逃"字,諸本及《北史》卷二四有。從補。
[3]天平:東魏孝靜帝元善見年號(534—537)。
[4]侍讀:官名。北魏始置,侍從皇帝讀經。北齊皇帝亦置。
[5]徐州:治所在今江蘇徐州市。
[6]廣宗:郡名。治所在今河北威縣東南。
[7]馮氏:崔㥄寵妾,生子成。㥄爲州刺史,其大受賄賂,爲御史所劾下獄,後被殺。
[8]起居注:帝王言行錄。魏晉以後設有著作郎、起居舍人、起居郎等職,以編纂起居注,爲修史的重要依據。
[9]"魏收可。"㥄曰:"收輕薄徒耳。":宋本、百衲本無"收

可悛曰"四字。三朝本、四庫本、中華本有。據下文"更引祖鴻勳爲之"知，魏收應被提議作爲修起居注的候選人，被悛否決後纔"更引祖鴻勳爲之"。從三朝本補。百衲本"徒"前有"之"字，諸本及《北史》卷二四、《通志》卷一五三無。據删。魏收（505—572），字伯起，小字佛助，鉅鹿下曲陽（今河北晋州市西）人。北朝時著名史學家。本書卷三七、《北史》卷五六有傳，《魏書》卷一〇四有其家世自序（部分爲後人所補）。

[10]祖鴻勳：涿郡范陽（今河北定興縣西南固城鎮北）人。東魏官吏。初爲州主簿，後遷高陽太守。爲官清素。齊天保初卒。著有《晋祠記》。本書卷四五、《北史》卷八三有傳。

[11]盧元明：字幼章，范陽涿（今河北涿州市）人。博涉群書，辭章可觀。北魏、東魏官吏。《魏書》卷四七、《北史》卷三〇《盧玄傳》有附傳。　中書郎：官名。即"中書侍郎"。中書省屬官。五品。北魏、北齊設四員，北齊爲從四品，兼管伎樂。

[12]梁：南朝梁（502—557）。南朝齊和帝中興二年（502），相國梁王蕭衍禪代南齊，改元稱帝，都建康（今江蘇南京市），國號梁，史稱蕭梁。歷四主，五十六年。

[13]白：告訴，轉告。

[14]中正：官名。魏晋南北朝隋唐時期評定士人品第的官員。

趙郡李渾嘗譔聚名輩，[1]詩酒正驩譁，悛後到，一坐無復談話者。鄭伯猷歎曰：[2]"身長八尺，面如刻畫，聲欬爲洪鍾響，胸中貯千卷書，使人那得不畏服！"

[1]趙郡：治所在今河北趙縣。　李渾：字季初，趙郡平棘（今河北趙縣東南）人。東魏、北齊官吏。本書卷二九有傳，《北史》卷三三《李靈傳》有附傳，事亦見《魏書》卷四九《李靈傳》。

[2]鄭伯猷（486—549）：平城子。少有文名，舉秀才，射策高第，爲中書博士。東魏時爲南青州刺史。《魏書》卷五六、《北史》卷三五《鄭羲傳》有附傳。

　　㥄每以籍地自矜，謂盧元明曰："天下盛門，唯我與爾，博崔、趙李，[1]何事者哉！"崔暹聞而銜之。高祖葬後，㥄又竊言："黃頷小兒堪當重任不？"暹外兄李慎以㥄言告暹。[2]暹啓世宗，[3]絶㥄朝謁。㥄要拜道左。世宗發怒曰："黃頷小兒，何足拜也！"於是鎖㥄赴晉陽而訊之，[4]㥄不伏。暹引邢子才爲證，[5]子才執無此言。㥄在禁，謂子才曰："卿知我意屬太丘不？"[6]子才出告㥄子瞻云："尊公意正應欲結姻於陳元康。"[7]瞻有女，乃許妻元康子，求其父。元康爲言之於世宗曰："崔㥄名望素重，不可以私處言語便以殺之。"世宗曰："若免其性命，猶當徙之遐裔。"元康曰："㥄若在邊，或將外叛，以英賢資寇敵，非所宜也。"世宗曰："既有季珪之罪，[8]還令輸作可乎？"元康曰："嘗讀《崔琰傳》，追恨魏武不弘。㥄若在作所而殞，[9]後世豈道公不殺也？"世宗曰："然則奈何？"元康曰："崔㥄合死，朝野莫不知之，公誠能以寬濟猛，特輕其罰，則仁德彌著，天下歸心。"乃舍之。㥄進謁奉謝，世宗猶怒曰："我雖無堪，忝當大任，被卿名作黃頷小兒，金石可銷，此言難滅！"

　　[1]博崔、趙李：指博陵崔暹和趙郡李渾。崔暹（？—559），字季倫，博陵安平（今河北安平縣）人。東魏、北齊官吏。本書卷三〇有傳，《北史》卷三二《崔挺傳》有附傳。李渾，字季初，趙

郡柏人（今河北隆堯縣西北）人。東魏、北齊大臣。官太子少保、海州刺史，參與刪定《麟趾格》。本書卷二九有傳，《北史》卷三三《李靈傳》有附傳。

［2］李慎：趙郡平棘（今河北趙縣東南）人，李瞰子。東魏官吏。武定（543—550）中，爲東平太守。

［3］世宗：北齊文襄帝高澄（521—549），廟號世宗。本書卷三、《北史》卷六有紀。

［4］晉陽：縣名。治所在今山西太原市晉源區古城營村一帶。

［5］邢子才：邢邵（496—？），字子才，河間鄚（今河北任丘市北）人。北魏、東魏、北齊官吏。博學能文，與溫子升、魏收齊名。原著有《邢子才集》，已散佚。本書卷三六有傳，《北史》卷四三《邢巒傳》有附傳。

［6］太丘：地名。治所在今河南永城市西北。東漢名士陳寔曾爲太丘長，後人名之曰陳太丘。此處乃隱謂陳氏。

［7］陳元康（507—549）：字長猷，廣宗（今河北威縣東南）人。北魏、東魏官吏。本書卷二四、《北史》卷五五有傳。

［8］季珪：崔琰（？—216），字季珪，清河東武城（今河北清河縣東北）人。東漢官吏。師從名儒鄭玄。初隨袁紹，後歸曹操。因其與人書信中不遜之罪，被曹操賜死。《三國志》卷一二有傳。這裏類比崔㥄所犯錯誤。

［9］作所：服役之所。

天保初，除侍中，監起居。以禪代之際，參掌儀禮，別封新豐縣男，[1]邑二百户，迴授第九弟約。[2]㥄一門婚嫁，皆是衣冠之美，吉凶儀範，爲當時所稱。婁太后爲博陵王納㥄妹爲妃，[3]敕中使曰：[4]"好作法用，勿使崔家笑人。"婚夕，顯祖舉酒祝曰："新婦宜男，孝順富貴。"㥄奏曰："孝順出自臣門，富貴恩由陛下。"

[1]新豐縣男：爵名。新豐縣，治所在今安徽宿州市東北。
[2]約：崔約，一作"崔子約"。排行第九，又作"崔九"，清河（今河北清河縣東北）人。東魏、北齊官吏。東魏時，爲開府祭酒。《北史》卷二四《崔逞傳》有附傳。
[3]博陵王：高濟（？—569），北齊宗室，神武帝第十二子。天保元年（550）封博陵王，歷位太尉，後出爲定州刺史。終因有篡位之心爲後主暗殺。本書卷一〇有傳。
[4]敕：文書名。下行文。南北朝之後成爲皇帝專用的命令文書之一。

五年，出爲東兗州刺史，[1]復携馮氏之部。悛尋遇偏風，而馮氏驕縱，受納狼籍，爲御史所劾，與悛俱召詣廷尉。[2]尋有別敕，斬馮於都市。悛以疾卒於獄中，年六十一。

[1]東兗州：兗州。治瑕丘城（今山東兗州市）。北魏以此爲東兗州，以區別於天興（398—404）中置於滑臺城的兗州。
[2]廷尉：官名。亦稱"廷尉卿"。九卿之一。掌司法、刑獄。階三品。

悛歷覽群書，兼有詞藻，自中興立後，迄於武帝，詔誥表檄多悛所爲。然率性豪侈，溺於財色，諸弟之間，不能盡雍穆之美，世論以此譏之。悛素與魏收不協。收既專典國史，悛恐被惡言，乃悦之曰："昔有班固，[1]今則魏子。"收笑而憾不釋。子瞻嗣。

[1]班固（32—92）：字孟堅，扶風安陵（今陝西咸陽市東北）

人。東漢史學家。博學多才，擅長辭賦。著作有《漢書》《白虎通義》，另撰《燕然山銘》。《後漢書》卷四〇有傳。

瞻，字彥通，聰朗强學，有文情，善容止，神采嶷然，言不妄發。年十五，刺史高昂召署主簿，[1]清河公岳辟爲開府西閤祭酒。[2]崔暹爲中尉，[3]啓除御史，以才望見收，非其好也。高祖入朝，還晉陽，被召與北海王晞陪從，俱爲諸子賓友。[4]仍爲相府中兵參軍，[5]轉主簿。世宗崩，秘未發喪，顯祖命瞻兼相府司馬使鄴。[6]魏孝靜帝以人日登雲龍門，[7]其父㥄侍宴，又敕瞻令近御坐，亦有應詔詩，問邢卲等曰："此詩何如其父？"咸云："㥄博雅弘麗，瞻氣調清新，並詩人之冠。"讌罷，共嗟賞之，咸云"今日之讌并爲崔瞻父子"。

[1]高昂（491—538）：字敖曹，渤海蓚（今河北景縣）人。高翼子。東魏將領。本書卷二一《高乾傳》、《北史》卷三一《高允傳》有附傳。　主簿：官名。州刺史屬吏。掌文書簿籍。

[2]清河公岳：高岳（512—555），字洪略，渤海蓚（今河北景縣）人。高翻子，高歡從父弟。東魏、北齊宗室大臣。本書卷一三、《北史》卷五一有傳。　西閤祭酒：官名。爲東西閤祭酒之一。掌閤内文翰。

[3]中尉：官名。即"御史中尉"。北魏改御史中丞爲此稱。主掌御史臺。糾彈百官，參治刑獄。北齊復名御史中丞，從三品。

[4]被召與北海王晞陪從，俱爲諸子賓友："晞"字四庫本、中華本、殿本及《北史》卷二四《崔瞻傳》同，宋本、百衲本作"師"。中華本校勘記云："按王晞等四人被選與高歡諸子遊，見本書卷三一《王晞傳》……今從殿本。"説是，從改。

[5]中兵參軍：官名。亦作"中兵參軍事"。掌本府中兵曹事務，兼備參謀諮詢。

[6]鄴：鄴城。都邑名。在今河北臨漳縣西南。東魏、北齊皆定都於此。

[7]魏孝静帝：東魏皇帝元善見（524—551）。謚號孝静。公元534年至550年在位。《魏書》卷一二、《北史》卷五有紀。　雲龍門：城門名。宫城正南門爲雲龍門。北魏、隋等亦以宫門正南門爲雲龍門。

天保初，兼并省吏部郎中。[1]尋丁憂，起爲司徒屬。[2]楊愔欲引瞻爲中書侍郎。時盧思道直中書省，[3]因問思道曰："我此日多務，都不見崔瞻文藻，卿與其親通，理當相悉。"思道答曰："崔瞻文詞之美，實有可稱，但舉世重其風流，所以才華見没。"愔云："此言有理。"便奏用之。事既施行。愔又曰："昔裴瓚晉世爲中書郎，[4]神情高邁，每於禁門出入，[5]宿衛者肅然動容。崔生堂堂之貌，亦當無愧裴子。"

[1]并省：并州行尚書省。東魏、北齊時高歡父子常居晉陽，故置并州行省處理政務，職同尚書省。　吏部郎中：官名。亦稱"吏部郎"。爲尚書省吏部下的吏部曹主官，屬吏部尚書，掌官吏銓選。第六品。

[2]司徒屬：官名。司徒之屬吏。爲諸曹之次官。《續漢書·百官志》公府掾條："正曰掾，副曰屬。"

[3]盧思道（535—586）：字子行，小字釋奴，范陽涿（今河北涿州市）人。北齊、北周、隋官吏。事見本書卷四二《盧潛傳》，《北史》卷三〇《盧玄傳》有附傳。　直：通"值"，當值。

[4]裴瓚：字國寶，河東聞喜（今山西聞喜縣）人。裴楷子，楊駿女婿。西晉官吏。風韻超群，見者敬之。楊駿誅，爲亂兵所殺。

[5]禁門：禁中之門。禁，禁中；宮中。

皇建元年，[1]除給事黃門侍郎。與趙郡李概爲莫逆之友。[2]概將東還，瞻遺之書曰："仗氣使酒，我之常弊，詆訶指切，在卿尤甚。足下告歸，吾於何聞過也？"瞻患氣，[3]兼性遲重，雖居二省，[4]竟不堪敷奏。加征虜將軍，[5]除清河邑中正。肅宗踐祚，皇太子就傅受業，詔除太子中庶子，[6]徵赴晉陽。敕專在東宮，調護講讀，及進退禮度，皆歸委焉。太子納妃斛律氏，[7]敕瞻與鴻臚崔劼撰定婚禮儀注。[8]仍面受別旨曰："雖有舊事，恐未盡善，可好定此儀，以爲後式。"

[1]皇建：北齊孝昭帝高演年號（560—561）。

[2]李概：字季節，趙郡平棘（今河北趙縣東南）人。北齊官吏、史學家。初爲齊文襄大將軍府行參軍。齊建，修國史。遷太子舍人。爲副使聘於江南。還，坐事解職。撰有《戰國春秋》《音譜》等；又自簡詩賦二十四首爲《達生丈人集》，皆佚。《北史》卷三三《李靈傳》有附傳。

[3]瞻患氣：指崔瞻患有哮喘病。

[4]二省：指門下、中書二省。瞻爲中書侍郎，職在中書；又爲黃門侍郎，職在門下。

[5]征虜將軍：官名。名號將軍，亦作爲高級文職官員的加官。北魏孝文帝太和十七年（493）定爲第三品上，太和二十三年改爲從三品。

［6］太子中庶子：官名。爲太子侍從。北齊屬門下坊，員四人，四品。

［7］斛律氏：北齊後主皇后。朔州（今內蒙古固陽縣）人。敕勒族。斛律光女。初爲太子妃，後主受禪，立爲皇后。因父光伏誅被廢，後離宮入寺爲尼。齊亡，更嫁開府元仁。

［8］鴻臚：官名。指鴻臚卿。掌朝會時贊導禮儀。北齊置爲鴻臚寺長官，三品。　崔劼：字彥玄，東清河鄃（今山東平原縣西南）人，崔光之子。北魏、東魏、北齊官吏。本書卷四二有傳，《北史》卷四四《崔光傳》有附傳。

大寧元年，除衛尉少卿，[1]尋兼散騎常侍，[2]聘陳使主。瞻詞韻溫雅，南人大相欽服。乃言："常侍前朝通好之日，何意不來？"其見重如此。還除太常少卿，[3]加冠軍將軍，轉尚書吏部郎中。因患取急十餘日。舊式，百日不上解官，吏部尚書尉瑾性褊急，[4]以瞻舉指舒緩，曹務繁劇，遂附驛奏聞，因而被代。瞻遂免歸鄉里。天統末，[5]加驃騎大將軍，[6]就拜銀青光禄大夫。[7]武平三年卒，時年五十四。贈使持節、都督濟州軍事、大理卿、刺史，[8]諡曰文。

［1］衛尉少卿：官名。北魏始置少卿，四品上。北齊沿置，爲衛尉寺次官，四品。

［2］散騎常侍：官名。職掌侍從皇帝左右。諫諍得失，顧問應對，與侍中等共平尚書奏事，有異議得駁奏。亦常用作宰相、諸公等加官，得入宮禁議政。北朝以兼領修史。北齊集書省設六員，下設之起居省又設一員，皆從三品。

［3］太常少卿：官名。北魏始置，爲太常副貳。北齊置爲太常

寺次官，員一人，四品上，位列諸寺少卿之首。

[4]吏部尚書：官名。尚書省吏部的長官，位居列曹尚書之上。北齊時主管官吏銓選、考課獎懲，其實權甚或過於尚書僕射，位三品。　尉瑾：代（今山西大同市東北）人。北齊官吏。本書卷四〇有傳，《北史》卷二〇《尉古真傳》有附傳。

[5]天統：北齊後主高緯年號（565—569）。

[6]驃騎大將軍：官名。爲重號將軍，授此職者以權臣元老居多，可開府置僚屬，不領兵，北齊爲從一品。

[7]銀青光禄大夫：凡光禄大夫皆授銀章青綬，故有此稱。爲元老重臣之加官或致仕之官。亦爲死者之贈官。

[8]使持節：漢朝官吏奉使外出時，或由皇帝授予節杖，以提高其威望。魏、晋以後，凡重要軍事長官出征或出鎮時，加使持節，可誅殺二千石以下官員。　濟州：北魏泰常八年（423）置，治所在碻磝城（今山東茌平縣西南）。　大理卿：官名。亦稱大理寺卿。北齊改廷尉爲大理而置，爲大理寺長官，列位九卿。員一人，三品。

瞻性簡傲，以才地自矜，所與周旋，皆一時名望。在御史臺，[1]恒於宅中送食，備盡珍羞，別室獨餐，處之自若。有一河東人士姓裴，[2]亦爲御史，伺瞻食，便往造焉。瞻不與交言，又不命匕箸。裴坐觀瞻食罷而退。明日，裴自携匕箸，恣情飲噉。瞻方謂裴云："我初不唤君食，亦不共君語，君遂能不拘小節。昔劉毅在京口，[3]冒請鵝炙，豈亦異於是乎？君定名士。"於是每與之同食。

[1]御史臺：官署名。也稱"御史府""御史大夫寺""憲臺"

"蘭臺"。爲御史大夫及屬官所居之署。掌保管國家圖書秘笈，受公卿奏事，監察百官，覆核疑案。南北朝又名"南臺"。

[2]河東：郡名。治所在今山西永濟市蒲州鎮。

[3]劉毅：字希禾，彭城沛人。東晋將領，與劉裕共起兵平桓玄，後與劉裕争權，兵敗自殺。冒請鵝炙之事見《晋書》卷八五《劉毅傳》。毅微時於京口獵，遇江州刺史庾悦，悦食鵝，毅求其餘，悦又不答，毅常銜之。毅貴，乃奪悦官，悦忿懼而死。　京口：古城名。在今江蘇鎮江市。爲長江下游軍事重鎮。宋本"京口"作"京"，疑脱"口"字。

　　崔昆季仲文，[1]有學尚，魏高陽太守、清河内史。[2]興和中，[3]爲丞相掾。沙苑之敗，[4]仲文持馬尾以渡河，波中乍没乍出。高祖望見曰："崔掾也。"遽遣船赴接。既濟，勞之曰："卿爲親爲君，不顧萬死，可謂家之孝子，國之忠臣。"加中軍將軍。[5]天保初，拜散騎常侍、光禄大夫。七年卒，年六十。子偃，武平中，歷太子洗馬、尚書郎。[6]偃弟儦，學識有才思，風調甚高。武平中，琅邪王大司馬中兵參軍，[7]參定五禮，待詔文林館。隋仁壽中，[8]卒於通直散騎常侍。叔仁，魏潁州刺史。[9]子彦武，有識用，朝歌令。隋開皇初，魏州刺史。[10]子侃，魏末兼通直常侍，[11]聘梁使。子極，武平初太子僕，[12]卒於武德郡守。[13]子聿，魏東莞太守。[14]子約，司空祭酒。[15]

[1]昆季：兄弟。

[2]高陽：郡名。東漢置，治所在今河北高陽縣東。　内史：官名。魏晋之後爲國相改名，地位相當於郡太守。

[3]興和：東魏孝靜帝元善見年號（539—542）。

[4]沙苑：地名。又名"沙阜""沙海""沙澤""沙窩"。在今陝西大荔縣南洛、渭二河之間，東西八十里，南北三十里，其沙隨風流徙，不可耕植，而宜於牧林瓜果。東魏天平四年（537）與西魏於此爆發惡戰，史稱沙苑之戰，東魏慘敗。

[5]中軍將軍：官名。爲雜號將軍。北齊用以安置罷任武官，成爲無實權的閑職，從二品。

[6]太子洗馬：東宮屬官。掌賓贊受事，太子出行則爲前導。北齊置八員，從五品上，屬詹事府典書坊所轄典經坊。

[7]琅邪王：高儼（548—571），字仁威，渤海蓨（今河北景縣）人，北齊武成帝第三子。初封東平王，改封琅琊王。本書卷一二、《北史》卷五二有傳。

[8]仁壽：隋文帝楊堅年號（601—604）。

[9]潁州：北魏孝昌四年（527）置，治所在今安徽阜陽市城區。

[10]魏州：北周大象二年（580）分相州置，治所在今河北大名縣東北。

[11]通直常侍：官名。即"通直散騎常侍"省稱。職掌略同散騎常侍。北齊沿置，除集書省置六員外，集書省所轄起居省亦設一員，皆四品。

[12]太子僕：官名。掌太子宮府之車馬、儀仗、喪葬之禮及親屬的叙次。北齊爲太子僕寺長官，從四品上。

[13]武德郡：東魏天平（534—537）初分河内郡置。治所在今河南沁陽市東南。

[14]東莞：郡名。治所在今山東沂水縣東北。北齊廢。

[15]"叔仁，魏潁州刺史"至"子約，司空祭酒"：中華本校勘記云："按《魏書》卷六九、《北史》卷二四《崔㥄傳》，仲文、叔仁、子侃、子約皆崔㥄之弟，此《傳》自'叔仁'以下諸弟都沒有加上'某人弟'，眉目不清。"子約，即崔子約。崔㥄之弟。

《北史》卷二四《崔逞傳》有附傳。司空祭酒，官名。司空府屬官。西晉始置，稱東閣祭酒、西閣祭酒，亦因主閣內事，故有其名。

㥄族叔景鳳，字鸞叔，㥄五世祖逞玄孫也。[1]景鳳涉學，以醫術知名。魏尚藥典御，[2]天保中譙州刺史。[3]景鳳兄景哲，[4]魏太中大夫、司徒長史。[5]子國，字法峻，幼好學，汎覽經傳，多伎藝，尤工相術。天保初尚藥典御，乾明拜高陽郡太守、太子家令，[6]武平假儀同三司，卒於鴻臚卿。法峻以武平六年從駕在晉陽，嘗語中書侍郎李德林云：[7]"此日看高相王以下文武官人相表，[8]俱盡其事，口不忍言。唯弟一人，更應富貴，當在他國，不在本朝，吾亦不及見也。"其精妙如此。

[1]逞：崔逞，字叔祖，清河東武城（今河北清河縣東北）人。北魏官吏。撰有《燕記》，已佚。《魏書》卷三二、《北史》卷二四有傳。

[2]尚藥典御：官名。北魏置，北齊沿置。為門下省尚藥局長官，置二員，五品，總知御藥事，以精通醫術之人充任。

[3]譙州：治所在今安徽蒙城縣。

[4]景哲：崔景哲，清河東武城（今河北清河縣東北）人。崔彧之子。北魏官吏。以醫術知名。

[5]太中大夫：官名。亦作"大中大夫"。侍從皇帝左右，掌顧問應對。參謀議政，奉詔出使。北齊從三品。

[6]乾明：北齊廢帝高殷年號（560）。　太子家令：東宮屬官，隸太子詹事。掌東宮刑獄、飲食、倉庫等，北齊為從四品上。

[7]李德林（531—591）：字公輔，博陵安平（今河北安平縣）

人。李敬族之子。初仕北齊，參修國史。後入隋，參修律令。後撰成《霸朝雜集》，受文帝賞識。卒官贈大將軍、廉州刺史，諡曰文。撰有文集八十卷，並奉詔撰《齊史》而未成。其子李百藥將其完成，即本書《北齊書》。《隋書》卷四二、《北史》卷七二有傳。

[8]高相王：高阿那肱，一作"高阿那瓌"，善無（今山西右玉縣南）人。高市貴子。北齊官吏。本書卷五〇、《北史》卷九二有傳。

憕族子肇師，魏尚書僕射亮之孫也。[1]父士太，[2]諫議大夫。[3]肇師少時疏放，長遂變節，更成謹厚。涉獵經史，頗有文思。襲父爵樂陵男。[4]釋褐，開府東閤祭酒，[5]轉司空外兵參軍，[6]遷大司馬府記室參軍。天平初，轉通直侍郎，[7]爲慰勞青州使。至齊州界，爲土賊崔迦葉等所虜，[8]欲逼與同事。肇師執節不動，諭以禍福，賊遂捨之。乃巡慰青部而還。[9]元象中，[10]數以中舍人接梁使。[11]武定中，復兼中正員郎，[12]送梁使徐州。還，敕修起居注。尋兼通直散騎常侍，聘梁副使。轉中書舍人。天保初，參定禪代禮儀，封襄城縣男，[13]仍兼中書侍郎。二年卒，時年四十九。

[1]尚書僕射：官名。爲尚書令之副職。北齊從二品。　亮：崔亮（？—521），字敬儒，清河東武城（今河北清河縣東北）人。北魏官吏。《魏書》卷六六、《北史》卷四四有傳。

[2]士太：崔士太（？—528），又作"崔士泰"。崔亮之子。北魏將領。《北史》卷四四《崔亮傳》有附傳。

[3]諫議大夫：官名。掌侍從顧問、參謀諷議，名義上隸光祿勳。北齊員七人，從四品。

740

[4]樂陵男：爵名。樂陵，郡名。北魏置，治所在今山東樂陵市。

[5]東閤祭酒：官名。參本卷"西閤祭酒"注。

[6]外兵參軍：外兵參軍事，掌本府外兵曹事務，兼備參謀諮詢。

[7]通直侍郎：官名。即"通直散騎侍郎"。職掌品秩與散騎侍郎同，掌規諫。北齊沿置，除集書省置六員外，集書省所轄起居省亦置一員，從五品上。

[8]崔迦葉：東魏齊州（今山東濟南市）民變首領。事不詳。

[9]青部：青州。

[10]元象：東魏孝靜帝元善見年號（538—539）。

[11]中舍人：官名。疑脫"書"字，即"中書舍人"。北朝中書舍人常有出使、接待賓客之事。

[12]中正員郎：諸本皆同。中華本校勘記云："按'中正員郎'不可解。'正'字上疑有脫文。"說是，疑與上同脫"書"字，當作"中書正員郎"。

[13]襄城縣男：爵名。襄城縣，治所在今河南襄城縣。

史臣曰：蘭根早有名行，爲時論所稱；長孺才望之美，見重當世。並功參霸迹，位遇通顯，與李元忠、盧文偉蓋義旗之人物歟？[1]魏之要幸附會，崔以門地驕很，雖有周公之美，[2]猶以爲累德，況未足喻其高下也。瞻詞韻溫雅，風神秀發，亦一時之領袖焉。

[1]李元忠（486—545）：趙郡柏人（今河北隆堯縣西北）人。北魏、東魏官吏。本書卷二二有傳，《北史》卷三三《李靈傳》有附傳。　盧文偉：字休族，范陽涿（今河北涿州市）人。北魏、北齊官吏。本書卷二二有傳，《北史》卷三〇《盧觀傳》有附傳。

[2]周公：姬旦。文王子，武王弟。西周傑出政治家。因采邑在周，故稱周公。

贊曰：崔、魏才望，見重霸初。名教之跡，其猶病諸。彥通尚志，家風有餘。

北齊書　卷二四

列傳第十六

孫搴　陳元康　杜弼

孫搴,[1]字彥舉,樂安人也。[2]少厲志勤學,自檢校御史再遷國子助教。[3]太保崔光引修國史,[4]頻歷行臺郎,[5]以文才著稱。崔祖螭反,[6]搴預焉,逃於王元景家,[7]遇赦乃出。孫騰以宗情薦之,[8]未被知也。

[1]孫搴:《北史》卷五五有傳。

[2]樂安:郡名。治所在今山東博興縣南。

[3]檢校御史:官名。掌監察宮外百官。北魏孝文帝太和(477—499)末定爲第九品上。　國子助教:學官名。西晉始置,掌協助國子學博士教授國子生。北魏孝文帝太和二十三年(499)定爲從七品。

[4]太保:官名。北朝列三師之末,作元老重臣之加官,無實際職掌,第一品。　崔光(451—523):本名孝伯,字長仁,東清河鄃(今山東平原縣西南)人。北魏大臣。《魏書》卷六七、《北史》卷四四有傳。　修國史:官名。北魏始置,東魏、北齊沿置。

掌修纂國史，除著作郎外，多以中書、集書省官兼領。

[5]行臺郎：官名。即"行臺郎中"。北魏置，東魏、西魏、北齊沿置。爲行臺諸曹郎中的泛稱，各曹皆冠以曹名。有時亦用以稱呼不理具體曹務的官員。

[6]崔祖螭（？—531）：小字社客，清河東武城（今河北清河縣東北）人。北魏將領。《魏書》卷二四《崔玄伯傳》、《北史》卷四四《崔亮傳》有附傳。

[7]王元景（？—559）：名昕，北海劇（今山東壽光市東南）人。東魏、北齊官吏。本書卷三一有傳，《北史》卷二四《王憲傳》有附傳。

[8]孫騰（481—548）：字龍雀，咸陽石安（今陝西咸陽市東北）人。北魏、東魏大臣。孫機子。高歡心腹。本書卷一八、《北史》卷五四有傳。

會高祖西討，[1]登風陵，[2]命中外府司馬李義深、相府城局李士略共作檄文，[3]二人皆辭，請以搴自代。高祖引搴入帳，自爲吹火，[4]催促之。搴援筆立成，其文甚美。高祖大悦，即署相府主簿，[5]專典文筆。又能通鮮卑語，兼宣傳號令，當煩劇之任，大見賞重。賜妻韋氏，既士人子女，又兼色貌，時人榮之。尋除左光禄大夫，[6]常領主簿。

[1]高祖：北齊神武皇帝高歡（496—547），廟號高祖。本書卷一、二，《北史》卷六有紀。

[2]風陵：津渡名。又作"封陵"。在今山西芮城縣西南黃河北岸。

[3]中外府：官署名。即"都督中外諸軍事府"的簡稱。北朝

置。設長史、司馬、司録、從事中郎、掾、屬、諸曹參軍、行參軍等府佐。因北魏末高歡父子以"都督中外諸軍事"身份控制朝政，故府佐的實際地位很高。　司馬：官名。管理府内武職，位次長史。品秩依府主而定。　李義深（496—552）：趙郡高邑（今河北高邑縣）人。北魏、東魏、北齊官吏。《魏書》卷三六《李順傳》有附傳，本書卷二二、《北史》卷三三有傳。　城局：官名。即"城局參軍"之省稱。城局長官。掌盜賊勞作事。　李士略：生平不詳。

[4]吹火：點燈照明。

[5]主簿：官名。掌典領文書簿籍，經辦事務。

[6]左光禄大夫：官名。北朝爲元老重臣之加官或致仕之官。北魏孝文帝太和二十三年（499）定爲第二品。北齊同。

　　世宗初欲之鄴，[1]總知朝政，高祖以其年少，未許。搴爲致言，乃果行。恃此自乞特進，[2]世宗但加散騎常侍。[3]時又大括燕、恒、雲、朔、顯、蔚、二夏州、高平、平涼之民以爲軍士，[4]逃隱者身及主人、三長、守令罪以大辟，[5]没入其家。[6]於是所獲甚衆，搴之計也。

[1]世宗：北齊文襄帝高澄（521—549），廟號世宗。本書卷三、《北史》卷六有紀。　鄴：縣名。治所在今河北臨漳縣西南。東魏、北齊建都於此。

[2]特進：官名。北朝爲加官名號，用以安置閑退大臣。北魏孝文帝太和二十三年（499）定爲第二品。

[3]散騎常侍：官名。爲散騎省長官，第三品。職掌侍從皇帝左右，諫諍得失，顧問應對。亦常用作宰相、諸公等加官。北朝兼領修史，爲閑散之職。北魏末改散騎省爲集書者，仍爲長官。孝文帝太和二十三年定爲從三品。北齊同爲集書省長官，從三品。

[4]燕：州名。北齊置，治所在今山西壽陽縣西。　恒：州名。寄治今山西忻州市西北。　雲：州名。北魏孝昌元年（525）改朔州置，治所在今内蒙古和林格爾縣盛樂鎮上土城子村北，旋陷。後寄治今山西文水縣劉胡蘭鎮雲周村（一説治所在今山西祁縣東）。朔：州名。治所在今山西朔州市城區。　顯：州名。北齊改廓州置，治所在今山西原平縣北崞陽鎮。　蔚：州名。寄治今山西平遥縣西北。　二夏州：指東夏州和夏州。東夏州，治所在今陝西延安市東北甘谷驛鎮。夏州，治所在今陝西靖邊縣。　高平：軍鎮名。治所在今寧夏固原市。　平涼：郡名。治所在今甘肅華亭縣西。

[5]三長：黨長、里長、鄰長之合稱。北魏孝文帝太和十年（486）始置，爲地方基層行政官吏。鄰長管五户，里長管五鄰，黨長統五里。負責核實户籍，以便徵發賦役。北齊沿置，管轄户數有所變化。　守令：太守、縣令之合稱。　大辟：死刑。

[6]没入其家：其家没入官籍。

搴學淺而行薄，[1]邢卲嘗謂之曰：[2]"更須讀書。"搴曰："我精騎三千，足敵君羸卒數萬。"嘗服棘刺丸，[3]李諧等調之曰：[4]"卿棘刺應自足，何假外求。"坐者皆笑。司馬子如與高季式召搴飲酒，[5]醉甚而卒，時年五十二。高祖親臨之。子如叩頭請罪。高祖曰："折我右臂，仰覓好替還我。"子如舉魏收、季式舉陳元康，[6]以繼搴焉。贈儀同三司、吏部尚書、青州刺史。[7]

[1]行薄：品行卑鄙。

[2]邢卲（496—?）：字子才，河間鄚（今河北任丘市北）人。北魏、東魏、北齊官吏。博學能文，與温子升、魏收齊名。原著有《邢子才集》，已散佚。本書卷三六有傳，《北史》卷四三《邢巒

傳》有附傳。

[3]棘刺丸：藥丸名。治虛勞諸氣不足，夢泄失精（《備急千金要方》卷一九）。

[4]李諧（496—544）：字虔和，頓丘（今河南清豐縣西南）人。北魏、東魏官吏。《魏書》卷六五《李平傳》、《北史》卷四三《李崇傳》有附傳。

[5]司馬子如（487—551）：字遵業，河內溫（今河南溫縣）人。北魏、東魏、北齊官吏。本書卷一八、《北史》卷五四有傳。　高季式（516—553）：字子通，渤海蓨（今河北景縣）人。東魏、北齊名將。本書卷二一《高乾傳》、《北史》卷三一《高允傳》有附傳。

[6]魏收（505—572）：字伯起，小字佛助，鉅鹿下曲陽（今河北晉州市西）人。北朝時著名史學家。本書卷三七、《北史》卷五六有傳，《魏書》卷一○四有其家世自序（部分爲後人所補）。　陳元康：下文及《北史》卷五五有傳。

[7]儀同三司：官名。省稱"儀同"。本爲官場待遇、禮制儀同三司（三公）。北魏爲優禮大臣之虛號。孝文帝太和二十三年（499）定爲從一品。北齊爲第二品。北周置爲勳官，九命。　吏部尚書：官名。爲尚書臺（省）吏部長官，掌官員選舉任免。北魏孝文帝太和二十三年定爲第三品，北齊同。　青州：治所在今山東青州市。

陳元康，字長猷，[1]廣宗人也。[2]父終德，[3]魏濟陰内史，[4]終於鎮南將軍、金紫光禄大夫。[5]元康貴，贈冀州刺史，[6]謚曰貞。元康頗涉文史，機敏有幹用。魏正光五年，[7]從尚書令李崇北伐，[8]以軍功賜爵臨清縣男。[9]普泰中，[10]除主書，[11]加威烈將軍。[12]天平元年，[13]修起居注。[14]二年，遷司徒府記室參軍，[15]尤爲府公高昂所信待。[16]出爲瀛州開府司馬,[17]加輔國將軍。[18]所歷皆爲稱職,高祖聞而徵焉。稍被任使,以爲相府功曹參軍,[19]內掌機密。

[1]猷：音yóu。
[2]廣宗：郡名。治所在今河北廣宗縣東南。
[3]終德：陳終德。事另見《北史》卷五五《陳元康傳》。
[4]濟陰：王國名。北魏和平二年（461）以拓跋小新成爲濟陰王,國都定陶（今山東菏澤市定陶區西）。　內史：官名。北朝爲諸王國相所改稱,掌王國政事,職如郡守。北魏孝文帝太和二十三年（499）定上郡內史爲第四品,中郡爲第五品,下郡爲第六品。
[5]鎮南將軍：官名。北魏爲四鎮將軍之一。孝文帝太和二十三年定爲從二品。　金紫光祿大夫：官名。光祿大夫之資重者授金章紫綬,故有此稱。晉朝始置。北朝爲元老重臣之加官或致仕之官。北魏孝文帝太和二十三年定爲從二品。
[6]贈：對已故者之加封。　冀州：治所在今河北冀州市。
[7]正光：北魏孝明帝元詡年號（520—525）。
[8]尚書令：官名。尚書省長官。孝文帝改制後,尚書省權任頗重,以錄尚書爲長官,尚書令爲副貳,掌全國政務,兼監察百官,皆爲宰相。太和二十三年定爲第二品。　李崇（455—525）：小名繼伯,字繼長,頓丘（今河南清豐縣西南）人。北魏將領。《魏書》卷六六、《北史》卷四三有傳。
[9]臨清縣男：爵名。臨清縣,治所在今河北臨西縣。縣男,北朝爲"開國縣男"之省稱。食邑爲縣。北魏中期置,孝文帝太和二十三年定爲第五品,食邑五分食一。北齊品同,食邑四分食一。
[10]普泰：北魏節閔帝元恭年號（531—532）。
[11]主書：官名。爲"主書令史"之省稱。北朝尚書、中書、祕書等官署多置,掌文書檔案。北魏孝文帝太和二十三年定爲從八

品上。北齊唯置於中書省，去"令史"二字，第八品。

［12］威烈將軍：官名。雜號將軍，北魏孝文帝太和二十三年定爲第七品上。

［13］天平元年：百衲本作"天保元年"，中華本校勘記云："按陳元康死於天保改元前，作'天保'誤。"今據改。天平，東魏孝静帝元善見年號（534—537）。

［14］起居注：皇帝的言行録。兩漢時由宫内修撰，魏晋以後設官專修。

［15］司徒：官名。北朝列爲三公，爲名譽宰相，位居第一品，多爲大臣加官，無實際職掌。　記室參軍：官名。又稱"記室參軍事"。西晋始置，爲記室曹長官，掌文疏表奏。

［16］高昂（491—538）：字敖曹，渤海蓨（今河北景縣）人。高翼子。東魏將領。本書卷二一《高乾傳》、《北史》卷三一《高允傳》有附傳。　信待：信任。

［17］瀛州：治所在今河北河間市。　開府：官名。即"開府儀同三司"之省稱。北魏、東魏爲優禮大臣之加銜。加此銜者，可開建府署，辟置僚屬，儀同三公。北齊定爲從一品。

［18］輔國將軍：官名。名號將軍，北魏孝文帝太和二十三年定爲從三品。北齊因之。

［19］功曹參軍：官名。即功曹參軍事。功曹之長。北魏始置，爲本府高級幕僚，職掌選舉，孝文帝太和二十三年定爲第六品上。北齊爲第六品上至第七品下。

　　高祖經綸大業，軍務煩廣，元康承受意旨，甚濟速用。性又柔謹，通解世事。高祖嘗怒世宗，於内親加毆蹋，極口罵之，出以告元康。元康諫曰："王教訓世子，[1]自有禮法，儀刑式瞻，[2]豈宜至是。"言辭懇懇，至于流涕。高祖從此爲之懲忿。[3]時或恚撻，輒曰："勿使元康知之。"其敬憚如此。高仲密之叛,[4]高祖知其由崔暹故也,[5]將殺暹。世宗匿而爲之諫請。高祖曰:"我爲舍其命,[6]須與苦手。"[7]世宗乃出暹而謂元康曰:"卿若使崔得杖,無相見也。"暹在廷,解衣將受罰。元康趨入,歷階而昇,且言曰:"王方以天下付大將軍,[8]有一崔暹不能容忍耶?"高祖從而宥焉。世宗入輔京室,[9]崔暹、崔季舒、崔昂等並被任使,[10]張亮、張徽纂並高祖所待遇,[11]然委任皆出元康之下。時人語曰:"三崔二張,不如一康。"魏尚書僕射范陽盧道虔女爲右衛將軍郭瓊子婦,[12]瓊以死罪没官,高祖啓以賜元康爲妻,元康乃棄故婦李氏,識者非之。元康便辟善事人,希顔候意,多有進舉,而不能平心處物,溺於財利,受納金帛,不可勝紀,放責交易,遍於州郡,爲清論所譏。

[1]王:爵名。漢朝以後爲爵位的最高一等,在公之上,多用以封授宗室,少數建有殊勳的功臣亦封王,但歷朝皆不多見。

[2]儀刑:效法。 式瞻:敬仰。

[3]懲忿:克制忿怒。

[4]高仲密:高慎,字仲密,高乾弟。魏孝武帝初,爲驃騎大將軍、儀同三司,光州刺史。東魏元象初,據武牢降西魏。本書卷二一《高乾傳》、《北史》卷三一《高祐傳》有附傳。

[5]崔暹(?—559):字季倫,博陵安平(今河北安平縣)人。東魏、北齊官吏。本書卷三〇有傳,《北史》卷三二《崔挺傳》有附傳。

[6]爲(wéi):假如。 舍:放過。

[7]苦手:痛打。

[8]王方以天下付大將軍:按,本書卷三《文襄紀》高澄封大

將軍在武定二年（544）。又據本書卷二《神武紀下》，高仲密之叛在武定元年二月。高仲密之叛，於東魏影響很大，高歡不可能遲到次年纔追究責任。故此書稱"大將軍"，當爲後來史家之追溯。大將軍，官名。北魏、北齊與大司馬並號"二大"，典軍政，位頗尊顯，常由權臣兼任，一品。

[9]京室：皇室。

[10]崔季舒（？—573）：字叔正，博陵安平（今河北安平縣）人。東魏、北齊官吏。本書卷三九有傳，《北史》卷三二《崔挺傳》有附傳。　崔昂（？—565）：字懷遠，博陵安平（今河北安平縣）人。北魏、東魏、北齊官吏。本書卷三〇有傳，《北史》卷三二《崔挺傳》有附傳。

[11]張亮：字伯德，西河隰城（今山西汾陽市）人。東魏、北齊官吏。本書卷二五、《北史》卷五五有傳。　張徽纂：名纂，代郡平城（今山西大同市東北）人。東魏、北齊官吏。本書卷二五、《北史》卷五五有傳。　待遇：優待。

[12]尚書僕射：官名。北朝爲尚書省屬官，列位宰相，位錄尚書、尚書令之下，職掌都省庶務及執法，或典選舉。北魏孝文帝太和二十三年（499）定爲從二品。北齊因之。　范陽：郡名。治所在今河北涿州市。　盧道虔："虔"字百衲本作"處"，中華本校勘記云："《北史》卷五五《陳元康傳》作'虞'，《通志》卷一五四《陳元康傳》作'虔'。按《魏書》卷四七有《盧道虔傳》，死後贈尚書右僕射，魏時別無官尚書僕射之盧道處或盧道虞。'處''虞'都是'虔'的形訛，今據《通志》改。"説是，從改。盧道虔，字慶祖。范陽涿（今河北涿州市）人。北魏、東魏官吏。《魏書》卷四七、《北史》卷三〇《盧玄傳》有附傳。　右衛將軍：官名。與左衛將軍共掌宫禁宿衛。北魏孝文帝太和二十三年定爲第三品。　郭瓊：東魏將領。曾任瀛洲（今河北河間市）刺史。天平三年（536），討平司州陽平郡（今河北館陶縣）郡民路黑奴的叛亂。四年，奉朝廷命，收殺侍中元子思及其弟子華，後以罪被高

歡處死。

從高祖破周文帝於邙山，[1]大會諸將，議進退之策。咸以爲野無青草，人馬疲瘦，不可遠追。元康曰："兩雄交戰，歲月已久，今得大捷，便是天授，時不可失，必須乘勝追之。"高祖曰："若遇伏兵，孤何以濟？"元康曰："王前沙苑還軍，[2]彼尚無伏，今奔敗若此，何能遠謀。若捨而不追，必成後患。"高祖竟不從。以功封安平縣子，[3]邑三百户。尋除平南將軍、通直常侍，[4]轉大行臺郎中，[5]徙右丞。[6]及高祖疾篤，謂世宗曰："邙山之戰，不用元康之言，方貽汝患，以此爲恨，死不瞑目。"高祖崩，祕不發喪，唯元康知之。

[1]周文帝：北周文帝宇文泰（505—556），字黑獺，代郡武川（今内蒙古武川縣）人。鮮卑族。北周奠基者。《周書》卷一、二，《北史》卷九有紀。　邙山：山名。此處指北邙山，又稱"北芒山"，即邙山東段。在今河南洛陽市北。陳長安先生認爲北邙山周代稱爲"郟山"，東漢帝陵葬此，遂有"芒山"之稱，北魏孝明帝時（516—528），始見"邙"字出現（詳見陳長安《洛陽邙山北魏定陵終寧陵考》，《中原文物》1987年特刊）。

[2]王前沙苑還軍："前"下百衲本有"涉"字，中華本校勘記云："《北史》卷五五及《册府》卷二〇九、卷七二一無。按《册府》這兩條都采自《北齊書》，而與《北史》同，知本無此字，今據删。"從删。沙苑，地名。又名"沙阜""沙海""沙澤""沙窩"。在今陝西大荔縣南洛、渭二河之間，東西八十里，南北三十里，其沙隨風流徙，不可耕植，而宜於牧林瓜果。東魏天平四年（537）與西魏於此爆發惡戰，史稱沙苑之戰，東魏慘敗。

[3]安平縣子：爵名。安平縣，治所在今河北安平縣。縣子，北朝爲開國縣子之省稱。食邑爲縣。北魏中期置，第四品，食邑五分食一。北齊品同，四分食一。
　　[4]平南將軍：官名。與平北、平東、平西合爲四平將軍。北魏孝文帝太和二十三年（499）定爲第三品。北齊爲褒賞軍功勳臣的閑職，第三品。　通直常侍：官名。爲"通直散騎常侍"之省稱。屬散騎省（集書省），掌侍從顧問，規諫過失。爲清閑之職。北魏孝文帝太和二十三年定爲第四品。北齊屬集書省，亦爲第四品。
　　[5]大行臺郎中：官名。亦省作"大行臺郎"。北魏始置，屬大行臺。如分曹理事，則冠以曹名。職如尚書郎。
　　[6]右丞：官名。即"大行臺尚書右丞"，多省稱"大行臺右丞"。北魏始置，東魏、西魏沿置。屬大行臺，職掌同尚書右丞。

　　世宗嗣事，又見任待。拜散騎常侍、中軍將軍，[1]別封昌國縣公，[2]邑一千户。侯景反，[3]世宗逼於諸將，欲殺崔暹以謝之。密語元康。元康諫曰："今四海未清，綱紀已定。若以數將在外，苟悦其心，枉殺無辜，虧廢刑典，豈直上負天神，何以下安黎庶。晁錯前事，[4]願公慎之。"世宗乃止。高岳討侯景未剋，[5]世宗欲遣潘相樂副之。[6]元康曰："相樂緩於機變，不如慕容紹宗，[7]且先王有命，稱其堪敵侯景，公但推赤心於此人，則侯景不足憂也。"是時紹宗在遠，世宗欲召見之，恐其驚叛。元康曰："紹宗知元康特蒙顧待，新使人來餉金，以致其誠欵。元康欲安其意，故受之而厚答其書。保無異也。"世宗乃任紹宗，遂以破景。賞元康金五十斤。王思政入潁城，[8]諸將攻之，不能拔。元康進計於世宗曰："公匡輔朝政，未有殊功，雖敗侯景，本非外賊。今潁城將陷，願公因而乘之，足以取威定業。"[9]世宗令元康馳驛觀之。復命曰："必可拔。"世宗於是親征，既至而剋，賞元康金百鋌。[10]

[1]中軍將軍：官名。北魏孝文帝太和二十三年（499）定爲從二品。北齊品同，用以安置罷任武官，爲閑散之職。

[2]昌國縣公：爵名。昌國縣，治所在今山東臨朐縣。縣公，北朝爲開國縣公之簡稱。北魏孝文帝太和二十三年定爲從一品，食邑三分食一。北齊第二品，四分食一。

[3]侯景（503—552）：字萬景，懷朔鎮（今内蒙古固陽縣西南）人，或云雁門（今山西代縣西南）人，羯族。北魏、東魏將領，後降南朝梁。《梁書》卷五六、《南史》卷八〇有傳。

[4]晁錯（前200—前154）：西漢大臣。潁川（今河南許昌市）人。景帝時建議削藩，爲吳王所恨。吳楚七國以"誅晁錯清君側"爲名發動叛亂，景帝殺晁錯以謝諸王，叛亂並未停息。《史記》卷一〇一、《漢書》卷四九有傳。

[5]高岳（512—555）：字洪略，渤海蓨（今河北景縣）人。高翻子，高歡從父弟。東魏、北齊宗室大臣。本書卷一三、《北史》卷五一有傳。

[6]世宗欲遣潘相樂副之："欲"字百衲本作"乃"，今據中華本校勘記改。潘相樂（？—555），又作"潘樂""潘洛"。初名相貴，後以爲字，廣寧石門（今甘肅渭源縣西南洮河東岸）人。北魏、東魏、北齊官吏。本書卷一五、《北史》卷五三有傳。

[7]慕容紹宗（501—549）：北魏、東魏將領。前燕皇室後裔，鮮卑族。本書卷二〇、《北史》卷五三有傳。

[8]王思政：字司政，太原祁（今山西祁縣）人。西魏名將。後降北齊，爲都官尚書、儀同三司。《周書》卷一八、《北史》卷

六二有傳。　潁城：城名。即長社城。在今河南長葛市東北。

　　[9]足以取威定業："威"字百衲本作"之"，據諸本改。

　　[10]鋌（dìng）：量詞，常用以計算金、銀塊。

　　初魏朝授世宗相國、齊王，[1]世宗頻讓不受。乃召諸將及元康等密議之，諸將皆勸世宗恭應朝命。元康以爲未可。又謂魏收曰："觀諸人語專欲誤王。我向已啓王，受朝命，置官僚，元康叨忝或得黃門郎，[2]但時事未可耳。"崔暹因間之，薦陸元規爲大行臺郎，[3]欲以分元康權也。元康既貪貨賄，世宗内漸嫌之，元康頗亦自懼。又欲用爲中書令，[4]以閑地處之，事未施行。

　　[1]相國：官名。爲百官之長。北朝不常置，位尊於丞相，職權品秩略同，非尋常人臣之職。

　　[2]叨（tāo）忝（tiǎn）：沾光。　黃門郎：官名。爲"給事黃門侍郎"之省稱。掌侍從皇帝，傳達詔令。北朝爲侍中省或門下省次官，典掌機密，侍從顧問，位頗重要。北魏孝文帝太和二十三年（499）定爲第四品上。北齊因之。

　　[3]陸元規：代（今山西大同市東北）人。武定（543—550）中爲尚書郎。天保（550—559）中爲中書侍郎，因應對忤旨，被配甲坊。事見《魏書》卷四〇《陸俟傳》。

　　[4]中書令：官名。中書省長官之一。與中書監同掌機要，位第三品。北朝成爲閑職，多作大臣加官。北魏孝文帝太和二十三年定爲第三品。北齊因之。

　　屬世宗將受魏禪，元康與楊愔、崔季舒並在世宗坐，[1]將大遷除朝士，共品藻之。世宗家蒼頭奴蘭固成先掌厨膳,[2]甚被寵昵。先是,世宗杖之數十,吳人性躁,[3]又恃舊恩,遂大忿恚,與其同事阿改謀害世宗。[4]阿改時事顯祖,[5]常執刀隨從,云"若聞東齋叫聲",即以加刃於顯祖。是日,值魏帝初建東宮,[6]群官拜表。事罷,顯祖出東止車門,[7]別有所之,未還而難作。固成因進食,置刀於盤下而殺世宗。元康以身扞蔽,被刺傷重,至夜而終,時年四十三。楊愔狼狽走出,季舒逃匿於厠,庫真紇奚舍樂扞賊死。[8]是時祕世宗凶問,故殯元康於宮中,託以出使南境,虛除中書令。明年,乃詔曰:"元康識超往哲,才極時英,千仞莫窺,萬頃難測。綜核戎政,彌綸霸道,草昧邵陵之謀,[9]翼贊河陽之會,[10]運籌定策,盡力盡心,進忠補過,亡家徇國。掃平逋寇,廓清荊楚,[11]申、甫之在隆周,[12]子房之處盛漢,[13]曠世同規,殊年共美。大業未融,山隤奄及,[14]悼傷既切,宜崇茂典。贈使持節,[15]都督冀定瀛殷滄五州諸軍事、驃騎大將軍、司空公、冀州刺史,[16]追封武邑縣一千户,[17]舊封並如故,諡曰文穆。賻物一千二百段。[18]大鴻臚監喪事。[19]凶禮所須,隨由公給。"元康母李氏,元康卒後,哀感發病而終,贈廣宗郡君,[20]諡曰貞昭。

[1]楊愔(511—560):字遵彦,小名秦王,弘農華陰(今陝西華陰市)人,楊津子。北齊官吏。本書卷三四有傳,《北史》卷四一《楊播傳》有附傳。

[2]蒼頭奴:蒼頭,奴僕。 蘭固成(?—549):南朝梁將蘭欽之子。名京,中昌魏(今址不詳)人。爲東魏所俘,以蒼頭配厨

膳。欽欲讓之，高澄不許。

[3]吳人性躁："吳"字百衲本作"其"，今據中華本校勘記改。吳，地區名。泛指長江以南地區。

[4]阿改（？—549）：《北史》卷五五《陳元康傳》稱其爲蘭固成之弟。其事僅此一例。

[5]顯祖：北齊文宣帝高洋（529—559），廟號顯祖。本書卷四、《北史》卷七有紀。

[6]魏帝：指東魏孝静帝元善見（524—552），公元534年至550年在位。《魏書》卷一二、《北史》卷五有紀。

[7]止車門：皇宫的外門。百官上朝，至此停車，步行進宫。

[8]庫真紇奚舍樂扞賊死：中華本校勘記云："南、北、殿、局四本'真'作'直'，三朝本、汲本作'真'，無'奚'字。按紇奚複姓，其人見本書卷二五《王紘傳》。三朝本、汲本脱'奚'字，今從南本。'庫真都督'見本書卷一〇《上黨王涣傳》、《南史》卷八〇《侯景傳》（'都'訛'部'）；庫直見本書卷二五《王紘傳》、卷四一《皮景和傳》，《舊唐書》卷四二《職官志》。未知孰是，今從三朝本。"從改。庫真，官名。亦作"庫直"。東魏始置，北齊沿置。爲諸王及重臣之侍衛。紇奚舍樂，其事僅此一例。

[9]邵陵：地名。即召陵，春秋時楚邑。在今河南郾城縣東。公元前656年，齊桓公率諸侯國攻楚，在此地與楚訂盟。

[10]河陽：地名。春秋晋邑。在今河南孟州市西南。公元前632年，晋文公在此地會盟諸侯，並召請周襄王前來。《春秋》"天王狩於河陽"即此。

[11]荆楚：泛指今湖北、湖南一帶。

[12]申、甫：申伯和仲山甫，均爲西周名臣。

[13]子房：張良（？—約前186），字子房，城父（今安徽亳州市東南）人。西漢大臣。《史記》卷五五、《漢書》卷四〇有傳。

[14]山隤奄及：山突然崩塌。

［15］使持節：官制用語。即持節出使。肇於漢朝。北朝加使持節者，威權提高，可誅殺二千石以下官員。

［16］都督冀定瀛殷滄五州諸軍事：都督諸州軍事，官名。爲地方軍政長官，領駐在州刺史，兼理民政。定，州名。治所在今河北定州市。殷，州名。治所在今河北隆堯縣東。滄，州名。治所在今河北鹽山縣西南。　驃騎大將軍：官名。東漢初始置。北朝爲優禮大臣之虛號。北魏孝文帝太和二十三年（499）定爲從一品。北齊因之。　司空公：官名。即"司空"之尊稱。列三公之末，爲名譽宰相，多爲大臣加官，位居第一品，無實際職掌。

［17］武邑縣：治所在今河北武邑縣。

［18］賻（fù）：以財助喪。

［19］大鴻臚：官名。爲九卿之一。魏晉南北朝時，其原有接待賓客、管理民族事務之職移歸尚書省主客曹，本官漸成專司朝會禮儀之官。北魏孝文帝太和二十三年定爲第三品。北齊因之。

［20］郡君：命婦封號。北朝多封皇后之母，高官之母、妻，間或有封宮婢者。

　　元康子善藏，溫雅有鑒裁，[1]武平末假儀同三司、給事黃門侍郎。[2]隋開皇中，[3]尚書禮部侍郎。[4]大業初，[5]卒於彭城郡贊治。[6]

［1］鑒裁：審察識別人、物優劣的才能。

［2］武平：北齊後主高緯年號（570—576）。　假：官制用語。有代理、兼攝之意。北魏孝文帝時，假官成爲制度。假職者有名義、祿賜之利，無代理攝職之實。

［3］開皇：隋文帝楊堅年號（581—600）。

［4］禮部侍郎：官名。隋初始置，爲禮部之禮部司長官，掌禮部司事，正六品上。文帝開皇三年（583）升爲從五品。煬帝大業

三年（607）升爲禮部副長官，輔佐尚書掌部事，正四品。

[5]大業：隋煬帝楊廣年號（605—618）。

[6]卒於彭城郡贊治：百衲本無"卒"字，據諸本補。彭城郡，治所在今江蘇徐州市老城區。贊治，官名。隋煬帝時置，佐太守理郡務。後又加置通守，改贊治爲丞，位在通守下。

元康弟諶，[1]官至大鴻臚。次季璩，鉅鹿太守，[2]轉冀州別駕。[3]平秦王歸彥反，[4]季璩守節不從，因而遇害。贈衛尉卿、趙州刺史。[5]

[1]諶：陳諶，又作"陳叔諶"。元康死後，祖珽私吞其部分遺產。有人向叔諶、季璩告發此事。叔諶遂將此事告訴楊愔。

[2]鉅鹿：郡名。治所在今河北石家莊市藁城區。

[3]轉冀州別駕："冀"字百衲本作"美"，四庫本亦作"美"。按北朝無美州，有冀州，據諸本改。別駕，官名。又稱"別駕從事""別駕從事史"。爲州部佐吏。

[4]平秦：郡名。治所在今陝西鳳翔縣東南。按，西魏改平秦郡爲岐山郡，且其地始終不在東魏、北齊境內，故此當是虛封或遙封。　歸彥（524或525—562）：字仁英，高歡族弟。事見《魏書》卷三二《高湖傳》，本書卷一四、《北史》卷五一有傳。

[5]衛尉卿：官名。亦作"衛尉"。掌宮廷禁衛。北魏孝文帝太和二十三年（499）定爲第三品。北齊置爲衛尉寺長官，第三品，主管宮殿、京城諸門禁衛，武器、儀仗庫藏。　趙州：治所在今河北隆堯縣東。

杜弼，[1]字輔玄，中山曲陽人也，[2]小字輔國。自序云，本京兆杜陵人，[3]九世祖鷙，[4]晉散騎常侍，[5]因使没趙,[6]遂家焉。祖彥衡,[7]淮南太守。[8]父慈度,[9]繁時令。[10]弼幼聰敏,家貧無書,年十二,寄郡學受業,[11]講授之際,師每奇之。同郡甄琛爲定州長史,[12]簡試諸生,見而策問,義解閑明,[13]應答如響,大爲琛所歎異。其子寬與弼爲友。[14]州牧任城王澄聞而召問,[15]深相嗟賞,許以王佐之才。澄、琛還洛,[16]稱之於朝,丞相高陽王等多相招命。[17]延昌中,[18]以軍功起家,除廣武將軍、恒州征虜府墨曹參軍,[19]典管記。[20]弼長於筆札,每爲時輩所推。

[1]杜弼:《北史》卷五五有傳。
[2]中山:郡名。治所在今河北定州市。 曲陽:縣名。治所在今河北曲陽縣西。
[3]京兆:郡名。即京兆尹,治所在今陝西西安市西北。 杜陵:縣名。兩漢時屬京兆尹,治所在今陝西西安市東南。
[4]鷙:《晉書》有此人事。
[5]晉:西晉(265—316)。司馬炎代魏稱帝,國號晉。都洛陽,因在東晉都城建康之西北,史稱西晉。
[6]趙:指前趙(304—329)。原名漢國,劉淵所建。公元319年,劉曜遷都長安(今陝西西安市西北),改國號爲趙,史稱前趙。
[7]彥衡:杜彥衡。事見《北史》卷五五《杜弼傳》。
[8]淮南:郡名。治所在今安徽壽縣。
[9]慈度:杜慈度。事見《北史》卷五五《杜弼傳》。
[10]繁時:縣名。治所在今山西渾源縣西南。
[11]郡學:郡之學府。
[12]甄琛(452—524):字思伯,中山毋極(今河北無極縣)人,北魏官吏。《魏書》卷六八、《北史》卷四〇有傳。 長史:

官名。本爲諸府幕僚之長。掌參軍政，主管屬吏。

［13］閑明：純熟清楚。

［14］寬：甄寬，字仁規。事見《魏書》卷六八《甄琛傳》。

［15］州牧：官名。職同刺史，掌一州軍政大權。　任城：郡名。北魏神龜元年（518）分高平郡置，治所在今山東濟南市南。北齊天保七年（556），改任城郡爲高平郡，以魯郡爲任城郡，治所在今山東曲阜市東北。　澄：元澄（467—519），字道鏡，一作"道鎮"。北魏宗室、大臣，《魏書》卷一九中、《北史》卷一八《任城王雲傳》有附傳。

［16］洛：洛陽。即北魏孝文帝南遷後的都城。其址在今河南洛陽市東北。

［17］丞相：官名。北朝丞相一職省置無常。多用以位置權臣，皆第一品。凡任之者權任極重，獨攬軍政，令由己出，往往由此進位皇帝。亦用作贈官。　高陽王：指元雍（470或473—528），字思穆。北魏宗室、大臣。《魏書》卷二一上、《北史》卷一九有傳。高陽，郡名。治所在今河北高陽縣東。

［18］延昌：北魏宣武帝元恪年號（512—515）。

［19］廣武將軍：官名。雜號將軍，孝文帝太和二十三年（499）定爲從四品。　恒州：治所在今山西大同市東北古城村。墨曹參軍：官名。即"墨曹參軍事"。掌本府文書。

［20］管記：書記、記室參軍等文翰職官的通稱。

　　孝昌初，[1]除太學博士，[2]帶廣陽王驃騎府法曹行參軍，[3]行臺度支郎中。[4]還，除光州曲城令。[5]爲政清靜，務盡仁恕，詞訟止息，遠近稱之。時天下多難，盜賊充斥，徵召兵役，塗多亡叛。朝廷患之。乃令兵人所齎戎具，道別車載；又令縣令自送軍所。時光州發兵，弼送所部達北海郡，[6]州兵一時散亡，唯弼所送不動。他境叛兵，並來攻劫，欲與同去。弼率所領親兵格鬬，終莫肯從，遂得俱達軍所。軍司崔鍾以狀上聞。[7]其得人心如此。普泰中，吏曹下訪守令尤異，[8]弼已代還，東萊太守王昕以弼應訪。[9]弼父在鄉，爲賊所害，弼行喪六年。以常調除御史，[10]加前將軍、太中大夫，[11]領内正字。[12]臺中彈奏，[13]皆弼所爲。諸御史出使所上文簿，委弼覆察，然後施行。

[1]孝昌：北魏孝明帝元詡年號（525—527）。

[2]太學博士：學官名。掌教授太學生。北魏沿置，孝文帝太和二十三年（499）定爲從七品。北齊因之。

[3]廣陽王：元淵（？—526），字智遠，鮮卑族拓跋部人，襲爵廣陽王。北魏宗室、大臣。本書避唐諱，改"淵"爲"深"。《魏書》卷一八《廣陽王建傳》、《北史》卷一六《廣陽王建傳》有附傳。廣陽，郡名。治所在今河北隆化縣伊遜河東。　驃騎：官名。驃騎將軍，居諸名號將軍之首，僅作爲軍府名號，加授大臣、重要州郡長官，無具體職掌。北魏孝文帝太和二十三年定爲第二品。北齊因之。　法曹行參軍：官名。北魏、北齊軍府之法曹行參軍掌刑法。

[4]行臺度支郎中：官名。北魏始置。職掌略同尚書度支郎中。

[5]光州：北魏分青州置，治所在今山東萊州市。　曲城：縣名。治所在今山東萊州市東北。

[6]北海郡：治所在今山東昌樂縣西。

[7]軍司：官名。爲諸軍府主要僚屬，佐主帥統帶軍隊，負有匡正監察主帥之責。　崔鍾：事不詳。

[8]吏曹：官署名。又作"吏部曹""吏部"。隸尚書臺。掌官吏銓選，設尚書爲長官。

[9]東萊：郡名。治所在今山東萊州市。　王昕：王元景，見

前注。

[10]常調：正常任用程序。常，正常；調，調用。　御史：官名。御史臺屬官。

[11]前將軍：官名。北朝爲軍府名號，用作加官。北魏孝文帝太和二十三年定爲第三品。　太中大夫：官名。多用以安置老疾退免的大臣，無職事。北魏亦用作加官、兼官，或供朝廷臨時差遣。孝文帝太和二十三年定爲從三品。北齊因之。

[12]内正字：官名。即"内祕書省正字"。北魏始置，爲内祕書省屬官，掌校勘文書文字。

[13]臺：官署名。指御史臺。　彈奏：彈劾奏聞。

遷中軍將軍、北豫州驃騎大將軍府司馬。[1]未之官，儀同竇泰總戎西伐，[2]詔弼爲泰監軍。[3]及泰失利自殺，弼與其徒六人走還陝州，[4]刺史劉貴鎖送晉陽。[5]高祖詰之曰：[6]"竇中尉此行，[7]吾前具有法用，乃違吾語，自取敗亡。爾何由不一言諫爭也？"弼對曰："刀筆小生，唯文墨薄技，便宜之事，議所不及。"高祖益怒。賴房謨諫而獲免。[8]左遷下溠鎮司馬。[9]

[1]北豫州：治所在今河南滎陽市西北。

[2]竇泰（？—537）：字世寧，大安捍殊（今内蒙古鄂托克前旗城川鎮一帶）人。北魏、東魏將領。善騎射，有勇略。本書卷一五、《北史》卷五四有傳。

[3]監軍：官名。爲臨時差遣之職，置於軍中，監督出征將帥。北朝沿置。

[4]陝州：治所在今河南三門峽市西。

[5]劉貴（？—539）：秀容陽曲（今山西陽曲縣南）人，北

魏、東魏將領。本書卷一九、《北史》卷五三有傳。　晉陽：縣名。治所在今山西太原市晉源區古城營村一帶。

[6]詰（jié）：責問。

[7]中尉：官名。即"御史中尉"之簡稱。北魏爲御史中丞之改稱，主御史臺。孝文帝太和二十三年（499）定爲從三品。北齊復名御史中丞，從三品。

[8]房謨：字敬放，河南洛陽（今河南洛陽市東北）人。鮮卑族。《北史》卷五五有傳。

[9]下灌鎮：軍鎮名。建置未詳。

　　元象初，[1]高祖徵弼爲大丞相府法曹行參軍，署記室事，[2]轉大行臺郎中，尋加鎮南將軍。高祖又引弼典掌機密，甚見信待。或有造次不及書教，直付空紙，即令宣讀。弼嘗承間密勸高祖受魏禪，[3]高祖舉杖擊走之。相府法曹辛子炎諮事，[4]云須取署，子炎讀"署"爲"樹"。高祖大怒曰："小人都不知避人家諱！"[5]杖之於前。弼進曰："禮，二名不偏諱，孔子言'徵'不言'在'，言'在'不言'徵'。子炎之罪，理或可恕。"[6]高祖罵之曰："眼看人瞋，乃復牽經引禮！"叱令出去。弼行十步許，呼還，子炎亦蒙釋宥。世子在京聞之，[7]語楊愔曰："王左右賴有此人方正，庶天下皆蒙其利，豈獨吾家也。"

[1]元象：東魏孝靜帝元善見年號（538—539）。

[2]記室：官署名。丞相府諸曹之一，設參軍爲長官，專掌文疏表章。

[3]弼嘗承間密勸高祖受魏禪："間"字百衲本作"閑"，今據

诸本改。

[4]辛子炎：陇西狄道（今甘肃临洮县）人。东魏官吏。事见《魏书》卷七七《辛雄传》。

[5]小人都不知避人家讳：高欢之父名"树"，故读"署"爲"树"，犯其家讳。

[6]礼，二名不偏讳，孔子言"徵"不言"在"，言"在"不言"徵"：此句出自《礼记·檀弓下》，原文爲："二名不偏讳，夫子之母名徵在，言在不称徵，言徵不称在。"其寓意爲：名由两字组成的，单独称其中一字，并不算犯讳。按，高欢之父名"树"，祗有一字，并非二名。李弼以"二名不偏讳"来劝説高欢，并不合适。当用《礼记·曲礼上》"礼不讳嫌名"，即不避讳发音相近的字，更爲恰当。

[7]世子：指高澄。

弼以文武在位，罕有廉洁，言之於高祖。高祖曰："弼来，我语尔。天下浊乱，习俗已久。今督将家属多在关西，[1]黑獭常相招诱，[2]人情去留未定。江东复有一吴儿老翁萧衍者，[3]专事衣冠礼乐，中原士大夫望之以爲正朔所在。我若急作法网，不相饶借，恐督将尽投黑獭，士子悉奔萧衍，则人物流散，何以爲国？尔宜少待，吾不忘之。"及将有沙苑之役，弼又请先除内贼，却讨外寇。高祖问内贼是谁。弼曰："诸勋贵掠夺万民者皆是。"高祖不答，因令军人皆张弓挟矢，举刀按矟以夹道，[4]使弼冒出其间，曰："必无伤也。"弼战慄汗流。高祖然后喻之曰："箭虽注，不射；刀虽举，不击；矟虽按，不刺。尔犹顿丧魂胆。诸勋人身触锋刃，百死一生，纵其贪鄙，所取处大，不可同之循常例也。"弼于時大恐，因頓顙謝曰：[5]"愚癡無智，不識至理，今蒙開曉，始見聖達之心。"

[1]關西：地區名。又稱"關右"。泛指函谷關（故關在今河南靈寶市北，新關在今河南新安縣東）或潼關以西地區。
[2]黑獺：宇文泰字。
[3]吳兒：對吳人的蔑稱。 蕭衍（464—549）：南朝梁建立者梁武帝，字叔達，小字練兒，南蘭陵（今江蘇常州市武進區西北）人。公元502年至549年在位。《梁書》卷一至三，《南史》卷六、七有紀；《魏書》卷九八有傳。
[4]矟（shuò）：同"槊"，長矛。
[5]頓顙（sǎng）：屈膝下拜，以額觸地。多表示請罪。

後從高祖破西魏於邙山，[1]命爲露布，[2]弼手即書絹，曾不起草。以功賜爵定陽縣男，[3]邑二百户，加通直散騎常侍、中軍將軍。奉使詣闕，魏帝見之於九龍殿，[4]曰："朕始讀莊子，便值秦名，[5]定是體道得真，玄同齊物。[6]聞卿精學，聊有所問。經中佛性、法性爲一爲異？"[7]弼對曰："佛性、法性，止是一理。"詔又問曰："佛性既非法性，何得爲一？"對曰："性無不在，故不説二。"詔又問曰："説者皆言法性寬，佛性狹，寬狹既別，非二如何？"弼又對曰："在寬成寬，在狹成狹，若論性體，非寬非狹。"[8]詔問曰："既言成寬成狹，何得非寬非狹？若定是狹，亦不能成寬。"對曰："以非寬狹，故能成寬狹，寬狹所成雖異，能成恒一。"上悦稱善。乃引入經書庫，賜《地持經》一部，[9]帛一百匹。

平陽公淹爲并州刺史,[10]高祖又命弼帶并州驃騎府長史。

[1]西魏：朝代名（535—557）。永熙三年（534），北魏孝武帝元脩西奔關中投奔宇文泰，次年，被毒死，宇文泰立元寶炬爲帝，建都長安。史稱西魏。歷三帝，二十三年。
[2]露布：不封緘的文書、公告。
[3]定陽縣男：爵名。定陽縣，北魏延興四年（474）置，治所在今山西吉縣。
[4]魏帝：指東魏孝静帝元善見。 九龍殿：宫殿名。舊名"崇華殿"，以其在九龍門内而改稱。
[5]便值秦名："秦名"諸本皆同，不知何解。
[6]玄同齊物：與萬物同而合一。
[7]佛性：佛教名詞。謂衆生覺悟之性。 法性：佛教名詞。真實不變、無所不在之體性。 一：相同。
[8]在寬成寬，在狹成狹，若論性體，非寬非狹：李弼的意思是，性的表象可以有寬有狹，但性的本質（性體）没有寬狹之分。
[9]地持經：佛經名。全稱《菩薩地持經》。十六國北涼曇無讖譯。該經詳説大乘菩薩修行之方便。因收有大乘戒，歷來倍受重視。
[10]平陽：郡名。治所在今山西臨汾市。 淹：高淹（？—564），字子邃，渤海蓨（今河北景縣）人。北齊宗室，高歡第四子。本書卷一○、《北史》卷五一有傳。 并州：治所在今山西太原市晉源區古城營村一帶。

弼性好名理,[1]探味玄宗,[2]自在軍旅，帶經從役。注老子《道德經》二卷，表上之曰："臣聞乘風理弋,[3]追逸羽於高雲;[4]臨波命鈎，引沉鱗於大壑。[5]苟得其道，爲工其事，在物既爾，理亦固然。竊惟道、德二經，闡明幽極，[6]旨冥動寂，用周凡聖。[7]論行也，清淨柔弱；語迹也，成功致治。實衆流之江海，乃群藝之本根。臣少覽經書，偏所篤好，雖從役軍府，而不捨遊息。鑽味既久，斐亹如有所見，[8]比之前注，微謂異於舊説。情發於中而彰諸外，輕以管窺，[9]遂成穿鑿。[10]無取於遊刃，[11]有慚於運斤，[12]不足破秋毫之論，何以解連環之結。[13]本欲止於門内，貽厥童蒙，兼以近資愚鄙，私備忘闕。不悟姑射凝神，汾陽流照，[14]蓋高之聽卑，邇言在察。[15]春末奉旨，猥蒙垂誘，令上所注老子，謹冒封呈，并序如别。"詔答云："李君遊神冥寬，[16]獨觀恍惚，[17]玄同造化，宗極群有。[18]從中被外，周應可以裁成；自己及物，運行可以資用。隆家寧國，義屬斯文。卿才思優洽，業尚通遠，息棲儒門，馳騁玄肆，[19]既啓專家之學，且暢釋老之言。[20]户列門張，途通徑達，[21]理事兼申，能用俱表，彼賢所未悟，遺老所未聞，旨極精微，言窮深妙。朕有味二經，倦於舊説，歷覽新注，所得已多，嘉尚之來，良非一緒。[22]已敕殺青編，[23]藏之延閣。"[24]又上一本於高祖，一本於世宗。

[1]名理：魏晉及其以後清談家辨名析理之學。
[2]探味：探研體味。　玄宗：深奧的宗旨。
[3]理弋：引弓。
[4]逸羽：疾飛之鳥。
[5]沉鱗：潛游在水中的魚。　大壑：大海。
[6]幽極：深奧的義理。

[7]旨冥動寂，用周凡聖：旨意深遠而不論動和靜，運用周全而不分凡人和聖人。

[8]斐（fěi）亹（wěi）：百衲本作"斐文亹"三字，今據中華本校勘記改。斐亹，亦作"斐斖"，文彩絢麗貌。

[9]管窺：從管中窺物，喻目光短淺，見聞不廣。

[10]穿鑿：牽強附會。

[11]遊刃：典出《莊子・養生主》庖丁解牛之事，喻技藝精熟，運用自如。

[12]運斤：典出《莊子・徐無鬼》運斤成風之事，喻技藝高超。

[13]不足破秋毫之論，何以解連環之結：不能揭破極小的舊論，又怎能解開極大的難題？連環，即套連在一起的玉環，不可解。

[14]姑射（yè）凝神，汾陽流照：典出《莊子・逍遙遊》，分別指姑射山神人及四子（王倪、齧缺、被衣、許由）之逍遙狀態。姑射，山名。當在今山西臨汾市西。汾陽，汾水的北面。

[15]高之聽卑，邇言在察：好在淺陋者（作者自謙）用淺近的言語說道，高人（皇帝）能聽明白。

[16]冥窅（yǎo）：遙遠處。

[17]恍惚：迷離。

[18]宗極群有：探究本旨深及萬物。群有，佛教語。猶眾生或萬物。

[19]玄肆：道家壇場。

[20]釋老：佛教和道教。

[21]途通徑達："徑"字百衲本作"性"，今據諸本改。

[22]嘉尚之來，良非一緒：心中湧現之贊美，絕非一端。

[23]殺青編：定稿。

[24]延閣：藏書樓名。

武定中，[1]遷衛尉卿。會梁遣貞陽侯淵明等入寇彭城，大都督高岳、行臺慕容紹宗率諸軍討之，[2]詔弼爲軍司，攝行臺左丞。[3]臨發，世宗賜胡馬一匹，語弼曰："此厩中第二馬，孤恒自乘騎，今方遠別，聊以爲贈。"又令陳政務之要可爲鑒戒者，録一兩條。弼請口陳曰："天下大務，莫過賞罰二論，賞一人使天下人喜，罰一人使天下人服。但能二事得中，自然盡美。"世宗大悦曰："言雖不多，於理甚要。"握手而別。破蕭明於寒山，[4]別與領軍潘樂攻拔梁潼州，[5]仍與岳等撫軍恤民，合境傾賴。

[1]武定：東魏孝静帝元善見年號（543—550）。

[2]會梁遣貞陽侯淵明等入寇彭城，大都督高岳：中華本在"城"後標示頓號，不確，當從本處，標爲逗號。貞陽，縣名。又作"湞陽"。治所在今廣東英德市東南。侯，爵名。淵明，蕭淵明（？—556），字靖通。梁武帝長兄蕭懿之子。南朝蕭梁宗室。諸史避唐諱，或省"淵"字，或改"淵"爲"深"。本書卷三三有傳，《南史》卷五一《長沙宣武王懿傳》有附傳。彭城，郡名。治所在今江蘇徐州市老城區。大都督，官名。高級軍事長官。北魏前、中期未見，後期戰事較多時亦置，統兵出征，有時又加以各種名號。東魏、西魏分裂後，授予漸濫。

[3]攝行臺左丞：百衲本作"攝臺左右"，今據中華本校勘記改。行臺左丞，官名。爲"行臺尚書左丞"之省稱。同"尚書左丞"。行臺，北朝爲行臺長官之省稱。到北魏末期漸理民事，北齊時成爲地方最高行政機構。北魏、北齊以行臺尚書令爲長官。

[4]寒山：山名。一作"韓山"。在今江蘇徐州市東南。

[5]領軍：官名。即領軍將軍。爲禁衛軍最高統帥，北魏孝文

帝太和二十三年（499）定爲從二品。北齊因之。　　潼州：治所在今江蘇睢寧縣西南。

六年四月八日，魏帝集名僧於顯陽殿講説佛理，[1]弼與吏部尚書楊愔、中書令邢卲，祕書監魏收等並侍法筵。[2]敕弼昇師子座，[3]當衆敷演。[4]昭玄都僧達及僧道順並緇林之英，[5]問難鋒至，往復數十番，莫有能屈。帝曰："此賢若生孔門，則何如也？"

[1]顯陽殿：宮殿名。即昭陽殿，在昭陽門内。
[2]祕書監：官名。爲祕書省長官，掌圖書經籍之事。北魏孝文帝太和二十三年（499）定爲第三品。北齊因之。
[3]師子座：寺院中佛、菩薩的臺座以及佛教高僧説法時的坐席。
[4]敷演：陳述並加以發揮。
[5]昭玄都：僧官名。東魏始置，北齊沿置，爲昭玄寺屬官，主管僧務。一説即"昭玄寺大統"之別稱。　　僧達：生平不詳。　　僧道順：北魏孝文帝時（471—499）人，以義行知重。　　緇林：僧界。

關中遣儀同王思政據潁州，[1]太尉高岳等攻之。[2]弼行潁州事，攝行臺左丞。時大軍在境，調輸多費，弼均其苦樂，公私兼舉，大爲州民所稱。潁州之平也，世宗曰："卿試論王思政所以被擒。"弼曰："思政不察逆順之理，不識大小之形，不度強弱之勢，有此三蔽，宜其俘獲。"世宗曰："古有逆取順守，大吳困於小越，[3]弱燕能破強齊。[4]卿之三義，何以自立？"弼曰："王若順而不大，大而不強，強而不順，於義或偏，得如聖旨。

今既兼備衆勝，鄙言可以還立。"世宗曰："凡欲持論，宜有定指，那得廣包衆理，欲以多端自固？"弼曰："大王威德，事兼衆美，義博故言博，非義外施言。"世宗曰："若爾，何故周年不下，孤來即拔？"弼曰："此蓋天意欲顯大王之功。"

[1]關中：地區名。指今陝西關中平原。　潁州：治所在今河南長葛市城區。

[2]太尉：官名。北朝列三公之首，爲名譽宰相，位居第一品，多爲大臣加官，無實際職掌。

[3]大吴困於小越：謂春秋時吴强越弱，然勾踐滅吴。

[4]弱燕能破强齊：公元前284年，燕將樂毅率五國聯軍攻齊，連下七十餘城，齊幾乎亡國。

顯祖引爲兼長史，加衛將軍，[1]轉中書令，仍長史。進爵定陽縣侯，[2]增邑通前五百户。弼志在匡贊，知無不爲。顯祖將受魏禪，自晋陽至平城都，[3]命弼與司空司馬子如馳驛先入，觀察物情。踐祚之後，敕命左右箱入柏閤。[4]以預定策之功，遷驃騎將軍、衛尉卿，别封長安縣伯。[5]

[1]衛將軍：官名。北朝多作爲軍府名號，以加大臣，無具體職掌。北魏孝文帝太和二十三年（499）定爲第二品。北齊因之。

[2]縣侯：爵名。北朝爲"開國縣侯"之省稱。北魏中期置，食邑爲縣。孝文帝太和二十三年定爲第二品，食邑四分食一。北齊從二品，食邑同北魏。

[3]自晋陽至平城都：本書卷三〇中華本校勘記八疑當作平都

城,存疑。平都城,城名。在今山西和順縣西北。

[4]箱:同"廂",爲軍隊編制之名稱。　柏閣:漢御史府多植柏樹,後世因稱御史府爲"柏臺""柏府""柏署"。"柏閣"之稱,亦當同此。

[5]長安縣伯:爵名。長安縣,治所在今陝西西安市西北。縣伯,北朝爲"開國縣伯"之省稱。北魏中期置,食邑爲縣。孝文帝太和二十三年定爲第三品,食邑四分食一。北齊同。

嘗與邢卲扈從東山,[1]共論名理。邢以爲人死還生,恐爲蛇畫足。弼答曰:"蓋謂人死歸無,非有能生之力。然物之未生,本亦無也,無而能有,不以爲疑。因前生後,何獨致怪?"[2]邢云:"聖人設教,本由勸獎,故懼以將來,[3]理望各遂其性。"弼曰:"聖人合德天地,齊信四時,言則爲經,行則爲法,而云以虛示物,以詭勸民,[4]將同魚腹之書,[5]有異鑿楹之誥,[6]安能使北辰降光,[7]龍宮韞櫝。[8]就如所論,福果可以鎔鑄性靈,弘獎風教,爲益之大,莫極於斯。此即真教,何謂非實?"邢云:"死之言'澌',精神盡也。"[9]弼曰:"此所言澌,如射箭盡,手中盡也。小雅曰'無草不死',[10]月令又云'靡草死',[11]動植雖殊,亦此之類。無情之卉,尚得還生,含靈之物,何妨再造。若云草死猶有種在,則復人死亦有識。識種不見,謂以爲無者。神之在形,亦非自矚,離朱之明不能睹。[12]雖蔣濟觀眸,賢愚可察;[13]鍾生聽曲,山水呈狀。[14]乃神之工,豈神之質。猶玉帛之非禮,鍾鼓之非樂,以此而推,義斯見矣。"邢云:"季札言無不之,[15]亦言散盡,若復聚而爲物,不得言無不之也。"弼曰:"骨肉下歸於土,魂氣則無不之,此乃形墜魂遊,往而非盡。如鳥出巢,如蛇出穴。由其尚有,故無所不之;若令無也,之將焉適?延陵有察微之識,知其不隨於形;仲尼發習禮之歎,美其斯與形別。[16]若許以廓然,[17]然則人皆季子。不謂高論,執此爲無。"邢云:"神之在人,猶光之在燭,燭盡則光窮,人死則神滅。"弼曰:"舊學前儒,每有斯語,群疑衆惑,咸由此起。蓋辨之者未精,思之者不篤。竊有末見,可以覈諸。[18]燭則因質生光,質大光亦大;人則神不係於形,形小神不小。故仲尼之智,必不短於長狄;[19]孟德之雄,[20]乃遠奇於崔琰。[21]神之於形,亦猶君之有國。國實君之所統,君非國之所生。不與同生,孰云俱滅?"邢云:"捨此適彼,生生恒在。周、孔自應同莊周之鼓缶,[22]和桑扈之循歌?"[23]弼曰:"共陰而息,[24]尚有將別之悲;窮轍以遊,亦興中途之歎。[25]況曰聯體同氣,化爲異物,稱情之服,[26]何害於聖。"邢云:"鷹化爲鳩,鼠變爲駕,[27]黃母爲鱉,[28]皆是生之類也。[29]類化而相生,猶光去此燭,復然彼燭。"弼曰:"鷹未化爲鳩,鳩則非有。鼠。既非二有,何可兩立。[30]光去此燭,得燃彼燭,神去此形,亦託彼形,又何惑哉?"[31]邢云:"欲使土化爲人,木生眼鼻,造化神明,不應如此。"弼曰:"腐草爲螢,[32]老木爲蠍,[33]造化不能,誰其然也?"

[1]東山:東魏、北齊於鄴城的皇家苑林。
[2]本亦無也,無而能有,不以爲疑。因前生後,何獨致怪:

百衲本缺前十六字，而"何獨致怪"前多一"復"字。據諸本補闕，並刪多餘之"復"字。因前生後，何獨致怪，意指繼承前者而生後者，有什麼好奇怪的。

[3]故懼以將來：所以用將來的死來恐嚇他們。

[4]以詭勸民："詭"字百衲本作"説"，今據諸本改。

[5]魚腹之書：魚腹中的帛書。喻虛無。《史記》卷四八《陳涉世家》陳涉、吳廣密謀暴動，"乃丹書帛曰'陳勝王'，置人所罾魚腹中"，以威衆人。

[6]鑿楹之誥：鑿刻在楹柱上的詔誥。

[7]北辰：北極星。

[8]龍宮韞（yùn）櫝（dú）：百衲本"龍"前有"謂"字，今據諸本刪。韞櫝，藏在櫃子裏。

[9]死之言"澌"，精神盡也：典出班固《白虎通》卷一〇《崩薨》："死之爲言澌，精氣窮也。"澌，盡。

[10]無草不死：出自《詩·小雅·谷風》，意爲没有草是不死的。

[11]月令：指《禮記·月令》。 靡草：草名。以枝葉靡細而得名。

[12]神之在形，亦非自矚，離朱之明不能睹：其大意是，精神依托於形體，即使自己視力再好，也看不見。離朱，傳説中上古黄帝時人。一作"離婁"。相傳他雙目極明，能於百步之遠，見秋毫之末。一云見千里針鋒。

[13]蔣濟觀眸，賢愚可察：蔣濟看人眼睛，就能知道對方賢明或愚昧。蔣濟（？—249），字子通，楚國平阿（今安徽懷遠縣西南）人。三國時魏大臣。《三國志》卷一四有傳。

[14]鍾生聽曲，山水呈狀：鍾生聽曲，腦海中就會浮現出山水之形狀。鍾生，即鍾子期，春秋時楚人。伯牙鼓琴，意在高山流水，子期聽而知之。子期死，伯牙謂世無知音，乃破琴絶弦，終身不復鼓琴。

［15］季札言無不之：典出《禮記·檀弓下》："（季札）曰：骨肉歸復於土，命也！若魂氣則無不之也，無不之也。"季札，亦稱季子，春秋時吳國公子。受封於延陵（今江蘇常州市西南）、州來（今安徽鳳臺縣）。事見《史記》卷三一《吳太伯世家》。

［16］美其斯與形別：中華本校勘記云："《英華》卷七五八作'美夫神與形別'。按二人討論的是形神關係問題。作'斯'無意義，疑作'神'是。"

［17］若許以廓然：如果贊同人死而靈魂消逝。

［18］覈（hé）：檢驗。

［19］長狄：亦作"長翟"。春秋時狄族的一支，傳說其人身材高大，故稱。魯國常與之作戰。

［20］孟德：曹操（155—220），一名吉利，小字阿瞞，沛國譙（今安徽亳州市）人。東漢末權臣。《三國志》卷一有紀。

［21］崔琰（約160—216）：字季珪，清河東武城（今河北清河縣東北）人。東漢末曹操部下。《三國志》卷一二有傳。

［22］周：指周公姬旦，西周傑出政治家。周武王之弟。《史記》卷三三有世家。　莊周之鼓缶：典出《莊子·至樂》。莊子死了妻子，却在遺體旁敲着瓦盆唱歌。莊周（約前369—約前286），戰國思想家。莊氏，名周，宋國蒙（今河南商丘市東北）人。《史記》卷六三有傳。

［23］和桑扈之循歌：典出《莊子·大宗師》。桑扈死後尚未下葬，其生前好友孟子反、子琴張或編曲、或彈琴，一起在遺體旁歌唱。桑扈，亦作"桑户"。以裸行聞名。疑即春秋時魯國隱士子桑伯子。

［24］共陰而息：在同一片樹蔭下休息。

［25］窮轍以遊，亦興中途之歎：遨游到道路盡頭，也有中途分別的感歎。

［26］稱情之服：稱心之行。

［27］鷹化爲鳩，鼠變爲駕：典出《逸周書》卷六。此處及下文

之物種轉化，皆古人觀察不細所造成的誤解。駕，指鵪鶉類的小鳥。

[28]黄母爲鼈：典出東晉干寶《搜神記》卷一四："漢靈帝時江夏黄氏之母浴，伏盤水中，久而不起，變爲黿矣。"

[29]皆是生之類也：中華本校勘記云："《英華》卷七五八'生'上有'有'字，疑當有此字。"

[30]既非二有，何可兩立：百衲本"既"後無"非"字，今據中華本校勘記補。

[31]又何惑哉：中華本校勘記云："《英華》卷七五八'惑'作'貳'。按這是說'神去此形，亦託彼形'，神是一非二，也是宣揚唯心主義神不滅論的觀點。疑作'貳'是。"

[32]腐草爲螢：典出《逸周書》卷六。

[33]老木爲蝎：未知出處。

其後別與邢書云："夫建言明理，宜出典證，而違孔背釋，獨爲君子。若不師聖，物各有心，馬首欲東，[1]誰其能禦。奚取於適衷，[2]何貴於得一。逸韻雖高，管見未喻。"[3]前後往復再三，邢卻理屈而止，文多不載。

[1]馬首欲東：喻言語反復。典出《左傳》襄公十四年。

[2]奚取於適衷：爲何采取折衷的態度。

[3]逸韻雖高，管見未喻：表面上風韻雖高，實質上連淺顯的見識也不曉得。

又以本官行鄭州事，[1]未發，爲家客告弼謀反，[2]收下獄，案治無實，久乃見原。因此絕朝見。復坐第二子廷尉監臺卿斷獄稽遲，[3]與寺官俱爲郎中封静哲所訟。[4]

事既上聞，顯祖發忿，遂徙弼臨海鎮。[5]時楚州人東方白額謀反，[6]南北響應，臨海鎮爲賊帥張綽、潘天合等所攻，[7]弼率屬城人，終得全固。顯祖嘉之，敕行海州事，[8]即所徙之州。在州奏通陵道并韓信故道。[9]又於州東帶海而起長堰，外遏鹹潮，內引淡水。敕並依行。轉徐州刺史，[10]未之任，又除膠州刺史。[11]

[1]鄭州：治所在今河南許昌市。

[2]家客：門客。

[3]廷尉監：官名。爲廷尉卿屬官，掌刑獄。孝文帝太和二十三年（499）定爲第六品。北齊改廷尉監爲大理監，仍爲第六品。

臺卿：杜臺卿（？—596），字少山。《隋書》卷五八有傳，《北史》卷五五《杜弼傳》有附傳。

[4]寺官：此處指廷尉寺（大理寺）官員。　郎中：官名。即尚書郎。北朝爲尚書省郎曹長官，位次尚書、左右丞，分曹執行政務。北魏孝文帝太和二十三年定爲第六品，北齊爲第六品上。　封靜哲：其事僅此一例。

[5]臨海鎮：軍鎮名。在今江蘇連雲港市東北。

[6]楚州：東魏置，後改名西楚州，治所在今安徽鳳陽縣東北。東方白額（？—554）：北齊東楚州宿豫郡（今江蘇宿遷市東南）人。公元553年以宿豫城投降南朝梁，次年爲北齊將領段韶所誘殺。

[7]張綽：其事僅此一例。　潘天合：其事僅此一例。

[8]海州：治所在今江蘇連雲港市海州區。

[9]陵道：道路名。確址不詳。　韓信故道：道路名。確址不詳。韓信（？—前196），淮陰（今江蘇淮安市淮陰區西南）人。西漢初軍事家。《史記》卷九二、《漢書》卷三四有傳。

[10]徐州：治所在今江蘇徐州市。

[11]膠州：治所在今山東諸城市。

　　弼儒雅寬恕，尤曉吏職，所在清潔，爲吏民所懷。耽好玄理，老而愈篤。又注《莊子·惠施》篇、《易·上下繫》，名《新注義苑》，[1]並行於世。弼性質直，前在霸朝，[2]多所匡正。及顯祖作相，致位僚首，初聞揖讓之議，[3]猶有諫言。顯祖嘗問弼云："治國當用何人？"對曰："鮮卑車馬客，會須用中國人。"顯祖以爲此言譏我。高德政居要，[4]不能下之，乃於衆前面折云："黄門在帝左右，[5]何得聞善不驚，唯好减削抑挫！"德政深以爲恨，數言其短。又令主書杜永珍密啓弼在長史日，[6]受人請屬，大營婚嫁。顯祖内銜之。弼恃舊仍有公事陳請。十年夏，[7]上因飲酒，積其愆失，遂遣就州斬之，時年六十九。既而悔之，驛追不及。長子蒝、第四子光，[8]遠徙臨海鎮。次子臺卿，先徙東豫州。[9]乾明初，[10]並得還鄴。天統五年，[11]追贈弼使持節、揚郢二州軍事、開府儀同三司、尚書右僕射、揚州刺史，[12]謚曰文肅。

[1]《新注義苑》：《隋書·經籍志》已不見收錄。
[2]霸朝：指魏晉南北朝時期控制朝政、作稱帝準備的權臣的府署。
[3]揖讓之議：禪讓之議。
[4]高德政（？—559）：一作"高德正"，字士貞，渤海蓨（今河北景縣）人。東魏、北齊官吏。本書卷三〇有傳，《北史》卷三一《高允傳》有附傳。

［5］黄門：官名。"給事黄門侍郎"之省稱。

［6］杜永珍：事見本卷。

［7］十年：指天保十年（559）。

［8］蕤：杜蕤。事見《隋書》卷五八《杜臺卿傳》，《北史》卷五五《杜弼傳》有附傳。　光：杜光。僅見此處。

［9］東豫州：治所在今河南息縣。

［10］乾明：北齊廢帝高殷年號（560）。

［11］天統：北齊後主高緯年號（565—569）。

［12］揚：州名。治所在今安徽壽縣。　郢：州名。北齊改南司州置，治所在今河南信陽市南四十里。　尚書右僕射：官名。東漢末始置，爲尚書臺次官。北朝列位宰相，掌都省庶務及執法，或典選舉。北魏孝文帝太和二十三年（499）定爲從二品。北齊因之。

蕤、臺卿，並有學業。臺卿文筆尤工，見稱當世。蕤，字子美。武平中大理少卿，[1]兼散騎常侍，聘陳使主。[2]末年，吏部郎中。[3]隋開皇中，終於開州刺史。[4]臺卿字少山，歷中書、黄門侍郎，[5]兼大著作、修國史，[6]武平末，國子祭酒，[7]領尚書左丞。[8]周武帝平齊，[9]命尚書左僕射陽休之以下知名朝士十八人隨駕入關，[10]蕤兄弟並不預此名。臺卿後雖被徵，爲其聾疾放歸。隋開皇中，徵爲著作郎，歲餘以年老致事，詔許之。特優其禮，終身給禄，未幾而終。

［1］大理少卿：官名。爲大理寺次官，第四品上。

［2］陳：南朝陳（557—589）。南朝梁敬帝太平二年（557），陳霸先改元稱帝，都建康（今江蘇南京市），國號陳。歷五帝，三十三年。後主禎明二年（589）被隋所滅。　使主：北朝代表國家

出使的首席使臣之稱。一般冠以使命名號，如聘梁使主、聘陳使主、聘周使主等。

[3]吏部郎中：官名。又稱"吏部郎"。爲尚書省吏部之吏部曹長官，掌官員銓選任免。北朝沿置。北魏孝文帝太和二十三年（499）定爲第四品上。北齊因之。

[4]開州：治所在今重慶市開縣西北。

[5]中書：官名。即"中書侍郎"。中書省屬官，掌草擬詔令。北魏孝文帝太和二十三年定爲從四品上。北齊因之。　黃門侍郎：官名。爲"給事黃門侍郎"之省稱。

[6]大著作：官名。即"著作郎"之別稱。掌修纂國史。北魏爲祕書省屬官，孝文帝太和二十三年定爲從五品上。北齊、隋初因之。

[7]國子祭酒：官名。爲國子學長官，掌教授國子生。北魏沿置，孝文帝太和二十三年定爲從三品。北齊置爲國子寺長官，從三品。

[8]尚書左丞：官名。北魏爲尚書省佐官，位次尚書，與右丞共掌尚書都省庶務。孝文帝太和二十三年定爲從四品上。北齊因之。

[9]周武帝：北周武帝宇文邕（543—578），字禰羅突。宇文泰第四子。公元561年至578年在位。《周書》卷五、六，《北史》卷一〇有紀。

[10]尚書左僕射：官名。爲尚書臺次官。北朝列位宰相，掌都省庶務及執法，兼掌糾彈百官。北魏孝文帝太和二十三年定爲從二品。北齊因之。　陽休之（509—582）：字子烈，右北平無終（今天津市薊州區）人。北魏、東魏、北齊官吏。好學，愛文藻。本書卷四二有傳，《北史》卷四七《陽尼傳》有附傳。　關：關隘名。指潼關。在今陝西潼關縣東北。

史臣曰：孫搴便蕃左右，處文墨之地，入幕未久，情義已深。及倉卒致殞，高祖折我右臂，雖戎旃未卷，愛惜才子，不然何以成霸王之業。太史公云：[1]"非死者難，處死者難。"[2] "或重於太山，或輕於鴻毛。"[3]斯其義也。元康以智能才幹，委質霸朝，綢繆帷幄，任寄爲重。及難無苟免，忘生殉義，可謂得其地焉。楊愔自謂異行奇才，冠絶夷等，[4]弑逆之際，趨而避之，是則非處死者難，死者亦難也。顯祖弱齡藏器，未有朝臣所知，及北宮之難，以年次推重，故受終之議，時未之許焉。杜弼識學甄明，發言讜正，禪代之際，先起異圖。王怒未息，卒蒙顯戮。直言多矣，能無及是者乎？

[1]太史公：指司馬遷（約前145—約前87），字子長，夏陽（今陝西韓城市西南）人。西漢史學家。《史記》卷一三〇有自序，《漢書》卷六二有傳。

[2]非死者難，處死者難：語出《史記》卷八一《廉頗藺相如列傳》。意思是，不是死去難，而是如何對待死去難。

[3]或重於太山，或輕於鴻毛：句出《漢書》卷六二《司馬遷傳》。太山，山名。即泰山，五岳之一。

[4]夷等：同輩。

贊曰：彦舉驅馳，才高行詖。[1]元康忠勇，舍生存義。卬卬輔玄，[2]思極談天，[3]道亡時晦，身没名全。

[1]詖（bì）：偏頗。
[2]卬卬：高大。
[3]思極談天：思致深遠而好談玄理。

北齊書　卷二五

列傳第十七

張纂　張亮　張耀　趙起　徐遠　王峻　王紘

張纂,[1]字徽纂,代郡平城人也。[2]父烈,[3]桑乾太守。[4]纂初事尒朱榮,[5]又爲尒朱兆都督長史。[6]爲兆使於高祖,[7]遂被顧識。高祖舉義山東,[8]劉誕據相州拒守,[9]時纂亦在其中。高祖攻而拔之,以纂參丞相軍事。[10]

[1]張纂:《北史》卷五五有傳。
[2]代郡:治所在今山西大同市東北。　平城:縣名。治所同郡。
[3]烈:張烈。僅見此處。
[4]桑乾:郡名。治所在今山西山陰縣東。
[5]尒朱榮（493—530）:字天寶,北魏北秀容（今山西朔州市）契胡貴族。繼父爲部落酋帥,六鎮起義後投魏。後擁立莊帝,自爲大丞相、天柱大將軍,封太原王。《魏書》卷七四、《北史》卷四八有傳。

[6]尒朱兆（？—533）：字萬仁（一作"吐萬兒"），北魏北秀容（今山西朔州市）契胡貴族。《魏書》卷七五有傳，《北史》卷四八《尒朱榮傳》有附傳。　都督：官名。領兵將領。　長史：官名。南北朝爲諸府幕僚之長。掌參軍政，主管屬吏。

[7]高祖：北齊神武皇帝高歡（496—547），廟號高祖。本書卷一、二，《北史》卷六有紀。

[8]山東：古地區名。泛指華山（今陝西華陰市南）或崤山（今河南洛寧縣西北）以東地區。

[9]劉誕據相州拒守："誕"字百衲本作"延"，今據中華本校勘記改。劉誕，北魏官吏。北魏東海王至安定王在位時曾爲相州刺史，中興二年（532）爲高歡所俘。相州，治所在今河北臨漳縣西南鄴鎮。

[10]丞相：官名。北朝丞相一職省置無常，或分置左、右，或稱大丞相。多用以位置權臣，皆第一品。凡任之者權任極重，獨攬軍政，令由己出，往往由此進位皇帝。亦用作贈官。　參軍事：官名。省稱"參軍"。參謀軍務，掌諸曹事。

纂性便僻，[1]左右出内，稍見親待，仍補行臺郎中。[2]高祖啓減國封，分賞文武，纂隨例封壽張伯。[3]魏武帝末，[4]高祖赴洛，[5]以趙郡公琛爲行臺，[6]守晉陽，[7]以纂爲右丞。[8]轉相府功曹參軍事，[9]除右光禄大夫。[10]使於茹茹，[11]以銜命稱旨。[12]歷中外、丞相二府從事中郎。[13]邙山之役，[14]大獲俘虜，高祖令纂部送京師，[15]魏帝賜絹五百匹，[16]封武安縣伯。[17]

[1]便僻：諂媚逢迎。

[2]行臺郎中：官名。北魏置，東魏、西魏、北齊沿置。爲行

臺諸曹郎中的泛稱，掌諸郎曹事，職如尚書郎。

[3]壽張伯：爵名。壽張，縣名。治所在今山東東平縣西南。

[4]魏武帝：北魏孝武帝元脩（510—534），字孝則，廣平武穆王元懷第三子。公元532年至534年在位。諡號孝武。《魏書》卷一一、《北史》卷五有紀。

[5]洛：洛陽。即北魏孝文帝南遷後之都城。其址在今河南洛陽市東北。

[6]趙郡公：爵名。趙郡，治所在今河北趙縣。按本書卷一三《趙郡王琛傳》，則是南趙郡。高琛死後，其子叡襲爵南趙郡公。至顯祖受禪，進封爵爲趙郡王。南趙郡，治所在今河北隆堯縣東。郡公，北朝爲"開國郡公"之省稱。晋朝始置，食邑爲郡。北魏孝文帝太和二十三年定爲第一品，食邑三分食一。北齊從一品，四分食一。 琛：高琛（513—535），字永寶，一作"元寶"，渤海蓨（今河北景縣）人。高歡弟。東魏大臣。本書卷一三、《北史》卷五一有傳。 行臺：官名。北朝爲"行臺長官"之省稱。北魏正光（520—525）末，因各地戰亂，在各地陸續設立行臺主管各地軍務，成爲常設的地方行政機構。到北魏末期漸理民事，北齊時成爲地方最高行政機構。北魏、北齊以行臺尚書令爲長官，也有以尚書僕射或左、右僕射以及尚書來主管行臺事務者。

[7]晋陽：縣名。治所在今山西太原市晋源區古城營村一帶。

[8]右丞：官名。即行臺尚書右丞，多省稱"行臺右丞"。北魏始置，東魏、西魏沿置。屬行臺，職掌同尚書右丞。

[9]功曹參軍事：官名。功曹之長。職掌本府選舉，孝文帝太和二十三年定爲第六品上至第八品上。北齊爲第六品上至第七品下。

[10]右光禄大夫：官名。北朝爲元老重臣之加官或致仕之官。北魏孝文帝太和二十三年定爲第二品。北齊因之。

[11]茹茹：古族名。又稱"柔然""蠕蠕""蝚蠕""芮芮"等。其强盛時，勢力達於整個蒙古高原。該國汗族郁久閭氏源自雜

胡（詳見曹永年《柔然源於雜胡考》，《歷史研究》1981年第3期）。境內有匈奴、鮮卑、高車、西域諸族以及其他民族，多以游牧爲生。《魏書》卷一〇三、《北史》卷九八有傳。

[12]銜命：接受使命。　稱旨：符合上意。

[13]中外：即中外府，官署名。"都督中外諸軍事府"的簡稱。北魏末高歡父子、西魏宇文泰及北周時宇文護等皆以"都督中外諸軍事"身份控制朝政，故府佐的實際地位很高。　從事中郎：官名。掌本府諸曹事，或典機密，參謀議，地位較高。北魏孝文帝太和二十三年定爲第五品上至第五品不等，北齊因之。

[14]邙山：山名。此處指北邙山，又稱"北芒山"，即邙山東段。在今河南洛陽市北。陳長安先生認爲北邙山周代稱爲"郟山"，東漢帝陵葬此，遂有"芒山"之稱，北魏孝明帝時，始見"邙"字出現（詳見陳長安《洛陽邙山北魏定陵終寧陵考》，《中原文物》1987年特刊）。

[15]部送：指押送囚犯、官物、畜産等。

[16]魏帝：指東魏孝靜帝元善見（524—552），公元534年至550年在位。《魏書》卷一二、《北史》卷五有紀。

[17]武安縣伯：爵名。武安縣，治所在今河北武安市西南。縣伯，北朝爲"開國縣伯"之省稱。北魏中期置，食邑爲縣。孝文帝太和二十三年定爲第三品，食邑四分食一。北齊同。

復爲高祖行臺右丞，從征玉壁。[1]大軍將還山東，行達晉州，[2]忽值寒雨，士卒飢凍，至有死者。州以邊禁不聽入城。于時纂爲別使，遇見，輒令開門內之，分寄民家，給其火食，[3]多所全濟。高祖聞而善之。

[1]玉壁：即玉壁城。在今山西稷山縣西南。西魏大統四年（538）東道行臺王思政因玉壁險要，築城以禦東魏。

[2]晉州：治所在今山西臨汾市城區。

[3]火食：給火取暖，給食免飢。

纂事高祖二十餘歲，傳通教令，甚見親賞。世宗嗣位，[1]侯景作亂潁川，[2]招引西魏。[3]以纂爲南道行臺，與諸將率討之。還，除瀛州刺史。[4]會世宗。入爲太子少傅。[5]後與平原王段孝先、行臺尚書辛術等攻圍東楚，[6]仍拔廣陵、涇州數城，[7]斬賊帥東方白額。[8]授儀同三司，[9]監築長城大使，領步騎數千鎮防北境。還，遷護軍將軍，[10]尋卒。

[1]世宗：北齊文襄帝高澄（521—549），廟號世宗。本書卷三、《北史》卷六有紀。

[2]侯景（503—552）：字萬景，懷朔鎮（今內蒙古固陽縣西南）人，或云雁門（今山西代縣西南）人，羯族。北魏、東魏將領，後降南朝梁。《梁書》卷五六、《南史》卷八〇有傳。 潁川：郡名。治所在今河南許昌市。

[3]西魏：朝代名（535—557）。永熙三年（534），北魏孝武帝元脩西奔關中投奔宇文泰，次年被毒死，宇文泰立元寶炬爲帝，建都長安。史稱西魏。歷三帝，二十三年。

[4]瀛州：治所在今河北河間市。

[5]會世宗。入爲太子少傅：中華本校勘記云："按高澄從未爲太子少傅，而且忽插此句，和張纂事全不相涉。'世宗'下當有脫文，入爲太子少傅的是張纂。"存疑。太子少傅，官名。掌輔導太子。北魏孝文帝太和二十三年（499）定爲第三品。北齊因之。

[6]平原：郡名。治所在今山東聊城市東北；一說治所在今甘肅平涼市東。 王：爵名。漢朝以後爲爵位的最高一等，在公之

上，多用以封授宗室，少數建有殊勳的功臣亦封王。　段孝先（？—571）：名韶，小名鐵伐，姑臧武威（今甘肅武威市）人。北魏、東魏、北齊將領。本書卷一六《段榮傳》、《北史》卷五四《段榮傳》有附傳。　行臺尚書：官名。北魏始置。初置爲行臺長官，至北魏末期降爲行臺屬官，分曹理事。東魏、北齊沿置。　辛術（500—559）：一作"辛述"，字懷哲，隴西狄道（今甘肅臨洮縣）人。本書卷三八有傳，《北史》卷五〇《辛雄傳》有附傳。東楚：州名。治所在今江蘇宿遷市東南。

[7]廣陵：郡名。治所在今江蘇揚州市西北。　涇州：梁置，治所在今安徽天長市西北石梁鎮。

[8]斬賊帥東方白額：百衲本無"斬"字，據諸本補。東方白額（？—554），北齊東楚州宿豫郡（今江蘇宿遷市東南）人。公元553年以宿豫城投降南朝梁，次年爲北齊將領段韶所誘殺。

[9]儀同三司：官名。省稱"儀同"。北魏爲優禮大臣之虛號。孝文帝太和二十三年定爲從一品。北齊第二品。

[10]護軍將軍：官名。掌督護京師以外諸軍。北魏孝文帝太和二十三年定爲從二品。北齊因之。

張亮，[1]字伯德，西河隰城人也。[2]少有幹用，初事尒朱兆，拜平遠將軍，[3]以功封隰城縣伯，邑五百户。高祖討兆於晋陽，兆奔秀容。[4]兆左右皆密通誠款，[5]唯亮獨無啓疏。及兆敗，竄於窮山，[6]令亮及倉頭陳山提斬己首以降，[7]皆不忍，兆乃自縊於樹。伯德伏屍而哭。高祖嘉歎之。授丞相府參軍事，漸見親待，委以書記之任。[8]天平中，[9]爲世宗行臺郎中，典七兵事，[10]雖爲臺郎，而常在高祖左右。遷行臺右丞。

［1］張亮：《北史》卷五五有傳。
［2］西河：郡名。治所在今山西汾陽市。　隰城：縣名。治所同郡。兩漢、晋、北魏，隰城皆隸西河。
［3］平遠將軍：官名。雜號將軍，孝文帝太和二十三年（499）定爲第四品。
［4］秀容：郡名。治所在今山西忻州市西北。
［5］密通誠款：秘密地向高歡表示忠誠。
［6］窮山：深山。
［7］令亮及倉頭陳山提斬己首以降："提"字百衲本作"隄"，據諸本改。陳山提，潁川（今河南許昌市）人。東魏、北齊、北周官吏。事見本書卷五〇《韓寶業等傳》、《北史》卷九二《齊諸宦者傳》。
［8］書記：官名。掌典領文書簿籍，經辦事務。
［9］天平：東魏孝静帝元善見年號（534—537）。
［10］七兵：官署名。即行臺七兵曹。

高仲密之叛也，[1]與大司馬斛律金守河陽。[2]周文帝於上流放火船燒河橋。[3]亮乃備小艇百餘艘，皆載長鎖，鎖頭施釘。火船將至，即馳小艇，以釘釘之，引鎖向岸，火船不得及橋。橋之獲全，亮之計也。

［1］高仲密：高慎，字仲密，高乾弟。魏孝武帝初，爲驃騎大將軍、儀同三司，光州刺史。東魏元象初，據武牢降西魏。本書卷二一《高乾傳》、《北史》卷三一《高祐傳》有附傳。
［2］大司馬：百衲本作"大司徒"，今據中華本校勘記改。大司馬，官名。北魏、北齊與大將軍並號"二大"，共典軍政，位頗尊顯，常由權臣兼任，皆第一品。　斛律金（488—567）：原名敦，後改爲金，字阿六敦，朔州（今内蒙古固陽縣）人。高車族。北

魏、東魏、北齊將領。本書卷一七、《北史》卷五四有傳。　河陽：縣名。治所在今河南孟州市西南。

[3]周文帝：北周文帝宇文泰（505—556），字黑獺，代郡武川（今内蒙古武川縣）人。鮮卑族。北周奠基者。《周書》卷一、二，《北史》卷九有紀。　河橋：橋名。故址在今河南孟津縣東、孟州市西南黄河上。

武定初，[1]拜太中大夫。[2]薛琡嘗夢亮於山上挂絲，[3]以告亮，旦占之曰："山上絲，幽字也。君其爲幽州乎？"[4]數月，亮出爲幽州刺史。屬侯景叛，除平南將軍、梁州刺史。[5]尋加都督揚、穎等十一州諸軍事，[6]兼行臺殿中尚書，轉都督二豫、揚、穎等八州軍事、征西大將軍、豫州刺史、尚書右僕射、西南道行臺。[7]攻梁江夏、穎陽等七城皆下之。[8]

[1]武定：東魏孝静帝元善見年號（543—550）。

[2]太中大夫：官名。北朝多用以安置老疾退免的大臣，無職事。北魏亦用作加官、兼官，或供朝廷臨時差遣。孝文帝太和二十三年（499）定爲從三品。北齊因之。

[3]薛琡（？—550）：字曇珍，代（今山西大同市東北）人。鮮卑族。北魏、東魏、北齊官吏。本書卷二六有傳，《北史》卷二五《薛彪子傳》有附傳。

[4]幽州：治所在今北京市西城區。

[5]平南將軍：官名。與平北、平東、平西共爲四平將軍。孝文帝太和二十三年定爲第三品。北齊爲襃賞軍功勳臣的閑職，第三品。　梁州：治所在今河南開封市城區。

[6]尋加都督揚、穎等十一州諸軍事：百衲本無"揚"字，據

諸本補。揚，州名。治所在今安徽壽縣。潁，州名。治所在今河南長葛市東北。都督諸州軍事，官名。三國魏始置，爲地方軍政長官，領駐在州刺史，兼理民政。北朝沿置，分使持節、持節、假節三種，職權各有不同。

[7]二豫：指北豫州和豫州。北豫州，治所在今河南滎陽市西北。豫州，治所在今河南汝南縣汝寧街道。 征西大將軍：官名。爲高級將領。孝文帝太和二十三年定爲第二品。北齊爲褒賞軍功勳臣之閑職，第二品。 尚書右僕射：官名。爲尚書臺次官。北朝列位宰相。孝文帝太和二十三年定爲從二品。北齊因之。

[8]江夏：郡名。治所在今湖北武漢市武昌區。 潁陽：縣名。治所在今河南許昌市西南。

亮性質直，勤力強濟，[1]深爲高祖、世宗所信，委以腹心之任。然少風格，[2]好財利，久在左右，不能廉潔，及歷諸州，咸有黷貨之聞。武定末，徵拜侍中、汾州大中正。[3]天保初，[4]授光祿勳，[5]加驃騎大將軍、儀同三司，[6]別封安定縣男。[7]轉中領軍。[8]尋卒於位，贈司空公。[9]

[1]強濟：精明幹練。
[2]風格：氣度。
[3]侍中：官名。北朝爲門下省長官，掌侍從顧問、規諫過失等。權任尤重，時號"小宰相"。北魏孝文帝太和二十三年（499）定爲第三品。北齊因之。 汾：州名。治所在今山西汾陽市。 州大中正：官名。主管州內士人品第的評定。
[4]天保：北齊文宣帝高洋年號（550—559）。
[5]光祿勳：官名。亦稱光祿卿。北魏掌宮殿門户名籍，兼供應百官膳食。孝文帝太和二十三年定爲第三品。北齊因之。

[6]驃騎大將軍：官名。北朝爲優禮大臣之虛號。北魏孝文帝太和二十三年定爲從一品。北齊因之。

[7]安定縣男：爵名。安定縣，治所在今甘肅涇川縣北。縣男，北朝爲"開國縣男"之省稱。食邑爲縣。北魏中期置，孝文帝太和二十三年定爲第五品，食邑五分食一。北齊品同，食邑四分食一。

[8]中領軍：官名。即中領軍將軍。與領軍通職，掌宮廷禁衛。北魏孝文帝太和二十三年定爲第三品。北齊因之。

[9]司空公：官名。即"司空"之尊稱。列三公之末，爲名譽宰相，多爲大臣加官，位居第一品，無實際職掌。

張耀，[1]字靈光，上谷昌平人也。[2]父鳳，[3]晉州長史。耀少而貞謹，[4]頗曉吏職。解褐給事中，[5]轉司徒水曹行參軍。[6]義旗建，高祖擢爲中軍大都督韓軌府長史。[7]及軌除瀛、冀二州刺史，[8]又以耀爲軌諮議參軍。[9]後爲御史所劾，州府僚佐及軌左右以贓罪掛網者百有餘人，唯耀以清白獨免。徵爲丞相府倉曹。[10]

[1]張耀：一作"張曜"。《北史》卷五五有傳。

[2]上谷昌平：昌平縣隸屬上谷郡，乃在兩漢時，此處係史書追溯。上谷郡兩漢時治所均在今河北懷來縣東南。而昌平縣西漢時治所在今河北陽原縣，東漢時治所則在今北京市昌平區東南（尹鈞科：《兩漢昌平縣新解》，《北京社會科學》1986年第1期）。

[3]鳳：張鳳。僅見此處。

[4]貞謹：守正而恭謹。

[5]解褐：脱去布衣，擔任官職。指入仕。　給事中：官名。北魏置爲内朝官，常派往尚書省諸曹，參領政務，並負有監察之責。孝文帝太和二十三年（499）定爲從六品上。北齊隸集書省，掌諫議獻納，從六品上。

[6]司徒：官名。北朝列三公之中，爲名譽宰相，位居第一品，多爲大臣加官，無實際職掌。　水曹行參軍：官名。又稱"水曹參軍"。主水利。

[7]中軍大都督：官名。北魏末始置，東、西魏沿置。統領中軍。　韓軌：字百年，太安狄那（今山西壽陽縣北）人。北魏、北齊官吏。本書卷一五、《北史》卷五四有傳。

[8]冀：州名。治所在今河北冀州市。

[9]諮議參軍：官名。又稱"諮議參軍事"。掌顧問諫議。

[10]倉曹：官名。即倉曹參軍事，又作"倉曹參軍"。晋朝始置，掌倉穀事。北朝沿置。

　　顯祖嗣事，[1]遷相府掾。[2]天保初，賜爵都亭鄉男，[3]攝倉、庫二曹事，[4]諸有賜給，常使耀典之。轉祕書丞，[5]遷尚書右丞。[6]顯祖曾因近出，令耀居守。帝夜還，耀不時開門，勒兵嚴備。帝駐蹕門外久之，[7]催迫甚急。耀以夜深，真偽難辯，須火至面識，門乃可開，於是獨出見帝。帝笑曰："卿欲學郛君章也。"[8]乃使耀前開門，然後入，深嗟賞之，賜以錦采。出爲南青州刺史，[9]未之任。肅宗輔政，[10]累遷祕書監。[11]

[1]顯祖：北齊文宣皇帝高洋（529—559），廟號顯祖。本書卷四、《北史》卷七有紀。

[2]相府掾：丞相屬官，掌諸曹事。

[3]都亭：鄉治所在之亭爲都亭。　鄉男：爵名。爲"開國鄉男"之省稱。北齊始置，食邑爲鄉，從五品。

[4]倉、庫二曹：倉曹和庫曹，皆官署名。倉曹，指丞相倉曹。掌糧食倉儲出納。庫曹，指丞相庫曹。掌錢帛。

[5]祕書丞：官名。北朝爲祕書省次官，掌圖書經籍。北魏孝文帝太和二十三年（499）定爲第五品上。北齊因之。

[6]尚書右丞：官名。爲尚書省佐官，位次尚書，與左丞共掌尚書都省庶務。北魏孝文帝太和二十三年定爲從四品。北齊因之。

[7]蹕：帝王出行的車駕。

[8]郅君章：名惲，汝南西平（今河南西平縣西）人。東漢官吏。曾爲洛陽城門候，帝獵夜歸，惲堅不開門。《後漢書》卷二九有傳。

[9]南青州：治所在今山東沂水縣。

[10]肅宗：北齊孝昭帝高演（535—561），廟號肅宗。本書卷六、《北史》卷七有紀。

[11]祕書監：官名。北朝爲祕書省長官，掌圖書經籍。北魏孝文帝太和二十三年定爲第三品。北齊因之。

　　耀歷事累世，奉職恪勤，咸見親待，未嘗有過。每得禄賜，散之宗族，性節儉率素，車服飲食，取給而已。好讀《春秋》，月一遍，時人比之賈梁道。[1]趙彥深嘗謂耀曰：[2]"君研尋《左氏》，[3]豈求服虔、杜預之紕繆邪？"[4]耀曰："何爲其然乎？《左氏》之書，備叙言事，惡者可以自戒，善者可以庶幾。故屬己溫習，非欲詆訶古人之得失也。"天統元年，[5]世祖臨朝，[6]耀奏事，遇暴疾，僕於御前。帝下座臨視，呼數聲不應。帝泣曰："豈失我良臣也！"旬日卒，時年六十三。詔稱耀忠貞平直，溫恭廉慎。贈開府儀同三司、尚書右僕射、燕州刺史，[7]諡曰貞簡。

[1]時人比之賈梁道："比"字百衲本作"慕"，據諸本改。賈

梁道（174—228），本名衢，後改爲逵，河東襄陵（今山西臨汾市東南）人。東漢末曹操部將、曹魏將領。《三國志》卷一五有傳。按，史家誤。東漢有兩賈逵，經學大師、學者賈逵字景伯；軍人賈逵字梁道。賈梁道出自行伍，不讀《春秋》，以《春秋》名家者賈景伯。

［2］趙彥深（507—576）：本名隱，字彥深，平原（今山東聊城市東北）人，祖籍南陽宛縣（今河南南陽市）。北齊大臣。本書卷三八、《北史》卷五五有傳。

［3］《左氏》：即《左傳》。

［4］服虔：字子慎，初名"重"，又名"祇"，後改爲"虔"，河南滎陽（今河南滎陽市東北）人。東漢經學家。善《春秋》。《後漢書》卷七九下有傳。　杜預（222—285）：字元凱，京兆杜陵（今陝西西安市東南）人。曹魏官吏、西晉大臣。有《春秋左氏傳》名世。《三國志》卷一六《杜畿傳》有附傳，《晉書》卷三四有傳。

［5］天統：北齊後主高緯年號（565—569）。

［6］世祖：北齊武成帝高湛（537—569），廟號世祖。本書卷七、《北史》卷八有紀。

［7］開府儀同三司：官名。簡稱"開府"。北魏、東魏爲優禮大臣之加銜。加此銜者，可開建府署，辟置僚屬，儀同三公。北齊定爲從一品。　燕州：北齊置，治所在今山西壽陽縣西。

趙起，[1]字興洛，廣平人也。[2]父達，[3]幽州錄事參軍。[4]起性沉謹有幹用。義旗建，高祖以段榮爲定州刺史，[5]以起爲榮典籤，[6]除奉車都尉。[7]天平中，徵爲相府騎曹，[8]累加中散大夫。[9]世宗嗣事，出爲建州刺史，[10]累遷侍中。起，高祖世頻爲相府騎、兵二局，[11]典知兵馬十有餘年。至顯祖即祚之後，起罷州還闕，雖歷位九卿、侍中，[12]常以本官監兵馬，出内驅使，居腹心之寄，與二張相亞。[13]出爲西兗州刺史，[14]糾劾禁止，歲餘，以無驗獲免。河清二年，[15]徵還晉陽。三年，又加祠部尚書、開府。[16]天統初，轉太常卿，[17]食琅邪郡幹。[18]二年，除滄州刺史，[19]加六州都督。武平中，[20]卒於官。

[1]趙起：《北史》卷五五《張亮傳》有附傳。

[2]廣平：郡名。治所在今河北邯鄲市永年區東南。

[3]達：趙達，僅見此處。

[4]録事參軍：官名。即録事參軍事。爲録事曹長官，掌總録衆曹文簿，舉彈善惡。

[5]段榮（478—539）：字子茂，姑臧武威（今甘肅武威市）人。北魏、東魏將領。本書卷一六、《北史》卷五四有傳。　定州：治所在今河北定州市。

[6]典籤：官名。南北朝置。原爲州府掌管文書之小吏，後因皇帝委以監督出鎮宗王及各州刺史之任而權勢日隆。

[7]奉車都尉：官名。散官，無職掌。孝文帝太和二十三年（499）定爲從五品上。北齊從五品。

[8]騎曹：官名。指騎兵曹參軍事，又稱"騎兵曹參軍"。丞相府始置，爲騎兵曹長官，掌騎兵事務。

[9]中散大夫：官名。多用以安置老疾大臣，無職事。北魏孝文帝太和二十三年定爲第四品。北齊因之。

[10]建州：治所在今山西澤州縣高都鎮一帶。

[11]騎、兵二局：官署名。指相府騎兵曹與外兵曹。時高歡以相府綜攬軍政，外兵曹與騎兵曹分掌全國兵馬。

[12]九卿：官稱。北齊之九卿指太常卿、光禄卿、衛尉卿、宗正卿、太僕卿、大理卿、鴻臚卿、司農卿、太府卿。

［13］二張：指張纂、張亮。

［14］西兗州：原治定陶（今山東菏澤市定陶區），後徙治左城（今山東曹縣韓集鎮堤上范村）。

［15］河清：北齊武成帝高湛年號（562—565）。

［16］祠部尚書：官名。掌祭祀禮儀事。北魏孝文帝太和二十三年定爲第三品。北齊因之。

［17］太常卿：官名。北齊置爲太常寺長官，掌宗廟祭祀禮樂，第三品。

［18］食琅邪郡幹：食幹，東魏、北齊時國家授予各級官吏以勞役人口之制度。依官員功勳大小，由皇帝敕給，可食一州、一郡（或同時食兩郡）、一縣之幹。幹由州、郡、縣所部之民（即隸户）充當，爲所敕給之官員從事無償勞動。如不應役，每幹須輸絹十八匹，幹身始能放免。琅邪郡，治所在今山東臨沂市西。

［19］滄州：治所在今河北鹽山縣舊縣鎮。

［20］武平：北齊後主高緯年號（570—576）。

　　徐遠，[1]字彥遐，廣寧石門人也。[2]其先出自廣平。曾祖定，[3]爲雲中軍將、平朔戍主，[4]因家於朔。[5]遠少習吏事，郡辟功曹。[6]未幾，與太守率户赴義旗，署防城都督，[7]除瘿陶縣令。[8]高祖以遠閑習書計，命爲丞相騎兵參軍事，常征伐克濟軍務，深爲高祖所知。累歷鉅鹿、陳留二郡太守。[9]天保初，爲御史所劾，遇赦免，沉廢二年。顯祖以遠勳舊，特用爲領軍府長史，[10]累遷東徐州刺史，[11]入爲太中大夫。河清初，加衛將軍。[12]二年，除使持節、都督東楚州諸軍事、東楚州刺史。[13]天統二年，授儀同三司、衛尉。[14]四年，加開府、右光禄大夫。武平初卒。

[1]徐遠：《北史》卷五五《張亮傳》有附傳。

[2]廣寧石門：廣寧郡，石門縣，《魏書·地形志二上》記爲朔州屬地。北魏末、東魏初僑置，寄治在今山西晉中市壽陽縣境内。

[3]定：徐定。僅見此處。

[4]雲中：郡名。北魏初治今内蒙古和林格爾縣西北土城子。軍將：官名。北魏始置，爲統兵武職。　戍主：官名。南北朝始置，爲戍之主將，掌守防捍禦之事，兼預民政和財政。北齊從七品。

[5]朔：州名。治所在今内蒙古固陽縣白靈淖鄉圐圙村古城。

[6]郡功曹：官名。郡守之屬吏。掌郡吏之任免與賞罰。

[7]防城都督：官名。北魏末諸州置，負責城防事務，位在長史、司馬下。

[8]瘦陶縣：即廮陶縣。治所在今河北寧晉縣西南。

[9]鉅鹿：郡名。治所在今河北石家莊市藁城區西北丘頭鎮。陳留：郡名。治所在今河南開封市。

[10]特用爲領軍府長史："特"字百衲本作"將"，今據中華本校勘記改。領軍將軍，官名。禁衛軍統帥，孝文帝太和二十三年（499）定爲從二品。以侍臣帶此職者，則稱中領軍將軍。北齊因之。

[11]東徐州：治所在今江蘇睢寧縣古邳鎮北側。

[12]衛將軍：官名。多作爲軍府名號，以加大臣、重要州郡長官，無具體職掌。北魏孝文帝太和二十三年定爲第二品。北齊因之。

[13]使持節：官制術語。即持節出使。加使持節者，威權提高，可誅殺二千石以下官員。

[14]衛尉：官名。亦作"衛尉卿"。北齊置爲衛尉寺長官，第三品，主管宫殿、京城諸門禁衛，武器、儀仗庫藏。

遠爲治慕寬和，有恩惠。至東楚，其年冬，邑郭大火，城民亡產業，遠躬自赴救，對之流涕，仍爲經營，皆得安立。長子世榮，[1]中書舍人、黃門侍郎。[2]

[1]世榮：徐世榮。僅見此處。
[2]中書舍人：官名。中書省屬官。專掌草擬詔令。北魏孝文帝太和二十三年（499）定爲第六品。北齊第六品上。 黄門侍郎：官名。爲"給事黃門侍郎"之省稱。掌侍從皇帝，傳達詔令。北朝爲侍中省或門下省次官，典掌機密，侍從顧問。北魏孝文帝太和二十三年定爲第四品上。北齊因之。

王峻，[1]字巒嵩，靈丘人也。[2]明悟有幹略。高祖以爲相府墨曹參軍，[3]坐事去官。久之，顯祖爲儀同開府，[4]引爲城局參軍。[5]累遷恒州大中正，[6]世宗相府外兵參軍。[7]隨諸軍平淮陰，[8]賜爵北平縣男，[9]除營州刺史。[10]

[1]王峻：《北史》卷五五有傳。
[2]靈丘：郡名。寄治今山西忻州市西北。
[3]墨曹參軍：官名。即墨曹參軍事。爲丞相府屬官，掌文書事。
[4]儀同：官名。"儀同三司（三公）"之省稱。 開府：開置府署。
[5]城局參軍：官名。城局長官。掌盜賊勞作事。
[6]恒州：治所在今山西大同市東北古城村。
[7]外兵參軍：官名。西晉末於丞相府始置，爲外兵曹長官。掌全國軍隊之政令。

[8]淮陰：郡名。治所在今江蘇淮安市淮陰區西南。

[9]北平縣男：爵名。北平縣，治所在今河北順平縣東北。

[10]營州：治所在今遼寧朝陽市。

營州地接邊城，賊數爲民患。峻至州，遠設斥候，廣置疑兵，每有賊發，常出其不意要擊之，賊不敢發，合境獲安。先是刺史陸士茂詐殺失韋八百餘人，[1]因此朝貢遂絕。至是，峻分命將士，要其行路，[2]失韋果至，大破之，虜其首帥而還。因厚加恩禮，放遣之。失韋遂獻誠款，朝貢不絕，峻有力焉。初茹茹主菴羅辰率其餘黨東徙，[3]峻度其必來，預爲之備。未幾，菴羅辰到，頓軍城西。峻乃設奇伏大破之，獲其名王郁久閭豆拔提等數十人，[4]送於京師。菴羅辰於此遁走。帝甚嘉之。[5]遷祕書監。

[1]陸士茂：其事僅此一例。　失韋：古族名。一作"室韋"。源於東胡，一說爲蒙古族源之一。北魏史書始有記載。有五部。分布於今嫩江流域及黑龍江南北岸之地。北魏至唐常向中原王朝進貢。《魏書》卷一〇〇、《北史》卷九四有傳。

[2]要：同"邀"。中途攔截。

[3]菴羅辰：姓郁久閭氏。阿那瓌之子。事見《北史》卷九八《蠕蠕傳》。

[4]名王：名位尊貴之王。　郁久閭豆拔提：僅見此處。

[5]帝甚嘉之：中華本校勘記云："按茹茹東徙，事在天保五年（五五四），見本書卷四《文宣紀》。'帝'乃指高洋。這裏上文牽連下來，不知此'帝'是誰。且《北齊書》例稱廟號，疑本作'顯祖'，'帝'字乃後人所改。"存疑。

廢帝即位，[1]除洛州刺史、河陽道行臺左丞。[2]皇建中，[3]詔於洛州西界掘長塹三百里，置城戍以防間諜。河清元年，徵拜祠部尚書。詔詣晉陽檢校兵馬，俄而還鄴，[4]轉太僕卿。[5]及車駕巡幸，常與吏部尚書尉瑾輔皇太子、諸親王，[6]同知後事。仍賜食梁郡幹，[7]遷侍中，除都官尚書。[8]及周師寇逼，詔峻以本官與東安王婁叡、武興王普等自鄴率衆赴河陽禦之。[9]車駕幸洛陽，以懸瓠爲周人所據，[10]復詔峻爲南道行臺，與婁叡率軍南討。未至，周師棄城走，仍使慰輯永、鄆二州。[11]四年春，還京師。坐違格私度禁物并盜截軍糧，有司依格處斬，家口配没。特詔決鞭一百，除名配甲坊，[12]蠲其家口。[13]會赦免，停廢私門。[14]天統二年，授驃騎大將軍、儀同三司，尋加開府。武平初，除侍中。四年卒。贈司空公。

[1]廢帝：北齊廢帝高殷（545—561），高洋長子。洋卒，繼爲帝，後被高演廢爲濟南王。次年被殺。本書卷五、《北史》卷七有紀。

[2]洛州：治所在今河南洛陽市東北。　行臺左丞：官名。爲"行臺尚書左丞"之省稱。在行臺内職掌同尚書左丞。

[3]皇建：北齊孝昭帝高演年號（560—561）。

[4]鄴：縣名。東魏、北齊都此。治所在今河北臨漳縣西南。

[5]太僕卿：官名。亦作"太僕"。九卿之一，掌御用車馬及畜牧業。北魏孝文帝太和二十三年（499）定爲第三品。北齊因之。

[6]吏部尚書：官名。爲尚書臺（省）吏部曹長官，掌官員選舉任免。北朝沿置。北魏孝文帝太和二十三年定爲第三品。北齊因之。　尉瑾：代（今山西大同市東北）人。北齊官吏。本書卷四〇

有傳，《北史》卷二〇《尉古真傳》有附傳。　皇太子：指北齊後主高緯（556—578），武成帝長子。本書卷八、《北史》卷八有紀。

[7]梁郡：治所在今河南商丘市南。

[8]都官尚書：官名。尚書省都官曹長官。掌刑法，第三品。

[9]東安：郡名。治所在今山東沂水縣。　婁叡：字佛仁，代郡平城（今山西大同市東北）人。北齊大臣。本書卷四八有傳，本書卷一五、《北史》卷五四《婁昭傳》有附傳。　武興：郡名。治所在今陝西略陽縣。　普：高普（524或525—576後），字德廣。北齊宗室。本書卷一四有傳，《北史》卷五一《平秦王歸彥傳》有附傳。

[10]懸瓠：城名。治所在今河南汝南縣。

[11]永：州名。治所在今河南信陽市北。　郢：州名。北齊改南司州置，治所在今河南信陽市南四十里。

[12]甲坊：製作鎧甲之作坊。亦爲罪犯勞役之所。

[13]蠲（juān）：免除。

[14]停廢私門：罷免居家。

王紘，[1]字師羅，太安狄那人也，[2]爲小部酋帥。[3]父基，[4]頗讀書，有智略。初從葛榮反，[5]榮授基濟北王、寧州刺史。[6]後葛榮破，而基據城不下，尒朱榮遣使喻之，然後始降。榮後以爲府從事中郎，令率衆鎮磨川。[7]榮死，紇豆陵步藩虜基歸河西，[8]後逃歸尒朱兆。高祖平兆，以基爲都督，除義寧太守。[9]基先於葛榮軍與周文帝相知，及文帝據有關中，[10]高祖遣基與長史侯景同使於周文帝，文帝留基不遣。基後逃歸，除冀州長史，後行肆州事。[11]元象初，[12]累遷南益州、北豫州刺史。[13]所歷皆好聚斂，然性和直，吏民不甚患之。興和四年冬爲奴所害,[14]時年六十五。贈征東將軍、吏部尚書、定州刺史。[15]

[1]王紘（？—574）：《北史》卷五五有傳。

[2]太安狄那：高敏認爲，《北齊書》《北史》中作"太安捍殊""太安狄那"者皆誤，當作"大安捍殊""大安狄那"（詳見高敏《跋〈北齊婁叡墓誌〉》，《史學月刊》1991年第1期）。又大安郡屬朔州。朔州乃孝昌（525—527）中置，所領郡縣，均僑置於今山西壽陽縣境内。

[3]酋帥：首領。

[4]基：王基。事見《北史》卷五五《王紘傳》。

[5]葛榮（？—528）：北魏末年河北暴動首領。本爲懷朔鎮將。公元526年，參加鮮于脩禮起事。鮮于脩禮被害後，繼領其衆，乃稱天子，國號齊，年號廣安。528年，被尒朱榮俘，十月死於洛陽。

[6]濟北：郡名。治所在今山東平陰縣西南。　寧州：建置未詳。

[7]從事中郎，令率衆：中華本作"從事中郎令，率衆"。按，有從事中郎，無從事中郎令。中華本標點不妥。　磨川：川名。又作"馬邑川"。即今山西桑乾河支流恢河。源出山西寧武縣西南，東北流經山西朔州市。

[8]紇豆陵步藩（？—530）：北魏河西（約今山西吕梁山以西黄河兩岸）人。鮮卑族。永安三年，受莊帝詔，率軍東上進攻尒朱兆，在平樂郡（今山西昔陽縣）爲尒朱兆和高歡聯軍所敗。　河西：地區名。泛指今陝西、山西兩省間黄河南段以西地區。

[9]義寧：郡名。治所在今山西沁源縣。

[10]基先於葛榮軍與周文帝相知，及文帝據有關中：百衲本無"相知及文帝"五字，據諸本補。關中，地區名。指今陝西關中

平原。

[11]肆州：治所在今山西忻州市西北。

[12]元象：東魏孝靜帝元善見年號（538—539）。

[13]南益州：建置未詳。

[14]興和：東魏孝靜帝元善見年號（539—542）。

[15]征東將軍：官名。四征將軍之一。北魏孝文帝太和二十三年（499）定爲第二品。北齊成爲褒獎軍功勳臣的閑職，第二品。

　　紘少好弓馬，善騎射，頗愛文學。性機敏，應對便捷。年十三，見揚州刺史太原郭元貞。[1]元貞撫其背曰："汝讀何書？"對曰："誦《孝經》。"曰："《孝經》云何？"曰："在上不驕，爲下不亂。"[2]元貞曰：[3]"吾作刺史，豈其驕乎？"紘曰："公雖不驕，君子防未萌，亦願留意。"元貞稱善。年十五，隨父在北豫州，行臺侯景與人論掩衣法爲當左，爲當右。尚書敬顯儁曰：[4]"孔子云：'微管仲，吾其被髮左衽矣。'[5]以此言之，右衽爲是。"紘進曰："國家龍飛朔野，雄步中原，五帝異儀，[6]三王殊制，[7]掩衣左右，何足是非。"景奇其早慧，賜以名馬。

[1]揚州：治所在今安徽壽縣。　太原：郡名。治所在今山西太原市西南。　郭元貞：太原晉陽（今山西太原市晉源區古城營村一帶）人。東魏官吏。事見《魏書》卷六四、《北史》卷四三《郭祚傳》。

[2]在上不驕，爲下不亂：句出《孝經·紀孝行章》："事親者，居上不驕，爲下不亂，在醜不爭。"

[3]元貞：百衲本無"元"字，據諸本補。

804

[4]尚書：此處爲"行臺尚書"之省稱。 敬顯儁：字孝英，平陽太平（今山西襄汾縣西北）人。北魏、東魏、北齊官吏。生卒不詳，《金石萃編》所收《敬史君之碑》言其卒於武成帝河清（562—565）中。本書卷二六、《北史》卷五五有傳。

[5]微管仲，吾其被髮左衽矣：出自《論語·憲問》。管仲（？—前645），春秋時齊國大臣。姬姓，管氏，名夷吾，字仲，一字敬仲，潁上（今河南、安徽境内）人。《史記》卷六二有傳。衽，衣襟。古代漢服右衣襟壓左衣襟，稱爲右衽。胡服正好相反，稱爲左衽。

[6]五帝：傳說中上古的五位帝王，常指黄帝、顓頊、帝嚳、堯、舜。

[7]三王：即三皇，傳說中上古的三位帝王。常指天皇、地皇、人皇或燧人氏、伏羲氏、神農氏。

興和中，世宗召爲庫直，[1]除奉朝請。[2]世宗暴崩，紘冒刃捍禦，以忠節賜爵平春縣男，[3]賚帛七百段、綾錦五十匹、錢三萬并金帶、駿馬，[4]仍除晉陽令。[5]

[1]庫直：官名。亦作"庫真"。東魏始置，北齊沿置。爲諸王及重臣之侍衛。

[2]奉朝請：官名。以朝會奉請爲名，散官，無職掌。亦爲加官名號。北魏沿置，仍爲冗職，孝文帝太和二十三年（499）定爲從七品。北齊改爲職事官，掌獻納諫諍，隸集書省，從七品。

[3]平春縣男：爵名。平春縣，治所在今河南信陽市西北。

[4]賚（lài）：賜予。

[5]令：縣令。

天保初，加寧遠將軍，[1]頗爲顯祖所知待。帝嘗與左右飲酒，曰："快哉大樂。"紘對曰："亦有大樂，亦有大苦。"帝曰："何爲大苦？"紘曰："長夜荒飲不寤，亡國破家，身死名滅，所謂大苦。"帝默然。後責紘曰："爾與紇奚舍樂同事我兄，[2]舍樂死，爾何爲不死！"紘曰："君亡臣死，自是常節，但賊堅力薄斫輕，故臣不死。"帝使燕子獻反縛紘，[3]長廣王捉頭，[4]帝手刃將下。紘曰："楊遵彥、崔季舒逃走避難，位至僕射、尚書，[5]冒死效命之士，反見屠戮，曠古未有此事。"帝投刃於地曰："王師羅不得殺。"遂捨之。

[1]寧遠將軍：官名。雜號將軍，北魏孝文帝太和十七年（493）定爲第五品上。

[2]爾與紇奚舍樂同事我兄："兄"後百衲本多一"弟"字，據諸本刪。紇奚舍樂（？—549），東魏官吏。公元549年，蒼頭蘭固成刺殺高澄，舍樂因保護高澄而死。

[3]燕子獻（？—560）：字季則，廣漢下洛（今河北涿鹿縣）人。北齊官吏。本書卷三四《楊愔傳》、《北史》卷四一《楊播傳》有附傳。

[4]長廣王：指北齊武成帝高湛。元象中封長廣郡公，天保初進爵爲王。長廣，郡名。治所在今山東龍口市東。

[5]楊遵彥（511—560）：名愔，小名秦王，字遵彥，弘農華陰（今陝西華陰市東南）人。東魏、北齊官吏。本書卷三四有傳，《北史》卷四一《楊播傳》有附傳。　崔季舒（？—573）：字叔正，博陵安平（今河北安平縣）人。東魏、北齊官吏。本書卷三九有傳，《北史》卷三二《崔挺傳》有附傳。　逃走避難，位至僕射、尚書：據本書《楊愔傳》，楊遵彥武定（543—550）末超拜吏部尚書，天保年間（550—559）又歷遷尚書右僕射、尚書左僕射、

尚書令。又據本書《崔季舒傳》，崔季舒天保年間兼尚書左僕射。兩人位至僕射、尚書，基本上在高澄遇刺（549）之後，故王紘有此言。

乾明元年，[1]昭帝作相，[2]補中外府功曹參軍事。皇建元年，進爵義陽縣子。[3]河清三年，與諸將征突厥，[4]加驃騎大將軍。天統元年，除給事黃門侍郎，加射聲校尉，[5]四遷散騎常侍。[6]

[1]乾明：北齊廢帝高殷年號（560）。

[2]昭帝：北齊孝昭帝高演。

[3]義陽縣子：爵名。義陽縣，治所在今河南信陽市。

[4]突厥：民族名、國名。廣義包括鐵勒、突厥各部落，狹義則專指突厥汗國。六世紀初興起於金山（今阿爾泰山）西南麓，爲一游牧部落。以金山形似古代戰盔兜鍪，當地俗語呼兜鍪爲突厥，故以爲名。西魏廢帝二年（553）建突厥汗國於今鄂爾渾河流域。《周書》卷五〇、《北史》卷九九有傳。

[5]射聲校尉：官名。北朝漸成散職。北魏孝文帝太和二十三年（499）定爲第五品，北齊改爲從四品。

[6]散騎常侍：官名。爲散騎省長官，第三品。職掌侍從皇帝左右、諫諍得失、顧問應對。亦常用作宰相、諸公等加官。北朝兼領修史，爲閒散之職。北魏末改散騎省爲集書者，仍爲長官。孝文帝太和二十三年（499）定爲從三品。北齊同爲集書省長官，從三品。

武平初，開府儀同三司。紘上言：“突厥與宇文男來女往，[1]必當相與影響，南北寇邊。宜選九州勁勇強弩,[2]多據要險之地。伏願陛下哀忠念舊,愛孤恤寡,矜愚嘉善,舍過記功,敦骨肉之情,廣寬仁之路,思堯、舜之風,[3]慕禹、湯之德,[4]克己復禮,以成美化,天下幸甚。"

[1]宇文:指代北周政權。

[2]宜選九州勁勇強弩:"勁勇"百衲本作"中男"。諸本有作"勁勇"者,亦有作"中男"者。中華本校勘記以爲作"中男"不妥,作"勁勇"則無可參證。今暫依中華本改作"勁勇"。

[3]堯:上古帝王。伊祁姓,陶唐氏。《史記》卷一有紀。
舜:上古帝王。姚姓,一説嬀姓,虞氏。《史記》卷一有紀。

[4]禹:姒姓,夏氏。夏王朝創建者。《史記》卷二有紀。
湯:子姓,商氏。商王朝創建者。《史記》卷三有紀。

五年,陳人寇淮南,[1]詔令群官共議禦捍。封輔相請出討擊。[2]紘曰:"官軍頻經失利,人情騷動,若復興兵極武,出頓江、淮,恐北狄西寇,[3]乘我之弊,傾國而來,則世事去矣。莫若薄賦省徭,息民養士,使朝廷協睦,遐邇歸心,征之以仁義,鼓之以道德,天下皆當肅清,豈直僞陳而已。"高阿那肱謂衆人曰:[4]"從王武衛者南席。"衆皆同焉。

[1]五年,陳人寇淮南:中華本校勘記云:"按本書卷八《後主紀》(補)《陳書》卷五《宣帝紀》,陳將吳明徹攻淮南在齊武平四年,陳太建五年(五七三)。下文記王紘使周事,《後主紀》也在武平四年六月。這裏'五年'當作'四年'。"説是,存疑。陳,南朝陳(557—589)。南朝梁敬帝太平二年(557),陳霸先改元稱

帝，都建康（今江蘇南京市），國號陳。歷五帝，三十三年。後主禎明二年（589）被隋所滅。

[2]封輔相：生卒年、籍貫不詳。北齊、北周官吏。《北史》卷五三《張保洛傳》有附傳。

[3]北狄：指代突厥。　西寇：指代北周。

[4]高阿那肱：一作"高阿那瓌"，善無（今山西右玉縣南）人。高市貴子。北齊官吏。本書卷五〇、《北史》卷九二有傳。

尋兼侍中，聘於周。使還即正，未幾而卒。紘好著述，作《鑒誡》二十四篇，[1]頗有文義。

[1]《鑒誡》：《隋書·經籍志》已不見記載。

史臣曰：張纂等並趨事霸朝，[1]申其功用，皆有齊之良臣也。伯德之慟哭伏屍，靈光之拒關駐蹕，有古人風焉。

[1]霸朝：指魏晉南北朝時期控制朝政、作稱帝準備的權臣的府署。

贊曰：纂、亮、曜、起、徐遠、紘、峻，奉日高昇，凌風遠振。樹死拒關，[1]終明信順。[2]

[1]樹死拒關：當指張耀拒關之事。然張耀之拒關，並非以死相拒，且高洋對此事贊賞有加，並無處罰。故此處之贊語有誇大之嫌。

[2]信順：忠信和順。

北齊書　卷二六[1]

列傳第十八

薛琡　敬顯儁　平鑒

薛琡，字曇珍，河南人。[2]其先代人，[3]本姓叱干氏。父豹子，[4]魏徐州刺史。[5]琡形貌魁偉，少以幹用稱。爲典客令，[6]每引客見，儀望甚美。魏帝召而謂之曰[7]："卿風度峻整，姿貌秀異，後當升進，何以處官？"[8]琡曰："宗廟之禮，不敢不敬，朝廷之事，不敢不忠，自此以外，非庸臣所及。"

[1]《北齊書》卷二六：此卷與《北史》異。傳記簡略，且無論贊。錢大昕《廿二史考異》卷三一認爲經後人刪改，或是《北齊書》此卷已亡，後人以《高氏小史》補。本卷多處出現刪節不當現象，後文一一指出。

[2]河南：郡名。治所在今河南洛陽市西。北魏孝文帝改革後，許多隨遷洛陽的鮮卑人皆自稱河南人。

[3]代：郡名。治所在今山西大同市東北。

[4]父豹子：四庫本以及《北史》卷二五《薛彪子傳》"豹"

作"彪",其他諸本皆作"豹"。此皆因避唐諱。四庫本是依《北史》改。豹子,人名。北魏官吏。《魏書》卷四四《薛野睹傳》有附傳,《北史》卷二五有傳。

[5]徐州:治所在今江蘇徐州市。

[6]典客令:西晉改客館令置。爲典客署長官,隸大鴻臚。北齊復置,爲鴻臚寺典客署長官。

[7]魏帝:未詳何帝。以下文"正光中,行洛陽令"度之,似爲北魏孝明帝。

[8]何以處官:四庫本、中華本及《北史》卷二五《薛琡傳》同,百衲本、三朝本、汲古閣本作"以處何官"。按下句之意判斷當爲"何以處官"。今從《北史》改。

正光中,[1]行洛陽令,[2]部內肅然。有犯法者,未加拷掠,直以辭理窮覈,多得其情。於是豪猾畏威,事務簡靜。時以久旱,京師見囚悉召集華林,[3]理問冤滯,洛陽繫獄,唯有三人。魏孝明嘉之,[4]賜縑百匹。

[1]正光中:《北史》卷二五《薛琡傳》同,諸本皆作"正元中"。"元"當爲"光"。今依中華本從《北史》改。正光,北魏孝明帝元詡年號(520—525)。

[2]洛陽:縣名。治所在今河南洛陽市東北。

[3]華林:北魏京師的皇家園林。

[4]孝明:北魏孝明帝元詡(510—528),宣武帝次子。公元515年至528年在位。武泰元年(528)被太后所殺。謚曰孝明,廟號肅宗。《魏書》卷九、《北史》卷四有紀。

遷吏部,尚書崔亮奏立停年之格,[1]不簡人才,專問勞舊。琡上書，言："黎元之命，繫於長吏，[2]若得其人，則蘇息有地，[3]任非其器，爲患更深。若使選曹唯取年勞，不簡賢否，便義均行雁，次若貫魚，執簿呼名，一吏足矣，數人而用，何謂銓衡。請不依此。"書奏不報。後因引見，復進諫曰：[4]"共治天下，本屬百官。是以漢朝常令三公大臣舉賢良方正、有道直言之士，以爲長吏，監撫黎元。自晋末以來，此風遂替。今四方初定，務在養民。臣請依漢氏更立四科，[5]令三公貴臣各薦時賢，以補郡縣，明立條格，防其阿黨之端。"詔下公卿議之，事亦寢。

[1]遷吏部，尚書崔亮奏立停年之格：《北史》卷二五《薛琡傳》爲"累遷吏部郎中。先是，吏部尚書崔亮奏立停年之格"。中華本校勘記認爲此處刪減失當。吏部，官署名。掌官吏任免考選。北齊領吏部、考功、主爵三郎曹。尚書，官名。這裏爲吏部尚書，吏部的長官。北齊三品。崔亮（？—521），字敬儒，清河東武城（今河北清縣東北）人。北魏官吏。《魏書》卷六六、《北史》卷四四有傳。

[2]長吏：漢秩六百石以上官署的長官爲長吏。多指縣令長和郡守。

[3]若得其人，則蘇息有地：百衲本、三朝本、汲古閣本無"有地"二字，四庫本、中華本有。按，如無此二字，語意不明，語句不完整，今從中華本補。

[4]復進諫曰：百衲本、三朝本、汲古閣本"進"作"見"。按，此處作"見"語意不妥，爲"進"宜。

[5]四科：漢代以德行舉士的四條標準。《通典·選舉一》："（漢武帝）令郡國舉孝廉各一人……限以四科：一曰德行高妙，

志節清白；二曰學通行修，經中博士；三曰明習法令，足以決疑，能按章覆問，文中御史；四曰剛毅多略，遭事不惑，明足決斷，材任三輔縣令。"按，上述四科乃丞相辟除屬吏之四科。《後漢書》卷六一《黃瓊傳》："瓊以前左雄所上孝廉之選，專用儒學、文吏，於取士之義，猶有所遺，乃奏增孝悌及能從政者爲四科，事竟施行。"東漢後期察舉孝廉之四科，據此當爲儒學、文吏、孝悌、能從政者四科。

元天穆討邢杲也，[1]以琡爲行臺尚書。[2]時元顥已據鄴城。[3]天穆集文武議其所先。議者咸以杲衆甚盛，宜先經略。琡以爲邢杲聚衆無名，雖強猶賊；元顥皇室昵親，來稱義舉，此恐難測。杲鼠盜狗竊，非有遠志，宜先討顥。天穆以群情所欲，遂先討杲。杲降軍還，顥入洛。[4]天穆謂琡曰："不用君言，乃至於此。"

[1]元天穆（？—530）：亦稱元穆。鮮卑族拓跋部人。北魏宗室、官吏。《魏書》卷一四、《北史》卷一五《高涼王孤傳》有附傳。　邢杲（？—529）：河間（今河北間市南）人。北魏末年山東暴動首領。士族出身。曾任幽州平北府主簿。武泰元年（528）在青州北海（今山東昌樂縣西）起兵反魏，自稱漢王，年號天統。後因衆寡懸殊，在濟南爲元天穆和尒朱兆的軍隊所敗，降後被殺。

[2]行臺尚書：官名。北魏置。爲行臺長官。北魏末期爲行臺屬官，分曹理事。北齊沿置。

[3]元顥（？—529）：字子明，鮮卑族拓跋部人。北魏宗室、大臣。永安二年（529），乘亂於梁國（今河南商丘市南）城南即位，進入洛陽，改元建武。後被縣卒所殺。《魏書》卷二一上、《北史》卷一九《北海王詳傳》有附傳。　鄴城：縣名。治所在今湖北老河口市西北。

[4]洛：指洛陽，縣名。北魏都此，治所在今河南洛陽市。

天平初，[1]高祖引爲丞相長史。[2]琡宿有能名，深被禮遇，軍國之事，多所聞知。琡亦推誠盡節，屢進忠讜。高祖大舉西伐，將度蒲津。[3]琡諫曰："西賊連年飢饉，[4]無可食啗，故冒死來入陝州，[5]欲取倉粟。今高司徒已圍陝城，[6]粟不得出。但置兵諸道，勿與野戰，比及年季麥秋，[7]人民盡應餓死，寶矩、黑獺，[8]自然歸降。願王無渡河也。"[9]侯景亦曰：[10]"今者之舉，兵衆極大，萬一不捷，卒難收斂。不如分爲二軍，相繼而進，前軍若勝，後軍合力，前軍若敗，後軍承之。"[11]高祖皆不納，遂有沙苑之敗。[12]累遷尚書僕射，[13]卒。臨終，敕其子斂以時服，踰月便葬，不聽干求贈官。自制喪車，不加彫飾，但用麻爲流蘇，繩用網絡而已。明器等物並不令置。

[1]天平：東魏孝静帝元善見年號（534—537）。
[2]高祖：北齊神武帝高歡（496—547），廟號高祖。本書卷一、二，《北史》卷六有紀。　丞相長史：官名。爲丞相府幕僚之長。協助管理相府諸曹。
[3]蒲津：渡口名。一作"蒲阪津"。在今山西永濟市與陝西大荔縣之間黄河上。
[4]西賊：指西魏政權。
[5]陝州：北魏置。治所在今河南三門峽市西。
[6]高司徒：高昂（491—538），字敖曹，渤海蓨（今河北景縣）人。高翼子。東魏將領。本書卷二一《高乾傳》、《北史》卷三一《高允傳》有附傳。　陝城：指陝縣。

[7]及年季麥秋：百衲本、三朝本、汲古閣本同。四庫本、中華本及《北史》卷二五《薛琡傳》作"比及來年麥秋"。

[8]寶炬：西魏文帝元寶炬（507—551），北魏孝文帝的孫子。公元535年至551年在位。《北史》卷五有紀。　黑獺：北周文帝宇文泰（505—556），字黑獺，代郡武川（今內蒙古武川縣）人。鮮卑族。北周奠基者。《周書》卷一、二，《北史》卷九有紀。

[9]河：指黃河。

[10]侯景（503—552）：字萬景，懷朔鎮（今內蒙古固陽縣西南）人，或云雁門（今山西代縣西南）人，羯族。北魏、東魏將領，後降南朝梁。《梁書》卷五六、《南史》卷八〇有傳。

[11]前軍若敗，後軍承之：百衲本、三朝本、汲古閣本同脫"若敗後軍"四字。今據《北史》卷二五《薛琡傳》補。

[12]沙苑：地名。又名"沙阜""沙海""沙澤""沙窩"。在今陝西大荔縣南洛、渭二河之間，東西八十里，南北三十里，其沙隨風流徙，不可耕植，而宜於牧林瓜果。東魏天平四年（537）與西魏於此爆發惡戰，史稱"沙苑之戰"，東魏慘敗。

[13]尚書僕射：官名。爲尚書省副職。

　　琡久在省闥，[1]閑明簿領，當官剖斷，敏速如流。然天性險忌，情義不篤，外似方格，內實浮動。受納貨賄，曲法舞文，深情刻薄，多所傷害，士民畏惡之。魏東平王元匡妾張氏淫逸放恣，[2]琡初與姦通，後納以爲婦。惑其讒言，逐前妻于氏，不認其子，家內怨忿，競相告列，深爲世所譏鄙。贈青州刺史。[3]

[1]省闥：宮中，禁中。又稱"禁闥"。朝廷諸省設於禁中，後以此作爲朝廷的代稱。

[2]東平王：爵名。東平，郡名。治所在今山東東平縣東南。

元匡：字建扶。北魏宗室，宣武、孝明帝時大臣。《魏書》卷一九上、《北史》卷一七有傳。

[3]青州：治東陽城。治所在今山東青州市。

敬顯儁，字孝英，平陽人。[1]少英俠有節操，交結豪傑。爲羽林監。[2]高祖臨晉州，[3]儁因使謁見，與語説之，乃啓爲別駕。[4]及義舉，以儁爲行臺倉部郎中。[5]從攻鄴，[6]令儁督造土山。城拔，又從平西胡。[7]轉都官尚書，[8]與諸將征討，累有功。又從高祖平寇難，破周文帝。敗侯景，平壽春，[9]定淮南。[10]又略地三江口，[11]多築城戍。累除兗州刺史，[12]卒。

[1]平陽：郡名。治所在今山西臨汾市。因在平水之陽而得名。

[2]羽林監：官名。屬羽林中郎將，主羽林左、右騎。職掌宿衛宫禁，護從皇帝。

[3]晉州：治平陽縣（今山西臨汾市城區）。

[4]別駕：官名。漢設。爲州刺史僚屬。因隨刺史行部，別乘傳車而名之。録衆事。

[5]行臺倉部郎中：官名。北魏置。職掌略同倉部郎中。亦稱"倉部郎"。爲行臺倉部曹長官。北齊沿置，六品上。

[6]鄴：地名。東魏、北齊都邑。治所在今河北臨漳縣西南。

[7]又從平西胡：中華本校勘記云："'西胡'當是'四胡'之訛。四胡指尒朱兆等，屢見本書《紀》《傳》。《金石萃編》卷三〇《敬史君（即顯儁）碑》止叙他從平尒朱兆事，別無所謂'平西胡'。"説是。四胡指尒朱兆、尒朱天光、尒朱度律、尒朱仲遠四人，未見"西胡"之説。

[8]都官尚書：官名。爲尚書省諸尚書之一。北魏兼掌殿中執

法。北齊統都官、二千石、比部、水部、膳部諸曹，階第三品。

〔9〕壽春：縣名。治所在今安徽壽縣。

〔10〕淮南：當指淮南地區，即淮河以南、長江以北地區。

〔11〕三江：疑爲淮水、穎水、汝水三條河流。

〔12〕兗州：治所在今山東濟寧市兗州區新驛鎮東頓村南。

平鑒，字明達，燕郡薊人。[1]父勝，[2]安州刺史。[3]鑒少聰敏，頗有志力。受學於徐遵明，[4]不爲章句，[5]雖崇儒業，而有豪俠氣。孝昌末，[6]盜賊蜂起，見天下將亂，乃之洛陽，與慕容儼騎馬爲友。[7]鑒性巧，夜則胡畫，以供衣食。謂其宗親曰："運有污隆，亂極則治。并州戎馬之地，[8]尒朱王命世之雄，[9]杖義建旗，奉辭問罪，勞忠竭力，今也其時。"遂相率奔尒朱榮於晉陽。[10]因陳靜亂安民之策，榮大奇之，即署參軍，[11]前鋒從平鞏、密，[12]每陣先登。除撫軍、襄州刺史。[13]

〔1〕燕郡：治薊縣，在今北京市西南隅。

〔2〕勝：平勝。僅見此處，事不詳。

〔3〕安州：治所在今北京市密雲區東北。

〔4〕徐遵明（474—529）：字子判，華陰（今陝西華陰市）人。北魏學者。《魏書》卷八四有傳。

〔5〕章句：指章句之學。代指兩漢經學尋章摘句的傳統。

〔6〕孝昌：北魏孝明帝元詡年號（525—527）。

〔7〕與慕容儼騎馬爲友：《北史》卷五五《平鑒傳》、《册府元龜》卷八四八此句爲"與慕容儼以客騎馬爲業"。區別甚大，且意思明確。按，此處删節不當。

〔8〕并州：治所在今山西太原市晉源區古城營村一帶。

[9]尒朱王：指尒朱榮（493—530），字天寶，北魏北秀容（今山西朔州市）契胡貴族。繼父爲部落酋帥，六鎮起義後投魏。後擁立莊帝，自爲大丞相、天柱大將軍，封太原王。《魏書》卷七四、《北史》卷四八有傳。

　　[10]晋陽：縣名。治所在今山西太原市晋源區古城營村一帶。

　　[11]參軍：官名。亦作"參軍事"。掌參謀軍務。分主諸曹事。

　　[12]鞏：縣名。治所在今河南鞏義市西南。　密：縣名。治所在今河南新密市東南。

　　[13]撫軍：官名。爲"撫軍將軍"之省稱。北齊時多以武職罷任者爲之，從二品。　襄州：北魏置，治所在今河南方城縣東南。

　　高祖起義信都，[1]鑒自歸。高祖謂鑒曰："日者皇綱中弛，公已早竭忠誠。今尒朱披猖，又能去逆從善。搖落之時，方識松筠。"即啓授征西。懷州刺史。[2]

　　[1]信都：縣名。治所在今河北冀州市。

　　[2]即啓授征西。懷州刺史：錢大昕《廿二史考異》卷三一云："'征西'下當有脱文。"征西，或爲征西將軍。官名。北魏地位顯要。北齊時成爲褒賞軍功勳臣的閑職，二品。懷州，治野王縣（今河南沁陽市城區）。

　　鑒奏請於州西故軹道築城，[1]以防遏西寇，朝廷從之。尋而西魏來攻。是時新築之城，[2]糧仗未集，[3]舊來乏水，衆情大懼。南門内有一井，隨汲即竭。鑒乃具衣冠俯井而祝，至旦有井泉涌溢，合城取之。魏師敗還，以功進位開府儀同三司。[4]

[1]軹道：地名。在今河南濟源市西北。

[2]是時新築之城："新"字百衲本、汲古閣本、三朝本作"親"。按，作"新"是，當爲形近而訛。從改。

[3]糧仗：軍糧和兵器。

[4]開府儀同三司：官名。本指高級官員開建府屬之待遇，儀同三司（三公）。後遂成加銜，爲大臣加號。北齊二品。

時和士開以佞幸勢傾朝列，[1]令人求鑒愛妾劉氏，鑒即送之。仍謂人曰："老公失阿劉，與死何異。要自爲身作計，不得不然。"由是除齊州刺史。[2]鑒歷牧八州，再臨懷州，所在爲吏所思，立碑頌德。入爲都官尚書，令。[3]

[1]時和士開以佞幸勢傾朝列：中華本校勘記云："按這個'時'字直接上文西魏進攻懷州。而和士開當權得勢至早也在武成帝高湛時，那時西魏早亡。據《北史》卷五五在此以前尚有一段敘事，直到'河清二年，重拜懷州刺史'，纔說'和士開使求鑒愛妾阿劉'。這裏又是刪節失當，以致把河清二年（五六三）或以後的事和在其前十餘年的事〔西魏攻懷州據卷一五《潘樂傳》當在天保元年（五五〇）〕說成同時，甚謬。"和士開（524—571），字彥通，清都臨漳（今河北臨漳縣）人。先世西域商人，本姓素和。本書卷五〇、《北史》卷九二有傳。墓在今河南安陽縣。

[2]齊州：治所在今山東濟南市。

[3]入爲都官尚書，令：中華本校勘記云："《北史》卷五五'卒於都官尚書'下還有贈官和其子事迹。"疑"令"字衍或"令"字下有脫文。說是，存疑。

北齊書　卷二七[1]

列傳第十九

万俟普 子洛　可朱渾元　劉豐　破六韓常　金祚
韋子粲

　　万俟普，字普撥，太平人，[2]其先匈奴之別種也。[3]雄果有武力。正光中，[4]破六韓拔陵構逆，[5]授普太尉。[6]率部下降魏，授後將軍，[7]第二領民酋長。[8]高祖起義，普遠通誠款，高祖甚嘉之。斛斯椿逼帝西出，[9]授司空、秦州刺史，[10]據覆鞴城。[11]高祖平夏州，[12]普乃率其部落來奔，高祖躬自迎接，授普河西公。[13]累遷太尉、朔州刺史，[14]卒。

　　[1]《北齊書》卷二七：此卷内容異於《北史》，後無論贊，傳中高歡、高澄稱廟號。錢大昕《廿二史考異》卷三一認爲曾經後人刪改，或是《北齊書》此卷已亡，後人以《高氏小史》補。

　　[2]太平：郡名。北齊以神武郡改名，治神武縣，在今山西神池縣東北。北周廢。

[3]匈奴：北方游牧民族名。興起於戰國時期，東漢建武二十四年（48）分裂爲南北二部。南匈奴附漢，北匈奴爲漢所敗。十六國時期曾建立漢和前趙，一部分融入鮮卑族之中。

[4]正光：北魏孝明帝元詡年號（520—525）。

[5]破六韓拔陵（？—525）：匈奴族人。北魏末年六鎮起義軍首領。公元523年率兵民在沃野鎮（今内蒙古五原縣北）起義，殺鎮將，建元真王。525年兵敗被殺。

[6]太尉：官名。與丞相、御史大夫合稱三公。魏晋以後多爲元老重臣之加官。

[7]後將軍：官名。與前、左、右將軍並爲軍府名號，用作加官。北魏孝文帝太和十七年（493）定爲從二品上，後改爲三品。

[8]第二領民酋長：諸本皆爲"第二領人酋長"，實爲唐人避諱改。今依中華本回改。第二領民酋長，官名。北魏置。主要授予依附北魏政權的北方少數民族首領，可世襲，未被列爲中央政權的正式官職。北魏末期戰亂後，北方邊鎮的軍人集團地位提高，進入中央政權。北齊時定爲視從四品。

[9]斛斯椿（495—537）：字法壽，北魏廣牧富昌（今内蒙古准格爾旗東南）人，高車族。初投尒朱榮，後隨尒朱兆。最後投宇文泰，拜尚書、遷太傅。《魏書》卷八〇、《北史》卷四九有傳。

[10]司空：官名。東漢光武帝建武二十七年以大司空改稱之。歷朝多置，或仍作大司空之簡稱。與太尉、司徒並爲三公，分掌宰相職能，秩萬石。魏晋南北朝爲名譽宰相，多爲大臣加官，位居一品，無實際職掌。　秦州：治所在今甘肅天水市西南。

[11]覆鞦城：地名。疑万俟普據此時一度爲秦州治所，已不知今地確切位置，疑在河陽之北。

[12]夏州：治所在今陝西靖邊縣北白城子。

[13]河西公：爵名。河西，郡名。治所在今山西臨汾市。

[14]朔州：治所在今山西朔州市城區。

子洛，字受洛干。豪壯有武藝，騎射過人，爲鄉閭所伏。拔陵反，[1]隨父歸順，除顯武將軍。[2]隨尒朱榮每有戰功，[3]累遷汾州刺史、驃騎將軍。[4]及起義信都，[5]遠送誠款，高祖嘉其父子俱至，甚優其禮。除撫軍，[6]兼靈州刺史。[7]武帝入關，除左僕射。[8]天平中，[9]隨父東歸，封建昌郡公，[10]再遷領軍將軍。[11]與諸將圍獨孤如願於金墉，[12]及河陰之戰，並有功。高祖以其父普尊老，特崇禮之，[13]嘗親扶上馬。洛免冠稽首曰："願出死力以報深恩。"及此役也，諸軍北渡橋，洛以軍不動。謂西人曰："万俟受洛干在此，能來可來也！"西人畏而去。高祖以雄壯，名其所營地爲回洛城。[14]洛慷慨有氣節，勇銳冠時，當世推爲名將。興和初卒。[15]

[1]拔陵：即破六韓拔陵。
[2]顯武將軍：官名。北魏設，爲雜號將軍之一。孝文帝太和十七年（493）階從三品下，太和二十三年降爲正四品。
[3]尒朱榮（493—530）：字天寶，北魏北秀容（今山西朔州市）契胡貴族。繼父爲部落酋帥，六鎮起義後投魏。後擁立莊帝，自爲大丞相、天柱大將軍，封太原王。《魏書》卷七四、《北史》卷四八有傳。
[4]汾州：治所在今山西汾陽市。　驃騎將軍：官名。魏晉之後多爲加官。
[5]信都：縣名。治所在今河北冀州市。
[6]撫軍：官名。爲"撫軍將軍"之省稱。北齊時多以武職罷任者爲之，從二品。
[7]靈州：東魏天平中置，寄治今山西汾陽市西。
[8]左僕射：官名。即"尚書左僕射"的簡稱，爲尚書令副

貳。北朝列位宰相，職掌都省庶務。北齊從二品。

［9］天平：東魏孝靜帝元善見年號（534—537）。

［10］建昌郡公：爵名。建昌郡，北魏置。治所未詳。

［11］領軍將軍：官名。職掌與中領軍同，皆典禁兵，但任職者資重於中領軍，省稱領軍。北齊時爲領軍府長官，員一人，掌禁衛宮掖，主朱華閣以外的禁衛官，又領左、右衛，領左右等府，從二品。

［12］獨孤如願（503—557）：獨孤信，本名如願，雲中（今內蒙古和林格爾縣西北土城子）人。鮮卑族獨孤部。北魏至北周名將。《周書》卷一六、《北史》卷六一有傳。　金墉：古城名。三國魏明帝時築。在今河南洛陽市東北魏、晉洛陽故城西北隅。

［13］特崇禮之：“特”字四庫本、中華本及《北史》卷五三皆同，三朝本、汲古閣本、百衲本作“將”。今據《北史》改。

［14］回洛城：地名。在今河南孟津縣東。

［15］興和：東魏孝靜帝元善見年號（539—542）。

　　可朱渾元，字道元。[1]自云遼東人，[2]世爲渠帥，[3]魏時擁衆內附，曾祖護野肱終於懷朔鎮將，[4]遂家焉。元寬仁有武略，少與高祖相知。北邊擾亂，遂將家屬赴定州，[5]值鮮于修禮作亂，[6]元擁衆屬焉。葛榮併修禮，[7]復以元爲梁王。遂奔尒朱榮，以爲別將，[8]隸天光征關中，[9]以功爲渭州刺史。[10]

　　［1］道元：四庫本、中華本及《北史》卷五三皆同，三朝本、百衲本、汲古閣本作“通元”。查本書、《魏書》《北史》《資治通鑑》，內凡稱可朱渾元字者都作“道元”。“通”字訛。據《北史》改。

　　［2］遼東：地區名。指今遼寧省遼河以東地區。

［3］渠帥：少數民族部落首領。

［4］護野肱：北魏將領。事不詳。　懷朔：地名。北魏六大軍事重鎮之一。在今内蒙古固陽縣西南。

［5］定州：北魏天興三年（400）以安州改置。治所在今河北定州市。

［6］鮮于修禮（？—526）：敕勒族，北魏末河北民變首領。本爲懷朔鎮兵。孝昌二年（526）反於定州，號魯興元年。敗長孫稚於五鹿（今河南濮陽市東北），與杜洛周呼應，圍瀛、定二州。後爲其部將元洪業所殺。

［7］葛榮（？—528）：北魏末年河北暴動首領。本爲懷朔鎮將。公元526年參加鮮于脩禮起事。鮮于脩禮被害後，繼領其衆，乃稱天子，國號齊，年號廣安。528年被尒朱榮俘，十月死於洛陽。

［8］別將：官名。泛指率領部分兵力與主力分道而進的別部將領。北魏中葉以後，出兵之制，與主力分道而行爲之輔翼的將領，稱別道都將，後遂沿用此稱，逐漸成爲一級統兵武官名稱。

［9］天光：尒朱天光（496—532）。尒朱榮從祖兄子。《魏書》卷七五有傳，《北史》卷四八《尒朱榮傳》有附傳。　關中：地區名。指今陝西關中平原。

［10］渭州：治所在今甘肅隴西縣東南。

　　侯莫陳悦之殺賀拔岳也，[1]周文帝率岳所部還共圖悦。[2]元時助悦，悦走，元收其衆，入據秦州，[3]爲周攻圍，苦戰，結盟而罷。元既早被高祖知遇，[4]兼其母兄在東，嘗有思歸之志，恒遣表疏與高祖陰相往來。周文忌元智勇，[5]知元懷貳，發兵攻之。元乃率所部，發自渭州，[6]西北渡烏蘭津。[7]周文頻遣兵邀之，元戰必摧之。引軍歷河、源二州境，[8]乃得東出。靈州刺史曹泥女婿劉豐與元深相交結。[9]元因説豐以高祖英武非常，剋成大業，豐自此便有委質之心，遂資遣元。元從靈州東北入雲州。[10]高祖聞其來也，遣平陽守高嵩持金環一枚以賜元，[11]并運資糧，遠遣候接。元至晉陽，[12]引見執手，賜帛千匹並奴婢田宅。兄弟四人先在并州者，[13]進官爵。元所部督將，皆賞以爵邑。封元縣公，除車騎大將軍。[14]

[1]侯莫陳悅：代郡（今山西大同市東北）人。北魏時將領。《魏書》卷八〇、《北史》卷四九有傳。　賀拔岳：字阿斗泥，神武尖山（今山西神池縣）人。徙居武川（今内蒙古武川縣）。賀拔勝之弟。北魏、西魏名將。《魏書》卷八〇《賀拔勝傳》、《周書》卷一四《賀拔勝傳》、《北史》卷四九《賀拔允傳》有附傳。

[2]周文帝：宇文泰（505—556），字黑獺，代郡武川（今内蒙古武川縣）人。鮮卑族。北周奠基者。《周書》卷一、二，《北史》卷九有紀。

[3]秦州：治所在今甘肅天水市西南。

[4]元既早被高祖知遇："被"字四庫本、中華本同，三朝本、百衲本、汲古閣本作"遇"。《北史》此句爲"元既早爲神武知遇"。由此，"被"是。從改。

[5]周文忌元智勇：百衲本、三朝本、汲古閣本"周文"後皆多出"攻圍苦"三字。按前文出現"爲周攻圍苦戰"，此處亦有。應爲衍文，今删。

[6]渭州：治襄武，在今甘肅隴西縣東南。

[7]烏蘭津：地名。在今甘肅靖遠縣西南。

[8]河：州名。前涼置，治枹罕，在今甘肅臨夏市西南。北魏太平真君三年（442）改爲枹罕鎮。孝文帝太和十六年（492）改鎮復爲河州。　源：中華本校勘記云："魏無'源州'。……《通

鑑》卷一五七胡注，'烏蘭津在平凉西北'。平凉即魏原州治。疑'源'乃'原'之訛。"可從。原州，治平高，在今寧夏固原市城關。

[9]曹泾：亦稱"曹泥"。西魏、東魏官吏。先仕西魏，官至靈州刺史。後降東魏。

[10]雲州：北魏永熙中改朔州置，寄治并州界，治所在今山西文水縣雲州村。

[11]平陽：郡名。治所在今山西臨汾市。因在平水之陽而得名。　高嵩：北齊官吏。事不詳。　持金環一枚：百衲本、三朝本、汲古閣本無"金"字，四庫本、中華本及《北史》有。金環一般可以充當信物。《南史》及《唐書》亦有使者獻"金環"之説。今據加"金"字。

[12]晋陽：縣名。治所在今山西太原市晋源區古城營村一帶。

[13]并州：治所在晋陽，並於此置大丞相府，地位僅次於鄴。

[14]車騎大將軍：官名。重號將軍，多加權臣元老，以示尊崇，開府置僚屬，不領兵，北齊因之，一品。

討西魏儀同金祚、皇甫智達於東雍，[1]擒之。遷并州刺史。又與諸將征伐，頻有剋捷降下。天保初，[2]封扶風王。[3]頻從顯祖討山胡、茹茹，[4]累有戰功。[5]遷太師，薨。贈假黄鉞、太宰、録尚書。[6]元善於御衆，行軍用兵，務在持重，前後出征，未嘗負敗。及卒，朝廷深悼之。皇建初，[7]配享世宗廟庭。[8]

[1]儀同：官名。本指官場待遇，始自東漢末。後成爲官銜。爲"儀同三司""儀同將軍""儀同大將軍"等官名的簡稱。　皇甫智達：西魏將領。事不詳。　東雍：州名。治臨汾縣，在今山西新絳縣萬安鎮柏壁村。

[2]天保：北齊文宣帝高洋年號（550—559）。

[3]扶風王：爵名。扶風，郡名。治所在今陝西興平市東南。

[4]顯祖：北齊文宣帝高洋（529—559），廟號顯祖。本書卷四、《北史》卷七有紀。　山胡：民族名。亦稱"稽胡""步落稽"。源於南匈奴。一説爲山戎、赤狄之後。南北朝時居於山西北部。與漢人雜居。　茹茹：古族名。又稱"柔然""蠕蠕""蝚蠕""芮芮"等。其強盛時，勢力達於整個蒙古高原。該國汗族郁久閭氏源自雜胡（詳見曹永年《柔然源於雜胡考》，《歷史研究》1981年第3期）。境内有匈奴、鮮卑、高車、西域諸族以及其他民族，多以游牧爲生。《魏書》卷一〇三、《北史》卷九八有傳。

[5]太師：官名。十六國、北朝時，爲三師之一，位在太傅、太保之上，居百官之首，名位極尊。北齊後主爲激賞人心，增員而授，遂不可勝數。北齊一品。

[6]假黄鉞：官制術語。即臨時授飾以黄金的鉞，本用於皇帝儀仗。授此者以示有權總統内外諸軍，專戮節將。不常設，以爲非人臣之常器。　太宰：官名。北魏、北齊於太師、太傅、太保三師之上，別置太宰，皆一品。　録尚書：官名。總領尚書省政務。北魏、北齊亦定爲官員，爲尚書省長官，尚書令、僕射爲其副貳，職權甚重。

[7]皇建：北齊孝昭帝高演年號（560—561）。

[8]世宗：北齊文襄帝高澄（521—549），廟號世宗。本書卷三、《北史》卷六有紀。

劉豐，字豐生，普樂人也。[1]有雄姿壯氣，果毅絶人，有口辯，好説兵事。破六韓拔陵之亂，豐以守城之功，除普樂太守。魏永安初，[2]除靈州鎮城大都督。[3]周文授以衛大將軍，[4]豐不受，乃遣攻圍，不剋。豐遠慕高祖威德，乃率户數萬來奔。高祖上豐爲平西將軍、南汾州刺史。[5]遂與諸將征討，平定寇亂。又從高祖破周文於河陰，[6]豐功居多，高祖執手嗟賞。入爲左衛將軍，[7]出除殷州。[8]

[1]普樂人也：中華本校勘記云："《御覽》卷二七五無此四字，却有'本出河間樂城'六字，不知所出。可能是《北齊書》此《傳》原文。"普樂，郡名。治回樂縣，在今寧夏靈武市西南。
[2]永安：北魏孝莊帝元子攸年號（528—530）。
[3]鎮城大都督：官名。北魏孝莊帝永安年間置，爲負責地方軍事事務之武職。
[4]衛大將軍：官名。北魏沿置，孝文帝太和十七年（493）定爲一品下，位在儀同三司下。太和二十三年改爲二品，位太子太師上，不統兵，爲安排有軍勳人員的閑職。
[5]高祖上豐爲平西將軍、南汾州刺史：百衲本、三朝本、汲古閣本皆無"將軍"二字，應有遺漏，四庫本和中華本有。今據中華本補。平西將軍，官名。與平東、平南、平北將軍合稱四平將軍。北齊爲褒獎軍功勳臣的閑職，三品。南汾州，治所在今山西稷縣西南。
[6]河陰：郡名。治、領河陰縣。治所在今河南孟津縣東。
[7]左衛將軍：官名。北齊時爲左衛府長官，員一人，三品。掌左廂，與右衛將軍共主朱華閣以外禁衛事務，各由武衛將軍二員以協助其理事。
[8]殷州：北魏置，北齊天保二年（551）忌太子高殷諱，改爲趙州。治廣阿縣，在今河北隆堯縣。

　　王思政據長社，[1]世宗命豐與清河王岳攻之。[2]豐建水攻之策，遂遏洧水以灌之，[3]水長，魚鱉皆游焉。九月至四月，城將陷。豐與行臺慕容紹宗見北有白氣，[4]

同入船。忽有暴風從東北來，正晝昏暗，飛沙走礫，船纜忽絶，漂至城下。豐游水向土山，爲浪所激，不時至，西人鈎之。並爲敵人所害。豐壯勇善戰，爲諸將所推。死之日，朝野駭惋。贈大司馬、司徒公、尚書令，[5]諡曰忠。子曄嗣。[6]

[1]王思政：字司政，太原祁（今山西祁縣）人。西魏名將。後降北齊，爲都官尚書、儀同三司。《周書》卷一八、《北史》卷六二有傳。　長社：縣名。治所在今河南許昌市。

[2]清河王：爵名。清河，郡國名。西漢高帝置，治清陽縣（今河北清河縣）。西晋爲清河國，治清河縣（今山東臨清市）。北魏仍改爲郡。北齊移治武城縣（今河北清河縣西城關鄉西北）。岳：高岳（512—555），字洪略，渤海蓨（今河北景縣）人。高翻子，高歡從父弟。東魏、北齊宗室大臣。本書卷一三、《北史》卷五一有傳。

[3]洧水：古水名。源出河南登封市陽城山，東南流至新鄭市與溱水合，至西華縣入潁水。

[4]行臺：官署名。尚書臺（省）臨時在外設置的權力機構。"臺"指中央尚書省。北魏時漸成爲地方常設機構，北齊正式兼理民事，爲地方最高行政機構。置行臺尚書令、尚書僕射爲正副長官。　慕容紹宗（501—549）：北魏、東魏將領。前燕皇室後裔，鮮卑族。本書卷二〇、《北史》卷五三有傳。

[5]大司馬：官名。北魏、北齊與大將軍並稱"二大"，仍爲加官，皆一品。北齊後主時增員冗濫，不復尊貴。　司徒公：官名。與丞相通職，一般不並置。爲名譽宰職，一品。北魏、北齊亦一品。　尚書令：官名。尚書省長官。魏晋以降，總掌全國行政。多數情況下是實際上的丞相。北齊二品。

[6]曄：劉曄。僅見此處，事不詳。

破六韓常，字保年，附化人，[1]匈奴單于之裔也。右谷蠡王潘六奚没於魏，[2]其子孫以潘六奚爲氏，後人訛誤，以爲破六韓。世領部落，其父孔雀，[3]世襲酋長。孔雀少驍勇。時宗人拔陵爲亂，以孔雀爲大都督、司徒、平南王。[4]孔雀率部下一萬人降於尒朱榮，詔加平北將軍、第一領民酋長，[5]卒。

[1]附化：郡名。治壽陽境。在今山西壽陽縣。據《魏書·地形志》，朔州寄治并州界，領大安、廣寧、神武、太平、附化五郡十三縣，當隨州僑置於壽陽境。至北齊，朔州遷治介休，祇領軍人，不領郡縣，原隨州僑置郡縣遂廢。

[2]右谷（lù）蠡（lí）王：匈奴貴族世襲王位。左右谷蠡王各次於左右賢王，有自置的千長、百長、什長、裨小王、相、都尉、當户、且渠等。左右谷蠡王分居於東西部。　潘六奚：人名。僅見此處，具體事迹不詳。

[3]孔雀：人名。破六韓孔雀。一説於孝昌元年（525）爲柔然阿那瓌所殺。

[4]大都督：官名。高級軍事長官。後漸成爲常設官職，地位極高。東魏、西魏分裂後，授予漸濫。　司徒：官名。爲三公之一，與丞相通職，一般不並置。爲名譽宰相，一品。　平南王：封爵名。平南，虛封方位詞。

[5]平北將軍：官名。與平東、平西、平南將軍合稱四平將軍。北齊爲褒獎軍功勳臣的閑職，三品。　第一領民酋長：北魏置。唐人避諱，改稱"第一領人酋長"。主要授予依附北魏政權的北方少數民族首領。北魏末期戰亂後，北方邊鎮的軍人集團地位提高，進入中央政權，北齊時定爲視從三品。

常沉敏有膽略，善騎射，累遷平西將軍。[1]高祖起義，常爲附化守，與万俟受洛干東歸，高祖嘉之，上爲撫軍。與諸將征討，又從高祖攻擊諸寇，累遷車騎大將軍、開府，[2]封平陽公。[3]除洛州刺史。[4]常啓世宗曰："常自鎮河陽以來，[5]頻出關口，[6]太谷二道，[7]北荆已北，[8]洛州已南，所有要害，頗所知悉。而太谷南口去荆路踰一百，經赤工坂，是賊往還東西大道，中間曠絶一百五十里，賊之糧饟，唯經此路。愚謂於彼選形勝之處，營築城戍，安置士馬，截其遠還，自然不能更有行送。"世宗納其計，遣大司馬斛律金等築楊志、百家、呼延三鎮。[9]常秩滿，還晉陽，[10]拜太保、滄州刺史，[11]卒。贈尚書令、司徒公、太傅、第一領民酋長，[12]假王，謚曰忠武。

　　[1]平西將軍：官名。與平東、平南、平北將軍合稱四平將軍。北齊爲褒獎軍功勳臣的閑職，三品。
　　[2]開府：文散官名。爲"開府儀同三司"之簡稱。多爲大臣的加銜。本指高級官員開建府署，置僚屬之舉。魏晉南北朝常以此作爲對高級官員的寵待。
　　[3]平陽公：爵名。平陽，郡名。治所在今山西臨汾市。
　　[4]洛州：北魏太宗時以司州改置。治所在今河南洛陽市東北。
　　[5]河陽：縣名。治所在今河南孟州市西南。
　　[6]關口：地名。疑即函谷關口。
　　[7]太谷：地名。在今山西太古縣西。
　　[8]北荆已北：諸本"北荆"作"北制"。中華本校勘記云："'北制'無此地名。'制'字是'荆'之訛。本《傳》下文明説'太谷南口去荆路踰一百'，又説高澄采納破落韓常築城的建議，命

斛律金等'築楊志、百家、呼延三鎮'。據《魏書》卷一〇六《地形志》中北荆州條云：'武定二年（五四四）置，領伊陽、新城、汝北三郡'，其中汝北郡的治所後來即移在楊志塢。可知築城正在北荆和洛州間。'制'字訛，今改正。"説是，從改。北荆，州名。治伏流城，大約在今河南嵩縣北。

[9]大司馬：官名。北魏、北齊與大將軍並稱"二大"，仍爲加官，皆一品。北齊後主時增員冗濫，不復尊貴。　斛律金（488—567）：原名敦，後改爲金，字阿六敦，朔州（今内蒙古固陽縣）人。高車族。北魏、東魏、北齊將領。本書卷一七、《北史》卷五四有傳。　築楊志、百家、呼延三鎮：本書《斛律金傳》有"仍率所部於宜陽築楊志、百家、呼延三戍"，可知楊志、百家、呼延當在宜陽郡。宜陽郡，北魏置，治所在今河南宜陽縣西韓城鎮，北周徙治今河南宜陽縣西福昌村。

[10]晋陽：縣名。治所在今山西太原市晋源區古城營村一帶。

[11]太保：官名。北魏、北齊爲三師之一，位居太師、太傅之下，一品。北齊後主時增員而授，所施頗濫。　滄州：治所在今河北鹽山縣舊縣鎮。

[12]尚書令：官名。尚書省長官。魏晋以降，總掌全國行政。東晋南北朝時，如設有録尚書事，則尚書令職權往往在其之下。但在多數情況下是實際上的丞相。北齊二品。　司徒公：官名。與丞相通職，一般不並置。爲名譽宰職，一品。　太傅：官名。北魏、北齊則與太師、太保並號三師，位居太師下、太保上，一品。北齊後主時曾增員而授，所施頗濫。

　　金祚，字神敬，安定人也。[1]性驍雄，尚氣任俠。魏正光中，隴右賊起，詔雍州刺史元猛討之，[2]召募狼家，[3]以爲軍導，祚應選。以軍功累遷龍驤將軍、靈州刺史。[4]高祖舉義，尒朱天光率關右之衆與仲遠等北抗義師。[5]天光留祚東秦,[6]總督三州,鎮靜二州。天光敗,歸高祖,除車騎大將軍。邙山之戰,[7]以大都督從破西軍。祚除華州刺史,[8]加開府儀同三司,[9]別封臨濟縣子,[10]卒。贈司空。[11]

[1]安定：郡名。治安定縣,在今甘肅涇川縣北。

[2]雍州：治所在今陝西西安市西北。　元猛：僅見此處,事不詳。

[3]召慕狼家：中華本校勘記云："《册府》卷八四八'狼家'作'良家'。按'狼家'當時別無記載。疑作'良'是。"説是。良家,漢代以來指徙邊的編户齊民,與徙邊的罪徒相對而言。

[4]龍驤將軍：官名。雜號將軍,階三品。

[5]關右：地區名。又稱關西。泛指故函谷關（今河南靈寶市東北）或今潼關以西地區。　仲遠：尒朱仲遠,北魏北秀容（今山西朔州市）契胡貴族。尒朱榮從弟。《魏書》卷七五《尒朱彦伯傳》、《北史》卷四八《尒朱榮傳》有附傳。

[6]東秦：地區名。《魏書》卷四二《酈範傳》範曰："齊四履之地,世號'東秦'。"指齊國故地,即今山東大部區域。

[7]邙山：山名。亦作"邙岭""芒山"。在今河南西部,西起三門峽,東止伊洛河岸。

[8]華州：治所在今陝西大荔縣。

[9]開府儀同三司：官名。本指高級官員開建府屬之待遇,儀同三司（三公）。以後遂成加銜,爲大臣加號。至南北朝又爲官稱。北齊二品。

[10]臨濟縣子：爵名。臨濟縣,治所在今山東鄒平縣西北。

[11]司空：官名。魏晉南北朝爲名譽宰相,多爲大臣加官,位居一品,無實際職掌。

韋子粲，字暉茂，京兆人。[1]曾祖閬，[2]魏咸陽守。[3]父儁，都水使者。[4]子粲仕郡功曹史，[5]累遷爲大行臺郎中，[6]從尒朱天光平關右。孝武入關，[7]以爲南汾州刺史。神武命將出討，城陷，子弟俱被獲，[8]送晉陽，蒙放免。以粲爲并州長史，[9]累遷豫州刺史，[10]卒。初子粲兄弟十三人，子姪親屬，闔門百口悉在西魏。以子粲陷城不能死難，多致誅滅，歸國獲存，唯與弟道諧二人而已。[11]諧與粲俱入國。粲富貴之後，遂特棄道諧，令其異居，所得廩禄，略不相及，其不顧恩義如此。

[1]京兆：郡名。治長安縣，在今陝西西安市西北。

[2]閬：韋閬，字有觀，北魏官吏。《魏書》卷四五、《北史》卷二六有傳。

[3]咸陽：郡名。治石安，即今陝西涇陽縣西北。

[4]都水使者：官名。掌陂池灌溉及疏保河渠。北齊從五品。

[5]郡功曹史：官名。郡守屬吏，掌郡府吏的任用。

[6]大行臺郎中：官名。北朝置。屬大行臺，《通典》卷二二《職官四》："後魏，謂之尚書大行臺，別置官屬。"職如尚書郎中。

[7]孝武入關：百衲本、三朝本、汲古閣本作"周武入關"。按，《北史》卷二六《韋閬傳》附《韋子粲傳》爲"孝武入關"，據改。孝武，北魏孝武帝元脩（510—534），字孝則，廣平武穆王元懷第三子。公元532年至534年在位。謚號孝武。《魏書》卷一一、《北史》卷五有紀。

[8]子弟俱被獲："被"字中華本作"破"。

[9]長史：官名。主持府務，爲衆史之長。

[10]豫州：治所在今河南汝南縣汝寧街道。

[11]道諧：韋道諧。東魏時官至南汾州鎮城都督。事不詳。

北齊書　卷二八[1]

列傳第二十

元坦　元斌　元孝友　元暉業　元弼　元韶

元坦，祖魏獻文皇帝，[2]咸陽王禧第七子。[3]禧誅後，兄翼、樹等五人相繼南奔，[4]故坦得承襲，改封敷城王。[5]永安初，[6]復本封咸陽郡王，累遷侍中。[7]莊帝從容謂曰：[8]"王才非荀、蔡，[9]中歲屢遷，當由少長朕家，故有超授。"初禧死後，諸子貧乏，坦兄弟爲彭城王勰所收養，[10]故有此言。

[1]《北齊書》卷二八：此卷原缺，三朝本、南本卷末有宋人校語云："此卷牽合《北史》而成。"中華本校勘記以爲，本卷爲"後人以《北史》卷一六、卷一七、卷一九、卷二一相同諸人《傳》補。卷末贊語當出《北齊書》原文"。

[2]魏獻文皇帝：北魏皇帝拓跋弘（454—476）。文成帝長子。謚曰獻文，廟號顯祖。公元465年至471年在位。《魏書》卷六、《北史》卷二有紀。

837

[3]咸陽王：爵名。咸陽，郡名。治所在今陝西涇陽縣西北。禧：元禧，字永壽。獻文帝之子。太和九年（485）封咸陽王。位至太保，領太尉。《魏書》卷二一上有傳。

[4]翼：元翼，字仲和，禧第二子。奔於梁，虛封爲咸陽王，任信武將軍、青冀二州刺史。《魏書》卷二一、《北史》卷一九《咸陽王禧傳》有附傳。　樹：元樹，字秀和，又字君立。天監八年（509）奔梁。封鄴王，官至鎮西將軍、郢州刺史。舉兵伐魏，城陷被擒，死於魏。

[5]敷城王：爵名。敷城，郡名。北魏置，治所在今陝西洛川縣。

[6]永安：北魏孝莊帝元子攸年號（528—530）。

[7]侍中：官名。門下省長官。備切問近對，拾遺補缺。北朝常總典機密，時號"小宰相"。北魏孝文帝太和十七年（493）定爲從一品中，二十三年改爲三品。北齊因之。

[8]莊帝：北魏孝莊帝元子攸（507—530），彭城王元勰第三子。公元528年至530年在位。謚號孝莊。《魏書》卷一〇、《北史》卷五有紀。

[9]荀：荀彧（163—212），字文若，東漢潁川潁陰（今河南許昌市）人。少有才名。漢末初依袁紹，後從曹操，官司馬。《三國志》卷一〇有傳。　蔡：疑此爲蔡邕（132—192）。字伯喈，東漢陳留（今河南開封市）人。靈帝時拜郎中。邕博學多才，與楊賜等奏定六經文字，立碑太學門外。後依董卓。以卓黨死獄中。《後漢書》卷六〇下有傳。

[10]勰：元勰。北魏獻文帝子，孝文帝弟。太和九年（485）封始平王，後改封彭城王。宣武帝即位，官至司徒、録尚書事。受外戚高肇等誣陷被殺。及孝莊帝繼位，追號文穆皇帝，廟號肅祖。《魏書》卷二一、《北史》卷一九有傳。

孝武初,[1]其兄樹見禽。坦見樹既長且賢,慮其代己,密勸朝廷以法除之。樹知之,泣謂坦曰:"我往因家難,不能死亡,寄食江湖,受其爵命。今者之來,非由義至,求活而已,豈望榮華。汝何肆其猜忌,忘在原之義,腰背雖偉,善無可稱。"坦作色而去。樹死,竟不臨哭。

[1]孝武:北魏孝武帝元脩(510—534),字孝則,廣平武穆王元懷第三子。公元532年至534年在位。謚號孝武。《魏書》卷一一、《北史》卷五有紀。

坦歷司徒、太尉、太傅,[1]加侍中、太師、錄尚書事、宗正、司州牧。[2]雖禄厚位尊,貪求滋甚,賣獄鬻官,不知紀極。爲御史劾奏免官,[3]以王歸第。尋起爲特進,[4]出爲冀州刺史,[5]專復聚斂。每百姓納賦,除正稅外,別先責絹五匹,然後爲受。性好畋漁,無日不出,秋冬獵雉兔,春夏捕魚蟹,鷹犬常數百頭。自言寧三日不食,不能一日不獵。入爲太傅。[6]齊天保初准例降爵,[7]封新豐縣公,[8]除特進、開府儀同三司。[9]坐子世寶與通直散騎侍郎彭貴平因酒醉誹謗,[10]妄說圖讖,[11]有司奏當死,詔並宥之。坦配北營州,[12]死配所。

[1]司徒:官名。爲三公之一,與丞相通職,一般不並置。爲名譽宰相,一品。 太尉:官名。與丞相、御史大夫合稱三公。魏晋以後多爲元老重臣之加官。 太傅:官名。北魏、北齊則與太師、太保並號三師,位居太師下、太保上,一品。北齊後主時曾增

員而授，所施頗濫。

［2］太師：官名。北朝時爲三師之一，位在太傅、太保之上，一品。北齊後主爲激賞人心，增員而授，遂不可勝數。　錄尚書事：官名。魏晉南北朝多以公卿權重者居之，總領尚書省政務。北魏、北齊亦定爲官員，爲尚書省長官。　宗正：九卿之一。管理君主宗室親族事務。北朝定名爲"大宗正"，官署名爲"大宗正寺"。北魏、北齊皆爲三品。　司州：北魏孝文帝太和十七年（493）改洛州置。治所在今河南洛陽市東北。

［3］御史：官名。御史臺屬官，掌舉劾違失。南北朝時則爲"侍御史""治書侍御史""督軍糧御史""殿中侍御史""監國侍御史"的簡稱。

［4］特進：官名。初爲對大臣的優待名義。南北朝成爲正式加官名號，用以安置閑退大臣。北魏孝文帝太和十七年定爲一品下，二十三年改爲二品。北齊二品。

［5］冀州：治所在今河北冀州市。

［6］入爲太傅："太傅"中華本及《北史》卷一九《元坦傳》附《咸陽王禧傳》同，諸本作"太常"。中華本校勘記云："坦爲太傅，見《魏書》卷一二《孝靜紀》武定七年十月，此作'太常'，誤。今從改"。太傅，官名。北魏、北齊則與太師、太保並號三師，位居太師下、太保上，一品。北齊後主時曾增員而授，所施頗濫。

［7］天保：北齊文宣帝高洋年號（550—559）。

［8］新豐縣公：爵名。新豐，地名。東魏武定六年（548）置，廢於北齊。治所在今安徽宿州市東北。

［9］開府儀同三司：本指高級官員開建府屬之待遇，儀同三司（三公）。以後遂成加銜，爲大臣加號。至南北朝又爲官稱。北齊二品。

［10］世寶：元世寶。北齊官吏，曾任黃門侍郎。　通直散騎侍郎：官名。東晉置。員四人。職掌品秩與散騎侍郎同，掌規諫。北齊沿置，除集書省置六員外，集書省所轄起居省亦置一員，從五品

上。　彭貴平：北齊官吏。事不詳。

[11]圖讖：古代方士或儒生編造的關於帝王受命徵驗一類的書，多爲隱語，預言。

[12]北營州：即營州。北魏太平真君五年（444）置，治龍城縣，在今遼寧朝陽市。

元斌，字善集，祖魏獻文皇帝。父高陽王雍，[1]從孝莊於河陰遇害。[2]斌少襲祖爵，歷位侍中、尚書左僕射。[3]斌美儀貌，性寬和，居官重慎，頗爲齊文襄愛賞。[4]齊天保初，准例降爵，爲高陽縣公，[5]拜右光禄大夫。[6]二年，從文宣討契丹還，[7]至白狼河，[8]以罪賜死。

[1]高陽王：爵名。高陽，郡名。治所在今河北高陽縣東。雍：元雍（？—528），獻文帝子。先封潁川王，後改封高陽王。死於河陰之變。謚文穆王。《魏書》卷二一上、《北史》卷一九有傳。

[2]河陰：郡名。治、領河陰縣。治所在今河南孟津縣東。

[3]尚書左僕射：官名。爲尚書令副貳。北朝列位宰相，職掌都省庶務。北齊從二品。

[4]文襄：北齊皇帝高澄（521—549），謚號文襄，廟號世宗。本書卷三、《北史》卷六有紀。

[5]高陽縣公：爵名。高陽縣，治所在今河北高陽縣東。

[6]右光禄大夫：官名。多爲加官，以示優崇，或授予年老有病者爲致仕之官，亦常用爲卒後贈官。無職掌。北齊第二品。

[7]文宣：北齊開國皇帝高洋（529—559），謚號文宣。本書卷四、《北史》卷七有紀。　契丹：民族、國名。源於東胡，居今遼河上游西拉木倫河一帶，以游牧爲生。北魏時自號契丹。與北魏關係密切，歲常朝貢，使者不絕。《魏書》卷一〇〇、《北史》卷九四有傳。

[8]白狼河："狼"字中華本及《北史》卷一九《元斌傳》（附《高陽王雍傳》）同，諸本作"浪"。中華本校勘記云："《水經注》卷一四大遼水注，云'水出右北平白狼縣東南'。'浪'字訛。"今從中華本改。

元孝友，祖魏太武皇帝。[1]兄臨淮王彧無子，[2]令孝友襲爵。累遷滄州刺史，[3]爲政溫和，好行小惠，不能清白，而無所侵犯，百姓亦以此便之。魏靜帝宴文襄於華林，[4]孝友因醉自譽，又云："陛下許賜臣能。"帝笑曰："朕恒聞王自道清。"文襄曰："臨淮王奉旨舍罪。"於是君臣俱笑而不罪。

[1]魏太武皇帝：拓跋燾（408—452），一名佛狸，明元帝長子。公元423年至452年在位。《魏書》卷四、《北史》卷二有紀。

[2]兄臨淮王彧無子："彧"字四庫本、中華本同，三朝本、汲古閣本、百衲本均作"譚"。按《北史》《魏書》譚爲孝友曾祖，子提襲爵。彧爲孝友兄，無子。孝友襲爵。故，此當"彧"是。據改。臨淮王，爵名。臨淮，郡名。治所在今安徽固鎮縣東南仁和集鄉。臨淮郡屬汴州，北齊州郡俱廢。彧，元彧（？—530），字文若，本名亮，字仕明。鮮卑族拓跋部人。北魏宗室、大臣。《魏書》卷一八、《北史》卷一六有傳。

[3]滄州：治所在今河北鹽山縣舊縣鎮。

[4]魏靜帝：東魏皇帝元善見（524—551）。諡號孝靜。公元534年至550年在位。《魏書》卷一二、《北史》卷五有紀。 華林：東魏於鄴城的皇家園林。

孝友明於政理，嘗奏表曰：

令制：百家爲黨族，二十家爲閭，五家爲比鄰。百家之內，有帥二十五人，徵發皆免，苦樂不均。羊少狼多，復有蠶食。此之爲弊久矣。京邑諸坊，或七八百家唯一里正、二史，庶事無闕，而況外州乎？請依舊置三正之名不改，而百家爲族，[1]四閭，閭二比。[2]計族少十二丁，得十二匹貲絹。略計見管之戶應二萬餘族，一歲出貲絹二十四萬匹。十五丁爲一番兵，計得一萬六千兵。此富國安人之道也。

[1] 而百家爲族："族"字四庫本、中華本同，三朝本、汲古閣本、百衲本皆作"於"。應對上文"百家爲黨族"，此當爲"族"，下文"計族少十二丁"亦可爲證。"於"爲形近而訛。

[2] 四閭，閭二比：諸本皆不重"閭"字，《北史》卷一六、《魏書》一八《拓跋孝友傳》重。加"閭"字語意更明確。今據改。

古諸侯娶九女，士一妻一妾。晉令：諸王置妾八人；郡君、侯，妾六人。官品令：第一第二品有四妾，第三第四有三妾，第五第六有二妾，第七第八有一妾。所以陰教聿修，繼嗣有廣。廣繼嗣孝也，修陰教禮也。而聖朝忽棄此數，由來漸久，將相多尚公主，王侯娶后族，故無妾媵，習以爲常。婦人不幸，[1]生逢今世，舉朝既是無妾，天下殆皆一妻。設令人強志廣娶，則家道離索，身事迍邅，[2]內外親知，共相嗤怪。凡今之人，通無準節。父母嫁女，則教以妬，[3]姑姊逢迎，必相勸以忌。以制夫爲婦德，以能妬爲女工。自云不受人欺，畏他笑我。王公猶自一心，已下何敢二意。夫妬忌之心生，則妻妾之禮廢，妻妾之禮廢，則姦淫之兆興，斯臣之所以毒恨者也。請以王公第一品娶八，通妻以備九女，稱事二品備七，三品四品備五，五品六品則一妻二妾。限以一周，悉令充數。若不充數，及待妾非禮，使妻妬加捶撻，免所居官。其妻無子而不娶妾，斯則自絕，無以血食祖父，請科不孝之罪，離遣其妻。

[1]婦人不幸：中華本校勘記云："《北史》卷一六、《魏書》卷一八'不'作'多'，觀上下文義，疑作'多'是。"
[2]迍邅：指處境困難。
[3]凡今之人，通無準節。父母嫁女，則教以妬：百衲本"凡今"以下缺十四字，據三朝本補。準，標準，準則。

臣之赤心，義唯家國，欲使吉凶無不合禮，貴賤各有其宜，省人帥以出兵丁，立倉儲以豐穀食，設賞格以擒姦盜，行典令以示朝章，庶使足食足兵，人信之矣。又冒申妻妾之數，正欲使王侯將相功臣子弟，苗胤滿朝，傳祚無窮。此臣之志也。

詔付有司，議奏不同。

孝友又言："今人生爲皂隸，[1]葬擬王侯，存沒異途，無復節制。崇壯丘隴，盛飾祭儀，鄰里相榮，稱爲至孝。又夫婦之始，王化所先，共食合瓢，足以成禮。而今之富者彌奢，同牢之設，甚於祭槃，累魚成山，山有林木之像，鸞鳳斯存。徒有煩勞，終成委棄。仰惟天意，其或不然。請自茲以後，若婚葬過禮者，以違旨論。官司不加糾劾，即與同罪。"

[1]皂隸：官府的低級役人。

孝友在尹積年，以法自守，甚著聲稱，然性無骨鯁，善事權勢，爲正直者所譏。齊天保初，准例降爵，封臨淮縣公，拜光禄大夫。[1]二年冬被詔入晉陽宫，出與元暉業同被害。

[1]光禄大夫：官名。掌議論。後漸成散官、加官。無員限。北齊三品。

元暉業，字紹遠，魏景穆皇帝之玄孫。[1]少險薄，多與寇盜交通。長乃變節，涉子史，亦頗屬文，而慷慨有志節。歷位司空、太尉，[2]加特進，領中書監，[3]録尚書事。文襄嘗問之曰："比何所披覽？"對曰："數尋伊、霍之傳，[4]不讀曹、馬之書。"[5]

[1]魏景穆皇帝：拓跋晃（427—451），太武帝長子，皇太子。文成帝時，追謚爲景穆帝。《魏書》卷四下、《北史》卷二有紀。
[2]司空：官名。魏晉南北朝爲名譽宰相，多爲大臣加官，位居一品，無實際職掌。
[3]中書監：官名。魏晉南北朝爲中書省長官之一，掌納奏、擬詔、出令，然權歸中書舍人，監、令名爲長官，多用作重臣加官，時人視爲閑地。北齊從二品。
[4]伊：伊尹。商湯之重臣。世稱賢臣，三代元老。 霍：霍光（？—前68），字子孟，河東平陽（今山西臨汾市）人。西漢大

臣。《漢書》卷六八有傳。

[5]曹：曹丕。曹丕受禪，建魏代漢。　馬：司馬炎。迫使曹奂禪位，建晉。

暉業以時運漸謝，不復圖全，唯事飲啗，一日一羊，三日一犢。又嘗賦詩云："昔居王道泰，濟濟富群英；今逢世路阻，狐兔鬱縱橫。"齊初，降封美陽縣公，[1]開府儀同三司、特進。暉業之在晉陽也，[2]無所交通，居常閑暇，乃撰魏藩王家世，號爲《辯宗錄》四十卷行於世。[3]位望隆重，又以性氣不倫，每被猜忌。

[1]美陽縣公：爵名。美陽縣，治所在今陝西扶風縣東南。
[2]晉陽：縣名。治所在今山西太原市晉源區古城營村一帶。
[3]《辯宗錄》：書名。《隋書·經籍志》著録元暉業《後魏辯宗録》共兩卷。現已佚。

天保二年，從駕至晉陽，於宮門外罵元韶曰：[1]"爾不及一老嫗，背負璽與人，何不打碎之。我出此言，即知死也，然爾亦詎得幾時！"文宣聞而殺之，亦斬臨淮公孝友。孝友臨刑，驚惶失措，暉業神色自若。仍鑿冰沉其屍。暉業弟昭業，[2]頗有學問，位諫議大夫。[3]莊帝幸洛南，昭業立於閶闔門外叩馬諫，帝避之而過，後勞勉之。位給事黃門侍郎、衛將軍、右光禄大夫，[4]卒。謚曰文侯。

[1]於宮門外罵元韶曰："韶"字三朝本、汲古閣本、百衲本

作"歆"。按，此當爲"詔"，本書卷四《文宣帝紀》，文宣以齊代魏時，遣彭城王詔制册命並交出皇帝璽綬。且《北史》卷一七《元暉業傳》亦作"詔"。此"歆"爲訛。據改。

[2]昭業：元昭業。北魏皇室，鮮卑拓跋部人。《魏書》卷一九上、《北史》卷一七《元暉業傳》皆同。事不詳。

[3]諫議大夫：官名。掌侍從顧問、參謀諷議，名義上隸光禄勳。北齊員七人，從四品。

[4]給事黄門侍郎：官名。亦簡稱"黄門""黄門郎""黄門侍郎"。爲中朝官員，給事於宮門之内，侍從皇帝、顧問應對，出則陪乘。爲侍中省或門下省次官。北齊置六員，四品。　衛將軍：官名。多作爲軍府名號，以加大臣、重要州郡長官，無具體職掌。北齊二品。　右光禄大夫：官名。多爲加官，以示優崇。無職掌。北齊第二品。

　　元弼，字輔宗，[1]魏司空暉之子。[2]（性剛正，有文學。位中散大夫。[3]以世嫡應襲先爵，爲季父尚書僕射麗因于氏親寵，[4]遂奪弼王爵，横授同母兄子誕。[5]於是弼絶棄人事，託疾還私第。宣武徵爲侍中。[6]弼上表固讓，入嵩山，[7]以穴爲室，布衣蔬食，卒。建義元年，[8]子暉業訴復王爵。永安三年追贈尚書令、司徒公，[9]謚曰文獻。初弼嘗夢人謂之曰："君身不得傳世封，其紹先爵者，君長子紹遠也。"弼覺，即告暉業，終如其言也。）

[1]元弼，字輔宗：魏末有兩"元弼"，詳見《北史》卷一五、卷一七。由"性剛正"後皆爲《北史》卷一七之《元弼傳》。卷一五《常山王遵傳》附《元弼傳》，字宗輔（此處爲輔宗，今不知孰

是），其父爲元暉，且爲司空。卷一七《濟陰王小新成傳》附傳：元弼，字邕明，其父爲元鬱，祇提及做過徐州刺史，並非司空。錢大昕《廿二史考異》亦斷"諸元別有仕齊名弼者，而後人妄牽合之"。按，《北史》卷一五之元弼更爲符合，不僅其父爲司空，且齊受禪，官任左光禄大夫。於天保三年（552）卒。《北史》卷一七之元弼於永安三年（530）卒，未做過司空，卒後追贈尚書令、司徒公，且非北齊人物，不應由北齊立傳。三朝本、四庫本、百衲本附卷一七内容有誤。汲古閣本把《元弼傳》放於《元暉業傳》之前，或慮其爲元暉業之父，當放置在前，此更是不妥。今依中華本把"性剛正"後内容加括號，括號内内容應當和本書無關。

[2]魏司空暉之子：諸本皆無"暉"字。中華本亦依《册府元龜》補。今從中華本補。暉，元暉（？—518），字景襲。北魏宗室，鮮卑族拓跋部人。《魏書》卷一五、《北史》卷一五《常山王遵傳》有附傳。

[3]中散大夫：官名。與光禄、太中、諫議大夫等皆備顧問應對，無常事，唯詔令所使。北齊皆四品下。

[4]尚書僕射：官名。爲尚書令之副職。北朝職掌都省庶務。北齊從二品。　麗：元麗，字寶掌。拓跋晃之孫，濟陰王小新成第三子。因於秦州平亂有功，拜雍州刺史，後遷冀州刺史，入爲尚書左僕射。爲政嚴酷，殺戮無理。《魏書》卷一九上、《北史》卷一七《濟陰王小新成傳》有附傳。　于氏：北魏宣武順皇后。

[5]横授同母兄子誕："同母兄"諸本皆同，百衲本作"内兄"。按，《北史》卷一七誕爲鬱弟偃之子，偃弟爲麗。内兄，一般指妻子的哥哥，故誤。今據改。誕，元誕，字曇首。襲濟陰王爵。官至齊州刺史，性貪暴。諡號靜王。《魏書》卷一九上、《北史》卷一七《濟陰王小新成傳》有附傳。

[6]宣武徵爲侍中：諸本皆爲"宣武中爲侍中"。中華本校勘記云："《北史》卷一七作'徵'。按宣武是元恪諡，非年號。'中'字訛，今據改。"從改。宣武，北魏宣武帝元恪（483—515），孝文

帝次子。公元499年至515年在位。好佛學。延昌四年（515）死，謚號宣武，廟號世宗。《魏書》卷八、《北史》卷四有紀。

[7]嵩山：山名。在今河南省中部，主體在登封市境內。

[8]建義元年：三朝本、汲古閣本、四庫本及百衲本皆作"建元元年"。《北史》爲"建義"。北魏並無"建元"年號，據時間推測，應是孝莊帝第一個年號，當爲"建義"是。據改。建義，北魏孝莊帝元子攸年號（528）。

[9]尚書令：官名。尚書省長官。魏晉以降，總掌全國行政。多數情況下是實際上的丞相。北齊二品。　司徒公：官名。與丞相通職，一般不並置。爲名譽宰職。北魏、北齊爲一品。

元韶，字世胄，魏孝莊之姪。[1]避尒朱之難，匿於嵩山。[2]性好學，美容儀。初尒朱榮將入洛，[3]父劭恐，[4]以韶寄所親滎陽太守鄭仲明。[5]仲明尋爲城人所殺，韶因亂與乳母相失，遂與仲明兄子僧副避難。路中賊逼，僧副恐不免，[6]因令韶下馬。僧副謂客曰："窮鳥投人，尚或矜愍，況諸王如何棄乎？"僧副舉刃逼之，客乃退。韶逢一老母姓程，哀之，隱於私家十餘日，莊帝訪而獲焉，襲封彭城王。[7]齊神武帝以孝武帝后配之。魏室奇寶，多隨后入韶家。有二玉鉢相盛，可轉而不可出；馬瑙榼容三升，玉縫之。皆稱西域鬼作也。歷位太尉、侍中、錄尚書、司州牧，[8]進太傅。

[1]魏孝莊之姪："姪"字四庫本、中華本同，三朝本、汲古閣本、百衲本皆作"後"。按，元韶父元劭爲孝莊帝之長兄，此當爲"姪"宜，今據改。

[2]避尒朱之難，匿於嵩山：中華本校勘記云："按此十四字不

見《魏書》卷二一下、《北史》卷一九《元韶傳》。這裏已說避難事，忽然接上'性好學，美容儀'六字，接著又追叙'尒朱榮將入洛'，元韶避難遇程姓老母事，前後重複，叙次凌亂。疑《傳》首'元韶字世冑'，合此十四字共十九字，是《北齊書》殘存原文。避難事已叙訖，本無下文追叙語。補此《傳》者逕將《北史》本傳接在殘存的十九字下，以致如此。"尒朱，即尒朱榮（493—530），字天寶，北魏北秀容（今山西朔州市）契胡貴族。繼父爲部落酋帥，六鎮起義後投魏。後擁立莊帝，自爲大丞相、天柱大將軍，封太原王。《魏書》卷七四、《北史》卷四八有傳。

[3]洛：縣名。即洛陽。治所在今河南洛陽市東北。

[4]劭：元劭，字子訥。孝莊帝元子攸之長兄。《魏書》卷二一下、《北史》卷一九有傳。

[5]滎陽太守鄭仲明："太守"諸本同，百衲本作"太常"。按，"常"乃形近而訛，爲"太守"是，從改。滎陽，郡名。治所在今河南滎陽市北。鄭仲明（？—528），北魏官吏。建義初，欲與從弟儼起兵抵抗尒朱榮，未果，爲部下所殺。《魏書》卷五六《鄭羲傳》有附傳。

[6]僧副恐不免：四庫本作"客恐不免"。中華本校勘記云："但'不免'下有脱文，其事不詳。後人疑僧副是反對抛棄元韶的人，何以反令韶下馬，遂改'僧副'爲'客'。"疑是。

[7]彭城王：爵名。彭城，治所在今江蘇徐州市老城區。

[8]司州：東魏都鄴，改爲司州，北齊因之，治鄴縣，在今河北臨漳縣西南。

齊天保元年，降爵爲縣公。韶性行温裕，以高氏婿，頗膺時寵。能自謙退，臨人有惠政。好儒學，禮致才彦，愛林泉，修第宅，華而不侈。文宣帝剃韶鬚髯，加以粉黛，衣婦人服以自隨，曰："我以彭城爲嬪御。"[1]譏元氏微弱，比之婦女。

[1]彭城：指代元韶。　嬪御：本意指皇帝的妻妾。

十年，太史奏云：[1]"今年當除舊布新。"文宣謂韶曰："漢光武何故中興？"[2]韶曰："爲誅諸劉不盡。"於是乃誅諸元以厭之。遂以五月誅元世哲、景式等二十五家，[3]餘十九家並禁止之。韶幽於京畿地牢，絕食，啗衣袖而死。及七月，大誅元氏，自昭成已下並無遺焉。[4]或父祖爲王，或身常貴顯，或兄弟強壯，皆斬東市。其嬰兒投於空中，承之以矟。前後死者凡七百二十一人，悉投屍漳水，[5]剖魚多得爪甲，都下爲之久不食魚。

[1]太史：官名。即太史令。爲太史署主官，隸太常，掌天文律曆、瑞災變化的記載等。北齊九品上。
[2]光武：漢光武帝劉秀，字文叔。《後漢書》卷一有紀。
[3]遂以五月誅元世哲、景式等二十五家："景式"三朝本、汲古閣本、四庫本、百衲本皆爲"景武"，中華本以本書卷四《文宣紀》天保十年五月稱誅始平公元世、東平公元景式等二十五家，又《魏書》卷一九下《元略傳》（附《南安王楨傳》），略子景式爲據，認爲"武"字訛，今從改。元世哲（？—559），北魏宗室，鮮卑拓跋部人。武定中任吏部郎。景式，即元景式（？—559），北魏宗室，鮮卑族拓跋部人。襲爵東平王，東魏時任廣平太守。天保十年（559），爲北齊文宣帝所殺。事見《魏書》卷一九下《南安王楨傳》。
[4]昭成：魏昭成帝拓跋什翼犍（320—376）。複姓拓跋，十

六國時期代國的建立者。公元338年至376年在位。《魏書》卷一、《北史》卷一有紀。

[5]漳水：今漳河。在今河北、河南兩省境。

贊曰：元氏蕃熾，憑茲慶靈，道隨終運，命偶淫刑。

北齊書　卷二九[1]

列傳第二十一

李渾 弟繪　李璵　鄭述祖

　　李渾，字季初，趙郡柏人人也。[2]曾祖靈，[3]魏鉅鹿公。[4]父遵，[5]魏冀州征東府司馬，[6]京兆王愉冀州起逆，[7]害遵。[8]渾以父死王事，除給事中。[9]時四方多難，乃謝病，求爲青州征東府司馬。[10]與河間邢卲、北海王昕俱奉老母、携妻子同赴青、齊。[11]未幾而尒朱榮入洛，衣冠殲盡。論者以爲知機。永安初，[12]除散騎常侍。[13]

　　[1]《北齊書》卷二九：中華本校勘記云："此卷與《北史》不同，而無論贊。三朝本、南本卷末有宋人校語云：'此卷雖非《北史》而無論贊，疑尚非正史。'錢氏《考異》卷三一認爲似經後人刪改，或《北齊書》此卷已亡，後人以《高氏小史》補。"説是。

　　[2]趙郡柏人：據《魏書・地形志》，南趙郡，北魏孝文帝太

和十一年（487）爲鉅鹿郡，屬定州，十八年屬相州，後改爲南趙郡，孝昌中屬殷州。領平鄉、南欒、柏人、廣阿、中丘、鉅鹿六縣。按此説，柏人縣屬南趙郡而非趙郡。趙郡，治平棘縣，在今河北趙縣。柏人，縣名。治所在今河北隆堯縣西北。

[3]靈：李靈，字虎符（一作"武符"），趙郡平棘（今河北趙縣東南）人。北魏官吏。《魏書》卷四九、《北史》卷三三有傳。

[4]鉅鹿公：爵名。鉅鹿，郡名。治曲陽縣，在今河北晉州市西。

[5]遵：李遵（465—508），字良軌。爲孝文、宣武兩朝官員。遇害後，贈幽州刺史，謚曰簡。《魏書》卷四九《李靈傳》有附傳。

[6]冀州：治所在今河北冀州市。　司馬：高級幕僚。掌本府軍事及府内武官。

[7]京兆王：爵名。京兆，郡名。治所在今陝西西安市西北。北魏移治霸城縣（今陝西西安市東北）。　愉：元愉（488—508），字宣德，北魏孝文帝之子。封京兆王。《魏書》卷二二、《北史》卷一九有傳。

[8]害遵：三朝本、百衲本、中華本同，四庫本、汲古閣本作"遇害"，《北史》亦作"遇害"。

[9]給事中：官名。北魏爲内朝官，常派往尚書省諸曹，參領政務，並負責監察之責。北齊隸集書省，掌諫議獻納，從六品上，員六十人。

[10]青州：治東陽城，在今山東青州市。

[11]河間：郡名。治所在今河北河間市南。　邢邵（496—?）：字子才，河間鄚（今河北任丘市北）人。北魏、東魏、北齊官吏。博學能文，與温子升、魏收齊名。原著有《邢子才集》，已散佚。本書卷三六有傳，《北史》卷四三《邢巒傳》有附傳。

北海：郡名。治所在今山東昌樂縣西。　王昕（？—559）：字元景，北海劇（今山東壽光市東南）人。北魏、東魏、北齊官吏。本書卷三一有傳，《北史》卷二四《王憲傳》有附傳。　齊：州名。北魏皇興三年（469）改冀州置，治所在今山東濟南市。

［12］永安：北魏孝莊帝元子攸年號（528—530）。

［13］散騎常侍：官名。職掌侍從皇帝左右。諫諍得失，顧問應對。北朝以兼領修史，北齊集書省設六員，下設之起居省又設一員，皆從三品。

　　普泰中，[1]崔社客反於海岱，[2]攻圍青州。詔渾爲征東將軍、都官尚書、行臺赴援。[3]而社客宿將多謀，諸城各自保，固壁清野。時議有異同。渾曰："社客賊之根本，圍城復踰晦朔，[4]烏合之衆，易可崩離。若簡練驍勇，銜枚夜襲，徑趣營下，出其不意，咄嗟之間，便可擒珍。如社客執擒，則諸郡可傳檄而定。何意冒熱攻城，疲損軍士。"諸將遲疑，渾乃決行。未明，達城下，賊徒驚散，生擒社客，斬首送洛。海隅清定。

［1］普泰：北魏節閔帝元恭年號（531—532）。

［2］崔社客：崔祖螭，小名社客，清河東武城（今河北清河縣東北）人。北魏將領。與張僧皓起兵反魏，失敗被殺。《魏書》卷二四《崔玄伯傳》有附傳。　海岱：地區合稱。泛指東海郡和岱宗及其周圍地區，地域概念上無嚴格界限。東海郡，北魏置，治所在今江蘇宿遷市。屬徐州。岱宗，指泰山。古以爲諸山所宗，故名。

［3］征東將軍：官名。四征將軍之一。南北朝時爲優禮大臣、褒獎勳庸的虛號。北魏、北齊第二品。諸本"將"下脱"軍"字，且《北史》亦未提及李渾任此職，中華本依《册府元龜》卷三五四補。今從。　都官尚書：官名。爲尚書省諸尚書之一。北魏此職仿南朝宋制，兼掌殿中執法。北齊統都官、二千石、比部、水部、

膳部諸曹事務，階第三品。　行臺：官署名。魏晉南北朝尚書臺（省）臨時在外設置的權力機構。"臺"指中央尚書省。北魏、北齊時設置漸多，成爲地方最高行政機構。置行臺尚書令、尚書僕射爲正副長官。北齊時亦設有"大行臺"。

[4]晦朔：晦，陰曆每月的最後一天。朔，陰曆每月的第一天。

　　後除光祿大夫，兼常侍，[1]聘使至梁。梁武謂之曰：[2]"伯陽之後，[3]久而彌盛，趙李人物，今實居多。常侍曾經將領，今復充使，文武不墜，良屬斯人。"使還，爲東郡太守，[4]以贓徵還。世宗使武士提以入，[5]渾抗言曰："將軍今日猶自禮賢耶！"世宗笑而捨之。

[1]常侍：官名。"散騎常侍"的簡稱。
[2]梁武：梁武帝蕭衍（464—549）。南朝梁建立者。字叔達，南蘭陵（今江蘇常州市武進區西北）人。《梁書》卷一至三、《南史》卷六有紀，《魏書》卷九八有傳。
[3]伯陽：老子，姓李，字伯陽。
[4]東郡太守：四庫本、中華本同，《北史》亦同。百衲本、汲古閣本、三朝本爲"東都守"。此當爲郡守，從改。東郡，治所在今河南滑縣東南城關鎮。
[5]世宗：北齊文襄帝高澄（521—549），廟號世宗。本書卷三、《北史》卷六有紀。

　　天保初，[1]除太子少保，[2]邢卲爲少師，[3]楊愔爲少傅，[4]論者爲榮。以參禪代儀注，賜爵涇陽縣男，[5]删定《麟趾格》。[6]尋除海州刺史，[7]土人反，[8]共攻州城。城中多石，無井，常食海水。賊絶其路。城內先有一池，時旱久涸，一朝天雨，泉流涌溢。賊以爲神，應時駭散。渾督勵將士，捕斬渠帥。渾妾郭氏在州干政納貨，坐免官。卒。

[1]天保：北齊文宣帝高洋年號（550—559）。

[2]太子少保：官名。西晉武帝時設。掌以道德輔教太子。北齊三品。

[3]少師：官名。即太子少師。東宮三少之首。掌訓導輔翊太子，無具體職司，三品。

[4]楊愔（511—560）：字遵彥，小名秦王，弘農華陰（今陝西華陰市）人，楊津子。北齊官吏。本書卷三四有傳，《北史》卷四一《楊播傳》有附傳。 少傅：官名。"太子少傅"的簡稱。兼領太子官屬。北齊三品。

[5]賜爵涇陽縣男：百衲本脫"爵"字，今從諸本補。涇陽縣男，爵名。涇陽縣，治所在今陝西涇陽縣。

[6]《麟趾格》：書名。東魏於麟趾殿刪正的一部關於刑法的典籍，故名。現已佚。

[7]海州：東魏武定七年（549）改青、冀二州置，治龍沮縣（今江蘇灌雲縣西南）。北齊移治朐縣（今江蘇連雲港市海州區）。

[8]土人反："土人"汲古閣本、四庫本、中華本及《北史》卷三三皆同，三朝本、百衲本作"亡人"。按中華本校勘記，"土人屢見本書及《魏書》，似作'土'是"。據改。

　　子湛，字處元。涉獵文史，[1]有家風。爲太子舍人，[2]兼常侍，[3]聘陳使副。襲爵涇陽縣男。[4]渾與弟繪、緯俱爲聘梁使主，[5]湛又爲使副，是以趙郡人士，目爲四使之門。

[1]涉獵文史：百衲本"文史"前有"於"字，諸本及《北史》卷三三無。據刪。

[2]太子舍人：官名。太子屬官，掌宿衛。北齊置二十八人，從六品下，隸詹事府典書坊。

[2]常侍：官名。指散騎常侍。

[4]聘陳使副、襲爵涇陽縣男：百衲本、三朝本、汲古閣本無"使副襲爵涇陽縣男"八字，四庫本依《北史》卷三三《李渾傳》補，中華本從之。中華本校勘記云："按若無'使副'字，則下文'湛又爲使副'，'又'字無據。今從北本。"從改。使副，官名。出使到其他國家的首席使臣的副手。此處指出使陳的副使。

[5]渾與弟繪、緯俱爲聘梁使主："緯"字《北史》卷三三《李渾傳》同，諸本作"偉"。張森楷云："按緯字乾經，則當從'系'爲是。"中華本校勘記云："去掉'緯'字的右邊，乃避北齊後主高緯諱。"據改。緯，即李緯（504—549）。一名李系，字乾經，趙郡平棘（今河北趙縣東南）人。東魏官吏。《魏書》卷四九、《北史》卷三三《李靈傳》有附傳。爲聘梁使主，百衲本"主"作"至"，疑訛，據上下文，此當爲"主"是，今改。使主，北朝對代表國家出使到其他國家首席使臣之稱。

　　繪，字敬文。年六歲，便自願入學，家人偶以年俗忌，[1]約而弗許。伺其伯姊筆牘之間，[2]而輒竊用，未幾遂通《急就章》。[3]內外異之，以爲非常兒也。及長，儀貌端偉，神情朗儁。河間邢晏，[4]即繪舅也。與繪清言，歎其高遠。每稱曰："若披雲霧，如對珠玉，宅相之寄，良在此甥。"齊王蕭寶夤引爲主簿記室，[5]專管表檄，待以賓友之禮。司徒高邕辟爲從事中郎，[6]徵至洛。時敕侍中、西河王、祕書監常景選儒學十人緝撰五禮，[7]繪與太原王乂同掌軍禮。[8]魏静帝於顯陽殿講《孝經》《禮記》,[9]繪與從弟騫、裴伯茂、魏收、盧元明等俱爲録議。[10]素長筆札,尤能傳受,緝綴詞議,簡舉可觀。天平初,[11]世宗用爲丞相司馬。[12]每霸朝,文武總集,對揚王庭,[13]常令繪先發言端,爲群僚之首。音辭辯正,風儀都雅,聽者悚然。

[1]家人偶以年俗忌:《北史》卷三三及《册府元龜》卷七七五"偶以"倒作"以偶"。中華本校勘記云:"《册府》此條出《北齊書》,却與《北史》同。'偶年'是指雙數年齡,或當時忌偶年上學,後人不解,乙作'偶以'。"存疑。

[2]伺其伯姊筆牘之間:"間"字諸本皆同,百衲本作"閑",當訛,今改。

[3]《急就章》:書名。漢元帝時黄門侍郎史游作,也稱《急就篇》。爲蒙童識字課本。今本三十四章、二千一百四十四字。按姓名、衣服、飲食、器用等分類,成三言、四言、七言韻語。流傳之本,有三國吴皇象章草書石刻本三十一章,唐顔師古注、宋王應麟補注本四卷。

[4]邢晏(476—526):字幼平,河間鄚縣(今河北任丘市東北)人。北魏官吏。《魏書》卷六五《邢巒傳》有附傳。

[5]齊王:爵名。因蕭寶夤爲南齊皇室而得名。 蕭寶夤(485—530):字智亮,南齊明帝蕭鸞第六子,廢主寶卷之母弟。梁武攻克建業,景明年間(500—503)逃往北魏,後爲北魏將領。孝昌三年(527)反,事敗,被俘後賜死。《北史》卷二九、《魏書》卷五九有傳。 主簿:官名。掌本府文書簿籍,經辦事務。 記室:官名。兩晋南北朝以來,有"記室令史""記室督""記室參軍""中記室參軍"等名目,省稱爲"記室"。此或爲記室參軍。

[6]司徒:官名。與丞相通職,一般不並置。爲名譽宰相,一

品。　高邕：事不詳。疑爲高乾，字乾邕，然高乾時爲司空，未爲司徒。

[7]侍中：官名。門下省長官。備切問近對，拾遺補闕。北朝常總典機密，時號"小宰相"。北魏孝文帝太和十七年（493）定爲從一品中，二十三年改爲三品。北齊因之。　西河王：爵名。西河，郡名。治隰城縣，在今山西汾陽市。　祕書監：官名。南北朝時爲祕書省長官，掌圖書經籍之事，領著作省。北魏孝文帝太和十七年定爲從二品中，太和二十三年改爲三品。北齊因之。　常景（？—550）：字永昌，河内温（今河南温縣）人。北魏、東魏官吏。孝文帝時入仕，爲太常博士。《魏書》卷八二有傳。　五禮：指吉、凶、賓、軍、嘉禮。

[8]太原：郡名。治所在今山西太原市西南。　王乂：儒士。王廣業之子，王遵業之侄，有儀望，以幹用見稱，卒於南鉅鹿太守。

[9]魏靜帝：東魏皇帝元善見（524—551）。謚號孝靜。公元534年至550年在位。《魏書》卷一二、《北史》卷五有紀。　顯陽殿：宫殿名。北齊天保二年（551），更名爲昭陽殿，故址在今河北臨漳縣西南。　《孝經》：書名。孔門七十子後學所記。一卷。《隋書·經籍志》："秦時焚書，《孝經》爲河間顔芝所藏，漢初獻出，凡十八章。"南北朝時立於學官。　《禮記》：書名。爲西漢人戴聖編定，共四十九篇，采自先秦舊集。有漢鄭玄注及唐孔穎達正義。

[10]騫：李騫，字希義，趙郡平棘（今河北趙縣東南）人。博涉經史，善爲詩文。北魏、東魏官吏。《魏書》卷三六、《北史》卷三三《李順傳》有附傳。　裴伯茂："茂"字《北史》卷三三《李繪傳》同，諸本作"莊"。《魏書》卷八五《裴伯茂傳》與此處人物符，故改。裴伯茂，河東聞喜（今山西聞喜縣）人。北魏、東魏官吏。學涉群書，文藻富贍。《魏書》卷八五有傳。　魏收（505—572）：字伯起，小字佛助，鉅鹿下曲陽（今河北晉州市西

人。北朝時著名史學家。本書卷三七、《北史》卷五六有傳，《魏書》卷一〇四有其家世自序（部分爲後人所補）。　盧元明：字幼章，范陽涿（今河北涿州市）人。博涉群書，辭章可觀。北魏、東魏官吏。《魏書》卷四七、《北史》卷三〇《盧玄傳》有附傳。

[11]天平：東魏孝静帝元善見年號（534—537）。

[12]司馬：高級幕僚。掌本府軍事及府内武官。

[13]每霸朝，文武總集，對揚王庭："霸"字《北史》卷三三、《册府元龜》卷四六七同，百衲本作"罷"。中華本校勘記云："既已'罷朝'，又説'對揚王庭'，連不起來。當時習稱高歡父子掌握的政權機構叫'霸朝'。李繪是丞相司馬，長史、司馬是相府首僚，故下云：'爲群僚之首。'這裏正是説丞相府中的集會，'對揚王庭'指的是渤海王之庭。疑作'霸'是。"説是，從改。

武定初，[1]兼常侍，爲聘梁使主。[2]梁武帝問繪："高相今在何處？"[3]繪曰："今在晋陽，[4]肅遏邊寇。"梁武曰："黑獺若爲形容？[5]高相作何經略？"繪曰："黑獺遊魂關右，人神厭毒，連歲凶災，百姓懷土。丞相奇略不世，畜鋭觀釁，[6]攻昧取亡，勢必不遠。"梁武曰："如卿言極佳。"與梁人汎言氏族。袁狎曰：[7]"未若我本出自黄帝，[8]姓在十四之限。"[9]繪曰："兄所出雖遠，當共車千秋分一字耳。"[10]一坐大笑。前後行人，皆通啓求市，繪獨守清尚，梁人重其廉潔。

[1]武定：東魏孝静帝元善見年號（543—550）。

[2]爲聘梁使主："主"字百衲本作"至"，按，上文提及繪爲使主，此亦當是，從改。

[3]高相：高歡（496—547）。高洋代魏，追謚爲神武皇帝，

廟號高祖。本書卷一、二,《北史》卷六有紀。

[4]晉陽:縣名。治所在今山西太原市晉源區古城營村一帶。

[5]黑獺:北周文帝宇文泰(505—556),字黑獺,代郡武川(今内蒙古武川縣)人。鮮卑族。北周奠基者。《周書》卷一、二,《北史》卷九有紀。

[6]釁(xìn):禍患,禍亂。

[7]袁狎:南朝蕭梁官吏,散騎常侍。大同八年(542)曾出使東魏。

[8]黄帝:傳説中上古帝王。姬姓,號軒轅氏、有熊氏。相傳其部落原在西北高原,與炎帝同出於少典氏。後向東發展,在涿鹿擒殺九黎族首領蚩尤;又在阪泉之野打敗炎帝部落,被推爲炎黄部落聯盟首領。因以土德之瑞稱帝,故號黄帝。參見《史記》卷一《五帝本紀》。

[9]姓在十四之限:一説黄帝二十五子,得姓者十四人。

[10]車千秋(?—前77):原名田千秋,長陵(今陝西咸陽市東北)人。西漢大臣。謹慎持重,敦厚有智。爲武帝臨終詔命,輔佐昭帝。因晚年體弱,准其乘車出入宫廷,故稱"車千秋"。《漢書》卷六六有傳。此言"袁"姓出自於"轅",故戲言"袁"與"車"姓共分一字。

使還,拜平南將軍、高陽内史。[1]郡境舊有猛獸,民常患之。繪欲修檻,遂因鬬死。咸以爲化感所致,皆請申上。繪不聽。高祖東巡郡國,瀛州城西駐馬久立,[2]使慰之曰:"孤在晉,[3]知山東守唯卿一人用意。[4]及入境觀風,信如所聞。但善始令終,將位至不次。"河間守崔諶恃其弟暹勢,[5]從繪乞麋角鴿羽。繪答書曰:"鴿有六翮,飛則冲天,麋有四足,走便入海。下官膚體疏嬾，手足遲鈍，不能逐飛追走，遠事佞人。"是時世宗使遐選司徒長史，[6]遐薦繪，既不果，咸謂由此書。天保初，爲司徒右長史。繪質性方重，未嘗趨事權勢，以此久而屈沉。卒。

[1]平南將軍：官名。北齊爲褒賞軍功勳臣的閑職。三品。高陽：郡名。治所在今河北高陽縣東。 內史：官名。南北朝爲王國相改稱，地位相當於郡太守。

[2]瀛州：治所在今河北河間市。

[3]孤在晉：中華本校勘記云："《册府》卷六七二'晉'下有'陽'字。疑此《傳》脫去。"存疑。

[4]山東：太行山以東。

[5]崔諜：一作"崔諶"，博陵安平（今河北安平縣）人。事不詳。 遐：崔遐（？—559），字季倫，博陵安平（今河北安平縣）人。東魏、北齊官吏。本書卷三〇有傳，《北史》卷三二《崔挺傳》有附傳。

[6]司徒長史：官名。爲司徒府幕僚之首，爲衆史之長。掌府內諸曹。

公緒，字穆叔，渾族兄藉之子。[1]性聰敏，博通經傳。魏末冀州司馬，[2]屬疾去官。後以侍御史徵，[3]不至，卒。

[1]藉：李藉之。《北史》作"李籍之"，字脩遠。北魏官吏。事見《魏書》卷四九、《北史》卷三三《李靈傳》。

[2]冀州：治信都縣，在今河北冀州市。

[3]侍御史：官名。亦簡稱"御史""侍御"。爲御史臺佐貳

官，分監御史臺諸曹。北魏、北齊置八員，頗重其選。北齊從七品。

公緒沉冥樂道，不關世務，故誓心不仕。尤善陰陽圖緯之學。[1]嘗語人云："吾每觀齊之分野，福德不多，國家世祚，終於四七。"及齊亡之歲，[2]上距天保之元二十八年矣。公緒潛居自待，雅好著書，撰《典言》十卷，又撰《質疑》五卷，[3]《喪服章句》一卷，《古今略記》二十卷，《玄子》五卷，《趙語》十三卷，並行於世。[4]

[1]圖緯：圖讖和緯書。圖讖，是方士製作的一種隱語或預言，作爲吉凶的符驗或徵兆。緯書，指方士化的儒生編集起來附會儒家經典的各種著述。
[2]及齊亡之歲：三朝本、汲古閣本及百衲本作"帝年則及亡之歲"，語句不通。四庫本據《北史》卷三三《李公緒傳》改作"及齊亡之歲"，中華本校勘記謂此有訛脫。查無他證。今姑從之。
[3]又撰《質疑》五卷："《質疑》"諸本同。《北史》卷三三《李公緒傳》作"《禮質疑》"，中華本校勘記謂，無"禮"字，不知所質之疑爲何，當是脱去。存疑。
[4]《典言》《質疑》《喪服章句》《古今略記》《玄子》《趙語》：諸書今並佚。

李璵，字道璠，隴西成紀人，[1]涼武昭王暠之五世孫。[2]父韶，[3]並有重名於魏代。璵溫雅有識量。釋褐太尉行參軍，[4]累遷司徒右長史。[5]及遷都於鄴，[6]留於後，監掌府藏，及撤運宮廟材木，以明幹見稱。累遷驃騎大將軍、東徐州刺史。[7]解州還，遂稱老疾，不求仕。齊受禪，追璵兼前將軍，[8]導從於圓丘行禮。璵意不願榮名兩朝，[9]雖以宿舊被徵，過事即絕朝請。天保四年卒。

[1]隴西：郡名。治所在今甘肅隴西縣東南。 成紀：縣名。治所在今甘肅靜寧縣西南。

[2]涼武昭王暠：十六國時西涼君主李暠（351—417）。字玄盛，小字長生。替代北涼段業建西涼。北魏天興三年（400），自稱大都督、大將軍、護羌校尉、秦涼二州牧、涼公，年號爲庚子，遷都酒泉。卒，謚曰武昭王，廟號高祖。《魏書》卷九九、《北史》卷一〇〇有傳。

[3]韶：李韶（453—524），字元伯。北魏官吏。一生仕途兩起兩落。《魏書》卷三九《李寶傳》、《北史》卷一〇〇《涼武昭王李暠傳》有附傳。

[4]釋褐：脫去布衣，換上官服。即初仕之意。 太尉：官名。與丞相、御史大夫合稱三公。北朝爲名譽宰相，多爲重臣之加官，無實際執掌。一品。 行參軍：官名。由諸府主辟召之參軍爲此稱。分掌府内各曹時爲正參軍之副職。北齊爲從七品至八品。

[5]司徒右長史：官名。魏晉南北朝置，位司徒左長史之下。與左長史共掌吏事，爲府中佐屬之首。北齊四品。

[6]鄴：鄴城，都邑名。在今河北臨漳縣西南。東魏、北齊皆定都於此。

[7]驃騎大將軍：官名。授此職者以權臣元老居多，可開府置僚屬，不領兵，東魏、北齊爲從一品。 東徐州：治下邳，在今江蘇睢寧縣古邳鎮北側。

[8]追璵兼前將軍：“追”字三朝本、汲本同，《北史》卷一〇〇《序傳》亦同。四庫本、百衲本作“進”。中華本校勘記云：“李璵先已官驃騎大將軍，位一品，前將軍在第三品（見《魏

書》卷一一三《官氏志》），不能説進。上文説他已稱老疾，不求仕，必已回鄉……作'追'是。"從改。前將軍，官名。南北朝成爲軍府名號。用作加官。北齊從四品。

[9]不願榮名兩朝："榮"字諸本皆同，四庫本作"策"，中華本從之。《北史》卷一〇〇作"策"。按，此處作"策"或"榮"俱可。故無改。

子詮、韞。誦、韞無行。[1]誦以女妻穆提婆子懷慶，[2]超遷臨漳令、儀同三司。[3]韞與陸令萱女弟私通，[4]令萱奏授太子舍人。

[1]子詮、韞。誦、韞無行：錢大昕《廿二史考異》卷三一云："案《北史·序傳》（卷一〇〇）璵子詮，詮弟謐，謐弟誦，誦弟世蘊。（中略）《傳》失載謐一人，又以韞爲誦兄，皆不若《北史》之可信。"中華本校勘記云："此《傳》'詮'下脱'謐誦'二字，原文當作'子詮、謐、誦、韞、蘊無行'，觀下文先叙誦之無行，才叙蘊之劣跡，可知'無行'不止韞一人。今於'子銓韞'句斷。"今從中華本。

[2]女：百衲本無"女"字，諸本有。從補。 穆提婆（？—578）：本姓駱，故亦作"駱提婆"，漢陽（今甘肅天水市）人。北齊官吏。本書卷五〇、《北史》卷九二有傳。 懷慶：人名。僅此一見，事不詳。

[3]臨漳：縣名。治所在今河北臨漳縣西南鄴鎮。 儀同三司：本指官場待遇，位非三公而儀制同三司（三公）。魏晉以降，凡開府，皆儀同三司，遂成加銜。至北魏、北齊又爲官號。北齊二品。

[4]陸令萱（？—577）：亦稱陸媼，爲北齊後主乳母，受胡太后寵信，封郡君。齊亡後被勒令自殺。《北史》卷九二《穆提婆傳》有附傳。

弟瑾，字道瑜，名在《魏書》。才識之美，見稱當代。瑾六子，產之、倩之、壽之、禮之、行之、凝之，[1]並有器望。行之與兄弟深相友愛，又風素夷簡，爲士友所稱。范陽盧思道是其舅子，[2]嘗贈詩云："水衡稱逸人，潘、楊有世親，[3]形骸預冠蓋，心思出風塵。"時人以爲實錄。

[1]產之：諸本皆作"彥之"。中華本校勘記云："《魏書》卷三九《李寶傳》、《北史》卷一〇〇《序傳》作'產'。……《漢魏南北朝墓誌集釋》卷八《盧文構墓誌跋》引文構妻《李月相墓誌》，稱'月相曾祖韶，祖瑾，父產之'。可證作'產'是。今據改。"從改。　凝之：諸本同，百衲本作"疑之"。《北史》卷一〇〇《序傳》："行之弟凝之，字惠堅。"作"凝"是，據改。

[2]范陽：郡名。屬幽州。治所在今河北涿州市。　盧思道（535—586）：字子行，小字釋奴，范陽涿（今河北涿州市）人。北齊、北周、隋官吏。事見本書卷四二《盧潛傳》，《北史》卷三〇《盧玄傳》有附傳。

[3]潘、楊：諸本"楊"作"陽"。據《文選》晉潘安仁所作《楊仲武誄》："潘楊之穆，有自來矣。"潘安仁之妻爲楊仲武之姑，屬於世親聯姻。作"楊"是，從改。

璵從弟曉，字仁略。魏太尉虔子。[1]學涉有思理。釋褐員外侍郎。[2]尒朱榮之害朝士，將行，曉衣冠爲鼠所噬，遂不成行，得免河陰之難。[3]及遷都鄴，曉便寓居清河，[4]託從母兄崔㥄宅。[5]給良田三十頃，曉遂築室安居，訓勗子姪，無復宦情。[6]武定末，以世道方泰，乃入都從仕。除頓丘守，[7]卒。

[1]虔：李虔（457—530），字叔恭。北魏官吏。孝文帝時起家，宣武帝時相繼任郡守、州刺史，受高平男爵，孝莊初進號驃騎大將軍。謚宣景。《魏書》卷三九《李寶傳》、《北史》卷一〇〇《涼武昭王李暠傳》有附傳。

[2]員外侍郎：官名。"員外散騎侍郎"的簡稱。初爲正員之外添差之散騎侍郎，無員數，後成定員官，爲閑散之職。北齊此官所授頗濫，集書省設一百二十員，七品上。

[3]河陰：郡名。治、領河陰縣。治所在今河南孟津縣東。

[4]清河：郡國名。西漢高帝置，治清陽縣（今河北清河縣）。西晉爲清河國，治清河縣（今山東臨清市）。北魏仍改爲郡。北齊移治武城縣（今河北清河縣西城關鄉西北）。

[5]崔悛：諸本皆作"崔悛"。《北史》卷一〇〇作"陵"。"悛""陵"均因形近而訛。崔悛（？—554），字長儒，清河東武城（今河北清河縣東北）人。北魏、東魏、北齊官吏。本書卷二三有傳。

[6]宦：百衲本作"官"，諸本及《册府元龜》卷七九〇作"宦"。據改。

[7]頓丘：郡名。治所在今河南清豐縣西南。

鄭述祖，字恭文，滎陽開封人。[1]祖羲，[2]魏中書令。[3]父道昭，[4]魏祕書監。述祖少聰敏，好屬文，有風檢，爲先達所稱譽。釋褐司空行參軍。[5]天保初，累遷太子少師、儀同三司、兖州刺史。[6]時穆子容爲巡省使，[7]歎曰："古人有言：'聞伯夷之風，[8]貪夫廉，懦夫有立。'今於鄭兖州見之矣。"[9]

[1]滎陽：郡名。治所在今河南滎陽市北。　開封：縣名。治所在今河南開封市西南。《魏書·地形志》中，僅記北豫州領滎陽

郡（今河南滎陽市北），滎陽郡領滎陽、成皋、京、密、卷五縣，未明其沿革。開封縣屬於開封郡，後分陳留郡置，《魏書·地形志》云："開封郡，天平元年分陳留置。"另據《水經·濟水注》云"魏正始三年……被癸丑詔書，割河南郡縣，自鞏闕以東，創建滎陽……"則此滎陽當是後魏正始中所設立。《魏書·地形志》有關開封縣的記載云："開封，二漢屬河南，晉屬滎陽。真君八年併苑陵，景明元年復，孝昌中屬陳留。"景明元年（500）到正始三年（506）間隔七年滎陽治所位置不明。由此，疑滎陽郡址有所改。

[2] 義：諸本及《魏書》卷五六、《北史》卷三五、《通志》卷一五五均同，百衲本作"義"。據改。鄭義（？—492），字幼麟。北魏官吏。《魏書》卷五六、《北史》卷三五有傳。

[3] 中書令：官名。爲中書省長官之一。北魏孝文帝太和十七年（493）定爲二品中，二十三年改爲三品。北齊因之。

[4] 道昭：鄭道昭（？—516），字僖伯。北魏官吏，初爲祕書郎、中書侍郎，後歷祕書監、光州刺史、青州刺史等。好詩文，爲政寬仁。《魏書》卷五六、《北史》卷三五《鄭義傳》有附傳。

[5] 司空：官名。與太尉、司徒並爲三公。魏晉南北朝爲名譽宰相，多爲大臣加官，位一品。無實際職掌。

[6] 兗州：治所在今山東濟寧市兗州區新驛鎮東頓村南。

[7] 穆子容：一作"穆容"，代（今山西大同市東北）人。鮮卑族。東魏、北齊官吏。事見《魏書》卷二七《穆崇傳》，《北史》卷二〇《穆崇傳》有附傳。　巡省使：官名。即巡省大使。北朝多設，掌奉皇命視察各地。非常任官。

[8] 伯夷：舜的臣子，《尚書·舜典》載："有能典朕三禮，僉曰伯夷。"《孟子·萬章下》載："聞伯夷之風，貪夫廉，懦夫有立。"

[9] 鄭兗州：指鄭述祖。

初述祖父爲光州，[1]於城南小山起齋亭，[2]刻石爲記。述祖時年九歲。及爲刺史，往尋舊迹，得一破石，有銘云："中岳先生鄭道昭之白雲堂。"[3]述祖對之嗚咽，悲動群僚。有人入市盜布，其父怒曰："何忍欺人君！"執之以歸首，述祖特原之。自是之後，境內無盜。人歌之曰："大鄭公，小鄭公，相去五十載，風教猶尚同。"

[1]初述祖父爲光州：諸本及《北史》卷三五《鄭述祖傳》"光"作"兗"。中華本校勘記云："按《魏書》卷五六、《北史》卷三五稱述祖父道昭由祕書監出爲光州刺史，轉青州刺史，從未做過兗州刺史。《八瓊室金石補正》卷一四載鄭道昭雲峰山石刻十七種，《論經書詩》，題銜是光州刺史。雲峰山在掖縣，即光州治所。同書卷二一又載《光州刺史鄭述祖·重登雲峰山題記》，內容說的即此《傳》下文所云'往尋舊迹'的事。鄭道昭、述祖父子先後都任光州刺史，都曾在光州刻石，證據明白。知'兗'乃'光'的形訛，今改正。又《北史》上有'遷光州刺史'句，敘述祖歷官本不誤，當是補此《傳》者以爲上下文說的是兗州事，逕自删去。"今從中華本改。光州，北魏分青州置，治所在今山東萊州市。

[2]齋亭："齋"字諸本及《北史》卷三五、《通志》卷一五五、《册府元龜》卷七五五皆同，百衲本作"齊"。據改。

[3]中岳先生：指鄭道昭。　白雲堂：齋亭名。是鄭道昭於北魏太和中所建，故址在今山東萊州市南雲峰山。清桂馥《札樸》卷八記其登雲峰山，考鄭道昭、鄭述祖二人石刻之文可參考。

述祖能鼓琴，自造《龍吟十弄》，[1]云嘗夢人彈琴，寤而寫得。當時以爲絕妙。所在好爲山池，松竹交植，盛饌以待賓客，將迎不倦。未貴時，在鄉單馬出行，忽有騎者數百，見述祖皆下馬，曰"公在此"，行列而拜。述祖顧問從人，皆不見，心甚異之。未幾被徵，終歷顯位。及病篤，乃自言之。且曰："吾今老矣，一生富貴足矣，以清白之名遺子孫，死無所恨。"遂卒於州。述祖女爲趙郡王叡妃。[2]述祖常坐受王拜，命坐，王乃坐。妃薨後，王更娶鄭道蔭女。[3]王坐受道蔭拜，王命坐，乃敢坐。王謂道蔭曰："鄭尚書風德如此，[4]又貴重宿舊，君不得譬之。"

[1]《龍吟十弄》：樂譜，今佚。
[2]趙郡王：爵名。趙郡，治所在今河北趙縣。 叡：高叡（534—569），小名須拔，渤海蓚（今河北景縣）人。高琛子。東魏、北齊大臣。本書卷一三、《北史》卷五一《趙郡王琛傳》有附傳。
[3]鄭道蔭：滎陽開封（今河南開封市南）人。東魏官吏，曾任開府行參軍。
[4]尚書：官名。掌尚書省諸曹，北齊三品。

子元德，多藝術，官至琅邪守。[1]

[1]琅邪：郡名。治所在今山東臨沂市西。

元德從父弟元禮，字文規。少好學，愛文藻，有名望。[1]世宗引爲館客，歷太子舍人。崔昂妻，[2]即元禮之姊也，魏收又昂之妹夫。昂嘗持元禮數篇詩示盧思道，[3]乃謂思道云："看元禮比來詩詠，亦當不減魏收？"

答云："未覺元禮賢於魏收，但知妹夫疏於婦弟。"元禮入周，卒於始州別駕。[4]

[1]有名望：三朝本、汲古閣本、百衲本皆無"有"字，四庫本、中華本有，《北史》卷三五《鄭述祖傳》亦有。如無，則在語法上有缺失。今據《北史》補。

[2]崔昂（？—565）：字懷遠，博陵安平（今河北安平縣）人。北魏、東魏、北齊官吏。本書卷三〇有傳，《北史》卷三二《崔挺傳》有附傳。

[3]昂嘗持元禮數篇詩示盧思道：諸本皆無"昂"。中華本據上下文意斷，若無"昂"，會有魏收持元禮數篇詩示盧思道之意，因據《北史》卷三五《鄭述祖傳》補。從補。

[4]卒於："於"字諸本及《北史》卷三五同，百衲本作"終"。據改。　始州：西魏改安州治，治所在今四川劍閣縣。　別駕：官名。漢設。爲州刺史僚屬。因隨刺史行部，別乘傳車而名之。錄衆事。

北齊書　卷三〇[1]

列傳第二十二

崔暹　子達拏　高德政　崔昂

　　崔暹，字季倫，博陵安平人，[2]漢尚書寔之後也，[3]世爲北州著姓。父穆，[4]州主簿。[5]暹少爲書生，避地渤海，[6]依高乾，[7]以妹妻乾弟慎。[8]慎後臨光州，[9]啓暹爲長史。[10]趙郡公琛鎮定州，[11]辟爲開府諮議。[12]隨琛往晉陽，[13]高祖與語説之，[14]以兼丞相長史。[15]高祖舉兵將入洛，[16]留暹佐琛知後事。謂之曰："丈夫相知，豈在新舊。軍戎之事，留守任切，[17]家弟年少，未閑事宜，凡百後事，一以相屬。"握手殷勤，至於三四。後遷左丞、吏部郎，[18]主議《麟趾格》。[19]

　　[1]《北齊書》卷三〇：中華本校勘記按，此卷與《北史》不同，稱廟號，不稱謚，後無論贊。或《北齊書》此卷已亡。錢大昕《廿二史考異》亦認爲此卷當由《高氏小史》補。

　　[2]博陵：郡名。治所在今河北安平縣。

[3]寔：崔寔（？—約170），字子真，一名臺，字元始，涿郡安平（今河北安平縣）人。東漢官吏，政論家。著有《政論》《四民月令》等。《後漢書》卷五二《崔駰傳》有附傳。

[4]穆：崔穆，字子和。北魏宣武帝時官吏。

[5]州主簿：官名。典領州府文書簿籍，經辦事務。

[6]避地渤海："渤"字三朝本、四庫本、中華本及《北史》同，百衲本、汲古閣本作"勃"。《魏書·地形志》作"渤海郡"，據改。渤海，郡名。後魏治所在東光縣，北齊天保七年（556）移至縣東南陶氏城。東光縣，治所在今河北東光縣東南。

[7]高乾（497—533）：字乾邕，渤海蓨（今河北景縣）人。北魏末大臣。本書卷二一有傳，《北史》卷三一《高允傳》有附傳。

[8]慎：高慎，字仲密，高乾弟。魏孝武帝初，爲驃騎大將軍、儀同三司，光州刺史。東魏元象初，據武牢降西魏。本書卷二一《高乾傳》、《北史》卷三一《高祐傳》有附傳。

[9]慎後臨光州：三朝本、百衲本、汲古閣本無"慎"字，四庫本、中華本有。《北史》卷三二《崔逞傳》作"慎後臨光、滄二州"。中華本校勘記云："南本依《北史》補'慎'字，北、殿、局三本從之。按此字不宜省。"今從補。光州，北魏分青州置，治所在今山東萊州市。

[10]長史：官名。主持府務，爲衆史之長。

[11]趙郡公琛鎮定州：本書卷一三《趙郡王琛傳》稱琛封南趙郡公，其子叡襲爵爲南趙郡公，《北史》卷五一《趙郡王琛傳》亦如此。但在本書卷二五、卷三九、卷四八，《北史》卷一四、卷三二、卷八〇等多處都作"趙郡公"。《八瓊室金石補正》卷二〇載琛子叡天保七年《造無量壽佛像記》也稱琛爲"南趙郡公"。當作"南趙郡公"，稱"趙郡公"乃其子封爲趙郡王後追述。趙郡公，爵名。趙郡，治所在今河北趙縣。琛，高琛（513—535），字永寶，一作"元寶"，渤海蓨（今河北景縣）人。高歡弟。東魏大臣。本

書卷一三、《北史》卷五一有傳。定州，北魏天興三年（400）以安州改置。定州及所屬中山郡的治所均在今河北定州市。

［12］諮議：官名。諮議參軍的簡稱。掌諷議軍政事務。

［13］晉陽：縣名。治所在今山西太原市晉源區古城營村一帶。

［14］高祖：北齊神武皇帝高歡（496—547），廟號高祖。本書卷一、二，《北史》卷六有紀。

［15］以兼丞相長史：百衲本、汲古閣本、三朝本均無"以"字，四庫本、中華本和《北史》卷八七《崔暹傳》有。據《北史》當加"以"爲宜。丞相長史，官名。爲丞相府幕僚之長。協助管理相府諸曹，又可出席朝議。

［16］洛：縣名。洛陽的簡稱，治所在今河南洛陽市東北。

［17］留守任切："切"字四庫本、中華本同，百衲本、汲古閣本作"功"。今據中華本改。

［18］左丞：官名。即尚書左丞。爲尚書臺屬官，佐助令、僕射掌政務。職掌臺內庶務、文吏及文案奏章。　吏部郎：官名。即吏部郎中。爲尚書省吏部曹主官，屬吏部尚書，掌官吏銓選。

［19］《麟趾格》：書名。東魏於麟趾殿刪正的一部關於律法的典籍，故名。

暹親遇日隆，好薦人士，言邢卲宜任府僚，[1]兼任機密，世宗因以徵卲，[2]甚見親重。言論之際，卲遂毀暹。世宗不悦，謂暹曰："卿説子才之長，子才專言卿短，此癡人也。"暹曰："子才言暹短，暹説子才長，皆是實事，不爲嫌。"高慎之叛，與暹有隙，高祖欲殺之，世宗救免。

［1］邢卲（496—?）：字子才，河間鄚（今河北任丘市北）人。北魏、東魏、北齊官吏。博學能文，與溫子升、魏收齊名。原著有

《邢子才集》，已散佚。本書卷三六有傳，《北史》卷四三《邢巒傳》有附傳。

［2］世宗：北齊文襄帝高澄（521—549），廟號世宗。本書卷三、《北史》卷六有紀。

　　武定初，[1]遷御史中尉，[2]選畢義雲、盧潛、宋欽道、李愔、崔瞻、杜蕤、嵇曄、酈伯偉、崔子武、李廣皆爲御史，[3]世稱其知人。

［1］武定：東魏孝靜帝元善見年號（543—550）。

［2］御史中尉：官名。北魏改御史中丞爲此稱。主掌御史臺。糾彈百官，參治刑獄。北齊復名御史中丞，從三品。

［3］畢義雲：東平須昌（今山東東平縣）人。北魏官吏。本書卷四七有傳。　盧潛（516—573）：范陽涿縣（今河北涿州市）人。東魏、北齊官吏。本書卷四二有傳，《北史》卷三〇《盧玄傳》有附傳。　宋欽道（？—560）：廣平（今河北邯鄲市永年區）人。東魏、北齊官吏。本書卷三四《楊愔傳》、《北史》卷二六《宋隱傳》有附傳，事亦見《魏書》卷六三《宋弁傳》。　李愔：一作"李惜"，趙郡平棘（今河北趙縣東南）人。東魏、北齊官吏。事見《魏書》卷三六《李順傳》、《北史》卷三三《李裔傳》。　崔瞻（519—572）：亦作"崔贍"，字彥通，清河東武城（今河北清河縣東北）人。北齊官吏。博學強識，才學過人。本書卷二三《崔㥄傳》、《北史》卷二四《崔逞傳》有附傳。　杜蕤：字子美，中山曲陽（今河北曲陽縣西）人。北齊、隋官吏。事見本書卷二四《杜弼傳》、《北史》卷五五《杜弼傳》有附傳。　嵇曄：北齊官吏。曾任臨漳令，後被貶爲奴。無傳。　酈伯偉：名中，字伯偉。爲酈範孫。歷官御史及冀州、仁州刺史，趙郡太守。武平四年（573）與盧潛等守壽陽，爲陳所虜。無傳。　崔子武：一作"崔

武",博陵安平(今河北安平縣)人。東魏、北齊官吏。事見《魏書》卷五六《崔辯傳》。　李廣:字弘基,范陽涿(今河北涿州市)人。東魏官吏。本書卷四五、《北史》卷八三有傳。　御史:官名。爲御史大夫屬官,掌舉劾違失,監理郡縣及受公卿郡吏奏事等。

　　世宗欲假暹威勢。諸公在坐,令暹高視徐步,兩人掣裾而入,世宗分庭對揖,暹不讓席而坐,觴再行,便辭退。世宗曰:"下官薄有蔬食,願公少留。"暹曰:"適受敕在臺以檢校。"遂不待食而去,世宗降階送之。旬日後,世宗與諸公出之東山,[1]遇暹於道,前驅爲赤棒所擊,世宗回馬避之。[2]

　　[1]東山:山名。東魏、北齊於鄴城的園林,齊亡,毀於北周。
　　[2]前驅爲赤棒所擊:本書卷一二《琅邪王儼傳》:"魏氏舊制:中丞出,清道,與皇太子分路行,王公皆遙住車,去牛,頓軛於地,以待中丞過,其或遲違,則赤棒棒之。"

　　暹前後表彈尚書令司馬子如及尚書元羨、雍州刺史慕容獻,[1]又彈太師咸陽王坦、并州刺史可朱渾道元,[2]罪狀極筆,並免官。其餘死黜者甚衆。高祖書與鄴下諸貴曰:[3]"崔暹昔事家弟爲定州長史,後吾兒開府諮議,及遷左丞吏部郎,[4]吾未知其能也。始居憲臺,[5]乃爾糾劾。咸陽王、司馬令並是吾對門布衣之舊,[6]尊貴親昵,無過二人,同時獲罪,吾不能救,諸君其慎之。"高祖如京師,群官迎於紫陌。[7]高祖握暹手而勞之曰:"往前朝廷豈無法官，而天下貪婪，莫肯糾劾。中尉盡心爲國，不避豪强，遂使遠邇肅清，群公奉法。衝鋒陷陣，大有其人，當官正色，今始見之。今榮華富貴，直是中尉自取，高歡父子，無以相報。"賜暹良馬，使騎之以從，且行且語。暹下拜，馬驚走，高祖爲擁之而授轡。魏帝宴於華林園，[8]謂高祖曰："自頃朝貴、牧守令長、所在百司多有貪暴，侵削下人。朝廷之中有用心公平，直言彈劾，不避親戚者，王可勸酒。"高祖降階，跪而言曰："唯御史中尉崔暹一人。謹奉明旨，敢以酒勸，并臣所射賜物千匹，[9]乞回賜之。"帝曰："崔中尉爲法，道俗齊整。"暹謝曰："此自陛下風化所加，大將軍臣澄勸獎之力。"[10]世宗退謂暹曰："我尚畏羨，何况餘人。"由是威名日盛，内外莫不畏服。

[1]暹前後表彈尚書令司馬子如及尚書元羨：百衲本、汲古閣本、三朝本均無"前"字，四庫本、中華本有。據《北史》補。尚書令，官名。尚書省長官。魏晋以降，總掌全國行政。多數情況下是實際上的宰相。北齊二品。司馬子如（487—551），字遵業，河内溫（今河南溫縣）人。北魏、東魏、北齊官吏。本書卷一八、《北史》卷五四有傳。尚書，官名。尚書省部曹主官。北齊三品。元羨，東魏、北齊官吏。事不詳。　雍州刺史慕容獻：雍州屬西魏。中華本校勘記云："《北史》卷三二、《册府》卷五一二、卷五二〇'雍'作'殷'。按東魏無雍州，疑作'殷'是。"殷州，北魏置，北齊改爲趙州，在今河北石家莊市東南。疑是。雍州，治所在今陝西西安市西北。慕容獻，東魏、北齊官吏。事不詳。

[2]太師：官名。十六國、北朝時，爲三師之一，位在太傅、太保之上，一品。居百官之首，名位極尊。北齊後主爲激賞人心，

增員而授，遂不可勝數。　咸陽王：爵名。咸陽，郡名。治所在今陝西涇陽縣西北。　坦：即元坦（？—約550），一名穆，字延和，鮮卑族拓跋部人。咸陽王元禧第七子，北魏宗室、東魏大臣。本書卷二八有傳。　并州：治所在今山西太原市晉源區古城營村一帶。

可朱渾道元：字道元，又名可朱渾元。自云遼東（今遼寧遼陽市）人，然其曾祖爲懷朔（今內蒙古固陽縣西南）鎮將，定居於此。北魏、北齊官吏。本書卷二七、《北史》卷五三有傳。

[3]鄴下：北齊都城鄴。在今河北臨漳縣城西南鄴鎮。

[4]左丞：官名。即尚書左丞。爲尚書省佐官，位次尚書，與右丞共掌尚書都省庶務，監察糾彈尚書令、僕射、尚書等文武百官，號稱"監司"，從四品上。

[5]憲臺："御史臺"的別稱。

[6]咸陽王、司馬令：分別指咸陽王元坦、尚書令司馬子如。

[7]紫陌：即紫陌橋。在今河北臨漳縣西南古鄴城西北。

[8]魏帝：東魏孝靜帝元善見。公元534年至550年在位。《魏書》卷一二、《北史》卷五有紀。　華林園：皇家園林。

[9]射：逐取，謀求。

[10]大將軍：官名。加授給大臣的戎號。凡加戎號者可開府。一品。　澄：高澄。東魏興和二年（540）加大將軍，領中書監。

　　高祖崩，未發喪，世宗以暹爲度支尚書，[1]兼僕射，[2]委以心腹之寄。暹憂國如家，以天下爲己任。世宗車服過度，誅戮變常，言談進止，或有虧失，暹每犯色極言，世宗亦爲之止。有囚數百，世宗盡欲誅之，每催文帳，[3]暹故緩之，不以時進，世宗意釋，以竟獲免。[4]

　　[1]度支尚書：官名。領尚書省度支等曹，掌軍國收支、漕運、

租役、庫廩等。北齊統度支、倉部、右户、左户、庫部、金部等曹。三品。

[2]僕射：官名。"尚書僕射"的簡稱，尚書省次官，主管尚書省庶務，列位宰相。東魏、北齊從二品。

[3]文帳：公文案卷。

[4]以竟獲免：百衲本、三朝本同，其他諸本作"竟以獲免"。

自出身從官，常日晏乃歸。[1]侵曉則與兄弟問母之起居，暮則嘗食視寢，然後至外齋對親賓。一生不問家事。魏、梁通和，要貴皆遣人隨聘使交易，遲寄求佛經。梁武帝聞之，[2]爲繕寫，以幡花讚唄送至館焉。[3]然而好大言，調戲無節。密令沙門明藏著《佛性論》而署己名，[4]傳諸江表。[5]子達拏年十三，遲命儒者權會教其説周易兩字，[6]乃集朝貴名流，令達拏昇高座開講。趙郡睢仲讓陽屈服之，[7]遲喜，擢爲司徒中郎。[8]鄴下爲之語曰："講義兩行得中郎。"此皆遲之短也。

[1]晏：晚，遲。

[2]梁武帝：南朝梁建立者蕭衍（464—549），字叔達，小字練兒，南蘭陵（今江蘇常州市武進區西北）人。公元502年至549年在位。《梁書》卷一至三，《南史》卷六、七有紀；《魏書》卷九八有傳。

[3]幡花：供佛的幢幡彩花。　讚唄：以短偈形式讚唱的宗教頌歌。

[4]明藏：東魏、北齊僧人。事不詳。　《佛性論》：書名。今佚。

[5]江表：地區名。指長江以南的地區。此指代南朝。

[6]權會：字正理，河間鄚（今河北任丘市）人。東魏、北齊儒師。精通《詩》《書》《三禮》，兼明玄象之學。本書卷四四、《北史》卷八一有傳。　周易：書名。也叫易經。是儒家的重要經典。內容包括經、傳兩部分。現在通行的有唐孔穎達《周易正義》、李鼎祚《周易集解》。

[7]趙郡睦仲讓陽屈服之：中華本校勘記云：＂諸本＇睦＇作＇睦＇。按姓氏書無＇睦＇姓，今據《北史》卷三二改。＂又據中華本卷四五校記，此＂睦＂爲＂睦＂之訛無疑。今據改。百衲本、汲古閣本、三朝本皆無＂服＂字，四庫本、中華本有，《北史》卷三二《崔暹傳》亦有。今從《北史》補。趙郡，治平棘縣，在今河北趙縣。睦仲讓，北齊儒士，趙郡高邑（今河北高邑縣）人。天保時位至尚書左丞。

[8]暹喜，擢爲司徒中郎：諸本＂擢＂下有＂奏＂字。＂擢＂字四庫本同，三朝本、汲古閣本、局本作＂躍＂。張元濟《北齊書跋》認爲＂喜躍＂連文，作＂躍＂是。中華本校勘記按＂擢奏＂於文義不洽。《北史》卷三二《崔暹傳》作＂用仲讓爲司徒中郎＂，《通志》卷一五三、《太平御覽》卷六一五引《三國典略》並作＂擢仲讓爲司徒中郎＂，均無＂奏＂字。從《北史》刪＂奏＂。＂喜躍＂雖可，但＂躍＂有迅速上升之意，＂擢＂意是提拔，符合語義。此處當作＂擢＂是。今據改。司徒中郎，官名。即司徒從事中郎。爲司徒府屬官。

顯祖初嗣霸業，[1]司馬子如等挾舊怨，言暹罪重，謂宜罰之。高隆之亦言宜寬政網，[2]去苛察法官，黜崔暹，則得遠近人意。顯祖從之。及踐祚，[3]譖毀之者猶不息。帝乃令都督陳山提等搜暹家，[4]甚貧匱，唯得高祖、世宗與暹書千餘紙，多論軍國大事。帝嗟賞之。仍不免衆口，乃流暹於馬城，[5]晝則負土供役，[6]夜則置地牢。歲餘，奴告暹謀反，鎖赴晋陽，無實，釋而勞之。

[1]顯祖：北齊文宣帝高洋（529—559），廟號顯祖。本書卷四、《北史》卷七有紀。

[2]高隆之（494—554）：本姓徐，字延興，高平金鄉（今山東金鄉縣）人。後高歡認爲從弟，乃稱渤海蓨（今河北景縣）人。東魏、北齊大臣。本書卷一八、《北史》卷五四有傳。

[3]踐祚：又作"踐阼"，爲即位、登基之意。

[4]都督：官名。爲統率軍隊的官職名。至北朝後期則爲率領鄉兵、畜牧軍馬的中低級軍官職名。　陳山提：潁川（今河南許昌市）人。北齊官吏。事見本書卷五〇《韓寶業等傳》。

[5]馬城：縣名。治所在今河北懷安縣西。

[6]晝則負土供役："役"字四庫本、中華本及《北史》卷三二《崔暹傳》同，百衲本、三朝本、汲古閣本作"保"。作"役"是，今據改。

尋遷太常卿。[1]帝謂群臣曰："崔太常清正，天下無雙，卿等不及。"初世宗欲以妹嫁暹子，而會世宗崩，遂寢。至是，群臣讌於宣光殿，[2]貴戚之子多在焉。顯祖歷與之語，於坐上親作書與暹曰："賢子達拏，甚有才學。亡兄女樂安主，[3]魏帝外甥，內外敬待，勝朕諸妹，思成大兄宿志。"乃以主降達拏。天保末，[4]爲右僕射。[5]帝謂左右曰："崔暹諫我飲酒過多，然我飲何所妨？"常山王私謂暹曰：[6]"至尊或多醉，太后尚不能致言，[7]吾兄弟杜口，僕射獨能犯顏，內外深相感愧。"十年，暹以疾卒，帝撫靈而哭。贈開府。[8]

［1］太常卿：官名。初爲太常尊稱，北齊及南朝梁正式定爲官稱，掌禮樂、祭祀、宗廟、朝會等。北齊三品。

［2］讌：同"宴"，酒宴，宴會。　宣光殿：宫殿名。北齊天保二年（551）建。

［3］樂安主：樂安公主，爲文襄敬皇后元氏（魏孝静帝之姐）所生。

［4］天保：北齊文宣帝高洋年號（550—559）。

［5］右僕射：官名。即尚書右僕射之簡稱。尚書省次官，與祠部尚書通職，二者不並設，兼管儀曹事。北齊從二品。

［6］常山王：北齊孝昭帝高演即位前的封爵號。高演，高歡第六子，高洋之母弟。謚孝昭，廟號肅宗，公元560年至561年在位。本書卷六、《北史》卷七有紀。

［7］太后：指北齊神武明皇后婁氏（501—562），高歡妻，名昭君，北魏贈司徒婁内干之女。本書卷九、《北史》卷一四有傳。

［8］開府：官名。本指高級官員開建府署，辟置僚屬之舉。遂成加銜。南北朝沿置。後復轉爲勳、散官，爲"開府儀同三司"等官之簡稱。北齊時除授冗濫，從一品。

達拏温良清謹，有識學，少歷職爲司農卿。[1]入周，謀反伏誅。天保時，顯祖嘗問樂安公主："達拏於汝何似？"答曰："甚相敬重，唯阿家憎兒。"[2]顯祖召達拏母入内，殺之，投屍漳水。[3]齊滅，達拏殺主以復讎。

［1］司農卿：官名。爲司農寺長官。掌倉廩及農桑水利的政令等。北齊三品。

［2］阿家：丈夫的母親。

［3］漳水：漳河。衛河最大支流。在今河北、河南兩省境。

高德政，字士貞，渤海蓨人。[1]父顥，[2]魏滄州刺史。[3]德政幼而敏惠，有風神儀表。顯祖引爲開府參軍，[4]知管記事，甚相親狎。高祖又擢爲相府掾，[5]委以腹心。遷黄門侍郎。[6]世宗嗣業，如晉陽，顯祖在京居守，令德政參掌機密，彌見親重。世宗暴崩，事出倉卒，群情草草。勳將等以纘戎事重，[7]勸帝早赴晉陽。帝亦回遑不能自决，夜中召楊愔、杜弼、崔季舒及德政等，[8]始定策焉。以楊愔居守。

[1]蓨：縣名。治所在今河北景縣。
[2]父顥：諸本"顥"作"顯"。中華本校勘記云："《魏書》卷五七《高祐傳》、《北史》卷三一《高允傳》、《唐書》卷七一下《宰相世系表》渤海高氏並作'顥'。'顯'乃形近而訛，今據改。"從改。顥，高顥，字門賢。北魏武官。《魏書》卷五七、《北史》卷三一《高祐傳》有附傳。
[3]滄州：治所在今河北鹽山縣舊縣鎮。
[4]開府參軍：官名。開府僚屬，掌參謀軍務及諸曹事。
[5]相府掾：高歡丞相府屬吏。掌諸曹事。
[6]黄門侍郎：官名。爲"給事黄門侍郎"的省稱。爲中朝官員，給事於宫門之内，侍從皇帝、顧問應對，出則陪乘。北齊置六員，四品。
[7]纘戎：繼承帝業。
[8]楊愔（511—560）：字遵彦，小名秦王，弘農華陰（今陝西華陰市）人，楊津子。北齊官吏。本書卷三四有傳，《北史》卷四一《楊播傳》有附傳。　杜弼（491—559）：字輔玄，小字輔國，北齊中山曲陽（今河北曲陽縣西）人。本書卷二四、《北史》卷五五有傳。　崔季舒（？—573）：字叔正，博陵安平（今河北安

平縣）人。東魏、北齊官吏。本書卷三九有傳,《北史》卷三二《崔挺傳》有附傳。

德政與帝舊相昵愛，言無不盡。散騎常侍徐之才、館客宋景業先爲天文圖讖之學，[1]又陳山提家客楊子術有所援引，[2]並因德政，勸顯祖行禪代之事。德政又披心固請。帝乃手書與楊愔，具論諸人勸進意。德政恐愔猶豫不決，自請馳驛赴京，託以餘事，唯與楊愔言，愔方相應和。

[1]散騎常侍：官名。職掌侍從皇帝左右，諫諍得失、顧問應對，與侍中等共平尚書奏事。亦常用作宰相、諸公等加官，得入宮禁議政。北朝兼領修史，但仍爲閑散之職。北齊集書省設六員，下設之起居省又設一員，皆從三品。　徐之才：丹陽（今安徽當塗縣東北）人。北魏、東魏、北齊官吏。學問廣博，尤精醫術。本書卷三三有傳，《北史》卷九〇《徐謇傳》有附傳。　館客：門客，幕賓。　宋景業：廣宗（今河北威縣東南）人。北齊官吏、學者。本書卷四九、《北史》卷八九有傳。

[2]楊子術：僅見此處及《北史》卷三一《高德政傳》，事不詳。

德政還未至，帝便發晉陽，至平都城，[1]召諸勳將入，告以禪讓之事。諸將等忽聞，皆愕然，莫敢答者。時杜弼爲長史，密啓顯祖云："關西是國家勍敵，[2]若今受魏禪，恐其稱義兵挾天子而東向，王將何以待之？"顯祖入，召弼入與徐之才相告。之才云："今與王爭天下者，彼意亦欲爲帝，譬如逐兔滿市，一人得之，衆心皆定。今若先受魏禪，關西自應息心。縱欲屈強，止當逐我稱帝。必宜知機先覺，無容後以學人。"弼無以答。帝已遣馳驛向鄴，[3]書與太尉高岳、尚書令高隆之、領軍婁叡、侍中張亮、黃門趙彥深、楊愔等。[4]岳等馳傳至高陽驛。[5]帝使約曰："知諸貴等意，不須來。"唯楊愔見，高岳等並還。帝以衆人意未協，又先得太后旨云："汝父如龍，汝兄如虎，尚以人臣終，汝何容欲行舜、禹事？"[6]此亦非汝意，正是高德政教汝。"又説者以爲昔周武王再駕盟津，[7]然始革命，[8]於是乃旋晋陽。[9]自是居常不悦。徐之才、宋景業等每言卜筮雜占陰陽緯候，必宜五月應天順人，德政亦勸不已。仍白帝追魏收。[10]收至，令撰禪讓詔册、九錫、建臺及勸進文表。[11]

[1]至平都城："平都城"三朝本、汲古閣本、百衲本皆同，但下文又作"平城都"。唯四庫本作"平成都"。此外，本書卷二四《杜弼傳》、卷四九《宋景業傳》作"平城都"。另他處亦有"平都""城平都"之稱。中華本校勘記引胡三省《通鑑釋文辯誤》，認爲"隋開皇十六年之前，此地當名平都或平都故城，開皇十六年立縣，始名平城。在東魏、北齊時既無平城之名，也不該稱之爲'都'。疑作'平都城'是，但作'平城都'者較多，或別有據，今皆不改"。今從。平都城，古城名。在今山西和順縣西北儀城。

[2]關西：地區名。又稱關右，泛指故函谷關或潼關以西地區。此處指代西魏。　勍敵："勍"字諸本皆同，中華本作"勁"。

[3]鄴：地名。北齊都邑。治所在今河北臨漳縣西南。

[4]太尉：官名。與丞相、御史大夫合稱三公。魏晋以後多爲

元老重臣之加官。　高岳（512—555）：字洪略，渤海蓨（今河北景縣）人。高翻子，高歡從父弟。東魏、北齊宗室大臣。本書卷一三、《北史》卷五一有傳。　領軍：官名。領軍將軍之簡稱，與中領軍將軍通職。北齊時爲領軍府長官，員一人，掌禁衛宮掖，主朱華閣以外的禁衛。從二品。　婁叡：字佛仁，代郡平城（今山西大同市東北）人。北齊大臣。本書卷四八有傳，本書卷一五、《北史》卷五四《婁昭傳》有附傳。　侍中：官名。門下省長官。備切問近對，拾遺補闕。北朝常總典機密，時號"小宰相"。北魏孝文帝太和十七年（493）定爲從一品中，二十三年改爲三品。北齊因之。　張亮：字伯德，西河隰城（今山西汾陽市）人。北魏、東魏、北齊官吏。本書卷二五、《北史》卷五五有傳。　黃門：給事黃門侍郎的簡稱。　趙彦深（507—576）：本名隱，字彦深，平原（今山東聊城市東北）人，祖籍南陽宛縣（今河南南陽市）。北齊大臣。本書卷三八、《北史》卷五五有傳。按，百衲本作"趙深"，脱"彦"字，今據文意補。

［5］高陽驛：驛站名。大約在今河北高陽縣、蠡縣之間。

［6］舜：古帝名。即虞舜。其事迹的傳説參見《史記》卷一《五帝本紀》。　禹：古帝名。即夏禹。夏后氏部落領袖，史稱禹、大禹、戎禹。姒姓。詳見《史記》卷二《夏本紀》。此處所指虞舜禪位於夏禹之事。

［7］周武王：姬發，西周的建立者。事見《史記》卷四《周本紀》。　盟津：地名。即孟津，周武王伐商紂，在此會盟諸侯並渡河，故名"盟津"。在今河南孟津縣會盟鎮扣馬村、黄河河心。

［8］革命：古代以王者受命於天，故稱王者易姓，改朝换代爲"革命"，此處指"湯武革命"。

［9］晉陽：縣名。治所在今山西太原市晉源區古城營村一帶。

［10］魏收（505—572）：字伯起，小字佛助，鉅鹿下曲陽（今河北晉州市西）人。北朝時著名史學家。本書卷三七、《北史》卷五六有傳，《魏書》卷一〇四有其家世自序（部分爲後人所補）。

[11]九錫：九錫之禮，皇帝賜給大臣的九種禮器，即車、服、樂、朱戶、納陛、虎賁、斧鉞、弓矢、秬鬯。此九種禮器本爲天子專享之禮，獲九錫之禮，往往是權臣簒位前的準備程序。

至五月初，帝發晉陽。德政又録在鄴諸事條進於帝，帝令陳山提馳驛齎事條并密書與楊愔。[1]大略令撰儀注，[2]防察魏室諸王。山提以五日至鄴，[3]楊愔即召太常卿邢卲、七兵尚書崔㥄、度支尚書陸操、詹事王昕、黃門侍郎陽休之、中書侍郎裴讓之等議撰儀注。[4]六日，要魏太傅咸陽王坦等總集，[5]引入北宮，留于東齋，受禪後，乃放還宅。帝初發至亭前，[6]所乘馬忽倒，意甚惡之，大以沉吟。至平城都，[7]便不復肯進。德政、徐之才苦請帝曰："山提先去，若爲形容，恐其漏泄不果。"即命司馬子如、杜弼馳驛續入，觀察物情。七日，子如等至鄴，衆人以事勢已決，無敢異言。

[1]齎：携帶。
[2]儀注：制度，儀節。
[3]山提以五日至鄴：百衲本無"山"字，諸本皆有。據補。又據上文五月初，"帝令陳山提馳驛齎事條并密書與楊愔"，且下文連續出現"六日""七日""八日"之具體時間，疑此處"五月"當是"五日"之訛。今改。
[4]七兵尚書：官名。尚書省七兵曹長官。領七兵、騎兵、都兵、左右中兵、左右外兵七曹。北齊初沿置，後復改名五兵尚書。三品。　崔㥄（？—554）：字長儒，清河東武城（今河北清河縣東北）人。北魏、東魏、北齊官吏。本書卷二三有傳。　陸操：字仲志，代（今山西大同市）人。北魏、東魏、北齊官吏。《北史》卷

二八《陸俟傳》有附傳。　詹事：官名。即太子詹事。掌東宮內外庶務。北齊時設一員，領東宮三寺及左右衛坊、門下坊、典書坊。三品。　王昕（？—559）：字元景，北海劇（今山東壽光市東南）人。北魏、東魏、北齊官吏。本書卷三一有傳，《北史》卷二四《王憲傳》有附傳。　陽休之（509—582）：字子烈，右北平無終（今天津市薊州區）人。北魏、東魏、北齊官吏。好學，愛文藻。本書卷四二有傳，《北史》卷四七《陽尼傳》有附傳。　中書侍郎：官名。中書省屬官。亦稱中書郎，五品。北魏、北齊設四員，北齊爲從四品，兼管伎樂。　裴讓之：字士禮，河東聞喜（今山西聞喜縣）人。東魏官吏。本書卷三五有傳，《北史》卷三八《裴佗傳》有附傳。

[5]太傅：官名。北魏、北齊與太師、太保並號三師，位居太師下、太保上，一品。北齊後主時曾增員而授，所施頗濫。

[6]亭前：《北史》卷三一《高德正傳》、《資治通鑑》卷一六三《梁紀》作"前亭"。據中華本校勘記引胡三省注認爲有前亭之地名，疑作"亭前"誤，存疑。

[7]平城都：他處又作"平都城"。

　　八日，楊愔書中旨，以魏襄城王旭并司空公潘相樂、張亮、黃門趙彥深入通奏事。[1]魏孝靜在昭陽殿，[2]引見。旭云："五行遞運，有始有終，齊王聖德欽明，[3]萬方歸仰，臣等昧死聞奏，願陛下則堯禪舜。"魏帝便斂容曰："此事推挹已久，謹當遜避。"又道："若爾，須作詔。"中書侍郎崔劼奏云：[4]"詔已作訖。"即付楊愔進於魏靜帝。凡有十餘條，悉書。魏靜云："安置朕何所，復若爲去？"楊愔對："在北城別有館宇，還備法駕，依常仗衛而去。"魏靜帝於是下御坐，就東廊，口詠范蔚宗《後漢書》贊云：[5]"獻生不辰，[6]身播國屯，終我四百，永作虞賓。"[7]所司尋奏請發。魏静帝曰："人念遺簪弊屨，欲與六宫别，可乎？"乃入與夫人嬪御以下訣别，莫不歔欷掩涕。嬪趙國李氏口誦陳思王詩云：[8]"王其愛玉體，俱享黄髮期。"魏静帝登車出萬春門，直長趙道德在車中陪侍，[9]百官在門外拜辭。遂入北城下司馬子如南宅。

[1]魏襄城王旭："旭"字諸本及《北史》卷五《東魏孝静帝紀》作"昶"。但《魏書》卷一二《孝静帝紀》作"旭"。按，元昶另有其人，《魏書》卷二一上《咸陽王禧傳》，元昶死於天平二年（535），爲太原王。另《魏書》卷一九下《城陽王長壽傳》屢見"元旭"，武定八年（550）封大司馬。"昶"當爲"旭"之訛。以下俱改。襄城王，爵名。襄城，郡名。治所在今河南襄城縣。旭，即元旭，字顯和，鮮卑族拓跋部人。元鸞子。北魏宗室。任鎮東將軍、南青州刺史。後封襄城郡王。歷任司空、兼尚書令、大司馬。事見《魏書》卷一九下《城陽王長壽傳》。　司空公：官名。司空的尊稱。三公之一。魏晉南北朝爲名譽宰相，多爲大臣加官，位居一品，無實際職掌。　潘相樂（？—555）：又作"潘樂""潘洛"。初名相貴，後以爲字，廣寧石門（今甘肅渭源縣西南洮河東岸）人。北魏、東魏、北齊官吏。本書卷一五、《北史》卷五三有傳。

[2]昭陽殿：宫殿名。在皇宫中朱華門内。

[3]齊王：指文宣帝高洋。

[4]崔劼：字彦玄，東清河鄃（今山東平原縣西南）人，崔光之子。北魏、東魏、北齊官吏。本書卷四二有傳，《北史》卷四四《崔光傳》有附傳。

[5]范蔚宗：范曄（398—445），字蔚宗，南朝宋順陽（今河南淅川縣東）人，撰《後漢書》。《宋書》卷六九有傳，《南史》卷

三三《范泰傳》有附傳。　《後漢書》：記載東漢歷史的紀傳體史書。爲范曄於元嘉九年（432）至元嘉二十二年集衆家之長刪定，共十紀八十列傳。因其以謀反罪被誅，尚有十志未完。今本《後漢書》八志三十卷是南朝梁劉昭據司馬彪《續漢書》補。

[6]獻：漢孝獻帝劉協（181—234），字伯和。爲東漢最後一任皇帝，曹丕建魏代漢，漢獻帝被迫禪位。

[7]虞賓：堯之子丹朱。虞舜禪代以賓禮待之，故稱。後以喻失位之君。此句出自《後漢書》卷九《獻帝紀》。

[8]趙國李氏：孝靜帝之嬪妃，爲趙郡李氏之女。　陳思王：曹植（192—232），字子建，沛國譙（今安徽亳州市）人。《三國志》卷一九有傳。

[9]直長：官名。爲皇帝近侍親信，間有左、右之分，多以他官兼領。北齊時門下省領左、右局，置左、右四人。爲從五品。趙道德：東魏、北齊宦者。《北史》卷九二《齊諸宦者傳》有附傳。

帝至城南頓所。受禪之日，除德政爲侍中，尋封藍田公。[1]七年，遷尚書右僕射，[2]兼侍中，食渤海郡幹。[3]德政與尚書令楊愔綱紀政事，多有弘益。

[1]藍田公：爵名。藍田，縣名。治所在今陝西藍田縣西灞河西岸。

[2]七年，遷尚書右僕射：本書卷四《文宣帝紀》十年三月戊戌封高德政爲尚書右僕射。尚書右僕射，官名。爲尚書令之副職。北朝列位宰相執掌都省庶務。北齊從二品。

[3]渤海郡：治所在今河北東光縣。

顯祖末年，縱酒酣醉，所爲不法，德政屢進忠言。

後召德政飲，不從，又進言於前，諫曰："陛下道我尋休，今乃甚於既往，其若社稷何，其若太后何！"帝不悦，又謂左右云："高德政恒以精神凌逼人。"德政甚懼，乃稱疾屏居佛寺，兼學坐禪，爲退身之計。帝謂楊愔曰："我大憂德政，其病何似？"愔以禪代之際，因德政言情切至，方致誠款，常内忌之。由是答云："陛下若用作冀州刺史，[1]病即自差。"帝從之，德政見除書而起。帝大怒，召德政謂之曰："聞爾病，我爲爾針。"親以刀子刺之，血流霑地。又使曳下，斬去其趾。劉桃枝捉刀不敢下。帝起臨階砌，切責桃枝曰："爾頭即墮地！"因索大刀自帶，欲下階。桃枝乃斬足之三指。帝怒不解，禁德政於門下，其夜開城門，以輿送還家。旦日，德政妻出寶物滿四床，欲以寄人。帝奄至於宅，見而怒曰："我府藏猶無此物！"詰其所從得，皆諸元賂之。遂曳出斬之。時妻出拜，又斬之，并其子祭酒伯堅。[2]德政死後，顯祖謂群臣曰："高德政常言宜用漢，除鮮卑，此即合死。又教我誅諸元，[3]我今殺之，爲諸元報讎也。"帝後悔，贈太保，[4]嫡孫王臣襲焉。[5]

[1]冀州：治所在今河北冀州市。

[2]祭酒：官名。王、公府屬官，主閤内事。　伯堅：事不詳。

[3]諸元：謂北魏、東魏宗室。

[4]太保：官名。北魏、北齊爲三師之一，位居太師、太傅之下，一品。北齊後主時曾增員而授，所施頗濫。

[5]王臣：北齊官吏，位至給事中、通直散騎侍郎。事不詳。

崔昂，字懷遠，博陵安平人也。[1]祖挺，[2]魏幽州刺史。[3]昂年七歲而孤，伯父吏部尚書孝芬嘗謂所親曰：[4]"此兒終當遠至，是吾家千里駒也。"昂性端直少華，沉深有志略，堅實難傾動。少好章句，頗綜文詞。世宗廣開幕府，引爲記室參軍，[5]委以腹心之任。

[1]博陵：郡名。北魏改博陵國置，治所在今河北安平縣。安平：縣名。治所在今河北安平縣。

[2]挺：崔挺（445—503），字雙根，博陵安平（今河北安平縣）人。北魏官吏。《魏書》卷五七有傳。

[3]幽州：治所在今北京市西城區。

[4]吏部尚書：官名。尚書省屬官。位居列曹尚書之上。主管官吏銓選考課獎懲，位三品。　孝芬：崔孝芬（485—534），字恭梓，博陵安平（今河北安平縣）人。北魏官員。《魏書》卷五七、《北史》卷三二《崔挺傳》有附傳。

[5]記室參軍：官名。又稱記事參軍事。主記室曹，掌文書表奏。

世宗入輔朝政，召爲開府長史。時勳將親族賓客在都下，放縱多行不軌，孫騰、司馬子如之門尤劇。[1]昂受世宗密旨，以法繩之，未幾之間，內外齊肅。遷尚書左丞，[2]其年，又兼度支尚書。[3]左丞兼尚書，近代未有，唯昂獨爲冠首，朝野榮之。

[1]孫騰（481—548）：字龍雀，咸陽石安（今陝西咸陽市東北）人。北魏、東魏大臣，高歡心腹。本書卷一八、《北史》卷五四有傳。

[2]尚書左丞：官名。爲尚書省佐官，位次尚書，與右丞共掌尚書都省庶務，率諸都令史監督稽核諸尚書曹、郎曹政務，督録近道文書奏章；監察糾彈尚書令、僕射、尚書等文武百官，號稱"監司"。從四品上。

[3]度支尚書：官名。尚書省度支曹長官。北齊三品。

武定六年，甘露降於宫闕，文武官僚同賀顯陽殿。魏帝問僕射崔暹、尚書楊愔等曰："自古甘露之瑞，漢、魏多少，可各言往代所降之處，德化感致所由。"次問昂，昂曰："案《符瑞圖》，王者德致於天，則甘露降。吉凶兩門，不由符瑞，故桑雉爲戒，實啓中興，小鳥孕大，未聞福感。所願陛下雖休勿休。"帝爲斂容曰："朕既無德，何以當此。"

齊受禪，遷散騎常侍，兼太府卿、大司農卿。[1]二寺所掌，世號繁劇，昂校理有術，下無姦僞，經手歷目，知無不爲，朝廷歎其至公。又奏上橫市妄費事三百一十四條，詔下，依啓狀速議以聞。其年，與太子少師邢劭議定國初禮，[2]仍封華陽男。[3]又詔刪定律令，損益禮樂，令尚書右僕射薛琡等三人在領軍府議定。[4]又敕昂云："若諸人不相遵納，卿可依事啓聞。"昂奉敕笑曰："正合生平之願。"昂素勤慎，奉敕之後，彌自警勖，部分科條，校正今古，所增損十有七八。[5]轉廷尉卿。[6]昂本性清嚴，凡見黷貨輩，疾之若讎，以是治獄文深，世論不以平恕相許。

[1]太府卿：北魏孝文帝太和（477—499）中改少府置，亦稱

"太府"。位列九卿，掌管金帛庫藏出納、器物營造、冶鑄織染等事，以供國家、宮廷用度。北齊置爲太府寺長官。三品。　大司農卿："大司農"之尊稱。朝廷掌財政經濟的主官。爲九卿之一。魏晉及南北朝前期沿置，北齊後改稱"司農卿"或"司農寺卿"。三品。

[2]太子少師：官名。東宮三少（少師、少傅、少保）之首。掌訓導輔翊太子，無具體職司，三品。

[3]華陽男：爵名。華陽，縣名。治所在今陝西勉縣。

[4]薛琡（？—550）：字曇珍，代（今山西大同市東北）人。鮮卑族。北魏、東魏、北齊官吏。本書卷二六有傳，《北史》卷二五《薛彪子傳》有附傳。　等三人：中華本作"等四十三人"。

[5]所增損十有七八：此句三朝本、汲古閣本、百衲本皆無，四庫本、中華本有。《北史》卷三二《崔昂傳》作"校正古今，手所增損，十有七八"。內容更完整具體，今據補。

[6]廷尉卿：官名。"廷尉"的尊稱。掌刑獄司法。北魏設少卿爲之副貳，屬官有丞、正、監、平、律博士各一員，孝莊帝永安二年（529）又置司直十人，覆審御史檢劾案件。北齊初沿置，後改置大理卿。北齊三品。

顯祖幸東山，百官預讌，升射堂。[1]帝召昂於御坐前，謂曰："舊人多出爲州，我欲以臺閣中相付，[2]當用卿爲令僕，[3]勿望刺史。卿六十外當與卿本州，[4]中間，州不可得也。"後九卿以上陪集東宮，帝指昂及尉瑾、司馬子瑞謂太子曰：[5]"此是國家柱石，汝宜記之。"未幾，復侍讌金鳳臺，[6]帝歷數諸人，咸有罪負，至昂曰："崔昂直臣，魏收才士，婦兄妹夫，俱省罪過。"天保十年，策拜儀同燕子獻，[7]百司陪列，昂在行中。帝特召昂至御所,曰:"歷思群臣可綱紀省闥者,唯冀卿一人。"即日除爲兼右僕射。[8]數日後,昂因入奏事,帝謂尚書令楊愔曰:"昨不與崔昂正者,言其太速,欲明年真之。終是除正,何事早晚,可除正僕射。"明日,即拜爲真。楊愔少時與昂不平,顯祖崩後,遂免昂僕射,除儀同三司。[9]後坐事除名,卒祠部尚書。[10]

[1]射堂:時習射的場所。
[2]臺閣:漢指尚書臺,此泛指朝廷機構。
[3]令僕:"尚書令"與"僕射"的合稱。
[4]本州:籍貫之州。
[5]尉瑾:代(今山西大同市東北)人。北齊官吏。本書卷四〇有傳,《北史》卷二〇《尉古真傳》有附傳。 司馬子瑞:河内温(今河南温縣)人。北齊官吏。事見本書卷一八《司馬子如傳》,《北史》卷五四《司馬子如傳》有附傳。
[6]金鳳臺:鄴城三臺之一。《初學記》第八卷引晉陸翽《鄴中記》:"魏武於鄴城西北立三臺。中臺名銅雀臺,南名金獸臺,北名冰井臺。"北齊文宣帝在其舊基上更修,改銅雀臺爲金鳳臺。故址在今河北臨漳縣西南。
[7]儀同:官名。本指官場待遇,始自東漢末,後成爲官銜。先後爲"儀同三司""儀同將軍""儀同大將軍"等官名的簡稱。
燕子獻(?—560):字季則,廣漢下洛(今河北涿鹿縣)人。北齊官吏。本書卷三四《楊愔傳》、《北史》卷四一《楊播傳》有附傳。
[8]兼:官制用語。即以本官兼任、兼行或兼領其他官職。右僕射:官名。即"尚書右僕射"的簡稱。尚書省副長官之一。輔助尚書令執行政務,參議大政,與祠部尚書通職,二者不並設。兼管儀曹事。北魏孝文帝太和十七年(493)定爲從一品中,二十三

年改從二品。北齊因之。

[9]儀同三司：官名。魏晋以降，凡開府，皆儀同三司，遂成加銜。至北魏、北齊又爲官號。北齊二品。

[10]祠部尚書：官名。東晋設。主掌尚書祠部曹，管祭祀禮儀。與尚書右僕射通職。階三品。北齊兼管主客、虞曹、屯田、起部等曹。

昂有風調才識，舊立堅正剛直之名。然好探揣上意，感激時主，或列陰私罪失，深爲顯祖所知賞，發言獎護，人莫之能毀。議曹律令，京畿密獄，及朝廷之大事多委之。尚嚴猛，好行鞭撻，雖苦楚萬端，對之自若。前者崔暹、季舒爲之親援，後乃高德政是其中表，[1]常有挾恃，意色矜高，以此不爲名流所服。子液嗣。[2]

[1]中表：中表親戚。梁章鉅《稱謂表》：“中表，猶言内外也。姑之子爲外兄弟，舅之子爲内兄弟，故有中表之稱。”崔昂與高德政爲姑舅表親，故謂。

[2]液：崔液，字君洽，博陵安平（今河北安平縣）人。北齊官吏。早以文學知名。《北史》卷三二《崔挺傳》有附傳。

北齊書　卷三一[1]

列傳第二十三

王昕　弟晞

王昕，字元景，北海劇人，[2]六世祖猛，[3]秦苻堅丞相，[4]家於華山之鄘城。[5]父雲，[6]仕魏朝有名望。[7]

[1]《北齊書》卷三一：中華本校勘記云："按本卷《王昕傳》與《北史》不同。錢氏《考異》卷三一云：'此《傳》稱廟號，或是《齊書》原文，弟晞《傳》則全是《北史》。亦無論贊。'按《王晞傳》雖非以《北史》補，但較《北史》簡略，敘事次序也似有更動，仍是以《高氏小史》之類的史鈔補。"

[2]北海：郡名。治所在今山東昌樂縣西。　劇：縣名。治所在今山東壽光市東南。

[3]猛：王猛（325—375），字景略，東晋北海郡劇縣人，後移家魏郡。前秦丞相、大將軍。《晋書》卷一一四有載記。

[4]秦：十六國中的前秦（350—394）。國號"大秦"，史稱前秦，別稱"苻秦"。都長安（今陝西西安市）。歷六主，四十四年。

苻堅（338—385）：字永固，一名文玉，略陽臨渭（今甘肅秦安縣）人，出身氏族，十六國時期前秦皇帝。《晉書》卷一一三、一一四有載記。　丞相：官名。戰國秦始置，魏晉南北朝時期常爲權臣專設之名號，置則位一品，秩萬石。北朝居右丞相之上。

[5]華山：山名。五岳之一，位於陝西華陰市境内。　鄜（fū）城：治所在今陝西黄陵縣西南舊邑。

[6]雲：王雲（？—517）。《魏書》卷三三、《北史》卷二四《王憲傳》有附傳。

[7]魏朝：北魏（386—557）。北朝政權之一。公元386年鮮卑人拓跋珪建立代國，初居盛樂（今内蒙古和林格爾縣），398年定都平城（今山西大同市東北），後遷都洛陽（今河南洛陽市東北）。永熙三年（534）分裂爲東魏與西魏。東魏（534—550）都於鄴（今河北臨漳縣西南鄴鎮東），西魏（535—557）都於長安（今陝西西安市西北郊）。

　　昕少篤學讀書，太尉汝南王悦辟騎兵參軍，[1]舊事，王出射，武服持刀陪從，[2]昕未嘗依行列。悦好逸游，或騁騎信宿，昕輒棄還。悦乃令騎馬在前，手爲驅策。昕舍轡高拱，任馬所之。左右言其誕慢，[3]悦曰："府望惟在此賢，[4]不可責也。"悦散數錢於地，令諸佐争拾之，昕獨不拾。悦又散銀錢以目昕，昕乃取其一。悦與府僚飲酒，起自移牀，人争進手，昕獨執版却立。悦於是作色曰："我帝孫帝子帝弟帝叔，今爲宴適，親起輿牀。卿是何人，[5]獨爲偃蹇！"[6]對曰："元景位望微劣，不足使殿下式瞻儀形，[7]安敢以親王僚寀，[8]從厮養之役。"悦謝焉。坐上皆引滿酣暢，昕先起，卧閑室，頻召不至。悦乃自詣呼之曰："懷其才而忽府主，[9]可謂仁乎？"昕曰："商辛沈湎，[10]其亡也忽諸，府主自忽，微僚敢任其咎。"悦大笑而去。

[1]太尉：官名。三公之一，秦漢時期爲最高軍事長官。與丞相和御史大夫並爲"三公"，後世爲虛銜和加官。　汝南王：爵名。汝南，郡名。治所在今河南息縣。　悦：元悦（？—532）。北魏孝文帝子，封汝南王。尒朱榮入洛，乃投奔南朝梁，被立爲魏主，年號更興。後還京。出帝太昌元年（532）十二月被殺。《魏書》卷二二、《北史》卷一九有傳。　騎兵參軍：官名。省稱爲騎兵，爲騎兵曹長官。北魏至唐稱騎兵參軍事。北齊諸公、將軍府置。

[2]武服持刀陪從：汲古閣本、四庫本、備要本等"陪從"下有"昕恥之"三字，《北史》卷二四、《通志》卷一五三《王昕傳》亦有。按《北史》和《通志》中《王昕傳》記載更加詳細，疑此處乃李百藥《北齊書》原文，而補此傳者删節不當。清人此處則以《北史·王昕傳》補武英殿諸本。今存疑不改。

[3]誕慢：放蕩傲慢。

[4]府望：此處指府屬之人望。

[5]卿是何人：百衲本無"人"字，諸本及《册府元龜》卷七〇九有。據補。

[6]偃（yǎn）蹇（jiǎn）：驕縱傲慢，不順從。

[7]式瞻：敬仰，仰慕。　儀形：典範，楷模。

[8]僚寀（cài）：亦作"寮采"，官舍，引申爲官的代稱。寀，官職，官吏。

[9]府主：舊時幕職稱其長官的敬詞。

[10]商辛：商王帝辛，即商紂王，中國歷史上有名的暴君。沈湎：亦作"沉湎"，猶沉溺。多指嗜酒。

累遷東萊太守。[1]後吏部尚書李神儁奏言，[2]比因多故，常侍遂無員限，[3]今以王元景等爲常侍，定限八員。

加金紫光禄大夫。[4]武帝或時袒露,[5]與近臣戲狎,每見昕,即正冠而斂容焉。昕體素甚肥,遭喪後,遂終身羸瘠。楊愔重其德業,[6]以爲人之師表。遷祕書監。[7]

[1]東萊:郡名。治所在今山東萊州市。

[2]吏部尚書:官名。東漢署吏曹尚書。北齊爲三品,主管官吏銓選、考課獎懲,其實權甚或過於尚書僕射。 李神儁(478—541):名挺,字神儁(一作"神雋"),小名提,隴西狄道(今甘肅臨洮縣)人。北魏、東魏官吏。《魏書》卷三九《李寶傳》有附傳,《北史》卷一〇〇有傳。

[3]常侍:官名。"散騎常侍"的簡稱。三國魏置,員四人,三品。侍從皇帝左右,顧問應對,諫諍拾遺,共平尚書奏事。北齊集書省下置六員,其下起居省置一員,皆五品。

[4]金紫光禄大夫:官名。漢武帝時始置光禄大夫,秩比二千石,掌顧問應對。隸於光禄勳。魏晋以後無定員,皆爲加官及褒贈之官。加金章紫綬者,稱金紫光禄大夫;加銀章青綬者,稱銀青光禄大夫。

[5]武帝或時袒露:疑"武帝"前當有"魏"字。中華本校勘記云:"按此'武帝'乃'北魏孝武帝'。《北史》卷二四《王晞傳》省'魏'字,然上有太昌紀年,下有'齊文宣踐祚'明文,其爲北魏孝武帝自明。此《傳》既省去上下文,這裏'魏'字不宜省。"説是。武帝,魏孝武帝元脩(510—534),字孝則,北魏末帝。公元532年被高歡立爲帝。534年與高歡決裂,入關中投奔宇文泰,十二月被泰毒殺。諡號爲孝武皇帝或出帝。《北史》卷五、《魏書》卷一一有紀。

[6]楊愔(511—560):字遵彦,小名秦王,弘農華陰(今陝西華陰市)人,楊津子。北齊官吏。本書卷三四有傳,《北史》卷四一《楊播傳》有附傳。

[7]祕書監：官名。爲祕書省長官，掌圖書經籍之事。北魏孝文帝太和二十三年（499）定爲第三品。北齊因之。

昕少與邢卲俱爲元羅賓友，[1]及守東萊，卲舉室就之，郡人以卲是邢杲從弟，[2]會兵將執之，昕以身蔽伏其上，呼曰："欲執邢子才，當先殺我。"卲乃免焉。

[1]邢卲（496—?）：字子才，河間鄚（今河北任丘市北）人。北魏、東魏、北齊官吏。博學能文，與溫子升、魏收齊名。原著有《邢子才集》，已散佚。本書卷三六有傳，《北史》卷四三《邢巒傳》有附傳。　元羅（?—568）：字仲綱，鮮卑族拓跋部人。北魏宗室。終仕於西魏、北周。《魏書》卷一六、《北史》卷一六《京兆王黎傳》有附傳。

[2]邢杲（?—529）：河間（今河北河間市南）人。北魏末年山東暴動首領。士族出身。曾任幽州平北府主簿。武泰元年（528），在青州北海（今山東昌樂縣西）起兵反魏，自稱漢王，年號天統。後因衆寡懸殊，在濟南爲元天穆和尒朱兆的軍隊所敗，降後被殺。　從弟：堂弟，同祖弟之略稱。

昕雅好清言，[1]詞無淺俗。在東萊，獲殺其同行侣者，詰之未服，昕謂之曰："彼物故不歸，[2]卿無恙而反，何以自明？"邢卲後見世宗，[3]説此言以爲笑樂。昕聞之，故詣卲曰："卿不識造化。"還謂人曰："子才應死，我罵之極深。"

[1]清言：一般指清談。但此處似指高雅的言論。
[2]物故：死亡。

[3]世宗：北齊文襄帝高澄（521—549），廟號世宗。本書卷三、《北史》卷六有紀。

顯祖以昕疏誕，[1]非濟世所須，罵之曰："好門户，惡人身。"又有讒之者曰："王元景每嗟水運不應遂絶。"[2]帝愈怒，乃下詔徙幽州。[3]後徵還，除銀青光禄大夫，[4]判祠部尚書事。[5]帝怒臨漳令嵇曄及舍人李文師，[6]以曄賜薛豐洛，[7]文師賜崔士順爲奴。[8]鄭子默私誘昕曰：[9]"自古無朝士作奴。"昕曰："箕子爲之奴，何言無也？"[10]子默遂以昕言啓顯祖，仍曰："王元景比陛下於殷紂。"楊愔微爲解之。帝謂愔曰："王元景爾博士，[11]爾語皆元景所教。"帝後與朝臣酣飲，昕稱病不至。帝遣騎執之，見方摇膝吟詠，遂斬於御前，投屍漳水，[12]天保十年也。有文集二十卷。子顗。[13]

[1]顯祖：北齊文宣皇帝高洋（529—559），廟號顯祖。本書卷四、《北史》卷七有紀。

[2]水運：東魏的德運，此依五德終始説，東魏尚不應亡。

[3]幽州：治所在今北京市西城區。

[4]銀青光禄大夫：官名。西晉武帝設。位在金紫光禄大夫之下。北齊三品。

[5]判：古時以高官兼任低職稱爲判。　祠部尚書：官名。東晉設。主掌尚書祠部曹，管祭祀禮儀。與尚書右僕射通職，二者不並設。北齊則兼管主客、虞曹、屯田、起部等曹。三品。

[6]嵇曄：北齊官員。因崔暹舉薦，擔任御史。文宣帝時曾任臨漳縣令，被罰爲奴。孝昭帝時被放免爲平州（治所在今河北盧龍縣潘莊鎮附近）刺史。　舍人：官名。中書舍人的省稱。三國魏

置，爲中書省屬官，與通事共掌收納、轉呈章奏。北朝時專掌草擬詔令，北齊六品，定員十人。　李文師：趙郡高邑（今河北高邑縣）人。中書舍人，齊郡太守。事迹略見本書卷三一、《北史》卷二四《王晞傳》。

[7]薛豐洛：文宣帝高洋時深受寵幸，位居顯職。百衲本、南本一作"薛農洛"。按，本書卷三《文襄紀》作"薛豐洛"，《北史》卷二四《王晞傳》也作"薛豐洛"。百衲本誤，南本沿用百衲本未改，《北史》改。今從改。

[8]崔士順：博陵安平（今河北安平縣）人。生平事迹不詳，曾爲儀同開府行參軍和儀同三司，並依附權臣段孝言。

[9]鄭子默：鄭頤（？—560），字子默，彭城（今江蘇徐州市老城區）人。北齊官吏。本書卷三四《楊愔傳》、《北史》卷四一《楊播傳》有附傳。　誘：殿本、四庫本、備要本同，百衲本作"謂"。按，《北史》卷二四《王晞傳》、《通志》卷一五三《王晞傳》也作"誘"，應爲"誘"，今據改。

[10]晞曰："箕子爲之奴，何言無也"：百衲本、汲古閣本無此十一字。按，張元濟《校史劄記》云："殿本'無朝市作奴'下，有'晞曰箕子爲之奴何言無也'十一字，監本同。按此十一字却不可少。"（張人鳳《張元濟古籍書目序跋彙編》）據語義應有此十一字，張說是，今從補。箕子，商紂王的叔父，官太師，封於箕（今山西太谷縣、榆社縣一帶），被紂囚而爲奴。

[11]博士：古代官名。南北朝引申爲老師之意。"語近輕忽，南北朝時用法大致如此"（見周一良《魏晉南北朝史劄記》）。

[12]漳水：河流名。即今漳河，海河支流，發源於山西長治市，蜿蜒在河北、河南兩省交界處。

[13]顗：王顗，生平事迹不詳。汲古閣本、殿本等"顗"後有"嗣"字。按，《北史》卷二四《王晞傳》、《通志》卷一五三《王晞傳》亦有。今存疑。

昕母清河崔氏，[1]學識有風訓，[2]九子，並風流蘊藉，[3]世號王氏九龍。

[1]清河崔氏：山東望族。長仕北朝，北魏時一度與范陽盧氏、滎陽鄭氏、太原王氏並稱爲"四姓"。
[2]風訓：這裏是教養的意思。
[3]風流蘊藉：形容人風雅瀟灑，溫文含蓄。

弟晞，字叔朗，小名沙彌。幼而孝謹，淹雅有器度，好學不倦，美容儀，有風則，魏末，隨母兄東適海隅，[1]與邢子良遊處。[2]子良愛其清悟，與其在洛兩兄書曰："賢弟彌郎，意識深遠，曠達不羈，簡於造次，言必詣理，吟詠情性，往往麗絶。恐足下方難爲兄，不假慮其不進也。"[3]魏永安初，[4]第二兄暉聘梁，[5]啓晞釋褐除員外散騎侍郎，[6]徵署廣平王開府功曹史。[7]晞願養母，竟不受署。母終後，仍屬遷鄴。遨遊鞏洛，[8]悦其山水，與范陽盧元明、鉅鹿魏季景結侶同契，[9]往天陵山，[10]浩然有終焉之志。

[1]母兄：同母之兄。別於庶兄。語出《公羊傳》隱公七年："齊侯使其弟年來聘。其稱弟何？母弟稱弟，母兄稱兄。"何休注："母兄，同母兄。"
[2]邢子良：邢臧，河間鄚縣（今河北任丘市東北）人。北魏末年學者，品德高俊，爲當時人士敬重。《北史》卷四三《邢巒傳》有附傳。
[3]不假慮其不進也："假"字汲古閣本、四庫本、殿本、備要本、百衲本皆作"暇"。《北史》卷二四《王晞傳》亦作"暇"。

中華本校勘記云："'不假'意即'不須'。《通志》卷一五三《王晞傳》也作'假'。此《傳》和《通志》都出於《北史》，知《北史》本來也作'假'，'暇'乃後人所改，北本、汲本又據傳本《北史》改此《傳》，今從三朝本。"説是，今從改。

[4]永安：北魏孝莊帝元子攸年號（528—530）。

[5]暉：王暉，字元旭，曾任尚書郎。事迹略見《魏書》卷三三、《北史》卷二四《王憲傳》。　梁：南朝梁（502—557）。南朝齊和帝中興二年（502），相國梁王蕭衍禪代南齊，改元稱帝，都建康（今江蘇南京市），國號梁，史稱蕭梁。歷四主，五十六年。

[6]釋褐：脱去平民衣服。比喻始任官職。

[7]徵：徵召，徵聘。　署：代理、暫任或試充官職。　廣平：郡名。治所在今河北邯鄲市永年區東南。　開府功曹史：官名。此處指王府的僚屬。功曹史參與日常管理事務。

[8]鞏洛：鞏縣和洛陽，即今河南鞏義市和洛陽市一帶。

[9]范陽：縣名。治所在今河北涿州市。　盧元明：字幼章，范陽涿（今河北涿州市）人。博涉群書，辭章可觀。北魏、東魏官吏。《魏書》卷四七、《北史》卷三〇《盧玄傳》有附傳。　鉅鹿：郡名。治所在今河北石家莊市藁城區西北丘頭鎮。　魏季景：鉅鹿下曲陽（今河北晋州市西）人。北魏學者。博學有文才，弱冠時與魏收齊名。《北史》卷五六有傳。

[10]天陵山：山名。在今河南鞏義市東南二十五里。唐李吉甫《元和郡縣圖志》卷五"鞏縣"條："天陵山，在（鞏）縣東南六十里。"

及西魏將獨孤信入洛，[1]署爲開府記室。[2]晞稱先被犬傷，因篤不起。有故人疑其所傷非狾，[3]書勸令起。晞復書曰："辱告存念，見令起疾，循復眷旨，似疑吾所傷未必是狾。吾豈願其必狾，但理契無疑耳。就足下疑之，亦有過説。足下既疑其非猘，亦可疑其是猘，其疑半矣。若疑其是猘而營護，雖非猘亦無損。[4]疑其非猘而不療，儻是猘則難救。然則過療則致萬全，過不療或至死。若王晞無可惜也，則不足取，既取之，便是可惜。奈何奪其萬全，任其或死。且將軍威德所被，飇飛霧襲，[5]方掩八紘，[6]豈在一介。若必從隗始，[7]先須濟其生靈。足下何不從容爲將軍言也。"[8]於是方得寬。俄而信返，晞遂歸鄴。[9]

[1]西魏：朝代名（535—557）。永熙三年（534），北魏孝武帝元脩西奔關中投奔宇文泰，次年被毒死，宇文泰立元寶矩爲帝，建都長安。史稱西魏。歷三帝，二十三年。　獨孤信（503—557）：本名如願，雲中（今内蒙古和林格爾縣西北土城子）人。鮮卑族獨孤部。北魏至北周名將。《周書》卷一六、《北史》卷六一有傳。

[2]開府記室：官名。將軍府的屬吏之一，主管文書表奏。

[3]猘（zhì）：瘋狗。

[4]雖非猘亦無損：諸本無"非"字。《北史》卷二四、《册府元龜》卷九〇五、《通志》卷一五三有。按文義當有，今據中華本補。

[5]飇（biāo）：同"飆"，迅疾貌。

[6]紘（hóng）：古通"宏"，宏大。

[7]必從隗始：後世常作"請自隗始"。隗，郭隗自稱。原指拿自己做一個榜樣，後比喻自願帶頭。事詳《史記》卷三四《燕召公世家》："郭隗曰：'王必欲致士，先從隗始。況賢於隗者，豈遠千里哉。'"

[8]何不從容：諸本及《北史》卷二四皆同，百衲本作"何必從容"。從諸本改。

[9]鄴：地名。北齊國都。在今河北臨漳縣西南。

齊神武訪朝廷子弟忠孝謹密者，令與諸子遊。晞與清河崔瞻、頓丘李度、范陽盧正通首應此選。[1]文襄時爲大將軍，[2]握晞等手曰："我弟並向成長，志識未定，近善狎惡，不能不移。吾弟成立，不負義方，[3]卿禄位常亞吾弟。若苟使迴邪，致相詿誤，[4]罪及門族，非止一身。"晞隨神武到晉陽，補中外府功曹參軍帶常山公演友。[5]

[1]崔瞻（519—572）：亦作"崔贍"，字彦通，清河東武城（今河北清河縣東北）人。北齊官吏。博學強識，才學過人。本書卷二三《崔㥄傳》、《北史》卷二四《崔逞傳》有附傳。 頓丘：縣名。治所在今河南清豐縣西南。 李度：生平事迹不詳。 盧正通：清河盧道約子，曾任開府諮議。事見《魏書》卷四七、《北史》卷三〇《盧玄傳》。

[2]大將軍：官名。戰國始置，西漢武帝以後，大將軍常冠大司馬之號，秩萬石，領尚書事。成爲中朝官領袖，優寵、權力在外朝丞相之上。北魏、北齊亦皆爲一品。

[3]義方：指行事應遵守的規矩法度。後多指教育子女的方法，或曰家教。

[4]詿（guà）誤：貽誤，連累。

[5]中外府：官署名。即"都督中外諸軍事府"的省稱。漢末始置。南北朝時期衆多權臣常以"都督中外諸軍事"身份控制朝政，故僚佐實際地位甚高。 功曹參軍：官名。即"功曹參軍事"的省稱，功曹之長。掌糾駁獻替。 常山公：其他諸本皆作"常山王"。按，本書卷六《昭帝紀》："魏元象六年，封（高演）常山郡

公。……天保初，進爵爲王。"此處高演不應爲王。常山，郡名。治所在今河北石家莊市藁城區西北。　友：官名。南北朝王、公置國師、友、文學三官，掌輔佐。

齊天保初，行太原郡事。及文宣昏逸，常山王數諫，帝疑王假辭於晞，欲加大辟。[1]王私謂晞曰："博士，明日當作一條事，爲欲相活，亦圖自全，宜深體勿怪。"乃於衆中杖晞二十。帝尋發怒，聞晞得杖，以故不殺，髡鉗配甲坊。[2]居三年，王又固諫争，大被毆撻，閉口不食。太后極憂之。帝謂左右曰："儻小兒死，奈我老母何？"於是每問王疾，謂曰："努力强食，當以王晞還汝。"乃釋晞令往。王抱晞曰："吾氣力惙然，[3]恐不復相見。"晞流涕曰："天道神明，豈令殿下遂斃此舍。至尊親爲人兄，[4]尊爲人主，安可與校計。殿下不食，太后亦不食，殿下縱不自惜，不惜太后乎？"言未卒，王强坐而飯。晞由是得免徒，[5]還爲王友。

[1]大辟：古五刑之一，即死刑。《尚書·吕刑》："大辟疑赦，其罰千鍰。"唐孔穎達疏："《釋詁》云：辟，罪也。死是罪之大者，故謂死刑爲大辟。"

[2]髡（kūn）：古代一種刑罰，剔去頭髮。　鉗：用鐵圈束頸。　甲坊：諸本皆同，百衲本作"甲方"。甲坊，官府機構，屬軍器監，掌治鎧甲，爲役使罪犯之所。作"坊"是。從改。

[3]惙（chuò）然：困頓虛弱貌。

[4]至尊：最尊貴的地位，多用以尊稱帝王。此處指北齊皇帝高洋。

[5]晞由是得免徒："徒"字《通典》卷一五三同，汲古閣本、

殿本、局本、備要本、百衲本皆作"徙"。且王晞前被文宣禁錮髡鞭鉗配甲坊，是被罰作"徒"，而非流徙遠方。故"徙"應爲"徒"的形訛字，今從中華本改。

王復録尚書事，[1]新除官者必詣王謝職，去必辭。晞言於王曰："受爵天朝，拜恩私第，自古以爲干紀。朝廷文武，出入辭謝，宜一約絶。主上顒顒，[2]賴殿下扶翼。"王納焉。常從容謂晞曰："主上起居不恒，卿耳目所具，吾豈可以前逢一怒，遂爾結舌。卿宜爲撰諫草，吾當伺便極諫。"晞遂條十餘事以呈。切諫王曰：[3]"今朝廷乃爾，欲學介子，[4]匹夫輕一朝之命，狂藥令人不自覺，刀箭豈復識親疏，一旦禍出理外，將奈殿下家業何，奈皇太后何。乞且將順，日慎一日。"王歔欷不自勝，曰："乃至是乎？"明日見晞曰："吾長夜九思，今便息意。"便命火對晞焚之。後王承間苦諫，遂至忤旨。帝使力士反接，[5]拔白刃注頸。罵曰："小子何知，欲以吏才非我，是誰教汝？"王曰："天下噤口，[6]除臣誰敢有言。"帝催遣搥楚，亂杖抶數十，[7]會醉卧得解。爾後褻黷之好，遍於宗戚，所往留連，俾晝作夜，[8]唯常山邸多無適而去。

[1]録尚書事：官名。魏晉南北朝多以公卿權重者居之，總領尚書省政務。北魏、北齊亦定爲官號，爲尚書省長官，尚書令、僕射爲其副貳，職權甚重。

[2]顒（yóng）顒：肅静的樣子。

[3]切諫王曰：諸本"切"字前有"因"字，汲古閣本、百衲

本、中華本皆無。按，《北史》卷二四作"因切諫王曰"，《北史》此處無異文，而《通志》卷一五三作："因復切諫王曰：'比干彊諫，不量時之可否。雖忘身於刳割，而致本朝於危亡。今朝廷乃爾，欲學介子匹夫輕一朝之命，且狂藥令人不自覺，刀箭豈復識親疏，一旦禍出理外，將奈殿下家業何，奈皇太后何。乞且將順，日慎一日。'"疑應有此字。《通志》北齊部分列傳溢出《北史》文句可能即李百藥原本《北齊書》。疑此傳在南宋時尚留有《北齊書》原文，鄭樵采用寫入《通志》。

[4]介子：介子推，春秋晉國名臣。

[5]力士：古代官名。主管金鼓旗幟，隨皇帝車駕出入及守衛四門。《通志》卷一五三記其事爲"其後王見危機轉切，承間苦諫，遂至忤旨，大被困辱。帝使力士反接，伏白刃注頸。王曰：'臣不忍見宗廟阽危，乞早行決。'帝罵之曰"。字句與《北史》略有不同，有溢出《北史》及本傳內容，疑爲李百藥《北齊書》原文。

[6]噤(jìn)口：閉口不言。

[7]扶(chī)：用鞭杖或者竹板之類的東西鞭打。

[8]俾(bǐ)晝作夜：把白晝當作夜晚。指不分晝夜地尋歡作樂。語出《詩·大雅·蕩》："式號式呼，俾晝作夜。"俾，使。

及帝崩，濟南嗣立。[1]王謂晞曰："一人垂拱，[2]吾曹亦保優閑。"因言朝廷寬仁慈恕，真守文良主。晞曰："天保享祚，東宮委一胡人，今卒覽萬機，駕馭雄傑。如聖德幼沖，未堪多難，而使他姓出納詔命，必權有所歸。殿下雖欲守藩職，其可得也。[3]假令得遂冲退，自謂保家祚得靈長不？"王默然思念，久之曰："何以處我？"晞曰："周公抱成王朝諸侯，攝政七年，然後復子明辟，幸有故事，惟殿下慮之。"王曰："我安敢自擬周公。"[4]晞曰："殿下今日地望，欲避周公得耶？"王不答。帝臨發，敕王從駕，除晞并州長史。[5]

[1]濟南：廢帝濟南王高殷（545—561），文宣帝高洋長子。高洋死後繼承皇位，後被其叔父高演廢爲濟南王。皇建二年（551）被高演鴆殺。本書卷五有紀。

[2]垂拱：垂衣拱手，謂不親理事務，後多用以稱頌帝王無爲而治。語出《尚書·武成》："惇信明義，崇德報功，垂拱而天下治。"

[3]"天保享祚"至"其可得也"：中華本校勘記云："《北史》無異文，《通志》卷一五三叙王晞語遠爲詳備……'天保享祚，〔左右無柱石之才，〕東宮委一胡人，〔令習鞭轡，自幼而長，不聞雅正。〕今卒覽萬機，駕馭雄桀，如聖德幼冲，未堪多難，〔殿下宜朝夕承旨，〕而〔勿〕使他姓〔貴戚〕出納詔命，必〔致矯弄，〕權有所歸。殿下雖欲守蕃職，〔樂爲善，〕其可得乎？假令得遂冲退，自審家祚得保靈長不？'以上方括號內文字皆此《傳》（《北史》同）所無。兩相比較，此《傳》載王晞語六十七字顯爲刪節上引文而成。並且刪節還不甚恰當，例如'勿使他姓貴戚，出納詔命，必致矯弄，權有所歸'，刪去了'勿'和'致矯弄'三字，和原意便大有出入。'他姓貴戚'指的是楊愔、可朱渾天和、燕子獻，三人都是高歡女婿，'貴戚'二字也不宜刪。《通志》叙北齊事溢出《北史》文句通常即本《北齊書》。疑此《傳》在南宋時尚有《北齊書》原文，鄭樵得取以入《通志》。"

[4]"自謂保家祚得靈長不"至"我安敢自擬周公"：中華本校勘記云："《通鑑》卷一六八有此記載，而文字不盡相同。"云："或謂演曰：'鷙鳥離巢，必有探卵之患。今日王何宜屢出？'中山太守陽休之詣演，演不見。休之謂王友晞曰：'昔周公朝讀百篇書，

夕見七十士，猶恐不足。録王何所嫌疑，乃爾拒絶賓客！'"文字也爲《北史》傳中所無，例如源文宗和陽休之分別是當時北齊重臣，他們的話對於高演輔政很有分量，故這些對話也不應輕易删去，因此這些也應是《北齊書》原文。中華本校勘記認爲《通鑑》文字可能綜合《北齊書》和《三國典略》之類的書籍，"有所增損"。説是。

[5]并州：治所在今山西太原市晉源區古城營村一帶。　長史：官名。魏晋南北朝時諸州府、公府、將軍府及都督府皆置，主持府務，爲衆史之長。

及王至鄴，誅楊、燕等，[1]詔以王爲大丞相、都督中外諸軍事，[2]督攝文武。還至并，乃延晞謂曰：[3]"不早用卿言，使群小弄權，幾至傾覆。今君側雖獲暫清，終當何以處我？"晞曰："殿下將往時地位，猶可以名教出處。今日事勢，遂關天時，非復人理所及。"有頃，奏趙郡王叡爲左長史，[4]晞爲司馬。[5]每夜載入，晝則不與語，[6]以晞儒緩，恐不允武將之意，後進晞密室曰："比王侯諸貴每見煎迫，言我違天不祥，恐當或有變起，吾正欲以法繩之。"晞曰："朝廷比者疏遠親戚，寧思骨血之重。殿下倉卒所行，非復人臣之事，芒刺在背，交戟入頸，上下相疑，何由可久。且天道不恒，虧盈迭至，神幾變化，朒朓斯集，[7]雖執謙挹，[8]粃糠神器，[9]便是違上玄之意，墜先帝之基。"王曰："卿何敢發非所宜言。須致卿於法。"晞曰："竊謂天時人事，同無異謀，[10]是以冒犯雷霆，不憚斧鉞。今日得披肝膽。抑亦神明攸贊。"王曰："拯難匡時，[11]方俟聖哲，吾何敢私議，幸勿多言。"尋有詔以丞相任重，普進府僚一班，晞以司馬領吏部郎中。[12]丞相從事中郎陸杳將出使，[13]臨別握晞手曰："相王功格區宇，天下樂推，歌謠滿道，物無異望。杳等願披赤心而忽奉外使，無由面盡短誠，寸心謹以仰白。"晞尋述杳言。王曰："若內外咸有異望，趙彥深朝夕左右，[14]何因都無所論。自以卿意試密與言之。"晞以事隙問彥深。[15]彥深曰：[16]"我比亦驚此音謠，每欲陳聞，則口噤心戰。弟既發論，吾亦欲昧死一披肝膽。"[17]因亦同勸。

[1]楊、燕：楊愔和燕子獻。燕子獻（？—560），字季則，廣漢下洛（今河北涿鹿縣）人。北齊官吏。本書卷三四《楊愔傳》、《北史》卷四一《楊播傳》有附傳。

[2]大丞相：官名。北魏孝莊帝時，以尒朱榮爲柱國大將軍，位在丞相上，後又拜大丞相，得授此官者均係操縱軍國政事的權臣。 都督中外諸軍事：官名。魏晉南北朝置。總統禁衛軍、地方軍在內的內外諸軍，爲全國最高軍事統帥，不常置。北魏孝文帝太和十七年（493）定爲一品下，二十三年改從一品。

[3]還至并，乃延晞謂曰：《通志》卷一五三作"還并州，及至，延晞內齋，謂曰：'近人說吾在京舉措何如？'晞曰：'伏聞殿下精誠感天，誅五罪而天下服。往日奉辭，恐二儀崩墜，何悟神武潛斷，朝庭廓清。'王曰：'不早用卿言'"云云。中華本校勘記云："上多'內齋'二字，下自'謂曰'以下四十六字，爲此《傳》及《北史》所無，疑亦出《北齊書》原文。"說疑是，今轉錄不改。

[4]趙郡：治所在今河北趙縣。 叡：高叡（534—569），小名須拔，渤海蓨（今河北景縣）人。高琛子。東魏、北齊大臣。本

書卷一三、《北史》卷五一《趙郡王琛傳》有附傳。

[5]司馬：官名。東漢末年至三國，丞相、相國府置司馬參贊軍務。兩晋南北朝諸公府沿置，管理府内武職與長史共參府務。

[6]晝則不與語：百衲本無"與"字，諸本及《北史》卷二四、《通志》卷一五三有。據補。

[7]肸（xī）蠁（xiǎng）斯集：肸，同"肹"，謂聲響振起或傳播。蠁，即蠁蟲，一種發出聲響的蟲。這裏比喻靈感通微。

[8]挹：通"抑"，抑制、謙退。"挹"字汲古閣本、百衲本作"抱"。按，《北史》《通志》都作"挹"。按語義應作"挹"，今據改。

[9]神器：本指玉璽、寶鼎之類。借指帝位、政權。

[10]謀：諸本皆作"揆"。"揆"字義爲揣測、準則。"謀"字義爲計劃、計策、注意。今據改。

[11]時：汲古閣本、百衲本和中華本作"輔"。其他本皆作"時"。按《北史》《通志》亦作"時"。本書此傳以《北史》補，今從《北史》改回。

[12]吏部郎中：官名。魏晋南北朝時爲尚書省吏部屬曹長官通稱，又稱"吏部郎"。掌官吏銓選和調動事務。

[13]從事中郎：官名。晋、南北朝於公府、軍府置從事中郎，爲幕僚，職任甚重。 陸杳：字雲邁，北齊代（今山西大同市）人。曾任尚書倉部郎和黃門郎，高演心腹之臣。

[14]趙彦深（507—576）：本名隱，字彦深，平原（今山東聊城市東北）人，祖籍南陽宛縣（今河南南陽市）。北齊大臣。本書卷三八、《北史》卷五五有傳。

[15]以事隙問彦深："隙"字諸本皆同，《北史》《通志》亦同。百衲本作"體"。今從諸本改。

[16]彦深曰：百衲本無"彦深"二字。按，"曰"字後爲彦深語，"彦深"二字當重出。從補。

[17]吾亦欲昧死：局本"昧"字上有"欲"字，中華本等無。

《北史》《通志》皆同局本。從補。

　　是時諸王公將校四方岳牧表陳符命。[1]乾明元年八月,[2]昭帝踐祚,[3]詔晞曰:"何爲自同外客,略不可見。自今假非局司,但有所懷,隨宜作一牒,候少隙即徑進也。"因敕尚書陽休之、鴻臚卿崔劼等三人,[4]每日本職務罷,並入東廊,共舉錄歷代廢禮墜樂、職司廢置、朝饗異同、輿服增損。或道德高儁,久在沉淪;或巧言眩俗,妖邪害政;爰及田市舟車、徵稅通塞、婚葬儀軌、貴賤齊衰,[5]有不便於時而古今行用不已者,或自古利用而當今毀棄者:[6]悉令詳思,以漸條奏,未待頓備,遇憶續聞。朝晡給與御食,畢景聽還。[7]時百官請建東宮,敕未許。[8]每令晞就東堂監視太子冠服,導引趨拜。爲太子太傅,[9]晞以局司奉璽綬。皇太子釋奠,[10]又兼中庶子。[11]帝謂曰:"今既當劇職,不得尋常舒慢也。"

　　[1]岳牧:傳說爲堯舜時四岳十二牧的省稱,後泛稱封疆大吏。語出《尚書·周官》:"曰唐虞稽古,建官惟百,内有百揆四岳,外有州牧侯伯。"　符命:帝王受命於天的徵兆。

　　[2]乾明:北齊廢帝高殷年號(560)。

　　[3]踐祚:即位登基。汲古閣本、四庫本、殿本、備要本、《北史》卷二四《王晞傳》作"昭帝踐阼,九月,除晞散騎常侍,仍領兼吏部郎中。後因奏事罷,帝從容曰:'比日何爲自同外客,略不可見?'"。局本文字相同,唯缺"領"字。南本、百衲本、中華本無這些文字。按,《通志》卷一五三文字略同,疑是《北齊書》原文。

　　[4]陽休之(509—582):字子烈,右北平無終(今天津市薊

州區）人。北魏、東魏、北齊官吏。好學，愛文藻。本書卷四二有傳，《北史》卷四七《陽尼傳》有附傳。　鴻臚卿：官名。魏晋南北朝時期爲大鴻臚的統稱。北齊爲鴻臚寺長官，職掌外國少數民族賓客接待，朝會吉凶禮儀，兼顧佛道宗教事務等等。　崔劼：字彦玄，東清河鄃（今山東平原縣西南）人，崔光之子。北魏、東魏、北齊官吏。本書卷四二有傳，《北史》卷四四《崔光傳》有附傳。

[5]貴賤齊衰："齊"字《北史》卷二四作"等"。按語義疑《北史》是。

[6]而當今毁棄者：百衲本、汲古閣本無"今"字，《北史》卷二四、《通志》卷一五三有。今據補。

[7]景：古同"影"，影子，謂日落。

[8]時百官請建東宫，敕未許：中華本校勘記云："按此下稱王晞'就東堂監視太子冠服，導引趨拜，爲太子太傅'，和'以局司奉璽授'，都是叙立太子的儀節。如太子未立，何以忽授王晞太子太傅之官？王晞奉什麽璽？都不可解。此句下必有脱文，《北史》已然。"按《通志》卷一五三同上文，疑應有脱文。

[9]太子太傅：官名。與太子少傅並稱太子二傅。掌輔佐太子。汲古閣本、殿本、局本作"晞以局司奉璽授皇太子"，按，《北史》《通志》同汲古閣本，疑《北史》是，今存疑。

[10]皇太子釋奠：汲古閣本、殿本、局本無"皇"字，按，《北史》《通志》皆同汲古閣本，疑《北史》等是。釋奠，古代在學校設置酒食以祭奠先聖先師的一種儀式。《禮記·文王世子》："凡始立學者，必釋奠於先聖先師，及行事必以幣。"鄭玄注："釋菜奠幣，禮先師也。"

[11]中庶子：官名。即太子中庶子。漢置，爲太子侍從。北齊屬門下坊，員四人，四品。

帝將北征，敕問外間比何所聞。晞曰："道路傳言。

車駕將行。"帝曰:"庫莫奚南侵,[1]我未經親戎,因此聊欲習武。"晞曰:"鑾駕巡狩,[2]爲復可爾,[3]若輕有驅使,恐天下失望。"帝曰:"此懦夫常慮,吾自當臨時斟酌。"帝使齋帥裴澤、主書蔡暉伺察群下,[4]好相誣枉,朝士呼爲裴、蔡。[5]時二人奏車駕北征後,人言陽休之、王晞數與諸人遊宴,不以公事在懷。帝杖休之、晞脛各四十。帝斬人於前,問晞曰:"此人合死不?"晞曰:"罪實合死,但恨其不得死地。臣聞刑人於市,與衆棄之。[6]殿廷非殺戮之所。"帝改容曰:"自今當爲王公改之。"

[1]庫莫奚:部族名。亦簡稱"奚"。源於東胡。分布在饒樂水(今西拉木倫河)流域。東接契丹,西至突厥,南據白狼河,北鄰霫。初臣屬於突厥,後稍盛,分爲辱紇主(一作"辱紇王")、莫賀弗、契箇、木昆、室得五部。習俗與突厥相似。以游牧爲主,兼以射獵。北朝時,向北魏朝貢貿易。

[2]鑾駕:又名"鑾輿",指皇帝的車駕。 巡狩:亦作"巡守"。謂天子出行,視察邦國州郡。《尚書·舜典》:"歲二月,東巡守,至於岱宗,柴。"唐孔穎達疏:"諸侯爲天子守土,故稱守。巡,行之。"

[3]可:諸本同,百衲本作"何"。以意度之,作"可"是。從諸本改。

[4]齋帥:官名。南朝宋、梁、陳皆置。在皇帝、諸王及州郡長官左右擔任侍衛及灑掃鋪設等職,多由地位較低的寒人擔任。北齊門下省設齋帥局,四員,從七品。有時可以起到伺察百官的監察作用。 裴澤(?—573):河東聞喜(今山西聞喜縣)人。北齊官吏。《北史》卷三八《裴延儁傳》有附傳。 主書:官名。即

"主書令史"省稱。掌文簿。北魏孝文帝太和十七年（493）定爲七品上，太和二十三年改爲八品上。　蔡暉：孝昭帝時曾以中書舍人身份伺察百官，考略井陘關收租使真子融，致其死。約一年後蔡暉死於疾病（參《太平廣記》卷一一九"真子融"條）。

[5]好相誣枉，朝士呼爲裴、蔡："枉"字百衲本、汲古閣本皆作"者"，備要本無"枉"字。南本、局本"朝士"前有"奏"字，其他同中華本。按《北史》卷二四、《通志》卷一五三作"好相誣枉，朝士呼爲'裴、蔡'"。中華本是，今從改。

[6]刑人於市，與衆棄之：在人衆集聚的市，對犯人執行死刑。《禮記·王制第五》："爵人於朝，與士共之。刑人於市，與衆棄之。"

　　帝欲以晞爲侍中，[1]苦辭不受，或勸晞勿自疏。晞曰："我少年以來，閱要人多矣，充詘少時，[2]鮮不敗績。且性實疏緩，不堪時務，人主恩私，何由可保，萬一披猖，[3]求退無地，非不愛作熱官，但思之爛熟耳。"百官嘗賜射，晞中的，當得絹，爲不書箭，有司不與。晞陶陶然曰：[4]"我今可謂武有餘文不足矣。"晞無子。帝將賜之妾，使小黃門就宅宣旨，[5]皇后相聞晞妻。[6]晞令妻答，妻終不言，晞以手拊胸而退。帝聞之笑。孝昭崩，哀慕殆不自勝，因以羸敗。武成本忿其儒緩，[7]由是彌嫌之，因奏事大被訶叱，而雅步晏然。[8]歷東徐州刺史、祕書監。[9]武平初，[10]遷大鴻臚，[11]加儀同三司，監修起居注，[12]待詔文林館。[13]

　　[1]侍中：官名。門下省長官。掌侍從左右、贊導衆事、顧問應對，此職接近皇帝，時有宰相之實。三品。

[2]充詘（qū）：亦作"充倔"，得意忘形的樣子。語出《禮記·儒行》："（儒有）不充詘於富貴。不慁於君王，故曰'儒'。"漢鄭玄注："充詘，喜失節之貌。"

[3]披猖：亦作"披昌"。猖獗，倡狂。

[4]陶陶：形容喝醉的樣子。

[5]小黃門：低於黃門侍郎一級的宦官。

[6]皇后：孝昭帝皇后元氏。本書卷九、《北史》卷一四有傳。

[7]武成：北齊皇帝高湛（537—568），謚號武成。本書卷七、《北史》卷八有紀。　儒緩：款柔，柔弱。

[8]雅步：從容安閑地行走。　晏然：安適悠閑的樣子。

[9]東徐州：治所在今江蘇睢寧縣古邳鎮北側。

[10]武平：北齊後主高緯年號（570—576）。

[11]大鴻臚：官名。九卿之一。掌少數民族朝貢接待等禮儀性工作。北齊改爲鴻臚卿，專司朝會禮儀。

[12]起居注：文籍之一種，記錄皇帝言行及國家大事。

[13]待詔文林館：官名。北齊後主武平二年開文林館。引用文學之士。編撰皇帝閱覽的書籍，做皇帝的文學顧問。待詔，指應皇帝徵召隨時待命，以備諮詢顧問。

　　性閑淡寡欲，雖王事鞅掌，[1]而雅操不移。[2]在并州，雖戎馬填間，未嘗以世務爲累。良辰美景，嘯詠遨遊，登臨山水，以談讌爲事，人士謂之物外司馬。常詣晉祠，[3]賦詩曰："日落應歸去，魚鳥見留連。"忽有相王使至召晞，[4]不時至。明日丞相西閣祭酒盧思道謂晞曰：[5]"昨被召已朱顏，得不以魚鳥致怪？"[6]晞緩笑曰："昨晚陶然，頗以酒漿被責，卿輩亦是留連之一物，豈直在魚鳥而已。"及晉陽陷敗，與同志避周兵東北走。

山路險迴，[7]懼有土賊，而晞温酒服膏，曾不一廢，每未肯去，行侣尤之。晞曰："莫尤我，我行事若不悔，久作三公矣。"

[1]鞅掌：謂職事紛擾煩忙。語出《詩・小雅・北山》："或棲遲偃仰，或王事鞅掌。"唐孔穎達疏："傳以鞅掌爲煩勞之狀，故云失容。言事煩鞅掌然，不暇爲容儀也，今俗語以職煩爲鞅掌，其言出於此傳也。故鄭以鞅掌爲事煩之實，故言鞅猶荷也。"

[2]雅操：高尚的操守。

[3]晋祠：寺廟名。原爲晋王祠（唐叔虞祠），爲紀念晋（汾）王及母后邑姜而興建，位於今山西太原市西南懸甕山麓的晋水之濱。

[4]忽有相王使至召晞："相王使"後南本、局本、備要本、汲古閣本、殿本、四庫本皆無"至"字。按，《北史》卷二四、《通志》卷一五三同南本。疑"使"後衍"至"字。

[5]西閤祭酒：官名。爲東西閤祭酒之一。晋正式爲諸公府、從公府屬官，掌閤内文翰。北齊三師、二大、三公府皆置，七品上。　盧思道（535—586）：字子行，小字釋奴，范陽涿（今河北涿州市）人。北齊、北周、隋官吏。事見本書卷四二《盧潛傳》，《北史》卷三〇《盧玄傳》有附傳。

[6]昨被召已朱顔，得不以魚鳥致怪：南本、汲古閣本、殿本、局本皆作"昨被召以來，頗得無以魚鳥致怪"，《北史》卷二四無異。南本等"來頗"疑爲"朱顔"形近而訛。

[7]險迴：險峻。

齊亡，周武以晞爲儀同大將軍、太子諫議大夫。[1]隋開皇元年，[2]卒於洛陽，年七十一。贈儀同三司、曹州刺史。[3]

［1］周武：北周武帝宇文邕（543—578），字禰羅突。宇文泰第四子。公元561年至578年在位。《周書》卷五、六，《北史》卷一〇有紀。　儀同大將軍：官名。北周建德四年（575）改儀同三司置。主要授予有軍功的功臣及部分北齊降官，無具體職掌，九命。　太子諫議大夫：官名。北周武帝建德三年置，員四人，選用飽學之士充任，負責規諫太子。

［2］開皇：隋文帝楊堅年號（581—600）。

［3］贈：百衲本無此字，其他諸本皆有。《北史》卷二四、《通志》卷一五三亦有。今從補。　曹州：治所在今山東曹縣西北。

今注本二十四史

北齊書

四 傳[三]

唐 李百藥 撰
陳長琦 主持校注

中國社會科學出版社

北齊書 卷三二[1]

列傳第二十四

陸法和　王琳

　　陸法和，不知何許人也，隱於江陵百里洲，[2]衣食居處，一與苦行沙門同。[3]耆老自幼見之，容色常不定，人莫能測也。或謂自出嵩高，[4]遍遊遐邇。[5]既入荆州汶陽郡高安縣之紫石山，[6]無故捨所居山，俄有蠻賊文道期之亂，[7]時人以爲預見萌兆。

　　[1]《北齊書》卷三二：中華本校勘記云："按此卷原缺。文與《北史》卷八九《陸法和傳》、《南史》卷六四《王琳傳》基本相同，但也有小異，偶有溢出南、北《史》本傳的字句，疑非直接録南、北《史》，仍出於某種史鈔。"

　　[2]江陵：縣名。治所在今湖北荆州市荆州區。　百里洲：地名。在今湖北枝江市南長江中。

　　[3]沙門：梵語的音譯，指佛教徒。

　　[4]嵩高：嵩山。五岳之一。位於河南省西部，主脉在河南登封市境内。《史記·封禪書》："昔三代之居，皆在河洛之間，故嵩

高爲中岳。"

[5]遐邇：一作"遨爾"，遠近。

[6]既入荆州汶陽郡高安縣之紫石山：中華本校勘記云："諸本'安'作'要'。按《隋書》卷三一《地理志》下夷陵郡遠安縣條注：'舊曰高安，置汶陽郡。'《太平寰宇記》卷一四七云：'晋安帝立高安縣，屬汶陽郡。''要'爲'安'的形訛。"今據中華本改。荆州，指南朝梁荆州，治所在今湖北荆州市。汶陽郡，治所在今湖北遠安縣北。高安縣，治所在今湖北遠安縣西北。紫石山，山名。在今湖北遠安縣境内。

[7]蠻：古代對南方少數民族的蔑稱。此處指活躍在荆州地區的荆州蠻。《宋書》卷九七、《南齊書》卷五八、《南史》卷七九有傳。　文道期：荆州蠻族人，曾引北朝軍隊入侵，被梁宗室蕭恭鎮壓。《梁書》卷二二《蕭恭傳》作"文道"。

及侯景始告降於梁，[1]法和謂南郡朱元英曰：[2]"貧道共檀越擊侯景去。"[3]元英曰："侯景爲國立効，師云擊之，何也？"法和曰："正自如此。"及景渡江，法和時在青谿山，[4]元英往問曰："景今圍城，其事云何？"法和曰："凡人取果，宜待熟時，不撩自落。檀越但待侯景熟，何勞問也。"固問之。乃曰："亦尅亦不尅。"

[1]侯景（503—552）：字萬景，懷朔鎮（今内蒙古固陽縣西南）人，或云雁門（今山西代縣西南）人，羯族。北魏、東魏將領，後降南朝梁。《梁書》卷五六、《南史》卷八〇有傳。　梁：南朝梁（502—557）。南朝齊和帝中興二年（502），相國梁王蕭衍禪代南齊，改元稱帝，都建康（今江蘇南京市），國號梁，史稱蕭梁。歷四主，五十六年。

[2]南郡：治所在今湖北江陵縣。　朱元英：生平事迹不詳。

[3]檀越：佛教用語，意爲"施主"。即施與僧衆衣食，或出資舉行法會等之信衆。

[4]青谿山：山名。在今湖北南漳縣境内。

景遣將任約擊梁湘東王於江陵，[1]法和乃詣湘東乞征約，召諸蠻弟子八百人在江津，[2]二日便發。湘東遣胡僧祐領千餘人與同行。[3]法和登艦大笑曰："無量兵馬。"江陵多神祠，人俗恒所祈禱，自法和軍出，無復一驗，人以爲神皆從行故也。至赤沙湖，[4]與約相對，法和乘輕船，不介胄，沿流而下，去約軍一里乃還。謂將士曰："聊觀彼龍睡不動，吾軍之龍甚自踴躍，即攻之。若得待明日，當不損客主一人而破賊，然有惡處。"遂縱火舫於前，而逆風不便，法和執白羽麾風，[5]風勢即返。約衆皆見梁兵步於水上，於是大潰，皆投水而死。約逃竄不知所之。法和曰："明日午時當得。"及期而未得。人問之，法和曰："吾前於此洲水乾時建一刹，語檀越等，此雖爲刹，[6]實是賊標，今何不向標下求賊也。"如其言，果於水中見約抱刹，仰頭裁出鼻，[7]遂擒之。約言求就師目前死。法和曰："檀越有相，必不兵死，且於王有緣，決無他慮，王於後當得檀越力耳。"湘東果釋用爲郡守。及魏圍江陵，約以兵赴救，力戰焉。

[1]任約：南朝梁官吏。位南豫州刺史。天成元年（555）率州歸降北齊。　湘東王：梁元帝蕭繹（508—554）。《梁書》卷五、《南史》卷八有紀。湘東，郡名。治所在今湖南衡陽市東。

[2]江津：長江的渡口。

[3]胡僧祐（492—554）：字願果，南陽冠軍（今河南鄧州市西）人。南朝梁大將，承聖四年（555），西魏攻打江陵時中流矢而死。《梁書》卷四六、《南史》卷六四有傳。

[4]赤沙湖：地名。一名"赤亭湖"。在今湖南華容縣南。

[5]法和執白羽麈風：中華本校勘記云："《北史》卷八九《陸法和傳》'羽'下有'扇'字。疑此傳脫去。"

[6]刹（chà）：梵語"刹多羅"的簡稱，寺廟佛塔，古刹，寶刹。

[7]裁：古同"才"。方，僅。

　　法和既平約，往進見王僧辯於巴陵，[1]謂曰："貧道已斷侯景一臂，其更何能爲，檀越宜即遂取。"[2]乃請還，謂湘東王曰："侯景自然平矣，無足可慮。蜀賊將至，法和請守巫峽待之。"[3]乃總諸軍而往，親運石以填江，三日，水遂不流，[4]橫之以鐵鎖。武陵王紀果遣蜀兵來渡，[5]峽口勢蹙，進退不可。王琳與法和經略，[6]一戰而殄之。

[1]王僧辯（？—555）：字君才，太原祁（今山西祁縣）人。南朝梁將領。《梁書》卷四五、《南史》卷六三有傳。　巴陵：地名。在今湖南岳陽市。

[2]檀越宜即遂取："遂"字《北史》卷八九《陸法和傳》作"逐"字。中華本校勘記云："'即''遂'重複，疑當作'逐'。"說是，今暫存疑。

[3]巫峽：三峽之一，在今重慶市巫山縣和湖北巴東縣之間的長江上。

[4]水遂不流:"不"字《北史》卷八九《陸法和傳》同,殿本、百衲本、中華本作"分"。據語義,應爲"不"。今據《北史》改。

[5]武陵王:爵名。武陵,縣名。治所在今湖南常德市。　紀:蕭紀(508—553),字世詢,又字大智。梁武帝蕭衍第八子,梁元帝蕭繹之弟。《梁書》卷五五、《南史》卷五三有傳。

[6]王琳(516—563):字子珩,會稽山陰(今浙江紹興市)人。北齊將領。初仕梁,任岳陽内史,以軍功封建寧縣侯。陳初降齊。本卷、《南史》卷六四有傳。　經略:籌劃,謀劃。

　　軍次白帝,[1]謂人曰:"諸葛孔明可謂名將,吾自見之。此城旁有其埋弩箭鏃一斛許。"因插表令掘之,如其言。又嘗至襄陽城北大樹下。[2]畫地方二尺,令弟子掘之,得一龜,長尺半,以杖叩之曰:"汝欲出不能得,已數百歲,不逢我者,豈見天日乎?"爲授三歸,[3]龜乃入草。初八疊山多惡疾人,[4]法和爲采藥療之,不過三服皆差,即求爲弟子。山中毒蟲猛獸,法和授其禁戒,不復噬螫。所泊江湖,必於峰側結表,云"此處放生"。漁者皆無所得,才有少獲,輒有大風雷。船人俱而放之,風雨乃定。晚雖將兵,猶禁諸軍漁捕。有竊違者,中夜猛獸必來欲噬之,或亡其船纜。有小弟子戲截蛇頭,來詣法和。法和曰:"汝何意殺蛇。"因指以示之,弟子乃見蛇頭齘䶗絝襠而不落。[5]法和使懺悔,爲蛇作功德。又有人以牛試刀,一下而頭斷,來詣法和。法和曰:"有一斷頭牛,就卿徵命殊急,若不爲作功德,一月內報至。"其人弗信,少日果死。法和又爲人置宅圖墓，以避禍求福。嘗謂人曰："勿繫馬於碓。"[6]其人行過鄉曲，[7]門側有碓，因繫馬於其柱。入門中，憶法和戒，走出將解之，馬已斃矣。

[1]次：臨時駐扎和住宿。　白帝：地名。在今重慶市奉節縣。
[2]襄陽城：地名。在今湖北襄陽市。
[3]授三歸：三皈依，初步皈依佛教的儀式，即皈依佛、皈依法、皈依僧。"授"字南本、中華本同，《通志》卷一八三、《册府元龜》卷八七六亦同。汲古閣本、殿本、四庫本、備要本、仿宋本、百衲本作"受"。按，授三歸爲佛教中的一種儀式，也可作"受"。"受"通"授"，授予，給於。今從中華本作"授"。
[4]八疊山：山名。又名"柤（zǔ）山"，在今湖北襄陽市與南漳縣之間。
[5]齰（zé）：咬，齧。　絝襠：亦作"褲襠"或"袴襠"，兩條褲腿相連的地方。
[6]碓（duì）：木石做成的搗米器具。
[7]鄉曲：鄉里。

梁元帝以法和爲都督、郢州刺史，[1]封江乘縣公。[2]法和不稱臣，其啓文朱印名上，自稱司徒。[3]梁元帝謂其僕射王褒曰：[4]"我未嘗有意用陸爲三公，而自稱何也？"褒曰："彼既以道術自命，容是先知。"梁元帝以法和功業稍重，遂就加司徒，都督、刺史如故。部曲數千人，通呼爲弟子，唯以道術爲化，不以法獄加人，又列肆之內，不立市丞牧佐之法，無人領受，但以空櫺箄在道間，[5]上開一孔受錢。賈客店人隨貨多少，計其估限，自委櫺中，行掌之司，夕方開取，條其孔目，輸之於庫。又法和平常言若不出口，時有所論，則雄辯無敵，然猶帶蠻音。善爲攻戰具。在江夏，[6]大聚兵艦，欲襲襄陽而入武關。[7]梁元帝使止之。法和曰："法和是求佛之人，尚不希釋梵天王坐處，[8]豈規王位。但於空王佛所與主上有香火因緣，見主人應有報至，故求援耳。今既被疑，是業定不可改也。"於是設供食，具大餺薄餅，[9]及魏舉兵，[10]法和自郢入漢口，[11]將赴江陵。梁元帝使人逆之曰："此自能破賊，但鎮郢州，不須動也。"法和乃還州，堊其城門，[12]著粗白布衫、布絝、邪巾，大繩束腰，坐葦席，終日乃脫之。及聞梁元帝敗滅，復取前凶服著之，哭泣受吊。梁人入魏，果見餺餅焉。法和始於百里洲造壽王寺，[13]既架佛殿，更截梁柱，曰："後四十許年佛法當遭雷電，[14]此寺幽僻，可以免難。"及魏平荆州，宮室焚爐，總管欲發取壽王佛殿，[15]嫌其材短，乃停。後周氏滅佛法，[16]此寺隔在陳境，[17]故不及難。

[1]都督：官名。魏晋之後爲地方軍政長官。稱都督諸州軍事，領駐在刺史，兼理民政。多帶將軍名號。南北朝沿置，分使持節、持節、假節三種，以使持節職權最重，假節最輕。　郢州：南朝宋置，治所在今湖北武漢市武昌區。

[2]江乘縣公：江乘縣，百衲本、汲古閣本、殿本備要本一作"江業縣"。按，《隋書·地理志》無江業縣。秦始皇三十七年（前210）始置江乘縣，屬會稽郡。南朝時爲南琅邪郡治所。隋開皇九年（589）陳朝覆亡，江乘縣被廢置。江乘，治所在今江蘇句容市北。縣公，爵名。"開國縣公"省稱。食邑爲縣，故爵位前常冠以

所封縣名。梁位視三公，班次之。北魏孝文帝太和二十三年（499）定爲從一品，食邑三分食一。

［3］司徒：官名。常爲加官，魏晉南北朝時期也爲實授。其府負責處理全國日常行政事務，考課地方管理，督課州郡農桑，管理全國名數戶口簿籍等。

［4］僕射：官名。即尚書僕射的簡稱，尚書省的副官。　王褒：《周書》卷四一、《北史》卷八三有傳。"褒"字諸本及《北史》卷八九皆同，百衲本作"衺"。作"褒"是。從改。

［5］籥（yuè）：古同"鑰"，鎖鑰。

［6］江夏：郡名。治所在今湖北武漢市武昌區。

［7］武關：古關名。戰國時期秦置，在今陝西商南縣西南丹江北岸。

［8］釋：釋迦牟尼的簡稱，亦泛指佛教和僧人。　梵天王：色界梵天之王。佛教中的護法神之一。

［9］䭔（duī）：蒸餅的別稱。

［10］魏：指西魏（535—557）。永熙三年（534），北魏孝武帝元脩西奔關中投奔宇文泰，次年被毒死，宇文泰立元寶炬爲帝，建都長安。史稱西魏。歷三帝，二十三年。

［11］漢口：地名。一名沔口。在今湖北武漢市漢水入長江口處。

［12］堊（è）：用白色塗料粉刷墻壁。"堊"字百衲本作"開"。法和預言蕭繹將死於非命，所以將城門刷白。而"開"字語義不洽。

［13］壽王寺：寺院名。在今湖北枝江市南長江百里洲中。

［14］當遭雷電："電"字他本及中華本同，南本、四庫本、殿本、備要本皆作"雹"。《通志》卷一八三、《册府元龜》卷八七六、《北史》卷八九亦作"雹"。疑應是"雷雹"，今存疑。

［15］總管：官名。北周武成元年（559）改都督諸州軍事爲總管。

[16]周氏：北周（557-581）。西魏恭帝三年（556）十二月，宇文泰之子宇文覺廢西魏主自立，次年（557）改元，建號周，史稱北周，又稱後周。都長安（今陝西西安市）。歷五帝，二十五年。至静帝宇文衍爲隋所代。

[17]陳：南朝陳（557—589）。南朝梁敬帝太平二年（557），陳霸先改元稱帝，都建康（今江蘇南京市），國號陳。歷五帝，三十三年。後主禎明二年（589）被隋所滅。

天保六年春，[1]清河王岳進軍臨江，[2]法和舉州入齊。[3]文宣以法和爲大都督、十州諸軍事、太尉公、西南道大行臺，[4]大都督、五州諸軍事、荆州刺史、安湘郡公宋蒞爲郢州刺史，[5]官爵如故。蒞弟簉爲散騎常侍、儀同三司、湘州刺史、義興縣公。[6]梁將侯瑱來逼江夏，[7]齊軍棄城而退，法和與宋蒞兄弟入朝。文宣聞其奇術，虚心相見，備三公鹵簿，[8]於城南十二里供帳以待之。法和遥見鄴城，[9]下馬禹步。辛術謂曰：[10]"公既萬里歸誠，主上虚心相待，何爲作此術？"法和手持香爐，步從路車。至於館。明日引見，給通幰油絡網車，[11]仗身百人。[12]詣闕通名，不稱官爵，不稱臣，但云荆山居士。文宣宴法和及其徒屬於昭陽殿，[13]賜法和錢百萬，物千段、甲第一區、田一百頃、奴婢二百人、生資什物稱是，[14]宋蒞千段，其餘儀同、刺史以下各有差。[15]法和所得奴婢，盡免之，曰："各隨緣去。"錢帛散施，一日便盡。以官所賜宅營佛寺，自居一房，與凡人無異。三年間再爲太尉，世猶謂之居士。無疾而告弟子死期，至時，燒香禮佛，坐繩牀而終。[16]浴訖將斂，屍小。縮止三尺許。文宣令開棺視之。空棺而已。法和書其所居壁而塗之，及剝落，有文曰："十年天子爲尚可，百日天子急如火，周年天子遞代坐。"又曰："一母生三天，兩天共五年。"説者以爲婁太后生三天子，[17]自孝昭即位，[18]至武成傳位後主，[19]共五年焉。

[1]天保：北齊文宣帝高洋年號（550—559）。

[2]清河：郡國名。西漢高帝置，治清陽縣（今河北清河縣）。西晉爲清河國，治清河縣（今山東臨清市）。北魏仍改爲郡。北齊移治武城縣（今河北清河縣西城關鄉西北）。　岳：高岳（512—555），字洪略，渤海蓨（今河北景縣）人。高翻子，高歡從父弟。東魏、北齊宗室大臣。本書卷一三、《北史》卷五一有傳。

[3]齊：即北齊（550—577），北朝政權之一。高洋建立，建都鄴城（今河北臨漳縣西南）。歷六帝，二十八年。

[4]文宣：北齊開國皇帝高洋（529—559），諡號文宣。本書卷四、《北史》卷七有紀。　大都督：官名。高級軍事長官。三國魏、吳初於戰時臨時設置，北齊時期所置"京畿大都督"權勢極重。　十州諸軍事："都督十州諸軍事"省稱。州諸軍事，官名。"都督諸州諸軍事"省稱。多持節，掌區内軍政。兼理民政。　太尉公：太尉。官名。秦設，爲最高軍事長官，與丞相、御史大夫合稱三公，漢以後歷代因之。有時亦省之。魏晉以後多爲元老重臣之加官。　西南道大行臺：諸本及《北史》卷八九《陸法和傳》無"道大行臺"四字。中華本校勘記云："按無此四字，則'西南大都督'當連讀。但這個'大都督'是宋莅的官，不能混淆。"二人授官，見本書卷四《文宣紀》天保六年二月，今據補。大行臺，官署名。北魏初曾於鄴（今河北臨漳縣西南）及中山（今河北定州市）置行臺，以尚書爲長官，代行尚書省職權。北齊時正式兼理民政，成爲地方最高行政機構。

[5]郡公：爵位名。魏晋始置，初定爲"公"的一個等級，高於縣公。 宋茝：北齊官吏。初仕梁，歸附北齊，拜驃騎大將軍、郢州刺史。賜爵安湘郡公。中華本校勘記云："宋茝，《文宣紀》和卷二〇《慕容儼傳》作'宋蒍'，未知孰是。"按，諸本作"宋茝"，《册府元龜》卷八七六、《通志》卷一八三同諸本。

[6]簉（zào）：宋簉。初爲梁臣，曾參與平定侯景之亂。北齊天保（550—559）中，與兄宋茝歸附北齊，拜散騎常侍、儀同三司、湘州刺史、義興縣公。 散騎常侍：官名。三國魏置，員四人，三品。侍從皇帝左右，顧問應對，諫諍拾遺，共平尚書奏事。北齊集書省下置六員，其下起居省置一員，皆五品。 儀同三司：官名。"開府儀同三司"省稱。本指高級官員開建府屬之待遇，儀同三司（三公）。三國魏始置，以後遂成加銜，爲大臣加號，意謂與三司即太尉、司徒、司空禮制、待遇相同，許開設府屬，自辟僚屬。北齊二品。 湘州：治所在今湖南長沙市。 義興縣公：爵名。義興縣，治所在今安徽霍山縣。

[7]侯瑱（510—561）：字伯玉，巴西充國（今四川閬中市）人。家世爲西蜀豪族。南朝梁、陳將領。《陳書》卷九、《南史》卷六六有傳。 江夏：郡名。南朝宋置，治所在今湖北武漢市武昌區。

[8]鹵簿：中國古代帝王出外時扈從的儀仗隊。蔡邕《獨斷》卷上："天子出，車駕次第，謂之鹵簿。"唐封演《封氏聞見記》卷五："輿駕行幸，羽儀導從謂之鹵簿，自秦漢以來始有其名。"

[9]鄴城：東魏、北齊國都，在今河北臨漳縣。

[10]辛術（500—559）：一作"辛述"，字懷哲，隴西狄道（今甘肅臨洮縣）人。本書卷三八有傳，《北史》卷五〇《辛雄傳》有附傳。

[11]幰（xiǎn）：車帷。

[12]仗身：帝王或者高官的隨身侍衛。"仗"字汲古閣本、殿本、百衲本、備要本皆作"伏"。按，仗身是高級官員的侍衛。且

"仗身"一詞在南北朝史籍中隨處可見。如《南史》卷四一《南齊衡陽公諶傳》："及廢帝日,領兵先入後宮,齋内仗身,素隸服諶,莫有動者。"敦煌所出土西魏大統十三年（547）計帳中已見仗身名目,則魏晉南北朝已有該制度。故"伏"爲"仗"形近訛字,今從改。

[13]昭陽殿：宮殿名。北齊以顯陽殿改名。在太極殿後,朱華門内。

[14]段：量詞。布帛或條形物的一截。 生資什物稱是："什"字諸本皆同,百衲本作"件"。按,什物,意爲各種物品器具。"件"字不可解,當爲"什"之形近訛字。從改。

[15]儀同："儀同三司"省稱。

[16]繩牀：又稱"胡牀""交牀"。一種可以折疊的輕便坐具。以板爲之,並用繩穿織而成。

[17]婁太后：神武明皇后婁氏（501—562）,高歡妻,名昭君,北魏贈司徒婁内干之女。本書卷九、《北史》卷一四有傳。

[18]孝昭：北齊皇帝高演（535—561）,諡號孝昭。本書卷六、《北史》卷七有紀。

[19]武成：北齊皇帝高湛（537—568）,諡號武成。本書卷七、《北史》卷八有紀。 後主：北齊後主高緯（556—578）,武成帝長子。本書卷八、《北史》卷八有紀。

法和在荆郢,有少姬,年可二十餘,自稱越姥,[1]身披法服,不嫁,恒隨法和東西。或與其私通十有餘年。今者賜棄,别更他淫。[2]有司考驗並實。越姥因爾改適,生子數人。

[1]姥（mǔ）：年老的婦女。

[2]今者賜棄,别更他淫：中華本校勘記云："按這是越姥呈告

官府的話，故下云'有司考驗並實'。上面叙事，與此語聯不起來，當有脱文。"説是。

　　王琳，字子珩，會稽山陰人也。[1]父顯嗣，[2]梁湘東王國常侍。[3]琳本兵家。[4]元帝居藩，琳姊妹並入後庭見幸，琳由此未弱冠得在左右。少好武，遂爲將帥。

　　[1]會稽：郡名。治所在今浙江紹興市。　山陰：縣名。治所同郡。汲古閣本、百衲本作"山陽"。按，《隋書·地理志下》："舊置會稽郡。平陳，郡廢，及廢山陰、永興、上虞、始寧四縣入，大業初置郡。有稷山、種山、會稽山。"南朝梁、陳時會稽郡下轄有山陰縣，無山陽縣。今從改。
　　[2]顯嗣：王顯嗣，南朝梁臣。事不詳。
　　[3]王國常侍：官名。王國諸官之一，侍從王之左右，掌顧問應對。
　　[4]兵家：魏晋時期兵士出身之家，社會地位卑賤。《南史》卷六四《王琳傳》無"父顯嗣"至"琳"十一字。中華本校勘記云："按此十一字非補此《傳》者所能妄增，當是《北齊書》原文偶得保存於補傳所據的某種史鈔中。"

　　太清二年，[1]侯景渡江，遣琳獻米萬石。未至，都城陷，乃中江沉米，輕舸還荆州。稍遷岳陽内史，[2]以軍功封建寧縣侯。[3]侯景遣將宋子仙據郢州，[4]琳攻剋之，擒子仙。又隨王僧辯破景，後拜湘州刺史。

　　[1]太清：梁武帝蕭衍年號（547—549）。
　　[2]岳陽：封國名。治所在今湖南汨羅市。　内史：官名。魏

晋南北朝爲王國長官。

[3]建寧縣侯：爵名。建寧縣，治所在今湖南株洲市。

[4]宋子仙（？—550）：侯景部將，侯景自稱漢王，以宋子仙爲太保。進占吴郡錢塘（今浙江杭州市南），進攻巴陵，不克。向王僧辯投降，最後被生俘，不久押送江陵斬首。

琳果勁絕人，又能傾身下士，所得賞物，不以入家，麾下萬人，多是江淮群盗。[1]平景之勳，與杜龕俱爲第一，[2]恃寵縱暴於建業。[3]王僧辯禁之不可。懼將爲亂，啓請誅之。琳亦疑禍，令長史陸納率部曲前赴湘州，[4]身徑上江陵。將行，謂納等曰：“吾若不返，子將安之？”咸曰：“請死相報。”泣而别。及至，帝以下吏，而廷尉卿黄羅漢、太府卿張載宣喻琳軍。[5]陸納等及軍人並哭對使者，莫肯受命，乃執黄羅漢，殺張載。載性深刻，爲帝所信，荆州疾之如讎，故納等因人之欲，抽腸繫馬腳，使繞而走，腸盡氣絶，又臠割備五刑而斬之。梁元遣王僧辯討納，納等敗走長沙。是時湘州未平，武陵王兵又甚盛，江陵公私恐懼，人有異圖。納啓申琳罪，[6]請復本位，永爲奴婢，[7]梁元乃鎖琳送長沙。時納兵出方戰，會琳至，僧辯升諸樓車以示之。納等投戈俱拜，舉軍皆哭，曰：“乞王郎入城，即出。”及放琳入，納等乃降，湘州平，仍復本位，[8]使琳拒蕭紀。紀平，授衡州刺史。[9]

[1]江淮：指長江、淮河之間地帶。特指今江蘇、安徽的中部地區。

938

[2]杜龕（？—556）：南朝梁臣，侯景之亂中功勳卓著，授平東將軍，東揚州刺史，益封一千户。後反叛陳霸先，被殺。《梁書》卷四六、《南史》卷六四《杜崱傳》有附傳。

[3]建業：又作"建康"或"建鄴"，治所在今江蘇南京市。

[4]長史：官名。戰國秦置。魏晉南北朝時諸州府、公府、將軍府及都督府沿置，主持府務，爲衆史之長。

[5]廷尉卿：官名。東漢至南朝、北魏爲廷尉尊稱。　黄羅漢：梁元帝寵臣，爲廷尉卿。與領軍將軍胡僧祐等極力勸阻梁元帝還都建鄴，主張定都江陵。　太府卿：官名。南朝梁始置，爲十二卿之一，十三班。掌管金帛庫藏出納、關市稅收，以供國家、宫廷用度。

[6]納啓申琳罪：中華本校勘記云："《南史》卷六四'琳'下有'無'字，疑當有此字。"

[7]永爲奴婢：中華本校勘記云："《南史》卷六四、《册府》卷四一二'永'作'求'，疑是。又這裏文氣不銜接，當有脱字。"説是。今存疑。

[8]本位："本"字諸本同，百衲本作"大"。作"本"是，從改。

[9]衡州：治所在今廣東英德市。

梁元性多忌，以琳所部甚衆，又得衆心，故出之嶺外，[1]又受都督、廣州刺史。[2]其友主書李膺，[3]帝所任遇，琳告之曰："琳蒙拔擢，[4]常欲畢命以報國恩。今天下未平，遷琳嶺外，如有萬一不虞，安得琳力。忖官正疑琳耳。琳分望有限，[5]可得與官争爲帝乎？何不以琳爲雍州刺史，[6]使鎮武寧，[7]琳自放兵作田，爲國禦捍。若警急。動静相知。孰若遠棄嶺南，相去萬里，一日有變，將欲如何？琳非願長坐荆南，正以國計如此耳。"膺然其言，不敢啓，故遂率其眾鎮嶺南。

[1]嶺外：嶺南。泛指五嶺以南地區，相當於今廣東、廣西兩省及越南北部一帶。

[2]受：通"授"，授予，給於。　廣州：治所在今廣東廣州市。

[3]主書：官名。"主書令史"省稱。掌文簿。　李膺：字公胤，蜀中人。南朝梁官吏。《南史》卷五五有傳。

[4]拔擢：選拔提升。

[5]忖官正疑琳耳。琳分望有限：百衲本無"琳耳琳"三字，諸本及《南史》卷六四、《册府元龜》卷二一八、《通志》卷一四二有。據補。

[6]雍州：治所在今湖北襄陽市。

[7]武寧：郡名。治所在今湖北鐘祥市西北樂鄉關。

梁元爲魏圍逼，乃徵琳赴援，除湘州刺史。琳師次長沙，[1]知魏平江陵，已立梁王詧。[2]乃爲梁元舉哀，三軍縞素，遣別將侯平率舟師攻梁。[3]琳屯兵長沙，傳檄諸方，爲進趨之計。時長沙藩王蕭韶及上游諸將推琳主盟。[4]侯平雖不能渡江，頻破梁軍。又以琳兵威不接，翻更不受指麾，琳遣將討之，不剋，又師老兵疲不能進。乃遣使奉表詣齊，并獻馴象；又使獻款于魏，求其妻子；亦稱臣于梁。

[1]師次：中華本及他本皆同，《南史》卷六四《王琳傳》亦同。百衲本作"屯兵"，殿本、備要本作"師入"。今從諸本改。

長沙：郡名。治所在今湖南長沙市。

〔2〕梁：這裏指後梁。又稱"西梁"。後梁政權是一個依附於西魏、北周的傀儡政權（555—587）。公元554年西魏攻陷江陵，殺掉梁元帝，立蕭繹姪蕭詧爲梁朝皇帝，史稱後梁。都江陵（今湖北江陵縣）。歷三世，三十三年。滅於隋。　詧：蕭詧（519—562），後梁皇帝，梁武帝孫，梁元帝姪。《周書》卷四八、《北史》卷九三有傳。

〔3〕侯平：人名。生平事迹不詳。

〔4〕蕭韶：字德茂。南朝梁宗室。封爲長沙王。《南史》卷五一《長沙宣武王懿傳》有附傳。

　　陳霸先既殺王僧辯，[1]推立敬帝，[2]以侍中司空徵。[3]琳不從命，乃大營樓艦，將圖義舉。琳將帥各乘一艦，每行，戰艦以千數，以"野猪"爲名。陳武帝遣將侯安都、周文育等誅琳，[4]仍受梁禪。[5]安都嘆曰："我其敗乎，師無名矣。"逆戰於沌口，[6]琳乘平肩輿，[7]執鉞而麾之，禽安都、文育。其餘無所漏。唯以周鐵虎一人背恩，[8]斬之，鎖安都、文育置琳所坐艦中，令一閹竪監守之。琳乃移湘州軍府就郢城，[9]帶甲十萬，練兵於白水浦。[10]琳巡軍而言曰："可以爲勤王之師矣，溫太真何人哉。"[11]江南渠帥熊曇朗、周迪懷貳，[12]琳遣李孝欽、樊猛與余孝頃同討之。[13]三將軍敗，並爲敵所囚。安都、文育等盡逃還建業。

〔1〕陳霸先（503—559）：南朝陳開國皇帝。字興國，小字法生，吳興長城（今浙江長興縣東）人。《陳書》卷一、二，《南史》卷九有紀。

[2]敬帝：南朝梁皇帝蕭方智（542—557），字慧相，小字法真，南蘭陵（今江蘇常州市武進區西北）人。梁元帝蕭繹第九子。《梁書》卷六、《南史》卷八有紀。

[3]侍中：官名。即原丞相史，往來殿中奏事，故名。三國魏、西晉置爲門下省長官，掌顧問應對、拾遺補闕、諫諍糾察、儐相威儀，平議尚書奏事，北朝號"小宰相"，北齊因之。　司空：官名。漢成帝綏和二年（前7）改御史大夫爲大司空，爲三公之一。後世多爲元老貴臣勳官，多爲虛職。

[4]侯安都（520—563）：始興郡曲江（今廣東韶關市）人。南朝陳名將，輔佐陳霸先建立陳王朝。《陳書》卷八、《南史》卷六六有傳。　周文育（509—559）：字景德，義興陽羨（今江蘇宜興市）人。南朝陳大將。《陳書》卷八、《南史》卷六六有傳。

[5]仍受梁禪："仍"字諸本作"乃"。中華本校勘記云："諸本'仍'作'乃'，於文義不洽，今據《南史》卷六四、《册府》卷三五四改。"説是，今從改。

[6]沌口：古鎮名。在今湖北武漢市漢陽區西南古沌水入長江口。

[7]平肩輿：古代一種轎子。見《資治通鑑》卷一四六《陳紀》天監四年胡三省注："平肩輿，使人就捆肩之，故曰平肩。"

[8]周鐵虎（509—557）：南朝陳將，膂力驚人。《陳書》卷一〇、《南史》卷六七有傳。

[9]郢城：地名。在今湖北武漢市武昌區。

[10]白水浦：地名。在今江西九江市。

[11]温太真：東晉名臣温嶠（288—329）。《晉書》卷六七有傳。

[12]渠帥：泛指賊首。　熊曇朗（？—560）：豫章南昌（今江西南昌市）人。《陳書》卷三五、《南史》卷八〇有傳。　周迪（？—565）：臨川郡南城（今江西南城縣東南）人。江南酋帥。《陳書》卷三五、《南史》卷八〇有傳。

[13]李孝欽：事不詳。　樊猛：字智武，南陽湖陽（今河南唐河縣胡陽鎮）人，樊毅弟。南朝陳將領。《陳書》卷三一、《南史》卷六七《樊毅傳》有附傳。　余孝頃（？—567）：新吳（今江西奉新縣西）洞主。歷仕南朝梁、陳兩代，原爲梁將王琳部將。南朝梁太平二年（557）爲南江州刺史。陳文帝時被封爲益州刺史。陳廢帝光大元年（567）謀反被誅。

初魏剋江陵之時，永嘉王莊年甫七歲，[1]逃匿人家，後琳迎還湘中，衛送東下。及敬帝立，出質于齊，請納莊爲梁主。文宣遣兵援送，仍遣兼中書令李騊駼册拜琳爲梁丞相、都督中外諸軍、録尚書事。[2]舍人辛慤、游詮之等齎璽書江表宣勞，[3]自琳以下皆有頒賜。琳乃遣兄子叔寶率所部十州刺史子弟赴鄴，[4]奉莊篡梁祚於郢州。莊授琳侍中、使持節、大將軍、中書監，[5]改封安城郡公，[6]其餘並依齊朝前命。及陳霸先即位，[7]琳乃輔莊次于濡須口。[8]齊遣揚州道行臺慕容儼率衆臨江，[9]爲其聲援。陳遣安州刺史吳明徹江中夜上，[10]將襲湓城。[11]琳遣巴陵太守任忠大敗之，[12]明徹僅以身免。

[1]永嘉：地名。在今浙江溫州市。　莊：蕭莊，南朝梁元帝孫。南蘭陵（今江蘇常州市武進區西北）人。初封永嘉王，敬帝時出質北齊。陳禪代梁，王琳於郢州扶其即帝位，改年號天啓，署置百官。王琳兵敗，逃歸北齊，齊封梁王。後卒於鄴。《南史》卷五四有傳。

[2]中書令：官名。漢武帝始設。中書省長官之一。掌詔令起草。北齊因之。　李騊駼：趙郡高邑（今河高邑縣）人。北齊大臣李義深子。事見本書卷二二《李義深傳》。　丞相：官名。戰國秦

始置，魏晉南北朝時期常爲權臣專設之名號，置則位一品，秩萬石。　都督中外諸軍："都督中外諸軍事"省稱。總統禁衛軍、地方軍在内的内外諸軍，爲全國最高軍事統帥。　録尚書事：官名。總領尚書省政務。北魏、北齊亦定爲官號，爲尚書省長官，尚書令、僕射爲其副貳，職權甚重。

　　[3]舍人：官名。即"中書舍人"的省稱。三國魏置，爲中書省屬官，與通事共掌收納、轉呈章奏。北齊爲六品，定員十人。辛愨：東魏武定末年爲開府鎧曹參軍。入仕周、隋，位官通顯。《魏書》卷七一作"辛愨"。四庫本、殿本、備要本皆作"羊愨"。按，《魏書》《北齊書》《北史》並無人名"羊愨"。而隴西辛氏爲北朝大族，《北史》卷五〇也有"辛愨"事迹，故"羊"實爲"辛"字之形近訛字。而一作"辛懿"，未知孰是。　游詮之：生平事迹不詳。　江表：長江以南地區。

　　[4]兄子：當時對侄子的稱呼。　叔寶：王叔寶。王琳侄。生平事迹不詳。

　　[5]使持節：古代大臣奉皇帝之命出行，持節符以爲憑證並示威重，謂之持節。有假節、持節、使持節之分，權力亦有小大之别。　大將軍：官名。戰國始置，西漢武帝以後，大將軍常冠大司馬之號，權力在外朝丞相之上。北魏、北齊亦皆爲一品。　中書監：官名。魏晉南北朝爲中書省長官之一。

　　[6]安城郡公：爵名。安成郡，治所在今江西安福縣東南。

　　[7]及陳霸先即位：《南史》卷六四《王琳傳》作"陳文帝立"。中華本校勘記云："按王琳這次進攻在陳永定三年（五五九）十一月，陳文帝舊已即位，《陳書》卷三《文帝紀》有明文。作'陳霸先'顯誤。當是補此《傳》者妄改。"説是。

　　[8]濡（rú）須口：地名。在今安徽無爲縣東南。爲古濡水入長江之口。

　　[9]揚州：治所在今安徽壽縣。三朝本、南本、汲古閣本、殿本、備要本、局本、百衲本皆作"楊州"，其他作"揚州"。按，

清段玉裁《説文解字注》："楊，亦州名。古書州名皆作楊矣。"故作州名時，"楊""揚"通用。今從中華本改作"揚"，後同。　慕容儼：本書卷二〇、《北史》卷五三有傳。

[10]安州：治所在今江蘇宿遷市東南廢黄河北岸古城。　吴明徹（511—577）：字通昭，秦郡（今江蘇南京市六合區北）人。南朝陳將領。《陳書》卷九、《南史》卷六六有傳。

[11]溢城：地名。一説在今江西九江市區；一説在今江西瑞昌市清溢街一帶。

[12]任忠：《陳書》卷三一、《南史》卷六七有傳。

　　琳兵因東下，[1]陳遣司空侯安都等拒之。[2]侯瑱等以琳軍方盛，引軍入蕪湖避之。[3]時西南風忽至，琳謂得天道，將直取揚州。侯瑱等徐出蕪湖，躡其後，比及兵交，西南風翻爲瑱用。琳兵放火燧以擲船者，皆反燒其船，琳船艦潰亂，兵士透水死十二三，[4]其餘皆棄船上岸，爲陳軍所殺殆盡。初琳命左長史袁泌、御史中丞劉仲威同典兵侍衛莊，[5]及軍敗，泌遂降陳，仲威以莊投歷陽。[6]

[1]琳兵因東下："因"字南本、中華本同，《南史》卷六四《王琳傳》亦同。其餘諸本皆作"思"。按，王琳兵士思東下長江進犯，陳即遣將抵禦。於文義不恰，今據《南史》改。

[2]陳遣司空侯安都等拒之：《南史》卷六四《王琳傳》"遣"後有"太尉侯瑱"四字。中華本校勘記云："按這次戰事，陳軍主將是侯瑱，《陳書》卷九《侯瑱傳》説：'以瑱爲都督，侯安都等並隸焉。'此《傳》不應舉安都而遺瑱。觀下文兩稱'侯瑱等'，這裏當是脱去'太尉侯瑱'四字。"説是。

卷三二　列傳第二十四

945

[3]蕪湖：縣名。治所在今安徽蕪湖市東。

[4]兵士透水死十二三：按，"透"通"投"。《南史》卷六四《王琳傳》作"兵士透水死者十二三"。又《南史》卷一二《后妃傳下》："妃知不免，乃透井死。"又《南齊書》卷二五《垣崇祖傳》："事窮奔透，自然沈溺。"

[5]左長史：官名。魏晉南北朝時期相國府或丞相府例置，總領諸曹。　袁泌（510—567）：字文洋，陳郡陽夏（今河南太康縣）人。《陳書》卷一八有傳，《南史》卷二六《袁湛傳》有附傳。　御史中丞：官名。西漢始置。爲御史大夫副貳。魏晉南北朝時期爲御史臺長官，掌監察朝中百官及地方官員。　劉仲威：南朝梁、陳官員，曾降北齊。《陳書》卷一八有傳，《南史》卷五〇《劉虬傳》有附傳。　典兵：統領軍隊，掌管軍事。　侍衛莊："衛"字諸本及《通志》卷一四二皆同，百衲本作"御"。據諸本改。

[6]歷陽：郡名。治所在今安徽和縣。

琳尋與莊同降鄴都。孝昭帝遣琳出合肥，[1]鳩集義故，[2]更圖進取。琳乃繕艦，分遣招募，淮南傖楚，[3]皆願戮力。陳合州刺史裴景暉，[4]琳兄珉之壻也，[5]請以私屬導引齊師，孝昭委琳與行臺左丞盧潛率兵應赴，[6]沉吟不決。景暉懼事泄，挺身歸齊。孝昭賜琳璽書，[7]令鎮壽陽，[8]其部下將帥悉聽以行，乃除琳驃騎大將軍、開府儀同三司、揚州刺史，[9]封會稽郡公，又增兵秩，[10]兼給鐃吹，[11]琳水陸戒嚴，將觀釁而動。屬陳氏結好於齊，使琳更聽後圖。琳在壽陽，與行臺尚書盧潛不協，[12]更相是非，被召還鄴，武成置而不問。[13]除滄州刺史，[14]後以琳爲特進、侍中。[15]所居屋脊無故剝破，出赤蛆數升，落地化爲血，蠕蠕而動，又有龍出于門外之地，雲霧起，晝晦。

[1]合肥：地名。在今安徽合肥市西。

[2]義故：魏晋南北朝時期以恩義相結的故舊，是一種依附民户。平時爲主人從事生産勞動。

[3]傖（cāng）楚：魏晋南北朝時期，吴人以上國自居，鄙視楚人粗傖，謂之"傖楚"，後成爲楚地人的代稱，也作爲北方人對南方人的蔑稱。

[4]合州：治所在今安徽合肥市西北。　裴景暉：王琳兄女婿。《陳書》卷三《世祖紀》作"裴景徽"，未知孰是。

[5]珉（mín）：王珉，王琳兄。生平事迹不詳。

[6]行臺左丞：官名。"行臺尚書左丞"省稱。北魏置。東魏、北齊沿置，在行臺内職掌同尚書左丞。諸本皆作"行臺右丞"。中華本校勘記云："按本書卷二四《盧潛傳》也作'左丞'，'右'字訛，今據改。"説是，從改。　盧潛（513—569）：范陽涿（今河北涿州市）人。本書卷四二有傳，《北史》卷三〇《盧玄傳》有附傳。

[7]璽書：古代以泥封加印的文書，秦以後專指皇帝的詔書。

[8]壽陽：地名。在今安徽壽縣。

[9]驃騎大將軍：官名。漢初置。魏晋爲重號將軍。高於諸名號將軍。北齊從一品。

[10]又增兵秩："秩"字《南史》卷六四、《册府元龜》卷三七二同，三朝本作"杖"，其他諸本皆作"仗"。中華本校勘記云："這裏講的是升官加禄的事。'兵'指供本官役使的'事力'，'秩'指'禄秩'。《隋書》卷二七《百官志》中稱北齊制度各級官僚'各給事力'，'給事力'也作'給兵'。本書卷一七《斛律金傳》説他家'常使三百兵'，卷三九《祖珽傳》説'給兵七十人'，即指給事力。給禄之制，同一品級又分爲'秩'，如'官一品禄歲八

百匹，二百匹爲一秩'。"説是，"杖""仗"是"秩"字形近而訛，從改。

[11]鐃吹：演奏鐃歌的軍樂隊。《隋書·禮儀志三》："後部鐃吹一部，鐃二面，歌簫及笳各四具，節鼓一面，吳吹篳篥、橫笛各四具，大角十八具。"

[12]行臺尚書：官名。北魏置。爲行臺長官。北魏末年爲行臺屬官，分曹理事。北齊因之。

[13]武成置而不問："置"字其他本同，《南史》卷六四《王琳傳》亦同。百衲本、中華本作"弘"。王勇《中華本〈北齊書〉校議》一文云："《通志》卷一四二《梁·王琳傳》作'弛'，可從。《南史》卷六四《王琳傳》：'琳在壽陽，與行臺尚書盧潛不協，更相是非，被召還鄴。武成置而不問，除滄州刺史。'《册府元龜》卷四五六《將帥部·不和》作'武成置而不問'。'弛''置'皆有'棄置，放下'之意，殿本改作'置'非必，從《通志》作'弛'爲佳"（《圖書館雜誌》2008年第5期）。按，作"置"於文義合適，據《南史》改。

[14]滄州：治所在今河北鹽山縣舊縣鎮。

[15]特進：官名。初爲對大臣的優待名義。魏晉南北朝正式成爲加官名號，用以安置閑退大臣。北齊二品。

會陳將吳明徹來寇，帝勅領軍將軍尉破胡等出援秦州，[1]令琳共爲經略。琳謂所親曰："今太歲在東南，[2]歲星居斗牛分，[3]太白已高，[4]皆利爲客，我將有喪。"又謂破胡曰："吳兵甚鋭，宜長策制之，慎勿輕鬥。"破胡不從，遂戰，軍大敗。琳單馬突圍，僅而獲免。還至彭城，[5]帝令便赴壽陽，并許召募。又進封琳巴陵郡王。陳將吳明徹進兵圍之，堰淝水灌城，[6]而皮景和等屯於淮西，[7]竟不赴救。明徹晝夜攻擊，城內水氣轉侵，人皆患腫，死病相枕。從七月至十月，城陷被執，百姓泣而從之。吳明徹恐其爲變，殺之城東北二十里，時年四十，哭者聲如雷。有一叟以酒脯來號酹，[8]盡哀，收其血，懷之而去。傳首建康，懸之於市。

[1]領軍將軍：官名。東漢置，職掌與中領軍同，典禁兵，資重於中領軍，省稱領軍。　尉破胡：北齊將領。位開府儀同三司、領軍將軍。　秦州：治所在今江蘇南京市六合區。

[2]太歲：古代天文學假設的歲星。古代術數學家認爲太歲所在之方位及與之相反的方位，均不可交造、遷徙和嫁娶等，犯者必凶。

[3]斗牛分：二十八宿之斗宿和牛宿。對應地上吳越地區，故稱。

[4]太白：星名。即金星。古人迷信，以太白星主殺伐，人主義虧言失，則太白星見於西方。參《史記·天官書》及《正義》。

[5]彭城：郡名。治所在今江蘇徐州市老城區。

[6]淝水：一名"肥水"。今名"東肥河"，源出安徽肥西縣西北，北流至壽縣城東，復折向西注入淮河。

[7]皮景和（521—575）：北齊琅邪下邳（今江蘇睢寧縣西北古邳鎮北）人。本書卷四一、《北史》卷五三有傳。　淮西：俗稱今皖北地區、豫東淮河南岸一帶爲淮西地區。

[8]有一叟以酒脯來號酹：百衲本、中華本皆無"號"字，其他本和《南史》卷六四《王琳傳》有，《通志》卷一四二《王琳傳》亦有。今據《南史》補。

琳故吏梁驃騎府倉曹參軍朱瑒致書陳尚書僕射徐陵

求琳首曰：[1]

[1]倉曹參軍：官名。倉曹之長。主倉穀事之官署。　朱瑒：隋朝晉王楊廣平陳後，與江南名士等被延攬入府充任學士。　徐陵（507—583）：字孝穆，東海郯（今山東郯城縣）人。南朝梁、陳文學家，詩人。《陳書》卷二六有傳，《南史》卷六二《徐摛傳》有附傳。

竊以朝市遷貿，傳骨鯁之風；[1]歷運推移，表忠貞之跡。故典午將滅，[2]徐廣爲晉家遺老；[3]當塗已謝，[4]馬孚稱魏室忠臣。[5]用能播美於前書，垂名於後世。梁故建寧公琳，洛濱餘胄，沂川舊族，[6]立功代邸，[7]效績中朝，[8]當離亂之辰，總方伯之任。[9]爾乃輕躬殉主，以身許國，實追蹤於往彦，信踵武於前修。而天厭梁德，上思匡繼，徒蘊包胥之念，[10]終邁苌弘之眚。[11]洎王業光啓，鼎祚有歸，[12]於是遠跡山東，[13]寄命河北。[14]雖輕旅臣之嘆，猶懷客卿之禮，感兹知己，忘此捐軀。至使身没九泉，頭行萬里。[15]誠復馬革裹屍，[16]遂其生平之志；原野暴骸，會彼人臣之節。[17]然身首異處，有足悲者；封樹靡卜，[18]良可愴焉。

[1]骨鯁（gěng）：《册府元龜》卷八〇四和諸本皆作"骨梗"，而《文苑英華》卷六九三作"骨鯁"。按，"骨鯁"一詞，先秦已有之，語出《儀禮·公食大夫禮》："魚七，縮俎，寢右。"漢鄭玄注："幹魚近腴多骨鯁。"漢以後常以之比喻剛直之氣和忠直剛

毅之臣。今據《文苑英華》改。

　　[2]典午："司馬"的隱語。典，司，主管；午，於十二生肖爲馬。語出《三國志》卷一二《蜀書·譙周傳》："（譙）周語次，因書版示立曰：'典午忽兮，月酉没兮。'典午者謂司馬也，月酉者謂八月也，至八月而文王果崩。"代指晋朝。

　　[3]徐廣爲晋家遺老：語出《晋書》卷八二《徐廣傳》："及劉裕受禪，恭帝遜位，廣獨哀感，涕泗交流。謝晦見之，謂曰：'徐公將無小過也。'廣收涙而言曰：'君爲宋朝佐命，吾乃晋室遺老，憂喜之事固不同時。'乃更獻歔。"徐廣（351—425），字野民，東晋東莞姑幕（今江蘇常州市）人。歷仕東晋、南朝劉宋。歷史學家，學者。《晋書》卷八二有傳。

　　[4]當塗：當塗高，漢代讖書中的隱語。指三國曹魏。語出《三國志》卷二《魏書·文帝紀》"肅承天命"裴松之注："太史丞許芝條魏代漢見讖緯于魏王曰：……許昌氣見于當塗高，當塗高者當昌於許。當塗高者，'魏'也；象魏者，兩觀闕是也；當道而高大者魏。魏當代漢。"

　　[5]馬孚稱魏室忠臣：語出《晋書》卷三七《司馬孚傳》："及武帝受禪，陳留王就金墉城，孚拜辭，執王手，流涕獻歔，不能自勝。曰：'臣死之日，固大魏之純臣也。'"馬孚，即司馬孚（180—272），字叔達。司州河内溫縣（今河南溫縣）人。司馬懿弟。司馬孚任魏朝要職，官至曹魏太傅。《晋書》卷三七有傳。

　　[6]沂川：又名"沂水"，今名"沂河"。位於今山東南部與江蘇北部，爲古淮河支流泗水的支流。諸本"川"皆作"州"，《南史》卷六四作"川"，《册府元龜》卷八〇作"水"。中華本校勘記云："按《隋書·地理志》琅邪郡條云：'舊置北徐州，後周改曰沂州。'《太平寰宇記》卷二三沂州條云：'周武帝宣政元年，改北徐州置沂州。'周滅齊前，不得有'沂州'之稱。今據《南史》改。"説是，據改。

　　[7]代邸：此處指入嗣帝位的梁元帝蕭繹的湘東王舊邸。漢高

祖劉邦之子劉恒封代王，所居曰代邸。陳平、周勃等誅諸呂，廢少帝，迎立代王，是爲文帝。後因以"代邸"指入嗣帝位的藩王的舊邸。

[8]中朝：偏安江左的東晉稱建都中原時的西晉爲"中朝"。南北朝時，亦稱南朝爲"中朝"。

[9]方伯：古代諸侯中的領袖之稱，謂一方之長。語出《禮記·王制》："天子百里之内以共官，千里之内以爲御，千里之外設方伯。"

[10]包胥：申包胥，春秋時期楚國大夫，後世成爲忠臣賢人的垂範。《左傳》定公五年載，伍子胥攻楚，昭王出奔隨，"申包胥如秦乞師，立依於庭牆而哭，日夜不絶聲……秦師乃出"。

[11]萇弘（？—前492）：周大夫，蒙冤爲人所殺，傳説血化爲碧玉。形容剛直忠正，爲正義事業而蒙冤抱恨。《莊子·外物》："人主莫不欲其臣之忠，而忠未必信，故伍員流於江，萇弘死於蜀，藏其血三年而化爲碧。"　眚（shěng）：灾難，疾苦。

[12]鼎祚：國祚，國運。

[13]山東：華山（今屬陝西）或者崤山（今屬河南）以東地區。一般專指黄河中下游平原地區。

[14]河北：指黄河以北地區。

[15]頭行萬里：諸本"萬"作"千"，《南史》卷六四、《文苑英華》卷六九三朱瑒《與徐陵請王琳首書》作"萬"。中華本校勘記云："按'頭顱方行萬里'，見《三國魏志》卷六《袁紹傳》末注引《典略》。'千'字誤，今據改。"

[16]馬革裹屍：指用馬皮把尸體裹起來。比喻英勇犧牲在戰場。語出《後漢書》卷二四《馬援傳》："方今匈奴、烏桓尚擾北邊，欲自請擊之。男兒要當死於邊野，以馬革裹屍還葬耳。"

[17]原野暴骸，會彼人臣之節：《文苑英華》卷六九三"骸"作"體"，"會"作"全"。中華本校勘記云："按'骸''體'兩通。'會'字疑當作'全'。"説是，今從中華本。

[18]封樹：堆土爲墳，植樹爲飾。古代士大夫以上規格的葬禮。《禮記·王制二》："庶人縣封，葬不爲雨止，不封不樹，喪不貳事。"唐孔穎達疏："庶人既卑小，不須顯異，不積土爲封，不標墓以樹。"

瑒早簉末席，降薛君之吐握，[1]荷魏公之知遇。[2]是用霑巾雨袂，[3]痛可識之顏；回腸疾首，切猶生之面。伏惟聖恩博厚，明詔爰發，赦王經之哭，[4]許田橫之葬，[5]瑒雖駑賤，[6]竊亦有心。琳經蒞壽陽，頗存遺愛；曾游江右，非無餘德。比肩東閣之吏，[7]繼踵西園之賓，[8]願歸彼境，[9]還脩窀穸。[10]庶孤墳既築，或飛銜土之燕；[11]豐碑式樹，時留墮淚之人。近故舊王綰等已有論牒，[12]仰蒙制議，不遂所陳。昔廉公告逝，[13]即汦川而建塋域；[14]孫叔云亡，[15]仍芍陂而植楸檟。[16]由此言之，抑有其例。不使壽春城下，[17]唯傳報葛之人；滄洲島上，[18]獨有悲田之客。[19]昧死陳祈，伏待刑憲。

[1]薛君：孟嘗君田文（？—前279），戰國齊人，襲父封於薛，故稱薛君，以養士聞名。　吐握：吐哺握髮，比喻爲了招攬人才而操心忙碌。

[2]魏公：戰國魏公子信陵君無忌。用竊符救趙之典。

[3]雨袂：衣袖被淚水打濕，形容極度傷心。

[4]王經（？—260）：字彥緯，冀州清河郡（今山東臨清市東）人。三國曹魏忠臣。《三國志》卷九《魏書·許允傳》裴松之注引《世語》：甘露五年（260）曹髦被殺之日，王經不屈於司馬昭，而被處死。

［5］田橫：秦末陳勝起義後，田橫亦反秦自立。劉邦統一天下，田橫不肯稱臣於漢，劉邦派人招撫，田橫自殺，五百部屬亦全部自殺。

［6］芻賤：微賤。

［7］東閣：東閣待賢。漢武帝丞相公孫弘開東閣，延攬四方人才。語出《漢書》卷五八《公孫弘傳》："開東閣以延賢人，與參謀議。"

［8］西園：園林名。在今河北臨漳縣鄴縣舊治北，東漢末曹操所建。曹丕、曹植和"建安七子"等常宴游於此，詩文唱和。

［9］願歸彼境：《文苑英華》卷六九三"歸"後有"元"字。按，此書本意就在求歸還王琳首級，疑當有"元"字。

［10］窀（zhūn）穸（xī）：墓穴。

［11］庶孤墳既築，或飛銜土之燕：用漢景帝時臨江王劉榮死後燕子銜土於其冢上典故，比喻王琳雖死但頗受百姓哀憐。語出《史記》卷五九《五宗世家》："王恐，自殺。葬藍田。燕數萬銜土置冢上，百姓憐之。"

［12］王縉：生平事迹不詳。

［13］廉公：廉頗（約前327—前243）。戰國末期趙國名將。卒於楚國壽春（今安徽壽縣）。葬於八公山。《史記》卷八一有傳。

［14］淝川：肥水。　塋（yíng）域：墓地。

［15］孫叔：孫叔敖，春秋時期楚國名相，在任期間主持修建芍陂（今安豐塘），加強農業生產。事見《史記》卷一一九《循吏列傳》。

［16］芍（què）陂（bēi）：中國古代淮河流域水利工程，位於今安徽壽縣南。　楸（qiū）檟（jiǎ）：楸，楸樹。檟，一名"山楸"，古人多植於墓前。

［17］壽春：一名"壽陽"，即今安徽壽縣。

［18］滄洲島：在今山東即墨市東面海上。田橫門下五百壯士自殺處。今名"田橫島"。

[19]悲田之客：事見《史記》卷九四《田儋列傳》，張守節《史記正義》引崔豹《古今注》云："《薤露》《蒿里》，送哀歌也，出田橫門人。橫自殺，門人傷之而作悲歌，言人命如薤上露，易晞滅。……俗呼爲挽歌。"

陵嘉其志節。又明徹亦數夢琳求首，並爲啓陳主而許之。仍與開府儀同主簿劉韶慧等持其首還于淮南，[1]權瘞八公山側，[2]義故會葬者數千人。瑒等乃問道北歸，別議迎接。尋有揚州人茅知勝等五人密送葬柩達于鄴，[3]贈十五州諸軍事、揚州刺史、侍中、特進、開府、録尚書事，[4]謚曰忠武王，葬給輼輬車。[5]

[1]開府儀同主簿：官名。開府儀同三司屬官。
[2]八公山：山名。在今安徽壽縣境内。因西漢淮南王劉安與八公在此學道成仙的神話和秦晉淝水之戰而聞名。
[3]茅知勝：一作"茅智勝"。生平事迹不詳。
[4]開府：官名。指高級官員（如三公、大將軍、將軍等）建立府署並自選僚屬。
[5]輼（wēn）輬（liáng）車：古代的卧車。亦用做喪車。

琳體貌閑雅，立髮委地，喜怒不形於色。雖無學業，而强記内敏，軍府佐吏千數，皆識其姓名。刑罰不濫，輕財愛士，得將卒之心。少任將帥，屢經喪亂，雅有忠義之節。雖本圖不遂，鄴人亦以此重之，待遇甚厚。及敗，爲陳軍所執。吳明徹欲全之。而其下將領多琳故吏，争來致請，並相資給，明徹由此忌之，故及於難。當時田夫野老，[1]知與不知，莫不爲之歔欷流泣。

觀其誠信感物，雖李將軍之恂恂善誘，[2]殆無以加焉。

[1]田夫野老：鄉間農夫，山野父老。泛指民間百姓。
[2]李將軍：李廣（？—前119），西漢名將。《史記》卷一〇九、《漢書》卷五四有傳。　恂恂：溫順恭謹貌。《論語·鄉黨》："孔子於鄉黨，恂恂如也，似不能言者。"《漢書》卷五四《李廣蘇建傳》："李將軍恂恂如鄙人，口不能出辭。"

琳十七子。長子敬，[1]在齊襲王爵，武平末，[2]通直常侍。[3]第九子衍，[4]隋開皇中開府儀同三司，[5]大業初，[6]卒於渝州刺史。[7]

[1]敬：王敬，王琳子。事迹略見於本卷和《南史》卷六四《王琳傳》。
[2]武平：北齊後主高緯年號（570—576）。
[3]通直常侍：官名。"通直散騎常侍"省稱。西晉武帝泰始十年（274）使員外散騎常侍二人與散騎常侍通員當值，故名。北魏員六人，屬集書省。北齊沿置，除集書省置六員外，集書省所轄起居省亦設一員，皆四品。
[4]衍：王衍。事見本卷。
[5]開皇：隋文帝楊堅年號（581—600）。
[6]大業：隋煬帝楊廣年號（605—618）。
[7]渝州：治所在今重慶市。

北齊書　卷三三[1]

列傳第二十五

蕭明　蕭祗　蕭退　蕭放　徐之才

　　蕭明，蘭陵人，[2]梁武帝長兄長沙王懿之子。[3]在其本朝，[4]甚爲梁武所親愛。少歷顯職，封滇陽侯。[5]太清中，[6]以爲豫州刺史。[7]

　　[1]《北齊書》卷三三：中華本校勘記云："按此卷原缺，三朝本、南本卷末有宋人校語云：'此卷與《北史》同。'錢氏《考異》卷三一認爲《北史》無《蕭明傳》，此篇是《北齊書》原文，蕭祗以下皆以《北史》補入。"
　　[2]蘭陵：郡名。治所在今山東棗莊市南嶧城鎮西北。
　　[3]梁武帝：南朝梁建立者蕭衍（464—549），字叔達，小字練兒，南蘭陵（今江蘇常州市武進區西北）人。公元502年至549年在位。《梁書》卷一至三，《南史》卷六、七有紀；《魏書》卷九八有傳。中華本校勘記云："按《魏書》卷一二《孝静紀》、卷九八《蕭衍傳》作'蕭淵明'。本書和南、北《史》去'淵'字，《梁書》改'淵'作'深'，都是避唐諱。"說是。　長沙：郡名。治

所在今湖南長沙市。　懿：蕭懿（？—500），字元達。南齊宗室，蕭順之長子，梁武帝蕭衍的長兄。《南史》卷五一有傳。

[4]本朝：指南朝梁（502—557）。南朝齊和帝中興二年（502）相國梁王蕭衍禪代南齊，改元稱帝，都建康（今江蘇南京市），國號梁，史稱蕭梁。歷四主，五十六年。

[5]封湞（zhēn）陽侯：湞陽，縣名。治所在今廣東英德市東南。諸本"湞"作"須"。錢大昕《廿二史考異》卷三一云："'須'當作'湞'，即貞陽也。"中華本校勘記云："按蕭淵明封邑，本書和南、北《史》《魏書》《梁書》相關紀傳都作貞陽。湞陽本漢縣，宋泰始三年（四六七）改貞陽（《宋書》卷三七《州郡志》），然《南齊書》卷一五《州郡志》仍作'湞陽'。這裏'須陽'是'湞陽'之訛，《隋書》卷三一《地理志》也是'湞'訛作'須'。"説是，今從改。

[6]太清：南朝梁武帝蕭衍年號（547—549）。

[7]豫州：東晉咸和四年（329）僑置，治所不常。義熙中治所徙治今安徽壽縣。南齊時曾一度被北魏占領，梁普通七年（526）復歸於梁，或治今安徽當塗縣。

梁主既納侯景，[1]詔明率水陸諸軍趨彭城，[2]大圖進取。又命兗州刺史南康嗣王會理總馭群帥，[3]指授方略。明渡淮未幾，官軍破之，盡俘其衆。魏帝升門樓，[4]親引見明及諸將帥，釋其禁，送於晉陽。[5]世宗禮明甚重，[6]謂之曰："先王與梁主和好十有餘年，[7]聞彼禮佛文，常云奉爲魏主，并及先王，此甚是梁主厚意。不謂一朝失信，致此紛擾。自出師薄伐，無戰不克，無城不陷，今自欲和，非是力屈。境上之事。知非梁主本心，當是侯景違命扇動耳。侯可遣使諮論，[8]若猶存先王分義，重成通和者，吾不敢違先王之旨，侯及諸人並即放還。"於是使人以明書告梁主，梁主乃致書以慰世宗。

[1]侯景（503—552）：字萬景，懷朔鎮（今內蒙古固陽縣西南）人，或云雁門（今山西代縣西南）人，羯族。北魏、東魏將領，後降南朝梁。《梁書》卷五六、《南史》卷八〇有傳。

[2]彭城：郡名。治所在今江蘇徐州市老城區。

[3]兗州：梁無兗州，據《梁書》卷二九《南康嗣王會理傳》時蕭會理任南兗州刺史。南兗州，寄治廣陵（今江蘇揚州市西北）。南康：郡名。治所在今江西贛州市東北。 會理：蕭會理（519—550），字長才。南朝梁宗室。《梁書》卷二九《南康王績傳》、《南史》卷五三《南康簡王績傳》有附傳。

[4]魏帝：東魏皇帝元善見（524—551）。諡號孝靜。公元534年至550年在位。《魏書》卷一二、《北史》卷五有紀。

[5]晉陽：縣名。治所在今山西太原市西南汾水東岸。

[6]世宗：北齊文襄帝高澄（521—549），廟號世宗。本書卷三、《北史》卷六有紀。

[7]先王：高澄對其父高歡的尊稱。高歡（496—547），字賀六渾，渤海蓨（今河北景縣）人。東魏大丞相。北齊政權奠基者。本書卷一、二有紀。

[8]侯可遣使諮論：中華本校勘記云："諸本'論'作'諭'，三朝本作'論'，百衲本依他本改'諭'。按《通鑑》卷一六一也作'論'。今從三朝本。"說是，從改。

天保六年，[1]梁元爲西魏所滅，[2]顯祖詔立明爲梁主，[3]前所獲梁將湛海珍等皆聽從明歸，[4]令上黨王渙率衆以送。[5]是時梁太尉王僧辯、司空陳霸先在建鄴，[6]推晉安王方智爲丞相。[7]顯祖賜僧辯、霸先璽書，[8]僧辯未奉詔。上黨王進軍，明又與僧辯書，往復再三，陳禍福，僧辯初不納。既而上黨王破東關，[9]斬裴之橫，[10]江表危懼。[11]僧辯乃啓上黨求納明，遣舟艦迎接。王饗梁朝將士，及與明刑牲歃血，[12]載書而盟。[13]於是梁輿東度，齊師北反。[14]侍中裴英起衛送明入建鄴，[15]遂稱尊號，改承聖四年爲天成元年，[16]大赦天下，宇文黑獺、賊督等不在赦例。[17]以方智爲太子，[18]授王僧辯大司馬。[19]明上表遣第二息章馳到京都，[20]拜謝宮闕。冬，霸先襲殺僧辯，復立方智，以明爲太傅、建安王。[21]霸先奉表朝廷，云僧辯陰謀簒逆，故誅之。方智請稱臣，永爲藩國，齊遣行臺司馬恭及梁人盟於歷陽。[22]明年，詔徵明。霸先猶稱藩，將遣使送明，會明疽發背死。

[1]天保：北齊文宣帝高洋年號（550—559）。

[2]梁元：梁元帝蕭繹（508—554）。《梁書》卷五、《南史》卷八有紀。 西魏：朝代名（535—557）。永熙三年（534），北魏孝武帝元脩西奔關中投奔宇文泰，次年被毒死，宇文泰立元寶炬爲帝，建都長安。史稱西魏。歷三帝，二十三年。

[3]顯祖：北齊文宣帝高洋（529—559），廟號顯祖。本書卷四、《北史》卷七有紀。

[4]湛海珍：南朝梁將領。爲東徐州刺史，被東魏俘獲後降魏。

[5]上黨王：高渙（533—558），字敬壽，高歡第七子。本書卷一〇、《北史》卷五一有傳。上黨，郡名。治所在今山西長治市北。

[6]太尉：官名。三公之一，秦漢時期爲最高軍事長官。秦漢時期以太尉、丞相和御史大夫爲"三公"。 王僧辯（？—555）：字君才，太原祁（今山西祁縣）人。南朝梁將領。《梁書》卷四

五、《南史》卷六三有傳。　司空：漢成帝綏和二年（前7）改御史大夫爲大司空，爲三公之一。　陳霸先（503—559）：南朝陳的開國皇帝，史稱陳武帝。《陳書》卷一、二，《南史》卷九有紀。
　　建鄴：地名。一作"建康""建業"。治所在今江蘇南京市。
　　[7]推晉安王方智爲丞相：南本、殿本、四庫本、備要本"丞相"前有"太宰"二字，百衲本、汲古閣本、局本無。中華本校勘記云："《南史》卷五一《蕭明傳》，方智官稱是'太宰、都督中外諸軍事、承制置百官'。《梁書》卷六《敬帝紀》、《陳書》卷一《武帝紀》都說推蕭方智爲'太宰承制'，從没有'丞相'之稱。此《傳》原文也當是'太宰承制'，'承制'訛作'丞相'。三朝本又脱'太宰'二字。南本等據《南史》補'太宰'，却仍'丞相'之訛。"今存疑。晉安，郡名。治所在今福建福州市。方智，即蕭方智（542—557），字慧相，南蘭陵（今江蘇常州市武進區西北）人。承聖元年（552）封晉安王，四年即皇帝位。在位三年，後爲陳霸先所殺。死年十六。追諡號敬皇帝。《梁書》卷六、《南史》卷八有紀。　丞相：官名。戰國秦始置，魏晉南北朝時期常爲權臣專設之名號，置則位一品，秩萬石。
　　[8]璽書：古代以泥封加印的文書，秦以後專指皇帝的詔書。
　　[9]東關：地名。在今安徽巢湖市東南。
　　[10]裴之横（517—557）：字如岳，河東聞喜（今山西聞喜縣）人。南朝梁將領。歷位散騎常侍、廷尉卿、平北將軍、東徐州刺史。封豫寧侯。天保八年陣亡。《梁書》卷二八、《南史》卷五八《裴邃傳》有附傳。
　　[11]江表：長江以南地區。
　　[12]刑牲歃（shà）血：宰殺牲畜，誠心訂立盟約。歃，古人盟會時，嘴唇塗上牲畜的血，表示誠意。
　　[13]載書：盟書，《左傳》襄公九年"晉士莊子爲載書。"杜預注："載書，盟書。"
　　[14]齊：指北齊。

[15]侍中：官名。門下省長官。北朝常總典機密，受遺詔輔政，權任尤重，時號"小宰相"。 裴英起（？—556）：本書卷二一《高乾傳》有附傳，事亦見《北史》卷四五《裴叔業傳》。

[16]承聖：南朝梁元帝蕭繹年號（552—555）。 天成：湞陽侯蕭淵明年號（555）。

[17]宇文黑獺：北周文帝宇文泰（505—556），字黑獺，代郡武川（今内蒙古武川縣）人。鮮卑族。北周奠基者。《周書》卷一、二，《北史》卷九有紀。 賊督：對蕭督的蔑稱。蕭督（519—562），《周書》卷四八、《北史》卷九三有傳。

[18]以方智爲太子：諸本"子"作"傅"，唯南本據《南史》卷五一改作"子"。中華本校勘記云："按《梁書》卷六《敬帝紀》、卷四五《王僧辯傳》、《陳書》卷一《武帝紀》都説蕭淵明稱帝後，以方智爲太子，作'太傅'誤，今從南本。"説是，今從中華本改。

[19]大司馬：官名。漢武帝元狩四年（前119），初罷太尉，置大司馬。魏晋南北朝時期，大多爲高級將領擔任，不預政務。

[20]息：兒。 章：蕭章。生平事迹不詳。

[21]太傅：官名。西周始置，爲輔政大臣。魏晋南北朝時期多爲元老重臣加官。 建安王：爵名。建安，地名。在今福建建甌市。中華本校勘記云："按《梁書》卷六《敬帝紀》，敬帝即位後封蕭淵明爲建安郡公，至死没有進封爲王，這裏'王'字當作'公'。"説是，今存疑。

[22]行臺：官名。北朝"行臺長官"的省稱，以尚書爲長官，執掌當地軍政事務。 司馬恭：一作"馬恭"。北齊官吏。初仕東魏，任東雍州刺史。 歷陽：地名。在今安徽和縣。

梁將王琳在江上與霸先相抗，[1]顯祖遣兵納梁永嘉王蕭莊主梁祀。[2]九年二月，自溢城濟江，[3]三月，即帝位於郢州，[4]年號天啓，[5]王琳總其軍國，追謚明曰閔皇帝。明年，莊爲陳人所敗，[6]遂入朝，封爲侯，朝廷許以興復，竟不果。後主亡之日，[7]莊在鄴飲氣而死。[8]

[1]王琳（516—563）：字子珩，會稽山陰（今浙江紹興市）人。北齊將領。初仕梁，任岳陽内史，以軍功封建寧縣侯。陳初降齊。本書卷三二、《南史》卷六四有傳。

[2]永嘉王：爵名。永嘉，地名。在今浙江温州市。　蕭莊：南朝梁元帝孫。南蘭陵（今江蘇常州市武進區西北）人。初封永嘉王，敬帝時出質北齊。陳禪代梁，王琳於郢州扶其即帝位，改年號天啓，署置百官。王琳兵敗，逃歸北齊，齊封梁王。後卒於鄴。《南史》卷五四有傳。

[3]湓（pén）城：地名。一説在今江西九江市區；一説在今江西瑞昌市清湓街一帶。

[4]郢州：治所在今湖北武漢市武昌區。

[5]天啓：南朝梁永嘉王蕭莊年號（558—560）。

[6]陳：南朝陳（557—589）。南朝梁敬帝太平二年（557），陳霸先改元稱帝，都建康（今江蘇南京市），國號陳。歷五帝，三十三年。後主禎明二年（589）被隋所滅。

[7]後主：北齊後主高緯（556—578），武成帝長子。本書卷八、《北史》卷八有紀。

[8]鄴：地名。東魏、北齊都城。在今河北臨漳縣南。

蕭祗，[1]字敬式，梁武弟南平王偉之子也。[2]少聰敏，美容儀。在梁，封定襄侯，[3]位東揚州刺史。[4]于時江左承平，[5]政寬人慢，祗獨蒞以嚴切，梁武悦之。遷北兖州刺史。[6]太清二年，侯景圍建鄴。祗聞臺城失守，[7]遂來奔。以武定七年至鄴，[8]文襄令魏收、邢卲與相接對。[9]歷位太子少傅，[10]領平陽王師，[11]封清河郡公。[12]齊天保初，授右光祿大夫，[13]領國子祭酒。[14]時梁元帝平侯景，復與齊通好，文宣欲放祇等還南。俄而西魏剋江陵，[15]遂留鄴都，卒。贈中書監、車騎大將軍、揚州刺史。[16]

[1]祇：音 zhī。

[2]南平：郡名。治所在今湖北公安縣西。 偉：蕭偉（478—524），南朝梁宗室，梁武帝蕭衍弟。《梁書》卷二二、《南史》卷五二有傳。

[3]定襄侯：爵名。定襄，縣名。治所在今湖北荊州市荊州區東北。汲古閣本、殿本、備要本、四庫本、局本"定襄"後多一"縣"字，其他本無。《南史》卷五二《蕭祇傳》亦作"定襄縣"。按，《梁書》卷五六《侯景傳》作"北兗州刺史定襄侯"，而《南史》卷五六《張弘策傳》作"定襄侯祇"。

[4]東揚州：治所在今浙江紹興市。

[5]江左：一名江東。本指今安徽蕪湖市、江蘇南京市長江以東地區。因東晉、宋、齊、梁、陳皆建都建康（今江蘇南京市），故時人稱呼南朝區域爲江東。

[6]北兗州：治所在今江蘇淮陰市西南。

[7]臺城：城名。本三國吳後苑城，東晉成帝加以改建，稱爲臺城，在今江蘇南京市雞鳴山南。

[8]武定：東魏孝靜帝元善見年號（543—550）。

[9]魏收（505—572）：字伯起，小字佛助，鉅鹿下曲陽（今河北晉州市西）人。北朝時著名史學家。本書卷三七、《北史》卷五六有傳，《魏書》卷一〇四有其家世自序（部分爲後人所補）。

邢卲（496—561）：北朝魏、齊時文學家。本書卷三六、《北史》

卷四三有傳。

[10]太子少傅：官名。漢置。掌以道德輔教太子，兼領太子官屬。北齊三品。

[11]平陽王：高淹（？—564），字子邃，渤海蓨（今河北景縣）人。北齊宗室，高歡第四子。本書卷一〇、《北史》卷五一有傳。平陽，地名。治所在今山西臨汾市。

[12]清河郡公：爵名。清河，郡國名。西漢高帝置，治清陽縣（今河北清河縣）。西晉爲清河國，治清河縣（今山東臨清市）。北魏仍改爲郡。北齊移治武城縣（今河北清河縣西城關鄉西北）。郡公，魏晉始置，初定爲"公"的一個等級，高於縣公。

[13]右光禄大夫：官名。三國魏置。多爲加官，以示優崇，或授予年老有病者爲致仕之官，亦常用爲卒後贈官。無職掌。北齊第二品。

[14]國子祭酒：官名。爲國子學主官。歷朝因之。北齊從三品。

[15]江陵：縣名。治所在今湖北荆州市荆州區。

[16]中書監：官名。魏晉南北朝爲中書省長官之一，掌納奏、擬詔、出令。北齊從二品。　車騎大將軍：官名。魏晉制度，車騎、驃騎、衛三將軍皆爲重號將軍，高於諸名號大將軍。　揚州：北齊治所在壽春縣，今安徽壽縣。

　　蕭退，梁武帝弟司空鄱陽王恢之子也。[1]退在梁，封湘潭侯，[2]位青州刺史。建鄴陷，與從兄祇俱入東魏。[3]齊天保中，位金紫光禄大夫，[4]卒。子慨，深沉有禮，樂善好學，[5]攻草隸書。南士中稱爲長者。歷著作佐郎，[6]待詔文林館，[7]卒於司徒從事中郎。[8]

　　[1]鄱陽王：爵名。鄱陽，郡名。治所在今江西鄱陽縣。　恢：

蕭恢（470—526）。《梁書》卷二二、《南史》卷五二有傳。

[2]湘潭侯：爵名。湘潭，地名。在今湖南衡山縣東。

[3]從兄：同祖伯叔之子年長於己者，即堂兄。 東魏：朝代名（534—550）。北朝政權之一。

[4]金紫光禄大夫：官名。戰國始置中大夫，漢改爲光禄大夫，掌顧問應對。隸屬光禄勳。魏晉爲加官及褒贈之官。加金章紫綬者，稱金紫光禄大夫；加銀章青綬者，稱銀青光禄大夫。

[5]深沉有禮，樂善好學：南本、汲古閣本、殿本、四庫本、局本、備要本、百衲本皆作"深沉有體表，好學"，《北史》卷二九《蕭退傳》同。按《通志》卷八三作"深沉有體量"，補史者此傳以《北史》補，疑《北史》是，而《通志》則是删節《北史》而成。

[6]著作佐郎：官名。又名"著作郎"。三國魏始置，屬中書省，掌編撰國史和圖書典籍。北齊七品。

[7]待詔文林館：官名。北齊後主武平二年（571）開文林館置。引用文學之士掌管理、編撰修皇家書籍，做皇帝的文學顧問。待詔，指應皇帝徵召隨時待命，以備諮詢顧問。

[8]司徒：官名。西漢哀帝元壽二年（前1）改丞相爲大司徒。魏晉南北朝時期也爲實授。其府負責處理全國日常行政事務，管理全國名數户口簿籍等。 從事中郎：官名。西漢設。與長史共主府中吏事。秩六百石。此處爲司徒府屬吏。

蕭放，字希逸，隨父祗至鄴。祗卒，放居喪以孝聞。所居廬室前有二慈烏來集，[1]各據一樹爲巢，自午以前，馴庭飲啄，午後更不下樹，每臨時，舒翅悲鳴，全似哀泣。家人測之，[2]未常有闕。時以爲至孝之感。服闋，[3]襲爵。武平中，[4]待詔文林館。放性好文詠，頗善丹青，因此在宫中披覽書史及近世詩賦，監畫工作屏風等雜物見知，遂被眷待。累遷太子中庶子、散騎常侍。[5]

[1]廬室：房室。　有二慈烏來集：百衲本無"二"字，諸本有。《册府元龜》卷七五七亦有。按，應有此字，今據《册府元龜》補。

[2]家人測之："測"字百衲本作"則"，諸本據《册府元龜》卷七五七作"伺"。張元濟《校史隨筆》："'則'字不可解，殿本易作'伺'字，意自了然，然烏知'則'非'測'之訛乎？"（張元濟、張人鳳編《張元濟古籍書目序跋彙編》）今從改。

[3]服闋：守喪期滿除服。闋，終了。

[4]武平：北齊後主高緯年號（570—576）。

[5]太子中庶子：官名。漢置，爲太子侍從。北齊屬門下坊，員四人，四品。　散騎常侍：官名。三國魏置，員四人，三品。侍從皇帝左右，顧問應對，諫諍拾遺，共平尚書奏事。北朝兼修史。北齊集書省下置六員，其下起居省置一員，皆五品。

徐之才，丹陽人也。[1]父雄，[2]事南齊，[3]位蘭陵太守，[4]以醫術爲江左所稱。之才幼而儁發，[5]五歲誦《孝經》，[6]八歲略通義旨。曾與從兄康造梁太子詹事汝南周捨宅聽《老子》。[7]捨爲設食，乃戲之曰："徐郎不用心思義，而但事食乎？"之才答曰："蓋聞聖人虛其心而實其腹。"捨嗟賞之。年十三，召爲太學生，[8]粗通《禮》《易》。[9]彭城劉孝綽、河東裴子野、吳郡張嵊等每共論《周易》及《喪服》儀，[10]酬應如響。咸共嘆曰："此神童也。"孝綽又云："徐郎燕頷，[11]有班定遠之相。"陳郡袁昂領丹陽尹，[12]辟爲主簿，[13]人務事宜，皆被顧訪。

郡廨遭火，[14]之才起望，夜中不著衣，披紅服帕出房，[15]映光爲昂所見。功曹白請免職，[16]昂重其才術，仍特原之。豫章王綜出鎮江都，[17]復除豫章王國左常侍，[18]又轉綜鎮北主簿。

[1]丹陽：縣名。治所在今安徽當塗縣。
[2]雄：徐雄，以醫術知名當世。《南史》卷三二有傳。
[3]南齊：南朝宋順帝昇明三年（479），齊王蕭道成禪代劉宋，改元稱帝，都建康（今江蘇南京市），以齊爲國號，史稱南齊、蕭齊，以別北朝齊。齊和帝中興二年（502），爲蕭衍所代。歷七主，二十四年。
[4]蘭陵：郡名。東晉僑置，治所在今江蘇常州市武進區西北萬綏鎮。
[5]儁發：英發，謂才華橫溢。
[6]《孝經》：書名。傳説是孔子作。成書於秦漢之際。在唐代被尊爲經書，南宋以後被列爲《十三經》之一。
[7]太子詹事：官名。秦設。兩晉南北朝時總領東宮内外事務及諸官屬。北齊三品上。　周捨（469—524）：《梁書》卷二五、《南史》卷三四《周朗傳》有附傳。　《老子》：書名。道家學派創始人老子的著作。
[8]太學：設於京城的最高學府。
[9]《禮》：書名。即《禮記》。儒學經典之一，孔子的學生及戰國時期儒學學者的作品。　《易》：書名。即《周易》。中國最古老的文獻之一，並被儒家尊爲"五經"之一。
[10]彭城：郡名。治所在今江蘇徐州市老城區。　劉孝綽（481—539）：《梁書》卷三三有傳，《南史》卷三九《劉勔傳》有附傳。　河東：郡名。治所在今山西永濟市蒲州鎮。　裴子野（469—530）：南朝著名史學家、文學家。《梁書》卷三〇有傳，

《南史》卷三三《裴松之傳》有附傳。　吴郡：治所在今江蘇蘇州市。　張嵊（shèng）（488—549）：《梁書》卷四三、《南史》卷三一《張裕傳》有附傳。　《喪服》：《儀禮》篇名。記録先秦喪葬制度，歷代注疏甚多，以東漢鄭玄注釋、唐賈公彦注疏較爲精當。

[11]燕頷：此指東漢名將班超，自幼即有立功異域之志。相士説他"燕頷虎頸"，有封"萬里侯"之相。官至西域都護，封定遠侯。《後漢書》卷四七有傳。

[12]陳郡：治所在今河南淮陽縣。　袁昂（461—540）：《梁書》卷三一、《南史》卷二六有傳。　丹陽尹：官名。一作"丹楊尹"。東晉元帝大興元年（318）改丹陽内史置。爲京城所在郡府長官。亦稱"京尹"。

[13]主簿：官名。漢以後中央各機構及地方州郡皆置，掌文書簿籍。

[14]廨（xiè）：官署，舊時官吏辦公處所的通稱。

[15]披紅服帕出房："房"字汲古閣本、百衲本作"戾"，殿本、四庫本、備要本、局本作"户"，南本作"尸"。中華本校勘記云："按《北史》卷九〇《徐之才傳》、《册府》卷九四四、《通志》卷一八三《徐之才傳》都作'房'，此傳出於《北史》，本亦作'房'，三朝本訛'戾'，他本以意改作'户'。今據《北史》改。又'紅服帕'，《北史》《通志》'服'作'眠'，疑皆'腹'之訛。《釋名》卷五云：'帕腹，横帕其腹也'，可證。"説是，今從改。

[16]功曹：官名。又名"功曹史"。此處指郡守府屬吏。掌官吏賞罰任免。

[17]豫章：郡名。治所在今江西南昌市。　綜：蕭綜，又作"蕭贊"。《梁書》卷五五有傳，《魏書》卷五九《蕭寶夤傳》有附傳。　江都：縣名。治所在今江蘇揚州市西南。

[18]復除豫章王國左常侍：諸本"左"作"右"。中華本校勘

記云："《北史》卷九〇、《通志》卷一八三作'左'。按《漢魏南北朝墓誌集釋·徐之才墓誌》（圖版三四三之二）亦作'左'。"説是，今從改。王國常侍，官名。王國諸官之一，掌顧問應對。有時分置左右。

及綜入魏，[1]三軍散走，之才退至吕梁，[2]橋斷路絶，遂爲魏統軍石茂孫所止。[3]綜入魏旬月，位至司空。魏聽綜收斂僚屬，乃訪之才在彭泗，[4]啓魏帝云：[5]"之才大善醫術，兼有機辯。"詔徵之才。孝昌二年，[6]至洛，勅居南館，[7]禮遇甚優。從祖謇子踐啓求之才還宅。[8]之才藥石多效，又窺涉經史，發言辯捷，朝賢競相要引，爲之延譽。武帝時，[9]封昌安縣侯。[10]天平中，[11]齊神武徵赴晉陽，[12]常在内館，[13]禮遇稍厚。武定四年，自散騎常侍轉祕書監，[14]文宣作相，普加黜陟。楊愔以其南土之人，[15]不堪典祕書，轉授金紫光禄大夫，以魏收代領之。之才甚怏怏不平。

[1]魏：即北魏（386—557）。北朝政權之一。公元386年鮮卑人拓跋珪建立代國，初居盛樂（今内蒙古和林格爾縣），398年定都平城（今山西大同市東北），後遷都洛陽（今河南洛陽市東北）。永熙三年（534）分裂爲東魏與西魏。東魏（534—550）都於鄴（今河北臨漳縣西南鄴鎮東），西魏（535—557）都於長安（今陝西西安市西北郊）。

[2]吕梁：地名。又名"吕縣"，在今江蘇徐州市東。

[3]統軍：官名。位在都將（鎮將）、別將之下，軍主之上。時又設中統軍、帳内統軍等。北齊時爲"備身五職"之一。 石茂孫：生平事迹不詳。

[4]彭泗：彭城、泗水流域一帶。泗水，今泗河，發源於山東新泰市南部，流經山東中部，後注入京杭大運河。

[5]魏帝：北魏孝明帝元詡（510—528），宣武帝次子。公元515年至528年在位。武泰元年（528）被太后所殺。諡曰孝明，廟號肅宗。《魏書》卷九、《北史》卷四有紀。

[6]孝昌：北魏孝明帝元詡年號（525—527）。

[7]南館：南邊的客舍。泛指接待賓客的處所。

[8]從祖：祖父的親兄弟，從祖父。百衲本無"從祖"二字，諸本有。從補。按，《北史》卷九〇《徐之才傳》無此二字，疑"從祖"衍，今存疑。 謇（jiǎn）：徐謇（約432—512），北魏醫家。《魏書》卷九一、《北史》卷九〇有傳。 踐：徐踐，字景升，小名靈寶，襲爵。歷官兗州平東府長史、右中郎將、建興太守。

[9]武帝：北魏孝武帝元脩（510—534），字孝則，廣平武穆王元懷第三子。公元532年至534年在位。諡號孝武。《魏書》卷一一、《北史》卷五有紀。

[10]昌安縣侯：爵名。昌安，縣名。治所在今山東安丘市。縣侯，五等爵的第二等。北齊開國縣侯從二品，散縣侯第三品。"昌安"二字四庫本作"安昌"。按，《北史》卷九〇《徐之才傳》、《漢魏南北朝墓誌集釋》（圖版三四三之二）之《徐之才墓誌》皆作"昌安縣侯"。

[11]天平：東魏孝靜帝元善見年號（534—537）。

[12]神武：指高歡。

[13]內館：內舍。

[14]祕書監：官名。掌管皇家經籍圖書，是祕書省的長官。

[15]楊愔（511—560）：字遵彥，小名秦王，弘農華陰（今陝西華陰市）人，楊津子。北齊官吏。本書卷三四有傳，《北史》卷四一《楊播傳》有附傳。

之才少解天文，兼圖讖之學，[1]共館客宋景業參校吉凶，[2]知午年必有革易，[3]因高德政啓之。[4]文宣聞而大悦。時自婁太后及勳貴臣，[5]咸云關西既是勍敵，[6]恐其有挾天子令諸侯之辭，不可先行禪代事。[7]之才獨云："千人逐兔，一人得之，諸人咸息。須定大業。何容翻欲學人。"又援引證據，備有條目，帝從之。登祚後，彌見親密。之才非唯醫術自進，亦爲首唱禪代，又戲謔滑稽，言無不至，於是大被狎昵。[8]尋除侍中，封池陽縣伯。[9]見文宣政令轉嚴，求出，除趙州刺史，[10]竟不獲述職，猶爲弄臣。

[1]圖讖（chèn）：方士或儒生編造的關於帝王受命徵驗一類的圖或隱語、預言。

[2]宋景業：東魏、北齊著名學者，通曉《易經》，習星占之學。本書卷四九有傳。百衲本"宋"作"宗"，中華本校勘記云："按宋景業，本書卷四九（補）、《北史》卷八九有傳，又見於本書卷三〇《高德政傳》。"從改。

[3]午年：天保元年歲爲庚午。　革易：革天命，易姓換代。

[4]高德政（？—559）：一作"高德正"，字士貞，渤海蓨（今河北景縣）人。東魏、北齊官吏。本書卷三〇有傳，《北史》卷三一《高允傳》有附傳。

[5]婁太后：神武明皇后婁氏（501—562），高歡妻，名昭君，北魏贈司徒婁內干之女。本書卷九、《北史》卷一四有傳。

[6]關西：地區名。漢、唐時泛指函谷關（今河南靈寶市東北）以西地區。　勍（qíng）：強。

[7]禪代：帝位的禪讓和接替。

[8]狎昵：指過於親近而態度不莊重。

[9]池陽縣伯：爵名。池陽，縣名。治所在今陝西涇陽縣。縣伯，晉代侯、伯、子、男皆封以縣，歷代因之。北齊開國縣伯第三品，散縣伯從第三品。

[10]趙州：治所在今河北隆堯縣東。

皇建二年，[1]除西兗州刺史。[2]未之官，武明皇太后不豫，之才療之，應手便愈，孝昭賜采帛千段、錦四百匹。[3]之才既善醫術，雖有外授，頃即徵還。既博識多聞。由是於方術尤妙。大寧二年春，[4]武明太后又病。之才弟之範爲尚藥典御，[5]勅令診候。内史皆令呼太后爲石婆，[6]蓋有俗忌，故改名以厭制之。之範出告之才曰："童謠云：'周里跂求伽，[7]豹祠嫁石婆，[8]斬冢作媒人，唯得一量紫綖靴。'[9]今太后忽改名，私所致怪。"之才曰："跂求伽，胡言去已。豹祠嫁石婆，豈有好事？斬冢作媒人，但令合葬自斬冢。唯得紫綖靴者，得至四月，何者？紫之爲字'此'下'系'，'綖'者熟，當在四月之中。"之範問靴是何義。之才曰："靴者革旁化，寧是久物？"至四月一日，后果崩。

[1]皇建：北齊孝昭帝高演年號（560—561）。

[2]西兗州：原治定陶（今山東菏澤市定陶區），後徙治左城（今山東曹縣韓集鎮堤上范村）。

[3]段：量詞，布帛或條形物的一截。

[4]大寧：北齊武成帝高湛年號（561—562）。

[5]之範：徐之範，丹陽（今安徽當塗縣東北）人。北齊官吏。以醫術見知。事見本書卷三三、《北史》卷九〇《徐之才傳》。

尚藥典御：官名。北魏置。北齊沿置爲門下省尚藥局長官，置二員，總知御藥事。

［6］内史：官名。後宮女官。

［7］伽：音 qié。

［8］豹祠：西門豹祠堂。北齊時九祠之一。《隋書·禮儀志二》："後齊……祈禱者有九焉：一曰雩，二曰南郊，三曰堯廟，四曰孔顏廟，五曰社稷，六曰五岳，七曰四瀆，八曰滏口，九曰豹祠。" 石婆：即婁太后。

［9］綖：諸本亦作"綫"。

有人患腳跟腫痛，諸醫莫能識。之才曰："蛤精疾也。"[1]由乘船入海，垂腳水中。"疾者曰："實曾如此。"之才爲剖得蛤子二，大如榆莢。又有以骨爲刀子靶者，五色班斕。之才曰："此人瘤也。"問得處，云於古冢見髑髏額骨長數寸，試削視，有文理，[2]故用之。其明悟多通如此。

［1］蛤（gé）精疾：因蛤附着腳跟久而得的腫痛病。蛤，即蛤子。蛤類的一種，原名魁蛤，亦名瓦楞子，其殼供藥用。載於漢末成書的無名氏著《名醫別錄》中。

［2］文：通"紋"，花紋。

天統四年，[1]累遷尚書左僕射，[2]俄除兗州刺史，[3]特給鐃吹一部。[4]之才醫術最高，偏被命召。武成酒色過度，[5]恍惚不恒，曾病發，自云初見空中有五色物，稍近，變成一美婦人，去地數丈，亭亭而立。食頃，變爲觀世音。之才云："此色欲多，大虛所致。"[6]即處湯方，服一劑，便覺稍遠，又服，還變成五色物，數劑湯，疾竟愈。帝每發動，暫遣騎追之，[7]針藥所加，應時必效，故頻有端執之舉。入秋，武成小定，更不發動。和士開欲依次轉進，[8]以之才附籍兗州，即是本屬，遂奏附除刺史，以胡長仁爲左僕射，士開爲右僕射。[9]及十月，帝又病動，語士開云："恨用之才外任，使我辛苦。"其月八日，勑驛追之才。帝以十日崩，之才十一日方到，既無所及，復還赴州。在職無所侵暴，但不甚閑法理，頗亦疏慢，用捨自由。

[1]天統：北齊後主高緯年號（565—569）。

[2]尚書左僕射：官名。尚書省次官之一。助尚書令掌政務。北齊從二品。

[3]兗州：治所在今山東濟寧市兗州區新驛鎮東頓村南。

[4]鐃吹：演奏鐃歌的軍樂隊。《隋書·禮儀志三》："後部鐃吹一部，鐃二面，歌簫及笳各四具，節鼓一面，吳吹篳篥、橫笛各四具，大角十八具。"

[5]武成：北齊皇帝高湛（537—568），諡號武成。本書卷七、《北史》卷八有紀。

[6]大虛所致："大"字他本皆同，《北史》卷九〇《徐之才傳》亦同，惟南本作"太"。"大""太"通用。

[7]暫：同"蹔"。端執，賞賜。"暫"字殿本作"輒"，其他本作"蹔"，《北史》卷九〇《徐之才傳》作"暫"，今從《北史》作"暫"。

[8]和士開（524—571）：字彥通，清都臨漳（今河北臨漳縣）人。先世西域商人，本姓素和。本書卷五〇、《北史》卷九二有傳。墓在今河南安陽縣。

[9]以胡長仁爲左僕射，士開爲右僕射：中華本校勘記云："諸

本無‘左僕射士開爲’六字，《北史》卷九〇有。按本書卷八《後主紀》天統四年五月癸卯稱‘以尚書右僕射胡長仁爲左僕射，中書監和士開爲右僕射。’胡以右轉左，即代之才，和士開則代胡，這就是此《傳》上文所說‘士開欲依次轉進’的實施。這裏脱去六字，‘依次轉進’一語便無着落，今據《北史》補。"按，《北史》實缺"左僕射"三字，百衲本缺"士開爲右僕射"六字，今依中華本補。胡長仁（？—569），字孝隆，安定臨涇（今甘肅鎮原縣）人。武成胡皇后兄。北齊官吏。本書卷四八、《北史》卷八〇有傳。右僕射，官名。即尚書右僕射，尚書省副貳，北齊從二品。

五年冬，後主徵之才。尋左僕射闕，之才曰："自可復禹之績。"[1]武平元年，重除尚書左僕射。之才於和士開、陸令萱母子曲盡卑狎，[2]二家苦疾，救護百端。由是遷尚書令，[3]封西陽郡王。[4]祖珽執政，[5]除之才侍中、太子太師。[6]之才恨曰："子野沙汰我。"[7]珽目疾，故以師曠比之。

[1]復禹之績：語出《左傳》哀公元年言少康中興"復禹之績"，此喻徐之才有輔佐後主、振興北齊之志。

[2]陸令萱（？—577）：亦稱陸媪，爲北齊後主乳母，受胡太后寵信，封郡君。齊亡後被勒令自殺。《北史》卷九二《穆提婆傳》有附傳。

[3]尚書令：官名。尚書省長官。魏晉以後，縱覽全國行政事務。北齊二品。

[4]西陽郡王：爵名。西陽郡，治所在今湖北黃岡市東南。

[5]祖珽：字孝徵，范陽遒（今河北淶水縣北）人。東魏、北齊官吏。本書卷三九有傳，《北史》卷四七《祖瑩傳》有附傳。

[6]太子太師：官名。與太子太傅、太子太保並稱爲"東宮三

师"。原專事太子教導，後多爲虛銜無實職，追贈重臣。北齊二品。

[7]子野：師曠。春秋時著名樂師。生而失明，故自稱盲臣、瞑臣。

之才聰辯强識，有兼人之敏，尤好劇談體語，[1]公私言聚，多相嘲戲。鄭道育常戲之才爲師公，[2]之才曰："既爲汝師，又爲汝公，在三之義，頓居其兩。"又嘲王昕姓云：[3]"有言則訛，近犬便狂，加頸足而爲馬，施角尾而爲羊。"盧元明因戲之才云：[4]"卿姓是未入人，名是字之誤，'之'當爲'乏'也。"[5]即答云："卿姓在亡爲虐，在丘爲虛，生男則爲虜，養馬則爲驢。"又嘗與朝士出游，遥望群犬競走，諸人試令目之。之才即應聲云："爲是宋鵲，[6]爲是韓盧，[7]爲逐李斯東走，[8]爲負帝女南徂。"[9]李諧於廣坐，[10]因稱其父名，曰："卿嗜熊白生否？"之才曰："平耳。"又曰："卿此言於理平否？"諧遽出避之，道逢其甥高德正。德正曰："舅顏色何不悦？"諧告之故。德正徑造坐席，連索熊白。之才謂坐者曰："箇人諱底？"衆莫知。[11]之才曰："生不爲人所知，死不爲人所諱，此何足問？"唐邕、白建方貴，[12]時人言云："并州赫赫唐與白。"[13]之才蔑之。元日，[14]對邕爲諸令史祝曰："見卿等位當作唐、白。"又以小史好嚼筆，故嘗執管就元文遥口曰：[15]"借君齒。"其不遜如此。

[1]體語：魏晉南北朝時的一種反切隱語。即以兩個字先正切，再倒切，成爲另外兩個字。又稱反語。唐代封演《封氏聞見記》卷

二記載："周顒好爲體語，因此切字皆有紐。紐有平上去入之異。"南本、殿本、四庫本、備要本、局本"體"皆作"謔"。《北史》卷九〇《徐之才傳》作"體"。中華本校勘記云："張元濟云：'按體語即反切隱語，見封演《聞見記》。'"

[2]鄭道育：滎陽開封（今河南開封市南）人。孝文帝大臣鄭羲孫。

[3]王昕（？—559）：字元景，北海劇（今山東壽光市東南）人。北魏、東魏、北齊官吏。本書卷三一有傳，《北史》卷二四《王憲傳》有附傳。

[4]盧元明：字幼章，范陽涿（今河北涿州市）人。博涉群書，辭章可觀。北魏、東魏官吏。《魏書》卷四七、《北史》卷三〇《盧玄傳》有附傳。

[5]名是字之誤，"之"當爲乏也：諸本無"之當爲乏也"五字，《北史》卷九〇有，但"乏"作"之"。中華本校勘記云："按《册府》卷九四七、《通志》卷一八三《徐之才傳》並有'之當爲乏也'五字。盧元明以徐之才姓名爲戲，上文拆'徐'字爲'未入人'，這裏是説'之才'應該是'乏才'的誤寫。《北史》'乏'字訛'之'，不可解，補此《傳》者就删去此語，於是所謂'名是字之誤'也就不知何意。今據《册府》補正。"説是，從補。

[6]宋鵲：春秋時宋國良犬名。後亦泛指良犬。語出《禮記·少儀》："犬則執緤，守犬、田犬則授擯者，既授，乃問犬名。"漢鄭玄注："守犬、田犬問名，畜養者當呼之。名，謂若韓盧、宋鵲之屬。"

[7]韓盧：韓國良犬名。《戰國策·秦策三》："以秦卒之勇，車騎之多，以當諸侯，譬若馳韓盧而逐蹇兔也。"

[8]爲逐李斯東走：語出《史記》卷八七《李斯列傳》："（李）斯出獄，與其中子俱執，顧謂其中子曰：'吾欲與若復牽黃犬俱出上蔡東門逐狡兔，豈可得乎？'"

[9]爲負帝女南徂（cú）：湘夫人的故事。帝女，傳說帝堯的

兩個女兒娥皇、女英,嫁給舜爲妻。帝舜晚年巡視南方時,不幸在蒼梧病故。二女追之不及,相與痛哭,死而化爲湘水之神。徂,同"殂",死亡。

[10]李諧(496—544):字虔和,頓丘(今河南清豐縣西南)人。北魏、東魏官吏。博學有文辯。《魏書》卷六五《李平傳》、《北史》卷四三《李崇傳》有附傳。

[11]衆莫知:《北史》卷九〇作"衆莫之應"。中華本校勘記云:"按南北朝封建士大夫最重家諱。高德政是當朝顯貴,爲了避免犯他的諱,所以知道他父祖之名也不能說,並非不知。疑《北史》是。"説是。

[12]唐邕:字道和,太原晉陽(今山西太原市晉源區古城營村一帶)人。北齊官吏。本書卷四〇、《北史》卷五五有傳。 白建(?—576):字彦舉,太原陽邑(今山西太谷縣)人。北齊重臣。本書卷四〇、《北史》卷五五有傳。

[13]并州:治所在今山西太原市晉源區古城營村一帶。

[14]元日:正月初一日。《尚書·舜典》:"月正元日,舜格于文祖。"元日原爲吉日,後以相沿爲正月初一。

[15]元文遥:字德遠,河南洛陽(今河南洛陽市東北)人,鮮卑族。北齊大臣。本書卷三八、《北史》卷五五有傳。

歷事諸帝,以戲狎得寵。武成生齲牙,[1]問諸醫,尚藥典御鄧宣文以實對,[2]武成怒而撻之。後以問之才,拜賀曰:"此是智牙,生智牙者聰明長壽。"武成悦而賞之。爲僕射時,語人曰:"我在江東,[3]見徐勉作僕射,[4]朝士莫不佞之。今我亦是徐僕射,無一人佞我,何由可活!"之才妻魏廣陽王妹,[5]之才從文襄求得爲妻。和士開知之,乃淫其妻。之才遇見而避之,退曰:

"妨少年戲笑。"其寬縱如此。年八十，卒。贈司徒公、録尚書事，[6]謚曰文明。

[1]齻（diān）牙：智牙。牙床末端最後長出的兩對臼齒。舊稱"真牙"。
[2]鄧宣文：事不詳。
[3]江東：長江下游蕪湖、南京以下南岸地區，也泛指長江下游地區。
[4]徐勉（466—535）：字脩仁。南朝梁政治家，學者。官至尚書僕射。《梁書》卷二五、《南史》卷六〇有傳。
[5]廣陽王：元湛，字士深。北魏宗室。《魏書》卷一八、《北史》卷一六《廣陽王建傳》有附傳。廣陽，郡名。治所在今河北隆化縣伊遜河東。
[6]司徒公：官名。與丞相通職，一般不並置。爲名譽宰職，一品。北魏、北齊亦爲一品。　録尚書事：官名。北魏、北齊亦定爲官號，爲尚書省長官。

長子林，字少卿，太尉司馬。[1]次子同卿，太子庶子。[2]之才以其無學術，每嘆云："終恐同《廣陵散》矣。"[3]

[1]太尉司馬：官名。即太尉府的司馬。高級幕僚。掌參贊軍務，管理府内武職，位次於長史。北齊第四品。
[2]太子庶子：官名。爲太子侍從官，獻納規諫，職比散騎常侍等。北齊員四人，主管太子典書坊，爲東宮要職，從四品上。
[3]《廣陵散》：又名《廣陵止息》。中國著名十大古曲之一，即古《聶政刺韓王曲》。《晉書》卷四九《嵇康傳》載，嵇康以善彈此曲著稱，刑前仍從容不迫，索琴彈此曲，慨然長嘆："《廣陵

散》於今絶矣！"謂無傳人之意。

弟之範，亦醫術見知，位太常卿，[1]特聽襲之才爵西陽王。入周，[2]授儀同大將軍。[3]開皇年中卒。[4]

[1]太常卿：官名。北魏爲"太常"的尊稱。北齊置爲太常寺長官，三品，掌管宗廟祭祀禮樂。

[2]周：北周（557-581）。西魏恭帝三年（556）十二月，宇文泰之子宇文覺廢西魏主自立，次年（557）改元，建號周，史稱北周，又稱後周。都長安（今陝西西安市）。歷五帝，二十五年。至靜帝宇文衍爲隋所代。

[3]儀同大將軍：官名。北周建德四年（575）改儀同三司置。授予功臣及部分北齊降官，無職掌，九命。

[4]開皇：隋文帝楊堅年號（581—600）。

北齊書　卷三四[1]

列傳第二十六

楊愔 燕子獻 宋欽道 鄭頤

　　楊愔，字遵彥，小名秦王，弘農華陰人。[2]父津，[3]魏時累爲司空侍中。[4]愔兒童時，口若不能言，而風度深敏，出入門閭，[5]未嘗戲弄。六歲學史書，十一受《詩》《易》，[6]好《左氏春秋》。[7]幼喪母，曾詣舅源子恭。[8]子恭與之飲。問讀何書，曰："誦《詩》。"子恭曰："誦至《渭陽》未邪。"愔便號泣感噎，子恭亦對之歔欷，[9]遂爲之罷酒。子恭後謂津曰："常謂秦王不甚察惠，[10]從今已後，更欲刮目視之。"愔一門四世同居，家甚隆盛，昆季就學者三十餘人。[11]學庭前有柰樹，[12]實落地，群兒咸爭之，愔頹然獨坐。其季父暐適入學館，[13]見之大用嗟異，顧謂賓客曰："此兒恬裕，有我家風。"宅內有茂竹，遂爲愔於林邊別葺一室，命獨處其中，常以銅盤具盛饌以飯之。因以督厲諸子曰："汝輩但如遵彥謹慎，自得竹林別室、銅盤重肉之食。"愔從父兄黃門侍郎昱特相器重，[14]曾謂人曰："此兒駒齒未落，已是我家龍文。[15]更十歲後，當求之千里外。"昱嘗與十餘人賦詩，愔一覽便誦，無所遺失。及長，能清言，美音制，風神俊悟，容止可觀。人士見之，莫不敬異，有識者多以遠大許之。

[1]《北齊書》卷三四：中華本校勘記云："按此卷原缺，三朝本及南本卷後有宋人校語云：'此卷與《北史》同。'今查《楊愔傳》和《北史》卷四一《楊愔傳》基本相同，祇字句小有出入。其附傳不像出於《北史》，《燕子獻傳》稱齊帝廟號，《可朱渾天和傳》《宋欽道傳》敘歷官詳於《北史》。《鄭頤傳》雖似節抄《北史》，也有個別字句溢出《北史》之外，疑仍是采取某種史鈔。"

[2]弘農：郡名。治所在今河南靈寶市北。　華陰：縣名。治所在今陝西華陰市東南。

[3]津：楊津（469—531）。字羅漢，本名延祚，孝文帝賜名津，弘農華陰（今陝西華陰市）人。北魏官吏。《魏書》卷五八、《北史》卷四一《楊播傳》有附傳。

[4]魏：即北魏（386—557）。北朝政權之一。公元386年鮮卑人拓跋珪建立代國，初居盛樂（今內蒙古和林格爾縣），398年定都平城（今山西大同市東北），後遷都洛陽（今河南洛陽市東北）。永熙三年（534）分裂爲東魏與西魏。東魏（534—550）都於鄴（今河北臨漳縣西南鄴鎮東），西魏（535—557）都於長安（今陝西西安市西北郊）。　司空：官名。魏晉南北朝爲名譽宰相，多爲大臣加官。一品。　侍中：官名。門下省長官。時有宰相之實。北齊三品。

[5]門閭：家門，門庭。

[6]十一受《詩》《易》：宋刻本、百衲本無"詩"字，四庫

本、中華本有。《詩》，即《詩經》。中國最早的詩歌總集。先秦稱爲《詩》，漢尊爲經典，始稱《詩經》。共收西周初年至春秋中葉的民歌和朝廟樂章三百零五篇。漢代傳詩者有齊魯韓（今文）毛（古文）四家。齊詩、魯詩先後亡於魏和西晋，韓詩僅存外傳。今稱《詩經》皆指《毛詩》。《易》，亦稱《易經》《周易》。儒家經典。舊傳伏羲作八卦，文王作辭，萌芽期可能早在殷周之際。今通行本有魏王弼、晋韓康伯注，唐孔穎達疏《周易正義》本等。

[7]《左氏春秋》：書名。又作《春秋左氏傳》《春秋左傳》《左氏傳》，簡稱《左傳》。相傳爲春秋末魯太史左丘明撰，實出於戰國人之手。三十卷。記述春秋時代的歷史，起自魯隱公元年（前722），終於魯哀公二十七年（前468）。爲中國第一部完整的編年史。

[8]源子恭（？—538）：字靈順，西平樂都（今青海樂都縣）人。鮮卑族。北魏官吏。《魏書》卷四一、《北史》卷二八《源賀傳》有附傳。

[9]歔欷：哀嘆抽泣聲。

[10]常謂秦王不甚察惠："惠"字宋刻本、百衲本同，四庫本、中華本作"慧"。按，"惠"通"慧"。

[11]昆季：弟兄。

[12]柰樹：果木名。林檎的一種。也稱"花紅""沙果"。

[13]季父：叔父。　暐：楊暐（？—528），字延季，弘農華陰（今陝西華陰市）人。北魏官吏。《魏書》卷五八、《北史》卷四一《楊播傳》有附傳。

[14]從父兄：同祖伯叔之子年長於己者。即堂兄。　黃門侍郎：官名。與侍中俱掌門下事。北齊四品上。門下省掌侍從左右，出納詔命，顧問應對。　昱：楊昱，字元晷，弘農華陰（今陝西華陰市）人。北魏官吏。《魏書》卷五八、《北史》卷四一《楊播傳》有附傳。

[15]龍文：本駿馬名。後借指才華出衆者。

正光中，[1]隨父之并州。[2]性既恬默，又好山水，遂入晉陽西懸甕山讀書。[3]孝昌初，[4]津爲定州刺史，[5]愔亦隨父之職。以軍功除羽林監，[6]賜爵魏昌男，[7]不拜。及中山爲杜洛周陷，[8]全家被囚繫。未幾，洛周滅，又没葛榮，[9]榮欲以女妻之，又逼以僞職。愔乃託疾，密含牛血數合，於衆中吐之，仍佯瘖不語。榮以爲信然，乃止。永安初，[10]還洛，[11]拜通直散騎侍郎，[12]時年十八。元顥入洛，[13]時愔從父兄侃爲北中郎將，[14]鎮河梁。[15]愔適至侃處，[16]便屬乘輿失守，夜至河。[17]侃雖奉迎車駕北渡，而潛欲南奔，愔固諫止之。遂相與扈從達建州。[18]除通直散騎常侍，[19]愔以世故未夷，志在潛退，乃謝病，與友人中直侍郎河間邢卲隱於嵩山。[20]

[1]正光：北魏孝明帝元詡年號（520—525）。
[2]并州：治所在今山西太原市晋源區古城營村一帶。
[3]晉陽：縣名。治所在今山西太原市晋源區古城營村一帶。懸甕山：山名。在今山西太原市西南。晋水出自於此。
[4]孝昌：北魏孝明帝元詡年號（525—527）。
[5]定州：治所在今河北定州市。
[6]除：官制用語。意爲任命。　羽林監：官名。主羽林騎，掌扈從御駕。南北朝因之。北齊六品。
[7]魏昌男：爵名。魏昌，縣名。治所在今河北定州市東南。
[8]中山：郡名。治所在今河北定州市。　杜洛周（？—528）：又名杜周，北魏柔玄鎮（今内蒙古興和縣西北）人。高車族。北魏末六鎮起兵領袖。初爲柔玄鎮鎮兵。孝昌元年，在上谷舉兵反魏，自號真王，攻没郡縣，南圍燕州。次年，攻取幽州（今北京市西城區），執刺史。武泰元年（528），攻下定州（今河北定州

市），俘刺史楊津。後爲葛榮所害。

[9]葛榮（？—528）：北魏末年河北暴動首領。本爲懷朔鎮將。公元526年參加鮮于脩禮起事。鮮于脩禮被害後，繼領其衆，乃稱天子，國號齊，年號廣安。528年被尒朱榮俘，十月死於洛陽。

[10]永安：北魏孝莊帝年號（528—530）。

[11]洛："洛陽"的簡稱。西周於此建成周城，其城南臨洛水，故簡稱"洛"。

[12]通直散騎侍郎：官名。東晉元帝大興元年（318）設，與散騎侍郎通員值班而得名。不久爲專職。員四人。職掌品秩與散騎侍郎同。北齊從五品上。

[13]元顥（？—529）：字子明，鮮卑族拓跋部人。北魏宗室、大臣。永安二年（529），乘亂於梁國（今河南商丘市南）城南即位，進入洛陽，改元建武。後被縣卒所殺。《魏書》卷二一上、《北史》卷一九《北海王詳傳》有附傳。

[14]侃：楊侃（？—531）。字士業，弘農華陰（今陝西華陰市）人。北魏官吏。《魏書》卷五八、《北史》卷四一《楊播傳》有附傳。　北中郎將：官名。職掌宮禁宿衛，亦帶職出鎮。從三品。

[15]河梁：橋名。亦名"河橋"。在今河南孟津縣東、孟州市西南黃河上。

[16]愔適至侃處：宋刻本、百衲本無"至"字，四庫本、中華本有。從補。

[17]河：黃河的簡稱。

[18]建州：治所在今山西澤州縣高都鎮一帶。

[19]通直散騎常侍：官名。因將員外散騎常侍與散騎常侍通員值班而得名。職掌品秩與散騎常侍略同，爲清望官。屬集書省。北齊四品。

[20]中直侍郎：本書卷三六《邢卲傳》作"中書侍郎"。　河間：郡名。治所在今河北河間市南。　邢卲（496—？）：字子才，

河間鄚（今河北任丘市北）人。北魏、東魏、北齊官吏。博學能文，與溫子升、魏收齊名。原著有《邢子才集》，已散佚。本書卷三六有傳，《北史》卷四三《邢巒傳》有附傳。　嵩山：山名。即今河南登封市嵩山。

及莊帝誅尒朱榮，[1]其從兄侃參讚帷幄。朝廷以其父津爲并州刺史、北道大行臺，[2]愔隨之任。有邯鄲人楊寬者，[3]求義從出藩，愔請津納之。俄而孝莊幽崩，愔時適欲還都，行達邯鄲，過楊寬家，爲寬所執。至相州，[4]見刺史劉誕，[5]以愔名家盛德，甚相哀念，付長史慕容白澤禁止焉。[6]遣隊主鞏榮貴防禁送都。[7]至安陽亭，[8]愔謂榮貴曰：“僕家世忠臣，輸誠魏室，家亡國破，一至於此。雖曰囚虜，復何面目見君父之讎。[9]得自縊於一繩，傳首而去，君之惠也。”榮貴深相憐感，遂與俱逃。愔乃投高昂兄弟。[10]

[1]莊帝：北魏孝莊帝元子攸（507—530），彭城王元勰第三子。公元528年至530年在位。謚號孝莊。《魏書》卷一〇、《北史》卷五有紀。　尒朱榮（493—530）：字天寶，北魏北秀容（今山西朔州市）契胡貴族。繼父爲部落酋帥，六鎮起義後投魏。後擁立莊帝，自爲大丞相、天柱大將軍，封太原王。《魏書》卷七四、《北史》卷四八有傳。

[2]北道大行臺：官署名。爲尚書省的派出機構，代行尚書省的權力，管理轄區內的軍政事務，是地方最高軍事行政機構。

[3]邯鄲：縣名。治所在今河北邯鄲市西南。　楊寬：北魏邯鄲（今河北邯鄲市）人。

[4]相州：治所在今河北臨漳縣西南鄴鎮。

［5］劉誕：北魏官吏。北魏東海王至安定王在位時曾爲相州刺史，中興二年（532）爲高歡所俘。

［6］長史：官名。掌參本府政務，爲衆史之長。 慕容白澤：北魏末官吏。相州刺史劉誕所署長史。

［7］隊主：官名。低級武官。隊爲當時軍隊中基層編制，有數十人至百餘人不等。此職爲一隊之長。 鞏榮貴：事不詳。

［8］安陽亭：在今河北臨漳縣西南。

［9］讎：仇敵。

［10］高昂（491—538）：字敖曹，渤海蓨（今河北景縣）人。高翼子。東魏將領。本書卷二一《高乾傳》、《北史》卷三一《高允傳》有附傳。

既潛竄累載，[1]屬神武至信都，[2]遂投刺轅門。[3]便蒙引見，[4]贊揚興運，陳訴家禍，言辭哀壯，涕泗橫集，神武爲之改容。即署行臺郎中。[5]大軍南攻鄴，[6]歷楊寬村，[7]寬於馬前叩頭請罪。[8]愔謂曰："人不識恩義，蓋亦常理，我不恨卿，無假驚怖。"時鄴未下，神武命愔作祭天文，燎畢而城陷。由是轉大行臺右丞。[9]于時霸圖草創，軍國務廣，文檄教令，皆自愔及崔悛出。[10]遭離家難，以喪禮自居，[11]所食唯鹽米而已，哀毀骨立。神武愍之，恒相開慰。及韓陵之戰，[12]愔每陣先登，朋僚咸共怪歎曰："楊氏儒生，今遂爲武士，仁者必勇，定非虛論。"

［1］既潛竄累載："累"字宋刻本、百衲本、中華本同，四庫本作"屢"。

［2］神武：北齊皇帝高歡（496—547），謚號神武。本書卷一、

二，《北史》卷六有紀。　信都：縣名。治所在今河北冀州市。

[3]投刺：投遞名刺，名帖。　轅門：軍隊住宿野外，用車圍成行營，以兩車之轅相向交插成半圓形之門，稱"轅門"。

[4]便蒙引見：四庫本、中華本同，宋刻本、百衲本無"蒙"字。從補。

[5]行臺郎中：官名。北魏置，北齊沿置。行臺屬官，掌諸曹事，職如尚書郎。

[6]鄴：都邑名。在今河北臨漳縣西南。北齊定都於此。

[7]歷楊寬村：宋刻本、百衲本無此四字，四庫本、中華本有。從補。

[8]寬於馬前叩頭請罪：四庫本、中華本同，宋刻本、百衲本"寬"前有"楊"字。從删。

[9]轉：官制用語。指官職的晉升。　大行臺右丞：官名。北魏置。"大行臺尚書右丞"的省稱。屬大行臺，職掌同尚書右丞。尚書右丞掌尚書省庫藏廬舍、地方機構文書章奏，與左丞共掌省内庶務。

[10]皆自愔及崔㥄出：四庫本、中華本同，宋刻本、百衲本作"皆自愔出及崔㥄"。從四庫本改。崔㥄（？—554），字長儒，清河東武城（今河北清河縣東北）人。北魏、東魏、北齊官吏。本書卷二三有傳。

[11]以喪禮自居：宋刻本、百衲本、中華本同，四庫本"以"前有"常"字。

[12]韓陵之戰：北魏末年尒朱氏攻鄴之戰。中興元年（531），高歡率軍在廣阿（今河北隆堯縣東）大破尒朱兆後，即進攻鄴城（今河北臨漳縣西南）。次年，歡拔鄴城。尒朱兆、尒朱仲遠等攻鄴。歡布陣於韓陵山（今河南安陽市東北），大敗尒朱兆、尒朱仲遠軍於此。

頃之，表請解職還葬。一門之内，贈太師、太傅、丞相、大將軍者二人，[1]太尉、録尚書及中書令者三人，[2]僕射、尚書者五人，[3]刺史、太守者二十餘人。追榮之盛，古今未之有也。及喪柩進發，吉凶儀衛亘二十餘里，會葬者將萬人。是日隆冬盛寒，風雪嚴厚，愔跣步號哭，見者無不哀之。尋徵赴晋陽，仍居本職。

　　[1]太師：官名。爲元老重臣之加官。北齊一品。　太傅：官名。爲元老重臣加官。北齊一品。　大將軍：官名。北齊爲名譽職銜。作爲加授給大臣、重要州郡長官的戎號。一品。
　　[2]録尚書：官名。即録尚書事。總理尚書臺政務之加職。位在尚書令之上。　中書令：官名。中書省長官之一，北齊漸成閑職。三品。
　　[3]僕射：官名。即尚書僕射，尚書省次官，掌尚書省庶務，列位宰相。北齊從二品。　尚書：官名。尚書省部曹主官。北齊三品。

　　愔從兄幼卿爲岐州刺史，[1]以直言忤旨見誅。[2]愔聞之悲懼，因哀感發疾，後取急就雁門温湯療疾。[3]郭秀素害其能，[4]因致書恐之曰："高王欲送卿於帝所。"[5]仍勸其逃亡。愔遂棄衣冠於水濱若自沉者，變易名姓，自稱劉士安，入嵩山，與沙門曇謨徵等屏居削迹。[6]又潜之光州，[7]因東入田横島，[8]以講誦爲業，海隅之士，謂之劉先生。太守王元景陰佑之。[9]

　　[1]愔從兄幼卿爲岐州刺史："岐"字四庫本、中華本同，宋刻本、百衲本作"歧"。按，"歧"爲"岐"的訛字。從四庫本改。

從兄，堂兄。幼卿，楊幼卿。楊愔從兄。事見《魏書》卷五八《楊播傳》。岐州，治所在今陝西鳳翔縣東南。

[2]以直言忤旨見誅："直"字四庫本、百衲本、中華本同，宋刻本作"宣"。

[3]雁門：縣名。治所在今山西代縣。

[4]郭秀：范陽涿（今河北涿州市）人。東魏官吏。本書卷五〇、《北史》卷九二有傳。

[5]高王：齊神武皇帝高歡。魏封高歡爲齊王，故謂高王。

[6]沙門：佛教僧侶。　曇謨徵：東魏僧人。

[7]光州：北魏分青州置，治所在今山東萊州市。

[8]田橫島：海島名。今山東即墨市東北田橫島。

[9]王元景：王昕（？—559），字元景，北海劇（今山東壽光市東南）人。北魏、東魏、北齊官吏。本書卷三一有傳，《北史》卷二四《王憲傳》有附傳。

　　神武知愔存，遣愔從兄寶猗齎書慰喻，[1]仍遣光州刺史奚思業令搜訪，[2]以禮發遣。神武見之悦，除太原公開府司馬，[3]轉長史，復授大行臺右丞，封華陰縣侯，[4]遷給事黃門侍郎，[5]妻以庶女。又兼散騎常侍，[6]爲聘梁使主。[7]至磝磝戍，[8]州內有愔家舊佛寺，入精廬禮拜，[9]見太傅容像，[10]悲感慟哭，嘔血數升，遂發病不成行，輿疾還鄴。久之，以本官兼尚書吏部郎中。[11]武定末，[12]以望實之美，超拜吏部尚書，[13]加侍中、衛將軍，[14]侍掌典選如故。

　　[1]寶猗：事迹不詳。

　　[2]仍遣光州刺史奚思業令搜訪："仍"字宋刻本、百衲本、

中華本同，四庫本作"乃"。奚思業，東魏官吏。《魏書》卷一二《孝静帝紀》：興和元年（539）六月，"前潁州刺史奚思業爲河南大使"。

[3]太原公：爵名。時爲高洋封爵。太原，郡名。治所在今山西太原市西南。 開府司馬：官名。管理府內武職，與長史共參府務。

[4]華陰縣侯：爵名。華陰縣，治所在今陝西華陰市東南。

[5]給事黃門侍郎：官名。東漢合併"黃門侍郎"與"給事黃門"而置。與侍中俱管門下衆事。

[6]散騎常侍：官名。時隸集書省，參掌機要，位比侍中。北齊從三品。

[7]爲聘梁使主：四庫本、中華本同，宋刻本、百衲本無"主"字。從補。梁，國名。南北朝時期南朝國家之一。南朝齊和帝中興二年（502），相國梁王蕭衍禪代南齊，改元稱帝，都建康（今江蘇南京市），國號梁，又稱蕭梁。歷四主，五十六年。

[8]磑磝戍：城名。即磑磝城。在今山東茌平縣西南、古黄河東岸、磑磝津之東。時爲濟州治所。

[9]入精廬禮拜：四庫本、中華本同，宋刻本、百衲本無"入"字。從補。

[10]太傅：其父楊津死贈太傅。

[11]尚書吏部郎中：官名。與吏部郎互稱。爲尚書省吏部郎曹主官，掌官吏銓選。北齊四品上。

[12]武定：東魏孝静帝元善見年號（543—550）。

[13]吏部尚書：官名。爲尚書吏部主官。掌官吏銓選、封爵、考課之政。居尚書省諸尚書之首，稱"大尚書"。北齊三品。

[14]加：官制用語。加官，即兼任。 衛將軍：官名。掌典禁兵，位亞三司。多由大臣兼任。北齊二品。

天保初，[1]以本官領太子少傅，[2]別封陽夏縣男。[3]又詔監太史，[4]遷尚書右僕射。[5]尚太原長公主，[6]即魏孝靜后也。會有雉集其舍，[7]又拜開府儀同三司、尚書左僕射，[8]改封華山郡公。[9]九年，徙尚書令，[10]又拜特進、驃騎大將軍。[11]十年，封開封王。[12]文宣之崩，[13]百僚莫有下淚，愔悲不自勝。濟南嗣業，[14]任遇益隆，朝章國命，一人而已，推誠體道，時無異議。乾明元年二月，[15]爲孝昭帝所誅，[16]時年五十。天統末，[17]追贈司空。

[1]天保：北齊文宣帝高洋年號（550—559）。

[2]領：官制用語。官吏在本職外，兼任其他職務稱"領"。魏晉南北朝多爲暫攝之意。　太子少傅：官名。掌以道德輔教太子，兼領太子官屬。北齊三品。

[3]陽夏縣男：爵名。陽夏縣，治所在今河南太康縣。

[4]太史：官名。即太史令。爲太史署主官，隸太常，掌天文律曆、瑞災變化的記載等。歷朝因之。北齊九品上。

[5]尚書右僕射：官名。東漢獻帝建安四年（199）設，助掌全國政務。尚書令及左僕射皆缺時則代爲省主。平時與祠部尚書通職，二者不並設。兼管儀曹事。北齊從二品。

[6]尚：與帝王之女匹配。　太原長公主：東魏孝靜帝皇后。高歡女。北齊禪代後，孝靜帝死，高洋以其爲太原長公主，另嫁楊愔。

[7]雉：鳥名。俗稱野雞。

[8]又拜開府儀同三司、尚書左僕射："左"字宋刻本、四庫本、百衲本作"右"。中華本校勘記云："諸本'左'作'右'。按前已云'遷尚書右僕射'，不應重複。本書卷四《文宣紀》載愔於

天保三年（五五二）四月遷右僕射，八年四月遷左。這裏'右'字顯爲'左'之訛，今改正。"説是，從中華本改。開府儀同三司，官名。本指高級官員開建府署之待遇，儀同三司（三公）。遂成加銜，至南北朝又爲官稱。北齊從一品。尚書左僕射，官名。與右僕射同爲尚書省次官，領殿中、主客二曹。北齊從二品。

[9]華山郡公：爵名。華山，郡名。治所在今陝西華縣。

[10]徙：官制用語。轉任。 尚書令：官名。總掌全國行政。在多數情況下是實際上的宰相。北齊二品。

[11]特進：官名。多贈致仕大臣。北齊二品。 驃騎大將軍：官名。東漢初臨時設置，爲統兵將領。兩晋南北朝多加元老重臣。北齊從一品。

[12]十年，封開封王：中華本校勘記云："按《隋書》卷三〇《地理志》中滎陽郡開封縣條云：'東魏置郡，後齊廢。'《元和郡縣志》卷八汴州開封縣條説天保七年廢（《寰宇記》卷一同）。此《傳》云楊愔在天保十年封開封王，又本書卷四一《皮景和傳》説他在齊末曾封開封郡公，和地志所記不合。考本書卷四《文宣紀》天保七年大規模裁省郡縣，達三州、一百五十三郡之多，地志所記，必非無據。疑楊愔實非封開封王，所封郡缺失，這裏乃因下文'開府封王'而誤。至皮景和之封是訛文還是齊末復置此郡，已無可考。參下'開府封王'條校記。"説是。存疑。

[13]文宣：北齊開國皇帝高洋（529—559），謚號文宣。本書卷四、《北史》卷七有紀。

[14]濟南：此指北齊廢帝高殷。濟南，郡名。治所在今山東濟南市。

[15]乾明：北齊廢帝高殷年號（560）。

[16]爲孝昭帝所誅：四庫本、中華本同，宋刻本、百衲本無"孝"字。從補。孝昭帝，北齊孝昭帝高演（535—561），字延安，渤海蓨（今河北景縣）人。高歡第六子。本書卷六、《北史》卷七有紀。

[17]天統：北齊後主高緯年號（565—569）。

　　憺貴公子，早著聲譽，風表鑒裁，爲朝野所稱。家門遇禍，唯有二弟一妹及兄孫女數人，[1]撫養孤幼，慈旨溫顏，咸出人表。重義輕財，前後賜與，多散之親族，羣從弟姪十數人，並待而舉火。[2]頻遭迍厄，[3]冒履艱危，[4]一飱之惠，酬答必重，性命之讎，[5]捨而不問。

　　[1]唯有二弟一妹及兄孫女數人："兄孫女"四庫本、中華本同，宋刻本、百衲本作"孫兄女"。按，"孫兄女"費解，應以"兄孫女"爲是。從改。
　　[2]並待而舉火：都依靠他而生活。
　　[3]迍厄：災難，挫折。
　　[4]冒履：頂着，經歷。
　　[5]性命之讎："性命"四庫本、中華本同，宋刻本、百衲本作"姓名"。作"性命"是，從改。

　　典選二十餘年，獎擢人倫，以爲己任。然取士多以言貌，時致謗言，以爲憺之用人，似貧士市瓜，取其大者。憺聞，不屑焉。其聰記强識，半面不忘。每有所召問，或單稱姓，或單稱名，無有誤者。後有選人魯漫漢，[1]自言猥賤，獨不見識。憺曰："卿前在元子思坊，[2]騎秃尾草驢，經見我不下，以方麴部面，[3]我何不識卿？"漫漢驚服。又調之曰：[4]"名以定體，漫漢果自不虛。"又令吏唱人名，誤以盧士深爲士琛，[5]士深自言。憺曰："盧郎玉潤，所以從玉。"自尚公主後，衣紫羅袍，金縷大帶。[6]遇李庶，[7]頗以爲耻，謂曰："我此衣服，都是内裁，既見子將，不能無愧。"

[1]魯漫漢：事不詳。
[2]元子思：北魏宗室，官至侍中，東魏初被殺。《魏書》卷一四、《北史》卷一五《高涼王孤傳》有附傳。
[3]方麴：竹織方扇，多用以障面。
[4]又調之曰："又"字，四庫本、中華本同，宋刻本、百衲本作"人"。從四庫本改。
[5]盧士深：范陽涿（今河北涿州市）人，盧元緝之子。北魏官吏。官至開府行參軍。
[6]金縷大帶："縷"字四庫本、中華本同，宋刻本、百衲本作"鏤"。從四庫本改。
[7]李庶：頓丘（今河南清豐縣西南）人。北齊官吏。事見本書卷三五《李搆傳》，《北史》卷四三《李崇傳》有附傳。

及居端揆，[1]權綜機衡，[2]千端萬緒，神無滯用。自天保五年已後，[3]一人喪德，維持匡救，實有賴焉。每天子臨軒，公卿拜授，施號發令，宣揚詔册。愔辭氣温辯，神儀秀發，百僚觀聽，莫不悚動。[4]自居大位，門絶私交。輕貨財，重仁義，前後賞賜，積累巨萬，散之九族，架篋之中，唯有書數千卷。太保、平原王隆之與愔鄰宅，[5]愔嘗見其門外有富胡數人，謂左右曰："我門前幸無此物。"性周密畏慎，恒若不足，每聞後命，[6]愀然變色。[7]

[1]端揆：愔時任尚書令，總攬國政，故稱。

［2］權綜機衡：執掌國家大權。

［3］自天保五年已後："已"字宋刻本、百衲本、中華本同，四庫本作"以"。

［4］悚動：震動。

［5］太保：官名。爲元老重臣之加官。北齊一品。　平原王：高隆之的封爵號。平原，郡名。治所在今山東聊城市東北。　隆之（494—554）：本姓徐，字延興，高平金鄉（今山東金鄉縣）人。東魏、北齊大臣。本書卷一八有傳。

［6］後命：指續發的命令。

［7］愀然：容色改變貌。　變色：改變臉色。

　　文宣大漸，[1]以常山、長廣二王位地親逼，[2]深以後事爲念。愔與尚書左僕射平秦王歸彦、侍中燕子獻、黃門侍郎鄭子默受遺詔輔政，[3]並以二王威望先重、咸有猜忌之心。初在晉陽，以大行在殯，天子諒闇，議令常山王在東館，欲奏之事，皆先諮決。二旬而止。仍欲以常山王隨梓宫之鄴，留長廣王鎮晉陽。執政復生疑貳，兩王又俱從至于鄴。子獻立計，欲處太皇太后於北宫，政歸皇太后。又自天保八年已來，爵賞多濫，至是，愔先自表解其開府封王，[4]諸叨竊恩榮者皆從黜免。[5]由是嬖寵失職之徒，盡歸心二叔。高歸彦初雖同德，後尋反動，以疏忌之跡盡告兩王，可朱渾天和又每云：[6]"若不誅二王，少主無自安之理。"宋欽道面奏帝，[7]稱二叔威權既重，宜速去之。帝不許曰："可與令公共詳其事。"愔等議出二王爲刺史。以帝仁慈，恐不可所奏，乃通啓皇太后，具述安危。有宫人李昌儀者，[8]北豫州刺史高仲密之妻，[9]坐仲密事入宮。太后以昌儀宗情，[10]甚相昵愛。太后以啓示之，昌儀密啓太皇太后。愔等又議不可令二王俱出，乃奏以長廣王爲大司馬、并州刺史，[11]常山王爲太師、錄尚書事。

[1]大漸：病危。

[2]常山、長廣二王：常山王，北齊孝昭帝高演奪位前的封爵號。常山，郡名。治所在今河北石家莊市藁城區西北。長廣王，北齊武成帝高湛的封爵號。長廣，郡名。治所在今山東龍口市。

[3]尚書左僕射平秦王歸彦：宋刻本、四庫本、百衲本"左"作"右"。中華本校勘記云："諸本'左'作'右'。《北史》卷四一作'左'。按高歸彦於天保九年（五五八）遷左僕射，廢帝乾明元年（五六〇）正月以左僕射遷司空，見本書卷四《文宣紀》、卷五《廢帝紀》（補）。'右'字誤，今據改。"從改。平秦王，高歸彦的封爵號。平秦，郡名。治所在今陝西鳳翔縣東南。歸彦（？—562），字仁英，渤海蓨（今河北景縣）人。東魏、北齊大臣。本書卷一四有傳。 燕子獻（？—560）：字季則，廣漢下洛（今河北涿鹿縣）人。北齊官吏。本卷、《北史》卷四一《楊播傳》有附傳。

鄭子默：鄭頤（？—560），字子默，彭城（今江蘇徐州市老城區）人。北齊官吏。本卷、《北史》卷四一《楊播傳》有附傳。

[4]愔先自表解其開府封王：宋刻本、百衲本、中華本同，四庫本無"府"字。中華本校勘記云："諸本及《北史》卷四一'開'下無'府'字。三朝本獨有。按楊愔封開封王，已可疑。這裏更當有'府'字。《唐書》卷七二下《宰相世系表》弘農楊氏下載楊愔的官爵是'北齊尚書令、開府、王'，是《新唐書》編者所見材料祇是'開府封王'，所封之郡已不可考。其證一。《通鑑》卷一六八記此事作'乃先自表解開府及開封王'，知司馬光所見《北史》及此書《本傳》也作'開府封王'，祇因上文有封開封王

的話，纔增作'開府及開封王'。其證二。'開府封王'一語亦見他處，本書卷五〇《恩倖傳》末就有三次（一次作'封王開府'），《北史》卷九二《恩幸傳》末更有四次之多。據此，知本有'府'字，後人妄刪。今從三朝本。"

[5] 諸叨竊恩榮者皆從黜免：四庫本、中華本同，宋刻本、百衲本無"者"字。從補。

[6] 可朱渾天和（？—560）：遼東（今遼寧遼陽市）人，道元弟。北齊官吏。本卷、《北史》卷五三《可朱渾元傳》有附傳。

[7] 宋欽道面奏帝：四庫本、中華本同，宋刻本、百衲本無"宋"字。從補。宋欽道（？—560），廣平（今河北邯鄲市永年區）人。東魏、北齊官吏。本卷、《北史》卷二六《宋隱傳》有附傳，事亦見《魏書》卷六三《宋弁傳》。

[8] 李昌儀：東魏、北齊人。趙郡（今河北趙縣）李徽伯女。聰穎明慧，相貌艷美。能文善武，適高慎爲後妻。慎叛投西魏，其坐入宮。因與文宣李后爲宗親，故受李后昵愛。

[9] 北豫州：治所在今河南滎陽市西北。 高仲密：高慎，字仲密，高乾弟。魏孝武帝初，爲驃騎大將軍、儀同三司，光州刺史。東魏元象初，據武牢降西魏。本書卷二一《高乾傳》、《北史》卷三一《高祐傳》有附傳。

[10] 太后以昌儀宗情："以"字四庫本、中華本同，宋刻本、百衲本作"與"。從四庫本改。

[11] 大司馬：官名。多作爲贈官。一品。

及二王拜職，於尚書省大會百僚，[1] 愔等並將同赴。子默止之，云："事不可量，不可輕脫。"[2] 愔云："吾等至誠體國，豈有常山拜職，有不赴之理，何爲忽有此慮？"長廣旦伏家僮數十人於錄尚書後室，[3] 仍與席上勳貴數人相知。[4] 並與諸勳胄約：[5] "行酒至愔等，我各勸雙盃，彼必致辭。我一曰'捉酒'，二曰'捉酒'，三曰'何不捉'，爾輩即捉。"及宴如之。愔大言曰："諸王構逆，欲殺忠良邪！尊天子，削諸侯，赤心奉國，未應及此。"常山王欲緩之，長廣王曰："不可。"於是愔及天和、欽道皆被拳杖亂毆擊，頭面血流，各十人持之。使薛孤延、康買執子默於尚藥局。[6]子默曰："不用智者言，以至於此，豈非命也。"

[1]尚書省：官署名。爲全國政務中心。以尚書令爲主官，或以權臣錄尚書事總攝省務。

[2]輕脱：輕率。

[3]長廣旦伏家僮數十人："旦"字宋刻本、四庫本、中華本同，百衲本作"且"。從四庫本改。

[4]勳貴：功臣。

[5]並與諸勳胄約："胄"疑應爲"貴"。因前言"勳貴"，後當同。

[6]使薛孤延、康買執子默於尚藥局："薛孤延"四庫本、中華本同，宋刻本、百衲本作"薩孤"。從四庫本改。薛孤延，代（今山西大同市東北）人。東魏、北齊將領。本書卷一九、《北史》卷五三有傳。康買，北齊官吏。後主時位侍中。尚藥局，官署名。北齊門下省置，總知御藥事。

二叔率高歸彥、賀拔仁、斛律金擁愔等唐突入雲龍門。[1]見都督叱利騷，[2]招之不進，使騎殺之。開府成休寧拒門，[3]歸彥喻之，[4]乃得入。送愔等於御前。長廣王及歸彥在朱華門外。[5]太皇太后臨昭陽殿，[6]太后及帝側立。常山王以塼叩頭，進而言曰："臣與陛下骨肉相連。

楊遵彥等欲擅朝權，威福自己，王公以還，皆重足屏氣。共相脣齒，以成亂階，若不早圖，必爲宗社之害。臣與湛等爲國事重，[7]賀拔仁、斛律金等惜獻皇帝基業，[8]共執遵彥等領入宮，未敢刑戮，專輒之失，罪合萬死。"帝時默然，領軍劉桃枝之徒陛衛，[9]叩刀仰視，帝不睬之。太皇太后令却仗，不肯。又厲聲曰："奴輩即今頭落。"乃却。因問楊郎何在。賀拔仁曰："一目已出。"[10]太皇太后愴然曰："楊郎何所能，[11]留使不好耶！"乃讓帝曰："此等懷逆，欲殺我二兒，次及我，爾何縱之？"帝猶不能言。太皇太后怒且悲，王公皆泣。太皇太后曰："豈可使我母子受漢老嫗斟酌。"[12]太后拜謝。常山王叩頭不止。太皇太后謂帝："何不安慰爾叔。"帝乃曰："天子亦不敢與叔惜，豈敢惜此漢輩？但願乞兒性命，兒自下殿去，此等任叔父處分。"遂皆斬之。長廣王以子默昔讒己，作詔書，故先拔其舌，截其手。太皇太后臨愔喪，哭曰："楊郎忠而獲罪。"以御金爲之一眼，親內之，曰："以表我意。"常山王亦悔殺之。先是童謠曰："白羊頭尾禿，羖䍽頭生角。"又曰："羊羊喫野草，不喫野草遠我道，不遠打爾腦。"又曰："阿麽姑禍也，道人姑夫死也。"[13]羊爲愔也，[14]"角"文爲用刀，"道人"謂廢帝小名，太原公主嘗作尼，故曰"阿麽姑"，愔、子獻、天和皆帝姑夫云。於是乃以天子之命下詔罪之，罪止一身，家口不問。尋復簿録五家，王晞固諫，[15]乃各没一房，孩幼兄弟皆除名。[16]

[1]賀拔仁：字天惠，北齊善無（今山西右玉縣南）人，高車族。以帳内都督從神武破尒朱氏於韓陵，力戰有功。入齊，官歷數州刺史、太保、太師、右丞相、錄尚書事。《北史》卷五三《張保洛傳》有附傳。　斛律金（488—567）：原名敦，後改爲金，字阿六敦，朔州（今内蒙古固陽縣）人。高車族。北魏、東魏、北齊將領。本書卷一七、《北史》卷五四有傳。　雲龍門：鄴都外朝東門。

[2]都督：官名。爲統率全國或地方兵馬的職名。其爲州郡軍事長官者，又兼理民政。至北朝後期則爲率領鄉兵、畜牧軍馬的中低級軍官職名。　叱利騷（？—560）：北齊官吏。位都督。事不詳。

[3]開府：官名。本指高級官員開建府署，辟置僚屬之舉。魏晋南北朝時期，常以此作爲對高級官員的寵待。北齊時除授冗濫。從一品。　成休寧：北齊將領。位至都督、開府。事不詳。

[4]歸彦喻之：四庫本、中華本同，宋刻本、百衲本作"歸彦賀拔仁斛律金擁愔等唐突喻之"。按，疑宋刻本、百衲本抄寫出錯，重複抄寫了本段第一句有關内容，今删。

[5]朱華門：宮門名。北齊内宮門，在太極殿後。

[6]昭陽殿：宮殿名。在朱華門内。

[7]湛：北齊皇帝高湛（537—568），諡號武成。本書卷七、《北史》卷八有紀。

[8]獻皇帝：神武帝高歡。

[9]領軍：官名。即"中領軍""中領將軍""領軍將軍"之簡稱。掌中軍禁區。資望重者則稱領軍將軍，資輕者稱中領軍。北齊中領軍三品，領軍將軍從二品。　劉桃枝：北齊官吏。位至領軍、開府，封王爵。事見本書卷五〇《韓寶業等傳》、《北史》卷九二《齊諸宦者傳》。

[10]一目已出：四庫本、中華本同，宋刻本、百衲本無"一目"二字。從補。

[11]楊郎何所能：四庫本、中華本同，宋刻本、百衲本無

"何"字。從補。

[12]漢老嫗：漢老婦人，即皇太后。皇太后家爲趙郡士族。斟酌：安排。

[13]"先是童謠曰"至"道人姑夫死也"：童謠第一句影射楊愔被殺。第二句爲警告楊愔遠走。第三句說楊愔娶魏孝靜帝后爲妻是禍。殺（gǔ）䍽（lì），一種黑色長毛的公羊。頭生角，爲頭上用刀。

[14]羊爲愔也：四庫本、中華本同，宋刻本、百衲本無"爲愔"二字。從補。

[15]王晞（511—581）：字叔朗，小名沙彌，北海劇（今山東壽光市東南）人。王昕之弟。北齊官吏。本書卷三一《王昕傳》有附傳。

[16]孩幼兄弟皆除名：中華本校勘記云："《北史》卷四一'孩幼'下有'盡死'二字。按'孩幼'未必都做官，怎能'除名'，當脫'盡死'二字。"存疑。除名，即取消原有官員身份。名，名籍。

遵彥死，仍以中書令趙彥深代總機務。[1]鴻臚少卿陽休之私謂人曰：[2]"將涉千里，殺騏驥而策蹇驢，[3]可悲之甚。"愔所著詩賦表奏書論甚多，誅後散失，門生鳩集所得者萬餘言。

[1]趙彥深（507—576）：本名隱，字彥深，平原（今山東聊城市東北）人，祖籍南陽宛縣（今河南南陽市）。北齊大臣。本書卷三八、《北史》卷五五有傳。

[2]鴻臚少卿：官名。爲鴻臚寺次官，協掌賓客、朝會、禮儀事務。四品上。　陽休之（509—582）：字子烈，右北平無終（今天津市薊州區）人。北魏、東魏、北齊官吏。好學，愛文藻。本書

卷四二有傳，《北史》卷四七《陽尼傳》有附傳。

[3]蹇驢：跛驢。

燕子獻，字季則，廣漢下洛人。[1]少時相者謂之曰："使役在胡代，富貴在齊趙。"其後，遇宇文氏稱霸關中，[2]用爲典籤，[3]將命使於茹茹。[4]子獻欲驗相者之言，來歸。高祖見之大悅，[5]尚淮陽公主，[6]甚被待遇。顯祖時，[7]官至侍中、開府。濟南即位之後，委任彌重，除右僕射。子獻素多力，頭又少髮，當狼狽之際，排衆走出省門，斛律光逐而擒之。子獻歎曰："丈夫爲計遲，遂至於此矣。"

[1]廣漢下洛：廣漢，郡名。治所在今四川廣漢市北。治下無下洛縣。按《水經注集釋訂訛》卷一三"濕水"條："濕水又東逕下洛縣故城南，王莽之下忠也。魏燕州廣寧縣。廣寧郡治。"又《晉書·地理志》廣寧郡治下有下洛、潘、涿鹿三縣。疑"廣漢"爲"廣寧"之訛。下洛，縣名。治所在今河北涿鹿縣西。

[2]宇文氏：宇文泰。　關中：古地區名。泛稱函谷關以西爲關中。

[3]典籤：官名。南北朝設，爲諸王府、軍府、州府屬官，掌在軍府與州府間傳遞文書，兼司監察。

[4]茹茹：古族名。又稱"柔然""蠕蠕""蜹蠕""芮芮"等。其強盛時，勢力達於整個蒙古高原。該國汗族郁久閭氏源自雜胡（詳見曹永年《柔然源於雜胡考》，《歷史研究》1981年第3期）。境內有匈奴、鮮卑、高車、西域諸族以及其他民族，多以游牧爲生。《魏書》卷一〇三、《北史》卷九八有傳。

[5]高祖：齊神武皇帝高歡。

[6]淮陽公主：高歡女。一作"陽翟公主"。燕子獻妻。燕子獻初仕西魏爲典籤，後投高歡，妻以女。官至侍中、右僕射。"淮陽"宋刻本、百衲本、中華本同，四庫本作"陽翟"。中華本校勘記云："諸本及《北史》卷四一《燕子獻傳》'淮陽'作'陽翟'，唯三朝本作'淮陽'。按《册府》卷八六〇也作'淮陽'。此《傳》不出《北史》，叙事不同，《北史》作'陽翟'，此自作'淮陽'，《册府》可證。今從三朝本。"

[7]顯祖：北齊文宣帝高洋（529—559），廟號顯祖。本書卷四、《北史》卷七有紀。

可朱渾天和，道元之季弟也。[1]以道元勳重，尚東平公主。[2]累遷領軍大將軍，[3]開府。濟南王即位，加特進，改博陵公，[4]與楊愔同被殺。

[1]道元：可朱渾道元，字道元，又名可朱渾元。自云遼東（今遼寧遼陽市）人，然其曾祖爲懷朔（今内蒙古固陽縣西南）鎮將，定居於此。北魏、北齊官吏。本書卷二七、《北史》卷五三有傳。

[2]東平公主：北齊宗室。亦作"東平長公主"。高歡之女。

[3]領軍大將軍：官名。北齊文宣帝天保（550—559）中置，爲領軍府長官，總掌禁衛諸軍，在領軍將軍之上。位次尚書令，二品。

[4]博陵公：爵名。博陵，郡名。治所在今河北安平縣。

宋欽道，廣平人，[1]魏吏部尚書弁孫也。[2]初爲大將軍主簿，[3]典書記，[4]後爲黄門侍郎。又令在東宫教太子習事。[5]鄭子默以文學見知，[6]亦被親寵。欽道本文法吏，不甚諳識古今，[7]凡有疑事，必詢於子默。二人幸於兩宮，雖諸王貴臣莫不敬憚。欽道又遷祕書監。[8]與楊愔同詔贈吏部尚書、趙州刺史。[9]

[1]廣平：郡名。治所在今河北邯鄲市永年區。按，檢《魏書》卷六三《宋弁傳》："宋弁，字義和，廣平列人人也。"列人縣，治所在今河北肥鄉縣，縣於北齊廢，故本書言列人宋氏籍貫，皆祇言廣平，不及屬縣。

[2]弁：宋弁（？—499），字義和，廣平列人（今河北肥鄉縣東北）人。北魏官吏。《魏書》卷六三有傳。

[3]主簿：官名。掌文簿及閤內事。

[4]書記：指書信文牘工作。

[5]又令在東宮教太子習事：四庫本、中華本同，宋刻本、百衲本無"習"字。中華本校勘記云："三朝本無'習'字，諸本都有。《北史》卷二六《宋欽道傳》作'吏'。按'事'上當有一字，三朝本脫，今從諸本。"從補。

[6]鄭子默以文學見知：宋刻本、百衲本、中華本皆同，四庫本"鄭"前有"時"字。

[7]不甚諳識古今：四庫本、中華本同，宋刻本、百衲本無"不甚"二字。從補。

[8]祕書監：官名。爲祕書省主官。掌修撰國史及保管、典校書籍，並領著作省。北齊三品。

[9]與楊愔同詔贈吏部尚書、趙州刺史："詔"字宋刻本、百衲本、中華本同，四庫本作"誅"。宋刻本無"吏部尚書、趙州刺史"八字，四庫本、百衲本、中華本有。中華本校勘記云："諸本'詔'作'誅'，三朝本作'詔'，又無'吏部尚書、趙州刺史'八字。按楊愔於天統末追贈司空，宋欽道等也在同一詔書中追贈，所以説'同詔贈'。下《鄭頤傳》可證。他本都依《北史》改，不知

此《傳》本不出《北史》。今從三朝本。又三朝本所缺八字，乃所據史鈔有意刪節，非脫文，但無此八字，語氣不完。他本都據《北史》補，百衲本也從他本，今從諸本。"趙州，治所在今河北隆堯縣東。

鄭頤，字子默，彭城人。[1]高祖據，魏彭城守，自滎陽徙焉。[2]頤聰敏，頗涉文義。初爲太原公東閤祭酒，[3]與宋欽道特相友愛，欽道每師事之。楊愔始輕宋、鄭，不爲之禮。俄而自結人主，與參顧命。欽道復舊與濟南款狎，共相引致，無所不言。乾明初，拜散騎常侍。二人權勢之重，與愔相埒。愔見害之時，[4]邢子才流涕曰："楊令君雖其人，死日恨不得一佳伴。"頤後與愔同詔追贈殿中尚書、廣州刺史。[5]頤弟抗，字子信，頗有文學。武平末，[6]兼左右郎中，[7]待詔文林館。[8]

[1]彭城：郡名。治所在今江蘇徐州市老城區。
[2]滎陽：郡名。治所在今河南滎陽市北。
[3]東閤祭酒：官名。公府僚屬。掌謀議。
[4]愔見害之時：宋刻本、百衲本無"愔見害之時"至段末"待詔文林館"，共六十四字；四庫本、中華本有。中華本校勘記云："自此句至《傳》末'待詔文林館'，共六十三〔六十四〕字，三朝本無，他本據《北史》卷四一《鄭頤傳》末補。按這是有意刪節，非脫文，但補上情事較盡，今從他本。"從補。
[5]頤後與愔同詔追贈殿中尚書、廣州刺史：中華本校勘記云："諸本'追'作'進'，《北史》卷四一作'追'。按頤先無贈官，說進贈無據。且此六十三〔六十四〕字乃明人以《北史》補，今據《北史》改。"從補。殿中尚書，官名。爲尚書省六曹尚書之

一。管理宮殿禁衛、禮制、宮廷車馬及倉庫等事。領殿中、儀曹、三公、駕部四郎曹。三品。廣州，本治魯陽（今河南市魯山縣），武定中因陷於西魏，徙治襄城（今河南襄城縣）。

[6]武平：北齊後主高緯年號（570—576）。

[7]郎中：官名。疑即祕書郎。

[8]文林館：官署名。北齊武平三年置。引文學之士充之，稱待詔。

北齊書　卷三五[1]

列傳第二十七

裴讓之　弟諏之　讞之　皇甫和　李構　張宴之　陸卬
王松年　劉禕

　　裴讓之，字士禮。年十六喪父，殆不勝哀，其母辛氏泣撫之曰："棄我滅性，得爲孝子乎？"由是自勉。辛氏，高明婦則，又閑禮度。夫喪，諸子多幼弱，廣延師友，或親自教授。内外親屬有吉凶禮制，多取則焉。

　　[1]《北齊書》卷三五：中華本校勘記云："按此卷原缺，宋本、三朝本及南本卷末有宋人校語云：'此卷與《北史》同。'按《李構傳》叙籍貫歷官與《北史》卷四三本傳不同，且稱齊帝廟號；劉禕《北史》無傳。此二《傳》當是據《高氏小史》之類的史鈔補。其他各《傳》出於《北史》，字句也偶有異同。"

　　讓之少好學，有文俊辯，[1]早得聲譽。魏天平中舉秀才，[2]對策高第。累遷屯田、主客郎中，[3]省中語曰：[4]"能賦詩，裴讓之。"爲太原公開府記室。[5]與楊愔友善，[6]相遇則清談竟日。愔每云："此人風流警拔，裴文季爲不亡矣。"[7]梁使至，[8]帝令讓之攝主客郎。[9]

[1]有文俊辯：宋刻本、百衲本、中華本同，四庫本作"有文情清明俊辯"。

[2]魏：指東魏。 天平：東魏孝静帝元善見年號（534—537）。 秀才：時察舉科目名。

[3]累遷屯田、主客郎中：中華本"屯田""主客郎中"之間無頓號。屯田、主客郎中是"屯田郎中"與"主客郎中"兩個官職。不加頓號易誤以爲是一個官職。故兩個官職之間應加頓號。屯田郎中，官名。西晉、北魏、北齊時爲尚書省屯田曹主官。北齊六品上。主客郎中，官名。北齊改南主客郎中爲此稱，爲祠部主客曹主官，掌諸蕃雜客等事。六品上。

[4]省中語曰：四庫本、中華本同，宋刻本、百衲本無"省中"二字。從補。省中，宮禁之中。

[5]太原公：爵名。時爲高洋封爵。太原，郡名。治所在今山西太原市西南。 記室：官名。府中掌上章報表書記。北齊六品上。

[6]楊愔（511—560）：字遵彦，小名秦王，弘農華陰（今陝西華陰市）人，楊津子。北齊官吏。本書卷三四有傳，《北史》卷四一《楊播傳》有附傳。

[7]裴文季：事不詳。

[8]梁：指南朝梁。

[9]攝：官吏代理政事之稱。即非正式除授。 主客郎：官名。或稱"主客郎中"。東晉、南北朝尚書主客曹主官通稱。

第二弟諏之奔關右，[1]兄弟五人皆拘繫。神武問曰：[2]"諏之何在？"答曰："昔吴、蜀二國，諸葛兄弟各得遂心，[3]况讓之老母在，君臣分定，失忠與孝，愚夫不爲。伏願明公以誠信待物，若以不信處物，[4]物亦安能自信？以此定霸，猶却行而求道耳。"神武善其言，兄弟俱釋。歷文襄大將軍主簿，[5]兼中書舍人，[6]後兼散騎常侍聘梁。[7]文襄嘗入朝，讓之導引，容儀藴藉，文襄目之曰："士禮佳舍人。"遷長兼中書侍郎，[8]領舍人。[9]

[1]諏之：裴諏，字士正，河東聞喜（今山西聞喜縣）人。西魏官吏。本卷、《北史》卷三八《裴佗傳》有附傳。

[2]神武：北齊皇帝高歡（496—547），謚號神武。本書卷一、二，《北史》卷六有紀。

[3]諸葛兄弟：諸葛亮與其兄諸葛瑾。

[4]若以不信處物："以不"宋刻本、百衲本、中華本同，四庫本作"不以"。

[5]文襄：北齊皇帝高澄（521—549），謚號文襄，廟號世宗。本書卷三、《北史》卷六有紀。　主簿：官名。掌文簿及閤内事。大將軍主簿官位六品。

[6]中書舍人：官名。即中書通事舍人。爲中書省屬官，掌機要，參政務。北齊六品上。

[7]散騎常侍：官名。隸門下，掌規諫，典尚書奏事。參掌機要，位比侍中。北齊從三品。

[8]兼：官制用語。以本官兼任、兼行或兼領其他官職。　中書侍郎：官名。又稱"中書郎"，爲中書省副主官，掌起草書疏表檄。北齊從四品上。

[9]領：官制用語。高級官吏在本職外兼任低級職務稱"領"。

魏晉南北朝多爲暫攝之意。　舍人：官名。即中書舍人。

齊受禪，靜帝遜居別宮，[1]與諸臣別，讓之流涕歔欷。以參掌儀注，封寧都縣男。[2]帝欲以爲黃門郎，[3]或言其體重，不堪趨侍，乃除清河太守。[4]至郡未幾，楊愔謂讓之諸弟曰："我與賢兄交款，企聞善政。適有人從清河來，云姦吏斂迹，盜賊清靖。期月之期，翻然更速。"清河有二豪吏田轉貴、孫舍興久吏姦猾，[5]多有侵削，因事遂脅人取財。計贓依律不至死。讓之以其亂法，殺之。時清河王岳爲司州牧，[6]遣部從事案之。侍中高德政舊與讓之不協，[7]案奏言："當陛下受禪之時，讓之眷戀魏朝，嗚咽流涕，[8]比爲內官，[9]情非所願。"既而楊愔請救之，云："罪不合死。"文宣大怒，[10]謂愔曰："欲得與裴讓之同冢耶！"於是無敢言者。事奏，竟賜死於家。讓之次弟諏之。[11]

[1]靜帝：東魏皇帝元善見（524—551）。謚號孝靜。公元534年至550年在位。《魏書》卷一二、《北史》卷五有紀。　遜：遜位，退位。

[2]寧都縣男：爵名。寧都，縣名。治所在今陝西紫陽縣西北。

[3]帝欲以爲黃門郎：四庫本、中華本同，宋刻本、百衲本無"以"字。從補。黃門郎，官名。即"黃門侍郎"或"給事黃門侍郎"之簡稱。與侍中俱掌門下事。北齊四品上。

[4]除：官制用語。意爲任命。　清河：郡國名。西漢高帝置，治清陽縣（今河北清河縣）。西晉爲清河國，治清河縣（今山東臨清市）。北魏仍改爲郡。北齊移治武城縣（今河北清河縣西城關鄉西北）。

[5]田轉貴：清河（今山東臨清市東北）人。北齊豪吏。事不詳。　孫舍興：清河（今山東臨清市東北）人。北齊豪吏。事不詳。

[6]清河王：高岳的封爵號。　岳：高岳（512—555），字洪略，渤海蓨（今河北景縣）人。高翻子，高歡從父弟。東魏、北齊宗室大臣。本書卷一三、《北史》卷五一有傳。　司州牧：官名。北魏孝文帝太和二十三年（499）改司州刺史置。爲京畿最高行政長官。北齊從二品。

[7]侍中：官名。爲門下省長官。東晉南北朝因之。因此職親近皇帝，掌權便利，時有宰相之實。北齊三品。門下省掌省尚書事，兼掌侍從左右、出納詔命、顧問應對。南北朝時有封駁奏章之權。　高德政（？—559）：一作"高德正"，字士貞，渤海蓨（今河北景縣）人。東魏、北齊官吏。本書卷三〇有傳，《北史》卷三一《高允傳》有附傳。

[8]嗚咽流涕："嗚咽"四庫本、中華本同，宋刻本、百衲本作"嗚呼"。作"嗚咽"是，從改。

[9]内官：朝廷禁省官員。

[10]文宣：北齊開國皇帝高洋（529—559），諡號文宣。本書卷四、《北史》卷七有紀。

[11]讓之次弟諏之：宋刻本、百衲本、中華本同，四庫本無此句。

　　諏之，字士正，少好儒學，釋褐太學博士。[1]嘗從常景借書百卷，[2]十許日便返。景疑其不能讀，每卷策問，應答無遺。景歎曰："應奉五行俱下，[3]禰衡一覽便記，[4]今復見之於裴生矣。"楊愔闔門改葬，託諏之頓作十餘墓誌，[5]文皆可觀。讓之、諏之及皇甫和弟亮並知名於洛下，[6]時人語曰："諏勝於讓，和不如亮。"司空高乾致書曰：[7]"相屈爲户曹參軍。"[8]諏之復書不受署。沛王開大司馬府，[9]辟爲記室。[10]遷鄴後，[11]諏之留在河南，[12]西魏領軍獨孤信入據金墉，[13]以諏之爲開府屬，號曰"洛陽遺彦"。信敗，諏之居南山，[14]洛州刺史王元軌召爲中從事。[15]西師忽至，尋退，遂隨西師入關。周文帝以爲大行臺倉曹郎中，[16]卒。贈徐州刺史。[17]

[1]釋褐：脱下平民穿的衣服。喻指入仕做官。　太學博士：官名。任教太學之博士。北齊從七品。

[2]常景（？—550）：字永昌，河内温（今河南温縣）人。北魏、東魏官吏。孝文帝時入仕，爲太常博士。《魏書》卷八二有傳。

[3]應奉：字世叔，汝南南頓（今河南項城市西南南頓鎮）人。東漢官吏。少聰慧，博學多識。《後漢書》卷四八有傳。　五行俱下：一目五行。

[4]禰衡（173—198）：字正平，平原般（今山東寧津縣東南）人。東漢末名士。《後漢書》卷八〇下有傳。

[5]楊愔闔門改葬，託諏之頓作十餘墓誌："託"字四庫本、中華本同，宋刻本、百衲本作"訖"。中華本校勘記云："三朝本、百衲本無'改'字，'託'作'訖'。按誌石置於墓穴，豈有葬訖而作誌之理。今從南北等本。"説是，從改。

[6]皇甫和：安定朝那（今甘肅靈臺縣）人。皇甫璠之父。北魏官吏。爲本州治中。本卷有傳。　亮：皇甫亮，字君翼，安定朝那（今甘肅靈臺縣）人。北齊官吏。《北史》卷三八《裴佗傳》有附傳。　洛下：洛陽。

[7]司空：官名。魏晋南北朝爲名譽宰相，多爲大臣加官。一品。　高乾（497—533）：字乾邕，渤海蓨（今河北景縣）人。高翼子。北魏末大臣。本書卷二一有傳，《北史》卷三一《高允傳》有附傳。

[8]户曹參軍：官名。公府僚佐，官位六品。

[9]沛王：北魏宗室元欣的封爵號。沛，郡名。治所在今安徽蕭縣西北。

[10]辟：委任。各級軍政機關長官自行任命屬吏之行爲稱"辟"。 記室：官名。即"記室掾""記室令史""記室督""記室參軍"等官簡稱。

[11]鄴：都邑名。在今河北臨漳縣西南。北齊定都於此。

[12]河南：郡名。治所在今河南洛陽市西。

[13]西魏：朝代名（535—557）。永熙三年（534），北魏孝武帝元脩西奔關中投奔宇文泰，次年被毒死，宇文泰立元寶矩爲帝，建都長安。史稱西魏。歷三帝，二十三年。 獨孤信（503—557）：本名如願，雲中（今內蒙古和林格爾縣西北土城子）人。鮮卑族獨孤部。北魏至北周名將。《周書》卷一六、《北史》卷六一有傳。 金墉：城名。三國曹魏時所築，爲禁錮廢黜帝、后之所。故址在今河南洛陽市東。

[14]南山：嵩山。在今河南登封市西北。

[15]洛州：治所在今河南洛陽市東北。 王元軌：王則，字元軌，太原（今山西太原市西南）人。北魏、東魏官吏。孝明帝時，以軍功賜爵白水子。尒朱榮入洛，投依尒朱氏，後又投靠高歡。東魏初，任都督、荆州刺史，轉洛州刺史，進封太原縣伯。貪婪，好聚斂。卒，諡曰烈懿。 中從事：官名。治中從事。州刺史屬官，位在別駕從事下。

[16]周文帝：北周文帝宇文泰（505—556），字黑獺，代郡武川（今內蒙古武川縣）人。鮮卑族。北周奠基者。《周書》卷一、二，《北史》卷九有紀。 大行臺倉曹郎中：官名。西魏置。大行臺屬官。掌倉廩事務。

[17]徐州：治所在今江蘇徐州市。

讞之，字士平，七歲便勤學，早知名。累遷司徒主簿。[1]楊愔每稱歎云："河東士族，[2]京官不少，[3]唯此家兄弟，全無鄉音。"讞之雖年少，不妄交遊，唯與隴西辛術、趙郡李繪、頓丘李構、清河崔瞻爲忘年之友。[4]昭帝梓宮將還鄴，[5]轉儀曹郎，[6]尤悉歷代故事、儀注，喪禮皆能裁正。爲永昌太守，[7]客旅過郡，出私財供給，人間所無，預代下出，[8]爲吏人所懷。齊亡仕周，卒伊川太守。[9]

[1]司徒主簿：官名。爲司徒府僚屬，掌文簿及閤內事。北齊六品上。

[2]河東：郡名。治所在今山西永濟市蒲州鎮。

[3]京官不少：四庫本、中華本同，宋刻本、百衲本無"京"字。從補。

[4]隴西：郡名。治所在今甘肅隴西縣東南。　辛術（500—559）：一作"辛述"，字懷哲，隴西狄道（今甘肅臨洮縣）人。本書卷三八有傳，《北史》卷五〇《辛雄傳》有附傳。　趙郡：治所在今河北趙縣。　李繪：字敬文，趙郡平棘（今河北趙縣東南）人。東魏、北齊官吏。本書卷二九《李渾傳》、《北史》卷三三《李靈傳》有附傳。　頓丘：郡名。治所在今河南清豐縣西南。李構：字祖基，頓丘（今河南清豐縣西南）人。東魏、北齊官吏。本卷及《北史》卷四三《李崇傳》有附傳。　崔瞻（519—572）：亦作"崔贍"，字彥通，清河東武城（今河北清河縣東北）人。北齊官吏。博學強識，才學過人。本書卷二三《崔㥄傳》、《北史》卷二四《崔逞傳》有附傳。

[5]昭帝：北齊孝昭帝高演（535—561），字延安，渤海蓨（今河北景縣）人。高歡第六子。本書卷六、《北史》卷七有紀。

梓宫：指皇帝、皇后之棺。

[6]轉：官制用語。指官職的晋升。　儀曹郎：官名。爲尚書省儀曹主官，掌吉凶禮制事。北齊六品上。

[7]爲永昌太守："永昌"宋刻本、百衲本、中華本同，四庫本作"許昌"。永昌，郡名。治所在今山東成武縣東南。

[8]人間所無，預代下出：宋刻本、百衲本、中華本同，四庫本爲"民間無所，預代去日"。中華本校勘記云："諸本及《北史》卷三八'人間所無，預代下出'作'民間無所預，代去（《北史》作下）日'。三朝本如上摘句，《册府》卷六八八作'人間所無，預代下民所出'。按這裏美化封建官吏，叙事虚僞，已不待論。三朝本和《册府》説他暫時代墊，則以後仍要徵收，若如他本及《北史》，説成'民間無所預'，去事實更遠。今從三朝本。"

[9]齊亡仕周，卒伊川太守：四庫本、中華本同，宋刻本、百衲本作"仕周，卒伊川"。從補。伊川，郡名。治所在今河南嵩縣東北。周，鮮卑族宇文泰之子宇文覺廢西魏主自立，建號周（557—581），史稱北周，又稱後周。都長安（今陝西西安市）。歷五帝，二十五年。至静帝宇文衍爲隋所代。

皇甫和，字長諧，安定朝那人，[1]其先因官寓居漢中。[2]祖澄，[3]南齊秦、梁二州刺史。[4]父徽，字子玄，梁安定、略陽二郡守。[5]魏正始二年，[6]隨其妻父夏侯道遷入魏，[7]道遷别上勳書，[8]欲以徽爲元謀。徽曰："創謀之始，本不關預，雖貪榮賞，内愧於心。"遂拒而不許。梁州刺史羊靈祐重其敦實，[9]表爲征虜府司馬，[10]卒。和十一而孤，母夏侯氏，才明有禮則，親授以經書。及長，深沉有雅量，尤明禮儀，宗親吉凶，多相諮訪。卒於濟陰太守。[11]

[1]安定：郡名。治所在今甘肅涇川縣北。　朝那：縣名。治所在今甘肅靈臺縣西北。

[2]漢中：郡名。治所在今陝西漢中市。

[3]澄：皇甫澄，事不詳。

[4]南齊：南朝宋順帝昇明三年（479），齊王蕭道成禪代劉宋，改元稱帝，都建康（今江蘇南京市），以齊爲國號，史稱南齊、蕭齊，以别北朝齊。齊和帝中興二年（502）爲蕭衍所代。歷七主，二十四年。　秦：州名。治所在今江蘇南京市六合區。　梁：州名。治所在今陝西漢中市東。

[5]安定：郡名。治所在今湖北南漳縣西。　略陽：郡名。南朝僑置，齊梁州領有略陽郡，梁或繼之，治所或在今甘肅秦安縣隴城鎮。

[6]正始：北魏宣武帝元恪年號（504—508）。

[7]夏侯道遷（447—516）：譙國（今安徽亳州市）人。北魏官吏。《魏書》卷七一、《北史》卷四五有傳。

[8]道遷别上勳書：四庫本、中華本同，宋刻本、百衲本無"道遷"二字。從補。

[9]羊靈祐：羊祉，字靈祐，太山鉅平（今山東泰安市）人。北魏官吏。《魏書》卷八九、《北史》卷三九有傳。

[10]征虜：征虜將軍。爲雜號將軍之一。　司馬：高級幕僚。掌本府軍事及府内武官。

[11]濟陰：郡名。治所在今山東曹縣西北。

　　李構，字祖基，黎陽人。[1]祖平，[2]魏尚書僕射。[3]構少以方正見稱，釋褐開府參軍，[4]累遷譙州刺史，[5]卒。

　　[1]黎陽：郡名。治所在今河南浚縣東。

[2]平（？—516）：字曇定，頓丘（今河南清豐縣西南）人。北魏官吏。《魏書》卷六五有傳。

[3]尚書僕射：官名。尚書省次官。北魏、北齊時主管尚書省庶務，位列宰相，左僕射兼掌監察。從二品。

[4]參軍：官名。掌參謀軍務及諸曹事。

[5]譙州：治所在今安徽蒙城縣。

構從父弟庶，[1]魏大司農諧子。[2]方雅好學，風流規檢，甚有家風。稍遷臨漳令。[3]《魏書》出，[4]庶與盧斐、王松年等訟其不平，[5]並繫獄。魏收書王慧龍自云太原人，[6]又言王瓊不善事；[7]盧同附《盧玄傳》；[8]李平爲陳留人，[9]云其家貧賤。故斐等致訟，語楊愔云："魏收合誅。"愔黨助魏收，遂白顯祖罪斐等，[10]並髡頭鞭二百。庶死於臨漳獄中，庶兄岳痛之，[11]終身不歷臨漳縣門。

[1]從父：父親的兄弟，即伯父或叔父。

[2]大司農：官名。朝廷掌財政經濟的主官。爲九卿之一。北齊後改稱"司農卿"或"司農寺卿"。三品。 諧：李諧（496—544），字虔和，頓丘（今河南清豐縣西南）人。北魏、東魏官吏。博學有文辯。《魏書》卷六五《李平傳》、《北史》卷四三《李崇傳》有附傳。

[3]臨漳：縣名。治所在今河北臨漳縣西南鄴鎮。

[4]《魏書》：書名。北齊魏收撰。共一百三十卷。爲紀傳體魏史。

[5]盧斐：字子章，范陽涿（今河北涿州市）人。北齊酷吏。本書卷四七有傳。 王松年：太原晉陽（今山西太原市晉源區古城

營村一帶）人。北齊官吏。本卷有傳。

[6]魏收（505—572）：字伯起，小字佛助，鉅鹿下曲陽（今河北晋州市西）人。北朝時著名史學家。本書卷三七、《北史》卷五六有傳，《魏書》卷一〇四有其家世自序（部分爲後人所補）。王慧龍（？—440）：太原晋陽（今山西太原市晋源區古城營村一帶）人。北魏將領。《魏書》卷三八、《北史》卷三五有傳。 太原：郡名。治所在今山西太原市西南。

[7]王瓊：字世珍，太原晋陽（今山西太原市晋源區古城營村一帶）人。北魏官吏。《魏書》卷三八、《北史》卷三五《王慧龍傳》有附傳。

[8]盧同（476—532）：字叔倫，范陽涿（今河北涿州市）人。北魏官吏。《魏書》卷七六、《北史》卷三〇有傳。

[9]陳留：郡名。治所在今河南開封市。

[10]顯祖：北齊文宣帝高洋（529—559），廟號顯祖。本書卷四、《北史》卷七有紀。

[11]岳：李岳，字祖仁，頓丘（今河南清豐縣西南）人。東魏官吏。事見《魏書》卷六五《李平傳》、《北史》卷四三《李崇傳》。

張宴之，字熙德。幼孤，有至性，爲母鄭氏教誨，動依禮典。從尒朱榮平元顥，[1]賜爵武成子，[2]累遷尚書二千石郎中。[3]高岳征潁川，[4]復以爲都督中兵參軍兼記室。[5]宴之文士，兼有武幹，每與岳帷帳之謀，又常以短兵接刃，親獲首級，深爲岳所嗟賞。天保初，[6]文宣爲高陽王納宴之女爲妃，[7]令赴晋陽成禮。[8]宴之後園陪讌，坐客皆賦詩。宴之詩云："天下有道，主明臣直，雖休勿休，永貽世則。"文宣笑曰："得卿箴諷，深以慰懷。"後行北徐州事，[9]尋即真，爲吏人所愛。御史崔子武督察州郡，[10]至北徐州，無所案劾，唯得百姓所制《清德頌》數篇。[11]乃歎曰："本求罪狀，遂聞頌聲。"遷兖州刺史，[12]未拜，卒。贈齊州刺史。[13]

[1]尒朱榮（493—530）：字天寶，北魏北秀容（今山西朔州市）契胡人。繼父爲部落酋帥，六鎮起義後投魏。後擁立莊帝，自爲大丞相、天柱大將軍，封太原王。《魏書》卷七四、《北史》卷四八有傳。 元顥（？—529）：字子明，鮮卑族拓跋部人。北魏宗室、大臣。永安二年（529），乘亂於梁國（今河南商丘市南）城南即位，進入洛陽，改元建武。後被縣卒所殺。《魏書》卷二一上、《北史》卷一九《北海王詳傳》有附傳。

[2]武成子：爵名。武成，縣名。治所在今内蒙古清水河縣北。

[3]尚書二千石郎中：官名。尚書省二千石曹主官。北齊六品上。二千石曹掌監察京師以外地區。北齊隸都官尚書。

[4]潁川：郡名。治所在今河南許昌市。

[5]都督中兵參軍：官名。即都督的中兵曹參軍，掌有關軍事及都督府親兵。

[6]天保：北齊文宣帝高洋年號（550—559）。

[7]高陽王：北齊神武帝第十一子高湜的封爵號。高陽，郡名。治所在今河北高陽縣東。

[8]晋陽：縣名。治所在今山西太原市晋源區古城營村一帶。

[9]北徐州：治所在今山東臨沂市西。

[10]御史：官名。爲御史臺屬官，掌舉劾違失，監理郡縣及受公卿郡吏奏事等。 崔子武：一作"崔武"，博陵安平（今河北安平縣）人。東魏、北齊官吏。事見《魏書》卷五六《崔辯傳》。

[11]《清德頌》：頌文篇名。已佚。

[12]兖州：治所在今山東濟寧市兖州區新驛鎮東頓村南。

[13]齊州：治所在今山東濟南市。

陸卬，字雲駒。少機悟，美風神，好學不倦，博覽群書，五經多通大義。善屬文，甚爲河間邢卲所賞。[1]卲又與卬父子彰交遊，[2]嘗謂子彰曰："吾以卿老蚌遂出明珠，意欲爲群拜紀可乎？"[3]由是名譽日高，儒雅搢紳，尤所推許。起家員外散騎侍郎，[4]歷文襄大將軍主簿，中書舍人，兼中書侍郎，[5]以本職兼太子洗馬。[6]自梁、魏通和，歲有交聘，卬每兼官燕接，在帝席賦詩，卬必先成，[7]雖未能盡工，以敏速見美。

[1]河間：郡名。治所在今河北河間市南。　邢卲（496—？）：字子才，河間鄚（今河北任丘市北）人。北魏、東魏、北齊官吏。博學能文，與温子升、魏收齊名。原著有《邢子才集》，已散佚。本書卷三六有傳，《北史》卷四三《邢巒傳》有附傳。

[2]卲又與卬父子彰交遊：四庫本、中華本同，宋刻本、百衲本無"卬父"二字。從補。子彰，即陸子彰。字明遠，本名士沈。鮮卑族。北魏、東魏官吏。《魏書》卷四〇、《北史》卷二八《陸俟傳》有附傳。

[3]意欲爲群拜紀可乎："群"字四庫本、中華本同，宋刻本、百衲本作"君"。按，此處用漢末孔融與陳紀、陳群父子交友典。《三國志》卷二二《魏書·陳群傳》："孔融高才倨傲，年在紀、群之間，先與紀友，後與群交，更爲紀拜，由是顯名。"據改。

[4]員外散騎侍郎：官名。屬散騎省，掌規諫等，初無定員。南北朝後有定員。歷來爲清閑之職，亦爲高門子弟起家官。北齊七品上。

[5]兼中書侍郎："侍郎"中華本同，宋刻本、四庫本、百衲

本作"郎中"。中華本校勘記云:"諸本'侍郎'作'郎中',《北史》卷二八《陸卬傳》作'侍郎'。按中書省無郎中。《御覽》卷六〇〇引《三國典略》稱'高澄嗣渤海王,聞謝挺、徐陵來聘,遣中書侍郎陸昂於滑臺迎勞',時間亦相當。知《北史》是,今據改。下云'除中書侍郎',乃是正除,非重複。"説是,從改。

[6]太子洗馬:官名。典經局主官,掌東宮圖籍經書及校勘。北齊從五品上。

[7]在帝席賦詩,卬必先成:中華本校勘記云:"《北史》卷二八、《册府》卷八五〇無'帝'字。《御覽》卷六〇〇引《三國典略》亦無。按上文説的是陸卬接待梁使,所云賦詩即在此種宴會上,'帝'字疑衍。"存疑。

除中書侍郎,修國史。以父憂去職,居喪盡禮,哀毀骨立。詔以本官起。文襄時鎮鄴,嘉其至行,親詣門以慰勉之。卬母魏上庸公主,[1]初封藍田,[2]高明婦人也,甚有志操。卬昆季六人,[3]並主所生。故邢卲常謂人云:"藍田生玉,[4]固不虛矣。"主教訓諸子,皆禀義方,雖創巨痛深,出於天性,然動依禮度,亦母氏之訓焉。卬兄弟相率廬於墓側,負土成墳,朝廷深所嗟尚,發詔褒揚,改其所居里爲孝終里。服竟當襲,不忍嗣侯。

[1]魏上庸公主:北魏皇族。獻文帝孫女,咸陽王元禧女。
[2]藍田:縣名。治所在今陝西藍田縣。
[3]昆季:弟兄。
[4]藍田生玉:藍田所産之玉爲古代名玉。此借喻公主教子有方。

天保初，常山王薦印器幹，[1]文宣面授給事黃門侍郎，[2]遷吏部郎中。[3]上洛王思宗爲清都尹，[4]辟爲邑中正，[5]食貝丘縣幹。[6]遭母喪，哀慕毀悴，殆不勝喪，至沉篤，頓昧伏枕。又感風疾。第五弟搏遇疾臨終，[7]謂其兄弟曰："大兄尫病如此，性至慈愛，搏之死日，必不得使大兄知之，[8]哭泣聲必不可聞徹，致有感慟。"家人至於祖載，方始告之。印聞而悲痛，一慟便絶，年四十八。印自在朝，篤慎固密，不説人短，不伐己長，言論清遠，有人倫鑒裁，[9]朝野甚悲惜之。贈衛將軍、青州刺史，[10]謚曰文。所著文章十四卷，行於世。齊之郊廟諸歌，多印所制。子乂嗣，襲爵始平侯。[11]

　　[1]常山王：北齊孝昭帝高演的封爵號。常山，郡名。治所在今河北石家莊市藁城區西北。

　　[2]給事黃門侍郎：官名。東漢合併"黃門侍郎"與"給事黃門"而置。與侍中俱管門下衆事。北齊四品上。

　　[3]吏部郎中：官名。魏晋南北朝與吏部郎互稱。爲尚書省吏部郎曹主官。掌官吏銓選。北齊四品上。

　　[4]上洛王：北齊神武帝高歡從子高思宗的封爵號。上洛，郡名。治所在今陝西商洛市商州區。　思宗：高思宗，渤海蓨（今河北景縣）人。北齊宗室、大臣。高歡從子。本書卷一四、《北史》卷五一有傳。　清都尹：官名。北齊置。北齊都鄴，鄴屬魏郡，故改魏郡守爲清都尹，掌治京師地區。

　　[5]邑中正：郡中正。掌郡人才的考察。即將當地士人按才能品德，參照門第分成九品，供吏部選用。

　　[6]食貝丘縣幹：食幹，北齊的一種制度。幹，原爲漢至南北朝時一種身份和地位低下的官吏，後變爲供役使的雜户。北齊時，

官員可依品級高低，得到數量不等的"幹"。又因"幹"可納資代役，故北齊時盛行"食幹"之制。貝丘縣，治所在今山東臨清市。

[7]搏：陸搏，一作"陸摶"。字雲征。東魏、北齊官吏，官至著作郎。事見《北史》卷二八《陸俟傳》。

[8]必不得使大兄知之："得"字百衲本、中華本同，宋刻本、四庫本作"令"。

[9]人倫鑒裁：謂品評人才的鑒識。

[10]衛將軍：官名。掌典禁兵，北齊二品。　青州：治所在今山東青州市。

[11]始平侯：爵名。始平，縣名。治所在今陝西興平市東北。

　　王松年，少知名。文襄臨并州，[1]辟爲主簿，累遷通直散騎常侍，[2]副李緯使梁。[3]還，歷位尚書郎中。[4]魏收撰《魏書》成，松年有謗言，文宣怒，禁止之，仍加杖罰。歲餘得免，除臨漳令，遷司馬、別駕、本州大中正。[5]孝昭擢拜給事黃門侍郎。[6]帝每賜坐，與論政事，甚善之。孝昭崩，松年馳驛至鄴都宣遺詔，發言涕泗，迄於宣罷，容色無改，辭吐諧韻。宣訖，號慟自絕於地，百官莫不感慟。還晉陽，兼侍中，護梓宮還鄴。諸舊臣避形迹，無敢盡哀，唯松年哭甚流涕，朝士咸恐。武成雖忿松年戀舊情切，[7]亦雅重之。以本官加散騎常侍，[8]食高邑縣幹，[9]參定律令，前後大事多委焉。兼御史中丞。[10]發晉陽之鄴，在道遇疾卒。贈吏部尚書、并州刺史，[11]諡曰平。[12]第三子邵，[13]最知名。

　　[1]并州：治所在今山西太原市晉源區古城營村一帶。

　　[2]通直散騎常侍：官名。將員外散騎常侍與散騎常侍通員值

班而得名。職掌品秩與散騎常侍略同。屬集書省。北齊四品。

[3]李緯（504—549）：一名李系，字乾經，趙郡平棘（今河北趙縣東南）人。東魏官吏。《魏書》卷四九、《北史》卷三三《李靈傳》有附傳。

[4]尚書郎中：官名。即尚書郎，分掌尚書諸郎曹事。北齊六品上。

[5]司馬：高級幕僚。掌軍事及府內武官。　別駕：官名。爲州刺史僚屬。因隨刺史行部，別乘傳車而名之。錄衆事。歷朝因之。官秩不一。　州大中正：掌一州人才的考察。供吏部選用。北齊時規定州大中正須由京官擔任，如官職調出京師，則不能擔任此職。北齊時州大中正視五品。

[6]孝昭：北齊皇帝高演（535—561），諡號孝昭。本書卷六、《北史》卷七有紀。

[7]武成雖忿松年戀舊情切：宋刻本、百衲本、中華本同，四庫本"松年"後有"然以"二字。武成，北齊皇帝高湛（537—568），諡號武成。本書卷七、《北史》卷八有紀。

[8]加：官制用語。加官，即兼任。

[9]食高邑縣幹："幹"字宋刻本、百衲本、四庫本作"侯"。中華本校勘記云："諸本'幹'作'侯'。按'食幹'是北齊制度，屢見本書和《北史》，《隋書》卷二七《百官志》中也有記載。'侯'應稱'封'，從無食某縣侯的記載。今據《北史》卷三五《王松年傳》改。"說是，從中華本改。高邑縣，治所在今河北高邑縣。

[10]御史中丞：官名。爲御史臺主官。掌糾察百官、審核疑案。北齊從三品。

[11]吏部尚書：官名。爲尚書吏部曹主官。掌官吏銓選、封爵、考課之政。居尚書省諸尚書之首，稱"大尚書"。北齊三品。

[12]平：治而無眚曰平。無災罪也。

[13]卲：王卲，字君懋，太原晉陽（今山西太原市晉源區古

城營村一帶）人。北齊時官至中書舍人。隋朝史官。《北史》卷三五《王慧龍傳》有附傳。

劉禕，[1]字彥英，彭城人。[2]父世明，[3]魏兗州刺史。禕性弘裕，有威重，容止可觀，雖昵友密交，朝夕遊處，莫不加敬。好學，善《三禮》，[4]吉凶儀制，尤所留心。魏孝昌中，[5]釋巾太學博士。[6]累遷睢州刺史，[7]邊人服其威信，甚得疆場之和。世宗輔政，[8]降書褒獎，云："以卿家世忠純，弈代冠冕。賢弟賢子，並與吾共事，懷抱相託，亦自依然。宜勗心力，以副所委，莫慮不富貴。"秩滿，逕歸鄉里侍父疾，竟不入朝。父喪，沉頓累年，非杖不起。世宗致辟，禕稱疾不動。五子，璿、玘、璞、瑗、瓚，並有志節，爲世所稱。[9]

[1]禕：宋刻本、百衲本、中華本同，四庫本作"禕"。
[2]彭城：郡名。治所在今江蘇徐州市老城區。
[3]世明：劉世明（？—541），字伯楚，彭城（今江蘇徐州市老城區）人。北魏官吏。《魏書》卷五五《劉芳傳》有附傳。
[4]《三禮》：《儀禮》《周禮》《禮記》三書的合稱。
[5]孝昌：北魏孝明帝元詡年號（525—527）。
[6]釋巾：脫下平民的頭巾。謂開始做官。
[7]睢州：治所在今安徽靈璧縣。
[8]世宗：北齊文襄帝高澄（521—549），廟號世宗。本書卷三、《北史》卷六有紀。
[9]五子，璿、玘、璞、瑗、瓚，並有志節，爲世所稱：中華本校勘記云："《御覽》卷三七九引《北齊書》云：'劉禕五子，並有志行，爲世所稱。璿字祖玉，聰敏機悟，美姿儀，爲其舅北海王

昕所愛。顧座曰："可謂珠玉在傍，覺我質穢。"'按《册府元龜》卷八八三也有這一段，祇是誤以爲劉禕，作'劉禕聰敏機悟'云云，下全同《御覽》。此段文字爲《北齊書·劉禕傳》佚文無疑。原文當詳劉璿始末，五子也必不止叙璿一人。"

北齊書 卷三六[1]

列傳第二十八

邢卲

　　邢卲,[2]字子才,河間鄚人,[3]魏太常貞之後。[4]父虬,[5]魏光祿卿。[6]卲小字吉,[7]少時有避,遂不行名。年五歲,魏吏部郎清河崔亮見而奇之,[8]曰:"此子後當大成,位望通顯。"十歲,便能屬文,雅有才思,聰明強記,日誦萬餘言。族兄巒,[9]有人倫鑒,[10]謂子弟曰:"宗室中有此兒,非常人也。"少在洛陽,[11]會天下無事,與時名勝專以山水遊宴爲娛,不暇勤業。嘗因霖雨,乃讀《漢書》,五日,略能遍記之。後因飲謔倦,方廣尋經史,五行俱下,一覽便記,無所遺忘。文章典麗,既贍且速。年未二十,[12]名動衣冠。[13]嘗與右北平陽固、河東裴伯茂、從兄罘、河南陸道暉等至北海王昕舍宿飲,[14]相與賦詩、凡數十首,皆在主人奴處。旦日奴行,諸人求詩不得,卲皆爲誦之,諸人有不認詩者,奴還得本,不誤一字。諸人方之王粲。[15]吏部尚書隴西李神儁大相欽重，[16]引爲忘年之交。

　　[1]《北齊書》卷三六：中華本校勘記云："按此卷原缺，後人以《北史》卷四三《邢卲傳》補，但刪節很多，字句也有異同。"

　　[2]邢卲："卲"字中華本同，宋刻本、四庫本、百衲本作"邵"。中華本校勘記云："諸本'卲'作'邵'，他處也或作'劭'。按'卲'與'劭'通，作'邵'誤。今一律作'卲'，他處不再出校記。"從中華本改。

　　[3]河間：郡名。治所在今河北河間市南。　鄭：四庫本、中華本同，宋刻本、百衲本作"鄚"。鄭，縣名。治所在今河北任丘市北。作"鄚"是，從四庫本改。

　　[4]魏：即北魏（386—557）。北朝政權之一。公元386年鮮卑人拓跋珪建立代國，初居盛樂（今内蒙古和林格爾縣），398年定都平城（今山西大同市東北），後遷都洛陽（今河南洛陽市東北）。永熙三年（534）分裂爲東魏與西魏。東魏（534—550）都於鄴（今河北臨漳縣西南鄴鎮東），西魏（535—557）都於長安（今陝西西安市西北郊）。　太常：官名。爲九卿之一，掌邦國禮樂、祭祀、朝會等事。北齊三品。　貞：邢貞，事不詳。

　　[5]虬：邢虬，字神虎，一作"神彪"。北魏官吏。《魏書》卷六五、《北史》卷四三《邢巒傳》有附傳。

　　[6]光禄卿：官名。北齊改"光禄勳"爲此稱。爲列卿之一。掌百官膳食、宮殿門户、鋪設器物等。爲光禄寺主官。三品。

　　[7]卲小字吉：四庫本、中華本同，宋刻本、百衲本無"卲"字。據《北史》補。

　　[8]吏部郎：官名。爲吏部郎曹主官，與吏部郎中、吏部侍郎互稱。掌官吏銓選。北齊四品上。　清河：郡國名。西漢高帝置，治清陽縣（今河北清河縣）。西晋爲清河國，治清河縣（今山東臨

清市)。北魏仍改爲郡。北齊移治武城縣（今河北清河縣西城關鄉西北)。　崔亮（？—521)：字敬儒，清河東武城（今河北清河縣東北）人。北魏官吏。《魏書》卷六六、《北史》卷四四有傳。

[9]巒：邢巒（464—514)，字洪賓，河間鄚（今河北任丘市北）人。北魏將領。《魏書》卷六五、《北史》卷四三有傳。

[10]人倫鑒：謂品評人才的鑒識。

[11]洛陽：縣名。治所在今河南洛陽市東北。

[12]年未二十："年"字宋刻本、四庫本、中華本同，百衲本作"季"。作"年"是，從改。

[13]衣冠：士大夫，官紳。

[14]右北平：郡名。治所在今河北唐山市豐潤區東南。　陽固（467—523)：字敬安，北平無終（今天津市薊州區）人。北魏官吏。博覽群書，有文才。《魏書》卷七二、《北史》卷四七《陽尼傳》有附傳。　河東：郡名。治所在今山西永濟市蒲州鎮。　裴伯茂：河東聞喜（今山西聞喜縣）人。北魏、東魏官吏。學涉群書，文藻富贍。《魏書》卷八五有傳。　罴：邢罴，河間鄚（今河北任丘市北）人。邢卲從兄。北魏文士。事不詳。　河南：郡名。治所在今河南洛陽市西。　陸道暉：陸暐，字道暉，鮮卑族。北魏官吏。《魏書》卷四〇、《北史》卷二八《陸俟傳》有附傳。　北海：郡名。治所在今山東昌樂縣西。　王昕（？—559)：字元景，北海劇（今山東壽光市東南）人。北魏、東魏、北齊官吏。本書卷三一有傳，《北史》卷二四《王憲傳》有附傳。

[15]王粲（177—217)：字仲宣，山陽高平（今山東鄒縣）人。東漢末著名文學家，"建安七子"之一。《三國志》卷二一有傳。

[16]吏部尚書：官名。爲尚書吏部曹主官。掌官吏銓選、封爵、考課之政。居尚書省諸尚書之首，稱"大尚書"。北齊三品。　隴西：郡名。治所在今甘肅隴西縣東南。　李神儁（478—541)：名挺，字神儁（一作"神雋")，小名提，隴西狄道（今甘肅臨洮

縣）人。北魏、東魏官吏。《魏書》卷三九《李寶傳》有附傳，《北史》卷一〇〇有傳。

釋巾爲魏宣武挽郎，[1]除奉朝請，[2]遷著作佐郎。[3]深爲領軍元叉所禮，[4]叉新除尚書令，[5]神儁與陳郡袁翻在席，[6]又令卲作謝表，須臾便成，以示諸賓。神儁曰："邢卲此表，足使袁公變色。"孝昌初，[7]與黃門侍郎李琰之對典朝儀。[8]自孝明之後，[9]文雅大盛，卲雕蟲之美，[10]獨步當時，每一文初出，京師爲之紙貴，讀誦俄遍遠近。于時袁翻與范陽祖瑩位望通顯，[11]文筆之美，見稱先達，以卲藻思華贍，深共嫉之。每洛中貴人拜職，多憑卲爲謝表。嘗有一貴勝初受官，[12]大集賓食，翻與卲俱在坐。翻意主人託其爲讓表。遂命卲作之。翻甚不悅，每告人云："邢家小兒嘗客作章表，[13]自買黃紙，寫而送之。"卲恐爲翻所害，乃辭以疾。屬尚書令元羅出鎭青州，[14]啓爲府司馬。[15]遂在青土，終日酣賞，盡山泉之致。

[1]釋巾：脱下平民的頭巾。謂開始做官。　魏宣武：北魏宣武帝元恪（483—515）。孝文帝次子。公元499年至515年在位。《魏書》卷八、《北史》卷四有紀。　挽郎：官名。魏晋時爲帝后喪禮時的儀仗官。由官宦子弟爲之。

[2]除：官制用語。意爲任命。　奉朝請：官名。北齊爲職事官，隸集書省，掌諫議獻納。從七品。

[3]著作佐郎：官名。協助著作郎修國史。北齊七品。

[4]元叉："叉"字宋刻本、四庫本、百衲本作"义"。今從中華本作"叉"。元叉（？—525），一作"元义"。字伯儁，小字夜

叉，鮮卑族拓跋部人。北魏宗室、大臣。《魏書》卷一六、《北史》卷一六《京兆王黎傳》有附傳。

[5]叉新除尚書令：宋刻本、四庫本、百衲本"除"後有"遷"字。中華本校勘記云："諸本及《北史》卷四三《邢卲傳》，'除'下衍'遷'字，據《册府》卷八三九、《通志》卷一五五《邢卲傳》删。"從删。尚書令，官名。魏晋以降，總掌全國行政。如設有録尚書事，則尚書令職權往往在其之下。多數情況下是實際上的宰相。北齊二品。

[6]陳郡：治所在今河南淮陽縣。　袁翻（476—528）：字景翔，陳郡項（今河南沈丘縣南）人。北魏官吏。少以才學擅美一時。《魏書》卷六九、《北史》卷四七有傳。

[7]孝昌：北魏孝明帝元詡年號（525—527）。

[8]黃門侍郎：官名。東漢與給事黃門侍郎合爲一職，與侍中俱掌門下事。歷朝因之。北齊四品上。　李琰之（？—533）：字景珍，小字黑蠡（一作"默蠡"），隴西狄道（今甘肅臨洮縣）人。北魏官吏。《魏書》卷八二有傳。

[9]孝明：魏孝明帝（510—528）。宣武帝次子。公元515年至528年在位。《魏書》卷九、《北史》卷四有紀。

[10]雕蟲：喻文筆、文章。典出漢楊雄《法言》卷二："或問'吾子少而好賦'。曰：'然。童子雕蟲篆刻。'俄而，曰：'壯夫不爲也。'"

[11]范陽：郡名。治所在今河北涿州市。　祖瑩：字元珍，范陽遒（今河北淶水縣北）人。北魏、東魏官吏。幼時好學耽書，有"聖小兒"之譽。《魏書》卷八二、《北史》卷四七有傳。

[12]受：宋刻本、百衲本、中華本同，四庫本作"授"。

[13]邢家小兒嘗客作章表：中華本校勘記云："諸本'嘗'作'當'，三朝本、百衲本作'嘗'，《北史》卷四三作'常'。按'客作'連文，即受人僱傭之意。袁翻譏笑邢卲爲貴人作章表有同受僱。作'嘗'或'常'是，後人不解客作之意，臆改爲'當'。

今從三朝本。"

[14]屬（zhǔ）：適逢，當。　元羅（？—568）：字仲綱，鮮卑族拓跋部人。北魏宗室。終仕於西魏、北周。《魏書》卷一六、《北史》卷一六《京兆王黎傳》有附傳。　青州：治所在今山東青州市。

[15]司馬：高級幕僚。掌軍事及府内武官。歷朝因之。

永安初，[1]累遷中書侍郎，[2]所作詔誥，文體宏麗。及尒朱榮入洛，[3]京師擾亂，卲與弘農楊愔避地嵩高山。[4]普泰中，[5]兼給事黄門侍郎，[6]尋爲散騎常侍。[7]太昌初，[8]敕令恒直内省，[9]給御食，[10]令覆按尚書門下事，[11]凡除大官，先問其可否，然後施行。除衛將軍、國子祭酒。[12]以親老還鄉，詔所在特給兵力五人，并令歲一入朝，以備顧問。丁母憂，[13]哀毁過禮。

[1]永安：北魏孝莊帝元子攸年號（528—530）。

[2]中書侍郎：官名。即中書郎，爲中書省次官，掌起草書疏表檄。北齊從四品上。

[3]及尒朱榮入洛："尒朱榮"宋刻本、四庫本、百衲本作"尒朱兆"。中華本校勘記云："諸本及《北史》卷四三'榮'作'兆'，《册府》卷九四九作'榮'。按《北史》卷四八《尒朱榮傳》稱永安三年（五三〇）八月榮被殺前，揚言赴洛陽，'京師人懷憂懼，中書舍人邢子才之徒已避之東出'。又本書卷三四《楊愔傳》（補）也叙愔與邢卲隱居嵩山事於尒朱榮被殺前。知作'兆'誤，今據《册府》改。"説是，從中華本改。尒朱榮（493—530），北魏北秀容（今山西朔州市）契胡首領。字天寶。《魏書》卷七四、《北史》卷四八有傳。洛，洛陽的簡稱。其城南臨洛水，故簡

稱洛。

[4]弘農：郡名。治所在今河南靈寶市北。　楊愔（511—560）：字遵彦，小名秦王，弘農華陰（今陝西華陰市）人，楊津子。北齊官吏。本書卷三四有傳，《北史》卷四一《楊播傳》有附傳。　嵩高山：山名。即今河南登封市嵩山。

[5]普泰：北魏節閔帝元恭年號（531—532）。

[6]給事黄門侍郎：官名。東漢合併"黄門侍郎"與"給事黄門"而置。北朝沿置。

[7]散騎常侍：官名。隸集書省，參掌機要，位比侍中。北齊從三品。

[8]太昌：北魏孝武帝元脩年號（532）。

[9]敕：南北朝以下，對君主詔命的專稱。　内省：自漢起，泛指宫禁内之官署。此指中書省。

[10]給御食："御食"宋刻本、四庫本、百衲本作"御史"。中華本校勘記云："諸本'御食'作'御史'，南本、局本作'御食'。按'給御史'不易解釋。《通志》卷一五五也作'食'，本書卷三一《王晞傳》稱'朝晡給與御食'，知作'御食'是。今從南本。"説是，從中華本改。

[11]尚書：尚書省。　門下：門下省。

[12]衛將軍：官名。掌典禁兵，多由大臣兼任。北齊二品。國子祭酒：官名。爲國子學主官。北齊從三品。

[13]丁母憂：遭母喪事。

後楊愔與魏收及邵請置學。[1]（奏曰：

[1]後楊愔與魏收及邵請置學：宋刻本、百衲本、中華本同，四庫本"請置學"後有"及修立明堂"五字。中華本校勘記云："南、北、汲、殿、局五本'請置學'下有'及修立明堂'五字，

三朝本、百衲本及《北史》卷四三無。又《北史》'魏收'作'魏元乂'。錢氏《考異》卷三九（《北史》邢卲條）云：'按史敘此事於太昌［北魏孝武帝年號（五三二）］之後，元乂死已久，《北齊書》以爲魏收者爲近之。然考之《魏書·李崇傳》（卷六六），此奏實出於崇，與楊愔、魏收、邢卲諸人初不相涉。'按此《傳》所云楊愔等所請乃是置學。這時元乂、李崇都已前死。明是楊愔等請置學之奏文已缺，《北史》誤本將同卷《李崇傳》文羼入《邢卲傳》。以《北史》補《北齊書》此《傳》者又沿其誤。唯《北史》和較早的《北齊書》版本尚無'及修建明堂'五字，而李崇之奏，却以請修建明堂爲主，令人有文不對題之感。明人校勘《北齊書》，爲之補苴漏洞，又增此五字，可謂錯上加錯。今從三朝本無五字，下文自'奏曰'以下至'別議經始'共六百六十三字本非此《傳》中語，今用括號標出，以示區別。"説是，從改。魏收（505—572），字伯起，小字佛助，鉅鹿下曲陽（今河北晉州市西）人。北朝時著名史學家。本書卷三七、《北史》卷五六有傳，《魏書》卷一〇四有其家世自序（部分爲後人所補）。

世室明堂，顯於周、夏；[1]一黌兩學，[2]盛自虞、殷。[3]所以宗配上帝，以著莫大之嚴；宣布下土，以彰則天之軌。養黃髮以詢哲言，育青衿而敷教典，[4]用能享國長久，風徽萬祀者也。爰暨亡秦，改革其道，坑儒滅學，以蔽黔黎。[5]故九服分崩，祚終二代。炎漢勃興，更修儒術。故西京有六學之義，[6]東都有三本之盛。[7]逮自魏、晉，撥亂相因，兵革之中，學校不絶。仰惟高祖孝文皇帝稟聖自天，[8]道鏡今古，列校序於鄉黨，敦詩書於郡國。但經始事殷，戎軒屢駕，未遑多就，弓劍弗追。世宗統歷，[9]聿遵先緒，永平之中，[10]大興板築。續以水旱，戎馬生郊，雖逮爲山，還停一簣。而明堂禮樂之本，乃鬱荆棘之林；膠序德義之基，空盈牧竪之跡；城隍嚴固之重，闕塼石之功；墉構顯望之要，少樓榭之飾。加以風雨稍侵，漸致虧墜。非所謂追隆堂構，儀刑萬國者也。伏聞朝議以高祖大造區夏，[11]道侔姬文，[12]擬祀明堂，式配上帝。今若基址不修，乃同丘畎，[13]即使高皇神享，闕於國陽，宗事之典，有聲無實。此臣子所以匪寧，億兆所以佇望也。

[1]世室明堂，顯於周、夏：中華本校勘記云："《北史》卷四三、《冊府》卷六〇三無此八字。按這是李崇奏文的開頭（見《魏書》卷六六），《北史》屬入《邢卲傳》時當亦有此八字，後人校《北史》者見上衹說楊愔等請建學，與明堂無關，故逕刪去。取《北史》補此傳時，八字尚未刪。"周，公元前十一世紀，周武王滅商後建立，都鎬（今陝西西安市長安區灃河以東）。夏，相傳爲禹所建立。

[2]黌（hóng）：學校。 兩學：指國學和太學。

[3]虞：虞舜。姚姓，有虞氏，名重華。詳見《史記》卷一《五帝本紀》。 殷：約公元前十七世紀初，湯滅夏後所建，傳至盤庚時遷於殷（今河南安陽市），因而稱爲殷或殷商。

[4]青衿：青領，學子的服飾。後稱士子爲青衿。

[5]黔黎：庶民、黎民。

[6]六學：指儒家的六經。即《詩》《書》《禮》《樂》《易》《春秋》。

[7]三本：皇帝內府藏書，圖籍各備三本，以便保存。

[8]高祖孝文皇帝：北魏孝文帝元宏（467—499）。獻文帝子。公元471年至499年在位。《魏書》卷七、《北史》卷三有紀。

[9]世宗：北魏宣武帝元恪（483—515），孝文帝次子。公元499年至515年在位。好佛學。延昌四年（515）死，謚號宣武，廟號世宗。《魏書》卷八、《北史》卷四有紀。

[10]永平：北魏宣武帝元恪年號（508—512）。

[11]高祖：北魏孝文帝。

[12]姬文：周文王。

[13]乃同丘畎："乃"字宋刻本、四庫本、百衲本作"仍"。今從中華本作"乃"。

　　臣又聞官方授能，[1]所以任事，事既任矣，酬之以祿。如此則上無曠官之譏，下絶尸素之謗。[2]今國子雖有學官之名，無教授之實，何異兔絲燕麥，[3]南箕北斗哉？[4]

[1]官方：作官應守的常道。《國語·晉語四》："舉善援能，官方定物。"注："方，常也。"

[2]尸素：尸位素餐，指居位食祿而不理事。《漢書》卷六七《朱雲傳》："今朝廷大臣，上不能匡主，下亡以益民，皆尸位素餐，孔子所謂'鄙夫不可與事君'，'苟患失之，亡所不至'者也。"

[3]兔絲燕麥：比喻有名無實。《資治通鑑》卷一四八梁天監十五年"兔絲燕麥"注："言兔絲有絲之名而不可以織，燕麥有麥之名而不可以食。古歌曰：田中兔絲，如何可絡！道邊燕支，何嘗可獲……皆謂有名無實也。"

[4]南箕北斗：星中二十八宿，和南北東西四方相連爲名的，祇有箕、斗、井、壁四星。當箕斗都在南方的時候，箕南而斗北。所以叫南箕北斗。《詩·小雅·大東》："維南有箕，不可以簸揚；

維北有斗，不可以挹酒漿。"後就用來作徒有虛名而無實用的比喻。

昔劉向有言，[1]王者宜興辟雍、陳禮樂以風天下。夫禮樂所以養人，刑法所以殺人，而有司勤勤，請定刑法，至於禮樂，則曰未敢。是敢於殺人，不敢於養人也。臣以爲當今四海清平，九服寧晏，經國要重，理應先營，脫復稽延，則劉向之言徵矣。但事不兩興，須有進退。以臣愚量，宜罷尚方雕靡之作，頗省永寧土木之功，[2]并減瑤光材瓦之力，[3]兼分石窟鐫琢之勞，及諸事役非世急者，三時農隙，修此數條。使辟雍之禮，蔚爾而復興；諷誦之音，煥然而更作。美榭高墉嚴壯於外，槐宮棘寺顯麗於中。更明古今，重遵鄉飲，敦進郡學，精課經業，如此則元、凱可得之於上序，[4]游、夏可致之於下國，[5]豈不休歟！

[1]劉向（前77—前6）：本名更生，字子政，沛（今江蘇沛縣）人。西漢學者。《漢書》卷三六有傳。

[2]永寧：古寺名。一名永安寺。北魏熙平元年（516）建。寺中有九層佛塔一座，爲北魏洛陽城中最大的寺院。

[3]瑤光：寺名。北魏洛陽有瑤光寺。世宗（元恪）所建。高五十丈，尼房五百餘間，綺疏連亘，户牖相通，珍木香草，不可勝言。

[4]元、凱：《左傳》文公十八年謂高辛氏有才子八人稱爲"八元"；高陽氏有才子八人稱爲"八凱"。後人因稱皇帝的輔佐大臣爲元、凱。

[5]游、夏：指孔子的學生言子游、卜子夏。《論語·先進》：

"文學子游子夏。"因並稱游、夏。

靈太后令曰：[1]"配饗大禮，爲國之本，比以戎馬在郊，未遑修繕。今四表晏寧，當敕有司，別議經始。"）

[1]靈太后：北魏宣武靈皇后胡氏（約493—528）。安定臨涇（今甘肅鎮原縣）人。宣武帝元恪妃。《魏書》卷一三、《北史》卷一三有傳。

累遷太常卿、中書監，[1]攝國子祭酒。[2]是時朝臣多守一職，帶領二官甚少，卲頓居三職，並是文學之首，當世榮之。文宣幸晉陽，路中頻有甘露之瑞，朝臣皆作《甘露頌》，[3]尚書符令卲爲之序。及文宣皇帝崩，凶禮多見訊訪，敕撰哀策。後授特進，卒。

[1]累遷太常卿：中華本校勘記云："《北史》卷四三'累遷'下多出五百六十八字，當是補此《傳》者刪節。"太常卿，官名。初爲"太常"尊稱。北齊正式定爲官稱。掌禮樂、祭祀、宗廟、朝會等。北齊三品。　中書監：官名。與中書令同爲中書省主官，掌草擬詔令，處理機要。北齊從二品。

[2]攝：官吏代理政事之稱。即非正式除授。

[3]文宣幸晉陽，路中頻有甘露之瑞，朝臣皆作《甘露頌》："文宣"宋刻本、四庫本、百衲本作"世宗"。中華本校勘記云："諸本'文宣'作'世宗'，《北史》卷四三無此二字。《册府》卷五五一、《通志》卷一五五作'文宣'。按《通志》傳文即錄自《北史》，疑《北史》本亦有此二字。此《傳》亦出《北史》，《北

史》例稱帝謚，這裏忽稱世宗廟號，明是補此《傳》者所改（或所據《北史》已脫去，以意增）。今據上文，稱邢卲以太常卿兼中書監、國子祭酒。本書卷四三《許惇傳》敘惇與邢卲爭大中正事，即稱邢卲官爲中書監，又說許惇憑附宋欽道，出卲爲刺史。宋欽道得勢已在高洋晚年，則邢卲爲中書監也必在高洋時，可證他作《甘露頌》不可能在高澄（世宗）時。又邢卲《甘露詩》《甘露頌》今存《藝文類聚》卷九八，通篇都祇歌頌皇帝，不及宰輔，高澄未登帝位，也不像高澄當國時的作品。今據《册府》《通志》改。"說是，從中華本改。文宣，北齊開國皇帝高洋（529—559），謚號文宣。本書卷四、《北史》卷七有紀。晉陽，縣名。治所在今山西太原市晉源區古城營村一帶。《甘露頌》，頌文名。北齊邢卲撰。今存《藝文類聚》卷九八。

卲率情簡素，內行修謹，兄弟親姻之間，稱爲雍睦。博覽墳籍，無不通曉，晚年尤以五經章句爲意，[1]窮其指要。吉凶禮儀，公私諮稟，質疑去惑，爲世指南。每公卿會議，事關典故，[2]卲援筆立成，證引該洽，帝命朝章，取定俄頃。詞致宏遠，獨步當時，與濟陰溫子昇爲文士之冠，[3]世論謂之溫、邢。鉅鹿魏收，雖天才艷發，而年事在二人之後，故子昇死後，方稱邢、魏焉。雖望實兼重，不以才位傲物。脫略簡易，不修威儀，車服器用，充事而已。有齋不居，坐臥恒在一小屋。果餌之屬，或置之梁上，賓至，下而共噉。天姿質素，特安異同，士無賢愚，皆能顧接，對客或解衣覓蝨，且與劇談。有書甚多，而不甚讎校。見人校書，常笑曰："何愚之甚，天下書至死讀不可遍，焉能始復校此。且誤書思之，更是一適。"妻弟李季節，[4]才學之士，謂子才曰："世間人多不聰明，思誤書何由能得。"子才曰："若思不能得，便不勞讀書。"與婦甚疏，未嘗內宿。自云嘗晝入內閣，爲狗所吠，言畢便撫掌大笑。[5]性好談賞，不能閑獨，[6]公事歸休，恒須賓客自伴。事寡嫂甚謹，養孤子恕，[7]慈愛特深。在兖州，[8]有都信云恕疾，便憂之，廢寢食，顔色貶損。及卒，人士爲之傷心，[9]痛悼雖甚，竟不再哭，賓客弔慰，抆淚而已。其高情達識，開遣滯累，東門吳以還，[10]所未有也。有集三十卷，見行於世。子大寶，[11]有文情。孽子大德、大道，[12]略不識字焉。[13]

[1]五經：《詩》《書》《禮》《易》《春秋》。

[2]事關典故："典故"四庫本、中華本同，宋刻本、百衲本作"典政"。作"典故"是，從四庫本改。

[3]濟陰：郡名。治所在今山東曹縣西北。 温子昇（495—547）：字鵬舉，濟陰冤句（今山東菏澤市西南）人。北魏、東魏官吏、文學家。《魏書》卷八五、《北史》卷八三有傳。

[4]李季節：北齊人。邢子才妻弟，有才學，事不詳。

[5]言畢便撫掌大笑："掌"字四庫本、中華本同，宋刻本、百衲本作"手"。從四庫本改。

[6]不能閑獨："不"字宋刻本、四庫本、中華本同，百衲本作"又"。從四庫本改。

[7]恕：邢恕，河間鄚（今河北任丘市北）人。事見《魏書》卷八五《邢臧傳》、《北史》卷四三《邢巒傳》。

[8]兖州：治所在今山東濟寧市兖州區新驛鎮東頓村南。

[9]及卒，人士爲之傷心：中華本校勘記云："張森楷云：'按《北史·邢臧傳》（卷四三）言子恕仕隋，卒於沂州長史，則邵不

得見其卒也。'按本書卷四九《馬嗣明傳》（補）敘他爲邢卲子大寶診脉，預知其不出一年便死，果'未期而卒'，事在高洋時。知死者是卲子大寶，而非其姪愻。'及卒'當作'及子大寶卒'，脱'子大寶'三字。"存疑。

［10］東門吴以還：宋刻本、四庫本、百衲本無"門"字。中華本校勘記云："諸本無'門'字，南本依《北史》卷四三增。按東門吴子死不憂，見《列子・力命篇》，今從南本。"從中華本補。東門吴，戰國時梁人。相傳其雖子死而不悲傷。其友甚感驚奇，答説："吾嘗無子，無子之時不憂；今子死，乃即與無子時同也，臣奚憂焉？"後因以"東門吴"爲喪失親人而胸懷曠達者的典型。

［11］大寶：邢卲子。事不詳。

［12］孽子：非正妻所生的兒子，庶子。

［13］大德、大道：二人事並不詳。

北齊書　卷三七[1]

列傳第二十九

魏收

　　魏收，字伯起，小字佛助，鉅鹿下曲陽人也。[2]曾祖緝，[3]祖韶。[4]父子建，[5]字敬忠，贈儀同、定州刺史。[6]收年十五，頗已屬文。及隨父赴邊，好習騎射，欲以武藝自達。滎陽鄭伯調之曰：[7]"魏郎弄戟多少？"收慚，遂折節讀書。夏月，坐板床，隨樹陰諷誦，積年，板床爲之鋭減，而精力不輟。以文華顯。

　　[1]《北齊書》卷三七：中華本校勘記云："按此卷原缺，宋本、三朝本、南本、局本卷末有宋人校語云：'此傳與《北史》同，但不序世家，又無論贊，疑非正史。'按此《傳》與《北史》卷五六《魏收傳》基本相同，衹字句小有出入，但《傳》首叙世系有異。疑《北齊書》原文殘存《傳》首世系，以下後人以《北史》補。"

　　[2]鉅鹿：郡名。治所在今河北石家莊市藁城區。　下曲陽：

縣名。治所在今河北晉州市西。

[3]緝：魏緝，北魏鉅鹿下曲陽（今河北晉州市西）人。《魏書》卷九二《魏溥妻房氏傳》稱，魏緝子悅官爲濟陰太守，並言魏緝事迹見《序傳》。《序傳》却稱魏悅之父爲魏歆，而不見魏緝。魏歆爲西漢成帝時人，與魏悅隔四百餘年。恐《序傳》脱漏中間世系。

[4]韶：中華本校勘記云："《北史》卷五六《魏收傳》、《魏書》卷一〇四自序收祖名'悅'。按《魏書》卷九二《魏溥妻房氏傳》稱溥子緝，'緝子悅爲濟陰太守'，《魏書》卷九一《王叡附子椿傳》稱'椿妻鉅鹿魏悅女'，又有'兄子建'和'兄子收'之語。知'韶'當作'悅'。"韶，即魏韶，一作"魏悅"。字處德，鉅鹿下曲陽（今河北晉州市西）人。魏收祖父。位濟陰太守。

[5]子建（409—533）：字敬忠，鉅鹿下曲陽（今河北晉州市西）人。北魏將領。《北史》卷五六《魏收傳》有附傳。

[6]儀同：官名。本指官場待遇，始自東漢末。後成爲官銜，先後爲"儀同三司""儀同將軍""儀同大將軍"等官名的簡稱。

定州：治所在今河北定州市。

[7]滎陽：郡名。治所在今河南滎陽市北。

初除太學博士。[1]及尒朱榮於河陰濫害朝士，[2]收亦在圍中，以日晏獲免。[3]吏部尚書李神儁重收才學，[4]奏授司徒記室參軍。[5]永安三年，[6]除北主客郎中。[7]節閔帝立，[8]妙簡近侍，詔試收爲《封禪書》，收下筆便就，不立稿草，[9]文將千言，所改無幾。時黃門郎賈思同侍立，[10]深奇之，白帝曰：[11]"雖七步之才，無以過此。"遷散騎侍郎，[12]尋敕典起居注，[13]并修國史，兼中書侍郎，[14]時年二十六。

[1]除：官制用語。意爲任命。　太學博士：官名。掌教授太學生。北齊從七品。

[2]尒朱榮（493—530）：字天寶，北魏北秀容（今山西朔州市）契胡貴族。繼父爲部落酋帥，六鎮起義後投魏。後擁立莊帝，自爲大丞相、天柱大將軍，封太原王。《魏書》卷七四、《北史》卷四八有傳。　河陰：郡名。治、領河陰縣。治所在今河南孟津縣東。

[3]日晏：太陽下山，天色已晚。"晏"字宋刻本、百衲本、中華本同，四庫本作"宴"。按，"晏"通"宴"。

[4]吏部尚書：官名。爲尚書吏部曹主官。掌官吏銓選、封爵、考課之政。居尚書省諸尚書之首，稱"大尚書"。北齊三品。　李神儁（478—541）：名挺，字神儁（一作"神雋"），小名提，隴西狄道（今甘肅臨洮縣）人。北魏、東魏官吏。《魏書》卷三九《李寶傳》有附傳，《北史》卷一〇〇有傳。

[5]司徒記室參軍：官名。司徒府記室曹長官，掌文疏表奏。

[6]永安：北魏孝莊帝元子攸年號（528—530）。

[7]北主客郎中：官名。爲尚書省北主客曹長官。北齊六品上。掌藩國朝聘之事。

[8]節閔帝：北魏皇帝元恭（498—532），字脩業，廣陵惠王元羽之子。公元531年至532年在位。諡號節閔。《魏書》卷一一、《北史》卷五有紀。

[9]詔試收爲《封禪書》，收下筆便就，不立稿草：中華本校勘記云："《御覽》卷六〇〇引《北齊書》云：'魏收鉅鹿人，以文章見知。曾奉詔爲《封禪文》。收對曰："封禪者，帝之盛事，昔司馬長卿尚絕筆於此，以臣下材，何敢擬議。臣雖愚淺，敢不竭作。"乃於御前下筆便就，不立稿草。'按自'收對曰'已下至'乃於御前'三十九字爲本書和《魏書》《北史》所無，自是《北齊書》原文，但《御覽》也加删節，故文意不貫。"《封禪書》，今佚。

[10]黃門郎：官名。即"黃門侍郎"之簡稱，與侍中俱掌門下事。北齊四品上。　賈思同（？—540）：字士明，一作"仕明"，齊郡益都（今山東青州市）人。北魏、東魏官吏。《魏書》卷七二、《北史》卷四七《賈思伯傳》有附傳。

[11]白帝曰：四庫本、中華本同，宋刻本、百衲本無"白"字。中華本校勘記云："三朝本、百衲本、北本、汲本、局本無'白'字，南本依《北史》卷五六增此字，殿本從之。按《御覽》也有'白'字。若無，則下面的話便是節閔帝語，何必特別敘述賈思同侍立。今從南本。"從補。

[12]散騎侍郎：官名。隸集書省，多爲貴仕子弟起家官。北齊五品上。

[13]敕：南北朝以後對君主詔命的專稱。

[14]中書侍郎：官名。又稱中書郎，爲中書省副主官，掌起草書疏表檄。北齊從四品上。

孝武初，[1]又詔收攝本職，[2]文誥填積，事咸稱旨。黃門郎崔㥄從齊神武入朝，[3]熏灼於世，收初不詣門。㥄爲帝登祚赦，[4]云"朕託體孝文"，[5]收嗤其率直。正員郎李慎以告之，[6]㥄深憤忌。時節閔帝殂，令收爲詔。㥄乃宣言：收普泰世出入幃幄，[7]一日造詔，優爲詞旨，然則義旗之士盡爲逆人；[8]又收父老，合解官歸侍。南臺將加彈劾，[9]賴尚書辛雄爲言於中尉綦儁，[10]乃解。收有賤生弟仲同，[11]先未齒録，[12]因此怖懼，上籍，遣還鄉扶侍。孝武嘗大發士卒，狩於嵩少之南旬有六日。[13]時天寒，朝野嗟怨。帝與從官及諸妃主，奇伎異飾，多非禮度。收欲言則懼，欲默不能已，乃上《南狩賦》以諷焉，時年二十七，雖富言淫麗，而終歸雅正。

帝手詔報焉，甚見褒美。鄭伯謂曰："卿不遇老夫，猶應逐兔。"

[1]孝武：北魏孝武帝元脩（510—534），字孝則，廣平武穆王元懷第三子。公元532年至534年在位。諡號孝武。《魏書》卷一一、《北史》卷五有紀。

[2]攝：官吏代理政事之稱。即非正式除授。

[3]崔㥄（？—554）：字長儒，清河東武城（今河北清河縣東北）人。北魏、東魏、北齊官吏。本書卷二三有傳。　齊神武：北齊皇帝高歡（496—547），諡號神武。本書卷一、二，《北史》卷六有紀。

[4]祚：宋刻本、四庫本、中華本作"阼"。"阼"通"祚"。

[5]孝文：北魏皇帝元宏（467—499）。獻文帝子。公元471年至499年在位。諡號孝文，廟號高祖。《魏書》卷七、《北史》卷三有紀。

[6]正員郎：魏晉南北朝定員以內的郎官，係與員外郎相對而言。　李慎：趙郡平棘（今河北趙縣東南）人。李瞰子。東魏官吏。武定（543—550）中，爲東平太守。事見《魏書》卷三六、《北史》卷三三《李順傳》。

[7]普泰：北魏節閔帝元恭年號（531—532）。

[8]然則義旗之士盡爲逆人：宋刻本、百衲本、中華本同，四庫本無"然"字。

[9]南臺：御史臺，以在宮闕臺西南，故稱"南臺"。

[10]尚書：官名。尚書省部曹主官。北齊三品。　辛雄（485—534）：字世賓，隴西狄道（今甘肅臨洮縣）人。北魏官吏。《魏書》卷七七、《北史》卷五〇有傳。　中尉：官名。即"御史中尉"之簡稱。北魏改御史中丞爲此稱。主掌御史臺。掌糾彈百官、參治刑獄。從三品。　綦儁：字櫛顯，河南洛陽（今河南洛陽

市東北）人。北魏、東魏官吏。《魏書》卷八一、《北史》卷五〇有傳。

［11］賤生：非婚生。

［12］齒録：録年齒。即録於户籍。齒，年齒。

［13］嵩少：嵩山之少室山。在今河南登封市。

初神武固讓天柱大將軍，[1]魏帝敕收爲詔，令遂所請。欲加相國，[2]問品秩，[3]收以實對，帝遂止。收既未測主相之意，以前事不安，求解，詔許焉。久之，除帝兄子廣平王贊開府從事中郎，[4]收不敢辭，乃爲《庭竹賦》以致己意。[5]尋兼中書舍人，[6]與濟陰温子昇、河間邢子才齊譽，[7]世號三才。時孝武猜忌神武，内有間隙，收遂以疾固辭而免。[8]其舅崔孝芬怪而問之，[9]收曰："懼有晉陽之甲。"[10]尋而神武南上，帝西入關。[11]

［1］天柱大將軍：官名。北魏孝莊帝永安二年（529）爲執政尒朱榮特設。掌全國兵馬軍務。

［2］加：官制用語。加官，即兼任。　相國：官名。秦漢以降，或爲"丞相"之别稱，或與丞相並置，職掌與丞相同，然位更尊。魏晉南北朝不常設，設則非一般人臣爲之。

［3］問品秩：宋刻本、中華本同，四庫本作"問收相國品秩"，百衲本作"讓品秩"。從宋刻本、中華本改。

［4］廣平王：元贊的封爵號。廣平，郡名。治所在今河北邯鄲市永年區。　贊：元贊，北魏宗室，鮮卑族拓跋部人。元素子。孝文帝時爲司州刺史，賜爵上谷侯。加太子少師，遷左僕射。贊成孝文帝遷都洛陽。孝文帝每南伐，均委以留守重任。卒後，進封晉陽縣伯。　開府從事中郎：官名。爲軍府僚屬。與長史共主府中

吏事。

〔5〕《庭竹賦》：賦篇名。收入《魏收集》。

〔6〕中書舍人：官名。即中書通事舍人。爲中書省屬官，掌呈奏表。參與機務，位卑權重。北齊六品上。

〔7〕濟陰：郡名。治所在今山東曹縣西北。　溫子昇（495—547）：字鵬舉，濟陰冤句（今山東菏澤市西南）人。北魏、東魏官吏、文學家。《魏書》卷八五、《北史》卷八三有傳。　河間：郡名。治所在今河北河間市南。　邢子才：邢卲（496—？），字子才，河間鄭（今河北任丘市北）人。北魏、東魏、北齊官吏。博學能文，與溫子升、魏收齊名。原著有《邢子才集》，已散佚。本書卷三六有傳，《北史》卷四三《邢巒傳》有附傳。

〔8〕收遂以疾固辭而免：宋刻本、百衲本、中華本同，四庫本"以"後有"父"字。

〔9〕崔孝芬（485—534）：字恭梓，博陵安平（今河北安平縣）人。北魏官員。《魏書》卷五七、《北史》卷三二《崔挺傳》有附傳。

〔10〕晉陽之甲：語出《春秋公羊傳》定公十三年："晉趙鞅取晉陽之甲以逐荀寅與士吉射。荀寅與士吉射者，曷爲者也。君側之惡人也。此逐君側之惡人。"後因稱地方長吏不滿朝廷，舉兵內向爲興晉陽之甲。

〔11〕帝西入關："關"字四庫本、百衲本、中華本同，宋刻本作"闕"。

　　收兼通直散騎常侍，[1]副王昕使梁，[2]昕風流文辯，收辭藻富逸，梁主及其群臣咸加敬異。[3]先是南北初和，李諧、盧元明首通使命，[4]二人才器，並爲鄰國所重。至此，梁主稱曰："盧、李命世，王、魏中興，未知後來復何如耳？"收在館，遂買吳婢入館，[5]其部下有買婢者，收亦喚取，遍行姦穢，梁朝館司皆爲之獲罪。人稱其才而鄙其行。在途作《聘遊賦》，[6]辭甚美盛。使還，尚書右僕射高隆之求南貨於昕、收，[7]不能如志，遂諷御史中尉高仲密禁止昕、收於其臺，[8]久之得釋。

[1]通直散騎常侍：官名。以散騎常侍通員值班而得名。職掌品秩與散騎常侍略同。屬集書省。北齊四品。

[2]王昕（？—559）：字元景，北海劇（今山東壽光市東南）人。北魏、東魏、北齊官吏。本書卷三一有傳，《北史》卷二四《王憲傳》有附傳。　梁：南朝梁（502—557）。南朝齊和帝中興二年（502），相國梁王蕭衍禪代南齊，改元稱帝，都建康（今江蘇南京市），國號梁，史稱蕭梁。歷四主，五十六年。

[3]梁主：南朝梁建立者蕭衍（464—549），字叔達，小字練兒，南蘭陵（今江蘇常州市武進區西北）人。公元502年至549年在位。《梁書》卷一至三，《南史》卷六、七有紀；《魏書》卷九八有傳。

[4]李諧（496—544）：字虔和，頓丘（今河南清豐縣西南）人。北魏、東魏官吏。博學有文辯。《魏書》卷六五《李平傳》、《北史》卷四三《李崇傳》有附傳。　盧元明：字幼章，范陽涿（今河北涿州市）人。博涉群書，辭章可觀。北魏、東魏官吏。《魏書》卷四七、《北史》卷三〇《盧玄傳》有附傳。

[5]吳：郡名。治所在今江蘇蘇州市。

[6]《聘遊賦》：賦篇名。收入《魏收集》。

[7]尚書右僕射：官名。尚書省次官之一。與祠部尚書通職，二者不並設。兼管儀曹事。北齊從二品。　高隆之（494—554）：本姓徐，字延興，高平金鄉（今山東金鄉縣）人。後高歡認爲從弟，乃稱渤海蓨（今河北景縣）人。東魏、北齊大臣。本書卷一八、《北史》卷五四有傳。

[8]高仲密：高慎，字仲密，高乾弟。魏孝武帝初，爲驃騎大將軍、儀同三司，光州刺史。東魏元象初，據武牢降西魏。本書卷二一《高乾傳》、《北史》卷三一《高祐傳》有附傳。

及孫搴死，[1]司馬子如薦收，[2]召赴晉陽，以爲中外府主簿。[3]以受旨乖忤，頻被嫌責，加以箠楚，久不得志。會司馬子如奉使霸朝，收假其餘光。子如因宴戲言於神武曰："魏收天子中書郎，[4]一國大才，願大王借以顏色。"由此轉府屬，[5]然未甚優禮。

[1]孫搴：字彥舉，樂安（今山東博興縣南）人。東魏、北齊官吏。本書卷二四、《北史》卷五五有傳。
[2]司馬子如（487—551）：字遵業，河內溫（今河南溫縣）人。北魏、東魏、北齊官吏。本書卷一八、《北史》卷五四有傳。
[3]中外府：官署名。即"都督中外諸軍事府"的簡稱。總統內外諸軍。　主簿：官名。掌文簿及閣內事。
[4]中書郎：官名。爲"中書通事郎""中書侍郎"的省稱。掌詔令的起草。北齊兼管伎樂。從四品上。
[5]轉：官制用語。指官職的晉升。　府屬：本府諸曹副長官。

收從叔季景，[1]有才學，歷官著名，並在收前，然收常所欺忽。季景、收初赴并，[2]頓丘李庶者，[3]故大司農諧之子也，[4]以華辯見稱，曾謂收曰："霸朝便有二魏。"[5]收率爾曰："以從叔見比，便是耶輸之比卿。"[6]耶輸者，故尚書令陳留公繼伯之子也，[7]愚癡有名，好自入市肆，高價買物，商賈共所嗤玩。收忽季景，故方之，[8]不遜例多如此。

[1]從叔：堂房叔父。　季景：魏季景，鉅鹿下曲陽（今河北晉州市西）人。北魏學者。博學有文才，弱冠時與魏收齊名。《北史》卷五六有傳。

[2]并：州名。治所在今山西太原市西南。

[3]頓丘：郡名。治所在今河南清豐縣西南。　李庶：頓丘（今河南清豐縣西南）人。北齊官吏。事見本書卷三五《李構傳》，《北史》卷四三《李崇傳》有附傳。

[4]大司農：官名。朝廷掌財政經濟的主官。爲九卿之一。北齊改稱"司農卿"或"司農寺卿"。三品。

[5]霸朝：亦謂霸府，時指控制朝政、架空朝廷的權臣府署。

[6]耶輸：李耶輸。北魏頓丘（今河南清豐縣西南）人。爲北魏鎮西大將軍、陳留公李崇子。

[7]尚書令：官名。尚書省主官。魏晉以降，總掌全國行政。如設有錄尚書事，則尚書令職權往往在其之下。多數情況下是實際上的宰相。北齊二品。　陳留公：爵名。陳留，郡名。治所在今河南開封市。　繼伯：李崇（455—525），字繼長，小名繼伯，北魏頓丘（今河南清豐縣西南）人。文成帝元皇后侄，襲爵陳留公。《魏書》卷六六、《北史》卷四三有傳。

[8]收忽季景，故方之：忽，輕視。宋刻本、四庫本、百衲本無"故"字。中華本校勘記云："諸本無'故'字。南本及《北史》卷五六'忽'下有'以'字，南本當即依《北史》增。《册府》卷九四四有'故'字。按《册府》多據補本《北齊書》，知原有此字，今據補。"從中華本補。

收本以文才，必望穎脱見知，位既不遂，求修國史。崔暹爲言於文襄曰：[1]"國史事重，公家父子霸王功業，皆須具載，非收不可。"文襄啓收兼散騎常侍，[2]修國史。武定二年，[3]除正常侍，領兼中書侍郎，仍修史。魏帝宴百僚，問何故名人日，皆莫能知。收對曰："晉議郎董勛《答問禮俗》云：[4]'正月一日爲鷄，二日爲狗，三日爲猪，四日爲羊，五日爲牛，六日爲馬，七日爲人。'"時邢卲亦在側，甚惡焉。自魏、梁和好，[5]書下紙每云："想彼境內寧靜，此率土安和。"梁後使，其書乃去"彼"字，[6]自稱猶著"此"，欲示無外之意。收定報書云："想境內清晏，今萬國安和。"梁人復書，依以爲體。後神武入朝，靜帝授相國，[7]固讓，[8]令收爲啓。啓成呈上，[9]文襄時侍側，神武指收曰："此人當復爲崔光。"[10]四年，神武於西門豹祠宴集，[11]謂司馬子如曰："魏收爲史官，書吾等善惡，[12]聞北伐時，諸貴常餉史官飲食，司馬僕射頗曾餉不？"因共大笑。仍謂收曰："卿勿見元康等在吾目下趨走，[13]謂吾以爲勤勞，我後世身名在卿手，勿謂我不知。"尋加兼著作郎。[14]

[1]崔逞（？—559）：字季倫，博陵安平（今河北安平縣）人。東魏、北齊官吏。本書卷三〇有傳，《北史》卷三二《崔挺傳》有附傳。　文襄：北齊皇帝高澄（521—549），謚號文襄，廟號世宗。本書卷三、《北史》卷六有紀。

[2]散騎常侍：官名。散騎與中常侍二職合而爲此職，隸集書省，參掌機要，位比侍中。北齊從三品。

[3]武定：東魏孝靜帝元善見年號（543—550）。

[4]晉議郎董勛《答問禮俗》云：晉，即西晉（265—316）。司馬炎代魏稱帝，國號晉。都洛陽，史稱西晉。董勛，西晉學者。官議郎。著有《答問禮俗》十卷。記禮儀制度和民俗演變。已佚。"禮"字四庫本、中華本同，宋刻本、百衲本作"稱"。從四庫

本改。

[5]自魏、梁和好：四庫本、中華本同，宋刻本、百衲本"自"後有"爲"字。從删。魏，即北魏（386—557）。北朝政權之一。公元386年鮮卑人拓跋珪建立代國，初居盛樂（今内蒙古和林格爾縣），398年定都平城（今山西大同市東北），後遷都洛陽（今河南洛陽市東北）。永熙三年（534）分裂爲東魏與西魏。東魏（534—550）都於鄴（今河北臨漳縣西南鄴鎮東），西魏（535—557）都於長安（今陝西西安市西北郊）。梁，即南朝梁。

[6]其書乃去"彼"字：四庫本、中華本同，宋刻本、百衲本作"其書乃'彼'"。從四庫本補。

[7]静帝：東魏皇帝元善見（524—551）。謚號孝静。公元534年至550年在位。《魏書》卷一二、《北史》卷五有紀。

[8]固讓：四庫本、中華本同，宋刻本、百衲本無"讓"字。從四庫本補。

[9]啓成呈上："呈上"四庫本、中華本同，宋刻本、百衲本作"上王"。今從四庫本改。

[10]此人當復爲崔光："人"字四庫本、中華本同，宋刻本、百衲本作"文"。從四庫本改。崔光（451—523），本名孝伯，字長仁，東清河鄃（今山東平原縣西南）人。北魏官吏。"光"之名爲孝文帝所賜。《魏書》卷六七、《北史》卷四四有傳。

[11]西門豹祠：古祠名。故址在今河北臨漳縣西南。戰國時，魏以西門豹爲鄴令，鑿十二渠以利民，民立祠於鄴紀念之。

[12]書吾等善惡：四庫本、中華本同，宋刻本、百衲本無"等"字。從四庫本補。

[13]元康：陳元康（507—549），字長猷，廣宗（今河北威縣東南）人。北魏、東魏官吏。本書卷二四、《北史》卷五五有傳。

[14]著作郎：官名。掌修國史及爲皇帝修撰碑誌、祝文、祭文等。北齊設二人，從五品上。

收昔在洛京，[1]輕薄尤甚，人號云"魏收驚蛺蝶"。文襄曾遊東山，令給事黃門侍郎顗等宴。文襄曰："魏收恃才無宜適，[2]須出其短。"往復數番，收忽大唱曰："楊遵彥理屈已倒。"愔從容曰："我綽有餘暇，山立不動，若遇當塗，恐翩翩遂逝。"當塗者，魏；翩翩者，蛺蝶也。文襄先知之，大笑稱善。文襄又曰："向語猶微，宜更指斥。"愔應聲曰："魏收在并作一篇詩，對衆讀訖，云：'打從叔季景出六百斛米，[3]亦不辨此。'遠近所知，非敢妄語。"文襄喜曰："我亦先聞。"衆人皆笑。收雖自申雪，不復抗拒，終身病之。

[1]洛京：洛陽。北魏原都平城（今山西大同市東北），太和十七年（493）遷都洛陽，故稱洛陽爲洛京。

[2]無宜適：宋刻本、百衲本、中華本同，四庫本作"使氣卿"。中華本校勘記云："諸本'無宜適'三字作'使氣卿'。三朝本、百衲本及《北史》卷五六、《冊府》卷八〇〇、《御覽》卷九四五都作'無宜適'。按《宋書》卷八八《薛安都傳》有'小子無宜適'語，這是當時口語，南本以下妄改，今從三朝本。"

[3]打從叔季景出六百斛米：中華本校勘記云："《北史》卷五六'斛米'作'斗番'。按此語作'斛米'作'斗番'都不可解。"

侯景叛入梁，[1]寇南境，文襄時在晉陽，令收爲檄五十餘紙，不日而就。又檄梁朝，令送侯景，初夜執筆，三更便成，文過七紙。文襄善之。魏帝曾季秋大射，普令賦詩，收詩末云："尺書徵建鄴，[2]折簡召長安。"[3]文襄壯之，顧諸人曰："在朝今有魏收，便是國之光采，雅俗文墨，通達縱橫。我亦使子才、子昇時有所作，至於詞氣，並不及之。吾或意有所懷，忘而不語，語而不盡，意有未及，收呈草皆以周悉，此亦難有。"又敕兼主客郎接梁使謝珽、徐陵。[4]侯景既陷梁，梁鄱陽王範時爲合州刺史，[5]文襄敕收以書喻之。範得書，仍率部伍西上，刺史崔聖念入據其城。[6]文襄謂收曰："今定一州，卿有其力，猶恨'尺書徵建鄴'未效耳。"

[1]侯景（503—552）：字萬景，懷朔鎮（今內蒙古固陽縣西南）人，或云雁門（今山西代縣西南）人，羯族。北魏、東魏將領，後降南朝梁。《梁書》卷五六、《南史》卷八〇有傳。

[2]建鄴：時爲南朝梁都城。治所在今江蘇南京市。宋刻本、百衲本、中華本同，四庫本作"建業"。

[3]長安：時爲西魏之都。治所在今陝西西安市西北。

[4]主客郎：官名。或稱"主客郎中"。東晉、南北朝尚書主客曹主官通稱，掌接待諸蕃雜客等事。六品上。　謝珽：一作"謝挺"。南朝蕭梁官吏。官散騎常侍。太清二年（548），與通直常侍徐陵一同出使東魏，未及還而侯景舉兵襲蕭衍。侯景敗死，珽等始返回江南。　徐陵（507—583）：字孝穆，東海郯（今山東郯城縣）人。南朝梁、陳文學家，詩人。《陳書》卷二六有傳，《南史》卷六二《徐摛傳》有附傳。

[5]鄱陽王：蕭範的封爵號。鄱陽，郡名。治所在今江西鄱陽縣。　範：蕭範（499—550），字世儀，南蘭陵（今江蘇常州市武進區西北）人。南朝梁宗室。《梁書》卷二二、《南史》卷五二《鄱陽王恢傳》有附傳。　合州：治所在今安徽合肥市西北。

[6]刺史崔聖念入據其城：宋刻本、百衲本、中華本同，四庫本"刺"前有"州"字。崔聖念，北齊官吏。位兼刺史。餘不詳。

　　文襄崩，文宣如晋陽，令與黄門郎崔季舒、高德正，[1]吏部郎中尉瑾於北第掌機密。[2]轉祕書監，[3]兼著作郎，又除定州大中正。[4]時齊將受禪，楊愔奏收置之別館，令撰禪代詔册諸文，遣徐之才守門不聽出。[5]天保元年，[6]除中書令，[7]仍兼著作郎，封富平縣子。[8]

　　[1]崔季舒（？—573）：字叔正，博陵安平（今河北安平縣）人。東魏、北齊官吏。本書卷三九有傳，《北史》卷三二《崔挺傳》有附傳。　高德正（？—559）：一作"高德政"，字士貞，渤海蓨（今河北景縣）人。東魏、北齊官吏。本書卷三〇有傳，《北史》卷三一《高允傳》有附傳。

　　[2]吏部郎中：官名。魏晋南北朝與吏部郎互稱。爲尚書省吏部郎曹主官。掌官吏銓選。北齊四品上。　尉瑾：代（今山西大同市東北）人。北齊官吏。本書卷四〇有傳，《北史》卷二〇《尉古真傳》有附傳。

　　[3]轉：官制用語。指官職的晋升。　祕書監：官名。爲祕書省主官。北齊三品。祕書省掌修撰國史及保管、典校書籍，並領著作省。

　　[4]州大中正：掌地方州郡人才的考察。即將當地士人按才能品德，參照門第分成九品，供吏部選用。北齊時規定州大中正須由京官擔任，如官職調出京師，則不能擔任此職。北齊時州大中正視五品。

　　[5]徐之才：丹陽（今安徽當塗縣東北）人。北魏、東魏、北齊官吏。學問廣博，尤精醫術。本書卷三三有傳，《北史》卷九〇《徐謇傳》有附傳。

[6]天保：北齊文宣帝高洋年號（550—559）。

[7]中書令：官名。中書省主官。北齊屬三品。

[8]富平縣子：爵名。富平縣，西魏大統五年（539）移治今陝西渭南市富平縣西南。

二年，詔撰魏史。四年，除魏尹，[1]故優以禄力，專在史閣，不知郡事。[2]初帝令群臣各言爾志，收曰："臣願得直筆東觀，[3]早成《魏書》。"故帝使收專其任。又詔平原王高隆之總監之，[4]署名而已。帝敕收曰："好直筆，我終不作魏太武誅史官。"[5]始魏初鄧彦海撰《代記》十餘卷，[6]其後崔浩典史，[7]游雅、高允、程駿、李彪、崔光、李琰之徒世修其業。[8]浩爲編年體，彪始分作紀、表、志、傳，書猶未出。宣武時，[9]命邢巒追撰《孝文起居注》，[10]書至太和十四年，[11]又命崔鴻、王遵業補續焉。[12]下訖孝明，[13]事甚委悉。濟陰王暉業撰《辨宗室録》三十卷。[14]收於是部通直常侍房延祐、司空司馬辛元植、國子博士刁柔、裴昂之、尚書郎高孝幹專總斟酌，[15]以成《魏書》。辨定名稱，隨條甄舉，又搜採亡遺，綴續後事，備一代史籍，表而上聞之。勒成一代大典：凡十二紀，九十二列傳，合一百一十卷。五年三月奏上之。秋，除梁州刺史。[16]收以志未成，奏請終業，許之。十一月，復奏十志：[17]《天象》四卷，《地形》三卷，《律曆》二卷，《禮樂》四卷，《食貨》一卷，《刑罰》一卷，《靈徵》二卷，《官氏》二卷，《釋老》一卷，凡二十卷，續於紀傳，合一百三十卷，分爲十二帙。其史三十五例，二十五序，九十四論，前後二表一啓焉。

[1]魏尹：東魏、北齊都鄴，鄴屬魏郡，故改魏郡守爲魏尹。

[2]不知郡事："郡"字四庫本、中華本同，宋刻本、百衲本作"部"。從四庫本改。

[3]東觀（guàn）：原指東漢明帝時，班固等人奉敕修撰《東觀漢記》之處所，此借喻史館。

[4]平原王：高隆之的封爵號。平原，郡名。治所在今山東聊城市東北。 高隆之（494—554）：本姓徐，字延興，高平金鄉（今山東金鄉縣）人。後高歡認爲從弟，乃稱渤海蓨（今河北景縣）人。東魏、北齊大臣。本書卷一八、《北史》卷五四有傳。

[5]魏太武：北魏太武帝拓跋燾（408—452），一名佛狸，明元帝長子。公元423年至452年在位。以修史不滿而殺崔浩。《魏書》卷四、《北史》卷二有紀。

[6]始魏初鄧彦海撰《代記》十餘卷：四庫本、中華本同，宋刻本、百衲本無"海"字。從補。鄧彦海，即鄧淵，字彦海，安定（今甘肅涇川縣北）人。北魏官吏。《魏書》卷二四、《北史》卷二一有傳。《代記》，一作《國記》。北魏鄧淵撰。十餘卷。記述鮮卑族拓跋部興起及其建立代國的歷史。編年體。已佚。

[7]崔浩（？—450）：小名桃簡，字伯淵，《北史》避唐諱改爲伯深，清河東武城（今河北清河縣東北）人。北魏大臣。《魏書》卷三五有傳。

[8]游雅、高允：宋刻本、四庫本、百衲本作"游、允"。中華本校勘記云："諸本脱'雅高'二字。按游雅、高允參預修史，並見《魏書》卷四八及卷五四《本傳》，今據《魏書》卷一〇四《自序》補。"從中華本補。游雅（？—461），字伯度，小名黃頭，廣平任（今河北任縣東）人。北魏官吏。少好學而知名。《魏書》卷五四、《北史》卷三四有傳。高允（390—487），字伯恭，渤海

蔣（今河北景縣）人。北魏大臣。《魏書》卷四八、《北史》卷三一有傳。　程駿（413—485）：字驎駒，廣平曲安（今河北曲周縣東北）人。北魏官吏。《魏書》卷六〇、《北史》卷四〇有傳。李彪（444—501）：字道固，頓丘衛國（今河南清豐縣南）人。北魏官吏。《魏書》卷六二、《北史》卷四〇有傳。　李琰之徒世修其業：四庫本、中華本同，宋刻本、百衲本"徒"後有"知"字。從删。李琰（？—533），一名李琰之，字景珍，小字黑蟲（一作"默蟲"），隴西狄道（今甘肅臨洮縣）人。北魏官吏。《魏書》卷八二有傳。

[9]宣武：北魏宣武帝元恪（483—515），孝文帝次子。公元499年至515年在位。好佛學。延昌四年（515）死，謚號宣武，廟號世宗。《魏書》卷八、《北史》卷四有紀。

[10]邢巒（464—514）：字洪賓，河間鄚（今河北任丘市北）人。北魏將領。《魏書》卷六五、《北史》卷四三有傳。

[11]書至太和十四年：宋刻本、四庫本、百衲本無"至"字，中華本校勘記云："諸本無'至'字，於文義不合，今據《北史》卷五六補。"從中華本補。太和，北魏孝文帝年號（477—499）。

[12]崔鴻：字彥鸞，東清河鄃（今山東平原縣西南）人。北魏史學家。著《十六國春秋》。《魏書》卷六七、《北史》卷四四《崔光傳》有附傳。　王遵業（？—528）：太原晉陽（今山西太原市晉源區古城營村一帶）人。北魏官吏。《魏書》卷三八、《北史》卷三五《王慧龍傳》有附傳。

[13]孝明：北魏孝明帝元詡（510—528），宣武帝次子。公元515年至528年在位。武泰元年（528）被太后所殺。謚曰孝明，廟號肅宗。《魏書》卷九、《北史》卷四有紀。

[14]濟陰王：元暉業的封爵號。濟陰，郡名。治所在今山東曹縣西北。　暉業：元暉業（？—551），字紹遠，鮮卑族拓跋部人。東魏、北齊大臣。《魏書》卷一九上、《北史》卷一七《濟陰王小新成傳》有附傳。　《辨宗室録》：書名。又稱《辨宗録》。四十

卷，一作三十卷。北魏元暉業撰。記北魏藩王家世。久佚。

[15]部：率領。宋刻本、百衲本、中華本同，四庫本作"興"。　通直常侍：官名。"通直散騎常侍"的省稱。因將員外散騎常侍與散騎常侍通員值班而得名。職掌品秩與散騎常侍略同。屬集書省。北齊四品。　房延祐：清河繹幕（今山東平原縣西北）人。東魏官吏。事見《魏書》卷四三、《北史》卷三九《房法壽傳》。　司空司馬：司空府內掌軍事的武官。北齊四品上。　辛元植：隴西狄道（今甘肅臨洮縣）人。東魏官吏。事見《魏書》卷四五《辛紹先傳》。　國子博士：官名。西晉咸寧二年（276）設國子學，掌教國子生。歷朝因之。北齊五品上。　刁柔（501—556）：字子溫，渤海饒安（今河北鹽山縣西南）人。刁整子。北魏、東魏、北齊官吏。本書卷四四有傳，《北史》卷二六《刁雍傳》有附傳。　裴昂之：北齊官吏。位國子博士。參與魏收等撰寫《魏書》。　尚書郎：官名。分掌尚書各曹。　高孝幹：渤海蓨（今河北景縣）人。東魏官吏。事見《魏書》卷七七《高崇傳》。　專總斟酌：中華本校勘記云："《北史》卷五六、《魏書》卷一〇四（皆百衲本）'專'作'傳'，《册府》卷五五六作'博'。按'博總'即廣泛收集之意。疑本作'博'，訛作'傳'，後人以讀不可通，又去人旁。"存疑。

[16]梁州：治所在今河南開封市城區。

[17]復奏十志："奏"字宋刻本、百衲本、中華本同，四庫本作"傳"。

所引史官，恐其凌逼，唯取學流先相依附者。房延祐、辛元植、眭仲讓雖夙涉朝位，[1]並非史才。刁柔、裴昂之以儒業見知，全不堪編緝。高孝幹以左道求進。修史諸人祖宗姻戚多被書錄，飾以美言。收性頗急，[2]不甚能平，夙有怨者，多沒其善。每言："何物小子，敢共魏收作色，舉之則使上天，按之當使入地。"初收在神武時爲太常少卿修國史，[3]得陽休之助，[4]因謝休之曰："無以謝德，當爲卿作佳傳。"休之父固，[5]魏世爲北平太守，[6]以貪虐爲中尉李平所彈獲罪，[7]載在《魏起居注》。收書云："固爲北平，甚有惠政，坐公事免官。"又云："李平深相敬重。"尒朱榮於魏爲賊，收以高氏出自尒朱，且納榮子金，故減其惡而增其善，論云："若修德義之風，則韋、彭、伊、霍夫何足數。"[8]

[1]眭仲讓雖夙涉朝位："眭"字宋刻本、四庫本、百衲本作"睦"。中華本校勘記云："諸本'眭'訛'睦'，南、北、殿三本'仲'又訛'元'。今據《北史》卷五六改。參卷四五校記。"説是，從中華本改。眭仲讓，北齊儒士，趙郡高邑（今河北高邑縣）人。天保時（550—559）位至尚書左丞。

[2]收性頗急：四庫本、中華本同，宋刻本、百衲本無"性"字。從補。

[3]太常少卿：官名。北魏始置。北齊置爲太常寺次官，員一人，位列諸寺少卿之首。四品上。太常寺掌宗廟陵寢祭祀禮儀、天文術數等。

[4]陽休之（509—582）：字子烈，右北平無終（今天津市薊州區）人。北魏、東魏、北齊官吏。好學，愛文藻。本書卷四二有傳，《北史》卷四七《陽尼傳》有附傳。

[5]固：陽固（467—523），字敬安，北平無終（今天津市薊州區）人。北魏官吏。博覽群書，有文才。《魏書》卷七二、《北史》卷四七《陽尼傳》有附傳。

[6]北平：郡名。治所在今河北盧龍縣。

[7]李平（？—516）：字曇定，頓丘（今河南清豐縣西南

人。北魏官吏。《魏書》卷六五有傳。

[8]若修德義之風，則韋、彭、伊、霍夫何足數："韋"字宋刻本、百衲本、中華本同，四庫本作"韓"。中華本校勘記云："諸本'韋'作'韓'，三朝本、百衲本作'韋'。按《魏書》卷七四《尒朱榮傳》論作'彭韋'。'彭、韋'指大彭、豕韋，是傳說中的商代霸主，故置於伊尹、霍光之前。韓信、彭越均不善終，和尒朱榮相似，與此論所謂'修德義之風'，'夫何足數'語不合。今從三朝本。"伊，即伊尹。商初大臣。其助湯滅夏，歷仕湯、外丙、中壬三朝。詳見《史記》卷三《殷本紀》。霍，即霍光（？—前68），字子孟，河東平陽（今山西臨汾市）人。西漢大臣。《漢書》卷六八有傳。

時論既言收著史不平，文宣詔收於尚書省與諸家子孫共加論討，[1]前後投訴百有餘人，云"遺其家世職位"，或云"其家不見記録"，或云"妄有非毀"。收皆隨狀答之。范陽盧斐父同附出族祖玄《傳》下，[2]頓丘李庶家《傳》稱其本是梁國蒙人，[3]斐、庶譏議云："史書不直。"收性急，不勝其憤，啓誣其欲加屠害。帝大怒，親自詰責。斐曰："臣父仕魏，位至儀同，功業顯著，名聞天下，與收無親，遂不立傳。博陵崔綽，[4]位止本郡功曹，[5]更無事迹，是收外親，乃爲傳首。"收曰："綽雖無位，名義可嘉，所以合傳。"帝曰："卿何由知其好人？"收曰："高允曾爲綽讚，稱有道德。"帝曰："司空才士，爲人作讚，正應稱揚。亦如卿爲人作文章，道其好者豈能皆實？"收無以對，戰慄而已。但帝先重收才，不欲加罪。時太原王松年亦謗史，[6]及斐、庶並獲罪，各被鞭配甲坊，或因以致死，盧思道亦抵罪。[7]然猶以群口沸騰，敕魏史且勿施行，令群官博議。聽有家事者入署，不實者陳牒。於是衆口譁然，號爲"穢史"，投牒者相次，收無以抗之。[8]時左僕射楊愔、右僕射高德正二人勢傾朝野，[9]與收皆親，收遂爲其家並作傳。二人不欲言史不實，抑塞訴辭，終文宣世更不重論。又尚書陸操嘗謂愔曰：[10]"魏收《魏書》可謂博物宏才，有大功於魏室。"愔謂收曰："此謂不刊之書，傳之萬古。但恨論及諸家枝葉親姻，過爲繁碎，與舊史體例不同耳。"收曰："往因中原喪亂，人士譜牒，遺逸略盡，是以具書其支流。[11]望公觀過知仁，以免尤責。"

[1]尚書省：官署名。魏晋南北朝時爲全國政務中心。以尚書令爲主官，或以權臣"録尚書事"總攝省務。

[2]范陽：郡名。治所在今河北涿州市。　盧斐：字子章，范陽涿（今河北涿州市）人。北齊酷吏。本書卷四七有傳。　同：盧同（476—532），字叔倫，范陽涿（今河北涿州市）人。北魏官吏。《魏書》卷七六、《北史》卷三〇有傳。　玄：盧玄，字子真，范陽涿（今河北涿州市）人。北魏官吏。《魏書》卷四七、《北史》卷三〇有傳。

[3]頓丘李庶家《傳》稱其本是梁國蒙人："蒙"字宋刻本、四庫本、百衲本作"家"。中華本校勘記云："諸本'蒙'作'家'。洪頤烜《諸史考異》卷一二云：'梁國家人當是蒙人之訛。'按李庶是李平之孫（見《魏書》卷六六《李平傳》），這一家是北魏外戚。平伯父峻，見《魏書》卷八三《外戚傳》，説他是'梁國蒙縣人，元皇后兄也'，卷一三《文成元皇后李氏傳》也説她是'梁國蒙縣人'。洪説是，今改正。"從中華本改。梁國，封國名。治所在今河南商丘市南。蒙，縣名。治所在今河南商丘市東北。

[4]博陵：郡名。治所在今河北安平縣。　崔綽：字茂祖，博陵安平（今河北安平縣）人。北魏官吏。事見《魏書》卷四九、《北史》卷三二《崔鑒傳》。

[5]郡功曹：官名。"郡功曹史"的簡稱。掌郡府吏的任用。

[6]太原：郡名。治所在今山西太原市西南。　王松年：太原晉陽（今山西太原市晉源區古城營村一帶）人。北齊官吏。本書卷三五有傳。

[7]盧思道（535—586）：字子行，小字釋奴，范陽涿（今河北涿州市）人。北齊、北周、隋官吏。事見本書卷四二《盧潛傳》，《北史》卷三〇《盧玄傳》有附傳。

[8]收無以抗之：四庫本、中華本同，宋刻本、百衲本無"收"字。從補。

[9]左僕射：官名。即"尚書左僕射"的簡稱。尚書省次官之一。助尚書令掌政務。領殿中、主客二曹。北齊從二品。　楊愔（511—560）：字遵彥，小名秦王，弘農華陰（今陝西華陰市）人，楊津子。北齊官吏。本書卷三四有傳，《北史》卷四一《楊播傳》有附傳。　右僕射：官名。即"尚書右僕射"的簡稱。與祠部尚書通職，二者不並設。兼管儀曹事。北齊從二品。

[10]陸操：字仲志，代（今山西大同市）人。北魏、東魏、北齊官吏。《北史》卷二八《陸俟傳》有附傳。

[11]是以具書其支流："流"字宋刻本、百衲本作"派"，四庫本作"派"。今從中華本作"流"。

　　八年夏，除太子少傅、監國史，[1]復參議律令。三臺成，[2]文宣曰："臺成須有賦。"愔先以告收，收上《皇居新殿臺賦》，[3]其文甚壯麗。時所作者，自邢邵已下咸不逮焉。收上賦前數日乃告邵。邵後告人曰："收甚惡人，不早言之。"帝曾遊東山，敕收作詔，宣揚威德，譬喻關西，俄頃而訖，詞理宏壯。帝對百僚大嗟賞之。仍兼太子詹事。[4]收娶其舅女，崔昂之妹，[5]產一女，無子。魏太常劉芳孫女，[6]中書郎崔肇師女，[7]夫家坐事，帝並賜收爲妻，時人比之賈充置左右夫人。[8]然無子。後病甚，恐身後嫡媵不平，乃放二姬。[9]及疾瘳追憶，作《懷離賦》以申意。[10]文宣每以酣宴之次，云："太子性懦，宗社事重，終當傳位常山。"[11]收謂楊愔曰："古人云，太子國之根本，不可動搖。至尊三爵後，每言傳位常山，令臣下疑貳。若實，便須決行。此言非戲。魏收既忝師傅，正當守之以死，但恐國家不安。"愔以收言白於帝，自此便止。帝數宴喜，收每預侍從。皇太子之納鄭良娣也，[12]有司備設牢饌，帝既酣飲，起而自毀覆之。仍詔收曰："知我意不？"收曰："臣愚謂良娣既東宮之妾，理不須牢，仰惟聖懷，緣此毀去。"帝大笑，握收手曰："卿知我意。"安德王延宗納趙郡李祖收女爲妃，[13]後帝幸李宅宴，而妃母宋氏薦二石榴於帝前。問諸人莫知其意，帝投之。收曰："石榴房中多子，王新婚，[14]妃母欲子孫衆多。"帝大喜，詔收"卿還將來"，仍賜收美錦二匹。十年，除儀同三司。[15]帝在宴席，口敕以爲中書監，[16]命中書郎李愔於樹下造詔。[17]愔以收一代盛才，難於率爾，久而未訖。比成，帝已醉醒，遂不重言，愔仍不奏，事竟寢。

[1]太子少傅：官名。掌以道德輔教太子，兼領太子官屬。北齊三品。

[2]三臺：臺閣名。故址在鄴城（今河北臨漳縣西南）西北

隅。東漢建安十五年（210），曹操主持修築。中爲銅雀臺，高十丈；南爲金虎臺，北爲冰井臺，皆高八丈。十六國時後趙石虎將銅雀臺增高二丈。北齊高洋在舊基之上重修三臺，於天保八年（557）落成，改銅雀爲金鳳，金虎爲聖應，冰井爲崇光。

[3]《皇居新殿臺賦》：賦篇名。收入《魏收集》。

[4]太子詹事：官名。兩晋南北朝時總領東宫内外事務及諸官屬。北齊三品上。

[5]崔昂（？—565）：字懷遠，博陵安平（今河北安平縣）人。北魏、東魏、北齊官吏。本書卷三〇有傳，《北史》卷三二《崔挺傳》有附傳。

[6]太常：官名。爲九卿之一，掌邦國禮樂、祭祀、朝會等事。北齊三品。　劉芳（453—513）：字伯文，一作"伯支"，彭城（今江蘇徐州市老城區）人。北魏官吏。《魏書》卷五五、《北史》卷四二有傳。

[7]崔肇師（502—551）：清河東武城（今河北清河縣東北）人。東魏、北齊官吏。事見本書卷二三《崔㥄傳》、《魏書》卷六六《崔亮傳》，《北史》卷四四《崔亮傳》有附傳。

[8]賈充（217—282）：字公閭，河東襄陵（今山西臨汾市東南）人。西晋大臣、外戚。《晋書》卷四〇有傳。

[9]乃放二姬："放"字四庫本、中華本同，宋刻本、百衲本作"殺"。中華本校勘記云："三朝本、百衲本、汲本、局本及《册府》卷九四一'放'作'殺'，南、北、殿三本及《北史》卷五六作'放'。按封建地主殘暴凶惡，殺二姬完全可能。但《北史》卷四二《劉芳附孫逖傳》說'其姊爲任氏婦，没入宫，敕以賜魏收'，又云'逖姊魏家者，收時已放出，逖因次欲嫁之'，所云'二姬'，其一即劉芳孫女，知作'放'是。今從南本。"説是，從改。

[10]《懷離賦》：賦篇名。收入《魏收集》。

[11]常山：指常山王高演（535—561），字延安，渤海蓨（今

河北景縣）人。高歡第六子。後爲北齊孝昭帝。本書卷六、《北史》卷七有紀。

［12］鄭良娣：北齊濟南王高殷妃。

［13］安德王：高延宗的封爵號。安德，郡名。治所在今山東平原縣東北。　延宗：高延宗（？—578），渤海蓨（今河北景縣）人。北齊宗室，齊文襄帝子。本書卷一一、《北史》卷五二有傳。　趙郡：治所在今河北趙縣。　李祖收：北齊趙郡（今河北高邑縣西）人。

［14］王新婚：四庫本、中華本同，宋刻本、百衲本無"婚"字。從補。

［15］儀同三司：官名。本指官場待遇，儀同三司（三公）。"儀同"自此成專名。魏晉以降，凡開府，皆儀同三司，遂成加銜。至北魏、北齊又爲官號。北齊二品。

［16］中書監：官名。與中書令同爲中書省主官，掌草擬詔令，處理機要。北齊從二品。

［17］李憘：一作"李惜"，趙郡平棘（今河北趙縣東南）人。東魏、北齊官吏。事見《魏書》卷三六《李順傳》、《北史》卷三三《李裔傳》。

　　及帝崩於晉陽，驛召收及中山太守陽休之參議吉凶之禮，[1]并掌詔誥。仍除侍中，[2]遷太常卿。[3]文宣謚及廟號、陵名，皆收議也。及孝昭居中宰事，[4]命收禁中爲諸詔文，積日不出。轉中書監。皇建元年，[5]除兼侍中、右光禄大夫，[6]仍儀同、監史。收先副王昕使梁，不相協睦。時昕弟晞親密，[7]而孝昭別令陽休之兼中書，在晉陽典詔誥，收留在鄴，蓋晞所爲。收大不平，謂太子舍人盧詢祖曰：[8]"若使卿作文誥，我亦不言。"又除祖珽爲著作郎,[9]欲以代收。司空主簿李譍,[10]文詞士也。聞而告人曰:"詔誥悉歸陽子烈,著作復遣祖孝徵,文史頓失,恐魏公發背。"於時詔議二王三恪,[11]收執王肅、杜預義,[12]以元、司馬氏爲二王,通曹備三恪。詔諸禮學之官,皆執鄭玄五代之議。[13]孝昭后姓元,議恪不欲廣及,故議從收。又除兼太子少傅,解侍中。[14]

[1]中山:郡名。治所在今河北定州市。

[2]侍中:官名。門下省長官。因此職親近皇帝,掌權便利,時有宰相之實。北齊三品。

[3]太常卿:官名。初爲"太常"尊稱,北齊正式定爲官稱,掌禮樂、祭祀、宗廟、朝會等。北齊三品。

[4]孝昭:北齊皇帝高演(535—561),謚號孝昭。本書卷六、《北史》卷七有紀。 居中宰事:在朝主持政事。

[5]皇建:北齊孝昭帝高演年號(560—561)。

[6]右光祿大夫:官名。作爲在朝顯職的加官,以示優崇,或授予年老有病者爲致仕之官,亦常用爲卒後贈官。無職掌。北齊二品。

[7]晞:王晞(511—581),字叔朗,小名沙彌,北海劇(今山東壽光市東南)人。王昕之弟。北齊官吏。本書卷三一《王昕傳》有附傳。

[8]太子舍人:官名。掌侍從表啓,宣行太子令旨。北齊從六品。 盧詢祖:范陽涿(今河北涿州市)人。北齊官吏。出身士族,學識博深。本書卷二二《盧文偉傳》、《北史》卷三〇《盧觀傳》有附傳。

[9]祖珽:字孝徵,范陽遒(今河北淶水縣北)人。東魏、北齊官吏。本書卷三九有傳,《北史》卷四七《祖瑩傳》有附傳。

[10]司空主簿:官名。爲司空府僚屬,掌文簿及閤內事。北齊

六品上。　李謇：字彥鴻，柏人（今河北隆堯縣西北）人。北齊文吏。早年以文章知名。《北史》卷三三《李義深傳》有附傳。

[11]二王三恪：禮敬前朝，追封前朝後裔的禮制。封前兩代後裔爲王，稱二王；封前三代，則爲三恪。

[12]王肅（195—256）：字子雍，東海郯（今山東郯城縣）人。三國時魏大臣，經學家。《三國志》卷一三有傳。　杜預（222—284）：字元凱，京兆杜陵（今陝西西安市東南）人。西晉大臣，多謀善斷。《晉書》卷三四有傳。

[13]鄭玄（127—200）：字康成，北海高密（今山東高密市）人。東漢末學者，經學家。《後漢書》卷三五有傳。　五代：黃帝、唐、虞、夏、殷。《禮·祭法》："此五代之所不變也。"

[14]解：解除。

帝以魏史未行，詔收更加研審。收奉詔，頗有改正。及詔行魏史，收以爲直置祕閣，外人無由得見。於是命送一本付并省，[1]一本付鄴下，[2]任人寫之。

[1]并省：并州行尚書省。治所在今山西太原市晉源區古城營村一帶。

[2]鄴下：北齊都城鄴。在今河北臨漳縣西南。

大寧元年，[1]加開府。河清二年，[2]兼右僕射。時武成酣飲終日，[3]朝事專委侍中高元海。[4]元海凡庸，不堪大任，以收才名振俗，都官尚書畢義雲長於斷割，[5]乃虛心倚仗。收畏避不能匡救，爲議者所譏。帝於華林別起玄洲苑，[6]備山水臺觀之麗，詔於閣上畫收，其見重如此。

[1]大寧：北齊武成帝高湛年號（561—562）。

[2]河清：北齊武成帝高湛年號（562—565）。

[3]武成：北齊皇帝高湛（537—568），謚號武成。本書卷七、《北史》卷八有紀。

[4]高元海（？—578）：渤海蓨（今河北景縣）人。上洛王思宗子。北齊官吏。本書卷一四、《北史》卷五一《上洛王思宗傳》有附傳。

[5]都官尚書：官名。爲尚書省諸尚書之一。北齊統都官、二千石、比部、水部、膳部諸曹事務，階第三品。　畢義雲：東平須昌（今山東東平縣）人。北魏官吏。本書卷四七有傳。

[6]華林：華林園。北齊皇家園林。　玄洲苑：故址在今河北臨漳縣西南古鄴城北。

　　始收比温子昇、邢卲稍爲後進，[1]卲既被疏出，子昇以罪幽死，收遂大被任用，獨步一時。議論更相訾毁，[2]各有朋黨。收每議陋邢卲文。卲又云："江南任昉，[3]文體本疏，魏收非直模擬，[4]亦大偷竊。"收聞乃曰："伊常於《沈約集》中作賊，[5]何意道我偷任昉。"任、沈俱有重名，邢、魏各有所好。武平中，[6]黄門郎顔之推以二公意問僕射祖珽，[7]珽答曰："見邢、魏之臧否，即是任、沈之優劣。"收以温子昇全不作賦，邢雖有一兩首，又非所長，常云："會須作賦，始成大才士。唯以章表碑誌自許，此外更同兒戲。"[8]自武定二年已後，國家大事詔命，軍國文詞，皆收所作。每有警急，受詔立成，或時中使催促，[9]收筆下有同宿構，敏速之工，邢、温所不逮，其參議典禮與邢相埒。

[1]始收比溫子昇、邢卲稍爲後進："比"字宋刻本、四庫本作"與"。中華本校勘記云："諸本'比'作'與',南本依《北史》卷五六改,今從之。"從中華本改。

[2]議論更相訾毀："議"字四庫本、百衲本、中華本同,宋刻本作"譏"。

[3]任昉（460—508）:字彦昇,樂安博昌（今山東壽光市）人。南朝宋、齊、梁官吏。《梁書》卷一四、《南史》卷五九有傳。

[4]魏收非直模擬："模"字四庫本、中華本同,宋刻本、百衲本作"摸"。"摸"同"摹"。從四庫本改。

[5]《沈約集》:書名。南朝梁沈約撰。據《梁書》本傳,沈約有文集一百卷行於世。《隋書·經籍志》著錄一百零一卷,包括目錄一卷,與本傳所說正合。宋時已亡佚大半,南宋後全佚。現在所見最早刻本皆爲明人所輯。有薛應旂《六朝詩集》本、張燮《七十二家集》本、張溥《漢魏六朝百三名家集》本等。清人嚴可均輯《全上古三代秦漢三國六朝文》收其文八卷、今人逯欽立輯《先秦漢魏晋南北朝詩》收錄其詩二卷,較明輯本完備。

[6]武平:北齊後主高緯年號（570—576）。

[7]顔之推（約531—590）:字介,琅邪臨沂（今山東費縣東）人。北朝文學家。著有《顔氏家訓》。本書卷四五、《北史》卷八三有傳。

[8]唯以章表碑誌自許,此外更同兒戲:中華本校勘記云："《御覽》卷五八七引《三國典略》作'唯以章表自許,此同兒戲'。按如此《傳》,則是章表碑誌之外,連作賦也同兒戲,和上文'會須作賦,始成大才士'之語矛盾。疑《御覽》是,這裏衍'外更'二字。"

[9]中使:宫廷中派出的使者,多由宦官充任。

既而趙郡。公。增年獲免,[1]收知而過之,事發除名。其年又以託附陳使封孝琰,[2]牒令其門客與行,遇崑崙舶至,[3]得奇貨猥然褥表、美玉盈尺等數十件,罪當流,以贖論。三年,起除清都尹。[4]尋遣黄門郎元文遥敕收曰:[5]"卿舊人,事我家最久,前者之罪,情在可恕。比令卿爲尹,非謂美授,但初起卿,斟酌如此。朕豈可用卿之才而忘卿身,待至十月,當還卿開府。"天統元年,[6]除左光禄大夫。[7]二年,行齊州刺史,[8]尋爲真。

[1]既而趙郡。公。增年獲免:中華本校勘記云:"張森楷云:'案《彭城王淯傳》,此是趙郡李公統母事,此但作"趙郡公"三字,當有脱文。'按張説是。"增年獲免,不久趙郡李公統因事被殺,其母虚報年齡而免爲奴。

[2]封孝琰(523—573):字士光,渤海蓨(今河北景縣)人。北齊官吏。爲尚書左丞。曾出使南朝陳。武平四年(573),爲北齊後主所殺。本書卷二一《封隆之傳》、《北史》卷二四《封懿傳》有附傳。

[3]崑崙:今中印半島南部及南洋諸島地區。

[4]清都尹:官名。北齊置。北齊都鄴,鄴屬魏郡,故改魏郡守爲清都尹,掌治京師。

[5]元文遥:字德遠,河南洛陽(今河南洛陽市東北)人,鮮卑族。北齊大臣。本書卷三八、《北史》卷五五有傳。

[6]天統:北齊後主高緯年號(565—569)。

[7]左光禄大夫:官名。作爲在朝顯職的加官,以示優崇,或授予年老有病的致仕之官,亦常用爲卒後贈官,無職掌。北齊二品。

[8]齊州:治所在今山東濟南市。

收以子姪少年，申以戒厲，[1]著《枕中篇》，其詞曰：

[1]申以戒厲："厲"字宋刻本、百衲本、中華本同，四庫本作"勵"。"厲"通"勵"，意爲勸勉。

吾曾覽管子之書，[1]其言曰："任之重者莫如身，途之畏者莫如口，期之遠者莫如年。以重任行畏途，至遠期，惟君子爲能及矣。"[2]追而味之，喟然長息。若夫岳立爲重，有潛戴而不傾；山藏稱固，亦趨負而弗停；呂梁獨浚，[3]能行歌而匪惕；焦原作險，[4]或躋踵而不驚；[5]九陔方集，故眇然而迅舉；五紀當定，想窅乎而上征。苟任重也有度，則任之而愈固；乘危也有術，蓋乘之而靡恤。彼期遠而能通，[6]果應之而可必。豈神理之獨爾，亦人事其如一。嗚呼！處天壤之間，勞死生之地，攻之以嗜欲，牽之以名利，梁肉不期而共臻，珠玉無足而俱致；於是乎驕奢仍作，危亡旋至。然則上知大賢，唯幾唯哲，或出或處，不常其節。其舒也濟世成務，其卷也聲銷迹滅。玉帛子女，椒蘭律呂，諂諛無所先；稱肉度骨，膏脣挑舌，怨惡莫之前。勳名共山河同久，志業與金石比堅。斯蓋厚棟不橈，遊刃恚然。逮於厥德不常，喪其金璞。馳騖人世，鼓動流俗。挾湯日而謂寒，包嶔崟而未足。源不清而流濁，表不端而影曲。嗟乎！膠漆詎堅，[7]寒暑甚促。反利而成害，化榮而就辱。欣戚更來，得喪仍續。至有身禦魑魅，魂沉犴獄。詎非足力不強，迷在當局。孰可謂車戒前傾，人師先覺。

[1]管子之書：即《管子》。相傳爲春秋時期齊國管仲撰，實係後人托名著作。共二十四卷。原本八十六篇，今存七十六篇。内容龐雜。有唐房玄齡注（今皆認爲尹知章注）、清戴望《管子校正》和郭沫若《管子集校》等。

[2]"任之重者莫如身"至"惟君子爲能及矣"：語出《管子》卷一〇《戒第二十六》。意爲責任之中没有比修養自身更重要的了，仕途之中没有比口舌之禍更可怕的了，期望之中没有比長壽更長遠的了。身負重任行走在可怕的道路上，又能達到長壽的期望。衹有君子纔能够做到。

[3]吕梁：山名。在今山西吕梁市離石區東北。

[4]焦原：山名。在今山東莒縣南四十里。亦名"横山"，又稱"崢嶸谷"，俗稱"青泥徜"。

[5]或躋踵而不驚："躋"字宋刻本、百衲本、中華本同，四庫本作"削"。

[6]彼期遠而能通："期"字宋刻本、四庫本、百衲本作"其"。中華本校勘記云："諸本'期'作'其'。《北史》卷五六、《册府》卷八一七作'期'。按上文説'期之遠者莫如年'，作'期'是，今據改。"今從中華本改。

[7]膠漆詎堅："詎"字宋刻本、四庫本、百衲本作"謂"。中華本校勘記云："諸本'詎'作'謂'。《北史》卷五六、《册府》作'詎'。按文義作'詎'是，今據改。"今從中華本改。

聞諸君子，雅道之士，遊遨經術，厭飫文史。[1]筆有奇鋒，談有勝理。孝悌之至，神明通矣。審道而行，量路而止。自我及物，先人後己。情無繫於榮悴，心靡滯於愠喜。不養望於丘壑，不待價於城市。言行相顧，慎終猶始。有一於斯，鬱爲羽儀。恪居展事，知無不爲。或左或右，則髦士攸宜；無悔無吝，故高而不危。異乎勇進忘退，苟得患失，射千金之産，邀萬鍾之秩，投烈風之門，趣炎火之室，載躓而墜其貽宴，或蹲乃喪其貞吉。可不畏歟！可不戒歟！

[1]厭（yàn）飫（yù）：飲食飽足。

門有倚禍，事不可不密；墻有伏寇，言不可而失。宜諦其言，宜端其行。言之不善，行之不正。鬼執强梁，人囚徑廷。幽奪其魄，明夭其命。不服非法，不行非道。公鼎爲己信，私玉非身寶。過涅爲紺，[1]踰藍作青。持繩視直，置水觀平。時然後取，未若無欲。知止知足，庶免於辱。

[1]過涅爲紺："涅"字宋刻本、四庫本、百衲本作"淄"。中華本校勘記云："三朝本'涅'作'濕'，他本都作'緇'（百衲本也依他本改'緇'），《北史》卷五六、《册府》作'涅'。按《淮南子·俶真篇》云：'以涅染緇，則黑於涅，以藍染青，則青於藍'，這二句即取此義，作'涅'是，三朝本形訛作'濕'，尚存痕迹，今據《北史》《册府》改。"説是，今從中華本改。

是以爲必察其幾，舉必慎於微。知幾慮微，斯亡則稀。既察且慎，福禄攸歸。昔蘧瑗識四十九非，[1]顏子鄰幾三月不違。[2]跬步無已，至於千里。覆一簣進，及於萬仞。故云行遠自邇，登高自卑，[3]可大可久，與世推移。月滿如規，後夜則虧。槿榮于枝，望暮而萎。夫奚益而非損，[4]孰有損而不害？益不欲多，利不欲大。唯居德者畏其甚，體真者懼其大。道尊則群謗集，任重而衆怨會。其達也則尼父棲遑，[5]其忠也而周公狼狽。[6]無曰人之我狹，在我不可而覆。無曰人之我厚，在我不可而咎。如山之大，無不有也；如谷之虛，無不受也；能剛能柔，重可負也；能信能順，險可走也；能知能愚，期可久也。周廟之人，三緘其口。[7]漏卮在前，欹器留後。俾諸來裔，傳之坐右。[8]

[1]蘧瑗：字伯玉。春秋末衛國大夫。有賢名，勇於改過，能進能退，與時無忤。吳公子季劄曾譽之爲"君子"。孔子亦佩服其能力求寡過。

[2]顏子鄰幾三月不違：宋刻本、百衲本同，四庫本、中華本"幾"上無"鄰"字。中華本校勘記云："三朝本、百衲本及《北史》卷五六、《册府》（宋本）卷八一七'幾'上有'鄰'字。他本無。按'鄰幾'即'其殆庶幾'之意，本當有'鄰'字，但這樣就和上句不對。疑上句'識'字上下先脫一字，後人遂刪'鄰'字以就對偶。今上句脫字無從補入，這裏也不補。"顏子（前521—前490），即顏回。字子淵，又稱"顏氏"。春秋末魯國（今山東曲阜市）人。孔子學生。《史記》卷六七有傳。

[3]故云行遠自邇，登高自卑：四庫本、中華本同，宋刻本、百衲本作"故云行遠自卑"。從補。

[4]夫奚益而非損："夫"字四庫本、百衲本、中華本同，宋

刻本作"失"。按此處作爲發語詞，作"夫"是。

[5]尼父：孔子。此句指孔子周游列國受困之事。

[6]周公：西周傑出政治家姬旦。文王子，武王弟。因采邑在周，故稱"周公""周旦"或"公旦"。此句指周公輔政受疑奔楚之事。詳見《史記》卷三三《魯周公世家》。

[7]周廟之人，三緘其口：典出《孔子家語》卷三《觀周第十一》："孔子觀周，遂入太祖後稷之廟，廟堂右階之前，有金人焉，三緘其口，而銘其背曰：'古之慎言人也，戒之哉。無多言，多言多敗。無多事，多事多患。'"用其警人慎言慎行之意。

[8]傳之坐右："坐"字宋刻本、百衲本、中華本同，四庫本作"座"。

其後羣臣多言魏史不實，武成復敕更審，收又回換。遂爲盧同立傳，崔綽返更附出。楊愔家傳，本云"有魏以來一門而已"，至是改此八字；[1]又先云"弘農華陰人"，[2]乃改"自云弘農"，以配王慧龍自云太原人。[3]此其失也。

[1]楊愔家傳，本云"有魏以來一門而已"，至是改此八字："云"字宋刻本、百衲本、中華本同，四庫本作"無"。"改"字中華本同，宋刻本、四庫本、百衲本作"加"。中華本校勘記云："諸本'云'作'無'，三朝本、百衲本及《北史》卷五六、《册府》卷五六二作'云'。又諸本及《北史》'改'並作'加'，《册府》作'改'。按今《魏書》卷五八《楊播傳》（即所謂'楊愔家傳'）無此八字，獨見於《北史》卷四一《楊播傳》論。若《魏書》定本'加此八字'，何故不見於傳世諸本？知《魏書》初稿，特書此八字以媚楊愔，後來楊愔被殺，又削去八字，以示不親楊氏。李延壽認爲不該削去，故在《北史》傳論中又據《魏書》初

稿寫上此八字。李延壽於《魏收傳》中説'此其（指魏收）失也'，是説他削去不對，不是説有此八字不對。這裏'云'字先訛'亡'，又寫作'無'，後人遂併下'改'字也改作'加'。《北齊書》舊本和《北史》'云'字尚不誤，而'改'字唯《册府》獨是。今從三朝本及《册府》。"從改。

[2]弘農：郡名。治所在今河南靈寶市北。　華陰：縣名。治所在今陝西華陰市東南。

[3]以配王慧龍自云太原人："慧"字四庫本、中華本同，宋刻本、百衲本作"惠"。從四庫本改。王慧龍（？—440），太原晉陽（今山西太原市晉源區古城營村一帶）人。北魏將領。《魏書》卷三八、《北史》卷三五有傳。

　　尋除開府、中書監。武成崩，未發喪。在内諸公以後主即位有年，[1]疑於赦令。諸公引收訪焉，收固執宜有恩澤，乃從之。掌詔誥，除尚書右僕射，總議監五禮事，位特進。收奏請趙彦深、和士開、徐之才共監。[2]先以告士開，士開驚辭以不學。收曰："天下事皆由王，五禮非王不決。"[3]士開謝而許之。多引文士令執筆，儒者馬敬德、熊安生、權會實主之。[4]武平三年薨。贈司空、尚書左僕射，[5]謚文貞。[6]有集七十卷。

[1]後主：北齊後主高緯（556—578），武成帝長子。本書卷八、《北史》卷八有紀。

[2]趙彦深（507—576）：本名隱，字彦深，平原（今山東聊城市東北）人，祖籍南陽宛縣（今河南南陽市）。北齊大臣。本書卷三八、《北史》卷五五有傳。　和士開（524—571）：字彦通，清都臨漳（今河北臨漳縣）人。先世西域商人，本姓素和。本書卷

五〇、《北史》卷九二有傳。墓在今河南安陽縣。

［3］五禮：吉禮、嘉禮、賓禮、軍禮、凶禮，合稱五禮。

［4］馬敬德：河間（今河北獻縣東南）人。北齊官吏。本書卷四四、《北史》卷八一有傳。　熊安生（？—578）：字植之，長樂阜城（今河北阜城縣）人。北朝時名儒。少好學，勵精不倦。《周書》卷四五、《北史》卷八二有傳。　權會：字正理，河間鄚（今河北任丘市）人。東魏、北齊儒師。精通《詩》《書》《三禮》，兼明玄象之學。本書卷四四、《北史》卷八一有傳。

［5］司空：官名。爲三公之一。魏晉南北朝爲名譽宰相，多爲大臣加官。一品。

［6］文貞：《謚法》：“道德博聞曰文，清白守節曰貞。”

　　收碩學大才，然性褊，不能達命體道。見當途貴遊，每以言色相悦。然提獎後輩，以名行爲先，浮華輕險之徒，雖有才能，弗重也。初河間邢子才及季景與收並以文章顯，世稱大邢小魏，[1]言尤俊也。收少子才十歲，子才每曰：“佛助寮人之偉。”後收稍與子才爭名，文宣貶子才曰：“爾才不及魏收。”收益得志。自序云：“先稱溫、邢，後曰邢、魏。”然收内陋邢，心不許也。收既輕疾，好聲樂，善胡舞。文宣末，數於東山與諸優爲獼猴與狗鬭，帝寵狎之。收外兄博陵崔巖嘗以雙聲嘲收曰：[2]“愚魏衰收。”收答曰：“顔巖腥瘦，是誰所生，羊頤狗頰，頭團鼻平，飯房笒籠，著孔嘲玎。”[3]其辯捷不拘若是。既緣史筆，多憾於人，齊亡之歲，收冢被發，棄其骨于外。先養弟子仁表爲嗣，位至尚書膳部郎中。[4]隋開皇中卒於温縣令。[5]

[1]初河間邢子才及季景與收並以文章顯，世稱大邢小魏：中華本校勘記云："《北史》卷五六'子才'下有'子明'二字。按邢昕字子明，子才族子，見《魏書》卷八三《文苑傳》、《北史》卷四三《邢巒傳》。《傳》云'大邢小魏'，當時必以子才、子明爲大小邢，季景與收爲大小魏，才有這話，這裏當脱'子明'二字。"存疑。

[2]收外兄博陵崔巖：四庫本、中華本同，宋刻本、百衲本"收"下有"與"字。從删。外兄，表兄。崔巖，博陵安平（今河北安平縣）人。東魏官吏。官至員外常侍。事見《魏書》卷五七《崔挺傳》。

[3]著孔嘲玎："著"字四庫本、中華本同，宋刻本、百衲本作"着"。從四庫本改。

[4]尚書膳部郎中：官名。北齊置爲都官尚書所轄膳部曹長官。掌侍官百司禮食肴饌等事。六品上。

[5]開皇：隋文帝楊堅年號（581—600）。　溫縣：治所在今河南溫縣西南。

北齊書　卷三八[1]

列傳第三十

辛術　元文遙　趙彥深

　　辛術，字懷哲，少明敏，有識度。解褐司空胄曹參軍，[2]與僕射高隆之共典營構鄴都宮室，[3]術有思理，百工克濟。再遷尚書右丞。[4]出爲清河太守，[5]政有能名。追授并州長史，[6]遭父憂去職。[7]清河父老數百人詣闕請立碑頌德。文襄嗣事，[8]與尚書左丞宋遊道、中書侍郎李繪等並追詣晉陽，[9]俱爲上客。累遷散騎常侍。[10]

　　[1]《北齊書》卷三八：中華本校勘記云："按此卷原缺，後人以《北史》卷五〇《辛術傳》、卷五五《元文遙傳》《趙彥深傳》補。宋本、三朝本卷末有宋人校語云：'此卷與《北史》同。'"

　　[2]解褐：脫去布衣換上官服。意爲入仕。　司空：官名。爲三公之一。魏晉南北朝爲名譽宰相，多爲大臣加官。一品。　胄曹參軍：官名。掌兵器甲仗等。

　　[3]僕射：官名。時高隆之任右僕射。右僕射即"尚書右僕射"之簡稱。尚書省次官。與祠部尚書通職，二者不並設。兼管儀

曹事。北齊從二品。　高隆之（494—554）：本姓徐，字延興，高平金鄉（今山東金鄉縣）人。後高歡認爲從弟，乃稱渤海蓨（今河北景縣）人。東魏、北齊大臣。本書卷一八、《北史》卷五四有傳。　鄴都：北齊都城鄴。

[4]尚書右丞：官名。與左丞共掌尚書臺内庶務，兼掌錢糧庫藏、財政出納、刑獄兵工。北齊從四品。

[5]清河：郡國名。西漢高帝置，治清陽縣（今河北清河縣）。西晉爲清河國，治清河縣（今山東臨清市）。北魏仍改爲郡。北齊移治武城縣（今河北清河縣西城關鄉西北）。

[6]并州：治所在今山西太原市晉源區古城營村一帶。　長史：官名。掌參政務。主管屬吏，爲府中掾屬之長。

[7]父憂：父喪。

[8]文襄：北齊皇帝高澄（521—549），諡號文襄，廟號世宗。本書卷三、《北史》卷六有紀。

[9]尚書左丞：官名。爲尚書臺屬官，佐助令、僕射掌政務。職掌臺内庶務、文吏及文案奏章。北齊從四品上。　宋遊道：敦煌（今甘肅敦煌市）人。北魏、東魏、北齊官吏。本書卷四七有傳。　中書侍郎：官名。又稱"中書郎"，爲中書省次官，掌起草書疏表檄。北齊從四品上。　李繪：字敬文，趙郡平棘（今河北趙縣東南）人。東魏、北齊官吏。本書卷二九《李渾傳》、《北史》卷三三《李靈傳》有附傳。　晉陽：縣名。治所在今山西太原市晉源區古城營村一帶。

[10]散騎常侍：官名。散騎與中常侍二職合而爲此職，隸集書省，參掌機要，位比侍中。北齊從三品。

　　武定八年，[1]侯景叛，[2]除東南道行臺尚書，[3]封江夏縣男，[4]與高岳等破侯景，[5]擒蕭明。[6]遷東徐州刺史，[7]爲淮南經略使。[8]齊天保元年，[9]侯景徵江西租稅，術率諸軍渡淮斷之，[10]燒其稻數百萬石。還鎮下邳，[11]人隨術北渡淮者三千餘家。東徐州刺史郭志殺郡守。[12]文宣聞之，[13]敕術自今所統十餘州地諸有犯法者，[14]刺史先啓聽報，以下先斷後表聞。齊代行臺兼總人事，自術始也。安州刺史、臨清太守、盱眙蘄城二鎮將犯法，[15]術皆案奏殺之。睢州刺史及所部郡守俱犯大辟，[16]朝廷以其奴婢百口及資財盡賜術，三辭不見許，術乃送詣所司，不復以聞。[17]邢邵聞之，[18]遺術書曰："昔鍾離意云'孔子忍渴於盜泉'，[19]便以珠璣委地，足下今能如此，可謂異代一時。"及王僧辯破侯景，[20]術招攜安撫，城鎮相繼款附，前後二十餘州。於是移鎮廣陵。[21]獲傳國璽送鄴，[22]文宣以璽告於太廟。[23]此璽即秦所制，方四寸，上紐交盤龍，其文曰："受命于天，既壽永昌。"二漢相傳，又傳魏、晉。懷帝敗，[24]没於劉聰。[25]聰敗，没於石氏。石氏敗，[26]晉穆帝永和中，[27]濮陽太守戴僧施得之，[28]遣督護何融送于建鄴。[29]歷宋、齊、梁，[30]梁敗，侯景得之。景敗，侍中趙思賢以璽投景南兗州刺史郭元建，[31]送于術，故術以進焉。尋徵爲殿中尚書，[32]領太常卿，[33]仍與朝賢議定律令。遷吏部尚書，[34]食南兗州梁郡幹。[35]

[1]武定：東魏孝靜帝元善見年號（543—550）。　八年："八"字宋刻本、百衲本、中華本同，四庫本作"四"。中華本校勘記云："殿本依《北史》卷五〇《辛術傳》'八'改'六'，他本都作'八'。按《魏書》卷一二《孝靜帝紀》，事在武定五年（五四七）。此《傳》下文叙高岳破侯景，擒蕭明也都是五年的事，作

'八'作'六'均誤。"

[2]侯景（503—552）：字萬景，懷朔鎮（今内蒙古固陽縣西南）人，或云雁門（今山西代縣西南）人，羯族。北魏、東魏將領，後降南朝梁。《梁書》卷五六、《南史》卷八〇有傳。

[3]除：官制用語。意爲任命。 行臺尚書：官名。北魏置。爲行臺長官。北齊沿置，二品。行臺爲地方最高軍政機構。

[4]江夏縣男：爵名。江夏縣，治所在今河南泌陽縣北。

[5]高岳（512—555）：字洪略，渤海蓨（今河北景縣）人。高翻子，高歡從父弟。東魏、北齊宗室大臣。本書卷一三、《北史》卷五一有傳。

[6]蕭明（？—556）：本名淵明，唐人避諱，去"淵"。梁武帝長兄長沙王蕭懿之子。梁承聖四年（555）被北齊立爲梁帝。諡梁閔帝。次年，被陳霸先所廢，後病死。本書卷三三有傳，《南史》卷五一《長沙宣武王懿傳》有附傳。

[7]東徐州：治所在今江蘇睢寧縣古邳鎮北側。

[8]爲淮南經略使：四庫本、中華本同，宋刻本、百衲本無"使"字。從補。經略使，官名。東魏設，掌一方軍政。北齊因之。

[9]天保：北齊文宣帝高洋年號（550—559）。

[10]術率諸軍渡淮斷之："渡"字宋刻本、四庫本、百衲本作"度"。今從中華本作"渡"。

[11]下邳：郡名。治所在今江蘇睢寧縣西北古邳鎮北。

[12]郭志：北齊官吏。事不詳。

[13]文宣：北齊開國皇帝高洋（529—559），諡號文宣。本書卷四、《北史》卷七有紀。

[14]敕：南北朝以後對君主詔命的專稱。

[15]安州：北齊時寄治在今北京市密雲區東北。 臨清：郡名。東魏武定八年（549）改盱眙郡置，治所在今江蘇宿遷市西南古城。 盱眙：縣名。治所在今江蘇盱眙縣東北都梁山東北麓。 蘄城：郡名。治所在今安徽宿州市南。

［16］睢州：治所在今安徽靈璧縣。

［17］不復以聞：四庫本、中華本同，宋刻本、百衲本無"以"字。從《北史》補。

［18］邢卲（496—?）：字子才，河間鄚（今河北任丘市北）人。北魏、東魏、北齊官吏。博學能文，與溫子升、魏收齊名。原著有《邢子才集》，已散佚。本書卷三六有傳，《北史》卷四三《邢巒傳》有附傳。

［19］鍾離意：字子阿，會稽山陰（今浙江紹興市）人。東漢官吏。《後漢書》卷四一有傳。

［20］王僧辯（?—555）：字君才，太原祁（今山西祁縣）人。南朝梁將領。《梁書》卷四五、《南史》卷六三有傳。

［21］廣陵：郡名。治所在今江蘇揚州市西北。

［22］鄴：都邑名。在今河北臨漳縣西南。東魏、北齊定都於此。

［23］太廟：皇室的祖廟。

［24］懷帝：晋懷帝司馬熾（284—313），字豐度。晋武帝第二十五子。公元306年至311年在位。《晋書》卷五有紀。

［25］劉聰（?—318）：一名載，字玄明，劉淵子。十六國時漢之國君，公元310年至318年在位。《晋書》卷一〇二有載記。

［26］石氏：石勒，羯族。十六國時建立前趙政權。

［27］晋穆帝：司馬聃（343—361），字彭子，康帝子。公元344年至361年在位。《晋書》卷八有紀。　永和：東晋穆帝司馬聃年號（345—356）。

［28］濮陽：郡名。治所在今山東鄄城縣北。　戴僧施：東晋官吏。

［29］督護：官名。掌軍務。爲州郡府屬官。　何融：東晋官吏。　建鄴：縣名。治所在今江蘇南京市。

［30］宋：南朝宋，或稱"劉宋"。東晋恭帝元熙二年（420），相國劉裕禪代東晋，改元稱帝，都建康（今江蘇南京市），國號宋。

歷八帝，六十年。順帝昇明三年（479），禪於南齊。 齊：南朝齊。南朝宋順帝昇明三年（479），齊王蕭道成禪代劉宋，改元稱帝，都建康（今江蘇南京市），以齊爲國號，史稱"南齊""蕭齊"，以別北朝齊。歷七主，二十四年。齊和帝中興二年（502），爲蕭衍所代。 梁：南朝梁（502—557）。南朝齊和帝中興二年（502），相國梁王蕭衍禪代南齊，改元稱帝，都建康（今江蘇南京市），國號梁，史稱"蕭梁"。歷四主，五十六年。

[31]侍中：官名。門下省長官。因此職親近皇帝，掌權便利，時有宰相之實。北齊三品。 趙思賢：南朝梁人。侯景任爲侍中、平原太守。 南兗州：治所在今安徽亳州市。 郭元建：南朝梁人。侯景任爲太尉、北道行臺、南兗州刺史。

[32]殿中尚書：官名。西晉武帝太康（280—289）中始置。北齊沿置，員一人，爲尚書省六曹尚書之一。管理宮殿禁衛、禮制、宮廷車馬及倉庫等事。領殿中、儀曹、三公、駕部四郎曹。三品。

[33]領：官制用語。官吏在本職外兼任低於本職務稱"領"。魏晉南北朝多爲暫攝之意。 太常卿：官名。初爲"太常"尊稱，北齊正式定爲官稱。掌禮樂、祭祀、宗廟、朝會等。北齊三品。

[34]吏部尚書：官名。爲尚書吏部曹主官。掌官吏銓選、封爵、考課之政。居尚書省諸尚書之首，稱"大尚書"。歷朝因之。北齊三品。

[35]食南兗州梁郡幹：食幹，北齊的一種制度。幹，原爲漢至南北朝時一種身份和地位低下的吏，後變爲供役使之人。北齊時，官員可依品級高低，得到數量不等的"幹"。又因"幹"可納資代役。故北齊時盛行"食幹"之制。梁郡，治所在今河南商丘市南。

遷鄴以後，大選之職，知名者數四，互有得失，未能盡美。文襄帝少年高朗，所弊者疏；袁叔德沉密謹厚,[1]所傷者細；楊愔風流辯給,[2]取士失於浮華。唯術性尚貞明，取士以才器，循名責實，新舊參舉，管庫必擢，門閥不遺。考之前後銓衡，在術最爲折衷，甚爲當時所稱舉。天保末，文宣嘗令術選百員官，參選者二三千人，術題目士子，人無謗讟,[3]其所旌擢，後亦皆致通顯。

[1]袁叔德：袁聿修（511—582），字叔德，陳郡項（今河南沈丘縣）人。東魏、北齊、北周官吏。本書卷四二有傳。

[2]楊愔（511—560）：字遵彥，小名秦王，弘農華陰（今陝西華陰市）人，楊津子。北齊官吏。本書卷三四有傳，《北史》卷四一《楊播傳》有附傳。

[3]謗讟（dú）：怨恨毀謗。

術清儉，寡嗜慾。勤於所職，未嘗暫懈。臨軍以威嚴，牧人有惠政。少愛文史，晚更修學，雖在戎旅，手不釋卷。及定淮南，凡諸資物一毫無犯，唯大收典籍，多是宋、齊、梁時佳本，鳩集萬餘卷，并顧、陸之徒名畫,[1]二王已下法書數亦不少,[2]俱不上王府，唯入私門。及還朝，頗以饋遺權要，物議以此少之。十年卒，年六十。皇建二年,[3]贈開府儀同三司、中書監、青州刺史。[4]子閣卿,[5]尚書郎。[6]閣卿弟衡卿,[7]有識學，開府參軍事。[8]隋大業初,[9]卒於太常丞。[10]

[1]顧、陸之徒：顧，指東晉顧愷之；陸，指宋齊時陸探微。

[2]二王已下法書數亦不少：二王，指東晉王羲之、王獻之父

子。"二"字四庫本、百衲本、中華本同，中華本作"一"。"法書"宋刻本、四庫本、百衲本作"書法"。中華本校勘記云："諸本'法書'倒作'書法'，今據《北史》卷五〇乙正。"今從中華本改。

[3]皇建：北齊孝昭帝高演年號（560—561）。

[4]開府儀同三司：官名。本指高級官員開建府署，儀同三司（三公）之待遇。後遂成加銜，至南北朝又爲官稱。北齊從一品。

中書監：官名。與中書令同爲中書省主官，掌草擬詔令、處理機要。北齊從二品。　青州：治所在今山東青州市。

[5]閎卿：辛閎卿。《北史》卷五〇《辛雄傳》有附傳。

[6]尚書郎：官名。凡尚書曹郎、郎中、侍郎皆可簡爲此稱。分掌尚書各曹。

[7]衡卿：辛衡卿。有才學。《北史》卷五〇《辛雄傳》有附傳。

[8]開府參軍事：官名。掌參謀軍務及諸曹事。

[9]隋：公元581年楊堅（隋文帝）代北周稱帝，國號隋，開皇三年（583）都大興（今陝西西安市）。九年滅陳，統一全國。

大業：隋煬帝楊廣年號（605—618）。

[10]太常丞：官名。太常佐官，總諸曹事。北齊從六品。

元文遙，字德遠，河南洛陽人，[1]魏昭成皇帝六世孫也。五世祖常山王遵。[2]父晞，[3]有孝行，父卒，廬於墓側而終。文遥貴，贈特進、開府儀同三司、中書監，[4]諡曰孝。[5]文遥敏惠夙成，濟陰王暉業每云：[6]"此子王佐才也。"暉業嘗大會賓客，有人將《何遜集》初入洛，[7]諸賢皆贊賞之。河間邢卲試命文遥，[8]誦之幾遍可得？文遥一覽便誦，時年十餘歲。濟陰王曰："我家千里駒，今定如何？"邢云："此殆古來未有。"

[1]河南：郡名。治所在今河南洛陽市西。 洛陽：縣名。治所在今河南洛陽市東北。

[2]魏昭成皇帝六世孫也。五世祖常山王遵：中華本校勘記云："張森楷云：'按《魏書·昭成子孫傳》（卷一五），言遵是昭成子壽鳩之子，則是昭成孫也。遵既爲五世祖，豈得爲昭成六世孫。"六"當爲"七"之誤。'"存疑。魏，北魏（386—557）。北朝政權之一。公元386年鮮卑人拓跋珪建立代國，初居盛樂（今内蒙古和林格爾縣），398年定都平城（今山西大同市東北），後遷都洛陽（今河南洛陽市東北）。永熙三年（534）分裂爲東魏與西魏。東魏（534—550）都於鄴（今河北臨漳縣西南鄴鎮東），西魏（535—557）都於長安（今陝西西安市西北郊）。昭成皇帝，拓跋什翼犍（320—376），十六國時期代國的建立者。拓跋鬱律次子。公元338年至376年在位。《魏書》卷一、《北史》卷一有紀。常山王，元遵的封爵號。常山，郡名。治所在今河北石家莊市藁城區西北。遵，元遵（？—407），鮮卑族拓跋部人。少而壯勇。北魏宗室、大臣。《魏書》卷一五、《北史》卷一五有傳。

[3]晞：元晞。事不詳。

[4]特進：官名。多爲加官，贈致仕大臣。北齊二品。

[5]諡曰孝：《諡法》："慈惠愛親曰孝。"

[6]濟陰王：元暉業的封爵號。濟陰，郡名。治所在今山東曹縣西北。 暉業（？—551）：字紹遠，鮮卑族拓跋部人。東魏、北齊大臣。《魏書》卷一九上、《北史》卷一七《濟陰王小新成傳》有附傳。

[7]《何遜集》：書名。南朝梁何遜撰。據《南史》本傳，何遜文章與劉孝綽齊名，王僧孺曾集其文爲八卷。《隋書·經籍志》著録七卷，則隋唐時何集已殘損。南宋時僅存二卷。今存最早的刻

本爲明正德（1506—1521）間張紘刊《何水部集》一卷。《四庫全書》所收即此本。另有薛應旂《六朝詩集》本二卷，有詩無文。又明張燮輯《七十二家集》本三卷，詩與張紘本篇目相同，文則較張本爲多。1980 年中華書局以張燮本爲底本，參照他書出版《何遜集》三卷。　洛："洛陽"的簡稱。西周於此建成周城，其城南臨洛水，故簡稱"洛"。

[8]河間：郡名。治所在今河北河間市南。

起家員外散騎常侍，[1]遭父喪，服闋，除太尉東閣祭酒。[2]以天下方亂，遂解官侍養，隱於林慮山。[3]

[1]員外散騎常侍：官名。掌規諫，不典事，屬門下省。北齊五品上。

[2]東閣祭酒：官名。公府僚屬。掌文翰。

[3]林慮山：山名。在今河南林州市西南。本名"隆慮山"，因避東漢殤帝劉隆諱而改。

武定中，文襄徵爲大將軍府功曹。[1]齊受禪，於登壇所受中書舍人，[2]宣傳文武號令。楊遵彥每云："堪解穰侯印者，[3]必在斯人。"後忽被中旨幽執，竟不知所由。如此積年。文宣後自幸禁獄，執手愧謝，親解所著金帶及御服賜之，[4]即日起爲尚書祠部郎中。[5]孝昭攝政，[6]除大丞相府功曹參軍，[7]典機密。及踐祚，[8]除中書侍郎，封永樂縣伯，[9]參軍國大事。及帝大漸，[10]與平秦王歸彥、趙郡王叡等同受顧託，[11]迎立武成。[12]即位，任遇轉隆，歷給事黃門侍郎、散騎常侍、侍中、中書監。[13]天統二年，[14]詔特賜姓高氏，籍屬宗正，子弟依例歲時入朝。[15]再遷尚書左僕射,[16]進封寧都郡公,[17]侍中。

[1]大將軍府功曹:官名。職掌吏事及本府選舉,位於主簿上。
[2]於登壇所受中書舍人:"受"字宋刻本、百衲本、中華本同,四庫本作"授"。中書舍人,官名。即中書通事舍人。爲中書省屬官,掌呈奏表。參與機務,位卑權重。北齊六品上。
[3]穰侯:魏冉。戰國時秦國大臣。楚人。秦昭王母宣太后異父弟。昭王年幼即位,太后臨朝,魏冉被任爲將軍,平定公子壯之亂。後任相國,封於穰(今河南鄧州市東南),號穰候。其在任上專橫獨斷、權勢甚大,曾力舉白起爲將,陸續攻取韓、魏、趙、楚地。後昭王任用范雎爲相,其被罷免,不久死於定陶。
[4]親解所著金帶:"著"字四庫本、中華本同,宋刻本、百衲本作"着"。從四庫本改。
[5]尚書祠部郎中:官名。與祠部郎等互稱。爲祠部曹主官,掌祭祀禮儀。北齊六品上。
[6]孝昭:北齊皇帝高演(535—561),謚號孝昭。本書卷六、《北史》卷七有紀。
[7]功曹參軍:官名。即"功曹參軍事"。功曹之長。掌選舉兼參諸曹事務。
[8]踐祚:指皇帝登基。
[9]永樂縣伯:爵名。永樂縣,治所在今河北保定市滿城區西北魚條山下。
[10]大漸:病危。
[11]平秦王:高歸彥的封爵號。平秦,郡名。治所在今陝西鳳翔縣東南。 歸彥:高歸彥(?—562),字仁英,渤海蓨(今河北景縣)人。高徽子。高歡族弟。東魏、北齊大臣。本書卷一四、《北史》卷五一有傳。 趙郡王:高叡的封爵號。趙郡,治所在今

河北趙縣。　叡：高叡（534—569），小名須拔，渤海蓨（今河北景縣）人。高琛子。東魏、北齊大臣。本書卷一三、《北史》卷五一《趙郡王琛傳》有附傳。

［12］武成：北齊皇帝高湛（537—568），謚號武成。本書卷七、《北史》卷八有紀。

［13］給事黃門侍郎：官名。與侍中俱管門下衆事。北齊四品上。　散騎常侍：官名。散騎與中常侍二職合而爲此職，隸集書省，參掌機要，位比侍中。北齊從三品。

［14］天統：北齊後主高緯年號（565—569）。

［15］子弟依例歲時入朝："子弟"四庫本、中華本同，宋刻本、百衲本作"第"。從四庫本改。

［16］尚書左僕射：官名。尚書省次官之一，兼監察百官，領殿中、主客二曹。北齊從二品。

［17］寧都郡公：爵名。寧都郡，治所在今陝西紫陽縣。

文遙歷事三主，明達世務，每臨軒，多命宣敕，號令文武，聲韻高朗，發吐無滯。然探測上旨，時有委巷之言，故不爲知音所重。齊因魏朝，宰縣多用厮濫，至於士流恥居百里。文遙以縣令爲字人之切，遂請革選。於是密令搜揚貴遊子弟，發敕用之。猶恐其披訴，總召集神武門，[1]令趙郡王叡宣旨唱名，厚加慰喻。士人爲縣，自此始也。既與趙彦深、和士開同被任遇，[2]雖不如彦深清貞守道，又不爲士開貪淫亂政，在於季、孟之間。[3]然性和厚，與物無競，故時論不在彦深之下。初文遙自洛遷鄴，惟有地十頃，家貧，所資衣食而已。[4]魏之將季，宗姓被侮，有人冒相侵奪，文遙即以與之。及貴，此人尚在，乃將家逃竄。文遙大驚，追加慰撫，還以與之，彼人愧而不受，彼此俱讓，遂爲閑田。

［1］神武門：宫門名。宫城西門，本爲"神虎門"，避唐諱改。

［2］趙彦深（507—576）：本名隱，字彦深，平原（今山東聊城市東北）人，祖籍南陽宛縣（今河南南陽市）。北齊大臣。本卷、《北史》卷五五有傳。　和士開（524—571）：字彦通，清都臨漳（今河北臨漳縣）人。先世西域商人，本姓素和。本書卷五〇、《北史》卷九二有傳。墓在今河南安陽縣。

［3］在於季、孟之間："季、孟"四庫本、中華本同，宋刻本、百衲本作"孟、季"。從四庫本改。

［4］所資衣食而已：宋刻本、百衲本、中華本同，四庫本無"而已"二字。

　　至後主嗣位，[1]趙郡王叡、婁定遠等謀出和士開，[2]文遥亦參其議。叡見殺，文遥由是出爲西兖州刺史。[3]詣士開别，士開曰："處得言地，使元家兒作令僕，深愧朝廷。"既言而悔，仍執手慰勉之。猶慮文遥自疑，用其子行恭爲尚書郎，以慰其心。士開死，自東徐州刺史徵入朝，竟不用，卒。

［1］後主：北齊後主高緯（556—578），武成帝長子。本書卷八、《北史》卷八有紀。

［2］婁定遠（？—574）：代郡平城（今山西大同市東北）人。婁昭子。北齊官吏。以外戚貴盛，少歷顯職。本書卷一五、《北史》卷五四《婁昭傳》有附傳。

［3］西兖州：原治定陶（今山東菏澤市定陶區），後徙治左城（今山東曹縣韓集鎮堤上范村）。

行恭美姿貌，有父風，兼俊才，位中書舍人，待詔文林館。[1]齊亡，陽休之等十八人同入關，[2]稍遷司勳下大夫。[3]隋開皇中，[4]位尚書郎，坐事徙瓜州而卒。[5]行恭少頗驕恣，文遙令與范陽盧思道交遊。[6]文遙嘗謂思道云："小兒比日微有所知，是大弟之力，然白擲劇飲，甚得師風。"思道答云："郎辭情俊邁，[7]自是克荷堂構，而白擲劇飲，亦天性所得。"行恭弟行如，亦聰慧早成，武平末，[8]任著作佐郎。[9]

[1]文林館：官署名。北齊武平三年（572）置。引文學之士充之，稱待詔。掌編撰供皇帝閱覽的書籍，撰成後名《修文殿御覽》。

[2]陽休之等十八人同入關："關"字四庫本、中華本同，宋刻本、百衲本作"開府"。今從《北史》作"關"。陽休之（509—582），字子烈，右北平無終（今天津市薊州區）人。北魏、東魏、北齊官吏。好學，愛文藻。本書卷四二有傳，《北史》卷四七《陽尼傳》有附傳。

[3]司勳下大夫：官名。北周置。夏官府司勳司次官，佐司勳中大夫掌六勳之賞，以酬其功。正四命。

[4]開皇：隋文帝楊堅年號（581—600）。

[5]瓜州：治所在今甘肅敦煌市西。

[6]范陽：郡名。治所在今河北涿州市。 盧思道（535—586）：字子行，小字釋奴，范陽涿（今河北涿州市）人。北齊、北周、隋官吏。事見本書卷四二《盧潛傳》，《北史》卷三〇《盧玄傳》有附傳。

[7]郎辭情俊邁：宋刻本、百衲本、中華本同，四庫本"郎"前有"六"字。

[8]武平：北齊後主高緯年號（570—576）。
[9]著作佐郎：官名。掌助著作郎修國史。北齊七品。

趙彥深，自云南陽宛人，[1]漢太傅憙之後。[2]高祖父難，[3]爲清河太守，有惠政，遂家焉，清河後改爲平原，故爲平原人也。本名隱，避齊廟諱，改以字行。父奉伯，[4]仕魏位中書舍人、行洛陽令。彥深貴，贈司空。[5]彥深幼孤貧，事母甚孝。年十歲，曾候司徒崔光。[6]光謂賓客曰："古人觀眸子以知人，此人當必遠至。"性聰敏，善書計，安閑樂道，不雜交遊，爲雅論所歸服。昧爽，[7]輒自掃門外，不使人見，率以爲常。

[1]南陽：郡名。治所在今河南南陽市　宛：縣名。治所同郡。
[2]太傅：官名。多爲元老重臣加官，北齊一品。　憙：趙憙（前4—80），字伯陽，東漢南陽宛（今河南南陽市）人。章帝即位，進爲太傅、錄尚書事。《後漢書》卷二六有傳。按，宋刻本作"嘉"，四庫本、百衲本作"熹"。今從中華本作"憙"。
[3]難：趙難。事不詳。
[4]奉伯：趙奉伯。事不詳。
[5]司空：官名。爲三公之一。魏晉南北朝爲名譽宰相，多爲大臣加官。一品。
[6]司徒：官名。爲三公之一。北齊一品。　崔光（451—523）：本名孝伯，字長仁，東清河鄃（今山東平原縣西南）人。北魏官吏。"光"之名爲孝文帝所賜。《魏書》卷六七、《北史》卷四四有傳。
[7]昧爽：拂曉，天未全明之時。

初爲尚書令司馬子如賤客,[1]供寫書。子如善其無誤,欲將入觀省舍。隱靴無氈,衣帽穿弊,子如給之。用爲書令史,[2]月餘,補正令史。[3]神武在晉陽,[4]索二史,子如舉彥深。後拜子如開府參軍,[5]超拜水部郎。[6]及文襄爲尚書令攝選,[7]沙汰諸曹郎,隱以地寒被出爲滄州別駕,[8]辭不行。子如言於神武,徵補大丞相功曹參軍,專掌機密,文翰多出其手,稱爲敏給。神武曾與對坐,遣造軍令,以手捫其額曰:"若天假卿年,必大有所至。"每謂司徒孫騰曰:[9]"彥深小心恭慎,曠古絕倫。"

[1]尚書令:官名。尚書省長官。魏晉以降,總掌全國行政。如設有錄尚書事,則尚書令職權往往在其下。多數情況下是實際上的宰相。北齊二品。　司馬子如(487—551):字遵業,河內溫(今河南溫縣)人。北魏、東魏、北齊官吏。本書卷一八、《北史》卷五四有傳。　賤客:身份卑賤的門客。客,門客,指寄食於貴族豪門的人。

[2]用爲書令史:宋刻本、四庫本、百衲本"書"前有"尚"字。中華本校勘記云:"諸本'書'上有'尚'字,《北史》卷五五無。按《通典》卷二二歷代都事、主事、令史條云:'北齊尚書郎判事,正令史側坐,書令史過事',同書上文叙晉、宋蘭臺事,已有正、書令史的名目。知此《傳》'尚'字乃後人妄加,今據《北史》删。"從中華本删。書令史,官名。魏晉南北朝諸朝皆設,爲令史之一種,掌抄寫文書。

[3]正令史:官名。佐理案牘文書的官吏。簡稱"令史"。北齊省、臺、府寺諸官署沿置。高於書令史,爲流外吏職。

[4]神武:北齊皇帝高歡(496—547),謚號神武。本書卷一、

二，《北史》卷六有紀。

　　[5]開府參軍：官名。掌參謀軍務及本府諸曹事。

　　[6]超拜：越級授予。　水部郎：官名。尚書水部曹長官通稱。亦稱"水部郎中"，職掌水道工程、舟楫橋梁政令。

　　[7]及文襄爲尚書令攝選："攝選"宋刻本、百衲本作"令選"，四庫本作"攝令選"。中華本校勘記云："諸本'攝'作'令'，南本及《北史》卷五五作'攝令選'。按本書卷三《文襄紀》（補）稱'元象元年，攝吏部尚書'，高澄以尚書令攝吏部尚書即是攝選。本書卷四〇《尉瑾傳》（補）、《馮子琮傳》（補）都有以僕射攝選的記載。諸本作'令'誤，南本從《北史》也衍一'令'字，今改正。"從中華本改。

　　[8]隱：宋刻本、百衲本、中華本同，四庫本作"彥深"。按，趙彥深本名隱。　滄州：治所在今河北鹽山縣舊縣鎮。　別駕：官名。爲州刺史僚屬。因隨刺史行部，別乘傳車而名之。錄衆事。

　　[9]孫騰（481—548）：字龍雀，咸陽石安（今陝西咸陽市東北）人。北魏、東魏大臣。孫機子。高歡心腹。本書卷一八、《北史》卷五四有傳。

　　及神武崩，祕喪事，文襄慮河南有變，仍自巡撫，乃委彥深後事，轉大行臺都官郎中。[1]臨發，握手泣曰："以母弟相託，幸得此心。"既而内外寧静，彥深之力。及還發喪，深加褒美，乃披郡縣簿爲選封安國縣伯。[2]從征潁川，[3]時引水灌城，城雉將没，西魏將王思政猶欲死戰。[4]文襄令彥深單身入城告喻，即日降之，便手牽思政出城。先是，[5]文襄謂彥深曰："吾昨夜夢獵，遇一群豕，吾射盡獲之，獨一大豕不可得。卿言當爲吾取，須臾獲豕而進。"至是，文襄笑曰："夢驗矣。"即解思政佩刀與彥深曰："使卿常獲此利。"

[1]轉：官制用語。指官職的晉升。　大行臺都官郎中：官名。北魏末置。屬大行臺。職掌同尚書都官郎中。掌刑獄，亦佐督軍事。

[2]安國縣伯：爵名。安國縣，治所在今河北安國市東南。

[3]穎川：郡名。治所在今河南許昌市。

[4]西魏：朝代名（535—557）。永熙三年（534），北魏孝武帝元脩西奔關中投奔宇文泰，次年被毒死，宇文泰立元寶炬爲帝，建都長安，史稱西魏。歷三帝，二十三年。　王思政：字司政，太原祁（今山西祁縣）人。西魏名將。後降北齊，爲都官尚書、儀同三司。《周書》卷一八、《北史》卷六二有傳。

[5]先是：宋刻本、四庫本、百衲本無此二字。中華本校勘記云："諸本無'先是'二字，《北史》有。按這是追叙的話，所以下文稱'至是，文襄笑曰：夢驗矣'。此二字不宜省，今據《北史》補。"説是，從中華本補。

文宣嗣位，仍典機密，進爵爲侯。天保初，累遷祕書監，[1]以爲忠謹，每郊廟，必令兼太僕卿，[2]執御陪乘。轉大司農。[3]帝或巡幸，即輔贊太子，知後事。出爲東南道行臺尚書、徐州刺史，[4]爲政尚恩信，爲吏人所懷，多所降下。所營軍處，士庶追思，[5]號趙行臺頓。[6]文宣璽書勞勉，徵爲侍中，仍掌機密。河清元年，[7]進爵安樂公，[8]累遷尚書左僕射、齊州大中正、監國史，[9]遷尚書令，爲特進，[10]封宜陽王。[11]武平二年拜司空，爲祖珽所間，出爲西兖州刺史。四年，徵爲司空，轉司徒。丁母憂，[12]尋起爲本官。七年六月暴疾薨，時年七十。

[1]祕書監：官名。南北朝時爲祕書省主官。北齊三品。祕書省掌修撰國史及保管、典校書籍，並領著作省。

[2]太僕卿：官名。即太僕。爲九卿之一，掌皇家輿馬及畜牧之政。南北朝時不常置。逢重大禮儀時權設，爲皇帝駕車，事畢則省。北齊三品。

[3]大司農：官名。朝廷掌財政經濟的主官。爲九卿之一。北齊後改稱"司農卿"或"司農寺卿"。三品。

[4]徐州：治所在今江蘇徐州市。

[5]士庶追思："思"字四庫本、中華本同，宋刻本、百衲本作"恩"。從四庫本改。

[6]趙行臺頓：趙行臺停留處。頓，停留。

[7]河清：北齊武成帝高湛年號（562—565）。

[8]安樂公：爵名。安樂，郡名。治所在今北京市密雲區東北。

[9]齊州：治所在今山東濟南市。　大中正：掌地方州郡人才的考察。即將當地士人按才能品德，參照門第分成九品，供吏部選用。北齊時規定州大中正須由京官擔任，如官職調出京師，則不能擔任此職。北齊時州大中正視五品。

[10]爲特進："爲"字宋刻本、百衲本、中華本同，四庫本作"位"。

[11]宜陽王：趙彥深的封爵號。宜陽，郡名。東魏僑置，治所在今河南衛輝市西。

[12]丁母憂：遭母親喪事。

彥深歷事累朝，常參機近，溫柔謹慎，喜怒不形於色。自皇建以還，禮遇稍重，每有引見，或升御榻，常呼官號而不名也。凡諸選舉，先令銓定，提獎人物，皆行業爲先，輕薄之徒，弗之齒也。孝昭既執朝權，群臣密多勸進，彥深獨不致言。孝昭嘗謂王晞云：[1]"若言衆心皆謂天下有歸，何不見彥深有語。"晞以告，彥深不獲已，陳請，其爲時重如此。常遜言恭己，未嘗以驕矜待物，所以或出或處，去而復還。母傅氏，雅有操識。彥深三歲，傅便孀居，家人欲以改適，自誓以死。彥深五歲，傅謂之曰："家貧兒小，[2]何以能濟？"彥深泣而言曰："若天哀矜，兒大當仰報。"傅感其意，對之流涕。及彥深拜太常卿，還，不脫朝服，先入見母，跪陳幼小孤露，蒙訓得至於此。母子相泣久之，然後改服。後爲宜陽國太妃。彥深有七子，仲將知名。

[1]王晞（511—581）：字叔朗，小名沙彌，北海劇（今山東壽光市東南）人。王昕之弟。北齊官吏。本書卷三一《王昕傳》有附傳。

[2]家貧兒小："兒"字四庫本、中華本同，宋刻本、百衲本作"而"。按，依上下文之意，此處應是"兒"。從改。

仲將，沉敏有父風。溫良恭儉，雖對妻子，亦未嘗怠慢，終日儼然。學涉群書，善草隸。雖與弟書，書字楷正，云草不可不解，若施之於人，即似相輕易，若與當家中卑幼，又恐其疑所在宜爾，是以必須隸筆。彥深乞轉以萬年縣子授之。[1]位給事黃門侍郎、散騎常侍。隋開皇中，位吏部郎，[2]終於安州刺史。

[1]萬年縣子：爵名。萬年縣，治所在今陝西西安市西北。

[2]吏部郎：官名。爲吏部郎曹主官，與吏部郎中、吏部侍郎互稱。掌官吏銓選。北齊四品上。

齊朝宰相，善始令終唯彦深一人。然諷朝廷以子叔堅爲中書侍郎，[1]頗招物議。時馮子琮子慈明、祖珽子君信並相繼居中書，[2]故時語云："馮、祖及趙，穢我鳳池。"[3]然叔堅身材最劣。

[1]叔堅：趙叔堅，彦深子。事不詳。
[2]馮子琮（？—571）：長樂信都（今河北冀州市）人。北齊大臣。本書卷四〇、《北史》卷五五有傳。　慈明：馮慈明（550—617），字無佚，長樂信都（今河北冀州市）人。馮子琮子。隋朝官吏。《北史》卷五五《馮子琮傳》有附傳。　祖珽：字孝徵，范陽遒（今河北淶水縣北）人。東魏、北齊官吏。本書卷三九有傳，《北史》卷四七《祖瑩傳》有附傳。　君信：祖君信，范陽遒（今河北淶水縣北）人。祖珽子。北齊官吏。博涉書史，多諸雜藝。事見本書卷三九《祖珽傳》，《北史》卷四七《祖瑩傳》有附傳。
[3]鳳池：鳳凰池。指中書省。

北齊書　卷三九[1]

列傳第三十一

崔季舒　祖珽

　　崔季舒，字叔正，博陵安平人。[2]父瑜之，[3]魏鴻臚卿。[4]季舒少孤，性明敏，涉獵經史，長於尺牘，有當世才具。年十七，爲州主簿，[5]爲大將軍趙郡公琛所器重，[6]言之於神武。[7]神武親簡丞郎，補季舒大行臺都官郎中。[8]

　　[1]《北齊書》卷三九：中華本校勘記云："按此卷原缺，後人以《北史》卷三二《崔季舒傳》、卷四七《祖珽傳》補，但文字也間有異同。"

　　[2]博陵：郡名。治所在今河北安平縣。　安平：縣名。治所同郡。

　　[3]父瑜之："瑜之"宋刻本、百衲本、中華本同，四庫本作"子瑜"。中華本校勘記云："諸本'瑜之'作'子瑜'，三朝本、百衲本作'瑜之'。按《魏書》卷五七《崔挺傳》見從弟瑜之，即崔季舒父。《北史》卷三二《崔挺傳》云'珽從父子瑜'，意謂珽

從父之子名瑜，瑜之雙名去‘之’字。後人校《北齊書》，誤讀《北史》，以‘子瑜’二字連讀，遂改‘瑜之’爲‘子瑜’，誤。今從三朝本。"瑜之，崔瑜之（470—527）。字仲璉，博陵安平（今河北安平縣）人。北魏官吏。《魏書》卷五七《崔挺傳》有附傳。

[4]魏：北魏（386—557）。北朝政權之一。公元386年鮮卑人拓跋珪建立代國，初居盛樂（今内蒙古和林格爾縣），398年定都平城（今山西大同市東北），後遷都洛陽（今河南洛陽市東北）。永熙三年（534）分裂爲東魏與西魏。東魏（534—550）都於鄴（今河北臨漳縣西南鄴鎮東），西魏（535—557）都於長安（今陝西西安市西北郊）。 鴻臚卿：官名。北齊"鴻臚寺卿"簡稱，爲鴻臚寺長官，主管賓客、朝會、宗教等事務，爲九卿之一。三品。

[5]主簿：官名。州府僚屬，掌文簿及閣内事。

[6]大將軍：官名。北齊爲名譽職銜。作爲加授給大臣、重要州郡長官的戎號。凡加戎號者可開府。一品。 趙郡公：爵名。趙郡，治所在今河北趙縣。 琛：高琛（513—535），字永寶，一作"元寶"，渤海蓨（今河北景縣）人。高歡弟。東魏大臣。本書卷一三、《北史》卷五一有傳。

[7]神武：北齊皇帝高歡（496—547），謚號神武。本書卷一、二，《北史》卷六有紀。

[8]大行臺都官郎中：官名。北魏末置。屬大行臺，職掌同尚書都官郎中。尚書都官郎中掌刑獄，亦佐督軍事。大行臺，官名。大行臺之主官，北魏始設。北齊時大行臺爲一級地方行政機構，有完整的官員系統。

　　文襄輔政，[1]轉大將軍中兵參軍，[2]甚見親寵。以魏帝左右，須置腹心，擢拜中書侍郎。[3]文襄爲中書監，[4]移門下機事總歸中書，[5]又季舒善音樂，故内伎亦通隷焉，[6]内伎屬中書，自季舒始也。文襄每進書魏帝，[7]有所諫請，或文辭繁雜，季舒輒修飾通之，得申勸戒而已。静帝報答霸朝，恒與季舒論之，云："崔中書是我姊母。"轉黄門侍郎，[8]領主衣都統。[9]雖迹在魏朝，而心歸霸府，密謀大計，皆得預聞。於是賓客輻湊，傾心接禮，甚得名譽，勢傾崔暹。[10]暹嘗於朝堂屏人拜之曰："暹若得僕射，[11]皆叔父之恩。"其權重如此。

[1]文襄：北齊皇帝高澄（521—549），諡號文襄，廟號世宗。本書卷三、《北史》卷六有紀。

[2]轉：官制用語。指官職的晋升。　大將軍中兵參軍：官名。掌本府中兵曹事務，兼備參謀諮詢。

[3]中書侍郎：官名。即中書郎，爲中書省次官，掌起草書疏表檄。

[4]中書監：官名。與中書令同爲中書省主官，掌草擬詔令，處理機要。北齊從二品。

[5]移門下機事總歸中書："總歸"宋刻本、四庫本、百衲本作"總管歸"。中華本校勘記云："諸本'總'下衍'管'字，今據《北史》卷三二《崔季舒傳》删。"從删。

[6]内伎：宫中演奏舞蹈音樂的伎人。

[7]魏帝：東魏孝静帝元善見（524—551）。公元534年至550年在位。《魏書》卷一二、《北史》卷五有紀。

[8]黄門侍郎：官名。與侍中俱掌門下事。北齊四品上。門下省掌省尚書事，兼掌侍從左右、出納詔命、顧問應對。南北朝時有封駁奏章之權。

[9]領：官制用語。官吏在本職外兼任低於本職的職務稱"領"。魏晋南北朝多爲暫攝之意。　主衣都統：官名。北魏孝文帝太和（477—499）後期置。掌御衣服及玩物等。北齊因之，爲門下省主衣局主官。員二人。第五品。

[10]崔暹（？—559）：字季倫，博陵安平（今河北安平縣）人。東魏、北齊官吏。本書卷三〇有傳，《北史》卷三二《崔挺傳》有附傳。

[11]僕射：尚書僕射。主管尚書省庶務，列位宰相。北齊從二品。

時勳貴多不法，文襄無所縱捨，外議以季舒及崔暹等所爲，甚被怨疾。及文襄遇難，文宣將赴晉陽，[1]黄門郎陽休之勸季舒從行，[2]曰："一日不朝，其閒容刀。"季舒性愛聲色，心在閑放，遂不請行，欲恣其行樂。司馬子如緣宿憾，[3]及尚食典御陳山提等共列其過狀，[4]由是季舒及暹各鞭二百，徙北邊。

[1]文宣：北齊開國皇帝高洋（529—559），謚號文宣。本書卷四、《北史》卷七有紀。　晉陽：縣名。治所在今山西太原市晉源區古城營村一帶。

[2]陽休之（509—582）：字子烈，右北平無終（今天津市薊州區）人。北魏、東魏、北齊官吏。好學，愛文藻。本書卷四二有傳，《北史》卷四七《陽尼傳》有附傳。

[3]司馬子如（487—551）：字遵業，河内溫（今河南溫縣）人。北魏、東魏、北齊官吏。本書卷一八、《北史》卷五四有傳。

[4]尚食典御：官名。北魏已置。北齊門下省尚食局置爲長官，二員，五品，總知御膳事。　陳山提：潁川（今河南許昌市）人。北齊官吏。本書卷五〇《韓寶業等傳》有附傳。

天保初，[1]文宣知其無罪，追爲將作大匠，[2]再遷侍中。[3]俄兼尚書左僕射、儀同三司，[4]大被恩遇。乾明初，[5]楊愔以文宣遺旨，[6]停其僕射。遭母喪解任，起復，[7]除光祿勳，[8]兼中兵尚書。[9]出爲齊州刺史，[10]坐遣人渡淮互市，[11]亦有贓賄事，爲御史所劾，會赦不問。武成居藩，[12]曾病，文宣令季舒療病，備盡心力。大寧初，[13]追還，引入慰勉，累拜度支尚書、開府儀同三司。[14]營昭陽殿，[15]敕令監造。以判事式爲胡長仁密言其短，[16]出爲西兗州刺史。[17]爲進典籤於吏部，被責免官，[18]又以詣廣寧王宅，決馬鞭數十。[19]及武成崩，不得預於哭泣。久之，除膠州刺史，[20]遷侍中、開府，食新安、河陰二郡幹。[21]加左光祿大夫，[22]待詔文林館，[23]監撰《御覽》。[24]加特進、監國史。[25]季舒素好圖籍，暮年轉更精勤，兼推薦人士，獎勸文學，時議翕然，遠近稱美。

[1]天保：北齊文宣帝高洋年號（550—559）。

[2]將作大匠：官名。漢景帝中元六年（前144）始由"將作少府"改稱之。掌工程土木營建等。歷朝沿置。北齊從三品。

[3]侍中：官名。門下省長官。因此職親近皇帝，掌權便利，時有宰相之實。北齊三品。

[4]尚書左僕射：官名。尚書省次官之一。助尚書令掌政務。兼監察百官，領殿中、主客二曹。歷朝多因之。北齊從二品。　儀同三司：官名。本指官場待遇，儀同三司（三公）。"儀同"自此成專名。魏晉以降，凡開府，皆儀同三司，遂成加銜。至北魏、北齊又爲官號。北齊二品。

[5]乾明：北齊廢帝高殷年號（560）。

[6]楊愔（511—560）：字遵彥，小名秦王，弘農華陰（今陝西華陰市）人，楊津子。北齊官吏。本書卷三四有傳，《北史》卷

四一《楊播傳》有附傳。

［7］起復："復"字宋刻本、四庫本、中華本同，百衲本作"服"。從宋刻本改。

［8］除：官制用語。意爲任命。　光禄勳：官名。掌宿衛朝廷門户及官爵之事。爲九卿之一。北齊改爲光禄卿。三品。

［9］中兵尚書：掌尚書中兵曹。

［10］齊州：治所在今山東濟南市。

［11］渡淮互市：渡淮與南朝互市。"互"字四庫本、中華本同，宋刻本、百衲本作"平"。從四庫本改。淮，淮河。

［12］武成：北齊皇帝高湛（537—568），謚號武成。本書卷七、《北史》卷八有紀。

［13］大寧：北齊武成帝高湛年號（561—562）。

［14］度支尚書：官名。領尚書省度支等曹，掌軍國收支、漕運、租役、庫廩等。北齊統度支、倉部、右户、左户、庫部、金部等曹。三品。

［15］營昭陽殿：四庫本、中華本同，宋刻本、百衲本無"營"字。從補。昭陽殿，宮殿名。在太極殿後，朱華門内。

［16］胡長仁（？—569）：字孝隆，安定臨涇（今甘肅鎮原縣）人。武成胡皇后兄。北齊官吏。本書卷四八、《北史》卷八〇有傳。

［17］西兖州：原治定陶（今山東菏澤市定陶區），後徙治左城（今山東曹縣韓集鎮堤上范村）。

［18］爲進典籤於吏部，被責免官：典籤，官名。南北朝設，爲諸王府、軍府、州府屬官，掌軍府與州府間文書令籤。又受皇帝信用，掌監察地方長官之責，故不能與刺史私交。

［19］以詣廣寧王宅，決馬鞭數十：大臣不能與諸王私交，故受鞭責。廣寧王，高孝珩的封爵號。廣寧，郡名。治所在今山西朔州市城區。

［20］膠州：治所在今山東諸城市。

［21］食新安、河陰二郡幹：食幹，北齊的一種制度。幹，原爲

漢至南北朝時一種身份和地位低下的吏，後變爲供役使之人。北齊時，官員可依品級高低，得到數量不等的"幹"。又"幹"可納資代役。北齊時盛行"食幹"之制。新安，郡名。治所在今河南澠池縣東。河陰，郡名。治、領河陰縣。治所在今河南孟津縣東。

[22]加：官制用語。加官，即兼任。　左光禄大夫：官名。多作爲在朝顯職的加官，以示優崇，或授予年老有病的致仕之官，亦常用爲卒後贈官，無職掌。北齊二品。

[23]文林館：官署名。北齊武平三年（572）置。引文學之士充之，稱待詔。掌編撰供皇帝閲覽的書籍，撰成後名《修文殿御覽》。

[24]《御覽》：《修文殿御覽》。今佚。

[25]特進：官名。多爲加官，贈致仕大臣。北齊二品。

祖珽受委，[1]奏季舒總監内作。珽被出，韓長鸞以爲珽黨，[2]亦欲出之。屬車駕將適晉陽，季舒與張雕議：[3]以爲壽春被圍，[4]大軍出拒，信使往還，須稟節度；兼道路小人，或相驚恐，云大駕向并，[5]畏避南寇；若不啓諫，必動人情。遂與從駕文官連名進諫。時貴臣趙彦深、唐邕、段孝言等初亦同心，[6]臨時疑貳，季舒與争未决。長鸞遂奏云："漢兒文官連名總署，聲云諫止向并，其實未必不反，宜加誅戮。"帝即召已署表官人集含章殿，[7]以季舒、張雕、劉逖、封孝琰、裴澤、郭遵等爲首，[8]並斬之殿庭，[9]長鸞令棄其屍於漳水。[10]自外同署，將加鞭撻，趙彦深執諫獲免。季舒等家屬男女徙北邊，[11]妻女子婦配奚官，[12]小男下蠶室，[13]没入貲産。

［1］祖珽：字孝徵，范陽遒（今河北淶水縣北）人。東魏、北齊官吏。本卷有傳，《北史》卷四七《祖瑩傳》有附傳。

［2］韓長鸞：韓鳳，字長鸞，昌黎（今遼寧義縣）人。北齊官吏。少有臂力，善騎射。本書卷五〇《韓寶業等傳》、《北史》卷九二《齊諸宦者傳》有附傳。

［3］張雕：張雕虎（519—573），一作"張彫唐"。《北史》避唐諱，或改"虎"作"武"，或去"虎"。中山北平（今河北順平縣）人。北齊官吏。本書卷四四、《北史》卷八一有傳。

［4］壽春：縣名。治所在今安徽壽縣。

［5］并：州名。治所在今山西太原市西南。

［6］趙彥深（507—576）：本名隱，字彥深，平原（今山東聊城市東北）人，祖籍南陽宛縣（今河南南陽市）。北齊大臣。本書卷三八、《北史》卷五五有傳。 唐邕：字道和，太原晉陽（今山西太原市晉源區古城營村一帶）人。北齊官吏。本書卷四〇、《北史》卷五五有傳。 段孝言：姑臧武威（今甘肅武威市）人。北齊官吏。本書卷一六、《北史》卷五四《段榮傳》有附傳。

［7］帝即召已署表官人集含章殿：四庫本、中華本同，宋刻本、百衲本無"表"字。從補。含章殿，宮殿名。在鄴南城內。

［8］劉逖（525—573）：字子長，彭城叢亭里（今江蘇徐州市東）人。北齊官吏。本書卷四五有傳。 封孝琰（523—573）：字士光，渤海蓨（今河北景縣）人。北齊官吏。為尚書左丞。曾出使南朝陳。武平四年（573）為北齊後主所殺。本書卷二一《封隆之傳》、《北史》卷二四《封懿傳》有附傳。 裴澤（？—573）：河東聞喜（今山西聞喜縣）人。北齊官吏。《北史》卷三八《裴延儁傳》有附傳。 郭遵（？—573）：鉅鹿（今河北石家莊市藁城區）人。北齊官吏。《北史》卷八一《張彫武傳》有附傳。

［9］並斬之殿庭：四庫本、中華本同，宋刻本、百衲本無"並"字。從補。

［10］漳水：漳河。衛河最大支流。在今河北、河南兩省邊境。

[11]季舒等家屬男女徙北邊：中華本校勘記云："按下云：'妻女子婦配奚官。'則婦女不徙北邊。這句'男女'當作'男子'。"說是，存疑。

[12]奚官：官署名。掌管守宮人疾病、罪罰、喪葬等事，多以罪犯從坐的男女家屬擔任。

[13]蠶室：獄名。宮刑者所居之室。

季舒大好醫術，[1]天保中，於徙所無事，更銳意研精，遂爲名手，多所全濟。雖位望轉高，未曾解怠，[2]縱貧賤廝養，亦爲之療。

[1]季舒大好醫術："大"字宋刻本、百衲本、中華本同，四庫本作"本"。

[2]未曾解怠："解"字宋刻本、百衲本同，四庫本、中華本作"懈"。按，"解"通"懈"，意爲怠忽，鬆弛。

庶子長君，尚書右外兵郎中。[1]次鏡玄，[2]著作佐郎，[3]並流於遠惡。[4]未幾，季舒等六人妻以年老放出。後南安王思好更稱朝廷罪惡，[5]以季舒等見害爲詞，悉召六人兄弟子姪隨軍趣晉陽。事敗，長君等並從戮，六人妻又追入官。周武帝滅齊，[6]詔斛律光與季舒等六人同被優贈，[7]季舒贈開府儀同大將軍、定州刺史云。[8]

[1]尚書右外兵郎中：宋刻本、四庫本、百衲本作"尚書右丞兵部郎中"。中華本校勘記云："諸本'右外兵郎中'作'右丞兵部郎中'。按《隋書》卷二七《百官志》，北齊無兵部，五兵尚書所屬有右外兵曹，郎中一人。諸本皆誤，今從《北史》卷三二改。"

说是，從中華本改。尚書右外兵郎中，官名。尚書省右外兵曹長官。北齊六品上。右外兵曹掌京畿以外軍政。

[2]鏡玄：崔鏡玄（？—574），博陵安平（今河北安平縣）人。北齊官吏。事見《北史》卷三二《崔挺傳》。

[3]著作佐郎：官名。掌助著作郎修國史。北齊七品。

[4]並流於遠惡："遠惡"宋刻本、百衲本、中華本同，四庫本作"長城"。遠惡，邊遠荒蕪之地。

[5]南安王：高思好的封爵號。南安，郡名。治所在今河南平葉縣南。 思好：高思好（？—574），本名思孝，文宣帝時改名思好。本浩氏子，高思宗養以爲弟。北齊將領。本書卷一四、《北史》卷五一《上洛王思宗傳》有附傳。

[6]周武帝：北周武帝宇文邕（543—578），字禰羅突。宇文泰第四子。公元561年至578年在位。《周書》卷五、六，《北史》卷一〇有紀。

[7]斛律光（515—572）：字明月，朔州（今内蒙古固陽縣）人。高車族敕勒部。北齊名將。少以武藝知名。本書卷一七、《北史》卷五四《斛律金傳》有附傳。

[8]開府儀同大將軍：官名。北周武帝建德四年（575）改驃騎大將軍、開府儀同三司爲此稱，爲勳官之第六等，九命。 定州：治所在今河北定州市。

祖珽，字孝徵，范陽遒人也。[1]父瑩，[2]魏護軍將軍。[3]珽神情機警，詞藻遒逸，少馳令譽，爲世所推。起家祕書郎，[4]對策高第，爲尚書儀曹郎中，[5]典儀注。嘗爲冀州刺史万俟受洛制《清德頌》，[6]其文典麗，由是神武聞之。時文宣爲并州刺史，署珽開府倉曹參軍，[7]神武口授珽三十六事，出而疏之，一無遺失，大爲僚類所賞。時神武送魏蘭陵公主出塞嫁蠕蠕，[8]魏收賦《出塞》及《公主遠嫁詩》二首，[9]斑皆和之，大爲時人傳詠。

[1]范陽逎人也："逎"字中華本同，宋刻本、四庫本、百衲本作"狄道"。按，據《隋書·地理志》范陽郡屬下無狄道，《北史》作"逎"，從《北史》改。范陽，郡名。治所在今河北涿州市。逎，縣名。治所在今河北淶水縣北。

[2]瑩：祖瑩，字元珍，范陽逎（今河北淶水縣北）人。北魏、東魏官吏。幼時好學耽書，有"聖小兒"之譽。《魏書》卷八二、《北史》卷四七有傳。

[3]護軍將軍：官名。監護諸軍。兼武官選拔，也自領兵，職掌與中護軍同，以資深者得此稱。

[4]祕書郎：官名。兼參掌文書機要。北魏前期此職分内、外，分屬内、外祕書令。北齊七品。

[5]尚書儀曹郎中：官名。北齊爲尚書省儀曹長官通稱。六品上。儀曹掌車服、羽儀、朝覲、郊廟、饗宴等吉凶禮制。

[6]冀州：治所在今河北冀州市。　万俟受洛：東魏太平（今山西大同市西）人，字受洛干，匈奴族。本書卷二七、《北史》卷五三《万俟普傳》有附傳。　《清德頌》：頌文篇名。今佚。

[7]倉曹參軍：官名。倉曹之長。倉曹爲主倉穀事之官署。

[8]蘭陵公主：東魏公主。常山王元騭之妹，柔然可汗阿那瓌之妻。東魏天平元年（534），阿那瓌獻馬千匹，遣使求婚，靜帝以樂安公主許之，詔封蘭陵郡長公主，由高歡送親。魏收因此作《出塞》和《公主遠嫁》詩二首。　蠕蠕：古族名。又稱"柔然""茹茹""蝚蠕""芮芮"等。其强盛時，勢力達於整個蒙古高原。該國汗族郁久閭氏源自雜胡（詳見曹永年《柔然源於雜胡考》，《歷史研究》1981年第3期）。境内有匈奴、鮮卑、高車、西域諸族以及其他民族，多以游牧爲生。《魏書》卷一〇三、《北史》卷九八

有傳。

[9]魏收（505—572）：字伯起，小字佛助，鉅鹿下曲陽（今河北晉州市西）人。北朝時著名史學家。本書卷三七、《北史》卷五六有傳，《魏書》卷一〇四有其家世自序（部分爲後人所補）。

斑性疏率，不能廉慎守道。倉曹雖云州局，[1]乃受山東課輸，[2]由此大有受納，豐於財産。又自解彈琵琶，能爲新曲，招城市年少歌舞爲娱，遊集諸倡家。與陳元康、穆子容、任胄、元士亮等爲聲色之遊。[3]諸人嘗就斑宿，出山東大文綾并連珠孔雀羅等百餘疋，令諸嫗擲樗蒲賭之，[4]以爲戲樂。[5]參軍元景獻，[6]故尚書令元世儁子也，[7]其妻司馬慶雲女，[8]是魏孝静帝姑博陵長公主所生。[9]斑忽迎景獻妻赴席，與諸人遞寢，亦以貨物所致。其豪縱淫逸如此。常云：“丈夫一生不負身。”已文宣罷州，斑例應隨府，規爲倉局之間，致請於陳元康，元康爲白，由是還任倉曹。斑又委體附參軍事攝典籤陸子先，[10]并爲畫計，請糧之際，令子先宣教，出倉粟十車，[11]爲僚官捉送。神武親問之，[12]斑自言不受署，歸罪子先，神武信而釋之。斑出而言曰：“此丞相天緣明鑒，然實孝徵所爲。”性不羈放縱，曾至膠州刺史司馬世雲家飲酒，[13]遂藏銅疊二面。厨人請搜諸客，果於斑懷中得之，見者以爲深恥。所乘老馬，常稱騄駒。又與寡婦王氏姦通，每人前相聞往復。裴讓之與斑早狎，[14]於衆中嘲斑曰：“卿那得如此詭異，[15]老馬十歲，猶號騄駒；一妻耳順，尚稱娘子。”于時喧然傳之。後爲神武中外府功曹，[16]神武宴僚屬，於坐失金叵羅，竇泰令飲酒者皆脱帽，[17]於琰髻上得之，神武不能罪也。後爲祕書丞，[18]領舍人，[19]事文襄。州客至，請賣《華林遍略》。[20]文襄多集書人，一日一夜寫畢，退其本曰："不須也。"琰以《遍略》數帙質錢樗蒲，[21]文襄杖之四十。又與令史李雙、倉督成祖等作晉州啓，[22]請粟三千石，代功曹參軍趙彦深宣神武教給，[23]城局參軍事過典籖高景略，[24]疑其定不實，密以問彦深，彦深答都無此事，遂被推檢，琰即引伏。神武大怒，決鞭二百，配甲坊，加鉗，[25]其穀倍徵。未及科，會并州定國寺新成，[26]神武謂陳元康、温子昇曰：[27]"昔作《芒山寺碑》文，[28]時稱妙絕，今《定國寺碑》當使誰作詞也？"元康因薦琰才學，[29]并解鮮卑語。[30]乃給筆札就禁所具草。[31]二日内成，其文甚麗。神武以其工而且速，特恕不問，然猶免官，散參相府。文襄嗣事，以爲功曹參軍。及文襄遇害，元康被傷創重，倩琰作書屬家累事，并云："祖喜邊有少許物，[32]宜早索取。"琰乃不通此書，喚祖喜私問，得金二十五鋌，唯與喜二鋌，餘盡自入己。盜元康家書數千卷。祖喜懷恨，遂告元康二弟叔諶、季璩等。[33]叔諶以語楊愔，愔嚬眉答曰："恐不益亡者。"因此得停。文宣作相，琰擬補令史十餘人，皆有受納，據法處絞，上尋捨之。又盜官《遍略》一部。[34]事發，[35]文宣付從事中郎王士雅推檢，[36]并書與平陽公淹，[37]令錄琰付禁，勿令越逸。淹遣田曹參軍孫子寬往喚，[38]琰受命，便爾私逃。黄門郎高德正副留臺事，[39]謀云："琰自知有犯，驚竄是常，[40]但宣一命向祕書，[41]稱'奉并州約束須五經三部，[42]仰丞親檢校催遣'，如此則珽意安，夜當還宅，然後掩取。"珽果如德正圖，遂還宅。薄晚，就家掩之，縛珽送廷尉。[43]據犯枉法處絞刑。文宣以珽伏事先世，諷所司命特寬其罰，遂奏免死除名。天保元年，復被召從駕，依除免例，參於晉陽。

[1]州局：州之轄區所限。

[2]山東：地區名。北魏又稱太行山以東地區爲山東。

[3]陳元康（507—549）：字長猷，廣宗（今河北威縣東南）人。北魏、東魏官吏。本書卷二四、《北史》卷五五有傳。 穆子容：一作"穆容"，代（今山西大同市東北）人。鮮卑族。東魏、北齊官吏。事見《魏書》卷二七《穆崇傳》，《北史》卷二〇《穆崇傳》有附傳。 任胄：廣寧（今河北涿鹿縣）人。東魏官吏。本書卷一九《任延敬傳》、《北史》卷五三《任祥傳》有附傳。元士亮：東魏人。與祖珽等交往密切。

[4]樗（chū）蒲（pú）：古代的博戲。也作"摴蒱"。以擲骰決勝負。得采有"盧""雉""犢""白"等稱，看擲得的骰色而定。骰之製作久已失傳，後來泛稱賭博曰"摴蒱"。

[5]"由此大有受納"至"以爲戲樂"：四庫本、中華本同。宋刻本、百衲本無"由此大有受納，豐於財産。又自解彈琵琶，能爲新曲，招城市年少歌舞爲娛，遊集諸倡家。與陳元康、穆子容、任胄、元士亮等爲聲色之遊。諸人嘗就珽宿，出山東"此六十一字；"賭之，以爲戲樂"作"調新曲招城市年少歌舞爲娛遊諸倡家與陳元康穆子容任胄元士亮等爲聲色之遊"。中華本校勘記云："三朝本、百衲本、汲本、局本及《册府》卷七三〇此段作'大文綾並連珠孔雀羅等百餘匹，令諸嫗擲樗蒲，調新曲。招城市年少，歌舞爲娛。遊諸倡家，與陳元康、穆子容、任胄、元士亮等爲聲色之遊'。按南、北、殿三本此段全同《北史》卷四七《祖珽傳》，當

即依《北史》改。《北齊書》補本《祖珽傳》的原文當如三朝本及《冊府》，乃是刪節顛倒《北史》文字而成。然文義不如《北史》明白。今從南本。"從改。

[6]參軍：官名。即參軍事。掌分主本府諸曹事。　元景獻：位參軍。事不詳。

[7]尚書令：官名。尚書省長官。魏晉以降，總掌全國行政。多數情況下是實際上的宰相。北齊二品。　元世儁（？—約541）：鮮卑族拓跋部人。北魏宗室、官吏。頗有才幹。《魏書》卷一九中、《北史》卷一八《任城王雲傳》有附傳。

[8]司馬慶雲：司馬鴻，字慶雲，東魏河內溫（今河南溫縣）人。事見《魏書》卷三七、《北史》卷二九《司馬楚之傳》。

[9]博陵長公主：北魏人。魏孝靜帝姑。事不詳。

[10]攝：官吏代理政事之稱。即非正式除授。　陸子先：事不詳。

[11]出倉粟十車：四庫本、中華本同，宋刻本、百衲本無"倉"字。從補。

[12]神武：北齊神武皇帝高歡。

[13]曾至膠州刺史司馬世雲家飲酒："州"字四庫本、中華本同，宋刻本、百衲本作"東"。從四庫本改。司馬世雲，河內溫（今河南溫縣）人。北齊官吏。《北史》卷五四《司馬子如傳》有附傳。

[14]裴讓之：字士禮，河東聞喜（今山西聞喜縣）人。東魏官吏。本書卷三五有傳，《北史》卷三八《裴佗傳》有附傳。

[15]卿那得如此詭異：四庫本、中華本同，宋刻本、百衲本"卿"下有"珽"字。從刪。

[16]中外府："都督中外諸軍事府"的簡稱。總統內外諸軍。
　功曹：官署名。職掌選舉，兼參諸曹事務。

[17]竇泰：四庫本、中華本同，宋刻本、百衲本作"竇太后"。從四庫本改。竇泰（？—537），字世寧，大安捍殊（今內蒙

古鄂托克前旗城川鎮一帶）人。北魏、東魏將領。善騎射，有勇略。本書卷一五、《北史》卷五四有傳。

［18］祕書丞：官名。祕書省屬官。參典著作，主修撰國史及起居注，並得參預禮儀制度的議定。北齊五品上。

［19］舍人：官名。即中書舍人。本爲中書省低級官員，南北朝時受皇帝信用，典掌機要。權重一時。

［20］《華林遍略》：書名。南朝梁徐僧權等撰。六百二十卷，一説七百卷。類書。已佚。

［21］帙：諸本及《北史》卷四七、《資治通鑑》卷一六九皆同，百衲本作"秩"。據諸本改。

［22］令史：官名。官署經辦事務的小吏。　李雙：東魏官吏。　倉督：官名。北齊設。爲司農寺、州、鎮等官署所屬倉庫之主官，掌儲藏出納。　成祖：東魏官吏。事迹不詳。　晉州：治所在今山西臨汾市城區。

［23］功曹參軍：官名。即功曹參軍事。功曹之長。職掌選舉兼參諸曹事務。

［24］城局參軍事過典籤高景略：四庫本、中華本同，宋刻本、百衲本無"事"字。中華本校勘記云："三朝本、百衲本及《册府》卷七三〇'事'字在'典籤'下作'過典籤事'，他本及《北史》卷四七、《册府》卷八三九作'事過典籤'，又'疑其'下無'定'字。按此句文字疑有訛脱。但南北朝時州長官的批示、命令必經典籤覆核，所以説'事過典籤'，今從他本及《北史》。"從補。城局參軍，官名。城局（賊曹）長官。城局爲掌盜賊勞作事的官署。高景略，東魏官吏。事不詳。

［25］加鉗：宋刻本、百衲本、中華本同，四庫本作"加鉗錮"。

［26］定國寺：寺名。北齊建。在今山西太原市西南。

［27］温子昇（495—547）：字鵬舉，濟陰冤句（今山東菏澤市西南）人。北魏、東魏官吏、文學家。《魏書》卷八五、《北史》

［28］《芒山寺碑》：已佚。

［29］元康因薦珽才學："因"字四庫本、中華本同，宋刻本、百衲本作"伯"。從四庫本改。

［30］鮮卑：古族名。東胡的一支。漢初，東胡爲匈奴冒頓單于擊敗，部分部衆退居鮮卑山（大興安嶺北部東麓，今內蒙古鄂倫春自治旗。見米文平《鮮卑石室的發現與初步研究》，《文物》1981年第2期），因以爲名。兩晉南北朝時，鮮卑族各支慕容、乞伏、禿髮、拓跋、宇文等部相繼興起，先後建立前燕、西秦、南涼、北魏、北齊、北周等政權。陳寅恪認爲"北齊最高統治者皇室高氏爲漢人而鮮卑化者"（萬繩楠：《陳寅恪魏晋南北朝史講演錄》，黃山書社1987年版，第293頁）。周一良認爲"北齊統治者的皇室若非出自鮮卑，也是完全胡化了的漢人"（周一良：《魏晋南北朝史論集》，北京大學出版社1997年版，第135頁）。

［31］乃給筆札就禁所具草：四庫本、中華本同，宋刻本、百衲本無"草"字。從補。

［32］祖喜：陳元康家臣。

［33］叔諶：陳叔諶，廣宗（今河北威縣東南）人。陳元康弟。北齊官吏。官至大鴻臚。事見本書卷二四《陳元康傳》。 季璩：陳季璩（？—562），廣宗（今河北威縣東南）人。陳元康弟。北齊官吏。事見本書卷二四《陳元康傳》。

［34］皆有受納，據法處絞，上尋捨之。又盜官《遍略》一部：宋刻本、百衲本、中華本同，四庫本"據法處絞，上尋捨之。又"作"而諸取教判并"。中華本校勘記云："南本無'據法處絞，上尋捨之'八字，當是脫文。北本、殿本依《北史》卷四七改作'皆有受納，而諸取教判并盜官《遍略》一部，時又除（殿本訛'際'）珽祕書丞兼中書舍人。還鄴後其事皆發'。三朝本、百衲本、汲本、局本及《册府》卷七三〇並如上摘句。按《北齊書》此《傳》補入時原文當同三朝等本，乃節錄《北史》，括取大意，

而‘據法處絞，上尋捨之’八字又爲《北史》所無。合上‘皆有受納’一條觀之，知此《傳》雖出《北史》，卻非直鈔，頗疑也采自某種史鈔，於《北史》本有增删，非補此《傳》者所改竄。此段文字可通，北本乃補所不必補，今從三朝本。"

[35]事發：宋刻本、百衲本、中華本同，四庫本作"時又除挺祕書丞中書舍人還鄴後其事皆發"。

[36]文宣付從事中郎王士雅推檢：中華本校勘記云："《北史》卷四七‘雅’字注‘闕’，《册府》卷七三〇亦無此字。《通志》卷一五五作‘淹’，乃涉下‘平陽公淹’而衍。疑‘士’下本闕一字，作‘雅’也因涉下‘推’字而衍誤。"存疑。從事中郎，官名。與長史共主府中吏事。

[37]并書與平陽公淹：四庫本、中華本同，宋刻本、百衲本無"書"字。從補。平陽公，爵名。平陽，郡名。治所在今山西臨汾市。淹，高淹（？—564），字子邃，渤海蓨（今河北景縣）人。北齊宗室，高歡第四子。本書卷一〇、《北史》卷五一有傳。

[38]田曹參軍：官名。田曹長官。掌農政事。 孫子寬：昌黎（今遼寧義縣）人。孫瑜之子。北齊官吏。官至開府田曹參軍。事見《魏書》卷七八《孫紹傳》。

[39]黄門郎：官名。即"黄門侍郎"或"給事黄門侍郎"之簡稱。與侍中俱掌門下事。北齊四品上。 高德正（？—559）：一作"高德政"，字士貞，渤海蓨（今河北景縣）人。東魏、北齊官吏。本書卷三〇有傳，《北史》卷三一《高允傳》有附傳。

[40]驚竄是常："竄"字四庫本、中華本同，宋刻本、百衲本作"恐"。從四庫本改。

[41]祕書：官署名。祕書省。掌修撰國史及保管、典校書籍，並領著作省。

[42]五經：五部儒家經典。始稱於西漢中期。即《詩》《書》《禮》《易》《春秋》。

[43]廷尉：官名。秦置。爲九卿之一，掌刑辟。北齊改稱"大

理卿",三品。

　　琔天性聰明,事無難學,凡諸伎藝,莫不措懷,文章之外,又善音律,解四夷語及陰陽占候,醫藥之術尤是所長。文宣帝雖嫌其數犯憲,而愛其才伎,令直中書省,[1]掌詔誥。琔通密狀,列中書侍郎陸元規,[2]敕令裴英推問,[3]元規以應對忤旨,被配甲坊。[4]除琔尚藥丞,[5]尋遷典御。[6]又奏造胡桃油,復爲割截免官。[7]文宣每見之,[8]常呼爲賊。文宣崩,普選勞舊,除爲章武太守。[9]會楊愔等誅,[10]不之官,授著作郎。[11]數上密啓,爲孝昭所忿,[12]敕中書門下二省斷琔奏事。

　　[1]中書省:官署名。掌草擬詔令文書,典尚書奏事,兼管圖書秘記。以中書監、令爲主官。
　　[2]陸元規:鮮卑族。東魏官吏。武定（543—550）中任尚書郎。事見《魏書》卷四〇、《北史》卷二八《陸俟傳》。
　　[3]裴英:事不詳。
　　[4]甲坊:製造鎧甲的作坊,亦爲罪吏之役所。
　　[5]尚藥丞:官名。北齊門下省尚藥局次官,員二人。佐尚藥典御總知御藥事,選擅長醫藥之術者任職。從七品。
　　[6]典御:官名。北齊設。爲門下省尚食局主官。總知御膳事。員二人。五品。
　　[7]復爲割截免官:"截"字宋刻本、百衲本、中華本同,四庫本作"葳"。
　　[8]文宣每見之:"見"字宋刻本、四庫本、百衲本作"規"。中華本校勘記云:"諸本'見'作'規',《北史》卷四七及《册府》卷七三〇作'見',南本據《北史》改。按'規'是'規

勸'，於文義不協，當因涉上'陸元規'而訛，今從南本。"從中華本改。

　　[9]章武：郡名。治所在今河北大城縣。

　　[10]會楊愔等誅：四庫本、中華本同，宋刻本、百衲本無"會"字。從補。

　　[11]著作郎：官名。掌修國史等。北齊設二人，從五品上。

　　[12]孝昭：北齊皇帝高演（535—561），諡號孝昭。本書卷六、《北史》卷七有紀。

　　珽善爲胡桃油以塗畫，乃進之長廣王，[1]因言："殿下有非常骨法，孝徵夢殿下乘龍上天。"王謂曰："若然，當使兄大富貴。"及即位，是爲武成皇帝，擢拜中書侍郎。帝於後園使珽彈琵琶，和士開胡舞，[2]各賞物百段。士開忌之，出爲安德太守，[3]轉齊郡太守，[4]以母老乞還侍養，詔許之。會江南使人來聘，[5]爲中勞使。[6]尋爲太常少卿、散騎常侍、假儀同三司，[7]掌詔誥。初珽於乾明、皇建之時，[8]知武成陰有大志，遂深自結納，曲相祗奉。武成於天保世頻被責，心常銜之。珽至是希旨，上書請追尊太祖獻武皇帝爲神武，高祖文宣皇帝改爲威宗景烈皇帝，以悅武成，從之。

　　[1]長廣王：北齊神武帝高歡第九子高湛的封爵號。長廣，郡名。治所在今山東龍口市。

　　[2]和士開（524—571）：字彥通，清都臨漳（今河北臨漳縣）人。先世西域商人，本姓素和。本書卷五〇、《北史》卷九二有傳。墓在今河南安陽縣。

　　[3]安德：郡名。治所在今山東平原縣東北。

[4]齊郡：治所在今山東淄博市東北。

[5]江南：指南朝。

[6]爲中勞使：中華本校勘記云："《北史》卷四七'中'作'申'。疑'中'字訛。"

[7]太常少卿：官名。北魏始置。北齊置爲太常寺次官，員一人，位列諸寺少卿之首。四品上。太常寺掌宗廟、陵寢、祭祀、禮儀、天文、術數等。　散騎常侍：官名。散騎與中常侍二職合而爲此職，隸集書省，參掌機要，位比侍中。北齊從三品。　假：官制用語。代理，兼攝之意。　儀同三司：官名。本指官場待遇，儀同三司（三公）。"儀同"自此成專名。魏晉以降，凡開府，皆儀同三司，遂成加銜。至北魏、北齊又爲官號。北齊二品。

[8]皇建：北齊孝昭帝高演年號（560—561）。

時皇后愛少子東平王儼，[1]願以爲嗣，武成以後主體正居長，[2]難於移易。琰私於士開曰："君之寵幸，振古無二，宮車一日晚駕，欲何以克終？"[3]士開因求策焉。琰曰："宜説主上，云襄、宣、昭帝子俱不得立，[4]今宜命皇太子早踐大位，以定君臣。若事成，中宫少主皆德君，此萬全計也。君此且微説，令主上粗解，琰當自外上表論之。"士開許諾。因有彗星出，太史奏云除舊布新之徵。[5]琰於是上書，言："陛下雖爲天子，未是極貴。按《春秋元命苞》云：[6]'乙酉之歲，除舊革政。'今年太歲乙酉，宜傳位東宫，令君臣之分早定，且以上應天道。"并上魏獻文禪子故事。[7]帝從之。由是拜祕書監，[8]加儀同三司，大被親寵。

[1]東平王：北齊武成帝高湛第三子高儼的封爵號。東平，郡

名。治所在今山東東平縣東南。　儼：高儼（548—571），字仁威，渤海蓨（今河北景縣）人，北齊武成帝第三子。本書卷一二、《北史》卷五二有傳。

[2]後主：北齊後主高緯（556—578），武成帝長子。本書卷八、《北史》卷八有紀。

[3]欲何以克終：四庫本、中華本同，宋刻本、百衲本"欲"前有"如"字。從刪。

[4]襄：北齊文襄帝高澄。　宣：北齊文宣帝高洋。　昭：北齊孝昭帝高演。

[5]太史：官名。即太史令。爲太史署主官，隸太常，掌天文律曆、瑞災變化的記載等。北齊九品上。

[6]《春秋元命苞》：書名。一作《春秋元命包》。撰者不詳，三國魏宋均注。二卷。緯書。久佚。清馬國翰、趙在翰、黃奭等均有輯録。

[7]魏獻文：北魏皇帝拓跋弘（454—476）。文成帝長子。謚號獻文，廟號顯祖。公元465年至471年在位。《魏書》卷六、《北史》卷二有紀。

[8]祕書監：官名。爲祕書省主官。北齊三品。祕書省掌修撰國史及保管、典校書籍，並領著作省。

既見重二宮，遂志於宰相。先與黃門侍郎劉逖友善，乃疏侍中尚書令趙彦深、侍中左僕射元文遥、侍中和士開罪狀，[1]令逖奏之。逖懼不敢通，其事頗泄，彦深等先詣帝自陳。帝大怒，[2]執珽詰曰："何故毁我士開？"珽因厲聲曰："臣由士開得進，本無欲毁之意，陛下今既問臣，臣不敢不以實對。士開、文遥、彦深等專弄威權，控制朝廷，與吏部尚書尉瑾内外交通，[3]共爲表裏，賣官鬻獄，政以賄成，天下歌謠。[4]若爲有識所知，安可聞於四裔！陛下不以爲意，臣恐大齊之業隳矣。"帝曰："爾乃誹謗我！"斑曰："不敢誹謗，陛下取人女。"帝曰："我以其儉餓，故收養之。"斑曰："何不開倉賑給，乃買取將入後宮乎？"帝益怒，以刀環築口，鞭杖亂下，將撲殺之。大呼曰："不殺臣，陛下得名；殺臣，臣得名。[5]若欲得名，莫殺臣，爲陛下合金丹。"遂少獲寬放。斑又曰："陛下有一范增不能用，[6]知可如何？"帝又怒曰："爾自作范增，以我爲項羽邪！"[7]斑曰："項羽人身亦何由可及，但天命不至耳。項羽布衣，率烏合衆，五年而成霸王業。陛下藉父兄資，財得至此，臣以項羽未易可輕。臣何止方於范增，縱張良亦不能及。[8]張良身傅太子，猶因四皓，[9]方定漢嗣。臣位非輔弼，疏外之人，竭力盡忠。勸陛下禪位，使陛下尊爲太上，子居宸扆，於己及子，俱保休祚。蕞爾張良，何足可數。"帝愈恚，令以土塞其口，斑且吐且言，無所屈撓。乃鞭二百，配甲坊，尋徙於光州。[10]刺史李祖勳遇之甚厚。[11]別駕張奉禮希大臣意，[12]上言："斑雖爲流囚，常與刺史對坐。"敕報曰："牢掌。"奉禮曰："牢者，地牢也。"乃爲深坑，置諸內，苦加防禁，桎梏不離其身，家人親戚不得臨視。夜中以蕪菁子燭熏眼，因此失明。

[1]侍中左僕射元文遥、侍中和士開罪狀：宋刻本、百衲本作"侍中和士開罪狀"，四庫本作"侍中和士開等罪狀"，中華本作"侍中左僕射元文遥、侍中和士開罪狀"。中華本校勘記云："三朝

本、百衲本、北本、汲本、殿本無'侍中左僕射元文遥'八字，南本、局本依《北史》卷四七增。按下文祖珽明以'士開、文遥、彥深'並提，這裏不應删去文遥，北本也因知其不合，於'和士開'下加一'等'字。今從南本。"從補。左僕射，官名。即"尚書左僕射"之簡稱。助尚書令掌政務。兼監察百官，領殿中、主客二曹。北齊從二品。元文遥，字德遠，河南洛陽（今河南洛陽市東北）人，鮮卑族。北齊大臣。本書卷三八、《北史》卷五五有傳。

[2]帝大怒：四庫本、中華本同，宋刻本、百衲本無"帝"字。從補。

[3]吏部尚書：官名。爲尚書吏部曹主官。掌官吏銓選、封爵、考課之政。居尚書省諸尚書之首，稱"大尚書"。歷朝因之。北齊三品。　尉瑾：代（今山西大同市東北）人。北齊官吏。本書卷四〇有傳，《北史》卷二〇《尉古真傳》有附傳。

[4]天下歌謠："歌"字四庫本、中華本同，宋刻本、百衲本作"謌"。從四庫本改。

[5]不殺臣，陛下得名；殺臣，臣得名：四庫本、中華本同，宋刻本、百衲本作"不殺臣，陛下不得名"。從四庫本、中華本改。

[6]陛下有一范增不能用：四庫本、中華本同，宋刻本、百衲本"增"作"曾"，無"能"字。從四庫本、中華本補、改。范增（前277—前204），"范曾"，居鄡（今安徽桐城市南）人。項羽之謀士。詳見《史記》卷七《項羽本紀》。

[7]項羽（前232—前202）：名籍，字羽，又稱"子羽"。下相（今江蘇宿遷市西）人。楚貴族出身。《史記》卷七有本紀、《漢書》卷三一有傳。

[8]張良（？—約前186）：字子房，城父（今安徽亳州市東南）人。西漢大臣。《史記》卷五五、《漢書》卷四〇有傳。

[9]猶因四皓："猶"字四庫本、中華本同，宋刻本、百衲本作"由"。從四庫本改。四皓，商山四皓。漢初商山四個隱士，分別是東園公、綺里季、夏黃公、甪里先生。四人鬚眉皆白，故稱四

皓。高祖召，不應。後高祖欲廢太子，吕后用留侯計，迎四皓，使輔太子。一日四皓侍太子見高祖。高祖曰："羽翼成矣。"遂輟廢太子之議。事見《史記》卷五五《留侯世家》、《漢書》卷四〇《張良傳》。

[10]光州：北魏分青州置，治所在今山東萊州市。

[11]李祖勳：趙郡平棘（今河北趙縣東南）人。北齊文宣李皇后弟。本書卷四八《李祖昇傳》、《北史》卷三三《李順傳》有附傳。

[12]別駕：官名。爲州刺史僚屬。因隨刺史行部，別乘傳車而名之。録衆事。　張奉禮：事不詳。

　　武成崩，後主憶之，就除海州刺史。[1]是時陸令萱外干朝政，[2]其子穆提婆愛幸。[3]斑乃遺陸媪弟悉達書曰：[4]"趙彦深心腹深沉，欲行伊、霍事，儀同姊弟豈得平安，何不早用智士耶？"和士開亦以斑能决大事，欲以爲謀主，故棄除舊怨，虚心待之。與陸媪言於帝曰："襄、宣、昭三帝，其子皆不得立，今至尊猶在帝位者，實由祖孝徵。[5]此人有大功，宜報重恩。[6]孝徵心行雖薄，奇略出人，緩急真可憑仗。且其雙盲，必無反意，請唤取問其謀計。"從之，入爲銀青光禄大夫、祕書監，[7]加開府儀同三司。和士開死後，仍説陸媪出彦深，以斑爲侍中。在晉陽，通密啓請誅琅邪王。[8]其計既行，漸被任遇。

[1]海州：治所在今江蘇連雲港市海州區。

[2]陸令萱（？—577）：亦稱陸媪，爲北齊後主乳母，受胡太后寵信，封郡君。齊亡後被勒令自殺。《北史》卷九二《穆提婆

傳》有附傳。

[3]穆提婆（？—578）：本姓駱，故亦作"駱提婆"，漢陽（今甘肅天水市）人。北齊官吏。本書卷五〇、《北史》卷九二有傳。

[4]悉達：陸悉達。陸希質子。鮮卑族，東魏官吏。武定（543—550）中位儀同開府參軍。

[5]實由祖孝徵："由"字四庫本、中華本同，宋刻本、百衲本作"猶"。按，"猶"通"由"，意爲由於。

[6]宜報重恩：宋刻本、百衲本、中華本同，四庫本作"宜重報之"。

[7]銀青光祿大夫：官名。凡光祿大夫皆授銀章青綬，故有此稱。爲元老重臣之加官或致仕之官。亦爲死者之贈官。南北朝時有左、右之分，位在金紫光祿大夫之下。北齊三品。

[8]琅邪王：四庫本、中華本同，宋刻本、百衲本無"王"字。從補。琅邪王，北齊武成帝高湛第三子高儼的封爵號。琅邪，郡名。治所在今山東臨沂市西。

又太后之被幽也，珽欲以陸媪爲太后，撰魏帝皇太后故事，爲太姬言之。謂人曰："太姬雖云婦人，寔是雄傑，女媧已來無有也。"[1]太姬亦稱珽爲國師、國寶。由是拜尚書左僕射，[2]監國史，加特進，入文林館，總監撰書，封燕郡公，[3]食太原郡幹，[4]給兵七十人。所住宅在義井坊，[5]旁拓鄰居，大事修築，陸媪自往案行。勢傾朝野。斛律光甚惡之，遥見竊駡云："多事乞索小人，欲行何計數！"常謂諸將云："邊境消息，處分兵馬，趙令嘗與吾等參論之。盲人掌機密來，[6]全不共我輩語，止恐誤他國家事。"又珽頗聞其言，因其女皇后無寵，以謠言聞上曰："百升飛上天，明月照長安。"[7]令其妻兄鄭道蓋奏之。[8]帝問珽，珽證實。[9]又說謠云："高山崩，槲樹舉，盲老翁背上下大斧，多事老母不得語。"珽并云"盲老翁是臣"，云與國同憂戚，勸上行，語"其多事老母，似道女侍中陸氏"。帝以問韓長鸞、穆提婆，并令高元海、段士良密議之，[10]衆人未從。因光府參軍封士讓啓告光反，[11]遂滅其族。

[1]女媧：傳說中的遠古女皇、人類始祖。相傳其與伏羲氏兄妹相婚，繁衍了人類。後來他們又制定了婚禮，禁止兄妹通婚。《太平御覽》引《風俗通》說她摶土造人。《淮南子·覽冥訓》又說她煉五色石以補蒼天，止洪水，殺猛禽惡獸，使人民得以安居樂業。

[2]由是："由"字諸本同，百衲本作"猶"。按，"猶"通"由"。劉知幾《史通·煩省》："余以爲近史蕪累，誠則有諸，亦猶古今不同，勢使之然也。"例作"由"。從改。

[3]燕郡公：爵名。燕郡，治所在今北京市西南隅。

[4]太原郡：治所在今山西太原市西南。

[5]義井坊：時鄴城諸坊之一，具體位置無考。

[6]盲人掌機密來："掌"字四庫本、百衲本、中華本同，宋刻本作"堂"。

[7]百升飛上天，明月照長安：謠諷斛律光謀反。百升爲斛，明月即光之字。

[8]鄭道蓋：北齊官吏。位漁陽太守。

[9]珽證實：四庫本、中華本同，宋刻本、百衲本無"珽"字。從補。

[10]高元海（？—578）：渤海蓨（今河北景縣）人。上洛王思宗子。北齊官吏。本書卷一四、《北史》卷五一《上洛王思宗

傳》有附傳。　段士良：北齊官吏。事不詳。

　　[11]因光府參軍封士讓啓告光反：四庫本、中華本同，宋刻本、百衲本無"參"字。從補。封士讓，北齊官吏。事不詳。

　　斑又附陸媼，求爲領軍，[1]後主許之。[2]詔須覆奏，取侍中斛律孝卿署名。[3]孝卿密告高元海，元海語侯吕芬、穆提婆云：[4]"孝徵漢兒，兩眼又不見物，豈合作領軍也。"明旦面奏，具陳斑不合之狀，并書斑與廣寧王孝珩交結，[5]無大臣體。斑亦求面見，[6]帝令引入。斑自分疏，并云與元海素相嫌，[7]必是元海譖臣。帝弱顔不能諱，曰："然。"斑列元海共司農卿尹子華、太府少卿李叔元、平準令張叔略等結朋樹黨。[8]遂除子華仁州刺史，[9]叔元襄城郡太守，[10]叔略南營州録事參軍。[11]陸媼又唱和之，復除元海鄭州刺史。[12]斑自是專主機衡，總知騎兵、外兵事。[13]內外親戚，皆得顯位。後主亦令中要數人扶侍出入，著紗帽直至永巷，[14]出萬春門向聖壽堂。[15]每同御榻論決政事，委任之重，群臣莫比。

　　[1]領軍：官名。即"中領軍""中領將軍""領軍將軍"之簡稱。掌中軍禁區。資望重者則稱領軍將軍。資輕者稱中領軍。自有營兵，出則領軍。北齊中領軍三品，領軍將軍從二品。

　　[2]後主：北齊後主高緯（556—578），武成帝長子。本書卷八、《北史》卷八有紀。

　　[3]斛律孝卿：一作"斛斯孝卿"。太安（今山西寧武縣）人。北齊大臣。少聰悟，頻歷顯職。本書卷二〇、《北史》卷五三《斛律羌舉傳》有附傳。

　　[4]元海語侯吕芬：四庫本、中華本同，宋刻本、百衲本無

"元海"二字。從四庫本、中華本補。侯吕芬,一作"吕芬"。北齊將領。歷位右衛大將軍、武衛將軍。與和士開交結,排擠祖珽,誅殺異己。

[5]孝珩:高孝珩(?—577),渤海蓨(今河北景縣)人。文襄帝第二子。北齊宗室。本書卷一一、《北史》卷五二有傳。

[6]珽亦求面見:四庫本、中華本同,宋刻本、百衲本作"珽亦見"。從補。

[7]并云與元海素相嫌:四庫本、中華本同,宋刻本、百衲本無"云"字。從補。

[8]司農卿:官名。即司農。司農寺主官,爲九卿之一。掌倉廪及農桑水利的政令等。北齊三品。　尹子華:北齊官吏。事不詳。　太府少卿:官名。北魏孝文帝時始置。北齊置爲太府寺次官,員一人,四品上。太府寺掌金帛庫藏、國家財政開支,兼管冶鑄、染織等。　李叔元:北齊官吏。事不詳。　平準令:官名。北齊置爲司農寺平準署長官,六品。平準署爲掌平定物價,盡籠天下物,貴則賣之、賤則買之的機構。　張叔略:北齊官吏。事不詳。

[9]仁州:治所在今安徽泗縣西南。

[10]襄城郡:治所在今河南襄城縣。

[11]南營州:治所在今河北保定市徐水區西。　録事參軍:官名。爲本府録事曹長官。總録衆曹文簿,舉彈善惡,位在列曹參軍上。

[12]鄭州:治所在今河南許昌市。

[13]外兵事:四庫本、中華本同。宋刻本、百衲本作"外事"。從補。

[14]永巷:後宫所居之地。

[15]萬春門:宫門名。　聖壽堂:宫殿名。爲北齊後主高緯議政之處。

自和士開執事以來，政體隳壞，琔推崇高望，官人稱職，內外稱美。復欲增損政務，沙汰人物。始奏罷京畿府，[1]併於領軍，事連百姓，[2]皆歸郡縣。宿衛都督等號位從舊官名，文武章服並依故事。又欲黜諸閹豎及群小輩，推誠朝廷，[3]爲致治之方。陸媼、穆提婆議頗同異。琔乃諷御史中丞麗伯律令劾主書王子冲納賄，[4]知其事連穆提婆，欲使贓罪相及，望因此坐，并及陸媼。猶恐後主溺於近習，欲因后黨爲援，請以皇后兄胡君瑜爲侍中、中領軍，[5]又徵君瑜兄梁州刺史君璧，[6]欲以爲御史中丞。陸媼聞而懷怒，百方排毀，即出君瑜爲金紫光禄大夫，[7]解中領軍，君璧還鎮梁州。皇后之廢，頗亦由此。王子冲釋而不問。琔日益以疏，又諸宦者更共譖毀之，無所不至。後主問諸太姬，憫默不對，及三問，乃下床拜曰："老婢合死，本見和士開道孝徵多才博學，言爲善人，故舉之，比來看之，[8]極是罪過，人實難知。老婢合死。"後主令韓長鸞檢案，得其詐出敕受賜十餘事，[9]以前與其重誓不殺，遂解琔侍中、僕射，出爲北徐州刺史。[10]琔求見後主，韓長鸞積嫌於琔，遣人推出柏閤。[11]琔固求面見，[12]坐不肯行。長鸞乃令軍士牽曳而出，立琔於朝堂，大加誚責。上道後，令追還，解其開府儀同、郡公，直爲刺史。

[1]京畿府：京畿大都督府。
[2]事連百姓：四庫本、中華本同，宋刻本、百衲本無"事"字。從補。
[3]朝廷：宋刻本、百衲本、中華本同，四庫本作"延士"。

[4]斑乃諷御史中丞麗伯侓令劾主書王子冲納賄：中華本校勘記云："諸本'侓'作'律'，百衲本作'侓'。按'麗伯侓'當是'酈伯偉'之訛。伯偉歷見《魏書》卷四二《酈範傳》，本書卷三〇《崔暹傳》（補），《北史》卷三〇《盧潛傳》、卷八一《劉晝傳》及《八瓊室金石補正》卷二二《李功曹墓誌》。其人乃酈範孫，名中，歷官御史及冀州、仁州刺史，趙郡太守。武平四年（五七三）與盧潛等守壽陽，爲陳所虜。祖珽當國在武平三年，這時伯偉爲御史中丞，時間亦無不合。當是'酈'省作'麗'，'偉'訛作'侓'，當時亻旁常寫作彳，'侓'即'律'字，三朝本已下各本遂遂作'律'。"御史中丞，官名。爲御史臺主。領侍御史，糾察百官，審核疑案。北齊從三品。王子冲，北齊官吏。官主書。撰有《碁勢》十卷。

[5]胡君瑜：安定臨涇（今甘肅鎮原縣）人。北齊武成皇后胡氏之兄。

[6]梁州：治所在今河南開封市城區。 君璧：胡君璧，安定臨涇（今甘肅鎮原縣）人。北齊官吏。初襲父爵爲隴東王，後出爲梁州刺史。

[7]金紫光禄大夫：官名。凡資深勳重之光禄大夫授金章紫綬，故有此稱。爲元老重臣之加官或致仕之官。亦爲死者之贈官。

[8]比來看之："比"字四庫本、中華本同，宋刻本、百衲本作"此"。從四庫本改。

[9]得其詐出敕受賜十餘事：四庫本、中華本同，宋刻本、百衲本無"其詐"二字。從補。

[10]北徐州：治所在今山東臨沂市西。

[11]柏閣：御史府的別稱。漢御史府中列柏樹。後世因稱御史府爲"柏臺""柏府""柏署"。"柏閣"當亦同此。

[12]斑固求面見："固"字四庫本、中華本同，宋刻本、百衲本作"故"。從四庫本改。

至州，會有陳寇，[1]百姓多反。斑不關城門，守埤者皆令下城靜坐，街巷禁斷行人，雞犬不聽鳴吠。[2]賊無所聞見，[3]不測所以，疑惑人走城空，[4]不設警備。斑忽然令大叫，鼓譟聒天，賊大驚，登時走散。後復結陣向城，斑乘馬自出，令錄事參軍王君植率兵馬，[5]仍親臨戰。[6]賊先聞其盲，謂為不能拒抗。忽見親在戎行，彎弧縱鏑，相與驚怪，畏之而罷。時穆提婆憾之不已，欲令城陷沒賊，雖知危急，不遣救援。[7]斑且戰且守十餘日，賊竟奔走，城卒保全。卒於州。

[1]陳：南朝陳（557—589）。南朝梁敬帝太平二年（557），陳霸先改元稱帝，都建康（今江蘇南京市），國號陳。歷五帝，三十三年。後主禎明二年（589）被隋所滅。

[2]雞犬不聽鳴吠：四庫本、中華本同，宋刻本、百衲本無"不聽鳴吠"四字。中華本校勘記云："三朝本、百衲本、汲本，無'不聽鳴吠'四字，南、北、殿、局四本及《北史》卷四七有（但南本'不聽'訛'不敢'）。按《冊府》卷六九一也有此四字，當是三朝等本脫去，今從北、殿諸本。"從補。

[3]賊無所聞見：諸本及《北史》卷四七、《通志》卷一五四、《冊府元龜》卷六九一皆同，百衲本"見"後有"者"字。從刪。

[4]疑惑：宋刻本、百衲本、中華本同，四庫本作"或疑"。

[5]王君植：北齊官吏。事不詳。

[6]仍：諸本及《北史》卷四七、《通志》卷一五四皆同，百衲本作"乃"。從改。

[7]不遣救援：四庫本、中華本同，宋刻本、百衲本作"不追"。中華本校勘記云："三朝本、百衲本、汲本'遣'作'追'，下無'救援'二字。他本依《北史》改作。按'不追'意謂不追

其還鄴，似亦可通。但當時城方被圍，即使穆提婆對祖珽沒有仇恨，也不應忽追刺史入朝。今從他本。"從改。

子君信，涉獵書史，多諸雜藝。[1]位兼通直散騎常侍，[2]聘陳使副，中書郎。[3]珽出，亦見廢免。君信弟君彥，容貌短小，言辭澀訥，少有才學。隋大業中，[4]位至東平郡書佐。[5]郡陷翟讓，[6]因爲李密所得，[7]密甚禮之，署爲記室，[8]軍書羽檄皆成其手。及密敗，爲王世充所殺。[9]

[1]多諸雜藝："諸"字宋刻本、百衲本、中華本皆同，四庫本作"譜"。

[2]通直散騎常侍：官名。因將員外散騎常侍與散騎常侍通員值班而得名。職掌品秩與散騎常侍略同。員四人，屬散騎省。北齊四品。

[3]中書郎：官名。爲"中書通事郎""中書侍郎"的省稱。掌詔令的起草。北齊兼管伎樂。從四品上。

[4]隋：公元581年楊堅（隋文帝）代北周稱帝，國號隋，開皇三年（583）都大興（今陝西西安市）。 大業：隋煬帝楊廣年號（605—618）。

[5]東平郡：治所在今山東東平縣東南。 書佐：官名。掌文書紀錄等。

[6]翟讓（？—617）：隋末瓦崗起義軍首領。東郡韋城（今河南滑縣東南）人。驍勇有膽略。初任東郡法曹。因故被判死刑，後獲救，至瓦崗寨發動反隋起義，眾達萬餘人。後得李密配合，攻克滎陽等縣，斬殺隋將張須陀，大業十三年，攻下興洛倉，開倉濟民，聲威大振。時推李密爲魏公，密任其爲上柱國、司徒、封東郡王。不久被殺害。

1141

[7]李密（582—618）：字玄邃，一字法主，祖上遼東襄平（今遼寧遼陽縣）人，後家於京兆長安（今陝西西安市）。隋末瓦崗軍主要首領之一。《北史》卷六〇《李弼傳》有附傳。

[8]記室：官名。即"記室掾""記室令史""記室督""記室參軍"等官簡稱。府中掌上章報表書記。

[9]王世充（？—627）：字行滿，新豐（今陝西西安市臨潼區新豐鎮）人。本姓支，祖籍西域。隋朝官吏。《北史》卷七九有傳。

斑弟孝隱，亦有文學，早知名。詞章雖不逮兄，亦機警有辯，兼解音律。魏末爲散騎常侍，迎梁使。[1]時徐君房、庾信來聘，[2]名譽甚高，魏朝聞而重之，接對者多取一時之秀，盧元景之徒並降階攝職，[3]更遞司賓。孝隱少處其中，物議稱美。

[1]梁：南朝梁（502—557）。南朝齊和帝中興二年（502），相國梁王蕭衍禪代南齊，改元稱帝，都建康（今江蘇南京市），國號梁，史稱蕭梁。歷四主，五十六年。

[2]徐君房：南朝梁官吏。官至散騎常侍。中大同元年（546）使魏。 庾信（？—581）：字子山，南陽新野（今河南新野縣）人。南北朝時文學家。自幼博覽群書，尤善《春秋左氏傳》。《周書》卷四一、《北史》卷八三有傳。

[3]盧元景：北魏名士。擅長文章，爲時人所重。

孝隱從父弟茂，[1]頗有辭情，然好酒性率，不爲時重。大寧中，[2]以經學爲本鄉所薦，除給事，[3]以疾辭，仍不復仕。斑受任寄，故令呼茂，茂不獲已，暫來就之。斑欲爲奏官，[4]茂乃逃去。

[1]從父：父親的兄弟。即伯父或叔父。

[2]大寧：北齊武成帝高湛年號（561—562）。

[3]給事：官名。北魏設。屬祕書省，掌文書機要。

[4]斑欲爲奏官：四庫本、中華本同，宋刻本、百衲本無"奏"字。從補。

斑族弟崇儒，涉學有辭藻，[1]少以幹局知名。[2]武平末，[3]司州別駕、通直常侍，[4]入周，[5]爲容昌郡太守。[6]隋開皇初，[7]終宕州長史。[8]

[1]涉學有辭藻："涉"字四庫本、中華本同，宋刻本、百衲本作"少"。從四庫本、中華本改。

[2]少以幹局知名：四庫本、中華本同，宋刻本、百衲本無"少以"二字。從四庫本、中華本補。幹局，辦事才幹。

[3]武平：北齊後主高緯年號（570—576）。

[4]司州：治所在今河北臨漳縣西南。 通直常侍：官名。通直散騎常侍的省稱。

[5]周：即北周（557—581）。西魏恭帝三年（556）十二月，宇文泰之子宇文覺廢西魏主自立，次年（557）改元，建號周，史稱北周，又稱後周。都長安（今陝西西安市）。歷五帝，二十五年。至靜帝宇文衍爲隋所代。

[6]容昌郡：容昌郡無考，王仲犖疑爲"宕昌"之訛。北周宕州治下有宕昌郡。

[7]開皇：隋文帝楊堅年號（581—600）。

[8]宕州：治所在今甘肅宕昌縣東良恭鎮。 長史：官名。掌參本府政務。主管屬吏。爲府中掾屬之長。

北齊書　卷四〇[1]

列傳第三十二

尉瑾　馮子琮　赫連子悅　唐邕　白建

　　尉瑾，字安仁。父慶賓，[2]爲魏肆州刺史。[3]瑾少而敏悟，好學慕善。稍遷直後。[4]司馬子如執政，[5]瑾取其外生皮氏女，由此擢拜中書舍人。[6]既是子如姻戚，數往參詣，因與先達名輩微相款狎。世宗入朝，[7]因命瑾在鄴北宮共高德正典機密。[8]肅宗輔政，[9]累遷吏部尚書。[10]世祖踐祚，[11]趙彥深本子如賓僚，[12]元文遥、和士開並帝鄉故舊，[13]共相薦達，任遇彌重。又吏部銓衡所歸，事多祕密，由是朝之幾事，頗亦預聞。尋兼右僕射，[14]攝選，未幾即真。病卒。世祖方在三臺飲酒，[15]文遥奏聞，遂命徹樂罷飲。

　　[1]《北齊書》卷四〇：中華本校勘記云："按此卷文甚簡略，後無論贊，但稱齊帝廟號，文字也與《北史》不同。錢氏《考異》卷三一認爲似經後人删改，或《北齊書》此卷已亡，後人以《高

氏小史》補。"

[2]慶賓：尉慶賓（？—529），代（今山西大同市東北）人。鮮卑族。北魏將領。善騎射，有將略。《魏書》卷二六、《北史》卷二〇《尉古真傳》有附傳。

[3]魏：即北魏（386—557）。北朝政權之一。公元386年鮮卑人拓跋珪建立代國，初居盛樂（今内蒙古和林格爾縣），398年定都平城（今山西大同市東北），後遷都洛陽（今河南洛陽市東北）。永熙三年（534）分裂爲東魏與西魏。東魏（534—550）都於鄴（今河北臨漳縣西南鄴鎮東），西魏（535—557）都於長安（今陝西西安市西北郊）。　肆州：治所在今山西忻州市西北。

[4]直後：官名。南北朝時置。掌侍衞皇帝及太子前後。

[5]司馬子如（487—551）：字遵業，河内温（今河南温縣）人。北魏、東魏、北齊官吏。本書卷一八、《北史》卷五四有傳。

[6]中書舍人：官名。即中書通事舍人。爲中書省屬官，掌呈奏表。典掌機要。北齊六品上。

[7]世宗：北齊文襄帝高澄（521—549），廟號世宗。本書卷三、《北史》卷六有紀。

[8]鄴：都邑名。在今河北臨漳縣西南。北齊定都於此。　高德正（？—559）：一作"高德政"，字士貞，渤海蓨（今河北景縣）人。東魏、北齊官吏。本書卷三〇有傳，《北史》卷三一《高允傳》有附傳。

[9]肅宗：北齊孝昭帝高演（535—561），廟號肅宗。本書卷六、《北史》卷七有紀。

[10]吏部尚書：官名。爲尚書吏部曹主官。掌官吏銓選、封爵、考課之政。居尚書省諸尚書之首，稱"大尚書"。北齊三品。

[11]世祖：北齊武成帝高湛（537—568），廟號世祖。本書卷七、《北史》卷八有紀。　踐祚：皇帝登基。

[12]趙彦深（507—576）：本名隱，字彦深，平原（今山東聊城市東北）人，祖籍南陽宛縣（今河南南陽市）。北齊大臣。本書

卷三八、《北史》卷五五有傳。

［13］元文遥：字德遠，河南洛陽（今河南洛陽市東南）人，鮮卑族。北齊大臣。本書卷三八、《北史》卷五五有傳。　和士開（524—571）：字彥通，清都臨漳（今河北臨漳縣）人。先世西域商人，本姓素和。本書卷五〇、《北史》卷九二有傳。墓在今河南安陽縣。

［14］右僕射：官名。即"尚書右僕射"之簡稱。尚書省副長官之一。助尚書令掌全國政務。與祠部尚書通職，二者不並設。兼管儀曹事。北齊從二品。

［15］三臺：臺閣名。故址在鄴城（今河北臨漳縣西南）西北隅。東漢建安十五年（210），曹操主持修築。中爲銅雀臺，高十丈；南爲金虎臺，北爲冰井臺，皆高八丈。十六國時後趙石虎將銅雀臺增高二丈。北齊高洋在舊基之上重修三臺，於天保八年（557）落成，改銅雀爲金鳳，金虎爲聖應，冰井爲崇光。

瑾外雖通顯，内闕風訓，[1]閨門穢雜，爲世所鄙。然亦能折節下士，意在引接名流，但不別之。及官高任重，便大躁急，省内郎中將論事者逆即瞋詈，[2]不可諮承。[3]既居大選，彌自驕很。[4]子德載嗣。[5]

［1］風：德風。
［2］省内：此指尚書省之中。　郎中：官名。即尚書郎中之簡稱。分掌尚書各曹事。北齊六品上。　瞋（chēn）詈（lì）：瞪目大罵。
［3］不可諮承：不能够繼續商討下去。
［4］彌自驕很："很"字宋刻本、百衲本同，四庫本、中華本作"狠"。按，"很"通"狠"，意爲凶惡，殘忍。
［5］德載：尉德載。事不詳。

馮子琮，信都人，[1]北燕主馮跋之後也。[2]父靈紹，[3]度支郎中。[4]子琮性聰敏，涉獵書傳，爲。肅宗除領軍府法曹，[5]典機密，攝庫部。[6]肅宗曾閱簿領，試令口陳，子琮闇對，無有遺失。子琮妻，胡皇后妹也。[7]遷殿中郎，[8]加東宫管記。[9]又奉別詔，令共胡長粲輔導太子，[10]轉庶子。[11]

[1]信都：縣名。治所在今河北冀州市。

[2]馮跋（？—430）：字文起，小名乞直伐（一作"乞直代"），長樂信都（今河北冀州市）人。十六國時北燕君主。《魏書》卷九七、《北史》卷九三有傳。

[3]靈紹：馮靈紹。長樂信都（今河北冀州市）人。馮子琮父。東魏官吏。歷位度支郎中、尚書郎、太中大夫。

[4]度支郎中：官名。魏晋南北朝與"度支郎"互稱，爲尚書省度支曹長官。北齊六品上。度支曹爲尚書省諸郎曹之一，掌會計軍國財用，隸度支尚書。

[5]性聰敏，涉獵書傳，爲。肅宗除領軍府法曹：中華本校勘記云："南本、局本及《册府》卷七九九無'除'字，他本皆有。按若無'除'字，則是肅宗高演官領軍將軍時，馮子琮爲領軍府法曹，但據本書卷六《孝昭紀》（補）不言高演曾爲此官。《北史》卷五五《馮子琮傳》云：'性識聰敏，爲外祖鄭伯猷所異。'此傳'爲'字下當有脱文。南本、《册府》以'爲'字從下讀，以'除'字爲衍文，恐非。"存疑。除，官制用語。意爲任命。法曹，官署名。軍府僚屬諸曹之一。掌郵驛科程事。

[6]攝：官吏代理政事之稱。即非正式除授。　庫部：機構名。即"庫部曹"之簡稱。屬尚書省，掌武器戎仗庫藏及政令。由郎或郎中爲主官。

[7]胡皇后：北齊武成皇后胡氏。安定（今甘肅涇川縣北）

人。胡延之女。本書卷九、《北史》卷一四有傳。

　　[8]殿中郎：官名。魏晋南北朝尚書省殿中曹長官通稱。屬殿中尚書，掌禁衛宮殿。六品上。

　　[9]加：官制用語。加官，即兼任。　管記：書記、記室參軍等文翰職官的通稱。

　　[10]胡長粲：安定臨涇（今甘肅鎮原縣）人。胡長仁從祖兄。事見本書卷四八《胡長仁傳》，《北史》卷八〇《胡國珍傳》有附傳。

　　[11]轉：官制用語。指官職的晋升。　庶子：官名。即太子庶子。掌太子侍從宿衛，多以勳臣等貴族子弟爲之。

　　天統元年，[1]世祖禪位後主。[2]世祖御正殿，謂子琮曰："少君左右宜得正人，以卿心存正直，今以後事相委。"除給事黃門侍郎，[3]領主衣都統。[4]世祖在晋陽，[5]既居舊殿，少帝未有別所，詔子琮監造大明宮。[6]宮成，世祖親自巡幸，怪其不甚宏麗。子琮對曰："至尊幼年，纂承大業，欲令敦行節儉，以示萬邦。兼此北連天闕，不宜過復崇峻。"世祖稱善。

　　[1]天統元年："天"字四庫本、百衲本、中華本同，宋刻本作"大"。按，"大統"爲西魏文帝元寶炬的年號。此處應爲"天統"。天統，北齊後主高緯年號（565—569）。

　　[2]後主：北齊後主高緯（556—578），武成帝長子。本書卷八、《北史》卷八有紀。

　　[3]給事黃門侍郎：官名。東漢合併"黃門侍郎"與"給事黃門"而置。與侍中俱管門下衆事。北齊四品上。

　　[4]領：官制用語。官吏在本職外，兼任低於本職職務稱

"領"。魏晉南北朝多爲暫攝之意。　主衣都統：官名。北魏孝文帝太和後期置，掌御衣服及玩物等。北齊因之，爲門下省主衣局主官。員二人，第五品。

　　[5]晉陽：縣名。治所在今山西太原市晉源區古城營村一帶。

　　[6]大明宫：宫殿名。亦稱大明殿。北齊天統元年始建，三年十一月成。故址在北齊陪都晉陽（今山西太原市晉源區古城營村一帶）。

　　及世祖崩，僕射和士開先恒侍疾，[1]祕喪三日不發。子琮問士開不發喪之意。士開引神武、文襄初崩並祕喪不舉，[2]至尊年少，恐王公有貳心，意欲普追集涼風堂，[3]然後與公詳議。時太尉録尚書事趙郡王叡先恒居内，[4]預帷幄之謀，子琮素知士開忌叡及領軍臨淮王婁定遠，[5]恐其矯遺詔出叡外任，奪定遠禁衛之權，因答云："大行，神武之子，今上又是先皇傳位，群臣富貴者皆是至尊父子之恩，但令在内貴臣一無改易，王公已下必無異望。世異事殊，不得與霸朝相比。且公出宫門已經數日，[6]升遐之事，行路皆傳，久而不舉，恐有他變。"於是乃發喪。

　　[1]僕射：官名。即尚書僕射。主管尚書省庶務，列位宰相。北齊從二品。

　　[2]神武：北齊皇帝高歡（496—547），諡號神武。本書卷一、二，《北史》卷六有紀。　文襄：北齊皇帝高澄（521—549），諡號文襄，廟號世宗。本書卷三、《北史》卷六有紀。

　　[3]意欲普追集涼風堂："追"字四庫本、中華本同，宋刻本、百衲本作"建"。從四庫本改。

[4]録尚書事：官名。爲重臣總領、總理尚書臺政務之加職。位在尚書令之上，北朝爲正式官稱。　趙郡王：高叡的封爵號。趙郡，治所在今河北趙縣。　叡：高叡（534—569），小名須拔，渤海蓨（今河北景縣）人。高琛子。東魏、北齊大臣。本書卷一三、《北史》卷五一《趙郡王琛傳》有附傳。

[5]領軍：官名。即"中領軍""中領將軍""領軍將軍"之簡稱，掌中軍禁區。主五校尉、中壘、武衛三營。資望重者則稱"領軍將軍"，資輕者稱"中領軍"。北齊中領軍三品，領軍將軍從二品。　臨淮王：婁定遠的封爵號。臨淮，郡名。治所在今安徽固鎮縣東南仁和集鄉。　婁定遠（？—574）：代郡平城（今山西大同市東北）人。婁昭子。北齊官吏。以外戚貴盛，少歷顯職。本書卷一五、《北史》卷五四《婁昭傳》有附傳。

[6]且公出宫門已經數日：中華本校勘記云："《北史》卷五五'出'上有'不'字。按本書卷五〇《和士開傳》，高湛病，士開即'入侍湯藥'，死時，士開在宫内，祕喪三日不發。數日之内，不出宫門可知。此云'出宫門已經數日'，與事實不符。《册府》卷四六五作'公出門已經數日'，'出門'指出家門，與'不出宫門'意同，這裏非脱'不'字，即衍'宫'字。"説是。存疑。

元文遥以子琮太后妹夫，恐其獎成太后干政，説趙郡王及士開出之，拜鄭州刺史，[1]即令之任。子琮除州，非後主本意，中旨殷勤，特給後部鼓吹，加兵五十人，并聽將物度關至州。未幾，太后爲齊安王納子琮長女爲妃，[2]子琮因請假赴鄴，遂授吏部尚書。其妻恃親放縱，請謁公行，賄貨填積，守宰除授，先定錢帛多少，然後奏聞，其所通致，事無不允，子琮亦不禁制。俄遷尚書右僕射，[3]仍攝選。和士開居要日久，子琮舊所附託，卑辭曲躬，事事諮稟。士開弟休與盧氏婚，[4]子琮檢校趨走，與士開府僚不異。是時内官除授多由士開奏擬，[5]子琮既恃内戚，兼帶選曹，自擅權寵，頗生間隙。琅邪王儼殺士開，[6]子琮與其事。就内省絞殺之。[7]子琮微有識鑒，及位望轉隆，宿心頓改。擢引非類，以爲深交；縱其子弟，官位不依倫次；又專營婚媾，歷選上門，例以官爵許之，旬日便驗。子慈正。[8]

[1]鄭州：治所在今河南許昌市。

[2]齊安王：北齊武成帝高湛第四子高廓的封爵號。齊安，郡名。治所在今河南信陽市平橋區東。

[3]俄遷尚書右僕射："右"字宋刻本、四庫本、百衲本作"左"。中華本校勘記云："諸本'右'作'左'，《北史》卷五五，《册府》卷四八二、卷六三八作'右'。按子琮自武平二年四月遷右僕射，七月被殺，並未遷官，作'左'誤，今據《北史》改。參見卷八校記。"從中華本改。尚書右僕射，官名。助掌全國政務。與祠部尚書通職，二者不並設。兼管儀曹事。北齊從二品。

[4]休：和休。一作"和士休"，清都臨漳（今河北臨漳縣）人。和士開弟。北齊官吏。武平二年（571），士開爲高儼等所殺，後主詔休入内朝典掌機密，後出爲信州刺史，爲州民所殺。

[5]是時内官除授多由士開奏擬：中華本校勘記云："《北史》卷五五'内官'作'内外'，疑《北史》是。"内官，臺省官員。

[6]琅邪王：北齊武成帝高湛第三子高儼的封爵號。琅邪，郡名。治所在今山東臨沂市西。　儼：高儼（548—571），字仁威，渤海蓨（今河北景縣）人。北齊武成帝第三子。本書卷一二、《北史》卷五二有傳。

[7]内省：機構名。自漢起，泛指宮禁内之官署。

[8]慈正：馮慈正。事不詳。

赫連子悦，字士欣，勃勃之後也。[1]魏永安初，[2]以軍功爲濟州别駕。[3]及高祖起義，[4]侯景爲刺史，[5]景本尒朱心腹，[6]子悦勸景起義，景從之。除林慮守。[7]世宗往晉陽，路由是郡，因問所不便。悦答云："臨水、武安二縣去郡遥遠，[8]山嶺重疊，車步艱難，若東屬魏郡，則地平路近。"世宗笑曰："卿徒知便民，不覺損幹。"子悦答云："所言因民疾苦，[9]不敢以私潤負心。"世宗云："卿能如此，甚善，甚善。"仍敕依事施行。[10]在郡滿，更徵爲臨漳令。[11]後除鄭州刺史，于時新經河清大水，[12]民多逃散，子悦親加恤隱，户口益增，治爲天下之最。入爲都官尚書，[13]鄭州民八百餘請立碑頌德，有詔許焉。後以本官兼吏部。子悦在官，唯以清勤自守，既無學術，又闕風儀，人倫清鑒，去之彌遠，一旦居銓衡之首，大招物議。由是除太常卿，[14]卒。

[1]勃勃：赫連勃勃（381—425）。十六國時夏國建立者。公元407年至425年在位。鐵弗匈奴人，又名"劉勃勃"，字屈子、佛佛。《晉書》卷一三〇有載記。

[2]永安：北魏孝莊帝元子攸年號（528—530）。

[3]濟州：治所在今山東茌平縣西南。 别駕：官名。爲州刺史僚屬。因隨刺史行部，别乘傳車而名之。録衆事。

[4]高祖：北齊神武皇帝高歡的廟號。

[5]侯景（503—552）：字萬景，懷朔鎮（今内蒙古固陽縣西南）人，或云雁門（今山西代縣西南）人，羯族。北魏、東魏將領，後降南朝梁。《梁書》卷五六、《南史》卷八〇有傳。

[6]尒朱：尒朱榮（493—530），字天寶，北魏北秀容（今山西朔州市）契胡貴族。繼父爲部落酋帥，六鎮起義後投魏。後擁立

莊帝，自爲大丞相、天柱大將軍，封太原王。《魏書》卷七四、《北史》卷四八有傳。

[7]林慮：郡名。治所在今河南林州市。

[8]臨水：縣名。治所在今河北磁縣。　武安：縣名。治所在今河北武安市西南。

[9]所言因民疾苦："因"字四庫本、中華本同，宋刻本、百衲本作"曰"。從四庫本改。

[10]敕：君主詔命的專稱。

[11]臨漳：縣名。治所在今河北臨漳縣西南鄴鎮。

[12]河清：北齊武成帝高湛年號（562—565）。

[13]都官尚書：官名。爲尚書省諸尚書之一。北齊統都官、二千石、比部、水部、膳部諸曹事務，階第三品。

[14]太常卿：官名。初爲"太常"尊稱，北齊正式定爲官稱。掌禮樂、祭祀、宗廟、朝會等。北齊三品。

唐邕，字道和，太原晉陽人，[1]其先自晉昌徙焉。[2]父靈芝，[3]魏壽陽令。[4]邕少明敏，有治世才具。太昌初，[5]或薦於高祖，命其直外兵曹，[6]典執文帳。

[1]太原：郡名。治所在今山西太原市西南。　晉陽：縣名。治所在今山西太原市晉源區古城營村一帶。

[2]晉昌：郡名。治所在今陝西石泉縣。

[3]靈芝：唐靈芝，太原晉陽（今山西太原市晉源區古城營村一帶）人。東魏官吏。位壽陽令。及其子邕寵貴，贈司空公。

[4]壽陽：縣名。治所在今安徽壽縣。

[5]太昌：北魏孝武帝年號（532）。

[6]外兵曹：官署名。管理京畿以外軍政的機構。魏晉南北朝置爲尚書省郎曹之一，屬五兵尚書（七兵尚書）。

邕善書計，強記默識，以幹濟見知，擢爲世宗大將軍府參軍。[1]及世宗崩，事出倉卒，顯祖部分將士，[2]鎮壓四方，夜中召邕支配，造次便了，顯祖甚重之。顯祖頻年出塞，邕必陪從，專掌兵機。識悟閑明，承受敏速，[3]自督將以還，軍吏以上，勞效由緒，無不諳練，每有顧問，占對如響。或於御前簡閱，雖三五千人，邕多不執文簿，暗唱官位姓名，未常謬誤。[4]七年，於羊汾堤講武，[5]令邕總爲諸軍節度。[6]事畢，仍監宴射之禮。是日，顯祖親執邕手，引至太后前，坐於丞相斛律金之上，[7]啓太后云："唐邕強幹，一人當千。"仍別賜錦綵錢帛。邕非唯強濟明辨，然亦善揣上意，進取多途，是以恩寵日隆，委任彌重。顯祖又嘗對邕白太后云："唐邕分明強記，每有軍機大事，手作文書，口且處分，耳又聽受，實是異人。"一日之中，六度賜物。又嘗解所服青鼠皮裘賜邕，云："朕意在車馬衣裘與卿共弊。"十年，從幸晉陽，除兼給事黃門侍郎，領中書舍人。顯祖嘗登童子佛寺，望并州城曰：[8]"此是何等城？"或曰："此是金城湯池，天府之國。"帝云："我謂唐邕是金城，此非金城也。"其見重如此。其後語邕曰："卿劬勞既久，欲除卿作州。頻敕楊遵彥更求一人堪代卿者，[9]遵彥云比遍訪文武，如卿之徒實不可得，所以遂停此意。卿宜勉之。"顯祖或時切責侍臣不稱旨者：[10]"觀卿等舉措，不中與唐邕作奴。"[11]其見賞遇多此類。

[1]參軍：官名。即參軍事。掌分主諸曹事。

[2]顯祖：北齊文宣帝高洋（529—559），廟號顯祖。本書卷四、《北史》卷七有紀。

[3]承受敏速："受"字宋刻本、四庫本、百衲本作"變"。中華本校勘記云："諸本'受'作'變'，《北史》卷五五《唐邕傳》、《册府》卷七八九作'受'。按文義作'承受'較長，《册府》本出《北齊書》而與《北史》同，知'變'字訛，今據《册府》改。"從中華本改。

[4]未常謬誤："常"字宋刻本、百衲本、中華本同，四庫本作"嘗"。

[5]羊汾堤：地名。在北齊都城鄴城西，即今河北臨漳縣西南。本書卷四《文宣帝紀》七年正月，"於鄴城西馬射"。

[6]令邕總爲諸軍節度：四庫本、中華本同，宋刻本、百衲本無"軍"字。從補。

[7]斛律金（488—567）：原名敦，後改爲金，字阿六敦，朔州（今内蒙古固陽縣）人。高車族。北魏、東魏、北齊將領。本書卷一七、《北史》卷五四有傳。

[8]并州：治所在今山西太原市晋源區古城營村一帶。

[9]楊遵彦：楊愔（511—560），字遵彦，小名秦王，弘農華陰（今陝西華陰市）人，楊津子。北齊官吏。本書卷三四有傳，《北史》卷四一《楊播傳》有附傳。

[10]不稱旨者：宋刻本、百衲本、中華本同，四庫本"者"後有"云"字。

[11]不中：不合，不够。

肅宗作相，除黄門侍郎。[1]於華林園射，[2]特賜金帶寶器服玩雜物五百種。天統初，除侍中、并州大中正，[3]又拜護軍，[4]餘如故。邕以軍民教習田獵，依令十二月，月別三圍，以爲人馬疲敝，[5]奏請每月兩圍。世祖從之。後出爲趙州刺史，[6]餘官如故。世祖謂邕曰："朝臣未有帶侍中、護軍、中正作州者，以卿故有此舉，放卿百餘日休息，至秋間當即追卿。"遷右僕射，[7]又遷尚書令，[8]封晉昌王，[9]錄尚書事。屬周師來寇，[10]丞相高阿那肱率兵赴援，[11]邕配割不甚從允，因此有隙。肱譖之，遣侍中斛律孝卿宣旨責讓，[12]留身禁止，尋釋之。車駕將幸晉陽，敕孝卿總知騎兵度支，事多自決，不相詢稟。邕自恃從霸朝以來常典樞要，歷事六帝，恩遇甚重，一旦爲孝卿所輕，負氣鬱怏，形於辭色。帝平陽敗後，[13]狼狽還鄴都。[14]邕懼那肱譖之，恨斛律孝卿輕已，遂留晉陽，與莫多婁敬顯等崇樹安德王爲帝。[15]信宿城陷，邕遂降周，依例授儀同大將軍。[16]卒於鳳州刺史。[17]

[1]黄門侍郎：官名。與侍中俱掌門下事。北齊四品上。

[2]華林園：皇帝園林。本東漢芳林園，三國魏爲避齊王芳諱，改名華林園。

[3]侍中：官名。門下省長官。因此職親近皇帝，掌權便利，時有宰相之實。北齊三品。　大中正：官名。掌地方州郡人才的考察。即將當地士人按才能品德，參照門第分成九品，供吏部選用。北齊時規定州大中正須由京官擔任，如官職調出京師，則不能擔任此職。北齊時州大中正視五品。

[4]護軍：官名。"護軍將軍""中護軍"等簡稱。職掌監護諸軍及武官選拔考核，亦掌部分中軍兵。北齊從三品。

[5]以爲人馬疲敝："敝"字宋刻本、四庫本、中華本同，百衲本作"弊"。從改。

［6］趙州：治所在今河北隆堯縣東。

［7］右僕射：官名。即"尚書右僕射"之簡稱。尚書省副長官之一。助尚書令掌全國政務。與祠部尚書通職，二者不並設。兼管儀曹事。北齊從二品。

［8］尚書令：官名。尚書省長官，總掌全國行政。如設有錄尚書事，則尚書令職權往往在其之下。多數情況下是實際上的宰相。北齊二品。

［9］晉昌王：唐邕的封爵號。晉昌，郡名。治所在今陝西石泉縣。

［10］周：即北周（557—581）。西魏恭帝三年（556）十二月，宇文泰之子宇文覺廢西魏主自立，次年（557）改元，建號周，史稱北周，又稱後周。都長安（今陝西西安市）。歷五帝，二十五年。至靜帝宇文衍爲隋所代。

［11］高阿那肱：一作"高阿那瓌"，善無（今山西右玉縣南）人。高市貴子。北齊官吏。本書卷五〇、《北史》卷九二有傳。

［12］斛律孝卿：一作"斛斯孝卿"。太安（今山西寧武縣）人。北齊大臣。少聰悟，頻歷顯職。本書卷二〇、《北史》卷五三《斛律羌舉傳》有附傳。

［13］平陽：郡名。治所在今山西臨汾市。

［14］鄴都：北齊都城鄴。

［15］莫多婁敬顯：四庫本、中華本同，宋刻本、百衲本作"莫婁敬顯"。從四庫本、中華本改。莫多婁敬顯（？—577），太安狄那（今山西壽陽縣北）人。羌族。北齊官吏。少以武功著聞。本書卷一九、《北史》卷五三《莫多婁貸文傳》有附傳。　安德王：高延宗的封爵號。安德，郡名。治所在今山東平原縣東北。

［16］儀同大將軍：官名。北周武帝建德四年（575），改車騎大將軍、儀同三司爲此稱，九命，爲勳官之第八等。

［17］鳳州：治所在今陝西鳳縣東北。

邕性識明敏，通解時事，齊氏一代，典執兵機。凡是九州軍士、四方勇募，强弱多少，番代往還，及器械精粗，糧儲虛實，精心勤事，莫不諳知。自大寧以來，[1]奢侈靡費，比及武平之末，[2]府藏漸虛。邕度支取捨，大有裨益。然既被任遇，意氣漸高，其未經府寺陳訴，越覽詞牒，條數甚多，俱爲憲臺及左丞彈糾，[3]並御注放免。司空從事中郎封長業、太尉記室參軍平濤並爲徵官錢違限，[4]邕各杖背二十。齊時宰相未有摑撻朝士者，至是甚駭物聽。

[1]大寧：北齊武成帝年號（561—562）。

[2]武平：北齊後主年號（570—576）。

[3]憲臺：御史臺。亦稱御史等官職。　左丞：官名。即尚書左丞。尚書臺屬官，佐助令、僕射掌政務。職掌臺內庶務、文吏及文案奏章。兼掌監察百官。北齊從四品上。

[4]司空從事中郎：官名。司空府屬官。掌諸曹事。北齊五品上。　封長業：封津養兄子。東魏、北齊官吏。襲爵東光縣開國子。　記室：官名。即"記室掾""記室令史""記室督""記室參軍"等官簡稱。於府中掌上章報表書記。　參軍：官名。即參軍事。掌分主諸曹事。　平濤：人名。事不詳。

邕三子。長子君明，開府儀同三司。[1]開皇初，[2]卒於應州刺史。[3]次子君徹，中書舍人。隋順、戎二州刺史，[4]大業中，[5]卒於武賁郎將。[6]少子君德，以邕降周伏法。

[1]開府儀同三司：官名。本指高級官員開建府署之待遇，儀

同三司（三公）。後遂成加銜，至南北朝又爲官稱。北齊從一品。

[2]開皇：隋文帝楊堅年號（581—600）。

[3]應州：治所在今湖北廣水市。

[4]隋：朝代名。公元581年楊堅（隋文帝）代北周稱帝，國號隋，開皇三年（583）都大興（今陝西西安市）。　順：州名。治所在今湖北隨州市北。　戎：州名。治所在今四川宜賓縣西南。

[5]大業：隋煬帝楊廣年號（605—618）。

[6]武賁郎將：官名。隋煬帝設。爲左右雄武府雄武郎將之副職。助掌驍果等衛士。秩從五品。

　　齊朝因高祖作相，[1]丞相府外兵曹、騎兵曹分掌兵馬，[2]及天保受禪，[3]諸司監咸歸尚書，唯此二曹不廢，令唐邕、白建主治，[4]謂之外兵省、騎兵省。[5]其後邕、建位望轉隆，各爲省主，令中書舍人分判二省事，故世稱唐、白云。

[1]齊朝因高祖作相：四庫本、中華本同，宋刻本、百衲本無"相"字。從補。

[2]外兵曹：官署名。掌京師之外兵。　騎兵曹：官署名。爲管理騎兵事務的機構。

[3]天保：北齊文宣帝高洋年號（550—559）。

[4]令唐邕、白建主治：中華本"唐邕""白建"之間無頓號。

[5]謂之外兵省、騎兵省：宋刻本、四庫本、百衲本無"騎兵省"三字，中華本有。中華本校勘記云："諸本無'騎兵省'三字。按二人分治外兵、騎兵兩省，下文稱'各爲省主'可證。此《傳》脫去三字，今據《北史》卷五五補。"從補。

白建，字彥舉，太原陽邑人也。[1]初入大丞相府騎兵曹，典執文帳，明解書計，爲同局所推。天保十年，兼中書舍人。肅宗輔政，除大丞相騎兵參軍。[2]河清三年，突厥入境，代、忻二牧悉是細馬，[3]合數萬匹，在五臺山北柏谷中避賊。[4]賊退後，敕建就彼檢校，續使人詣建間領馬，送定州付民養飼。[5]建以馬久不得食，瘦弱，遠送恐多死損，遂違敕以便宜從事，隨近散付軍人。啓知，敕許焉。戎乘無損，建有力焉。武平末，歷特進、侍中、中書令。[6]

[1]陽邑：縣名。治所在今山西太谷縣。
[2]騎兵參軍：官名。省稱爲"騎兵"。爲騎兵曹長官。
[3]代：州名。治所在今山西代縣。　忻：州名。治所在今山西忻州市。
[4]在五臺山北柏谷中避賊：中華本校勘記云："《册府》卷六六二無'北'字，下有'經二十餘日'五字，當是此《傳》脱文。"五臺山，山名。在今山西五臺縣境内。爲中國四大佛教名山之一。
[5]定州：治所在今河北定州市。
[6]特進：官名。多爲加官，贈致仕大臣。北齊二品。　中書令：官名。中書省長官之一。掌起草詔令，參與機務。北齊屬三品。

　　建雖無他才，勤於在公。屬王業始基，戒寄爲重，建興唐邕俱以典執兵馬致位卿相。晋陽，國之下都，每年臨幸，徵詔差科，責成州郡。本藩僚佐爰及守宰，諮承陳請，趨走無暇。諸子幼稚，俱爲州郡主簿，[1]新君選補,必先召辟。[2]男婚女嫁,皆得勝流。[3]當世以爲榮寵之極。武平七年卒。

［1］州郡主簿：州主簿、郡主簿。州、郡主簿爲州、郡的屬吏,掌州、郡文書簿籍。

［2］新君選補,必先召辟：新君,指新到任的州刺史、郡守,州郡長官與其屬吏有君臣之稱。召辟,即徵召辟除（任用）。

［3］勝流：名流。

北齊書　卷四一

列傳第三十三

暴顯　皮景和　鮮于世榮　綦連猛　元景安　獨孤永業
傅伏　高保寧

　　暴顯，字思祖，魏郡斥邱人也。[1]祖喟，[2]魏琅邪太守、朔州刺史，[3]因家邊朔。父誕，[4]魏恒州刺史、左衛將軍，[5]樂安公。[6]顯幼時，見一沙門指之曰：[7]"此郎子有好相表，大必爲良將，貴極人臣。"語終失僧，莫知所去。

　　[1]魏郡斥邱人也："邱"字四庫本、中華本同，宋刻本、百衲本作"丘"。從四庫本改。魏郡，治所在今河北臨漳縣西南鄴鎮。斥邱，縣名。治所在今河北成安縣東南。
　　[2]喟：暴喟。北魏官吏。事不詳。
　　[3]魏：即北魏（386—557）。北朝政權之一。公元386年鮮卑人拓跋珪建立代國，初居盛樂（今内蒙古和林格爾縣），398年定都平城（今山西大同市東北），後遷都洛陽（今河南洛陽市東北）。永熙三年（534）分裂爲東魏與西魏。東魏（534—550）都於鄴

(今河北臨漳縣西南鄴鎮東)，西魏（535—557）都於長安（今陝西西安市西北郊）。　琅邪：郡名。治所在今山東臨沂市西。　朔州：本懷朔鎮，孝昌元年（525）改爲朔州，治所在今内蒙古固陽縣白靈淖鄉圐圙村古城。

[4]誕：暴誕。事不詳。

[5]恒州：治所在今山西大同市東北古城村。　左衛將軍：官名。與右衛將軍共掌宿衛營兵。北齊三品。

[6]樂安公：爵名。樂安，郡名。治所在今山東廣饒縣北。

[7]沙門：佛教僧侣。

顯少經軍旅，善於騎射，曾從魏孝莊帝出獵，[1]一日之中手獲禽獸七十三。孝昌二年，[2]除羽林監。[3]中興元年，[4]除襄威將軍、晉州車騎府長史。[5]後從高祖於信都舉義，[6]授中堅將軍、散騎侍郎、帳内大都督，[7]加安東將軍、銀青光禄大夫，[8]屯留縣開國侯。[9]天平二年，[10]除渤海郡守。[11]元象元年，[12]除雲州大中正，[13]兼武衛將軍，[14]加鎮東將軍。[15]二年，除北徐州刺史，[16]當州大都督。[17]從高祖與西師戰於邙山，[18]高祖令顯守河橋鎮，[19]據中潬城。[20]武定二年，[21]除征南將軍、廣州刺史。[22]侯景反於河南，[23]爲景所攻，顯率左右二十餘騎突出賊營，拔難歸國。時高岳、慕容紹宗等討景，[24]即配顯士馬，隨岳等破景於渦陽。[25]武定六年，拜太府卿。[26]從世宗平王思政於潁川，[27]授潁州刺史。[28]七年，轉鄭州刺史。[29]八年，加驃騎將軍，[30]進侯爲公，通前食邑一千三百户。天保元年，[31]加衛大將軍，[32]刺史如故。三年，[33]與清河王高岳襲歷陽，[34]取之。爲賕貨，解鄭州，大理禁止。處斷未訖，爲合肥被圍，[35]遣與步汗薩、慕容儼等同攻梁北徐州。[36]擒刺史王彊。[37]與梁秦州刺史嚴超達戰於涇城，[38]破之。五年，授儀同三司。[39]其年，又與高岳南臨漢水，[40]攻下梁西楚州，[41]獲刺史許法光。[42]于時梁將蕭循與侯瑱等圍慕容儼於郢州，[43]復以顯爲水軍大都督，[44]從攝口入江救之。[45]師還，加開府儀同三司，賞帛五百匹。十年，食幽州范陽郡幹。[46]乾明元年，[47]除車騎大將軍。[48]皇建元年，[49]轉封樂安郡開國公。[50]二年，除趙州刺史。[51]河清元年，[52]遷洛州刺史。[53]二年，復除朔州刺史，秩滿歸。天統元年，[54]加特進、驃騎大將軍，封定陽王。[55]四年卒，年六十六。

[1]魏孝莊帝：北魏皇帝元子攸（507—530），彭城王元勰第三子。公元528年至530年在位。謐號孝莊。《魏書》卷一〇、《北史》卷五有紀。

[2]孝昌：北魏孝明帝元詡年號（525—527）。

[3]除羽林監：中華本校勘記云："《北史》卷五三《暴顯傳》不載此事。按孝昌是魏孝明帝元詡年號，元詡死後，尒朱榮入洛，擁立孝莊帝元子攸。本傳上文説'曾從魏孝莊帝出獵'，下接孝昌年號，次序顛倒，必有誤。"除，官制用語，意爲任命。羽林監，官名。漢設。分左、右監，分主羽林左、右騎。晋省爲一監，掌扈從御駕。北齊六品。

[4]中興：北魏安定王元朗年號（531—532）。

[5]襄威將軍：官名。即驤威將軍。爲雜號將軍之一。　晋州：治所在今山西臨汾市城區。　長史：官名。戰國秦置。掌參本府政務。主管屬吏。爲府中掾屬之長。北齊自從四品上至從五品上。

[6]高祖：北齊神武帝高歡（496—547），廟號高祖。本書卷一、二，《北史》卷六有紀。　信都：縣名。治所在今河北冀州市。

[7]中堅將軍：官名。領營兵。北齊從四品上。　散騎侍郎：官名。掌規諫，與散騎常侍隸集書省。北齊五品上。　帳內大都督：官名。北魏末及東魏、西魏沿置。統領主帥身邊的侍衛軍士。

[8]加：官制用語。加官，即兼任。　安東將軍：官名。爲東、西、南、北四安將軍之一。北齊爲褒賞軍功勳臣的閑職，三品。　銀青光祿大夫：官名。凡光祿大夫皆授銀章青綬，故有此稱。爲元老重臣之加官或致仕之官。亦爲死者之贈官。北齊三品。

[9]屯留縣：治所在今山西屯留縣。　開國侯：爵名。初指侯爵中開國置官食封者，後僅爲爵位名。食邑爲郡或縣。從二品。

[10]天平：東魏孝静帝元善見年號（534—537）。

[11]渤海郡：治所在今河北東光縣。

[12]元象：東魏孝静帝元善見年號（538—539）。

[13]雲州：北魏孝昌元年（525）改朔州置，治所在今内蒙古和林格爾縣盛樂鎮上土城子村北，旋陷。後寄治今山西文水縣劉胡蘭鎮雲周村（一説治所在今山西祁縣東）。　大中正：官名。掌地方州郡人才的考察。即將當地士人按才能品德，參照門第分成九品，供吏部選用。北齊時規定州大中正須由京官擔任，如官職調出京師，則不能擔任此職。北齊時州大中正視五品。

[14]武衛將軍：官名。三國魏文帝將武衛中郎將改爲此稱。掌宿衛兵。北齊從三品。

[15]鎮東將軍：將軍名號。北齊爲褒賞勳臣的閑職，從二品。

[16]北徐州：治所在今山東臨沂市西。

[17]大都督：官名。此指都督北徐州諸軍事，爲該州軍政長官。

[18]邙山：山名。亦作"邙嶺""芒山"。在今河南西部，西起三門峽，東止伊洛河岸。

[19]河橋鎮：地名。在今河南洛陽市西北。

[20]中潬城：爲河陽三城之一。在今河南孟州市西南黄河沙洲上。沙洲爲潬，因建城於河中沙洲上，故名。

[21]武定：東魏孝静帝元善見年號（543—550）。

[22]征南將軍：將軍名號。魏晋以後多爲持節都督，出鎮方面。北齊二品。　廣州：本治魯陽（今河南魯山縣），武定中因陷於西魏，徙治襄城（今河南襄城縣）。

[23]侯景（503—552）：字萬景，懷朔鎮（今内蒙古固陽縣西南）人，或云雁門（今山西代縣西南）人，羯族。北魏、東魏將領，後降南朝梁。《梁書》卷五六、《南史》卷八〇有傳。　河南：黄河以南地區。

[24]時高岳、慕容紹宗等討景：四庫本、中華本同，宋刻本、百衲本無"討景"二字。從補。高岳（512—555），字洪略，渤海蓨（今河北景縣）人。高翻子，高歡從父弟。東魏、北齊宗室大臣。本書卷一三、《北史》卷五一有傳。慕容紹宗，東魏、北齊官吏。本書卷二〇、《北史》卷五三有傳。

[25]渦陽：縣名。治所在今安徽蒙城縣。

[26]太府卿：官名。北魏孝文帝時由少府改爲此，亦省稱"太府"。北齊因之，三品。

[27]世宗：北齊文襄帝高澄（521—549），廟號世宗。本書卷三、《北史》卷六有紀。　王思政：字司政，太原祁（今山西祁縣）人。西魏名將。後降北齊，爲都官尚書、儀同三司。《周書》卷一八、《北史》卷六二有傳。　潁川：郡名。治所在今河南許昌市。

[28]潁州：治所在今河南長葛市城區。

[29]轉：官制用語。指官職的晋升。　鄭州：治所在今河南許昌市。

[30]驃騎將軍：官名。魏晋南北朝時爲重號將軍，但僅作爲軍府名號，加授大臣、重要地方長官。北魏、北齊二品。

[31]天保：北齊文宣帝高洋年號（550—559）。

[32]衛大將軍：官名。不統兵，爲安排有軍勳人員的閑職。

[33]三年：百衲本、中華本同，宋刻本、四庫本作"二年"。中華本校勘記云："諸本'三年'作'二年'，唯百衲本同《册府》卷三五四作'三年'。按高岳南伐，事在天保三年（五五二），見本書卷四《文宣紀》。今從百衲本。"

[34]歷陽：郡名。治所在今安徽和縣。

[35]合肥：縣名。治所在今安徽合肥市西。

[36]步汗薩：一作"步大汗薩"。太安狄那（今山西忻州市西北）人。東魏將領。本書卷二〇、《北史》卷五三有傳。　慕容儼：字恃德，清都成安（今河北成安縣）人。鮮卑族。東魏、北齊將領。本書卷二〇、《北史》卷五三有傳。　梁：南朝梁（502—557）。南朝齊和帝中興二年（502），相國梁王蕭衍禪代南齊，改元稱帝，都建康（今江蘇南京市），國號梁，史稱蕭梁。歷四主，五十六年。

[37]王彊：南朝梁官吏。位至北徐州刺史。北齊天保三年，爲齊將皮景和等所攻，城陷被擒。

[38]與梁秦州刺史嚴超達戰於涇城：四庫本、中華本同，宋刻本、百衲本無"與"字。從補。中華本校勘記云："諸本'秦'作'泰'，三朝本、百衲本及《册府》卷三五四作'秦'。按《梁書》卷五《元帝紀》承聖三年也作'秦'。'秦州'屢見《梁書》《陳書》。'泰'字訛，今從三朝本。"秦州，治所在今江蘇南京市六合區。嚴超達，南朝梁將領。位秦州刺史。承聖二年（553）率軍直逼涇州，與齊軍激戰，大敗而還。涇城，郡名。治所在今安徽天長市西北。

[39]儀同三司：官名。本指官場待遇，儀同三司（三公）。"儀同"自此成專名。魏晉以降，凡開府，皆儀同三司，遂成加銜。至北魏、北齊又爲官號。北齊二品。

[40]漢水：水名。源出陝西寧强縣，東南流經陝西南部、湖北西北部和中部，在今武漢入長江，爲長江最長支流。

[41]西楚州：治所在今安徽鳳陽縣東北。

[42]許法光：南朝梁官吏。位西楚州刺史。

[43]蕭循：亦作"蕭脩"。南蘭陵（今江蘇常州市武進區西北）人。南朝梁將領。《南史》卷五二《鄱陽忠烈王恢傳》有附傳。　侯瑱（510—561）：字伯玉，巴西充國（今四川閬中市）人。家世爲西蜀豪族。南朝梁、陳將領。《陳書》卷九、《南史》卷六六有傳。　郢州：治所在今湖北武漢市武昌區。

[44]水軍大都督：官名。統率水師的高級軍事長官。

[45]從攝口入江救之：中華本校勘記云："錢氏《考異》卷三一云：'"攝"當作"灄"。'"攝口，地名。爲灄水入長江之口。在今湖北武漢市黃陂區南。"攝"爲"灄"之訛。江，長江。

[46]食幽州范陽郡幹：食幹爲北齊的一種制度。幹，原爲漢至南北朝時一種身份和地位低下的吏，後變爲供役使之人。北齊時，官員可依品級高低，得到數量不等的"幹"。又"幹"可納資代役。北齊時盛行"食幹"之制。幽州，治所在今北京市西城區。范陽郡，治所在今河北涿州市。

[47]乾明：北齊廢帝高殷年號（560）。

[48]車騎大將軍：官名。爲重要將軍名號。其開府者，位從公；不開府又非持節都督者，品秩第二，多爲元老重臣加官。

[49]皇建：北齊孝昭帝高演年號（560—561）。

[50]樂安郡：治所在今山東廣饒縣北。　開國公：爵名。初指公爵中開國置官食封者，後僅爲爵位名。食邑爲郡。從一品。

[51]趙州：治所在今河北隆堯縣東。

[52]河清：北齊武成帝高湛年號（562—565）。

[53]洛州：治所在今河南洛陽市東北。

[54]天統：北齊後主高緯年號（565—569）。

[55]定陽王：暴顯的封爵號。定陽，郡名。東魏興和四年（542）置，治所在今山西介休市。

皮景和，琅邪下邳人也。[1]父慶賓，[2]魏淮南王開府中兵參軍事。[3]正光中，[4]因使懷朔，[5]遇世亂，因家廣寧之石門縣。[6]

[1]下邳：縣名。治所在今江蘇睢寧縣西北古邳鎮北。

[2]慶賓：皮慶賓。琅邪下邳（今江蘇睢寧縣西北古邳鎮北）人。北魏官吏。事不詳。

[3]淮南王：北魏宗室元世遵的封爵號。淮南，郡名。治所在今安徽壽縣。 中兵參軍事：官名。爲軍府之中兵曹主官，掌有關兵事及本府親兵。

[4]正光：北魏孝明帝元詡年號（520—525）。

[5]懷朔：鎮名。北魏六鎮之一。治所在今内蒙古固陽縣西南。

[6]因家廣寧之石門縣："因"字宋刻本、百衲本、中華本同，四庫本作"遂"。因，於是。廣寧，郡名。北魏末、東魏初僑置，寄治在今山西晉中市壽陽縣境内。石門縣，治所在今甘肅渭源縣西南洮河東岸。

景和少通敏，善騎射。初以親信事高祖，後補親信副都督。[1]武定二年，征步落稽。[2]世宗疑賊有伏兵，令景和將五六騎深入一谷中，值賊百餘人，便共格戰，景和射數十人，莫不應弦而倒。高祖嘗令景和射一野豕，一箭而獲之，深見嗟賞，除庫直正都督。[3]天保初，授假節、通州刺史，[4]封永寧縣開國子。[5]後從襲庫莫奚，[6]加左右大都督。[7]又從度黄龍，[8]征契丹，[9]定稽胡。尋從討茹茹主菴羅辰於陘北，[10]又從平茹茹餘燼。景和趫捷，有武用，每有戰功。十年，食安樂郡幹。乾明元年，除武衛將軍，兼給事黄門侍郎。[11]肅宗作相,[12]以本官攝大丞相府從事中郎。[13]大寧元年,[14]除儀同三司、散騎常侍、武衛大將軍,[15]尋加開府。二年,出爲梁州刺史。[16]三年,突厥圍逼晉陽,[17]令景和馳驛赴京,督領後軍赴并州,[18]未到間,賊已退。仍除領左右大將軍,[19]食齊郡幹,[20]又除并省五兵尚書。[21]天統元年,遷殿中尚書。[22]二年,除侍中。[23]

[1]親信副都督:官名。東魏高歡置。佐親信都督統領主帥左右的侍衛。

[2]步落稽:部族名。亦稱"稽胡""山胡"。源於南匈奴。一說爲山戎、赤狄之後。南北朝時居於今山西、陝西北部山谷間,與漢人錯居。北朝期間,各地山胡不斷起事。隋唐以後,漸與漢族融合。

[3]庫直正都督:庫直,一作"庫真",鮮卑語音譯,即親近侍衛。上言其爲親信副都督,此言"除庫直正都督"正合。説明庫直即親信。

[4]假節:政治術語。漢魏時,大臣受命出朝,持節或假節以示受權。假節位次低於持節。歷朝因之,自西晉起,爲加官,低於使持節及持節,僅督軍時有權殺犯軍令者。 通州:治所在今四川達州市。

[5]永寧縣:治所在今山西沁水縣西固鎮村。 開國子:爵名。初指子爵中開國置官食封者,後僅爲爵位名。食邑爲縣。四品。

[6]庫莫奚:部族名。亦簡稱"奚"。源於東胡。分布在饒樂水(今西拉木倫河)流域。東接契丹,西至突厥,南據白狼河,北鄰霫。初臣屬於突厥,後稍盛,分爲辱紇主(一作"辱紇王")、莫賀弗、契箇、木昆、室得五部。習俗與突厥相似。以游牧爲主,兼以射獵。北朝時,向北魏朝貢貿易。

[7]左右大都督:官名。北齊置。統領皇帝左右親軍,隨從

［8］黃龍：山名。即黃龍岡。在今遼寧開原市西北。山勢連綿起伏，如臥龍之狀。

［9］契丹：民族、國名。源於東胡，居今遼河上游西拉木倫河一帶，以游牧爲生。北魏時自號契丹。與北魏關係密切，歲常朝貢，使者不絕。《魏書》卷一〇〇、《北史》卷九四有傳。

［10］茹茹：古族名。又稱"柔然""蠕蠕""蝚蠕""芮芮"等。其强盛時，勢力達於整個蒙古高原。該國汗族郁久閭氏源自雜胡（詳見曹永年《柔然源於雜胡考》，《歷史研究》1981年第3期）。境内有匈奴、鮮卑、高車、西域諸族以及其他民族，多以游牧爲生。《魏書》卷一〇三、《北史》卷九八有傳。　菴羅辰：北朝時柔然主。阿那瓌之子。事見《北史》卷九八《蠕蠕傳》。　陘：山名。即今山西代縣西句注山。

［11］給事黃門侍郎：官名。與侍中俱管門下衆事。北齊四品上。

［12］肅宗：北齊孝昭帝高演（535—561），廟號肅宗。本書卷六、《北史》卷七有紀。

［13］攝：官吏代理政事之稱。即非正式除授。　從事中郎：官名。爲軍府僚屬。與長史共主府中衆事。

［14］大寧：北齊武成帝年號（561—562）。

［15］散騎常侍：官名。隸集書省，參掌機要，位比侍中。北齊從三品。　武衛大將軍：官名。即武衛將軍加"大"者。北魏置，掌宿衛禁軍，二品。北齊沿置。

［16］梁州：治所在今河南開封市城區。

［17］晉陽：縣名。治所在今山西太原市晉源區古城營村一帶。

［18］并州：治所在今山西太原市晉源區古城營村一帶。

［19］領：官制用語。官吏在本職外兼任低於本職職務稱"領"。魏晉南北朝多爲暫攝之意。　左右大將軍：官名。統領親軍，職同左右大都督。

[20]齊郡：治所在今山東淄博市東北。

[21]并省：并州行尚書省。　五兵尚書：官名。屬尚書省。北齊初沿北魏制，稱七兵尚書，後復稱五兵尚書，領左中兵、右中兵、左外兵、右外兵、都兵五曹，管理全國兵籍、徵兵、儀仗等軍事行政。但因北齊於尚書省外別置外兵省、騎兵省管理全國兵馬樞務，所以五兵較前權輕。三品。

[22]殿中尚書：官名。爲尚書省六曹尚書之一。管理宮殿禁衛、禮制、宮廷車馬及倉庫等事。領殿中、儀曹、三公、駕部四郎曹。三品。

[23]侍中：官名。門下省長官。職親近皇帝，掌權便利，時有宰相之實。北齊三品。

　　景和於武職之中，兼長吏事，[1]又性識均平，故頻有美授。周通好之後，[2]冠蓋往來，常令景和對接，每與使人同射，百發百中，甚見推重。武平中，[3]詔獄多令中黃門等監治，[4]恒令景和按覆，據理執正，由是過無枉濫。

[1]兼長吏事：長於吏事。有行政特長。
[2]周：即北周（557—581）。西魏恭帝三年（556）十二月，宇文泰之子宇文覺廢西魏主自立，次年（557）改元，建號周，史稱北周，又稱後周。都長安（今陝西西安市）。歷五帝，二十五年。至静帝宇文衍爲隋所代。
[3]武平：北齊後主年號（570—576）。
[4]詔獄：奉詔令關押犯人的牢獄。　中黃門：官署名。掌領在宮廷中服役的宦官。

後除特進、中領軍，[1]封廣漢郡開國公。[2]又隨斛律光率衆西討，[3]剋姚襄、白亭二城，[4]別封永寧郡開國公。[5]又除領軍將軍。[6]又從軍拔宜陽城，[7]封開封郡開國公。[8]琅邪王之殺和士開也，[9]兵指西闕，内外惶惑，莫知所爲。景和請後主出千秋門自號令。[10]事平，除尚書右僕射、趙州刺史。[11]尋遷河南行臺尚書右僕射、洛州刺史。[12]

[1]特進：官名。多爲加官，贈致仕大臣。北齊二品。　中領軍：官名。北齊時爲領軍府長官，掌禁衛宫掖，主朱華閣以外的禁衛，又領左右衛等府。三品。
[2]廣漢郡：治所在今四川廣漢市北。　開國公：爵名。初指公爵中開國置官食封者，後僅爲爵位名。食邑爲郡。從一品。
[3]斛律光（515—572）：字明月，朔州（今内蒙古固陽縣）人。高車族敕勒部。北齊名將。少以武藝知名。本書卷一七、《北史》卷五四《斛律金傳》有附傳。
[4]剋姚襄、白亭二城：宋刻本、四庫本、百衲本無"襄"字。中華本校勘記云："諸本無'襄'字。按本書卷一七《斛律光傳》云：'攻姚襄、白亭城戍皆克之。'《周書》卷一二《齊王憲傳》亦見姚襄城。《元和郡縣志》卷一五慈州吉昌縣稱此城'在縣西五十二里，本姚襄所築'，並記斛律光、段韶'破周兵於此城，遂立碑以表其功，其碑見存'。是'姚'下脱'襄'字無疑，今據補。"説是，從中華本補。姚襄城，古城名。在今山西吉縣西北黄河東岸。白亭城，古城名。在今山西吉縣附近。
[5]永寧郡：治所在今湖北荆門市西北。　開國公：爵名。初指公爵中開國置官食封者，後僅爲爵位名。食邑爲郡。從一品。
[6]領軍將軍：官名。與中領軍通職。資望重者則稱領軍將軍。資輕者稱中領軍。自有營兵，出則領軍。北齊從二品。

[7]宜陽城：北魏置，治所在今河南宜陽縣西韓城鎮，北周徙治今河南宜陽縣西福昌村。

[8]開封郡：治所在今河南開封市西南。

[9]琅邪王：北齊武成帝高湛第三子高儼的封爵號。琅邪，郡名。治所在今山東臨沂市西。　和士開（524—571）：字彦通，清都臨漳（今河北臨漳縣）人。先世西域商人，本姓素和。本書卷五〇、《北史》卷九二有傳。墓在今河南安陽縣。

[10]後主：北齊後主高緯（556—578），武成帝長子。本書卷八、《北史》卷八有紀。　千秋門：鄴南城西宮門。

[11]除尚書右僕射、趙州刺史：中華本校勘記云："按授右僕射例當見本紀，今卷八《後主紀》（補）不載，疑此是行臺之僕射，故兼趙州刺史。下文説'遷河南行臺尚書右僕射、洛州刺史'，也是以行臺僕射兼刺史。這裏'除'字下當脱'某某行臺'四字。"尚書右僕射，官名。助掌全國政務。與祠部尚書通職，二者不並設。兼管儀曹事。北齊從二品。

[12]行臺：機構名。尚書省派出機構。爲隨帝王出征臨時辦事需要而設，無定制。至北齊則兼統民事，演變成一級地方行政機構。

陳將吴明徹寇淮南，[1]令景和率衆拒之，除領軍大將軍，[2]封文城郡王，[3]轉食高陽郡幹。[4]軍至相口，[5]值土人陳暄等作亂，[6]景和平之。又有陽平人鄭子饒，[7]詐依佛道，設齋會，用米麵不多，供贍甚廣，密從地藏漸出餅飯，愚人以爲神力，見信於魏、衛之間。[8]將爲逆亂，謀泄，掩討漏逸。乃潛渡河，聚衆數千，自號長樂王，已破乘氏縣，[9]又欲襲西兗州城。[10]景和自南兗州遣騎數百擊破之，[11]斬首二千餘級，生擒子饒，送京師烹之。及吴明徹圍壽陽，[12]敕令景和與賀拔伏恩等赴救。[13]景和以尉破胡軍始喪敗，[14]怯懦不敢進，頓兵淮口，[15]頻有敕使催促，然始度淮。屬壽陽已陷，狼狽北還，器械軍資，大致遺失。陳將蕭摩訶率步騎於淮北倉陵城截之，[16]景和得整旅逆戰，摩訶退歸。是時拒吳明徹者多致傾覆，唯景和全軍而還，由是獲賞，除尚書令，[17]別封西河郡開國公，[18]賜錢二十萬，酒米十車。時陳人聲將度淮，令景和停軍西兗州，爲拒守節度。武平六年病卒，年五十五。贈侍中、使持節、都督定恒朔幽定平六州諸軍事、太尉公、録尚書事、定州刺史。[19]

　　[1]陳：南朝陳（557—589）。南朝梁敬帝太平二年（557），陳霸先改元稱帝，都建康（今江蘇南京市），國號陳。歷五帝，三十三年。後主禎明二年（589）被隋所滅。　吳明徹（511—577）：字通昭，秦郡（今江蘇南京市六合區北）人。南朝陳將領。《陳書》卷九、《南史》卷六六有傳。　淮：淮河。

　　[2]領軍大將軍：官名。北齊文宣帝天保中置，爲領軍府長官，總掌禁衛諸軍，在領軍將軍之上。二品。

　　[3]文城郡王：皮景和的封爵號。文城郡，治所在今河南西平縣西南。

　　[4]高陽郡：治所在今河北高陽縣東。

　　[5]軍至柤口："柤"字宋刻本、四庫本、百衲本作"祖"。中華本校勘記云："三朝本、百衲本、北本、汲本、殿本'柤'作'祖'，南本、局本作'渦'，《冊府》卷四二三作'柤'。按柤口，見《水經注》卷二六沭水注，爲柤水入沭水之口，地在今沭陽、宿遷間。《陳書》卷五《宣帝紀》太建五年〔齊武平四年（五七三）〕四月，陳將吳明徹進攻淮南，六月記'淮陽、沭陽郡並棄城

走'，所以皮景和由此道進軍。'祖''相'都是'柤'字形訛，南本臆改作'渦'，今改正。"說是，從中華本改。柤口，地名。一作"渣口"。爲柤水入沭水之口。在今江蘇沭陽縣、宿遷市間。

[6]土人：當地人。 陳暄：事不詳。

[7]陽平：郡名。司州屬郡，治所在今河北館陶縣。 鄭子饒（？—575）：北齊道士。事不詳。

[8]魏、衛之間：河南中部、黄河兩岸之間，戰國時爲魏、衛兩國之地。

[9]乘氏縣：治所在今山東菏澤市。

[10]西兗州：原治定陶（今山東菏澤市定陶區），後徙治左城（今山東曹縣韓集鎮堤上范村）。

[11]南兗州：治所在今安徽亳州市。

[12]壽陽：縣名。治所在今安徽壽縣。

[13]賀拔伏恩：亦作"賀拔佛恩"。鮮卑族。初爲北齊官吏，後降周。周武帝攻晉陽，爲安德王高延宗擊潰，其力保武帝免於難。

[14]尉破胡：北齊將領。位開府儀同三司、領軍將軍。

[15]淮口：古汴水入淮河之口。在今江蘇泗洪縣東南，盱眙縣北。

[16]陳將蕭摩訶率步騎於淮北倉陵城截之：中華本校勘記云："按《通鑑》卷一七一叙此事，胡注：'《地形志》（《魏書》卷一〇六中）揚州淮南郡壽春縣："故楚，有倉陵城。"《水經注》：淮水東流與潁口會，東南逕蒼陵北，又東北流逕壽春縣故城西。'則蒼陵地在壽春附近，在淮南，不在淮北。這裏'北'當作'南'。"存疑。蕭摩訶（532—604），字元胤，南蘭陵（今江蘇常州市武進區西北）人。南朝陳將領。《陳書》卷三一、《南史》卷六七有傳。倉陵城，城名。在今安徽壽縣。

[17]尚書令：官名。尚書省長官。總掌全國行政。多數情况下是實際上的宰相。北齊二品。

[18]西河郡：治所在今山西汾陽市。　開國公：爵名。初指公爵中開國置官食封者，後僅爲爵位名。食邑爲郡。從一品。

[19]贈侍中、使持節、都督定恒朔幽定平六州諸軍事："恒"字宋刻本、四庫本、百衲本作"常"。中華本校勘記云："諸本'恒'作'常'。按當時無'常州'，本是'恒'字，宋人避諱改，今改正。又六州中有兩定州。下有'定州刺史'贈官，上'定'字是，下'定'字則是'安'之訛。《魏書》卷一〇六《地形志》中安州條注：'元象中寄治幽州北界。'"説是。從中華本改。使持節，政治術語。即持節出使。自漢起，節爲皇帝授予號令賞罰之權的信物，故持節者比不持節者位高而權重。自西晋起，又將使持節與持節相區分，成爲專用職名。此職名在上，得殺二千石以下。而持節除督軍事時與使持節相同外，平時僅有權殺無官位之人。定，州名。治所在今河北定州市。安，州名。治所在今北京市密雲區東。平，州名。治所在今河北盧龍縣潘莊鎮附近。　太尉公：官名。即"太尉"之尊稱。　録尚書事：官名。總領、總理尚書臺政務之加職。北朝爲正式官稱。

長子信，機悟有風神，微涉書傳。武平末，開府儀同三司、武衛將軍，於勳貴子弟之中，稱其識鑒。於并州降周軍，授上開府、軍正大夫。[1]隋開皇中，[2]卒於洮州刺史。[3]

[1]上開府：官名。即"上開府儀同大將軍"。北周武帝建德四年（575）置，主要授予有軍勳的功臣及北齊降官。無具體職掌，九命。　軍正大夫：官名。北周置。多省稱爲"軍正"。爲軍中司法官。正五命。"軍正大夫"宋刻本、百衲本、中華本同，四庫本作"軍正中大夫"。

[2]隋：公元581年楊堅（隋文帝）代北周稱帝，國號隋，開

皇三年（583）都大興（今陝西西安市）。　開皇：隋文帝楊堅年號（581—600）。

［3］洮州：治所在今甘肅臨潭縣。

少子宿達，武平末太子齋帥，[1]有才藻檢行。開皇中，通事舍人。[2]丁母憂，[3]起復，將赴京，辭靈慟哭而絕，久而獲蘇，不能下食，三日致死。[4]

［1］太子齋帥：官名。北魏置。北齊爲太子門下坊齋帥局長官，員二人，八品。齋帥局掌鋪設灑掃等事務。

［2］通事舍人：官名。此即太子舍人。掌宣太子令旨及内外啓奏。

［3］丁母憂：遭母親喪事。

［4］三日致死："三日"四庫本、百衲本、中華本同，宋刻本作"二日"。

鮮于世榮，漁陽人也。[1]父寶業，[2]懷朔鎮將，武平初，贈儀同三司、祠部尚書、朔州刺史。[3]世榮少而沉敏，有器幹。興和二年，[4]爲高祖親信副都督，稍遷平西將軍、賜爵石門縣子。[5]後頻從顯祖討茹茹，[6]破稽胡。又從高岳平鄴州，除持節、河州刺史，[7]食朝歌縣幹。[8]尋爲肅宗丞相府諮議參軍。[9]皇建中，除儀同三司、武衛將軍。天統二年，加開府，又除鄭州刺史。武平中，以平信州賊，[10]除領軍將軍，轉食上黨郡幹。[11]從平高思好，[12]封義陽王。[13]七年，後主幸晉陽，令世榮以本官判尚書右僕射事，貳北平王北宫留後。[14]尋有

1179

敕令與吏部尚書袁聿修在尚書省檢試舉人。[15]爲乘馬至雲龍門外入省北門，[16]爲憲司舉奏免官。[17]後主圍平陽，[18]除世榮領軍將軍。周師將入鄴，[19]除領軍大將軍、太子太傅，[20]於城西拒戰，敗被擒，爲周武所殺。[21]世榮雖武人無文藝，以朝危政亂，每竊歎之。見徵稅無厭，賜與過度，發言歎惜。子子貞，武平末假儀同三司。[22]

　　[1]漁陽：郡名。北魏治雍奴縣（今天津市武清區），北齊移治潞縣（今北京市通州區東城子）。
　　[2]寶業：鮮于寶業。北魏官吏。事不詳。
　　[3]祠部尚書：官名。主掌尚書祠部曹，管祭祀禮儀。與尚書右僕射通職，二者不並設。北齊則兼管主客、虞曹、屯田、起部等曹。三品。
　　[4]興和：東魏孝靜帝元善見年號（539—542）。
　　[5]平西將軍：官名。北齊爲褒賞軍功勳臣的閑職，三品。石門縣子：爵名。石門縣，治所在今甘肅渭源縣西南洮河東岸。
　　[6]顯祖：北齊文宣帝高洋（529—559），廟號顯祖。本書卷四、《北史》卷七有紀。
　　[7]河州：治所在今甘肅臨夏市西南。
　　[8]朝歌縣：北魏移治今河南浚縣西南。
　　[9]諮議參軍：掌相府諷議軍政事務。員二人。
　　[10]信州：北齊以北揚州改置。治所在今河南淮陽縣。
　　[11]上黨郡：治所在今山西長治市北。
　　[12]高思好（？—574）：本名思孝，文宣帝時改名思好。本浩氏子，高思宗養以爲弟。北齊將領。本書卷一四、《北史》卷五一《上洛王思宗傳》有附傳。
　　[13]義陽王：鮮于世榮的封爵號。義陽，郡名。治所在今河南

信陽市。

[14]北平王：高貞的封爵號。高貞（？—578），字仁堅，渤海蓨（今河北景縣）人。北齊宗室。武成帝第五子。本書卷一二、《北史》卷五二有傳。北平，郡名。治所在今河北盧龍縣。

[15]吏部尚書：官名。爲尚書吏部曹主官。掌官吏銓選、封爵、考課之政。居尚書省諸尚書之首，稱"大尚書"。北齊三品。

袁聿修（511—582）：字叔德，陳郡項（今河南沈丘縣）人。東魏、北齊、北周官吏。本書卷四二有傳。　舉人：察舉制下，地方推舉到中央應試的士人。

[16]雲龍門：鄴都外朝東門。

[17]憲司：魏晉以來對御史臺的別稱。

[18]平陽：郡名。治所在今山西臨汾市。

[19]鄴：都邑名。在今河北臨漳縣城西南。北齊定都於此。

[20]太子太傅：官名。掌以道德輔教太子。北齊二品。

[21]周武：北周武帝宇文邕（543—578），字禰羅突。宇文泰第四子。公元561年至578年在位。《周書》卷五、六，《北史》卷一〇有紀。

[22]假：官制用語。代理、兼攝之意。　儀同三司：官名。本指官場待遇，儀同三司（三公）。魏晉以降，凡開府，皆儀同三司，遂成加銜。至北魏、北齊又爲官號。北齊二品。

綦連猛，字武兒，代人也。[1]其先姬姓，六國末，[2]避亂出塞，保祁連山，[3]因以山爲姓，北人語訛，故曰綦連氏。父元成，[4]燕郡太守。[5]

[1]代：郡名。治所在今山西大同市北。
[2]六國末：指戰國末。
[3]祁連山：山名。一名"南山""雪山""白山"。在今甘肅

1181

張掖市西南。

[4]元成：綦連元成。事不詳。

[5]燕郡：治所在今北京市西南隅。

猛少有志氣，便習弓馬。永安三年，[1]尒朱榮徵爲親信。[2]至洛陽，[3]榮被害，即從尒朱世隆出奔建州，[4]仍從尒朱兆入洛。[5]其年，又從兆討紇豆陵步藩，[6]補都督。[7]普泰元年，[8]加征虜將軍、中散大夫。[9]猛父母兄弟皆在山東，尒朱京纏欲投高祖，[10]謂猛曰：“王以爾父兄皆在山東，每懷不信，爾若不走，今夜必當殺爾，可走去。”猛以素蒙兆恩，拒而不從。京纏曰：“我今亦欲去，爾從我不？”猛又不從。京纏乃舉稍曰：[11]“爾不從，我必刺爾。”猛乃從之。去城五十餘里，即背京纏復歸尒朱。及兆敗，乃歸高祖。高祖問曰：“尒朱京纏將爾投我，爾中路背去何也？”猛乃具陳服事之理，不可貳心。高祖曰：“爾莫懼，服事人法須如此。”遂補都督。

[1]永安：北魏孝莊帝年號（528—530）。

[2]尒朱榮（493—530）：字天寶，北魏北秀容（今山西朔州市）契胡貴族。繼父爲部落酋帥，六鎮起義後投魏。後擁立莊帝，自爲大丞相、天柱大將軍，封太原王。《魏書》卷七四、《北史》卷四八有傳。

[3]洛陽：縣名。治所在今河南洛陽市東北。

[4]尒朱世隆（500—532）：字榮宗，北魏北秀容（今山西朔州市）契胡貴族。尒朱榮從弟。《魏書》卷七五《尒朱彥伯傳》、《北史》卷四八《尒朱榮傳》有附傳。　建州：治所在今山西澤州

縣高都鎮一帶。

[5]尒朱兆（？—533）：字萬仁（一作"吐萬兒"），北魏北秀容（今山西朔州市）契胡貴族。《魏書》卷七五有傳，《北史》卷四八《尒朱榮傳》有附傳。　洛："洛陽"的簡稱。其城南臨洛水，故簡稱"洛"。

[6]紇豆陵步藩（？—530）：北魏河西（約今山西呂梁山以西黃河兩岸）人。鮮卑族。永安三年，受莊帝詔，率軍東上進攻尒朱兆，在平樂郡（今山西昔陽縣）爲尒朱兆和高歡聯軍所敗。

[7]都督：官名。至北朝後期則爲率領鄉兵、畜牧軍馬的中低級軍官職名。

[8]普泰：北魏節閔帝元恭年號（531—532）。

[9]征虜將軍：官名。爲雜號將軍之一。　中散大夫：官名。散官，無具體職掌。北齊四品。

[10]尒朱京纏：北魏將領。事不詳。

[11]矟（shuò）：矛屬。同槊。《釋名·釋兵》："矛長丈八尺曰矟，馬上所持，言其矟，矟便殺也。"《北堂書鈔》卷一二四晉庚翼《與燕王書》："今致朱漆矟弱弓一弄，丈八矟一枚。"

步落稽等起逆，在覆釜山，[1]使猛討之，大捷，特被賞賚。元象元年，從高祖向河陽，[2]與周文帝戰於邙山。[3]二年，除平東將軍、中散大夫。[4]其年，又轉中外府帳內都督，[5]賞邙山之功，封廣興縣開國君。[6]

[1]覆釜山：山名。在今河南輝縣市境。

[2]元象元年，從高祖向河陽：中華本校勘記云："按本書卷二《神武紀》下（補）芒山之戰在武定元年（五四三），在元象元年（五三八）後六年。又元象止二年，而下文說'五年梁使來聘'，疑'元象'爲'武定'之誤。或'河陽'下有脫文，脫去武定紀

年。"河陽，縣名。治所在今河南孟州市西南。

[3]周文帝：北周文帝宇文泰（505—556），字黑獺，代郡武川（今內蒙古武川縣）人。鮮卑族。北周奠基者。《周書》卷一、二，《北史》卷九有紀。

[4]平東將軍：官名。西晉設。爲四平將軍之一。軍府一般位於京城以東方向。北齊爲褒賞軍功勳臣的閑職，三品。

[5]中外府：機構名。即"都督中外諸軍事府"的簡稱。總統內外諸軍。 帳內都督：官名。北魏末及東魏、西魏置。掌統領主帥左右的侍衛軍士。

[6]封廣興縣開國君：四庫本、中華本同，宋刻本、百衲本無"縣"字。從補。中華本校勘記云："《北史》卷五三《綦連猛傳》作'封廣興縣侯'，《册府》卷三八二作'封廣興開國公'。按北齊封爵無'君'的一等，然此《傳》下文又云'封石城縣開國伯，尋進爵爲君'，又云'別封武安縣開國君''別封義寧縣開國君'；同卷《元景安附從弟豫傳》也稱'賜爵永安君'，若是字訛，不應五處同訛。據下文由石城縣伯進爵爲君，則必高於伯可知。考本書卷二八《元孝友傳》孝友上奏引《晉令》云：'諸王置妾八人，郡君、侯妾六人。'《魏書》卷一八《元孝友傳》'郡君'作'郡公'，可知'君'是'公'的別稱，故這裏《册府》逕作'公'。"廣興縣開國君，綦連猛的封爵號。廣興縣，治所在今北京市密雲區東北。

五年，梁使來聘，云有武藝，求訪北人，欲與相角。世宗遣猛就館接之，雙帶兩鞬，左右馳射。兼共試力，挽強，梁人引弓兩張，力皆三石，猛遂併取四張，疊而挽之，過度。梁人嗟服之。

其年，除撫軍將軍，[1]別封石城縣開國子，[2]食肆州平寇縣幹。[3]天保元年，除都督、東秦州刺史，[4]別封雍州京兆郡覆城縣開國男。[5]從顯祖討契丹，大獲戶口。又隨斛律敦北征茹茹，[6]敦令猛輕將百騎深入覘候。還至白道，[7]與軍相會，因此追躡，遂大破之。賚帛三百段。七年，除武衛將軍、儀同三司。九年，轉武衛大將軍。乾明初，加車騎大將軍。皇建元年，封石城郡開國伯，[8]尋進爵爲君。二年，除領左右大將軍，從肅宗討奚賊，[9]大捷，獲馬二千疋，牛羊三萬頭。河清二年，加開府。突厥侵逼晉陽，敕猛將三百騎覘賊遠近。行至城北十五里，遇賊前鋒，以敵衆多，遂漸退避。賊中有一驍將，超出來鬭。猛遙見之，即亦挺身獨出，與其相對，俯仰之間，刺賊落馬，因即斬之。三年，別封武安縣開國君，[10]加驃騎大將軍。[11]天統元年，遷右衛大將軍，[12]乃奉世祖敕，恒令在嗣主左右，兼知内外機要之事。三年，除中領軍。四年，轉領軍將軍，別封義寧縣開國君。[13]五年，除并省尚書左僕射，[14]餘如故。除并省尚書令、領軍大將軍，封山陽王。[15]

[1]撫軍將軍：官名。位比四鎮，開府。北齊從二品。
[2]石城縣：東魏置，治所在今山西蒲縣東南五十里。　開國子：爵名。初指子爵中開國置官食封者，後僅爲爵位名。食邑爲縣。四品。
[3]肆州：治所在今山西忻州市西北。　平寇縣：治所在今山西忻州市西南。
[4]東秦州：治所在今陝西隴縣東南。
[5]別封雍州京兆郡覆城縣開國男：中華本校勘記云："按《魏書》卷一〇六《地形志》下京兆郡無'覆城縣'，當是霸城縣之

訛。"雍州，治所在今陝西西安市。京兆郡，治所在今陝西西安市西北。覆城縣，治所在今陝西西安市東北。開國男，爵名。初指男爵中開國置官食封者，後僅爲爵位名。食邑爲縣。五品。

[6]斛律敦：斛律金（488—567），本名敦，後改名爲金。字阿六敦，朔州（今内蒙古固陽縣）人。高車族敕勒部。北齊將領。性敦直，善騎射，勇於征戰。本書卷一七、《北史》卷五四有傳。

[7]白道：道路名。在今内蒙古呼和浩特市西北。爲河套東北地區通往陰山以北的交通要道。當路有千餘步地土白如石灰色，故名。

[8]石城郡：治所在今山西蒲縣東南五十里。 開國伯：爵名。初指伯爵中開國置官食封者，後僅爲爵位名。食邑爲縣。三品。

[9]奚：部族名。南北朝稱"庫莫奚"，隋時稱"奚"。源於東胡。分布在饒樂水（今西拉木倫河）流域。東接契丹，西至突厥，南據白狼河，北鄰霫。初臣屬於突厥，後稍盛，分爲辱紇主（一作"辱紇王"）、莫賀弗、契箇、木昆、室得五部。習俗與突厥相似。以游牧爲主，兼以射獵。北朝時，向北魏朝貢貿易。

[10]武安縣開國君：綦連猛的封爵號。武安縣，治所在今河北武安市西南。

[11]驃騎大將軍：官名。將軍名號，地位尊崇，僅次於大將軍，多加元老重臣。北齊從一品。

[12]右衛大將軍：官名。爲右衛府主官。掌宫披禁禦，督攝仗衛。

[13]義寧縣開國君：綦連猛的封爵號。義寧縣，治所在今山西沁源縣。

[14]尚書左僕射：官名。尚書省次官之一。助尚書令掌政務。兼監察百官，領殿中、主客二曹。北齊從二品。

[15]山陽王：綦連猛的封爵號。山陽，郡名。治所在今河南焦作市。

猛自和士開死後，漸預朝政，疑議與奪，咸亦咨稟。趙彥深以猛武將之中頗疾姦佞，[1]言議時有可采，故引知機事。祖珽既出彥深，[2]以猛爲趙之黨與，乃除光州刺史。[3]已發至牛蘭，[4]忽有人告和士開被害日猛亦知情，遂被追止。還，入內禁留，簿錄家口。尋見釋，削王爵，止以開府赴州。在任寬惠清慎，吏民稱之。淮陰王阿那肱與猛有舊，[5]每欲攜引之，曾有敕徵詣闕，似欲委寄。韓長鸞等沮難，[6]復除膠州刺史。[7]尋徵還，令在南兖防捍。[8]後主平陽敗還，又徵赴鄴，除大將軍。[9]齊亡入周，尋卒。

　　[1]趙彥深（507—576）：本名隱，字彥深，平原（今山東聊城市東北）人，祖籍南陽宛縣（今河南南陽市）。北齊大臣。本書卷三八、《北史》卷五五有傳。

　　[2]祖珽：字孝徵，范陽遒（今河北淶水縣北）人。東魏、北齊官吏。本書卷三九有傳，《北史》卷四七《祖瑩傳》有附傳。

　　[3]光州：北魏分青州置，治所在今山東萊州市。

　　[4]牛蘭：山名。在今河南魯山縣西北。

　　[5]淮陰王：高阿那肱的封爵號。淮陰，郡名。治所在今江蘇淮安市淮陰區西南。　阿那肱：高阿那肱，一作"高阿那瓌"，善無（今山西右玉縣南）人。高市貴子。北齊官吏。本書卷五〇、《北史》卷九二有傳。

　　[6]韓長鸞：韓鳳，字長鸞，昌黎（今遼寧義縣）人。北齊倖臣。少有臂力，善騎射。本書卷五〇《韓寶業等傳》、《北史》卷九二《齊諸宦者傳》有附傳。

　　[7]膠州：治所在今山東諸城市。

　　[8]南兖：州名。治所在今安徽亳州市。　防捍：駐防。

[9]大將軍：官名。北齊爲名譽職銜。作爲加授給大臣、重要州郡長官的戎號。凡加戎號者可開府。一品。

元景安，魏昭成五世孫也。[1]高祖虔，[2]魏陳留王。[3]父永，少爲奉朝請。[4]自積射將軍爲元天穆薦之於尒朱榮，[5]參立孝莊之謀，賜爵代郡公。[6]加將軍、太中大夫、二夏、幽三州行臺左丞，[7]持節招納降户四千餘家。榮又啓封永朝那縣子，[8]邑三百户，持節南幽州刺史，[9]假撫軍將軍。[10]天平初，高祖以爲行臺左丞，尋除潁州刺史，[11]又爲北揚州刺史。[12]天保中，徵拜大司農卿，[13]遷銀青光禄大夫，依例降爵爲乾鄉男。[14]大寧二年，遷金紫光禄大夫。[15]

[1]昭成：北魏昭成帝拓跋什翼犍（320—376）。十六國時期代國的建立者。拓跋翳槐次子。公元338年至376年在位。追謚昭成帝。《魏書》卷一、《北史》卷一有紀。

[2]虔：元虔（？—396）。北魏宗室、將領。鮮卑族拓跋部人。少以壯勇知名。《魏書》卷一五、《北史》卷一五有傳。

[3]陳留王：北魏宗室元虔的封爵號。陳留，封國名。治所在今河南開封市。

[4]奉朝請：官名。北齊爲職事官，掌諫議獻納。從七品。

[5]積射將軍：官名。領射營。北齊七品上。　元天穆（？—530）：亦稱元穆。鮮卑族拓跋部人。北魏宗室、官吏。《魏書》卷一四、《北史》卷一五《高凉王孤傳》有附傳。

[6]代郡公：爵名。代郡，治所在今山西大同市北。

[7]加將軍：中華本校勘記云："張森楷云：'"將軍"上當有脱文，否則將軍名號繁多，品亦懸絶，不知爲何等將軍也。'"將軍，

名譽職銜。多爲大臣、地方長官加官榮銜。　太中大夫：官名。秦置。參議政事。北齊三品。　二夏、幽三州行臺左丞：中華本校勘記云："按幽州和二夏州相距遥遠，不當合一行臺，'幽'當是'幽'之訛。"二夏州，指夏州與東夏州。夏州，治所在今陝西靖邊縣；東夏州，治所在今陝西延安市東北甘谷驛鎮。幽州，治所在今北京市西城區。行臺左丞，官名。爲行臺尚書省官員，輔省內左三部十二司。員一人。北齊從四品上。

[8]朝那縣子：爵名。朝那縣，治所在今甘肅靈臺縣西北。

[9]南幽州刺史：中華本校勘記云："按地志無'南幽州'。《魏書》卷五八《楊椿傳》、卷五九《蕭寶夤傳》並見'南豳州'。《周書》卷二《文帝紀》下魏廢帝三年'改南豳爲寧州'，可知北魏末直至西魏有'南豳州'。這裏'南幽'當是'南豳'之訛。"南豳州，治所在今陝西彬縣西南。

[10]假：官制用語。代理、兼攝之意。

[11]尋除潁州刺史："潁州"四庫本、中華本同，宋刻本、百衲本作"潁川"。從四庫本改。

[12]北揚州：治所在今河南沈丘縣。

[13]大司農卿：官名。即"大司農"尊稱。朝廷掌財政經濟的主官。爲九卿之一。北齊後改稱司農卿或司農寺卿。三品。

[14]乾鄉男：爵名。五等爵的第五等。乾鄉，未詳。

[15]金紫光禄大夫：官名。凡資深勳重之光禄大夫授金章紫綬，故有此稱。爲元老重臣之加官或致仕之官。亦爲死者之贈官。北齊從二品。

　　景安沉敏有幹局，少工騎射，善於事人。釋褐尒朱榮大將軍府長流參軍，[1]加寧遠將軍，[2]又轉榮大丞相府長流參軍。高祖平洛陽，領軍婁昭薦補京畿都督，[3]父永啓迴代郡公授之，加前將軍，[4]太中大夫。隨武帝西入。[5]天平末，大軍西討，景安臨陣自歸，高祖嘉之，即補都督。興和中，轉領親信都督。[6]邙山之役，[7]力戰有功，賜爵西華縣都鄉男，[8]代郡公如故。世宗入朝，景安隨從在鄴。于時江南款附，朝貢相尋，景安妙閑馳騁，雅有容則，每梁使至，恒令與斛律光、皮景和等對客騎射，見者稱善。世宗嗣事，啓減國封分錫將士，封石保縣開國子，[9]邑三百户，加安西將軍。[10]又授通州刺史，加鎮西將軍，[11]轉子爲伯，增邑通前六百户，餘如故。天保初，加征西將軍，[12]別封興勢縣開國伯，[13]帶定襄縣令，[14]賜姓高氏。三年，從破庫莫奚於代川，[15]轉領左右大都督，餘官並如故。四年，從討契丹於黃龍，領北平太守。[16]後頻從駕再破茹茹，遷武衛大將軍，又轉領左右大將軍，兼七兵尚書。[17]

[1]釋褐：脱下平民穿的衣服。喻指入仕做官。　長流參軍：官名。亦稱"長流賊曹參軍"。掌捕盗賊及治安等事。

[2]寧遠將軍：官名。爲雜號將軍之一。

[3]領軍：官名。即"中領軍""中領將軍""領軍將軍"之簡稱。掌中軍禁區。主五校尉、中壘、武衛三營。資望重者則稱領軍將軍，資輕者稱中領軍。自有營兵，出則領軍。北齊中領軍三品，領軍將軍從二品。　婁昭：字菩薩，代郡平城（今山西大同市東北）人。東魏大臣。北魏末跟隨高歡。齊受禪，追封太原王。本書卷一五、《北史》卷五四有傳。　京畿：京都及其行政所轄地區。　都督：官名。掌京畿地區軍政事務。

[4]前將軍：將軍名號。略高於一般雜號將軍。三品。

[5]武帝：北魏孝武帝元脩（510—534），字孝則。廣平武穆王元懷第三子。公元532年至534年在位。《魏書》卷一一、《北

《史》卷五有紀。

[6]親信都督：官名。北魏末設。統領主帥左右的侍衛。選工於騎射者爲之。當時諸將擅兵，主將不易指揮，遂設親兵，以此職領之，以便掌握。北齊因之。

[7]邙山之役：西魏大統九年（543）二月，東魏北豫州刺史高仲密據虎牢（今河南鞏義市東）叛，西魏丞相宇文泰應之，率軍至洛陽。三月，東魏丞相高歡渡河，據邙山（洛陽城北）爲陣。泰夜襲邙山。黎明，兩軍接戰，泰兵敗逃去。次日復戰，大破東魏左軍，東魏軍復振，會日暮，西魏軍退走，時泰軍雖敗，歡軍亦疲，東西魏遂成對峙狀態。

[8]西華縣都鄉男：爵名。西華縣，治所在今河南西華縣。都鄉，縣治所在鄉。

[9]石保縣：治所在今陝西宜君縣西村鄉石堡村。　開國子：爵名。初指子爵中開國置官食封者，後僅爲爵位名。食邑爲縣。四品。

[10]安西將軍：官名。與安東、安南、安北將軍合稱四安將軍。北齊三品。

[11]鎮西將軍：將軍名號。東漢末置。北齊爲襃賞勳臣的閑職，從二品。

[12]征西將軍：將軍名號。東漢和帝永元（89—105）中置。魏晉以後多爲持節都督，出鎮方面。北齊二品。

[13]興勢縣：治所在今陝西洋縣東北。　開國伯：爵名。初指伯爵中開國置官食封者，後僅爲爵位名。食邑爲縣。三品。

[14]定襄縣：治所在今山西定襄縣。

[15]代川：水名。即武周川水。今山西大同市南十里河。

[16]北平：郡名。治所在今河北盧龍縣。

[17]七兵尚書：官名。北魏尚書臺屬官。其職掌略同於五兵尚書。道武帝時已設七兵曹，後以尚書掌之。轄左右中兵、左右外兵、騎兵、別兵、都兵等。三品。

時初築長城，鎮戍未立，突厥强盛，[1]慮或侵邊，仍詔景安與諸軍緣塞以備守。督領既多，且所部軍人富於財物，遂賄貨公行。顯祖聞之，遣使推檢，同行諸人贓汙狼藉，唯景安纖毫無犯。帝深嘉歎，乃詔有司以所聚斂贓絹伍百疋賜之，以彰清節。

[1]突厥：民族名、國名。廣義包括鐵勒、突厥各部落，狹義則專指突厥汗國。六世紀初興起於金山（今阿爾泰山）西南麓，爲一游牧部落。以金山形似古代戰盔兜鍪，當地俗語呼兜鍪爲突厥，故以爲名。西魏廢帝二年（553）建突厥汗國於今鄂爾渾河流域。《周書》卷五〇、《北史》卷九九有傳。

又轉都官尚書，[1]加儀同三司，食高平郡幹，[2]又拜儀同三司。[3]乾明元年，轉七兵尚書，加車騎大將軍。皇建元年，又兼侍中，馳驛詣鄴，慰勞百司，巡省風俗。

[1]都官尚書：官名。南北朝設，爲尚書省諸尚書之一。北齊統都官、二千石、比部、水部、膳部諸曹事務，階第三品。
[2]高平郡：治所在今山東濟寧市。
[3]又拜儀同三司："司"字宋刻本、四庫本、中華本同，百衲本作"師"。從宋刻本改。中華本校勘記云："按和上文'加儀同三司'重複，當是衍文。"

肅宗曾與群臣於西園醼射，文武預者二百餘人。設侯去堂百四十餘步，中的者賜與良馬及金玉錦綵等。有一人射中獸頭，去鼻寸餘。唯景安最後有一矢未發，帝令景安解之，景安徐整容儀，操弓引滿，正中獸鼻。帝嗟賞稱善，特賚馬兩疋，玉帛雜物又加常等。

大寧元年，加開府。二年，轉右衛將軍，[1]尋轉右衛大將軍。[2]天統初，判并省尚書右僕射，尋出爲徐州刺史。[3]四年，除豫州道行臺僕射、豫州刺史，[4]加開府儀同三司。[5]武平三年，進授行臺尚書令，刺史如故，封歷陽郡王。[6]景安之在邊州，鄰接他境，綏和邊鄙，不相侵暴，人物安之。又管内蠻多華少，景安被以威恩，咸得寧輯，比至武平末，招慰生蠻輸租賦者數萬户。六年，徵拜領軍大將軍。[7]入周，以大將軍、大義郡開國公率衆討稽胡，[8]戰没。

[1]右衛將軍：官名。與左衛將軍共掌宿衛營兵。北齊三品。

[2]右衛大將軍：官名。職掌同右衛將軍。

[3]徐州：治所在今江蘇徐州市。

[4]豫州：治所在今河南汝南縣汝寧街道。　行臺僕射：官名。即"行臺尚書僕射"。北魏、北齊所設諸行臺高級官員，爲行臺尚書令副職，尚書令缺或未置，則爲行臺最高長官，分左、右則左居右上。北齊時行臺爲地方最高行政機構。

[5]加開府儀同三司：中華本校勘記云："按上文已云'大寧元年加開府'，這裏重出，必有一處是衍文。"

[6]歷陽郡王：元景安的封爵號。歷陽郡，治所在今安徽和縣。

[7]大將軍：官名。北齊爲名譽職銜。作爲加授給大臣、重要州郡長官的戎號。凡加戎號者可開府。一品。

[8]大義郡：治所在今河南桐柏縣東。　開國公：爵名。初指公爵中開國置官食封者，後僅爲爵位名。食邑爲郡。從一品。

子仁，武平末儀同三司、武衛，隋驃騎將軍，[1]卒於丹陽太守。[2]

[1]驃騎將軍：官名。隋初行府兵制，置爲驃騎府長官，分駐各地，統領府兵，正四品上。分屬十二府大將軍。
[2]丹陽：郡名。治所在今江蘇南京市。以山多赤柳，故名。

初，永兄祚襲爵陳留王，[1]祚卒，子景皓嗣。天保時，諸元帝室親近者多被誅戮。疏宗如景安之徒議欲請姓高氏，景皓云："豈得棄本宗，逐他姓，大丈夫寧可玉碎，不能瓦全。"景安遂以此言白顯祖，乃收景皓誅之，家屬徙彭城。[2]由是景安獨賜姓高氏，自外聽從本姓。

[1]祚：元祚，字龍壽。鮮卑族拓跋部人。元崇孫。北魏宗室。襲爵陳留王。北魏末，爲河州刺史。前河州刺史梁釗子景進等招引莫折念生攻河州，祚以憂死。
[2]彭城：郡名。治所在今江蘇徐州市老城區。

永弟种，[1]子豫字景豫，美姿儀，有器幹。永安中，羽林監。元顥入洛，[2]以守河内功，[3]賜爵永安君。[4]後爲濮陽郡守。[5]魏彭城王韶引爲開府諮議參軍，[6]韶出鎮定州，啓爲定州司馬。[7]及景安告景皓慢言，引豫言相應和。豫占云："尒時以衣袖掩景皓口，云'兄莫妄言'。"及問景皓，與豫所列符同，獲免。自外同聞語者數人，皆流配遠方。豫卒於徐州刺史。

[1]种：元种。河南洛陽（今河南洛陽市東南）人。北魏宗室。元豫之父。

[2]元顥（？—529）：字子明，鮮卑族拓跋部人。北魏宗室、大臣。永安二年（529），乘亂於梁國（今河南商丘市南）城南即位，進入洛陽，改元建武。後被縣卒所殺。《魏書》卷二一上、《北史》卷一九《北海王詳傳》有附傳。

[3]河内：郡名。治所在今河南沁陽市。

[4]永安君：元豫的封爵號。永安，郡名。治所在今山西霍州市。

[5]濮陽郡：治所在今山東鄄城縣北。

[6]彭城王：元韶的封爵號。彭城，郡名。治所在今江蘇徐州市老城區。　韶：元韶（？—559），字世冑。鮮卑族拓跋部人。東魏大臣。好學，美容儀。本書卷二八有傳。　諮議參軍：官名。於本府諷議軍政事務。北齊諸開府諮議參軍爲從四品。

[7]司馬：高級幕僚。於府内掌軍事及府内武官。

獨孤永業，字世基，本姓劉，中山人。[1]母改適獨孤氏，永業幼孤，隨母爲獨孤家所育養，遂從其姓焉。止於軍士之中，有才幹，便弓馬。被簡擢補定州六州都督，宿衞晉陽。或稱其有識用者，世宗與語悅之，超授中外府外兵參軍。[2]天保初，除中書舍人，[3]豫州司馬。永業解書計，善歌舞，甚爲顯祖所知。

[1]中山：郡名。治所在今河北定州市。

[2]中外府：機構名。即"都督中外諸軍事府"的簡稱。總統內外諸軍。　外兵參軍：官名。亦稱"外兵參軍事"。掌本府外兵曹事務，兼備參謀諮詢。

[3]中書舍人：官名。即中書通事舍人。爲中書省屬官，掌呈

奏表。典掌機要。北齊六品上。

乾明初，出爲河陽行臺右丞，[1]遷洛州刺史，又轉左丞，刺史如故，加散騎常侍。宜陽深在敵境，[2]周人於黑澗築城戍以斷糧道，[3]永業亦築鎮以抗之。治邊甚有威信，遷行臺尚書。[4]至河清三年，周人寇洛州，永業恐刺史段思文不能自固，[5]馳入金墉助守。[6]周人爲土山地道，曉夕攻戰，經三旬，大軍至，寇乃退。永業久在河南，善於招撫，歸降者萬計。選其二百人爲爪牙，每先鋒以寡敵衆，周人憚之。加儀同三司，賞賜甚厚。性鯁直，不交權勢。斛律光求二婢弗得，毀之於朝廷。河清末，徵爲太僕卿，[7]以乞伏貴和代之，[8]於是西境蹙弱，河洛人情騷動。

[1]行臺右丞：官名。即"行臺尚書右丞"的省稱。北魏置。在行臺内職掌同尚書右丞。從四品。

[2]宜陽：郡名。北魏置，治所在今河南宜陽縣西韓城鎮，北周徙治今河南宜陽縣西福昌村。

[3]黑澗：皂澗。即今河南宜陽縣西南洛河南岸支流澗河。

[4]行臺尚書：官名。北魏置。爲行臺長官。北齊沿置。二品。

[5]段思文：事不詳。

[6]金墉：城名。三國曹魏築，爲囚廢帝、后之所，城堅，時爲要塞。

[7]太僕卿：官名。即太僕。爲九卿之一，掌皇家輿馬及畜牧之政。下屬有令、丞等。北齊三品。

[8]乞伏貴和：馬邑（今山西朔州市）人。鮮卑族。北齊官吏。本書卷一九《張保洛傳》有附傳。

武平三年，遣永業取斛律豐洛，[1]因以爲北道行臺僕射、幽州刺史。尋徵爲領軍將軍。河洛民庶，多思永業，朝廷又以疆埸不安，除永業河陽道行臺僕射、洛州刺史。周武帝親攻金墉，永業出兵禦之，問曰："是何達官，作何行動？"周人曰："至尊自來，主人何不出看客。"永業曰："客行匆速，是故不出。"乃通夜辦馬槽二千。周人聞之，以爲大軍將至，乃解圍去。永業進位開府，封臨川王。[2]有甲士三萬，初聞晉州敗，請出兵北討，奏寢不報，永業慨憤。又聞并州亦陷，爲周將常山公所逼，[3]乃使其子須達告降於周。[4]周武授永業上柱國。[5]宣政末，[6]出爲襄州總管。[7]大象二年，[8]爲行軍總管崔彥睦所殺。[9]

[1]斛律豐洛：斛律羨（？—572），字豐洛，一作"豐樂"，朔州（今內蒙古固陽縣）人。高車族敕勒部。北齊將領。少善騎射，爲高歡所稱。本書卷一七、《北史》卷五四《斛律金傳》有附傳。

[2]臨川王：獨孤永業的封爵號。臨川，郡名。治所在今山西襄垣縣。

[3]常山公：爵名。于翼的封爵號。常山，郡名。治所在今河北石家莊市藁城區西北。

[4]須達：獨孤須達。事不詳。

[5]上柱國：官名。北周建德四年（575）設此官，正九命，位高權重。後轉爲勳官的第一等。

[6]宣政：北周武帝宇文邕年號（578）。

[7]襄州：西魏恭帝元年（554）改雍州置，治所在今湖北襄陽市漢水南襄陽城。　總管：官名。北周改都督諸軍事爲此稱，掌

一州或數州軍務，兼理民事。

［8］大象：北周靜帝宇文衍年號（579—580）。

［9］行軍總管：官名。北周於戰時設置。總領一路兵馬及軍政事務。　崔彦睦（？—581）：字彦穆，一作"彦睦"，清河東武城（今河北清河縣東北）人。西魏、北周將領。精於儒學，人嘆有"王佐之才"。《周書》卷三六、《北史》卷六七有傳。

傅伏，太安人也。[1]父元興，[2]儀同、北蔚州刺史。[3]伏少從戎，以戰功稍至開府、永橋領民大都督。[4]周帝前攻河陰，[5]伏自橋夜渡，入守中潬城。南城陷，被圍二旬不下，救兵至。周師還。伏謂行臺乞伏貴和曰："賊已疲弊，願得精騎二千追擊之，可捷也。"貴和弗許。

［1］太安：郡名。治所在今山西寧武縣。

［2］元興：傅元興。事不詳。

［3］北蔚州：治所在今山西靈丘縣。

［4］永橋：城名。治所在今河南武陟縣西。"永"字四庫本、中華本同，宋刻本、百衲本作"水"。從四庫本改。　領民大都督：官名。東魏置。北齊沿之。

［5］河陰：郡名。治、領河陰縣。治所在今河南孟津縣東。

武平六年，除東雍州刺史，[1]會周兵來逼，伏出戰，却之。周剋晉州，執獲行臺尉相貴，[2]以之招伏，伏不從。後主親救晉州，以伏爲行臺右僕射。[3]周軍來掠，伏擊走之。周克并州，遣韋孝寬與其子世寬來招伏曰：[4]"并州已平，故遣公兒來報，便宜急下。"授上大將軍、武鄉郡開國公，[5]即給告身，以金馬碯二酒鍾爲信。伏不受，謂孝寬曰："事君有死無貳，此兒爲臣不能竭忠，爲子不能盡孝，人所讎疾，願即斬之，以號令天下。"

[1]東雍州：治所在今山西新絳縣萬安鎮柏壁村。

[2]尉相貴：代（今山西大同市東北）人。北齊官吏。本書卷一九、《北史》卷五三《張保洛傳》有附傳。

[3]行臺右僕射：官名。即"行臺尚書右僕射"的省稱。北齊置。職掌略同尚書右僕射。從二品。

[4]韋孝寬（509—580）：名叔裕，字孝寬，京兆杜陵（今陝西西安市東南）人。韋旭子。恭帝元年（554），賜姓宇文氏。北魏、西魏、北周將領。《周書》卷三一、《北史》卷六四有傳。 世寬：傅世寬。北齊將領。事不詳。

[5]上大將軍：官名。位在大將軍之上。北周武帝建德四年（575）設此職爲勳官第三等，正九命。 武鄉郡：治所在今陝西大荔縣。 開國公：爵名。初指公爵中開國置官食封者，後僅爲爵位名。食邑爲郡。從一品。

周帝自鄴還至晉州，遣高阿那肱等百餘人臨汾召伏。[1]伏出軍隔水相見，問至尊今在何處。阿那肱曰："已被捉獲，別路入關。"伏仰天大哭，率衆入城，於廳事前北面哀號良久，然後降。周帝見之曰："何不早下？"伏流涕而對曰："臣三世蒙齊家衣食，被任如此，革命不能自死，羞見天地。"周帝親執其手曰："爲臣當若此，朕平齊國，唯見公一人。"乃自食一羊肋，以骨賜伏，曰："骨親肉疏，所以相付。"遂別引之與同食，令於侍伯邑宿衛，[2]授上儀同，敕之曰：“若即與公高官，恐歸投者心動，努力好行，[3]無慮不富貴。”又問前救河陰得何官職。伏曰：“蒙一轉，授特進，永昌郡開國公。”[4]周帝謂後主曰：“朕前三年教習兵馬，決意往取河陰，正爲傅伏能守，城不可動，是以收軍而退。公當時賞授何其薄也。”賜伏金酒卮。後以爲岷州刺史，[5]尋卒。

[1]高阿那肱：一作“高阿那瓌”，詳前注。　汾：水名。即今山西黃河支流汾河。

[2]令於侍伯邑宿衛：中華本校勘記云：“《北史》卷五三《傅伏傳》‘邑’作‘色’。按‘侍伯色宿衛’即在侍伯名色下宿衛。疑作‘色’是。”存疑。

[3]努力好行：“努”字四庫本、百衲本、中華本同，宋刻本作“弩”。

[4]永昌郡：治所在今山東成武縣東南。

[5]岷州：西魏置。治所在今甘肅岷縣。

齊軍晉州敗後，兵將罕有全節者。其殺身成仁者，有儀同叱干苟生，[1]鎮南兖州，[2]周帝破鄴，敕書至，苟生自縊死。

[1]儀同：官名。本指官場待遇，先後爲“儀同三司”“儀同將軍”“儀同大將軍”等官名的簡稱。　叱干苟生：“干”字四庫本、中華本同，宋刻本、百衲本作“于”。從四庫本改。

[2]南兖州：治所在今安徽亳州市。

又有開府、中侍中宦者田敬宣，[1]本字鵬，蠻人也。[2]年十四五，便好讀書。既爲閹寺，伺隙便周章詢請，每至文林館，[3]氣喘汗流，問書之外，不暇他語。及視古人節義事，未嘗不感激沉吟。顏之推重其勤學，[4]甚加開獎，後遂通顯。後主之奔青州，[5]遣其西出，參伺動靜，爲周軍所獲。問齊主何在，紿云已去。毆捶服之，每折一支，辭色愈厲，竟斷四體而卒。

[1]中侍中：官名。北魏設。爲宦官最高職。北齊因之，爲中侍中省主官，主掌内庭庶務及宫城門閤。從三品。

[2]蠻：古代對長江中游及其以南地區少數民族的泛稱。因其居住地域的不同，又冠以不同的稱呼以區別之。

[3]文林館：官署名。北齊武平三年（572）置。引文學之士充之，稱待詔。掌編撰供皇帝閲覽的書籍，撰成後名《修文殿御覽》。

[4]顏之推（約531—590）：字介，琅邪臨沂（今山東費縣東）人。北朝文學家。著有《顏氏家訓》。本書卷四五、《北史》卷八三有傳。

[5]青州：治所在今山東青州市。

又有雷顯和，晉州敗後，爲建州道行臺左僕射。[1]周帝使其子招焉，顯和禁其子而不受。聞鄴城敗乃降。

[1]行臺左僕射：官名。即"行臺尚書左僕射"。北齊置。佐行臺尚書令管行臺事務。"左"字宋刻本、百衲本、中華本同，四庫本作"右"。

後主失并州，使開府紇奚永安告急於突厥他鉢略可汗。[1]及聞齊滅，他鉢處永安於吐谷渾使下。[2]永安抗言曰："本國既敗，永安豈惜賤命，欲閉氣自絕，恐天下不知大齊有死節臣，唯乞一刀，以顯示遠近。"他鉢嘉其壯烈，贈馬七十匹而歸。

　　[1]他鉢略可汗（？—580）：北朝時突厥首領。俟斤弟。事見《周書》卷五〇、《北史》卷九九《突厥傳》。
　　[2]吐谷渾：人名、部族名。吐谷渾本爲遼東鮮卑慕容廆之庶兄，因兄弟相爭，乃率部落西遷至今甘肅、青海一帶，建立政權，遂以"吐谷渾"爲號。《周書》卷五〇有傳。

　　高保寧，代人也，不知其所從來。武平末，爲營州刺史，[1]鎮黃龍，夷夏重其威信。周師將至鄴，幽州行臺潘子晃徵黃龍兵，[2]保寧率驍鋭并契丹、靺羯萬餘騎將赴救，[3]至北平，知子晃已發薊，[4]又聞鄴都不守，便歸營。周帝遣使招慰，不受敕書。范陽王紹義在突厥中，[5]上表勸進，范陽署保寧爲丞相。[6]及盧昌期據范陽城起兵，[7]保寧引紹義集夷夏兵數萬騎來救之。[8]至潞河，[9]知周將宇文神舉已屠范陽，[10]還據黃龍，竟不臣周。

　　[1]營州：治所在今遼寧朝陽市。
　　[2]潘子晃：廣寧石門（今甘肅渭源縣西南洮河東岸）人。北齊官吏。《北史》卷五三《潘樂傳》有附傳。
　　[3]靺羯：四庫本、中華本同，宋刻本、百衲本作"袜羯"。

從四庫本改。靺鞨，古族名。源於肅慎。北魏曰勿吉，隋唐曰靺鞨。分布於東北地區，爲滿族祖先。唐時分爲黑水（黑龍江）靺鞨、粟末（松花江）靺鞨二部，前者於宋時建金國，後者於唐時建渤海國。五代曰女真。《魏書》卷一〇〇、《北史》卷九四作"勿吉"，有《勿吉傳》。

[4]薊：縣名。治所在今北京市。

[5]范陽王：北齊文宣帝第三子高紹義的封爵號。范陽，郡名。治所在今河北涿州市。　紹義：四庫本、中華本同，宋刻本、百衲本作"紹信"。從四庫本改。紹義，即高紹義。渤海蓨（今河北景縣）人。北齊宗室。文宣帝第三子。本書卷一二、《北史》卷五二有傳。

[6]范陽署保寧爲丞相："保寧"宋刻本、四庫本、中華本同，百衲本作"寶寧"。從宋刻本改。

[7]盧昌期（？—579）：范陽涿（今河北涿州市）人。盧道虔子。北齊將領。北周平齊後，屯據范陽，旋被周兵攻破。

[8]保寧引紹義集夷夏兵："保寧"四庫本、百衲本、中華本同，宋刻本作"寶寧"。

[9]潞河：水名。即今北京市通州區以下白河。

[10]宇文神舉（532—579）：代郡武川（今内蒙古武川縣）人。周文帝宇文泰族子。鮮卑族。北周將領。《周書》卷四〇、《北史》卷五七有傳。

史臣曰：皮景和等爰自霸基，策名戎幕、間關夷險，迄於末運，位高任重，咸遂本誠，亦各遇其時也。傅伏之徒，俱表忠節，不然則丹青簡册安可貴乎？

贊曰：唯此諸將，榮名是保，不愆不忘，以斯終老。傅子之輩，逢兹不造，未遇烈風，誰知勁草。

北齊書　卷四二

列傳第三十四

陽斐　盧潛　崔劼　盧叔武　陽休之　袁聿修

　　陽斐，字叔鸞，北平漁陽人也。[1]父藻，[2]魏建德太守，[3]贈幽州刺史。[4]孝莊時，[5]斐於西兗督護流民有功，[6]賜爵方城伯。[7]歷侍御史，[8]兼都官郎中、廣平王開府中郎，[9]修起居注。

　　[1]北平漁陽人也：中華本校勘記云："南本及《魏書》卷七二、《北史》卷四七《陽尼傳》都稱‘北平無終人’，本卷陽休之和陽斐是同族，《休之傳》也稱北平無終人。按兩漢漁陽縣屬漁陽郡。晉時郡縣俱廢。北魏幽州漁陽郡有漁陽縣，且無終亦屬漁陽郡（見《魏書》卷一〇六《地形志》上）。自漢以來，漁陽縣無屬北平郡的紀載。這裏稱‘北平漁陽人’當誤。"存疑。北平，郡名。治所在今河北盧龍縣。漁陽，郡名。北魏治雍奴縣（今天津市武清區），北齊移治潞縣（今北京市通州區東城子）。

　　[2]藻：陽藻，字景德，北平無終（今天津市薊州區）人。北魏官吏。《魏書》卷七二、《北史》卷四七《陽尼傳》有附傳。

[3]魏：即北魏（386—557）。北朝政權之一。公元386年鮮卑人拓跋珪建立代國，初居盛樂（今内蒙古和林格爾縣），398年定都平城（今山西大同市東北），後遷都洛陽（今河南洛陽市東北）。永熙三年（534）分裂爲東魏與西魏。東魏（534—550）都於鄴（今河北臨漳縣西南鄴鎮東），西魏（535—557）都於長安（今陝西西安市西北郊）。　建德：郡名。治所在今遼寧建昌縣西北。

[4]幽州：治所在今北京市西城區。

[5]孝莊：北魏皇帝元子攸（507—530），彭城王元勰第三子。公元528年至530年在位。謚號孝莊。《魏書》卷一○、《北史》卷五有紀。

[6]西兗：州名。治所在今河南滑縣東。

[7]方城伯：爵名。方城，縣名。治所在今河北固安縣西南方城。

[8]侍御史：官名。即御史。爲御史臺屬官，掌舉劾違失、監理郡縣等。北齊從七品。

[9]都官郎中：官名。爲尚書省都官郎曹長官，職掌刑獄。北齊六品上。　廣平王：元贊的封爵號。廣平，郡名。治所在今河北邯鄲市永年區。　中郎：官名。開府僚屬，即從事中郎。北齊開府從事中郎五品。

興和中，[1]除起部郎中，[2]兼通直散騎常侍，[3]聘於梁。[4]梁尚書羊侃，[5]魏之叛人也，與斐有舊，欲請斐至宅，三致書，斐不答。梁人曰："羊來已久，經貴朝遷革，李、盧亦詣宅相見，[6]卿何致難？"斐曰："柳下惠則可，[7]吾不可。"梁主乃親謂斐曰：[8]"羊侃極願相見，今二國和好，天下一家，安得復論彼此？"斐終辭焉。使還，除廷尉少卿。[9]

[1]興和：東魏孝静帝元善見年號（539—542）。

[2]除：官制用語。意爲任命。 起部郎中：官名。南北朝尚書起部曹長官通稱。北齊六品上。起部曹主掌土木工程匠役。

[3]通直散騎常侍：官名。因將員外散騎常侍與散騎常侍通員值班而得名。職掌品秩與散騎常侍略同。屬集書省。北齊四品。

[4]梁：南朝梁（502—557）。南朝齊和帝中興二年（502），相國梁王蕭衍禪代南齊，改元稱帝，都建康（今江蘇南京市），國號梁，史稱蕭梁。歷四主，五十六年。

[5]羊侃（495—548）：字祖忻，泰山梁甫（今山東新泰市）人。北魏降梁官吏。《梁書》卷三九、《南史》卷六三有傳。

[6]李、盧：疑即東魏出使梁的李諧、盧元明二人。《北史》卷二九《蕭撝傳》："東魏遣李諧、盧元明使梁。"

[7]柳下惠：展獲，字季，又字禽。曾爲士師官。因食邑柳下，謚惠，故稱。亦作"展禽""柳下季""柳下師"等。春秋時魯國大夫。相傳他與一女子共坐一夜，而心不迷亂。後世借指有操行的男子。

[8]梁主：南朝梁武帝蕭衍（464—549），字叔達，小字練兒，南蘭陵（今江蘇常州市武進區西北）人。公元502年至549年在位。《梁書》卷一至三，《南史》卷六、七有紀；《魏書》卷九八有傳。

[9]廷尉少卿：官名。北魏始置，爲廷尉次官。北齊初沿置，後設大理寺，遂改置"大理少卿"。四品上。廷尉卿爲中央最高司法審判機構長官。

石濟河溢，[1]橋壞，斐修治之。又移津於白馬，[2]中河起石潭，兩岸造關城，累年乃就。東郡太守陸士佩以黎陽關河形勝，[3]欲因山即壑以爲公家苑囿。遺斐書曰："當諮大將軍以足下爲匠者。"[4]斐答書拒曰："當今殷憂啓聖，[5]運遭昌曆。[6]故大丞相天啓霸功，再造太極；大將軍光承先構，嗣績丕顯。國步始康，民勞未息。誠宜輕徭薄賦，勤恤民隱，《詩》不云乎：'民亦勞止，迄可小康，惠此中國，以綏四方。'[7]古之帝王亦有表山刊樹，未足盡其意；下輦成宴，詎能窮其情。正足以靡天地之財用，剝生民之髓腦。是故孔子對葉公以來遠，酬哀公以臨民，所問雖同，所急異務故也。[8]相如壯上林之觀，[9]揚雄騁羽獵之辭，[10]雖係以隤墻填塹，亂以收罝落網，[11]而言無補於風規，祗足昭其愆戾也。"

[1]石濟：津渡名。即石濟津。在今河南滑縣西南古黃河上。

[2]白馬：縣名。治所在今河南滑縣東舊縣。

[3]東郡：治所在今河南滑縣東南城關鎮。　陸士佩：字季偉，鮮卑族。東魏官吏。事見《魏書》卷四〇、《北史》卷二八《陸俟傳》。　黎陽：郡名。治所在今河南浚縣東。

[4]大將軍：官名。此指高澄，時高澄以大將軍身份控制朝政。

[5]當今殷憂啓聖："憂"字四庫本、中華本同，宋刻本、百衲本作"夏"。從四庫本改。殷憂啓聖，語出《晉書》卷六《元帝紀》："或多難以固邦國，或殷憂以啓聖明。"其意是深切的憂患能啓發聖明。

[6]昌曆：昌盛的年代。

[7]民亦勞止，迄可小康，惠此中國，以綏四方：語出《詩·大雅·民勞》。其意是百姓辛勤勞作，可以達到小康，施恩中原的人民，以安撫四方。

[8]故孔子對葉公以來遠，酬哀公以臨民，所問雖同，所急異務故也：語出《後漢書》卷五二《崔駰傳》："蓋孔子對葉公以來遠，哀公以臨人，景公以節禮，非其不同，所急異務也。"其意是

孔子在回答葉公時說要招來遠方的人，回答哀公時又說要治理好自己的百姓，問的問題雖然相同，急於處理的政務却並不相同。葉公，指沈諸梁，字子高。春秋末楚國大夫。因封地在葉（今河南葉縣），故稱葉公，或稱葉公諸梁。楚白公勝興兵反楚，其發兵來救，國人迎之。白公既誅，楚國以定，迎楚惠王復位，隨後還葉終老。相傳其好龍，龍聞之下訪，葉公却又驚懼。哀公（？—前468），即春秋時魯國國君魯哀公，名將。公元前494年即位。哀公八年（前487），吳伐魯，齊伐魯，十年，又伐之，魯屢敗，思孔子輔政，孔子遂自衛返魯。二十七年，大夫三桓攻公，公出奔於衛，卒於有山氏（今河南漯河市郾城區東南）。

[9]相如：司馬相如（前179—前117），字長卿，小名犬子。蜀郡成都（今四川成都市）人。西漢文學家。《漢書》卷五七有傳。　上林：上林苑。爲帝王射獵、游樂之所。秦置。在今陝西西安市西及周至縣、户縣界。司馬相如作《上林賦》，語言富麗，運筆古雅，極力渲染天子上林苑的廣闊和天子出獵的壯觀，以諷武帝。

[10]揚雄（前53—18）：一作"楊雄"，字子雲，蜀郡成都（今四川成都市）人。西漢辭賦家。《漢書》卷八七有傳。　羽獵：帝王狩獵，士卒負羽箭隨從，因名羽獵。雄有《羽獵賦》以諷成帝。

[11]罝（jū）：捕兔網。

尋轉尚書右丞。[1]天保初，[2]除鎮南將軍、尚書吏部郎中。[3]以公事免，久之，除都水使者。[4]顯祖親御六軍，[5]北攘突厥，[6]仍詔斐監築長城。作罷，行南譙州事，[7]加通直散騎常侍，[8]壽陽道行臺左丞。[9]遷散騎常侍，[10]食陳留郡幹。[11]未幾，除徐州刺史，[12]帶東南道行臺左丞。[13]乾明元年，[14]徵拜廷尉卿，[15]遷衛大將軍，[16]兼都官尚書，[17]行太子少傅，[18]徙殿中尚書，[19]以本官監瀛州事。[20]抗表致仕，優詔不許。頃之，拜儀同三司，[21]食廣阿縣幹。[22]卒於位。贈使持節、都督北豫光二州諸軍事、驃騎大將軍、儀同三司、中書監、北豫州刺史，[23]諡曰敬簡。[24]子師孝，[25]中書舍人。[26]

[1]轉：官制用語。指官職的晉升。　尚書右丞：官名。爲尚書令及僕射的輔佐官。與左丞共掌尚書臺内庶務，兼掌錢糧庫藏、財政出納、刑獄兵工。歷朝因之。北齊從四品。

[2]天保：北齊文宣帝高洋年號（550—559）。

[3]鎮南將軍：將軍名號。北齊授予有軍功的武官。無職事，從二品。　尚書吏部郎中：官名。與吏部郎互稱。爲尚書省吏部郎曹主官，掌官吏銓選。北齊四品上。

[4]都水使者：官名。掌陂池灌溉及疏保河渠。北齊從五品。

[5]顯祖：北齊文宣帝高洋（529—559），廟號顯祖。本書卷四、《北史》卷七有紀。

[6]突厥：民族名、國名。廣義包括鐵勒、突厥各部落，狹義則專指突厥汗國。六世紀初興起於金山（今阿爾泰山）西南麓，爲一游牧部落。以金山形似古代戰盔兜鍪，當地俗語呼兜鍪爲突厥，故以爲名。西魏廢帝二年（553）建突厥汗國於今鄂爾渾河流域。《周書》卷五〇、《北史》卷九九有傳。

[7]南譙州：治所在今安徽滁州市。

[8]加：官制用語。加官，即兼任。

[9]壽陽：縣名。治所在今安徽壽縣。　行臺左丞：官名。爲行臺尚書省官員。員一人。北齊從四品上。

[10]散騎常侍：官名。散騎與中常侍二職合而爲此職，隸集書省，參掌機要，位比侍中。北齊從三品。

[11]食陳留郡幹：食幹爲北齊的一種制度。幹，原爲漢至南北

朝時一種身份和地位低下的吏，後變爲供役使之人。北齊時，官員可依品級高低，得到數量不等的"幹"。又因"幹"可納資代役。故北齊時盛行"食幹"之制。陳留郡，治所在今河南開封市。

[12]徐州：治所在今江蘇徐州市。

[13]帶：官制用語。領，兼帶。

[14]乾明：北齊廢帝高殷年號（560）。

[15]廷尉卿：官名。南朝梁改"廷尉"爲此稱，掌刑獄。北齊稱爲"大理卿"，三品。

[16]衛大將軍：官名。十六國後燕置。北齊沿置，爲安排有軍勳人員的閑職。

[17]都官尚書：官名。爲尚書省諸尚書之一。北齊統都官、二千石、比部、水部、膳部諸曹事務，階第三品。

[18]太子少傅：官名。漢置。掌以道德輔教太子，兼領太子官屬。北齊三品。

[19]徙：官制用語。轉任。　殿中尚書：官名。爲尚書省六曹尚書之一。管理宮殿禁衛、禮制、宮廷車馬及倉庫等事。領殿中、儀曹、三公、駕部四郎曹。三品。

[20]瀛州：治所在今河北河間市。

[21]儀同三司：官名。本指官場待遇，儀同三司（三公）。"儀同"自此成專名。魏晉以降，凡開府，皆儀同三司，遂成加銜。至北魏、北齊又爲官號。北齊二品。

[22]廣阿縣：治所在今河北隆堯縣東。

[23]使持節：政治術語。即持節出使。自漢起，節爲皇帝授予號令賞罰之權的信物，故持節者比不持節者位高而權重。魏晉南北朝又將使持節與持節相區分，成爲專用職名。此職名在上，得殺二千石以下。而持節除督軍事時與使持節相同外，平時僅有權殺無官位之人。　北豫：州名。治所在今河南滎陽市西北。　光：州名。治所在今河南光山縣。　驃騎大將軍：官名。僅次於大將軍，多加元老重臣。北齊從一品。　中書監：官名。與中書令同爲中書省主

官，掌草擬詔令，處理機要。北齊從二品。

[24]敬簡：《謚法》："夙夜警戒曰敬，一德不懈曰簡。"

[25]師孝：陽師孝。北平無終（今天津市薊州區）人。北齊官吏。歷晉州中從事、中書舍人等職。事見《北史》卷四七《陽尼傳》。

[26]中書舍人：官名。即中書通事舍人。爲中書省屬官，掌呈奏表。參與機務。北齊六品上。

盧潛，范陽涿人也。[1]祖尚之，[2]魏濟州刺史。[3]父文符，[4]通直侍郎。[5]潛容貌瓌偉，善言談，少有成人志尚。儀同賀拔勝辟開府行參軍，[6]補侍御史。世宗引爲大將軍西閤祭酒，[7]轉中外府中兵參軍，[8]機事強濟，爲世宗所知，言其終可大用。王思政見獲於潁川，[9]世宗重其才識。潛曾從容白世宗云："思政不能死節，何足可重！"世宗謂左右曰："我有盧潛，便是更得一王思政。"天保初，除中書舍人，以奏事忤旨免。尋除左民郎中，[10]坐譏議《魏書》，[11]與王松年、李庶等俱被禁止。[12]會清河王岳將救江陵，[13]特赦潛以爲岳行臺郎。[14]還，遷中書侍郎，[15]尋遷黃門侍郎。[16]黃門鄭子默奏言，[17]潛從清河王南討，清河王令潛説梁將侯瑱，[18]大納賂遺，還不奏聞。顯祖杖潛一百，仍截其鬚，左遷魏尹丞。[19]尋除司州別駕，[20]出爲江州刺史，[21]所在有治方。

[1]范陽：郡名。治所在今河北涿州市。　涿：縣名。治所同郡。

[2]尚之：盧尚之（462—524），字季儒，小字羨夏，范陽涿（今河北涿州市）人。北魏官吏。《北史》卷三〇《盧玄傳》有附傳。

[3]濟州：治所在今山東茌平縣西南。

[4]文符：盧文符，字叔僖（一作"叔偉"），范陽涿（今河北涿州市）人。北魏官吏。事見《魏書》卷四七《盧玄傳》，《北史》卷三〇《盧玄傳》有附傳。

[5]通直侍郎：官名。即通直散騎侍郎。因將員外散騎侍郎二人與散騎侍郎通員值班而得名。職掌品秩與散騎侍郎同。隸集書省。北齊從五品上。

[6]賀拔勝（？—544）：字破胡，神武尖山（今山西神池縣）人。徙居武川（今內蒙古武川縣）。北魏、西魏名將。《魏書》卷八〇、《周書》卷一四有傳，《北史》卷四九《賀拔允傳》有附傳。

辟：委任。各級軍政機關長官自行任命屬吏之行爲稱"辟"。

開府行參軍：官名。開府所置，無固定職掌。

[7]世宗：北齊文襄帝高澄（521—549），廟號世宗。本書卷三、《北史》卷六有紀。　大將軍：官名。北齊爲名譽職銜。作爲加授給大臣、重要州郡長官的戎號。凡加戎號者可開府。一品。

西閤祭酒：官名。掌閤內文翰。

[8]中外府：機構名。即"都督中外諸軍事府"的簡稱。總統內外諸軍。　中兵參軍：官名。中兵曹主官，掌有關兵事及本府親兵。

[9]王思政：字司政，太原祁（今山西祁縣）人。西魏名將。後降北齊，爲都官尚書、儀同三司。《周書》卷一八、《北史》卷六二有傳。　潁川：郡名。治所在今河南許昌市。

[10]左民郎中：官名。爲尚書省左民曹長官通稱。北齊六品上。

[11]《魏書》：書名。北齊魏收撰。共一百三十卷。

[12]王松年：太原晉陽（今山西太原市晉源區古城營村一帶）

人。北齊官吏。本書卷三五有傳。　李庶：頓丘（今河南清豐縣西南）人。北齊官吏。事見本書卷三五《李構傳》，《北史》卷四三《李崇傳》有附傳。

　　[13]清河王：高岳的封爵號。清河，郡國名。西漢高帝置，治清陽縣（今河北清河縣）。西晉爲清河國，治清河縣（今山東臨清市）。北魏仍改爲郡。北齊移治武城縣（今河北清河縣西城關鄉西北）。　岳：高岳（512—555），字洪略，渤海蓨（今河北景縣）人。高翻子，高歡從父弟。東魏、北齊宗室大臣。本書卷一三、《北史》卷五一有傳。　江陵：縣名。治所在今湖北荆州市荆州區。

　　[14]特赦潛以爲岳行臺郎：“赦”字宋刻本、百衲本、中華本同，四庫本作“敕”。行臺郎，官名。北魏置，北齊沿置。行臺屬官。爲行臺諸曹郎中的泛稱，各曹皆冠以曹名。

　　[15]中書侍郎：官名。三國時魏文帝設，又稱“中書郎”，爲中書省副主官，掌起草書疏表檄。歷朝因之。北齊從四品上。

　　[16]黄門侍郎：官名。與給事黄門侍郎合爲一職，與侍中俱掌門下事。北齊四品上。

　　[17]鄭子默：鄭頤（？—560），字子默，彭城（今江蘇徐州市老城區）人。北齊官吏。本書卷三四《楊愔傳》、《北史》卷四一《楊播傳》有附傳。

　　[18]侯瑱（510—561）：字伯玉，巴西充國（今四川閬中市）人。家世爲西蜀豪族。南朝梁、陳將領。《陳書》卷九、《南史》卷六六有傳。

　　[19]左遷：官制用語。古以右爲上，左遷爲降職。　魏尹：官名。東魏都鄴，其地屬魏郡，故改郡守稱“尹”。“尹”字四庫本、百衲本、中華本同，宋刻本作“郡”。

　　[20]司州：治所在今河北臨漳縣西南。　別駕：官名。漢設。爲州刺史僚屬。因隨刺史行部，別乘傳車而名之。録衆事。

　　[21]江州：北齊改梁晋州置，治所在今安徽潛山縣梅城鎮。

肅宗作相，[1]以潛爲揚州道行臺左丞。[2]先是梁將王琳爲陳兵所敗，[3]擁其主蕭莊歸壽陽，[4]朝廷以琳爲揚州刺史，敕潛與琳爲南討經略。[5]琳部曲義故多在揚州，[6]與陳寇鄰接。潛輯諧內外，甚得邊俗之和。陳秦、譙二州刺史王奉國、合州刺史周令珍前後入寇，[7]潛輒破平之，以功加散騎常侍，食彭城郡幹。[8]遷合州刺史，左丞如故。又除行臺尚書，[9]尋授儀同三司。王琳銳意圖南，潛以爲時事未可。屬陳遣移書至壽陽，請與國家和好。潛爲奏聞，仍上啓且願息兵。依所請。由是與琳有隙，更相表列。世祖追琳入京，除潛揚州刺史，領行臺尚書。

[1]肅宗：北齊孝昭帝高演（535—561），廟號肅宗。本書卷六、《北史》卷七有紀。

[2]揚州：治所在今安徽壽縣。

[3]王琳（516—563）：字子珩，會稽山陰（今浙江紹興市）人。北齊將領。初仕梁，任岳陽內史，以軍功封建寧縣侯。陳初降齊。本書卷三二、《南史》卷六四有傳。　陳：南朝陳（557—589）。南朝梁敬帝太平二年（557），陳霸先改元稱帝，都建康（今江蘇南京市），國號陳。歷五帝，三十三年。後主禎明二年（589）被隋所滅。

[4]蕭莊：南朝梁元帝孫。南蘭陵（今江蘇常州市武進區西北）人。初封永嘉王，敬帝時出質北齊。陳禪代梁，王琳於郢州扶其即帝位，改年號天啓，署置百官。王琳兵敗，逃歸北齊，齊封梁王。後卒於鄴。《南史》卷五四有傳。

[5]敕：南北朝以後對君主詔命的專稱。

[6]琳部曲義故多在揚州："義故"宋刻本、四庫本、百衲本

作"故義"。中華本校勘記云:"諸本'義故'倒作'故義'。按南北朝史籍習見'部曲義故'一語,今據《册府》卷六九二乙正。"從中華本改。

[7]陳秦、譙二州刺史王奉國:"秦譙"宋刻本、四庫本、百衲本作"泰譙"。中華本校勘記云:"諸本'秦譙'作'泰譙',《册府》卷三八二作'秦雍'。按陳之秦州見《隋書》卷三一《地理志》下江都郡六合縣條及《梁》《陳書》,今據《册府》改。《册府》'雍'乃'譙'之訛。從改。"説是。從中華本改。秦,州名。治所在今江蘇南京市六合區。譙,州名。治所在今安徽亳州市。王奉國,南朝陳官吏。　合州:治所在今安徽合肥市西北。　周令珍:南朝陳官吏。位合州刺史。

[8]彭城郡:治所在今江蘇徐州市老城區。

[9]行臺尚書:官名。北魏置。爲行臺長官。北齊沿置。二品。

潛在淮南十三年,[1]任總軍民,大樹風績,甚爲陳人所憚。陳主與其邊將書云:[2]"盧潛猶在壽陽,聞其何當還北,此虜不死,方爲國患,卿宜深備之。"顯祖初平淮南,給十年優復。[3]年滿之後,逮天統、武平中,[4]徵税煩雜。又高元海執政,[5]斷漁獵,人家無以自資。諸商胡負官責息者,宦者陳德信縱其妄注淮南富家,[6]令州縣徵責。又敕送突厥馬數千疋於揚州管内,令土豪貴買之。錢直始入,便出敕括江、淮間馬,並送官厩。由是百姓騷擾,[7]切齒嗟怨。潛隨事撫慰,兼行權略,故得寧靖。

[1]淮南:當指淮南地區,即淮河以南、長江以北地區。

[2]陳主:陳武帝陳霸先(503—559),字興國,小字法生,

吳興長城（今浙江長興縣東）人。公元 557 年至 559 年在位。《陳書》卷一、二，《南史》卷九有紀。

[3]優復：免徭賦。

[4]天統：北齊後主高緯年號（565—569）。　武平：北齊後主高緯年號（570—576）。

[5]高元海（？—578）：渤海蓨（今河北景縣）人。上洛王思宗子。北齊官吏。本書卷一四、《北史》卷五一《上洛王思宗傳》有附傳。

[6]陳德信：北齊宦官。爲後主寵用。事見本書卷五〇《韓寶業等傳》。

[7]由是百姓騷擾："騷"字宋刻本、百衲本作"搔"，四庫本作"騒"。今從中華本作"騷"。按，"騒"同"騷"。

　　武平三年，徵爲五兵尚書。[1]揚州吏民以潛戒斷酒肉，篤信釋氏，大設僧會，以香華緣道，流涕送之。潛歎曰："正恐不久復來耳。"至鄴未幾，[2]陳將吳明徹度江侵掠，[3]復以潛爲揚州道行臺尚書。五年，與王琳等同陷。[4]尋死建業，[5]年五十七，其家購屍歸葬。贈開府儀同三司、尚書右僕射、兗州刺史。[6]無子，以弟士邃子元孝爲嗣。[7]

[1]五兵尚書：官名。屬尚書省。北齊初沿北魏制，稱"七兵尚書"，後復稱"五兵尚書"，領左中兵、右中兵、左外兵、右外兵、都兵五曹，管理全國兵籍、徵兵、儀仗等軍事行政。但因北齊於尚書省外別置外兵省、騎兵省管理全國兵馬樞務，所以五兵較前權輕。三品。

[2]鄴：都邑名。在今河北臨漳縣西南。北齊定都於此。

[3]吴明徹（511—577）：字通昭，秦郡（今江蘇南京市六合區北）人。南朝陳將領。《陳書》卷九、《南史》卷六六有傳。

[4]五年，與王琳等同陷：中華本校勘記云："《北史》卷三〇《盧潛傳》此事叙於武平四年（五七三）後。按本書卷八《後主紀》（補），陳取壽陽在四年十月，《陳書》卷五《宣帝紀》在太建五年十月，即武平四年。這裏'五'字誤。"存疑。

[5]建業：縣名。治所在今江蘇南京市。

[6]開府儀同三司：官名。本指高級官員開建府署之待遇，儀同三司（三公）。以後遂成加銜，至南北朝又爲官稱。北齊從一品。　尚書右僕射：官名。尚書省副長官之一。助尚書令掌全國政務。與祠部尚書通職，二者不並設。兼管儀曹事。北齊從二品。"右"字宋刻本、百衲本、中華本同，四庫本作"左"。　兖州：治所在今山東濟寧市兖州區新驛鎮東頓村南。

[7]士邃：盧士邃。事不詳。　元孝：盧元孝（？—574）。事不詳。

士邃，字子淹，少爲崔昂所知，[1]昂云："此昆季足爲後生之俊，但恨其俱不讀書耳。"歷侍御史、司徒祭酒、尚書郎、鄴縣令、尚書左右丞、吏部郎中，[2]出爲中山太守，[3]帶定州長史。[4]齊亡後卒。

[1]崔昂（？—565）：字懷遠，博陵安平（今河北安平縣）人。北魏、東魏、北齊官吏。本書卷三〇有傳，《北史》卷三二《崔挺傳》有附傳。

[2]司徒祭酒：官名。爲司徒府屬吏，掌府中内事，分東閣、西閣等。北齊七品上。　尚書郎：官名。凡尚書曹郎、郎中、侍郎皆可簡爲此稱。分掌尚書各曹。　尚書左右丞：官名。即尚書左丞和尚書右丞。同爲尚書臺屬官，佐助令、僕射掌政務。職掌臺内庶

務、文吏及文案奏章。北齊從四品上。　吏部郎中：官名。爲尚書省吏部郎曹主官，與吏部郎互稱。掌官吏銓選。北齊四品上。

[3]中山：郡名。治所在今河北定州市。

[4]定州：治所在今河北定州市。　長史：官名。掌參政務。主管屬吏。爲府中掾屬之長。

潛從祖兄懷仁，[1]字子友，魏司徒司馬道將之子。[2]懷仁涉學有文辭，情性恬靖，常蕭然有閑放之致。歷太尉記室、弘農郡守，[3]不之任，卜居陳留界。所著詩賦銘頌二萬餘言，又撰《中表實錄》二十卷。[4]懷仁有行檢，善與人交，與琅邪王衍、隴西李壽之情好相得。[5]曾語衍云："昔太丘道廣，[6]許劭知而不顧；[7]嵇生性惰，[8]鍾會過而絕言。[9]吾處季、孟之間，[10]去其泰甚。"衍以爲然。武平末卒。

[1]從祖兄：同曾祖而不同祖父的兄弟。

[2]司徒：官名。爲三公之一。北齊一品。　司馬：高級幕僚。掌軍事及府內武官。　道將：盧道將，字祖業，范陽涿（今河北涿州市）人。北魏官吏。《魏書》卷四七、《北史》卷三〇《盧玄傳》有附傳。

[3]太尉：官名。三公之一。魏晉以後多爲元老重臣之加官。　記室：官名。公府中掌上章報表書記。北齊六品上。　弘農郡：治所在今河南靈寶市北。

[4]《中表實錄》：書名。內容不詳。已佚。

[5]琅邪：郡名。治所在今山東臨沂市西。　王衍（484—535）：字文舒，琅邪臨沂（今山東費縣東）人。北魏官吏。《北史》卷四二《王肅傳》有附傳。　隴西：郡名。治所在今甘肅隴

西縣東南。　李壽之：北齊隴西狄道（今甘肅臨洮縣）人。事見《北史》卷一〇〇《涼武昭王李暠傳》。

　　[6]太丘：古地名。亦作"泰丘"。故址在今河南永城市西北。此處代指漢太丘長陳寔（104—187）。字仲弓，東漢許（今河南許昌市）人。桓帝時爲太丘長。以平正聞名鄉里。《後漢書》卷六二有傳。

　　[7]許劭（150—195）：字子將，汝南平輿（今河南平輿縣西北）人。東漢末名士。少峻名節，好人倫，多所賞識。《後漢書》卷六八有傳。

　　[8]嵇生：嵇康（224—263），字叔夜，譙郡銍（今安徽宿州市西南）人。三國魏文學家。《三國志》卷二一有傳。

　　[9]鍾會（225—264）：三國魏潁川長社人。鍾繇子。有才數技藝。《三國志》卷二八有傳。

　　[10]季、孟之間：季、孟指魯國的公族季氏和孟氏。《論語·微子》："齊景公待孔子，曰：'若季氏則吾不能，以季孟之間待之。'"季氏爲魯上卿，孟氏爲下卿。齊景公的意思是説給孔子以上下卿之間的待遇。後人遂以季孟之間比喻比上不足比下有餘。

　　懷仁兄子莊之，少有名望。官歷太子舍人、定州別駕、東平太守。[1]武平中都水使者，卒官。

　　[1]太子舍人：官名。掌東宫宿衛。宣行太子令旨。北齊從六品。　東平：郡名。治所在今山東東平縣東南。

　　懷仁從父弟昌衡，[1]魏尚書左僕射道虔之子。[2]武平末尚書郎。沉靖有才識，風儀藴籍，容止可觀。天保中，尚書王昕以雅談獲罪，[3]諸弟尚守而不墜，自兹以後，此道頓微。昌衡與頓丘李若、彭城劉泰珉、河南陸彥師、隴西辛德源、太原王脩並爲後進風流之士。[4]

[1]從父：父親的兄弟。即伯父或叔父。

[2]尚書左僕射：官名。尚書省次官之一。助尚書令掌政務，兼監察百官，領殿中、主客二曹。北齊從二品。　道虔：盧道虔，字慶祖，范陽涿（今河北涿州市）人。北魏、東魏將領。《魏書》卷四七、《北史》卷三〇《盧玄傳》有附傳。

[3]王昕（？—559）：字元景，北海劇（今山東壽光市東南）人。北魏、東魏、北齊官吏。本書卷三一有傳，《北史》卷二四《王憲傳》有附傳。

[4]頓丘：郡名。治所在今河南清豐縣西南。"頓丘"四庫本、百衲本、中華本同，宋刻本作"順丘"。　李若：頓丘（今河南清豐縣西南）人。北齊、隋朝官吏。《北史》卷四三《李崇傳》有附傳。　劉泰珉：亦作"劉瑉"，彭城（今江蘇徐州市老城區）人。北齊文吏。任省三公郎中，武平中爲文林館入館待詔。　河南：郡名。治所在今河南洛陽市西。　陸彥師：字雲房，代（今山西大同市東北）人。北齊、北周官吏。初仕魏，後爲彭城王高淯主簿。隋建，拜尚書左丞，病卒。《北史》卷二八《陸俟傳》有附傳。辛德源（？—601）：字孝基，隴西狄道（今甘肅臨洮縣）人。北齊、北周、隋朝學者。少有名。《北史》卷五〇《辛雄傳》有附傳。　太原：郡名。治所在今山西太原市西南。　王脩：亦名循。太原（今山西太原市）人。北齊名士。與范陽盧昌衡、頓丘李若、彭城劉泰瑉、河南陸彥師、隴西辛德源齊名於時。

昌衡從父弟思道，魏處士道亮之子,[1]神情俊發，少以才學有盛名。武平末，黃門侍郎，待詔文林館。[2]

[1]處士：指未做官的士人。　道亮：盧道亮，一作"盧亮"；字仁業，一作"仲業"。范陽涿（今河北涿州市）人。北魏名士。盧思道父。不仕而終。

[2]文林館：官署名。北齊武平三年（572）置。引文學之士充之，稱待詔。掌編撰供皇帝閱覽的書籍，撰成後名《修文殿御覽》。

思道從父兄正達、正思、正山，[1]魏右光禄大夫道約之子。[2]正達尚書郎，正思北徐州刺史、太子詹事、儀同三司，[3]正山永昌郡守。[4]兄弟以后舅，[5]武平中並得優贈。

[1]思道從父兄正達：四庫本、百衲本、中華本同，宋刻本無"從"字。

[2]右光禄大夫：官名。作爲在朝顯職的加官，以示優崇，或授予年老有病者爲致仕之官，亦常用爲卒後贈官。無職掌。二品。　道約：盧道約（485—543），字季恭，范陽涿（今河北涿州市）人。北魏官吏。《魏書》卷四七、《北史》卷三〇《盧玄傳》有附傳。"約"字四庫本、中華本同，宋刻本、百衲本作"幼"。中華本校勘記云："諸本'約'作'幼'，殿本依《北史》卷三〇作'約'。按《魏書》卷四七《盧玄傳》也作'道約'，今從殿本。"從改。

[3]北徐州：治所在今山東臨沂市西。　太子詹事：官名。總領東宮内外事務及諸官屬。北齊三品上。

[4]永昌郡：治所在今山東成武縣東南。

[5]后：北齊武成皇后胡氏。安定（今甘肅涇川縣北）人。胡延之女。本書卷九、《北史》卷一四有傳。

正山子公順，早以文學見知。武平中符璽郎，[1]待詔文林館。與博陵崔君洽、隴西李師上同志友善，[2]從駕晉陽，[3]寓居僧寺，朝士謂"康寺三少"，[4]爲物論推許。

[1]符璽郎：官名。爲符節令屬官，掌印璽。北齊從六品。
[2]博陵：郡名。治所在今河北安平縣。　崔君洽：崔液，字君洽，博陵安平（今河北安平縣）人。北齊官吏。早以文學知名。《北史》卷三二《崔挺傳》有附傳。　李師上：隴西成紀（今甘肅靜寧縣西南）人。魏收外孫。北齊文吏。《北史》卷一〇〇《涼武昭王李暠傳》有附傳。
[3]晉陽：縣名。治所在今山西太原市晉源區古城營村一帶。
[4]康寺三少：中華本校勘記云："《册府》卷七七七'康'作'唐'。按晉陽古唐國，疑作'唐'是。"存疑。

　　正達從父弟熙裕，父道舒。[1]爲長兄道將讓爵，由是熙裕襲固安伯。[2]虛淡守道，有古人之風，爲親表所敬重。

[1]道舒：盧道舒，字幼安，范陽涿（今河北涿州市）人。北魏官吏。事見《魏書》卷四七、《北史》卷三〇《盧玄傳》。
[2]固安伯：爵名。固安，縣名。治所在今河北易縣東南。

　　潛從祖兄愻之，魏尚書義僖之子。[1]清靖寡欲，卒於司徒記室參軍。[2]

[1]義僖：盧義僖（約477—約541），字遠慶，范陽涿（今河

北涿州市）人。北魏官吏。《魏書》卷四七、《北史》卷三〇《盧玄傳》有附傳。

[2]司徒記室參軍：官名。司徒府記室長官，掌文疏表奏。

崔劼，字彥玄，本清河人。[1]曾祖曠，[2]南渡河，[3]居青州之東，[4]時宋氏於河南立冀州，[5]置郡縣，即爲東清河郡人。[6]南縣分易，更爲南平原貝丘人也。[7]世爲三齊大族。祖靈延，[8]宋長廣太守。[9]父光，[10]魏太保。[11]

[1]清河：郡國名。西漢高帝置，治清陽縣（今河北清河縣）。西晉爲清河國，治清河縣（今山東臨清市）。北魏仍改爲郡。北齊移治武城縣（今河北清河縣西城關鄉西北）。

[2]曠：崔曠。東清河鄃（今山東平原縣西南）人。北魏崔光之祖。南朝宋官吏。官至樂陵太守。

[3]河：黃河。

[4]居青州之東：中華本校勘記云："《魏書》卷六七、《北史》卷四四《崔光傳》並云：'居青州之時水。'按'時水'見《水經注》卷二六淄水注。疑'東時'爲'時水'之倒訛。"青州，治所在今山東青州市。

[5]宋氏：指南朝宋。　冀州：治所在今河北冀州市。

[6]即爲東清河郡人：中華本校勘記云："《魏書》卷六七、《北史》卷四四《崔光傳》並云'即爲東清河鄃人'，疑'郡'乃'鄃'之訛。"東清河郡，治所在今山東淄博市淄川區。

[7]更爲南平原貝丘人也：中華本校勘記云："《北史》卷四四無上'南'字。按上'南'字於文義不洽，必誤，《北史》則脫去此字。又魏、齊都沒有南平原郡。貝丘縣在魏屬東清河郡，北齊以東清河、東平原併入廣川郡，合爲東平原郡，貝丘始屬東平原。具見《隋書》卷三〇《地理志》中齊郡長山縣條、淄川縣條及《太

平寰宇記》卷一九淄州及長山縣條。據此，北魏到高齊祇有東平原郡，齊代改易郡縣，貝丘也屬於東平原郡，別無'南平原'之名。這裏'南'字當是'東'之訛。"説是，存疑。東平原郡，治所在今山東鄒平縣東長山。貝丘，縣名。治所在今山東臨清市。

[8]靈延：崔靈延。東清河鄃（今山東平原縣西南）人。北魏崔光之父。南朝宋官吏。官居長廣太守。曾與崔道固等共拒魏軍。後投魏。

[9]宋：南朝宋，或稱"劉宋"。東晉恭帝元熙二年（420），相國劉裕禪代東晉，改元稱帝，都建康（今江蘇南京市），國號宋。歷八帝，六十年。順帝昇明三年（479）禪於南齊。 長廣：郡名。治所在今山東龍口市。

[10]光：崔光（451—523），本名孝伯，字長仁，"光"之名爲孝文帝所賜。東清河鄃（今山東平原縣西南）人。北魏官吏。《魏書》卷六七、《北史》卷四四有傳。"光"字四庫本、百衲本、中華本同，宋刻本作"先"。

[11]太保：官名。多爲元老重臣之加官。北魏正一品。

劼少而清虛寡欲，好學有家風。魏末，自開府行參軍歷尚書儀曹郎、祕書丞，[1]修起居注，中書侍郎。興和三年，兼通直散騎常侍，使于梁。天保初，以議禪代，除給事黃門侍郎，[2]加國子祭酒，[3]直內省，[4]典機密。清儉勤慎，甚爲顯祖所知。拜南青州刺史，在任有政績。皇建中，[5]入爲祕書監、齊州大中正，[6]轉鴻臚卿，[7]遷并省度支尚書，[8]俄授京省，[9]尋轉五兵尚書，監國史，在臺閣之中，見稱簡正。世祖之將禪後主，[10]先以問劼，劼諫以爲不可，由是忤意，出爲南兗州刺史。[11]代還，重爲度支尚書、儀同三司，食文登縣幹。[12]尋除中書令,[13]加開府,[14]待詔文林館,監撰新書。遇病卒,時年六十六。贈齊州刺史、尚書右僕射,謚曰文貞。[15]

[1]尚書儀曹郎:官名。尚書省儀曹長官。北齊六品上。儀曹掌車服、羽儀、朝覲、郊廟、饗宴等吉凶禮制。　祕書丞:官名。祕書省屬官,助祕書監掌奏章文書及圖書秘笈。

[2]給事黃門侍郎:官名。門下省次官。與侍中俱管門下衆事。北齊四品上。

[3]國子祭酒:官名。爲國子學主官。北齊從三品。

[4]直:值班,值勤。　內省:機構名。泛指宮禁內之官署。此指門下省。

[5]皇建:北齊孝昭帝高演年號(560—561)。

[6]祕書監:官名。南北朝時爲祕書省主官。北齊三品。祕書省掌修撰國史及保管、典校書籍,並領著作省。　齊州:治所在今山東濟南市。　大中正:掌地方州郡人才的考察。即將當地士人按才能品德,參照門第分成九品,供吏部選用。北齊時規定州大中正須由京官擔任,如官職調出京師,則不能擔任此職。北齊時州大中正視五品。

[7]鴻臚卿:官名。北齊"鴻臚寺卿"的簡稱,爲鴻臚寺長官,主管賓客、朝會、宗教等事務,爲九卿之一,三品。

[8]并省:并州行尚書省。北齊皇帝常住晉陽,故於并州設置行尚書省處理政務,職如朝廷。并,州名。治所在今山西太原市晉源區古城營村一帶。　度支尚書:官名。領尚書省度支等曹,掌軍國收支、漕運、租役、庫廩等。三品。

[9]京省:京師尚書省,即朝廷尚書省。

[10]後主:北齊後主高緯(556—578),武成帝長子。本書卷八、《北史》卷八有紀。

[11]南兗州：治所在今安徽亳州市。
[12]文登縣：治所在今山東文登市文城鎮。
[13]中書令：官名。中書省長官之一。掌起草、發布詔令，參與機務。北齊三品。
[14]開府：官名。本指高級官員開建府署，辟置僚屬之舉。魏晉南北朝時期，常以此作爲對高級官員的寵待。北齊時除授冗濫，從一品。
[15]文貞：《謚法》："道德博聞曰文。清白守節曰貞。"

初和士開擅朝，曲求物譽，諸公因此頗爲子弟干祿，世門之胄，多處京官，而劼二子拱、撝並爲外任。弟廓之從容謂劼曰："拱、撝幸得不凡，[1]何爲不在省府之中、清華之所，而並出外藩，有損家代。"[2]劼曰："立身以來，恥以一言自達，今若進兒，與身何異。"卒無所求。聞者莫不歎服。

[1]拱、撝幸得不凡："凡"字四庫本、百衲本、中華本同，宋刻本作"几"。
[2]家代：家世。唐人避"世"諱改。

拱，天統中任城王湝丞相諮議參軍、管記室。[1]撝，揚州録事參軍。[2]廓之沉隱有識量，以學業見稱。自臨水令爲琅邪王儼大司馬西閤祭酒，[3]遷領軍功曹參軍。[4]武平中卒。

[1]任城王：北齊神武帝高歡第十子高湝的封爵號。任城，郡名。北魏神龜元年（518）分高平郡置，治所在今山東濟南市南。

北齊天保七年（556），改任城郡爲高平郡，以魯郡爲任城郡，治所在今山東曲阜市東北。　湝：高湝（？—578）。本書卷一〇、《北史》卷五一有傳。　諮議參軍：官名。於丞相府諷議軍政事務。員二人。　記室：官名。即"記室掾""記室令史""記室督""記室參軍"等官簡稱。掌上章報表書記。

[2]録事參軍：官名。爲録事曹長官。總録衆曹文簿，舉彈善惡，位在列曹參軍上。

[3]臨水：縣名。治所在今河北磁縣。　琅邪王：北齊武成帝高湛第三子高儼的封爵號。琅邪，郡名。治所在今山東臨沂市西。

儼：高儼（548—571），字仁威，渤海蓨（今河北景縣）人，北齊武成帝第三子。本書卷一二、《北史》卷五二有傳。　大司馬：官名。多作爲贈官。一品。

[4]功曹參軍：官名。即"功曹參軍事"。功曹之長。掌選舉兼參諸曹事務。

盧叔武，[1]范陽涿人，青州刺史文偉從子也。[2]父光宗，[3]有志尚。叔武兩兄觀、仲宣並以文章顯於洛下。[4]叔武少機悟，豪率輕俠，好奇策，慕諸葛亮之爲人。爲賀拔勝荆州開府長史。[5]勝不用其計，棄城奔梁。叔武歸本縣，築室臨陂，優遊自適。世宗降辟書，辭疾不到。天保初復徵，不得已，布裘乘露車至鄴。楊愔往候之，[6]以爲司徒諮議，[7]稱疾不受。

[1]盧叔武：中華本校勘記云："錢氏《考異》卷三一云：'《北史》（卷三〇）作"叔彪"。唐人諱"虎"，史家多改爲"武"，亦有作"彪"者，此人蓋名"叔虎"也。'按《魏書》卷四七《盧溥傳》，溥五世孫有叔虔，父兄名與此傳合，亦即一人。

'虓'是'虎'字形似而訛，也可能唐人避諱追改（唐人避諱偶亦用形近字代）。亦可證其人本名'叔虎'。"說是。

　　[2]文偉：盧文偉，字休族，范陽涿（今河北涿州市）人。北魏、北齊官吏。本書卷二二有傳。　從子：侄子。

　　[3]光宗：盧光宗。范陽涿（今河北涿州市）人。盧洪之弟。北魏官吏。位尚書郎。

　　[4]叔武兩兄觀、仲宣並以文章顯於洛下：四庫本、中華本同，宋刻本、百衲本無"宣"字。從補。觀，即盧觀（？—525）。字伯舉，范陽涿（今河北涿州市）人。北魏官吏。《魏書》卷八五、《北史》卷三〇有傳。仲宣，即盧仲宣（？—528）。小名金，范陽涿（今河北涿州市）人。北魏官吏。《北史》卷三〇《盧觀傳》有附傳。洛下，洛陽。

　　[5]爲賀拔勝荊州開府長史：四庫本、中華本同，宋刻本、百衲本無"爲"字。從補。荊州，北魏太和二十二年（498）置，治所在今河南鄧州市。長史，官名。掌參政務。主管屬吏。爲府中掾屬之長。

　　[6]楊愔（511—560）：字遵彥，小名秦王，弘農華陰（今陝西華陰市）人，楊津子。北齊官吏。本書卷三四有傳，《北史》卷四一《楊播傳》有附傳。

　　[7]司徒諮議：官名。即"司徒諮議參軍"。司徒府僚屬。掌顧問諫議，北齊從四品上。

　　肅宗即位，召爲太子中庶子，[1]加銀青光禄大夫。[2]問以世事，叔武勸討關西，畫地陳兵勢曰："人衆敵者當任智謀，智謀鈞者當任勢力，[3]故强者所以制弱，富者所以兼貧。今大齊之比關西，强弱不同，貧富有異，而戎馬不息，未能吞并，此失於不用强富也。輕兵野戰，勝負難必，是胡騎之法，非深謀遠算萬全之術也。

宜立重鎮於平陽，[4]與彼蒲州相對，[5]深溝高壘，運糧積甲，築城戍以屬之。彼若閉關不出，則取其黃河以東，長安窮蹙，[6]自然困死。如彼出兵，非十萬以上，不為我敵，所供糧食，皆出關內。我兵士相代，年別一番，穀食豐饒，運送不絕。彼來求戰，我不應之，彼若退軍，即乘其弊。自長安以西，民疏城遠，敵兵來往，實有艱難，與我相持，農作且廢，不過三年，彼自破矣。"帝深納之。又願自居平陽，成此謀略。上令元文遙與叔武參謀，[7]撰《平西策》一卷。未幾帝崩，事遂寢。

[1]太子中庶子：官名。漢置，為太子侍從。北齊時屬門下坊。員四人。多以博學之士擔任。四品。

[2]銀青光祿大夫：官名。西晉武帝設。凡光祿大夫皆授銀章青綬，故有此稱。為元老重臣之加官或致仕之官。亦為死者之贈官。北齊三品。

[3]人衆敵者當任智謀，智謀鈞者當任勢力：宋刻本、四庫本、百衲本"智謀"二字不重。中華本校勘記云："諸本'智謀'二字不重，今據《冊府》卷八四九補。"從補。

[4]平陽：郡名。治所在今山西臨汾市。

[5]蒲州：治所在今山西永濟市西南。

[6]長安：縣名。治所在今陝西西安市西北。時為北周都城，以喻北周。

[7]元文遙：字德遠，河南洛陽（今河南洛陽東南）人，鮮卑族。北齊大臣。本書卷三八、《北史》卷五五有傳。

世祖踐祚，[1]拜儀同三司、都官尚書，出為合州刺史。武平中，遷太子詹事、右光祿大夫。叔武在鄉時有粟千石，每至春夏，鄉人無食者令自載取，至秋，任其償，都不計校。然而歲歲常得倍餘。既在朝通貴，自以年老，兒子又多，遂營一大屋，曰："歌於斯，哭於斯。"魏收曾來詣之，[2]訪以洛京舊事，[3]不待食而起，云："難爲子費。"叔武留之，良久食至，但有粟飧葵菜，木椀盛之，片脯而已。所將僕從，亦盡設食，一與此同。齊滅，歸范陽，遭亂城陷，叔武與族弟士遂皆以寒餒致斃。周將宇文神舉以其有名德，[4]收而葬之。

[1]世祖踐祚："祚"字宋刻本、百衲本同，四庫本、中華本作"阼"。按，"阼"通"祚"。踐祚，指皇帝登基。

[2]魏收（505—572）：字伯起，小字佛助，鉅鹿下曲陽（今河北晉州市西）人。北朝時著名史學家。本書卷三七、《北史》卷五六有傳，《魏書》卷一〇四有其家世自序（部分爲後人所補）。

[3]洛京：洛陽。北魏原都平城（今山西大同市東北），太和十七年（493）遷都洛陽，故稱洛陽爲洛京。

[4]周：即北周（557—581）。西魏恭帝三年（556）十二月，宇文泰之子宇文覺廢西魏主自立，次年（557）改元，建號周，史稱北周，又稱後周。都長安（今陝西西安市）。歷五帝，二十五年。至靜帝宇文衍爲隋所代。　宇文神舉（532—579）：代郡武川（今內蒙古武川縣）人。周文帝宇文泰族子。鮮卑族。北周將領。《周書》卷四〇、《北史》卷五七有傳。

　　叔武族孫臣客，父子規，[1]魏尚書郎、林慮郡守。[2]臣客風儀甚美，少有志尚，雅有法度，好道家之言。其姊爲任城王妃，天保末，任城王致之於朝廷，由是擢拜太子舍人。遷司徒記室，[3]請歸侍祖母李。李強之令仕，不得已而順命,除太子舍人、太子中庶子。武平中,兼散騎常侍聘陳,還,卒於路。贈鄭州刺史、鴻臚卿。[4]

[1]子規:盧子規。事不詳。
[2]林慮郡:治所在今河南林州市。
[3]司徒記室:官名。司徒府佐吏,主文書表報。北齊六品上。
[4]鄭州:治所在今河南許昌市。

陽休之,字子烈,右北平無終人也。[1]父固,[2]魏洛陽令,[3]贈太常少卿。[4]休之儁爽有風概,少勤學,愛文藻,弱冠擅聲,爲後來之秀。幽州刺史常景、王延年並召爲州主簿。[5]

[1]右北平:郡名。治所在今河北唐山市豐潤區東南。 無終:縣名。治所在今天津市薊州區。
[2]固:陽固(467—523),字敬安,北平無終(今天津市薊州區)人。北魏官吏。博覽羣書,有文才。《魏書》卷七二、《北史》卷四七《陽尼傳》有附傳。
[3]洛陽:縣名。治所在今河南洛陽市東北。
[4]太常少卿:官名。北齊置爲太常寺次官,員一人,位列諸寺少卿之首。四品上。太常寺掌宗廟陵寢祭祀禮儀、天文術數等。
[5]常景(?—550):字永昌,河內溫(今河南溫縣)人。北魏、東魏官吏。孝文帝時入仕,爲太常博士。《魏書》卷八二有傳。
王延年:北魏官吏。官至幽州刺史。 主簿:官名。掌文簿及閣內事。

魏孝昌中,[1]杜洛周破薊城,[2]休之與宗室及鄉人數千家南奔章武,[3]轉至青州。是時葛榮寇亂,[4]河北流民多湊青部。[5]休之知將有變,乃請其族叔伯彦等曰:[6]"客主勢異,競相凌侮,禍難將作。如鄙情所見,宜潛歸京師避之。"諸人多不能從。休之垂涕別去。俄而邢杲作亂,[7]伯彦等咸爲土民所殺,[8]一時遇害,諸陽死者數十人,[9]唯休之兄弟獲免。

[1]孝昌:北魏孝明帝元詡年號(525—527)。

[2]杜洛周(?—528):又名杜周,北魏柔玄鎮(今内蒙古興和縣西北)人。高車族。北魏末六鎮起兵領袖。初爲柔玄鎮鎮兵。孝昌元年,在上谷舉兵反魏,自號真王,攻没郡縣,南圍燕州。次年,攻取幽州(今北京市西城區),執刺史。武泰元年(528),攻下定州(今河北定州市),俘刺史楊津。後爲葛榮所害。 薊城:城名。在今北京市西南。北魏時爲幽州治所。"薊城"四庫本、中華本同,宋刻本、百衲本無"薊"字。從補。

[3]章武:郡名。治所在今河北大城縣。

[4]葛榮(?—528):北魏末年河北暴動首領。本爲懷朔鎮將。公元526年參加鮮于脩禮起事。鮮于脩禮被害後,繼領其衆,乃稱天子,國號齊,年號廣安。528年被尒朱榮俘,十月死於洛陽。

[5]青部:青州。治所在今山東青州市。

[6]伯彦:陽伯彦。事不詳。

[7]邢杲(?—529):河間(今河北河間市南)人。北魏末年山東暴動首領。士族出身。曾任幽州平北府主簿。武泰元年,在青州北海(今山東昌樂縣西)起兵反魏,自稱漢王,年號天統。後因衆寡懸殊,在濟南爲元天穆和尒朱兆的軍隊所敗,降後被殺。

[8]伯彦等咸爲土民所殺:中華本校勘記云:"諸本'土民'作'士民',《北史》卷四七《陽休之傳》作'土人'。按《魏書》卷一四《元天穆傳》叙邢杲起事云:'所在流人,先爲土人凌忽。'

土人亦屢見《魏書》《北史》，這裏‘土’訛作‘士’，今據《北史》改。"從改。

[9]數十人：四庫本、中華本同，宋刻本、百衲本無"數"字。從補。

莊帝立，解褐員外散騎侍郎，[1]尋以本官領御史，[2]遷給事中、太尉記室參軍，[3]加輕車將軍。[4]李神儁監起居注，[5]啓休之與河東裴伯茂、范陽盧元明、河間邢子明等俱入撰次。[6]永安末，[7]洛州刺史李海啓除冠軍長史。[8]普泰中，[9]兼通直散騎侍郎，[10]加鎮遠將軍，[11]尋爲太保長孫稚府屬。[12]尋敕與魏收、李同軌等修國史。[13]太昌初，[14]除尚書祠部郎中，[15]尋進征虜將軍、中散大夫。[16]

[1]解褐：脱去布衣換上官服。意爲入仕。　員外散騎侍郎：官名。屬散騎省，掌規諫等，初無定員。歷來爲清閑之職，亦爲高門子弟起家官。北齊七品上。

[2]御史：官名。爲御史臺屬官，掌舉劾違失，監理郡縣及受公卿郡吏奏事等。

[3]給事中：官名。爲門下屬官。北齊從六品上。　記室參軍：官名。主公府内記室曹，掌起草文書奏章等。北齊六品上。

[4]輕車將軍：官名。爲雜號將軍之一。北齊從五品。

[5]李神儁（478—541）：名挺，字神儁（一作"神雋"），小名提，隴西狄道（今甘肅臨洮縣）人。北魏、東魏官吏。《魏書》卷三九《李寶傳》有附傳，《北史》卷一〇〇有傳。

[6]河東：郡名。治所在今山西永濟巾蒲州鎮。　裴伯茂：河東聞喜（今山西聞喜縣）人。北魏、東魏官吏。學涉群書，文藻富

贍。《魏書》卷八五有傳。　盧元明：字幼章，范陽涿（今河北涿州市）人。博涉群書，辭章可觀。北魏、東魏官吏。《魏書》卷四七、《北史》卷三〇《盧玄傳》有附傳。　河間：郡名。治所在今河北河間市南。　邢子明：邢昕，字子明，河間鄚（今河北任丘市北）人。北魏、東魏官吏。《魏書》卷八五有傳。

[7]永安：北魏孝莊帝元子攸年號（528—530）。

[8]洛州：治所在今河南洛陽市東北。　李海：北魏官吏。事不詳。　冠軍長史：冠軍將軍的長史。冠軍將軍爲名號將軍，北齊三品。

[9]普泰：北魏節閔帝元恭年號（531—532）。

[10]通直散騎侍郎：官名。因將員外散騎侍郎與散騎侍郎通員值班而得名。不久爲專職。員四人。職掌品秩與散騎侍郎同。隸集書省。北齊從五品上。

[11]鎮遠將軍：官名。爲雜號將軍之一。北齊四品上。

[12]長孫稚（？—535）：本名冀歸，孝文帝賜名"稚"（《北史》避唐諱，改爲"幼"），字承業。鮮卑族。北魏將領。《魏書》卷二五、《北史》卷二二《長孫道生傳》有附傳。

[13]李同軌（500—546）：趙郡高邑（今河北高邑縣）人。北魏、東魏官吏、學者。好醫術，學綜諸經，兼通佛學。《魏書》卷三六《李順傳》、《北史》卷三三《李義深傳》有附傳。

[14]太昌：北魏孝武帝元脩年號（532）。

[15]尚書祠部郎中：官名。與祠部郎互稱。爲祠部曹主官，掌祭祀禮儀。北齊六品上。

[16]征虜將軍：官名。爲雜號將軍之一。　中散大夫：官名。爲散官，無具體職掌。北齊四品。

　　賀拔勝出爲荆州刺史，啓補驃騎長史。[1]勝爲行臺，[2]又請爲右丞。[3]勝經略樊、沔，[4]又請爲南道軍司。[5]俄而魏武帝入關，[6]勝令休之奉表詣長安參謁。時高祖亦啓除休之太常少卿。[7]尋屬勝南奔，仍隨至建業。休之聞高祖推奉靜帝，[8]乃白勝啓梁武求還，[9]以天平二年達鄴，[10]仍奉高祖命赴晉陽。其年冬，授世宗開府主簿。[11]明年春，世宗爲大行臺，[12]復引爲行臺郎中。[13]

[1]驃騎長史：官名。驃騎將軍的長史。

[2]行臺：機構名。爲尚書省派出機構。至北齊則兼統民事，演變成一級地方行政機構。

[3]右丞：官名。即"行臺尚書右丞"的省稱。北魏置。在行臺內職掌同尚書右丞。從四品。

[4]樊、沔：江漢之間。樊，樊城。在今湖北襄陽市。沔，沔口，即漢口。在今湖北武漢市。

[5]南道軍司：官名。即"南道行臺軍司"。

[6]魏武帝：北魏孝武帝元脩（510—534），字孝則，廣平武穆王元懷第三子。公元532年至534年在位。《魏書》卷一一、《北史》卷五有紀。

[7]高祖：北齊神武皇帝高歡（496—547），廟號高祖。本書卷一、二，《北史》卷六有紀。

[8]靜帝：東魏皇帝元善見（524—551）。諡號孝靜。公元534年至550年在位。《魏書》卷一二、《北史》卷五有紀。

[9]梁武：梁武帝蕭衍（464—549），字叔達，小字練兒，南蘭陵（今江蘇常州市武進區西北）人。南朝梁建立者。公元502年至549年在位。《梁書》卷一至三，《南史》卷六、七有紀；《魏書》卷九八有傳。

[10]天平：東魏孝靜帝元善見年號（534—537）。

[11]主簿：官名。掌文簿及閣內事。

[12]大行臺：官名。大行臺之主官，北魏始設。北齊時大行臺

爲一級地方行政機構，有完整的官員系統。

[13]行臺郎中：官名。北魏置，北齊沿置。行臺屬官。爲行臺諸曹郎中的泛稱，掌行臺諸郎曹事。

四年，高祖幸汾陽之天池，[1]於池邊得一石，上有隱起，其文曰"六王三川"。高祖獨於帳中問之，[2]此文字何義。對曰："六者是大王之字，王者當王有天下，此乃大王符瑞受命之徵。既於天池得此石，可謂天意命王也，吉不可言。"高祖又問三川何義。休之曰："河、洛、伊爲三川，亦云涇、渭、洛爲三川。河、洛、伊，洛陽也；涇、渭、洛，今雍州也。[3]大王若受天命，[4]終應統有關右。"高祖曰："世人無事常道我欲反，今聞此，更致紛紜，慎莫妄言也。"

[1]汾陽：縣名。治所在今山西寧武縣西南。　天池：湖泊名。一名祁連池。在今山西寧武縣西南管涔山上。據説久旱不竭，久雨不溢，淵深不測。
[2]獨於帳中：四庫本、中華本同，宋刻本、百衲本無"於"字。從補。
[3]雍州：治所在今陝西西安市。
[4]受天命："受"字百衲本、中華本同，宋刻本、四庫本作"乘"。

元象初，[1]録荆州軍功，封新泰縣開國伯，[2]食邑六百户，除平東將軍、太中大夫、尚書左民郎中。[3]興和二年，兼通直散騎常侍，副清河崔長謙使於梁。[4]武定二年，[5]除中書侍郎。時有人士戲嘲休之云："有觸藩之

1237

羝羊，[6]乘連錢之驄馬，從晋陽而向鄴，懷屬書而盈把。"尚書左丞盧斐以其文書請謁，[7]啓高祖禁止，會赦不治。五年，兼尚食典御。[8]七年，除太子中庶子，遷給事黃門侍郎，進號中軍將軍、幽州大中正。[9]八年，兼侍中，[10]持節奉璽書詣并州，敦喻顯祖爲相國、齊王。[11]是時，顯祖將受魏禪，發晋陽，至平陽郡，[12]爲人心未一，且還并州，恐漏泄，仍斷行人。休之性疏放，使還，遂説其事，鄴中悉知。於後高德政以聞，[13]顯祖忿之而未發。齊受禪，除散騎常侍，修起居注。頃之，坐詔書脱誤，左遷驍騎將軍，[14]積前事也。尋以禪讓之際，參定禮儀，別封始平縣開國男，[15]以本官兼領軍司馬。[16]後除都水使者，歷司徒掾、中書侍郎，[17]尋除中山太守。顯祖崩，徵休之至晋陽，經紀喪禮。乾明元年，兼侍中，巡省京邑。仍拜大鴻臚卿，[18]領中書侍郎。皇建初，以本官兼度支尚書，加驃騎大將軍，領幽州大中正。肅宗留心政道，每訪休之治術。休之答以明賞罰，慎官方，禁淫侈，恤民患爲政治之先。帝深納之。大寧中，[19]除都官尚書，轉七兵、祠部。河清三年，[20]出爲西兗州刺史。[21]天統初，徵爲光禄卿，[22]監國史。休之在中山及治西兗，俱有惠政，爲吏民所懷。去官之後，百姓樹碑頌德。尋除吏部尚書，[23]食陽武縣幹，[24]除儀同三司，又加開府。休之多識故事，諳悉氏族，凡所選用，莫不才地俱允。加金紫光禄大夫。[25]武平元年，除中書監，尋以本官兼尚書右僕射。二年，加左光禄大夫，[26]兼中書監。三年，加特進。[27]五年，正中書監，餘並如故。尋以年老致仕，抗表辭位，帝優答不許。六年，除正尚書右僕射。未幾，又領中書監。

[1]元象：東魏孝靜帝元善見年號（538—539）。

[2]新泰縣：治所在今山東蒙陰縣東。　開國伯：爵名。初指伯爵中開國置官食封者，後僅爲爵位名。食邑爲縣。三品。

[3]平東將軍：官名。西晉設。爲四平將軍之一。軍府一般位於京城以東方向。北齊爲褒賞軍功勳臣的閑職，三品。　太中大夫：官名。秦置。參議政事。北齊三品。　尚書左民郎中：官名。即"尚書省左民曹郎中"，掌户籍。

[4]崔長謙：崔潛，字長謙，乳名大二，清河東武城（今河北清河縣東北）人。北魏、東魏官吏。《魏書》卷六九《崔休傳》、《北史》卷二四《崔逞傳》有附傳。

[5]武定：東魏孝靜帝元善見年號（543—550）。

[6]有觸藩之羝羊："羝"字宋刻本、四庫本、中華本同，百衲本作"羗"。從宋刻本改。

[7]尚書左丞：官名。爲尚書臺屬官，佐助令、僕射掌政務。職掌臺内庶務、文吏及文案奏章。北齊從四品上。　盧斐：字子章，范陽涿（今河北涿州市）人。北齊酷吏。本書卷四七有傳。

[8]尚食典御：官名。北齊門下省尚食局置爲長官，二員，五品，總知御膳事。

[9]中軍將軍：官名。爲雜號將軍之一。北齊從二品。

[10]侍中：官名。門下省長官。因此職親近皇帝，掌權便利，時有宰相之實。北齊三品。

[11]相國：官名。職掌與丞相同，然位更尊。魏晉南北朝不常設，設則非一般人臣爲之。　齊王：北齊文宣帝高洋的封爵號。

[12]發晉陽，至平陽郡：中華本校勘記云："按平陽在晉陽西南，由晉陽赴鄴不會經過平陽。本書卷三〇《高德政傳》云'帝

便發晉陽，至平都城'云云。平都城，他處又倒作'平城都'。這裏'平陽郡'當是'平城都'之訛。"説是。存疑。平陽郡，治所在今山西臨汾市。

[13]於後高德政以聞：宋刻本、百衲本、中華本同，四庫本無"於"字。高德政（？—559），一作"高德正"，字士貞，渤海蓨（今河北景縣）人。東魏、北齊官吏。本書卷三〇有傳，《北史》卷三一《高允傳》有附傳。

[14]左遷：官制用語。古以右爲上，左遷爲降職。　驍騎將軍：官名。爲雜號將軍之一。北齊屬左右衛府，四品上。"驍"字百衲本、中華本同，宋刻本、四庫本作"驃"。

[15]始平縣：治所在今陝西興平市東北。　開國男：爵名。初指男爵中開國置官食封者，後僅爲爵位名。食邑爲縣。五品。

[16]領軍司馬：官名。即領軍將軍府之司馬。領軍府爲掌禁衛宫掖、主朱華閤外的禁衛，輿駕出入時督攝仗衛的官署。其下設有司馬等掌府務。

[17]司徒掾：司徒府屬官。掌諸曹事。北齊司徒府掾屬爲從五品上。

[18]大鴻臚卿：官名。九卿之一。魏晉南北朝接待賓客、管理少數民族事務之職移歸尚書省主客曹，該官漸成專司朝會禮儀之官。三品。

[19]大寧：北齊武成帝高湛年號（561—562）。

[20]河清：北齊武成帝高湛年號（562—565）。

[21]西兗州：原治定陶（今山東菏澤市定陶區），後徙治左城（今山東曹縣韓集鎮堤上范村）。

[22]光禄卿：官名。北齊改"光禄勳"爲此稱。爲列卿之一。掌百官膳食、宫殿門户、鋪設器物等。爲光禄寺主官。三品。

[23]吏部尚書：官名。爲尚書吏部曹主官。掌官吏銓選、封爵、考課之政。居尚書省諸尚書之首，稱"大尚書"。北齊三品。

[24]陽武縣：治所在今河南原陽縣東南。

[25]金紫光禄大夫：官名。資深勳重之光禄大夫授金章紫綬，故有此稱。爲元老重臣之加官或致仕之官。亦爲死者之贈官。北齊從二品。

[26]左光禄大夫：官名。作爲在朝顯職的加官，以示優崇，或授予年老有病的致仕之官，亦常用爲卒後贈官，無職掌。金印紫綬，儀同三司。北齊二品。

[27]特進：官名。多爲加官，贈致仕大臣。北齊二品。

休之本懷平坦，爲士友所稱。晚節：説祖珽撰《御覽》，[1]書成，加特進，及珽被黜，便布言於朝廷，云先有嫌隙。及鄧長顒、顏之推奏立文林館，[2]之推本意不欲令耆舊貴人居之，休之便相附會，與少年朝請、參軍之徒同入待詔。又魏收監史之日，立《高祖本紀》，取平四胡之歲爲齊元。[3]收在齊州，恐史官改奪其意，上表論之。武平中，收還朝，敕集朝賢議其事。休之立議從天保爲限斷。魏收存日，猶兩議未決。收死後，便諷動内外，[4]發詔從其議。後領中書監，[5]便謂人云："我已三爲中書監，用此何爲？"隆化還鄴，[6]舉朝多有遷授，[7]封休之燕郡王。[8]又謂其所親云："我非奴，[9]何意忽有此授。"凡此諸事，深爲時論所鄙。

[1]祖珽：字孝徵，范陽遒（今河北淶水縣北）人。東魏、北齊官吏。本書卷三九有傳，《北史》卷四七《祖瑩傳》有附傳。《御覽》：《修文殿御覽》。北齊祖珽領修。三百六十卷，分五十五部。武平三年（572）成書，歷時僅八個月。該書多據《華林遍略》。編成爲後來類書的藍本，今佚。

[2]鄧長顒：亦作"鄧顒"。北齊後主宦官，參與朝政，參加

文林館的創建。事迹略見於本書卷五〇《韓寶業傳》、《北史》卷九二《齊諸宦者傳》。 顔之推（約531—590）：字介，琅邪臨沂（今山東費縣東）人。北朝文學家。著有《顔氏家訓》。本書卷四五、《北史》卷八三有傳。

[3]取平四胡之歲爲齊元：平四胡之歲，即北魏普泰二年（532），是年三月，高歡與四胡（尒朱兆、尒朱天光、尒朱度律、尒朱仲遠）決戰韓陵，取得大勝，奪取了對北魏的控制權。故魏收議以此年爲齊元年。

[4]便諷動内外：四庫本、中華本同，宋刻本、百衲本作"便動作内外"。從四庫本改。

[5]中書監：四庫本、中華本同，宋刻本、百衲本無"書"字。從補。

[6]隆化：北齊後主高緯年號（576—577）。

[7]舉朝："舉"字四庫本、中華本同，宋刻本、百衲本作"與"。從四庫本改。

[8]燕郡王：陽休之的封爵號。燕郡，治所在今北京市西南隅。

[9]我非奴：宋刻本、百衲本、中華本同，四庫本作"我非蠻奴"。

休之好學不倦，博綜經史，文章雖不華靡，亦爲典正。邢、魏殂後，以先達見推。位望雖高，虚懷接物，爲搢紳所愛重。周武平齊，[1]與吏部尚書袁聿修、衛尉卿李祖欽、度支尚書元脩伯、大理卿司馬幼之、司農卿崔達拏、祕書監源文宗、散騎常侍兼中書侍郎李若、散騎常侍給事黃門侍郎李孝貞、給事黃門侍郎盧思道、給事黃門侍郎顔之推、通直散騎常侍兼中書侍郎李德林、通直散騎常侍兼中書舍人陸乂、中書侍郎薛道衡、中書舍人高行恭、辛德源、王劭、陸開明十八人同徵，[2]令隨駕後赴長安。盧思道有所撰録，止云休之與孝貞、思道同被召者是其誣罔焉。尋除開府儀同，[3]歷納言中大夫、太子少保。[4]大象末，[5]進位上開府，除和州刺史。[6]隋開皇二年，[7]罷任，終於洛陽，年七十四。所著文集三十卷，又撰《幽州人物志》並行於世。[8]

[1]周武：北周武帝宇文邕（543—578），字禰羅突。宇文泰第四子。公元561年至578年在位。《周書》卷五、六，《北史》卷一〇有紀。

[2]衛尉卿：官名。秦漢以降爲"衛尉"尊稱。北齊則爲衛尉寺主官。三品。衛尉寺爲主管宮殿、京城諸門禁衛、武器及官廷儀仗庫藏之官署。　李祖欽：趙郡平棘（今河北趙縣東南）人。北齊外戚。事見《北史》卷三三《李順傳》。　元脩伯：河南洛陽（今河南洛陽市東北）人。北齊官吏。事見本書卷四三《源彪傳》。大理卿：官名。亦稱"大理寺卿"。北齊建大理寺後，爲該機構之長官，掌刑審析獄。三品。　司馬幼之：河內溫（今河南溫縣）人。北齊官吏。事見本書卷一八、《北史》卷五四《司馬子如傳》。司農卿：官名。即司農。司農寺主官。爲九卿之一。掌倉廪及農桑水利之政令等。北齊三品。　崔達拏：博陵安平（今河北安平縣）人。北齊官吏。少有才學。本書卷三〇《崔暹傳》有附傳，事亦見《北史》卷三二《崔挺傳》。　源文宗：源彪，字文宗，西平樂都（今青海樂都縣）人。鮮卑族。源子恭子。東魏、北齊、隋朝官吏。本書卷四三有傳，《北史》卷二八《源賀傳》有附傳，事亦見《魏書》卷四一《源賀傳》。　李孝貞：字元操，趙郡平棘（今河北趙縣東南）人。北齊、隋朝官吏。《北史》卷三三《李順傳》有附傳。　李德林（531—591）：字公輔，博陵安平（今河北安平縣）人。李敬族之子。初仕北齊，參修國史。後入隋，參修律

令。後撰成《霸朝雜集》，受文帝賞識。卒官贈大將軍、廉州刺史，諡曰文。撰有文集八十卷，並奉詔撰《齊史》而未成。其子李百藥將其完成，即本書《北齊書》。《隋書》卷四二、《北史》卷七二有傳。　陸乂：字旦，代（今山西大同市東北）人。北齊官吏。《北史》卷二八《陸俟傳》有附傳，事亦見本書卷三五《陸卬傳》。薛道衡（540—609）：字玄卿，河東汾陰（今山西萬榮縣西南）人。薛孝通子。初仕北齊。齊亡，爲周武帝所用。入隋，與楊素親善，後得罪煬帝，被殺。詩文爲時人稱誦，原有集七十卷，已佚。現存明人輯《薛司隸集》一卷。《隋書》卷五七有傳，《北史》卷三六《薛辯傳》有附傳。　高行恭：一名元行恭。河南洛陽（今河南洛陽市東南）人。鮮卑族。北齊官吏。《北史》卷五五《元文遙傳》有附傳。"高"字宋刻本、百衲本、中華本同，四庫本作"元"。　王劭：字君懋，太原晉陽（今山西太原市晉源區古城營村一帶）人。隋朝史官。北齊時官至中書舍人。《北史》卷三五《王慧龍傳》有附傳。　陸開明：陸爽（537—591），字開明，魏郡臨漳（今河北臨漳縣）人。北齊、隋朝官吏。《北史》卷二八《陸俟傳》有附傳。

[3]開府儀同：官名。即開府儀同三司。本指高級官員開建府署之待遇，儀同三司（三公）。以後遂成加銜，至南北朝又爲官稱。北齊從一品。

[4]納言中大夫：官名。北周武帝保定四年（564）改御伯中大夫置。隨侍於皇帝左右，掌管皇帝所用的書籍，可被派出使敵國及執行其他使命。正五命。　太子少保：官名。掌以道德輔教太子。北齊三品。

[5]大象：北周靜帝宇文衍年號（579—580）。

[6]和州：治所在今安徽和縣。

[7]隋：公元581年楊堅（隋文帝）代北周稱帝，國號隋，開皇三年（583）都大興（今陝西西安市）。　開皇：隋文帝楊堅年號（581—600）。

[8]《幽州人物志》：書名。一作《幽州古今人物志》。北齊陽休之撰。十三卷。久佚。

子辟强，武平末尚書水部郎中。[1]辟强性疏脱，無文藝，休之亦引入文林館，爲時人嗤鄙焉。

[1]尚書水部郎中：官名。尚書省水部曹長官通稱。北齊六品。水部曹爲管理水道工程、舟楫橋梁、漕運政令的機構。

[2]辟强性疏脱：四庫本、中華本同，宋刻本、百衲本作"辟强悦"。從四庫本、中華本改、補。

袁聿修，字叔德，陳郡陽夏人。[1]魏中書令翻之子也，[2]出後叔父躍。[3]七歲遭喪，居處禮度，有若成人。九歲，州辟主簿。性深沉有鑒識，清浄寡欲，與物無競，深爲尚書崔休所知賞。[4]魏太昌中，釋褐太保開府西閤祭酒。年十八，領本州中正。尋兼尚書度支郎，[5]仍歷五兵左民郎中。[6]武定末，太子中舍人。[7]天保初，除太子庶子，[8]以本官行博陵太守。數年，大有聲績，遠近稱之。八年，兼太府少卿，[9]尋轉大司農少卿，[10]又除太常少卿。皇建二年，遭母憂去職，尋詔復前官，加冠軍、輔國將軍，[11]除吏部郎中。[12]未幾，遷司徒左長史，[13]加驃騎大將軍，領兼御史中丞。[14]司徒錄事參軍盧思道私貸庫錢四十萬娉太原王乂女爲妻，[15]而王氏已先納陸孔文禮娉爲定，[16]聿修坐爲首僚，又是國之司憲，知而不劾，被責免中丞。尋遷祕書監。

[1]陳郡：治所在今河南淮陽縣。　陽夏：縣名。治所在今河南太康縣。

[2]翻：袁翻（476—528），字景翔，陳郡項（今河南沈丘縣南）人。北魏官吏。少以才學擅美一時。《魏書》卷六九、《北史》卷四七有傳。

[3]躍：袁躍，字景騰，陳郡項（今河南沈丘縣南）人。北魏官吏、文學家。博學有俊才，篤於交友。《魏書》卷八五有傳，《北史》卷四七《袁翻傳》有附傳。

[4]崔休：字惠盛，清河（今河北清河縣西城關鄉西北）人。北魏官吏。《魏書》卷六九有傳。

[5]尚書度支郎：官名。魏晉南北朝尚書省度支曹長官通稱。掌軍國財用會計。北齊六品上。

[6]五兵左民郎中：尚書五兵曹、左民曹郎中。尚書五兵曹郎中，掌尚書五兵曹。北齊六品上。五兵曹掌管中兵、外兵、騎兵、別兵、都兵。尚書左民曹郎中，掌尚書左民曹。北齊六品上。左民曹掌管繕修功作、鹽池園苑。

[7]太子中舍人：官名。以舍人才學之美者爲之，與太子中庶子共掌文翰。員四人。北齊五品上。

[8]太子庶子：官名。太子屬官。掌侍從、經籍、啓奏等，位在舍人之上。北齊四品上。

[9]太府少卿：官名。北齊置爲太府寺次官，員一人，四品上。太府寺掌金帛庫藏、國家財政開支，兼管冶鑄、染織等。

[10]大司農少卿：官名。北魏置。北齊改名"司農少卿"。協助大司農管理租稅園苑倉儲。四品上。

[11]輔國將軍：官名。雜號將軍。北齊從三品。

[12]吏部郎中：官名。與"吏部郎"互稱。爲尚書省吏部郎曹主官。掌官吏銓選。北齊四品上。

[13]司徒左長史：官名。司徒屬官。掌核定人品。與右長史共掌吏事，爲府中佐屬之首。北齊從三品。

[14]御史中丞：官名。爲御史臺主官。領侍御史、糾察百官、審核疑案。北齊從三品。

[15]司徒録事參軍盧思道私貸庫錢四十萬娉太原王乂女爲妻：宋刻本、百衲本重複"參軍"二字。宋刻本、四庫本、百衲本"乂"作"義"。中華本校勘記云："諸本'乂'作'義'。《北史》卷四七、《册府》（宋本）卷五二二作'乂'（明本'乂'訛'文'）。按《北史》卷三五《王劭傳》末見王乂，當即其人。'義'字訛，今據改。"從改。司徒録事參軍，官名。司徒府録事曹長官，掌總録衆曹文簿，舉彈善惡，位在列曹參軍上。北齊六品上。太原，郡名。治所在今山西太原市西南。王乂，北齊儒士。時祕書監常景選儒學十人輯撰五禮，其與趙郡李繪共掌軍禮。

[16]陸孔文：事不詳。

天統中，詔與趙郡王叡等議定五禮。[1]出除信州刺史，[2]即其本鄉也，時人榮之。爲政清靖，不言而治，長吏以下，爰逮鰥寡孤幼，皆得其歡心。武平初，御史普出過詣諸州，梁、鄭、兗、豫疆境連接，[3]州之四面，悉有舉劾，御史竟不到信州，其見知如此。及解代還京，民庶道俗，追別滿道，或將酒脯，涕泣留連，競欲遠送。既盛暑，恐其勞弊，往往爲之駐馬，隨舉一酌，示領其意，辭謝令還。還京後，州民鄭播宗等七百餘人請爲立碑，[4]斂縑布數百匹，託中書侍郎李德林爲文以紀功德。府省爲奏，敕報許之。尋除都官尚書，仍領本州中正，轉兼吏部尚書、儀同三司，尚書尋即真。

[1]趙郡王：高叡的封爵號。趙郡，治所在今河北趙縣。　叡：高叡（534—569），小名須拔，渤海蓚（今河北景縣）人。高琛

子。東魏、北齊大臣。本書卷一三、《北史》卷五一《趙郡王琛傳》有附傳。　五禮：古代以祭祀的事爲吉禮，冠婚的事爲嘉禮，賓客的事爲賓禮，軍旅的事爲軍禮，葬禮的事爲凶禮。合稱"五禮"。

[2]信州：北齊以北揚州改置。治所在今河南淮陽縣。

[3]梁、鄭、兗、豫疆境連接：四庫本、中華本同，宋刻本、百衲本無"豫"字。從補。梁，州名。治所在今河南開封市城區。豫，州名。治所在今河南汝南縣。

[4]鄭播宗：事不詳。

　　聿修少平和溫潤，素流之中，最有規檢。以名家子歷任清華，時望多相器待，[1]許其風監。在郎署之日，值趙彦深爲水部郎中，[2]同在一院，因成交友。彦深後被沙汰停私，[3]門生藜藿，[4]聿修猶以故情，存問來往。彦深任用，銘戢甚深，雖人才無愧，蓋亦由其接引。爲吏部尚書以後，自以物望得之。初馮子琮以僕射攝選，[5]婚嫁相尋，聿修常非笑之，語人云："馮公營婚，日不暇給。"及自居選曹，亦不能免，時論以爲地勢然也。在官廉謹，當時少匹。魏、齊世，臺郎多不免交通饟遺，聿修在尚書十年，未曾受升酒之饋。尚書邢卲與聿修舊款，[6]每於省中語戲，[7]常呼聿修爲清郎。大寧初，聿修以太常少卿出使巡省，仍命考校官人得失。經歷兗州，時邢卲爲兗州刺史，別後，遣送白紬爲信。聿修退紬不受，與邢書云："今日仰過，[8]有異常行，瓜田李下，古人所慎，多言可畏，譬之防川，願得此心，不貽厚責。"邢亦忻然領解，報書云："一日之贈，率爾不思,[9]老夫忽忽意不及此,敬承來旨,吾無間然。弟昔爲清郎,今日復作清卿矣。"及在吏部,屬政塞道喪,若違忤要勢,即恐禍不旋踵,雖以清白自守,猶不免請謁之累。

[1]多相器待:"待"字四庫本、百衲本、中華本同,宋刻本作"侍"。

[2]趙彥深(507—576):本名隱,字彥深,平原(今山東聊城市東北)人,祖籍南陽宛縣(今河南南陽市)。北齊大臣。本書卷三八、《北史》卷五五有傳。　水部郎中:官名。尚書水部曹長官。

[3]彥深後被沙汰停私:"私"字宋刻本、中華本同,四庫本、百衲本作"秩"。中華本校勘記云:"諸本'私'作'秩',《北史》卷四七《袁聿修傳》、《冊府》卷四五八、《御覽》卷四〇八引《後齊書》並作'私'。按《南齊書》卷三四《虞玩之傳》載建元二年(四八〇)詔云:'停私而云隸役。''停私'即在家閑住,'停'是休停,'私'與官相對。這裏本同《北史》作'私',後人臆改作'秩',今據《北史》改。"從改。

[4]藜(lí)藿(huò):藜與藿,野菜。

[5]馮子琮(?—571):長樂信都(今河北冀州市)人。北齊大臣。本書卷四〇、《北史》卷五五有傳。　僕射:官名。即"尚書僕射"。掌尚書省庶務,列位宰相。北齊從二品。

[6]邢卲(496—?):字子才,河間鄚(今河北任丘市北)人。北魏、東魏、北齊官吏。博學能文,與溫子升、魏收齊名。原著有《邢子才集》,已散佚。本書卷三六有傳,《北史》卷四三《邢巒傳》有附傳。

[7]省中:宮禁之中。

[8]今日仰過:"仰過"中華本同,宋刻本、四庫本、百衲本

作"仰遇"。中華本校勘記云："諸本'仰過'作'仰遇'，《北史》卷四七作'傾過'，《册府》卷六五四作'仰過'。按文義當作'仰過'，今據《册府》改。"從中華本改。

[9]率爾不思："思"字四庫本、百衲本、中華本同，宋刻本作"受"。

齊亡入周，授儀同大將軍、吏部下大夫。[1]大象末，除東京司宗中大夫。[2]隋開皇初，加上儀同，遷東京都官尚書。東京廢，入朝，又除都官尚書。二年，出爲熊州刺史。[3]尋卒，年七十二。

[1]儀同大將軍：官名。北周武帝建德四年（575），改車騎大將軍、儀同三司爲此稱，九命，爲勳官之第八等。　吏部下大夫：官名。即"小吏部下大夫"。西魏恭帝三年（556）置。北周沿置，爲夏官府吏部司次官。員一人，佐吏部中大夫掌官員的選舉與遷轉。正四命。

[2]東京：都城名。即今河南洛陽市。北周滅北齊，以洛陽爲東京。置官署，職同朝廷。　司宗中大夫：官名。北周武帝保定四年（564）五月丁亥，改禮部爲司宗時，由"禮部中大夫"改名，仍屬春官府。佐大宗伯卿掌禮儀的制定與執行，下設司宗上士、司宗中士、司宗旅下士以佐其職。正五命。

[3]熊州：治所在今河南宜陽縣西。

子知禮，武平末儀同開府參軍事。[1]隋開皇中，侍御史，歷尚書民部考功侍郎。[2]大業初，卒於太子中舍人。[3]

[1]儀同開府參軍事：官名。掌參謀軍務及諸曹事。

[2]尚書民部考功侍郎：或爲吏部。考功爲吏部下之司，侍郎爲尚書副貳。

[3]大業：隋煬帝楊廣年號（605—618）。

史臣曰：崔彦玄弈世載德，不忝其先；盧詹事任俠好謀，志尚宏遠；陽僕射位高望重，鬱爲時宗；袁尚書清明在躬，以器能見任；與陽斐、盧潛並朝之良也。有齊季世，權歸佞幸，賴諸君維持名教，不然則拔本塞源，裂冠毀冕，安可道哉。

贊曰：惟茲數公，心安寵辱，不夷不惠，坐鎮流俗。

今注本二十四史

北齊書

唐 李百藥 撰
陳長琦 主持校注

五 傳（四）

中國社會科學出版社

北齊書　卷四三

列傳第三十五

李稚廉　封述　許惇　羊烈　源彪

　　李稚廉，趙郡高邑人也。[1]齊州刺史義深之弟。[2]稚廉少而寡欲，爲兒童時，初不從家人有所求請。家人嘗故以金寶授之，[3]終不取，强付，輒擲之於地。州牧以其蒙稚而廉，故名曰稚廉。聰敏好學，年十五，頗尋覽五經章句。[4]屬葛榮作亂，[5]本郡紛擾，違難赴京。永安中，[6]釋褐奉朝請。[7]普泰初，[8]開府記室、龍驤將軍、廣州征南府録事參軍，[9]不行。尋轉開府諮議參軍事、前將軍。[10]

　　[1]趙郡：治所在今河北趙縣。　高邑：縣名。治所在今河北高邑縣。
　　[2]齊州：治所在今山東濟南市。　義深：李義深（496—552），趙郡高邑（今河北高邑縣）人。北魏、東魏、北齊官吏。本書卷二二、《北史》卷三三有傳。

[3]家人嘗故以金寶授之：四庫本、中華本同，宋刻本、百衲本無"家人"二字。從補。

[4]五經章句：《三國志》卷六《魏書·劉表傳》注引《英雄記》曰："州界群寇既盡，表乃開立學官，博求儒士，使綦母闓、宋忠等撰定《五經章句》。"五經，儒家的五部經典：《易經》《尚書》《詩經》《禮記》《春秋》。章句，分析古書的章節句讀。

[5]葛榮（？—528）：北魏末年河北暴動首領。本爲懷朔鎮將。公元526年，參加鮮于脩禮起事。鮮于脩禮被害後，繼領其衆，乃稱天子，國號齊，年號廣安。528年，被尒朱榮俘，十月死於洛陽。

[6]永安：北魏孝莊帝元子攸年號（528—530）。

[7]釋褐：脱下平民穿的衣服。喻指入仕做官。　奉朝請：初不爲官。北齊爲職事官，掌諫議獻納。從七品。

[8]普泰：北魏節閔帝元恭年號（531—532）。

[9]開府：官名。本指高級官員開建府署、辟置僚屬之舉。魏晉南北朝時期，常以此作爲對高級官員的寵待。北齊時除授冗濫，宫中所養鬥鷄亦加此號。從一品。　記室：官名。即"記室掾""記室令史""記室督""記室參軍"等官簡稱。府中掌上章報表書記。　龍驤將軍：官名。雜號將軍。北齊從三品。　廣州：本治魯陽（今河南市魯山縣），武定中因陷於西魏，徙治襄城（今河南襄城縣）。　征南府：征南將軍府。　録事參軍：官名。爲本府録事曹長官。總録衆曹文簿，舉彈善惡，位在列曹參軍上。

[10]轉：官制用語。指官職的晉升。　開府諮議參軍事：官名。即"諮議參軍"。掌顧問諫議。北齊諸開府諮議參軍爲從四品。

前將軍：將軍名號。略高於一般雜號將軍，用作軍府名號。三品。

天平中，[1]高祖擢爲泰州開府長史、平北將軍。[2]稚廉緝諧將士，軍民樂悦。高祖頻幸河東，[3]大相嗟賞。轉爲世宗驃騎府長史。[4]詔以濟州控帶川陸，[5]接對梁使，[6]尤須得人，世宗薦之，除濟州儀同長史。[7]又遷瀛州長史。[8]高祖行經冀州，[9]總合河北六州文籍，[10]商校戶口增損。高祖親自部分，多在馬上，徵責文簿，指景取備，事緒非一。稚廉每應機立成，[11]恒先期會，莫不雅合深旨，爲諸州准的。高祖顧謂司馬子如曰：[12]"觀稚廉處分，快人意也。"因集文武數萬人，令郎中杜弼宣旨慰勞，[13]仍詰諸州長史、守令等，諸人並謝罪，稚廉獨前拜恩，觀者咸歎美之。其日，賜以牛酒。高祖還并，[14]以其事告世宗。世宗喜而語人曰："吾足知人矣。"

[1]天平：東魏孝静帝元善見年號（534—537）。

[2]高祖：北齊神武皇帝高歡（496—547），廟號高祖。本書卷一、二，《北史》卷六有紀。　泰州：治所在今山西永濟市西南。　長史：官名。掌參政務。主管屬吏。爲府中掾屬之長。　平北將軍：官名。與平南、平東、平西將軍合稱四平將軍。北朝後期漸成無職掌的散官。北齊三品。

[3]河東：郡名。治所在今山西永濟市蒲州鎮。

[4]世宗：北齊文襄帝高澄（521—549），廟號世宗。本書卷三、《北史》卷六有紀。　驃騎府：驃騎將軍府。

[5]濟州：治所在今山東茌平縣西南。

[6]梁：南朝梁（502—557）。南朝齊和帝中興二年（502），相國梁王蕭衍禪代南齊，改元稱帝，都建康（今江蘇南京市），國號梁，史稱蕭梁。歷四主，五十六年。

[7]除：官制用語。意爲任命。　儀同長史：儀同三司的長史。

[8]又遷瀛州長史：四庫本、中華本同，宋刻本、百衲本無"遷"字。從補。瀛州，治所在今河北河間市。

[9]冀州：治所在今河北冀州市。

[10]河北六州：黃河中下游以北定、瀛、滄、殷、冀、濟六州。

[11]應機立成：四庫本、中華本同，宋刻本、百衲本無"機"字。從補。

[12]司馬子如（487—551）：字遵業，河內溫（今河南溫縣）人。北魏、東魏、北齊官吏。本書卷一八、《北史》卷五四有傳。

[13]郎中：官名。即"尚書郎中"之簡稱。分掌尚書各曹事。
杜弼（491—559）：字輔玄，小字輔國。北齊中山曲陽（今河北曲陽縣西）人。本書卷二四、《北史》卷五五有傳。

[14]并：州名。治所在今山西太原市西南。

世宗嗣事，召詣晉陽，[1]除霸府掾。[2]謂杜弼曰："并州王者之基，須好長史，各舉所知。"時互有所稱，[3]皆不允。衆人未答。世宗乃謂陳元康曰：[4]"我教君好長史處，李稚廉即其人也。"遂命爲并州長史。常在世宗第內，與隴西辛術等六人號爲館客，[5]待以上賓之禮。

[1]晉陽：縣名。治所在今山西太原市晉源區古城營村一帶。

[2]霸府掾：時控制朝政的權臣之官府號稱霸府。掾，官府的屬吏，掌諸曹事。北齊三公府掾屬五品上。

[3]時互有所稱："互"字宋刻本作"牙"，百衲本作"𠃌"，四庫本作"雅"，中華本作"互"。中華本校勘記云："三朝本'互'作'牙'，南本以下諸本作'雅'，百衲本作'𠃌'，即'互'，《册府》卷七二八宋本作'玄'，影明本作'玄'，皆'互'

的形訛。按'牙'先訛'牙',南本臆改作'雅',他本從之。今從百衲本。"

[4]陳元康(507—549):字長猷,廣宗(今河北威縣東南)人。北魏、東魏官吏。本書卷二四、《北史》卷五五有傳。

[5]隴西:郡名。治所在今甘肅隴西縣東南。 辛術(500—559):一作"辛述",字懷哲,隴西狄道(今甘肅臨洮縣)人。本書卷三八有傳,《北史》卷五〇《辛雄傳》有附傳。

天保初,[1]除安南將軍、太原郡守。[2]顯祖嘗召見,[3]問以治方,語及政刑寬猛,帝意深文峻法,稚廉固以爲非,帝意不悦。語及楊愔,[4]誤稱爲楊公。以應對失宜,除濟陰郡守,[5]帶西兗州刺史。[6]徵拜太府少卿,[7]尋轉廷尉少卿,[8]遷太尉長史。肅宗即位,[9]兼散騎常侍、省方大使。[10]行還,所奏多見納用。除合州刺史,[11]亦有政績,未滿,行懷州刺史。[12]還朝,授兼太僕卿,[13]轉大司農卿、趙州大中正。[14]天統元年,[15]加驃騎大將軍、大理卿,[16]世稱平直。爲南青州刺史,[17]未幾,徵爲并省都官尚書。[18]武平五年三月,[19]卒於晉陽,年六十七。贈儀同三司、信義二州刺史、吏部尚書。[20]

[1]天保:北齊文宣帝高洋年號(550—559)。

[2]安南將軍:名號將軍。魏晉南北朝時期常以京師爲準,定東西南北四方,又冠以征、鎮、安、平作爲等級。安南將軍爲出鎮南方地區的軍事長官,與安東、安西、安北將軍合稱四安將軍。北齊三品。 太原郡:治所在今山西太原市西南。

[3]顯祖:北齊文宣帝高洋(529—559),廟號顯祖。本書卷

四、《北史》卷七有紀。

[4]楊愔（511—560）：字遵彥，小名秦王，弘農華陰（今陝西華陰市）人，楊津子。北齊官吏。本書卷三四有傳，《北史》卷四一《楊播傳》有附傳。

[5]濟陰郡：治所在今山東曹縣西北。

[6]西兗州：原治定陶（今山東菏澤市定陶區），後徙治左城（今山東曹縣韓集鎮堤上范村）。

[7]太府少卿：官名。北魏孝文帝時始置。北齊置爲太府寺次官，員一人，四品上。太府寺掌金帛庫藏、國家財政開支，兼管冶鑄、染織等。

[8]廷尉少卿：官名。北魏始置，爲廷尉卿次官。北齊初沿置，後設大理寺，遂改置"大理少卿"。四品上。

[9]肅宗：北齊孝昭帝高演（535—561），廟號肅宗。本書卷六、《北史》卷七有紀。

[10]散騎常侍：官名。散騎與中常侍二職合而爲此職，隸集書省，參掌機要，位比侍中。北齊從三品。　省方大使：官名。北齊置。負責巡視州郡。"方"字四庫本、百衲本、中華本同，宋刻本作"万"。

[11]合州：治所在今安徽合肥市西北。

[12]懷州：治所在今河南沁陽市城區。

[13]太僕卿：官名。即太僕。爲九卿之一，掌皇家輿馬及畜牧之政。北齊三品。

[14]大司農卿：官名。朝廷掌財政經濟的主官。爲九卿之一。北齊後改稱"司農卿"或"司農寺卿"。三品。　趙州：治所在今河北隆堯縣東。　大中正：職官名。掌地方州郡人才的考察。即將當地士人按才能品德，參照門第分成九品，供吏部選用。北齊時規定州大中正須由京官擔任，如官職調出京師，則不能擔任此職。北齊時州大中正視五品。

[15]天統：北齊後主高緯年號（565—569）。

［16］加：官制用語。加官，即兼任。　驃騎大將軍：官名。將軍名號，地位尊崇，僅次於大將軍，多加元老重臣。北齊從一品。　大理卿：官名。亦稱"大理寺卿"。北齊建大理寺後，爲該機構之長官，掌刑審析獄。三品。

［17］南青州：治所在今山東沂水縣。

［18］都官尚書：官名。爲尚書省諸尚書之一。北齊統都官、二千石、比部、水部、膳部諸曹，階三品。

［19］武平：北齊後主高緯年號（570—576）。

［20］儀同三司：官名。本指官場待遇，儀同三司（三公）。"儀同"自此成專名。至北魏、北齊又爲官號。北齊二品。　信：州名。治所在今河南沈丘縣南。　義：州名。治所在今河南衛輝市西南。　吏部尚書：官名。爲尚書吏部曹主官。掌官吏銓選、封爵、考課之政。居尚書省諸尚書之首，稱"大尚書"。北齊三品。

封述，字君義，渤海蓨人也。[1]父軌，[2]廷尉卿、濟州刺史。[3]述有幹用，年十八爲濟州征東府鎧曹參軍。[4]高道穆爲御史中尉，[5]啓爲御史。[6]遷大司馬清河王開府記室參軍，[7]兼司徒主簿。[8]太昌中，[9]除尚書三公郎中，[10]以平幹稱。天平中，增損舊事爲《麟趾新格》，[11]其名法科條，皆述刪定。梁散騎常侍陸晏子、沈警來聘，[12]以述兼通直郎使梁。[13]還，遷世宗大將軍府從事中郎，[14]監京畿事。武定五年，[15]除彭城太守、當郡督，[16]再行東徐州刺史。[17]武定七年，除廷尉少卿。八年，兼給事黄門侍郎。[18]齊受禪，與李獎等八人充大使，[19]巡省方俗，問民疾苦。天保三年，除清河太守，[20]遷司徒左長史，[21]行東都事，[22]尋除海州刺史。[23]大寧元年，[24]徵授大理卿。河清三年，[25]敕與録尚書趙彥深、僕射魏收、尚書陽休之、國子祭酒馬敬德等議定律令。[26]天統元年，遷度支尚書。[27]三年，轉五兵尚書，[28]加儀同三司。武平元年，除南兗州刺史，[29]更滿還朝，除左光禄大夫，[30]又除殿中尚書。[31]

[1]渤海：郡名。治所在今河北東光縣。　蓨：縣名。治所在今河北景縣。

[2]軌：封軌，字廣度，渤海蓨（今河北景縣）人。北魏官吏。博通經傳。《魏書》卷三二、《北史》卷二四《封懿傳》有附傳。

[3]廷尉卿：官名。改"廷尉"爲此稱，掌刑獄。北齊稱爲"大理卿"，三品。

[4]征東府：征東將軍府。征東將軍爲四征（東、西、南、北）將軍之一，北齊二品。　鎧曹參軍：官名。鎧曹長官。

[5]高道穆（489—530）：名恭之，字道穆，以字行於世，渤海蓨（今河北景縣）人。北魏官吏。《北史》卷五〇有傳，《魏書》卷七七《高崇傳》有附傳。　御史中尉：官名。北魏改御史中丞爲此稱。主掌御史臺。糾彈百官，參治刑獄。太和十七年（493）階三品上，太和二十三年降爲從三品。

[6]御史：官名。爲御史臺屬官，掌舉劾違失、監理郡縣及受公卿郡吏奏事等。

[7]大司馬：官名。"三公"之一。周代爲"三官"之一。多作爲贈官。一品。　清河王：北魏宗室元亶的封爵號。清河，郡國名。西漢高帝置，治清陽縣（今河北清河縣）。西晉爲清河國，治清河縣（今山東臨清市）。北魏仍改爲郡。北齊移治武城縣（今河北清河縣西城關鄉西北）。　記室參軍：官名。主公府内記室曹，掌起草文書奏章等。

[8]司徒主簿：官名。爲司徒府僚屬，掌文簿及閣内事。北齊

六品上。

［9］太昌：北魏孝武帝元脩年號（532）。

［10］尚書三公郎中：官名。尚書省三公曹長官通稱。北齊六品上。

［11］《麟趾新格》：東魏律令。又作《麟趾格》《麟趾新制》。據《魏書》卷一二《孝靜帝紀》：興和三年（541）冬十月，"先是詔文襄王與群臣於麟趾閣議定新制，甲寅，班於天下"。又《北史》卷二四《封述傳》："天平中，增損舊事爲《麟趾新格》，其名法科條，皆述刪定。"已佚。程樹德《九朝律考》有諸多考證，可資參考。

［12］陸晏子：南朝梁官吏。武帝中，爲散騎常侍。大同六年（540），與通直常侍沈景徽等使東魏。 沈警：一名"沈景徽"。南朝蕭梁官吏。任通直常侍。大同六年，曾奉命出使東魏。《宋書》卷一〇〇《自序》、《南史》卷五七《沈約傳》有附傳。

［13］通直郎：官名。此爲"通直散騎侍郎"之簡稱，時爲北南聘使之加銜。

［14］從事中郎：官名。爲軍府僚屬。與長史共主府中吏事。

［15］武定：東魏孝靜帝元善見年號（543—550）。

［16］彭城：郡名。治所在今江蘇徐州市老城區。

［17］東徐州：治所在今江蘇睢寧縣古邳鎮北側。

［18］給事黃門侍郎：官名。與侍中俱管門下衆事。北齊四品上。

［19］李獎：字道休，隴西狄道（今甘肅臨洮縣）人。東魏、北齊官吏。《北史》卷一〇〇《涼武昭王李暠傳》有附傳，事亦見《魏書》卷三九《李寶傳》。

［20］清河：郡國名。西漢高帝置，治清陽縣（今河北清河縣）。西晉爲清河國，治清河縣（今山東臨清市）。北魏仍改爲郡。北齊移治武城縣（今河北清河縣西城關鄉西北）。

［21］司徒左長史：官名。司徒屬官。掌核定選舉，爲府中佐屬

之首。北齊從三品。

［22］行東都事：中華本校勘記云："按北齊無'東都'，疑是'東郡'之訛。"存疑。

［23］海州：治所在今江蘇連雲港市海州區海洲街道。

［24］大寧：北齊武成帝高湛年號（561—562）。

［25］河清：北齊武成帝高湛年號（562—565）。

［26］敕：南北朝以後，對君主詔命的專稱。　録尚書：官名。即録尚書事。總領、總理尚書臺政務之加職。位在尚書令之上，不常設。　趙彥深（507—576）：本名隱，字彥深，平原（今山東聊城市東北）人，祖籍南陽宛縣（今河南南陽市）。北齊大臣。本書卷三八、《北史》卷五五有傳。　僕射：尚書僕射，主管尚書省庶務，列位宰相。北齊從二品。　魏收（505—572）：字伯起，小字佛助，鉅鹿下曲陽（今河北晉州市西）人。北朝時著名史學家。本書卷三七、《北史》卷五六有傳，《魏書》卷一〇四有其家世自序（部分爲後人所補）。　尚書：祠部尚書。主掌尚書祠部曹，管祭祀禮儀。與尚書右僕射通職，二者不並設。　陽休之（509—582）：字子烈，右北平無終（今天津市薊州區）人。北魏、東魏、北齊官吏。好學，愛文藻。本書卷四二有傳，《北史》卷四七《陽尼傳》有附傳。　國子祭酒：官名。爲國子學主官。北齊從三品。　馬敬德：河間（今河北河間市南）人。北齊官吏。本書卷四四、《北史》卷八一有傳。

［27］度支尚書：官名。領尚書省度支等曹，掌軍國收支、漕運、租役、庫廩等。三品。

［28］五兵尚書：官名。屬尚書省。北齊初沿北魏制，稱"七兵尚書"，後復稱"五兵尚書"，領左中兵、右中兵、左外兵、右外兵、都兵五曹，管理全國兵籍、徵兵、儀仗等軍事行政。但因北齊於尚書省外別置外兵省、騎兵省管理全國兵馬樞務，所以五兵較前權輕。三品。

［29］南兗州：治所在今安徽亳州市。

[30]左光禄大夫：官名。作爲在朝顯職的加官，以示優崇，或授予年老有病的致仕之官，亦常用爲卒後贈官，無職掌。金印紫綬，儀同三司。北齊二品。

[31]殿中尚書：官名。爲尚書省六曹尚書之一。管理宮殿禁衛、禮制、宮廷車馬及倉庫等事。領殿中、儀曹、三公、駕部四郎曹。三品。

述久爲法官，[1]明解律令，議斷平允，深爲時人所稱。而厚積財産，一無饋遺，雖至親密友貧病困篤，亦絶於拯濟，朝野物論甚鄙之。外貌方整而不免請謁，迴避進趨，頗致嗤駭。前妻河內司馬氏。[2]一息，[3]爲娶隴西李士元女，[4]大輸財娉，及將成禮，猶競懸違。述忽取供養像對士元打像作誓，士元笑曰："封公何處常得應急像，須誓便用。"一息娶范陽盧莊之女，[5]述又逕府訴云："送贏乃嫌脚跛，評田則云鹹薄，銅器又嫌古廢。"皆爲吝嗇所及，每致紛紜。

[1]法官：執法之官。以述久任廷尉、大理之職故名法官。
[2]河内：郡名。治所在今河南沁陽市。
[3]息：子息。即兒子。
[4]李士元：隴西狄道（今甘肅臨洮縣）人。東魏官吏。事見《魏書》卷三九《李寶傳》。
[5]范陽：郡名。治所在今河北涿州市。 盧莊之：亦名"莊"。范陽涿（今河北涿州市）人。北齊官吏。少年有名。本書卷四二、《北史》卷三〇《盧玄傳》有附傳。

子元，武平末太子舍人。[1]

[1]太子舍人：官名。掌侍從表啓，宣行太子令旨。北齊從六品。

述弟詢，字景文。魏員外郎，[1]武定中永安公開府法曹，[2]稍遷尚書起部郎中，[3]轉三公郎，[4]出爲東平原郡太守，[5]遷定州長史，[6]又除河間郡守，[7]入爲尚書左丞，[8]又爲濟南太守。[9]隋開皇中卒。[10]詢闕涉經史，清素自持，歷官皆有幹局才具，治郡甚著聲績，民吏敬而愛之。

[1]魏：即北魏（386—557）。北朝政權之一。公元386年鮮卑人拓跋珪建立代國，初居盛樂（今内蒙古和林格爾縣），398年定都平城（今山西大同市東北），後遷都洛陽（今河南洛陽市東北）。永熙三年（534）分裂爲東魏與西魏。東魏（534—550）都於鄴（今河北臨漳縣西南鄴鎮東），西魏（535—557）都於長安（今陝西西安市西北郊）。　員外郎：員外散騎侍郎省稱，時爲貴仕子弟起家初仕官。

[2]永安公：北齊神武帝高歡第三子高浚的封爵號。永安，郡名。治所在今山西霍州市。　法曹：官署名。公府諸曹之一。掌郵驛科程事。

[3]尚書起部郎中：官名。尚書起部曹長官。北齊六品上。起部曹掌土木工程、匠役。

[4]三公郎：官名。"三公郎中"之簡稱。主尚書省三公曹，掌刑獄訴訟，擬定法律之政。北齊六品。

[5]東平原郡：治所在今山東鄒平縣東長山。

[6]定州：治所在今河北定州市。

[7]河間郡：治所在今河北河間市南。

[8]尚書左丞：爲尚書臺屬官，佐助令、僕射掌政務。職掌臺

内庶務、文吏及文案奏章。兼掌監察百官。北齊從四品上。

[9]濟南：郡名。治所在今山東濟南市。

[10]隋：公元581年楊堅（隋文帝）代北周稱帝，國號隋，開皇三年（583）都大興（今陝西西安市）。　開皇：隋文帝楊堅年號（581—600）。

許惇，字季良，高陽新城人也。[1]父護，[2]魏高陽、章武二郡太守。[3]惇清識敏速，達於從政，任司徒主簿，以能判斷，見知時人，號爲入鐵主簿。稍遷陽平太守。[4]當時遷都鄴，[5]陽平即是畿郡，軍國責辦，賦斂無准，又勳貴屬請，朝夕徵求，惇並御之以道，上下無怨。治爲天下第一，特加賞異，圖形於闕，詔頒天下。遷魏尹，[6]出拜齊州刺史，轉梁州刺史，[7]治並有聲。遷大司農。[8]會侯景背叛，[9]王思政入據潁城，[10]王師出討，惇常督漕，軍無乏絶。引洧水灌城，[11]惇之策也。遷殿中尚書。惇美鬚髯，下垂至帶，省中號爲長鬚公。顯祖嘗因酒酣，握惇鬚髯稱美，遂以刀截之，唯留一握。惇懼，因不復敢長，時人又號爲齊鬚公。世祖踐祚，[12]領御史中丞，[13]爲膠州刺史。[14]尋追爲司農卿，[15]又遷大理卿，再爲度支尚書，歷太子少保、少師、光禄大夫、開府儀同三司、尚書右僕射、特進，[16]賜爵萬年縣子，[17]食下邳郡幹。[18]以年老致仕於家，三年卒。[19]

[1]高陽：郡名。治所在今河北高陽縣東。　新城：縣名。治所在今河北保定市徐水區西南。

[2]護：許護，高陽新城（今河北保定市徐水區西南）人。許安仁子。北魏官吏。事見《魏書》卷四六、《北史》卷二六《許彦傳》。

[3]魏高陽、章武二郡太守："二"字宋刻本、四庫本、中華本同，百衲本作"一"。從宋刻本改。章武，郡名。治所在今河北大城縣。

[4]陽平：郡名。治所在今河北館陶縣。

[5]鄴：都邑名。在今河北臨漳縣城西南。北齊定都於此。

[6]魏尹：魏郡尹。其時魏郡統鄴，北齊定都鄴，郡爲京畿，故魏郡守改稱尹，示尊。

[7]梁州：治所在今河南開封市城區。

[8]大司農：官名。朝廷掌財政經濟的主官。爲九卿之一。北齊後改稱司農卿或司農寺卿。三品。

[9]侯景（503—552）：字萬景，懷朔鎮（今内蒙古固陽縣西南）人，或云雁門（今山西代縣西南）人，羯族。北魏、東魏將領，後降南朝梁。《梁書》卷五六、《南史》卷八〇有傳。

[10]王思政：字司政，太原祁（今山西祁縣）人。西魏名將。後降北齊，爲都官尚書、儀同三司。《周書》卷一八、《北史》卷六二有傳。　潁城：潁川郡治，治所在今河南許昌市。

[11]洧水：水名。即今河南雙洎河。

[12]踐祚：指皇帝登基。

[13]領：官制用語。官吏在本職外兼任其他職務稱"領"。魏晉南北朝多爲暫攝之意。　御史中丞：爲御史臺長官。領侍御史，糾察百官，審核疑案。北齊從三品。

[14]膠州：治所在今山東諸城市。

[15]司農卿：官名。即司農。司農寺主官。爲九卿之一。掌倉廩及農桑水利的政令等。北齊三品。

[16]太子少保：官名。掌以道德輔教太子。北齊三品。　少師：官名。即太子少師。　光祿大夫：官名。加官、散官。多授元

老勳重之臣。北齊從二品。　開府儀同三司：官名。本指高級官員開建府署之待遇，儀同三司（三公）。後遂成加銜，至南北朝又爲官稱。北齊從一品。　尚書右僕射：官名。尚書省副長官之一。助尚書令掌全國政務。與祠部尚書通職，二者不並設。兼管儀曹事。北齊從二品。　特進：官名。爲加官，贈致仕大臣。北齊二品。

[17]萬年縣子：爵名。萬年縣，治所在今陝西西安市西北。

[18]食下邳郡幹：食幹爲北齊的一種制度。幹，原爲漢至南北朝時一種身份和地位低下的吏，後變爲供役使之人。北齊時，官員可依品級高低，得到數量不等的"幹"。又因"幹"可納資代役。故北齊時盛行"食幹"之制。下邳郡，治所在今江蘇睢寧縣西北古邳鎮北。

[19]三年卒：中華本校勘記云："按上不記年號，據本書卷八《後主紀》，許惇以武平三年爲左僕射，武平之後，隆化、德昌、承光都非常短暫，此三年必是武平三年，上脱'武平'二字。"説是。

惇少純直，晚更浮動。齊朝體式，本州大中正以京官爲之。同郡邢卲爲中書監，[1]德望甚高，惇與卲競中正，遂馮附宋欽道，[2]出卲爲刺史，朝議甚鄙薄之。雖久處朝行，歷官清顯，與邢卲、魏收、陽休之、崔劼、徐之才之徒比肩同列，[3]諸人或談説經史，或吟詠詩賦，更相嘲戲，欣笑滿堂，惇不解劇談，又無學術，或竟坐杜口，[4]或隱几而睡，深爲勝流所輕。

[1]同郡邢卲爲中書監：中華本校勘記云："按邢卲是河間鄚人，許惇是高陽新城人，並非同郡。二郡同屬瀛州，所争者是州大中正。州也可稱部，疑'同郡'爲'同部'之訛。"邢卲（496—?），字子才，河間鄚（今河北任丘市北）人。北魏、東魏、北齊官吏。博學能文，

與溫子升、魏收齊名。原著有《邢子才集》，已散佚。本書卷三六有傳，《北史》卷四三《邢巒傳》有附傳。中書監，官名。與中書令同爲中書省主官，掌草擬詔令，處理機要。北齊從二品。

［2］宋欽道（？—560）：廣平（今河北邯鄲市永年區）人。東魏、北齊官吏。本書卷三四《楊愔傳》、《北史》卷二六《宋隱傳》有附傳，事亦見《魏書》卷六三《宋弁傳》。

［3］崔劼：字彥玄，東清河鄃（今山東平原縣西南）人。崔光之子。北魏、東魏、北齊官吏。本書卷四二有傳，《北史》卷四四《崔光傳》有附傳。　徐之才：丹陽（今安徽當塗縣東北）人。北魏、東魏、北齊官吏。學問廣博，尤精醫術。本書卷三三有傳，《北史》卷九〇《徐謇傳》有附傳。

［4］杜口：閉口不言。

　　子文紀，武平末度支郎中。[1]文紀弟文經，勤學方雅，身無擇行，口無戲言。武平末，殿中侍御史。[2]隋開皇初侍御史，[3]兼通直散騎常侍，[4]聘陳使副，[5]主爵侍郎。卒於相州長史。[6]

［1］度支郎中：官名。魏晋南北朝與"度支郎"互稱，爲尚書省度支曹長官。北齊六品上。度支曹爲尚書省諸郎曹之一，掌會計軍國財用，隸度支尚書。

［2］殿中侍御史：官名。亦稱殿中御史。居宮殿中糾察非法。北朝地位較重。北魏或掌宿衛禁兵。北齊員十二人，八品。

［3］侍御史：官名。即御史。爲御史臺屬官，掌舉劾違失，監理郡縣及受公卿郡吏奏事等。北齊從七品。

［4］通直散騎常侍：官名。因將員外散騎常侍與散騎常侍通員值班而得名。職掌品秩與散騎常侍略同。屬集書省。北齊四品。

［5］陳：南朝陳（557—589）。南朝梁敬帝太平二年（557），陳霸

先改元稱帝,都建康(今江蘇南京市),國號陳。歷五帝,三十三年。後主禎明二年(589)被隋所滅。

[6]相州:治所在今河南安陽市。

惇兄遜,字仲讓,有幹局,乾明中平原太守,[1]卒,贈信州刺史。遜子文高,司徒掾。[2]

[1]乾明:北齊廢帝高殷年號(560)。 平原:郡名。治所在今山東聊城市東北。

[2]司徒掾:司徒府屬吏。掌諸曹事。北齊從五品上。

羊烈,字信卿,太山鉅平人也。[1]晉太僕卿琇之八世孫,[2]魏梁州刺史祉之弟子。[3]父靈珍,[4]魏兗州別駕。[5]烈少通敏,自修立,有成人之風。好讀書,能言名理,以玄學知名。[6]魏孝昌中,[7]烈從兄侃為太守,[8]據郡起兵外叛。烈潛知其謀,深懼家禍,與從兄廣平太守敦馳赴洛陽告難。[9]朝廷將加厚賞,烈告人云:"譬如斬手全軀,所存者大爾,[10]豈有幸從兄之敗以為己利乎?"卒無所受。

[1]太山:郡名。即泰山郡。治所在今山東泰安市東南。 鉅平:縣名。治所在今山東泰安市南。

[2]晉:西晉(265—316)。司馬炎代魏稱帝,國號晉。都洛陽,因在東晉都城建康之西北,史稱西晉。 太僕卿:官名。即太僕。為九卿之一,掌皇家輿馬及畜牧之政。 琇:羊琇,字稚舒,太山南城(今山東費縣)人,景獻皇后從父弟。西晉外戚。《晉書》卷九三有傳。

[3]祉:羊祉,字靈祐,太山鉅平(今山東泰安市)人。北魏

官吏。性格剛愎，好刑名。《魏書》卷八九、《北史》卷三九有傳。

　　[4]靈珍：羊鷟，字靈珍，以字行。太山鉅平（今山東泰安市）人。北魏官吏。位兗州別駕。事見《北史》卷三九《羊祉傳》。

　　[5]兗州：治所在今山東濟寧市兗州區新驛鎮東頓村南。　別駕：官名。爲州刺史僚屬。因隨刺史行部，別乘傳車而名之。錄衆事。

　　[6]玄學：時謂《老子》《莊子》《周易》爲"三玄"，治三玄之學謂之玄學。

　　[7]孝昌：北魏孝明帝元詡年號（525—527）。

　　[8]從兄：堂兄。　侃：羊侃（495—548），字祖忻，泰山梁甫（今山東新泰市）人。北魏降梁官吏。《梁書》卷三九、《南史》卷六三有傳。

　　[9]廣平：郡名。治所在今河北邯鄲市永年區。　敦：羊敦，字元禮，太山鉅平（今山東泰安市）人。北魏官吏。《魏書》卷八八有傳。　洛陽：縣名。治所在今河南洛陽市東北。

　　[10]所存者大爾：宋刻本、百衲本、中華本同，四庫本作"所存者大故爾"。

　　弱冠，[1]州辟主簿，[2]又兼治中從事。[3]刺史方以吏事爲意，以幹濟見知。釋巾太師咸陽王行參軍，[4]遷祕書郎。[5]顯祖初爲儀同三司，開府。倉曹參軍事。[6]天保初，授太子步兵校尉、輕車將軍，[7]尋遷并省比部郎中，[8]除司徒屬，[9]頻歷尚書祠部，[10]左、右民郎中，[11]所在咸爲稱職。九年，除陽平太守，[12]治有能名。是時，頻有災蝗，犬牙不入陽平境，敕書褒美焉。皇建二年，[13]遷光禄少卿，[14]加龍驤將軍、兗州大中正，又進號平南將軍。[15]天統中，除太中大夫，[16]兼光禄少卿。武平初，除驃騎將軍、義州刺史，[17]尋以老疾還鄉。周大象中卒。[18]

[1]弱冠：古代男子二十歲行冠禮，後世泛指男子二十歲。

[2]辟：委任。各級軍政機關長官自行任命屬吏之行爲稱"辟"。　主簿：掌文簿及閣内事。

[3]治中從事：官名。即治中從事史。爲州府屬官。掌財穀賬簿文書。

[4]釋巾：脱下平民的頭巾。謂開始做官。　太師：官名。多爲元老重臣之加官。北齊一品。　咸陽王：元坦的封爵號。咸陽，郡名。治所在今陝西涇陽縣西北。　行參軍：官名。由諸府主辟召之參軍。分掌府内各曹，時爲正參軍之副職。

[5]祕書郎：官名。掌文書機要。北魏前期此職分内、外，分屬内、外祕書令。北齊七品。

[6]顯祖初爲儀同三司，開府。倉曹參軍事：中華本校勘記云："按'開府'下有脱文，當云：'顯祖初爲儀同三司，開府，（以烈爲）倉曹參軍事。'若非脱，則上云'顯祖初'，下又云'天保初'，殊嫌重複。本書卷四《文宣紀》記高洋於天平二年授儀同三司，可證。"説是，存疑。倉曹參軍事，官名。倉曹之長，簡稱"倉曹參軍"。北齊置。倉曹主倉穀事。

[7]太子步兵校尉：官名。亦稱"東宫步兵校尉"。東宫侍從武官，掌步兵。　輕車將軍：官名。爲雜號將軍之一。北齊從五品。

[8]比部郎中：官名。魏晉南北朝與比部郎互稱。爲尚書省比部曹長官。六品。比部曹掌法制律令，稽核簿籍。

[9]司徒屬：官名。司徒府内諸曹的副職。《續漢書·百官志》："正曰掾、副曰屬。"掌司徒府内諸曹庶務。

［10］尚書祠部：魏晋南北朝尚書省郎曹之一。北齊掌祠祀醫藥、死喪贈賜。

［11］左、右民郎中：皆官名。西晋分民曹郎置，爲尚書省左、右民曹長官通稱。掌戶口、租調。北齊六品上。

［12］除陽平太守："陽平"四庫本、百衲本、中華本同，宋刻本作"平陽"。按，從後面的"犬牙不入陽平境"一句可證，此句當是"陽平"。

［13］皇建：北齊孝昭帝高演年號（560—561）。

［14］光禄少卿：官名。北魏始置，北齊置爲光禄寺次官，員一人，四品上。光禄寺職掌宫殿門户、帳幕鋪設器物、百官朝會膳食等事務。

［15］龍驤將軍：官名。雜號將軍，階三品。　平南將軍：官名。北齊爲褒賞軍功勳臣的閑職，三品。

［16］太中大夫：官名。參議政事。北齊三品。

［17］驃騎將軍：官名。爲重號將軍，但僅作爲軍府名號，加授大臣、重要地方長官。北魏、北齊二品。　義州：東魏僑置，治所在今河南衛輝市西南。

［18］周：即北周（557—581）。西魏恭帝三年（556）十二月，宇文泰之子宇文覺廢西魏主自立，次年（557）改元，建號周，史稱北周，又稱後周。都長安（今陝西西安市）。歷五帝，二十五年。至静帝宇文衍爲隋所代。　大象：北周静帝宇文衍年號（579—580）。

烈家傳素業，[1]閨門修飾，[2]爲世所稱，一門女不再醮。[3]魏太和中，[4]於兖州造一尼寺，女寡居無子者並出家爲尼，咸存戒行。烈天統中與尚書畢義雲争兖州大中正，[5]義雲盛稱門閥，[6]云我累世本州刺史，卿世爲我家故吏。烈答云："卿自畢軌被誅以還，[7]寂無人物，近日刺史，皆是疆埸之上彼此而得，何足爲言。豈若我漢之河南尹，[8]晋之太傅，[9]名德學行，百代傳美。且男清女貞，足以相冠，自外多可稱也。"蓋譏義雲之帷薄焉。

[1]素業：清素之業。儒業。
[2]閨門：内室之門。古時女子居於内室，故謂帷薄不修者曰"閨門不謹"。
[3]再醮：舊謂女子改嫁曰"再醮"。
[4]太和：北魏孝文帝元宏年號（477—499）。
[5]畢義雲：東平須昌（今山東東平縣）人。北魏官吏。本書卷四七有傳。
[6]門閥：指祖先建立功勳者之家世。謂名門貴室。
[7]畢軌（？—249）：三國魏東平（今山東東平縣東）人，字昭先。少有名聲。《三國志》卷九有傳。
[8]漢之河南尹：指羊陟。陟爲東漢大臣，曾任河南尹。《後漢書》卷六七有傳。河南，郡名。治所在今河南洛陽市西。
[9]晋之太傅：指羊祜。祜，西晋名臣，卒贈太傅。《晋書》卷三四有傳。太傅，官名。三國魏以後多爲元老重臣加官，歷朝因之。

祉子深，魏中書令。[1]深子肅，以學尚知名，世宗大將軍府東閤祭酒。[2]乾明初，冀州治中。趙郡王爲巡省大使，[3]肅以遲緩不任職解，朝議以肅無罪，尋復之。天統初，遷南兗州長史。武平中，入文林館撰書，[4]尋出爲武德郡守。[5]

[1]中書令：官名。中書省長官之一。掌草擬、發布詔令，參

與機務。北齊屬三品。
　　[2]東閣祭酒：大將軍府僚屬。掌文學。大將軍府東閣祭酒爲七品上。
　　[3]趙郡王：高叡的封爵號。趙郡，治所在今河北趙縣。
　　[4]文林館：官署名。北齊武平三年（572）置。引文學之士充之，稱待詔。掌編撰供皇帝閱覽的書籍，撰成後名《修文殿御覽》。
　　[5]武德郡：治所在今河南沁陽市東南。

　　烈弟脩，有才幹，大寧中卒於尚書左丞。子玄正，武平末將作丞。[1]隋開皇中民部侍郎。[2]卒於隴西郡贊治。[3]

　　[1]將作丞：官名。北齊爲將作寺次官，員四人，從七品上。將作寺爲掌諸營建土木工程的官署。
　　[2]民部侍郎：官名。爲尚書民部副主官，助尚書掌部務。隋時官位四品。民部爲掌户口籍帳之機構。
　　[3]贊治：官名。郡長官的行政助理。

　　源彪，字文宗，西平樂都人也。[1]父子恭，[2]魏中書監、司空，文獻公。[3]文宗學涉機警，少有名譽。魏孝莊永安中，以父功賜爵臨潁縣伯，[4]除員外散騎常侍。[5]天平四年，[6]涼州大中正，[7]遭父憂去職。[8]武定初，服闋，吏部召領司徒記室，[9]加平東將軍。[10]世宗攝選，沙汰臺郎，以文宗爲尚書祠部郎中，[11]仍領記室。轉太子洗馬。[12]天保元年，除太子中舍人。[13]乾明初，出爲范陽郡守。

1274

[1]西平：郡名。治所在今青海樂都縣。 樂都：縣名。治所同郡。

[2]子恭：源子恭（？—538），字靈順，西平樂都（今青海樂都縣）人。鮮卑族。北魏官吏。《魏書》卷四一、《北史》卷二八《源賀傳》有附傳。

[3]文獻公：源子恭的封爵號。

[4]臨潁縣伯：爵名。臨潁縣，治所在今河南臨潁縣西北。

[5]員外散騎常侍：官名。屬集書省，爲清望官。北齊五品上。

[6]天平：四庫本、中華本同，宋刻本作"大中"，百衲本作"天中"。按，"天平""武定"是東魏孝靜帝年號。故此處應是"天平"。從四庫本改。

[7]涼州：治所在今甘肅武威市。

[8]遭父憂：遭父親喪事。

[9]司徒記室：官名。司徒府佐吏，主文書表報。北齊六品上。

[10]平東將軍：官名。爲四平將軍之一。軍府一般位於京城以東方向。北齊爲褒賞軍功勳臣的閑職，三品。

[11]尚書祠部郎中：官名。與"祠部郎"等互稱。爲祠部曹主官，掌祭祀禮儀。北齊六品上。

[12]太子洗馬：官名。太子屬官。掌爲太子前驅導威儀。並掌東宮圖籍經書及校勘。北齊從五品上。

[13]太子中舍人：官名。以舍人才學之美者爲之，與太子中庶子共掌文翰。員四人。歷朝因之。北齊五品上。

皇建二年，拜涇州刺史。[1]文宗以恩信待物，甚得邊境之和，爲鄰人所欽服，前政被抄掠者，多得放還。天統初，入爲吏部郎中，[2]議遷御史中丞，[3]典選如故。尋除散騎常侍，仍攝吏部，加驃騎大將軍。屬秦州刺史宋嵩卒，[4]朝廷以州在邊垂，以文宗往蒞涇州，頗著聲績，除秦州刺史，乘傳之府，特給後部鼓吹。文宗爲治如在涇州時。李孝貞聘陳，[5]陳主謂孝貞曰：[6]"齊朝還遣源涇州來瓜步，[7]直可謂和通矣。"[8]尋加儀同三司。武平二年，徵領國子祭酒。三年，遷祕書監。[9]

[1]涇州：梁置，梁元帝蕭繹承聖三年（554）後没於北齊，治所在今安徽天長市西北石梁鎮。本書卷一五《潘樂傳》：樂"又爲南道大都督，討侯景。……至梁涇州。涇州舊在石梁，侯景改爲懷州，樂獲其地，仍立涇州"。

[2]吏部郎中：官名。魏晉南北朝與"吏部郎"互稱。爲尚書省吏部郎曹主官。掌官吏銓選。北齊四品上。

[3]議遷御史中丞：宋刻本、百衲本同，四庫本、中華本無"議"字。下言"典選如故"，御史中丞不當典選，説明源彪仍在吏部。當有"議"字。

[4]秦州：治所在今江蘇南京市六合區。　宋嵩：北齊官吏。位秦州刺吏。

[5]李孝貞：字元操，趙郡平棘（今河北趙縣東南）人。隋朝官吏。《北史》卷三三《李順傳》有附傳。

[6]陳主：陳宣帝陳頊（530—582），字紹世，小字師利。文帝陳蒨弟。公元569年至582年在位。《陳書》卷五、《南史》卷一〇有紀。

[7]源涇州：源彪。　瓜步：山名。即今江蘇南京市六合區東南瓜埠山。

[8]直可謂和通矣："直"字宋刻本、百衲本、中華本同，四庫本作"真"。

[9]遷祕書監：四庫本、中華本同，宋刻本、百衲本無"遷"字。從補。祕書監，官名。爲祕書省主官。北齊三品。祕書省掌修撰國史及保管、典校書籍，並領著作省。

陳將吳明徹寇淮南,[1]歷陽、瓜步相尋失守。[2]趙彥深於起居省密訪文宗曰:[3]"吳賊侜張,遂至於此,僕妨賢既久,憂懼交深,今者之勢,計將安出?弟往在涇州,甚悉江、淮間情事,[4]今將何以禦之?"對曰:"荷國厚恩,無由報效,有所聞見,敢不盡言。但朝廷精兵必不肯多付諸將,數千已下,復不得與吳楚爭鋒,命將出軍,反爲彼餌。尉破胡人品,[5]王之所知。進既不得,退又未可,敗績之事,匪朝伊夕。王出而能入,朝野傾心,脱一日參差,悔無所及。以今日之計,不可再三。國家待遇淮南,失之同於蒿箭。如文宗計者,不過專委王琳,[6]淮南招募三四萬人,風俗相通,能得死力,兼令舊將淮北捉兵,足堪固守。且琳之於曇頊,[7]不肯北面事之明矣,竊謂計之上者。若不推赤心於琳,別遣餘人掣肘,復成速禍,彌不可爲。"彥深歎曰:"弟此良圖,足爲制勝千里,但口舌争來十日,已不見從。[8]時事至此,安可盡言。"因相顧流涕。

[1]吳明徹(511—577):字通昭,秦郡(今江蘇南京市六合區北)人。南朝陳將領。《陳書》卷九、《南史》卷六六有傳。淮南:當指淮南地區,即淮河以南、長江以北地區。宋刻本、四庫本、百衲本作"江南"。中華本校勘記云:"諸本'淮'作'江',《北史》卷二八《源彪傳》作'淮'。按齊與陳隔江爲界,江南是陳地,歷陽、瓜步都在江北。'江'字顯誤,今據《北史》改。"從中華本改。

[2]歷陽:郡名。治所在今安徽和縣。

[3]起居省:官署名。北齊置。屬集書省,掌起居注的修撰。

[4]江、淮間：長江以北、淮河以南地區。

[5]尉破胡：北齊將領。位開府儀同三司、領軍將軍。

[6]王琳（516—563）：字子珩，會稽山陰（今浙江紹興市）人。北齊將領。初仕梁，任岳陽內史，以軍功封建寧縣侯。陳初降齊。本書卷三二、《南史》卷六四有傳。

[7]曇頊：陳頊。

[8]但口舌爭來十日，已不見從：中華本校勘記云："《北史》卷二八'已'下有'是'字，《册府》卷四七七'已'下有'足終'二字。按原文當同《册府》作'十日已足，終不見從'。《北史》'是'字贅，疑也是'足'之訛。"

武平七年，周武平齊，[1]與陽休之、袁聿修等十八人同敕入京，[2]授儀同大將軍、司成下大夫。[3]隋開皇初，授莒州刺史，[4]至州，遇疾去官。開皇六年卒，年六十六。文宗以貴遊子弟昇朝列，[5]才識敏贍，以幹局見知。然好遊詣貴要之門，故時論以為善於附會。

[1]周武：北周武帝宇文邕（543—578），字禰羅突。宇文泰第四子。公元561年至578年在位。《周書》卷五、六，《北史》卷一〇有紀。

[2]袁聿修（511—582）：字叔德，陳郡項（今河南沈丘縣）人。東魏、北齊、北周官吏。本書卷四二有傳。

[3]儀同大將軍：官名。北周武帝建德四年（575），改車騎大將軍、儀同三司爲此稱，九命，爲勳官之第八等。　司成下大夫：官名。北周置。輔佐司成中大夫。正四命。

[4]莒州：治所在今山東沂水縣。

[5]貴遊：宋刻本、百衲本、中華本同，四庫本作"貴族"。

子師，少好學，明辨有識悟，尤以吏事知名。河清初，司空參軍事，[1]歷侍御史、太常丞、尚書左外兵郎中。[2]隋開皇中尚書比部、考功侍郎。[3]大業初，[4]卒於大理少卿。[5]

[1]司空參軍事：官名。司空府僚屬，掌參謀軍務及諸曹事。北齊從六品上。

[2]太常丞：官名。太常的屬吏。掌禮儀及祭祀等事，總諸曹事。北齊從六品。　尚書左外兵郎中：官名。尚書省郎曹左外兵曹長官。掌左外兵。屬五兵尚書。

[3]尚書比部：尚書省郎曹之一，掌擬定、修改法律。北齊隸都官尚書。　考功侍郎：官名。隋設。爲吏部考功司主官。在吏部，掌考第及秀孝貢士等事。

[4]大業：隋煬帝楊廣年號（605—618）。

[5]大理少卿：官名。大理寺次官。北齊始置，員一人，四品。大理寺爲國家最高審判機構，掌決正刑獄。

文宗弟文舉，亦有才幹，歷尚書比部、二千石郎中，[1]定州長史，帶中山郡守。[2]卒於太尉長史。

[1]二千石郎中：官名。尚書省二千石曹長官通稱。二千石曹掌監察。屬都官尚書。六品上。

[2]中山郡：治所在今河北定州市。

文宗從父兄楷，字那延，有器幹，善草隸書。歷尚書左民部郎中、治書侍御史、長樂、中山郡守、京畿長史、黃門郎、假儀同三司。[1]

[1]歷尚書左民部郎中：中華本校勘記云："按《隋書》卷二七《百官志》中稱後齊度支尚書所統六曹，有'左户''右户'，即'左民''右民'，《隋志》避唐諱改。又《通典》卷二三户部尚書條，隋開皇三年改度支爲民部，統度支、民部、金部、倉部四曹。知北齊祇稱'左民''右民'，無'部'字，至隋始有'民部'，却不分左右。這裏'部'字當是衍文。"尚書左民郎中，尚書左民曹長官，隸度支尚書。　治書侍御史：官名。掌舉劾官品第六已上（《隋書·百官志上》作"掌舉劾官品第六已下"）。北齊從五品。
　　長樂：郡名。治所在今河北冀州市。　京畿：京都及其行政所轄地區。　長史：官名。掌參政務。主管屬吏。爲府中掾屬之長。黄門郎：官名。即"黄門侍郎"或"給事黄門侍郎"之簡稱，黄門侍郎與給事黄門侍郎合爲一職，與侍中俱掌門下事。北齊四品上。　假：官制用語。代理、兼攝之意。　儀同三司：官名。本指官場待遇，儀同三司（三公）。"儀同"自此成專名。至北魏、北齊又爲官號。北齊二品。

　　齊滅，朝貴知名入周京者：度支尚書元修伯，[1]魏文成皇帝之後，[2]清素寡欲，明識理體。少歷顯職，尚書郎、治書侍御史、[3]司徒左長史、數郡太守、光州刺史，[4]所在皆著聲績。及爲度支，[5]屬政荒國蹙，儲藏虛竭，賦役繁興。修伯憂國如家，恤民之勞，兼濟時事，詢謀宰相，朝夕孜孜，與錄尚書唐邕迴換取捨，[6]頗有裨益。周朝授儀同大將軍、載師大夫。[7]其事行史闕，故不列於傳。齊末又有并省尚書隴西辛愨、散騎常侍長樂潘子義並以才幹知名。[8]入仕周、隋，位歷通顯云。[9]

　　[1]度支尚書：官名。尚書省屬官。掌軍國收支、漕運、租役、

庫廩等。北齊統度支、倉部、右户、左户、庫部、金部等曹。三品。

［２］魏文成皇帝：拓跋濬（440—465），太武帝嫡長孫。公元452年至465年在位。《魏書》卷五、《北史》卷二有紀。

［３］尚書郎：官名。凡尚書曹郎、郎中、侍郎皆可簡爲此稱。分掌尚書各曹。

［４］光州：北魏分青州置，治所在今山東萊州市。

［５］度支：度支尚書。

［６］唐邕：字道和，太原晉陽（今山西太原市晉源區古城營村一帶）人。北齊官吏。本書卷四〇、《北史》卷五五有傳。

［７］載師大夫：載師中大夫。西魏恭帝三年（556）設。掌國之土地、賦税、牧産等。正五命。北周因之。

［８］辛愨：東魏、北齊官吏。武定（543—550）末，爲開府鎧曹參軍。北齊末爲并省尚書。後入仕北周、隋朝。事見《魏書》卷七七、《北史》卷五〇《辛雄傳》。

［９］位歷通顯云：“歷”字四庫本、中華本同，宋刻本、百衲本作“官”。從四庫本改。

論曰：李稚廉等以材能器幹，所在咸著聲名。封述聚積財賄，敝於鄙吝，季良以學淺爲累，文宗以附會見稱。然則羊、李二賢足爲俱美，士人君子可不慎與？

贊曰：惟茲數賢，幹事貞固，生被雌黄，殁存縑素。[1]封及源、許，終爲身蠹。

［１］生被雌黄，殁存縑素：謂其活在世上時被人議論，死後被載書史册。雌黄，古人用來塗改文字；縑素，古人用爲書寫材料。

北齊書　卷四四

列傳第三十六

儒林

李鉉　刁柔　馮偉　張買奴　劉軌思　鮑季詳　邢峙　劉晝　馬敬德　子元熙　張景仁　權會　張思伯　張雕　孫靈暉　石曜

　　班固稱"儒家者流，蓋出於司徒之官，助人君順陰陽，行教化"者也。[1]聖人所以明天道，正人倫，是以古先哲王率由斯道。

　　[1]班固（32—92）：字孟堅，扶風安陵（今陝西咸陽市東北）人。東漢史學家。博學多才，擅長辭賦。著作有《漢書》《白虎通義》，另撰《燕然山銘》。《後漢書》卷四〇有傳。　儒家者流，蓋出於司徒之官，助人君順陰陽，行教化：語出《漢書·藝文志》。司徒，官名。殷周已有之。掌教化。

高祖生於邊朔,[1]長於戎馬之間,因魏氏喪亂之餘,[2]屬尒朱殘酷之舉,[3]文章咸盪,禮樂同奔,弦歌之音且絕,俎豆之容將盡。及仗義建旗,掃清區縣,[4]以正君臣,以齊上下;至乎一人播越,九鼎潛移,文武神器,顧昒斯在;猶且援立宗支,重安社稷,豈非蜎名教之地,漸仁義之風與?

[1]高祖:北齊神武皇帝高歡(496—547),廟號高祖。本書卷一、二,《北史》卷六有紀。

[2]魏氏:北魏(386—557)。北朝政權之一。公元386年鮮卑人拓跋珪建立代國,初居盛樂(今内蒙古和林格爾縣),398年定都平城(今山西大同市東北),後遷都洛陽(今河南洛陽市東北)。永熙三年(534)分裂爲東魏與西魏。東魏(534—550)都於鄴(今河北臨漳縣西南鄴鎮東),西魏(535—557)都於長安(今陝西西安市西北郊)。

[3]尒朱:尒朱榮(493—530),字天寶,北魏北秀容(今山西朔州市)契胡貴族。繼父爲部落酋帥,六鎮起義後投魏。後擁立莊帝,自爲大丞相、天柱大將軍,封太原王。《魏書》卷七四、《北史》卷四八有傳。

[4]區縣:疆域。

屬疆場多虞,戎車歲駕,雖庠序之制有所未遑,[1]而儒雅之道遽形心慮。魏天平中,[2]范陽盧景裕同從兄禮於本郡起逆,[3]高祖免其罪,置之賓館,以經教授太原公以下。[4]及景裕卒,又以趙郡李同軌繼之,[5]二賢並大蒙恩遇,待以殊禮。同軌之亡,復徵中山張雕、渤海李鉉、刁柔、中山石曜等遞爲諸子師友。[6]及天保、大寧、武平之朝，[7]亦引進名儒，授皇太子諸王經術。

[1]庠序：古代地方所設的學校，與帝王的辟雍、諸侯的泮宮等大學相對而言。

[2]天平：東魏孝静帝元善見年號（534—537）。

[3]范陽：郡名。治所在今河北涿州市。　盧景裕：字仲儒，小字白頭，范陽涿（今河北涿州市）人。北魏、東魏官吏。《魏書》卷八四有傳，《北史》卷三〇《盧同傳》有附傳。　從兄：堂兄。　禮：盧仲禮（？—538），北魏、東魏時范陽涿（今河北涿州市）人。孝静帝天平四年，聚衆反魏。次年，爲賀拔仁擊殺。

[4]太原公：高洋的封爵號。太原，郡名。治所在今山西太原市西南。

[5]趙郡：治所在今河北趙縣。　李同軌（500—546）：趙郡高邑（今河北高邑縣）人。北魏、東魏官吏、學者。好醫術，學綜諸經，兼通佛學。《魏書》卷三六《李順傳》、《北史》卷三三《李義深傳》有附傳。

[6]中山：郡名。治所在今河北定州市。　張雕：張雕虎（519—573），一作"張彫唐"。《北史》避唐諱，或改"虎"作"武"，或去"虎"。北齊官吏。　渤海：郡名。治所在今河北東光縣。

[7]天保：北齊文宣帝高洋年號（550—559）。　大寧：北齊武成帝高湛年號（561—562）。　武平：北齊後主高緯年號（570—576）。

然愛自始基，暨於季世，唯濟南之在儲宫，[1]性識聰敏，頗自砥礪，以成其美，自餘多驕恣傲很，[2]動違禮度，日就月將，無聞焉爾。鏤冰雕朽，迄用無成，蓋有由也。夫帝子王孫，禀性淫逸，況義方之情不篤，[3]

邪僻之路競開，自非得自生知，體包上智，而內有聲色之娛，外多犬馬之好，安能入便篤行，出則友賢者也。徒有師傅之資，終無琢磨之實。下之從化，如風靡草，是以世冑之門，[4]罕聞強學。若使貴遊之輩，[5]飾以明經，可謂稽山竹箭，[6]加之以括羽，俯拾青紫，[7]斷可知焉。而齊氏司存，或失其守，師、保、疑、丞皆賞勳舊，[8]國學博士徒有虛名，[9]唯國子一學，[10]生徒數十人耳。欲求官正國治，其可得乎？胄子以通經仕者唯博陵崔子發、廣平宋遊卿而已，[11]自外莫見其人。

[1]濟南：指濟南王。北齊廢帝高殷的封爵號。本書卷五有紀。濟南，郡名。治所在今山東濟南市。

[2]自餘多驕恣傲很："很"字宋刻本、百衲本同，四庫本、中華本作"狠"。按，"很"通"狠"，意爲凶惡、殘忍。

[3]義方：做人的正道。後多指家教。

[4]世冑：猶世家、貴族的子孫。

[5]貴遊：無官職的王公貴族。

[6]稽山：山名。即會稽山。在今浙江紹興市東南。

[7]青紫：漢制，丞相、太尉皆金印紫綬，御史大夫銀印青綬，三府官最崇貴。後亦稱貴官之服爲"青紫"。

[8]師、保、疑、丞：古時擔任輔導和教育太子之官。《禮記·文王世子》："凡三王教世子，必以禮樂……虞夏商周有師保，有疑丞。" 勳舊：有功績的舊臣。

[9]國學博士：國子學博士。

[10]國子學：學校名。自西漢武帝設立太學，即爲其別稱。西晉武帝咸寧二年（276）在太學外別立此學，隸太常。專收官員子弟。以國子祭酒爲主官，下設博士、助教等。

[11]博陵：郡名。治所在今河北安平縣。　崔子發：博陵安平（今河北安平縣）人。北齊儒士。出身士族，以通經入仕。位祕書郎。事見《北史》卷三二《崔鑒傳》。　廣平：郡名。治所在今河北邯鄲市永年區。　宋遊卿：廣平（今河北邯鄲市永年區）人。北齊儒士。以通經入仕。

　　幸朝章寬簡，政網疏闊，遊手浮惰，十室而九。故橫經受業之侶，[1]遍於鄉邑；負笈從宦之徒，[2]不遠千里。伏膺無怠，善誘不倦。入閭里之内，乞食爲資；憩桑梓之陰，動逾千數。[3]燕、趙之俗，此衆尤甚。齊制：諸郡並立學，置博士、助教授經，[4]學生俱差逼充員，士流及豪富之家皆不從調。[5]備員既非所好，墳籍固不關懷，[6]又多被州郡官人驅使。縱有遊惰，亦不檢治，[7]皆由上非所好之所致也。諸郡俱得察孝廉，[8]其博士、助教及遊學之徒通經者，推擇充舉。射策十條，通八以上，聽九品出身，其尤異者亦蒙抽擢。

　　[1]橫經：聽講時橫陳經書。　受業：從師學習。業，大板。古代無紙，用竹簡木板作爲書寫的材料，因之稱知識的傳授爲"受業"。
　　[2]負笈：謂背笈游學。笈，書箱。　從宦：走上仕途。"宦"字百衲本、中華本同，宋刻本、四庫本作"官"。
　　[3]動逾千數：中華本校勘記云："《北史》卷八一《儒林傳》'千'作'十'，疑《北史》是。"
　　[4]博士、助教：官名。負責教授生徒的學官。
　　[5]士流及豪富之家皆不從調：官宦和豪富人家的子弟却都不聽從調入學。

卷四四

列傳第三十六

1287

[6]墳籍：古代典籍。

[7]亦不檢治："檢"字宋刻本、四庫本、百衲本作"撿"。今從中華本作"檢"。

[8]孝廉：察舉科目名。

凡是經學諸生，多出自魏末大儒徐遵明門下。[1]河北講鄭康成所注《周易》。[2]遵明以傳盧景裕及清河崔瑾，[3]景裕傳權會，[4]權會傳郭茂。[5]權會早入京都，郭茂恒在門下教授。其後能言《易》者多出郭茂之門。河南及青、齊之間，儒生多講王輔嗣所注《周易》，[6]師訓蓋寡。齊時儒士，罕傳《尚書》之業，[7]徐遵明兼通之。遵明受業於屯留王聰，[8]傳授浮陽李周仁及渤海張文敬及李鉉、權會，[9]並鄭康成所注，非古文也。下里諸生，略不見孔氏注解。武平末，河間劉光伯、信都劉士元始得費甝《義疏》，[10]乃留意焉。其《詩》《禮》《春秋》尤爲當時所尚，[11]諸生多兼通之。《三禮》並出遵明之門。[12]徐傳業於李鉉、祖儁、田元鳳、馮偉、紀顯敬、呂黃龍、夏懷敬。[13]李鉉又傳授刁柔、張買奴、鮑季詳、邢峙、劉晝、熊安生。[14]安生又傳孫靈暉、郭仲堅、丁恃德。[15]其後生能通《禮經》者多是安生門人。諸生盡通《小戴禮》，[16]於《周》《儀禮》兼通者十二三焉。[17]通《毛詩》者多出於魏朝博陵劉獻之。[18]獻之傳李周仁，周仁傳董令度、程歸則，[19]歸則傳劉敬和、張思伯、劉軌思。[20]其後能言《詩》者多出二劉之門。河北諸儒能通《春秋》者，並服子慎所注，[21]亦出徐生之門。張買奴、馬敬德、邢峙、張思伯、張雕、劉晝、鮑長暄、王元則並得服氏之精微。[22]又有衛覬、陳達、潘叔度雖不傳徐氏之門,[23]亦爲通解。又有姚文安、秦道靜初亦學服氏,[24]後更兼講杜元凱所注。[25]其河外儒生俱伏膺杜氏。其《公羊》《穀梁》二傳,[26]儒者多不錯懷。[27]《論語》《孝經》,[28]諸學徒莫不通講。諸儒如權會、李鉉、刁柔、熊安生、劉軌思、馬敬德之徒多自出義疏。雖曰專門,亦皆粗習也。

[1]徐遵明（474—529）：字子判，華陰（今陝西華陰市）人。北魏學者。《魏書》卷八四有傳。

[2]河北：黃河以北。 鄭康成：鄭玄（127—200），字康成，北海高密（今山東高密市）人。東漢經學名家。折中經今古文，遍注群經，影響深遠。《後漢書》卷三五有傳。 《周易》：亦稱《易經》，簡稱《易》。儒家經典。舊傳伏羲作八卦，文王作辭，萌芽期可能早在殷周之際。歷代注本甚多，《隋書·經籍志》著錄漢京房、鄭玄、荀爽等注本四十餘部。今通行本有魏王弼、晉韓康伯注本，唐孔穎達《周易正義》本等。

[3]清河：郡國名。西漢高帝置，治清陽縣（今河北清河縣）。西晉爲清河國，治清河縣（今山東臨清市）。北魏仍改爲郡。北齊移治武城縣（今河北清河縣西城關鄉西北）。 崔瑾：清河東武城（今河北清河縣東北）人。東魏儒士。

[4]權會：字正理，河間鄚（今河北任丘市）人。東魏、北齊儒師。精通《詩》《書》《三禮》，兼明玄象之學。本卷及《北史》卷八一有傳。

[5]郭茂：東魏儒士。善《周易》。時能言《易》者，多出其門下。

[6]王輔嗣：王弼（226—249），字輔嗣，山陽（今河南焦作市）人。三國曹魏玄學家。《三國志》卷二八有傳。

[7]《尚書》：書名。孔安國《尚書傳》："以其上古之書謂之《尚書》。"據《史記》卷四七《孔子世家》是書爲孔子編定。秦時焚書，伏生壁藏之。漢定，伏生求其書，亡數十篇，獨得二十九篇，以教於齊魯間。是爲《今文尚書》。武帝末，魯共王壞孔子宅，得《尚書》數十篇，皆古字，孔安國考二十九篇，得多十六篇，是爲《古文尚書》。東晉梅賾上《古文尚書》五十八篇，清閻若璩判定其僞。東晉後，通行混合本，其中《今文尚書》二十九篇、《古文尚書》十六篇、《僞古文尚書》二十五篇。今通行之《十三經注疏》本中《尚書》五十八篇，其中，《虞書》五篇、《夏書》四篇、《商書》十七篇、《周書》三十二篇，首有序一篇，真僞相雜，難以判定。所存虞、夏、商、周之事，爲研究上古史之珍貴文獻資料。後世列《尚書》爲儒家經典之一，稱《書經》，注疏、研究者甚多。

[8]屯留：縣名。治所在今山西屯留縣。 王總：北齊官吏。位兼別駕。

[9]浮陽：郡名。治所在今河北滄州市。 李周仁：浮陽（今河北滄州市東南）人。東魏儒士。 張文敬：渤海（今河北東光縣）人。北齊儒士。

[10]河間：郡名。治所在今河北河間市南。 劉光伯：劉炫，字光伯，河間景城（今河北滄州市西）人。隋朝儒士。《隋書》卷七五、《北史》卷八二有傳。 信都：縣名。治所在今河北冀州市。 劉士元：劉焯（544—610），字士元，信都昌亭（今河北武強縣）人。隋朝經學家、天文學家。《隋書》卷七五、《北史》卷八二有傳。 費甝：江夏（今湖北武漢市武昌區）人。南朝梁官吏。位國子助教。著有《尚書義疏》十卷。 《義疏》：《尚書義疏》。《隋書·經籍志》著錄。已佚。

[11]《詩》：書名。即《詩經》。中國最早的詩歌總集。先秦稱爲《詩》，漢尊爲經典，始稱《詩經》。共收西周初年至春秋中葉的民歌和朝廟樂章三百十一篇。實際存數爲三百零五篇。漢代傳

詩者有齊、魯、韓（今文）、毛（古文）四家。齊詩、魯詩先後亡於魏和西晋，韓詩僅存外傳。毛詩晚出，獨傳至今，今稱《詩經》皆指《毛詩》。　《禮》：書名。即《儀禮》，亦稱《禮經》或《士禮》。一說是周公制作，一說孔子訂定。記載古代禮儀制度，爲儒家經典之一。　《春秋》：書名。春秋末期，孔子根據魯國史官編寫的《魯春秋》，並參考周王室及各諸侯國史官的記載修成。是現存最早的編年史。記述自魯隱公元年（前 722）至魯哀公十四年（前 481）共二百四十二年的歷史。記事極簡短，自西漢以後，被儒家奉爲經典，列爲五經之一，故又有《春秋經》之稱。

[12]三禮：《儀禮》《周禮》《禮記》三書的合稱。

[13]沮儁：一作"祖儁"。北齊儒生。　田元鳳：北齊儒生。　馮偉：字偉節，中山安喜（今河北定州市）人。北齊儒生。本卷、《北史》卷八一有傳。　紀顯敬：東魏儒生。受業徐遵明，通《三禮》。　呂黃龍：北齊儒生。　夏懷敬：北魏儒士。

[14]張買奴：平原（今山東聊城市東北）人。北齊經師。善治《詩》《禮》《春秋》，博大精深，爲諸儒所推重。本卷及《北史》卷八一有傳。　鮑季詳：渤海（今河北東光縣）人。北齊儒士。本卷、《北史》卷八一有傳。"詳"字宋刻本、四庫本、百衲本作"祥"。今從中華本作"詳"。　邢峙：字士峻，河間鄭（今河北任丘市北）人。北齊官吏。本卷及《北史》卷八一有傳。劉晝：字孔昭，渤海阜城（今河北阜城縣）人。北齊儒生。本卷、《北史》卷八一有傳。　熊安生（？—578）：字植之，長樂阜城（今河北阜城縣）人。北朝時名儒。少好學，勵精不倦。《周書》卷四五、《北史》卷八二有傳。

[15]孫靈暉：長樂武強（今河北武強縣）人。北齊官吏。自幼好學，博通《三禮》《三傳》。本卷有傳。　郭仲堅：北齊儒士。　丁恃德：北齊儒生。

[16]《小戴禮》：書名。儒家經典之一。爲秦、漢以前各種禮儀論著的選集。傳爲西漢戴聖編纂，今本爲東漢鄭玄注本。

1291

[17]《周》：《周禮》，書名。又名《周官》《周官經》《周官禮》。儒家經典。經古文學家認爲周公所作，後人有所附益；經今文學家認爲成書於戰國，或以爲西漢末劉歆僞造；近參以周秦銅器銘文定爲戰國作品。係雜合周與戰國制度，寓以儒家政治理想編輯而成。大凡於研究先秦史，多有史料可采。通行本爲《十三經注疏》鄭（玄）注賈（公彥）疏本。孫詒讓《周禮正義》爲清人集大成之作。

[18]《毛詩》：相傳爲西漢毛亨和毛萇所傳。據稱其學出於孔子弟子子夏。　劉獻之：博陵饒陽（今河北饒陽縣）人。北魏儒士。博覽群經，精《詩》《傳》，數辭官職，終生不仕。《魏書》卷八四、《北史》卷八一有傳。

[19]董令度：北齊儒士。曾與程歸則師從李周仁學《毛詩》。　程歸則：渤海（今河北東光縣）人。北齊儒生。師事李周仁學《毛詩》。

[20]劉敬和：渤海（今河北東光縣）人。北齊儒士。　張思伯：河間樂城（今河北獻縣西南）人。北齊經師。善治《左氏春秋》及《毛詩》。本卷、《北史》卷八一有傳。　劉軌思：渤海（今河北東光縣）人。北齊官吏。《北史》卷八一有傳。

[21]服子慎：四庫本、中華本同，百衲本作"服之慎"，宋刻本作"服之子慎"，從中華本改。按，服子慎，名虔，字子慎。初名重，又名祇。河南滎陽（今河南滎陽市東北）人。東漢末官吏。經學名家。《後漢書》卷七九下有傳。

[22]馬敬德：河間（今河北河間市南）人。北齊官吏。本卷、《北史》卷八一有傳。　鮑長暄：一作"鮑長宣"。渤海（今河北東光縣）人。鮑季詳從弟。北齊儒士。本卷、《北史》卷八一《鮑季詳傳》有附傳。　王元則：北齊儒生。精研《服氏春秋》，甚得其義。

[23]衛覬：又作"衛覬隆""衛冀隆"。遼西（今河北遷安市）人。北魏學者。位國子博士，博通經史。　陳達：東魏、北齊儒

生。精通《三傳》。　潘叔度：一作"潘叔虔"。南朝梁學者。著有《春秋經合三傳》十卷、《春秋成奪》十卷等。

[24]姚文安：魏郡（今河北臨漳縣西南鄴鎮）人。北齊學者。通經史。著有《駁妄》，詰難服虔《左傳解》七十七條。　秦道靜：樂陵（今山東樂陵市）人。北魏學者。善《春秋》，精春秋杜氏學。

[25]杜元凱：杜預（222—284），字元凱，京兆杜陵（今陝西西安市東南）人。西晉大臣。經學名家。精《左氏春秋》。著有《春秋經傳集解》。《晉書》卷三四有傳。

[26]《公羊》：《春秋公羊傳》，亦作《公羊傳》《公羊春秋》。《春秋》三傳之一。舊題戰國齊人公羊高撰。原三十卷，今本二十八卷。後漢何休作《解詁》十一卷。有唐徐彥疏、清孔廣森撰《公羊通義》，劉逢禄撰《公羊何氏解詁箋》，凌曙撰《公羊問答》。有《十三經注疏》阮刻校勘本。　《穀梁》：《穀梁春秋》，亦作《春秋穀梁傳》《穀梁傳》。舊題戰國穀梁赤撰，初僅口説流傳，至西漢時纔成書。二十卷。爲《春秋》"三傳"之一。漢魏以來，注《穀梁》者有十餘家。至晉范甯作集解，諸家皆廢。唐楊士勛作疏。有《十三經注疏》本。

[27]錯懷："錯"字百衲本同，宋刻本、四庫本、中華本作"措"。按，"措"通"錯"。

[28]《論語》：書名。孔子門人所編。十卷。主要内容爲孔子語録。全書分二十篇，漢代有《魯論語》《齊論語》及孔子宅發現之《古文論語》三種本子。後《齊論語》及《古文論語》皆佚，獨存《魯論語》。東漢包咸爲之分章分句，鄭玄以是本爲主，參考未失者，加以注解，即爲傳世之本。漢魏以下各代皆有注疏。現通行和較好的注本有三國魏何晏《論語集解》、宋邢昺《論語注疏》、宋朱熹《論語集解》與清劉寶楠《論語正義》等。新注有楊樹達《論語疏證》與楊伯峻《論語譯注》等多種。　《孝經》：書名。孔門七十子後學所記。一卷。據《隋書·經籍志》，秦時焚書，

《孝經》爲河間顏芝所藏，漢初獻出，凡十八章。西漢末，劉向以今古文本相較，去其繁惑，以今文本爲定。東漢末列爲七經之一。南北朝時立於學官。歷代注疏者甚多。今有《十三經注疏》本。

今序所錄諸生，或終於魏朝，或名宦不達，縱能名家，又闕其由來及所出郡國，並略存其姓名而已。俱取其尤通顯者列於《儒林》云。熊安生名在周史，[1]光伯、士元著於《隋書》，[2]輒不重述。

[1]周：即北周（557—581）。西魏恭帝三年（556）十二月，宇文泰之子宇文覺廢西魏主自立，次年（557）改元，建號周，史稱北周，又稱後周。都長安（今陝西西安市）。歷五帝，二十五年。至靜帝宇文衍爲隋所代。

[2]士元：宋刻本、四庫本、百衲本作"元士"。今從中華本作"士元"。

李鉉，字寶鼎，渤海南皮人也。[1]九歲入學，書《急就篇》，[2]月餘便通。家素貧苦，常春夏務農，冬乃入學。年十六，從浮陽李周仁受《毛詩》《尚書》，章武劉子猛受《禮記》，[3]常山房虯受《周官》《儀禮》，[4]漁陽鮮于靈馥受《左氏春秋》。[5]鉉以鄉里無可師者，遂與州里楊元懿、河間宗惠振等結侶詣大儒徐遵明受業。[6]居徐門下五年，常稱高第。二十三，便自潛居，討論是非，撰定《孝經》《論語》《毛詩》《三禮義疏》及《三傳異同》《周易義例》合三十餘卷。[7]用心精苦，曾三冬不畜枕，每至睡時，假寐而已。年二十七，歸養二親，因教授鄉里，生徒恒至數百。燕、趙間能言經者，多出其門。

［1］南皮：縣名。治所在今河北南皮縣。

［2］《急就篇》：書名。又作《急就章》。西漢史遊撰。字書。今本三十四章。大抵按姓名、衣服、飲食、器用等分類編成韻語，多數爲七字句，以教學童識字。因首句有"急就"二字，故以名篇。

［3］章武：郡名。治所在今河北大城縣。　劉子猛：章武（今河北大城縣）人。北齊儒士。　《禮記》：書名。儒家經典之一。亦稱《小戴禮記》《小戴禮》《小戴記》。約爲孔子弟子及其再傳、三傳弟子等所記，也有講禮的古書。是研究中國古代社會情況、儒家學説和文物制度的參考書。後世注疏者，以東漢鄭玄注、唐孔穎達疏之本爲善。唐時列爲九經之一。

［4］常山：郡名。治所在今河北石家莊市藁城區西北。　房虯：一作"房蚪"。常山（今河北石家莊市藁城區西北）人。北魏學者。　《周官》：書名。即《周禮》。

［5］漁陽：郡名。北魏治雍奴縣（今天津市武清區），北齊移治潞縣（今北京市通州區東城子）。　鮮于靈馥：漁陽（今天津市武清區西北）人。敕勒族。北魏學者。精通儒家經典。　《左氏春秋》：書名。又作《春秋左氏傳》《春秋左傳》《左氏傳》，簡稱《左傳》。相傳爲春秋末魯太史左丘明撰，實出於戰國人之手。三十卷，十九萬餘字。漢儒以此書爲解釋《春秋》經的"傳"文，列爲"《春秋》三傳"之一。記述春秋時代的歷史，起自魯隱公元年（前722），終於魯哀公二十七年（前468）。

［6］楊元懿：渤海南皮（今河北南皮縣）人。北齊儒士。官至國子博士。　宗惠振：河間（今河河間市南）人。東魏官吏。爲國子博士。武定（543—550）中，曾參與議定齊獻武王高歡廟形制。

[7]《三禮義疏》：書名。　《三傳異同》：書名。北齊李鉉撰。卷數不詳。久佚。　《周易義例》：書名。北齊李鉉撰。十餘卷。已佚。

年三十六，丁父喪。[1]服闋，以鄉里寡文籍，來遊京師，讀所未見書。州舉秀才，[2]除太學博士。[3]武定中，[4]李同軌卒後，高祖令世宗在京妙簡碩學，[5]以教諸子。世宗以鉉應旨，徵詣晉陽。[6]時中山石曜、北平陽絢、北海王晞、清河崔瞻、廣平宋欽道及工書人韓毅同在東館，[7]師友諸王。鉉以去聖久遠，文字多有乖謬，感孔子"必也正名"之言，乃喟然有刊正之意。於講授之暇，遂覽《說文》，[8]爰及《倉》《雅》，[9]刪正六藝經注中謬字，名曰《字辨》。[10]顯祖受禪，[11]從駕還都。天保初，詔鉉與殿中尚書邢卲、中書令魏收等參議禮律，[12]仍兼國子博士。[13]時詔北平太守宋景業、西河太守綦母懷文等草定新曆，[14]錄尚書平原王高隆之令鉉與通直常侍房延祐、國子博士刁柔參考得失。[15]尋正國子博士。廢帝之在東宮，顯祖詔鉉以經入授，甚見優禮。數年，病卒。特贈廷尉少卿。[16]及還葬故郡，太子致祭奠之禮，并使王人將送，[17]儒者榮之。楊元懿、宗惠振官亦俱至國子博士。[18]

[1]丁父喪：遭父親喪事。

[2]秀才：本義爲才能優異。北朝時察舉科目，州舉高才博學者爲秀才。

[3]除：官制用語。意爲任命。　太學博士：官名。指任教太

學之博士。北齊從七品。

　　[4]武定：東魏孝靜帝元善見年號（543—550）。

　　[5]世宗：北齊文襄帝高澄（521—549），廟號世宗。本書卷三、《北史》卷六有紀。

　　[6]晉陽：縣名。治所在今山西太原市晉源區古城營村一帶。

　　[7]北平：郡名。治所在今河北盧龍縣。　陽絢：右北平（今河北唐山市豐潤區東南）人。東魏文士。武定中爲齊文襄館客。北海：郡名。治所在今山東昌樂縣西。　王晞（511—581）：字叔朗，小名沙彌，北海劇（今山東壽光市東南）人。王昕之弟。北齊官吏。本書卷三一《王昕傳》有附傳。　崔瞻（519—572）：亦作"崔贍"，字彦通，清河東武城（今河北清河縣東北）人。北齊官吏。博學強識，才學過人。本書卷二三《崔㥄傳》、《北史》卷二四《崔逞傳》有附傳。　宋欽道（？—560）：廣平（今河北邯鄲市永年區）人。東魏、北齊官吏。本書卷三四《楊愔傳》、《北史》卷二六《宋隱傳》有附傳，事亦見《魏書》卷六三《宋弁傳》。韓毅：潁川（今河南長葛市東北）人。東魏官吏。以工書稱著。初以謀逆爲高歡所擒，赦免後置之第館，教授諸子，後遷國子博士。

　　東館：東宮。

　　[8]《説文》：書名。即《説文解字》。東漢許慎編撰。十五卷。中國第一部以六書理論系統分析字形、解釋字義之字典。全書將九千三百五十三個篆文歸納爲五百四十部，首創部首檢字法。另收重文（古文、籀文等異體）一千一百六十三個，解説凡十三萬三千四百四十字。書中保存大量古文字資料，集中反映漢代學者研究文字形音義之成果。有同治陳昌治校刊、中華書局影印本等。清代學者治《説文》者甚多，有段玉裁《説文解字注》等。

　　[9]《倉》：《蒼頡篇》。漢揚雄撰《訓纂篇》，東漢賈魴撰《滂喜篇》，與前《蒼頡篇》（含《爰曆》《博學》），亦合稱《三蒼》。字書。大抵四字一句，兩句一韻，便於誦讀，當時以助兒童識字。今皆不傳。清孫星衍、任大椿，近人王國維等均有輯本，以

王輯本（刊入《海寧王靜安先生遺書》）較爲完備。　《雅》：《爾雅》。中國最早解釋詞義的專著。由漢初學者綴輯周漢諸書舊文，遞相增益而成。今本十九篇。至唐宋時則成爲"十三經"之一。以晉郭璞注、宋邢昺疏本最爲通行。今存善本爲明景泰刻本。

[10]《字辨》：書名。卷數不詳。字書。已佚。

[11]顯祖：北齊文宣帝高洋（529—559），廟號顯祖。本書卷四、《北史》卷七有紀。

[12]殿中尚書：官名。爲尚書省六曹尚書之一。管理宮殿禁衛、禮制、宮廷車馬及倉庫等事。領殿中、儀曹、三公、駕部四郎曹。三品。　邢卲（496—?）：字子才，河間鄚（今河北任丘市北）人。北魏、東魏、北齊官吏。博學能文，與溫子升、魏收齊名。原著有《邢子才集》，已散佚。本書卷三六有傳，《北史》卷四三《邢巒傳》有附傳。　中書令：官名。中書省長官之一。掌草擬、發布詔令，參與機務。北齊三品。　魏收（505—572）：字伯起，小字佛助，鉅鹿下曲陽（今河北晉州市西）人。北朝時著名史學家。本書卷三七、《北史》卷五六有傳，《魏書》卷一〇四有其家世自序（部分爲後人所補）。

[13]國子博士：官名。西晉設國子學，掌教國子生。北齊五品上。

[14]時詔北平太守宋景業：四庫本、中華本同，宋刻本、百衲本無"宋"字。從補。宋景業，廣宗（今河北威縣東南）人。北齊官吏、學者。本書卷四九、《北史》卷八九有傳。　西河：郡名。治所在今山西汾陽市。　綦母懷文：北齊人。以道術事高歡。善造宿鐵刀。本書卷四九、《北史》卷八九有傳。

[15]錄尚書：官名。即錄尚書事。總領、總理尚書臺政務之加職。魏晉以降，權愈重，位在尚書令之上，不常設。南齊、北朝爲正式官稱。　平原王：高隆之的封爵號。平原，郡名。治所在今山東聊城市東北。　高隆之（494—554）：本姓徐，字延興，高平金鄉（今山東金鄉縣）人。後高歡認爲從弟，乃稱渤海蓨（今河北

景縣）人。東魏、北齊大臣。本書卷一八、《北史》卷五四有傳。

通直常侍：官名。"通直散騎常侍"的省稱。因將員外散騎常侍與散騎常侍通員值班而得名。職掌品秩與散騎常侍略同。屬集書省。北齊四品。散騎常侍掌規諫，典尚書奏事。　房延祐：清河繹幕（今山東平原縣西北）人。東魏官吏。事見《魏書》卷四三、《北史》卷三九《房法壽傳》。

[16]廷尉少卿：官名。北魏始置，爲廷尉次官，掌刑獄。北齊初沿置，後設大理寺，遂改置"大理少卿"。四品上。

[17]王人：有爵位之人。

[18]楊元懿："楊"字四庫本、中華本同，宋刻本、百衲本作"陽"。中華本校勘記云："諸本'楊'作'陽'，據《北史》卷八一及上文改。"從改。

　　刁柔，字子温，渤海人也。[1]父整，[2]魏車騎將軍、贈司空。[3]柔少好學，綜習經史，尤留心禮儀。性强記，至於氏族内外，多所諳悉。初爲世宗挽郎，[4]出身司空行參軍。[5]喪母，居喪以孝聞。永安中，[6]除中堅將軍、奉車都尉，[7]加冠軍將軍、中散大夫。[8]元象中，[9]隨例到晉陽，高祖以爲永安公府長流參軍，[10]又令教授諸子。天保初，除國子博士、中書舍人。[11]魏收撰魏史，啓柔等與同其事。柔性頗專固，自是所聞，收常所嫌憚。

[1]渤海人也：宋刻本、百衲本、中華本同，四庫本作"渤海饒安人也"。

[2]整：刁整（？—537），字景智，渤海饒安（今河北鹽山縣西南）人。刁遵子。北魏官吏。《魏書》卷三八、《北史》卷二六

《刁雍傳》有附傳。

[3]車騎將軍：官名。爲重要將軍之一。多爲大臣加官。北齊二品。　司空：官名。魏晋南北朝爲名譽宰相，多爲大臣加官。一品。

[4]挽郎：官名。魏晋時爲帝后喪禮之儀仗官。由官宦子弟爲之。

[5]司空行參軍：官名。司空府屬吏。無固定職掌。北齊從七品上。

[6]永安：北魏孝莊帝元子攸年號（528—530）。

[7]中堅將軍：官名。名號將軍之一。北齊從四品上。　奉車都尉：掌御乘輿馬。魏晋以後爲加官。北齊從五品。

[8]加：官制用語。加官，即兼任。　冠軍將軍：官名。爲雜號將軍之一。北齊從三品。　中散大夫：官名。爲散官，無具體職掌。北齊四品。

[9]元象：東魏孝靜帝元善見年號（538—539）。

[10]永安公：北齊神武帝高歡第三子高浚的封爵號。永安，郡名。治所在今山西霍州市。　長流參軍：官名。亦稱長流賊曹參軍。於諸府内掌捕盗賊及治安等事。

[11]中書舍人：官名。即中書通事舍人。爲中書省屬官，掌呈奏表。參與機務。北齊六品上。

又參議律令。時議者以爲立五等爵邑，承襲者無嫡子，立嫡孫；無嫡孫，立嫡子弟；無嫡子弟，立嫡孫弟。[1]柔以爲無嫡孫，[2]應立嫡曾孫，[3]不應立嫡子弟。議曰：柔案《禮》立適以長，故謂長子爲嫡子。[4]嫡子死，以嫡子之子爲嫡孫，死則曾、玄亦然。然則嫡子之名，[5]本爲傳重。故《喪服》曰：[6]"庶子不爲長子三年，不繼祖與禰也。"[7]《禮記》公儀仲子之喪：[8]"檀弓曰：[9]‘何居，我未之前聞。仲子舍其孫而立其子何也？’[10]子服伯子曰：[11]‘仲子亦猶行古之道也，[12]昔者文王舍伯邑考而立武王發，[13]微子舍其孫盾而立弟衍，[14]仲子亦猶行古之道也。[15]’”鄭注曰：“伯子爲親者諱耳，[16]立子非也。文王之立武王，權也。微子嫡子死，立其弟衍，殷禮也。”“子游問諸孔子，孔子曰：[17]‘不，立孫。’”注曰：“據《周禮》。”然則商以嫡子死，[18]立嫡子之母弟，周以嫡子死，[19]立嫡子之子爲嫡孫。故《春秋公羊》之義，嫡子有孫而死，質家親親先立弟，文家尊尊先立孫。《喪服》云：“爲父後者爲出母無服。”[20]《小記》云：[21]“祖父卒而後爲祖母後者三年。”爲出母無服者，喪者不祭故也。爲祖母三年者，大宗傳重故也。今議以嫡孫死而立嫡子母弟，[22]嫡子母弟者則爲父後矣。嫡子母弟本非承嫡，以無嫡，故得爲父後。則嫡孫之弟，理亦應得爲父後。則是父卒然後爲祖後者服斬，既得爲祖服斬，而不得爲傳重者，未之聞也。若用商家親親之義，本不應嫡子死而立嫡孫。[23]若從周家尊尊之文，豈宜舍其孫而立其弟？或文或質，愚用惑焉。《小記》復云：“嫡婦不爲舅後者則姑爲之小功。”[24]注云：“謂夫有廢疾他故若死無子不受重者。小功，庶婦之服。凡父母於子，舅姑於婦，將不傳重於嫡，及將所傳重者非嫡，服之皆如眾子庶婦也。”言死無子者，謂絶世無子，非謂無嫡子。如其有子，焉得云無後？夫雖廢疾無子，婦猶以嫡爲名。嫡名既在，而欲廢其子者，其如禮何！禮有損益，代相沿革，必謂宗嫡可得而變者，則爲後服斬，亦宜有因而改。七年夏卒，時年五十六。柔在史館未久，逢勒成之際，志存偏黨。《魏書》中與其內外通親者並虛美過實，[25]深爲時論所譏焉。

[1]無嫡子弟，立嫡孫弟：宋刻本、四庫本、百衲本"孫"上有"子"字。中華本校勘記云："諸本'孫'上有'子'字。《北史》卷二六《刁柔傳》無。按此句意謂嫡子無弟則立嫡孫之弟，諸本衍'子'字。今據《北史》刪。"從中華本刪。

[2]柔以爲無嫡孫："孫"字四庫本、中華本同，宋刻本、百衲本作"子"。從四庫本改。

[3]應立嫡曾孫：四庫本、中華本同，宋刻本、百衲本無"應""曾"二字。從補。

[4]故謂長子爲嫡子：四庫本、中華本同，宋刻本、百衲本"嫡"後無"子"字。從補。

[5]然則嫡子之名：四庫本、中華本同，宋刻本、百衲本無"之"字。從補。

[6]《喪服》：《儀禮》篇名。爲《喪服經》與《服傳》的合文。《服傳》爲《喪服經》之注釋，記錄先秦喪葬制度，歷代注疏甚多，以東漢鄭玄注、唐賈公彥疏較爲精當。

[7]不繼祖與禰也：中華本校勘記云："按《儀禮·喪服傳》無'與禰'二字，'不繼祖與禰'是《禮記·喪服小記》語，但引號不能分開。"

[8]公儀仲子：公儀休。戰國初魯相，爲官清廉守法。在位重用儒士子柳、子思等。

[9]檀弓：戰國時魯人。以善禮著稱。

[10]仲子舍其孫而立其子何也："其子"宋刻本、四庫本、百衲本作"其弟"。中華本校勘記云："諸本下'子'字作'弟'，

《北史》卷二六及《册府》卷五八三作'子'。按《禮記·檀弓上》原是'子'字，今據《北史》《册府》改。"從中華本改。

［11］子服伯子：戰國時魯國大夫。精通禮儀。

［12］仲子亦猶行古之道也：宋刻本、四庫本、百衲本"古"後有"子"字。從中華本删。

［13］文王：周文王。西周的奠基者。姬姓，名昌。受商封西岐，亦稱"西伯""伯昌"。季歷子。詳見《史記》卷四《周本紀》。　伯邑考：周文王長子。姬姓。質於商。紂王囚文王，將其烹殺。　武王發：周武王姬發。西周的建立者。周文王次子，又稱"太子發""周發"。詳見《史記》卷四《周本紀》。

［14］微子：商末大臣。子姓，名啓（一作"開"）。帝乙長子，帝辛（紂王）庶兄，封於微（今山東梁山縣西北），故稱。《史記》卷三八有世家。

［15］仲子亦猶行古之道也：四庫本、中華本同，宋刻本、百衲本無"也"字。從補。

［16］伯子爲親者諱耳："伯子"宋刻本、四庫本、百衲本作"仲子"。中華本校勘記云："諸本'伯'作'仲'，《册府》作'伯'。按《禮記·檀弓上》鄭注原是'伯'字，今據《册府》改。"從中華本改。

［17］孔子曰：四庫本、中華本同，宋刻本、百衲本無"孔子"二字。從補。

［18］商：約公元前十七世紀初，湯滅夏後所建，以部落名爲國號，都亳（今山東曹縣南），傳至盤庚時遷於殷（今河南安陽市），因而商也稱爲"殷"或"殷商"。"商"字四庫本、中華本同，宋刻本、百衲本作"商"。從四庫本改。

［19］周：公元前1045年周武王滅商後建立，都鎬（今陝西西安市澧河以東）。

［20］爲父後者爲出母無服：四庫本、中華本同，宋刻本、百衲本無後"爲"字。從補。

[21]《小記》：《禮記》篇名。即《喪服小記》。此篇內所記喪服補《喪服經》所未備，又廣記喪禮雜事，其事瑣碎，故名"小記"。

[22]今議以嫡孫死而立嫡子母弟：宋刻本、四庫本、百衲本"孫"上有"子"字。中華本校勘記云："諸本'孫'上有'子'字，《北史》卷二六無。按上文明説'議者以爲無嫡孫，立嫡子弟'，諸本衍'子'字，今據《北史》删。"從中華本删。

[23]本不應嫡子死而立嫡孫：宋刻本、四庫本、百衲本"孫"上有"子"字。中華本校勘記云："諸本'孫'上有'子'字。南本及《册府》無。《北史》卷二六作'本不應舍嫡子而立嫡孫'，亦無下'子'字。按上文説'商以嫡子死立嫡子之母弟'，所以這裏反駁議者，説如用商制，那就不該嫡子死，不立嫡子之母弟而立嫡孫。南本及《册府》是，今據删下'子'字。《北史》'舍嫡子'下當脱'之母弟'三字。"從中華本删。

[24]嫡婦不爲舅後者則姑爲之小功：宋刻本、百衲本、中華本同，四庫本作"嫡婦不爲舅姑後者則舅姑爲之小功"。

[25]《魏書》：書名。北齊魏收撰。共一百三十卷。爲紀傳體魏史。

　　馮偉，字偉節，中山安喜人也。[1]身長八尺，衣冠甚偉，見者肅然敬憚。少從李寶鼎遊學，李重其聰敏，恒別意試問之。多所通解，尤明《禮傳》。[2]後還鄉里，閉門不出將三十年，不問生産，不交賓客，專精覃思，無所不通。

[1]安喜：縣名。治所在今河北定州市東南。
[2]《禮傳》：東漢荀爽撰。書已佚。

趙郡王出鎮定州，[1]以禮迎接，命書三至，縣令親至其門，猶辭疾不起。王將命駕致請，佐史前後星馳報之，縣令又自爲其整冠履，不得已而出。王下廳事迎之，[2]止其拜伏，分階而上，留之賓館，甚見禮重。王將舉充秀才，固辭不就。歲餘請還。王知其不願拘束，以禮發遣，贈遺甚厚，一無所納，唯受時服而已。及還，終不交人事，郡守縣令每親至其門。歲時或置羊酒，亦辭不納。門徒束脩，一毫不受。耕而飯，蠶而衣，簞食瓢飲，不改其樂，竟以壽終。

[1]趙郡王：高叡的封爵號。趙郡，治所在今河北趙縣。　定州：治所在今河北定州市。
[2]廳事：辦公的地方。

　　張買奴，平原人也。[1]經義該博，門徒千餘人。諸儒咸推重之，名聲甚盛。歷太學博士、國子助教，[2]天保中卒。

[1]平原：郡名。治所在今山東聊城市東北。
[2]國子助教：學官名。國子學屬官，協助博士教授國子學生徒。北齊置十員，從七品。

　　劉軌思，渤海人也。説《詩》甚精。少事同郡劉敬和，敬和事同郡程歸則，故其鄉曲多爲詩者。軌思，天統中任國子博士。[1]

[1]天統：北齊後主高緯年號（565—569）。

鮑季詳，渤海人也。甚明《禮》，聽其離文析句，自然大略可解。兼通《左氏春秋》，少時恒爲李寶鼎都講，[1]後亦自有徒衆，諸儒稱之。天統中，卒於太學博士。從弟長暄，兼通《禮傳》。武平末，爲任城王湝丞相掾，[2]恒在京教授貴遊子弟。齊亡後，歸鄉里講經，卒於家。

[1]都講：學舍主講者。
[2]任城王：北齊神武帝高歡第十子高湝的封爵號。任城，郡名。北魏神龜元年（518）分高平郡置，治所在今山東濟南市南。北齊天保七年（556）改任城郡爲高平郡，以魯郡爲任城郡，治所在今山東曲阜市東北。　湝：高湝（？—578）。本書卷一〇、《北史》卷五一有傳。　丞相掾：官名。爲相府屬官，掌諸曹事。

邢峙，字士峻，河間鄭人也。[1]少好學，耽玩墳典，遊學燕、趙之間，通《三禮》《左氏春秋》。天保初，郡舉孝廉，授四門博士，[2]遷國子助教，以經入授皇太子。峙方正純厚，有儒者之風。厨宰進太子食，有菜曰"邪蒿"，[3]峙命去之，曰："此菜有不正之名，非殿下所宜食。"顯祖聞而嘉之，賜以被褥縑纊，拜國子博士。皇建初，[4]除清河太守，有惠政，民吏愛之。以年老謝病歸，卒於家。

[1]鄭：縣名。治所在今河北任丘市北。

[2]四門博士：官名。十六國後趙依《禮記》於襄國四門置小學十餘所，設博士以教之，是爲此職之始。北魏孝文帝復設四門小學博士，簡爲此稱。北齊因之。九品上。

[3]邪蒿：植物名。根葉可食。

[4]皇建：北齊孝昭帝高演年號（560—561）。

劉畫，字孔昭，渤海阜城人也。[1]少孤貧，愛學，負笈從師，伏膺無倦。與儒者李寶鼎同鄉里，甚相親愛，受其《三禮》。又就馬敬德習《服氏春秋》，俱通大義。恨下里少墳籍，便杖策入都。知太府少卿宋世良家多書，[2]乃造焉。世良納之。恣意披覽，晝夜不息。

[1]阜城：縣名。治所在今河北阜城縣。

[2]太府少卿：官名。北魏孝文帝時始置。北齊置爲太府寺次官，員一人，四品上。太府寺掌金帛庫藏、國家財政開支，兼管冶鑄、染織等。　宋世良：字元友，廣平（今河北邯鄲市永年區）人。北魏、東魏官吏。本書卷四六有傳。

河清初，[1]還冀州，[2]舉秀才入京，考策不第。乃恨不學屬文，方復緝綴辭藻，言甚古拙。制一首賦，以"六合"爲名，自謂絶倫，吟諷不輟。乃歎曰："儒者勞而少工，[3]見於斯矣。我讀儒書二十餘年而答策不第，始學作文，便得如是。"曾以此賦呈魏收，收謂人曰："賦名六合，其愚已甚，及見其賦，又愚於名。"

[1]河清初：中華本校勘記云："按下文云：'在皇建、大寧之朝，又頻上書。'河清（元年是五六二）在皇建（五六〇）、大寧

（五六一）之後，而叙在前，時間顛倒。《北史》卷八一《劉畫傳》不記年號，而叙畫上書在高演即位後，也就是皇建、大寧間。疑'河清'紀年誤。"說是，存疑。河清，北齊武成帝高湛年號（562—565）。

　　[2]冀州：治所在今河北冀州市。

　　[3]儒者勞而少工：語出《史記》卷一三〇《太史公自序》，其意是儒生費盡心力而成就。

　　畫又撰《高才不遇傳》三篇。[1]在皇建、大寧之朝，又頻上書，言亦切直，多非世要，終不見收采。自謂博物奇才，言好矜大，每云："使我數十卷書行於後世，不易齊景之千駟也。"[2]而容止舒緩，舉動不倫，由是竟無仕進。天統中，卒於家，年五十二。

　　[1]《高才不遇傳》：書名。北齊劉畫撰。《隋書·經籍志》《舊唐書·經籍志》《新唐書·藝文志》著録。四卷。久佚。

　　[2]齊景：齊景公姜杵臼（？—前490）。莊公異母弟。詳見《史記》卷三二《齊太公世家》。《論語·季氏》："齊景公有馬千駟，死之日，民無德而稱焉，伯夷、叔齊餓於首陽之下，民到於今稱之。"

　　馬敬德，河間人也。少好儒術，負笈隨大儒徐遵明學《詩》《禮》，略通大義而不能精。遂留意於《春秋左氏》，沉思研求，晝夜不倦，解義爲諸儒所稱。教授於燕、趙間，生徒隨之者衆。河間郡王每於教學追之，[1]將舉爲孝廉，固辭不就。乃詣州求舉秀才，舉秀才例取文士，州將以其純儒，無意推薦。敬德請試方略，乃策問之，所答五條，皆有文理。乃欣然舉送至京。依秀才策問，唯得中第，乃請試經業，問十條並通。擢授國子助教，遷太學博士。

[1] 河間郡王：北齊文襄帝第三子高孝琬的封爵號。河間郡，治所在今河北河間市南。

天統初，除國子博士。世祖爲後主擇師傅，[1]趙彦深進之，[2]入爲侍講。[3]其妻夢猛獸將來向之，敬德走超叢棘，妻伏地不敢動。敬德占之曰："吾當得大官。超棘，過九卿也。爾伏地，夫人也。"後主既不好學，敬德侍講甚疏，時時以《春秋》入授。武平初，猶以師傅之恩，超拜國子祭酒，[4]加儀同三司、金紫光禄大夫，[5]領瀛州大中正，[6]卒。贈開府、瀛滄安州諸軍事、瀛州刺史。[7]其後侍書張景仁封王，[8]趙彦深云："何容侍書封王，侍講翻無封爵。"於是亦封敬德廣漢郡王。[9]子元熙襲。

[1] 後主：北齊後主高緯（556—578），武成帝長子。本書卷八、《北史》卷八有紀。
[2] 趙彦深（507—576）：本名隱，字彦深，平原（今山東聊城市東北）人，祖籍南陽宛縣（今河南南陽市）。北齊大臣。本書卷三八、《北史》卷五五有傳。
[3] 侍講：官名。掌爲皇帝或太子講解經義，以博學通經者任之。此爲加職，非本官。
[4] 國子祭酒：官名。國子學主官。北齊從三品。
[5] 儀同三司：官名。本指官場待遇，儀同三司（三公）。"儀

同"自此成專名。魏晋以降，凡開府，皆儀同三司，遂成加銜。至北魏、北齊又爲官號。北齊二品。　金紫光禄大夫：官名。凡資深勳重之光禄大夫授金章紫綬，故有此稱。爲元老重臣之加官或致仕之官。亦爲死者之贈官。北齊從二品。

[6]領：官制用語。官吏在本職外兼任其他職務稱"領"。魏晋南北朝多爲暫攝之意。　瀛州：治所在今河北河間市。　大中正：職官名。三國魏初設。掌地方州郡人才的考察。即將當地士人按才能品德，參照門第分成九品，供吏部選用。北齊時規定州大中正須由京官擔任，如官職調出京師，則不能擔任此職。北齊時州大中正視五品。

[7]開府：官名。本指高級官員開建府署、辟置僚屬之舉。魏晋南北朝時期，常以此作爲對高級官員的寵待。北齊時除授冗濫，從一品。　瀛滄安州諸軍事：疑有脱簡，似應在前面補"都"字或"監"字或"都督"二字。即"都瀛滄安州諸軍事"或"監瀛滄安州諸軍事"或"都督瀛滄安州諸軍事"。滄，州名。治所在今河北鹽山縣西南。安，州名。治所在今北京市密雲區東北。

[8]侍書：官名。北齊置爲太子官屬，以善書者任。　張景仁：濟北（今山東平陰縣）人。北齊官吏。本卷、《北史》卷八一有傳。

[9]廣漢郡：治所在今四川廣漢市北。

元熙字長明，少傳父業，兼事文藻。以父故，自青州集曹參軍超遷通直侍郎，[1]待詔文林館，[2]轉正員。[3]武平中，皇太子將講《孝經》，有司請擇師友。帝曰："馬元熙朕師之子，文學不惡，可令教兒。"於是以《孝經》入授皇太子，儒者榮其世載。性和厚，在内甚得名譽，皇太子亦親敬之。隋開皇中，[4]卒於秦王文學。[5]

［1］青州：治所在今山東青州市。　集曹參軍：官名。集曹長官。集曹爲主管郡國上計的官署。　通直侍郎：官名。即通直散騎侍郎。因將員外散騎侍郎二人與散騎侍郎通員值班而得名。職掌品秩與散騎侍郎同。隸集書省。北齊從五品上。散騎侍郎掌規諫。

［2］文林館：官署名。北齊武平三年（572）置。引文學之士充之，稱待詔。掌編撰供皇帝閱覽的書籍，撰成後名《修文殿御覽》。

［3］轉：官制用語。指官職的晉升。　正員：官制術語。指正式編制以内的官員。

［4］隋：公元581年楊堅（隋文帝）代北周稱帝，國號隋，開皇三年（583）都大興（今陝西西安市）。　開皇：隋文帝楊堅年號（581—600）。

［5］秦王：隋朝宗王楊俊的封爵號。　文學：爲諸王府屬吏。掌侍從文章記事及典籍校讎等。隋親王文學從六品上。

　　張景仁者，濟北人也。[1]幼孤家貧，以學書爲業，遂工草隸，選補內書生。[2]與魏郡姚元標、潁川韓毅、同郡袁買奴、滎陽李超等齊名，[3]世宗並引爲賓客。天保八年，敕授太原王紹德書，[4]除開府參軍。[5]後主在東宮，[6]世祖選善書人性行淳謹者令侍書，[7]景仁遂被引擢。小心恭慎，後主愛之，呼爲博士。歷太子門大夫、員外散騎常侍、諫議大夫。[8]後主登祚，[9]除通直散騎常侍。[10]及奏，御筆點除"通"字，[11]遂正常侍。左右與語，猶稱博士。

　　［1］濟北：郡名。北魏治盧子城（今山東平陰縣西南），北齊徙治盧縣（今山東聊城市茌平區西南）。

[2]内書生：北魏、北齊時供奉帝王内廷的抄寫小吏。

[3]魏郡：治所在今河北臨漳縣西南鄴鎮。　姚元標：東魏官吏。爲左光禄大夫。以工書知名於時。　潁川：郡名。治所在今河南許昌市。　袁買奴：濟北（今山東平陰縣）人。北齊文士。善書法。與同郡張景仁俱知名當時，後爲齊文襄帝引爲賓客。　滎陽：郡名。治所在今河南滎陽市北。　李超：東魏文士。

[4]太原王：北齊文宣帝高洋第二子高紹德的封爵號。太原，郡名。治所在今山西太原市西南。　紹德：高紹德（？—562）。文宣帝第二子。本書卷一二、《北史》卷五二有傳。

[5]開府參軍：官名。掌參謀軍務及諸曹事。

[6]後主在東宫："後"字宋刻本、百衲本、中華本同，四庫本作"侈"。

[7]世祖：北齊武成帝高湛（537—568），廟號世祖。本書卷七、《北史》卷八有紀。

[8]太子門大夫：官名。掌東宫門衛禁防及通箋表。北齊從六品上。　員外散騎常侍：官名。掌規諫，不典事，屬門下省。爲清望官。北齊五品上。　諫議大夫：官名。掌議論。北朝及隋皆設。北齊從四品。

[9]登祚：指皇帝登基。

[10]通直散騎常侍：官名。因將員外散騎常侍與散騎常侍通員值班而得名。職掌品秩與散騎常侍略同。屬集書省。北齊四品。

[11]御筆點除"通"字：中華本校勘記云："《御覽》卷二二四'通'下有'直'字。按上文說'除通直散騎常侍'，經點除後'遂正常侍'，即正除散騎常侍，則點除者應是'通直'二字，這裏'通'下當脱'直'字。"說是。

胡人何洪珍有寵於後主，[1]欲得通婚朝士，以景仁在内官位稍高，遂爲其兄子取景仁第二息子瑜之女。[2]

因此表裏，恩遇日隆。景仁多疾，每遣徐之範等治療，[3]給藥物珍羞，中使問疾，相望於道。是後，敕有司恆就宅送御食。

[1]何洪珍：北齊官吏。胡人。初以富家子選送入朝，爲後主寵倖。武平（570—576）中封王，位開府。在朝與和士開勾結，弄權賣官。事見本書卷五〇《韓寶業等傳》、《北史》卷九二《齊諸宦者傳》。

[2]取：通"娶"。　第二息：次子。　子瑜：即張子瑜。濟北（今山東聊城市茌平區西南）人。北齊官吏。本卷後有附傳。

[3]徐之範：丹陽（今安徽當塗縣東北）人。北齊官吏。以醫術見知。事見本書卷三三、《北史》卷九〇《徐之才傳》。

遷假儀同三司、銀青光禄大夫，[1]食恒山縣幹。[2]車駕或有行幸，在道宿處，每送步障爲遮風寒。進位儀同三司，尋加開府，侍書、餘官並如故。每旦須參，即在東宮停止。及立文林館，中人鄧長顒希旨，[3]奏令總制館事，除侍中。[4]四年，封建安王。[5]洪珍死後，長顒猶存舊款，更相彌縫，得無墜退。除中書監，[6]以疾卒。贈侍中、齊濟等五州刺史、司空公。[7]

[1]假：官制用語。代理、兼攝之意。　銀青光禄大夫：官名。西晉武帝設。凡光禄大夫皆授銀章青綬，故有此稱。爲元老重臣之加官或致仕之官。亦爲死者之贈官。北齊三品。

[2]食恒山縣幹：食幹爲北齊的一種制度。幹，原爲漢至南北朝時一種身份和地位低下的吏，後變爲供役使之人。北齊時，官員可依品級高低，得到數量不等的"幹"。又因"幹"可納資代役。

故北齊時盛行"食幹"之制。恒山縣，治所在今河北元氏縣。

[3]鄧長顒：亦作"鄧顒"。北齊後主宦官，參與朝政，參加文林館的創建。事迹略見於本書卷五〇《韓寶業傳》、《北史》卷九二《齊諸宦者傳》。

[4]侍中：官名。秦設。門下省長官。因此職親近皇帝，掌權便利，時有宰相之實。北齊三品。門下省掌省尚書事，兼掌侍從左右，出納詔命，顧問應對。

[5]建安：郡名。治所在今山西原平市境。

[6]中書監：官名。與中書令同爲中書省主官，掌草擬詔令、處理機要，北齊從二品。

[7]齊：州名。治所在今山東濟南市。　濟：州名。治所在今山東茌平縣西南。　司空公：官名。即司空。多爲勳臣加官及贈官，無職掌。

景仁出自寒微，本無識見，一旦開府、侍中、封王。其妻姓奇，莫知氏族所出，容制音辭，事事庸俚。既詔除王妃，與諸公主、郡君同在朝謁之例，見者爲其慚悚。子瑜，薄傳父業，更無餘伎，以洪珍故，擢授中書舍人，轉給事黃門侍郎。[1]長息子玉，起家員外散騎侍郎。[2]

[1]給事黃門侍郎：官名。與侍中俱管門下衆事。北齊四品上。
[2]員外散騎侍郎：官名。屬散騎省，掌規諫等，初無定員，南北朝後有定員。歷來爲清閑之職，亦爲高門子弟起家官。北齊七品上。

景仁性本卑謙，及用胡人、巷伯之勢，[1]坐致通顯，志操頗改，漸成驕傲。良馬輕裘，徒從擁冗，高門廣宇，當衢向街。[2]諸子不思其本，自許貴遊。自蒼頡以來，[3]八體取進，一人而已。

[1]巷伯：閹官，太監。因居官巷，掌宮內事，故稱。
[2]當衢向街："街"字宋刻本、百衲本、中華本同，四庫本作"術"。
[3]蒼頡：一作"倉頡"。傳說中上古黃帝時史官，漢字的發明者。

權會，字正理，河間鄭人也。志尚沉雅，動遵禮則。少受《鄭易》，[1]探賾索隱，妙盡幽微，《詩》《書》《三禮》，文義該洽，兼明風角，[2]妙識玄象。[3]魏武定初，[4]本郡貢孝廉，策居上第，解褐四門博士。[5]僕射崔暹引爲館客，[6]甚敬重焉，命世子達拏盡師傅之禮，[7]會因此聞達。暹欲薦會與馬敬德等爲諸王師，會性恬靜，不慕榮勢，恥於左宦，[8]固辭。暹亦識其意，遂罷薦舉。尋被尚書符追著作，修國史，監知太史局事。皇建中，轉加中散大夫，餘並如故。

[1]《鄭易》：書名。即鄭玄所注之《易經》。《隋書·經籍志》有著錄。
[2]風角：古占候之術。
[3]玄象：天象。日月星辰，在天成象，故稱。
[4]魏武定初：四庫本、中華本同，宋刻本、百衲本無"武"字。從補。武定，東魏孝靜帝元善見年號（543—550）。
[5]解褐：脫去布衣換上官服。意爲入仕。

[6]僕射：官名。即尚書僕射。主管尚書省庶務，列位宰相。北齊從二品。　崔暹（？—559）：字季倫，博陵安平（今河北安平縣）人。東魏、北齊官吏。本書卷三〇有傳，《北史》卷三二《崔挺傳》有附傳。

[7]世子：封君的嫡長子。　達拏：博陵安平（今河北安平縣）人。北齊官吏。少有才學。本書卷三〇《崔暹傳》有附傳，事亦見《北史》卷三二《崔挺傳》。

[8]恥於左宦："左宦"宋刻本作"仕"，四庫本作"仕宦"，百衲本作"左宦"。中華本校勘記云："諸本'左宦'作'仕宦'，百衲本作'左宦'；《北史》卷八一《權會傳》百衲本作'左宦'，殿本作'左官'。按《漢書》卷一四《諸侯王表》'作左官之律'，服虔注'仕於諸侯爲左官'。權會不願爲諸王師，正是恥於左官。左宦（宧同）即左官。'仕'字訛，今從百衲本。"按，"宦"同"宧"。

會參掌雖繁，教授不闕。性甚儒懦，似不能言，及臨機答難，酬報如響，動必稽古，辭不虛發，由是爲儒宗所推。而貴遊子弟慕其德義者，或就其宅，或寄宿鄰家，晝夜承閑，[1]受其學業。會欣然演説，未嘗懈怠。

[1]晝夜承閑："閑"字宋刻本、百衲本、中華本同，四庫本作"間"。

雖明風角，解玄象，至於私室，輒不及言，學徒有請問者，終無所説。每云："此學可知不可言。諸君並貴遊子弟，不由此進，何煩問也。"會唯有一子，亦不以此術教之，其謹密也如此。曾令家人遠行，久而不反。[1]其行人還,[2]垂欲至宅,乃逢寒雪,寄息他舍。會方處學堂講說,忽有旋風瞥然,吹雪入户。會乃笑曰:"行人至,何意中停。"遂命使人令詣某處追尋,果如其語。每爲人占筮,小大必中。但用爻辭、象象以辯吉凶,《易》占之屬,都不經口。

[1]久而不反:"反"字宋刻本、四庫本、中華本同,百衲本作"及"。從宋刻本改。
[2]其行人還:宋刻本、四庫本、百衲本無"人"字。從中華本補。

會本貧生,無僕隸,初任助教之日,恒乘驢上下。且其職事處多,每須經歷,及其退食,非晚不歸。曾夜出城東門,鐘漏已盡,會唯獨乘驢。忽有二人,一人牽頭,[1]一人隨後,有似相助,其回動輕漂,有異生人。漸漸失路,不由本道。會心甚怪之,遂誦《易經》上篇,一卷不盡,前後二人,忽然離散。會亦不覺墮驢,因爾迷悶,至明始覺。方知墮驢之處,乃是郭外,纔去家數里。

[1]一人牽頭:四庫本、中華本同,宋刻本、百衲本無"一人"二字。從補。

有一子,字子襲,聰敏精勤,幼有成人之量。不幸先亡,臨送者爲其傷慟,[1]會唯一哭而罷,時人尚其達命。

[1]爲其傷慟：四庫本、中華本同，宋刻本、百衲本無"慟"字。從補。

武平年，自府還第，在路無故馬倒，遂不得語，因爾暴亡，時年七十六。注《易》一部，行於世。會生平畏馬，[1]位望所至，不得不乘，果以此終。

[1]會生平畏馬：四庫本、中華本同，宋刻本、百衲本無"平"字。從補。

張思伯，河間樂城人也。[1]善說《左氏傳》，爲馬敬德之次。撰《刊例》十卷，[2]行於時。亦治《毛詩》章句，以二經教齊安王廓。[3]武平初，國子博士。

[1]樂城：縣名。治所在今河北獻縣西南。
[2]《刊例》：書名。北齊張思伯撰。十卷。論《左傳》體例。久佚。
[3]齊安王廓："廓"字四庫本、中華本同，百衲本、宋刻本作"廊"。從四庫本改。齊安王，北齊武成帝高湛第四子高廓的封爵號。齊安，郡名。治所在今河南信陽市平橋區東。廓，即高廓，字仁弘。北齊宗室王。本書卷一二、《北史》卷五二有傳。

張雕，[1]中山北平人也。[2]家世貧賤，而慷慨有志節，雅好古學。精力絶人，負篋從師，不遠千里。徧通五經，[3]尤明三傳，[4]弟子遠方就業者以百數，諸儒服其強辯。

［1］張雕：中華本校勘記云："《北史》卷八一作'張彫武'，《序》作'張彫'；本書卷八《後主紀》(補) 武平四年十月作'張彫虎'，《通志》卷一六《齊本紀》作'張雕虎'。錢氏《考異》卷三一、卷四〇都有説。其人本名雕虎（"彫"通用），本書和《北史》避唐諱或去'虎'字，或改'虎'作'武'。其作'彫虎'者後人所改。"説是。

［2］北平：縣名。治所在今河北順平縣東北。

［3］五經：五部儒家經典。始稱於西漢中期。即《詩》《書》《禮》《易》《春秋》。

［4］三傳：一作"春秋三傳"，即《左傳》《公羊傳》和《穀梁傳》的合稱。

魏末，以明經召入霸府，[1]高祖令與諸子講讀。起家殄寇將軍，[2]稍遷太尉長流參軍、定州主簿。[3]從世宗赴并，[4]除常山府長流參軍。[5]天保中，爲永安王府參軍事。[6]顯祖崩於晉陽，擢兼祠部郎中，[7]典喪事，從梓宮還鄴。[8]乾明初，[9]除國子博士。遷平原太守，坐贓賄失官。世祖即位，以舊恩除通直散騎侍郎。琅邪王儼求博士精儒學，[10]有司以雕應選，時號得人。尋爲涇州刺史。[11]未幾，拜散騎常侍，[12]復爲儼講。值帝侍講馬敬德卒，乃入授經書。帝甚重之，以爲侍讀，與張景仁並被尊禮，同入華光殿，[13]共讀《春秋》。加國子祭酒，假儀同三司，待詔文林館。

［1］霸府：魏晋南北朝時稱控制朝政的權臣之府。此指高歡的幕府。

［2］殄寇將軍：官名。爲雜號將軍之一。

［3］長流參軍：官名。亦稱"長流賊曹參軍"。於諸府內掌捕盜賊及治安等事。　主簿：官名。掌文簿及閣內事。

［4］并：州名。治所在今山西太原市西南。

［5］常山：常山王高演（535—561），字延安，渤海蓨（今河北景縣）人。北齊皇帝。高歡第六子。本書卷六、《北史》卷七有紀。

［6］永安王：北齊神武帝高歡第三子高浚的封爵號。永安，郡名。治所在今山西霍州市。

［7］祠部郎中：官名。魏晉南北朝與"祠部郎"互稱，爲尚書省祠部曹長官，六品上。北齊祠部曹專掌祠祀醫藥、死喪贈賜。

［8］梓宮：指皇帝、皇后的棺。　鄴：都邑名。在今河北臨漳縣城西南鄴鎮。北齊定都於此。

［9］乾明：北齊廢帝高殷年號（560）。

［10］琅邪王：北齊武成帝高湛第三子高儼的封爵號。琅邪，郡名。治所在今山東臨沂市西。　儼：高儼（548—571），字仁威，渤海蓨（今河北景縣）人，北齊武成帝第三子。本書卷一二、《北史》卷五二有傳。

［11］涇州：治所在今安徽天長市西北石梁鎮。本書卷一五《潘樂傳》載，樂"又爲南道大都督，討侯景。……至梁涇州。涇州舊在石梁，侯景改爲懷州，樂獲其地，仍立涇州"。

［12］散騎常侍：官名。散騎與中常侍二職合而爲此職，隸集書省，參掌機要，位比侍中。北齊從三品。

［13］華光殿：殿名。在華林園內。

　　胡人何洪珍大蒙主上親寵，與張景仁結爲婚媾。雕以景仁宗室，自託於洪珍，傾心相禮，情好日密，公私之事，雕常爲其指南。時穆提婆、韓長鸞與洪珍同侍帷幄，[1]知雕爲洪珍謀主，甚忌惡之。洪珍又奏雕監國史。

尋除侍中，加開府，奏度支事，大被委任，言多見從。特敕奏事不趨，呼爲博士。雕自以出於微賤，致位大臣，勵精在公，有匪躬之節，欲立功效，以報朝恩，論議抑揚，無所回避。宮掖不急之費，大存減省，左右縱恣之徒，必加禁約，數譏切寵要，獻替帷扆。上亦深倚仗之，方委以朝政。雕便以澄清爲己任，意氣甚高，嘗在朝堂謂鄭子信曰：[2]"向入省中，[3]見賢家唐令處分極無所以，[4]若作數行兵帳，雕不如邕，若致主堯、舜，身居稷、契，則邕不如我。"[5]其矜誕如此。

[1]穆提婆（？—578）：本姓駱，故亦作"駱提婆"，漢陽（今甘肅天水市）人。北齊官吏。本書卷五〇、《北史》卷九二有傳。　韓長鸞：韓鳳，字長鸞，昌黎（今遼寧義縣）人。北齊官吏。少有臂力，善騎射。本書卷五〇《韓寶業等傳》、《北史》卷九二《齊諸宦者傳》有附傳。

[2]鄭子信：鄭抗，字子信，彭城（今江蘇徐州市老城區）人。北齊文吏。善文學。事見本書卷三四、《北史》卷四一《鄭頤傳》。

[3]省中：宮禁之中。

[4]唐令：唐邕，字道和，太原晉陽（今山西太原市晉源區古城營村一帶）人。北齊官吏。時任尚書令，故有此稱。本書卷四〇、《北史》卷五五有傳。

[5]若致主堯、舜，身居稷、契，則邕不如我：若皇帝是堯、舜，身居稷、契之位輔佐他的，則唐邕不如我。堯，傳說中之古帝陶唐氏之號。詳見《史記》卷一《五帝本紀》。舜，古帝名。詳見《史記·五帝本紀》。稷，周人之祖。相傳他的母親曾欲棄之不養，故名棄。爲舜農官，封於邰，號後稷，別姓姬氏。詳見《史記》卷

四《周本紀》。契，商人之祖。傳說中商族始祖帝嚳的兒子，虞舜之臣，其母簡狄吞玄鳥卵而生。舜時助禹治水有功，任爲司徒。賜姓子氏，封於商。詳見《史記》卷三《殷本紀》。

　　長鸞等慮其干政不已，陰圖之。會雕與侍中崔季舒等諫帝幸晉陽，[1]長鸞因譖之，故俱誅死。臨刑，帝令段孝言詰之。[2]雕致對曰："臣起自諸生，謬被抽擢，接事累世，常蒙恩遇，位至開府、侍中，光寵隆洽。每思塵露，微益山海，今者之諫，臣實首謀，意善功惡，[3]無所逃死。伏願陛下珍愛金玉，開發神明，數引賈誼之倫，[4]論說治道，令聽覽之間，無所擁蔽，則臣雖死之日，猶生之年。"歔欷流涕，俯而就戮，侍衛左右莫不憐而壯之，時年五十五。子德冲等徙於北邊，南安之反，[5]德冲及弟德揭俱死。[6]

　　[1]崔季舒（？—573）：字叔正，博陵安平（今河北安平縣）人。東魏、北齊官吏。本書卷三九有傳，《北史》卷三二《崔挺傳》有附傳。
　　[2]段孝言：姑臧武威（今甘肅武威市）人。北齊官吏。本書卷一六、《北史》卷五四《段榮傳》有附傳。"孝"字四庫本、百衲本、中華本同，宋刻本作"季"。
　　[3]意善功惡："功"字宋刻本、百衲本、中華本同，四庫本作"形"。
　　[4]賈誼（前200—前168）：洛陽（今河南洛陽市）人。西漢官吏，政論家。《漢書》卷四八有傳。　倫：輩。
　　[5]南安：南安王高思好。北齊將領。武平五年（574），舉兵反，自號大丞相，後兵敗投水自盡。

[6]德揭：張德揭（？—574）。事不詳。

德冲和謹謙讓，善於人倫，聰敏好學，頗涉文史。以帝師之子，早見旌擢。歷員外散騎侍郎、太師府掾，[1]入爲中書舍人，隨例待詔。其父之戮也，德冲在殿庭執事，目見冤酷，號哭殞絕於地，久之乃蘇。

[1]太師府掾：官名。太師府屬官，掌諸曹事。

孫靈暉，長樂武强人也。[1]魏大儒祕書監惠蔚，[2]靈暉之族曾王父也。靈暉少明敏，有器度。惠蔚一子早卒，其家書籍多在焉。靈暉年七歲，便好學，日誦數千言，唯尋討惠蔚手錄章疏，不求師友。《三禮》及《三傳》皆通宗旨，然就鮑季詳、熊安生質問疑滯，其所發明，[3]熊、鮑無以異也。舉冀州刺史秀才，[4]射策高第，授員外將軍。[5]後以儒術甄明，擢授太學博士。遷北徐州治中，[6]轉潼郡太守。[7]

[1]長樂：郡名。治所在今河北冀州市。　武强：縣名。治所在今河北武强縣。
[2]祕書監：官名。南北朝時爲祕書省主官。北齊三品。祕書省掌修撰國史及保管、典校書籍，並領著作省。　惠蔚：孫惠蔚（452—518），初單名蔚，"惠"爲宣武帝所賜，字叔炳，小字陀羅，武邑武遂（今河北武强縣西北）人。北魏官吏。家傳儒學，未成年即粗通群經。《魏書》卷八四、《北史》卷八一有傳。
[3]其所發明：宋刻本、百衲本、中華本同，四庫本前有"然"字。

[4]舉冀州刺史秀才：中華本校勘記云："《北史》卷八一《孫靈暉傳》'冀州'下無'刺史'二字。按文義或衍'刺史'二字，或是'冀州刺史舉秀才'之誤倒。"説是。

[5]員外將軍：官名。爲"員外殿中將軍"之簡稱。掌宮殿禁衛。北齊從八品。

[6]北徐州：治所在今山東臨沂市西。　治中：官名。即治中從事史。爲州府屬官。掌財穀、賬簿、文書。

[7]潼郡：治所在今江蘇睢寧縣南。

天統中，敕令朝臣推舉可爲南陽王綽師者，[1]吏部尚書尉瑾表薦之，[2]徵爲國子博士，授南陽王經。王雖不好文學，亦甚相敬重，啓除其府諮議參軍。[3]綽除定州刺史，仍隨之鎮。綽所爲猖蹶，靈暉唯默默憂領，不能諫止。綽欲以管記馬子結爲諮議參軍，[4]乃表請轉靈暉爲王師，以子結爲諮議。朝廷以王師三品，啓奏不合。[5]後主於啓下手答，云"但用之"，仍手報南陽書，並依所奏。儒者甚以爲榮。綽除大將軍，[6]靈暉以王師領大將軍司馬。[7]綽誅，停廢。從綽死後，每至七日及百日終，靈暉恒爲綽請僧設齋，轉經行道。齊亡後數年卒。

[1]南陽王：高綽的封爵號。南陽，郡名。治所在今河南鄧縣西北。　綽：高綽，字仁通，初名融，字君明，渤海蓨（今河北景縣）人。北齊宗室。本書卷一二、《北史》卷五二有傳。

[2]吏部尚書：官名。爲尚書吏部曹主官。掌官吏銓選、封爵、考課之政。居尚書省諸尚書之首，稱"大尚書"。歷朝因之。北齊三品。　尉瑾：代（今山西大同市東北）人。北齊官吏。本書卷

四〇有傳，《北史》卷二〇《尉古真傳》有附傳。

[3]諮議參軍：官名。於王府諷議軍政事務。

[4]管記：書記、記室參軍等文翰職官的通稱。　馬子結：扶風（今陝西興平市東南）人。北齊官吏。本卷後有附傳。

[5]朝廷以王師三品，啓奏不合：《通典》卷三八《職官·秩品》，北齊諸王師官品正三品，三公府諮議參軍事官品從四品上階，相差四個等級。

[6]大將軍：官名。北齊爲名譽職銜。作爲加授給大臣、重要州郡長官的戎號。凡加戎號者可開府。一品。

[7]司馬：高級幕僚。軍府内掌軍事及府内武官。

　　子萬壽，聰識機警，博涉羣書，《禮》《傳》俱通大義，有辭藻，尤甚詩詠。齊末，陽休之辟爲開府行參軍。[1]隋奉朝請、滕王文學、豫章長史。[2]卒於大理司直。[3]

[1]陽休之（509—582）：字子烈，右北平無終（今天津市薊州區）人。北魏、東魏、北齊官吏。好學，愛文藻。本書卷四二有傳，《北史》卷四七《陽尼傳》有附傳。　辟：委任。各級軍政機關長官自行任命屬吏之行爲稱辟。　開府行參軍：官名。無固定職掌。

[2]隋：宋刻本、四庫本、百衲本作"隨"。今從中華本作"隋"。　奉朝請：官名。爲職事官，掌諫議獻納。隋從七品下。　滕王：隋朝宗王楊瓚的封爵號。　豫章：郡名。治所在今江西南昌市。　長史：官名。爲府中掾屬之長。

[3]大理司直：官名。大理寺屬官。十員，從五品。大理寺爲國家最高審判機構，掌決正刑獄。

馬子結者，其先扶風人也。[1]世居涼土，[2]太和中入洛。[3]父祖俱清官。子結兄弟三人，皆涉文學。陽休之牧西兗，[4]子廉、子尚、子結與諸朝士各有詩言贈，[5]陽總爲一篇酬答，即詩云"三馬俱白眉"者也。子結以開府行參軍擢爲南陽王管記，隨綽定州。綽每出遊獵，必令子結走馬從禽。子結既儒緩，衣垂帽落，或嗷或啼，令騎驅之，非墜馬不止，綽以爲歡笑。由是漸見親狎，啓爲諮議云。

[1]扶風：郡名。治所在今陝西興平市東南。
[2]涼：州名。治所在今甘肅武威市。
[3]太和：北魏孝文帝元宏年號（477—499）。　洛："洛陽"的簡稱。其城南臨洛水，故簡稱"洛"。孝文帝遷都於此。
[4]西兗：州名。治所在今河南滑縣東。
[5]子廉：馬子廉。　子尚：馬子尚。與子結兄弟三人，時人謂之"三馬"。

石曜，字白曜，中山安喜人，亦以儒學進。居官至清儉。武平中黎陽郡守，[1]值斛律武都出爲兗州刺史，[2]武都即丞相咸陽王世子，[3]皇后之兄，性甚貪暴。先過衛縣，令丞以下聚斂絹數千匹以遺之。及至黎陽，令左右諷動曜及郡治下縣官。曜手持一縑而謂武都曰："此是老石機杼，聊以奉贈。自此來並須出於吏民，吏民之物，一毫不敢輒犯。"武都亦知曜清素純儒，笑而不責。著《石子》十卷，言甚淺俗。後終於譙州刺史。[4]此外行事史闕焉。

［1］黎陽郡：治所在今河南浚縣東。

［2］斛律武都（？—572）：朔州（今内蒙古固陽縣）人。高車族敕勒部。北齊官吏。《北史》卷五四《斛律金傳》有附傳，事亦見本書卷一七《斛律金傳》。　兗州：治所在今山東濟寧市兗州區新驛鎮東頓村南。

［3］咸陽王：斛律光的封爵號。咸陽，郡名。治所在今陝西涇陽縣西北。　世子：嫡長子。

［4］譙州：治所在今安徽蒙城縣。

贊曰：大道既隱，名教是遵，以斯建國，以此立身。帝圖雜霸，儒風未純，何以不墜，弘之在人。

北齊書　卷四五

列傳第三十七

文苑

祖鴻勳　李廣　樊遜　劉逖　荀士遜　顏之推 袁奭
韋道遜　江旰　睢豫　朱才　荀仲舉　蕭愨　古道子

　　夫玄象著明，以察時變，天文也；聖達立言，化成天下，人文也；[1]達幽顯之情，明天人之際，其在文乎。逖聽三古，彌綸百代，制禮作樂，騰實飛聲，若或言之不文，豈能行之遠也。子曰："文王既沒，文不在茲？"[2]大聖踵武，邈將千載，其間英賢卓犖，不可勝紀，咸宜韜筆寢牘，未可言文，斯固才難不其然也。至夫游、夏以文詞擅美，[3]顏回則庶幾將聖，[4]屈、宋所以後塵，[5]卿、雲未能輟簡。[6]於是辭人才子，波駭雲屬，振鵷鷺之羽儀，縱雕龍之符采，人謂得玄珠於赤水，[7]策奔電於崑丘，[8]開四照於春華，成萬寶於秋實。

1329

[1]"玄象著明"至"人文也"：出自《易·賁卦》："觀乎天文，以察時變；觀乎人文，以化成天下。"

[2]文王既没，文不在兹：典出《論語·子罕》。文王，周文王。西周的奠基者。姬姓，名昌。受商封西岐，亦稱"西伯""伯昌"。詳見《史記》卷四《周本紀》。

[3]游：言偃（前506—？），字子游，孔子弟子，以文學見長。《史記》卷六七有傳。 夏：卜商（前507—？），字子夏，孔子弟子，以文學見長。《史記》卷六七有傳。

[4]顔回（前521—前490）：又稱"顔子""顔氏"。字子淵，春秋末魯國（今山東曲阜市）人。孔子學生。《史記》卷六七有傳。

[5]屈：屈原（約前340—前278），名平，字原，別號靈均。戰國時楚國大臣、詩人。《史記》卷八四有傳。 宋：宋玉。鄢（今河南鄢陵縣西北）人。戰國時楚國辭賦家。後於屈原，或稱爲屈原弟子。因感於屈原放逐，作《九辯》。其名作有《招魂》《風賦》《高唐賦》《神女賦》《登徒子好色賦》等，大多詞態巧麗，開漢魏六朝靡麗之風。

[6]卿：司馬相如（前179—前117），字長卿，小名犬子。蜀郡成都（今四川成都市）人。西漢著名文學家。《漢書》卷五七上有傳。 雲：揚雄（前53—18），一作"楊雄"，字子雲，蜀郡成都（今四川成都市）人。西漢辭賦家。《漢書》卷八七上有傳。

[7]赤水：水名。即今陝西華縣西渭河支流赤水。

[8]崑丘：昆侖山的代稱。即今新疆、西藏之間昆侖山脈。

然文之所起，情發於中。人有六情，禀五常之秀；情感六氣，順四時之序。其有帝資懸解，天縱多能，摛翰藻於生知，問珪璋於先覺，譬雕雲之自成五色，猶儀鳳之冥會八音，斯固感英靈以特達，非勞心所能致也。

縱其情思底滯，關鍵不通，但伏膺無怠，鑽仰斯切，馳騖勝流，周旋益友，强學廣其聞見，專心屏於涉求，畫繢飾以丹青，彫琢成其器用，是以學而知之，猶足賢乎已也。謂石爲獸，射之洞開，精之至也。積歲解牛，砉然游刃，習之久也。自非渾沌無可鑿之姿，[1]窮奇懷不移之情，[2]安有至精久習而不成功者焉。善乎魏文之著論也：[3]“人多不强力，貧賤則慴於饑寒，富貴則流於逸樂，遂營目前之務，而遺千載之功，日月逝於上，體貌衰於下，忽然與萬物遷化，斯志士大痛也。”[4]

[1]渾沌：神話傳説中人物。軒轅黄帝之不才子。《史記集解》引賈逵説，謂此“不才子”即讙兜。

[2]窮奇：傳説中遠古人物。少皞之子。據傳其崇尚邪惡，詆毁忠信，口出惡語，被稱爲“不才子”。一説即共工。

[3]魏文：魏文帝曹丕（187—226），字子桓，譙（今安徽亳州市）人。三國時魏國的建立者。《三國志》卷二有紀。

[4]“人多不强力”至“斯志士大痛也”：語出《典論·論文》。

沈休文云：[1]“自漢至魏，四百餘年，辭人才子，文體三變。”[2]然自兹厥後，軌轍尤多。江左梁末，[3]彌尚輕險，始自儲宫，刑乎流俗，雜惉懘以成音，故雖悲而不雅。爰逮武平，[4]政乖時蠹，唯藻思之美，雅道猶存，履柔順以成文，蒙大難而能正。原夫兩朝叔世，俱肆淫聲，而齊氏變風，[5]屬諸絃管，梁時變雅，在夫篇什。莫非易俗所致，並爲亡國之音；而應變不殊，感物或異，何哉？蓋隨君上之情欲也。

［1］沈休文：沈約（441—513），字休文，吳興武康（今浙江德清縣西）人。南朝蕭梁大臣、文學家。《宋書》卷一〇〇有其家世自序，《梁書》卷一三、《南史》卷五七有傳。

［2］"自漢至魏"至"文體三變"：語出沈約《宋書》卷六七《謝靈運傳》史臣曰。漢，指西漢。魏，指曹魏。

［3］江左：亦稱江東。長江自今九江湖口折而向北至今南京段，形成江東、江西地區。古人座北面南視之，以江東爲江左，江西爲江右，故有是稱。六朝以建康（今蘇南京市）爲都，故時人又稱六朝統治區域爲江左或江東。　梁：南朝梁（502—557）。南朝齊和帝中興二年（502），相國梁王蕭衍禪代南齊，改元稱帝，都建康（今江蘇南京市），國號梁，史稱蕭梁。歷四主，五十六年。

［4］武平：北齊後主高緯年號（570—576）。

［5］齊：此指北齊。

有齊自霸圖云啓，廣延髦儁，開四門以納之，舉八紘以掩之，鄴京之下，[1]煙霏霧集，河間邢子才、鉅鹿魏伯起、范陽盧元明、鉅鹿魏季景、清河崔長儒、河間邢子明、范陽祖孝徵、樂安孫彥舉、中山杜輔玄、北平陽子烈並其流也。[2]復有范陽祖鴻勳亦參文士之列。[3]天保中，[4]李愔、陸卬、崔瞻、陸元規並在中書，[5]參掌綸誥。其李廣、樊遜、李德林、盧詢祖、盧思道始以文章著名。[6]皇建之朝，[7]常侍王晞獨擅其美。[8]河清、天統之辰，[9]杜臺卿、劉逖、魏騫亦參知詔敕。[10]自愔以下，在省唯撰述除官詔旨，其關涉軍國文翰，多是魏收作之。及在武平，李若、荀士遜、李德林、薛道衡爲中書侍郎，[11]諸軍國文書及大詔誥俱是德林之筆，道衡諸人皆不預也。

[1]鄴京：北齊都城鄴。

[2]河間：郡名。治所在今河北河間市南。　邢子才：邢邵（496—?），字子才，河間鄚（今河北任丘市北）人。北魏、東魏、北齊官吏。博學能文，與溫子升、魏收齊名。原著有《邢子才集》，已散佚。本書卷三六有傳，《北史》卷四三《邢巒傳》有附傳。鉅鹿：郡名。治所在今河北石家莊市藁城區。　魏伯起：魏收（505—572），字伯起，小字佛助，鉅鹿下曲陽（今河北晉州市西）人。北朝時著名史學家。本書卷三七、《北史》卷五六有傳，《魏書》卷一〇四有其家世自序（部分爲後人所補）。　范陽：郡名。治所在今河北涿州市。　盧元明：字幼章，范陽涿（今河北涿州市）人。博涉群書，辭章可觀。北魏、東魏官吏。《魏書》卷四七、《北史》卷三〇《盧玄傳》有附傳。　魏季景：鉅鹿下曲陽（今河北晉州市西）人。北魏學者。博學有文才，弱冠時與魏收齊名。《北史》卷五六有傳。　清河：郡國名。西漢高帝置，治清陽縣（今河北清河縣）。西晉爲清河國，治清河縣（今山東臨清市）。北魏仍改爲郡。北齊移治武城縣（今河北清河縣西城關鄉西北）。崔長儒：崔㥄（?—554），字長儒，清河東武城（今河北清河縣東北）人。北魏、東魏、北齊官吏。本書卷二三有傳。　邢子明：邢昕，字子明，河間鄚（今河北任丘市北）人。北魏、東魏官吏。《魏書》卷八五有傳。　祖孝徵：祖珽，字孝徵，范陽遒（今河北淶水縣北）人。東魏、北齊官吏。本書卷三九有傳，《北史》卷四七《祖瑩傳》有附傳。　樂安：郡名。治所在今山東博興縣南。孫彥舉：孫搴，字彥舉，樂安（今山東博興縣南）人。東魏、北齊官吏。本書卷二四、《北史》卷五五有傳。　中山：郡名。治所在今河北定州市。　杜輔玄：杜弼（491—559），字輔玄，小字輔國，

北齊中山曲陽（今河北曲陽縣西）人。本書卷二四、《北史》卷五五有傳。"玄"字四庫本、中華本同，宋刻本、百衲本作"畜"。從四庫本改。　北平：郡名。治所在今河北盧龍縣。　陽子烈：陽休之（509—582），字子烈，右北平無終（今天津市薊州區）人。北魏、東魏、北齊官吏。好學，愛文藻。本書卷四二有傳，《北史》卷四七《陽尼傳》有附傳。

[3]祖鴻勳：涿郡范陽（今河北定興縣西南固城鎮北）人。東魏官吏。本卷、《北史》卷八三有傳。

[4]天保：北齊文宣帝高洋年號（550—559）。

[5]李愔："李"字四庫本、中華本同，宋刻本、百衲本作"季"。從四庫本改。李愔，一作"李惜"，趙郡平棘（今河北趙縣東南）人。東魏、北齊官吏。事見《魏書》卷三六《李順傳》、《北史》卷三三《李裔傳》。　陸卬：北齊文臣。本書卷三五有傳，《魏書》卷四〇、《北史》卷二八《陸俟傳》有附傳。"卬"字百衲本作"印"，中華本及諸本作"邛"，《北史》卷五四作"仰"。《周書》卷二一、《册府元龜》卷七七七、《通志》卷一五七皆作"卬"。據《周書》改。　崔瞻（519—572）：亦作"崔贍"，字彦通，清河東武城（今河北清河縣東北）人。北齊官吏。博學強識，才學過人。本書卷二三《崔㥄傳》、《北史》卷二四《崔逞傳》有附傳。　陸元規（543—550）：鮮卑族。東魏官吏。武定中任尚書郎。事見《魏書》卷四〇、《北史》卷二八《陸俟傳》。　中書：中書省。掌草擬詔令文書，兼管圖書秘記。以中書監、令爲主官。

[6]李廣：字弘基，范陽（今河北涿州市）人。東魏官吏。本卷及《北史》卷八三有傳。　樊遜：字孝謙，河東北猗氏（今山西臨猗縣）人。北齊官吏。少好學，專心典籍，以"見賢思齊"自勉。本卷及《北史》卷八三有傳。　李德林（531—591）：字公輔，博陵安平（今河北安平縣）人。李敬族之子。初仕北齊，參修國史。後入隋，參修律令。後撰成《霸朝雜集》，受文帝賞識。卒官贈大將軍、廉州刺史，諡曰文。撰有文集八十卷，並奉詔撰《齊

史》而未成。其子李百藥將其完成,即本書《北齊書》。《隋書》卷四二、《北史》卷七二有傳。　盧詢祖:范陽涿(今河北涿州市)人。北齊官吏。出身士族,學識博深。本書卷二二《盧文偉傳》、《北史》卷三〇《盧觀傳》有附傳。　盧思道(535—586):字子行,小字釋奴,范陽涿(今河北涿州市)人。北齊、北周、隋官吏。事見本書卷四二《盧潛傳》,《北史》卷三〇《盧玄傳》有附傳。

[7]皇建:北齊孝昭帝高演年號(560—561)。

[8]常侍:官名。即散騎常侍。散騎與中常侍二職合而爲此職,隸集書省,參掌機要,位比侍中。北齊從三品。　王晞(511—581):字叔朗,小名沙彌,北海劇(今山東壽光市東南)人。王昕之弟。北齊官吏。本書卷三一《王昕傳》有附傳。

[9]河清:北齊武成帝高湛年號(562—565)。　天統:北齊後主高緯年號(565—569)。

[10]杜臺卿:字少山,博陵曲陽(今河北曲陽縣)人。北齊、隋朝官吏。事見本書卷二四《杜弼傳》,《北史》卷五五《杜弼傳》有附傳。　劉逖(525—573):字子長,彭城叢亭里(今江蘇徐州市東)人。北齊官吏。本卷有傳。　魏騫:北齊官吏。天統時,參與起草詔令。後出爲廣武太守。武平時,被舉入文林館待詔。敕:南北朝以後對君主詔命的專稱。

[11]李若:頓丘(今河南清豐縣西南)人。北齊、隋朝官吏。《北史》卷四三《李崇傳》有附傳。　荀士遜(?—577):廣平(今河北邯鄲市永年區)人。北齊官吏。本卷、《北史》卷八三有傳。　薛道衡(540—609):字玄卿,河東汾陰(今山西萬榮縣西南)人。薛孝通子。初仕北齊。齊亡,爲周武帝所用。入隋,與楊素親善,後得罪煬帝,被殺。詩文爲時人稱誦,原有集七十卷,已佚。現存明人輯《薛司隸集》一卷。《隋書》卷五七有傳,《北史》卷三六《薛辯傳》有附傳。　中書侍郎:官名。又稱"中書郎",爲中書省次官,掌起草書疏表檄。北齊從四品上。

後主雖溺於群小,[1]然頗好諷詠,幼稚時,曾讀詩賦,語人云:"終有解作此理不?"及長亦少留意。初因畫屏風,敕通直郎蘭陵蕭放及晋陵王孝式録古名賢烈士及近代輕艷諸詩以充圖畫,[2]帝彌重之。後復追齊州録事參軍蕭慤、趙州功曹參軍顔之推同入撰次,[3]猶依霸朝,謂之館客。放及之推意欲更廣其事,又祖珽輔政,[4]愛重之推,又託鄧長顒漸説後主,[5]屬意斯文。三年,祖珽奏立文林館,[6]於是更召引文學士,謂之待詔文林館焉。珽又奏撰《御覽》,[7]詔珽及特進魏收、太子太師徐之才、中書令崔劼、散騎常侍張雕、中書監陽休之監撰。[8]珽等奏追通直散騎侍郎韋道遜、陸乂、太子舍人王劭、衛尉丞李孝基、殿中侍御史魏澹、中散大夫劉仲威、袁奭、國子博士朱才、奉車都尉眭道閑、考功郎中崔子樞、左外兵郎薛道衡、并省主客郎中盧思道、司空東閣祭酒崔德、太學博士諸葛漢、奉朝請鄭公超、殿中侍御史鄭子信等入館撰書,[9]并敕放、慤、之推等同入撰例。復令散騎常侍封孝琰、前樂陵太守鄭元禮、衛尉少卿杜臺卿、通直散騎常侍王訓、前南兗州長史羊肅、通直散騎常侍馬元熙、并省三公郎中劉珉、開府行參軍李師上、溫君悠入館,[10]亦令撰書。復命特進崔季舒、前仁州刺史劉逖、散騎常侍李孝貞、中書侍郎李德林續入待詔。[11]尋又詔諸人各舉所知,又有前濟州長史李翥、前廣武太守魏騫、前西兗州司馬蕭溉、前幽州長史陸仁惠、鄭州司馬江旰、前通直散騎侍郎辛德源、陸開明、通直郎封孝謇、太尉掾張德冲、并省右民郎高行恭、司徒户曹参軍古道子、前司空功曹参軍劉顗、獲嘉令崔德儒、給事中李元楷、晋州治中陽師孝、太尉中兵参軍劉儒行、司空祭酒陽辟彊、司空士曹参軍盧公順、司徒中兵参軍周子深、開府参軍王友伯、崔君洽、魏師謇並入館待詔，[12]又敕右僕射段孝言亦入焉。[13]《御覽》成後，所撰録人亦有不時待詔，[14]付所司處分者。凡此諸人，亦有文學膚淺，附會親識，妄相推薦者十三四焉。雖然，當時操筆之徒，搜求略盡。其外如廣平宋孝王、信都劉善經輩三數人，[15]論其才性，入館諸賢亦十三四不逮之也。待詔文林，亦是一時盛事，故存録其姓名。

[1]後主：北齊後主高緯（556—578），武成帝長子。本書卷八、《北史》卷八有紀。

[2]通直郎：官名。自晋起，尚書諸郎之中爲值宿者，以此稱之。取官不分高下，通需宿值之意。"郎"字四庫本、百衲本、中華本同，宋刻本作"節"。　蘭陵：郡名。治所在今江蘇常州市武進區西北萬綏鎮。　蕭放：字希逸，南蘭陵（今江蘇常州市武進區西北）人。性好文詠，博覽書史。北齊文吏。本書卷三三有傳。晋陵：郡名。治所在今江蘇常州市。　王孝式：晋陵（今江蘇常州市）人。北齊文吏。位通直郎。

[3]齊州：治所在今山東濟南市。　録事参軍：官名。爲州録事曹長官。總録衆曹文簿，舉彈善惡，位在列曹参軍上。　蕭慤：字仁祖，南蘭陵（今江蘇常州市武進區西北）人。南朝梁宗室。梁上黃侯蕭曄子。本卷有附傳。　趙州：治所在今河北隆堯縣東。功曹参軍：官名。即功曹参軍事。功曹之長。功曹爲職掌選舉兼参諸曹事務的官署。　顔之推（約531—590）：字介，琅邪臨沂（今

山東費縣東）人。北朝文學家。著有《顏氏家訓》。本卷、《北史》卷八三有傳。

[4]祖珽：字孝徵，范陽遒（今河北淶水縣北）人。東魏、北齊官吏。本書卷三九有傳，《北史》卷四七《祖瑩傳》有附傳。

[5]鄧長顒：亦作"鄧顒"。北齊後主宦官，參與朝政，參加文林館的創建。事迹略見於本書卷五〇《韓寶業傳》、《北史》卷九二《齊諸宦者傳》。

[6]文林館：官署名。北齊武平三年（572）置。引文學之士充之，稱待詔。掌編撰供皇帝閱覽的書籍，撰成後名《修文殿御覽》。

[7]《御覽》：《修文殿御覽》。北齊左僕射祖珽領修。三百六十卷，分五十五部。武平三年成書，歷時僅八個月。該書多據《華林遍略》，編成類書。《隋志》著錄。久佚。

[8]特進：官名。多爲加官，贈致仕大臣。北齊二品。 太子太師：官名。掌以道德輔教太子。北齊二品。 徐之才：丹陽（今安徽當塗縣東北）人。北魏、東魏、北齊官吏。學問廣博，尤精醫術。本書卷三三有傳，《北史》卷九〇《徐謇傳》有附傳。 中書令：官名。中書省長官之一，掌草擬、發布詔令，參與機務。北齊屬三品。 崔劼：字彥玄，東清河鄃（今山東平原縣西南）人，崔光之子。北魏、東魏、北齊官吏。本書卷四二有傳，《北史》卷四四《崔光傳》有附傳。 張雕：張雕虎（519—573），一作"張彤唐"。《北史》避唐諱，或改"虎"作"武"，或去"虎"。中山北平（今河北順平縣）人。北齊官吏。本書卷四四、《北史》卷八一有傳。 中書監：官名。與中書令同爲中書省主官，掌草擬詔令，處理機要，北齊從二品。

[9]通直散騎侍郎：官名。因將員外散騎侍郎二人與散騎侍郎通員值班而得名。職掌品秩與散騎侍郎同。北齊從五品上。散騎侍郎掌規諫。 韋道遜：京兆杜陵（今陝西西安市東南）人。北齊官吏。早以文學知名。本卷後有附傳。 陸乂：字旦，代（今山西大

同市東北）人。北齊官吏。事見本書卷三五《陸卬傳》，《北史》卷二八《陸俟傳》有附傳。　太子舍人：官名。掌東宮宿衛。侍從表啓，宣行太子令旨。北齊從六品。　王劭：字君懋，太原晉陽（今山西太原市晉源區古城營村一帶）人。北齊時官至中書舍人。《北史》卷三五《王慧龍傳》有附傳。中華本校勘記云："諸本'劭'作'邵'，據《隋書》卷六九、《北史》卷三五本傳改。"從改。　衛尉丞：官名。北齊置爲衛尉寺佐官，參領本寺日常事務，從六品。衛尉寺爲主管宮殿、京城諸門禁衛、武器及宮廷儀仗庫藏之官署。　李孝基：趙郡平棘（今河北趙縣東南）人。北齊官吏。事見《北史》卷三三《李順傳》。　殿中侍御史：官名。亦稱"殿中御史"。居宮殿中糾察非法。北朝地位較重。北魏或掌宿衛禁兵。北齊員十二人，八品。　魏澹：字彥深，鉅鹿下曲陽（今河北晉州市西）人。北齊官吏。少孤好學，才識過人。事見本書卷二三《魏蘭根傳》，《北史》卷五六《魏季景傳》有附傳。　中散大夫：官名。爲散官，無具體職掌。北朝因之。北齊四品。　劉仲威：南朝梁、陳官員，曾降北齊。《陳書》卷一八有傳，《南史》卷五〇《劉虬傳》有附傳。　袁奭：字元明，陳郡（今河南淮陽縣）人。北齊官吏。本卷後有傳。　國子博士：官名。掌教國子生。北齊五品上。　朱才：字待問，吳郡（今江蘇蘇州市）人。北齊官吏。本卷後有傳。　奉車都尉：官名。掌御乘輿馬。魏晉以後爲加官。北齊從五品。　眭道閑：眭豫，字道閑，趙郡高邑（今河北高邑縣）人。北齊官吏。本卷後有傳。"眭"字宋刻本、四庫本、百衲本作"睦"。中華本校勘記云："諸本'眭'訛'睦'，今據《北史》卷八三《文苑傳序》改。詳下眭豫條校記。"今從中華本作"眭"。　考功郎中：官名。北齊設。爲吏部考功司主官。掌考第及秀孝貢士等事。　崔子樞：博陵安平（今河北安平縣）人。北齊官吏。《北史》卷三二《崔鑒傳》有附傳。　左外兵郎：官名。爲尚書省左外兵曹長官。屬五兵尚書，北齊六品上。左外兵曹爲掌京畿以外各地軍隊政令軍務的官署。　并：州名。治所在今山西太原市西南。　主客郎中：官名。與"主客郎"互稱。主客曹主官通稱，掌接待諸蕃雜客等事，北齊六品上。　東閣祭酒：官名。公府僚屬。掌文翰。北齊七品上。　崔德：字岐叔，清河武城（今河北清河縣東北）人。少有才學，以文辭稱。事見《北史》卷三二《崔鑒傳》。中華本校勘記云："《北史》卷八三作'崔德立'，下又多出'太傅行參軍崔儦'七字。按《北史·文苑傳序》叙北齊事全本《北齊書》，疑傳本《北齊書》'德'下脱八字。"　太學博士：官名。指任教太學之博士。北齊從七品。　諸葛漢：北齊官吏，位太學博士。武平三年（572），文林館建，與李孝基、魏澹等入館撰書。　奉朝請：官名。北齊爲職事官，掌諫議獻納。從七品。　鄭公超：北齊官吏。位奉朝請。武平中，文林館建，入館撰書。　鄭子信：鄭抗，字子信，彭城（今江蘇徐州市老城區）人。北齊文吏。善文學。事見本書卷三四《楊愔傳》、《北史》卷四一《楊播傳》。

　　[10]封孝琰（523—573）：字士光，渤海蓨（今河北景縣）人。北齊官吏。爲尚書左丞。曾出使南朝陳。武平四年（573）爲北齊後主所殺。本書卷二一《封隆之傳》、《北史》卷二四《封懿傳》有附傳。　樂陵：郡名。治所在今山東樂陵市。　鄭元禮：字文規，滎陽開封（今河南開封市南）人。北齊官吏。少好學，有名望。事見本書卷二九《鄭述祖傳》、《北史》卷三五《鄭羲傳》有附傳。　衛尉少卿：官名。北魏始置。北齊沿置，爲衛尉寺次官，四品上。衛尉寺爲主管宮殿、京城諸門禁衛、武器及宮廷儀仗庫藏之官署。　王訓：亦作"楊訓"。北齊官吏。任通直散騎常侍。南兗州：治所在今安徽亳州市。宋刻本、四庫本、百衲本無"南"字。中華本校勘記云："諸本無'南'字，《北史》卷八三有。按羊肅見本書卷四三《羊烈傳》，稱肅於'天統初遷南兗州長史，武平中入文林館撰書'。《北史》作'南兗州'是，這裏脱文，今據補。"從中華本補。　長史：官名。掌參政務。主管屬吏。爲府中掾屬之長。　羊肅：北齊太山鉅平（今山東泰安市）人。事見本書卷四三《羊烈傳》。　馬元熙：字長明，河間（今河北河間市南）

人。馬敬德子。北齊文吏。本書卷四四有傳。　三公郎中：官名。主尚書省三公曹，掌刑獄訴訟，擬定法律之政。北魏、北齊時設二員。六品。　劉珉：亦作"劉泰珉"，彭城（今江蘇徐州市老城區）人。北齊文吏。任并省三公郎中，武平中爲文林館入館待詔。

開府行參軍：官名。無固定職掌。北齊公府、將軍府、州府置。從七品至八品。　李師上：隴西成紀（今甘肅静寧縣西南）人。北齊文吏。魏收外孫。《北史》卷一〇〇《涼武昭王李暠傳》有附傳。"上"字宋刻本、四庫本、百衲本作"正"。中華本校勘記云："諸本'上'作'正'，《北史》卷八三、《册府》卷六〇七作'上'。按本書卷四二《盧潛傳》末、《北史》卷一〇〇《序傳》並見'李師上'，《序傳》稱他曾'待詔文林館'，與此《序》合。諸本作'師正'誤，今據《北史》改。"從中華本改。　温君悠：北齊官吏，位開府行參軍。武平中爲文林館入館待詔。

[11]崔季舒（？—573）：字叔正，博陵安平（今河北安平縣）人。東魏、北齊官吏。本書卷三九有傳，《北史》卷三二《崔挺傳》有附傳。　仁州：治所在今安徽泗縣西南。　李孝貞：字元操，趙郡平棘（今河北趙縣東南）人。北齊、隋朝官吏。《北史》卷三三《李順傳》有附傳。

[12]濟州：治所在今山東茌平縣西南。　李薷：字彦鴻，柏人（今河北隆堯縣西南）人。北齊文吏。早年以文章知名。《北史》卷三三《李義深傳》有附傳。　廣武：郡名。治所在今河南中牟縣東。　西兖州：原治定陶（今山東菏澤市定陶區），後徙治左城（今山東曹縣韓集鎮堤上范村）。　司馬：高級幕僚。於諸公府府内掌軍事及府内武官。　蕭溉：北齊文吏。位西兖州司馬。武平中爲文林館入館待詔。　幽州：治所在今北京市西城區。　陸仁惠：陸寬，字仁惠，代（今山西大同市東北）人。北齊官吏。事見《北史》卷二八《陸俟傳》。　鄭州：治所在今河南許昌市。　江旴：字季，濟陽（今河南蘭考縣東北）人。南朝梁、陳官吏。本卷有傳。　辛德源（？—601）：字孝基，隴西狄道（今甘肅臨洮縣）

人。北齊、北周、隋學者。少有名。《北史》卷五〇《辛雄傳》有附傳。　陸開明：陸爽（539—591），字開明，魏郡臨漳（今河北臨漳縣）人。北齊、隋朝官吏。《北史》卷二八《陸俟傳》有附傳。　封孝騫：渤海蓨（今河北景縣）人。北齊官吏。位通直郎。武平中爲文林館入館待詔。"騫"字宋刻本、四庫本、中華本同，百衲本作"騫"。從宋刻本改。　太尉：官名。魏晉以後多爲元老重臣之加官。　掾：官名。爲太尉屬官，掌諸曹事。北齊三公府掾五品上。　張德冲（？—574）：中山北平（今河北順平縣）人。張雕子。北齊官吏。　右民郎：官名。亦稱"右民郎中"。爲尚書省右民曹長官通稱。掌户口、租調。北齊六品上。　高行恭：一名元行恭，河南洛陽（今河南洛陽市東北）人。鮮卑族。北齊官吏。《北史》卷五五《元文遥傳》有附傳。　司徒户曹參軍：官名。司徒府户曹長官，主户曹事。北齊六品上。户曹掌民户、祠祀、農桑事。　古道子：河内（今河南沁陽市）人。北齊官吏。本卷後有傳。　司空功曹參軍：官名。司空府功曹之長。六品上。功曹爲職掌選舉兼參諸曹事務的官署。　劉顗：字君卿，彭城（今江蘇徐州市老城區）人。北齊官吏。本卷後有附傳。　獲嘉：縣名。治所在今河南新鄉縣西南。　崔德儒：北齊官吏。位獲嘉令。武平中爲文林館入館待詔。　給事中：官名。魏晉之後爲門下屬官。北齊從六品上。　李元楷：北齊文吏。位給事中。武平中爲文林館入館待詔。　晉州：治所在今山西臨汾市城區。　治中：官名。即治中從事史。爲州府屬官。掌財穀、賬簿、文書。　陽師孝：北平無終（今天津市薊州區）人。北齊官吏。歷晉州中從事、中書舍人等職。事見《北史》卷四七《陽尼傳》。　中兵參軍：官名。公府之中兵曹主官，掌有關兵事及本府親兵。北齊從六品上。　劉儒行：北齊官吏。位太尉中兵參軍。武平中爲文林館入館待詔。　司空祭酒：官名。司空府屬官。北齊七品上。　陽辟彊：亦作"陽辟疆"，字君大，右北平無終（今天津市薊州區）人。北齊官吏。事見本書卷四二《陽休之傳》、《北史》卷四七《陽尼傳》。　司空士曹參軍：

官名。爲司空府士曹長官。七品上。士曹爲掌工役及津梁舟車之機構。　盧公順：范陽涿（今河北涿州市）人。盧正山子。北齊文士。早以文學而名。事見本書卷四二《盧潛傳》、《北史》卷三〇《盧玄傳》。　司徒中兵參軍：官名。司徒府中兵曹主官，掌有關兵事及本府親兵。北齊六品上。　周子深：北齊官吏。天保七年以開府水曹參軍奉詔入朝刊定群書。武平中，文林館建，爲司徒中兵參軍，後經舉薦任入館待詔。　開府參軍：官名。掌參謀軍務。　王友伯：北齊文吏。初任開府參軍。武平中爲文林館入館待詔。　崔君洽：崔液，字君洽，博陵安平（今河北安平縣）人。北齊官吏。早以文學知名。《北史》卷三二《崔挺傳》有附傳。　魏師謇：北齊儒士。武平中爲文林館入館待詔。"謇"字宋刻本、四庫本、中華本同，百衲本作"謇"。今從宋刻本等改。

[13]右僕射：官名。即"尚書右僕射"之簡稱。尚書省副長官之一。助尚書令掌全國政務。與祠部尚書通職，二者不並設。兼管儀曹事。北齊從二品。　段孝言：姑臧武威（今甘肅武威市）人。北齊官吏。本書卷一六、《北史》卷五四《段榮傳》有附傳。

[14]所撰錄人亦有不時待詔："待"字四庫本、百衲本、中華本同，宋刻本作"侍"。

[15]廣平：郡名。治所在今河北邯鄲市永年區。　宋孝王：廣平（今河北邯鄲市永年區）人。北齊文吏。事見本書卷四六《宋世良傳》。　信都：縣名。治所在今河北冀州市。　劉善經：河間（今河北河間市）人。隋時文學家。博聞多識，尤善詞章。《北史》卷八三《潘徽傳》有附傳。

　　自邢子才以還，或身終魏朝，已入前史；或名位既重，自有列傳；或附其家世；或名存後書。輒略而不載。今綴序祖鴻勳等列於《文苑》者焉。自外有可錄者，存之篇末。

祖鴻勳，涿郡范陽人也。[1]父愼，[2]仕魏歷雁門、咸陽太守，[3]治有能名。卒於金紫光祿大夫，[4]贈中書監、幽州刺史，謚惠侯。[5]鴻勳弱冠與同郡盧文符並爲州主簿。[6]僕射臨淮王彧表薦鴻勳有文學，[7]宜試以一官，敕除奉朝請。[8]人謂之曰："臨淮舉卿，便以得調，竟不相謝，恐非其宜。"鴻勳曰："爲國舉才，臨淮之務，祖鴻勳何事從而謝之。"或聞而喜曰："吾得其人矣。"及葛榮南逼，[9]出爲防河別將，[10]守滑臺。[11]永安初，[12]元羅爲東道大使，[13]署封隆之、邢卲、李渾、李象、鴻勳並爲子使。[14]除東濟北太守，[15]以父老疾爲請，竟不之官。後城陽王徽奏鴻勳爲司徒法曹參軍事，[16]赴洛，[17]徽謂之曰："吾聞臨淮相舉，竟不到門，今來何也？"鴻勳曰："今來赴職，非爲謝恩。"轉廷尉正。[18]

[1]涿郡：治所在今河北涿州市。　范陽：縣名。治所在今河北定興縣西南固城鎮北。

[2]愼：祖愼。北魏官吏。事不詳。

[3]雁門：郡名。治所在今山西代縣西南。　咸陽：郡名。治所在今陝西涇陽縣西北。

[4]金紫光祿大夫：官名。凡資深勳重之光祿大夫授金章紫綬，故有此稱。爲元老重臣之加官或致仕之官。亦爲死者之贈官。

[5]惠侯：《謚法》："柔質慈民曰惠。"

[6]盧文符：字叔僖（一作"叔偉"），范陽涿（今河北涿州市）人。北魏官吏。事見《魏書》卷四七、《北史》卷三〇《盧玄傳》。　州主簿：官名。爲州府僚屬，掌文簿及閣內事。

[7]僕射：官名。即尚書僕射，主管尚書省庶務，列位宰相。北齊從二品。　臨淮王：元彧的封爵號。臨淮，郡名。治所在今安

徽固鎮縣東南仁和集鄉。　彧：元彧（？—530），字文若。本名亮，字仕明，鮮卑族拓跋部人。北魏宗室、大臣。《魏書》卷一八、《北史》卷一六《臨淮王譚傳》有附傳。

［8］除：官制用語。意爲任命。

［9］葛榮（？—528）：北魏末年河北暴動首領。本爲懷朔鎮將。公元526年參加鮮于脩禮起事。鮮于脩禮被害後，繼領其衆，乃稱天子，國號齊，年號廣安。528年被尒朱榮俘，十月死於洛陽。

［10］防河別將：偏將，別領軍防河的將軍。

［11］滑臺：城名。即滑臺城。在今河南滑縣東。北臨古黄河，爲軍事要地。

［12］永安：北魏孝莊帝元子攸年號（528—530）。

［13］元羅（？—568）：字仲綱，鮮卑族拓跋部人。北魏宗室。終仕於西魏、北周。《魏書》卷一六、《北史》卷一六《京兆王黎傳》有附傳。"羅"字百衲本、中華本同，宋刻本、四庫本作"擢"。中華本校勘記云："諸本'羅'作'擢'，唯百衲本作'羅'。按元羅爲東道大使，歷見《魏書》卷一〇《孝莊紀》建義元年五月（《北史》卷五《孝莊紀》同），同書卷一六《京兆王黎傳》。建義元年九月即改元永安，與此傳合。諸本作'擢'誤，今從百衲本。"　東道大使：代表皇帝的特派使臣。爲執行特殊任務的正使。南北朝以後常有采風觀政、巡行四方之使，以官階高者充任。

［14］署：安排。　封隆之（485—545）：字祖裔，渤海蓨（今河北景縣）人。東魏大臣。本書卷二一有傳，《魏書》卷三二、《北史》卷二四《封懿傳》有附傳。　李渾：字季初，趙郡平棘（今河北趙縣東南）人。東魏、北齊官吏。本書卷二九有傳，《北史》卷三三《李靈傳》有附傳，事亦見《魏書》卷四九《李靈傳》。　李象（？—541）：字孟則，渤海蓨（今河北景縣）人。東魏官吏。《魏書》卷七二《李叔虎傳》、《北史》卷四五《李叔彪傳》有附傳。　子使：官名。北魏末孝莊帝時置。子猶言小，即級

[15]東濟北：郡名。治所在今山東肥城市。"濟"字諸本及《魏書》卷五六、《北史》卷三五、《通志》卷一四九皆同，百衲本作"齊"。《魏書·地形志二》："東濟北郡，孝昌三年置。領縣三，户二千。"北朝無東齊北郡，作"濟"是。據改。

[16]城陽王：元徽的封爵號。城陽，郡名。治所在今河南信陽市東北。 徽：元徽（？—530），字顯順，鮮卑族拓跋部人。北魏宗室、大臣。《魏書》卷一九下、《北史》卷一八《城陽王長壽傳》有附傳。 司徒法曹參軍事：官名。爲司徒府法曹長官。北齊從六品上。法曹爲掌郵驛科程事的官署。

[17]洛："洛陽"的簡稱。其城南臨洛水，故簡稱"洛"。

[18]轉：官制用語。指官職的晋升。 廷尉正：官名。爲廷尉之屬官，掌審理案件。

後去官歸鄉里。與陽休之書曰：

陽生大弟：吾比以家貧親老，時還故郡。在本縣之西界，有雕山焉。[1]其處閑遠，水石清麗，高巖四匝，良田數頃，家先有野舍於斯，而遭亂荒廢，今復經始。即石成基，憑林起棟。蘿生映宇，泉流繞階。月松風草，緣庭綺合；日華雲實，傍沼星羅。篁下流煙，共霄氣而舒卷；園中桃李，雜椿柏而葱蒨。時一褰裳涉澗，負杖登峰，心悠悠以孤上，身飄飄而將逝，杳然不復自知在天地間矣。若此者久之，乃還所住。孤坐危石，撫琴對水，獨詠山阿，舉酒望月，聽風聲以興思，聞鶴唳以動懷。企莊生之逍遥，[2]慕尚子之清曠。[3]首戴萌蒲，身衣緼褐，出藝梁稻，歸奉慈親，緩步當車，無事爲貴，斯已適矣，豈必撫塵哉。[4]

[1]雕山：山名。在今河北定興縣境。

[2]莊生：莊子（約前363—前286）。宋國蒙（今安徽蒙城縣，一説今河南商丘市東北）人。戰國時思想家。《史記》卷六三有傳。

[3]尚子：尚長，字子平，河内（今河南沁陽市）人。漢代隱士，隱避不仕。爲子女嫁娶完畢後，言於子女説："當如我死矣。"不知所終。

[4]豈必撫塵哉：中華本校勘記云："南本'塵'作'麈'，《册府》卷八一三'撫塵'下有'而遊'二字。按《初學記》卷一八交友引《東方朔與公孫弘書》有云：'大丈夫相知，何必撫塵而遊。'知《册府》有'而遊'二字是，傳本《北齊書》並脱。南本作'麈'，乃臆改。"説是。

而吾生既繫名聲之緼鎖，就良工之剖劂。振佩紫臺之上，[1]鼓袖丹墀之下。[2]采金匱之漏簡，[3]訪玉山之遺文。[4]敝精神於丘墳，盡心力於河漢。摘藻期之聲綉，發議必在芬香。兹自美耳，吾無取焉。

[1]紫臺：紫宫，帝王之居。
[2]丹墀：宫殿之階。
[3]金匱：珍藏古籍的銅櫃。
[4]玉山：《山海經》曰西王母所居。

嘗試論之。夫崑峰積玉，[1]光澤者前毀；瑤山叢桂，[2]芳茂者先折。是以東都有挂冕之臣，[3]南國見捐情之士。[4]斯豈惡梁錦，好疏布哉，蓋欲保其七尺，終其百年耳。今弟官位既達，聲華已遠，象由齒斃，膏用明煎，既覽老氏谷神之談，[5]應體留侯止足之逸。[6]若能翻然清尚，解佩捐簪；則吾於兹山，莊可辦一。得把臂入林，挂巾垂枝，攜酒登巘，舒席平山，道素志，論舊款，訪丹法，語玄書，斯亦樂矣，何必富貴乎？去矣陽子，途乖趣別，緬尋此旨，杳若天漢。已矣哉，書不盡意。

[1]崑峰：山名。即昆侖山。今新疆、西藏之間昆侖山脈。

[2]瑤山：傳説中的仙山。亦作"玉山"。相傳爲西王母所居。此山多玉石，因以爲名。

[3]東都：城門名。《後漢書》卷八三《逢萌傳》："時王莽殺其子宇，萌謂友人曰：'三綱絶矣，不去，禍將及人。'即解冠挂東都城門，歸。"

[4]南國見捐情之士：指陶潛。

[5]老氏：老子，名聃。一説姓李，名耳，字伯陽，"聃"爲謚號。楚國苦縣（今河南鹿邑縣）人。春秋末思想家、道家創始人。《史記》卷六三有傳。　谷神：生養之神。《老子》："谷神不死，是爲玄牝。玄牝之門，是爲天下根。"

[6]留侯：張良（？—約前186），字子房，城父（今安徽亳州市東南）人。西漢大臣。《史記》卷五五、《漢書》卷四〇有傳。

梁使將至，敕鴻勳對客。高祖曾徵至并州，[1]作《晋祠記》，[2]好事者玩其文。位至高陽太守，[3]在官清素，妻子不免寒餒，時議高之。天保初卒官。

[1]高祖：北齊神武帝高歡（496—547），廟號高祖。本書卷一、二，《北史》卷六有紀。
[2]《晋祠記》：今佚。
[3]高陽：郡名。治所在今河北高陽縣東。

李廣，字弘基，范陽人也，其先自遼東徙焉。[1]廣博涉群書，有才思文議之美，少與趙郡李謇齊名，[2]爲邢、魏之亞。而訥於言，敏於行。魏安豐王延明鎮徐州，[3]署廣長流參軍。[4]釋褐盪逆將軍。[5]尒朱仲遠牒爲大將軍記室，[6]加諫議大夫。[7]荆州行臺辛纂上爲行臺郎中，[8]尋爲車騎府録事參軍。[9]中尉崔暹精選御史，[10]皆是世冑，廣獨以才學兼御史，修國史。南臺文奏，多其辭也。平陽公淹辟爲中尉，[11]轉侍御史。[12]顯祖初嗣霸業，[13]命掌書記。天保初，欲以爲中書郎，[14]遇其病篤而止。

[1]遼東：地區名。指今遼寧省遼河以東地區。
[2]趙郡：治所在今河北趙縣。　李謇：一作“李騫”。字希義，趙郡平棘（今河北趙縣東南）人。北魏、東魏官吏。博涉經史，善爲詩文。《魏書》卷三六、《北史》卷三三《李順傳》有附傳。
[3]魏安豐王：元延明的封爵號。安豐，郡名。治所在今安徽壽縣西南。　延明：元延明（？—約530）。鮮卑族拓跋部人。北魏宗室、大臣。博識多聞，著述甚豐。《魏書》卷二〇、《北史》卷一九《安豐王猛傳》有附傳。“延”字百衲本、中華本同，宋刻

本、四庫本作"廷"。　徐州：治所在今江蘇徐州市。

　　[4]長流參軍：官名。亦稱"長流賊曹參軍"。於諸府内掌捕盜賊及治安等事。

　　[5]釋褐：脱下平民穿的衣服。喻指入仕做官。　盪逆將軍：官名。爲雜號將軍之一。

　　[6]尒朱仲遠：北魏北秀容（今山西朔州市）契胡貴族。《魏書》卷七五《尒朱彦伯傳》、《北史》卷四八《尒朱榮傳》有附傳。

　　記室：官名。即"記室掾""記室令史""記室督""記室參軍"等官簡稱。自府中掌上章報表書記。

　　[7]加：官制用語。加官，即兼任。　諫議大夫：官名。掌議論。北齊從四品。

　　[8]荆州：治所在今河南鄧州市。　行臺：機構名。爲尚書省派出機構。無定制。至北齊則兼統民事，演變成一級地方行政機構。　辛纂（？—534）：字伯將，隴西狄道（今甘肅臨洮縣）人。北魏官吏。《魏書》卷七七、《北史》卷五〇《辛雄傳》有附傳。

　　行臺郎中：官名。北魏置，北齊沿置。行臺屬官。爲行臺諸曹郎中的泛稱。

　　[9]錄事參軍：官名。爲本府錄事曹長官。總錄衆曹文簿，舉彈善惡，位在列曹參軍上。

　　[10]中尉：官名。即"御史中尉"的簡稱。北魏改御史中丞爲此稱。主掌御史臺。糾彈百官，參治刑獄。從三品。　崔暹（？—559）：字季倫，博陵安平（今河北安平縣）人。東魏、北齊官吏。本書卷三〇有傳，《北史》卷三二《崔挺傳》有附傳。

　　[11]平陽公：爵名。平陽，郡名。治所在今山西臨汾市。　淹：高淹（？—564），字子邃，渤海蓨（今河北景縣）人。高歡第四子。本書卷一〇、《北史》卷五一有傳。　辟：諸本皆同，百衲本作"祖"。然無論"辟"或"祖"皆不通。此之言"中尉"，以文意度之，當是御史中尉，即負責監察百官的御史臺長官。而御史中尉屬朝廷任命之大臣，非王公所辟之屬吏。疑此處當作"平陽

公淹爲中尉,轉侍御史"。"辟"或"祖"皆衍。淹爲高歡第四子,元象中封平陽郡公,曾任御史中尉。暫依諸本,存疑待考。辟,委任。各級軍政機關長官自行任命屬吏之行爲稱辟。　中尉:官名。即皇子中尉,掌宿衛,第七品上階。

[12]侍御史:官名。即御史。爲御史臺屬官,掌舉劾違失,監理郡縣及受公卿郡吏奏事等。北齊從七品。

[13]顯祖:北齊文宣帝高洋(529—559),廟號顯祖。本書卷四、《北史》卷七有紀。

[14]中書郎:官名。"中書通事郎""中書侍郎"的省稱。掌詔令的起草。北齊兼管伎樂。從四品上。

廣曾欲早朝,未明假寐,忽驚覺,謂其妻云:"吾向似睡,忽見一人出吾身中,語云:'君用心過苦,非精神所堪,今辭君去。'"因而惚怳不樂,[1]數日便遇疾,積年不起,資產屢空,藥石無繼。廣雅有鑒識,度量弘遠,坦平無私,爲士流所愛,歲時共贍遺之,賴以自給。竟以疾終。曾薦畢義雲於崔暹,[2]廣卒後,義雲集其文筆十卷,託魏收爲之叙。其族人子道亦有文章。[3]

[1]因而惚怳不樂:"惚怳"宋刻本、百衲本、中華本同,四庫本作"恍惚"。

[2]畢義雲:東平須昌(今山東東平縣)人。北魏官吏。本書卷四七有傳。

[3]子道:李子道,隴西成紀(今甘肅靜寧縣西南)人。與李廣同族。北齊文士,善文章。

樊遜，字孝謙，河東北猗氏人也。[1]祖琛，父衡，並無官宦。而衡性至孝，喪父，負土成墳，植柏方數十畝，朝夕號慕。遜少學，常爲兄仲優饒。[2]既而自責曰："名爲人弟，獨受安逸，可不愧於心乎？"欲同勤事業。母馮氏謂之曰："汝欲謹小行耶？"遜感母言，遂專心典籍，恒書壁作"見賢思齊"四字，以自勸勉。屬本州淪陷，寓居鄴中，[3]爲臨漳小史。[4]縣令裴鑒蒞官清苦，[5]致白雀等瑞，遜上《清德頌》十首。[6]鑒大加賞重，擢爲主簿，[7]仍薦之於右僕射崔暹，與遼東李廣、渤海封孝琰等爲暹賓客。[8]人有譏其靖默不能趣時者，遜常服東方朔之言，[9]陸沉世俗，避世金馬，何必深山蒿廬之下，遂借陸沉公子爲主人，擬《客難》，[10]製《客誨》以自廣。[11]後崔暹大會賓客，大司馬、襄城王元旭時亦在坐，[12]論欲命府僚。暹指遜曰："此人學富才高，佳行參軍也。"[13]旭目之曰："豈能就耶？"遜曰："家無蔭第，不敢當此。"武定七年，[14]世宗崩，[15]暹徙於邊裔，賓客咸散，遜遂往陳留而居之。[16]

[1]河東：郡名。治所在今山西永濟市蒲州鎮。　北猗氏：縣名。治所在今山西臨猗縣。

[2]優饒：關照，照顧。

[3]鄴：都邑名。在今河北臨漳縣西南鄴鎮。北齊定都於此。

[4]臨漳：縣名。治所在今河北臨漳縣西南鄴鎮。　小史：小吏。

[5]裴鑒：字道徽，河東聞喜（今山西聞喜縣）人。東魏官吏。《魏書》卷六九《裴延儁傳》有附傳。

［6］遜上《清德頌》十首：四庫本、中華本同，宋刻本、百衲本無"遜"字。從補。《清德頌》，頌文篇名。已佚。

［7］主簿：縣主簿。縣廷僚屬，掌文簿及閣内事。

［8］渤海：郡名。治所在今河北東光縣。

［9］東方朔（前154—前93）：字曼倩，平原厭次（今山東惠民縣東北）人。西漢官吏、文學家。《漢書》卷六五有傳。

［10］《客難》：文章名。已佚。

［11］《客誨》：文章名。已佚。

［12］大司馬：官名。"三公"之一。時多作爲贈官。一品。襄城王：元旭的封爵號。襄城，郡名。治所在今河南襄城縣。 元旭：字顯和，鮮卑族拓跋部人。元鸞子。北魏宗室。莊帝時封襄城郡王。武定末位至大司馬。事見《魏書》卷一九下《城陽王長壽傳》。

［13］此人學富才高，佳行參軍也：宋刻本、百衲本、中華本同，四庫本作"此人學富才高兼之佳行可爲王參軍也"。

［14］武定：東魏孝静帝元善見年號（543—550）。

［15］世宗：北齊文襄帝高澄（521—549），廟號世宗。本書卷三、《北史》卷六有紀。

［16］陳留：郡名。治所在今河南開封市。

梁州刺史劉殺鬼以遜兼録事參軍，[1]仍舉秀才。尚書案舊令，下州三載一舉秀才，爲五年已貢開封人鄭祖獻，[2]計至此年未合。兼別駕王聰抗議，[3]右丞陽斐不能却。[4]尚書令高隆之曰：[5]"雖遜才學優異，待明年仕非遠。"遜竟還本州。八年，轉兼長史，從軍南討。軍還，殺鬼移任潁川，[6]又引遜兼潁州長史。[7]天保元年，本州復召舉秀才。[8]二年春，會朝堂對策罷，中書郎張子融奏入。[9]至四年五月,遂與定州秀才李子宣等以對策三年不調,[10]被付外,上書請從聞罷,詔不報。

[1]梁州:治所在今河南開封市城區。 劉殺鬼:北齊人。位梁州刺史。

[2]開封:郡名。治所在今河南開封市西南。 鄭祖獻:東魏、北齊滎陽開封(今河南開封市南)人。武定中,被州舉爲秀才。

[3]別駕:官名。爲州刺史僚屬。因隨刺史行部,別乘傳車而名之。錄衆事。 王聰:事不詳。

[4]右丞:官名。即尚書右丞。爲尚書令及僕射之輔佐官。與左丞共掌尚書臺内庶務,兼掌錢糧庫藏、財政出納、刑獄兵工。員一人。北齊從四品。 陽斐:字叔鸞,北平無終(今天津市薊州區)人。北魏、東魏官吏。本書卷四二有傳。事見《魏書》卷七二《陽尼傳》,《北史》卷四七《陽尼傳》有附傳。

[5]尚書令:官名。尚書省長官。魏晉以降,總掌全國行政。如設有錄尚書事,則尚書令職權往往在其之下。多數情況下是實際上的宰相。北齊二品。

[6]穎川:郡名。治所在今河南許昌市。

[7]穎州:治所在今河南長葛市城區。

[8]秀才:宋刻本、四庫本、中華本同,百衲本作"秀州"。按,"秀州"無解,此處應是"秀才"。從改。秀才,本義爲才能優異,漢朝以後成爲薦舉人員的科目之一。北朝時,州舉高才博學者爲秀才。

[9]張子融:北齊官吏,位中書郎。事不詳。

[10]定州:治所在今河北定州市。 李子宣:北齊秀才。事不詳。

梁州重表舉遂爲秀才。五年正月制詔問升中紀

號,[1]遜對曰:[2]

[1]升中:封禪,祭天。 紀號:紀年之號。

[2]遜對曰:"遜"字四庫本、中華本同,宋刻本、百衲本作"孝謙"。中華本校勘記云:"三朝本、百衲本、汲本、局本及《册府》(宋本)卷六四八'遜'作'孝謙'。按原文當作'孝謙',南、北本及《册府》明本作'遜',皆後人所改。然此《傳》前後都稱遜,獨對策稱孝謙,或《北齊書》本不載此文,後人從他書補入。今從南、北諸本作'遜',以歸一律。下文'遜對曰'三處,同此,不再出校記。"從改。下文"遜對曰"四處,同此。不再出校記。

臣聞巡嶽之禮,勒在《虞書》,[1]省方之義,著於《易象》。[2]往帝前王,匪唯一姓,封金刊玉,億有餘人。仲尼之觀梁甫,[3]不能盡識;夷吾之對齊桓,[4]所存未幾。然盛德之事,必待太平,苟非其人,更貽靈譴。秦皇無道,[5]致雨風之災;漢武奢淫,[6]有奉車之害。[7]及文叔受命,[8]炎精更輝,四海安流,天下輯睦,劍賜騎士,馬駕鼓車,乃用張純之文,[9]始從伯陽之説。[10]至於魏、晋,[11]雖各有君,量德而處,莫能擬議。蔣濟上言於前,[12]徒穢紙墨;袁准發論於後,[13]終未施行。世歷三朝,年將十祀,啓聖之期,玆爲昌會。然自水德不競,[14]函谷封塗,[15]天馬息歌,苞茅絶貢。我太祖收寶雞之瑞,[16]握鳳皇之書,體一德以匡朝,屈三分而事主,蕩此妖寇,易如沃雪。但昌既受命,發乃行誅，[17]雖太白出高，中國宜戰，置之度外，望其遷善。伏惟陛下以神武之姿，天然之略，馬多冀北，將異山西，涼風至，白露下，北上太行，[18]東臨碣石，[19]方欲吞巴蜀而掃崤函，[20]苑長洲而池江漢。[21]復恐迎風縱火，芝艾共焚，按此六軍，未申九伐。夫周發牙璋，[22]漢馳竹使，義在濟民，非聞好戰。至如投鼠忌器之說，蓋是常談；文德懷遠之言，豈識權道。今三臺令子，六郡良家，蓄銳須時，裹糧待詔。未若龍駕虎服，先收隴右之民，[23]電轉雷驚，因取荊南之地。[24]昔秦舉長平，[25]金精食昂，楚攻鉅鹿，[26]枉矢霄流，況我威靈，能無協讚。但使彼之百姓一睹六軍，似見周王，若逢司隸。然後除其苛令，與其約法，振旅而還，止戈爲武，標金南海，勒石東山，紀天地之奇功，被風聲於千載。若令馬兒不死，[27]子陽尚在，[28]便欲案明堂之圖，草射牛之禮，比德論功，多慚往列，升中告禪，臣用有疑。

[1]《虞書》：《尚書》組成部分之一。相傳是記載唐堯、虞舜、夏禹等事迹之書。今本凡《堯典》《舜典》《大禹謨》《皋陶謨》《益稷》五篇。其中《舜典》從《堯典》分出；《益稷》從《皋陶謨》分出；《大禹謨》係僞《古文尚書》中的一篇。

[2]《易象》：指《易傳》中《象》上、下篇。

[3]梁甫：山名。即梁父山。一作"梁甫山"。在今山東泰安市東南。

[4]夷吾（？—前645）：管仲，名夷吾，字仲，潁上（今安徽

潁上縣）人。春秋初期政治家。《史記》卷六二有傳。　齊桓：齊桓公姜小白（？—前643）。春秋時齊國國君。襄公弟。詳見《史記》卷三二《齊太公世家》。

[5]秦皇：秦始皇嬴政（前259—前210）。因生於趙地，亦稱趙政。《史記》卷六有紀。

[6]漢武：漢武帝劉徹（前156—前87）。《漢書》卷六有紀。

[7]奉車：奉車子侯霍嬗。字子侯，河東平陽（今山西臨汾市）人。霍去病之子。封爲奉車都尉，從漢武帝封泰山而薨。

[8]文叔：光武帝劉秀（前6—57），字文叔，南陽蔡陽（今湖北棗陽市）人。東漢開國皇帝。《後漢書》卷一有紀。

[9]張純：字伯仁，杜陵（今陝西西安市東南）人。東漢官吏。建武三十年（54）上書，建議光武帝封禪：“封于岱宗，明中興，勒功勳，復祖統，報天神。”《後漢書》卷三五有傳。

[10]伯陽：趙憙，字伯陽，南陽宛（今河南南陽市）人，東漢大臣，官至太尉。建武三十年上言宜封禪，終爲劉秀所納，並從封泰山。《後漢書》卷二六有傳。

[11]魏：曹魏。　晋：西晋。

[12]蔣濟（？—249）：字子通，楚國平阿（今安徽懷遠縣北）人。三國時魏大臣。《三國志》卷一四有傳。時侍中高堂隆上書言郊祀事，以魏爲舜後，推舜配天。濟上書反對。

[13]袁准：字孝尼，陳郡扶樂（今河南太康縣西北）人。三國時魏官吏、學者。以儒學知名，官至給事中。“准”字宋刻本、百衲本、中華本同，四庫本作“淮”。

[14]水德不競：按五德始終說，水克火，樊遜以爲漢爲火德，曹魏爲水德，水德不競，喻曹魏祚穿。

[15]函谷封塗：函谷關阻塞不通。函谷關，在今河南新安縣東。

[16]太祖：北齊神武帝高歡（496—547）。　寶鷄之瑞：帝王的祥瑞。參《史記》卷五《秦本紀》“（文公）十九年得陳寶”條

張守節《正義》。

　　[17]昌既受命，發乃行誅：言文王受命，武王伐紂。發，周武王姬發。西周的建立者。

　　[18]太行：山名。在今山西、河北、河南三省交界處。今山西晉城市南之太行山爲山脈主峰。

　　[19]碣石：山名。即碣石山。在今遼寧綏中縣東南。

　　[20]巴：郡名。治所在今重慶市。　蜀：郡名。治所在今四川成都市。　崤：崤山。　函：指函谷關。

　　[21]長洲：古苑名。在今江蘇蘇州市西南、太湖北。春秋時爲吳王闔閭游獵之處。　池江漢：此言欲據有長江中下游地區。江，指長江。漢，指漢水。源出陝西西南寧強縣，東南流經陝西南部、湖北西北部和中部，在今武漢入長江，爲長江最長支流。

　　[22]周：公元前十一世紀，周武王滅商後建立，都鎬（今陝西西安市長安區灃河以東）。　牙璋：調兵的憑證。《周禮·典瑞》："牙璋以起軍旅。"

　　[23]隴：縣名。治所在今甘肅張家川回族自治縣境。

　　[24]荆：州名。指南朝梁荆州，治所在今湖北荆州市。

　　[25]長平：縣名。治所在今山西高平市西北王報村。

　　[26]楚：楚國。芈（mǐ）姓。熊繹受封於周成王，立國於荆山一帶，都丹陽。周人稱爲荆蠻。後建都於郢。春秋戰國時，國勢強盛，疆域擴大。其後漸弱，屢敗於秦，遷都至陳，又遷壽春。至王負芻爲秦所滅。

　　[27]若令馬兒不死：典出《山陽公載記》："馬兒不死，吾無葬地也。"此語出自曹操，是對馬超智與勇的評價。馬兒，即馬超（176—222）。字孟起，右扶風茂陵（今陝西興平市東南）人。馬騰之子，東漢末人。三國時蜀將領。《三國志》卷三六有傳。

　　[28]子陽：公孫述（？—36），字子陽。建武元年（25），劉秀稱帝，建立東漢，公孫述亦在成都稱帝，割據益州。建武十二年被滅。

又問求才審官，遂對曰：

　　臣聞彫獸畫龍，徒有風雲之勢；金舟玉馬，終無水陸之功，三駕禮賢，將收實用，一毛不拔，復何足取。是以堯作虞賓，[1]遂全箕山之操；[2]周移商鼎，[3]不納孤竹之言。[4]但處士盜名，雖云久矣；朝臣竊位，蓋亦實多。漢拜丞相，便有鍾鼓之妖；[5]魏用三公，乃致孫權之笑。[6]故山林之與朝廷，得容非毀；肥遁之與賓王，翻有優劣。至於時非蹈海，而曰羞作秦民；事異出關，而言恥從衛亂。雖復星干帝座，[7]不易高尚之心；月犯少微，[8]終存耿介之志。

[1]堯：傳說中的古帝陶唐氏之號。參見《史記》卷一《五帝本紀》。　虞：古帝名。即虞舜。參見《史記》卷一《五帝本紀》。

[2]箕山：山名。在今河南登封市東南。相傳堯時巢父許由隱於箕山，其後伯益避禹之子於箕山之陰，皆此。亦稱崿嶺，又名許由山。

[3]商：商朝。約公元前十七世紀初，湯滅夏後所建，以部落名爲國號，都亳（今山東曹縣南），曾多次遷徙。後傳至盤庚時遷於殷（今河南安陽市），因而商也稱爲"殷"或"殷商"。

[4]孤竹：伯夷、叔齊。商孤竹君的兩個兒子。相傳其父遺命要立次子叔齊爲繼承人。孤竹君死後，叔齊讓位給伯夷，伯夷不受，叔齊也不願登位，先後都逃到周。周武王伐紂，兩人曾叩馬諫阻。武王滅商後，他們恥食周粟，逃到首陽山，采薇而食，餓死在山裏。見《孟子·萬章下》、《史記》卷六一《伯夷列傳》。

[5]漢拜丞相，便有鍾鼓之妖：《漢書·五行志》載，哀帝建平二年"御史大夫朱博爲丞相……臨延登受策，有大聲如鍾

鳴。……揚雄亦以爲鼓妖，聽失之象也。朱博爲人強毅多權謀，宜將不宜相"。

[6]魏用三公，乃致孫權之笑："致"字宋刻本、四庫本、百衲本作"至"。中華本校勘記云："諸本'致'作'至'，據《册府》卷六四八改。"今從中華本作"致"。《三國志》卷一〇《魏書·賈詡傳》裴注引《荀勗別傳》曰："晋司徒闕，武帝問其人於勗。答曰：'三公具瞻所歸，不可用非其人。昔魏文帝用賈詡爲三公，孫權笑之。'"

[7]帝座：古星座名，即五帝座，屬南宮。《史記·天官書》《索隱》："占：五座明而光，則天子得天地之心。"

[8]少微：古星座名。《史記·天官書》："南宮……廷藩西有隋星五，曰少微，士大夫。"《索隱》："月，五星犯守，處士憂。"

自我太嶽之後，[1]克廣洪業，禹至神宗，[2]舜格文祖。陛下受天之明命，[3]光華日月，爰自納麓，乃格文祖，儀天地以設官，象星辰而布職。漢家神鳳，慚用紀年；魏氏青龍，[4]羞將改號。上膺列宿，咸是異人；下法山川，莫非奇士。所以畫堂甲觀，修德日新，廟鼎歌鍾，王勳歲委。循名責實，選衆舉能，朝無銅臭之公，世絶《錢神》之《論》。[5]昔百里相秦，[6]名存《雀籙》；[7]蕭、張輔沛，[8]姓在《河書》。[9]今日公卿，抑亦天授，與之爲治，何欲不從。[10]未必稽首天師，方聞牧馬之術；膝行山上，始得治身之道。但使帝德休明，自強不息，甲夜觀書，支日通奏。周昌桀、紂之論，[11]欣然開納；劉毅桓、靈之比，[12]終自含弘。高懸王爵，唯能是與，管庫靡遺，漁鹽畢錄。無令桓譚非讖，[13]

官止於郡丞；趙壹負才,[14] 位終於計掾。[15] 則天下宅心，幽明知感，歲精仕漢，風伯朝周，真人去而復歸，台星坼而還斂，《詩》稱多士,[16]《易》載群龍,[17] 從此而言，可以無愧。

[1]太嶽：山名。又稱"霍太山""霍山"。在今山西霍州市西。山周二百餘里。堯時爲中岳，故有岳名。後人以嵩山爲中岳，"太岳"之名漸隱。

[2]禹：夏禹。夏后氏部落領袖，史稱"禹""大禹""戎禹"。姒姓。鯀的兒子。詳見《史記》卷二《夏本紀》。

[3]陛下受天之明命："之明"四庫本、中華本同，宋刻本、百衲本作"明之"。從四庫本改。

[4]青龍：三國魏明帝曹叡年號（233—237）。

[5]《錢神》之《論》：《錢神論》。文章名。爲西晉魯褒所著。刺世風之貪鄙。

[6]百里：百里奚。春秋時秦穆公之賢相。原爲虞大夫。晉獻公滅虞，虜奚，以爲秦穆公夫人之陪嫁之臣。奚以爲恥，逃至宛，被楚人所執。秦穆公聞其賢，用五羖羊皮贖之，後來委以國政，稱爲"五羖大夫"。與蹇叔、由余等共助穆公建成霸業。參閱清俞正燮《癸巳類稿》——《百里奚事異同論》。

[7]《雀籙》：爵祿，似爲書名，然無著錄。

[8]蕭：蕭何（？—前193），沛縣（今江蘇沛縣）人。西漢初大臣。《漢書》卷三九有傳。　張：張良。　沛：沛公劉邦（前256或前247—前195）。字季，沛縣（今江蘇沛縣）人。西漢王朝建立者。《漢書》卷一有紀。

[9]《河書》：緯書。漢代人僞造的解釋儒家經典的書。此言蕭何、張良輔佐劉邦，可以在其中找到依據。

[10]與之爲治，何欲不從："不從"宋刻本、四庫本作"不

遂"；百衲本"欲"字後雖殘，但尚可辨是"從"字的下半；中華本作"不從"。中華本校勘記云："三朝本、百衲本'不從'二字殘缺，他本作'不遂'，《册府》作'不從'。按百衲本下一字雖殘，尚可辨'從'字的下半，知'遂'字乃後人以意補，今據《册府》補。"説是。從補。

［11］周昌：西漢大臣，高祖時爲御史大夫，敢於直言。曾入奏事，遇高帝擁戚姬。批評劉邦"即桀紂之主也"。事見《漢書》卷四二《周昌傳》。 桀：夏桀，名履癸。相傳爲夏代最後一個君王。暴虐荒淫。詳見《史記》卷二《夏本紀》。 紂：紂王。帝乙之子，名受，號帝辛。商代最後一個君主。史稱紂王。詳見《史記》卷三《殷本紀》。

［12］劉毅（？—285）：字仲雄，東萊掖（今山東萊州市）人。西晋大臣。爲人強直。晋武帝曾問他："卿以朕方漢何帝也？"對曰："可方桓、靈。"又曰："桓、靈賣官，錢入官庫；陛下賣官，錢入私門。以此言之，殆不如也。"武帝笑曰："桓、靈之世，不聞此言。"《晋書》卷四五有傳。 桓：東漢桓帝劉志（132—167）。《後漢書》卷七有紀。 靈：東漢靈帝劉宏（157—189）。《後漢書》卷八有紀。

［13］桓譚（前33—39）：字君山，沛國相（今安徽宿州市符離集西北）人。東漢思想家。《後漢書》卷二八上有傳。著有《新論》批判讖緯。卒於六安郡丞。

［14］趙壹：字元叔，漢陽西縣（今甘肅天水市）人。東漢辭賦家。《後漢書》卷八〇下有傳。

［15］計掾：官名。即上計掾。西漢以來郡國守相的屬吏之一。按期携記載本郡治績的"計簿"到京師奉計以憑考核，備詢政俗。趙壹位終於漢陽郡上計掾。

［16］《詩》稱多士：《詩·大雅·文王》："濟濟多士，文王以寧。"頌群賢畢濟。

［17］《易》載群龍：《易·乾》："見群龍，無首，吉。"群龍，

喻賢臣。

又問釋道兩教,遜對曰:

臣聞天道性命,聖人所不言,蓋以理絶涉求,難爲稱謂。[1]伯陽道德之論,莊周逍遥之旨,遺言取意,猶有可尋。至若玉簡金書,神經祕録,三尺九轉之奇,絳雪玄霜之異,淮南成道,[2]犬吠雲中,子喬得仙,[3]劍飛天上,皆是憑虛之説,海棗之談,[4]求之如係風,學之如捕影。而燕君、齊后、秦皇、漢帝,[5]信彼方士,冀遇其真,徐福去而不歸,[6]欒大往而無獲。[7]猶謂升遐倒影,抵掌可期;祭鬼求神,庶或不死。江璧既返,還入驪山之墓;[8]龍媒已至,終下茂陵之墳。[9]方知劉向之信洪寶,[10]没有餘責;王充之非黄帝,[11]比爲不相。又末葉已來,大存佛教,寫經西土,畫像南宫。昆池地黑,[12]以爲劫燒之灰;[13]春秋夜明,謂是降神之日。法王自在,變化無窮,置世界於微塵,納須彌於黍米。[14]蓋理本虛無,示諸方便。而妖妄之輩,苟求出家,[15]藥王燔軀,[16]波論灑血,[17]假未能然,猶當克命。寧有改形易貌,有異生人,恣意放情,還同俗物。龍宫餘論,鹿野前言,[18]此而得容,道風前墜。

[1]難爲稱謂:"謂"字百衲本、中華本同,宋刻本、四庫本作"詣"。

[2]淮南:此指淮南王劉安(前179—前122)。沛(今江蘇沛

縣）人。淮南厲王劉長之子。王充《論衡·道虛》："淮南王劉安坐反而死，天下並聞，當時並見，儒書尚有言其得道仙去，雞犬升天者。"《漢書》卷四四有傳。

[3]子喬得仙：此爲王子喬成仙之典故。典出劉向《列仙傳》："王子喬，周靈王太子晉也。好吹笙，作鳳鳴。游伊洛間，道士浮丘公接上嵩山。二十餘年後，來於山上，告桓良曰：'告我家，七月七日待我緱氏山頭。'果乘白鶴駐山巔，望之不得到，舉手謝時人而去。"

[4]海棗之談：譬其虛妄。《晏子春秋》："東海之中，有水而赤，其中有棗，華而不實。"

[5]燕君：燕昭王姬平（？—前279）。一說名職，燕王噲庶子。戰國時燕國國君。詳見《史記》卷三四《燕昭公世家》。　漢帝：漢武帝劉徹。

[6]徐福：一作"徐市"，字君房，琅邪（今山東膠南市南）人。秦方士。爲迎合秦始皇長生不老的願望，上書言海上有仙山曰蓬萊、方丈、瀛州，上有不死之藥。請得童男童女數千人，乘樓船浮海，結果一去不返。

[7]欒大：西漢方士。漢武帝晚年求仙，其覬見，狂言能點石成金、塞河決口，獲長生藥之法。武帝大悅，拜爲五利將軍，封樂通侯，賜甲第，又以長公主妻之。數月間，佩六金印，貴震天下。大言東海求師，獲長生不老藥；而實住於泰山祠，不敢入海。後武帝察知其妄，誅之。

[8]驪山之墓：秦始皇之陵。

[9]茂陵：漢武帝劉徹墓。在今陝西興平市東北。

[10]劉向（前77—前6）：本名更生，字子政，沛（今江蘇沛縣）人。西漢學者。《漢書》卷三六有傳。

[11]王充（27—97）：字仲任，會稽上虞（今浙江上虞市）人。東漢思想家。《後漢書》卷四九有傳。

[12]昆池：昆明池，漢武帝時修於長安西北。昆池劫灰，見

《搜神記》。

[13]劫燒：宋刻本、百衲本、中華本同，四庫本作"燒劫"。

[14]須彌：佛教傳説中的山名。諸山之尊，世界中心。

[15]苟求出家："苟求"宋刻本、百衲本作"苟家"，四庫本作"棄家"。中華本校勘記云："南、北、汲、殿、局五本'苟求'作'棄家'，三朝本、百衲本作'苟家'，《册府》作'苟求'。知百衲本所據之宋本'求'字已訛作'家'，後人以'苟家'不可通，又改'苟'作'棄'，誤。今據《册府》改。"今從中華本作"苟求"。

[16]藥王燔軀：藥王焚化自身。此爲佛教典故。

[17]波論灑血：中華本校勘記云："諸本'波論'作'波斯'，三朝本、百衲本及《册府》作'波論'。按《經律異相》卷八記薩陀波崙以血灑地。'波論'即'波崙'，後人不解，臆改作'波斯'，今從三朝本。"

[18]鹿野：即鹿野苑石窟群，在今山西大同市東北平城故城西。

　　伏惟陛下受天明命，屈己濟民，山鬼效靈，海神率職。湘中石燕，[1]沐時雨而群飛；臺上銅烏，[2]愬和風而杓轉。以周都洛邑，[3]治在鎬京，[4]漢宅咸陽，[5]魂歸豐、沛，[6]汾、晉之地，[7]王迹維始，眷言巡幸，[8]且勞經略。猶復降情文苑，斟酌百家，想執玉於瑶池，[9]念求珠於赤水。竊以王母獻環，[10]由感周德；上天錫珮，實報禹功。二班勒史，[11]兩馬製書，[12]未見三世之辭，無聞一乘之旨。帝樂王禮，尚有時而沿革；左道怪民，亦何疑於沙汰。

[1]湘：湘州。　石燕：形狀如燕的石塊。出零陵。傳説遇風雨即飛，雨止還化爲石。

[2]臺：靈臺。古代皇家天文臺。　銅烏：《三輔黃圖》卷五引郭延生《述征記》曰："長安宮南有靈臺，高十五仞（一百二十尺），上有渾儀，張衡所製，又有相風銅烏，遇風乃動。"

[3]洛邑：城邑名。一作"雒邑"。本商邑，在今河南洛陽市東北白馬寺東。

[4]鎬京：都名。又作"鎬邑"。在今陝西西安市長安區西北。周武王遷都於此。

[5]漢宅咸陽：西漢都長安，舊屬咸陽。咸陽，郡名。治所在今陝西涇陽縣西北。

[6]豐：今江蘇豐縣。　沛：今江蘇沛縣。漢高祖劉邦的家鄉，《漢書》卷一《高帝紀》："吾雖都關中，萬歲之後吾魂魄猶思沛。"

[7]汾：州名。太和八年（484）置，治所在今山西隰縣龍泉鎮，孝昌二年（526）移治今山西汾陽市兹氏古城。　晋：晋州。

[8]眷言巡幸：高歡的發迹地。"巡"字諸本同，百衲本作"縛"。《册府元龜》卷六四八作"遊"。"巡""遊"俱通，"縛"不可解。暫從諸本改。

[9]瑤池：古代神話中神仙所居。

[10]王母：西王母。傳説中人物。

[11]二班：班彪、班固父子。班彪（3—54），字叔皮，扶風安陵（今陝西咸陽市東北）人。東漢史學家。《後漢書》卷四〇有傳。班固（32—92），字孟堅，扶風安陵（今陝西咸陽市東北）人。東漢史學家。博學多才，擅長辭賦。著作有《漢書》《白虎通義》，另撰《燕然山銘》。《後漢書》卷四〇有傳。

[12]兩馬：司馬談、司馬遷父子。

又問刑罰寬猛，遜對曰：

臣聞惟王建國，刑以助禮，猶寒暑之贊陰陽，山川之通天地。爰自末葉，法令稍滋，秦篆無以窮書，楚竹不能盡載。有司因此，開以二門，高下在心，寒熱隨意。《周官》三典，[1]棄之若吹毛；漢律九章，[2]違之如覆手。遂使長平獄氣，得酒而後消；東海孝婦，因災而方雪。[3]詔書挂壁，有善而莫遵；姦吏到門，無求而不可。皆由上失其道，民不見德。而議者守迷，不尋其本。鍾繇、王朗追怨張蒼，[4]祖訥、梅陶共尤文帝。[5]便謂化屍起偃，在復肉刑；致治興邦，無關周禮。[6]伏惟陛下昧旦坐朝，[7]留心政術，明罰以糾諸侯，申恩以孩百姓。黃旗紫蓋，已絕東南；白馬素車，將降軹道。[8]若復峻典深文，臣實未悟。何則？人肖天地，俱禀陰陽，安則願存，擾則圖死。故王者之治，務先禮樂，如有未從，刑書乃用，寬猛兼設，水火俱陳，未有專任商、韓而能長久。[9]昔秦歸士會，[10]晉盜來奔；舜舉皋陶，[11]不仁自遠。但令釋之、定國迭作理官，[12]龔遂、文翁繼爲郡守，[13]科閒律令，[14]一此憲章，欣聞汲黯之言，[15]泣斷昭平之罪。[16]則天下自治，大道公行，乳獸含牙，蒼鷹垂翅，楚王錢府，不復須封，漢獄冤囚，自然蒙理。後服之徒，既承風而慕化；有截之內，皆蹈德而詠仁。號以成、康，[17]何難之有？

[1]《周官》：書名。即《周禮》，又名《周官經》《周官禮》。儒家經典。經古文學家認爲周公所作，後人有所附益；經今文學家

認爲成書於戰國，或以爲西漢末劉歆僞造；近參以周秦銅器銘文定爲戰國作品。係雜合周與戰國制度，寓以儒家政治理想，編輯而成。孫詒讓《周禮正義》爲清人集大成之作。　三典：《周禮·秋官·司寇》：" 大司寇之職。掌建邦之三典。以佐王刑邦國。詰四方。一曰刑新國用輕典。二曰刑平國用中典。三曰刑亂國用重典。" 典，法。新國，指新辟新立之國；平國，指承平守成之國；亂國，指篡弑叛逆之國。

[2]漢律九章：漢初蕭何在《法經》六篇的基礎上參照秦律。增加了《戶律》《興律》《廐律》三篇，共九篇，史稱《九章律》。

[3]東海孝婦，因災而方雪：典出《漢書》卷七一《于定國傳》。東海，郡名。治所在今江蘇連雲港市東南。

[4]鍾繇（151—230）：字元常，潁川長社（今河南長葛市東北）人。三國時魏官吏。《三國志》卷一三有傳。　王朗（?—228）：字景興，東海郯（今山東郯城縣）人。三國時魏大臣。《三國志》卷一三有傳。　張蒼（?—前152）：一作 " 張倉 "，陽武（今河南原陽縣東南）人。西漢大臣。《漢書》卷四二有傳。

[5]祖訥、梅陶共尤文帝：祖訥、梅陶指責文帝。祖訥，一作 " 祖納 "。字士言，范陽遒（今河北淶水縣北）人。東晉官吏。《晉書》卷六二《祖逖傳》有附傳。梅陶，字叔真，汝南西平（今河南西平縣西）人。梅賾弟。東晉官吏。初居鄉里，立月旦評。後爲王敦諮議參軍。批評漢文帝廢止肉刑。

[6]便謂化屍起僵，在復肉刑；致治興邦，無關周禮：《三國志》卷一三《魏書·鍾繇傳》：" 司徒王朗議，以爲 ' 繇欲輕減大辟之條，以增益剕刑之數，此即起僵爲豎，化尸爲人矣 '。"

[7]昧旦坐朝：" 旦 " 字百衲本作 " 三 "，宋刻本、四庫本作 " 爽 "。中華本校勘記云：" 諸本 ' 旦 ' 作 ' 爽 '，百衲本作 ' 三 '，《册府》作 ' 旦 '。按本是 ' 旦 ' 字，百衲本所據宋本已訛作 ' 三 '，後人以意改作 ' 爽 '，誤。今據《册府》改。" 今從中華本作 " 旦 "。

[8]軹道：秦亭名。《史記》卷六《秦始皇本紀》："子嬰即係頸以組，白馬素車，奉天子璽符，降軹道旁。"此借指亡國投降。

[9]商：商鞅（約前390—前338），姓公孫名鞅。以封於商，也稱"商鞅""商君"。戰國衛人。《史記》卷六八有傳。　韓：韓非（前280—前233）。戰國韓諸公子。法家代表。主張以嚴刑酷法治國。《史記》卷六三有傳。

[10]士會：即范武子，或稱"隨武子"。字季，因食邑在隨（今山西介休市東南）、范（今山東梁山縣西），又稱"隨會""範會""隨季"。春秋時晉國正卿。

[11]皋陶：又作"咎繇"。相傳爲堯舜時人，生於曲阜（今山東曲阜市），偃姓。舜命爲管理刑政的士。佐禹平水土有功，後禹封其後裔於英（今安徽六安市西）、六（今安徽六安市）。

[12]釋之：張釋之，字季，南陽堵陽（今河南方城縣東）人。西漢官吏。《漢書》卷五〇有傳。　定國：于定國（？—前40），字曼倩，東海郯縣（今山東郯城縣）人。西漢大臣。爲人謙恭，能決疑平法。《漢書》卷七一有傳。

[13]龔遂（？—前62）：字少卿，山陽南平陽（今山東鄒縣）人。西漢官吏。《漢書》卷八九有傳。　文翁：舒縣（今安徽廬江縣）人。西漢學者。少好學。通《春秋》。景帝末爲蜀郡守。修學官，興教化，於是蜀學比於齊魯。

[14]科閒律令：中華本校勘記云："《册府》'科閒'作'科簡'。按'科閒''科簡'不可解，當是'料簡'之訛，有審核去取之意。《蔡中郎集·太尉楊公碑》有云：'沙汰虛冗，料簡貞實'。《册府》'簡'字尚未訛，可證。"説是。存疑。

[15]汲黯（？—前112）：字長孺，濮陽（今河南濮陽縣西南）人。西漢大臣。曾爲東海、淮陽等郡守，"學黃老言，治官民，好清静"。曾於武帝面前罵廷尉張湯"刀筆吏不可爲公卿"。直言極諫，常受武帝重視。《漢書》卷五〇有傳。

[16]泣斷昭平之罪：昭平，即平君。漢武帝妹隆慮公主子，

"隆慮主病困，以金千斤錢千萬爲昭平君豫贖死罪"。其後違罪當死，武帝泣而殺之。事見《漢書》卷六五《東方朔傳》。

[17]成、康：周成王、康王。其在位時，周公輔政，天下大安，史曰"成康之治"。

又問禍福報應，遜對曰：

臣聞五方易辨，尚待指南；百世可知，猶須吹律。[1]況復天道祕遠，神迹難源，不有通靈，孰能盡悟。[2]乘查至於河漢，[3]唯覿牽牛；[4]假寐遊於上玄，[5]止逢翟犬。[6]造化之理，既寂寞而無傳；報應之來，固難得而妄説。但秦穆有道，[7]勾芒錫年，[8]虢公涼德，[9]蓐收降禍。[10]高明在上，定自有知，不可謂神冥昧難信。若夫仲尼厄於陳、蔡，[11]孟軻困於齊、梁，[12]自是不遇其時，寧關性命之理。[13]子胥無君，馬遷附下，[14]受誅取辱，何可尤人。至如協律見親，櫂船得幸，[15]從此而言，更不足怪。周王漂杵，[16]致天之罰；白起誅降，[17]行己之意。是以七百之祚，仍加姬氏；杜郵之戮，[18]還屬武安。[19]

[1]百世可知，猶須吹律：班固《白虎通》卷九《姓名》："古者聖人吹律定姓，以紀其族。"

[2]孰能盡悟："悟"字四庫本、中華本同，宋刻本、百衲本作"臨"。從四庫本改。

[3]查：木筏。宋刻本作"楂"。 河漢：銀河。

[4]牽牛：星名。即河鼓。俗稱"牛郎星"。隔銀河與織女星相對。

［5］上玄：天。

［6］止逢翟犬："犬"字宋刻本、四庫本、百衲本作"火"。中華本校勘記云："諸本'犬'作'火'，獨殿本作'犬'。按《册府》（宋本）卷六四八作'犬'。'翟犬'事見《史記》卷一〇五《扁鵲傳》，今從殿本。"今從中華本作"犬"。

［7］秦穆：秦穆公嬴任好（？—前621），一作"繆公"。春秋時秦國國君。詳見《史記》卷五《秦本紀》。

［8］勾芒：亦作"句芒"。古代傳説中主木之官，又爲木神名。錫年："年"字宋刻本、四庫本作"祥"，百衲本作"手"。中華本校勘記云："諸本'年'作'祥'，百衲本作'手'，《册府》卷六四八作'年'。按《墨子》卷八《明鬼上》稱鄭穆公（應是秦穆公之誤，見孫詒讓《墨子閒詁》）見勾芒神，有'使予錫女壽十年有九'之語。《册府》作'年'是，百衲本所據宋本訛作'手'，後人以不可解，臆改作'祥'，今據《册府》改。"今從中華本作"年"。

［9］虢（guó）公：虢石父。石父爲人佞巧，周幽王任其爲卿，用事，國人皆怨。

［10］蓐收：傳説中古代主金之官，又以爲金神名。名該，少皞氏之子。

［11］陳：周初封舜之後嬀滿於陳，春秋末爲楚所滅。國在今河南淮陽縣及安徽亳州市一帶。　蔡：周時國名。周武王弟叔度封蔡，後流放而死。周成王復封其子胡於蔡，以奉蔡叔之祀。即今河南上蔡縣、新蔡縣等地。孔子游列國，困於陳蔡。

［12］孟軻：孟子（約前372—前289），名軻，字子輿，戰國鄒人。春秋魯公族孟氏之後，受業於子思的門徒。《史記》卷七四有傳。　齊：國名。周武王封太公望於齊，至桓公爲五霸之一；田氏代齊，爲戰國七雄之一。秦始皇二十六年滅齊。　梁：戰國七雄之一，即魏。魏惠王於公元前362年徙都大梁，故稱"梁"。

［13］寧關性命之理："性命"宋刻本、百衲本、中華本同，四

庫本作"報應"。

[14]子胥無君,馬遷附下:"君"字中華本同,宋刻本、四庫本、百衲本作"首"。"附"字百衲本、中華本同,宋刻本、四庫本作"腐"。中華本校勘記云:"諸本'君'作'首','附'作'腐',百衲本作'首'同諸本,下一字作'附',《册府》如上摘句。按'子胥無君'指導吳滅楚,鞭楚平王屍事;'馬遷附下'指爲叛將李陵申辨事。這裏樊遜是説二人罪有應得,故接着説'受誅取辱,何可尤人',語氣相貫。百衲本所據宋本'君'已誤'首','附'字未誤,後人又改'附'作'腐'。上句指子胥伏劍而死,下句指司馬遷受宮刑,似乎有據,但下'何可尤人'句便無照應,今從《册府》改。"從改。子胥,伍員,字子胥,又稱"伍胥"(?—前484)。春秋末吳國大臣。馬遷,司馬遷(前145—?),字子長,左馮翊夏陽(今陝西韓城市)人。西漢史學家、文學家。《史記》卷一三〇有自序。

[15]櫂船得幸:"櫂船"四庫本、中華本同,宋刻本、百衲本作"擢舩"。從四庫本改。

[16]周王:周武王姬發。 漂杵:武王伐紂,流血漂杵。

[17]白起(?—前257):一稱"公孫起",戰國郿(今陝西眉縣東)人。秦將,長平之戰,坑趙降卒四十二萬。《史記》卷七三有傳。

[18]杜郵:古地名。戰國屬秦,又名"杜郵亭"。在今陝西咸陽市東。秦昭王令白起自殺於此。

[19]武安:武安君。秦將白起的封爵。

　　昔漢問上計,[1]不過日蝕;[2]晋策秀才,止於寒火。[3]前賢往士,咸用爲難。推古比今,臣見其易。然草萊百姓,過荷恩私,三折寒膠,[4]再遊金馬,[5]王言昭賁,思若有神,[6]占對失圖,伏深悚懼。

尚書擢第，以遜爲當時第一。

[1]上計：上計吏。
[2]日蝕：月運行至太陽與地球之間，成一直綫，太陽被遮掩而成日蝕。古人以日蝕爲天譴。
[3]寒火：寒食。節令名。在農曆清明前一或二日。
[4]寒膠：勁弓。
[5]金馬：宮門名。即金馬門。漢代學士待詔之門。
[6]思若有神："思"字宋刻本、四庫本、百衲本作"恩"。中華本校勘記云："諸本'思'作'恩'，《册府》作'思'。按這裏是說文思敏捷，若有神助，作'思'是，今據改。"今從中華本作"思"。

十二月，清河王岳爲大行臺率衆南討，[1]以遜從軍。明年，顯祖納貞陽侯爲梁主，[2]岳假遜大行臺郎中，[3]使於南，與蕭脩、侯瑱和解。[4]遜往來五日，得脩等報書，岳因與脩盟于江上。大軍還鄴，遜仍被都官尚書崔昂舉薦。[5]詔付尚書，考爲清平勤幹，送吏部。

[1]清河王：高岳的封爵號。清河，郡國名。西漢高帝置，治清陽縣（今河北清河縣）。西晉爲清河國，治清河縣（今山東臨清市）。北魏仍改爲郡。北齊移治武城縣（今河北清河縣西城關鄉西北）。 岳：高岳（512—555），字洪略，渤海蓨（今河北景縣）人。高翻子，高歡從父弟。東魏、北齊宗室大臣。本書卷一三、《北史》卷五一有傳。 大行臺：官名。大行臺之主官，北魏始設。北齊時大行臺爲一級地方行政機構。
[2]貞陽侯：南朝梁宗室蕭淵明的封爵號。貞陽，縣名。治所

在今廣東英德市東翁水北。　梁主："主"字四庫本、中華本同，宋刻本、百衲本作"王"。從四庫本改。

[3]假：官制用語。代理，兼攝之意。　大行臺郎中：官名。北魏置。屬大行臺，如分曹理事，則冠以曹名。

[4]蕭脩：亦作"蕭循"，南蘭陵（今江蘇常州市武進區西北）人。南朝梁將領。《南史》卷五二《鄱陽王恢傳》有附傳。　侯瑱（510—561）：字伯玉，巴西充國（今四川閬中市）人。家世爲西蜀豪族。南朝梁、陳將領。《陳書》卷九、《南史》卷六六有傳。

[5]都官尚書：官名。爲尚書省諸尚書之一。北齊統都官、二千石、比部、水部、膳部諸曹事務，階第三品。　崔昂（？—565）：字懷遠，博陵安平（今河北安平縣）人。北魏、東魏、北齊官吏。本書卷三〇有傳，《北史》卷三二《崔挺傳》有附傳。

七年，詔令校定群書，供皇太子。遂與冀州秀才高乾和、瀛州秀才馬敬德、許散愁、韓同寶、洛州秀才傅懷德、懷州秀才古道子、廣平郡孝廉李漢子、渤海郡孝廉鮑長暄、陽平郡孝廉景孫、前梁州府主簿王九元、前開府水曹參軍周子深等十一人同被尚書召共刊定。[1]時祕府書籍紕繆者多，遂乃議曰："案漢中壘校尉劉向受詔校書，[2]每一書竟，表上，輒言：臣向書、長水校尉臣參書，[3]太史公、太常博士書、中外書合若干本以相比校，然後殺青。[4]今所讎校，供擬極重，出自蘭臺，[5]御諸甲館。[6]向之故事，見存府閣，即欲刊定，必藉衆本。太常卿邢子才、太子少傅魏收、吏部尚書辛術、司農少卿穆子容、前黄門郎司馬子瑞、故國子祭酒李業興並是多書之家，[7]請牒借本參校得失。"祕書監尉瑾移尚書都坐，[8]凡得別本三千餘卷，五經諸史，[9]殆無遺闕。

[1]冀州：治所在今河北冀州市。　　高乾和：冀州（今河北冀州市）人。北齊官吏。初爲秀才。武定七年（549），嘗與樊遜等十一人奉詔校定群書。武成在位時，任黃門郎。時高歸彥權勢日重，其與高元海、畢義雲等數於帝前言歸彥之短，帝忌而害歸彥。　　瀛州：治所在今河北河間市。　　馬敬德：河間（今河北河間市南）人。北齊官吏。本書卷四四、《北史》卷八一有傳。　　許散愁：北齊官吏。爲國子助教。　　韓同寳：瀛州（今河北河間市）人。北齊文吏。初舉秀才。天保七年（556）與樊遜等入秘閣刊校典籍。　　洛州：治所在今河南洛陽市東北。　　傅懷德：洛州（今河南宜陽縣）人。天保七年與樊遜等十一人奉詔校定群書。　　懷州：治所在今河南沁陽市城區。　　孝廉：察舉科目名。"孝"字諸本及《北史》卷八三同，百衲本作"李"。孝廉是北朝察舉科目之一。作"孝"是，從改。　　李漢子：北齊文吏。廣平（今河北邯鄲市永年區）人。曾爲孝廉。天保七年與樊遜等十一人奉詔校定群書。　　鮑長暄：一作"鮑長宣"，渤海（今河北東光縣）人。鮑季詳從弟。北齊儒士。事見本書卷四四《鮑季詳傳》，《北史》卷八一《鮑季詳傳》有附傳。　　陽平郡：治所在今河北館陶縣。　　景孫：陽平（今河北館陶縣）人。北齊文士。天保七年以孝廉身份奉詔校定群書。　　州府主簿：官名。爲州府僚屬，掌文簿及閣内事。主簿，四庫本、百衲本、中華本同，宋刻本作"王薄"。　　王九元：北齊文吏。初任梁州府主簿。天保七年與樊遜等十一人奉詔校定群書。開府水曹：官署名。爲主管水利的機構。　　参軍：官名。掌参謀軍務及諸曹事。

[2]中壘校尉：官名。西漢武帝置。掌北軍壘門内。秩二千石。

[3]長水校尉：官名。西漢武帝置。掌屯於長水宣曲觀下之胡騎（一説長水爲胡騎所屬部落之名）。秩二千石。

[4]太史公："太史"宋刻本、四庫本、百衲本作"大夫"。中華本校勘記云："諸本'太史'作'大夫'，《册府》卷六〇八作'太史'，《北史》卷八三《樊遜傳》無'太史公'三字。按《漢

書》卷三〇《藝文志》如淳注引劉歆《七略》云：'外則有太常、太史、博士之藏。'知'大夫'是'太史'之訛，今據《册府》改。又劉向表上諸書未見有言及太史書者，故《北史》削去。"今從中華本作"太史"。太史公，即司馬遷。　太常博士：官名。太常屬官，掌顧問。　中外書合若干本以相比校，然後殺青："校然後殺青"四庫本、中華本同，宋刻本、百衲本作"然後校殺青"。從四庫本改。

[5]蘭臺：漢代宮內藏圖書之處。以御史中丞掌之，後世因稱御史臺爲"蘭臺"。又東漢時班固爲蘭臺令史，受詔撰史，故後世亦稱史官爲"蘭臺"。

[6]甲館：館閣名。東漢宮內藏圖書之處。

[7]太常卿：官名。初爲"太常"尊稱。北齊及南朝梁正式定爲官稱。掌禮樂、祭祀、宗廟、朝會等。北齊三品。　太子少傅：官名。掌以道德輔教太子，兼領太子官屬。北齊三品。　吏部尚書：官名。爲尚書吏部曹主官。掌官吏銓選、封爵、考課之政。居尚書省諸尚書之首，稱"大尚書"。歷朝因之。北齊三品。　辛術（500—559）：一作"辛述"，字懷哲，隴西狄道（今甘肅臨洮縣）人。本書卷三八有傳，《北史》卷五〇《辛雄傳》有附傳。　司農少卿：官名。北齊爲司農寺次官，員一人，四品上。司農寺爲管理倉儲市易，供應宮廷糧食薪菜、百官禄廪的事務機關。　穆子容：一作"穆容"，代（今山西大同市東北）人。鮮卑族。東魏、北齊官吏。事見《魏書》卷二七《穆崇傳》，《北史》卷二〇《穆崇傳》有附傳。　黃門郎：官名。即黃門侍郎或給事黃門侍郎之簡稱。與侍中俱掌門下事。北齊四品上。　司馬子瑞：河內溫（今河南溫縣）人。北齊官吏。事見本書卷一八《司馬子如傳》，《北史》卷五四《司馬子如傳》有附傳。　國子祭酒：官名。爲國子學主官。北齊從三品。　李業興（484—549）：一名"鄴"，上黨長子（今山西長治市上黨區東北）人。北魏、東魏官吏、天文曆算家。《魏書》卷八四、《北史》卷八一有傳。

[8]祕書監：官名。爲祕書省主官。北齊三品。祕書省掌修撰國史及保管、典校書籍，並領著作省。 尉瑾：代（今山西大同市東北）人。北齊官吏。本書卷四〇有傳，《北史》卷二〇《尉古真傳》有附傳。

[9]五經：五部儒家經典。即《詩》《書》《禮》《易》《春秋》。始稱於西漢中期。

八年，詔尚書開東西二省官選，所司策問，遜爲當時第一。左僕射楊愔辟遜爲其府佐。[1]遜辭曰："門族寒陋，訪第必不成，乞補員外司馬督。"[2]愔曰："才高不依常例。"特奏用之。九年，有詔超除員外將軍。[3]後世祖鎮鄴，召入司徒府管書記。及登祚，轉授主書，[4]遷員外散騎侍郎。[5]天統初，[6]病卒。

[1]左僕射：官名。即"尚書左僕射"之簡稱。尚書省次官之一。助尚書令掌政務。兼監察百官，領殿中、主客二曹。北齊從二品。 楊愔（511—560）：字遵彥，小名秦王，弘農華陰（今陝西華陰市）人，楊津子。北齊官吏。本書卷三四有傳，《北史》卷四一《楊播傳》有附傳。

[2]員外司馬督：官名。職掌與司馬督同，品位略低。北齊從九品。司馬督掌直侍左右，監諸宿衛營兵。

[3]員外將軍：官名。南北朝設，爲"員外殿中將軍"之簡稱。掌宮殿禁衛。北齊從八品。

[4]主書：官名。爲"主書令史"之簡稱。掌簿書文案。北齊第八品。

[5]員外散騎侍郎：官名。屬散騎省，掌規諫等，初無定員，南北朝後有定員。歷來爲清閑之職，亦爲高門子弟起家官。北齊七品上。

[6]天統初:"天統"四庫本、中華本同,宋刻本、百衲本作"天保"。按,天保爲北齊文宣帝年號,共十年,前面提及天保九年除員外將軍,故其病卒不可能爲天保初,此處應是天統初。從四庫本改。

劉逖,字子長,彭城叢亭里人也。[1]祖芳,[2]魏太常卿。父儦,[3]金紫光禄大夫。逖少而聰敏,[4]好弋獵騎射,以行樂爲事,愛交遊,善戲謔。郡辟功曹,[5]州命主簿。魏末徵詣霸府,世宗以爲永安公浚開府行參軍。[6]逖遠離鄉家,倦於羈旅,發憤自勵,專精讀書。晉陽都會之所,[7]霸朝人士攸集,咸務於宴集。逖在遊宴之中,卷不離手,值有文籍所未見者,則終日諷誦,[8]或通夜不歸,其好學如此。亦留心文藻,頗工詩詠。天保初,行定陶縣令,[9]坐姦事免,十餘年不得調。乾明年,[10]兼員外散騎常侍,[11]使於梁主蕭莊,[12]還,兼三公郎中。[13]皇建元年,除太子洗馬。[14]肅宗崩,[15]從世祖赴晉陽,[16]除散騎侍郎,[17]兼儀曹郎中。[18]久之,兼中書侍郎。和士開寵要,[19]逖附之,正授中書侍郎,入典機密。兼散騎常侍,聘陳使主,[20]還,除通直散騎常侍。[21]尋遷給事黃門侍郎,[22]修國史,加散騎常侍。又除假儀同三司,[23]聘周使副。[24]二國始通,禮儀未定,逖與周朝議論往復,斟酌古今,事多合禮儀,[25]兼文辭可觀,甚得名譽。使還,拜儀同三司。世祖崩,出爲江州刺史。[26]祖珽執政,徙爲仁州刺史。[27]祖珽既出,徵還,待詔文林館,重除散騎常侍,奏門下事。未幾,與崔季舒等同時被戮,時年四十九。

［1］彭城：郡名。治所在今江蘇徐州市老城區。

［2］芳：劉芳（453—513），字伯文，一作"伯支"，彭城（今江蘇徐州市老城區）人。北魏官吏。《魏書》卷五五、《北史》卷四二有傳。

［3］父馘："馘"字四庫本、中華本同，宋刻本、百衲本作"馘"。從四庫本改。馘，劉馘。彭城（今江蘇徐州市老城區）人。東魏官吏。事見《魏書》卷五五、《北史》卷四二《劉芳傳》。

［4］逖少而聰敏：四庫本、中華本同，宋刻本、百衲本無"逖"字。從補。

［5］功曹：官名。即郡公曹。"功曹史"之簡稱。掌郡吏選用。

［6］永安公：爵名。永安，郡名。治所在今山西霍州市。 浚：高浚（？—558），字定樂，渤海蓚（今河北景縣）人。北齊宗室。本書卷一〇、《北史》卷五一有傳。"浚"字四庫本、百衲本、中華本同，宋刻本作"後"。

［7］晉陽：縣名。治所在今山西太原市晉源區古城營村一帶。

［8］則終日諷誦："則"字宋刻本、百衲本、中華本同，四庫本作"輒"。

［9］行定陶縣令："定"字四庫本、中華本同，宋刻本、百衲本作"平"。從四庫本改。定陶縣，治所在今安徽宿州市北。

［10］乾明：北齊廢帝高殷年號（560）。

［11］員外散騎常侍：官名。掌規諫，不典事，屬門下省。晉以後有定員，並成爲清望官。北齊五品上。

［12］蕭莊：南朝梁元帝孫。南蘭陵（今江蘇常州市武進區西北）人。初封永嘉王，敬帝時出質北齊。陳禪代梁，王琳於郢州扶其即帝位，改年號天啓，署置百官。王琳兵敗，蕭莊逃歸北齊，被齊封爲梁王。後卒於鄴。《南史》卷五四有傳。

［13］三公郎中：官名。即尚書三公曹郎。主尚書省三公曹，掌刑獄訴訟，擬定法律之政。北魏、北齊時設二員。六品。

［14］太子洗馬：官名。太子典經局主官，掌東宮圖籍經書及校

勘。歷朝因之。北齊從五品上。

［15］肅宗：北齊孝昭帝高演（535—561），廟號肅宗。本書卷六、《北史》卷七有紀。

［16］世祖：北齊武成帝高湛（537—568），廟號世祖。本書卷七、《北史》卷八有紀。

［17］散騎侍郎：官名。掌規諫，東晉後隸集書省。北齊五品上。

［18］儀曹郎中：官名。兩晉南北朝與儀曹郎互稱，爲尚書省儀曹主官，掌吉凶禮制事。北齊六品上。

［19］和士開（524—571）：字彦通，清都臨漳（今河北臨漳縣）人。先世西域商人，本姓素和。本書卷五〇、《北史》卷九二有傳。墓在今河南安陽縣。

［20］陳：南朝陳（557—589）。南朝梁敬帝太平二年（557），陳霸先改元稱帝，都建康（今江蘇南京市），國號陳。歷五帝，三十三年。後主禎明二年（589）被隋所滅。

［21］通直散騎常侍：官名。因將員外散騎常侍與散騎常侍通員值班而得名。職掌品秩與散騎常侍略同。員四人，屬散騎省。爲清望官。

［22］尋遷給事黄門侍郎："事"字宋刻本、四庫本、中華本同，百衲本作"部"。按，無"給部黄門侍郎"此官職，此處應是"給事黄門侍郎"。從改。給事黄門侍郎，官名。合併"黄門侍郎"與"給事黄門"而置。與侍中俱管門下衆事。北齊四品上。

［23］假：官制用語。代理、兼攝之意。 儀同三司：官名。本指官場待遇，儀同三司（三公）。"儀同"自此成專名。魏晉以降，凡開府，皆儀同三司，遂成加銜。至北魏、北齊又爲官號。

［24］周：即北周（557—581）。西魏恭帝三年（556）十二月，宇文泰之子宇文覺廢西魏主自立，次年（557）改元，建號周，史稱北周，又稱後周。都長安（今陝西西安市）。歷五帝，二十五年。至靜帝宇文衍爲隋所代。

［25］事多合禮儀：宋刻本、百衲本同，四庫本、中華本無"儀"字。

［26］江州：治所在今安徽潛山縣梅城鎮。

［27］徙：官制用語。轉任。

初遜與琬以文義相得，[1]結雷、陳之契，[2]又爲弟俊聘琬之女。[3]琬之將免趙彦深等也，[4]先以告遜，仍付密啓，令其奏聞。彦深等頗知之，先自申理，琬由此疑遜告其所爲。及琬被出，遜遂遣弟離婚，其輕交易絕如此。所制詩賦及雜文文筆三十卷。子逸民，開府行參軍。

［1］初遜與琬以文義相得："琬"字四庫本、中華本同，宋刻本、百衲本作"祖"。從四庫本改。

［2］雷、陳：東漢雷義與陳重同郡爲友，俱學《魯詩》《顏氏春秋》。太守舉重孝廉，重以讓義，太守不允。刺史舉義茂才，義讓於重，刺史不聽。義遂佯狂，被髮而去。鄉里爲之語曰："膠漆自謂堅，不如雷與陳。"見《後漢書》卷八一《陳重傳》《雷義傳》。後因以雷陳比喻友好情篤。

［3］俊：劉俊。事不詳。

［4］趙彦深（507—576）：本名隱，字彦深，平原（今山東聊城市東北）人，祖籍南陽宛縣（今河南南陽市）。北齊大臣。本書卷三八、《北史》卷五五有傳。宋刻本、四庫本、百衲本無"趙"字。從中華本補。

遜弟誉，少聰明，好文學。天統、武平之間，歷殿中侍御史，兼散騎侍郎，迎勞陳使，尚書儀曹郎。[1]周大象末，[2]卒於黎州治中。[3]子玄道，有人品識用，定州騎兵參軍。[4]

[1]尚書儀曹郎：官名。魏晉南朝北齊爲尚書省儀曹長官通稱。
[2]大象：北周靜帝宇文闡年號（579—580）。
[3]黎州：治所在今四川漢源縣。
[4]騎兵參軍：官名。此即爲州騎兵參軍。管理騎兵事務。

逖從子顗，[1]字君卿。祖廞，[2]魏尚書，爲高祖所殺。顗父濟及濟弟琰俱奔江南。[3]顗出後。[4]武定中從琰還北。琰賜爵臨潁子，[5]大寧中卒於司徒司馬。[6]顗好文學，工草書，風儀甚美。歷瀛州外兵參軍、司空功曹，[7]待詔文林館，除大理司直。[8]隋開皇中鄜州司馬，[9]卒。

[1]從子：姪子。
[2]廞：劉廞（483—534），一作"劉欽"，字景興。北魏官吏。《魏書》卷五五、《北史》卷四二《劉芳傳》有附傳。
[3]濟：劉濟。事不詳。
[4]顗出後：中華本校勘記云："按'後'下當脱'琰'字，顗出後琰，故後從琰還北。"説是。
[5]臨潁子：爵名。臨潁，縣名。治所在今河南臨潁縣西北。
[6]大寧：北齊武成帝高湛年號（561—562）。　司徒司馬：司徒府屬吏。於司徒府內掌軍事及府內武官。北齊四品上。
[7]外兵參軍：官名。即州外兵參軍。掌本府外兵曹事務，兼備參謀諮詢。　司空功曹：官署名。即司空府之功曹。職掌選舉兼參諸曹事務。

[8]大理司直：官名。大理寺屬官。北齊始置，十員，從五品。大理寺爲國家最高審判機構，掌決正刑獄。

[9]隋：公元581年楊堅（隋文帝）代北周稱帝，國號隋，開皇三年（583）都大興（今陝西西安市）。 開皇：隋文帝楊堅年號（581—600）。 鄜州：治所在今陝西黃陵縣西南。

荀士遜，廣平人也。[1]好學有思理，爲文清典，見賞知音。武定末，舉司州秀才，[2]迄天保十年不調。皇建中，馬敬德薦爲主書。世祖時，轉中書舍人。[3]狀貌甚醜，以文辭見用。曾有事須奏，值世祖在後庭，因左右傳通者不得士遜姓名，[4]乃云醜舍人。世祖曰："必士遜也。"看封題果是，內人莫不忻笑。後主即位，累遷中書侍郎，號爲稱職。與李若等撰《典言》行於世。[5]齊滅年卒。

[1]廣平：郡名。治所在今河北邯鄲市永年區。
[2]舉司州秀才："州"字宋刻本、四庫本、百衲本作"馬"。中華本校勘記云："諸本'州'訛'馬'，'司馬秀才'不可通，今據《北史》卷八三《荀士遜傳》改。"今從中華本作"州"。司州，治所在今河北臨漳縣西南。
[3]中書舍人：官名。即中書通事舍人。爲中書省屬官，掌呈奏表，參與機務。北齊六品上。
[4]因左右傳通者不得士遜姓名："傳"字宋刻本、四庫本、百衲本作"轉"。中華本校勘記云："諸本'傳'作'轉'，《北史》卷八三、《御覽》卷二二二作'傳'。今據改。"今從中華本作"傳"。
[5]《典言》：書名。北齊荀士遜撰。四卷。已佚。

颜之推，字介，琅邪临沂人也。[1]九世祖含，[2]从晋元东度，官至侍中、右光禄、西平侯。[3]父勰，[4]梁湘东王绎镇西府谘议参军。[5]世善《周官》《左氏》，[6]之推早传家业。年十二，值绎自讲《庄》《老》，[7]便预门徒。虚谈非其所好，还习《礼》《传》，博览群书，无不该洽，词情典丽，甚为西府所称。绎以为其国左常侍，[8]加镇西墨曹参军。[9]好饮酒，多任纵，不修边幅，时论以此少之。绎遣世子方诸出镇郢州，[10]以之推掌管记。[11]值侯景陷郢州，频欲杀之，[12]赖其行台郎中王则以获免。[13]被囚送建邺。[14]景平，还江陵。[15]时绎已自立，[16]以之推为散骑侍郎，奏舍人事。后为周军所破。大将军李显庆重之，[17]荐往弘农，[18]令掌其兄阳平公远书翰。[19]值河水暴长，[20]具船将妻子来奔，经砥柱之险，[21]时人称其勇决。显祖见而悦之，即除奉朝请，引於内馆中，侍从左右，颇被顾盻。天保末，从至天池，[22]以为中书舍人，令中书郎段孝信将敕书出示之推。[23]之推营外饮酒，孝信还以状言，显祖乃曰："且停。"由是遂寝。河清末，被举为赵州功曹参军，寻待诏文林馆，除司徒录事参军。[24]

[1]琅邪：郡名。治所在今山东临沂市。　临沂：县名。治所在今山东费县东。

[2]含：颜含，字弘都，琅邪临沂（今山东费县东）人。颜之推九世祖。东晋时官吏。西晋末从元帝司马睿南渡。官至侍中、右光禄，封西平侯。《晋书》卷八八有传。

[3]侍中：官名。门下省长官。掌侍从左右、出纳诏命、顾问

應對。　右光禄：官名。即"右光禄大夫"的省稱。作爲在朝顯職的加官，以示優崇，或授予年老有病者爲致仕之官，亦常用爲卒後贈官。無職掌。二品。　西平侯：爵名。西平，縣名。治所在今河南西平縣西。

〔4〕勰：顔勰，亦作"顔協"，琅邪臨沂（今山東費縣東）人。顔之推父。南朝梁官吏。善《周官》《左氏春秋》，位至梁湘王蕭繹鎮西將軍府諮議參軍。

〔5〕湘東王：梁元帝蕭繹的封爵號。湘東，郡名。治所在今湖南衡陽市。　繹：梁元帝蕭繹（508—554），字世誠，南蘭陵（今江蘇常州市武進區西北）人。《梁書》卷五、《南史》卷二有紀。

諮議參軍：官名。即鎮西將軍府諮議參軍。掌諷議軍政事務。

〔6〕《左氏》：書名。又作《春秋左氏傳》《春秋左傳》《左氏傳》，簡稱《左傳》。相傳爲春秋末魯太史左丘明撰，實出於戰國人之手。三十卷，十九萬餘字。西晉杜預作《春秋經傳集解》，始將經傳合編。歷代注疏甚多，流傳廣泛。"左氏"宋刻本、百衲本、中華本同，四庫本"氏"後有"學"字。

〔7〕《莊》：書名。即《莊子》。亦名《南華真經》《南華經》。戰國莊周撰。《漢書·藝文志》著録五十二篇；《隋書·經籍志》著録向秀注本二十卷、司馬彪注本二十一卷、郭象注本三十三卷。今存三十三篇。歷代注本甚多，以晉郭象注最著名。近代有王先謙《莊子集解》。　《老》：書名。即《老子》。亦作《老子道德經》《道德經》《老子五千文》。道家的主要經典。相傳春秋末老聃著。歷代注本甚多，有西漢河上公注、魏王弼注等。1973年馬王堆三號漢墓出土文物中，有《老子》的抄寫本。

〔8〕左常侍：官名。魏晉南北朝王、公等國之屬官，掌侍從左右，贊相禮儀，獻替諫諍。北齊從八品。

〔9〕墨曹參軍：官名。即鎮西將軍府墨曹參軍。掌刑獄。

〔10〕世子：王儲。　方諸：蕭方諸（537—551），字智相，南蘭陵（今江蘇常州市武進區西北）人。南朝梁宗室。《梁書》卷四

四、《南史》卷五四有傳。　郢州：治所在今湖北武漢市武昌區。

[11]管記：書記、記室參軍等文翰職官的通稱。

[12]值侯景陷郢州，頻欲殺之：中華本校勘記云："《通志》卷一七六《顔之推傳》、《御覽》卷六四二引《北齊書》'郢州'下有'之推被執'四字。按《通志》本錄《北史》，其溢出《北史》文句，北齊部分大都即采《北齊書》，今《北史》卷八三《顔之推傳》無此四字，而與《御覽》引《北齊書》合。疑傳本《北齊書》脱去。"侯景（503—552），字萬景，懷朔鎮（今内蒙古固陽縣西南）人，或云雁門（今山西代縣西南）人，羯族。北魏、東魏將領，後降南朝梁。《梁書》卷五六、《南史》卷八〇有傳。

[13]王則（502—549）：字元軌，東魏太原（今山西太原市）人。任侯景行臺郎中。本書卷二〇、《北史》卷五三有傳。

[14]被囚送建鄴：四庫本、中華本同，宋刻本、百衲本"被"上有"屢"字，"被"下又有"免"字。中華本校勘記云："三朝本、百衲本、汲本'被'上有'屢'字，'被'下又有'免'字，讀不可通。《御覽》引《北齊書》此句作'賴其行臺郎中王則，屢獲救免，囚送建鄴'。按下之推《觀我生賦》自注云：'景行臺郎中王則初無舊識，再三救護，獲免。'傳文本據自注，'再三救護獲免'簡括爲'屢獲救免'，原文當如《御覽》所引。百衲本所據之宋本已有訛衍顛倒，後人以意改作如上摘句。"説是。從改。建鄴，縣名。治所在今江蘇南京市。

[15]江陵：縣名。治所在今湖北荆州市荆州區。

[16]時繹已自立："時"字諸本同，百衲本作"江"。"江"字誤。從諸本改。

[17]大將軍：官名。北齊爲名譽職銜。作爲加授給大臣、重要州郡長官的戎號。凡加戎號者可開府。一品。　李顯慶（510—586）：李穆，字顯慶，隴西成紀（今甘肅静寧縣西南）人。西魏、北周將領。《周書》卷三〇有傳。宋刻本、百衲本作"李顯"，四庫本作"李穆"。中華本校勘記云："三朝本、百衲本、汲本、局本

'顯'下無'慶'字，南、北、殿三本據《北史》卷八三改作'穆'。按《周書》卷三〇《李穆傳》，穆字顯慶。此《傳》原文作'李顯慶'，'慶'字錯簡在下文。今乙正。"從中華本改。

[18]弘農：郡名。治所在今河南靈寶市北。

[19]令掌其兄陽平公遠書翰："陽平公遠"中華本同，宋刻本、百衲本作"平陽王慶遠"，四庫本作"陽平公慶遠"。"翰"字四庫本、中華本同，宋刻本、百衲本作"幹"。中華本校勘記云："諸本'遠'上有'慶'字，'翰'作'幹'。按《周書》卷二五《李遠傳》，封陽平公，乃李穆兄。這裏'慶'字乃上文錯簡，'書幹'乃'書翰'之訛，今據《北史》卷八三乙改。"從改。陽平公，爵名。陽平，郡名。治所在今河北館陶縣。遠，李遠（507—557），字萬歲，隴西成紀（今甘肅静寧縣西南）人。西魏大臣。《周書》卷二五、《北史》卷五九《李賢傳》有附傳。

[20]河：黄河。

[21]砥柱：山名。又作"底柱山""三門山"。在今河南陕縣東北黄河中。

[22]天池：湖泊名。俗名"祁連池"。在今山西寧武縣西南管涔山上。據説久旱不竭，久雨不溢，淵深不測。

[23]段孝信：北齊官吏。位中書郎。

[24]除司徒録事参軍：四庫本、中華本同，宋刻本、百衲本無"除"字。從補。司徒録事参軍，官名。司徒府録事曹長官，掌總録衆曹文簿，舉彈善惡，位在列曹参軍上。北齊六品上。

之推聰穎機悟，博識有才辯，工尺牘，應對閑明，大爲祖珽所重，令掌知館事，判署文書。尋遷通直散騎常侍，俄領中書舍人。帝時有取索，恒令中使傳旨，[1]之推禀承宣告，館中皆受進止。所進文章，皆是其封署，於進賢門奏之，[2]待報方出。兼善於文字，監校繕寫，處事勤敏，號爲稱職。帝甚加恩接，顧遇逾厚，爲勳要者所嫉，常欲害之。崔季舒等將諫也，之推取急還宅，故不連署。及召集諫人，之推亦被喚入，勘無其名，方得免禍。尋除黃門侍郎。

[1]中使：宮中使者，宦者。
[2]進賢門：宮門。

及周兵陷晉陽，帝輕騎還鄴，窘急計無所從，之推因宦者侍中鄧長顒進奔陳之策，仍勸募吳士千餘人以爲左右，[1]取青、徐路共投陳國。[2]帝甚納之，以告丞相高阿那肱等。[3]阿那肱不願入陳，[4]乃云吳士難信，不須募之。勸帝送珍寶累重向青州，且守三齊之地，[5]若不可保，徐浮海南度。雖不從之推計策，然猶以爲平原太守，[6]令守河津。齊亡入周，大象末爲御史上士。[7]隋開皇中，太子召爲學士，[8]甚見禮重。尋以疾終。有文三十卷、撰《家訓》二十篇，[9]並行於世。曾撰《觀我生賦》，[10]文致清遠，其詞曰：

[1]吳士：江南戰士。因江南舊屬吳郡，因以爲名。
[2]青：州名。治所在今山東青州市。
[3]高阿那肱：一作"高阿那瓌"，善無（今山西右玉縣南）人。高市貴子。北齊官吏。本書卷五〇、《北史》卷九二有傳。
[4]阿那肱不願入陳：四庫本、中華本同，宋刻本、百衲本無"阿那肱"三字。從補。
[5]三齊之地：今山東北部及中部地區。

[6]平原：郡名。治所在今山東聊城市東北。

[7]御史上士：官名。西魏恭帝三年（556）仿《周禮》置，北周沿置。春官府内史中大夫屬官，正三命。春官府爲掌制定國家各項禮儀、主持祭祀儀式、守護宗廟陵墓、撰寫皇帝詔命、修撰國史等。

[8]學士：官名。掌文學侍從及撰述、顧問、典校秘笈等事。

[9]撰《家訓》二十篇：宋刻本、百衲本、中華本同，四庫本無"撰"字。《家訓》，一作《顔氏家訓》。北齊顔之推撰。二十卷。清盧文弨《抱經堂叢書》校定本爲通行較佳之本。1980年上海古籍出版社出版有王利器《顔氏家訓集解》。

[10]《觀我生賦》：最早見於本傳。作者以賦的形式叙述自己生平，文致清遠。後世多將此篇同庾信《哀江南賦》並稱。

　　仰浮清之藐藐，俯沉奥之茫茫，[1]已生民而立教，乃司牧以分疆，内諸夏而外夷狄，驟五帝而馳三王。大道寢而日隱，《小雅》摧以云亡，[2]哀趙武之作孽，[3]怪漢靈之不祥，[4]旄頭玩其金鼎，[5]典午失其珠囊，[6]瀍澗鞠成沙漠，[7]神華泯爲龍荒，[8]吾王所以東運，[9]我祖於是南翔。[10]晋中宗以琅邪王南度，之推琅邪人，故稱吾王。去琅邪之遷越，[11]宅金陵之舊章，[12]作羽儀於新邑，樹杞梓於水鄉，傳清白而勿替，守法度而不忘。

[1]仰浮清之藐藐，俯沉奥之茫茫：語出《昭明文選》卷四八："太極之元，兩儀始分，烟烟熅熅，有沈而奥，有浮而清。"其意指兩儀始分之時，其氣和同；沈而濁者爲地，浮而清者爲天。

[2]《小雅》：《詩經》組成部分之一。共七十四篇。大抵産生

於西周後期和東周初期。作品一部分是宴會樂歌，更多的詩反映當時的政治狀況、周與周邊各族的關係，亦有一部分是反映平常生活的民間詩歌。

　　[3]趙武：趙武靈王。戰國時趙國國君。名雍。謚武靈。武靈王十九年（前307），改革軍事，行胡服騎射，以防禦游牧部族進攻。

　　[4]漢靈：東漢靈帝劉宏（156—189）。章帝玄孫。在位期間，寵信宦官，朝政被宦官把持，政治腐敗達於極點。《後漢書》卷八有紀。

　　[5]旄頭：《史記·天官書》："昴曰旄頭，胡星也。"

　　[6]典午：指司馬氏。喻西晋之亡。

　　[7]瀍澗：瀍水和澗水的並稱。西晋首都洛陽（今河南洛陽市東），瀍水直穿城中，澗水環其西，故多以二水連稱謂其地。

　　[8]神華：中華。　龍荒：漢人稱匈奴的龍城（在今内蒙古赤峰市）爲"龍荒"。

　　[9]吾王：指琅邪王司馬睿。　東運：東渡建康。

　　[10]我祖：指其祖顔含。　南翔：隨晋元帝南遷。

　　[11]越：今浙江一帶。

　　[12]金陵：古城名。今江蘇南京市的别稱。

　　　逮微躬之九葉，頼世濟之聲芳。[1]問我良之安在，[2]鍾厭惡於有梁，養傅翼之飛獸，梁武帝納亡人侯景，[3]授其命，遂爲反叛之基。子貪心之野狼。[4]武帝初養臨川王子正德爲嗣，[5]生昭明後，[6]正德還本，特封臨賀王。[7]猶懷怨恨。經叛入北而還，積財養士，每有異志也。初召禍於絶域，重發釁於蕭墻。正德求征侯景，至新林，[8]叛投景，景立爲主，以攻臺城。[9]雖萬里而作限，聊一葦而可航，[10]指金闕以長鍛，[11]向王路而蹶張。[12]勤王踰於十萬,曾不解其搤吭,嗟將相之骨鯁,[13]皆屈體於犬羊。[14]臺城陷,援軍並問訊二宮,致敬於侯景也。武皇忽以厭世,白日黯而無光,既饗國而五十,[15]何克終之弗康。嗣君聽於巨猾,每凛然而負芒。[16]自東晉之違難,寓禮樂於江湘,迄此幾於三百,左衽浹於四方,詠苦胡而永歎,吟微管而增傷。[17]

[1]逮微躬之九葉,頼世濟之聲芳:我的家族已經興盛了九代,世代相傳的美好生活却受到了損傷。

[2]良:善良的人。

[3]梁武帝:南朝梁建立者蕭衍(464—549),字叔達,小字練兒,南蘭陵(今江蘇常州市武進區西北)人。公元502年至549年在位。《梁書》卷一至三,《南史》卷六、七有紀;《魏書》卷九八有傳。

[4]子貪心之野狼:語出《左傳》宣公四年:"狼子野心。是乃狼也,其可畜乎!"比喻凶惡的本性難以改變。也比喻壞人用心狠毒。

[5]臨川王:蕭宏的封爵號。臨川,郡名。吴置,南齊徙治南城縣(今江西南城縣東南)。 正德:蕭正德(?—549),字公和,蕭宏第三子。南朝梁宗室。《梁書》卷五五有傳。

[6]昭明:梁武帝太子蕭統,諡號昭明,故亦稱"昭明太子"。蕭統(501—531),字德施,南蘭陵(今江蘇常州市武進區西北)人。武帝長子。南朝梁文學家。《梁書》卷八、《南史》卷五三有傳。

[7]臨賀王:蕭正德的封爵號。臨賀,郡名。治所在廣西賀州市東南。

[8]新林:浦名。又作"新林港"。在今江蘇南京市西南。

[9]臺城：城名。本三國吳後苑城，東晉成帝加以改建，稱爲臺城，在今江蘇南京市鷄鳴山南。南朝侯景之亂，梁武帝餓死於此。

[10]聊一葦而可航：《詩·衛風·河廣》："誰謂河廣，一葦杭之。"

[11]金闕：指皇城。　長鍛：長矛。

[12]向王路而躐張：劍拔弩張對着皇帝走來的道路。

[13]骨鯁：喻正直。

[14]犬羊：指叛臣。

[15]饗國：執政。

[16]負芒：芒針刺背。

[17]管：管仲（？—前645），名夷吾，字仲，一字敬仲，潁上（今安徽潁上縣）人。春秋時齊國大臣。初事公子糾。齊桓公即位後，任齊相，助齊桓公改革内政，對外以"尊王攘夷"爲旗號，使齊桓公成爲春秋時第一個霸主。現存《管子》七十篇，相傳爲其所作，實係戰國、秦、漢時僞托之作。《論語·憲問篇》孔子曰："微管仲，吾其被髮左衽矣。"

　　世祖赫其斯怒，[1]奮大義於沮漳。[2]孝元帝時爲荆州刺史。[3]授犀函與鶴膝，[4]建飛雲及艅艎，[5]北徵兵於漢曲，[6]南發餫於衡陽。[7]湘州刺史河東王譽、雍州刺史岳陽王詧並隸荆州都督府。[8]昔承華之賓帝，[9]實兄亡而弟及，昭明太子薨，乃立晋安王爲太子。[10]逮皇孫之失寵，歎扶車之不立。[11]嫡皇孫驩出封豫章王而薨。[12]間王道之多難，各私求於京邑，襄陽阻其銅符，[13]長沙閉其玉粒。[14]河東、岳陽皆昭明子。遽自戰於其地，豈大勳之暇集，子既殞而姪攻，[15]昆亦圍而叔襲，褚乘城而宵下，杜倒戈而夜入，[16]孝元以河東不供船艎，乃遣世子方等爲刺史。[17]大軍掩至，河東不暇遣拒。世子信用群小，貪其子女玉帛，遂欲攻之，故河東急而逆戰，世子爲亂兵所害。孝元發怒，又使鮑泉圍河東。[18]而岳陽宣言大獵，即擁衆襲荊州，求解湘州之圍。時襄陽杜岸兄弟怨其見劫，不以實告，又不義此行，率兵八千夜降，岳陽於是遁走。河東府褚顯族據投岳陽。[19]所以湘州見陷也。**行路彎弓而含笑，骨肉相誅而涕泣，周旦其猶病諸，**[20]**孝武悔而焉及。**[21]

[1]世祖：梁元帝。

[2]沮漳：水名。長江支流。即今湖北沮漳河，源出荊山，於今湖北荊州市入長江。《左傳》哀公六年："江漢沮漳，楚之望也。"時蕭繹爲荊州刺史，故其言"奮大義於沮漳"。

[3]孝元帝：南朝梁元帝蕭繹（508—554）。字世誠，南蘭陵（今江蘇常州市武進區西北）人。《梁書》卷五、《南史》卷八有紀。

[4]犀函：犀函甲。古以犀兕之皮爲甲。　鶴膝：鶴膝矛。矛的一種。

[5]飛雲：船名。　艅艎：船名。

[6]漢曲：指漢水。一稱"漢江"。爲長江最大支流。源出今陝西西南部。

[7]衡陽：郡名。治所在今湖南株洲市西南。

[8]湘州刺史河東王譽："湘"字四庫本、中華本同，宋刻本、百衲本作"相"。中華本校勘記云："三朝本、百衲本、南本、北本、殿本'湘'作'相'，汲本、局本作'湘'。按梁無相州，《梁書》卷五五《河東王譽傳》，譽官湘州刺史。今從汲本。"從改。湘州，治所在今湖南長沙市。河東王，梁昭明太子蕭統第二子蕭譽

的封爵號。譽，蕭譽（？—550），字重孫。南朝梁宗室，蕭統第二子。《梁書》卷五五、《南史》卷五三有傳。　雍州：東晋僑置，治所在今湖北襄陽市。　岳陽王：梁昭明太子蕭統第三子蕭詧的封爵號。岳陽，郡名。治所在今湖南汨羅市東長樂鎮。　詧：蕭詧（519—562），字理孫。南朝梁皇帝。《周書》卷四八、《北史》卷九三有傳。

[9]承華：太子宮門名，即承華門。後亦指太子宮室或太子。

[10]晋安王：南朝梁簡文帝蕭綱的封爵號。晋安，郡名。治所在今福建福州市。

[11]歎扶車之不立：中華本校勘記云："盧文弨校注《顏氏家訓》附《顏之推傳》注云：'"扶車"疑是"綠車"。《獨斷》：綠車名曰皇孫車，天子有孫，乘之。'嚴式誨刻《家訓》附《補校注》引錢大昕云：'"扶車"疑是"扶蘇"之訛，蓋以秦太子扶蘇比昭明太子也。'按'扶車'疑有誤，盧、錢二說，不知孰是。"

[12]嫡皇孫驩出封豫章王而薨："嫡"字四庫本、中華本同，宋刻本、百衲本作"嬌"。從四庫本改。驩，蕭驩，南蘭陵（今江蘇常州市武進區西北）人。南朝梁宗室。昭明太子蕭統子。初爲南徐州刺史，爵華容公。昭明早卒，立其爲皇孫。後廢爲豫章王。豫章，郡名。治所在今江西南昌市。

[13]襄陽：郡名。治所在今湖北襄陽市。　銅符：國家用以調兵之符。發兵之時，遣使者至郡合符，符合乃聽受之。

[14]長沙：郡名。治所在今湖南長沙市。　玉粒：指米。

[15]子既殞而姪攻："殞"字百衲本、中華本同，宋刻本、四庫本作"損"。

[16]杜：杜岸，字公衡，梁襄陽（今湖北襄陽市）人。南朝梁將領。初從蕭詧，太清（547—550）中，詧攻江陵，久攻不下，會大雨暴至，將士離心，岸與弟幼安等以其屬降江陵。後爲詧將尹正俘獲，被殺於襄陽。《梁書》卷四六、《南史》卷六四《杜崱傳》有附傳。

[17]方等：蕭方等（528—549），字實相，南蘭陵（今江蘇常州市武進區西北）人。南朝梁宗室。《梁書》卷四四、《南史》卷五四有傳。

[18]鮑泉（？—551）：字潤嶽，祖籍東海（今山東郯城縣）。南朝梁官吏。博涉史傳，兼屬文章。《梁書》卷三〇、《南史》卷六二有傳。

[19]河東府褚顯族據投岳陽："府"字宋刻本、四庫本、中華本同，百衲本作"苻"。中華本校勘記云："百衲本'府'作'苻'。按'苻'是氏姓，不得云'河東苻褚'，且此聯'褚乘城''杜倒戈'相對，'褚'是姓非名，疑作'苻'誤，今從諸本作'府'，指河東王軍府。但其事不見他書記載，無可是正。"從改。

[20]周旦：西周傑出政治家。姬姓，名旦。文王子，武王弟。因采邑在周，故稱周公、周旦或公旦。詳見《史記》卷三三《魯周公世家》。

[21]孝武：漢武帝。

方幕府之事殷，[1]謬見擇於人群，未成冠而登仕，[2]財解履以從軍。時年十九，釋褐湘東國右常侍，[3]以軍功加鎮西墨曹參軍。非社稷之能衛。童汪錡。[4]闕僅書記於階闥，[5]罕羽翼於風雲。及荆王之定霸，[6]始讎恥而圖雪，舟師次乎武昌，[7]撫軍鎮於夏汭。[8]時遣徐州刺史徐文盛領二萬人屯武昌蘆州拒侯景將任約，[9]又第二子綏寧度方諸爲世子，[10]拜中撫軍將軍、郢州刺史以盛聲勢。[11]濫充選於多士，[12]在參戎之盛列，慚四白之調護，[13]厠六友之談説，時遷中撫軍外兵參軍，掌管記，與文珪、劉民英等與世子遊處。[14]雖形就而心和，匪余懷之所説。縈深宮之生貴，[15]矧垂堂與倚衡，[16]欲推心以厲物，樹幼齒以先聲。中撫軍時年十五。惙敷求之不器，乃畫地而取名，仗御武於文吏，以虞預爲郢州司馬，[17]領城防事。委軍政於儒生。以鮑泉爲郢州行事，總攝州府也。值白波之猝駭，[18]逢赤舌之燒城，[19]王凝坐而對寇，[20]向詡拱以臨兵。[21]任約爲文盛所困，侯景自上救之，舟艦弊漏，軍饑卒疲，數戰失利。乃令宋子仙、任約步道偷郢州城，[22]預無備，故陷賊。莫不變蝯而化鵠，皆自取首以破腦。將睥睨於渚宮，[23]先憑凌於他道，景欲攻荆州，路由巴陵。[24]懿永寧之龍蟠，永寧公王僧辯據巴陵城，[25]善於守禦，景不能進。奇護軍之電掃。護軍將軍陸法和破任約於赤亭湖，[26]景退走，大潰。犇虜快其餘毒，[27]縲囚膏乎野草，[28]幸先生之無勸，賴滕公之我保，[29]之推執在景軍，例當見殺。景行臺郎中王則初無舊識，再三救護，獲免，囚以還都。剟鬼錄於岱宗，[30]招歸魂於蒼昊，時解衣訖而獲全。荷性命之重賜，銜若人以終老。

[1]幕府：將師在外的營帳。軍旅無固定住所，以帳幕爲府署，故稱"幕府"。

[2]冠：古代男子二十歲行冠禮，後世泛指男子二十歲。

[3]湘東國：封國名。治所在今湖南衡陽市。　右常侍：官名。王、公國屬官。掌侍從左右、贊相禮儀、獻替諫諍，從八品。

[4]童汪錡：中華本校勘記云："諸本'汪'作'注'。按童汪錡'執干戈以衛社稷'，見《左傳》哀公十一年。'注'字訛，今改正。錢氏《考異》卷三一云：'此下脱一句。'"從改。汪錡（？—前484），一作"汪踦"。春秋時魯國人。童子。哀公十一年

（前484），魯與齊戰時，以幼年參戰，戰死。孔子贊其能執干戈以衛社稷。魯遂以成人禮葬之。

[5]闕：按，此引顏之推《觀我生賦》，百衲本與諸本皆有闕文。依中華本標"闕"字，以醒讀者。

[6]荆王：指南朝梁元帝蕭繹。

[7]武昌：縣名。治所在今湖北鄂州市。

[8]夏汭：漢汭。指漢水入長江處。即今湖北武漢市漢口。

[9]徐文盛：字道茂，彭城（今江蘇徐州市老城區）人。南朝梁官吏。歷任寧州刺史、散騎常侍、左衛將軍等職。 任約：南朝梁官吏。位南豫州刺史。天成元年（555）率州歸降北齊。

[10]又第二子綏寧度方諸爲世子：中華本校勘記云："嚴刻《家訓》附《補校注》引錢大昕云：'"度"當作"侯"，下"陽侯"字亦訛"度"可證。'"

[11]中撫軍將軍：官名。南朝梁置。省稱爲"中撫"，武帝天監七年（508）定爲武職二十四班中的第二十三班，與中軍、中衛、中權將軍合稱"四中"。專授予在京師任職的官員，地位顯要。

[12]多士：衆士。

[13]四白：商山四皓，指漢初商山四個隱士：東園公、綺里季、夏黃公、甪里先生，四人鬚眉皆白，故稱"四皓"。高祖召，不應。後高祖欲廢太子，吕后用留侯計，迎四皓，使輔太子。事見《史記》卷五五《留侯世家》、《漢書》卷四〇《張良傳》。

[14]文珪：南朝梁名士。與顏之推、劉民英等五人過從甚密，時人號之"六友"。 劉民英：南朝梁文士。時蕭方諸爲世子，其常與顏之推、文珪等宴游。

[15]生貴：權貴。

[16]垂堂：堂屋簷下。因簷瓦落下可能傷人，比喻危險的境地。

[17]虞預：字叔甯，會稽餘姚（今浙江餘姚市）人。東晉時學者。《晉書》卷八二有傳。

[18]白波：白波谷。在今山西襄汾縣。東漢中平五年（188），黃巾軍餘部郭泰等在此起兵，舊史誣稱爲"白波賊"。

[19]赤舌：讒言。

[20]王凝：王凝之。東晉官吏。爲會稽內史。世事五斗米道，孫恩攻會稽，僚佐請爲之備，凝之不從，方入室請禱，遂爲孫恩所害。事見《晉書》卷八〇《王凝之傳》。

[21]向詡："向"字宋刻本、四庫本、百衲本作"白"。中華本校勘記云："諸本'向'作'白'，南本又改'詡'作'羽'。李詳《愧生叢録》卷一據《後漢書·向栩傳》，栩請'遣諸將於河上讀《孝經》'，以拒黃巾起義軍事，以爲'白詡'乃'向栩'之訛。又稱錢大昕已有此說。按錢說未見，'白'字顯爲'向'之訛，今改正。'詡''栩'同音通用，今仍之。"今從中華本作"向"。向詡，字甫興，東漢河內朝歌（今河南淇縣）人。《後漢書》卷八一有傳。

[22]宋子仙：南朝梁侯景部將。侯景反叛時，爲裴政所擒。

[23]渚宮：宮殿名。春秋楚成王建。故址在今湖北江陵。

[24]巴陵：郡名。治所在今湖南岳陽市。

[25]永寧公：爵名。永寧，郡名。治所在今湖北荊門市西北。王僧辯（？—555）：字君才，太原祁（今山西祁縣）人。南朝梁將領。《梁書》卷四五、《南史》卷六三有傳。

[26]護軍將軍：官名。西漢置，監護諸軍。三國魏時，兼武官選拔，也自領兵，職掌與中護軍同，以資深者得此稱。歷朝略同。北齊從二品。　陸法和：初爲南朝梁僧人，天保六年舉州入齊。本書卷三二、《北史》卷八九有傳。　赤亭湖：湖名。在今甘肅隴西縣東南。"湖"字四庫本、百衲本、中華本同，宋刻本作"胡"。按，"赤亭胡"無解，此處應是"赤亭湖"。

[27]犇虜：敗逃的敵人。

[28]纍囚：囚犯。

[29]滕公：夏侯嬰，號滕公。沛（今江蘇沛縣）人。《漢書》

卷四一有傳。

[30]岱宗：今山東泰山。古時爲諸山所宗，故稱"岱宗"。

賊棄甲而來復，肆觜距之鵰鳶，積假履而弒帝，憑衣霧以上天，用速災於四月，奚聞道之十年。臺城陷後，梁武曾獨坐歎曰："侯景於文爲小人百日天子。"及景以大寶二年十一月十九日僭位，[1]至明年三月十九日棄城逃竄，是一百二十日，芛天道紀大數，[2]故文爲百日。言與公孫述俱禀十二，[3]而旬歲不同。就狄俘於舊壤，陷戎俗於來旋，慨黍離於清廟，[4]愴麥秀於空廛，[5]鼖鼓卧而不考，[6]景鍾毁而莫懸，[7]野蕭條以橫骨，邑闃寂而無煙。[8]疇百家之或在，中原冠帶隨晋渡江者百家，故江東有《百譜》，[9]至是在都者覆滅略盡。覆五宗而翦焉。獨昭君之哀奏，[10]唯翁主之悲絃。公主子女見辱見讎。經長干以掩抑，[11]長干舊顔家巷。展白下以流連，[12]靖侯以下七世墳塋皆在白下。[13]深燕雀之餘思，感桑梓之遺虔，[14]得此心於尼甫，[15]信兹言乎仲宣。[16]遏西土之有衆，資方叔以薄伐，[17]永寧公以司徒爲大都督。[18]撫鳴劍而雷吒，振雄旗而雲窣，千里追其飛走，三載窮於巢窟，屠蚩尤於東郡，[19]挂郅支於北闕。[20]既斬侯景，烹屍於建業市，百姓食之，至於肉盡齕骨，傳首荆州，懸於都街。弔幽魂之冤枉，掃園陵之蕪没，殷道是以再興，[21]夏祀於焉不忽，但遺恨於炎崑，火延宮而累月。[22]侯景既走，義師采穭失火，燒宮殿蕩盡也。[23]

[1]大寶：梁簡文帝蕭綱年號（550—551）。

[2]芊天道紀大數："紀"字百衲本、中華本同，宋刻本、四庫本作"繼"。中華本校勘記云："'芊'字不可解，或是'蓋'之訛。"

[3]公孫述（？—36）：字子陽，扶風茂陵（今陝西興平市）人。東漢初地方割據首領。《後漢書》卷一三有傳。

[4]慨黍離於清廟：語出《詩·國風·黍離序》："閔宗廟也。周大夫行役，至於宗周，過故宗廟，宮室盡爲禾黍，閔周室之顛覆，彷徨不忍去，而作是詩也。"其意是站在清廟的廢墟上發出黍離的感慨。

[5]愴麥秀於空廩：語出《史記》卷三八《宋微子世家》："箕子朝周，過故殷虛，感宮室毀壞，生禾黍；箕子傷之，欲哭則不可，欲泣，爲其近婦人，乃作《麥秀之詩》以歌詠之。"其意是爲空蕩的糧倉長出禾穗而感到悲傷。

[6]鼖（fén）鼓：大鼓。《周禮·考工記·韗人》："鼓長八尺，鼓四尺，中圍加三之一，謂之鼖鼓。"鄭玄注："大鼓謂之鼖。以鼖鼓鼓軍事。"

[7]景鍾：傳說爲黃帝時五鍾之一。《管子·五行篇》："昔者黃帝以其緩急作五聲，以政五鍾。令其五鍾，一曰青鍾大音；二曰赤鍾重心；三曰黃鍾灑光；四曰景鍾昧其明；五曰黑鍾隱其常。"

[8]闃寂："闃"字宋刻本、四庫本作"闐"，百衲本作"閴"。今從中華本作"闃"。闃寂，形容寂靜的樣子。

[9]《百譜》：《百家譜》，南梁王僧儒撰。

[10]昭君：王嫱，字昭君。西漢南郡秭歸（今湖北秭歸縣）人。後人又稱之爲明君或明妃。元帝時，被選入宮。竟寧元年（前33），匈奴呼韓邪單于入朝求和親。她自請嫁匈奴。後死於匈奴，其墓稱"青塚"。

[11]長干：長干巷。六朝時建康（今江蘇南京市）城南里巷。

[12]白下：白石壘。本名"白石陂"，在今江蘇南京市北金川

門外幕府山南麓。

[13]靖侯：顔含。東晋封西平縣侯，諡曰靖。

[14]桑梓：桑與梓。爲古代住宅旁常栽之樹木，遂用以喻故鄉。

[15]尼甫：對孔子的尊稱。

[16]仲宣：王粲（177—217），字仲宣，山陽高平（今山東鄒縣）人。東漢末著名文學家，"建安七子"之一。《三國志》卷二一有傳。

[17]方叔：西周時人。周宣王卿士。曾領兵征伐活動在今陝西、甘肅、内蒙古西部一帶的游牧部族玁狁有功。這裏喻王僧辯。

[18]司徒：官名。東漢光武帝建武二十七年（51）以大司徒改稱之。歷朝多置。爲三公之一。　大都督：官名。三國魏明帝太和四年（230）始置。

[19]蚩尤：傳説中黄帝時諸侯，東方九黎族首領。黄帝聯合炎帝出師征討，戰於涿鹿（今河北涿鹿縣）之野。蚩尤戰敗被戮。一説三苗即蚩尤。

[20]郅支：西漢時匈奴單于。呼韓邪單于之兄。呼韓邪降漢，其亦遣使奉獻。元帝時呼韓邪擁漢，率部西入康居。後爲漢將陳湯討斬之。

[21]殷道是以再興：語出《史記》卷三《殷本紀》：盤庚"行湯之政，然後百姓由寧，殷道復興"。又曰："武丁修政行德，天下咸驩，殷道復興。"

[22]宮：指阿房宮，秦朝的宫殿，始建於公元前212年。遺址在今陝西西安市西郊阿房村一帶。

[23]侯景既走，義師采穭失火：宋刻本、百衲本、中華本同，四庫本作"侯景既平我師搜穭失火"。中華本校勘記云："諸本'穭'作'櫓'。按'穭'即'稆'。《後漢書》卷九《獻帝紀》建安元年八月稱'群僚饑乏，尚書郎以下自出採稆'，李賢注：'稆與穭同。'稆或穭即自生稻。此句正用《後漢書》典故，'櫓'字訛，

今改正。"

指余欋於兩束，侍昇壇之五讓，[1]欽漢官之復睹，[2]赴楚民之有望。攝絳衣以奏言，[3]悉黄散於官謗，[4]時爲散騎侍郎，奏舍人事也。或校石渠之文，[5]王司徒表送祕閣舊事八萬卷，[6]乃詔比校，部分爲正御、副御、重雜三本。左民尚書周弘正、黄門郎彭僧朗、直省學士王珪、戴陵校經部，[7]左僕射王褒、吏部尚書宗懷正、員外郎顔之推、直學士劉仁英校史部，[8]廷尉卿殷不害、御史中丞王孝紀、中書郎鄧藎、金部郎中徐報校子部，[9]右衛將軍庾信、中書郎王固、晉安王文學宗善業、直省學士周確校集部也。[10]時參柏梁之唱。[11]顧甌甌之不算，[12]濯波濤而無量，屬瀟湘之負罪，[13]陸納，[14]兼岷峨之自王。[15]武陵王。[16]竚既定以鳴鸞，修東都之大壯。詔司農卿黄文超營殿。[17]

[1]昇壇：指皇帝登基。　五讓：五次辭讓。漢劉邦死。呂后專權，立諸呂爲王侯。及呂后死，丞相陳平、太尉周勃殺諸呂，迎代王劉恒爲帝。恒至長安，在群臣面前一再推讓。向西讓者三，向南讓者再，共五讓。見《史記》卷一〇《孝文帝本紀》。

[2]欽漢官之復睹："官"字宋刻本、四庫本、百衲本作"宫"。今從中華本作"官"。

[3]絳衣：深紅色的朝服。當是舍人之朝服。

[4]官謗：居官不稱職而受到責難。

[5]石渠：石渠閣。漢宫中藏書閣名。西漢高祖時創建，在未央宫内。

[6]王司徒：王僧辯。

[7]左民尚書：官名。掌修膳功作。兼領駕部。至梁則職權更

大。　周弘正（495—574）：字思行，汝南安城（今河南汝南縣南）人。南朝梁、陳官吏。《陳書》卷二四有傳。　彭僧朗：南朝梁官吏。位黄門郎，秘閣校書。與周弘正、王珪、戴陵等校定經部。　學士：官名。魏晉南北朝皆置，以文學之士充任，掌典禮、編纂、撰述、修史之事，爲文學侍從之臣。　王珪：南朝梁官吏，官直省學士。時秘閣校書，與周弘正等校定經部。　戴陵：南朝梁官吏。位直省學士，秘閣校書，與周弘正、彭僧朗等校定經部。

[8] 王褒：字子淵，琅邪臨沂（今山東費縣東）人。南北朝時文學家、大臣。《周書》卷四一、《北史》卷八三有傳。　吏部尚書宗懷正、員外郎顔之推：余嘉錫云："宗懷正當爲宗懔之字。"（《四庫提要辨證》八《荆楚歲時記》下）熊清元云：" '懷' 是 '懔' 字之訛；'外' 字當爲衍文。校正後當標點爲 '吏部尚書宗懔、正員郎顔之推'。"（《〈北齊書·顔之推傳〉的一個校勘問題》，《中國史研究》2000年第4期）員外郎，員外散騎侍郎。其自注前言："時爲散騎侍郎，奏舍人事也。"又言"員外郎"，知其實爲員外散騎侍郎也。員外散騎侍郎，屬散騎省，掌規諫等，初無定員，南北朝後有定員。歷來爲清閑之職，亦爲高門子弟起家官。北齊七品上。

[9] 廷尉卿：官名。南朝梁改廷尉爲此稱，掌刑獄。北齊稱爲"大理卿"，三品。　殷不害：南朝梁、陳文士。《陳書》卷三二、《南史》卷七四有傳。　御史中丞：官名。本爲御史大夫佐吏，西漢晚期，御史大夫爲御史臺主。外督部刺史，内領侍御史，糾察百官，審核疑案。歷朝因之。北齊從三品。　王孝紀：南朝梁官吏。位御史中丞。時秘閣校書，其與金部郎中徐報等校子部。　鄧藎：南朝梁文吏。位中書郎。秘閣校書，其與廷尉殷不害等校子部。　金部郎中：官名。三國魏設，爲尚書省金部曹主官，掌財帛庫藏、錢幣鑄造及度量衡等。北齊六品上。

[10] 右衛將軍：官名。與左衛將軍共掌宿衛營兵。有司馬、功曹等官屬。東晉南北朝及隋因之。北齊三品。　庾信（513—581）：

1403

字子山，南陽新野（今河南新野縣）人。南北朝時文學家。自幼博覽群書，尤善《春秋左氏傳》。《周書》卷四一、《北史》卷八三有傳。　文學：官名。爲諸王府屬吏。掌侍從文章記事及典籍校讎等。　宗善業：南朝梁文士。任晉安王文學，秘閣校書，與右衛將軍庾信等校集部。"善"字百衲本、中華本同，宋刻本、四庫本作"菩"。　周確（528—587）：字士潛，汝南安城（今河南汝南縣南）人。南朝梁、陳官吏。《陳書》卷二四《周弘正傳》、《南史》卷三四《周朗傳》有附傳。

[11]柏梁：柏梁臺。漢武帝所修。

[12]甂甌：瓦器。此處借指不成材之大臣。

[13]瀟湘之負罪：指梁元帝抓捕湘州刺史王琳事。瀟湘，二水名。瀟水與湘江。喻湘州。

[14]陸納：南朝梁官吏。位湘州長史。

[15]岷峨：岷山北支。其南爲峨眉山，因稱"峨眉"爲"岷峨"。一説岷爲青城山，峨爲峨眉山。喻益州。時武陵王蕭紀爲益州刺史，侯景之亂，僭號於蜀。

[16]武陵王：蕭紀的封爵號。武陵，郡名。治所在今湖南常德市。

[17]司農卿：官名。即司農。司農寺主官，爲九卿之一，掌倉廩及農桑水利的政令等。　黃文超：南朝梁官吏。位司農卿，曾奉詔營造東都大殿。

驚北風之復起，慘南歌之不暢。秦兵繼來。[1]**守金城之湯池，**[2]**轉絳宫之玉帳。**孝元自曉陰陽兵法，初聞賊來，頗爲厭勝，被圍之後，每歎息，知必敗。**徒有道而師直，翻無名之不抗。**孝元與宇文丞相斷金結和，[3]無何見滅，是師出無名。**民百萬而囚虜，書千兩而煙煬，溥天之下，斯文盡喪。**北於墳籍少於江東三分之一，梁氏剝亂，散逸湮亡。唯孝元鳩合，通重十餘萬，史籍以來，未之有也。兵敗悉焚之，海內無復書府。憐嬰孺之何辜，矜老疾之無狀，奪諸懷而棄草，踣於塗而受掠。冤乘輿之殘酷，軫人神之無狀，載下車以黜喪，捬桐棺之藁葬。雲無心以容與，風懷憤而憀恨。井伯飲牛於秦中，[4]子卿牧羊於海上。[5]留釧之妻，人銜其斷絕；擊磬之子，家纏其悲愴。

[1]秦兵繼來："兵"字四庫本、百衲本、中華本同，宋刻本作"丘"。按，"秦丘"無解，此處應是"秦兵"。

[2]金城之湯池：語出《漢書》卷四五《蒯通傳》："邊地之城……必將嬰城固守，皆爲金城湯池，不可攻也。"本意是金屬造的城，滾水形成的護城河。形容工事無比堅固。

[3]宇文丞相：北周文帝宇文泰（505—556），字黑獺，代郡武川（今內蒙古武川縣）人。鮮卑族。北周奠基者。《周書》卷一、二，《北史》卷九有紀。

[4]井伯：《左傳》僖公五年："遂襲虞，滅之，執虞公，及其大夫井伯以媵秦穆姬。"此云井伯飲牛，蓋以人之誣百里奚者加之，以井伯、百里奚爲一人也。

[5]子卿牧羊於海上：子卿，即西漢之蘇武。此用蘇武牧羊之典。典出《漢書》卷五四《蘇建傳》："武字子卿，少以父任……稍遷至栘中厩監。"又："匈奴以爲神，乃徙武北海上無人處，使牧羝，羝乳乃得歸。"

小臣恥其獨死，實有愧於胡顏，牽痾瘠而就路，[1]時患脚氣。策駑蹇以入關。官疲驢瘦馬。下無景而屬踊，上有尋而亟搴，嗟飛蓬之日永，[2]恨流梗之無還，[3]若乃玄牛之旌，[4]九龍之路，土圭測影，[5]璿璣審度，[6]或先聖之規模，乍前王之典故，與神鼎而偕没，切仙宫之永慕。[7]爾其十六國之風教，七十代之州壤，接耳目而不通，詠圖書而可想，何黎氓之匪昔，[8]徒山川之猶囊。每結思於江湖，將取弊於羅網，聆代竹之哀怨，[9]聽出塞之嘹朗，對皓月以增愁，臨芳樽而無賞。

[1]瘂（ē）疷（zhǐ）：毆傷。"疷"字諸本皆同，王利器《顏氏家訓集解》附錄《北齊書·文苑傳》亦同，百衲本作"痁"。集解引盧文弨曰："瘂與痾同，《玉篇》：'病也。'《説文》：'疷'毆傷也。'"據改。宋刻本"疷"後多一個"疷"字，四庫本、中華本無。從删。

[2]嗟飛蓬之日永：語出曹植詩："轉蓬離本根，飄颻隨長風；何意迴飆舉，吹我入雲中。"其意是嘆惜飄泊不定而埋怨白天太長。

[3]恨流梗之無還：語出《戰國策·齊策》：蘇代謂孟嘗君曰："有土偶人與桃梗相與語……土偶曰：'……子東國之桃梗也，刻削子以爲人，降雨下，淄水至，流子而去，則子漂漂者將何如耳。'"其意是遺憾時間飛逝而一去不返。

[4]玄牛之旌："玄"，王利器云，當作"五"。"五牛旗者，晋武帝平吳師所造，五色各一旗，以木牛承其下，蓋取其負重而安穩也。見《晉書·輿服志》。"（《顏氏家訓集解》）

[5]土圭：古代用以測日影、正四時和測度土地的器具。《周禮·地官司徒》："以土圭之法測土深，正日景，以求地中。"

[6]璿（xuán）璣：以玉爲飾的天體觀測儀器，即渾儀的前身。

[7]切仙宫之永慕："宫"字四庫本、百衲本、中華本同，宋刻本作"弓"。

[8]黎氓：庶民。

[9]代竹：指代地絲竹之樂。《漢書·藝文志》："代、趙之謳，秦、楚之風，皆感於哀樂，緣事而發。"代，郡名。治所在今山西大同市北。

  自太清之內釁，[1]彼天齊而外侵，始蹙國於淮滸，[2]遂壓境於江潯。侯景之亂，齊氏深斥梁家土宇，江北、淮北唯餘廬江、晉熙、高唐、新蔡、西陽、齊昌數郡。[3]至孝元之敗，於是盡矣，以江爲界也。獲仁厚之麟角，剋俊秀之南金，[4]爰衆旅而納主，車五百以复臨，齊遣上黨王渙率兵數萬納梁貞陽侯明爲主。[5]返季子之觀樂，[6]釋鍾儀之鼓琴。[7]梁武聘使謝挺、徐陵始得還南，[8]凡厥梁臣，皆以禮遣。竊聞風而清耳，傾見日之歸心，試拂蓍以貞筮，遇交泰之吉林。之推聞梁人返國，故有犇齊之心。以丙子歲旦筮東行吉不，遇《泰》之《坎》，[9]乃喜曰："天地交泰而更習，坎重險，行而不失其信，此吉卦也，但恨小往大來耳。"[10]後遂吉也。譬欲秦而更楚，[11]假南路於東尋，乘龍門之一曲，[12]歷砥柱之雙岑。冰夷風薄而雷响，[13]陽侯山載而谷沉，[14]俟挈龜以憑濬，類斬蛟而赴深，昏揚舲於分陝，曙結纜於河陰。水路七百里一夜而至。追風飆之逸氣，從忠信以行吟。

[1]自太清之內釁："自"字四庫本、中華本同，宋刻本、百衲本作"日"。從四庫本改。太清，南朝梁武帝蕭衍年號（547—549）。

[2]淮：淮河。

[3]廬江：郡名。治所在今安徽廬江縣。　晉熙：郡名。治所

在今安徽潛山縣。　　高唐：郡名。即高塘郡。治所在今安徽宿松縣。　　新蔡：郡名。梁僑置，治所在今河南商城縣南。　　西陽：郡名。治所在今湖北黃岡市東。　　齊昌：郡名。南朝梁置，治所在今湖北武漢市黃陂區北。

[4]南金：《晉書》卷六八《薛兼傳》："（兼）少與同郡紀瞻、廣陵閔鴻、吳郡顧榮、會稽賀循齊名，號爲五儁。初入洛，司空張華見而奇之，曰：'皆南金也。'"

[5]上黨王：北齊神武帝高歡第七子高渙的封爵號。上黨，郡名。治所在今山西長治市北。　　渙：高渙（533—558），字敬壽。高歡第七子。本書卷一〇、《北史》卷五一有傳。　　貞陽侯：爵名。貞陽，縣名。治所在今廣東英德市東翁水北。　　明：蕭淵明（？—556）。梁武帝長兄長沙王蕭懿之子。梁承聖四年（555）被北齊立爲梁帝。諡梁閔帝。次年，被陳霸先所廢，後病死。本書卷三三有傳，《南史》卷五一《長沙宣武王懿傳》有附傳。

[6]季子：季札。春秋時吳國公子。吳太伯二十世孫，吳王壽夢子，諸樊弟。壽夢欲立其爲君，不就。受封延陵、州來。曾北游列國，觀樂於魯。

[7]鍾儀：春秋時楚國鄖公。公元前584年，楚伐鄭，諸侯救之，圍楚軍，將其囚禁，並獻之與晉。見晉景公，與語，操琴奏南音，范文子稱其有仁、信、忠、敏四德，乃待之以禮，後使歸楚。

[8]謝挺：一作"謝珽"。南朝蕭梁官吏。官散騎常侍。太清二年，與通直常侍徐陵一同出使東魏，未及還而侯景舉兵襲蕭衍。侯景敗死，珽等始返回江南。　　徐陵（507—583）：字孝穆，東海郯（今山東郯城縣）人。南朝梁、陳文學家，詩人。《陳書》卷二六有傳，《南史》卷六二《徐摛傳》有附傳。

[9]《泰》：卦名。乾下坤上，爲上下交通之象。引申爲通暢、安寧。　　《坎》：卦名。卦形象徵"重重險陷"。強調謹慎守恒之德，如此則險陷可履，艱難可除。

[10]但恨小往大來耳："但"字四庫本、百衲本、中華本同，

宋刻本作"伹"。

［11］譬欲秦而更楚：典出《呂氏春秋·首時篇》："墨者有田鳩，欲見秦惠王，留秦三年而弗得見。客有言之於楚王者，往見楚王，楚王説之，與將軍之節以如秦。至，因見惠王，告人曰：'之秦之道，乃之楚乎！'固有近之而遠、遠之而近者。"

［12］龍門：縣名。治所在今山西河津市西。

［13］冰夷：亦作"馮夷""無夷"。即河伯。乃神話中河神。傳説河伯人面魚身，常興風作浪，危害百姓。其中"河伯娶婦"之惡俗在民間流傳最廣，謂奉祀河伯，可祈風平浪静，百姓平安。

［14］陽侯山載而谷沉："侯"字宋刻本、四庫本、百衲本作"度"。中華本校勘記云："諸本'陽侯'作'陽度'。按'度'是'侯'的形訛，上句'冰夷'即'馮夷'，乃神話中河神，'陽侯'也是神話中的水神。《漢書》卷八七上《揚雄傳》載《反離騷》，有云：'凌陽侯之素波兮'，這裏是以'陽侯'代替'波浪'。"今從中華本作"侯"。陽侯，神話人物。傳説中波濤之神，或云伏羲臣。

　　遭厄命而事旋，舊國從於采芑，[1]先廢君而誅相，[2]訖變朝而易市。至鄴，便值陳興而梁滅，故不得還南。遂留滯於漳濱，[3]私自憐其何已，謝黄鵠之迴集，[4]惡翠鳳之高峙，曾微令思之對，[5]空竊彦先之仕，[6]纂書盛化之旁，[7]待詔崇文之裏，[8]齊武平中，署文林館待詔者僕射陽休之、祖孝徵以下三十餘人，之推專掌，其撰《修文殿御覽》《續文章流别》等皆詣進賢門奏之。[9]珥貂蟬而就列，[10]執麾蓋以入齒。時以通直散騎常侍遷黄門郎也。欷一相之故人，故人祖僕射掌機密，吐納帝令也。[11]賀萬乘之知己，祇夜語之見忌，寧懷愁之足恃。[12]諫諤言之矛戟，[13]惕險情之山水，[14]由重裘以寒勝，[15]用去薪而沸止。[16]時武職疾文人，之推蒙禮遇，每構創痏。故侍中崔季舒等六人以諫誅，[17]之推爾日鄰禍。而儕流或有毀之推於祖僕射者，僕射察之無實，所知如舊不忘。

[1]舊國從於采芑：語出《史記》卷四六《田敬仲完世家》："於是田常復修釐子之政，以大斗出貸，以小斗收。齊人歌之曰：'嫗乎采芑，歸乎田成子！'"《索隱》曰："以刺齊國之政將歸陳。"

[2]先廢君而誅相：梁敬帝禪位於陳霸先。所誅之相謂王僧辯。

[3]漳：漳河。衛河最大支流。在今河北、河南兩省邊境。漳濱，喻鄴。

[4]謝黃鵠之迴集：語出《西京雜記》："始元元年，黃鵠下太液池，上爲歌曰：'自顧薄德，愧爾嘉祥。'"之推自言其至止也，視黃鵠之下，鳳皇之儀，爲有愧也。

[5]令思：華譚（？—322），字令思，廣陵江都（今江蘇揚州市西南）人。西晉官吏。《晉書》五二有傳。

[6]彥先：顧榮（？—312），字彥先，吳郡吳（今江蘇蘇州市）人。爲東南名士。晉官吏。《晉書》卷六八有傳。

[7]盛化：北齊宮殿名。取昌明教化之意，故名。

[8]崇文：北齊宮門名。時文林館文人待詔於崇文門內。

[9]《續文章流別》：書名。疑爲北齊孔寧撰。二卷。久佚。

[10]貂蟬：古代王公顯官冠上之飾物。始於漢代武官。也常喻作達官顯貴。

[11]吐納帝令也："吐"字宋刻本、四庫本、中華本同，百衲本作"土"。從宋刻本改。

[12]寧懷敊之足恃："敊"字宋刻本、百衲本、中華本同，四庫本作"璧"。

［13］諫譖言之矛戟：語出《荀子・榮辱篇》："與人善言，暖於布帛；傷人之言，深於矛戟。"

［14］惕險情之山水：語出《莊子・列御寇》："孔子曰：'凡人心險於山川，難於知天。'"其意是要警惕仕途中的艱險。

［15］由重裘以寒勝："由"字四庫本、百衲本、中華本同，宋刻本作"田"。語出《三國志》卷二七《魏書・王昶傳》："諺曰：'救寒莫如重裘，止謗莫如自修。'"

［16］去薪而沸止：典出《漢書》卷五一《枚乘傳》："欲湯之凔，一人炊之，百人揚之，無益也；不如絶薪止火而已。"又《後漢書》卷七二《董卓傳》："臣聞揚湯止沸，莫若去薪。"比喻從根本上解決問題。

［17］故侍中崔季舒等六人以諫誅："諫"字四庫本、中華本同，宋刻本、百衲本作"獲"。從四庫本改。

予武成之燕翼，[1]遵春坊而原始，[2]唯驕奢之是修，亦佞臣之云使。武成奢侈，後宮御者數百人，食於水陸貢獻珍異，至乃厭飽，棄於厠中。禪衣悉羅纈錦繡珍玉，[3]織成五百一段。爾後宮掖遂爲舊事。後主之在宮，乃使駱提婆母陸氏爲之，[4]又胡人何洪珍等爲左右，[5]後皆預政亂國焉。惜染絲之良質，惰琢玉之遺祉，用夷吾而治臻，昵狄牙而亂起。[6]祖孝徵用事，則朝野翕然，政刑有綱紀矣。駱提婆等苦孝徵以法繩己，譖而出之。於是教令昏僻，至于滅亡。誠怠荒於度政，[7]惋驅除之神速，肇平陽之爛魚，[8]次太原之破竹。[9]晉州小失利，便棄軍還并，又不守并州，犇走向鄴。寔未改於弦望，遂□□□□□，及都□而昇降，懷墳墓之淪覆。迷識主而狀人，競已樓而擇木，六馬紛其顛沛，千官散於犇逐，無寒瓜以療饑，[10]靡秋螢而照宿，[11]時在季冬，故無此物。犫敵起於舟中，[12]胡、越生於輦轂。[13]壯安德之一戰，邀文武之餘福，屍狼藉其如莽，血玄黃以成谷，後主犇後，安德王延宗收合餘燼，[14]於并州夜戰，殺數千人。周主欲退，[15]齊將之降周者告以虛實，故留至明而安德敗也。天命縱不可再來，猶賢死廟而慟哭。[16]乃詔余以典郡，據要路而問津，除之推爲平原郡，據河津，以爲犇陳之計。[17]斯呼航而濟水，郊鄉導於善鄰，[18]約以鄴下一戰不剋，當與之推入陳。不羞寄公之禮，願爲式微之賓。忽成言而中悔，矯陰疏而陽親，信諂謀於公王，[19]競受陷於姦臣。丞相高阿那肱等不願入南，又懼失齊主則得罪於周朝，故疏間之推。所以齊主留之推守平原城，而索船度濟向青州。阿那肱求自鎮濟州，乃啓報應齊主云："無賊，勿怱怱。"遂道周軍追齊主而及之。曩九圍以制命，今八尺而由人，四七之期必盡，百六之數溢屯。趙郡李穆叔調妙占天文算術，[20]齊初踐祚計止於二十八年。至是如期而滅。

[1]予武成之燕翼：中華本校勘記云："局本'予'作'子'。按'予'字於文義不洽，疑是'子'之訛。"武成，即北齊皇帝高湛（537—568），謚號武成。本書卷七、《北史》卷八有紀。

[2]春坊：《唐六典》注云："北齊有門下坊、典書坊，龍朔二年，改門下坊爲左春坊，典書坊爲右春坊。"據此，則唐以前尚未以春坊爲官名，以其東宮所在，故以春名之，是時俗所呼，後來即以爲署名。

[3]褌（kūn）：古代有襠的褲子。"褌"字四庫本、中華本、百衲本同，宋刻本作"軍"。

［4］乃使駱提婆母陸氏爲之："乃"字四庫本、中華本同，宋刻本、百衲本作"及"。從四庫本改。駱提婆（？—578），亦作"穆提婆"，漢陽（今甘肅天水市）人。北齊官吏。本書卷五〇、《北史》卷九二有傳。陸氏，即陸令萱（？—577），亦稱陸媪。爲北齊後主乳母，受胡太后寵信，封郡君。齊亡後被勒令自殺。《北史》卷九二《穆提婆傳》有附傳。

［5］何洪珍：北齊官吏。胡人。初以富家子選送入朝，爲後主寵佞。武平（570—576）中封王，位開府。在朝與和士開勾結，弄權賣官。事見本書卷五〇《韓寶業等傳》、《北史》卷九二《齊諸宦者傳》。

［6］狄牙：一作"易牙"。雍人，名巫，亦稱"雍巫"。春秋時齊桓公寵倖的近臣。長於調味，善逢迎，相傳曾烹其子爲羹以獻齊桓公。管仲死後，狄牙與豎刁、開方共同專權。桓公死，諸子爭立，狄牙與豎刁等殺群臣，立公子無虧，齊國因此發生內亂。

［7］誡怠荒於度政："度政"宋刻本、百衲本、中華本同，四庫本作"政度"。

［8］平陽：郡名。治所在今山西臨汾市。　爛魚：魚爛從內而發。此處謂梁之自亡也。"魚"字宋刻本、四庫本、中華本同，百衲本作"蕪"。從宋刻本改。

［9］次太原之破竹：典出《晉書》卷三四《杜預傳》："今兵威已振，譬如破竹，數節之後，皆迎刃而解，無復著手處也。"意敵軍攻勢猛烈。太原，郡名。治所在今山西太原市西南。

［10］無寒瓜以療饑：典出《吳越春秋》："越王復伐吳。吳王率其群臣遁去，晝馳夜走，至胥山西阪中，得生瓜，吳王掇而食之。"意指顛沛流離之苦。

［11］麋秋螢而照宿：典出《後漢書》卷八《靈帝紀》："讓、珪等復劫少帝、陳留王走小平津……帝與陳留王協夜步逐熒光行數里，得民家露車，共乘之。"意指顛沛流離之苦。

［12］讎敵起於舟中：典出《說苑・貴德篇》。吳起對魏武侯

說："在德不在險。若君不修德，船中之人盡敵國也。"意指內叛。

[13]胡、越生於轂轂：語出《漢書》卷五七下《司馬相如傳下》："嘗從上至長楊獵……相如因上疏諫。其辭曰：'……今陛下好陵阻險，射猛獸，卒然遇逸材之獸……輿不及還轅，人不暇施巧……是胡、越起於轂下，而羌、夷接軫也，豈不殆哉？'"

[14]安德王：高延宗的封爵號。安德，郡名。治所在今山東平原縣東北。　延宗：高延宗（？—578），渤海蓨（今河北景縣）人。北齊宗室，齊文襄帝子。本書卷一一、《北史》卷五二有傳。

[15]周主：北周武帝宇文邕。

[16]猶賢死廟而慟哭：典出《三國志》卷三三《蜀書·後主傳》注："《漢晉春秋》曰：'後主將從譙周之策，北地王諶怒曰："若理窮力屈，禍敗必及，便當父子君臣背城一戰，同死社稷，以見先帝可也。"後主不納，遂送璽綬。是日，諶哭於昭烈之廟，先殺妻子，而後自殺，左右無不爲涕泣者。'"

[17]以爲犇陳之計：四庫本、中華本同，宋刻本、百衲本無"陳"字。從補。

[18]郊鄉導於善鄰：中華本校勘記云："按'郊'字不可通，疑是'效'之訛。"導"字四庫本、中華本同，宋刻本、百衲本作"道"。從四庫本改。

[19]信詔謀於公王："王"字宋刻本、中華本同，四庫本、百衲本作"主"。從宋刻本改。中華本校勘記云："諸本'王'作'主'，三朝本作'王'，據張元濟《校勘記稿》，百衲本所據之宋本也作'王'。按公主詔謀事無考，'公王'當是泛指高阿那肱等，今從三朝本。但此句末字應是仄聲，'王'字平聲，亦可疑。"

[20]趙郡李穆叔調妙占天文算術：中華本校勘記云："按李穆叔即李公緒，本書卷二九附《李渾傳》（補）。'調'字於文義不協，疑是衍文。"李穆叔，即李公緒。字穆叔，趙郡平棘（今河北趙縣東南）人。北齊文士。博通經傳。本書卷二九《李渾傳》、《北史》卷三三《李靈傳》有附傳。

予一生而三化，備荼苦而蓼辛，在揚都值侯景殺簡文而篡位，[1]於江陵逢孝元覆滅，至此而三爲亡國之人。鳥焚林而鍛翮，[2]魚奪水而暴鱗，嗟宇宙之遼曠，愧無所而容身。夫有過而自訟，[3]始發矇於天真，遠絕聖而棄智，妄鎖義以羈仁，舉世溺而欲拯，王道鬱以求申。既銜石以填海，[4]終荷戟以入秦，亡壽陵之故步，[5]臨大行以逡巡。[6]向使潛於草茅之下，甘爲畎畝之人，無讀書而學劍，[7]莫抵掌以膏身，[8]委明珠而樂賤，辭白璧以安貧，堯、舜不能榮其素樸，桀、紂無以汙其清塵，此窮何由而至，兹辱安所自臻。而今而後，不敢怨天而泣麟也。

[1]揚都：建康。今江蘇南京市。"揚"字宋刻本、四庫本、百衲本作"陽"。中華本校勘記云："諸本'揚'作'陽'。按當時習稱建康爲'揚都'。《晉書》卷九二《庾闡傳》稱闡作《揚都賦》，爲世所重。'陽'字訛，今改正。"今從中華本作"揚"。簡文：梁簡文帝蕭綱（503—551），字世纘，南蘭陵（今江蘇常州市武進區西北）人。武帝子。《梁書》卷四、《南史》卷八有紀。

[2]鳥焚林而鍛翮："鍛"字四庫本、中華本同，宋刻本、百衲本作"鍛"。從四庫本改。

[3]夫有過而自訟：語出《論語·公冶長》："吾未見能見其過而内自訟者也。"

[4]既銜石以填海：此爲精衛填海之典。典出《山海經·北山經》："發鳩之山……有鳥焉……名曰精衛……是炎帝之少女，名曰女娃，女娃游于東海，溺而不返，故爲精衛，常銜西山之木石，以堙于東海。"

[5]亡壽陵之故步：此爲邯鄲學步之典。典出《莊子·秋水

篇》:"且子獨不聞夫壽陵餘子之學行於邯鄲與?未得國能,又失其故行矣。"

[6]大行:太行山。在今山西、河北、河南三省交界處。

[7]無讀書而學劍:語出《漢書》卷六五《東方朔傳》:"朔初來,上書曰:'臣朔……年十三學書,三冬文史足用。十五學擊劍,十六學《詩》《書》,誦二十二萬言,十九學孫吴兵法……亦誦二十二萬言。'"

[8]莫抵掌以膏身:語出《戰國策·秦策》。蘇秦"見説趙王於華屋之下,抵掌而談,趙王大説"。膏身,猶言潤身。其意是不高談闊論去修身。

之推在齊有二子,長曰思魯,[1]次曰敏楚,[2]不忘本也。《之推集》在,[3]思魯自爲序録。

[1]思魯:顔思魯,琅邪臨沂(今山東費縣東)人。顔之推長子。北齊文士。

[2]次曰敏楚:中華本校勘記云:"錢氏《考異》卷三一云:'"敏"當作"愍",即"愍"字。'"敏楚,即顔敏楚。一作"顔愍楚",琅邪臨沂(今山東費縣東)人,顔之推次子。隋朝官吏。官至内史通事。參與改定律曆。

[3]《之推集》:《顔之推集》。隋佚。

袁奭,字元明,陳郡人,[1]梁司空昂之孫也。[2]父君方,[3]梁侍中。[4]奭,蕭莊時以侍中奉使貢。[5]莊敗,除琅邪王儼大將軍諮議,[6]入館,遷太中大夫。[7]

[1]陳郡:治所在今河南淮陽縣。

［2］司空：官名。魏晋南北朝爲名譽宰相，多爲大臣加官，位居一品（梁十八班）。　昂：袁昂（461—540），字千里，陳郡陽夏（今河南太康縣）人。南朝齊、梁官吏。《梁書》卷三一有傳。

［3］君方：袁君方。南朝梁官吏。

［4］侍中：官名。門下省長官。掌侍從左右、出納詔命、顧問應對。

［5］蕭莊：南朝梁元帝孫。南蘭陵（今江蘇常州市武進區西北）人。初封永嘉王，敬帝時出質北齊。陳禪代梁，王琳於郢州扶其即帝位，改年號天啟，署置百官。王琳兵敗，蕭莊逃歸北齊，被齊封爲梁王。後卒於鄴。《南史》卷五四有傳。

［6］琅邪王：北齊武成帝高湛第三子高儼的封爵號。琅邪，郡名。治所在今山東臨沂市西。　儼：高儼（548—571），字仁威，渤海蓚（今河北景縣）人，北齊武成帝第三子。本書卷一二、《北史》卷五二有傳。　諮議：官名。即諮議參軍。大將軍僚屬。掌顧問諫議。從四品上。

［7］太中大夫：官名。參議政事。北齊三品。

韋道遜，京兆杜陵人。[1]曾祖肅，[2]隨劉義真度江。[3]祖崇，[4]自宋入魏，[5]寓居河南洛陽，[6]官至華山太守。[7]道遜與兄道密、道建、道儒並早以文學知名。道密，魏永熙中開府祭酒。[8]因患恍惚，沉廢於家。道建，天保末卒司農少卿。道儒，歷中書黃門侍郎。[9]道遜，武平初尚書左中兵，[10]加通直散騎侍郎，入館，加通直常侍。[11]

［1］京兆：郡名。治所在今陝西西安市西北。　杜陵：縣名。治所在今陝西西安市東南。

[2]肅：韋肅，字道壽，京兆杜陵（今陝西西安市東南）人。南朝宋官吏。元嘉時，被鎮守關中的劉義真辟爲主簿。後隨義真渡江，歷魏郡弋陽二郡太守、豫州刺史。

[3]劉義真（407—424）：南朝宋武帝劉裕第二子。《宋書》卷六一有傳。

[4]崇：韋崇，字洪基，京兆杜陵（今陝西西安市東南）人。北魏官吏。《魏書》卷四五、《北史》卷二六《韋閬傳》有附傳。"崇"字宋刻本、四庫本、百衲本作"儒"。中華本校勘記云："諸本'肅'作'蕭'，'崇'作'儒'。殿本《考證》云：'按《魏書》（卷四五）及《北史》（卷二六）《韋閬傳》並云：從子崇，字洪基，父肅隨義真渡江。又崇二子，獻之、休之。休之子道建、道儒。道遜之父不可考，然當祖崇，此云祖儒，似有誤。'張森楷云：'肅子果名儒，則道遜兄不當名道儒。六朝人最重家諱，豈得輕易觸犯如此？據下文，道遜於道建、道儒爲弟，即俱是休之子，"儒"即"崇"之誤也。又《本傳》云：儒官至華山太守，而《魏書·韋閬傳》亦正云："崇爲華山太守卒。"則"儒"斷爲"崇"之誤無疑。'按殿本《考證》及張考已詳。'蕭''儒'二字皆訛，今據《魏書》《北史》改正。"今從中華本作"崇"。

[5]宋：南朝宋，或稱劉宋。東晉恭帝元熙二年（420），相國劉裕禪代東晉，改元稱帝，都建康（今江蘇南京市），國號宋。歷八帝，六十年。順帝昇明三年（479）禪於南齊。

[6]河南：郡名。治所在今河南洛陽市西。　洛陽：縣名。治所在今河南洛陽市東北。

[7]華山：郡名。治所在今陝西華縣。

[8]永熙：北魏孝武帝元脩年號（532—534）。　開府祭酒：官名。爲王府、公府屬官。

[9]中書黃門侍郎：中書侍郎、黃門侍郎。中書侍郎，又稱"中書郎"，爲中書省副主官，掌起草書疏表檄。北齊從四品上。黃門侍郎，與侍中俱掌門下事。北齊四品上。門下省掌侍從左右、出

納詔命、顧問應對。

[10]尚書左中兵：官名。即尚書左中兵郎，爲尚書省左中兵曹長官通稱。北齊屬五兵尚書，六品上。左中兵曹掌都城畿內軍隊政令軍務。

[11]通直常侍：官名。"通直散騎常侍"的省稱。因將員外散騎常侍與散騎常侍通員值班而得名。職掌品秩與散騎常侍略同。員四人，屬散騎省。爲清望官。北齊四品。

江旰，字季，濟陽人也。[1]祖柔之，[2]蕭齊尚書右丞。[3]叔父革，[4]梁都官尚書。[5]旰，梁末給事黃門郎，[6]因使至淮南，爲邊將所執，送鄴。稍遷鄭州司馬，[7]入館，除太尉從事中郎，[8]轉太子家令。[9]齊亡，逃還建業。終於都官尚書。

[1]江旰，字季，濟陽人也："濟陽"宋刻本、四庫本、百衲本作"陽濟"。中華本校勘記云："諸本'濟陽'倒作'陽濟'。按江氏族望是濟陽考城，今乙正。"今從中華本作"濟陽"。按，旰，日晚。即爲"季陽"之意。故江旰當字季陽。疑此處不爲"陽濟"倒置，當是濟下脱"陽"之誤。濟陽，郡名。治所在今河南蘭考縣東北。

[2]柔之：江柔之。南朝齊官吏。事不詳。

[3]尚書右丞：爲尚書令及僕射之輔佐官。與左丞共掌尚書臺內庶務，兼掌錢糧庫藏、財政出納、刑獄兵工。

[4]革：江革。南朝梁官吏。爲豫章王蕭綜長史。北魏孝明帝時，綜降魏，革等均被擒俘。後被遣返。

[5]都官尚書：官名。尚書省屬官。掌畿內非違得失事，統都官、水部、庫部、功論四曹，爲六尚書之一。梁十三班。

[6]給事黃門郎：官名。東漢合併"黃門侍郎"與"給事黃

門"而置。與侍中俱管門下衆事。歷朝因之。梁十二班。

　　[7]司馬：高級幕僚。於府内掌軍事及府内武官。

　　[8]從事中郎：官名。爲太尉府僚屬。與長史共主府中吏事。北齊五品上。

　　[9]太子家令：官名。掌皇太子之飮膳、車馬、倉儲、庫藏之政令。北齊從四品上。

　　睦豫，字道閑，[1]趙郡高邑人。[2]父寂，[3]梁北平太守。[4]道閑弱冠，州舉秀才。天保中，參議禮令，歷晋州道行臺郎、大理正、奉車都尉，[5]入館，遷員外散騎常侍，尋兼祠部郎中。[6]隋開皇中，卒於洛州司馬。豫宗人仲讓，[7]天保時尚書左丞。[8]

　　[1]睦豫，字道閑：中華本校勘記云："諸本'睦'作'睦'。張元濟《北齊書跋》云：'按《本傳》，睦豫，趙郡高邑人。本書《崔暹傳》（卷三〇）"趙郡睦仲讓陽屈之"，《魏收傳》（卷三七）"房延祐、辛元植、睦仲讓雖夙涉朝位，並非史才"。《北史》此二傳"睦仲讓"均作"睦仲讓"。又《魏書·逸士傳》（卷九〇）有睦夸者，亦趙郡高邑人。又《慕容寶傳》（卷九五）有"中書令睦邃"，汲古本亦誤作"睦"，而監本則作"睦"。（按，百衲本作"睦"。）由此推之，睦氏必爲趙郡鉅族，且當時人物亦甚盛。竊疑睦豫爲睦豫之訛。'按張說是，此傳序文中'睦道閑'，《北史》百衲本也作'睦'，而殿、局本改作'陸'。此《傳》明言仲讓爲豫宗人，道閑即是豫字，《北史》二處都作'睦'，這裏'睦'也是'睦'之訛無疑，今改正。"從改。

　　[2]高邑：縣名。治所在今河北高邑縣。

　　[3]寂：睦寂。南朝梁官吏。事不詳。

　　[4]北平：郡名。梁無北平郡，治所不詳。

[5]行臺郎：官名。北魏置，北齊沿置。行臺屬官。爲行臺諸曹郎中的泛稱。行臺爲地方最高軍政機構。　大理正：官名。大理寺屬官。北齊始置，員一人，六品。掌決正刑獄。

[6]祠部郎中：官名。魏晋南北朝與"祠部郎"互稱，爲尚書省祠部曹長官，六品上。北齊祠部曹專掌祠祀醫藥、死喪贈賜。

[7]宗人：同族的人。　仲讓：眭仲讓。北齊儒士。

[8]尚書左丞：官名。爲尚書臺屬官，佐助令、僕射掌政務。職掌臺内庶務、文吏及文案奏章。北齊從四品上。

朱才，字待問，吴都人。[1]蕭莊在淮南，以才兼散騎常侍，副袁奭入朝。莊敗，留鄴。稍遷國子博士、諫議大夫。齊亡，客遊信都而卒。

[1]吴都人：中華本校勘記云："殿本《考證》云：'"都"當作"郡"。'"吴，郡名。治所在今江蘇蘇州市。

荀仲舉，字士高，潁川人，世江南。仕梁爲南沙令，[1]從蕭明於寒山被執。[2]長樂王尉粲甚禮之。[3]與粲劇飲，齩粲指至骨。顯祖知之，杖仲舉一百。或問其故，答云："我那知許，當是正疑是麈尾耳。"[4]入館，除符璽郎。[5]後以年老家貧，出爲義寧太守。[6]仲舉與趙郡李概交欵，[7]概死，仲舉因至其宅，爲五言詩十六韻以傷之，詞甚悲切，世稱其美。

[1]南沙：縣名。治所在今江蘇常熟市西北。
[2]寒山：山名。在今江蘇徐州市東南。
[3]長樂王：尉粲的封爵號。長樂，郡名。治所在今河北冀州

市。　尉粲：善無（今山西右玉縣南）人。北齊大臣。本書卷一五、《北史》卷五四《尉景傳》有附傳。

　　[4]當是正疑是麈（zhǔ）尾耳：中華本校勘記云："《册府》卷九一四、《御覽》卷六五〇引《三國典略》'麈'作'鹿'。按麈雖本是鹿類，但當時'麈尾'已是蠅拂一類用具之名，不可食。正是以爲鹿尾，故'齧之至骨'。疑作'鹿'是。"說是。麈尾，古以駝鹿尾爲拂塵，因稱拂塵爲麈尾，或省作麈。

　　[5]符璽郎：官名。北朝時爲"符璽郎中"之别稱。掌印璽，屬御史臺。北齊時員四人，從六品。

　　[6]義寧：郡名。治所在今山西沁源縣。

　　[7]李概：字季節，趙郡平棘（今河北趙縣東南）人。北齊官吏、史學家。初爲齊文襄大將軍府行參軍。齊建，修國史。遷太子舍人。爲副使聘於江南。還，坐事解職。撰有《戰國春秋》《音譜》等；又自簡詩賦二十四首爲《達生丈人集》，皆佚。《北史》卷三三《李靈傳》有附傳。

　　蕭慤，字仁祖，梁上黄侯曄之子。[1]天保中入國，武平中太子洗馬。

　　[1]上黄侯：爵名。上黄，縣名。治所在今湖北南漳縣東南。曄：蕭曄，字通明，南蘭陵（今江蘇常州市武進區西北）人。南朝梁宗室。《南史》卷五二《始興忠武王憺傳》有附傳。

　　古道子，河内人。[1]父起，[2]魏太中大夫。道子有幹局，當官以强濟知名，歷檢校御史、司空田曹參軍。[3]自袁奭等俱涉學有文詞。荀仲舉、蕭慤工於詩詠。慤曾秋夜賦詩，其兩句云"芙蓉露下落，楊柳月中疏"，爲知音所賞。

[1]河内：郡名。治所在今河南沁陽市。
[2]起：古起。北魏官吏。事不詳。
[3]檢校御史：官名。御史臺屬官，掌糾察外官違失。北魏孝文帝太和改制後，更監察御史爲此稱。北齊因之，員十二人，從八品上。　司空田曹參軍：官名。司空屬吏，田曹主官。掌公田事。

贊曰：九流百氏，立言立德，不有斯文，寧資刊勒。乃眷淫靡，永言麗則，雅以正邦，哀以亡國。

北齊書　卷四六[1]

列傳第三十八

循吏

張華原　宋世良 弟世軌　郎基　孟業　崔伯謙　蘇瓊
房豹　路去病

先王疆理天下，司牧黎元，[2]刑法以禁其姦，禮教以防其欲。故分職命官，共理天下。《書》云："知人則哲，能官人安人則惠。"[3]睿哲之君，必致清明之臣；昏亂之朝，多有貪殘之吏。高祖撥亂反正，[4]以恤隱爲懷，故守令之徒，才多稱職。仍以戰功諸將，出牧外藩，不識治體，無聞政術。非唯暗於前言往行，乃至始學依判付曹，聚斂無厭，淫虐不已，雖或直繩，終無悛革。於戲！此朝廷之大失。大寧以後，[5]風雅俱缺，賣官鬻獄，上下相蒙，降及末年，黷貨滋甚。齊氏循良，如辛術之徒非一，[6]多以官爵通顯，別有列傳。如房仲幹之屬，[7]

在武平之末能卓爾不群,[8]斯固彌可嘉也。今掇張華原等列於循吏云。

[1]《北齊書》卷四六：中華本校勘記云："按此卷前有序，後無論贊，諸傳内容都較《北史》簡略，其中或稱齊帝廟號，也有溢出《北史》的字句。錢氏《考異》卷三一認爲經後人刪改，或是《北齊書》此卷已亡，後人以《高氏小史》補。但卷中《蘇瓊傳》却稱齊帝謚，文字幾乎全同《北史》，祇有個別溢出之句。"

[2]黎元：百姓。

[3]《書》云："知人則哲，能官人安人則惠"：語出《尚書·皋陶謨》。《書》即《尚書》。上古"左史記言，右史記事"，"書"爲史官所記之史。孔安國《尚書傳》："以其上古之書謂之《尚書》。"據《史記》卷四七《孔子世家》，是書爲孔子編定。原書一百篇，内容包括自帝堯至秦穆公時代之史事。秦時焚書，伏生壁藏之。漢定，伏生求其書，亡數十篇，獨得二十九篇，以教於齊魯間。是爲《今文尚書》。武帝末，魯共王壞孔子宅，得《尚書》數十篇，皆古字，孔安國考二十九篇，得多十六篇，是爲《古文尚書》。東晋梅賾上《古文尚書》五十八篇，清閻若璩判定其僞。

[4]高祖：北齊神武帝高歡（496—547），廟號高祖。本書卷一、二，《北史》卷六有紀。

[5]大寧：北齊武成帝高湛年號（561—562）。

[6]辛術（500—559）：一作"辛述"，字懷哲，隴西狄道（今甘肅臨洮縣）人。本書卷三八有傳，《北史》卷五〇《辛雄傳》有附傳。

[7]房仲幹：房豹，字仲幹，清河（今山東臨清市東北）人。北齊官吏。本卷後有傳。

[8]武平：北齊後主高緯年號（570—576）。

張華原，字國滿，代郡人也。[1]少明敏，有器度。高祖開驃騎府，[2]引爲法曹參軍，[3]遷大丞相府屬，仍侍左右。從於信都，[4]深爲高祖所親待，高祖每號令三軍，常令宣諭意旨。

[1]代郡：治所在今山西大同市北。
[2]驃騎府："驃騎將軍府"簡稱。兩漢、魏、晉、南朝、北魏、北齊驃騎將軍爲重號將軍，多開府置僚屬。
[3]法曹參軍：官名。法曹長官。北齊公府、將軍府、諸州府置，自七品上至八品上。法曹爲掌郵驛科程事的官署。
[4]信都：縣名。治所在今河北冀州市。

周文帝始據雍州也，[1]高祖猶欲以逆順曉之，使華原入關説焉。周文密有拘留之意，謂華原曰："若能屈驥足於此，當共享富貴，不爾命懸今日。"華原曰："渤海王命世誕生，[2]殆天所縱，以明公蓋爾關右，便自隔絕，故使華原銜喻公旨。明公不以此日改圖，轉禍爲福，乃欲賜脅，有死而已。"周文嘉其亮正，乃使東還。高祖以華原久而不返，每歎惜之，及聞其來，喜見於色。

[1]周文帝：北周文帝宇文泰（505—556），字黑獺，代郡武川（今内蒙古武川縣）人。鮮卑族。北周奠基者。《周書》卷一、二，《北史》卷九有紀。 雍州：治所在今陝西西安市。
[2]渤海王：北魏時高歡的封爵號。渤海，郡名。治所在今河北東光縣。

累遷爲兗州刺史，[1]人懷感附，寇盜寢息。州獄先有囚千餘人，華原皆決遣。至年暮，唯有重罪者數十人，華原亦遣歸家申賀，依期至獄。先是州境數有猛獸爲暴，自華原臨州，忽有六駮食之，[2]咸以化感所致。後卒官，州人大小莫不號慕。

[1]兗州：治所在今山東濟寧市兗州區新驛鎮東頓村南。
[2]六駮：獸名。亦省稱"駮"。《爾雅·釋畜》："駮，如馬，倨牙，食虎豹。"

宋世良，字元友，廣平人。[1]年十五，便有膽氣，應募從軍北討，屢有戰功。尋爲殿中侍御史，[2]詣河北括户，[3]大獲浮惰。還見汲郡城旁多骸骨，[4]移書州郡，令悉收瘞。其夜，甘雨滂沱。還，孝莊勞之曰：[5]"知卿所括得丁倍於本帳，若官人皆如此用心。便是更出一天下也。"

[1]廣平：郡名。治所在今河北邯鄲市永年區。
[2]殿中侍御史：官名。亦稱"殿中御史"。居宮殿中糾察非法。北朝地位較重。北魏或掌宿衛禁兵。北齊員十二人，八品。
[3]河北：黃河以北地區。
[4]汲郡：治所在今河南浚縣西南淇門渡。
[5]孝莊：北魏孝莊帝元子攸（507—530），彭城王元勰第三子。公元528年至530年在位。謚號孝莊。《魏書》卷一〇、《北史》卷五有紀。

出除清河太守。[1]世良才識閑明，尤善治術，在郡未幾，聲問甚高。郡東南有曲堤，成公一姓阻而居之，[2]群盜多萃於此。人爲之語曰："寧度東吳、會稽，[3]不歷成公曲堤。"世良施八條之制，盜奔他境。民又謠曰："曲堤雖險賊何益，但有宋公自屏跡。"後齊天保中大赦，[4]郡先無一囚，群吏拜詔而已。獄內稴生，[5]桃樹、蓬蒿亦滿。每日衙門虛寂，無復訴訟者。其冬，醴泉出於界內。及代至，傾城祖道。有老人丁金剛泣而前，[6]謝曰："己年九十，記三十五政，君非唯善治，清亦徹底。今失賢君，民何濟矣。"莫不攀援涕泣。除東郡太守，[7]卒官。世良強學，好屬文，撰《字略》五篇、《宋氏別錄》十卷。[8]與弟世軌俱有孝友之譽。

[1]除：官制用語。意爲任命。 清河：郡國名。西漢高帝置，治清陽縣（今河北清河縣）。西晉爲清河國，治清河縣（今山東臨清市）。北魏仍改爲郡。北齊移治武城縣（今河北清河縣西城關鄉西北）。

[2]成公：複姓。

[3]吳：郡名。治所在今江蘇蘇州市。 會稽：郡名。治所在今浙江紹興市

[4]天保：四庫本、中華本同，宋刻本、百衲本作"天祿"。按，北齊無"天祿"年號，此處應是"天保"。從改。天保，北齊文宣帝高洋年號（550—559）。

[5]稴：野生水稻。

[6]丁金剛：事不詳。

[7]東郡：治所在今河南滑縣東南城關鎮。

[8]《字略》五篇、《宋氏別錄》十卷：今並佚。

世軌，幼自嚴整。好法律，稍遷廷尉卿。[1]洛州民聚結欲劫河橋，[2]吏捕案之，連諸元徒黨千七百人。崔暹爲廷尉，[3]以之爲反，數年不斷。及世軌爲少卿，[4]判其事爲劫。於是殺魁首，餘從坐悉捨焉。時大理正蘇珍之亦以平幹知名。[5]寺中爲之語曰："決定嫌疑蘇珍之，視表見裏宋世軌。"時人以爲寺中二絕。南臺囚到廷尉，[6]世軌多雪之。仍移攝御史，[7]將問其濫狀，中尉畢義雲不送，[8]移往復不止。世軌遂上書，極言義雲酷擅。顯祖引見二人，[9]親敕世軌曰：[10]"我知臺欺寺久，[11]卿能執理與之抗衡，[12]但守此心，勿慮不富貴。"敕義雲曰："卿比所爲誠合死，以志在疾惡，故且一恕。"仍顧謂朝臣曰："此二人並我骨鯁臣也。"及疾卒，廷尉、御史諸繫囚聞世軌死，皆哭曰："宋廷尉死，我等豈有生路！"[13]

[1]廷尉卿：官名。九卿之一。掌刑獄。北齊改爲大理卿，三品。

[2]洛州：治所在今河南洛陽市東北。 河橋：古橋名。在今河南孟津縣東、孟州市西南黃河上。

[3]崔暹爲廷尉：中華本校勘記云："《北史》卷二六《宋隱傳》'崔暹'作'崔昂'。按本書卷三〇《崔暹傳》沒有說他曾爲廷尉，而《崔昂傳》說昂於天保中爲廷尉卿。疑《北史》是。"崔暹（？—559），字季倫，博陵安平（今河北安平縣）人。東魏、北齊官吏。本書卷三〇有傳，《北史》卷三二《崔挺傳》有附傳。

[4]少卿：廷尉少卿。爲廷尉卿之副職。

[5]大理正：官名。大理寺屬官。北齊始置，員一人，六品。掌決正刑獄。 蘇珍之：蘇瓊，字珍之，長樂武强（今河北武强

縣）人。北齊官吏。本卷後、《北史》卷八六有傳。

[6]南臺："御史臺"的別稱。以其位於宮廷之南而名。又北魏之制，百官朝會名簿自尚書令、僕射以下，悉送南臺。

[7]攝：代理、兼職。　御史：官名。爲御史臺屬官，掌舉劾違失，監理郡縣及受公卿郡吏奏事等。

[8]中尉：官名。即"御史中尉"之簡稱。北魏改御史中丞爲此稱。主掌御史臺。糾彈百官，參治刑獄。從三品。　畢義雲：東平須昌（今山東東平縣）人。北魏官吏。本書卷四七有傳。

[9]顯祖：北齊文宣帝高洋（529—559），廟號顯祖。本書卷四、《北史》卷七有紀。

[10]敕：南北朝以後對君主詔命的專稱。

[11]臺欺寺久：此語反映出北齊乃至整個北朝時期糾察和司法這兩個平行機構之間權力制約與平衡的關係。臺，即御史臺。寺，指大理寺。

[12]卿能執理與之抗衡："衡"字宋刻本作"銜"，四庫本作"衡"，百衲本作"銜"。今從中華本作"衡"。

[13]我等豈有生路："路"字宋刻本、百衲本、中華本同，四庫本作"命"。

　　世良從子孝王，[1]學涉，亦好緝綴文藻。形貌短陋而好臧否人物，時論甚疾之。爲段孝言開府參軍，[2]又薦爲北平王文學。[3]求入文林館不遂，[4]因非毀朝士。撰《別錄》二十卷，[5]會平齊，改爲《關東風俗傳》，[6]更廣見聞，勒成三十卷以上之。言多妄謬，篇第冗雜，無著述體。

[1]從子：侄子。
[2]段孝言：姑臧武威（今甘肅武威市）人。北齊官吏。本書

卷一六、《北史》卷五四《段榮傳》有附傳。　開府參軍：官名。掌參謀軍務及諸曹事。

　　[3]北平王：高貞的封爵號。北平，郡名。治所在今河北盧龍縣。高貞（？—578），字仁堅，渤海蓨（今河北景縣）人。北齊宗室，武成帝第五子。本書卷一二、《北史》卷五二有傳。　文學：官名。爲諸王府屬吏。掌侍從文章記事及典籍校讎等。

　　[4]文林館：官署名。北齊武平三年（572）置。引文學之士充之，稱待詔。掌編撰供皇帝閱覽的書籍，撰成後名《修文殿御覽》。

　　[5]撰《別錄》二十卷：中華本校勘記云："《北史》卷二六'別錄'作'朝士別錄'。按單稱'別錄'便和宋世良的《宋氏別錄》相混。'朝士'二字不宜省。"

　　[6]《關東風俗傳》：書名。北齊宋孝王撰。三十卷。記北齊朝士的言行，多用方言口語。其中有《墳籍志》一篇，著錄當時學者的著作。久佚。

　　郎基，字世業，中山人。[1]身長八尺，[2]美鬚髯，汎涉墳典，[3]尤長吏事。起家奉朝請，[4]累遷海西鎮將。[5]梁吳明徹率衆攻圍海西，[6]基獎勵兵民，固守百餘日，軍糧且罄，戎仗亦盡，乃至削木爲箭，剪紙爲羽。圍解還朝，僕射楊愔迎勞之曰：[7]"卿本文吏，遂有武略。削木剪紙，皆無故事，班、墨之思，[8]何以相過。"

　　[1]中山：郡名。治所在今河北定州市。
　　[2]身長八尺："尺"字宋刻本、四庫本、中華本同，百衲本作"赤"。從宋刻本改。
　　[3]墳典：古代典籍。《左傳》昭公十三年："左史倚相，是能讀《三墳》《五典》。"

[4]奉朝請：官名。北齊爲職事官，掌諫議獻納。從七品。

[5]海西：縣名。治所在今江蘇灌南縣東南。　鎮將：官名。北魏置，鎮的長官。在不設州郡的地區兼統軍民；在設州郡的内地主要掌軍政，但兼任駐在州刺史時，亦兼理民政。北齊三等鎮將爲四品。

[6]梁：南朝梁（502—557）。南朝齊和帝中興二年（502），相國梁王蕭衍禪代南齊，改元稱帝，都建康（今江蘇南京市），國號梁，史稱蕭梁。歷四主，五十六年。　吴明徹（511—577）：字通昭，秦郡（今江蘇南京市六合區北）人。南朝陳將領。《陳書》卷九、《南史》卷六六有傳。

[7]僕射：尚書僕射。尚書省次官。主管尚書省庶務，列位宰相。北齊從二品。　楊愔（511—560）：字遵彦，小名秦王，弘農華陰（今陝西華陰市）人，楊津子。北齊官吏。本書卷三四有傳，《北史》卷四一《楊播傳》有附傳。

[8]班：魯班。春秋時著名工匠。姓公輸，名般（一作"班"）。因其爲魯國人，故稱"魯班"。傳說其發明了木作工技，製造了刨、鑽等工具，被尊爲木匠祖師。又曾爲楚惠王造攻城的雲梯，欲以攻宋，後爲墨子所阻。後世常把巧匠比作魯班。　墨：墨翟。亦稱墨子（約前468—前376），春秋戰國之際思想家。墨家學派創始人。相傳爲宋國人，後久居魯國。現存《墨子》五十三篇，其中部分爲後期墨家所作。

　　後帶潁川郡，[1]積年留滯，數日之中，剖判咸盡，而臺報下，[2]並允基所陳。條綱既疏，獄訟清息，官民遐邇，皆相慶悦。基性清慎，無所營求，曾語人云："任官之所，木枕亦不須作，況重於此事。"唯頗令寫書。潘子義曾遺之書曰：[3]"在官寫書，亦是風流罪過。"基答書曰："觀過知仁，斯亦可矣。"後卒官，柩將還，遠近將送，莫不攀轅悲哭。

［1］潁川郡：治所在今河南許昌市。
［2］臺：尚書臺。即尚書省。爲朝廷政務中心。以尚書令爲主官，或以權臣"錄尚書事"總攝省務。
［3］潘子義：長樂廣宗（今河北威縣東南）人。北齊官吏。事見本書卷四三《源彪傳》，《北史》卷四五《潘永基傳》有附傳。

孟業，字敬業，鉅鹿安國人。[1]家本寒微，少爲州吏。性廉謹，同僚諸人侵盜官絹，分三十匹與之，[2]拒而不受。魏彭城王韶拜定州，[3]除典籤，[4]長史劉仁之謂業曰：[5]"我處其外，君居其內，同心戮力，庶有濟乎。"未幾仁之徵入爲中書令，[6]臨路啓韶云："殿下左右可信任者唯有孟業，願專任之。餘人不可信也。"又與業別，執手曰："今我出都，[7]君便失援，恐君在後，不自保全。唯正與直，願君自勉。"業唯有一馬，因瘦而死。韶以業家貧，令州府官人同食馬肉，欲令厚償，業固辭不敢。韶乃戲業曰："卿邀名人也。"對曰："業以微細，伏事節下，既不能裨益，寧可損敗清風。"後高祖書與韶云："典籤姓孟者極能用心，何不置之目前。"[8]韶，高祖之婿也。仁之後爲兗州，[9]臨別謂吏部崔暹曰：[10]"貴州人士，唯有孟業，宜銓舉之，[11]他人不可信也。"[12]崔暹問業曰："君往在定州，有何政績，使劉西兗如此欽歎？"答曰："稟性愚直，唯知自修，無他長也。"[13]

[1]鉅鹿：郡名。治所在今河北石家莊市藁城區。 安國：縣名。治所在今河北安國市東南。

[2]分三十匹與之：四庫本、中華本同，宋刻本、百衲本無"分"字。從補。

[3]魏：即北魏（386—557）。北朝政權之一。公元386年鮮卑人拓跋珪建立代國，初居盛樂（今內蒙古和林格爾縣），398年定都平城（今山西大同市東北），後遷都洛陽（今河南洛陽市東北）。永熙三年（534）分裂爲東魏與西魏。東魏（534—550）都於鄴（今河北臨漳縣西南鄴鎮東），西魏（535—557）都於長安（今陝西西安市西北郊）。 彭城王：元韶的封爵號。彭城，郡名。治所在今江蘇徐州市老城區。 韶：元韶（？—559），字世冑。鮮卑族拓跋部人。東魏大臣。好學，美容儀。本書卷二八有傳。 定州：治所在今河北定州市。

[4]典籤：官名。南北朝設，爲諸王府、軍府、州府屬官，掌記錄言事、宣達府主教令，並監督府主。

[5]長史：官名。掌參政務。主管屬吏。爲府中掾屬之長。 劉仁之（？—544）：字山靜，河南洛陽（今河南洛陽市）人。鮮卑族。北魏、東魏官吏。《魏書》卷八一有傳。

[6]中書令：官名。中書省長官之一，掌草擬、發布詔令，參與機務。北齊屬三品。

[7]今我出都：中華本校勘記云："殿本考證疑'出'爲'人'字訛。按六朝時人謂出至京城爲'出都'。此不誤。"

[8]"後高祖書與韶云"至"何不置之目前"：中華本校勘記云："按《北史》卷八六《孟業傳》稱'業尋被譖出外，行縣事'。後神武書責韶云：'典籤姓孟者極能用心，何乃令出外也。'《本傳》略去孟業出外事，所謂'何不置之目前'，語無來歷。必是刪節原文失當所致。"

[9]仁之後爲兗州：中華本校勘記云："《北史》卷八六'兗州'上有'西'字。按下文稱'劉西兗'，這裏'西'字不宜省。"

卷四六

列傳第三十八

1435

[10]吏部：官署名。爲"尚書省吏部"之簡稱。掌官吏銓選封爵考課之政。以尚書爲主官。

　　[11]宜銓舉之：宋刻本、百衲本、中華本同，四庫本無"宜"字。

　　[12]他人不可信也：宋刻本、百衲本、中華本同，四庫本作"次不可忘也"。

　　[13]無他長也：四庫本、中華本同，宋刻本、百衲本無"長也"二字。從補。

　　天保初，清河王岳拜司州牧，[1]聞業名行，復召爲法曹。[2]業形貌短小，及謁見，岳心鄙其眇小，笑而不言。後尋業斷決之處，乃謂業曰："卿斷決之明，可謂有過軀貌之用。"尋遷東郡守，以寬惠著。其年，麥一莖五穗，其餘三穗四穗共一莖，合郡人以爲政化所感。尋以病卒。

　　[1]清河王：高岳的封爵號。清河，郡國名。西漢高帝置，治清陽縣（今河北清河縣）。西晉爲清河國，治清河縣（今山東臨清市）。北魏仍改爲郡。北齊移治武城縣（今河北清河縣西城關鄉西北）。　岳：高岳（512—555），字洪略，渤海蓨（今河北景縣）人。高翻子，高歡從父弟。東魏、北齊宗室大臣。本書卷一三、《北史》卷五一有傳。　司州牧：官名。北魏孝文帝太和二十三年（499）改司州刺史置。爲京畿最高行政長官。北齊從二品。

　　[2]法曹：官署名。王府、公府、將軍府僚屬諸曹之一。掌郵驛科程事。

　　崔伯謙，字士遜，博陵人。[1]父文業，[2]鉅鹿守。伯謙少孤貧，善養母。高祖召赴晉陽，[3]補相府功曹，[4]稱之曰："清直奉公，真良佐也。"遷瀛州別駕。[5]世宗以爲京畿司馬，[6]勞之曰："卿騁足瀛部，已著康歌，督府務殷，是用相授。"族弟暹，當時寵要，謙與之僚舊同門，非吉凶，未曾造請。

[1]博陵：郡名。治所在今河北安平縣。
[2]文業：崔文業，博陵安平（今河北安平縣）人。北魏官吏。事見《北史》卷三二《崔鑒傳》。
[3]晉陽：縣名。治所在今山西太原市晉源區古城營村一帶。
[4]功曹：官名。相府功曹，相府的屬曹，掌相府員吏的選用。
[5]瀛州：治所在今河北河間市。　別駕：官名。爲州刺史僚屬。因隨刺史行部，別乘傳車而名之。錄衆事。
[6]世宗：北齊文襄帝高澄（521—549），廟號世宗。本書卷三、《北史》卷六有紀。　京畿：京都及其行政所轄地區。時高澄爲京畿大都督。　司馬：高級幕僚。於府內掌軍事及府內武官。

後除濟北太守，[1]恩信大行，乃改鞭用熟皮爲之，不忍見血，示恥而已。有朝貴行過郡境，問人太守治政何如。對曰："府君恩化，古者所無。"因誦民爲歌曰："崔府君，能治政，易鞭鞭，布威德，民無爭。"客曰："既稱恩化，何由復威？"曰："長吏憚威，民庶蒙惠。"徵赴鄴，[2]百姓號泣遮道。以弟讓在關中，[3]不復居內任，除南鉅鹿守，[4]事無巨細，必自親覽。民有貧弱未理者，皆曰："我自有白鬚公，不慮不決。"後爲銀青光祿大夫，[5]卒。

［1］濟北：郡名。治所在今山東平陰縣西南。

［2］鄴：都邑名。在今河北臨漳縣西南鄴鎮。東魏、北齊定都於此。

［3］讓：崔仲讓，博陵安平（今河北安平縣）人。西魏官吏。事見《北史》卷三二《崔鑒傳》。

［4］南鉅鹿：郡名。治所在今河北隆堯縣東。

［5］銀青光禄大夫：四庫本、中華本同，宋刻本、百衲本無"大夫"二字。從補。銀青光禄大夫，官名。凡光禄大夫皆授銀章青綬，故有此稱。爲元老重臣之加官或致仕之官。亦爲死者之贈官。北齊三品。

蘇瓊，字珍之，武強人也。[1]父備，[2]仕魏至衛尉少卿。[3]瓊幼時隨父在邊，嘗謁東荆州刺史曹芝。[4]芝戲問曰："卿欲官不？"[5]對曰："設官求人，非人求官。"芝異其對，署爲府長流參軍。[6]文襄以儀同開府，[7]引爲刑獄參軍，[8]每加勉勞。并州嘗有強盜，[9]長流參軍推其事，所疑賊並已拷伏，失物家並識認，唯不獲盜贓。文襄付瓊更令窮審，乃别推得元景融等十餘人，[10]並獲贓驗。[11]文襄大笑，語前妄引賊者曰："爾輩若不遇我好參軍，幾致枉死。"

［1］武強：縣名。治所在今山東鄒平縣東長山鎮。

［2］備：蘇備。北魏官吏。事不詳。

［3］衛尉少卿：官名。北魏始置。北齊沿置，爲衛尉寺次官，四品上。衛尉寺爲主管宫殿、京城諸門禁衛，武器及官廷儀仗庫藏之官署。

［4］東荆州：治所在今河南泌陽縣。 曹芝：東魏、北齊官吏。

事不詳。

[5]卿欲官不："不"字四庫本、中華本同，宋刻本、百衲本作"尭"。從四庫本改。

[6]長流參軍：官名。亦稱"長流賊曹參軍"。掌捕盜賊及治安等事。

[7]文襄：北齊皇帝高澄（521—549），謚號文襄，廟號世宗。本書卷三、《北史》卷六有紀。　儀同開府：開府儀同三司。本指高級官員開建府署之待遇，儀同三司（三公）。後遂成加銜，至南北朝又爲官稱。北齊從一品。

[8]刑獄參軍：官名。即"刑獄賊曹參軍"省稱。爲刑獄賊曹長官。北齊自七品上至八品上。掌盜賊刑獄。

[9]并州：治所在今山西太原市晉源區古城營村一帶。

[10]元景融：事不詳。

[11]並獲贓驗："贓"字四庫本、中華本同，宋刻本、百衲本作"賊"。中華本校勘記云："諸本'贓'作'賊'。《北史》卷八六、《册府》卷六一八'賊'作'贓'。按《册府》錄自補本《北齊書》，而與《北史》同，知本作'贓'，上云'唯不獲盜贓'，可證，今據改。"從改。

除南清河太守，[1]其郡多盜，及瓊至，民吏肅然，姦盜止息。或外境姦非，輒從界中行過者，無不捉送。零縣民魏雙成失牛，[2]疑其村人魏子賓，送至郡，[3]一經窮問，知賓非盜者，即便放之。雙成訴云："府君放賊去，百姓牛何處可得？"瓊不理，[4]密走私訪，別獲盜者。從此畜牧不收，多放散，云："但付府君。"有鄰郡富豪將財物寄置界內以避盜，爲賊攻急，告曰：[5]"我物已寄蘇公矣。"賊遂去。平原郡有妖賊劉黑狗，[6]構結徒侶，通於滄海。瓊所部人連接村居，[7] 無相染累。鄰邑於此伏其德。郡中舊賊一百餘人，悉充左右，人間善惡，及長吏飲人一盃酒，無不即知。瓊性清慎，不發私書。道人道研爲濟州沙門統，[8] 資産巨富，在郡多有出息，常得郡縣爲徵。及欲求謁，度知其意，每見則談問玄理，應對肅敬，研雖爲債數來，無由啓口。其弟子問其故，研曰：“每見府君，徑將我入青雲間，何由得論地上事。”郡民趙穎曾爲樂陵太守，[9] 八十致事歸。五月初，得新瓜一雙自來送。穎恃年老，苦請，遂便爲留，仍致於聽事梁上，竟不剖。人遂競貢新果，至門間，知穎瓜猶在，相顧而去。有百姓乙普明兄弟爭田，[10] 積年不斷，各相援引，乃至百人。瓊召普明兄弟對衆人諭之曰：“天下難得者兄弟，易求者田地，假令得地失兄弟心如何？”因而下淚，衆人莫不灑泣。普明弟兄叩頭乞外更思，[11] 分異十年，遂還同住。每年春，總集大儒衛覬隆、田元鳳等講於郡學，[12] 朝吏文案之暇，悉令受書，時人指吏曹爲學生屋。禁斷淫祠，婚姻喪葬皆教令儉而中禮。又蠶月預下綿絹度樣於部內，其兵賦次第並立明式，至於調役，事必先辦，[13] 郡縣長吏常無十杖稽失。當時州郡無不遣人至境，訪其政術。天保中，郡界大水，人災，絶食者千餘家。瓊普集部中有粟家，自從貸粟以給付飢者。州計戶徵租，[14] 復欲推其貸粟。綱紀謂瓊曰：[15]“雖矜饑餒，恐罪累府君。”瓊曰：“一身獲罪，且活千室，何所怨乎？”遂上表陳狀，使檢皆免，人戶保安。此等相撫兒子，咸言府君生汝。在郡六年，人庶懷之，遂無一人經州。前後四表，列爲尤最。遭憂解職，故人贈遺，一無所受。尋起爲司直、廷尉正，[16]朝士嗟其屈。尚書辛述曰：[17]"既直且正，名以定體，不慮不申。"[18]

[1]除南清河太守：宋刻本、四庫本、百衲本"除"下有"瓊累遷"三字。中華本校勘記云："諸本'除'下衍'瓊累遷'三字，不可通，今據《北史》卷八六刪。"今從中華本刪。南清河，郡名。治所在今山東高唐縣西南。

[2]零縣民魏雙成失牛：宋刻本、四庫本、百衲本"零"下有"陵"字。中華本校勘記云："諸本'零'下有'陵'字。按《魏書》卷一〇六《地形志》中濟州南清河郡有零縣，無零陵。'陵'字衍，今據《地形志》刪。"今從中華本刪。零縣，縣名。治所在今山東高唐縣南。

[3]送至郡：宋刻本、百衲本、中華本同，四庫本"送"前有"列"字。

[4]瓊不理：宋刻本、百衲本、中華本同，四庫本"理"後有"其語"二字。

[5]有鄰郡富豪將財物寄置界內以避盜，爲賊攻急，告曰：四庫本、中華本同，宋刻本、百衲本無"以避盜爲賊攻急告"八字。從補。

[6]平原郡：治所在今山東聊城市東北。 劉黑狗：人名。一作"劉黑苟"。

[7]瓊所部人連接村居：四庫本、中華本同，宋刻本、百衲本無"瓊"字，從補。

[8]道研：北齊僧人。四庫本、中華本同，宋刻本、百衲本脫"研"字。從補。 濟州：治所在今山東茌平縣西南。 沙門統：官名。北魏道武帝皇始二年（397）設。分掌國、州、郡之僧尼、

寺產、宗教活動等。又稱"道人統"，及後改稱"昭玄統"等，又按級分稱"沙門都統""州統""郡統"等。一般皆以僧人任之。

[9]趙潁：東魏官吏。事不詳。　樂陵：郡名。治所在今山東樂陵市。

[10]乙普明：人名。事不詳。

[11]弟兄：宋刻本、百衲本、中華本同，四庫本作"兄弟"。

[12]衛覬隆：中華本校勘記云："諸本'覬'作'顗'，《北史》卷八六作'覬'。按本書卷四四《儒林傳》序稱治春秋者有衛覬，即衛覬隆的省稱，今據改。"從改。衛覬隆，又作"衛覬""衛冀隆"，遼西（今河北遷安市）人。北魏學者。位國子博士，博通經史，精東漢服虔之學。　田元鳳：北齊儒生。少從名儒徐遵明受《三禮》。

[13]事必先辦："辦"字四庫本、中華本同，宋刻本、百衲本作"辨"。從四庫本改。

[14]州計戶徵租："州"字四庫本、百衲本、中華本同，宋刻本作"非"。

[15]綱紀：此謂州的主簿。

[16]司直：官名。即大理司直。大理寺屬官。北齊始置，十員，從五品。掌決正刑獄。"司"字宋刻本、四庫本、百衲本作"日"。中華本校勘記云："諸本'司'作'日'，《北史》卷八六作'司'。按《隋書》卷二七《百官志》後齊大理寺有'司直'十人。'日'字誤，今據改。"今從中華本作"司"。

[17]尚書：官名。尚書省部曹主官。北齊三品。

[18]不慮不申："慮"字四庫本、中華本同，宋刻本、百衲本作"戀"。從四庫本改。

　　初瓊任清河太守，[1]裴獻伯爲濟州刺史，[2]酷於用法，瓊恩於養人。房延祐爲樂陵郡，[3]過州。裴問其外聲，祐云："唯聞太守善，刺史惡。"裴云："得民譽者非至公。"祐答言："若爾，黃霸、龔遂君之罪人也。"[4]後有敕，州各舉清能。裴以前言，恐爲瓊陷，瓊申其枉滯，議者尚其公平。畢義雲爲御史中丞，[5]以猛暴任職，理官忌憚，莫敢有違。瓊推察務在公平，得雪者甚衆，寺署臺案，始自於瓊。遷三公郎中。[6]趙州及清河、南中有人頻告謀反，[7]前後皆付瓊推撿，事多申雪。尚書崔昂謂瓊曰：[8]"若欲立功名，當更思餘理，仍數雪反逆，身命何輕？"瓊正色曰："所雪者怨枉，不放反逆。"昂大慚。京師爲之語曰："斷決無疑蘇珍之。"

[1]初瓊任清河太守：中華本校勘記云："按前云瓊爲南清河太守，南清河屬濟州，故下文叙濟州刺史裴獻伯酷於用法，有'刺史惡，太守善'之語，這裏'清河'上當脱'南'字。"

[2]裴獻伯：東魏河東聞喜（今山西聞喜縣）人。事見《魏書》卷四五《裴駿傳》，《北史》卷三八《裴駿傳》有附傳。

[3]房延祐：清河繹幕（今山東平原縣西北）人。東魏官吏。事見《魏書》卷四三、《北史》卷三九《房法壽傳》。

[4]黃霸（？—前51）：字次公，淮陽陽夏（今河南太康縣）人。西漢名吏。《漢書》卷八九有傳。　龔遂：字少卿，山陽南平陽（今山東鄒縣）人。西漢名吏。《漢書》卷八九有傳。

[5]御史中丞：官名。爲御史臺主。領侍御史，糾察百官，審核疑案。北齊從三品。

[6]三公郎中：官名。主尚書省三公曹，掌刑獄訴訟，擬定法律之政。北魏、北齊時設二員。六品。

[7]趙州及清河、南中有人頻告謀反：宋刻本、四庫本、百衲本"河"上無"清"字。中華本校勘記云："諸本'河'上無

1443

‘清’字，《北史》卷八六、《册府》卷六一八有。按‘河南中’不可通。《魏書》卷一二《孝靜紀》天平元年置四中郎將，濟北置南中。這裏南中即指南中郎將轄區。諸本脱‘清’字，今據補。"今從中華本補。趙州，治所在今河北隆堯縣東。

[8]尚書崔昂謂瓊曰：宋刻本、四庫本、百衲本"尚書"後有"省"字。今從中華本删。崔昂（？—565），字懷遠，博陵安平（今河北安平縣）人。北魏、東魏、北齊官吏。本書卷三〇有傳，《北史》卷三二《崔挺傳》有附傳。

　　遷左丞，行徐州事。[1]徐州城中五級寺忽被盗銅像一百軀，[2]有司徵檢，四鄰防宿及縱跡所疑，[3]逮繫數十人，瓊一時放遣。寺僧怨訴不爲推賊，瓊遣僧，謝曰："但且還寺，得像自送。"爾後十日，抄賊姓名及贓處所，徑收掩，悉獲實驗，賊徒款引，道俗歎伏。[4]舊制以淮禁不聽商販輒度。[5]淮南歲儉，[6]啓聽淮北取糴。後淮北人饑，[7]復請通糴淮南，[8]遂得商估往還，[9]彼此兼濟，水陸之利，通於河北。後爲大理卿而齊亡，[10]仕周爲博陵太守。[11]

　　[1]遷左丞，行徐州事：中華本校勘記云："《北史》卷八六作‘遷徐州行臺左丞，行徐州事’，這裏略去‘徐州行臺’四字，便像以尚書省左丞出任行徐州事，删節失當。"左丞，官名。即尚書左丞。爲尚書臺屬官，佐助令、僕射掌政務。職掌臺内庶務、文吏及文案奏章。兼掌監察百官。北齊從四品上。徐州，治所在今江蘇徐州市。

　　[2]銅像一百軀："軀"字四庫本、中華本同，宋刻本、百衲本作"區"。從四庫本改。

[3]四鄰防宿及縱跡所疑："縱"字宋刻本、四庫本、百衲本作"蹤"。今從中華本作"縱"。

[4]道俗欸伏："伏"字宋刻本、百衲本、中華本同，四庫本作"服"。

[5]淮：淮河。

[6]淮南歲儉："淮南"四庫本、中華本同，宋刻本、百衲本作"南淮"。從四庫本改。

[7]後淮北人饑：四庫本、中華本同，宋刻本、百衲本無"淮"字。從補。

[8]復請通糴淮南：四庫本、中華本同，宋刻本、百衲本無"復"字。從補。

[9]遂得商估往還：四庫本、中華本同，宋刻本、百衲本無"遂"字。從補。

[10]大理卿：官名。亦稱"大理寺卿"。北齊建大理寺後，爲該機構之長官，掌刑審析獄。三品。

[11]周：即北周（557—581）。西魏恭帝三年（556）十二月，宇文泰之子宇文覺廢西魏主自立，次年（557）改元，建號周，史稱北周，又稱後周。都長安（今陝西西安市）。歷五帝，二十五年。至靜帝宇文衍爲隋所代。

房豹，字仲幹，清河人。祖法壽，《魏書》有傳。父翼宗。[1]豹體貌魁岸，美音儀。釋褐開府參軍，[2]兼行臺郎中，[3]隨慕容紹宗。[4]紹宗自云有水厄，遂於戰艦中浴，并自投於水，冀以厭當之。豹曰："夫命也在天，豈人理所能延促。公若實有災告，恐非禳所能解，[5]若其實無，何禳之有。"紹宗笑曰："不能免俗，爲復爾耳。"[6]未幾而紹宗遇溺，時論以爲知微。

[1]祖法壽，《魏書》有傳。父翼宗：中華本校勘記云："按《魏書》卷四三《房法壽傳》，法壽子伯祖，伯祖子翼（《北史》卷三九同），則法壽是房豹曾祖，這裏'祖'上當脱'曾'字。'翼宗'作'翼'乃雙名單稱。"法壽，即房法壽。小名烏頭，清河繹幕（今山東平原縣西北）人。北魏官吏。少好射獵，輕率勇果。《魏書》卷四三、《北史》卷三九有傳。翼宗，即房翼宗。亦稱"房翼"，清河繹幕（今山東平原縣西北）人。北魏官吏。事見《魏書》卷四三、《北史》卷三九《房法壽傳》。

[2]釋褐：脱下平民穿的衣服。喻指入仕做官。　開府參軍：四庫本、中華本同，宋刻本、百衲本無"開"字。從補。

[3]行臺郎中：官名。北魏置，北齊沿置。行臺屬官，爲行臺諸曹郎中的泛稱。行臺爲地方最高軍政機構。

[4]慕容紹宗（501—549）：北魏、東魏將領。前燕皇室後裔，鮮卑族。本書卷二〇、《北史》卷五三有傳。

[5]恐非襄所能解："解"字四庫本、中華本同，宋刻本、百衲本作"加"。從四庫本改。

[6]不能免俗，爲復爾耳："爲"字宋刻本、百衲本、中華本同，四庫本作"聊"。宋刻本、四庫本、百衲本無"耳"字。中華本校勘記云："諸本無'耳'字，據《北史》卷三九《房豹傳》及《册府》卷八〇七補。"從中華本補。

遷樂陵太守，鎮以凝重，哀矜貧弱，豹階庭簡靜，囹圄空虛。[1]郡治瀕海，水味多鹹苦，豹命鑿一井，遂得甘泉，遐邇以爲政化所致。豹罷歸後，井味復鹹。齊滅，還鄉園自養，頻徵辭疾。終於家。

[1]囹圄：監獄。

路去病，陽平人也。[1]風神疏朗，儀表瑰異。釋褐開府參軍。敕用士人爲縣宰，[2]以去病爲定州饒陽令。[3]去病明閑時務，性頗嚴毅，人不敢欺，然至廉平，爲吏民歡服。擢爲成安令。[4]京城下有鄴、臨漳、成安三縣，[5]輦轂之下，舊號難治，重以政亂時難，[6]綱維不立，功臣內戚，請囑百端。去病消息事宜，以理抗答，勢要之徒，雖厮養小人莫不憚其風格，[7]亦不至嫌恨。[8]自遷鄴以還，三縣令治術，去病獨爲稱首。周武平齊，[9]重其能官，與濟陰郡守公孫景茂二人不被替代，[10]發詔襃揚。隋大業中，卒於冀氏縣令。[11]

[1]陽平：郡名。治所在今河北館陶縣。

[2]敕用士人爲縣宰："士"字四庫本、中華本同，宋刻本、百衲本作"土"。中華本校勘記云："諸本'士'作'土'，殿本依《北史》卷八六《路去病傳》改。按用士人爲縣宰，事見本書卷三八《元文遙傳》。'土'字訛，今從殿本。"從改。

[3]饒陽：縣名。治所在今河北饒陽縣。

[4]成安：縣名。治所在今河北成安縣。

[5]鄴：縣名。治所在今河北臨漳縣西南鄴鎮。　臨漳：縣名。治所在今河北臨漳縣西南鄴鎮。

[6]重以政亂時難："難"字宋刻本、百衲本、中華本同，四庫本作"艱"。

[7]厮養：官府中從事雜役的人。《史記》卷八九《張耳陳餘列傳》："有厮養卒。"裴駰《集解》引韋昭曰："析薪爲厮，炊烹爲養。"

[8]亦不至嫌恨：四庫本、中華本同，宋刻本、百衲本無"不"字。從補。

[9]周武：北周武帝宇文邕（543—578），字禰羅突。宇文泰第四子。公元561年至578年在位。《周書》卷五、六，《北史》卷一〇有紀。

[10]濟陰：郡名。治所在今山東曹縣西北。　公孫景茂（519—605）：字元蔚，河間阜城（今河北阜城縣）人。北齊時曾任大理正，北周任濟北太守。隋初任汝南太守。《隋書》卷七三、《北史》卷八六有傳。

[11]發詔褒揚。隋大業中，卒於冀氏縣令：中華本校勘記云："《北史》卷八六'褒揚'下有'去病後以尉遲迥事'一句，語尚未完，顯有脱文。則所謂'大業中卒於冀氏縣令'者，是否去病，尚不可知。"隋，公元581年楊堅（隋文帝）代北周稱帝，國號隋，開皇三年（583）都大興（今陝西西安市）。大業，隋煬帝楊廣年號（605—618）。冀氏縣，治所在今山西安澤縣東南。

北齊書　卷四七[1]

列傳第三十九

酷吏

邸珍　宋遊道　盧斐　畢義雲

夫人之性靈，禀受或異，剛柔區別，緩急相形，未有深察是非，莫不肆其情欲。至於詳觀水火，更佩韋絃者鮮矣。[2]獄吏爲患，其所從來久矣。自魏途不競，[3]網漏寰區，高祖懲其寬怠，[4]頗亦威嚴馭物，使内外群官，咸知禁網。今録邸珍等以存《酷吏》，懲示勸勵云。

[1]《北齊書》卷四七：中華本校勘記云："按此卷前有序，後無論贊。錢氏《考異》卷三一云：'疑百藥書止存序及邸珍一篇，宋遊道以下取《北史》補之。'按所存的序雖與《北史》卷八七序文不同，却比較短，似經删節，非《北齊書》此序原貌。《邸珍傳》極簡，也不像《北齊書》原文。各《傳》基本上與《北史》相同，亦偶有字句增損。《盧斐傳》稱齊帝廟號，宋遊道、畢義雲

二《傳》有溢出《北史》之句。知補《北齊書》者仍是據某種史鈔補録。"

[2]韋絃：韋，柔而韌；絃，緊而直。佩帶韋絃，以隨時自警己所不足。後因用指有益的規勸。

[3]魏：即北魏（386—557）。北朝政權之一。公元386年鮮卑人拓跋珪建立代國，初居盛樂（今内蒙古和林格爾縣），398年定都平城（今山西大同市），後遷都洛陽（今河南洛陽市東北）。永熙三年（534）分裂爲東魏與西魏。東魏（534—550）都於鄴（今河北臨漳縣西南鄴鎮東），西魏（535—557）都於長安（今陝西西安市西北郊）。

[4]高祖：北齊神武帝高歡（496—547），廟號高祖。本書卷一、二，《北史》卷六有紀。

邸珍，字寶安，本中山上曲陽人也。[1]從高祖起義，拜爲長史，[2]性嚴暴，求取無厭。後兼尚書右僕射、大行臺，[3]節度諸軍事。珍御下殘酷，衆士離心，爲民所害。後贈定州刺史。[4]

[1]中山：郡名。治所在今河北定州市。　上曲陽：縣名。治所在今河北曲陽縣。

[2]長史：官名。主管屬吏，掌參政務。爲府中掾屬之長。

[3]尚書右僕射：官名。尚書省次官，與祠部尚書通職，二者不並設。兼管儀曹事。北齊從二品。　大行臺：官名。大行臺之主官，北魏始設。掌地方軍政事務。

[4]定州：治所在今河北定州市。

宋遊道，廣平人，[1]其先自燉煌徙焉。[2]父季預，[3]

爲渤海太守。[4]遊道弱冠隨父在郡,[5]父亡,吏人贈遺,一無所受,事母以孝聞。與叔父別居,叔父爲奴誣以逆,遊道誘令返,雪而殺之。[6]魏廣陽王深北伐,[7]請爲鎧曹,[8]及爲定州刺史,又以爲府佐。廣陽王爲葛榮所殺,[9]元徽誣其降賊,[10]收錄妻子,遊道爲訴得釋,與廣陽王子迎喪返葬。中尉酈善長嘉其氣節,[11]引爲殿中侍御史,[12]臺中語曰:[13]"見賊能討宋遊道。"

[1]廣平:郡名。治所在今河北邯鄲市永年區。

[2]其先自燉煌徙焉:中華本校勘記云:"按《魏書》卷五二、《北史》卷三四《宋繇傳》説,繇敦煌人,北涼亡後,至京師(平城),遊道即其玄孫,並無自敦煌徙廣平的事。據《元和姓纂》輯本卷八,廣平宋氏與敦煌宋氏本非一支。此《傳》所云'廣平人,自敦煌徙焉',必是後人妄改。"燉煌,郡名。治所在今甘肅敦煌市西。

[3]季預:宋稚(?—522),字季預,敦煌(今甘肅敦煌市西)人。北魏官吏。《魏書》卷五二《宋繇傳》有附傳,事亦見《北史》卷三四《宋繇傳》。

[4]爲渤海太守:"渤"字四庫本、中華本同,宋刻本、百衲本作"勃"。從改。渤海,郡名。治所在今河北東光縣。

[5]遊道弱冠隨父在郡:四庫本、中華本同,宋刻本、百衲本無"遊道"二字。從補。弱冠,古代男子二十歲行冠禮,後世泛指男子二十歲。

[6]遊道誘令返,雪而殺之:中華本校勘記云:"《册府》卷七五五作'遊道誘令退伏,竟雪叔而殺奴'。這裏'雪'下當脱'叔'字。"

[7]魏廣陽王:元深的封爵號。廣陽,郡名。治所在今河北隆化縣伊遜河東。　深:元深(?—526)。本名"元淵",《北史》

避唐諱，改"淵"爲"深"。元淵字智遠，鮮卑族拓跋部人。北魏宗室、大臣。《魏書》卷一八、《北史》卷一六《廣陽王建傳》有附傳。

[8]鎧曹：官署名。軍府屬吏，掌鎧甲等兵器事。

[9]葛榮（？—528）：北魏末年河北暴動首領。本爲懷朔鎮將。公元526年，參加鮮于脩禮起事。鮮于脩禮被害後，繼領其衆，乃稱天子，國號齊，年號廣安。528年被尒朱榮俘，十月死於洛陽。

[10]元徽（？—530）：字顯順，鮮卑族拓跋部人。北魏宗室、大臣。《魏書》卷一九中、《北史》卷一八《城陽王長壽傳》有附傳。

[11]中尉：官名。即"御史中尉"之簡稱。北魏改御史中丞爲此稱。主掌御史臺。糾彈百官，參治刑獄。從三品。　酈善長：酈道元（466—527），一作"酈元"。字善長，范陽涿鹿（今河北涿鹿縣東南）人。北魏官吏、地理學家。《魏書》卷八九有傳。

[12]殿中侍御史：官名。亦稱"殿中御史"。居宮殿中糾察非法。北朝地位較重。北魏或掌宿衛禁兵。北齊員十二人，八品。

[13]臺中：禁中。

孝莊即位，[1]除左中兵郎中，[2]爲尚書令臨淮王彧譴責，[3]遊道乃執版長揖曰："下官謝王瞋，不謝王理。"即日詣闕上書曰："徐州刺史元孚頻有表云：[4]'僞梁廣發士卒，[5]來圖彭城，[6]乞增羽林二千。'以孚宗室重臣，告請應實，所以量奏給武官千人。孚今代下，[7]以路阻自防，遂納在防羽林八百人，辭云：'疆境無事，乞將還家。'[8]臣忝局司，深知不可。尚書令臨淮王彧即孚之兄子，遣省事謝遠三日之中八度逼迫，[9]云宜依判許。

臣不敢附下罔上，孤負聖明。但孚身在任，乞師相繼，及其代下，便請放還，進退爲身，無憂國之意。所請不合，其罪下科。或乃召臣於尚書都堂云：[10]'卿一小郎，憂國之心，豈厚於我？'醜罵溢口，不顧朝章，右僕射臣世隆、吏部郎中臣薛琡已下百餘人並皆聞見。[11]臣實獻直言，云：'忠臣奉國，[12]事在其心，亦復何簡貴賤。比自北海入洛，[13]王不能致身死難，方清宮以迎暴賊，[14]鄭先護立義廣州，[15]王復建旗往討。趨惡如流，伐善何速。今得冠冕百僚，乃欲爲私害政。'爲臣此言，[16]或賜怒更甚。臣既不佞，干犯貴臣，乞解郎中。"[17]帝召見遊道嘉勞之。或亦奏言："臣忝冠百僚，遂使一郎攘袂高聲，肆言頓挫，乞解尚書令。"帝乃下敕聽解臺郎。[18]

[1]孝莊：北魏孝莊帝元子攸（507—530），彭城王元勰第三子。公元528年至530年在位。謚號孝莊。《魏書》卷一〇、《北史》卷五有紀。

[2]除：官制用語。意爲任命。　左中兵郎中：官名。西晉分中兵郎置，爲尚書省左中兵曹長官。屬五兵尚書，六品上。掌都城畿内軍隊政令軍務。"左中兵郎中"四庫本、中華本同，宋刻本、百衲本無"中"字。從補。

[3]爲尚書令：四庫本、中華本同，宋刻本、百衲本"爲"前有"又"字。從删。尚書令，官名。尚書省長官，總掌全國行政。如設有録尚書事，則尚書令職權往往在其之下。在多數情況下是實際上的宰相。北齊二品。　臨淮王：元或的封爵號。臨淮，郡名。治所在今安徽固鎮縣東南仁和集鄉。　或：元或（？—530），字文若。本名亮，字仕明。鮮卑族拓跋部人。北魏宗室、大臣。《魏書》

卷一八、《北史》卷一六《臨淮王譚傳》有附傳。"或"字四庫本、百衲本、中華本同，宋刻本作"或"。

[4]徐州：治所在今江蘇徐州市。 元孚（？—540）：字秀和，鮮卑族拓跋部人。少有令譽。北魏宗室、官吏。《魏書》卷一八、《北史》卷一六《臨淮王譚傳》有附傳。

[5]僞梁：指南朝梁（502—557）。南朝齊和帝中興二年（502），相國梁王蕭衍禪代南齊，改元稱帝，都建康（今江蘇南京市），國號梁，史稱蕭梁。歷四主，五十六年。

[6]彭城：郡名。治所在今江蘇徐州市老城區。

[7]孚今代下："今"字四庫本、百衲本、中華本同，宋刻本作"令"。

[8]乞將還家："將"字四庫本、中華本同，宋刻本、百衲本作"特"。從四庫本改。

[9]謝遠：北魏官吏。位尚書都令史。

[10]尚書都堂：尚書省總署。

[11]右僕射：官名。即"尚書右僕射"之簡稱。 世隆：尒朱世隆（500—532），字榮宗，北魏北秀容（今山西朔州市）契胡貴族。尒朱榮從弟。《魏書》卷七五《尒朱彥伯傳》、《北史》卷四八《尒朱榮傳》有附傳。 吏部郎中：官名。魏晉南北朝與吏部郎互稱。爲尚書省吏部郎曹主官。掌官吏銓選。北齊四品上。 薛琡（？—550）：字曇珍，代（今山西大同市東北）人。鮮卑族。北魏、東魏、北齊官吏。本書卷二六有傳，《北史》卷二五《薛彪子傳》有附傳。

[12]忠臣奉國：四庫本、中華本同，宋刻本、百衲本無"忠"字。從補。

[13]北海：郡名。治所在今山東昌樂縣西。 洛："洛陽"的簡稱。其城南臨洛水，故簡稱"洛"。

[14]方清宫以迎暴賊："暴"字宋刻本、百衲本、中華本同，四庫本作"篡"。

[15]鄭先護（？—531）：北魏滎陽開封（今河南開封市南）人。《周書》卷三六《鄭偉傳》、《魏書》卷五六《鄭羲傳》、《北史》卷三五《鄭羲傳》有附傳。　廣州：本治魯陽（今河南市魯山縣），武定中因陷於西魏，徙治襄城（今河南襄城縣）。

[16]爲臣此言："此"字四庫本、百衲本、中華本同，宋刻本作"比"。

[17]郎中：官名。即"尚書郎中"之簡稱。分掌尚書各曹。

[18]敕：南北朝以後對君主詔命的專稱。　臺郎：官名。即尚書郎。凡尚書曹郎、郎中、侍郎皆可簡爲此稱。

後除司州中從事。[1]時將還鄴，[2]會霖雨，行旅擁於河橋。[3]遊道於幕下朝夕宴歌，行者曰："何時節作此聲也，固大癡。"遊道應曰："何時節而不作此聲也，亦大癡。"[4]

[1]司州：治所在今河北臨漳縣西南。　中從事：官名。即治中從事史。州刺史屬官，位在別駕從事下。

[2]鄴：都邑名。在今河北臨漳縣西南鄴鎮。東魏、北齊定都於此。

[3]河橋：古橋名。在今河南孟津縣東、孟州市西南黃河上。

[4]遊道應曰："何時節而不作此聲也，亦大癡"：宋刻本、百衲本無此十六字，四庫本、中華本有。從補。

後神武自太原來朝，[1]見之曰："此人宋遊道耶？常聞其名，今日始識其面。"遷遊道別駕。[2]後日，神武之司州，饗朝士，舉觴屬遊道曰："飲高歡手中酒者大丈夫，卿之爲人，合飲此酒。"及還晉陽，[4]百官辭於紫陌。[5]神武執遊道手曰："甚知朝貴中有憎忌卿者，但用心，莫懷畏慮，當使卿位與之相似。"於是啓以遊道爲中尉。文襄執請，[6]乃以吏部郎中崔暹爲御史中尉，[7]以遊道爲尚書左丞。[8]文襄謂暹、遊道曰："卿一人處南臺，一人處北省，當使天下肅然。"遊道入省，劾太師咸陽王坦、太保孫騰、司徒高隆之，[9]司空侯景、錄尚書元弼、尚書令司馬子如官資金銀，[10]催徵酬價，雖非指事贓賄，終是不避權豪。又奏駁尚書違失數百條，[11]省中豪吏王儒之徒並鞭斥之。始依故事，於尚書省立門名，以記出入早晚，令僕已下皆側目。[12]

[1]神武：北齊神武帝高歡。 太原：郡名。治所在今山西太原市西南。

[2]別駕：官名。爲州刺史僚屬。因隨刺史行部，別乘傳車而名之。錄衆事。

[3]合飲此酒："此"字四庫本、百衲本、中華本同，宋刻本作"北"。

[4]晉陽：縣名。治所在今山西太原市晉源區古城營村一帶。

[5]紫陌：即紫陌橋。在今河北臨漳縣西南古鄴城西北。

[6]文襄：北齊皇帝高澄（521—549），謚號文襄，廟號世宗。本書卷三、《北史》卷六有紀。

[7]崔暹（？—559）：字季倫，博陵安平（今河北安平縣）人。東魏、北齊官吏。本書卷三〇有傳，《北史》卷三二《崔挺傳》有附傳。

[8]尚書左丞：官名。爲尚書臺屬官，佐助令、僕射掌政務。職掌臺內庶務、文吏及文案奏章。兼掌監察百官。北齊從四品上。

[9]太師：官名。北朝爲元老重臣之加官。北齊一品。 咸陽

王：元坦的封爵號。咸陽，郡名。治所在今陝西涇陽縣西北。坦：元坦（？—約550），一名穆，字延和，鮮卑族拓跋部人。咸陽王元禧第七子，北魏宗室、東魏大臣。本書卷二八有傳。　太保：官名。爲元老重臣之加官。北齊一品。　孫騰（481—548）：字龍雀，咸陽石安（今陝西咸陽市東北）人。北魏、東魏大臣。本書卷一八、《北史》卷五四有傳。　司徒：官名。爲三公之一。北齊一品。　高隆之（494—554）：本姓徐，字延興，高平金鄉（今山東金鄉縣）人。後高歡認爲從弟，乃稱渤海蓨（今河北景縣）人。東魏、北齊大臣。本書卷一八、《北史》卷五四有傳。

[10]司空：官名。爲三公之一。魏晉南北朝爲名譽宰相，多爲大臣加官。一品。　侯景（503—552）：字萬景，懷朔鎮（今内蒙古固陽縣西南）人，或云雁門（今山西代縣西南）人，羯族。北魏、東魏將領，後降南朝梁。《梁書》卷五六、《南史》卷八〇有傳。　録尚書：官名。即録尚書事。重臣總領、總理尚書臺政務之加職。位在尚書令之上，不常設。南齊、北朝爲正式官稱。　元弼（？—552）：字宗輔（或作"輔宗"），鮮卑族拓跋部人。東魏、北齊大臣。本書卷二八有傳。　司馬子如（487—551）：字遵業，河内溫（今河南溫縣）人。北魏、東魏、北齊官吏。本書卷一八、《北史》卷五四有傳。　官賫金銀："賫"字宋刻本、百衲本作"賷"，四庫本作"貸"。今從中華本作"賫"。

[11]尚書：尚書省。爲全國政務中心。

[12]令僕：尚書令、尚書僕射合稱。

　　魏安平王坐事亡，[1]章武二王及諸王妃、太妃是其近親者皆被徵責。[2]都官郎中畢義雲主其事，[3]有奏而禁，有不奏輒禁者。遊道判下廷尉科罪，高隆之不同。於是反誣遊道厲色挫辱己，遂枉考群令史證成之，與左僕射襄城王旭、尚書鄭述祖等上言曰：[4]"飾僞亂真，國法所必去；附下罔上，王政所不容。謹案尚書左丞宋遊道名望本闕，功績何紀。屬永安之始，[5]朝士亡散，乏人之際，叨竊臺郎。躁行詭言，肆其姦詐，罕識名義，不顧典文，人鄙其心，衆畏其口。出州入省，歷忝清資，而長惡不悛，曾無忌諱，毀譽由己，憎惡任情。比因安平王事，遂肆其褊心，因公報隙，[6]與郎中畢義雲遞相糾舉。又左外兵郎中魏叔道牒云：[7]'局内降人左澤等爲京畿送省，令取保放出。'大將軍在省日，判'聽'。遊道發怒曰：'往日官府何物官府，[8]將此爲例！'[9]又云：'乘前旨格，成何物旨格！'依事請問，遊道並皆承引。[10]案律：'對捍詔使，無人臣之禮，大不敬者死。'對捍使者尚得死坐，況遊道吐不臣之言，犯慢上之罪，口稱夷、齊，[11]心懷盜跖，[12]欺公賣法，受納苞苴，產隨官厚，財與位積，雖贓污未露，而姦詐如是。舉此一隅，餘詐可驗。今依禮據律處遊道死罪。"是時朝士皆分爲遊道不濟。而文襄聞其與隆之相抗之言，謂楊遵彦曰：[13]"此真是鯁直大剛惡人。"遵彦曰："譬之畜狗，本取其吠，今以數吠殺之，恐將來無復吠狗。"詔付廷尉，[14]遊道坐除名。文襄使元景康謂曰：[15]"卿早逐我向并州，[16]不爾，他經略殺卿。"遊道從至晉陽，以爲大行臺吏部，[17]又以爲太原公開府諮議。[18]及平陽公爲中尉，[19]遊道以諮議領書侍御史。[20]尋以本官兼司徒左長史。[21]

[1]安平王：元黄頭的封爵號。安平，郡名。治所在今山西沁水縣東北。

[2]章武二王：指元融的兩個兒子景哲、黃頭。元融與葛榮戰中陣亡，景哲襲章武王、黃頭封安平王。事見《魏書》卷一九下《景穆十二王傳下》。

[3]都官郎中：官名。魏晉南北朝皆置，爲尚書省都官曹長官，職掌刑獄，亦佐督軍事。北齊六品上。 畢義雲：北魏官吏。東平須昌（今山東東平縣）人。本卷後有傳。

[4]左僕射：官名。即"尚書左僕射"之簡稱。尚書省次官之一。助尚書令掌政務。尚書令缺則代爲省（臺）主。平時兼監察百官，領殿中、主客二曹。北齊從二品。 襄城王：元旭的封爵號。襄城，郡名。治所在今河南襄城縣。 旭：元旭，字顯和，鮮卑族拓跋部人。元鸞子。北魏宗室。莊帝時封襄城郡王，武定末位至大司馬。事見《魏書》卷一九下《城陽王長壽傳》。 尚書：官名。尚書省部曹主官，北齊三品。 鄭述祖（485—565）：字恭文，滎陽開封（今河南開封市南）人。東魏、北齊官吏。本書卷二九有傳。

[5]永安：北魏孝莊帝元子攸年號（528—530）。

[6]因公報隙：四庫本、中華本同，宋刻本、百衲本無"公"字。從補。

[7]左外兵郎中：官名。西晉、北朝與"左外兵郎"互稱，爲尚書省左外兵曹長官。北齊沿置，屬五兵尚書，六品上。左外兵曹爲掌京畿以外各地軍隊政令軍務的官署。 魏叔道：東魏官吏。

[8]往日官府何物官府：宋刻本、百衲本、中華本同，四庫本"往日官府"後有"成"字。

[9]將此爲例：四庫本、中華本同，宋刻本、百衲本無"爲"字。從補。

[10]遊道並皆承引："承"字四庫本、中華本同，宋刻本作"丞"，百衲本作"丞"。從四庫本改。

[11]夷、齊：伯夷、叔齊。商孤竹君的兩個兒子。相傳其父遺命要立次子叔齊爲繼承人。孤竹君死後，叔齊讓位給伯夷，伯夷不

受，叔齊也不願登位，先後都逃到周。周武王伐紂，兩人曾叩馬諫阻。武王滅商後，他們恥食周粟，逃到首陽山，采薇而食，餓死山裏。見《孟子·萬章下》及《史記》卷六一《伯夷列傳》。

[12]盜跖：即盜蹠，柳下蹠。一說姓展，名蹠。春秋時齊、魯之間的柳下（今山東西部）人。他率衆九千橫行天下，侵暴諸侯。聲名與莊蹻並稱。

[13]楊遵彥：楊愔（511—560），字遵彥，小名秦王，弘農華陰（今陝西華陰市）人，楊津子。北齊官吏。本書卷三四有傳，《北史》卷四一《楊播傳》有附傳。

[14]廷尉：官名。爲九卿之一，掌刑辟。北齊改稱"大理卿"，三品。

[15]元景康：東魏官吏。

[16]并州：治所在今山西太原市晋源區古城營村一帶。

[17]大行臺吏部：官署名。即大行臺吏部曹。負責大行臺內官員選舉任免。

[18]太原公：高洋的封爵號。太原，郡名。治所在今山西太原市西南。　開府諮議：官名。即"諮議參軍"。公府僚屬。掌顧問諫議。從四品。

[19]平陽公：北齊神武帝高歡第四子高淹的封爵號。平陽，郡名。治所在今山西臨汾市。

[20]遊道以諮議領書侍御史：宋刻本、四庫本、中華本同，百衲本無"諮"字。從補。書侍御史，官名。疑漏一"治"字。應是"治書侍御史"。北齊從五品。

[21]司徒左長史：官名。司徒屬官，掌九品審核。與右長史共掌府内吏事，爲府中佐屬之首。北齊從三品。

　　及文襄疑黄門郎溫子昇知元瑾之謀，[1]繫之獄而餓之，食敝襦而死。[2]棄屍路隅，遊道收而葬之。文襄謂曰："吾近書與京師諸貴，論及朝士，卿僻於朋黨，將爲一病。今卿真是重舊節義人，此情不可奪。子昇吾本不殺之，卿葬之何所憚。天下人代卿怖者，是不知吾心也。"尋除御史中尉。

[1]黃門郎：官名。即"黃門侍郎"或"給事黃門侍郎"之簡稱。與侍中俱掌門下事。北齊四品上。　溫子昇（495—547）：字鵬舉，濟陰冤句（今山東菏澤市西南）人。北魏、東魏官吏、文學家。《魏書》卷八五、《北史》卷八三有傳。　元瑾（？—547）：一作"元僅"。鮮卑族拓跋部人。東魏宗室。《魏書》卷一八《廣陽王建傳》有附傳，事亦見《北史》卷一六《廣陽王建閭傳》。

[2]食敝褕而死："敝"字宋刻本、四庫本、中華本同，百衲本作"獘"。從宋刻本改。

東萊王道習參御史選，[1]限外投狀，道習與遊道有舊，使令史受之。文襄怒，杖遊道而判之曰："遊道稟性遒捍，[2]是非肆口，[3]吹毛洗垢，瘡痏人物。往與郎中蘭景雲忿競，[4]列事十條。及加推窮，便是虛妄。方共道習凌侮朝典，法官而犯，特是難原，宜付省科。"遊道被禁，獄吏欲爲脱枷，遊道不肯，曰："此令命所着，[5]不可輒脱。"文襄聞而免之。遊道抗志不改。天保元年，[6]以遊道兼太府卿，[7]乃於少府覆檢主司盜截，得鉅萬計。姦吏返誣奏之，下獄。尋得出，不歸家，徑之府理事。卒，遺令薄葬，不立碑表，不求贈謐。贈瓜州刺史。[8]武平中，[9]以子士素久典機密，[10]重贈儀同三司，[11]謐曰貞惠。

[1]東萊：郡名。治所在今山東萊州市。　王道習：東萊（今山東萊州市）人。北魏官吏。孝莊帝時，爲應詔郎。　御史：官名。爲御史臺屬官，掌舉劾違失，監理郡縣及受公卿郡吏奏事等。

[2]遊道稟性遒捍："捍"字宋刻本、四庫本、中華本作"悍"。按，"捍"通"悍"，意爲强悍。

[3]是非肆口："口"字宋刻本、四庫本、中華本同，百衲本作"己"。從宋刻本改。

[4]蘭景雲：東魏官吏。位郎中。事不詳。

[5]此令命所着：宋刻本、百衲本、中華本同，四庫本作"此令公所著"。中華本校勘記云："南本、局本'命'作'公'，《北史》卷三四《宋遊道傳》作'此令公命所着'。按當時習稱高澄爲大將軍。這時嗣渤海王，錄尚書事，也可稱'錄王'。稱'令公'和高澄的官位不合，今從三朝等本，但'令''命'重複，疑亦有誤。"

[6]天保：北齊文宣帝高洋年號（550—559）。

[7]太府卿：官名。北魏孝文帝時由少府改爲此，爲九卿之一。北齊因之，三品。

[8]瓜州：治所在今甘肅敦煌市西。

[9]武平：北齊後主高緯年號（570—576）。

[10]士素：宋士素。北齊廣平（今河北邯鄲市永年區）人。事見本卷後。

[11]儀同三司：官名。本指官場待遇，儀同三司（三公）。"儀同"自此成專名。魏晉以降，凡開府，皆儀同三司，遂成加銜。至北魏、北齊又爲官號。北齊二品。

　　遊道剛直，疾惡如讎，見人犯罪，皆欲致之極法。彈糾見事，又好察陰私。問獄察情，棰撻嚴酷。[1]兗州刺史李子貞在州貪暴，[2]遊道案之。文襄以貞預建義勳，意將含忍。遊道疑陳元康爲其內助，[3]密啓云："子貞、元康交遊，恐其別有請囑。"文襄怒，於尚書都堂集百僚，撲殺子貞。又兗州人爲遊道生立祠堂，像題曰"忠清君"。[4]遊道別刻吉寧等五人同死，[5]有欣悅色。朝士甚鄙之。

[1]棰撻嚴酷："棰"字，宋刻本、百衲本同，四庫本、中華本作"捶"。按，"捶"通"棰"，意爲短棍。

[2]兗州：治所在今山東濟寧市兗州區新驛鎮東頓村南。李子貞：渤海蓨（今河北景縣）人。東魏官吏。事見《魏書》卷七二《李叔虎傳》。

[3]陳元康（507—549）：字長猷，廣宗（今河北威縣東南）人。北魏、東魏官吏。本書卷二四、《北史》卷五五有傳。 爲其內助：四庫本、中華本同，宋刻本、百衲本無"助"字。從補。

[4]像題曰："像"字四庫本、中華本同，宋刻本、百衲本作"焉"。從四庫本改。

[5]吉寧：東魏官吏。位行臺。

然重交遊，存然諾之分。歷官嚴整，而時大納賄，分及親故之艱匱者，其男女孤弱爲嫁娶之，臨喪必哀，躬親襄事。爲司州綱紀與牧昌樂、西河二王乖忤，[1]及二王薨，每事經恤之。與頓丘李獎一面，[2]便定死交。獎曰："我年位已高，會用弟爲佐史，[3]令弟北面於我足矣。"遊道曰："不能。"既而獎爲河南尹，[4]辟遊道爲中正，[5]使者相屬，以衣帕待之，握手歡謔。元顥入洛，[6]獎受其命，[7]出使徐州，都督元孚與城人趙紹兵殺之。[8]遊道爲獎訟冤，得雪，又表爲請贈，迴己考一汎階以益之。又與劉廞結交，[9]託廞弟粹於徐州殺趙紹。[10]後劉廞伏法於洛陽，粹以徐州叛，官軍討平之，[11]梟粹首於鄴市。孫騰使客告市司，[12]得錢五百萬後聽收。遊道時爲司州中從事，令家人作劉粹所親，[13]於州陳訴，依律判"許"而奏之。敕至，市司猶不許。遊道杖市司，勒使速付。騰聞大怒。[14]時李獎二子構、訓居貧，[15]遊道後令其求三富人死事，判免之，凡得錢百五十萬，盡以入構、訓。其使氣黨俠如此。時人語曰："遊道獼猴面，陸操科斗形，[16]意識不關貌，何謂醜者必無情。"構嘗因遊道會客，因戲之曰："賢從在門外，大好人，宜自迎接。"爲通名稱"族弟遊山"。遊道出見之，乃獼猴衣帽也。將與構絕，[17]構謝之，豁然如舊。遊道死後，構爲定州長史，遊道第三子士遜爲墨曹、博陵王管記，[18]與典籤共誣奏構。[19]構於禁所祭遊道而訴焉。士遜晝臥如夢者，見遊道怒己曰："我與構恩義，汝豈不知，何共小人謀陷清直之士！"士遜驚跪曰："不敢、不敢。"旬日而卒。

[1]爲司州綱紀與牧昌樂、西河二王乖忤：中華本校勘記云："諸本'昌樂'作'樂昌'，'西河'作'河西'，《北史》作'樂昌''西河'。按昌樂王誕見《魏書》卷二一上《高陽王雍傳》，西河王悰見《魏書》卷一九上《京兆王子推傳》。二人都曾在東魏初官司州牧。誕死於天平三年（五三六）。宋遊道在遷鄴前後也即天平間爲司州中從事，正值元誕、元悰相繼爲司州牧時，知'樂昌''西河'都是誤倒，今並乙正。"從改。綱紀，州的主簿。昌樂王，元誕的封爵號。昌樂，郡名。治所在今河南南樂縣西北。西河王，

元悰的封爵號。西河，郡名。治所在今山西汾陽市。

［2］頓丘：郡名。治所在今河南清豐縣西南。 李獎（？—529）：字遵穆，頓丘（今河南清豐縣西南）人。北魏官吏。《魏書》卷六五《李平傳》、《北史》卷四三《李崇傳》有附傳。

［3］佐史：長官的屬吏。

［4］河南尹：北魏都洛陽，故以河南郡守爲尹。河南，郡名。治所在今河南洛陽市西。

［5］辟：委任。各級長官自行任命屬吏之行爲稱"辟"。 中正：州中正。掌州郡人才的考察。即將當地士人按才能品德，參照門第分成九品，供吏部選用。

［6］元顥（？—529）：字子明，鮮卑族拓跋部人。北魏宗室、大臣。永安二年（529），乘亂於梁國（今河南商丘市南）城南即位，進入洛陽，改元建武。後被縣卒所殺。《魏書》卷二一上、《北史》卷一九《北海王詳傳》有附傳。

［7］獎受其命："獎"字四庫本、中華本同，宋刻本、百衲本作"將"。從四庫本改。

［8］都督：官名。掌軍政。至北朝後期則爲率領鄉兵、畜牧軍馬的中低級軍官職名。

［9］又與劉廞結交："劉"字宋刻本、四庫本、百衲本作"尉"。中華本校勘記云："諸本'劉'作'尉'，《北史》卷三四、《册府》卷八八二作'劉'。按劉廞爲劉芳子，《魏書》卷五五《劉芳傳》記廞弟粹事與此《傳》合。'尉'字訛，今據改。"從中華本改。劉廞（483—534），一作"劉欽"，字景興。北魏官吏。《魏書》卷五五、《北史》卷四二《劉芳傳》有附傳。

［10］粹：劉粹（？—534），彭城（今江蘇徐州市老城區）人。北魏官吏。《魏書》卷五五《劉芳傳》有附傳。

［11］後劉廞伏法於洛陽，粹以徐州叛，官軍討平之：宋刻本、四庫本、百衲本無"劉廞伏法於洛陽粹以徐州叛官軍討"十五字。中華本校勘記云："諸本脫'劉廞伏法於洛陽粹以徐州叛官軍討'

十五字，不可通。今據《北史》卷三四及《册府》卷八八二補。"從中華本補。洛陽，縣名。治所在今河南洛陽市東北。

[12]市司：亦稱司市。管理市場的官吏。北齊置。掌鄴市。

[13]令家人作劉粹所親："劉"字宋刻本、四庫本、百衲本作"尉"。今從中華本作"劉"。

[14]騰聞大怒：中華本校勘記云："《北史》卷三四此下有'遊道立理以抗之，既收粹尸，厚加贈遺'十五字。按無此十五字，於事未盡，疑此《傳》脱去。"

[15]構：李構，字祖基，頓丘（今河南清豐縣西南）人。東魏、北齊官吏。本書卷三五有傳，事亦見《魏書》卷六五《李平傳》，《北史》卷四三《李崇傳》有附傳。 訓：李訓，頓丘（今河南清豐縣西南）人。李獎次子。東魏官吏。爲太尉墨曹參軍。《魏書》卷六五《李平傳》有附傳。

[16]陸操：字仲志，代（今山西大同市）人。北魏、東魏、北齊官吏。《北史》卷二八《陸俟傳》有附傳。

[17]將與構絶：四庫本、中華本同，宋刻本、百衲本作"獎與"。從四庫本改。

[18]墨曹：官署名。掌文翰。 博陵王：北齊神武帝高歡第十二子高濟的封爵號。博陵，郡名。治所在今河北安平縣。 管記：書記、記室參軍等文翰職官的通稱。

[19]典籤：官名。南北朝設，爲諸王府、軍府、州府屬官，掌記録言事、宣達府主教令。並監督府主。

遊道每戒其子士素、士約、士慎等曰："吾執法太剛，數遭屯蹇，[1]性自如此，子孫不足以師之。"諸子奉父言，柔和謙遜。

[1]"遊道每戒其子"至"數遭屯蹇"：四庫本、中華本同，

宋刻本、百衲本無"士素士約士慎等曰吾執法太剛數遭"十五字。從補。屯蹇，艱難困苦。

　　士素沉密少言，有才識。稍遷中書舍人，[1]趙彦深引入内省，[2]參典機密，歷中書、黄門侍郎，[3]遷儀同三司、散騎常侍，[4]常領黄門侍郎。自處機要近二十年，周慎温恭，甚爲彦深所重。初祖珽知朝政，[5]出彦深爲刺史。珽奏以士素爲東郡守，[6]中書侍郎李德林白珽留之，[7]由是還除黄門侍郎，共參機密。士約亦爲善士，官尚書左丞。

　　[1]中書舍人：官名。即中書通事舍人。爲中書省屬官，掌呈奏表。參與機務。北齊六品上。

　　[2]趙彦深（507—576）：本名隱，字彦深，平原（今山東聊城市東北）人，祖籍南陽宛縣（今河南南陽市）。北齊大臣。本書卷三八、《北史》卷五五有傳。　内省：此指中書省，因居禁内，故曰内省。

　　[3]"稍遷中書舍人"至"黄門侍郎"：中華本校勘記云："三朝本、百衲本無'稍遷'至'歷'十八字。按無此十八字，雖似可通，然下云'甚爲彦深所重'，不加'趙'字，正因上文已見。南、北諸本據《北史》補，是，今從之。"從補。中書，即中書侍郎。又稱"中書郎"，爲中書省副主官，掌起草書疏表檄。北齊從四品上。黄門侍郎，官名。與侍中俱掌門下事。北齊四品上。

　　[4]散騎常侍：官名。散騎與中常侍二職合而爲此職，隸集書省，參掌機要，位比侍中。北齊從三品。

　　[5]祖珽：字孝徵，范陽遒（今河北淶水縣北）人。東魏、北齊官吏。本書卷三九有傳，《北史》卷四七《祖瑩傳》有附傳。

[6]珽奏以士素爲東郡守：四庫本、中華本同，宋刻本、百衲本無"守"字。從補。東郡，治所在今河南滑縣東南城關鎮。

[7]中書侍郎李德林白珽留之：四庫本、中華本同，宋刻本、百衲本無"書"字。從補。李德林（531—591），字公輔，博陵安平（今河北安平縣）人。李敬族之子。初仕北齊，參修國史。後入隋，參修律令。後撰成《霸朝雜集》，受文帝賞識。卒官贈大將軍、廉州刺史，謚曰文。撰有文集八十卷，並奉詔撰《齊史》而未成。其子李百藥將其完成，即本書《北齊書》。《隋書》卷四二、《北史》卷七二有傳。

　　盧斐，字子章，范陽涿人也。[1]父同，[2]魏殿中尚書。[3]斐性殘忍，以強斷知名。世宗引爲相府刑獄參軍，[4]謂之云："狂簡，斐然成章，非佳名字。"天保中，稍遷尚書左丞，別典京畿詔獄，[5]酷濫非人情所爲。無問事之大小，拷掠過度，於大棒車輻下死者非一。或嚴冬至寒，置囚於冰雪之上；或盛夏酷熱，暴之日下。枉陷人致死者，前後百數。又伺察官人罪失，[6]動即奏聞，朝士見之，莫不重跡屏氣，皆目之爲盧校事。[7]斐後以謗史，[8]與李庶俱病鞭死獄中。[9]

　　[1]范陽：郡名。治所在今河北涿州市。　涿：縣名。治所同郡。

　　[2]同：盧同（476—532），字叔倫，范陽涿（今河北涿州市）人。北魏官吏。《魏書》卷七六、《北史》卷三〇有傳。

　　[3]殿中尚書：官名。北齊沿置，員一人，爲尚書省六曹尚書之一。管理宮殿禁衛、禮制、宮廷車馬及倉庫等事。領殿中、儀曹、三公、駕部四郎曹。三品。

[4]世宗：北齊文襄帝高澄（521—549），廟號世宗。本書卷三、《北史》卷六有紀。　刑獄參軍：官名。即"刑獄賊曹參軍"省稱。爲刑獄賊曹長官。掌盜賊刑獄。

[5]詔獄：奉詔令關押犯人的牢獄。

[6]官人：官吏，百官。

[7]皆目之爲盧校事：中華本校勘記云："諸本'事'作'書'，《北史》卷三〇《盧斐傳》、《册府》卷六一九作'事'。按三國時魏、吴都置校事，歷見《三國志》卷一四《程昱附孫曉傳》、卷二四《高柔傳》、卷五二《顧雍傳》，其職務是偵察糾舉百官。盧斐'伺察官人罪失，動即奏聞'，有似魏吴的校事，所以有'盧校事'的稱號。'校書'與情事不合，今據改。"説是，從改。

[8]謗史：盧斐訴魏收之《魏書》事。

[9]李庶：頓丘（今河南清豐縣西南）人。北齊官吏。事見本書卷三五《李構傳》，《北史》卷四三《李崇傳》有附傳。

畢義雲，小字陁兒。少粗俠，家在兗州北境，常劫掠行旅，州里患之。晚方折節從官，累遷尚書都官郎中。[1]性嚴酷，事多幹了。齊文襄作相，以爲稱職，令普勾僞官，專以車輻考掠，所獲甚多。然大起怨謗。曾爲司州吏所訟，云其有所減截，并改換文書。文襄以其推僞，衆人怨望，並無所問，乃拘吏數人而斬之。[2]因此鋭情訊鞠，威名日盛。

[1]尚書都官郎中：官名。爲尚書省都官曹長官。職掌刑獄，亦佐督軍事。北齊六品上。

[2]乃拘吏數人而斬之：中華本校勘記云："《北史》卷三九《畢義雲傳》無'人'字。按'數'是責數，疑'人'字衍。"

文宣受禪，[1]除治書侍御史，[2]彈射不避勳親。累遷御史中丞，[3]繩劾更切。然豪橫不平，頻被怨訟。前爲汲郡太守翟嵩啓列：[4]義雲從父兄僧明負官債，[5]先任京畿長吏，不受其屬，立限切徵，由此挾嫌，數遣御史過郡訪察，欲相推繩。又坐私藏工匠，家有十餘機織錦，并造金銀器物。乃被禁止。尋見釋，以爲司徒左長史。尚書左丞司馬子瑞奏彈義雲，[6]稱："天保元年四月，竇氏皇姨祖載日，[7]内外百官赴第吊省，義雲唯遣御史投名，身遂不赴。又義雲啓云：'喪婦孤貧，後娶李世安女爲妻。[8]世安身雖父服未終，其女爲祖已就平吉，特乞闇迎，不敢備禮。'及義雲成婚之夕，衆儲備設，剋日拜閣，鳴騶清路，盛列羽儀，兼差臺吏二十人，責其鮮服侍從車後。直是苟求成婚，誣罔干上。義雲資産宅宇足稱豪室，[9]忽道孤貧，亦爲矯詐。法官如此，直繩焉寄。又駕幸晋陽，都坐判：'拜起居表，四品以下五品已上令預前一日赴南都署表，[10]三品已上臨日署訖。'義雲乃乖例，署表之日，索表就家先署，臨日遂稱私忌不來。"於是詔付廷尉科罪，尋敕免推。子瑞又奏彈義雲事十餘條，多煩碎，罪止罰金，不至除免。子瑞從兄消難爲北豫州刺史，[11]義雲遣御史張子階詣州采風聞，[12]先禁其典籤家客等，消難危懼，遂叛入周。[13]時論歸罪義雲，云其規報子瑞，[14]事亦上聞。爾前讌賞，義雲常預，從此後集見稍疏，聲望大損。

[1]文宣：北齊開國皇帝高洋（529—559），諡號文宣。本書卷四、《北史》卷七有紀。

［2］治書侍御史：官名。魏晋以後分統侍御史，掌舉劾官品第六已上（《隋書·百官志上》作"掌舉劾官品第六已下"）。北齊從五品。

［3］御史中丞：官名。爲御史臺長官。領侍御史，糾察百官，審核疑案。北齊從三品。

［4］汲郡：治所在今河南浚縣西南淇門渡。 翟嵩：北齊官吏。位汲郡太守。

［5］從父兄：同祖伯叔之子年長於己者。即堂兄。 僧明：畢僧明。畢義雲堂兄。

［6］司馬子瑞：河内温（今河南温縣）人。北齊官吏。事見本書卷一八《司馬子如傳》，《北史》卷五四《司馬子如傳》有附傳。

［7］竇氏皇姨祖載日：宋刻本、四庫本、百衲本"皇"後有"后"字。中華本校勘記云："諸本'皇'下有'后'字，《北史》卷三九無。按北齊無姓竇的皇后。竇氏皇姨指竇泰妻婁黑女。《漢魏南北朝墓誌集釋》（圖版三二二）《婁黑女墓誌》，即題'竇公夫人皇姨'。婁黑女是高歡妻姊，故有此稱。'后'字衍，今據删。"説是，從中華本删。竇氏皇姨，東魏代郡平城（今山西大同市東北）人。婁内干女。適竇泰。

［8］後娶李世安女爲妻："李"字四庫本、中華本同，宋刻本、百衲本作"季"。從四庫本改。

［9］義雲資産宅宇足稱豪室："豪"字四庫本、百衲本、中華本同，宋刻本作"家"。按，依句中意思，此處應是"豪室"。

［10］四品以下五品已上：宋刻本、四庫本、百衲本無"以下"二字。中華本校勘記云："諸本無'以下'二字。按若無二字，則'四品五品已上'包括了一至三品，而下文明云'三品以上，臨日署訖'，顯然三品以上自爲一類。這裏脱'以下'二字，今據《北史》卷三九補。"從中華本補。

［11］從兄：堂兄。 消難：司馬消難，字道融，河内温（今河南温縣）人。隋朝大臣。事見本書卷一八《司馬子如傳》，《周書》

卷四七

列傳第三十九

1471

卷二一有傳，《北史》卷五四《司馬子如傳》有附傳。　北豫州：治所在今河南滎陽市西北。

[12]義雲遣御史張子階詣州采風聞：“詣”字四庫本、百衲本、中華本同，宋刻本作“諧”。

[13]周：即北周（557—581）。西魏恭帝三年（556）十二月，宇文泰之子宇文覺廢西魏主自立，次年（557）改元，建號周，史稱北周，又稱後周。都長安（今陝西西安市）。歷五帝，二十五年。至静帝宇文衍爲隋所代。

[14]云其規報子瑞：“規報”四庫本、中華本同，宋刻本、百衲本作“覆執”。從四庫本改。

乾明初，[1]子瑞遷御史中丞。鄭子默正被任用，[2]義雲之姑即子默祖母，遂除度支尚書，[3]攝左丞。[4]子默誅後，左丞便解。孝昭赴晋陽，[5]高元海留鄴，[6]義雲深相依附。知其信向釋氏，[7]常隨之聽講，爲此款密，無所不至。[8]及孝昭大漸，顧命武成，[9]高歸彦至都，[10]武成猶致疑惑。元海遣犢車迎義雲入北宮參審，遂與元海等勸進，仍從幸晋陽，參預時政。尋除兖州刺史，給後部鼓吹，即本州也，[11]軒昂自得，意望銓衡之舉。[12]見諸人自陳，逆許引接。又言離別暫時，非久在州。先有鐃吹，至於案部行遊，遂兩部並用。猶作書與元海，論叙時事。元海入内，不覺遺落，給事中李孝貞得而奏之，[13]爲此元海漸疏，孝貞因是兼中書舍人。又高歸彦起逆，義雲在州私集人馬，并聚甲仗，將以自防，實無他意。爲人所啓。及歸彦被擒，又列其朋黨專擅，爲此追還。武成猶録其往誠，竟不加罪，除兼七兵尚書。[14]

[1]乾明：北齊廢帝高殷年號（560）。

[2]鄭子默：鄭頤（？—560），字子默，彭城（今江蘇徐州市老城區）人。北齊官吏。本書卷三四《楊愔傳》、《北史》卷四一《楊播傳》有附傳。

[3]度支尚書：官名。領尚書度支等曹，掌軍國收支、漕運、租役、庫廩等。北齊統度支、倉部、右户、左户、庫部、金部等曹。三品。

[4]攝：官吏代理政事之稱。即非正式除授。　左丞：官名。即尚書左丞。爲尚書臺屬官，佐助令、僕射掌政務。職掌臺内庶務、文吏及文案奏章。歷朝因之。魏晋起兼掌監察百官。北齊從四品上。

[5]孝昭：北齊皇帝高演（535—561），謚號孝昭。本書卷六、《北史》卷七有紀。

[6]高元海（？—578）：渤海蓨（今河北景縣）人。上洛王思宗子。北齊官吏。本書卷一四、《北史》卷五一《上洛王思宗傳》有附傳。

[7]釋氏：指佛教。

[8]無所不至："無"字四庫本、中華本同，宋刻本、百衲本作"相"。從四庫本改。

[9]武成：北齊皇帝高湛（537—568），謚號武成。本書卷七、《北史》卷八有紀。

[10]高歸彦（？—562）：字仁英，渤海蓨（今河北景縣）人。高徽子。高歡族弟。東魏、北齊大臣。本書卷一四、《北史》卷五一有傳。

[11]即本州也：四庫本、中華本同，宋刻本、百衲本作"即起本州"。從四庫本改。

[12]銓衡：指銓選之事及執掌銓選之職位。

[13]給事中：官名。魏晋之後爲門下屬官。北齊從六品上。

李孝貞：字元操，趙郡平棘（今河北趙縣東南）人。北齊、隋朝官吏。《北史》卷三三《李順傳》有附傳。

[14]七兵尚書：官名。尚書臺屬官。其職掌略同於五兵尚書。轄左右中兵、左右外兵、騎兵、別兵、都兵等。三品。

義雲性豪縱，頗以施惠爲心，累世本州刺史，家富於財，士之匱乏者，多有拯濟。及貴，恣情驕侈，營造第宅宏壯，未幾而成。閨門穢雜，[1]聲遍朝野。爲郎，與左丞宋遊道因公事忿競，遊道廷辱之云："雄狐之詩，[2]千載爲汝。"義雲一無所答。然酷暴殘忍，非人理所及，爲家尤甚，子孫僕隸，常瘡痍被體。有孽子善昭，[3]性至凶頑，與義雲侍婢姦通，搒掠無數，爲其着籠頭，[4]繫之庭樹，食以蒭秣，十餘日乃釋之。夜中，義雲被賊害，即善昭所佩刀也，遺之於義雲庭中。[5]善昭聞難奔哭，家人得佩刀，善昭怖，便走出，投平恩墅舍。[6]旦日，世祖令舍人蘭子暢就宅推之。[7]爾前，義雲新納少室范陽盧氏，有色貌。子暢疑盧姦人所爲，將加拷掠。盧具列善昭云爾，乃收捕繫臨漳獄，[8]將斬之。邢卲上言，[9]此乃大逆，義雲又是朝貴，不可發。乃斬之於獄，棄屍漳水。[10]

[1]閨門：内室之門。古時女子居於内室，故謂帷薄不修者曰閨門不謹。

[2]雄狐：《詩·齊風·南山》："南山崔崔，雄狐綏綏。"鄭玄箋："襄公之妹魯桓公夫人文姜也。襄公素與淫通……齊大夫見襄公行惡如是，作詩以刺之。"

[3]孽子：庶子。非嫡妻之子。

[4]爲其着籠頭："其"字宋刻本、百衲本、中華本同，四庫本作"首"。

[5]即善昭所佩刀也，遺之於義雲庭中："即"字宋刻本、百衲本、中華本同，四庫本作"乃"。"義雲"四庫本、中華本同，宋刻本、百衲本作"善昭"。中華本校勘記云："按此二句和上文義不貫，疑本在下文'家人得佩刀'下，錯簡在此。又'義雲庭中'，三朝本、百衲本及《北史》卷三九作'善昭庭中'。南本以下諸本作'義雲庭中'。按於義雲庭中得善昭佩刀，故善昭怖而出走。《通志》卷一七一《畢義雲傳》也作'義雲庭中'，似《北史》本同《通志》，後人據誤本《北齊書》回改。南本當即據《通志》改，今從之。"從改。

[6]平恩：縣名。治所在今河北曲周縣東南。

[7]世祖：北齊武成帝高湛（537—568），廟號世祖。本書卷七、《北史》卷八有紀。　舍人：官名。王公近屬之官。

[8]臨漳：縣名。治所在今河北臨漳縣西南鄴鎮。

[9]邢卲（496—?）：字子才，河間鄚（今河北任丘市北）人。北魏、東魏、北齊官吏。博學能文，與溫子升、魏收齊名。原著有《邢子才集》，已散佚。本書卷三六有傳，《北史》卷四三《邢巒傳》有附傳。

[10]漳水：漳河。衛河最大支流。在今河北、河南兩省境。

北齊書　卷四八[1]

列傳第四十

外戚

趙猛　婁叡　尒朱文暢　鄭仲禮　李祖昇　元蠻
胡長仁

　　自兩漢以來，外戚之家罕有全者，其傾覆之跡，逆亂之機，皆詳諸前史。齊氏后妃之族，多自保全，唯胡長仁以譖訴貽禍，[2]斛律光以地勢被戮，[3]俱非女謁盛衰之所致也。今依前代史官，述《外戚》云爾。

　　[1]《北齊書》卷四八：中華本校勘記云："按此卷前有序，後無論贊。序很簡短，不像《北齊書》本文原貌。錢氏《考異》卷三一認爲經後人刪節，或《北齊書》此卷已亡，後人以《高氏小史》補。"
　　[2]胡長仁（？—569）：字孝隆，安定臨涇（今甘肅鎮原縣）人。武成胡皇后兄。北齊官吏。本卷、《北史》卷八〇有傳。

［3］斛律光（515—572）：字明月，朔州（今内蒙古固陽縣）人。高車族敕勒部。北齊名將。少以武藝知名。本書卷一七、《北史》卷五四《斛律金傳》有附傳。

趙猛，太安狄那人，[1]姊爲文穆皇帝繼室，[2]生趙郡王琛。[3]猛性方直，頗有器幹。高祖舉義，[4]遷南營州刺史，[5]卒。

[1]太安：郡名。治所在今山西寧武縣。 狄那：縣名。治所在今山西壽陽縣北。

[2]文穆皇帝：高樹生（472—526）。一名樹，渤海蓨（今河北景縣）人。高歡父。北魏將領。卒後追封渤海王，謚文穆。事見本書卷一、《北史》卷六《高祖神武帝紀》，《魏書》卷三二《高湖傳》有附傳。

[3]生趙郡王琛："王"字四庫本、中華本同，宋刻本、百衲本作"公"。中華本校勘記云："三朝本、百衲本、北本、汲本、局本及《北史》卷八〇《趙猛傳》'王'都作'公'。南本、殿本作'王'。按高琛初封實是南趙郡公，非趙郡公，死後追封趙郡王。這裏若作'公'，則上脱'南'字。南本當是以意改，然於《本傳》有據，今從之。"從改。趙郡，治所在今河北趙縣。琛，高琛（513—535），字永寶，一作"元寶"，渤海蓨（今河北景縣）人。高歡弟。東魏大臣。本書卷一三、《北史》卷五一有傳。

[4]高祖：北齊神武帝高歡（496—547），廟號高祖。本書卷一、二，《北史》卷六有紀。

[5]南營州：治所在今河北保定市徐水區西。

婁叡，[1]字佛仁，武明皇后兄子也。[2]父壯，[3]魏南部尚書。[4]叡少好弓馬，有武幹，爲高祖帳内都督。[5]從破尒朱於韓陵，[6]累遷開府儀同、驃騎大將軍。[7]叡無器幹，唯以外戚貴幸，而縱情財色，爲時論所鄙。皇建初，[8]封東安王。[9]高歸彥反於冀州，[10]詔叡往平之。還，拜司徒公。[11]周兵寇東關，[12]叡率軍赴援，頻戰有功，擒周將楊㩧等。[13]進大司馬，[14]出總偏師，赴懸瓠。[15]叡在豫境，[16]留停百餘日，侵削官私，專行非法，坐免官。尋授太尉。薨。

[1]婁叡：中華本校勘記云："按此《傳》與本書卷一五《婁昭附婁叡傳》重出。參卷一五校記。"

[2]武明皇后：北齊神武明皇后婁昭君（501—562）。鮮卑族。本書卷九、《北史》卷一四有傳。

[3]壯：婁壯，亦作"婁拔"，代郡平城（今山西大同市東北）人。婁叡父。北魏官吏。位南部尚書。

[4]魏：即北魏（386—557）。北朝政權之一。公元386年鮮卑人拓跋珪建立代國，初居盛樂（今内蒙古和林格爾縣），398年定都平城（今山西大同市東北），後遷都洛陽（今河南洛陽市東北）。永熙三年（534）分裂爲東魏與西魏。東魏（534—550）都於鄴（今河北臨漳縣西南鄴鎮東），西魏（535—557）都於長安（今陝西西安市西北郊）。　南部尚書：官名。北魏道武帝皇始元年（396）置。尚書省南部曹長官。三品。南部曹爲管理南部州郡事務的官署。掌南部州郡的考課、選舉、辭訟以及巡察等事務。

[5]帳内都督：官名。北魏末及東魏、西魏置。掌統領主帥左右的侍衛軍士。

[6]尒朱：尒朱兆（？—533），字萬仁（一作"吐萬兒"），北魏北秀容（今山西朔州市）契胡貴族。《魏書》卷七五有傳，《北史》卷四八《尒朱榮傳》有附傳。　韓陵：山名。在今河南安陽市東北。

［7］開府儀同：官名。即開府儀同三司。本指高級官員開建府署之待遇，儀同三司（三公）。後遂成加銜，至南北朝又爲官稱。北齊從一品。　驃騎大將軍：官名。兩晉南北朝爲正式將軍名號，多加元老重臣。北齊從一品。

［8］皇建：北齊孝昭帝高演年號（560—561）。

［9］東安：郡名。治所在今山東沂水縣。

［10］高歸彥（？—562）：字仁英，渤海蓨（今河北景縣）人。高徽子。高歡族弟。東魏、北齊大臣。本書卷一四、《北史》卷五一有傳。　冀州：治所在今河北冀州市。

［11］司徒公：官名。即司徒。三公之一，多加勳貴重臣。

［12］周：即北周（557—581）。西魏恭帝三年（556）十二月，宇文泰之子宇文覺廢西魏主自立，次年（557）改元，建號周，史稱北周，又稱後周。都長安（今陝西西安市）。歷五帝，二十五年。至静帝宇文衍爲隋所代。　東關：關隘名。即潼關口，在今陝西潼關縣東南。

［13］楊㩁：字顯進，正平高凉（今山西稷山縣東南）人。西魏、北周將領。《周書》卷三四、《北史》卷六九有傳。

［14］大司馬：官名。三公之一。多作爲加官或贈官。一品。

［15］懸瓠：懸瓠城。在今河南汝南縣。

［16］豫：豫州。治所在今河南汝南縣汝寧街道。

尒朱文暢，榮第四子也。[1]初封昌樂王。[2]其姊魏孝莊皇后，[3]及四胡敗滅，[4]高祖納之，待其家甚厚，文暢由是拜肆州刺史。[5]家富於財，招致賓客，既藉門地，窮極豪侈。與丞相司馬任胄、主簿李世林、都督鄭仲禮、房子遠等深相愛狎，[6]外示杯酒之交，而潛謀逆亂。自魏氏舊俗，以正月十五日夜爲打竹簇之戲，[7]有能中者，即時賞帛。任胄令仲禮藏刀於袴中，因高祖臨觀，謀爲竊發，事捷之後，共奉文暢爲主。爲任氏家客薛季孝告高祖，[8]問皆具伏。以其姊寵故，止坐文暢一房。

[1]榮：尒朱榮（493—530），字天寶，北魏北秀容（今山西朔州市）契胡貴族。繼父爲部落酋帥，六鎮起義後投魏。後擁立莊帝，自爲大丞相、天柱大將軍，封太原王。《魏書》卷七四、《北史》卷四八有傳。

[2]昌樂：郡名。治所在今河南南樂縣西北。

[3]魏孝莊皇后：北魏北秀容（今山西朔州市）人。尒朱榮女。《北史》卷一四有傳。

[4]四胡：指尒朱兆、尒朱天光、尒朱度律、尒朱仲遠四人。普泰二年（532），四人率軍二十萬與高歡戰於韓陵，爲高歡擊敗，史稱"韓陵之戰"。

[5]肆州：治所在今山西忻州市西北。

[6]司馬：高級幕僚。於府内掌軍事及府内武官。　任胄：廣寧（今河北涿鹿縣）人。東魏官吏。本書卷一九《任延敬傳》、《北史》卷五三《任祥傳》有附傳。　主簿：官名。掌文簿及閣内事。　李世林（？—545）：東魏官吏，事不詳。　都督：官名。爲統率全國或地方兵馬的指揮官職名。至北朝後期則爲率領鄉兵、畜牧軍馬的中低級軍官職名。　房子遠："遠"字四庫本、中華本同，宋刻本、百衲本作"建"。中華本校勘記云："諸本'遠'作'建'，《北史》卷四八《尒朱文暢傳》，本書卷二《神武紀》（補）、卷一九《任延敬傳》，《文館詞林》卷六六二後魏節閔帝（應作孝靜帝）《伐尒朱文暢等詔》作'遠'。按，房子遠乃房謨子，見《北史》卷五五《房謨傳》，'建'字訛，今據改。"從改。

[7]以正月十五日夜爲打竹簇之戲：中華本校勘記云："《北史》卷四八無'竹'字。按本書卷二《神武紀》（補）、《通鑑》卷一五九都但稱'打簇'，疑'竹'字涉下'簇'字之首而衍。"

[8]家客：門客。南北朝時世族或豪族的一種依附人口。

弟文略，以兄文羅卒無後，[1]襲梁郡王。[2]以兄文暢事，當從坐，高祖特加寬貸。[3]文略聰明儁爽，多所通習。世宗嘗令章永興於馬上彈胡琵琶，[4]奏十餘曲，試使文略寫之，遂得其八。世宗戲之曰："聰明人多不老壽，梁郡其慎之。"文略對曰："命之修短，皆在明公。"世宗愴然曰："此不足慮也。"初高祖遺令恕文略十死，恃此益橫，多所凌忽。平秦王有七百里馬，[5]文略敵以好婢，賭而取之。明日，平秦致請。文略殺馬及婢，以二銀器盛婢頭馬肉而遺之。平秦王訴之於文宣，[6]繫於京畿獄。[7]文略彈琵琶，吹橫笛，謠詠，倦極便卧唱挽歌。居數月，奪防者弓矢以射人曰："不然，天子不憶我。"有司奏之，伏法。[8]文略嘗大遺魏收，[9]請爲其父作佳傳，收論尒朱榮比韋、彭、伊、霍，[10]蓋由是也。

[1]弟文略，以兄文羅卒無後：中華本校勘記云："南、北、殿三本及《北史》卷四八'文羅'作'叉羅'，三朝本、百衲本作'文羅'，汲本、局本訛作'乂羅'。按《魏書》卷一〇《孝莊紀》建義元年（五二八）四月稱封'尒朱榮次子叉羅爲梁郡王'，卷七四《尒朱榮傳》也作'叉羅'，疑本名實是'叉羅'，取'夜叉''羅刹'之稱，後來嫌其不雅，纔改作'文羅'，也像元叉死後，《墓誌》改'叉'爲'乂'（見《漢魏南北朝墓誌集釋》圖版七八）。故其弟文殊、文暢、文略上一字也都是'文'。今從三朝本。"

[2]襲梁郡王：四庫本、中華本同，宋刻本、百衲本無"郡"字。從補。梁郡，治所在今河南商丘市南。

[3]高祖特加寬貸：四庫本、中華本同，宋刻本、百衲本無"加"字。從補。

[4]世宗：北齊文襄帝高澄（521—549），廟號世宗。本書卷三、《北史》卷六有紀。　章永興：東魏人。事不詳。"章"字四庫本、中華本同，宋刻本、百衲本作"音"。從四庫本改。

[5]平秦王：高歸彥的封爵號。平秦，郡名。治所在今陝西鳳翔縣東南。

[6]文宣：北齊開國皇帝高洋（529—559），諡號文宣。本書卷四、《北史》卷七有紀。

[7]"明日，平秦致請"至"繫於京畿獄"：四庫本、中華本同，宋刻本、百衲本"平秦"後有"使"字，無"致請"以下至"京畿獄"三十三字。中華本校勘記云："三朝本、百衲本'平秦'下有'使'字，無'致請'以下至'京畿獄'三十三字，北本、殿本如上摘句，南本'平秦'下，有'王使人'三字。按此《傳》前文都稱齊帝廟號，而此三十三字中，忽稱高洋爲'文宣'，知南本以下諸本同有的三十三字乃以《北史》卷四八補，南本獨有的三字，也是據《北史》補。但如三朝本無此三十三字便情事不明，和下文也連不起來，顯有脱文。此《傳》不出於《北史》，所脱是否即此三十三字却不可知。今姑從北、殿本。"從補。

[8]伏法：宋刻本、百衲本、中華本同，四庫本"伏"前有"遂"字。

[9]魏收（505—572）：字伯起，小字佛助，鉅鹿下曲陽（今河北晉州市西）人。北朝時著名史學家。本書卷三七、《北史》卷五六有傳，《魏書》卷一〇四有其家世自序（部分爲後人所補）。

[10]收論尒朱榮比韋、彭、伊、霍："韋"字宋刻本、四庫本、百衲本作"韓"。中華本校勘記云："諸本'韋'作'韓'，《北史》卷四八作'韋'。按《魏書》卷七四《尒朱榮傳》作'彭韋伊霍'。'韓'字訛，今據改。"從中華本改。

鄭仲禮，滎陽開封人，[1]魏鴻臚嚴庶子也。[2]少輕險，有膂力。高祖嬖寵其姊，以親戚被昵，擢帳內都督。嘗執高祖弓刀，出入隨從。任冑爲好酒不憂公事，高祖責之，冑懼，謀爲逆。賴武明婁后爲請，故仲禮死，不及其家。

[1]滎陽：郡名。治所在今河南滎陽市北。 開封：縣名。治所在今河南開封市西南。

[2]鴻臚：官名。掌接納賓客及朝儀等。爲"大鴻臚""鴻臚卿""鴻臚寺卿"等的簡稱。 嚴：鄭嚴祖。北魏、東魏官吏。《魏書》卷五六、《北史》卷三五《鄭羲傳》有附傳。 庶子：妾所生之子。

李祖昇，趙國平棘人，[1]顯祖李皇后之長兄。[2]父希宗，[3]上黨守。[4]祖昇儀容瑰麗，垂手過膝，睦姻好施，文學足以自通。仕至齊州刺史，[5]爲徒兵所害。

[1]趙國：治所在今河北高邑縣西南。 平棘：縣名。治所在今河北趙縣東南。

[2]顯祖：北齊文宣帝高洋（529—559），廟號顯祖。本書卷四、《北史》卷七有紀。 李皇后：北齊文宣帝后。李希宗女，名祖娥，趙郡（今河北趙縣）人。本書卷九、《北史》卷一四有傳。

[3]希宗：李希宗（501—540），字景玄，趙郡平棘（今河北趙縣東南）人。北魏、東魏官吏。《魏書》卷三六、《北史》卷三三《李順傳》有附傳。

[4]上黨：郡名。治所在今山西長治市北。

[5]齊州：治所在今山東濟南市。

弟祖勳。顯祖受禪，除祕書丞。[1]及女爲濟南王妃，[2]除侍中，[3]封丹陽王。[4]濟南廢，爲光州刺史。[5]祖勳性貪慢，兼妻崔氏驕豪干政，時論鄙之。以數坐贓，免官。無才幹，自少及長，居官皆因內寵，[6]無可稱述，卒。[7]

[1]除：官制用語。意爲任命。　祕書丞：官名。助祕書監掌奏章文書及圖書秘笈。自晉起，爲清要之職，多爲高門子弟起家官。
[2]濟南王：北齊廢帝高殷的封爵號。濟南，郡名。治所在今山東濟南市。
[3]侍中：官名。門下省長官。掌侍從左右、出納詔命、顧問應對。北齊三品。
[4]丹陽：郡名。治所在河南沈丘縣。
[5]光州：北魏分青州置，治所在今山東萊州市。
[6]居官皆因內寵：四庫本、中華本同，宋刻本、百衲本無"內"字。從補。
[7]卒：宋刻本、百衲本、中華本同，四庫本無此字。

元蠻，魏太師江陽王繼子，[1]肅宗元皇后之父也。[2]歷光祿卿。[3]天保十年，[4]大誅元氏，肅宗爲蠻苦請，[5]因是追原之，賜姓步六孤氏。尋病卒。

[1]太師：官名。北朝多爲元老重臣之加官。北齊一品。　江陽王：元繼的封爵號。江陽，郡名。治所在今江蘇揚州市西北。宋刻本、百衲本、中華本同，四庫本"王"後有"之"字。　繼：元繼（？—528），字世仁，鮮卑族拓跋部人。北魏宗室、大臣。

《魏書》卷一六、《北史》卷一六《京兆王黎傳》有附傳。

[2]肅宗元皇后之父也：四庫本、中華本同，宋刻本、百衲本作"肅元鸞后之父也"。從四庫本改。肅宗，北齊孝昭帝高演（535—561），廟號肅宗。本書卷六、《北史》卷七有紀。元皇后，孝昭皇后元氏。東魏宗室。北齊皇建元年（560）立爲皇后，孝昭死後降居順成宫，被高湛禁隔。齊亡入北周宫中。

[3]光禄卿：官名。北齊改光禄勳爲此稱。爲列卿之一。掌百官膳食、宫殿門户、鋪設器物等。爲光禄寺主官。三品。

[4]天保：北齊文宣帝高洋年號（550—559）。

[5]肅宗爲鸞苦請："宗"字四庫本、中華本同，宋刻本、百衲本作"元"。從四庫本改。

胡長仁，字孝隆，安定臨涇人，[1]武成皇后之兄。[2]父延之，[3]魏中書令。[4]長仁累遷右僕射及尚書令。[5]世祖崩，[6]預參朝政，封隴東王。[7]左丞鄒孝裕、郎中陸仁惠、盧元亮厚相結託。[8]長仁每上省，孝裕必方駕而來。省務既繁，簿案堆積，令史欲諮都座，[9]日有百數。孝裕屏人私話，朝退亦相隨，仁惠、元亮又伺間而往，停斷公事，時人號爲三佞，長仁私遊密席，處處追尋。孝裕勸其求進，和士開深疾之，[10]於是奏除孝裕爲章武郡守，[11]元亮等皆出。孝裕又説長仁曰："王陽臥疾，士開必來，因而殺之。入見太后，不過百日失官，便代其處。"士開知其謀，徙孝裕爲北營州建德郡守。[12]後長仁倚親，驕豪無畏憚。士開出爲齊州刺史。[13]長仁怨憤，謀令刺士開，事覺，遂賜死。尋而後主納長仁女爲后，[14]重加贈諡，長仁弟等前後七人並賜王爵，合門貴盛。[15]

［1］安定：郡名。治所在今甘肅涇川縣北。　臨涇：縣名。治所在今甘肅鎮原縣。

［2］武成皇后：北齊武成帝后。安定（今甘肅涇川縣北）人。胡延之女。本書卷九、《北史》卷一四有傳。

［3］延之：胡延之，安定臨涇（今甘肅鎮原縣）人。北魏官吏。歷位中書令、兗州刺史。後其女爲武成皇后，贈司空公。

［4］中書令：官名。中書省長官之一。掌草擬、發布詔書，參與機務。北齊屬三品。

［5］右僕射：官名。即"尚書右僕射"之簡稱。尚書省副長官之一。助尚書令掌全國政務。與祠部尚書通職，二者不並設。兼管儀曹事。北齊從二品。　尚書令：官名。尚書省長官。總掌全國行政。如設有錄尚書事，職權往往在其之下。在多數情況下是實際上的宰相。北齊二品。

［6］世祖：北齊武成帝高湛（537—568），廟號世祖。本書卷七、《北史》卷八有紀。

［7］隴東：郡名。治所在今陝西隴縣。

［8］左丞：官名。即尚書左丞。爲尚書臺屬官，佐助令、僕射掌政務。職掌臺内庶務、文吏及文案奏章。兼掌監察百官。北齊從四品上。　鄒孝裕：一作"酈孝裕"。北齊官吏。中華本校勘記云："《北史》卷八〇《胡長仁傳》'鄒'作'酈'。按本書卷一六《段孝言傳》見太府少卿酈孝裕。疑作'鄒'誤。"存疑。　郎中：官名。即"尚書郎中"之簡稱。分掌尚書各曹。北齊六品上。　陸仁惠：陸寬，字仁惠，代（今山西大同市東北）人。北齊官吏。事見《北史》卷二八《陸俟傳》。　盧元亮：北齊官吏。位郎中。

［9］都座：指尚書令。宋刻本、百衲本、中華本同，四庫本"座"後有"者"字。

［10］和士開（524—571）：字彦通，清都臨漳（今河北臨漳縣）人。先世西域商人，本姓素和。本書卷五〇、《北史》卷九二有傳。墓在今河南安陽縣。

［11］章武郡守：四庫本、中華本同，宋刻本、百衲本無"郡"字。從補。章武郡，治所在今河北大城縣。

［12］徙孝裕爲北營州建德郡守：四庫本、中華本同，宋刻本、百衲本無"州""郡"二字。從補。徙，官制用語。轉任。北營州，治所在今遼寧朝陽市。建德郡，治所在今遼寧建昌縣西北。

［13］齊州刺史：四庫本、中華本同，宋刻本、百衲本無"刺史"二字。從補。

［14］後主：北齊後主高緯（556—578），武成帝長子。本書卷八、《北史》卷八有紀。

［15］長仁弟等前後七人並賜王爵，合門貴盛：中華本校勘記云："按《北史》卷八〇作'長仁子君璧（襲爵）隴東王，君璧弟君璋及長仁弟長雍等前後七人並賜爵，合門貴盛'。所謂'前後七人'中有子有弟，此《傳》籠統稱'長仁弟七人'，乃草率删節所致。"

從祖兄長粲。[1]父僧敬，即魏孝静帝之舅，[2]位至司空。[3]長粲少而敏悟，以外戚起家給事中，[4]遷黄門侍郎。[5]後主踐祚，[6]長粲被敕與黄門馮子琮出入禁中，[7]專典敷奏。世祖崩，與領軍婁定遠、録尚書趙彦深、和士開、高文遥、領軍綦連猛、高阿那肱、僕射唐邕同知朝政，[8]時人號爲八貴。於後，定遠、文遥並出，唐邕專典外兵，綦連猛、高阿那肱别總武任，長粲常在左右，兼宣詔令，從幸晋陽。[9]後主即位，富於春秋，庶事皆歸委長粲，長粲盡心毗奉，甚得名譽。又爲侍中。長仁心欲入處機要之地，爲執政不許，長仁疑長粲通謀，大以爲恨。遂言於太后，發其陰私，請出爲州，後主不得已從焉。除趙州刺史。[10]及辭，長粲流涕，後主亦憫默。至州，因沐髮手不得舉，失音，卒。

［1］從祖兄：同祖堂兄。

［2］魏孝靜帝：東魏皇帝元善見（524—551）。諡號孝靜。公元534年至550年在位。《魏書》卷一二、《北史》卷五有紀。

［3］司空：官名。爲三公之一。魏晉南北朝爲名譽宰相，多爲大臣加官。北齊一品。

［4］給事中：官名。爲門下屬官。北齊從六品上。百衲本、中華本同，宋刻本、四庫本"中"後有"郎"字。

［5］遷黃門侍郎：百衲本、中華本同，宋刻本、四庫本無"遷"字。黃門侍郎，官名。與侍中俱掌門下事。北齊四品上。

［6］踐祚：指皇帝登基。

［7］敕：南北朝以後對君主詔命的專稱。　黃門：官名。"黃門侍郎"之簡稱。　馮子琮（？—571）：長樂信都（今河北冀州市）人。北齊大臣。本書卷四〇、《北史》卷五五有傳。

［8］領軍：官名。即"領軍將軍"之簡稱，掌中軍禁區。資望重者稱"領軍將軍"。資輕者稱"中領軍"。北齊中領軍三品，領軍將軍從二品。　婁定遠（？—574）：代郡平城（今山西大同市東北）人。婁昭子。北齊官吏。以外戚貴盛，少歷顯職。本書卷一五、《北史》卷五四《婁昭傳》有附傳。　録尚書：官名。即録尚書事。重臣總領、總理尚書臺政務之加職。位在尚書令之上，不常設。南齊、北朝爲正式官稱。　趙彥深（507—576）：本名隱，字彥深，平原（今山東聊城市東北）人，祖籍南陽宛縣（今河南南陽市）。北齊大臣。本書卷三八、《北史》卷五五有傳。　高文遙：元文遙，字德遠，河南洛陽（今河南洛陽市東北）人，鮮卑族。北齊大臣。本書卷三八、《北史》卷五五有傳。　綦連猛：字武兒，代（今山西大同市東北）人。北齊將領。本書卷四一、《北史》卷五三有傳。　高阿那肱：一作"高阿那瓌"，善無（今山西右玉縣

南）人。高市貴子。北齊官吏。本書卷五〇、《北史》卷九二有傳。　僕射：官名。即尚書僕射。尚書省次官。助尚書令管尚書省庶務，列位宰相。北齊從二品。　唐邕：字道和，太原晉陽（今山西太原市晉源區古城營村一帶）人。北齊官吏。本書卷四〇、《北史》卷五五有傳。

[9]晉陽：縣名。治所在今山西太原市晉源區古城營村一帶。

[10]趙州：治所在今河北隆堯縣東。

北齊書　卷四九[1]

列傳第四十一

方伎

由吾道榮　王春　信都芳　宋景業　許遵　吳遵世
趙輔和　皇甫玉　解法選　魏寧　綦母懷文　張子信
馬嗣明

《易》曰:[2]定天下之吉凶，成天下之亹亹，莫善於蓍龜。[3]是故天生神物，聖人則之。又神農、桐君論《本草》藥性，[4]黃帝、岐伯説病候治方，[5]皆聖人之所重也。故太史公著《龜策》《日者》及《扁鵲倉公傳》，[6]皆所以廣其聞見，昭示後昆。齊氏作霸以來，招引英俊，但有藝能，無不畢策，今並録之以備《方伎》云。

[1]《北齊書》卷四九：中華本校勘記云："按此卷前有序，後

無論贊，序較簡短，不像《北齊書》本文原貌。錢氏《考異》卷三一認爲經後人刪節，或《北齊書》此卷已亡，後人以《高氏小史》補。"

[2]《易》：書名。亦稱《易經》《周易》。儒家經典。舊傳伏羲作八卦，文王作辭，萌芽期可能早在殷周之際。書爲經、傳兩部分，歷代注本甚多，《隋書·經籍志》著録漢京房、鄭玄、荀爽等注本四十餘部。今通行本有魏王弼、晉韓康伯注，唐孔穎達《周易正義》本等。

[3]定天下之吉凶，成天下之亹（wěi）亹（wěi），莫善於蓍龜：語出《易·繫辭上》。亹亹，勤勉不倦的樣子。這裏借指美好的名聲。

[4]神農：傳説中的上古帝王。姜姓，又稱炎帝、烈山氏，亦稱連山氏或伊耆氏。嘗百草，作醫書以療百病，發明了醫藥，後世傳爲《神農本草》。　桐君：傳説中黄帝時人。嘗采藥求道，止於今浙江桐廬縣東山隈桐樹下，故名。識草木金石性味，定三品藥物，以治疾病，爲原始醫學創始人之一。相傳撰有記載藥性及采藥録的醫學著作。　《本草》：書名。即《神農本草》。三卷。爲秦漢時人托名"神農"所作。原書已佚，其內容由於歷代本草書籍的轉引得以保存。今有明盧復和清過孟起、孫星衍、顧觀光以及日本森立之等輯佚本。共收載藥物三百六十五種。詳述性味、功用和主治，療效大多確實。爲中國現存較早的藥物學重要文獻。

[5]黄帝：傳説中上古帝王。姬姓，號軒轅氏、有熊氏。相傳其部落原在西北高原，與炎帝同出於少典氏。後向東發展，在涿鹿擒殺九黎族首領蚩尤；又在阪泉之野打敗炎帝部落，被推爲炎黄部落聯盟首領。因以土德之瑞稱帝，故號黄帝。參見《史記》卷一《五帝本紀》。　岐伯：傳説爲黄帝臣，或謂黄帝太醫。《史記》卷一二《孝武本紀》："黄帝時雖封禪泰山，然風后、封鉅、岐伯令黄帝封東泰山，禪凡山合符，然後不死焉。"又《太平御覽》卷七二一引《帝王世紀》："岐伯，黄帝臣也。帝使岐伯嘗草木，典主醫病，

經方《本草》《素問》之書咸出焉。"

[6]太史公：司馬遷（前145—?），字子長，左馮翊夏陽（今陝西韓城市）人。西漢史學家、文學家。《漢書》卷六二有傳。《龜策》：《史記》篇名。即《龜策列傳》。《日者》：《史記》篇名。即《日者列傳》。《扁鵲倉公傳》：《史記》篇名。即《扁鵲倉公列傳》。

由吾道榮，琅邪人。[1]少好道法，[2]與其同類相求入長白、太山潛隱，[3]具聞道術。仍遊鄒、魯之間，習儒業。晉陽人某，[4]大明法術，乃尋之，是人爲人家庸力，無識之者，[5]久乃訪知。其人道家符水、呪禁、陰陽歷數、天文、藥性無不通解，[6]以道榮好尚，乃悉授之。是人謂道榮云："我本恒岳僊人，[7]有少罪過，爲天官所謫。[8]今限滿將歸，卿宜送吾至汾水。"[9]及河，值水暴長，橋壞，船渡艱難。是人乃臨水禹步，[10]以一符投水中，流便絕。俄頃水積將至天，是人徐自沙石上渡。唯道榮見其如是，傍人咸云水如此長，此人遂能浮過，共驚異之。道榮仍歸本部，隱於琅邪山，[11]辟穀，[12]餌松朮茯苓，求長生之祕。尋爲顯祖追往晉陽。[13]至遼陽山中，[14]有猛獸去馬十步，所追人驚怖將走。道榮以杖畫地成火坑，猛獸遽走。俄值國廢，道榮歸周。[15]隋初乃卒。[16]又有張遠遊者，顯祖時令與諸術士合九轉金丹。及成，顯祖置之玉匣，云："我貪世間作樂，不能即飛上天，待臨死時取服。"

[1]琅邪人：宋刻本、百衲本、中華本同，四庫本"人"後有

"也"字。琅邪，郡名。治所在今山東臨沂市西。

[2]少好道法：宋刻本、百衲本、中華本同，四庫本無"少"字。

[3]入長白、太山潛隱：四庫本、中華本同，宋刻本、百衲本無"白"字。從補。長白山，今山東鄒平縣西南會仙山。太山，即今山東泰山。

[4]晉陽：縣名。治所在今山西太原市晉源區古城營村一帶。

[5]乃尋之，是人爲人家庸力，無識之者：宋刻本、四庫本、百衲本作"乃尋是人爲其家庸力無識之者"。中華本校勘記云："諸本無上'之'字，'爲人家庸力'作'爲其家庸力'。按若如諸本則當讀作'乃尋是人，爲其家庸力'，即是由吾道榮爲這晉陽人庸力。若果如此，既已到了其人之家，何以下又説'久乃訪知'。知諸本脱誤，今據《北史》卷八九《由吾道榮傳》、《册府》卷八七六補改。"説是。從中華本改。

[6]呪禁：宋刻本、百衲本、中華本同，四庫本作"禁呪"。

[7]恒岳：山名。即恒山。在今河北曲陽縣西北與山西接壤處。

[8]爲天官所謫："天"字四庫本、中華本同，宋刻本、百衲本作"大"。從四庫本改。

[9]汾水：古水名。即今山西黃河支流汾河。

[10]禹步：跛行。相傳禹治水辛苦，身病偏枯，足行艱難，故名。道教借用發展爲禱神儀式中的步法。

[11]琅邪山：山名。在今山東膠南市西南，面臨黃海。

[12]辟穀：古稱行道引之術，云不食五穀，可以長生。道家方士，乃附會爲神仙入道之術。

[13]顯祖：北齊文宣帝高洋（529—559），廟號顯祖。本書卷四、《北史》卷七有紀。

[14]遼陽：縣名。治所在今山西左權縣。百衲本無"陽"字，諸本及《北史》卷八九、《通志》卷一八三有。據補。

[15]周：即北周（557—581）。西魏恭帝三年（556）十二月，

宇文泰之子宇文覺廢西魏主自立，次年（557）改元，建號周，史稱北周，又稱後周。都長安（今陝西西安市）。歷五帝，二十五年。至靜帝宇文衍爲隋所代。

[16]隋：公元581年楊堅（隋文帝）代北周稱帝，國號隋，開皇三年（583）都大興（今陝西西安市）。

王春，河東人。[1]少好易占，明風角，[2]遊於趙、魏之間，飛符上天。高祖起於信都，[3]引爲館客。[4]韓陵之戰，[5]四面受敵，從寅至午，[6]三合三離。高祖將退軍，春叩馬諫曰："比未時，必當大捷。"遂縛其子詣王爲質，不勝請斬之。俄而賊大敗。[7]其後每從征討，[8]其言多中，位徐州刺史，[9]卒。

[1]河東：郡名。治所在今山西永濟市蒲州鎮。
[2]風角：古占候之術。
[3]高祖：北齊神武帝高歡（496—547），廟號高祖。本書卷一、二，《北史》卷六有紀。　信都：縣名。治所在今河北冀州市。
[4]館客：幕客，幕賓。
[5]韓陵之戰：北魏末年尒朱氏攻鄴之戰。中興元年（531），高歡率軍在廣阿（今河北隆堯縣東）大破尒朱兆後，即進攻鄴城（今河北臨漳縣西南）。次年，歡拔鄴城。尒朱兆、尒朱仲遠等攻鄴。歡布陣於韓陵山（今河南安陽市東北），大敗尒朱兆、尒朱仲遠軍於此。
[6]從寅至午：從寅時到午時。約3時至13時。寅時爲3時至5時，午時爲11時至13時。
[7]俄而賊大敗：宋刻本、百衲本、中華本同，四庫本"賊"後有"果"字。
[8]其後每從征討：四庫本、中華本同，宋刻本、百衲本無

"從"字。從補。

[9]徐州：治所在今江蘇徐州市。

信都芳，河間人。[1]少明算術，爲州里所稱。有巧思，每精研究，[2]忘寢與食，或墜坑坎。嘗語人云："算之妙，機巧精微，我每一沉思，[3]不聞雷霆之聲也。"其用心如此。以術數干高祖爲館客，授參軍。[4]丞相倉曹祖珽謂芳曰：[5]"律管吹灰，術甚微妙，絕來既久，吾思所不至，卿試思之。"芳遂留意，十數日，便云："吾得之矣，然終須河內葭莩灰。"[6]後得河內葭莩，用其術，應節便飛，餘灰即不動也。不爲時所重，竟不行，故此法遂絕云。芳又撰次古來渾天、地動、欹器、漏刻諸巧事，并畫圖，名曰《器準》。[7]又著《樂書》《遁甲經》《四術周髀宗》。[8]芳又私撰歷書，名爲《靈憲歷》，算月有頻大頻小，食必以朔，證據甚甄明。每云："何承天亦爲此法，[9]不能精，靈憲若成，必當百代無異議。"書未就而卒。

[1]河間：郡名。治所在今河北河間市南。

[2]每精研究：宋刻本、百衲本、中華本同，四庫本"精"後有"心"字。

[3]我每一沉思：宋刻本、四庫本、中華本同，百衲本"一"後有"思"字。從宋刻本刪。

[4]參軍：官名。即參軍事。魏晋之後諸軍府、王府、州郡府等皆設，掌分主諸曹事。

[5]倉曹：主倉穀事。長官爲參軍（參軍事）。　祖珽：字孝徵，范陽遒（今河北淶水縣北）人。東魏、北齊官吏。本書卷三九

有傳，《北史》卷四七《祖瑩傳》有附傳。

[6]河内：郡名。治所在今河南沁陽市。 葭（jiā）莩（fú）：蘆葦裏的薄膜。葭，初生的蘆葦；莩，植物莖杆裏的白膜。

[7]《器準》：已佚。

[8]《樂書》《遁甲經》《四術周髀宗》：諸書皆佚。

[9]何承天（370—447）：東海郯（今山東郯城縣）人。南朝宋天文學家。《宋書》卷六四、《南史》卷三三有傳。

宋景業，廣宗人。[1]明《周易》，爲陰陽，緯候之學，兼明歷數。魏末，[2]任北平守。[3]顯祖作相，在晉陽，景業因高德政上言：[4]"《易稽覽圖》曰：[5]'鼎，五月，聖人君，天與延年齒，東北水中，庶人王，高得之。'謹案東北水謂渤海也，[6]高得之，明高氏得天下也。"是時，魏武定八年五月也。[7]高德政、徐之才並勸顯祖應天受禪，[8]乃之鄴。[9]至平城都，[10]諸大臣沮計，將還。賀拔仁等又云：[11]"景業誤王，宜斬之以謝天下。"顯祖曰："景業當爲帝王師，何可殺也。"還至并，[12]顯祖令景業筮，遇《乾》之《鼎》。[13]景業曰："《乾》爲君，天也。《易》曰：'時乘六龍以御天。'鼎，五月卦也。宜以仲夏吉辰御天受禪。"或曰："陰陽書，五月不可入官，犯之卒於其位。"景業曰："此乃大吉，王爲天子，無復下期，豈得不終於其位。"顯祖大悦。天保初，[14]授散騎侍郎。[15]

[1]廣宗：郡名。治所在今河北威縣東南。
[2]魏：即北魏（386—557）。北朝政權之一。公元386年鮮卑

人拓跋珪建立代國，初居盛樂（今内蒙古和林格爾縣），398年定都平城（今山西大同市東北），後遷都洛陽（今河南洛陽市東北）。永熙三年（534）分裂爲東魏與西魏。東魏（534—550）都於鄴（今河北臨漳縣西南鄴鎮東），西魏（535—557）都於長安（今陝西西安市西北郊）。

[3]北平：郡名。治所在今河北盧龍縣。

[4]高德政（？—559）：一作"高德正"，字士貞，渤海蓨（今河北景縣）人。東魏、北齊官吏。本書卷三〇有傳，《北史》卷三一《高允傳》有附傳。

[5]《易稽覽圖》：書名。即《易緯稽覽圖》。撰者不詳，東漢鄭玄注。爲《易緯》八卷中之一卷。《易緯》一書提出"太易""太極""太始""太素"等概念，認爲"有形始於弗形，有法始於弗法"。通過卦氣的驗證，闡述天象與人事的相應關係，尤其是自然現象與萬物生長、政治興衰、人體疾病等關係，對宇宙發生亦有解釋；又多符籙瑞應，怪誕不經。後人認爲緯書"有純有疵"，多周秦舊法，不可盡棄。今有《古經解匯本》。

[6]渤海：中國内海。在遼東半島和山東半島之間，以渤海海峽與黄海相通。高歡爲渤海郡人，隱喻高歡。

[7]是時，魏武定八年五月也：中華本校勘記云："《北史》卷八九《宋景業傳》'五月'作'三月'。按高洋代魏在五月，五月辛亥（三日）赴鄴。在此以先，已曾一度由晉陽赴鄴，行至平城都折還，具見下文。第一次赴鄴折還已在五月前，宋景業因高德政上言應更在其先，知作'五月'誤。"武定，東魏孝靜帝元善見年號（543—550）。

[8]徐之才：丹陽（今安徽當塗縣東北）人。北魏、東魏、北齊官吏。學問廣博，尤精醫術。本書卷三三有傳，《北史》卷九〇《徐謇傳》有附傳。

[9]鄴：都邑名。在今河北臨漳縣西南。東魏、北齊定都於此。

[10]至平城都：中華本校勘記云："'平城都'疑當作'平都

城'。參卷三〇校記。"平都城,即今山西和順縣西北儀城。

[11]賀拔仁:字天惠,北齊善無(今山西右玉縣南)人,高車族。以帳內都督從神武破尒朱氏於韓陵,力戰有功。入齊,官歷數州刺史、太保、太師、右丞相、錄尚書事。《北史》卷五三《張保洛傳》有附傳。

[12]并:州名。治所在今山西太原市西南。

[13]《乾》:《易》卦名。八卦的首卦。 《鼎》:《易》卦名。巽下離上。去故取新之象。

[14]天保:北齊文宣帝高洋年號(550—559)。

[15]散騎侍郎:官名。掌規諫,隸集書省。北齊五品上。

又有荊次德,有術數,預知尒朱榮成敗,[1]又言代魏者齊。葛榮聞之,[2]故自號齊王。待次德以殊禮,問其天人之事。對曰:"齊當興,東海出天子,今王據渤海,是齊地。[3]又太白與月并,[4]宜速用兵,遲則不吉。"榮不從也。[5]

[1]尒朱榮(493—530):字天寶,北魏北秀容(今山西朔州市)契胡貴族。繼父爲部落酋帥,六鎮起義後投魏。後擁立莊帝,自爲大丞相、天柱大將軍,封太原王。《魏書》卷七四、《北史》卷四八有傳。

[2]葛榮(?—528):北魏末年河北暴動首領。本爲懷朔鎮將。公元526年參加鮮于脩禮起事。鮮于脩禮被害後,繼領其衆,乃稱天子,國號齊,年號廣安。528年被尒朱榮俘,十月死於洛陽。

[3]齊地:時葛榮所據渤海地區,春秋戰國時屬齊,故曰齊地。

[4]又太白與月并:古時星占理論,太白主兵。太白與月並,當有兵事。見《史記·天官書》。太白即金星。

[5]"葛榮聞之"至"榮不從也":中華本校勘記云:"《北史》

卷八九《劉靈助傳》後附沙門靈遠，即荆次德。此段'齊'下無'王'字，下稱'齊神武至信都，靈遠與勃海李嵩來謁，神武待靈遠以殊禮，問其天文人事'，下與此《傳》同，唯末無'榮不從也'四字。按《北史》敘述明白，'待次德以殊禮'者是高歡，次德這段鬼話也是對高歡之問。所以説'今王據渤海'。此《傳》删節失當，移作葛榮和次德的問答，而且還妄加'榮不從也'四字，坐實葛榮，不僅不顧文義，草率武斷，而且歪曲事實。"

許遵，高陽人。[1]明《易》，善筮，兼曉天文、風角、占相、逆刺，其驗若神。高祖引爲館客，自言禄命不富貴，不横死，是以任性疏誕，多所犯忤，高祖常容借之。[2]邙陰之役，[3]遵謂李業興曰：[4]"彼爲火陣，我木陣，火勝木，我必敗。"果如其言。清河王岳以遵爲開府田曹記室。[5]岳封王，以告遵，遵曰："蜜蜂亦作王。"岳後將救江陵，[6]遵曰："此行致後凶，宜辭疾勿去。"岳曰："勢不免去，正當與君同行。"遵曰："好與生人相隨，不欲共死人同路。"還。岳至京尋喪。顯祖無道日甚，遵語人曰："多折算來，吾筮此狂夫何時當死。"遂布算滿牀，大言曰："不出冬初，我乃不見。"顯祖以十月崩，遵果以九月死。

[1]高陽：郡名。治所在今河北高陽縣東。
[2]高祖常容借之："借"字宋刻本、四庫本、百衲本作"惜"。中華本校勘記云："諸本'借'作'惜'，《北史》卷八九《許遵傳》、《册府》卷八七六作'借'。按《册府》本録自補本《北齊書》而同《北史》，知本作'借'，且於文義也較長，今據改。"從中華本改。

[3]邙陰之役：中華本校勘記云："《册府》'邙陰'作'河陰'。按'邙陰'二字不是'邙'字爲'河'之訛，便是'陰'字爲'山'之訛。河陰之戰，東魏損失較重，《册府》作'河陰'是。"按，説是，邙山之戰爲東魏獲勝之戰。與卦不符。

[4]李業興（484—549）：一名鄴，上黨長子（今山西長治市上黨區東北）人。北魏、東魏官吏、天文曆算家。《魏書》卷八四、《北史》卷八一有傳。

[5]清河王：高岳的封爵號。清河，郡國名。西漢高帝置，治清陽縣（今河北清河縣）。西晋爲清河國，治清河縣（今山東臨清市）。北魏仍改爲郡。北齊移治武城縣（今河北清河縣西城關鄉西北）。　岳：高岳（512—555），字洪略，渤海蓨（今河北景縣）人。高翻子，高歡從父弟。東魏、北齊宗室大臣。本書卷一三、《北史》卷五一有傳。　開府田曹：官署名。掌農政。　記室：官名。府中掌上章報表書記。北齊六品上。

[6]江陵：縣名。治所在今湖北荆州市荆州區。

　　吴遵世，字季緒，渤海人。[1]少學《易》，入恒山從隱居道士遊處。[2]數年，忽見一老翁謂之云："授君開心符。"遵世跪取吞之，遂明占候。[3]後出遊京洛，[4]以易筮知名。魏武帝之將即位也，[5]使遵世筮之，遇《明夷》之《賁》曰：[6]"初登于天，後入于地。"帝曰："何謂也？"遵世曰："初登于天，當作天子。後入于地，不得久也。"終如其言。世祖以丞相在京師居守，[7]自致猜疑，甚懷憂懼，謀將起兵，每宿蓍令遵世筮之，遵世云："不須起動，自有大慶。"俄而趙郡王奉太后令以遺詔追世祖。[8]及即祚，授其中書舍人，[9]固辭疾。

[1]渤海：郡名。治所在今河北東光縣。

[2]恒山：山名。亦作"恒岳""恒嶺"。

[3]占候：視天象變化以測吉凶。

[4]京洛：洛陽的別稱。北魏定都於此，故號稱"京洛"。

[5]魏武帝：北魏孝武帝元脩（510—534），字孝則。廣平武穆王元懷第三子。公元532年至534年在位。《魏書》卷一一、《北史》卷五有紀。

[6]《明夷》：《易》卦名。上坤下離，晦暗之象。《賁》：《易》卦名。上艮下離，山下有火，萬物披其光彩。

[7]世祖：北齊武成帝高湛（537—568），廟號世祖。本書卷七、《北史》卷八有紀。

[8]趙郡王：高叡的封爵號。趙郡，治所在今河北趙縣。

[9]授其中書舍人：宋刻本、百衲本、中華本同，四庫本無"其"字。中書舍人，官名。即中書通事舍人。爲中書省屬官，掌呈奏表，參與機務。北齊六品上。

趙輔和，清都人。[1]少以明《易》善筮爲館客。高祖崩於晉陽，葬有日矣，世宗書令顯祖親卜宅兆相於鄴西北漳水北原。[2]顯祖與吳遵世擇地，頻卜不吉，又至一所，命遵世筮之，遇《革》，[3]遵世等數十人咸云不可用。輔和少年，在衆人之後，進云："《革卦》於天下人皆凶，唯王家用之大吉。《革象辭》云：'湯武革命，[4]應天順人。'"[5]顯祖遽登車，顧云："即以此地爲定。"即義平陵也。[6]有一人父疾，是人詣館別託相知者筮之，遇《泰》，[7]筮者云："此卦甚吉，疾愈。"是人喜。出後，和謂筮者云："《泰卦》《乾》下《坤》上，然則入土矣，[8]豈得言吉？"果以凶問至。和大寧、武平中筮後宮誕男女及時日多中，[9]遂授通直常侍。[10]

[1]清都：郡名。治所在今河北臨漳縣西南。北齊所都。

[2]世宗：北齊文襄帝高澄（521—549），廟號世宗。本書卷三、《北史》卷六有紀。　漳水：水名。即漳河。衛河最大支流。在今河北、河南兩省境。

[3]《革》：《易》卦名。離下兌上，改舊圖新之象。

[4]湯武：商湯與周武王的並稱。　革命：古代以王者受命於天，故稱王者易姓，改朝換代爲"革命"。

[5]應天順人："人"字宋刻本、四庫本、百衲本作"民"。中華本校勘記云："諸本'人'作'民'，當是後人以爲避唐諱而誤改，今據《易·象辭》改。"從中華本改。

[6]義平陵：陵墓名。爲北齊高歡葬所，故址在今河北臨漳縣南鼓山。

[7]《泰》：《易》卦名。上坤下乾，吉亨之象。

[8]然則入土矣：宋刻本、百衲本、中華本同，四庫本"則"後有"父"字。

[9]大寧：北齊武成帝高湛年號（561—562）。　武平：北齊後主高緯年號（570—576）。

[10]通直常侍：官名。"通直散騎常侍"的省稱。因將員外散騎常侍與散騎常侍通員值班而得名。職掌品秩與散騎常侍略同。屬集書省。北齊四品。

皇甫玉，不知何許人。善相人，常遊王侯家。世宗自潁川振旅而還，[1]顯祖從後，玉於道旁縱觀，謂人曰："大將軍不作物，[2]會是道北垂鼻涕者。"[3]顯祖既即位，試玉相術，故以帛巾袜其眼，而使歷摸諸人。至於顯祖，曰："此是最大達官。"於任城王，[4]曰："當至丞相。"於常山、長廣二王,[5]並亦貴,而各私諂之。至石動統,[6]曰:"此弄癡人。"至供膳,[7]曰:"正得好飲食而已。"玉嘗爲高歸彥相,[8]曰:"位極人臣,但莫反。"歸彥曰:"我何爲反?"玉曰:"不然,公有反骨。"玉謂其妻曰:"殿上者不過二年。"[9]妻以告舍人斛斯慶,[10]慶以啓帝,帝怒召之。玉每照鏡,自言當兵死,及被召,謂其妻曰:"我今去不迴,[11]若得過日午時,或當得活。"既至正中,遂斬之。

[1]潁川:郡名。治所在今河南許昌市。

[2]大將軍:指高澄。

[3]垂鼻涕者:指高洋。"垂"字,宋刻本、百衲本、中華本同,四庫本作"乖"。

[4]任城王:北齊神武帝高歡第十子高湝的封爵號。任城,郡名。北魏神龜元年(518)分高平郡置,治所在今山東濟南市南。北齊天保七年(556)改任城郡爲高平郡,以魯郡爲任城郡,治所在今山東曲阜市東北。

[5]常山、長廣二王:常山王,北齊孝昭帝高演的封爵號。常山,郡名。治所在今河北石家莊市藁城區西北。長廣王,北齊神武帝高歡第九子高湛的封爵號。長廣,郡名。治所在今山東龍口市。

[6]石動統:"統"字百衲本、中華本同,宋刻本、四庫本作"桶"。石動統,東魏人。爲高歡侍從。

[7]至供膳:宋刻本、百衲本、中華本同,四庫本"至"後有"二"字。

[8]高歸彥(?—562):字仁英,渤海蓨(今河北景縣)人。高徽子。高歡族弟。東魏、北齊大臣。本書卷一四、《北史》卷五一有傳。

[9]殿上者不過二年：中華本校勘記云："按《北史》卷八九《皇甫玉傳》上有'孝昭賜趙郡王'云云，所謂'殿上者'乃指高演，此《傳》刪去上文，這裏便不知'殿上者'指的是誰，也是刪節失當。"

[10]舍人：官名。王公等近屬之官。 斛斯慶：一作"斛斯洪慶"。北齊官吏。

[11]我今去不迴："迴"字百衲本、中華本同，宋刻本、四庫本作"還"。

世宗時有吳士，雙盲而妙於聲相，世宗歷試之。聞劉桃枝之聲，[1]曰："有所繫屬，然當大富貴，王侯將相多死其手，譬如鷹犬爲人所使。"聞趙道德之聲，[2]曰："亦繫屬人，富貴翕赫，不及前人。"聞太原公之聲，[3]曰："當爲人主。"聞世宗之聲，不動，崔暹私掐之，[4]乃謬言："亦國主也。"世宗以爲我群奴猶當極貴，況吾身也。

[1]劉桃枝：北齊官吏。位至領軍、開府，封王爵。事見本書卷五〇《韓寶業等傳》、《北史》卷九二《齊諸宦者傳》。

[2]趙道德：東魏、北齊宦者。事不詳。《北史》卷九二《齊諸宦者傳》有附傳。

[3]太原公：北齊文宣帝高洋的封爵號。太原，郡名。治所在今山西太原市西南。

[4]崔暹（？—559）：字季倫，博陵安平（今河北安平縣）人。東魏、北齊官吏。本書卷三〇有傳，《北史》卷三二《崔挺傳》有附傳。

解法選，河內人。少明相術，鑒照人物，[1]皆如其言。頻爲和士開相中，[2]士開牒爲府參軍。[3]

[1]少明相術，鑒照人物：中華本校勘記云："張森楷云：'《北史》卷八九於"少明相術"下有"又受《易》於權會，亦頗工筮"，爲袁叔德占，勸其盡家之官；又相叔德"終爲吏部尚書，鑒照人物"。此並脫之，而以"鑒照人物"，屬之法選，非也。'按'鑒照人物'是指吏部尚書職在選用官吏而言，這裏删節割裂，却非脫文。"

[2]和士開（524—571）：字彥通，清都臨漳（今河北臨漳縣）人。先世西域商人，本姓素和。本書卷五○、《北史》卷九二有傳。墓在今河南安陽縣。

[3]參軍：官名。即參軍事。參議軍事及諸曹事。

魏寧，鉅鹿人。[1]以善推祿命徵爲館客。武成親試之，[2]皆中。乃以己生年月託爲異人而問之，寧曰："極富貴，今年入墓。"武成驚曰："是我！"寧變辭曰："若帝王自有法。"又有陽子術，語人曰："謠言：'盧十六，雉十四，犍子拍頭三十二。'[3]且四八天之大數，太上之祚，恐不過此。"既而武成崩，年三十二也。

[1]鉅鹿：郡名。治所在今河北石家莊市藁城區。

[2]武成：北齊皇帝高湛（537—568），謚號武成。本書卷七、《北史》卷八有紀。

[3]盧十六，雉十四，犍子拍頭三十二：這是一首預言齊武成帝祇有三十二歲的民謠。"雉"字四庫本、中華本同，宋刻本、百衲本作"稚"。中華本校勘記云："諸本'雉'作'稚'，《北史》

卷八九作'雉'。按'盧''雉'是古代賭博中名色，又説文，雉有十四種。作'稚'無義，今據改。"説是。從改。

綦母懷文，不知何郡人。以道術事高祖。武定初，官軍與周文戰於邙山。[1]是時官軍旗幟盡赤，西軍盡黑。懷文言於高祖曰："赤火色，黑水色，水能滅火，不宜以赤對黑。土勝水，宜改爲黄。"高祖遂改爲赭黄，所謂河陽幡者。[2]

[1]周文：北周文帝宇文泰（505—556），字黑獺，代郡武川（今内蒙古武川縣）人。鮮卑族。北周奠基者。《周書》卷一、二，《北史》卷九有紀。 邙山：山名。亦作"邙嶺""芒山"。在今河南西部，西起三門峽，東止伊洛河岸。
[2]所謂河陽幡者：宋刻本、百衲本、中華本同，四庫本"者"後有"也"字。

又造宿鐵刀，其法燒生鐵精以重柔鋌，[1]數宿則成剛。以柔鐵爲刀脊，[2]浴以五牲之溺，淬以五牲之脂，斬甲過三十札。今襄國冶家所鑄宿柔鋌，[3]乃其遺法，作刀猶甚快利，不能截三十札也。[4]懷文云："廣平郡南幹子城是干將鑄劍處，[5]其土可以瑩刀。"[6]懷文官至信州刺史。[7]

[1]造宿鐵刀，其法燒生鐵精以重柔鋌：四庫本、中華本同，宋刻本、百衲本無"刀其法燒生鐵"六字。從補。
[2]以柔鐵爲刀脊：中華本校勘記云："《御覽》卷三四五'鐵'作'鋌'。"

[3]今襄國冶家所鑄宿柔鋋：中華本校勘記云："《御覽》'宿'下有'鐵'字。"襄國，縣名。治所在今河北邢臺市西南。
　　[4]不能截三十札也：宋刻本、百衲本、中華本同，四庫本"不"前有"但"字。
　　[5]廣平郡：治所在今河北邯鄲市永年區。　幹子城：城名。故址約在今河北雞澤縣南。　干將：春秋時鑄劍名匠。相傳爲吳王闔閭時人，工於鑄劍，與歐冶子同師。
　　[6]瑩刀：磨刀。
　　[7]信州：北齊以北揚州改置。治所在今河南淮陽縣。

　　又有孫正言，謂人曰："我昔武定中爲廣州士曹，[1]聞城人曹普演言：[2]'高王諸兒，[3]阿保當爲天子，至高德之承之，當滅。'"阿保謂天保，德之謂德昌也，[4]滅年號承光，[5]即承之也。

　　[1]廣州：本治魯陽（今河南魯山縣），武定中因陷於西魏，徙治襄城（今河南襄城縣）。　士曹：掌工役及津梁舟車之機構。
　　[2]曹普演：襄城（今河南襄城縣）人。東魏、北齊方士。擅長推命、相術。
　　[3]高王：北齊神武帝高歡。
　　[4]德昌：北齊安德王高延宗年號（576）
　　[5]承光：北齊幼主高恒年號（577）。

　　張子信，河內人也。性清净，頗涉文學。少以醫術知名，恒隱於白鹿山。[1]時遊京邑，甚爲魏收、崔季舒等所禮，[2]有贈答子信詩數篇。後魏以太中大夫徵之，[3]聽其時還山，不常在鄴。

[1]白鹿山：山名。在今河南輝縣市西。山有石自然如鹿形，遠視較然獨立，故以爲名。

[2]魏收（505—572）：字伯起，小字佛助，鉅鹿下曲陽（今河北晉州市西）人。北朝時著名史學家。本書卷三七、《北史》卷五六有傳，《魏書》卷一〇四有其家世自序（部分爲後人所補）。

崔季舒（？—573）：字叔正，博陵安平（今河北安平縣）人。東魏、北齊官吏。本書卷三九有傳，《北史》卷三二《崔挺傳》有附傳。

[3]後魏以太中大夫徵之：中華本校勘記云："《北史》卷八九《張子信傳》作'大寧中徵爲尚藥典御，武平初，又以大中大夫徵之'。大寧、武平都在齊末。下文接叙琅邪王儼事，在武平二年。武平是北齊後主年號，疑這裏'後魏'當作'後主'。"太中大夫，官名。掌參議政事。北齊三品。

又善易卜風角。武衛奚永洛與子信對坐，[1]有鵲鳴於庭樹，鬭而墮焉。子信曰："鵲言不善，向夕若有風從西南來，歷此樹，拂堂角，則有口舌事。今夜有人喚，必不得往，雖敕，[2]亦以病辭。"子信去後，果有風如其言。是夜，琅邪王五使切召永洛，[3]且云敕唤。永洛欲起，其妻苦留之，稱墜馬腰折。詰朝而難作。子信，齊亡卒。

[1]武衛：官名。掌侍衛。　奚永洛（？—573）：一作"奚永樂"。北齊官吏。位武衛將軍。武平四年（573），陳將吳明徹攻壽陽，城陷，卒於陣。

[2]敕：南北朝以後對君主詔命的專稱。

[3]琅邪王：北齊武成帝高湛第三子高儼的封爵號。琅邪，郡

名。治所在今山東臨沂市西。

馬嗣明，[1]河內人。少明醫術，博綜經方，《甲乙》《素問》《明堂》《本草》莫不咸誦。[2]爲人診候，一年前知其生死。邢卲子大寶患傷寒，[3]嗣明爲之診，[4]候脉，退告楊愔云：[5]"邢公子傷寒不治自差，然脉候不出一年便死，覺之晚，不可治。"楊、邢並侍讌内殿，[6]顯祖云："子才兒，我欲乞其隨近一郡。"楊以此子年少，未合剖符。[7]讌罷，奏云："馬嗣明稱大寶脉惡，一年内恐死，若其出郡，醫藥難求。"遂寢。大寶未期而卒。

[1]馬嗣明：中華本校勘記云："《御覽》卷七二三引《北齊書》叙馬嗣明事，文字和此傳不同，和《北史》卷九〇《馬嗣明傳》也不同，但事迹並無出入。又其中稱楊愔、邢卲爲'兩公'，不似《北齊書》原文，疑是引自《三國典略》，誤標《北齊書》。"

[2]《甲乙》：書名。即《黄帝甲乙經》，又作《黄帝三部針灸甲乙經》《針灸甲乙經》，簡稱《甲乙經》。西晉皇甫謐撰。十二卷。由《靈樞》《素問》《明堂孔穴針灸治要》三書分類編輯而成。記録臟腑經絡、診治理論、腧穴部位、針刺深度、艾灸壯數、針灸手法、禁忌、病因病理等，爲中國最早一部有系統的針灸學著作。現存主要版本有《古今醫統正脉全書》本，1956年人民衛生出版社影印本等。　《素問》：書名。即《黄帝素問》，又作《黄帝内經素問》。相傳黄帝所作，實非出自一時一人之手，約成於春秋戰國時期。漢魏之後，傳本多有，篇目不一。後經唐王冰整理補訂，重新編次成今本，始定八十一篇，釐爲二十四卷。内容豐富，既記自然界事物運動變化，又有人體生理衛生知識，也包含人與外界環

境關係。對人體病理、病因、症狀及診斷、治則、藥物性味功效、配伍治方、針灸、養生之道等論證尤詳，爲中國古代生理學、病機病因學、診斷學、藥理學及針灸學、方劑學等各方面中醫學理論的創立奠定了基礎。1956年人民衛生出版社據明顧從德翻宋刻本影印出版。　《明堂》：書名。即《明堂孔穴》，撰者不詳。五卷。記針灸取穴位。《隋書·經籍志》子部著録。已佚。

　　[3]邢邵（496—?）：字子才，河間鄚（今河北任丘市北）人。北魏、東魏、北齊官吏。博學能文，與温子升、魏收齊名。原著有《邢子才集》，已散佚。本書卷三六有傳，《北史》卷四三《邢巒傳》有附傳。　大寶：邢大寶，擅長文章，有文采，早卒。宋刻本、百衲本無"大寶"二字，四庫本、中華本有。從補。

　　[4]嗣明爲之診："之"字四庫本、中華本同，宋刻本、百衲本作"此"。從四庫本改。

　　[5]楊愔（511—560）：字遵彦，小名秦王，弘農華陰（今陝西華陰市）人，楊津子。北齊官吏。本書卷三四有傳，《北史》卷四一《楊播傳》有附傳。

　　[6]楊、邢並侍讌内殿：宋刻本、四庫本、百衲本無"楊"字。中華本校勘記云："諸本無'楊'字，《北史》卷九〇、《册府》卷八五九有。《御覽》作'兩公侍讌'。按既稱'並侍'，應有二人，諸本脱'楊'字，今據補。"從中華本補。

　　[7]楊以此子年少，未合剖符："楊"字宋刻本、四庫本、百衲本作"勿"。"此"字宋刻本、百衲本作"以"，四庫本作"卿"。中華本校勘記云："諸本'楊'作'勿'。'此'字，三朝本、百衲本訛作'以'，他本作'卿'。《册府》上作'勿'同諸本，下一字獨作'此'。按若作'勿以卿（或此）子年少'，則是高洋的話。而《北史》卷九〇此句却作'楊以年少未合剖符'，《御覽》卷七二三作'愔曰："年少未可。"'則以爲楊愔的話。據上文馬嗣明診斷大寶一年内必死，僅告楊愔，邢邵未知。所以高洋要給大寶官做，在邢邵面前，楊愔不欲直說，姑以'年少'爲言，至讌罷人

卷四九

列傳第四十一

1511

散，始以馬語告知高洋。若以此句爲高洋語，則下文'譙罷奏云'，又是誰奏？知《北史》作楊愔語是。此《傳》'勿'字乃'楊'字殘缺而訛。'此'字，三朝本及百衲本所據之宋本訛作'以'，不可通，南、北本臆改爲'卿'，他本從之。今據《北史》《御覽》《册府》改。"説是，從中華本改。

楊令患背腫，[1]嗣明以練石塗之便差。作練石法：以粗黃色石鵝鴨卵大，猛火燒令赤，内淳醋中，自屑，頻燒至石盡，取石屑曝乾，擣下簁。和醋以塗腫上，無不愈。後遷通直散騎常侍。[2]針灸孔穴，往往與《明堂》不同。

[1]楊令：楊愔。時任尚書令，故稱"楊令"。
[2]後遷通直散騎常侍：四庫本、中華本同，宋刻本、百衲本無"遷"字。從補。通直散騎常侍，官名。因將員外散騎常侍與散騎常侍通員值班而得名。職掌品秩與散騎常侍略同，屬集書省。北齊四品。

從駕往晉陽，至遼陽山中，數處見牓，云有人家女病，若有能治差者，購錢十萬。諸名醫多尋牓至，問病狀，不敢下手。[1]唯嗣明獨治之。問其病由，[2]云曾以手將一麥穟，即見一赤物長二寸似蛇，[3]入其手指中，因驚怖倒地，即覺手臂疼腫，[4]漸及半身俱腫，痛不可忍，呻吟晝夜不絶。嗣明爲處方服湯。比嗣明從駕還，女平復。嗣明，隋初卒。

[1]不敢下手：四庫本、中華本同，宋刻本、百衲本無"敢"

字。從補。

[2]問其病由:宋刻本、四庫本、百衲本無"問"字。中華本校勘記云:"諸本無'問'字,《北史》卷九〇、《册府》卷八五九、《御覽》都有。按文義應有此字,今據補。"從中華本補。

[3]即見一赤物長二寸似蛇:"二"字宋刻本、百衲本、中華本同,四庫本作"三"。

[4]即覺手臂疼腫:"腫"字四庫本、中華本同,宋刻本、百衲本作"重"。從四庫本改。

北齊書 卷五〇[1]

列傳第四十二

恩倖

郭秀　和士開　穆提婆　高阿那肱　韓鳳　韓寶業等

　　甚哉齊末之嬖倖也,[2]蓋書契以降未之有焉。[3]心利錐刀,居台鼎之任;[4]智昏菽麥,當機衡之重。刑殘閹宦、蒼頭盧兒、西域醜胡、龜兹雜伎,[5]封王者接武,[6]開府者比肩。[7]非直獨守弄臣,且復多干朝政。賜予之費,帑藏以虛;杼軸之資,剝掠將盡。縱龜鼎之祚,[8]卜世靈長,[9]屬此淫昏,無不亡之理,齊運短促,固其宜哉。高祖、世宗情存庶政,[10]文武任寄,多貞幹之臣,唯郭秀小人,有累明德。天保五年之後,[11]雖罔念作狂,所幸之徒唯左右驅馳,内外褻狎,其朝廷之事一不與聞。大寧之後,[12]姦佞浸繁,盛業鴻基,以之顛覆。生民免夫被髮左衽,[13]非不幸也。今緝諸凶族為

《佞幸傳》云。其宦者之徒，尤是亡齊之一物。醜聲穢跡，千端萬緒，其事闕而不書，仍略存姓名，附之此傳之末。其帝家諸奴及胡人樂工，叨竊貴幸，今亦出焉。

[1]《北齊書》卷五〇：中華本校勘記云："按此卷前有《序》，後有《贊》，稱齊帝廟號。錢氏《考異》卷三一認爲是《北齊書》原文。但諸《傳》內容基本上不出《北史》所有，且較《北史》簡略，兩相比較，刪節痕迹顯著，並有刪節不當之處。但其中也有溢出《北史》的字句，其《序》與《北史·恩倖傳序》出入較多，《贊》則《北史》所無。疑此卷仍出自《高氏小史》之類史鈔。這種史鈔基本上以《北史》卷九二《恩幸傳》中相關諸《傳》爲主，改帝號爲廟號，而加上《北齊書·序贊》，插入《北齊書》的個別字句，並非直錄《北齊書》原文。"

[2]甚哉齊末之嬖倖也："倖"字四庫本、中華本同，宋刻本、百衲本作"幸"。從四庫本改。按，"倖"通"幸"，意爲寵愛。

[3]書契以降：有文字以來。

[4]台鼎：舊稱三公爲台鼎，如星有三台，鼎有三足。

[5]蒼頭：指奴僕。　西域：西域之稱始於漢，指玉門關以西、巴爾喀什湖以東及以南的廣大地區。　胡：胡人。中國古代對北方邊地及西域各族人的稱呼。　龜兹：國名。又作"丘兹國""屈兹國""屈支國""鳩兹國""歸兹國""屈茨國""俱支曩國""拘夷國"等。國都在延城（今新疆庫車縣東）。西漢神爵二年（前60）後屬西域都護府。魏、晋時遷都於今新疆沙雅縣北，仍名延城。唐還都舊址。

[6]接武：細步徐行。後泛指人或事前後相接。

[7]開府：本指高級官員開建府署，辟置僚屬之舉。魏晋南北朝時期，常以此作爲對高級官員的寵待。北齊時除授冗濫。從一品。

[8]龜鼎：謂元龜與九鼎，皆國之重器。喻指帝位。

[9]卜世：用占卜預測傳國的世數。　靈長：廣遠綿長。

[10]高祖：北齊神武帝高歡（496—547），廟號高祖。本書卷一、二，《北史》卷六有紀。　世宗：北齊文襄帝高澄（521—549），廟號世宗。本書卷三、《北史》卷六有紀。

[11]天保：北齊文宣帝高洋年號（550—559）。

[12]大寧：北齊武成帝高湛年號（561—562）。

[13]生民免夫被髮左袵："免"字宋刻本、百衲本、中華本同，四庫本作"厄"。

　　郭秀，范陽涿人。[1]事高祖爲行臺右丞，[2]親寵日隆，多受賂遺。秀遇疾，高祖親臨視之，問所欲官。乃啓爲七兵尚書，[3]除書未至而卒。[4]家無成人子弟，高祖自至其宅，親使録知其家資粟帛多少，然後去。命其子孝義與太原公已下同學讀書。[5]初秀忌楊愔，[6]誑脅令其逃亡。秀死後，愔還，高祖追忿秀，即日斥孝義，終身不齒。[7]

[1]范陽涿人：宋刻本、四庫本、百衲本"涿"後有"郡"字。中華本校勘記云："諸本'涿'下衍'郡'字，今據《北史》卷九二《郭秀傳》删。"從中華本删。范陽，郡名。涿，縣名。治所均在今河北涿州市。

[2]行臺右丞：官名。即行臺尚書右丞的省稱。北魏置。在行臺内職掌同尚書右丞。從四品。與左丞共掌省内庶務。

[3]七兵尚書：官名。北魏尚書臺屬官。其職掌略同於五兵尚書。道武帝時已設七兵曹，後以尚書掌之。轄左右中兵、左右外兵、騎兵、別兵、都兵等。三品。

[4]除書未至而卒：除，官制用語。意爲任命。四庫本、中華本同，宋刻本、百衲本無"書"字。從補。

[5]孝義：郭孝義。事不詳。 太原公：北齊文宣帝高洋的封爵號。太原，郡名。治所在今山西太原市西南。

[6]楊愔（511—560）：字遵彥，小名秦王，弘農華陰（今陝西華陰市）人，楊津子。北齊官吏。本書卷三四有傳，《北史》卷四一《楊播傳》有附傳。

[7]齒：録用。

和士開，字彥通，清都臨漳人也。[1]其先西域商胡，本姓素和氏。父安，恭敏善事人，[2]稍遷中書舍人。[3]魏孝静嘗夜中與朝賢講集，[4]命安看斗柄所指，安答曰："臣不識北斗。"高祖聞之，以爲淳直。後爲儀州刺史。[5]

[1]清都：郡名。治所在今河北臨漳縣西南。 臨漳：縣名。治所在今河北臨漳縣西南鄴鎮。

[2]恭敏善事人：諸本及《北史》卷九二、《通志》卷一八四皆同，百衲本無"事"字。據補。

[3]中書舍人：官名。即中書通事舍人。爲中書省屬官，掌呈奏表。參與機務。北齊六品上。

[4]魏孝静：東魏皇帝元善見（524—551）。謚號孝静。公元534年至550年在位。《魏書》卷一二、《北史》卷五有紀。"静"字宋刻本、四庫本、百衲本作"靖"。今從中華本作"静"。按，"靖"通"静"，意爲清静。

[5]儀州：疑即義州，寄治汲郡，治所在今河南汲縣。

士開幼而聰慧,[1]選爲國子學生,解悟捷疾,爲同業所尚。天保初,世祖封長廣王,[2]辟士開府行參軍。[3]世祖性好握槊,[4]士開善於此戲,由是遂有斯舉。加以傾巧便僻,又能彈胡琵琶,因此親狎。嘗謂王曰:"殿下非天人也,是天帝也。"王曰:"卿非世人也,是世神也。"其深相愛如此。[5]顯祖知其輕薄,[6]不令王與小人相親善,責其戲狎過度,徙長城。[7]後除京畿士曹參軍,[8]長廣王請之也。

[1]士開幼而聰慧:"慧"字四庫本、中華本同,宋刻本、百衲本作"惠"。從四庫本改。按,"惠"通"慧",意爲聰明。

[2]世祖:北齊武成帝高湛(537—568),廟號世祖。本書卷七、《北史》卷八有紀。

[3]辟士開府行參軍:宋刻本、百衲本、中華本同,四庫本作"辟士開開府參軍"。辟,委任。各級軍政機關長官自行任命屬吏之行爲稱辟。行參軍,官名。由諸府主辟召之參軍爲此稱。分掌府內各曹時爲正參軍之副職。

[4]握槊:博戲名。與"雙陸"類似,一說即"雙陸"。亦名"雙鹿"。傳自天竺(今印度),盛於南北朝、隋、唐。雙陸的玩法是,下鋪一特製盤,雙方各用十六枚(一說十五枚)棒槌形的"馬"立於己方,擲骰子的點數各占步數,先走到對方者爲勝。

[5]其深相愛如此:宋刻本、百衲本、中華本同,四庫本"愛"後有"重"字。

[6]顯祖:北齊文宣帝高洋(529—559),廟號顯祖。本書卷四、《北史》卷七有紀。

[7]徙:官制用語。轉任。

[8]京畿:京畿大都督。 士曹參軍:官名。爲士曹長官。士

曹爲掌工役及津梁舟車之機構。

世祖踐祚，[1]累除侍中，[2]加開府。[3]遭母劉氏憂，[4]帝聞而悲惋，[5]遣武衛將軍呂芬詣宅，[6]晝夜扶侍，成服後方還。其日，帝又遣以犢車迎士開入内，[7]帝見，親自握手，愴惻下泣，曉喻良久，然後遣還，并諸弟四人並起復本官。其見親重如此。除右僕射。[8]帝先患氣疾，[9]因飲酒輒大發動，[10]士開每諫不從。屬帝氣疾發，又欲飲，士開淚下歔欷不能言。帝曰："卿此是不言之諫。"因不復飲。言辭容止，極諸鄙褻，以夜繼晝，無復君臣之禮。至説世祖云："自古帝王，盡爲灰燼，堯、舜、桀、紂，[11]竟復何異。陛下宜及少壯，恣意作樂，縱橫行之，即是一日快活敵千年。國事分付大臣，何慮不辦，無爲自勤苦也。"世祖大悦。其年十二月，[12]世祖寢疾於乾壽殿，[13]士開入侍醫藥。世祖謂士開有伊、霍之才，[14]殷勤屬以後事，臨崩，握士開之手曰："勿負我也。"仍絶於士開之手。

[1]踐祚：指皇帝登基。
[2]侍中：官名。門下省長官。掌侍從左右、出納詔命、顧問應對。北齊三品。
[3]加：官制用語。加官，即兼任。
[4]遭母劉氏憂：遭母親劉氏喪事。
[5]帝聞而悲惋："惋"字四庫本、中華本同，宋刻本、百衲本作"怨"。從四庫本改。
[6]武衛將軍：官名。掌宿衛兵。北齊從三品。　呂芬：侯呂

芬。北齊將領。歷位右衛大將軍、武衛將軍。

[7]以犢車迎士開："犢"字四庫本、百衲本、中華本同，宋刻本作"櫝"。

[8]右僕射：官名。即"尚書右僕射"的簡稱。助尚書令掌全國政務。與祠部尚書通職，二者不並設。兼管儀曹事。北齊從二品。

[9]帝先患氣疾：四庫本、中華本同，宋刻本、百衲本無"疾"字。從補。

[10]因飲酒輒大發動：四庫本、中華本同，宋刻本、百衲本無"酒"字。從補。

[11]堯：傳説中之古帝陶唐氏之號。參見《史記》卷一《五帝本紀》。 舜：古帝名。即虞舜。參見《史記》卷一《五帝本紀》。 桀：夏桀。名履癸。相傳爲夏代最後一個君王。暴虐荒淫。參見《史記》卷二《夏本紀》。 紂：紂王。帝乙之子，名受，號帝辛。史稱紂王。商代最後一個君主。紂才力過人，知足以拒諫，言足以飾非，暴斂重刑，百姓怨望。參見《史記》卷三《殷本紀》。

[12]其年十二月：中華本校勘記云："《北史》卷九二《和士開傳》無'其年十二月'五字。按《北史》上文載天統四年士開歷官，此《傳》略去，忽標'其年'，不知道究是哪一年。此五字疑是摘自《北齊書》，却忘去前文删節。"

[13]乾壽殿：宫殿名。

[14]伊：伊尹。商初大臣。其助湯滅夏，歷仕湯、外丙、中壬三朝。詳見《史記》卷三《殷本紀》。 霍：霍光（？—前68），字子孟，河東平陽（今山西臨汾市）人。西漢大臣。《漢書》卷六八有傳。

後主以世祖顧託，[1]深委仗之。又先得幸於胡太后,[2]是以彌見親密。趙郡王叡與婁定遠等謀出士開,[3]引諸貴人共爲計策。屬太后觴朝貴於前殿,叡面陳士開罪失,云:"士開先帝弄臣,城狐社鼠,受納貨賄,穢亂宮掖,臣等義無杜口,冒死以陳。"太后曰:"先帝在時,王等何不道,今日欲欺孤寡耶!但飲酒,勿多言。"叡詞色愈厲。或曰:"不出士開,朝野不定。"叡等或投冠於地,或拂衣而起,言詞咆勃,無所不至。明日,叡等共詣雲龍門,[4]令文遙入奏之,[5]太后不聽。段韶呼胡長粲傳言,[6]太后曰:"梓宮在殯,[7]事大怱速,欲王等更思量。"趙郡王等遂並拜謝,更無餘言。太后及後主召見問士開,士開曰:[8]"先帝群官之中,待臣最重,陛下諒闇始爾,大臣皆有覬覦心,若出臣,正是剪陛下羽翼。宜謂叡等云:'令士開爲州,待過山陵,然後發遣。'叡等謂臣真出,必心喜之。"後主及太后然之,告叡等如士開旨,以士開爲兗州刺史。[9]山陵畢,叡等促士開就路。士開載美女珠簾及條諸寶玩以詣定遠,謝曰:"諸貴欲殺士開,蒙王特賜性命,用作方伯。今欲奉別,謹具上二女子、一珠簾。"定遠喜,謂士開曰:"欲得還入不?"士開曰:"在內久,常不自安,今得出,實稱本意,不願更入,但乞王保護,長作大州刺史。今日遠出,願得一辭覲二宮。"定遠許之。士開由是得見太后及後主,進説曰:"先帝一旦登遐,臣愧不能自死。觀朝貴勢欲以陛下爲乾明。[10]臣出之後,必有大變,復何面見先帝於地下。"因慟哭。帝及太后皆泣,[11]問計將安出。士開曰:"臣已得入,復何所慮,正須數行詔書耳。"於是詔出定遠青州刺史,[12]責趙郡王叡以不臣之罪,召入而殺之。復除士開侍中、右僕射。定遠歸士開所遺,加以餘珍賂之。武平元年,[13]封淮陽王,[14]除尚書令、錄尚書事,[15]復本官悉得如故。

[1]後主:北齊後主高緯(556—578),武成帝長子。本書卷八、《北史》卷八有紀。

[2]胡太后:北齊武成皇后胡氏。胡延之女。安定(今甘肅涇川縣北)人。本書卷九、《北史》卷一四有傳。

[3]趙郡王:高叡的封爵號。趙郡,治所在今河北趙縣。 叡:高叡(534—569),小名須拔,渤海蓨(今河北景縣)人。高琛子。東魏、北齊大臣。本書卷一三、《北史》卷五一《趙郡王琛傳》有附傳。 婁定遠(?—574):代郡平城(今山西大同市東北)人。婁昭子。北齊官吏。以外戚貴盛,少歷顯職。本書卷一五、《北史》卷五四《婁昭傳》有附傳。

[4]叡等共詣雲龍門:"共"字,百衲本殘。暫依中華本。疑當爲"復"字。雲龍門,鄴都外朝東門。

[5]文遙:元文遙,字德遠,河南洛陽(今河南洛陽市東北)人,鮮卑族。北齊大臣。本書卷三八、《北史》卷五五有傳。

[6]段韶呼胡長粲傳言:四庫本、中華本同,宋刻本、百衲本無"呼"字。從補。段韶(?—571),字孝先,小名鐵伐,亦稱段婆,姑臧武威(今甘肅武威市)人。北齊將領。本書卷一六、《北史》卷五四《段榮傳》有附傳。胡長粲,安定臨涇(今甘肅鎮原縣)人。胡長仁從祖兄。事見本書卷四八《胡長仁傳》,《北史》卷八〇《胡國珍傳》有附傳。

[7]梓宮:帝、后之棺。

[8]士開曰:四庫本、中華本同,宋刻本、百衲本無"士開"二字。從補。

［9］兗州：治所在今山東濟寧市兗州區新驛鎮東頓村南。

［10］觀朝貴勢欲以陛下爲乾明：此喻朝臣欲廢後主如乾明廢廢帝。"爲"字四庫本、中華本同，宋刻本、百衲本作"謂"。從四庫本改。乾明，此指北齊廢帝高殷（545—561）。字正道，小名道人，渤海蓨（今河北景縣）人。本書卷五、《北史》卷七有紀。

［11］帝及太后皆泣：四庫本、中華本同，宋刻本、百衲本無"及太"二字。從補。

［12］青州：治所在今山東青州市。

［13］武平：北齊後主高緯年號（570—576）。

［14］淮陽：郡名。治所在今河南淮陽縣。

［15］尚書令：官名。尚書省長官。魏晋以降，總掌全國行政。東晋南北朝時，如設有錄尚書事，則尚書令職權往往在其之下。多數情況下是實際上的宰相。北齊二品。　錄尚書事：官名。爲重臣總領、總理尚書臺政務之加職。魏晋以降，權愈重，位在尚書令之上，不常設。北朝爲正式官稱。

　　世祖時，恒令士開與太后握槊，又出入臥內無復期限，[1]遂與太后爲亂。及世祖崩後，彌自放恣，琅邪王儼惡之，[2]與領軍庫狄伏連、侍中馮子琮、御史王子宜、武衛高舍洛等謀誅之。[3]伏連發京畿軍士，帖神武、千秋門外，[4]并私約束，不聽士開入殿。其年七月二十五日旦，[5]士開依式早參，伏連前把士開手曰："今有一大好事。"王子宜便授一函，云："有敕令王向臺。"[6]遣兵士防送，禁於治書侍御廳事。[7]儼遣都督馮永洛就臺斬之，[8]時年四十八，簿錄其家口。後誅儼等。上哀悼，不視事數日，追憶不已。詔起復其子道盛爲常侍，[9]又敕其弟士休入內省參典機密，[10]詔贈士開假黄鉞、十州諸軍事、左丞相、太宰如故。[11]

［1］無復期限："限"字百衲本、中華本同，宋刻本、四庫本作"依"。

［2］琅邪王："邪"字四庫本、中華本同，宋刻本、百衲本作"耶"。從四庫本改。琅邪王，北齊武成帝高湛第三子高儼的封爵號。琅邪，郡名。治所在今山東臨沂市西。　儼：高儼（548—571），字仁威，渤海蓨（今河北景縣）人，北齊武成帝第三子。本書卷一二、《北史》卷五二有傳。

［3］領軍：官名。"領軍將軍"之簡稱，掌中軍禁區。資望重者則稱領軍將軍，資輕者稱中領軍。北齊中領軍三品，領軍將軍從二品。　厙狄伏連（？—571）：字仲山，本名伏憐，代（今山西大同市東北）人。北齊官吏。本書卷二〇、《北史》卷五三《慕容儼傳》有附傳。"厙"字宋刻本、中華本同，四庫本、百衲本作"庫"。從宋刻本改。　馮子琮（？—571）：長樂信都（今河北冀州市）人。北齊大臣。本書卷四〇、《北史》卷五五有傳。　御史：官名。御史臺屬官，掌舉劾違失、監理郡縣及受公卿郡吏奏事等。　王子宜（？—571）：一作"王子宣"。北齊官吏。官至治書侍御史。武平二年（571），與開府高舍洛、中常侍劉辟疆等勸説琅邪王儼誅殺和士開，由是獲罪，爲後主射殺。　武衛：官號。　高舍洛（？—571）：北齊官吏。事見《北史》卷九二《齊諸宦者傳》。

［4］神武、千秋門：宮門名。

［5］其年七月二十五日旦：中華本校勘記云："《北史》卷九二無此句。按此承上文武平元年，'其年'自即指武平元年，但士開被殺實在武平二年七月，見卷八《後主紀》（補）、卷一二《琅邪王儼傳》（補）。這又是據《北齊書》插入此句，忘却前文没有記武平二年（《北齊書》原文當有），致有此誤。"

［6］敕：南北朝以後對君主詔命的專稱。

［7］禁於治書侍御廳事："書侍御"四庫本、中華本同，宋刻本、百衲本作"事"。從四庫本改。

［8］都督：官名。爲統率全國或地方兵馬的指揮官職名。至北朝後期則爲率領鄉兵、畜牧軍馬的中低級軍官職名。　馮永洛：北齊官吏。位都督。

［9］道盛：和道盛。　常侍：官名。即散騎常侍。散騎與中常侍二職合而爲此職，隸集書省，參掌機要，位比侍中。北齊從三品。

［10］又敕其弟士休入內省參典機密："休"字宋刻本、四庫本、百衲本作"伓"。中華本校勘記云："諸本'休'作'伓'，《北史》卷九二作'休'。按和士休，見本書卷八《後主紀》（補）武平四年三月、《北史》卷五五《馮子琮傳》。本書卷四〇《馮子琮傳》（補）作'休'，乃雙名單稱。'伓'字訛，今據《北史》改。"從中華本改。士休，即和士休。一作"和休"，清都臨漳（今河北臨漳縣）人。和士開弟。北齊官吏。武平二年，士開爲高儼等所殺。後主詔其入內朝典掌機密，後出爲信州刺史，爲州民所殺。內省，泛指宮禁內之官署。

［11］詔贈士開假黃鉞、十州諸軍事、左丞相、太宰如故：中華本校勘記云："《北史》卷九二作'詔贈士開假黃鉞右丞相太宰司徒公錄尚書事'。按左丞相、太宰都不是士開原官，怎麼能說'如故'，'如故'上當有'錄尚書事''王'等原來官爵。這一條當是據《北齊書》所記贈官刪節而誤。"假黃鉞，官制術語。授此者以示有權總統內外諸軍，專戮節將。不常設，以爲非人臣之常器。左丞相，官名。北齊時或置或省，皆特爲權臣專設之名號，並非處理實際政務的宰相。一品。太宰，官名。多爲重臣之加官、贈官。一品。

士開禀性庸鄙，不闚書傳，發言吐論，惟以謟媚自資。河清、天統以後，[1]威權轉盛，富商大賈朝夕填門，朝士不知廉耻者多相附會，甚者爲其假子，[2]與市道小人同在昆季行列。[3]又有一人士，曾參士開，值疾。醫人云：「王傷寒極重，進藥無效，應服黃龍湯。」[4]士開有難色。是人云：「此物甚易與，王不須疑惑，請爲王先嘗之。」一舉便盡。士開深感此心，爲之强服，遂得汗病愈。其勢傾朝廷也如此。[5]雖以左道事之者，不問賢愚無不進擢；而以正理干忤者，亦頗能捨之。士開見人將加刑戮，多所營救，既得免罪，即命諷喻，[6]責其珍寶，謂之贖命物。雖有全濟，皆非直道云。

[1] 河清：北齊武成帝高湛年號（562—565）。 天統：北齊後主高緯年號（565—569）。

[2] 假子：義子。

[3] 同在昆季行列：「在」字四庫本、百衲本、中華本同，宋刻本作「存」。昆季，兄弟。

[4] 黃龍湯：糞清。《本草綱目》引陶弘景曰：「以空罌塞口，納糞中，積年得汁，甚黑而苦，名爲黃龍湯。」

[5] 其勢傾朝廷也如此：四庫本、中華本同，宋刻本、百衲本無「勢」字。從補。

[6] 即命諷喻：「諷喻」四庫本、百衲本、中華本同，宋刻本作「誨喻」。

穆提婆，本姓駱，漢陽人也。[1]父超，[2]以謀叛伏誅。提婆母陸令萱嘗配入掖庭，[3]後主繦褓之中，令其鞠養，謂之乾阿妳，遂大爲胡后所昵愛。令萱姦巧多機辯，取媚百端，宮掖之中，獨擅威福。天統初，奏引提婆入侍後主，朝夕左右，大被親狎，嬉戲醜褻，無所不爲。寵遇彌隆，官爵不知紀極，遂至錄尚書事，封城陽王。[4]令萱又佞媚，穆昭儀養之爲母，[5]是以提婆改姓穆氏。及穆后立，令萱號曰太姬，此即齊朝皇后母氏之位號也，視第一品，班在長公主之上。[6]自武平之後，令萱母子勢傾內外矣。庸劣之徒皆重跡屛氣焉。自外殺生予奪不可盡言。晉州軍敗，[7]後主還鄴，[8]提婆奔投周軍，[9]令萱自殺，子孫大小皆棄市，籍没其家。

[1]漢陽：郡名。治所在今甘肅天水市。

[2]超：駱超。北魏官吏。孝莊帝時，任秦州刺史。後秦州民謀殺超，超察覺而奔尒朱天光。

[3]陸令萱（？—577）：亦稱"陸媪"，爲北齊後主乳母，受胡太后寵信，封郡君。齊亡後被勒令自殺。《北史》卷九二《穆提婆傳》有附傳。　掖庭：宮中旁舍，妃嬪居住的地方。

[4]城陽：郡名。治所在今河南信陽市東北。

[5]穆昭儀：北齊後主皇后穆氏。名邪利，小字黃花，後字舍利。或云侍中宋欽道女。本書卷九有傳。　養之爲母："母"字百衲本、中華本同，宋刻本作"毋"，四庫本作"女"。

[6]長公主：皇帝的姐妹及皇女尊崇者的封號。

[7]晉州：治所在今山西臨汾市城區。

[8]鄴：都邑名。在今河北臨漳縣西南。東魏、北齊定都於此。

[9]周：即北周（557—581）。西魏恭帝三年（556）十二月，宇文泰之子宇文覺廢西魏主自立，次年（557）改元，建號周，史稱北周，又稱後周。都長安（今陝西西安市）。歷五帝，二十五年。至靜帝宇文衍爲隋所代。

高阿那肱，善無人也。[1]其父市貴，[2]從高祖起義。那肱爲庫典，[3]從征討，以功勤擢爲武衛將軍。肱妙於騎射，便僻善事人，每宴射之次，大爲世祖所愛重。又諂悅和士開，尤相褻狎，士開每爲之言，彌見親待。後主即位，累遷并省尚書左僕射，[4]封淮陰王，[5]又除并省尚書令。[6]

　　[1]善無：縣名。治所在今山西右玉縣南。
　　[2]市貴：高市貴，善無（今山西右玉縣南）人。善武功。東魏將領。本書卷一九有傳。
　　[3]那肱爲庫典：中華本校勘記云："《北史》卷九二《高阿那肱傳》'典'作'直'。按'庫直'或'庫真'屢見史籍，疑'典'字訛。"庫直，官名。亦作"庫真"。東魏、北齊置。是諸王及大臣的侍衛。
　　[4]并省：并州行尚書省。時晉陽爲別都，皇帝常駐，故置并省處理國務。　尚書左僕射：官名。尚書省次官之一。助尚書令掌政務。兼監察百官，領殿中、主客二曹。北齊從二品。
　　[5]淮陰：郡名。治所在今江蘇淮安市淮陰區西南。
　　[6]并省尚書令：職掌與朝廷尚書令同。

　　肱才伎庸劣，不涉文史，識用尤在士開之下，而姦巧計數亦不逮士開。既爲世祖所幸，多令在東宮侍後主，[1]所以大被寵遇。士開死後，後主謂其識度足繼士開，遂致位宰輔。[2]武平四年，令其錄尚書事，又總知外兵及内省機密。尚書郎中源師嘗諮肱云：[3]"龍見，當雩。"問師云："何處龍見？作何物顏色？"師云："此是龍星見，[4]須雩祭，[5]非是真龍見。"肱云："漢兒强知星宿！"其牆面如此。又爲右丞相，[6]餘如故。

[1]東宮：太子所居之宮。時後主爲太子。
[2]宰輔：輔政的重臣。
[3]尚書郎中：官名。即尚書郎，尚書省屬官。分掌尚書諸曹事，北齊六品上。　源師：字踐言，西平樂都（今青海樂都縣）人。鮮卑族。源彪子。北齊官吏。《北史》卷二八《源賀傳》有附傳，事亦見本書卷四三《源彪傳》。
[4]龍星：星宿名。東方蒼龍七星之稱。
[5]雩祭：祭名。求雨之儀式。《左傳》桓公五年："龍見而雩。"服虔注："謂四月昏，龍星體見，萬物始盛，待雨而大，故雩祭以求雨也。"
[6]右丞相：官名。輔助皇帝管理國家政務。北齊或置或省，皆特爲權臣專設之名號，並非處理實際政務的宰相。一品。

周師逼平陽，[1]後主於天池校獵，[2]晉州頻遣馳奏，從旦至午，驛馬三至，肱云："大家正作樂，[3]何急奏聞。"至暮，使更至，云"平陽城已陷，賊方至。"乃奏知。明早旦，即欲引軍，淑妃又請更合一圍。[4]及軍赴晉州，令肱率前軍先進，仍總節度諸軍。後主謂肱曰："戰是耶，不戰是耶？"肱曰："勿戰，却守高梁橋。"[5]安吐根曰：[6]"一把子賊，馬上刺取擲着汾河中。"[7]帝意未決。諸內參曰："彼亦天子，我亦天子，彼尚能遠來，我何爲守壍示弱？"帝曰："此言是也。"於是漸進。提婆觀戰，[8]東偏頗有退者，提婆去曰：[9]"大家去！大家去！"帝以淑妃奔高梁關。開府奚長諫曰：[10]"半進半退，戰之常體，今兵衆全整，未有傷敗，陛下舍此安之？御馬一動，人情驚亂，且速還安慰之。"[11]武衛張常山自後至，[12]亦曰："軍尋收回，甚整頓，圍城兵亦不動，至尊宜迴，不信臣言，乞將内參往視。"帝將從之。提婆引帝肘曰："此言難信。"帝遂北馳。有軍士告稱那肱遣臣招引西軍，今故聞奏。後主令侍中斛律孝卿檢校，[13]孝卿云："此人妄語。"還至晉，那肱腹心告肱謀反，又以爲妄，斬之。乃顛沛還鄴，侍衛逃散，唯那肱及内官數十騎從行。

[1]平陽：郡名。治所在今山西臨汾市。

[2]天池：湖泊名。一名"祁連池"。在今山西寧武縣西南滏山上。據説久旱不竭，久雨不溢，淵深不測。

[3]大家：宫内對皇帝的稱呼。

[4]淑妃：此指馮小憐。北齊後主寵姬。慧而有姿色，尤工歌舞。後主寵之，拜爲淑妃。

[5]高梁橋：橋名。在今山西臨汾市東北。

[6]安吐根（？—577）：安息胡人，入魏後居酒泉（今甘肅酒泉市）。東魏、北齊官吏。《北史》卷九二《和士開傳》有附傳。

[7]擲着：宋刻本、百衲本作"郎者"，四庫本作"擲"。中華本校勘記云："三朝本、百衲本'擲着'訛作'郎者'，南、北、殿三本依《北史》卷九二《高阿那肱傳》單作'擲'，無'着'字，汲、局二本'擲着'作'一擲'。按《通鑑》卷一七二、《御覽》卷三二三引《三國典略》都作'擲着'，三朝本、百衲本'郎者'乃形近而訛。今據改。"説是。從中華本改。　汾河：古稱汾水。黃河第二大支流，在今山西省中部。

[8]提婆觀戰：宋刻本、百衲本、中華本同，四庫本前有"後主從"三字。提婆，穆提婆。

[9]提婆去曰："去"字宋刻本、百衲本、中華本同，四庫本作"怖"。

[10]帝以淑妃奔高梁關。開府奚長諫曰：宋刻本、四庫本、百衲本無"關"字，中華本有。宋刻本、百衲本"開"前有"應"字，四庫本、中華本無。宋刻本、百衲本"開"作"閑"，四庫本、中華本作"開"。四庫本"奚"後有"樂"字，宋刻本、百衲本、中華本無。中華本校勘記云："三朝本、百衲本作'帝以淑妃奔高梁應閑府奚長諫曰'。南本以下各本及《北史》卷九二'高梁'下無'關'字，'奚長'下有'樂'字。按《通鑑》卷一七二'高梁關'作'高梁橋'，《御覽》卷三二三引三國典略作'高梁關'，三朝本、百衲本'應閑'乃'關開'二字形近而訛。據《通鑑》，'奚長'下亦無'樂'字，乃雙名單稱，並非脫文。今據《御覽》《通鑑》改正三朝本訛文。"從改。奚長，一作"奚長樂"。北齊官吏。位至開府。

[11]且速還安慰之："速"字四庫本、中華本同，宋刻本、百衲本作"還"。從四庫本改。

[12]張常山：北齊官吏。位武衛將軍。

[13]斛律孝卿：一作"斛斯孝卿"。太安（今山西寧武縣）人。北齊大臣。少聰悟，頻歷顯職。本書卷二〇、《北史》卷五三《斛律羌舉傳》有附傳。

後主走渡太行後，[1]那肱以數千人投濟州關，[2]仍遣覘候。每奏"周軍未至，且在青州集兵，未須南行"。及周將軍尉遲迥至關，[3]肱遂降。時人皆云肱表款周武，[4]必仰生致齊主，故不速報兵至，使後主被擒。肱至長安，[5]授大將軍，[6]封公，[7]爲隆州刺史，[8]誅。初天保中，顯祖自晉陽還鄴，[9]陽愚僧阿禿師於路中大叫，[10]呼顯祖姓名云：[11]"阿那瓌終破你國。"[12]是時茹茹主阿那瓌在塞北強盛，[13]顯祖尤忌之，所以每歲討擊，後亡齊者遂屬阿那肱云。雖作"肱"字，世人皆稱爲"瓌"音，斯固"亡秦者胡"，蓋懸定於窈冥也。

[1]太行：山名。即太行山。在今山西、河北、河南三省交界處。今山西晋城市南之太行山，爲山脉主峰。

[2]濟州：治所在今山東茌平縣西南。

[3]及周將軍尉遲迥至關：中華本校勘記云："按《周書》卷六《武帝紀》、卷二一《尉遲迥傳》（補）都没有説尉遲迥参加這次戰爭，《武帝紀》建德六年（五七七）正月稱'齊主走青州，遣大將軍尉遲勤率二千騎追之'。'迥'乃'勤'之誤。"尉遲迥（？—580），字薄居羅，代（今山西大同市東北）人。其先爲鮮卑族尉遲部。宇文泰之甥。西魏、北周重臣。《周書》卷二一、《北史》卷六二有傳。

[4]周武：北周武帝宇文邕（543—578），字禰羅突。宇文泰第四子。公元561年至578年在位。《周書》卷五、六，《北史》卷一〇有紀。

[5]長安：地名。治所在今陝西西安市西北。北周都此。

[6]大將軍：官名。爲名譽職銜。作爲加授給大臣、重要州郡長官的戎號。凡加戎號者可開府。北齊一品。

[7]封公：宋刻本、百衲本、中華本同，四庫本作"封郡公"。

[8]隆州：治所在今四川閬中市。

[9]晉陽：縣名。治所在今山西太原市晉源區古城營村一帶。

[10]陽愚僧阿禿師於路中大叫："師"字四庫本、中華本同，宋刻本、百衲本作"帥"。從四庫本改。阿禿師，亦云禿師。晉陽（今山西太原市晉源區古城營村一帶）人。北齊僧人。善預測人事。

[11]呼顯祖姓名云：四庫本、中華本同，宋刻本、百衲本無"名"字。從補。

[12]阿那瓌（？—552）：北朝時柔然可汗。事見《魏書》卷一〇三、《北史》卷九八《蠕蠕傳》。

[13]茹茹：古族名。又稱"柔然""蠕蠕""蝚蠕""芮芮"等。其強盛時，勢力達於整個蒙古高原。該國汗族郁久閭氏源自雜胡（詳見曹永年《柔然源於雜胡考》，《歷史研究》1981年第3期）。境内有匈奴、鮮卑、高車、西域諸族以及其他民族，多以游牧爲生。《魏書》卷一〇三、《北史》卷九八有傳。

韓鳳，字長鸞，昌黎人也。[1]父永興，[2]青州刺史。鳳少而聰察，有膂力，善騎射。稍遷都督，後主居東宮，年幼稚，世祖簡都督二十人送令侍衛，鳳在其數。後主親就衆中牽鳳手曰："都督看兒來。"因此被識，數喚共戲。

[1]昌黎：郡名。治所在今河北保定市徐水區西。
[2]永興：韓永興，昌黎（今遼寧義縣）人。韓長鸞父。北齊官吏。位開府儀同三司、青州刺史，封高密郡公。天保（550—559）初，侯莫陳崇率周軍攻齊建州，其與潘樂從建州西攻崇，周軍遁，圍解。

後主即位，累遷侍中、領軍，總知内省機密。祖珽曾與鳳於後主前論事。[1]珽語鳳云："強弓長矛無容相謝，軍國謀算，何由得争。"鳳答曰：[2]"各出意見，豈在文武優劣。"封昌黎郡王。男寶仁尚公主，[3]在晋陽賜第一區，其公主生男昌滿月，[4]駕幸鳳宅，宴會盡日。軍國要密。無不經手，與高阿那肱、穆提婆共處衡軸，號曰三貴，損國害政，日月滋甚。壽陽陷没，[5]鳳與穆提婆聞告敗，握槊不輟，[6]曰："他家物，從他去。"後帝使於黎陽臨河築城戍，[7]曰："急時且守此作龜茲國子，[8]更可憐人生如寄，唯當行樂，何因愁爲？"[9]君臣應和若此。其弟萬歲，[10]及二子寶行、寶信並開府儀同。[11]寶信尚公主，駕復幸其宅，親戚咸蒙官賞。

[1]祖珽：字孝徵，范陽遒（今河北淶水縣北）人。東魏、北齊官吏。本書卷三九有傳，《北史》卷四七《祖瑩傳》有附傳。

[2]鳳答曰："曰"字四庫本、中華本同，宋刻本、百衲本作"云"。從四庫本改。

[3]男寶仁尚公主：中華本校勘記云："《北史》卷九二《韓鳳傳》'寶仁'作'寶行'。按下文云：'二子，寶行、寶信'，疑《北史》是。"尚，與帝王之女匹配。

[4]其公主生男昌滿月：宋刻本、百衲本、中華本同，四庫本無"昌"字。昌，韓昌。北齊人，韓長鸞孫。時長鸞子寶仁以父貴寵。

[5]壽陽：縣名。治所在今安徽壽縣。

[6]握槊：古代一種博戲。

[7]黎陽：郡名。治所在今河南浚縣東。 河：黄河。

[8]龜茲國子：龜茲國子民。龜茲，西域古國。治所在今新疆庫車縣。與中原王朝保持時降時叛的關係，中原兵至則降，兵去則叛。此借喻可利城險，保守一方。

[9]更可憐人生如寄，唯當行樂，何因愁爲：四庫本、中華本及《北史》同，宋刻本、百衲本無"人生如寄唯當行樂何因愁爲"十二字。從補。

[10]萬歲：韓萬歲。事不詳。

[11]寶行：疑爲"寶仁"。 寶信：韓寶信。事不詳。

鳳母鮮于，段孝言之從母子姊也，[1]爲此偏相參附，奏遣監造晉陽宮。陳德信馳驛檢行，[2]見孝言役官夫匠自營宅，即語云："僕射爲至尊起臺殿未訖，何容先自營造？"鳳及穆提婆亦遣孝言分工匠爲己造宅，德信還具奏聞。及幸晉陽，又以官馬與他人乘騎。上因此發怒，與提婆並除名，亦不露其罪。仍毀其宅，公主離婚。復被遣向鄴吏部門參。及後主晉陽走還，被敕入內，尋詔復爵。從後主走度河，[3]到青州，并爲周軍所獲。

[1]段孝言：姑臧武威（今甘肅武威市）人。北齊官吏。本書卷一六、《北史》卷五四《段榮傳》有附傳。　從母：母親的姐妹。即姨母。
[2]陳德信：北齊宦官。爲後主寵用。事見本卷後。
[3]河：黃河。

鳳於權要之中，尤嫉人士，崔季舒等冤酷，[1]皆鳳所爲。每朝士諮事，莫敢仰視，動致呵叱，輒詈云："狗漢大不可耐，[2]唯須殺却。"若見武職，雖厮養末品亦容下之。仕隋，[3]位終於隴州刺史。[4]

[1]崔季舒（？—573）：字叔正，博陵安平（今河北安平縣）人。東魏、北齊官吏。本書卷三九有傳，《北史》卷三二《崔挺傳》有附傳。
[2]狗漢大不可耐：四庫本、中華本及《北史》同，宋刻本、百衲本無"漢"字。從補。
[3]隋：公元581年楊堅（隋文帝）代北周稱帝，國號隋，開

皇三年（583）都大興（今陝西西安市）。

[4]隴州：治所在今陝西隴縣。

韓寶業、盧勒叉、齊紹，並高祖舊左右，[1]唯門閤驅使，不被恩遇。歷天保、皇建之朝，[2]亦不至寵幸，但漸有職任。寶業至長秋卿，[3]勒叉等或爲中常侍。[4]世祖時有曹文摽、鄧長顒輩，[5]亦有至儀同食幹者，[6]唯長顒武平中任參宰相，[7]干預朝權。後寶業、勒叉、齊紹、子徵並封王，不過侵暴。於後主之朝，有陳德信等數十人，並肆其姦佞，敗政虐人，古今未有。多授開府，罕止儀同，[8]亦有加光禄大夫，[9]金章紫綬者。多帶侍中、中常侍，[10]此二職乃數十人，又皆封王、開府。恒出入門禁，往來園苑，趨侍左右，通宵累日。承候顏色，競進諂諛，莫不發言動意，多會深旨。一戲之賞，動踰巨萬，丘山之積，貪吝無猒。猶以波斯狗爲儀同、郡君，[11]分其幹禄。神獸門外有朝貴憩息之所，[12]時人號爲解卸廳。諸閹或在内多日，暫放歸休，所乘之馬牽至神獸門階，然後升騎，飛鞭競走，數十爲群，馬塵必坌。諸朝貴爰至唐、趙、韓、駱皆隱聽趨避，[13]不敢爲言。

[1]韓寶業、盧勒叉、齊紹，並高祖舊左右："叉"字宋刻本、四庫本、百衲本作"义"。今從中華本作"叉"。本段中還有兩處"叉"字同此。中華本校勘記云："《北史》卷九二'韓寶業'上有'宦者'二字，'齊紹'下有'秦子徵'三字。按自韓寶業以下諸人都是'宦者'，應當標明。下文説'寶業、勒叉、齊紹、子徵並

封王'。此處不舉秦子徵，下文忽有没有姓的子徵，甚爲突然，顯是刪節不當。"

[2]皇建：北齊孝昭帝高演年號（560—561）。

[3]長秋卿：官名。北齊長秋寺的主官，從三品。長秋寺爲掌管皇后宮內及宣通外朝的機構。

[4]中常侍：官名。北齊置四員，爲中侍中省次官，四品上。至末年寵信宦官，宦者帶此職者數十人，多封王、開府。中侍中省爲掌管宮中供奉事務的官署。

[5]世祖時有曹文摽：諸本皆同，百衲本"世祖"前有"侍"字。乃爲接前"中常侍"之"侍"字誤重。據刪。《北史》卷九二"世祖"作"武成"，餘同。

[6]食幹：北齊的一種制度。幹，原爲漢至南北朝時一種身份和地位低下的吏，後變爲供役使之人。北齊時，官員可依品級高低，得到數量不等的"幹"。又因"幹"可納資代役，故北齊時盛行"食幹"之制。

[7]宰相：秦漢以降，爲丞相、相國之別稱。作爲泛稱也包括三公、三省主官等執政大臣。

[8]儀同：官名。本指官場待遇，始自東漢末。後成爲官銜，先後爲"儀同三司""儀同將軍""儀同大將軍"等官名的簡稱。

[9]光禄大夫：官名。掌議論。自西漢後期起漸演變成加官、散官。北齊從二品。

[10]多帶侍中、中常侍：中華本校勘記云："《北史》卷九二'帶'下有'甲'字。按《隋書》卷二七《百官志》中稱後齊有'中侍中省'，官有'中侍中、中常侍、中給事中'，都是宦官充當。《北史》'甲'乃'中'之訛，此《傳》'帶'下脱'中'字。"

[11]波斯：今伊朗。

[12]神獸門：宮門名。原爲神虎門。《北齊書》避唐諱而改。爲北齊鄴宮西門。

[13]唐：唐邕，字道和，太原晉陽（今山西太原市晉源區古城營村一帶）人。北齊官吏。本書卷四〇、《北史》卷五五有傳。

趙：趙彦深（507—576），本名隱，字彦深，平原（今山東聊城市東北）人，祖籍南陽宛縣（今河南南陽市）。北齊大臣。本書卷三八、《北史》卷五五有傳。　韓：韓長鸞。　駱：駱提婆。

高祖時有蒼頭陳山堤、蓋豐樂、劉桃枝等數十人，[1]俱驅馳便僻，頗蒙恩遇。天保、大寧之朝，漸以貴盛，至武平時皆以開府、封王，其不及武平者則追贈王爵。

[1]蒼頭：指奴僕。　蓋豐樂："豐"字四庫本、中華本同，宋刻本、百衲本作"晝"。從四庫本改。

又有何海及子洪珍皆爲王，[1]尤爲親要。洪珍侮弄權勢，[2]鬻獄賣官。又有史醜多之徒胡小兒等數十，[3]咸能舞工歌，亦至儀同開府、封王。諸宦者猶以宫掖驅馳，便煩左右，漸因昵狎，以至大官。倉頭始自家人，情寄深密，及於後主，則是先朝舊人，以勤舊之勞，致此叨竊。至於胡小兒等眼鼻深嶮，一無可用，非理愛好，排突朝貴，尤爲人士之所疾惡。其以音樂至大官者：沈過兒官至開府儀同，王長通年十四五，[4]便假節通州刺史。[5]

[1]又有何海及子洪珍皆爲王：中華本校勘記云："按《北史》卷九二這句上面有'武平時有胡小兒'云云七十餘字，知何海是胡

人。本書卷四四《張景仁傳》《張雕傳》並見胡人何洪珍，可證。此傳刪去上文，直承叙述蒼頭一段，就像何海父子也是蒼頭，顯見刪節失當。"

[2]洪珍侮弄權勢："珍"字宋刻本、四庫本、中華本同，百衲本作"海"。從宋刻本改。宋刻本、百衲本無"侮"字，四庫本、中華本有。從補。

[3]又有史醜多之徒胡小兒等數十："史醜多"四庫本、中華本同，宋刻本作"史多"，百衲本作"魏多"。從四庫本改。中華本校勘記云："按《北史》上文已標明'胡小兒'，所以這裏祇説'其何朱弱、史醜多之徒十數人'，無須再説明其爲'胡小兒'。此《傳》刪去上文，却在這裏標上'胡小兒'名目，就把上面何海父子納入蒼頭一類中了。刪節移易的痕迹甚顯，其非《北齊書》原文更無可疑。"

[4]王長通：北齊官吏。善音樂。

[5]假節：官制術語。大臣受命出朝，持節或假節以示受權。假節位次低於使持節及持節，僅督軍時有權殺犯軍令者。 通州：治所在今四川達州市。

時又有開府薛榮宗，常自云能使鬼。及周兵之逼，言於後主曰："臣已發遣斛律明月將大兵在前去。"[1]帝信之。經古冢，榮宗謂舍人元行恭是誰冢，[2]行恭戲之曰："林宗冢。"[3]復問林宗是誰，行恭曰："郭元貞父。"[4]榮宗前奏曰："臣向見郭林宗從冢出，着大帽，吉莫靴，插馬鞭，問臣'我阿貞來不'。"是時群妄多皆類此。

[1]斛律明月：斛律光（515—572），字明月，朔州（今内蒙

古固陽縣）人。高車族敕勒部。北齊名將。少以武藝知名。本書卷一七、《北史》卷五四《斛律金傳》有附傳。

［2］舍人：官名。此即中書舍人。　元行恭：一名高行恭。河南洛陽（今河南洛陽市東北）人。鮮卑族。北齊官吏。《北史》卷五五《元文遥傳》有附傳。

［3］林宗：郭泰（128—169），字林宗，太原介休（今山西介休市東南）人。東漢名士。《後漢書》卷六八有傳。

［4］郭元貞：太原晋陽（今山西太原市晋源區古城營村一帶）人。東魏官吏。事見《北史》卷四三《郭祚傳》。

贊曰：危亡之祚，昏亂之朝，小人道長，君子道消。

後　記

　　《今注本北齊書》是《今注本二十四史》編委會組織編纂的《今注本二十四史》的一種。2005年，我們開始承擔這一任務，並按照編委會頒布的《編纂總則》開展工作。不久，由於出版方面的原因，陷於停頓，2017年重新啓動，從立項至今轉眼已十多年了。先後參與這一工作的，除我之外，有下列各位：習灌（一至三卷），何鳳（四至七卷），黃樹林（九至一六卷），王珺（一七至二三卷），鄭漢傑（二四至二五卷），王文珺（二六至三〇卷），李會軍（八卷、三一至三三卷），翟春媛、楊玲（三四至五〇卷）。爲本書做出貢獻的，還有范兆霖、李正君等。在各位所提供初稿的基礎上，我做了進一步的校勘、修改與補充。由於經驗不足，學力不夠，這部書稿的很多方面未能達到我們的預期，還有許多有待完善之處，以後，我們還想做進一步的補充與修改。

在本書的編寫過程中，賴長揚、孫曉、趙凱諸先生給予了許多關心和幫助。他們時常聯繫，瞭解困難，催促進度，爲工作的完成提供了動力與支援。特別是賴長揚先生，2017年8月，在項目啓動之後，抱重病之軀，專程來到廣州，與我和李憑兄商談我們所承擔的《北史》《北齊書》《周書》等三部書的落實工作，没想到一年後他竟永遠離開了我們，離開了他所深深愛着的今注二十四史工作。我們永遠懷念他！

　　本書工作的完成，還要感謝《今注本二十四史》的編輯團隊，他們富有學識、責任心强，其卓有成效的工作，提高了本書的品質，加快了工作進度。

陳長琦
2019年12月9日